陳蘭彬集

壹

奏　折
咨　文
批文谕令

（清）陈兰彬　著
王　杰　宾睦新　编

SPM
南方出版传媒
广东人民出版社
·广州·

图书在版编目（CIP）数据

陈兰彬集／（清）陈兰彬著，王杰，宾睦新编．—广州：广东人民出版社，2018.5

ISBN 978-7-218-12732-3

Ⅰ．①陈…　Ⅱ．①清…　②王…　③宾…　Ⅲ．①陈兰彬（1816－1895）—文集　Ⅳ．①C53

中国版本图书馆 CIP 数据核字（2018）第 076606 号

CHENLANBIN JI

陈兰彬集

（清）陈兰彬 著　王　杰　宾睦新 编

出 版 人：肖风华

封面题字：陈兰彬
责任编辑：张贤明　陈其伟　周惊涛　李沙沙　李梦泽
装帧设计：彭　力
责任技编：周　杰　易志华　吴彦斌

出版发行：广东人民出版社
地　　址：广州市大沙头四马路 10 号（邮政编码：510102）
电　　话：（020）83798714（总编室）
传　　真：（020）83780199
网　　址：http：//www.gdpph.com
印　　刷：广州市浩诚印刷有限公司
开　　本：787mm×1092mm　1/16
印　　张：120.5　　插　　页：18　　字　　数：1900 千
版　　次：2018 年 5 月第 1 版　2018 年 5 月第 1 次印刷
定　　价：800.00 元（全五册）

同治十一年（1873）肄业局官员抵达美国旧金山时合照。中为陈兰彬、右为曾兰生（恒忠）、左为叶绪东（源濬）

［来源：Pacific Coast Scenery，Thomas Houseworth and companylandscape artists，Yo-semite Gallery，nos.317 and 319 Montgomery Street，1872］

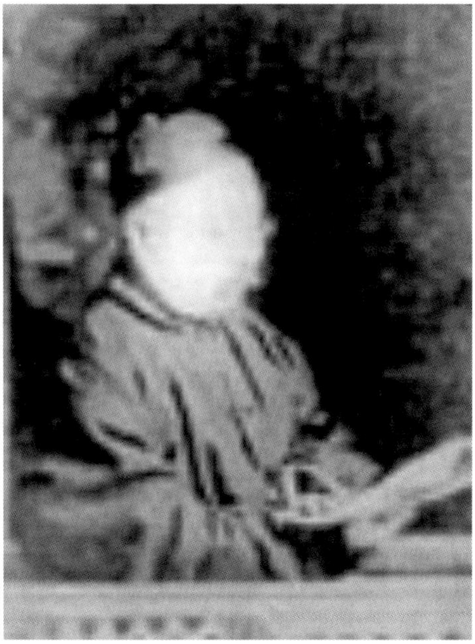

同治年间陈兰彬任肄业局总办期间照片

［来源：中国留美幼童联络网（http：//www.cemconnections.org/）］

光绪四年（1878）出使美国、日斯巴尼亚国（西班牙）、秘鲁国大臣陈兰彬使团成员照片。
第一排中为陈兰彬，右为吴嘉善，左为叶绪东

［来源：California Historical Society 和 University of Southern California.Libraries
网址：http：//cdn.calisphere.org/data/13030/q9/hb0b69n3q9/files/hb0b69n3q9-FID4.jpg］

光绪五年（1879）陈兰彬出使日斯巴尼亚时留影

［来源：La Ilustracion Española Y Americana，Madrid，30 de Mayo de 1879］

陈兰彬像

［来源：香港历史博物馆］

陈兰彬（右一）与同僚合影

［来源：《20 世纪中国全记录》］

FRANK LESLIE'S ILLUSTRATED NEWSPAPER

Entered according to the Act of Congress, in the year 1878, by Frank Leslie, in the Office of the Librarian of Congress at Washington.

No. 1,196—Vol. XLVI.] NEW YORK, AUGUST 31, 1878. [Price, 10 Cents.

THE CHINESE AMBASSADOR.

THE new Chinese Ambassador to the United States, Chun Lan Pin, appears to possess eminent qualifications for the responsible position to which he has been elevated. All the members of the Embassy are, of course, greatly superior in breeding, manners, physiognomy and education to the plebeian Chinese with whom we have become familiar; they are all members of the higher classes of China, and are polished, cultured gentlemen; but the first Ambassador is the most distinguished of the entire group. He is upwards of sixty years of age; his features are regular and his countenance intelligent and pleasing, with scanty whiskers about his mouth and chin. He is a man of deep learning, being a graduate of the Han Lin College, of the highest class, and a man of extensive travel and observation as well. In 1872 he visited this country as chief Commissioner in charge of the Chinese students sent to be educated in the Connecticut colleges, and he subsequently visited England and Spain on similar missions. In 1874 he was one of the three Commissioners who were sent by the Chinese Government to Cuba, to investigate the condition of the Chinese laborers there. After locating the several consulates appointed for the United States he will visit Spain and procure the recognition of a Consul for Cuba, and thence proceed to Peru for a similar purpose. He will then return to Washington and take up his abode as resident Minister. The Vice-Minister at Washington will be Yung Wing, who graduated at Yale College with high scholastic and literary honor, receiving the degree of LL.D. He subsequently devoted himself to awakening his countrymen to the needs of reform in education, and his efforts gained official recognition. Yeh Yuan Tsun, Consul-General, is a well-educated man, and thoroughly schooled in commercial usages from experience gained in Hong Kong. Sit Ming Cook, appointed Consul for San Francisco, was educated at New Bedford, and speaks English as fluently as his mother tongue. He is well known and very popular with all the foreigners in China. Previous to accepting his present official position he was engaged as one of the managers of the China Merchants' Company, and he is largely interested in the China Steam Transportation Company. There are a number of secretaries and interpreters, a portion of them educated in this country, who will be located in Washington and distributed to the different consulates contemplated. The Embassy was registered at San Francisco as follows:

H. E. Chun Lan Pin, Chief of Embassy, Canton; Yeh Yuan Tsun, Ambassador, Nanking; Sit Ming Cook, Consul at San Francisco, Canton; Chin Shu Ting, Canton; Lin Leang Yuan, Canton; Chun Wai Kroun, Canton; Lin Tseang, Canton; Woo Cheah Shon, Chekiang; Shen Chen Woo, Chekiang; Chun Ho Chun, Nanking; Chai Sin Yoong, Amoy; Lin Rwan Chung, Canton; Yung Hai, Canton; Sing Tah, Peking; Yen Sz Chee, Chekiang; Sin Ching Foo, Chekiang; Rin Yen Su, Chekiang; Woo Lai Tang, Nanking; Yang Waing Tai, Canton; Chung Ling Leang, Canton; Chin Shin Yin, Canton; Tseng Youri Nani, Canton; Chin Mo, Canton; Yung Woong Choong, Canton; Lee Yan Lun, Canton, and servants. After resting a while in San Francisco, Chun Lan Pin, with his suite, proceeded to Hartford, where he will remain until the early part of September, when he will be formally introduced to President Hayes. In the meantime he will accept no public civilities.

One of the first subjects which will be brought to the attention of the Embassy by our Government will be that of the Burlingame treaty with China, so far as it relates to the wholesale immigration of Chinese laborers to this country. The Ambassador and the principal persons of his suite are supposed to be prepared to meet the Government half way in any propositions it may make on this subject; but it is evident that they have no sort of sympathy with the intolerant sentiment which menaces their countrymen in California and elsewhere. In a recent interview, a prominent member of the Embassy, in reply to a query as to what he thought of the outcry on the Pacific Slope against Chinese cheap labor, said: "I think it pitiable that anything should arise to interfere with the friendly relations of these two great countries. I do not and cannot for a moment think that the Kearney movement is supported by any but the lowest elements of society, whether East or West. The case is about like this: Those who work the cheapest will get employment, but that will not hurt anybody. If laborers work cheap, the employers can make their goods for less money, and can sell them for less money. It all works the same way. When labor is cheap products are cheaper proportionately, and it is all evened up in the end." "Then you speak without hesitation, having evidently a thorough knowledge of the subject?" "I am treading on the domain of politics," he continued, "but what I have said is nothing but common reason, and we hope, by starting a Consulate in San Francisco to ameliorate somewhat the condi-

HIS EXCELLENCY CHUN LAN PIN, FIRST AMBASSADOR OF THE CHINESE EMPIRE TO THE UNITED STAT

From a Photograph by Bradley & Rulofson, San Francisco.

陈兰彬坐像

［来源：*Frank Leslie's Illustrated Newspaper*，August 31，1878］

FRANK LESLIE'S ILLUSTRATED NEWSPAPER

Entered according to the Act of Congress, in the year 1878, by Frank Leslie, in the Office of the Librarian of Congress at Washington.

No. 1,194—Vol. XLVI.] NEW YORK, AUGUST 17, 1878. [Price, 10 Cents.

CALIFORNIA.—ARRIVAL AT SAN FRANCISCO OF THE FIRST RESIDENT EMBASSY OF THE CHINESE EMPIRE ACCREDITED TO THE UNITED STATES.—OFFICERS OF THE "SIX COMPANIES" WELCOMING CHIN LAN PIN AND THE CONSULAR CORPS IN THE CABIN OF THE "CITY OF TOKIO," JULY 25TH.—See Page 402.

旧金山“六大会馆”迎接陈兰彬使团抵达

［来源：*Frank Leslie's Illustrated Newspaper*，August 17，1878］

旧金山“六大会馆”宴请陈兰彬使团（一）

［来源：*Frank Leslie's Illustrated Newspaper*，August 17，1878］

旧金山“六大会馆”宴请陈兰彬使团（二）

［来源：*Frank Leslie's Illustrated Newspaper*，August 17，1878］

出洋肄业局大楼外部照片［来源：美国康州历史博物馆］

THE MISSION-HOUSE ERECTED BY THE CHINESE GOVERNMENT ON COLLINS STREET.

出洋肄业局大楼

［来源：*Frank Leslie's Sunday Magazine Frank leslie's illustratednewspaper*, September 14，1878］

Frank Leslie's Sunday Magazine. 629

THE SCHOOLROOM, DURING THE SESSION, IN THE CHINESE MISSION-HOUSE, HARTFORD, CONN.

出洋肄业局大楼课室

［来源：*Frank Leslie's Sunday Magazine Frank Leslie's Illustratednewspaper*，September 14，1878］

陈兰彬驻扎美国时期的使馆照片

WASHINGTON.—THE NEW CHINESE EMBASSY—"CASTLE STEWART," THE OFFICIAL RESIDENCE OF CHIN LAN PIN.—PHOTOGRAPHED BY RICE BROS.—SEE PAGE 410.

陈兰彬驻扎美国时期的使馆

［来源：*Frank leslie's illustrated newspaper*，August 17，1878］

卫三畏收藏的陈兰彬名片

陈兰彬墓碑

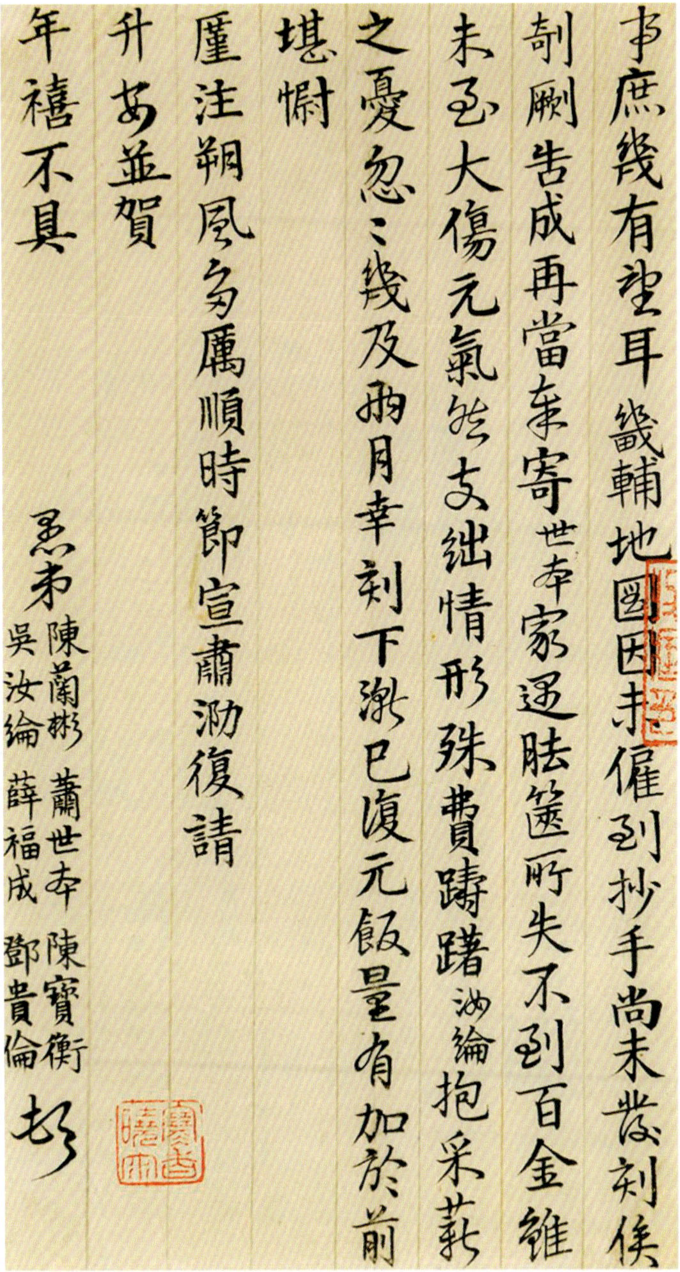
事庶幾有望耳 畿輔地圖因催到抄手尚未發刻俟
剞劂告成再當奉寄 世本家遭胠篋所失不到百金雖
未至大傷元氣然支絀情形殊費躊躇 汝綸抱采薪
之憂忽忽幾及兩月幸刻下漸已復元飯量有加於前
堪慰
廑注朔風多厲順時節宣肅泐復請
升安並賀
年禧不具
愚弟 陳蘭彬 蕭世本 陳寶衡
吳汝綸 薛福成 鄧貴倫 頓首

陈兰彬等致赵烈文函［来源：《简素文渊：香书轩秘藏名人书札》，2015年北京保利秋季拍卖会］

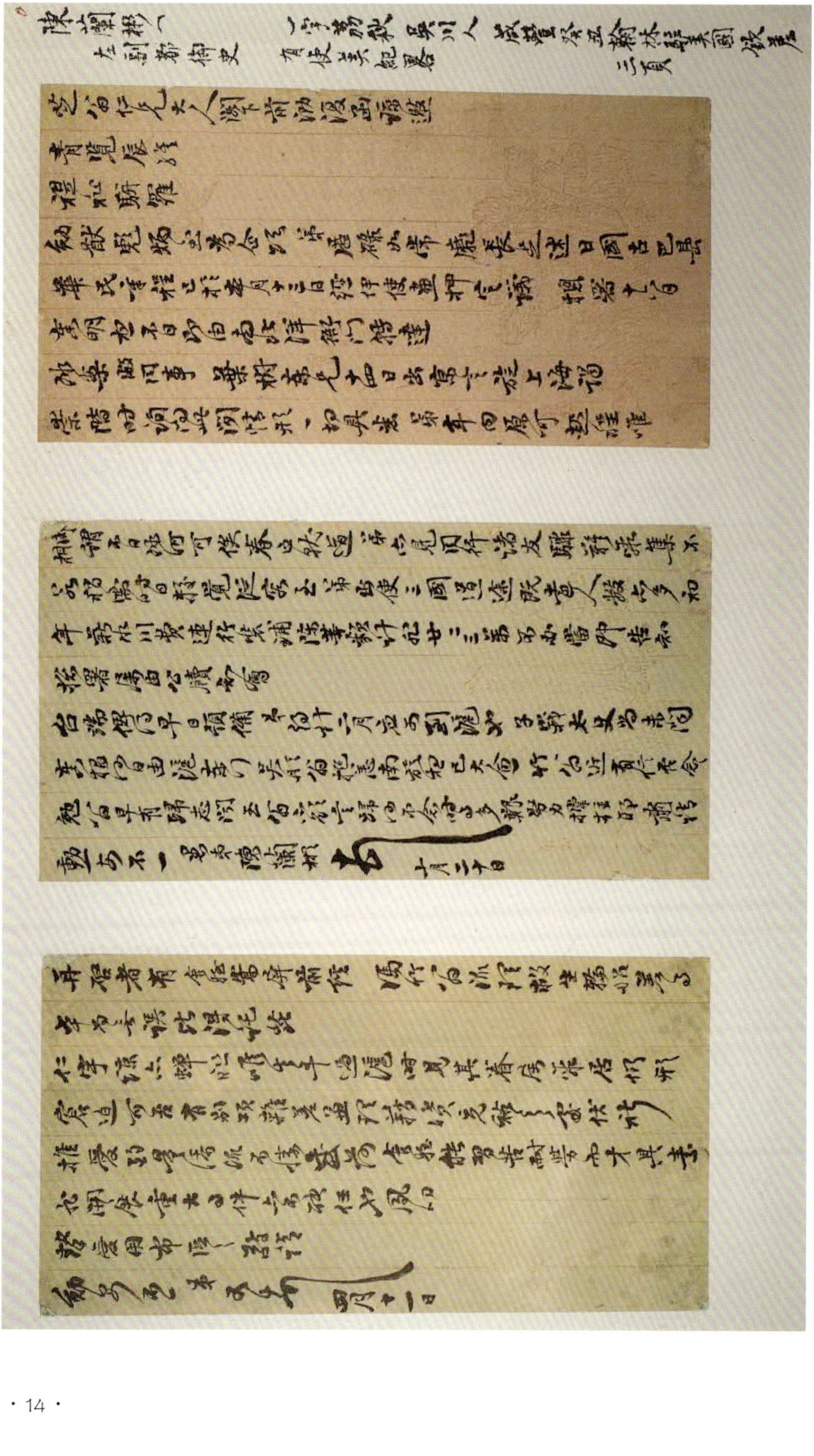

陈兰彬致刘瑞芬函［来源：谢鸿轩］

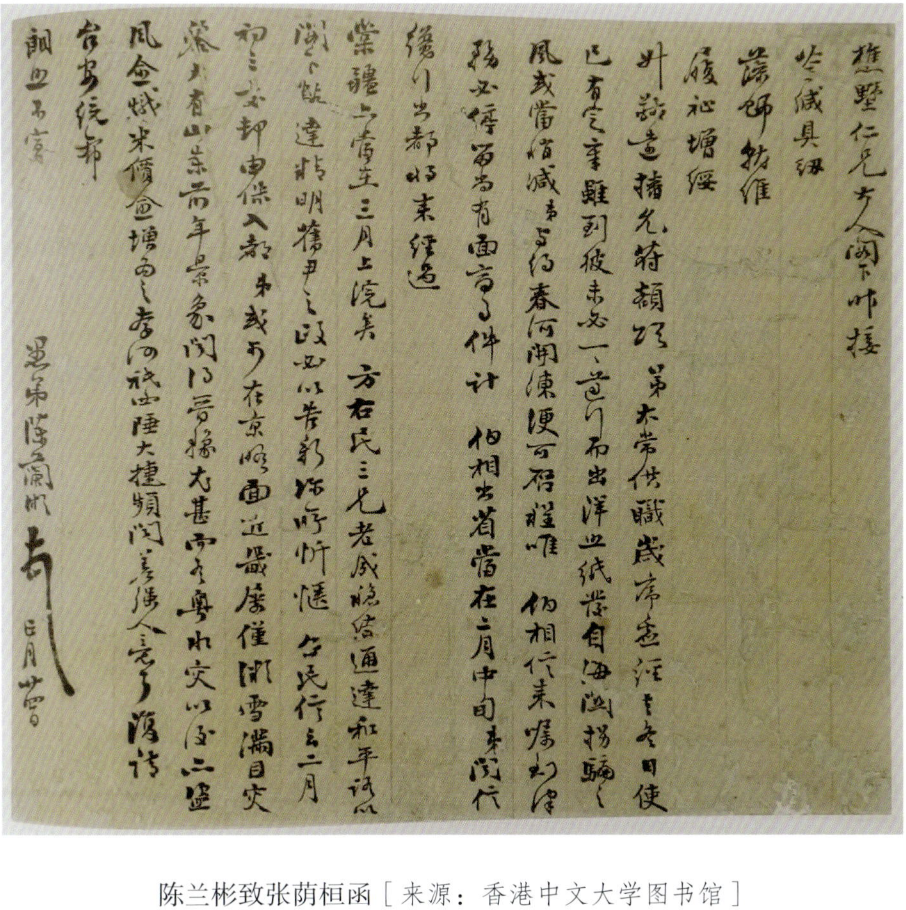

陈兰彬致张荫桓函［来源：香港中文大学图书馆］

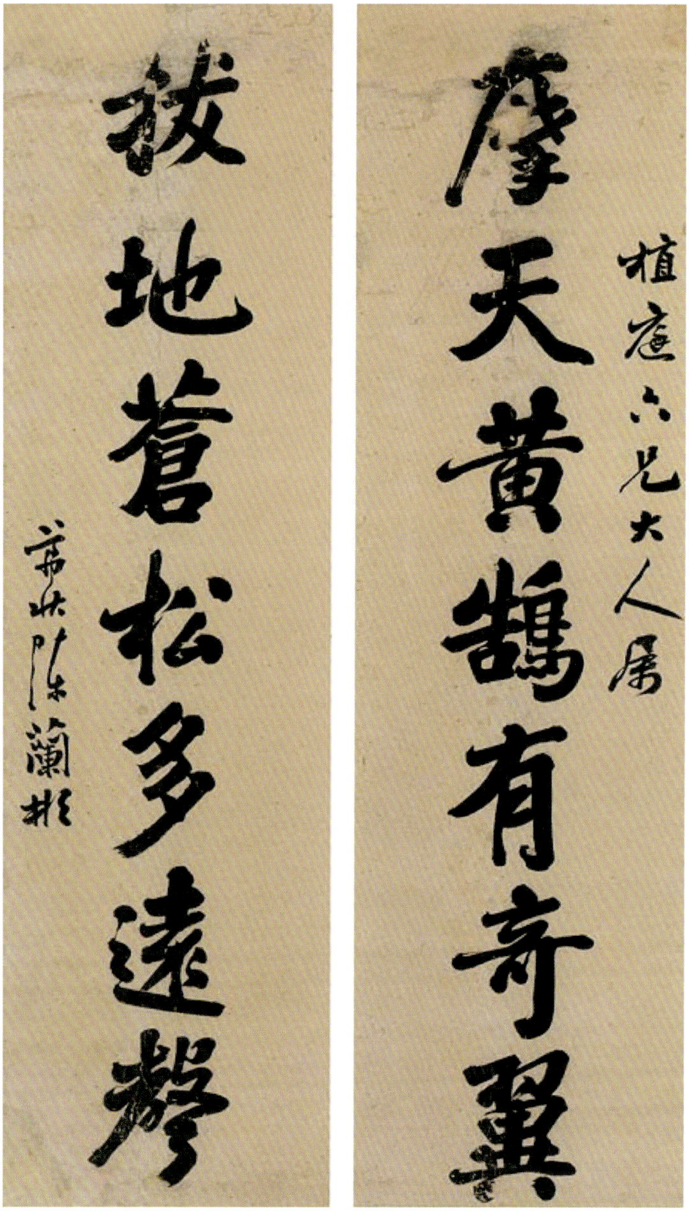

陈兰彬题赠杨植庭六兄大人联（释文：植庭六兄大人属：摩天黄鹄有奇翼；拔地苍松多远声。荔秋陈兰彬）

［来源：《百年心画——晚清民国名人书迹》，澳门艺术博物馆，2008 年］

陈兰彬题赠志絜三兄联（释文：志絜三兄属：梁鸿案举，德著齐眉；孔雀屏开，才娴中目。荔秋陈兰彬）

陈兰彬题珍文宗先生遗照联（释文：珍文宗先生遗照：当年身是青松操；后代才多玉树枝。吴川兰彬题）

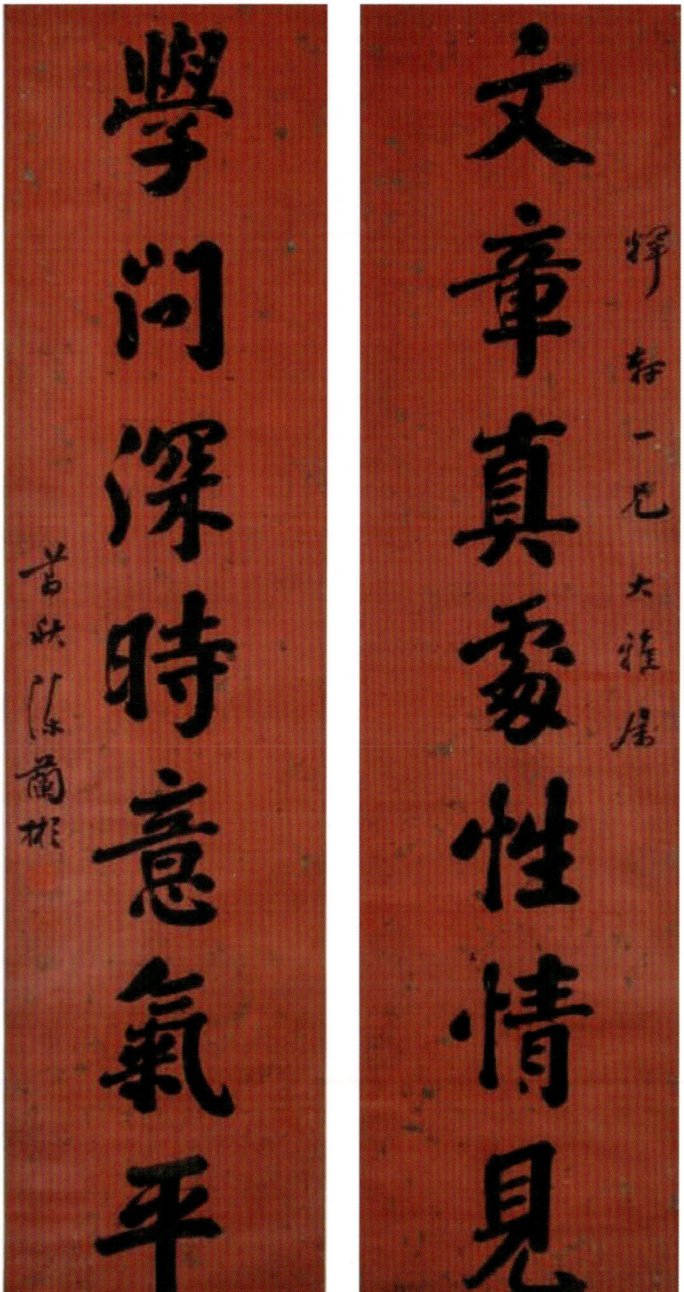

陈兰彬题赠辉轩一兄联（释文：辉轩一兄大雅属：文章真处性情见；学问深时意气平。荔秋陈兰彬）

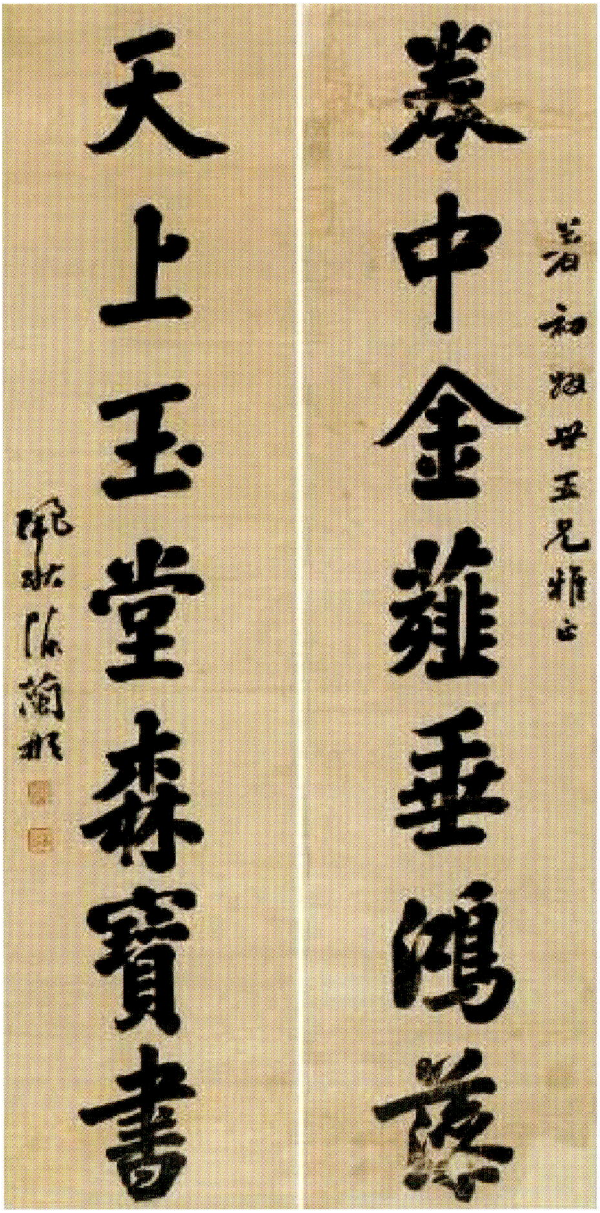

陈兰彬题赠初创五兄联（释文：著初创世五兄雅正：卷中金薤垂鸿藻；天上玉堂森宝书。荔秋陈兰彬）

陈兰彬题扇面（释文：或苕发颖竖，离众绝致。形不可逐，响难为系。块孤立而独峙，非常音之所纬。心牢落而无偶，意徘徊而不能禠。石韫玉而山晖，水怀珠而川媚。节文赋应舜臣五哥大人正。弟兰彬。钤印：臣陈兰彬 癸丑翰林）

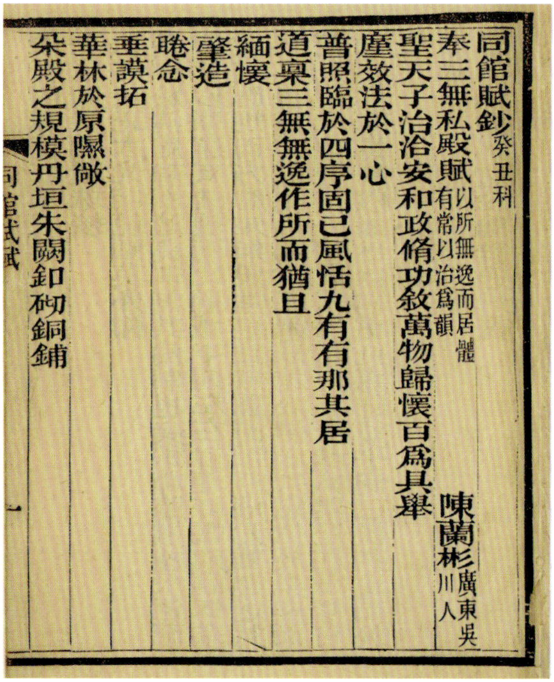

同館賦鈔 癸丑科

奉三無私殿賦 以所無逸而居體有常以治爲韻

陳蘭彬 廣東吳川人

聖天子治洽安和政脩功敘萬物歸懷百爲具舉
塵效法於一心
普照臨於四序固已風恬九有有那其居
道稟三無無逸作所而猶且
緬懷
肇造
睠念
垂謨拓
華林於原隰倣
朵殿之規模丹垣朱闕釦砌銅鋪

同館試賦　一

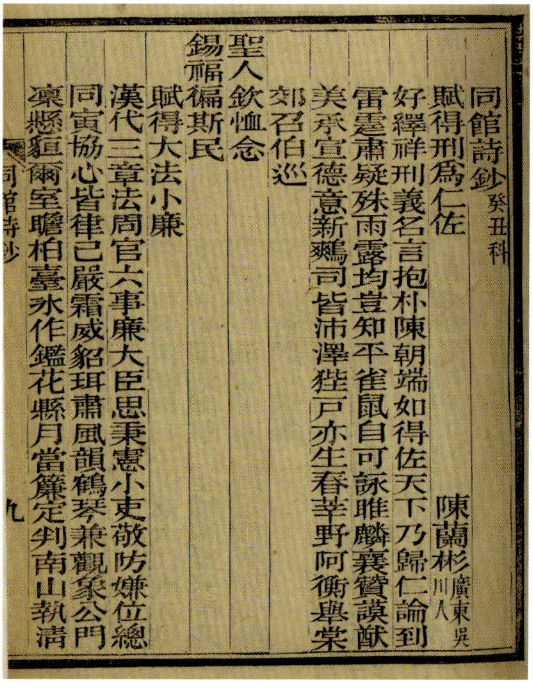

同館詩鈔 癸丑科

賦得刑爲仁佐

陳蘭彬 廣東吳川人

好繹祥刑義名言抱朴陳朝端如得佐天下乃歸仁論到
雷霆肅疑殊雨露均豈知平雀鼠自可詠雎麟襄贊謨猷
美承宣德意新鷄司皆沛澤犴戸亦生春莘野阿衡舉棠
郊召伯巡
聖人欽恤念
錫福徧斯民

賦得大法小廉

漢代三章法周官六事廉大臣思秉憲小吏敬防嫌位總
同寅協心皆律己嚴霜威貂珥肅風韻鶴琴兼觀象公門
稟懸貆爾室瞻柏臺冰作鑑花縣月當簾定判南山執清

同館詩鈔　九

陈兰彬《同馆赋钞　诗钞》［来源：湖南图书馆］

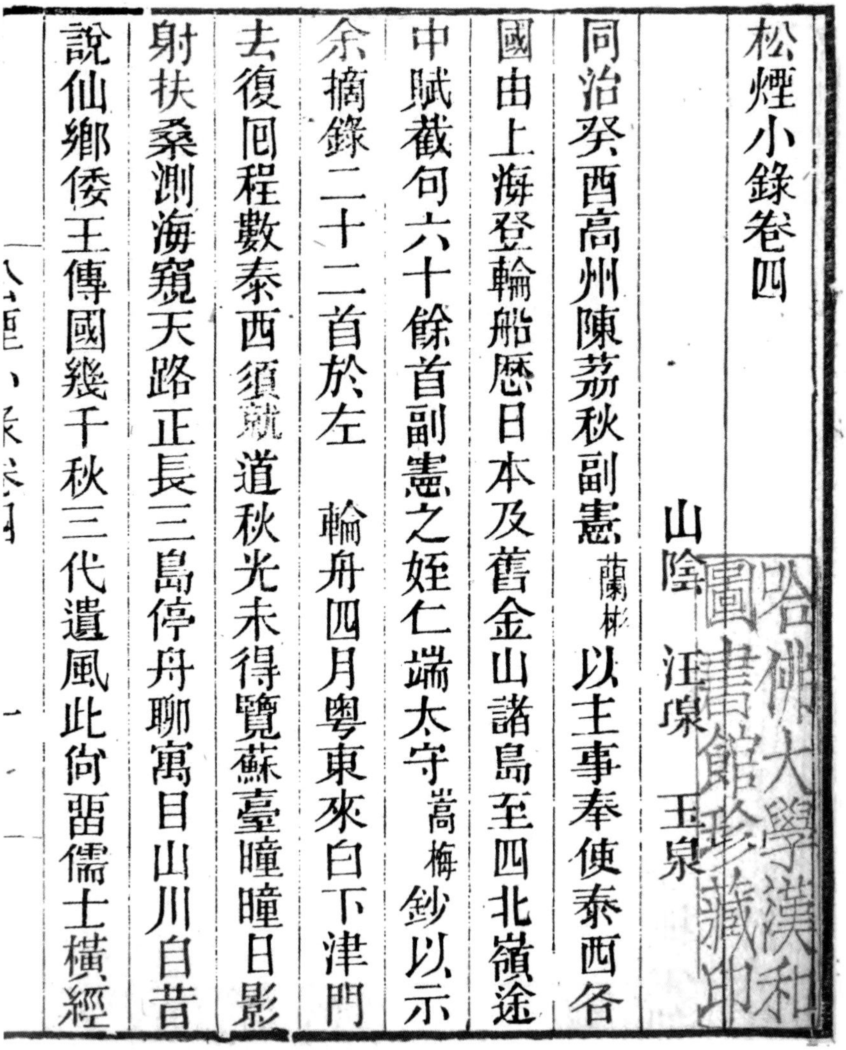
松煙小錄卷四
山陰 汪瑔 玉泉
同治癸酉高州陳荔秋副憲（蘭彬）以主事奉使泰西各
國由上海登輪船歷日本及舊金山諸島至四北嶺途
中賦截句六十餘首副憲之姪仁端太守（嵩梅）鈔以示
余摘錄二十二首於左
輪舟四月粵東來白下津門
去復回程數泰西須就道秋光未得覽蘇臺曈曈日影
射扶桑測海窺天路正長三島停舟聊寓目山川自昔
說仙鄉倭王傳國幾千秋三代遺風此尚留儒士橫經

汪瑔《松烟小录》所载陈兰彬出洋诗作

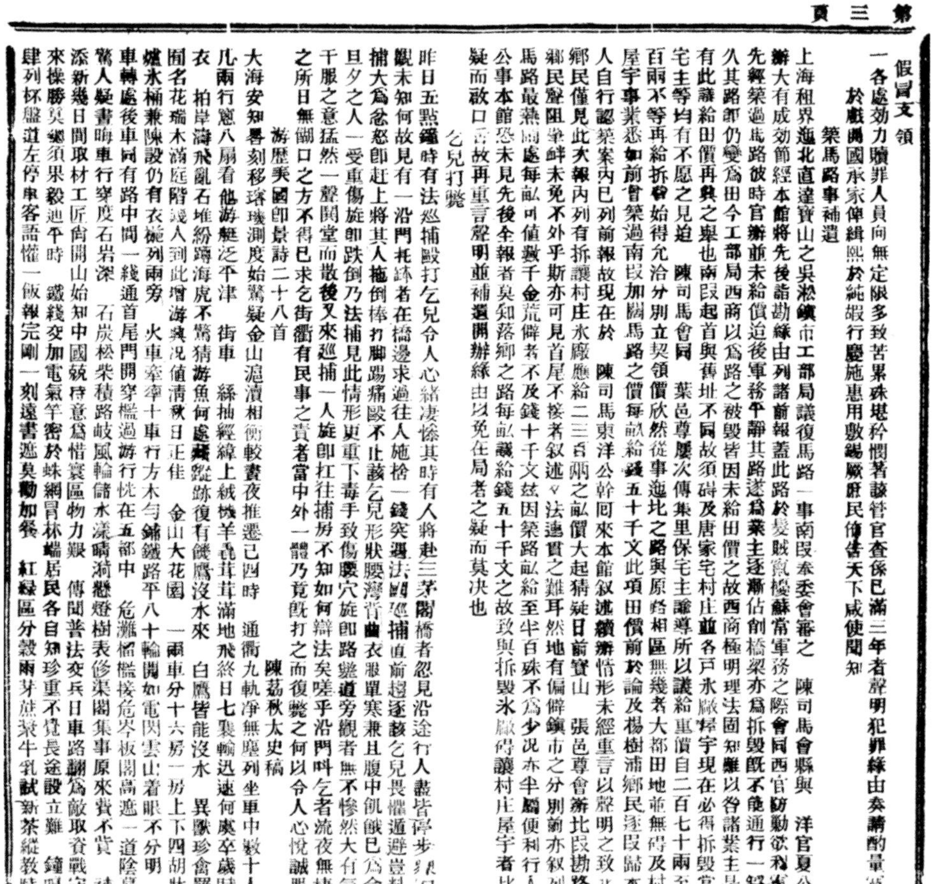

假冒文領

一各處効力贖罪人員向無定限多致苦累殊堪矜憫著該管官查係已滿三年者聲明犯罪緣由奏請酌量寬免

於戲團國承家俾緝熙於純嘏行慶施惠用敷錫厥庶民俾告天下咸使聞知

築馬路事補遺

上海租界迤北直達寶山之吳淞鎮市工部局議復馬路一事南段奉委會審之 陳司馬會縣與 洋官夏公勘辦大有成効節經本館將先後諸勘緣由列諸前報蓋此路於髮賊竄擾蘇常軍務之際會同西官防勦欲利軍行先經築過此路彼時官辦並未給價迨後軍務平靜其路遂爲業主逐漸佔創橋梁亦爲拆毀既不能通行一經日久其路卽仍變爲田今工部局西商以爲路之被毀皆因未給田價之故西商極明理法固知難以咎諸業主是以有此議給田價再與之舉也南段起首與舊址不同故須碍及唐家宅村庄並各戶氷廠棧宇現在必得拆毀當時宅主等均有不愿之見迨 陳司馬會同 葉邑尊屢次傳集里保宅主諭導所以議給重價自二百七十兩至三百兩不等再給拆費始得允洽分別立契領價欣然從事迤北之路與原踏相區無幾者大都田地並無碍及村庄屋宇事業悉如前曾築過南段加闊馬路之價每畝給錢五十千文此項田價前於論及楊樹浦鄉民逐段歸本地人自行認築案內已列前報故現在於 陳司馬東洋公幹回來本館叙述續辦情形未經重言以聲明之致北段鄉民僅見此大報內列有拆讓村庄氷廠應給二三百兩之畝價大起猜疑日前寶山 張邑尊會蒞北段勘路爲鄉民聲阻肇衅未免不外乎斯亦可見首尾不接者叙述々法遞貫之難耳然地有偏僻鎮市之分則前亦叙列如馬路最熱鬧處每畝可值數千金荒僻者不及錢十千文茲因築路畝給至半百殊不爲少況亦半屬便利行人之公事本館恐未見先後全報者莫知落鄉之路每畝議給錢五十千文之故致與拆毀氷廠碍讓村庄屋宇者比擬疑而啟口舌故再重言聲明並補還開辦緣由以免在局者之疑而莫決也

乞兒打斃

昨日五點鐘時有法巡捕毆打乞兒令人心緒淒慘其時有人將赴三茅閣橋者忽見沿途行人盡皆停步聚目衆觀未知何故見有一沿門托鉢者在橋邊求過往人施捨一錢突遇法國巡捕直前趕逐該乞兒畏懼遁避豈料該捕大爲忿怒卽赶上將其人拖倒棒打腳踢痛毆不止該乞兒形狀腰彎背曲衣服單寒兼且腹中飢餓已爲命在旦夕之人一受重傷旋卽跌倒乃法捕見此情形更重下毒手致傷腰穴旋卽路斃道旁觀者無不慘然大有氣不干服之意猛然一聲鬨堂而散後又來巡捕一人旋卽扛往捕房不知如何辯法矣嗟乎沿門叫乞者流夜無棲身之所日無餬口之方不得已求乞街衢有民事之責者當中外一體乃竟旣打之而復斃之何以令人心悅誠服哉

游歷美國即景詩二十八首 陳荔秋太史稿

大海安知暑刻移璿璣測度始驚疑金山滬瀆相衡較晝夜推遷已四時 通衢九軌淨無塵列坐車中數十人漆几兩行窗八扇看他游艇泛平津 街車 絲抽經緯上絨機羊毳茸茸滿地飛終日七襄輪迅速何庸卒歲賦無衣 拍岸濤飛亂石堆紛蹲海虎不驚猜游魚何處藏蹤跡復有饑鷹沒水來 白鷹皆能沒水 異獸珍禽羅苑囿名花瑞木滿庭階幾人到此增游興況值清秋日正佳 金山大花園 一兩車分十六房一房上下四胡牀火爐氷桶兼陳設仍有衣櫥列兩旁 火車牽率十車行方木勻鋪鐵路平八十輪開如電閃雲山着眼不分明 前車轉處後車回有路中間一綫通首尾門開穿檻過游行恍在五都中 危灘峭檻接危岑板閣高遮一道陰驀地驚人疑晝晦車行穿度石岩深 石炭松柴積路岐風輪儲水漾晴漪懸燈樹表修渠閣集事原來費不貲 補舊添新幾日間取材工匠尙開山始知中國兢恃意爲惜寰區物力艱 傳聞普法交兵日車路翻爲敵取資戰守自來操勝算機須果毅迪平時 鐵綫交加電氣竿密於蛛網冒林端居民各自知珍重不覺長途設立難 鐘鳴酒肆列杯盤道左停車客語懽一飯報完剛一刻遠書遮莫勸加餐 紅綠區分穀雨芽蔗漿牛乳試新茶縱教陸羽

十二月二十六日《申报（同治壬申）》第231号刊载陈兰彬的《游历美国即景诗二十八首》

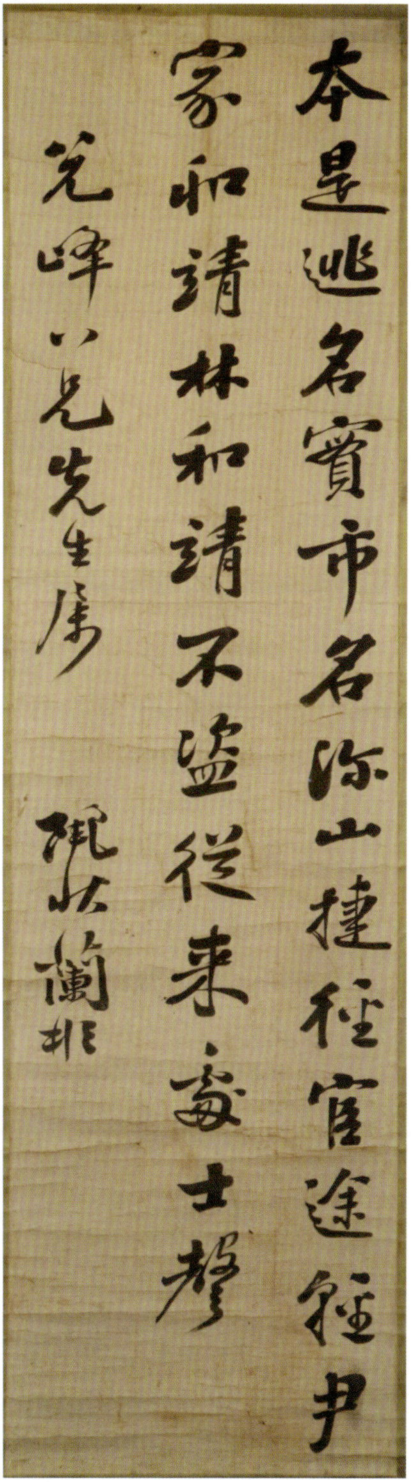

陈兰彬《赠笔峰八兄先生》

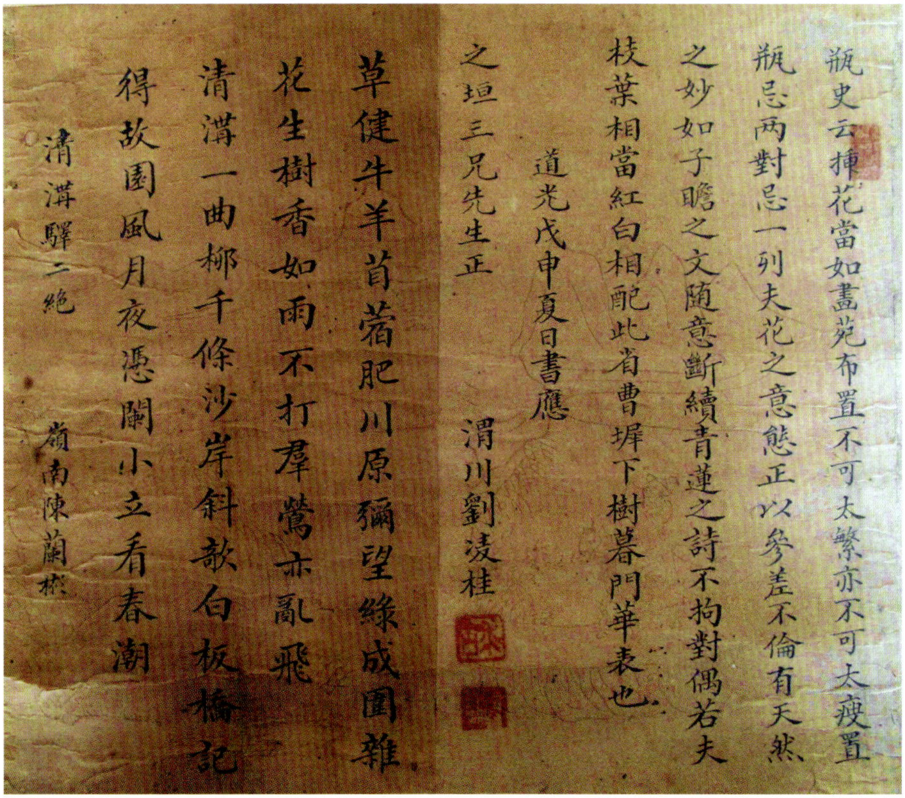
瓶史云插花當如畫苑布置不可太繁亦不可太瘦置
瓶忌兩對忌一列夫花之意態正以參差不倫有天然
之妙如子瞻之文隨意斷續青蓮之詩不拘對偶若夫
枝葉相當紅白相配此省曹墀下樹暮門華表也
道光戊申夏日書應
之垣三兄先生正
渭川劉凌桂
草健牛羊苜蓿肥川原彌望綠成圍雜
花生樹香如雨不打羣鶯亦亂飛
清渭一曲柳千條沙岸斜欹白板橋記
得故園風月夜憑闌小立看春潮
清渭驛二絶
嶺南陳蘭彬

陈兰彬《清渭驿二绝》

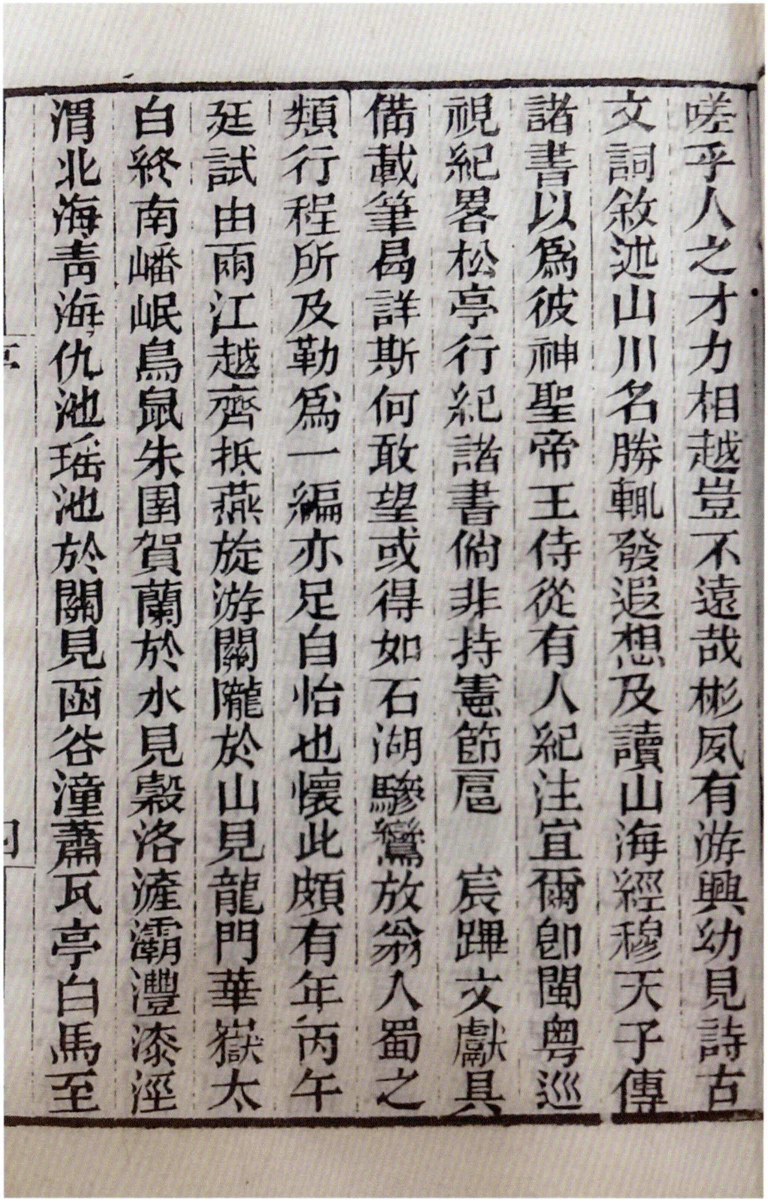

嗟乎人之才力相越豈不遠哉彬夙有游興幼見詩古文詞敘述山川名勝輒發遐想及讀山海經穆天子傳諸書以爲彼神聖帝王侍從有人紀注宜爾卽閩粵巡視紀畧松亭行紀諸書倘非持憲節扈 宸蹕文獻具備載筆爲詳斯何敢望或得如石湖驂鸞放翁入蜀之類行程所及勒爲一編亦足自怡也懷此頗有年丙午廷試由兩江越齊抵燕旋游關隴於山見龍門華嶽太白終南嶓岷鳥鼠朱圉賀蘭於水見穀洛滻灞灃漆涇渭北海青海仇池瑤池於關見函谷潼蕭瓦亭白馬至

陈兰彬撰《北行日记序》［来源：芸香堂藏版］

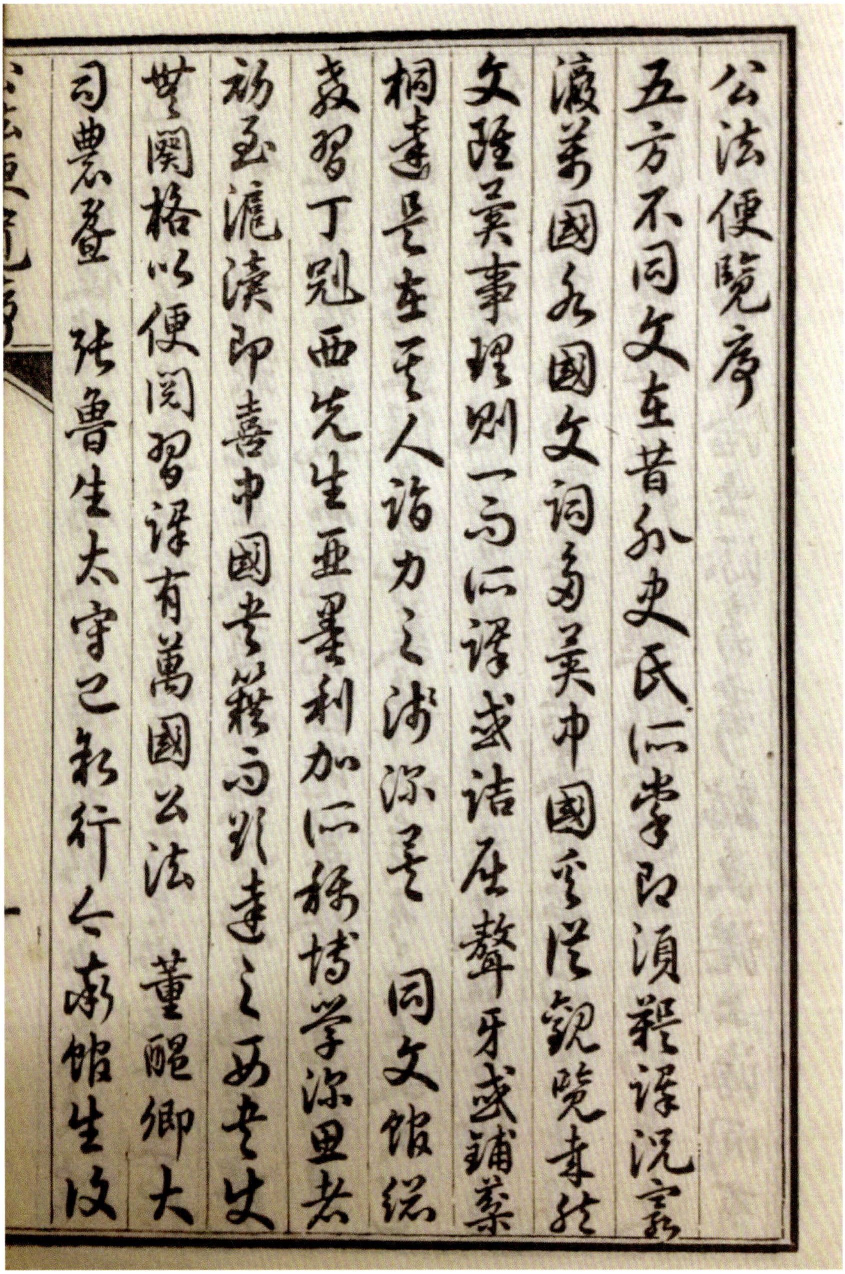

公法便覽序

五方不同文在昔外史氏以掌即須繙譯況寰

瀛萬國各國文詞多異中國要從觀覽者於

文理異事理則一而以譯或詰屈聱牙或鋪綦

桐達是在吾人語力之淺深是 同文館總

教習丁冠西先生亞墨利加人博學深思然

初至滬瀆即喜中國書籍而兼達之西史

學闕格以便閱習譯有萬國公法 董醒卿大

司農暨 張魯生太守已刻行令本館生汝

陈兰彬撰《公法便览序》

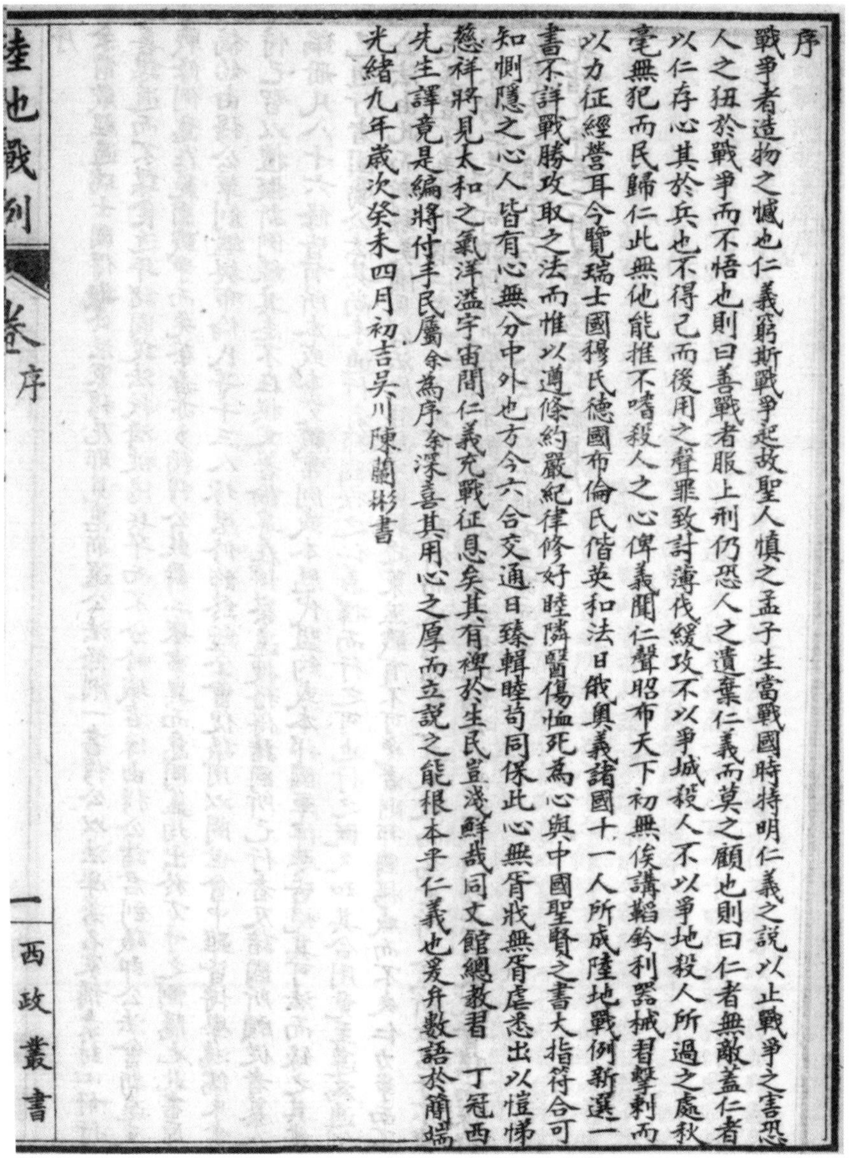

序

戰爭者造物之憾也仁義窮斯戰爭起故聖人慎之孟子生當戰國時特明仁義之說以止戰爭之害恐人之狃於戰爭而不悟也則曰善戰者服上刑仍恐人之遺棄仁義而莫之顧也則曰仁者無敵蓋仁者以仁存心其於兵也不得已而後用之聲罪致討薄伐緩攻不以爭城殺人不以爭地殺人所過之處秋毫無犯而民歸仁此無他能推不嗜殺人之心俾義聞仁聲昭布天下初無俟講韜鈐利器械習擊刺而以力征經營耳今覽瑞士國穆氏德國布倫氏偕英和法日俄奧義諸國十一人所成陸地戰例新選一書不詳戰勝攻取之法而惟以遵條約嚴紀律修好睦隣醫傷恤死為心與中國聖賢之書大指符合可知惻隱之心人皆有之無分中外也方今六合交通日臻輯睦苟同保此心無胥戕無胥虐悉出以愷悌慈祥將見太和之氣洋溢宇宙間仁義充戰征息矣其有裨於生民豈淺鮮哉同文館總教習　丁冠西先生譯竟是編將付手民屬余為序余深喜其用心之厚而立說之能根本乎仁義也爰弁數語於簡端

光緒九年歲次癸未四月初吉吳川陳蘭彬書

陸地戰例　卷　序　一　西政叢書

陈兰彬撰《陆地战例新选序》

序

醫仁術也論病及國原診知政者尚已即博習
方書審別標本亦寥寥稱絕詣焉夫醫本吾儒
格致之一事然儒有定理醫無定法故自元以
後醫家門户之歧更甚於儒世之為醫者略有
師承動以聲氣稱良毅然立方不暇抉擇醫而
生不知所由生醫而死亦不知所由死也竊謂
醫有醫理求之脈息者變動不居醫有醫方採
諸品物者廣大悉備西士之醫書余未暇攷也

陈兰彬撰《全体通考序》

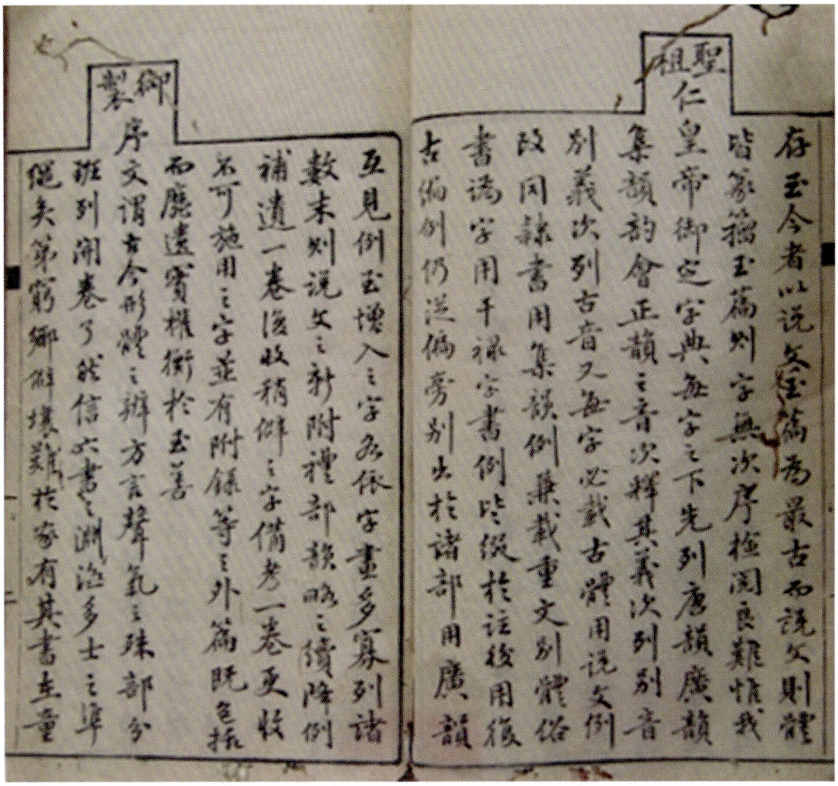

陈兰彬撰《经字正蒙序》［来源：广东省立中山图书馆］

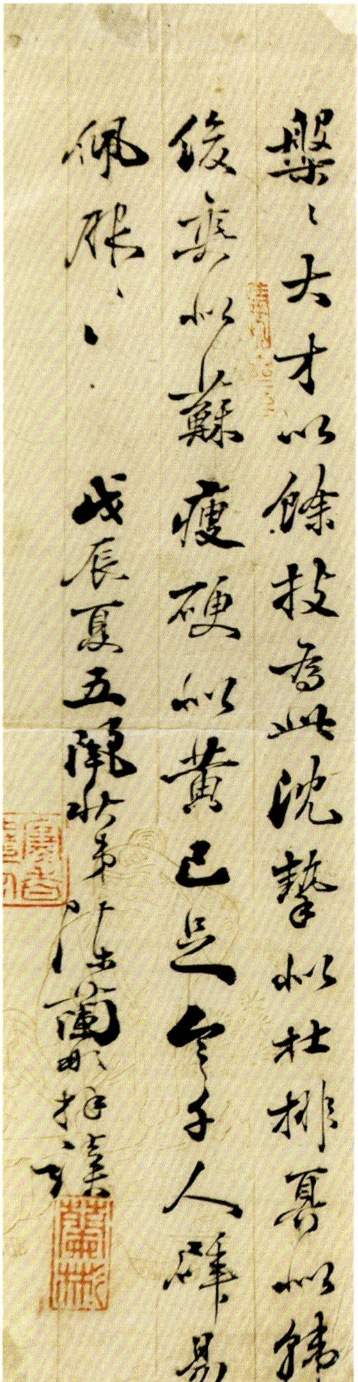

陈兰彬《题某人墨迹》
［来源：《简素文渊：香书轩秘藏名人书札》，2015年北京保利秋季拍卖会］

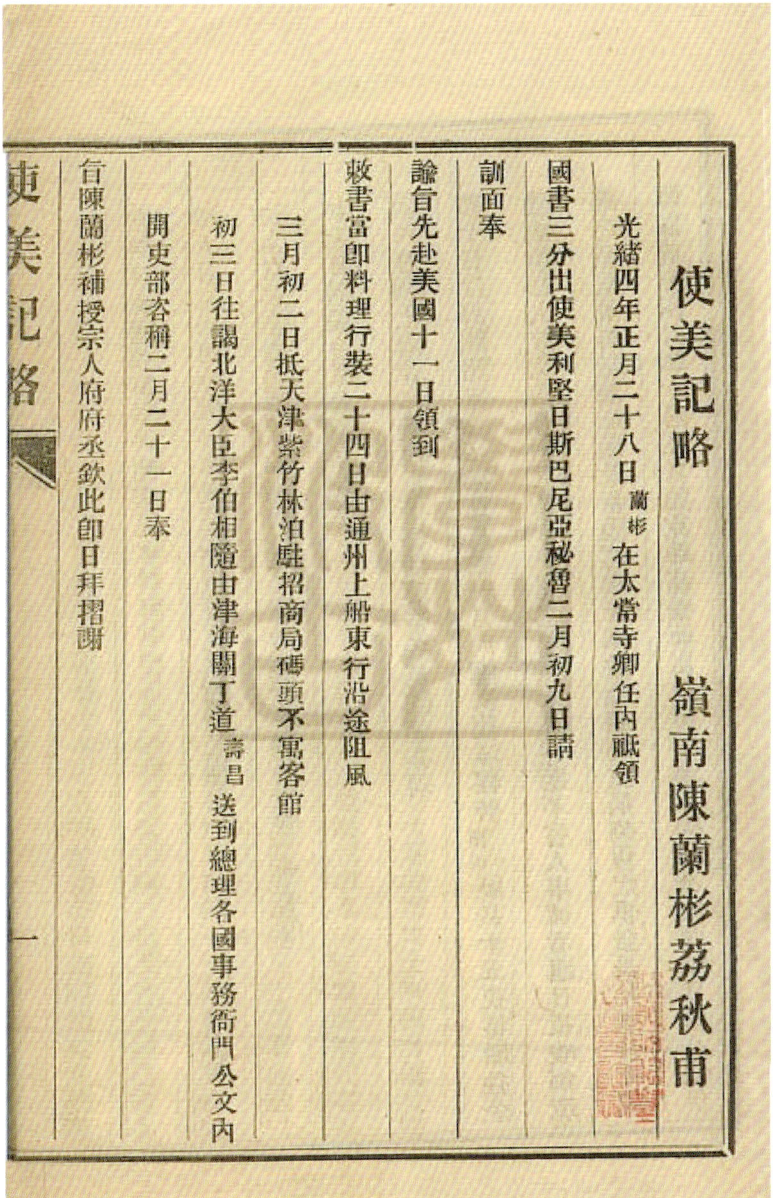

使美記略

嶺南陳蘭彬荔秋甫

光緒四年正月二十八日蘭彬在太常寺卿任内祗領
國書三分出使美利堅日斯巴尼亞秘魯二月初九日請
訓面奉
諭旨先赴美國十一日領到
敕書當即料理行裝二十四日由通州上船東行沿途阻風
三月初二日抵天津紫竹林泊駐招商局碼頭不寓客館
初三日往謁北洋大臣李伯相隨由津海關丁道壽昌送到總理各國事務衙門公文内
開吏部咨稱二月二十一日奉
旨陳蘭彬補授宗人府府丞欽此卽日拜摺謝

陈兰彬《使美记略》

陈兰彬总纂的《高州府志》

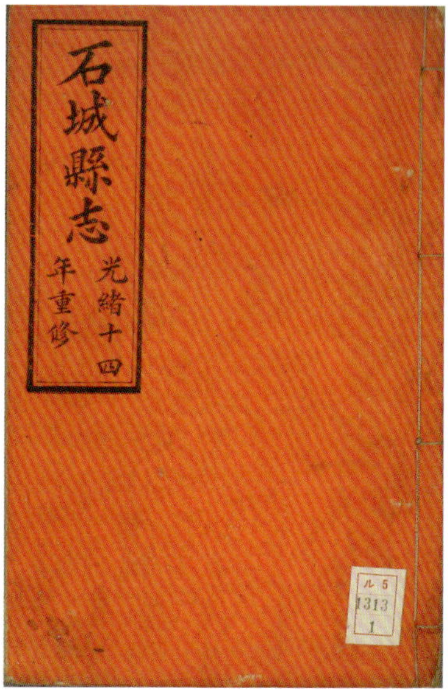

陈兰彬总纂的《石城县志》

陈兰彬总纂的《吴川县志》

前　言

陈兰彬（1816—1895），字荔秋（丽秋），广东吴川人。一生经历清嘉庆、道光、咸丰、同治、光绪五代皇帝，人称五朝元老，三生有幸；作为一位从传统步入现代的躬亲者和见证人，立德、立言、立行三位一体，功德兼备，百世流芳。

陈兰彬的生平，可分两段：前半世由科举走向仕途，以幕僚为生，亲洋务；及至首任清朝驻美肄业局（留美幼童）总办，首位出使美国、日斯巴尼亚国（即西班牙，含其殖民地古巴）、秘鲁三国大臣（公使），乃中国早期派遣留学生、保护美洲华工权益和驻欧美使臣。他以年近花甲（56 岁）之躯、不懂英文、不带家属，衔命赴美，勇于担当，为中外文化交流、为维护中华利权披肝沥胆，不愧为一个大写的中国人![1] 有学人强调，陈兰彬携幼童、抚华工、使三域，三位一体，于斯人、斯国，均为首途；他忠于职守，筚路蓝缕，开创了中美外交史、文化交流史的第一篇，为中国从封闭走向开放、秉正义震慑邪恶、以弱国抗争强权的历史谱写了第一页。

① 谢俊美：《陈兰彬：一个大写的中国人——陈兰彬与近代中国留学教育及外交简论》，王杰主编：《使美先驱陈兰彬——纪念陈兰彬出使美国一百三十周年学术研讨会论文集》，河南大学出版社，2016 年，第 1 页。

一　功名出僻乡

人以地名，地以人兴。陈兰彬的家乡吴川地处粤西一隅，坐落在鉴江出海口，是一个泥沙冲积的小平原，颇饮鱼米之乡之誉，但因地少人多、台风水灾频仍，民生并不富裕。世代农耕之民人，向慕于科举功名，冀以摆脱生活之困窘。道光三年（1823），邑人林召棠高中状元，这是吴川乃至粤西自科举以来、千年以降的盛事，对少年陈兰彬影响深刻——始立志于功名。咸丰元年（1851），陈兰彬中顺天府举人，三年（1853）中进士，钦点翰林院庶吉士，旋由吴廷溥保奏，至直隶协理军务。六年（1856），充国史馆纂修，兼《宣宗成皇帝实录》校对官。七年（1858）十二月，两广总督黄宗汉奏调回粤协办洋务。八年（1858）正月，钦差大臣胜保又奏调往直隶军营差遣，五月选择回粤办理洋务事宜。同治二年（1863），以军功赏戴花翎，加五品衔。同治八年（1869），入直隶总督曾国藩幕。次年，随曾氏南下，任江南机器制造总局总办兼上海广方言馆总办。十一年（1872），宦途出现转机，任出洋肄业局总办，率第一批官费留学幼童赴美。次年，赴古巴调查华工受虐事件。十三年（1874），参加与日斯巴尼亚的谈判。光绪元年（1875），赏二品顶戴，任出使美国、日斯巴尼亚、秘鲁三国钦差大臣。翌年，擢太常寺卿。四年（1878）赴美履任，受宗人府府丞。次年，赴日斯巴尼亚履任，升都察院左副都御史。八年（1882）任满返国，任总理各国事务衙门大臣，先后署兵部右侍郎、礼部左侍郎，出任壬午（1882）科乡试较射大臣、癸未（1883）科会试复试阅卷大臣和武会试较射大臣。十年（1884）告病还乡。二十年十二月十四日（1895 年 1 月 9 日）于故里病逝，谥号“文毅”。

二　事功垂青史

大境界开阔大胸怀，大格局激发大作为。如果说陈兰彬一生的重要建树与卓越事功主要表现于人生的后半期，那就是强调和肯定他肩负重任、独当一面、大展拳脚、开先辟路的贡献。

（一）筹划、组织和管理留美幼童

缘于洋务派的推动，自同治十一年至光绪六年（1872—1880），清政府组织了120名幼童分四批（每批30人）赴美留学，这是近代中国首次官派少年留学欧美，“固属中华创始之举，抑亦古来未有之事”[①]。陈兰彬以其办事干练和沉稳性格，得到曾国藩和李鸿章的赏识与信任，成为留美幼童事业的筹备者和组织者。

天津教案后，曾国藩由直隶返任两江总督，奏调陈兰彬同往江南任职，委陈兰彬筹备留美幼童事宜。此间，容闳在天津向丁日昌再次提出派幼童留学事，并获曾国藩认可，但曾氏并未让容闳参与筹划。史料经已揭示，容闳首先提出留学构思，而筹备留学如时长、人数、学生年龄、来源等具体细则，乃是陈兰彬、吴大廷等人拟定，经曾国藩、李鸿章反复斟酌方以定夺。曾、李两人涉及留学计划的信函，大多提及陈兰彬，或直接致函陈兰彬，很少提及容闳，甚至未见与容闳互动的函件。这并非如容闳《西学东渐记》所说是他一开始就拿出成熟方案，陈兰彬等人仅是照搬照做而已。留学计划从无到有，留学生人数多少和年龄大小、经费筹措和来源、批次和年限、章程条款、

① 《幼童出洋肄业事宜折附清单（同治十一年正月十九日）》，（清）李鸿章撰，顾廷龙、戴逸主编：《李鸿章全集》（5），奏议五，安徽教育出版社，2005年，第1315页。

肄业局人事安排、预备学校的设立、学生招录、学前教育、护照和船票、美国接待等诸多事务，是一步一步商定逐渐修改完善的。容闳晚年的回忆录，夸大自己的地位和作用，忽略了其他洋务官员的事功，可以说，幼童留美是近代中国政府首次派遣留学生，筹办官员自始至终极其重视与谨慎，计划从提出到成行，经过反复斟酌和修订，可谓是集体智慧的结晶。

要之，清政府把管理幼童留美的任务交给陈兰彬，就是责成陈氏将120名官派幼童砥砺学成、安全归国，陈兰彬也就肩负起为中国培养洋务人才的重任，开创性地组织幼童赴美留学，其开山之劳俱在，其引路之功犹存。

从同治十一年至十三年（1872—1874），陈兰彬任出洋肄业局委员（总办），容闳任副委员（帮办），负责幼童留美。陈兰彬主持出洋肄业局，主要办了如下事件：

（1）携带第一批幼童赴美。根据计划安排，容闳提前赴美筹备第一批留美幼童的生活和就业，陈兰彬与其他肄业局同僚负责携带幼童赴美。从香港启程前，陈兰彬携幼童拜访美国驻港领事。在海上航行历时一个月，陈兰彬悉心照顾幼童起居，适时讲授传统文化知识。

（2）主持肄业局事务，并负责幼童的“中学”教育。抵达美国后，容闳操办幼童就读西学，陈兰彬和两位汉文教习负责“中学”。陈氏悉心筹划第二、三、四批幼童赴美，并由美国东部到西部的旧金山迎接第三批幼童。

（3）拟定新的留学章程、举荐肄业局新总办接班。幼童抵美，面对全新的环境，原来在国内拟定的留学章程，不免存在“中国式”的“想当然”，与现实和发展渐有不适，为此，陈兰彬主持拟定新章。同治十三年（1875），留学事务进入第三年，陈兰彬因奉命前往古巴调查华工受虐情况，旋回国协助总理衙门与日斯巴尼亚谈判，乃举荐区谔良接任出洋肄业局总办兼携带第四批幼童赴美，稳定了局务的运作。[①]

（4）力图化解出洋肄业局危机。光绪六年（1880）十一月十六日，御史李士彬上奏出洋肄业局违反留学章程，清政府下令严查。陈兰彬在奏折中极力维护肄业局声誉，据实解释种种谣传与质疑。陈氏肯定局内官员无人信教，对幼童违章并未姑息；指出区谔良确系与两妾同居，但未见其吸食鸦片，且区氏已于光绪五年（1879）卸任回国，与幼童早已断绝关系；黄胜系旧金山使署翻译，并不是出洋肄业局翻译，两部门相距一万四千余里，黄氏不可能参与留美幼童事务，但未提及黄氏是否信教；指出吴嘉善在光绪六年（1880）十一月抵华盛顿，提出裁撤出洋肄业局和撤回留美幼童，又担心幼童不愿被撤而逃走。陈兰彬强调裁撤之事应由南北洋大臣定夺。之后，吴嘉善就再没找过陈兰彬谈及留美幼童事。

陈兰彬特别强调出洋肄业局事务向来都是直接向南北洋大臣汇报和决定，幼童是否撤回和如何带回，应该按章办事，由南北洋大臣决定和奏明。可见，陈兰彬并非撤回留美幼童的倡导者，也不是决策者，更不是执行者。

审视整个幼童留美事务过程，陈兰彬在早中期的开创性贡献有目共睹，无法否定，容闳后来在自传中蓄意污蔑陈兰彬，

---

① 容闳曾在回忆录中指责陈兰彬举荐吴嘉善接替区谔良，并大骂吴嘉善提出和组织撤回留美幼童关于肄业局总办的更替，李鸿章有过叙述："既而荔秋因古巴华佣一案，调回中国，旋与莼甫同充驻美公使。其肄业局总办则区员外谔良与莼甫同任之，幼童附入书院等事由莼甫一手经理。比区君调回，继之者为容主事增祥，不久丁忧。又继之者，为吴子登编修，乃莼甫所推荐而荔秋所奏调者也。"李鸿章点明是容闳举荐吴嘉善，容闳却在回忆录里故意推卸了这个责任！参见李鸿章：《复总署论出洋肄业学生分别撤留（光绪七年二月三十日）》，（清）李鸿章撰，顾廷龙、戴逸主编：《李鸿章全集》，信函（五），安徽教育出版社，2005 年，第 1516 页。又，坊间有言：容闳自传不确之处太多，需要对照别的文献辨别。

这种做法实不足取。时下某些论著截取陈兰彬支持撤回幼童一事的言论，实际上是夸大陈氏在幼童留美大业的过失，完全忽视了陈氏在拟定计划、筹备学校、挑选幼童和组织赴美、管理幼童、教习中文上的作用，显然缺乏公正性。

（二）调查、保护美洲华工权益

鸦片战争以降，国门洞开，西方列强不仅向中国内地倾销商品，同时也大量掳走或拐骗劳动力，输往秘鲁和日斯巴尼亚殖民地古巴岛等地。华工在该处登岸后，大多一生为奴，难逃厄运，即所谓“华人在该处佣工，备受凌虐，各处新闻纸言之甚详，而各国驻京公使依违其间，不肯出一公论，似欲互相袒蔽”[①]。同治十二年（1873），在舆论压力下，清政府不得不作出反应，派陈兰彬前往古巴、容闳前往秘鲁调查华工受虐情况，俾以事实驳斥日斯巴尼亚的无理纠缠，与日斯巴尼亚和秘鲁两国交涉，保护华工权益。陈兰彬成为中国历史上第一位出国交涉维护华侨权益的政府代表。

同治十三年（1874），陈兰彬率领汉口税务司英国人马福臣和天津税务司法国人吴秉文等人组成的调查团抵达古巴，先后会见古巴华将军与哈瓦那知府、局绅等，与之谈判。又亲临苦力收容站、奴隶发卖所、监狱及种植园、制糖厂等实地察看。经过一个多月的艰苦察访，调查团一共收录口供1176份，另有1665名华侨签名的85封陈情书。陈兰彬得悉古巴华工在“船上数月打伤、自尽、死亡已不止十分之一……其工夫过重，其饮食过薄，其作工时刻过多，其被棍撞、鞭拷、锁闸等诸般荼毒又最甚，递年各处打死、伤死、缢死、刎死、服毒死、投水死、

① 李鸿章：《复驻扎美国管理幼童肄业委员刑部主政陈（同治十二年八月初四日）》，（清）李鸿章撰，顾廷龙、戴逸主编：《李鸿章全集》（30），信函（二），安徽教育出版社，2005年，第567—568页。

投糖锅死者累累不绝。现时折手、坏脚、瞎目、烂头、落牙、缺耳、皮开肉裂指请验伤者已复不少，凌虐实迹人所共见”。华工身陷水深火热之中。光绪元年（1875），陈兰彬将古巴、秘鲁华工受虐的调查材料带回北京，协助总理衙门与日斯巴尼亚等国谈判，拟定新的招工章程，保护华工权益。清政府以调查资料为据，改变侨务政策，下令停止向古巴输出契约华工。古巴宗主国日斯巴尼亚在道义上遭到各国舆论的谴责，于 1877 年与清政府重订《古巴华工条款》，取消契约工，改善华工待遇。陈兰彬主持的调查，代表处于弱国地位的中华民族向西方列强抗争，促使清政府关注海外华人权益，使古巴华工困境得以缓解，为派遣使节驻外提供了契机。

（三）出任美、日、秘三国首位公使

陈兰彬出使欧美，正是清政府国力衰弱之际，又值美国排华浪潮高涨之时。他不避艰险，尽职尽责保护美洲华工，维护民族利益。其外交事功，开启了中美外交新篇章：

（1）设使馆任领事，探索完善驻外官员制度。陈兰彬先后到美、日、秘递交国书，在美国华盛顿设立公使馆，于旧金山、马德里和哈瓦那等处设领事馆，奏调陈树棠、容增祥、刘亮沅、吴嘉善、陈善言、黎庶昌、张斯栒、叶绪东和蔡锡勇等出任领事官等职。为便于尽快开展外交，大胆任命亲华美人傅列秘为旧金山领事。因未与檀香山王国建交，陈兰彬照会檀国驻美公使，任命香山籍侨商陈国芬为商董，行领事之职。从此，中国在美国、日斯巴尼亚、秘鲁，以及古巴岛和檀香山王国等地，有了正式的使馆和外交官。

（2）抗议排华法案，维护中国权益。陈兰彬履任期间，美国第 45 届（1878—1879）国会通过限制华侨入境的《十五名旅客法案》。陈兰彬约见美国国务卿埃瓦茨，进行严正交涉，指出议员的涉华言论“无礼和粗俗”，而法案是对中国冒犯和侮辱，警告此举将影响美国在华的利益。他还争取卫三畏等亲华美国社会名流支持。其努力收到厚报——美国总统海斯权衡各种利弊后，最终否定了该法案。

（3）交涉排华案件，保护华工利益。光绪六年（1880），轮船招商局“和众”号轮船前往旧金山，美国海关违约加征船钞货税，陈兰彬向美国政府提出交涉。同年，美国科罗拉多州丹佛市发生反华骚乱，华人被杀，财产被抢，受毁惨重。陈兰彬立即照会美国国务卿埃瓦茨，要求立案调查，缉拿和惩治暴徒，赔偿华人损失；并饬旧金山领事前往调查，搜集证据。但是，美方狡辩联邦政府无权干涉地方政事，亦不负责赔偿。陈兰彬据理坚决加以驳斥，向“强权即公理”的霸道势力叫板，展示了弱国敢于抗争强权的正义与气魄。

（4）参与国际活动，展示中国形象。陈兰彬使美，参观了美国农业博览会、万国医病会等国际活动，展示了中国使者崇尚世界先进文化与科技的形象。1881 年乃美国排华最疯狂时期，陈兰彬先是于 1874 年作古巴华工受辱调查，旋将调查结果译成英文，向外国使节公布，揭露西方霸权在道义上的无理。可以认为，中国驻外使节的对所在国的抗争，是从陈兰彬开始的。

近代早期遣使，陈兰彬使团与郭嵩焘使团几同时受命。与郭嵩焘使英相比，陈兰彬之所以晚了两年，原因是他需要协助总理衙门与日斯巴尼亚、秘鲁商定华工保护章程。陈兰彬衔命出使美国、日斯巴尼亚、秘鲁三国，横跨大西洋欧美两洲，往来南北美洲，尤其在美洲排华的恶劣国际环境下，以弱国设立领事保护华人，交涉排华案件，控诉霸权、伸张正义。他面临的困境和肩负的责任，远远超过郭嵩焘。清政府有过官方评价，称陈氏“识见远大，志趣纯正，人亦能耐劳苦，办事切实不浮”[①]。诚哉斯言！

（四）致力建设广东地方文化

光绪十年（1884），年近七旬的陈兰彬息影政坛，致仕返乡。陈氏以读书为乐，书斋取名“愿学家塾”。他藏书甚丰，自撰联云：“雪案读儒书，廿二龄以优行贡成均，选广博，登科第，通籍词垣，并从戎越水燕山，想当年，壮志激昂，乃思树立；星槎持使节，八万里自遐邦返京邸，历侍常，涉宗卿，被官谏议，及掌职蓉台枢部，幸此日圣恩高厚，暂息薪劳。”[②] 陈氏居乡却绝非隐田园，不问世事，而是余热仍挥，致力于地方教育和地方志编撰，育人著书，不遗余力，推进当地文化、教育事业的发展。

陈兰彬两度主讲高文书院，悉心延揽和培养英才，陈熙敬、陈一山、李文泰皆出其门。

从光绪十三年至十八年（1887—1892），陈兰彬六年间主纂三部地方志书，高效且优质，堪称创纪录。光绪十三年（1887），陈兰彬应吴川知县毛昌善之聘，总纂《吴川县志》。该志在双江书院开局撰修，历时一载而全稿修成，于光绪十八年（1892）由羊城萃经堂刻刊。《吴川县志》仿照阮元《广东通志》，略作变通，设10卷，计分舆地、建置、经政、职官、人物、纪述6门30个子目。“夫娘”方言之收录，既体现了俚语的拾遗，又反映了中原雅语的存活，文化渊源一览无遗；以小见大，雅俗共赏。

① 总理衙门：《呈出使及办理中外文务陈兰彬等员履历单（光绪元年五月十四日）》。见《录副奏片》，中国第一历史档案馆藏。

② 黄志豪编：《吴川古今对联选》，（香港）中国文化出版社，1997年，第36页。

光绪十五年（1889）《高州府志》开局，杨颐与陈兰彬任总纂。杨氏在京忙于政务，实由陈兰彬总成之。十六年（1890）夏，《高州府志》修成，十七年（1891）由高城联经号刻印。《高州府志》仿阮元《广东通志》体，坚持“实有惠政于高州者，虽微员必纪，否则虽显要不录，现在官员及尚在仕路者流，俟后纂”。其艺文，仿《汉书·艺文志》《隋书·经籍志》。重人文、职官、经政，是为该志特色。

光绪十七年（1891），石城（今廉江）知县蒋廷桂延请陈兰彬总纂《石城县志》，于次年编就，仍由高城联经号刻印。陈兰彬等人认为，前明嘉靖之《石城县志》，“门类繁琐，且有轻重失御”，“此志于旧修年全削去不载，且所引旧志亦不分注明何志，是疏失之处”。鉴此，陈兰彬创新志书门类分法，设为8个门类，内容承旧志而“补其阙，正其陋”。体例仍借鉴阮元《广东通志》，但又多有创获。

《高州府志》《吴川县志》《石城县志》等三部方志，“皆以材料翔实，记载精确，立例谨严，征引详博见称，诚为历代广东方志中的精品，无疑具有重要的历史文献价值”，后人研究粤西地方历史人文的必备参考书，亦由此奠定了陈兰彬在中国方志编纂史上的地位。

三 管蠡见荦章

陈兰彬传统文化功底深厚，虽不以思想学术见长，却笔耕勤谨。早年著有《诗经解》《诗经靖笺》《孟子靖笺》和《同馆赋钞 同馆诗钞》等，直隶赈灾时撰成《治河刍言》。出使期间写下《使美纪略》《游历美国即景诗》《重次千字文》《泛槎诗草》和《使美百咏》等，赴古巴调查修有《古巴华工申呈及口供节录》，晚年参与纂修《高州府志》《吴川县志》《石城县志》，主纂《吴川金石志》《石城金石志》等志书，著述可观。

陈兰彬出使美、日、秘三国期间的诗咏，数量约百首，称谓不一，并未结集出版，大多散存于各地。如《陈兰彬遗稿》存有律诗82首，上海《申报》刊载《游历美国即景诗》28首，汪瑔的《松烟小录》收录22首，《广东诗汇》和《黄梅花屋诗话》收录《由日本赴金山即事杂咏》3首，《吴川古今诗选》和《纪念陈兰彬诗文集》收录《出洋记事三十二首（选四）》4首、《太平洋即事三十二首（选十）》10首和《由日本赴金山即事杂咏》2首，《陈兰彬颂》收录62首。这些诗文多是相互传抄，字句略有差异。

缘于历史原因，陈兰彬的著述大多已经散佚，成册出版且至今尚存的仅有《使美纪略》和《同馆赋钞　同馆诗钞》，出使美、日、秘三国期间的诗咏约百首散见于报刊、文集和私家藏品之中，而《治河刍言》《诗经靖笺》和《孟子靖笺》[①]，则至今未见。

《陈兰彬集》的编辑，尤须感谢2008年12月在陈氏故里吴川市举办"纪念陈兰彬出使美国130周年学术研讨会"。海内外学者热心呼吁与助力陈兰彬研究，令人感奋。有鉴于陈兰彬著述尚未整理出版，编者于会后，开始"千里之行"，着手收集整理陈兰彬的各种著述和相关史料。

本集编辑者先后前往中国国家图书馆、北京大学图书馆、天津图书馆、湖南图书馆、广东省立中山图书馆、广州中山大学图书馆、中国第一历史档案馆、台湾"中央研究院"近代史

---

① 朱祖谋《总理各国事务大臣都察院左副都御史兼署礼部左侍郎陈公神道碑》："悯畿辅困水患，撰《治河刍言》八卷。"又，《诗经靖笺》《孟子靖笺》两书，"尚觉词涉繁芜，意多纤仄，未敢出而问世"。日后公务缠身，四海奔波，或无暇及此。见汪兆镛辑《碑传集三编》卷一七。

研究所、台湾故宫博物院等可能藏有陈兰彬史料之机构，广括穷搜；又联系美国国家档案馆、香港中文大学图书馆、广东省博物馆、茂名市博物馆、湛江市博物馆、顺德博物馆等处，搜寻陈兰彬照会、书画、对联；多次前往吴川、高州、化州、茂名、电白等陈氏足迹所经之地，走访陈兰彬故居、陈兰彬及亲友墓地、陈氏宗祠，实地考察载有陈氏题词、题联、碑文的庙宇津桥，搜集陈兰彬著述、楹联、墓志铭。十年之力，集腋成裘，喜获陈兰彬著述近两百万言，编为此集，权以告慰前贤。

《陈兰彬集》问世于陈氏诞辰200周年之后，得益于各界各家的无私捐赠，鼎力成全。敢有奢望者，尚祈本书之出版抛砖引玉，迎来陈兰彬著述之发掘、研究之拓展与深化。

四　垂鉴警四方

毋庸讳言，对陈兰彬生平与事功的研究，此前不免有被遗忘、被误传、被歪曲之嫌。换言之，研究近代中国政治史、外交史、留学史、教育史、经济史、文化史、侨务史、地方史，陈兰彬不应缺位，《陈兰彬集》更不该缺席！整理出版《陈兰彬集》，不但具有较高的文献价值与学术研究价值，而且富有世界意义和现实借鉴意义。

（一）有利于学术研究的拓展

陈兰彬作为晚清一位开明的洋务官员，首任驻美肄业局总办，经历了留学幼童的派出与撤回，其著作记述了自身与同僚以及相关官员在留学事务上的复杂认知与心态，披露了从封闭到开放时人趋新与困惑的纠结，从而揭示：从封闭到开放过渡期的“探路”心态左右了晚清对待新生事物政策的摇摆性。其因由，既有历史的局限和时代的纠结，也有转型期的困惑以及文化差异的认知。如果以事后的价值取向去评判百多年前的人物与思想，未免有违历史唯物主义的原则，陷于苛求或偏见。《陈兰彬集》面世，在某种程度上拓宽新史料涉及面，有助于推动学术研究的深化。

同理，陈兰彬作为首任驻美、日、秘公使，其日记与使外经历，开阔了晚清大臣的世界视野，丰富了他们的思维方式，提供了使外心路历程的典型个案，为考察清末社会转型、探求中国外交近代化的历史及其艰难历程增添了文献资料。陈兰彬驻外期间撰成的《使美纪略》《游历美国即景诗》《泛槎诗草》《使美百咏》以及《古巴华工申呈及口供节录》等，对考察中国外交草创期的样态和研究美国铁路史、美洲农场史、经济史具有极高的参考价值，是史家管窥19世纪末的世界发展史、中美关系史不可或缺的文献。

（二）有利于务实开先精神的激励

事业、事功不是吹出来的，也不是编出来的，更不是骗出来的，而是由汗水苦干铸就的。陈兰彬出国之前，是一位经世致用的士大夫，近二十年的幕僚生涯，练就了他的济世心志和勤谨务实的精神。

咸丰七年（1857）十二月，两广总督黄宗汉奏调他回粤协办洋务，次年一月，钦差大臣胜保又奏调他到直隶军营差遣，两位总督所看重的是他的实干。陈兰彬有过协办军务的经历，被选择的直隶，他相对熟悉，且在天子脚下，升迁也快。但他于五月选择回粤协办洋务，则体现了他的务实精神。是时洋务人才匮乏，且士大夫大多不屑于洋务，他的选择，正是为朝廷学洋务办洋务，以务实来抒发先天下之忧而忧的情怀。再者，此十年间，吴廷溥、胜保、黄宗汉、刘长佑、曾国藩、李鸿章等六位总督，先后有意罗致陈兰彬入幕；亦屡获丁日昌、许振祎、朱学勤、李兴锐等朝廷大员举荐。在无任何人脉背景之下，陈氏得如此之多名宦赏识，除了务实，“本钱”何来与焉！

追随洋务派经年，新的挑战形铸了他在务实基础上趋新求变的性格。《奏为招商局轮船关系大局办有成效请饬疆臣认真经理事》等奏折，清晰地透出他忧国忧民、支持近代船政和商业发展的求变思想。他为北京同文馆总教习、美国传教士丁韪良（William Alexander Parsons Marti 1827—1916）所译的国际法著作《公法便览》和近代交战规则著作《陆地战例新选》两书，以及北京同文馆医学教习、英国传教士德贞子固氏（John Dudgeon，1837—1901）所著的中国近代第一本解剖学教材《全体通考》所作的序言，展示了他思想开明、务实开新的精神风貌。

及至赴美，陈兰彬专责幼童的“中学”教育，在与友人的信函中称身心疲惫，仍坚持为中学作业悉心批改，表现出为贯彻留学章程，为灌输中国传统文化尽心尽力。其务实还体现于对夏威仁王国（今夏威夷群岛）外交官的安置。该国为华人往来南北美洲的跳板，位置十分重要。其时，清政府与夏威仁王国尚未建交，为了护侨，他先是选择有名望的富商陈国芬（陈芳）为商董，借商董行领事之职。随着清政府与该国建交，旋请总理衙门改商董为领事。

陈氏的务实精神体现在做实事，不张扬，此乃中华民族优秀品格之一，值得永远承传。

（三）有利于实事求是的深化研究

140 多年前，陈兰彬携带幼童赴美留学，那时不算美差。十年使美时光，是一个挑战！除了承袭传统文化精粹一脉，还沐浴了科技昌明洗礼的欧风美雨。在古老帝国从传统向现代艰难转型的过程中，陈氏代表了晚清范例，既是受惠者，又是开拓者，也是困惑者，需要勇气和担当！

应该指出，陈兰彬赴美前近二十年的幕僚生涯，对朝廷体制内的运作经已见怪不怪，这练就了他老成持重的品性，或正是因此得到了朝廷大员的青睐。他的《使美纪略》仅是对美国昌明国度的赞许，或对先进科技的宣介，几未抒发自己的私见——他深谙国情，大洋彼岸科技的实施乃至新国度的变更，不是一蹴而就的。或是有意不露锋芒，淡化了自己的材器识力，这在一定程度上被人误解为“顽固守旧”。《陈兰彬集》多维度展示了陈氏的思想动向与演变轨迹，是重新认识陈兰彬最有效的史料。有学人指出：“容闳在其自传中将陈氏描述为守旧人士，自有其语境和私心。今人不察，以为信史而征引传播，实在令人遗憾。作为早期洋务事业的实干家之一，陈兰彬为世人误解久矣，希望我们今天的研究，能够恢复历史的本来面貌，从而真正汲取经验和教训。”[①]《陈兰彬集》对于学人多维了解陈兰彬的事功与形象，升华对先贤的温情与敬意，提供了现成的资料。同理，对容闳追慕先进、思想急进也应有谅解。他喝洋水长大，饱学西方，迫切希望祖国赶超欧美，又何尝不是激情昂扬？再者，参与留学事务的官员众多，幼童留美的功劳乃集体的智慧和建树，不能归到容闳、曾国藩或李鸿章任何一个人的名下；同理，幼童撤回，原因复杂，这是时代的遗憾，将责任简单地归咎于某人或几个人头上，也有不切合实际之嫌。

（四）有利于文化自信的升华

重温陈兰彬于“弱国无外交”之大格局下锲而不舍，为华工争取权益，为民族争取尊严之所作所为，折射了中美关系之百年变幻。对今天的外交活动，运用外交策略处理国际关系，构建新型的中美关系有很强的世界意义和现实借鉴意义。

“今天，祖国的强大，使排华浪潮之惨剧，或再不会在美国重演。但是，尽管中国、美国与世界都发生了翻天覆地之变化，

---

① 潘振平：《陈兰彬生平及评价的几个问题》，《广东社会科学》2017 年第 6 期。

美国对华政策之国内政治与公众舆论，却与130年前依然有惊人的相似之处……这种惊人之相似，揭示了一个严酷的事实：当今的国际关系体系，依然是以西方为主导的政治、经济、法律与文化体系。评判好与坏，对与错，善与恶之话语权，依然掌握在西方主流社会之手中，中国在世界上争取平等权益的斗争，远未结束。在争取民族平等、人类大同的征途上，我们不仅要认真学习西方国内政治、经济、文化体制之优点与长处，博采众长，不仅要有强大的经济、强大的国防，而且要有中国自己独特的国际关系体系之理论与观念，独特的人文社会科学体系之理论与观念。正是在这一方面，中华文明一定能够为人类前途作出独树一帜、无可估量之伟大贡献，中国的人文社会科学家，任重而道远！”①

当前世界并不太平，强国霸权是对地区乃至世界安全和谐构成重大威胁的主要因素。坚持正义，反对霸权，是世界弱小国家或民族共同致力的时代命题。中国崛起改变与影响着世界政治格局的重新建构，中美关系走向了以协商合作为主，摩擦纠纷频仍的新阶段。在中美邦交进程中，中国始终需要以文化自信为积淀，经济腾飞为助力，政治自信为根基，坚持平等友好原则处理与美国及其他国家的关系，坚持正义，反对霸权，维护与参与创造世界和谐的伟业。

编　者

2018年4月

---

① 卿斯美：《西方在华国际关系体系之确立与首位驻美公使陈兰彬（1878—1881）》，王杰主编：《使美先驱陈兰彬——纪念陈兰彬出使美国一百三十周年学术研讨会论文集》，河南大学出版社，2016年，第34页。

凡　例

《陈兰彬集》的整理遵循如下规范：

一、本书收录之著述，不作任何删节和增补，以保持原作原汁原味。

二、本书以简体字排印，按当今通行规范进行标点、分段、校勘。原件残缺或难以识别的字句用“□”表示，空缺字用“○”表示。明显错别字则直接改正。

三、著述按类别编排，分奏折、咨文、批文谕令、照会、函电、日记、杂文、调查报告、诗赋、楹联等十类。类内篇目按时间先后顺序排列，咨文、函电则按主题编排，同一主题按时间顺序排列。著述日期不详者，或考订判明具体或大致时间，加题注说明。发表于报刊者，按发表时间拟定。考证无果者，列于该类别之后。

四、著述所标时间，年号纪年和农历纪年后括注公元纪年。

五、每篇篇末注明文本来源，标出收藏机构（个人），以备核查。对一稿多版者，或以原件时间最早，或以档案馆和博物馆藏可信度较高之原件为底本。

六、各篇标题，尊重底本所拟，间亦有据内容进行修改者；无标题者则根据每篇内容或时间拟定。

目　录

奏　折

咨　文

批文谕令

奏折

一　奏为奉旨以三四品京堂候补并赏给二品顶戴等谢恩事

光绪二年正月十九日（1876 年 2 月 13 日）

二品顶戴、候补三四品京堂臣陈兰彬跪奏：为恭谢天恩，仰祈圣鉴事。

窃臣于光绪元年十二月二十一日[1]在广东途次，承准总理各国事务衙门咨行："光绪元年十一月十四日[2]奉上谕：'四品衔郎中陈兰彬著以三四品京堂候补，并赏给二品顶戴，钦此。'同日又奉上谕：'二品顶戴候补三四品京堂陈兰彬、三品衔同知容闳，着充使美国、日国、秘鲁钦差大臣。容闳并着以道员用，赏给二品顶戴，钦此。'"[3]

臣当即恭设香案，望阙叩头谢恩。伏念臣岭南下士，樗质庸才，屡蒙高厚之恩，未展涓埃之报。乃荷温纶渥沛，晋显秩

---

① 光绪元年十二月二十一日，1876 年 1 月 17 日。

② 光绪元年十一月十四日，1875 年 12 月 11 日。

③ 据《德宗实录》卷二十二载："（光绪元年十一月十四日）赏四品衔郎中陈兰彬以三四品京堂候补，三品衔同知容闳道员用，并加二品顶戴，充出使美国、日国、秘国钦差大臣。现月……戊申（十五日）。谕军机大臣等。昨派陈兰彬、容闳充出使大臣，着该衙门查照出使英国成案，照会各国，嗣后均照此办理。现月。"见《德宗实录》（一），《清实录》第五二册，中华书局，1987 年，第 334 页。

又据《光绪宣统两朝上谕档》载："光绪元年十一月十四日（丁未，1875 年 12 月 11 日），奉上谕：二品顶戴候补三四品京堂陈兰彬、三品衔同知容闳，着充使美国、日国、秘鲁钦差大臣。容闳并以道员用，赏给二品顶戴。"见中国第一历史档案馆编：《光绪宣统两朝上谕档》（一），广西师范大学出版社，1996 年，第 345 页。

于朝班；简命重申，赋皇华于海外。鸿施逾格，鳌戴难名。

臣前奉总理各国事务衙门委，赴粤东查看招工事宜，拟查明一切情形，即当航海入都，恭诣阙廷，跪求圣训。

除咨报总理衙门查照外，所有感激下忱，谨具折叩谢天恩。伏乞皇太后、皇上圣鉴。

再，此折系借用广东巡抚关防拜发，合并声明，谨奏。

光绪二年二月二十四日，军机大臣奉旨："知道了，钦此。"

正月十九日

《录副奏折》，中国第一历史档案馆藏

二　奏为选派出使随员折

光绪二年十月初六日（1876年11月21日）

钦差出使美、日、秘大臣，太常寺卿陈奏：美国之金山[①]、日国之古巴[②]、秘国之嘉里约[③]等处，均有华人在彼贸易佣工，其数约有三十余万，所有应设领事、参赞、翻译等官，并随员，人数较多，兹先择得户部主事刘亮沅[④]，兵部主事朱和钧[⑤]，刑部郎中陈嵩

---

① 美国之金山，即美国旧金山（San Francisco）。

② 日国之古巴，即日斯巴尼亚国（今西班牙）的殖民地古巴（Cuba）。

③ 秘国之嘉里约，即秘鲁最大的海港和第二大城市“卡亚俄（Callao）”。

④ 刘亮沅（1838—1900），字湘浦，广东香山（今广东中山）人。光绪二年（1876）由陈兰彬奏调为出使美、日、秘随员。光绪四年（1878）以户部候补主事，随陈兰彬出使美、日、秘。光绪五年（1879）任驻古巴哈瓦那总领事。光绪八年（1882）继续担任驻古巴总领事。光绪十二年（1886）任驻秘鲁国二等参赞等职。曾代理出使美、日、秘三国大臣。光绪十五年（1889）丁忧回国。次年七月分发广西，先后任光绪十七年（1891）广西乡试监试官、校阅桂梧水路防营、署左江道、盐法道、督办通省厘务等职。光绪二十三年（1897）调云南补用道。光绪二十六年（1900）卒于任，年六十二岁。

⑤ 朱和钧（？—1901），字调原（元），号茗园（原），江苏上元人。广东巡抚朱桂桢之孙。先后任刑部主事和兵部主事等。光绪二年（1876）由陈兰彬奏调为出使美、日、秘随员。光绪四年（1878）随陈兰彬出使美、日、秘，派任旧金山总领事馆。光绪六年（1880）赴檀香山会同商董陈芳（国芬）建立外交机构。次年五月任日斯巴尼亚国参赞。光绪八年（1882）任驻日国使署代办出使大臣事务二等参赞官。光绪十六年（1890）以盐运使衔候选知府投效到福建台湾巡抚刘铭传幕下，次年任福建台湾补用知府。光绪二十年（1894）三月署台南知府，次年五月因日本侵占台湾，遵旨内渡。著有《西班牙述略》。

良[1]，候选道陈树棠[2]、陈桂士[3]，监生薛树辉[4]，通判蔡锡勇[5]，

---

① 陈嵩良，生卒年不详，又名仁端，字楚士，广东吴川人。陈兰彬胞兄兰韡之子。同治十年（1871）报捐贡生，加捐郎中，签分刑部湖广司行走。同治十二年（1873）中式癸酉科顺天乡试副贡生。光绪二年（1876）由陈兰彬奏调为出使美、日、秘二等参赞官。光绪四年（1878）报捐花翎。光绪七年（1881）差满回国，任刑部江苏司主稿。次年以知府分归候补班前遇缺尽先补用并加盐运使衔，分发签掣四川。光绪二十七年（1901）任邛州知州。晚年退居吴川乡里。

② 陈树棠（1830—1888），字芾南、茇南，英文名 Asong，广东香山（今广东中山）人。在上海经理茶叶，入股轮船招商局，同治十一年（1872）任轮船招商局香港分局局董，并前往日本筹备货运业务，开辟国外航线。光绪元年（1875）任轮船招商局闽粤南洋总理局务。光绪二年（1876）与徐润和唐廷枢等创办仁和保险公司，又由陈兰彬奏调为出使美、日、秘随员。光绪四年（1878）随陈兰彬出使美国，任驻旧金山总领事。光绪八年（1882）任满回国。光绪九年（1883）六月以河南候补道派驻朝鲜总办商务委员二品衔分省补用道，光绪十一年九月二十一日（1885 年 10 月 28 日）因病回国。光绪十四年（1888）参与清理郑观应经营织布局亏损债款事宜。

③ 陈桂士（？—1895），字瑞南，广东新会人。陈朝忠之弟。先后在上海英商沙逊洋行（Elias David Sassoon & Co.）和香港德商瑞记洋行（Arnhold Karberg & Co., Ltd.）充当买办。同治八年（1869）参与创办香港东华医院，出任首总理（1869—1871）。同治十年（1871）捐资参与创办中华印务局和《循环日报》，并为《普法战纪》作序。参与创办广州爱育堂。捐得直隶补用道。光绪二年（1876）由陈兰彬奏调为出使美、日、秘随员。光绪四年（1878）由刘坤一奏留广东办理赈务。光绪二十年（1894）与陈兰彬等捐建广州陈氏书院（陈家祠）。

④ 薛树辉，生卒年不详，字明谷，浙江人。光绪二年（1876）由陈兰彬奏调为出使美、日、秘翻译。光绪四年（1878）随陈兰彬出使美、日、秘，任驻旧金山领事官翻译，未几因病回国。光绪十年（1884）任台湾通商委员。光绪十一年（1885）任总理“平安轮”船帮办、台南通商委员。

⑤ 蔡锡勇（1847—1898），字毅若（敬），又字启运，福建龙溪人。同治六年（1867）广州同文馆毕业，调京考试，回粤任职。光绪二年（1876）由陈兰彬奏调为出使美、日、秘翻译。光绪四年（1878）赴美履任。期间获哈佛大学名誉博士学位。光绪八年（1882）任满回广东任实学馆教习及文报局差使。光绪十年（1884）由张之洞派充广东洋务局总办，负责办理交涉事务，开设银元局、枪炮厂、水陆师学堂以及制造兵轮等事。光绪十五年（1889）由张之洞调任督府总文案、湖北补用道、湖北铁政局总办，先后筹办湖北炼铁厂、枪炮厂、银元局、织布局、纺纱局、缫丝局、自强学堂、武备学堂。卒于任。著有《传音快字》和《连环账谱》等，译有《美国合邦盟约》。

光禄寺录簿叶源濬①，堪以派充领事等官之任。②

奉旨："依议。"

（清）薛福成著，蔡少卿整理：《薛福成日记》上册，吉林文史出版社，2004年

---

① 叶源濬（？—1879），字绪东，亦作树东，江苏江宁人。同治十年（1871）入曾国藩幕。同治十一年（1872）随陈兰彬携带第一批幼童赴美，任驻洋肄业局中文教习。同治十三年（1874）随陈兰彬赴古巴调查被虐华工案。光绪元年（1875）与陈兰彬回国协助清政府与西班牙商定古巴华工条款。光绪二年（1876）由陈兰彬奏调为出使美、日、秘随员。光绪四年（1878）随陈兰彬出使美国，任参赞。光绪五年（1879）随陈兰彬赴西班牙递交国书，十月十七日因病殁于法国巴黎。

② 据《薛福成日记》光绪四年六月初四日（1878年7月3日）记载："出使美日秘大臣、宗人府府丞陈兰彬，于光绪二年十月初六日奏调户部主事刘亮沅等八员，三年七月初六日奏调侍讲衔编修吴嘉善等十员。现除四川候补道莫晏均回籍守制，候选道陈桂士奏留办赈，未能随行，续调户部笔帖式廷铎、候选同知严士琦、盐提举容闳、教谕陈为焜、县丞沈金午、谭乾初、从九品吴礼堂、杨荣忠、金廷绪、武举扬名泰、把总李大伦。"见（清）薛福成著，蔡少卿整理：《薛福成日记》上册，吉林文史出版社，2004年，第203页。

又据《申报》光绪四年六月初二日（1878年7月1日）第1896号第2页《钦使出洋续闻》记载："前报陈荔秋星使于五月念二日乘万昌公司火船，由香港起程，径赴美国。兹偕行者，共有二十二人，兹将参赞大臣及随员、领事、翻译等官衔备列于左：翰林院侍讲吴子登嘉善，户部主事刘亮沅湘浦，兵部主事朱和钧调原，刑部郎中陈嵩良楚士，候选道陈树棠芰南，通判衔监生薛树辉明谷，候选通判蔡锡勇毅若，五品衔中书科中书叶源濬树东，五品衔刑部主事曾耀南次峰，内阁中书刘观成云樵，候选同知陈模南夫，候选同知黄达权平甫，候选同知陈善言霭廷，提举衔候选通判刘光廉吉六，运同衔候选同知严士琦朗轩，主事衔八品笔帖式廷铎命九，补用县丞吴礼堂丽棠，守备杨名泰武举，把总李大伦子猷，候选从九品金廷绪子承，广东试用从九同知衔徐承祖孙麒，江苏试用县丞沈金午裴庄。并闻陈星使初议随员单内，尚有候选道陈桂士，及四川尽先道莫晏均。兹陈君由上宪奏留办赈，莫君以读礼家居故未与外洋之行也。"见《申报》影印本第13册，上海书店，1983年，第1页。

三　奏为招商局轮船关系大局办有成效请饬疆臣认真经理事

光绪二年十月二十四日（1876年12月9日）

二品顶戴、太常寺卿臣陈兰彬跪奏：为招商局轮船关系大局办有成效，请旨密饬疆臣认真督饬经理，合力维持，以固疆守而臻富强，恭折仰祈圣鉴事。

窃维洋人远来中国，通商谋利，无非削我赀财，厚集兵力，以肆其狡谋。而害之最切近者，莫如轮船。缘轮船转运捷而脚费省，又有保险公司，设有意外，照价赔偿，视民船滞笨、时虞漂泊者，相去霄壤。商民争利趋便，附搭恐后。计十余年来，洋商轮船日增，中国民船日减，获利之后，得步进步，始而海滨，继而腹地，终必支河小水，凡舟楫可通之处，皆分占之。中国民船日销月蚀，渐归于无有，是彼不烦兵力，藉以生财，而尽据我土宇之利也。获利之后，愈进愈深，是愈畅其要求之路也。洋船所至之处，洋案愈多，是彼收其利，而我受其扰也。万一海疆有事，彼将轮船撤回，民间货物及军饷转输较难，势必束手无策，是彼既夺我利源，并能制我要害也。

洋人欲图强兵，必先富国；欲图富国，必先联商。官商联则集赀厚，赀本厚则财力雄，获其赢余，从而练兵制器，以侵扰邻国，此又海疆多事之本源，而轮船尤害之切近者也。

直隶督臣李鸿章深悉其弊，前年招集华商，创办轮船招商局，为中国官商联络之始。惧其艰于创始，为洋人所倾轧，酌拨漕米以资之，深识远虑，洞合机宜。

综其大利，约有数端：

查招商局未开以前，洋商轮船转运于中国各口，每年约银七百八十七万七千余两。该局既开之后，洋船少装货客，三年共约银四百九十二万三千余两。因与该局争衡，减落运价，三年共约银八百十三万六千余两。是合计三年中国之银少归洋商者，约已一千三百余万两。将来扩而充之，中国可以自操其利。是漏卮稍塞，其利一也。

轮船快捷，一日千里，转饷调兵，刻期可至。前年台湾有警，淮军远在扬州，赖有招商局船，不数月而全军皆渡。是转运快便，其利二也。

外国用兵，以兵船接仗，以商船转输，平时无养船之费，临事收有船之利。现在湖北疆臣购买“汉广”轮船[①]，交招商局租用，遇有剿捕，随时调回，实两利之善法。是协济江防，其利三也。

轮船管驾最难，其人必须熟读洋书，讲求有素，晓畅天文、纬度、风涛、沙线，方克胜任。今船政衙门聚徒讲习，拨派多人，前往泰西考究。此辈学成，若将来无从安置，日久荒废，尽弃前功。有招商局以安插之，互相传授，精益求精，无事资以商贩，有事用以折冲。是储备水师，其利四也。

洋人碰沉民船，赔偿者十不一二，地方官即极力争辩，无可如何。若招商局船偶有碰坏民船，必尽数赔偿。又如该局前年“福星”轮船失事，江苏海运委员死难者，仍每年拨款恤其家属。洋船失事，岂能有此？是民无冤抑，其利五也。

洋人借商力以养兵，削我财以逞毒，数百年处心积虑，窥我虚实，觇我形势，任意鸱张，而我无一商一船前往彼国，此自困之道也。如果招商局办有起色，由内江、外海以至泰西，

① “汉广”轮船，光绪元年（1875）湖广总督李瀚章购置，交轮船招商局租用。光绪七年（1881）在山东荣成湾附近失事沉没。

逐渐开拓，往彼经商，无论利权可以收回，而此后通好达情，学艺购器，皆可为所欲为；洞悉敌情，则操纵在手，借商之力，成我之功。是开拓远谟，其利六也。

英使威妥玛[①]求添宜昌、温州等口岸，条约一出，闻英商即交口诋諆，谓中国既有轮船，多添口岸，只为招商局生财，于彼实无利益，使该局财力充足，凡所添口岸，我皆有轮船与之争利，数年以后，彼将纷纷四散矣，尚何口岸之求耶？是杜绝要挟，其利七也。

夫中国之财富，固外人所觊觎，而中国之民情，实外人所畏忌。惟外国官与商合，商力厚而易强；中国商与官分，商力单而易弱。今招商局为官与商合之，发端亦为隐制洋人之根本，万一中止，洋人将乘锋而起，将来之害，有不可胜言者矣！中国制造船炮，彼人毫无猜忌，且愿悉心指授，冀我成功；惟招商局之设，则群怀隐忧。洋船在中国者，以美国旗昌行赀本为最大，现因招商局既设，亏折太甚，欲减价出售，该局甫立三年，洋商之至强者亦敛手退让，此实中外大局一关键，而时之不可失者[②]也。

李鸿章前赴烟台，法、俄各国公使群称招商局办理深合机宜，为中国必不可少之举。任事诸人，措置亦甚得当。则此局

---

① 威妥玛（Thomas Francis Wade，1818—1895），曾在英国剑桥大学读书。1841 年随英军侵华。1843 年任香港英国殖民当局翻译。1847 年任英国驻华商务监督署汉文副使。1853 年任英国驻上海副领事。1854 年任上海海关第一任外国税务司。1855 年任驻华公使馆汉文正使。1858 年至 1860 年任英国全权专使额尔金的翻译。1861 年任英国驻华使馆参赞。1871 年至 1882 年任英国驻华全权公使。1883 年退职回国。1888 年任剑桥大学首位汉语教授。编有《英汉字典》，著有《寻津录》《语言自迩集》等。

② 时之不可失者，《李鸿章全集》作“时时之不可失者”，疑为笔误，重复一“时”字。见（清）李鸿章著，顾廷龙、戴逸主编：《李鸿章全集》（7），安徽教育出版社，2008 年，第 221 页。

之设，争利者虽深忌之，其不争利者未尝不深服也。

查英国初设轮船公司，每年津贴银一百五十万圆；美国初设太平洋公司，每年津贴一百万圆。故能日增月盛，称雄海外。今商局办有成效，虽不必发帑津贴，惟宜昌等处新添口岸，仍觉招商局船少力薄，正宜及时厚集其势，以期收回全局，为中国立富强无疆之基。

相应请旨饬下南、北洋大臣，督饬在局员董认真经理，并饬江、浙各省加倍拨给漕米以资之；其余沿海、沿江各督抚，凡有可以维持该局轮船者，实力助成之，庶于中外大局大有裨益。

臣愚昧之见，是否有当，伏祈皇太后、皇上圣鉴。谨奏。

光绪二年十月二十四日

附：光绪二年十月二十四日密谕

军机大臣密寄大学士、直隶总督、一等肃毅伯李鸿章，两江总督沈葆桢[①]，光绪二年十月二十四日奉上谕：[②]

“太常寺卿陈兰彬奏招商局轮船关系大局，请饬疆臣认真经理一折。据称洋人轮船之入中国，为害最甚。中国自创办招商局轮船以来，洋人不能尽占中国之利，办理已有成效，为中外大局一关键。惟宜昌等处新添口岸，仍觉招商局船少力薄，宜及时厚集其势，以为富强之本，请饬南、北洋大臣督饬局员认真经理，悉心会商，妥筹办理。[③] 原折均著抄给阅看。将此由四百里各密谕知之。钦此。”

遵旨寄信前来。

（光绪二年十月二十五日奉到。）

《录副奏折》，中国第一历史档案馆藏

① 沈葆桢（1820—1879），原名沈振宗，字幼丹，又字翰宇，福建侯官人。林则徐之婿。道光二十七年（1847）中进士，选庶吉士，授编修，升监察御史。咸丰五年（1855）任江西九江知府，次年署广信知府，擢升广饶九南道道台。咸丰十年（1860）授吉赣南道台，以亲老辞，留原籍治团练。咸丰十一年（1861）任江西巡抚。同治六年（1867）任福建船政大臣，主办福州船政局。同治十三年（1874）任钦差大臣，赴台办理海防，兼总理各国事务衙门大臣。光绪元年（1875）任两江总督兼南洋通商大臣。著有《沈文肃公政书》等。

② 军机大臣密寄大学士……奉上谕，《德宗实录》作“辛亥谕军机大臣等”。见《德宗实录》（一），《清实录》第五二册，中华书局，1987 年，第 591 页。

③ 请饬南、北洋大臣……妥筹办理，《德宗实录》作“请饬南北洋大臣督饬局员认真经理，并加拨江浙漕米以资挽运等语，所奏不为无见，着李鸿章沈葆桢体察情形，悉心会商，妥筹办理。”见《德宗实录》（二），《清实录》第五二册，第 592 页。

四　奏为续调出使随员折

光绪三年七月初六日（1877年8月14日）

钦差出使美、日、秘大臣，太常寺卿陈奏：

美、日、秘三国华人贸易佣工者，约有二十余万人。三国都城相去各在万里以外，即美国之金山海口、日国之古巴属岛，距该国都城，水陆亦逾万里。其各国都城、海口应派领事驻扎者，计有六处。须续调翰林院侍讲吴子登嘉善①、刑部郎中陈嵩良楚士、五品衔中书科中书叶源濬树东、五品衔刑部主事曾耀南次峰②、内阁中书刘观成云樵③、候选同知陈模南夫④、候选同

---

① 吴嘉善（1820—1885），字子登，江苏南丰人。咸丰二年（1852）进士，改庶吉士，散馆授翰林院编修。同治二年（1863）出任广州同文馆汉文总教。光绪三年（1877）陈兰彬奏为出使随员。光绪四年（1878）随陈兰彬出使。光绪五年（1879）任日斯巴尼亚国参赞。光绪六年（1880）任驻洋肄业局总办。光绪七年（1881）回国。著有《翻译小补》《测圆密率》《尖锥变法解》《算学二十一种》等。

② 曾耀南（1854—?），字子明，别字次丰（峰），号樵江，广东高州人。同治甲子（1864）科举人，光绪三年（1877）丁丑科进士，着分部学习，任刑部五品衔主事，并由陈兰彬奏调为出使随员。次年随陈兰彬出使美国，先后任驻日斯巴尼亚国使馆参赞和驻秘鲁使馆参赞。

③ 刘观成，生卒年不详，字云樵，广东南海人。光绪三年（1877）由陈兰彬奏调为出使随员。次年随陈兰彬出使美、日、秘三国，任职驻旧金山领事馆。光绪八年（1882）任满回国，免选本班以知府，不论双单月，遇缺前先选用。

④ 陈模，生卒年不详，字南夫（甫），广东吴川人。陈兰彬族弟陈汝藩之子。附贡。光绪三年（1877）由陈兰彬奏调为出使随员。次年随陈兰彬出使美、日、秘三国。光绪八年（1882）任满回国，以本班分发省分归候补班前遇缺前先即补，并赏加知府衔。

知黄达权平甫[①]、候选同知陈善言霭廷[②]、提举衔候选通判刘光

① 黄达权（Wong Tat-kuen，1827—1902），原名黄胜（Wong Shing），字平甫，广东香山人。道光二十一年（1841）入读澳门马礼逊学校（Morrison Memorial School），与容闳是同班同学。次年随马礼逊学校迁往香港。道光二十七年（1847）留学美国康州孟松学校（Monson Academy）。次年因病回国，在《德臣西报》（*The China Mail*）及英华书院印刷所等地从事印刷及翻译工作，咸丰三年（1853）聘任英华书院印刷所监督，参与创办和编辑《遐迩贯珍》，并协助传教士理雅各将“四书”翻译成英文。咸丰八年（1858）与伍廷芳创办了《中外新报》，并成为首位获得香港英国殖民政府承认的华人陪审员。同治三年（1864）任上海同文馆英文教习。同治四年（1865）与黄宽一同由李鸿章以随营出力奏升五品顶戴。同治六年（1867）春以孝养告退，辞职返港，重新就职于英华书院印刷所。其间，曾经丁日昌奏派，协同唐廷枢到香港为福州船政学堂招生。同治八年（1869）参与创办香港东华医院，兼任总理。同治十年（1871）与王韬等创办中华印务总局。次年与陈霭庭等创办《华字日报》，并任主笔。同治十二年（1873）五月与驻洋肄业局教习容增祥携带第二批留美幼童赴美。次年与王韬等创办《循环日报》。光绪二年（1876）与唐廷枢前往香港为福建船政学堂选取学生。次年由陈兰彬奏调为使馆翻译官。光绪四年（1878）改任驻旧金山领事馆翻译。光绪八年（1882）任满返港。次年加入英籍，并委为非官守太平绅士，出任定例局议员（1883—1890）。光绪十二年（1886）出任香港东华医院主席。著有《西洋火器略说》，与王韬合作编译《火器说略》（《操胜要览》）。

② 陈言（1846—1905），又名陈贤，字善言、慎于，号蔼亭、霭庭、蔼廷、霭廷，英文名 Chun Ayin，广东新会人。咸丰六年（1856）到香港，曾任香港巡理府秘书。同治十年（1871）就职于《德臣西报》（*The China Mail*），并与王韬等创办《中外新闻七日报》。次年，参与创办《华字日报》。同治十三年（1874）因《华字日报》泄密，被通缉，改名“陈善言”。光绪三年（1877）由陈兰彬奏调为出使美、日、秘三国大臣随员。次年随陈兰彬赴美。光绪五年（1879）任驻古巴领事，派驻马丹萨（Mataaaas）（今译“马坦萨斯”）。光绪八年（1882）郑藻如任出使美、日、秘国大臣，继续任命其为古巴领事。光绪十二年（1886）升古巴总领事。光绪十五年（1889）任满回国。光绪十八年（1892）任开平矿务局会办。光绪三十年（1904）任淞沪铁路总办和沪宁铁路督办。

廉吉六[1]、广东试用从九同知衔徐承祖孙麒[2]，堪以派充领事等官至任。

（清）薛福成著，蔡少卿整理：《薛福成日记》上册，吉林文史出版社，2004年

① 刘光廉，生卒年不详，原名兴谦，字吉六，别署三台山樵，广东香山人。由岁贡为简州训导。曾任“江靖”船总办。光绪三年（1877）由陈兰彬奏调出洋，因故未能成行。先后任职于芜湖招商局、承平矿务局。曾任广西泗城知府，后罢官隐居澳门。著有《愚园记》。

② 徐承祖（1842—?），字孙麒，江苏六合人。徐鼒的次子。由监生报捐县丞分广东。同治五年（1866）赏戴蓝翎。光绪三年（1877）经陈兰彬奏为随员，次年随同赴美。光绪七年（1881）任满回国。光绪十年（1884）任出使日本国大臣。光绪十四年（1888）任满回国，因事被革职查办。光绪十六年（1890）复职。译有《英美条约》，著有《美国风俗略》《条议存稿》等。

五　奏为奉旨补授宗人府府丞谢恩折

光绪四年三月初三日（1878年4月5日）

二品顶戴、新授宗人府府丞臣陈兰彬跪奏：为恭谢天恩，仰祈圣鉴事。

窃臣奉命出使美、日、秘三国，于二月初九日[①]请训后，束装起程。

在天津途次，承准总理各国事务衙门知照，准吏部文称："光绪四年二月二十一日[②]奉旨，陈兰彬补授宗人府府丞。钦此。"[③] 当即恭设香案，望阙叩头谢恩。

伏念臣岭南下士，知识庸愚。始通籍于词垣，旋备员于部署。容台超擢，未报涓埃；使节领承，方深兢惕。兹复渥叨恩綍，补授宗卿。闻命自天，负惭无地。窃维宗人谨司属籍，府丞实效赞襄。奉职偶疏，旷官滋惧。臣驰驱海外，瞻望朝端。惟有勉矢慎勤，俨随班于鹭序；时殷咨度，冀仰答夫鸿慈。

所有微臣感谢下忱，理合缮折恭谢天恩。伏乞皇太后、皇上圣鉴。谨奏。

① 二月初九日，1878年3月12日。

② 光绪四年二月二十一日，1878年3月24日。

③ 据《德宗实录》卷六十八记载："光绪四年。戊寅。二月。以太常寺卿陈兰彬为宗人府府丞。朱签。"见《德宗实录》（二），《清实录》第五三册，中华书局，1987年，第48页。

光绪四年三月初六日[1]，军机大臣奉旨：知道了。钦此。 奏

三月初三日 折

《录副奏折》，中国第一历史档案馆藏

① 光绪四年三月初六日，1878 年 4 月 8 日。

六　奏为续调出使随员折

光绪四年六月初四日（1878 年 7 月 3 日）

出使美、日、秘大臣，宗人府府丞陈兰彬奏：[①]

光绪二年十月初六日[②]，奏调户部主事刘亮沅等八员。三年七月初六日[③]，奏调侍讲衔编修吴嘉善等十员。现除四川候补道莫宴均[④]回籍守制，候选道陈桂士奏留办赈未能随行。续调户部笔帖式廷铎[⑤]、候选同知严士琦[⑥]，盐提举容闿[⑦]、教谕

① 据《德宗实录》卷七十五载："又谕：出使大臣陈兰彬奏请调员差遣等语。着该部按照单开各员。饬令前往听候差遣。洋务档。"见《德宗实录》（一），《清实录》第五二册，中华书局，1987 年，第 149 页。

② 光绪二年十月初六日，1876 年 11 月 21 日。

③ 三年七月初六日，1877 年 8 月 14 日。

④ 莫宴均，生卒年不详，广东茂名人。顺天榜中式第一百七十名花翎江苏即补道。

⑤ 廷铎，生卒年和籍贯不详。毕业于京师同文馆英文馆。光绪四年（1878）陈兰彬奏调出洋。次年派充古巴领事馆翻译。光绪七年（1881）调任驻日斯巴尼亚国参赞署翻译。光绪八年（1882）调驻美使馆翻译。光绪十年（1884）派驻秘鲁使馆翻译。

⑥ 严士琦，生卒年不详，字朗轩，安徽来安人。吕碧城之舅。同治七年至九年（1868—1870）曾随蒲安臣出使欧美。光绪四年（1878）由陈兰彬奏调出洋。光绪八年（1882）第二任出使美、日、秘国大臣郑藻如续调为驻美使馆随员。次年因病回国。曾任天津塘沽盐课司大使等职。光绪二十九年（1903）和三十三年（1907）任天津海防同知。民国后，曾在北洋政府任职。

⑦ 容闿，生卒年不详，字伟全，广东香山（今广东中山）人。容闳之族弟。光绪四年（1878）由陈兰彬调为随员，并随即随同出洋。光绪七年（1881）携带 69 名幼童回国。

陈为焜①、县丞沈金午②、谭乾初③，从九品吴礼堂④、杨荣忠⑤、金廷绪⑥、武举杨名泰⑦、把总李大伦⑧。

美、日、秘三国华人贸易佣工者，约有三十余万人。三国都城相去各在万里以外，即美国之金山海口，日国之古巴属

---

① 陈为焜，生卒年和籍贯不详。光绪四年（1878）经陈兰彬奏调为随员，在旧金山总领事馆任职。光绪八年（1882）任满回国。光绪九年（1883）随陈树棠前往朝鲜任职。次年任釜山商务委员。光绪十一年（1885）调至汉城任职。

② 沈金午，生卒年不详，字裘庄（《申报》作“裴庄”），浙江人。光绪四年（1878）由陈兰彬奏调出洋。光绪六年（1880）吴嘉善任任驻洋肄业局总办，沈金午任中文教习。次年，驻洋肄业局撤回，与吴嘉善总办携带幼童回华。其后前往驻俄使署曾纪泽处任职。

③ 谭乾初，生卒年不详，字子刚，广东顺德人。光绪四年（1878）由陈兰彬奏调出洋。次年派充古巴总领事馆英文翻译。光绪八年（1882）继续任古巴总领事馆翻译。光绪十二年（1886）第三任出使美、日、秘大臣张荫桓继续任命其为古巴总领事馆翻译。光绪十五年（1889）任驻古巴总领事。光绪十九年（1893）任驻古巴总领事。光绪二十二年（1896）任满回国。宣统三年（1912）任驻新加坡总领事。著有《古巴杂记》。

④ 吴礼堂，生卒年和籍贯不详，字丽棠。光绪四年（1878）由陈兰彬奏调出洋，派充驻日斯巴尼亚国参赞黎庶昌的二等法文翻译。光绪七年（1881）受雇于朝鲜海关。光绪九年（1883）随同朝鲜报聘使闵泳翊赴美考察月余。光绪十二年（1886）由总税务司穆麟德派充仁川分署西学翻译。光绪十四年（1888）转任办理龙山商务分署唐绍仪的西文翻译。

⑤ 杨荣忠，生卒年不详，字建勋，广东人。光绪四年（1878）经陈兰彬奏调随同出使美、日、秘。光绪五年（1879）被派往古巴任职，先后经继任出使美、日、秘大臣郑藻如（1882—1886）和张荫桓（1886—1889）留任。光绪十九年（1893）由第五任出使美、日、秘大臣杨儒奏派驻美使署翻译。

⑥ 金廷绪，生卒年不详，字子承，浙江人。光绪四年（1878）经陈兰彬奏调为随员，在旧金山总领事馆任职。

⑦ 杨名泰，生卒年不详，广东顺德人。同治元年（1862）恩科武举人。光绪四年（1878）经陈兰彬奏调为随员，在旧金山总领事馆任职。

⑧ 李大伦，生卒年和籍贯不详，字子猷。光绪四年（1878）经陈兰彬奏调为随员，在华盛顿使署任职。光绪五年（1879）被派往古巴领事馆任职。

岛，距该国都城，水陆亦逾万里。其各国都城、海口，应派领事驻扎者，计有六处。

（清）薛福成著，蔡少卿整理：《薛福成日记》上册，吉林文史出版社，2004年

七　奏为派设总领事等官驻扎美国金山折

光绪四年年底（1878 年 12 月至 1879 年 2 月间）

出使美、日、秘国大臣陈兰彬等奏：为派设总领事等官驻扎美国金山，恭折仰祈圣鉴事。

窃臣等奉命出使美国、日国、秘国，前经臣兰彬奏明美国之金山、日国之古巴、秘国之嘉里约等处，华民较多，应设领事等官料理。臣等到美国呈递国书后，查美国各邦华人约共十四万余，计金山一带已有六万，大半系佣力谋生，近因与外来洋人及本处工人积不相能，事端百出，自须亟设领事等官以资保护。

臣等公同熟商，现带随员陈树棠，稳练老成，堪以派充总领事，驻扎金山。惟该处交涉事件纷繁，开办之初，必得情形熟悉之洋人勷助。查有金山洋绅傅列秘[①]，前此遇事屡为华人排解，尚堪任使，当即派充金山领事，随同陈树棠办理，[②] 业

---

① 傅列秘（Frederick Alonzo Bee，1825—1892），1876 年代表旧金山六大会馆出席美国国会两院联合调查小组委员会有关华工问题的听证会。1877 年参加华工移民问题听证会。1878 年由陈兰彬任为驻旧金山领事官。1882 年由郑藻如任为旧金山领事官。1886 年由张荫桓任为旧金山领事官。1890 年由崔国因任为旧金山领事官。1892 年卒于任。

② 据陈兰彬《使美纪略》记载："近为埃利士人所谓'渴林党'者，寻衅滋扰，须延请状师，点缀衙门，费益不少。询土人相待若何，则称本土绅商尚无别意，但彼党张甚，土人亦不肯惹事，其真心卫顾、始终不懈者，惟傅列秘、集臣、卜尼士等数人。凡遇华人有事，辄肯挺身到官，设法排解，诚异乡之朱、郭也。"见（清）陈兰彬：《使美纪略》，《近代中国》第 17 辑，上海社会科学院出版社，2007 年，第 378 页。

于十月十四日发给委扎，十五日照会美国外部，十八日由外部送到伯理玺天德画押照准二纸，分别给发，并由臣等刊发木质关防一颗，文曰“大清总领事之关防”，交陈树棠领用。兹据报，已于十一月二十日到任视事。

理合将派设总领事等官缘由，恭折具陈，伏乞皇太后、皇上圣鉴。谨奏。

光绪五年二月初六日，军机大臣奉旨：“知道了，钦此。”四年十一月二十二日。

光绪〇年〇月〇日，奉旨：“该衙门知道。钦此。”

《录副奏折》，中国第一历史档案馆藏

八 奏报抵美呈递国书折

光绪四年十一月十五日（1878年12月8日）

出使美国大臣陈兰彬、候补道容闳奏：为恭报微臣行抵美国日期，及呈递国书情形事。

窃臣陈兰彬于五月二十一日在香港途次奏报出洋日期，[①]即于二十二日率领随员人等，附美国公司轮船开行。[②]六月二十八日到美国之金山埠。[③]七月初五日由火车启程。[④]十二日路

① 据陈兰彬《使美纪略》记载："二十一日，拜发奏报出洋日期，并续带随员各折片，由香港招商局交'富有'轮船送上海文报局委员黄惠和转递。"见（清）陈兰彬：《使美纪略》，《近代中国》第17辑，上海社会科学院出版社，2007年，第372页。

② 据陈兰彬《使美纪略》记载："二十二日，巳刻，雨后，偕带随员、仆从共三十四人登舟，爰使往东洋递秘鲁国书，亦附舟同行。未刻，启轮出鲤鱼门，针指东北艮寅方。"见（清）陈兰彬：《使美纪略》，《近代中国》第17辑，上海社会科学院出版社，2007年，第372页。

③ 据陈兰彬《使美纪略》记载："二十八、九两日，美绅哥路颠尼、那械、沙伦、傅列秘、按察司非儿、日本领事因那机亚、英国领事卜嘉、乃嘉拉娇亚领事非理揀、墨西哥领事布列策、士威顿领事巴知臣、秘鲁领事苏必辣、俄国领事威列士奇、前任使中国公使镂斐迪、现任使中国公使西华、镇守加科尼亚地方将军墨兜华、水师提督律遮士，及华商等陆续来拜。"见（清）陈兰彬：《使美纪略》，《近代中国》第17辑，上海社会科学院出版社，2007年，第375—376页。

④ 据陈兰彬《使美纪略》记载："初五日，留随员陈道树棠、薛丞树煇、朱主事和钧、刘中书观成、陈教职为焜、金从九延绪、杨守备名泰于金山，余俱随兰彬于七点钟动身，搭火船过屋仑横水渡上车。是时，各商董俱衣冠至车前殷殷话别。至此，已离金山六迈路矣。以后迈数俱自金山起算。八点半钟开车，往东北方行。"见（清）陈兰彬：《使美纪略》，《近代中国》第17辑，上海社会科学院出版社，2007年，第378页。

经哈富，晤副使容闳，探得伯理玺天德[1]避暑外出，回宫需时，未便即赴美都，因在哈富等候。[2] 八月二十三日行抵华盛顿，照会其外部大臣伊棫士。[3] 二十九日，伯理玺天德回京。据其外部照覆，订于九月初三日午刻接见。届期臣等恭赍国书，前赴彼宫呈递。其伯理玺天德免冠握手，问劳殷勤，臣等诵致通好之辞。[4]

---

① 伯理玺天德，即 President，今译“总统”。

② 据陈兰彬《使美纪略》记载：“十二点，到中国驻洋肄业总局，局在柯伦士的（‘士的’译言‘街’也）第四百号，与副使容道闳，及驻洋委员区主事谔良、容中书增祥等相见，谈悉美国伯理玺天德及其各官员皆已避暑外出，须中秋后始回署办事。因偕随员等暂驻该局等候。此后，兰彬及各随员火食均按薪水多寡匀算。”见（清）陈兰彬：《使美纪略》，《近代中国》第 17 辑，上海社会科学院出版社，2007 年，第 393 页。

③ 据陈兰彬《使美纪略》记载：“二十三日，巳刻，乘马车到赫臣河，既渡，为折尔西埠，由火车起行……四点零十七，到华盛顿，入寓耶夫街公署。由哈富至，此计程三百五十迈。是为美国京都，地在纬北三十八度五十六分，经偏西七十七度二分。”见（清）陈兰彬：《使美纪略》，《近代中国》第 17 辑，上海社会科学院出版社，2007 年，第 415 页。

④ 据陈兰彬《使美纪略》记载：“初三日，巳正三刻，兰彬与容副使闳，率同参赞容增祥、翻译陈言善、蔡锡勇俱用行装，并洋员柏立，乘马车先到外部衙门，由正门入，各官旁立点首，行前数十步，由升车上楼，至第一层，入左边官厅，陈设铺垫俱极富丽。伊棫士并其参赞施华陪叙片刻，起偕兰彬等出乘马车，前赴伯理玺天德宫门外下车，伊棫士前导，兰彬先，闳后，增祥捧国书继之，翻译及洋员随进，至殿右静候。殿长约二丈，阔二丈余，玻璃、窗槅，几帘、垫褥，一切蓝色，译称蔚蓝宫。少顷，伯理玺天德由殿左上，站立左首。随从六员：库务大臣沙文、律政大臣低云士、兵部大臣麦加拉利、驿务大臣胎拿、内部大臣别而、内务参赞大臣罗乍士，皆在左序立。伯理玺天德略一点首，兰彬等点首答之，伯理玺天德趋近与兰彬、闳握手毕，兰彬随即朗宣颂词，增祥奉○上国书，交兰彬恭捧，闳继用英语宣颂，词讫，兰彬敬将国书递与伯理玺天德，接受后，转交伊棫士，即自展答词，诵毕，复与增祥等各员逐一握手示敬。伊棫士又引兰彬等与六大臣握手相见，施参赞亦带增祥等与各官握手，然后退出。伯理玺天德送至殿前，谕令伊棫士陪过东殿游玩。少顷，乃别各大臣等，登车回寓。是日往返，男女观者夹道，即外部及宫殿门外亦拥挤如市。”见（清）陈兰彬：《使美纪略》，《近代中国》第 17 辑，上海社会科学院出版社，2007 年，第 416—417 页。

伯理玺天德亦具有复辞，钞呈御览，谨奏闻。谨奏。

光绪四年十一月十五日，奉旨："知道了。"

《使美日秘陈兰彬等奏报抵美呈递国书折》（光绪四年十一月十五日），王彦威辑：《清季外交史料》（一），书目文献出版社，1987 年

九　奏派领事以资保护侨民片

光绪四年十一月十五日（1878 年 12 月 8 日）

陈兰彬等片：

再，臣等查华人侨寓美国各邦，共约十四余万，在金山一带已有六万之多。[①] 近年土人及外来洋人积不相能，现未结之案计有二百余起，监禁者二百余人，交涉事几于无日无之。[②]

臣等呈递国书后，即应知照该外部，派设中国领事妥为保护，将来美都使署一切事务亦必纷繁。臣等不日仍须前赴日国、秘国，是以公同商酌，必须在此添用人员常驻料理，庶臻周密。

查有五品衔花翎保升主事容增祥[③]，管理幼童肄业局务已驻美国七年，熟悉情形，结实可靠，堪以就近调派参赞，并用美

① 据陈兰彬《使美纪略》记载："华民之来，始犹不多，且半系从别岛转徙至此，间有采金得资者，购布棚做小买卖。自立约通商后，来者始众，今计华民在美共十四五万，散处各邦乡市。在金山本埠者，统计三万余人，有资本作贸易者不过数千，其铺户俱设于都板街、沙加免杜街、积顺街一带，土人呼为'唐人街'。"见（清）陈兰彬：《使美纪略》，《近代中国》第 17 辑，上海社会科学院出版社，2007 年，第 376 页。

② 据陈兰彬《使美纪略》记载："现在该处未结之案约数百起，监押者数百人。"见（清）陈兰彬：《使美纪略》，《近代中国》第 17 辑，上海社会科学院出版社，2007 年，第 377 页。

③ 容增祥，生卒年不详，字元甫（元圃），广东新会人。同治十一年（1872）与陈兰彬携带第一批幼童赴美，担任驻洋肄业局中文教习。次年随陈兰彬赴古巴调查被虐华工情况。光绪五年（1879）初升为第三任肄业局总办，四月丁父忧返国销差。

国人柏立[1]一员帮同照料，合并仰恳天恩，俯准调用，以资勷助，谨附片陈明。

光绪四年十一月十五日，奉旨："依议。"

王彦威辑：《清季外交史料》（一），书目文献出版社，1987年

① 柏立，即巴特利特（David W. Bartlett，1828—1912）。容闳聚其妹Mary Bartlett。毕业于美国耶鲁大学。光绪四年（1878）由陈兰彬聘为华盛顿使署洋员。光绪八年（1882）由郑藻如续聘为驻美使署洋员。光绪十二年（1886）由张荫桓续聘为驻美使署洋员。光绪十五年（1889）因病告假。光绪十六年（1890）由崔国因聘为驻美使署洋员。著有《*What I saw in London, or Men and things in the great metropolis*》《*Presidential candidates containing sketches, biographical, personal and political, of prominent candidates for the presidency in* 1860》《*Paris: with pen and pencil; its people and literature, its life and business*》《*Modern agitators: or, Pen portraits of living American reformers*》《*London by day and night: or, Men and things in the great metropolis*》《*The life of Lady Jane Grey*》《*The life of Joan of Arc, the maid of Orleans*》《*The life of Gen. Franklin Pierce, of New Hampshire, President of the United States*》《*The life and public services of Hon. Abraham Lincoln: with a portrait on steel. To which is added a biographical sketch of Hon. Hannibal Hamlin*》《*The heroes of the Indian rebellion*》《*Digest of election cases. Cases of contested election in the House of Representatives from* 1865 *to* 1871, *inclusive*》《*Cases of contested elections in Congress, from* 1834 *to* 1865, *inclusive*》《*Presidential Candidates: Containing Sketches, Biographical, Personal and Political, of Prominent Candidates for the Presidency in* 1860》等。

十　奏为委札陈树棠为驻美国金山总领事折

光绪四年十一月二十二日（1878年12月15日）

二品顶戴宗人府府臣陈兰彬、二品顶戴补用道容闳跪奏：为派设总领事等官驻扎美国金山，恭折仰祈圣鉴事。

窃臣等奉命出使美国、日国、秘国，前经臣兰彬奏明美国之金山、日国之古巴、秘国之嘉里约等处华佣多，应设增领事等官料理。

臣等到美国呈递国书后，查美国各种华人约共十四万余，计金山一带已有六万，大半皆佣力谋生。近因与外来洋人及本处工人积不相能，事端百出，自须亟设领事等官以资保护。臣等公同熟商，现带随员陈树棠，稳练老成，堪以派充总领事，驻扎金山。

惟该处交涉事件纷繁，开办之初，必得情形熟悉之洋人勷助。查有金山之洋绅傅列秘，前此遇事，屡为华人排解，尚堪任使，当即派充金山领事，随同陈树棠办理，业于十月十四日发给委札，十五日照会美国外部，十八日由外部送到伯理玺天德画押准照三纸，分别给发，并由臣等刊发木质关防一颗，文曰“大清总领事之关防”，交由陈树棠领事。[①]

兹据报已于十一月二十日[②]到任视事。

理合将派设总领事等官缘由，恭折具陈。伏乞皇太后、皇上圣鉴。谨奏。

四年十一月二十二日。

光绪五年二月初六日[③]，军机大臣奉旨：“知道了。钦此。”

四年十一月二十二日。

《录副奏折》，中国第一历史档案馆藏

① 陈兰彬任命陈树棠驻旧金山总领事的照会写道：“大清钦差出使大臣花翎二品顶戴宗人府府丞陈、补用道容，为照会事：照得本大臣现派二品衔花翎候选道陈树棠为驻扎贵国金山大埠总领事官。兹将所给文凭咨送察核，希为转奏贵国大伯理玺天德发给准照，俾该员陈树棠得以莅任视事。为此照会，顺候时祉。须至照会者。右照会大亚美利驾合众国总理外务大臣伊。光绪四年十月十四日。（见美国务院收外使公文档）。”见黄嘉谟主编，韦国恩、张珍琳编辑：《中美关系史料》（光绪朝一），《中国近代史资料汇编》，台湾“中央研究院”近代史研究所编印，1989年，第433页。

陈兰彬任命傅烈秘为驻旧金山领事的照会写道：“大清钦差出使大臣花翎二品顶戴宗人府府丞陈、补用道容，为照会事：照得本大臣现派傅列秘为驻扎贵国金山大埠领事官。兹将所给文凭咨送察核，希为转奏贵国大伯理玺天德发给准照，俾该员傅列秘得以莅任视事。为此照会，顺候时祉。须至照会者。右照会大亚美利驾合众国总理外务大臣伊。光绪四年十月十四日。（见美国务院收外使公文档）”见黄嘉谟主编，韦国恩、张珍琳编辑：《中美关系史料》（光绪朝一），《中国近代史资料汇编》，台湾“中央研究院”近代史研究所编印，1989年，第433页。

② 十一月二十日，1878年12月13日。

③ 光绪五年二月初六日，1879年2月26日。

十一　奏为户部候补主事刘亮沅等人留洋差委事片

光绪五年二月初六日（1879 年 2 月 26 日）

再，臣兰彬前奏户部候补主事刘亮沅随同出使，嗣该员丁忧在籍，守制已满百日，缘出洋期迫，拣员更换骤难得人，当经咨明总理各国事务衙门，一面札行该员随同启程各在案。

兹承准总理各国事务衙门来文，准吏部覆称户部候补主事刘亮沅既经丁忧，随往差委之处，本部碍难据咨准行等因。

伏查臣等出使美国、日国、秘国，重洋穹远，交涉事件繁难。该主事刘亮沅，练达事务，持重有为。臣等拟俟到日国后，即派往古巴岛为总领事，实属必不可少之人。此时若饬令回籍，另行更换，深虑难期得力，并恐重洋数万里，派调稽时人事无。仰恳天恩俯准，将户部候补主事刘亮沅留洋差委，以资臂助。

又，运同衔候选同知严士琦、候选同知黄达权，前均呈报丁忧在籍守制百日期满，由臣兰彬咨带出洋，与主事刘亮沅事同一律，应请一并留洋差委，谨附片具陈。伏乞圣鉴训示。谨奏。

光绪五年二月初六日，军机大臣奉旨："着照所请，该衙门知道。钦此。"

《录副奏折》，中国第一历史档案馆藏

十二　奏报赴日国履任呈递国书折

光绪五年四月初四日（1879 年 5 月 24 日）

出使美、日、秘国大臣陈兰彬，奏为行抵日国日期及呈递国书情形事。

窃臣于三月十六日[①]在华盛顿使署奏报起程日期，即于十八日率领随员人等前赴纽约海口，附搭英国轮船。二十一日[②]开行，渡大西洋。

闰三月初二日[③]，至英国之利华浦[④]埠登岸。初三日，到英都伦敦。十二日[⑤]，到法都巴黎。

四月初一日[⑥]，行抵马得力[⑦]，是为日斯巴尼亚国都。次日，照会其外务大臣戴端。初三日，准外务照覆，订于初四日未刻接见。

届期臣偕参赞侍讲衔翰林院编修臣吴嘉善等恭赍国书，前赴彼宫呈递。其君主躬亲接受，问劳殷勤。臣等诵致通好之辞，日主亦具有覆辞。

谨并录呈，谨奏。

---

① 三月十六日，1879 年 4 月 7 日。

② 二十一日，1879 年 4 月 12 日。

③ 闰三月初二日，1879 年 4 月 22 日。

④ 利华浦（Liverpool），今译“利物浦”，英国西北部港口城市。

⑤ 十二日，1879 年 5 月 2 日。

⑥ 四月初一日，1879 年 5 月 21 日。

⑦ 马得力（Madrid），今译“马德里”，西班牙首都。

光绪五年六月十七日[①]，奉旨："知道了。"[②]

王彦威辑：《清季外交史料》（一），书目文献出版社，1987年

① 光绪五年六月十七日，1879年8月4日。

② 据《德宗实录》卷九十七记载："光绪五年。己卯。六月。己未。出使美、日、秘国大臣陈兰彬奏行抵日斯巴尼亚，呈递国书日期，并进呈递国书时颂词，及日国君主答颂词。报闻。折包。"见《德宗实录》（二），《清实录》第五三册，中华书局，1987年，第442页。

十三　奏为赴日国履任留容闳在美督率经理折

光绪五年四月十六日（1879 年 6 月 5 日）

己未出使美、日、秘国大臣陈兰彬奏：

前赴日国，以在美华民甚众，拟留副使臣容闳在美督率经理，刊木质关防一颗，文曰“大清钦差副使关防”，以备行用，报闻。

《德宗实录》（二）卷九十三，光绪五年四月，
《清实录》第一三册，中华书局，1987 年

十四　奏为派设总领事等官驻扎日国古巴岛[①]

光绪五年七月初七日（1879 年 8 月 24 日）

二品顶戴、宗人府府丞臣陈兰彬跪奏：为派设总领事等官驻扎日国古巴岛，恭折具陈，仰祈圣鉴事。[②]

窃臣[③]奉命出使日斯巴尼亚国，该国有古巴属岛，距其国都约二万三千里有奇。同治十三年春间，臣曾亲往查看，见有华民六万余人在彼佣作苦工，嗣经总理各国事务衙门与该国商订优待华民条约十六款，于去冬互换在案。臣到日国应即遵照办理，设立领事等官，前往驻扎，以资保护。

现查所带随员、户部候补主事刘亮沅，练达持重，堪以派

① 据《光绪朝实录》卷一百记载："出使美、日、秘国大臣陈兰彬奏派设总领事等官驻扎日国古巴岛，下所司知之。"见《德宗实录》（二），《清实录》第五三册，中华书局，1987 年，第 494 页。

另据《薛福成日记》光绪五年九月初六日（1879 年 10 月 20 日）记载："陈星使兰彬奏：日斯巴尼亚国有古巴属岛，距其国都约二万三千里有奇，华民六万余人，在彼佣作苦工。现派随员、户部候补主事刘亮沅充古巴总领事，陈善言充领事，当经发给委札，照会日国外部。六月廿九日，据外部交到准文二件，分别给发并刊发木质关防一颗。刘主事等已起程往古巴，其途系折由英法，回到美国纽约埠搭船。较之由日国加地上海口下船往古巴，计二万四千里程途亦略相等。秘鲁国电线已被智利割断，故欧洲谈者寥寥。"见（清）薛福成著，蔡少卿整理：《薛福成日记》上册，吉林文史出版社，2004 年，第 283 页。

② 二品顶戴……仰祈圣鉴事，《约章成案汇览》作"出使美日秘大臣陈等奏"；《清朝续文献通考》作"又奏"。

③ 窃臣，《约章成案汇览》《清朝续文献通考》作"臣等"。

充[①]总领事；候选同知陈善言，谙习洋务，堪以派充领事。当经发给委札，照会日国外部，六月二十九日，据该外部交到准文二件，分别给发，并由臣刊发木质关防一颗，文曰“大清总领事之关防”，交刘亮沅领用。

惟是开办之始，事务较烦，除饬陈善言勷助外，仍札委主事衔户部笔帖式廷铎、候选州判刘宗骏[②]、候选县丞谭乾初、从九品杨荣忠，随同经理。

七月初四日，刘亮沅等已由日国都城起程前往。

理合将派设古巴总领事等官缘由恭折具陈，伏乞皇太后、皇上圣鉴，谨奏。[③]

光绪五年九月初十日，军机大臣奉旨：“该衙门知道，钦此。”[④]

《录副奏折》，中国第一历史档案馆藏

① 派充，《约章成案汇览》《清朝续文献通考》作“充派”。

② 刘宗骏（1843—1904），字论道，号云房（舫），广东香山（今广东中山）人。光绪元年（1875）随区谔良赴美，任肄业局汉文教习。光绪四年（1878）陈兰彬抵达美国后，派为驻美使署随员。次年派驻古巴岛领事馆随员。光绪七年（1881）由第二任出使美、日、秘国大臣郑藻如奏留为驻美使馆随员。光绪十年（1884）调任驻古巴马丹萨领事。光绪十三年（1887）暂代福建船政局后学堂委员。光绪十九年（1893）由第四任出使美、日、秘国大臣杨儒奏为使馆随员。

③ 伏乞皇太后、皇上圣鉴……奏，《约章成案汇览》作“伏乞皇太后、皇上圣鉴。朱批：知道。钦此”。

④ 光绪五年九月初十日……“该衙门知道，钦此”，《约章成案汇览》和《清朝续文献通考》作“光绪〇年〇月〇日，奉旨该衙门知道，钦此”。

十五　奏为廖寿丰等请减嘉、宝二县漕额折

光绪五年九月十八日（1879年11月1日）

为奏闻请旨事：

据江苏京官翰林院编修廖寿丰[①]等遣抱王福，以本籍漕粮，未蒙普减，呈请代吁天恩，永免加漕银两等词，赴臣衙门呈递。臣等公同讯问，据王福供，年二十八，顺天宛平县人，廖寿丰等写呈，遣递求阅，便悉。

查原呈内称：窃职等籍隶江苏嘉定、宝山二县，同治二年前总督曾、巡抚李，[②]会奏请减苏、松、太三属漕额，经户部议奏，统按原额减去三分之一后，督抚饬司查减。前布政使刘，[③]始有轻则不减之议。时督抚原主普减，终以藩司坚持前议，奏定五升以下轻则不减。故苏、松、太三属各厅州县，皆按则递

① 廖寿丰（1836—1901），字谷似，又字暗斋，晚年自号止斋，江南嘉定（今上海嘉定）人。咸丰八年（1858）举人。同治十年（1871）进士，改庶吉士，为国史馆编修。光绪七年（1881）任浙江粮储道。光绪十三年（1887）任贵州按察使，次年调浙江。光绪十六年（1890）任福建布政使。旋至河南，任布政使与护理巡抚。光绪十九年（1893）任浙江巡抚。著有《廖中丞奏议》。

② 同治二年前总督曾、巡抚李，两江总督曾国藩、江苏巡抚李鸿章。曾国藩于咸丰十年（1860）任两江总督，直至同治七年（1868）调任直隶总督。李鸿章于同治元年（1862）升任江苏巡抚，同治四年（1865）署理两江总督。

③ 前布政使刘，刘郇膏（1818—1866），字松岩，河南太康人。道光二十七年（1847）进士，发江苏即用知县。咸丰元年（1851）署娄县知县。咸丰三年（1853）代嘉定知县，加同知衔，赐花翎，继而补青浦知县。咸丰八年（1858）任上海知县。咸丰十一年（1861）升海防同知。同治元年（1862）署江苏按察使，又兼署江苏布政使，不久授江苏按察使。同治三年（1864）任江苏布政使。次年暂护理江苏巡抚。同治五年（1866）丁母忧回籍，寻病逝。

减，而嘉、宝二县独不得与。后以沿海地多瘠薄，量予优减，而嘉、宝二县以业在轻则不减之列，仍不得与。至常、镇二属旧额本轻，部议奏准统减十分之一，而嘉、宝二县又以苏、松、太轻则不减与，常、镇分办，仍不得与。统计江苏五府州减漕案内，独此二县未减分毫，况乎米少银多，名轻实重。嘉、宝地不产米，自漕粮改入地丁，额征漕折银两，计共解苏粮道银：嘉定一万余两，宝山九千余两。此中已包邻邑漕项矣。而又有隔属加派之漕项。顺治十一年[1]，江安粮道傅作霖[2]以江宁等卫行月粮折价不敷，议加派于折漕州县，今额征条编内，有解江安粮道加漕银：嘉定一万三千余两，宝山一万二千余两。兼此二者总计，嘉、宝每县各改折加派银三万数千两，此皆他州县所无者。至折漕之后，惟白粮应完本色，计现共征米：嘉定一万七千余石，宝山一万四千余石，均系民折官办。夫以改折加派三万数千两之银，合现征一万数千石之米计之，实与常镇之轻则悬殊，而与苏松之重则无异。乃当时仅据现征米数概归之五升以下，是未察于折漕之本末，舍银而论米，混重以为轻，遂使海噬偏隅，独抱生成之憾。此二县之民所久思呼吁者也。

惟款系正供，事经奏定，倘民力可支，何敢以两邑之私，妄为干请？无如寇平以后，田土未辟，生计维艰，加以土产木棉，连遭灾歉，历年荒田新垦报熟者，多至复荒。似此竭蹶情形，惟有仰乞恩施，方足苏积困而培元气。倘荷圣慈，俯念太仓州属嘉定、宝山二县，名轻实重，独于普减案内未经减及，准将旧解江安道库加漕一项，饬下两江总督、江苏巡抚核议宽

---

① 顺治十一年，1654 年。

② 傅作霖（1581—1683），字叔甘，号懊子，河南登封人。顺治二年（1645）乙酉科乡试中式举人。次年丙戌科会试中式进士，初任翰林院庶吉士，后授秘书院检讨、翰林院编修，封文林郎。顺治九年（1652）充壬辰科会试同考官。后外迁江南江安督粮道布政使司，兼摄粮驿盐三道。

免；抑或另筹体恤，两邑苍黎幸甚。为此联名呈请据奏。等语。

臣等查该编修廖寿丰等联名呈称，伊等均籍隶江苏嘉定、宝山二县，同治二年该省督抚奏减苏、松、太漕额，业经部议统减三分之一，而督抚狃于藩司轻则不减之议，独于嘉、宝二县未减分毫，不知该二县名轻实重，除额征漕折银两外，更有解江安粮道加派漕项，统计每县改折加派银至三万数千两；其应完漕粮本色，两县亦共征米三万余石。银米合计，实与苏松重则无殊，乃当时仅就现征米数，混重为轻，遂至向隅特甚。且自寇平以后，生计艰难，土产木棉，复遭灾歉，情形竭蹶，民力实属难支，呈请代乞恩施，准将该二县旧解江安道加漕一项核免，或另筹体恤。等情。事关闾阎积困，望泽孔殷，臣等不敢壅于上闻，谨抄录原呈，恭呈御览，应如何酌加体恤之处，伏乞圣鉴训示遵行。谨奏。

光绪五年九月十八日

都察院左都御史 臣崇厚（差）
署左都御史 臣志和
革职留任左都御史 臣童华
左副都御史 臣崇勋
左副都御史 臣宗室宝森（感冒）
左副都御史 臣程祖诰
左副都御史 臣陈兰彬（差）
署左副都御史 臣夏家镐
跪奏

《军机处录副奏折》光绪五年九月十八日，都察院左都御史志和等折

附：京官廖寿丰等请减嘉、宝二县漕额原呈

翰林院编修廖寿丰、刑部员外郎周之钧、詹事府少詹事徐郙、刑部主事朱元治、兵部郎中徐郙、八旗教习陈观圻等抱呈家丁王福，呈为本籍漕粮名轻实重未蒙普减，呈请据情代奏，吁恳天恩，永免加漕银两事。

窃职等籍隶江苏嘉定、宝山二县。同治二年，前大学士两江总督曾、大学士前江苏巡抚李，会奏请减苏、松、太三属漕额，经户部议奏，统按原额减去三分之一。六月初三日奉上谕："着曾国藩、李鸿章按照户部酌减分数，各按上中下赋则，一体分别议减，以昭平允等因。钦此。"旋经督抚饬司查减。前苏州布政使刘，始有轻则不减之议。时总督曾议主普减，终以藩司坚持前议，酌定五升以下轻则不减，奏准照办。故苏、松、太三属各厅州县，皆按则递减，而嘉、宝二县以合境田亩科米在五升以下，独不得与。后以沿海区图地多瘠薄，量予优减。常、昭、华、奉、金、上、南、川、太、镇等各厅州县于按则递减外，再加核减。而嘉、宝二县素称沿海最瘠之区，以业在轻则不减之列，仍不得与。至常、镇二属督抚原奏谓旧额本轻，无庸议减，旋经部议奏准，统减十分之一。该二属内每亩原额轻至三合零者，亦得普减，而嘉、宝二县每亩二升七合零者，又以苏、松、太轻则不减与。常、镇分办，仍不得与。

统计江苏五府州减漕案内，独此二县未减分毫，是即科则果轻，已觉向隅特甚，况乎米少银多，名轻实重，有非苏、松、太各属之轻则可概论者。盖嘉、宝地不产米，自前明万历以来，漕粮向完折色，历经国朝蠲减，改入地丁。今额征条编银内，有漕折银：嘉定二万四千二百余两，宝山二万二千二百余两，此虽归地丁并征，而实为漕粮正款也。漕粮既完折色，则与地

丁并加扛脚银，当不复另有漕项。而嘉、宝向编苏州、太仓、镇海三卫军储等银，加以白粮经费，共解苏粮道银：嘉定一万余两，宝山九千余两。此中已代包邻邑漕项矣。

而又有隔属加派之漕项。顺治十一年，江安粮道傅作霖以江宁等卫行月粮折价不敷，议加派于折漕州县，因派及苏粮道所辖之嘉定，骤加漕项银五万三千余两，经御史冯班等参劾，奉旨："该部严察具奏。"经部议核减，尚留加派银二万数千两。雍正四年分设宝山一县，按额均编，今额征条编内，有解江安粮道国漕银：嘉定一万三千余两，宝山一万两千余两。此虽非漕粮改折之正款，而实为折漕加派之钱粮也。兼此二者总计，嘉定额征地丁漕项以外，每县各改折加派银三万数千两，此皆他州县所无者。故苏、松、太各属地漕银每平米一石，极重者派至三钱六分零，嘉宝独派至四钱五分零，其明证也。

折漕之后，惟白粮应完本色。乾隆二年以白粮之一半改征漕粮后，并耗赠漕项及各项米石，共现征米：嘉定一万七千余石，宝山一万四千余石，并系民折官办，按亩计之，三斗则田，应征米二升七合一勺零。此漕折所剩之余粮，非全漕实征之科则也。以改折加派三万数千两之银，合现征一万数千石之米计之，实与常、镇之轻则悬殊，而与苏、松之重则无异。乃当时仅据现征米数，概归之五升以下之轻则，是未察于折漕之本末矣。

夫漕之本折，视乎米之有无，而无关于赋之轻重。嘉、宝米非土产，当前明未经改折以前，民困于漕，大半逃亡，几至废县，故不得已而征折色，非数百年来独享其利，而一朝可偏靳其施也。

伏查雍正三年、乾隆二年两次诏蠲苏、松浮粮，嘉、宝皆于漕折项下一体蒙恩蠲减。又，乾隆三十一年上谕："前经降旨，将各省漕粮分年普免一次。但闻漕粮款内，有例征折色及民户输银官为办漕者，虽征收银米不同，其为按田起漕之例则一，着再谕办漕各省州县内有征收折色者，一体概予蠲免等因，钦此。”我国家列圣相承勤恤民隐之意，盖如是其至也。即同治二年减漕原案，部议固云统按原额三分减一矣。钦奉上谕，固云一体议减矣。诚以兵燹凋残之后，必概加休养生息之恩，当日两宫皇太后及穆宗毅皇帝轸念疮痍一夫不获之心，又如是其公而溥也。乃平均之惠，出自天恩；而轻重之见，执于司议。又以舍银而论米，并至混重以为轻，遂使海噬偏隅，同居高厚之中，独抱生成之憾。此嘉、宝二县之民，所为彷徨抑郁而久思呼吁于九阍也。

惟是款系正供，事经奏定，苟使劫余生聚，民力可支，职等国恩，亦何敢以区区两邑之私，遽干宸听？乃自寇平以后，十余年矣，田土之污莱未尽垦辟，闾阎之生计转益维艰，农田一亩之入，上地不过钱二千文，下地不过钱千文。而每岁条漕之折钱完纳者，亩必五六百文。事畜之资，日形困乏，租佃既年年逋累，客民又往往潜逃，加以土产木棉，连遭灾歉，从前亩产价值二三十千者，今亩值十千犹求售而莫之应也。历年荒田新垦，地方官报熟起科者，今熟田或至复荒，赔补钱粮，且欲垦而无力也。似此竭蹶情形，计惟仰乞恩施，方足苏积困而培元气。若复迁延隐忍，不特无以抒草野向隅之隐，亦非所以彰朝廷一时之仁。伏思嘉、宝二县，折剩漕粮，较苏、松各属为数本少，此不敢请减者也。其折漕之编入地丁者，实则漕而名则丁，此又可以请减而未敢率行请减者也。惟顺治年间，江安道加派漕项一款，现嘉定实征银一万三千五百二十二两六钱一分三厘，宝山实征银一万二千五十八两三钱七分六厘，本非原额正供，当可乞恩宽免。虽自同治四年、光绪元年两次改拨苏属旧解江安漕项，已将此项尽归苏省司道衙门抵充海运经费，而光绪元年督抚奏加运费折内，本请于司道各库漕务款内酌提，部议于改拨抵充外，亦并准拨漕务未提之款。夫漕款既尚有未提，即此项非难于筹补，且职等不敢冀额中之减，而但请裁额外之加，似于政体民生均有裨益。

倘荷圣慈垂鉴，俯念江苏太仓州属嘉定、宝山二县，漕粮名轻实重，独于五府州属普减案内未经减及，准将旧解江安道库加漕一项，饬下两江总督、江苏巡抚核议宽免；抑或另行酌筹体恤，以符同治二年一体议减之谕旨，两邑苍黎幸甚。

职等生长斯乡，深悉闾阎积困，为此联名遣抱，呈请恩准，伏乞据情代奏，实为德便。

上呈都察院。

《署两江总督吴元炳护江苏巡抚谭锡培请酌减嘉定宝山漕粮额米折》，江苏省财政志编辑办公室编：《江苏财政史料丛书》第1辑第2分册，漕运·捐输，方志出版社，1999年

十六　奏为奉旨补授都察院左副都御史谢恩折

光绪五年十月二十九日（1879 年 12 月 12 日）

二品顶戴新授都察院左副都御史臣陈兰彬跪奏：为恭谢天恩，仰祈圣鉴事。

光绪五年十月二十七日，臣在日斯巴尼亚国都城，承准总理各国事务衙门知照准吏部文称：“八月初一日①，奉旨：‘陈兰彬补授都察院左副都御史。钦此。’”② 当即恭设香案，望阙叩头谢恩。

窃臣猥以樗材，洊跻棘序。远膺使节，尚专对之未娴；滥列宗卿，已旷官之滋惧。复渥叨宠命，晋列西台；仰荷鸿慈，俯增鳌戴。臣惟有倍加勤慎，时切咨谋。瞻望朝端，俨依光于宸陛；驰驱海外，冀遍德于寰瀛。庶效涓埃，勉酬高厚。

所有微臣感谢下忱，理合恭折具陈。伏乞皇太后、皇上圣鉴。谨奏。

光绪六年正月十七日③，军机大臣奉旨：“知道了。钦此。”

五年十月二十九日

《录副奏折》，中国第一历史档案馆藏

---

① 八月初一日，1879 年 9 月 16 日。

② 据《德宗实录》卷九十九记载：“光绪五年。己卯。八月。壬寅朔。以宗人府府丞陈兰彬为都察院左副都御史。”见《德宗实录》（二），《清实录》第五三册，中华书局，1987 年，第 473 页。

③ 光绪六年正月十七日，1880 年 2 月 26 日。

十七　奏为会议俄约分别准驳折

光绪五年十二月初十日（1880年1月21日）

奏为遵旨会议，将条约分别准驳，恭折沥陈，仰祈圣鉴事。

十一月二十一日①，内阁奉上谕："都察院左都御史崇厚②奉命出使，不候谕旨，擅自起程回京。着先行交部严加议处，开缺听候部议。其所议条约章程及总理各国事务衙门历次所奏各折件，着大学士、六部九卿、翰詹科道妥议具奏等因。钦此。"③

臣等遵将条约章程及各折件公同阅看。窃谓交邻之道务在持平，谋国之方贵于虑远。臣等通筹全局，岂敢故持高论，使总理衙门独为其难？惟检阅崇厚所定条约，其不可许者，约有四端：曰伊、喀、塔各城定界，曰新疆、内外蒙古通商，曰运

① 十一月二十一日，1880年11月22日。

② 崇厚（1826—1893），姓完颜，字地山，号子谦，又号鹤槎，内务府镶黄旗人。河道总督完颜麟庆次子，刑部尚书完颜崇实之弟。道光二十九年（1849）举人，选任阶州知事，历迁至长芦盐运使。咸丰十年（1860）署盐政。咸丰十一年（1861）充三口通商大臣。同治元年（1862）署直隶总督。同治六年（1867）创办天津机器局。同治九年（1870）天津教案后，任出使法国大臣，出使法国。后历任户部、礼部左侍郎。光绪二年（1876）调奉天将军。光绪四年（1878）秋充出使俄国大臣，加内大臣衔，晋左都御史。次年初，出使俄国，因私自与俄签订《里瓦几亚条约》，被弹劾入狱，后降职获释。辑有《历代名臣传节录》，著有《盛京典制备考》《使法日记》等。

③ 据《德宗实录》卷一〇四记载："庚寅，谕内阁：都察院左都御史崇厚奉命出使，不候谕旨，擅自起程回京。著先行交部严加议处，开缺听候部议。其所议条约章程及总理各国事务衙门历次所奏各折件，著大学士、六部九卿、翰詹科道妥议具奏。洋务。"见《德宗实录》（二），《清实录》第五三册，中华书局，1987年，第544页。

货直至汉口，曰行船直至伯都讷。敢就筹画所及，为我皇太后、皇上陈之：

新疆二万里，北路形胜，全在伊犁，所以控制外藩，联络回部。条约所载第七条，将伊犁西边及帖克斯川一带归俄国管属。查伊犁向设八城，以金顶寺为咽喉，以帖克斯川为脉络，以霍尔果斯河为大渠，以海努克台为沃土。今阅图内所划红界，西面紧逼伊犁，南面自乌宗岛山向东而南而西，至罕颠葛里山一带，将南通回部之路截断，伊犁形势不全，膏腴尽失，难以自存。

又，第三条，居民愿迁者，酌予限期携带财物；第四条，俄人置有产业者，照旧管业，将城为中国之城，而民为俄民，土为俄土，必至官如赘疣，事多掣肘，有交还之虚名，无收复之实际。

其他如改定喀城界址，及第八条塔尔巴哈台交界处所，其所举山川，与满蒙还音之字不甚相同，臣等无凭指驳。惟查塔尔巴哈台于同治三年经明谊与俄臣杂哈劳将界议定，旋于同治九年经立界大臣奎昌建立碑博各在案，理应永远遵守，毋相侵越，何以此次又改界址？得寸思尺，殊失友邦之谊。喀什噶尔向有安集延浩罕为屏蔽，与俄国本不接壤。今俄人既吞并浩罕，设立省会，自应定界以息争端。但准情酌理，只应就浩罕本境划归俄国，亦未便越我瓯脱，占我藩篱，此界务碍难允许之实在情形也。

通商一节，固在彼此交利，尤在彼此相安。如第十条之嘉峪关等处遍设领事，第十二条之俄国在天山南北、内外蒙古贸易均不纳税。无论华商失业，榷税全亏，有妨中国政治。即论中外交涉，幅员既广，照料难周。市廛杂处，既虞因争竞而启衅端；沙漠荒凉，更恐疏保护而酿巨案，在我固属失利，在彼亦未必无害。此商务碍难允许之实在情形也。

俄商运货由嘉峪关取道汉中、西安，以达汉口。查所定陆路通商章程十七条，于俄商有益之事处处力争，于俄商不便之事处处规避，率行议准，南洋之弊窦丛生，西路之隐忧更迫。此运货直至汉口，碍难允许之实在情形也。

咸丰八年爱珲和约内，一条系乌苏里、黑龙江、松花江居住两国所属之人，令其一同交易；一条系黑龙江、松花江、乌苏里河只准中国、俄国行船。详绎原约，贸易专指居民行船各在本境，文义明显，何致讲解纷歧？今俄国率欲添写“上游”字样，崇厚即允其至伯都讷，并与沿江一带居民贸易，殊与定约不符。似此节节阑入，其意何居？此行船直至伯都讷，碍难允许之实在情形也。

臣等悉心酌度，伊犁地方既经俄国代收、代守，自应酌偿经费。如俄国将伊犁人民、土地全境交还，分界、通商各事均作罢论。所议兵费、恤款银二百八十余万，拟请俯准，如数偿给，分起归还，以敦和好，以重报施。至伊、喀、塔各城定界，新疆、内外蒙古通商，及运货直至汉口，行船直至伯都讷各端，现值御批未准之先，据理剖辩，仅系口舌之争；若于条约一允之后，枝节蔓延，即成肘腋之患。彼时百变环生，大局将不可问。惟有仰恳饬下总理衙门王大臣，决意坚持，剀切辩论，收目下转圜之效，杜日后启衅之由。不可专顾一时，致误全局。

总之，臣等所议，理所可许者，无不曲从；势所难行者，未便迁就。明知中俄修好有年，邦交宜固，而欲全信义，须泯诈虞。若阳为归地寻盟，阴则恃强罔利，俄国当不其然。总理衙门王大臣公忠谋国，共济时艰，必能相机筹办，以纾宵旰而杜要求，谅无待臣等再三之渎。臣等尤伏愿皇太后、皇上修明政治，整顿边防，以奋中外之人心，以巩祖宗之基业，天下幸甚。

所有臣等会议分别准驳缘由，并本日侍郎长叙、副都御史宝森、少詹事黄体芳、御史李端棻各递条议，一并钞录进呈，伏乞皇太后、皇上圣鉴。

再，御史邓庆麟于初八日另折具奏，司业周德润、给事中郭从矩、刘曾、王道源、吴镇、胡聘之，御史黄元善、孔宪瑴、周开铭、邓承修，均另折具奏，故未列衔。

此折系内阁主稿，理合陈明。谨奏。

大学士臣李鸿章（直隶总督）
臣宝鋆（总理衙门）
臣左宗棠（陕甘总督）
臣宗室载龄
臣全庆
臣沈桂芬（总理衙门）
内阁学士臣庆福
臣铨林
臣桂昂
臣崇礼（总理衙门）
臣岳林
臣耀年（感冒）
臣王之翰
臣徐致祥（差）
臣孙家鼐
臣孙毓汶（差）
侍读学士臣宗室志元
臣宗室奕年
臣文硕
臣宗室敬信
臣荣惠
臣文兴

臣李宏谟

吏部尚书臣宗室灵桂

臣万青藜（听候查办）

左侍郎臣宗室麟书

臣黄倬（差）

右侍郎臣乌拉喜崇阿

臣夏同善（差）

户部尚书臣景廉（总理衙门）

臣董恂（总理衙门）

左侍郎臣宗室昆冈

臣王文韶（总理衙门）

右侍郎臣长叙

臣宜振

礼部尚书臣恩承

臣徐桐

左侍郎臣宗室松森

臣邵亨豫

右侍郎臣宗室桂全

臣殷兆镛

兵部尚书臣广寿

左侍郎臣宗室奎润

臣许应骙（差）

右侍郎臣恩麟

臣朱智

刑部尚书臣文煜

臣潘祖荫

左侍郎臣松溎（未到任）

臣钱宝廉

右侍郎臣锡珍
臣薛允升（未到任）
工部尚书臣翁同龢
左侍郎臣师曾
臣孙诒经（未到任）
右侍郎臣兴廉（差）
臣张澐卿（差）
理藩院尚书臣察杭阿
左侍郎臣阿昌阿
右侍郎臣铁祺
宗人府府丞臣夏家镐（总理衙门）
都察院左都御史臣志和
臣童华
左副都御史臣崇勋
臣宗室宝森
臣程祖诰
臣陈兰彬（差）
通政使司通政使臣钟濂
臣刘锦棠（差）
副使臣怀塔布
臣吴廷芬（总理衙门）
参议臣宗室嵩溥
臣胡家玉
大理寺卿臣恩霙
臣许庚身（感冒）
少卿臣凤秀
翰林院侍读学士臣贵恒（差）
臣宗室福锟

臣张家骧
臣吴宝恕（差）
侍讲学士臣嵩申（回避）
臣英煦
臣钟骏声（感冒）
臣钮玉庚
臣廖寿恒（差）
詹事府詹事臣庆麟
臣徐郙
少詹事臣宗室宝廷
臣黄体芳
顺天府府尹臣梁肇煌
府丞臣王家璧（未到任）
太常寺卿臣徐用仪
少卿臣明桂
臣曾纪泽（未到任）
光禄寺卿臣文晖
臣周瑞清
少卿臣爱廉
臣刘锡鸿
太仆寺卿臣孙衣言（未到任）
少卿臣恒明
臣钟佩贤
鸿胪寺卿臣宗室载英
臣寿昌
少卿臣宗室桂勋
臣冯尔昌（差）
国子监祭酒臣景善

臣吴仁杰（差）
司业臣宗室良贵
臣郭勒敏布
钦天监监正臣恩明
臣周鸿宾
左监副臣联奎
臣陈希龄
右监副臣恩禄
臣李璋
吏科掌印给事中臣宗室广诚（丁）
给事中臣联斌
臣王立清
户科掌印给事中臣安祥
臣张观准
给事中臣庆承
臣余上华
礼科掌印给事中臣宗室英华（假）
臣马相如
给事中臣舒璧
兵科掌印给事中臣克什布
臣周鹤
给事中臣觉罗三德
臣张道渊
刑科掌印给事中臣志文
给事中臣廷禧
臣楼誉普
工科掌印给事中臣国秀
给事中臣文保

掌京畿道监察御史臣和宝
臣傅大章
京畿道监察御史臣讷隆阿
臣郑溥元
掌河南道监察御史臣荣桂
臣田翰墀
河南道监察御史臣鄂锟
掌江南道监察御史臣额勒经额
臣甘醴铭（假）
江南道监察御史臣扎拉丰阿
臣邵日濂（感冒）
臣觉罗阿克敦
臣章乃畲
臣达林（假）
掌浙江道监察御史臣英俊（假）
臣唐树楠
浙江道监察御史臣宗室文纲
臣叶荫昉
掌山西道监察御史臣顺龄
山西道监察御史臣宗室载彩
臣王炳
掌山东道监察御史臣秀文
臣方学伊
山东道监察御史臣文敬
臣徐克刚
臣宗室钟霖
臣蒋镇嵩
掌陕西道监察御史臣常庆

臣戈靖
陕西道监察御史臣桂年
臣李端棻
掌湖广道监察御史臣嵩林
臣文鐍
湖广道监察御史臣恩明
臣邬纯嘏
掌江西道监察御史臣宗室忠麟
臣朱以增
江西道监察御史臣清漪
臣李肇锡
掌福建道监察御史臣崇兴
臣段福昌
福建道监察御史臣伊里布
臣钟孟鸿
掌四川道监察御史臣阿霖（假）
掌广东道监察御史臣世泰
掌广西道监察御史臣庆寿（假）
臣彭世昌
掌云南道监察御史臣松林
掌贵州道监察御史臣伊精额（假）
臣李皤

（清）李鸿章撰，顾廷龙、戴逸主编：《李鸿章全集》（8），奏议（八），安徽教育出版社，2008年

十八　奏为遵查查明尚书万青藜被参各款折

光绪六年正月二十八日（1880 年 3 月 8 日）

奏为遵旨查明尚书万青藜[①]被参各款据实复陈，恭折仰祈圣鉴事。

光绪五年十一月二十九日，奉上谕：御史孔宪谷奏，大员昏庸贪纵请饬查办一折，据称“吏部尚书万青藜身任兼尹二十年，平日惟以纳贿揽权为事。按缺肥瘠，收受节寿。有能格外赂遗，立予调剂。纵容家人在外招摇，勒索规费。其门丁朱二，即朱韵山，捐有五品官职，尤为跋扈，竟将指缺说情。该兼尹认候补通判张兆丰为义子，叠次委署固安、顺义等县。府尹衙门公事率由该兼尹独断，请旨查办’等语。所参万青藜各款是否属实，着派载龄、翁同龢会同都察院堂官确切查明，据实具

① 万青藜（1821—1883），字文甫，号照斋，亦号藕舲，江西九江人。道光十九年（1839）举人，次年庚子科进士，授翰林院编修，大考第一，升侍讲侍读学士，署国子监祭酒。咸丰二年（1852）迁内阁学士，历任礼、吏、刑、兵部左右侍郎，晋都察院左都御史，署吏、户、刑部尚书，授兵部尚书。道光至同治年间，先后出任顺天乡试同考官，贵州、广东、顺天乡试正考官，武、文会试大总裁，多次殿试读卷，并兼任浙江、顺天学政，充玉牒馆大总裁、经筵讲官等。同治四年（1865）由兵部调任礼部尚书兼顺天府府尹。光绪四年（1878）任吏部尚书。光绪七年（1881）兼翰林院掌院。次年致仕。编有《考卷清雅》《万氏世家谱》《先贤万子嫡裔世系谱》《四诊歌括》等。

奏，毋稍徇隐等因。钦此。”①

臣等遵即派员会同京畿道御史，并咨调刑部司员，公同查办。当经札行顺天府转饬所属各州县，将有无馈送兼尹节寿情事，据实声复；并向来委署各缺，及一切公事，是否由府尹主稿，抑由兼尹主稿，意见有无不合；各前任府尹所办公事，兼尹有无不肯画稿之处；委署各缺，向系如何轮委，逐层查复，以凭核办。又片行吏、户两部检查捐案，朱二即朱韵山，又名朱朝全，一名朱喜，有无报捐五品官职。一面饬传宁河县丁符九、署顺义县张兆丰询取亲供；一面将朱二拘案传讯。

现据吏、户两部暨顺天府先后咨复前来，并丁符九、张兆丰所递亲供，及朱二叠次供词，臣等详加复核。

如原参顺天府兼尹“收受节寿”，及万青藜接任，“按缺肥瘠定为多寡之数，有能格外赂遗，立予调剂”一节。据顺天府咨：“据所属二十四州县申复，均称向无馈送兼尹节寿规礼”，并将各州县禀结送到复讯。据朱二供称：“在万青藜家中服役多年，主人并未收过顺属各州县节寿。”

又，原参该兼尹“家人向多在外招摇，勒索规费。其门丁朱二，即朱韵山，捐有五品官职，尤为跋扈，竟将指缺说价。如张兆丰之署固安，丁符九之补宁河，皆该门丁关说”一节。据讯，朱二供称：“在万青藜家先系跟班，嗣在门房接帖，自知

① 据《德宗实录》卷一〇四记载：“现月，又谕：“御史孔宪谷奏大员昏庸贪纵请饬查办一折，据称‘吏部尚书万青藜身任兼尹二十年，平日惟以纳贿揽权为事。按缺肥瘠，收受节寿。有能格外赂遗，立予调剂。纵容家人在外招摇，勒索规费。其门丁朱二，即朱韵山，捐有五品官职，尤为跋扈，竟将指缺说情。该兼尹认候补通判张兆丰为义子，叠次委署固安、顺义等县。府尹衙门公事率由该兼尹独断，请旨查办’等语。所参万青藜各款是否属实，着派载龄、翁同龢会同都察院堂官确切查明，据实具奏，毋稍徇隐。”见《德宗实录》(二)，《清实录》第五三册，中华书局，1987 年，第 550—551 页。

门丁贱役，不敢接纳五品官职，所有宅内服役六人，皆因主人管束得严，均不敢在外招摇。伊在门房，亦未收过门包。惟遇有各州县到宅谢委，向其叩喜，随得赏银一二两至二两四钱不等；不赏亦不敢要。所得赏钱陆续花用，记不清某位曾赏过，及某位赏过若干。此事主人并不知道”等语。旋准吏部复称：“业经掣签之筹饷头卯至八十一卯候选五品实职册内，并无朱二、朱韵山、朱朝全、朱喜之名。至捐纳官职，未经户部核准之案，及仅捐职衔人员向不掣签，无凭查复。”户部复称：“历年捐册繁多，该家丁既无何年月日在何处报销确据，实属无从检查。”臣等尚恐朱二所供或有不实不尽，当即调取刑具，督饬派出各员，将该家丁加以刑讯，反复研诘，矢口不移。

至张兆丰因何得委、丁符九因何得缺，据朱二供称：“概不知情。”复据张兆丰亲供内称：“同治十三年由刑部主事改官直隶，分顺当差。光绪二年因监放粥厂劳绩，三年四月委署固安。五年六月复奉札委，与顺义县梁魁对调。时当兼尹请假，例不会行。原参由门丁关说得缺，自问断不至为此苟贱之行”等语。核与顺天府查复该员因监放安定等门粥厂出力得有尽先拔委劳绩，三年四月委署固安，五年六月调署顺安之案相符，并由顺天府将张兆丰调署顺义礼稿送到，该兼尹委在假期之内，并未画行。又据丁符九亲供内称：“同治九年三月由江西峡江县教谕选授顺天文安县知县，十二月到任。光绪二年六月由直隶藩、臬两司以历俸已满三年，与调繁之例相符，详请会题调补宁河县知县，经部核准，三年三月到宁河县任。所有调补缘由，并非一人主政，安能请托？且由藩、臬两司详请，无所用其关说”等语。核与顺天府送到该员调补宁河县司详会稿并部复，亦属相符。

又，原参该兼尹“认张兆丰为义子，不注门籍，出入私宅，其家人称曰四少爷。该兼尹喜其佞谀，故张兆丰得以候补通判，署固安县，甫卸固安，即署顺义”一节。据张兆丰亲供内称：“四世起家科目，向承家训，以廉隅名节自励。原参认为义子，名节攸关，若查有其事，虽获重谴，亦所甘心。其前署固安，系因劳绩；现署顺义，系因对调，既无佞谀情事，亦非甫卸即署。且现官候补知州，前官试用通判，并非候补通判”等语。证之朱二，亦供称：“自光绪元年即在万宅门房接帖，登记门簿。张兆丰在顺天当差，遇有公事到宅禀见，门簿上均写张老爷，并没有四少爷称呼。”

又，原参该兼尹自知委署不公，人言啧啧，公事率由独断，凡有由府尹核定者，辄不画稿一节。据顺天府复称：“本衙门委署各缺，并办理一切公事，向系府尹主稿判定后，再送兼尹阅画。如遇兼尹请假出差期内，则不画稿，紧要事件由府尹即办先行。前任府尹核办公事，查无兼尹不肯画稿之处。惟批答各州县禀详请示事件，兼尹抒其所见，偶有加签相商之时，然亦仍凭府尹复核酌定”等语。

臣等公同参酌，此案原参该兼尹揽权纳贿收受节寿各礼，其门丁朱二即朱韵山捐有五品官职指缺说价，张兆丰之署固安、丁符九之补宁河皆其关说，并认张兆丰为义子，府尹衙门公事率由独断各款，现均查无其事，应毋庸议。惟门丁朱二虽无在外招摇、勒索规费，亦无收过门包，而遇有州县到门谢委，私自向其叩喜，得受赏银，实属有干例议。第所得赏银并无确数可计，且系得自赏受，亦与家人求索有间，应酌照不应问拟。朱二即朱韵山，合依不应重杖八十律，拟杖八十，斥责发落，递解回籍，交该地方官严加管束。至兼尹万青藜被参各节，虽查无其事，惟于门丁朱二得受所属赏银并未查出，究属失于觉察，相应请旨交部议处。行提到案之宁河县丁符九、署顺义县张兆丰，均查无关说之事，张兆丰亦无认为义子之事，均应饬令回任。张兆丰现经呈报丁忧，应由顺天府自行办理。除将咨文供词存案外，调到卷宗案结发还。

所有臣等遵旨会同查办缘由，谨合词恭折据实复陈，伏乞皇太后、皇上圣鉴。谨奏。

翁同龢
载　龄
志　和
童　华
崇　勳　联衔
宝　森
程祖诰
陈兰彬
夏家镐

谢俊美编：《翁同龢集》上册，中华书局，2005 年

十九　奏为由西班牙起程赴秘鲁日期折

光绪六年五月初四日（1880 年 6 月 11 日）

出使美、日、秘国大臣陈兰彬，奏为现由日国起程前往秘鲁，恭折具陈事。

窃臣自到日斯巴尼亚国以来，查得该国入款以古巴糖税为大宗，而糖寮出息又以华佣多寡为盈绌关键，故该国上下无不注重招工。去秋间，臣派委总领事户部候补主事刘亮沅等前往古巴试办，深虑积弊已久，整理万难，是以臣仍驻扎此间，以便与该国外部随时辩论，迄今数月，迭据该领事报称，开办以后，华民喜色相告，纷纷请领执照，冀得自由，遇有应办事端，该岛地方官尚肯相商，不形扞格。十二月间，该国驻华使臣伊巴里[①]到岛一个月，与该总领事等亦无违言，察看现时情形，似能遵照条约办理，仰赖圣主威福，华民在岛渐得安便谋生。该总领事节次函件，均经陆续抄寄总理衙门备查。

臣因古巴略有端绪，应即接办秘鲁事宜。虽秘鲁与智利国构兵，尚无停战消息，亦未敢再有稽延，谨择于三月初九日[②]恭赍国书，携带关防，率同参赞刑部学习郎中陈嵩良、刑部学习

① 伊巴里（Don Carols Antonio De España，？—1880），光绪二年（1876）任日斯巴尼亚国驻华公使。光绪六年（1880）八月二十七日卒于任。

② 三月初九日，1880 年 4 月 17 日。

主事曾耀南，及随员、翻译等共十一人，由日国起程，前赴秘鲁。[①]

臣离日都后，使署一切事宜，暂交驻日参赞、江苏候补直隶州知州黎庶昌[②]代管，仍饬遇事禀报核办，当刊交木质关防一颗，文曰“大清代办钦差关防”，俾资行用。该员练达和平，臣所素悉，兼经派留随员中书衔黄宗宪[③]、翻译候补从九品吴礼

---

① 据《德宗实录》卷一一九记载：“己巳。出使美、日、秘国大臣，都察院左副都御史陈兰彬奏：行次英国，探悉秘鲁被兵，未能前进，拟暂驻等候。报闻。折包。”见《德宗实录》（二），《清实录》第五三册，中华书局，1987年，第729页。

② 黎庶昌（1837—1896），字莼斋，自署黔男子，贵州遵义人。同治元年（1862）以廪贡生上《万言书》，获知县补用，交曾国藩的江南大营差遣，先后任吴江知县、青浦知县、扬州荷花池榷务等职。光绪二年（1876）随郭嵩焘出使英国。光绪四年（1878）由曾纪泽奏留使署。光绪六年（1880）任满，由陈兰彬奏调为驻日斯巴尼亚国参赞。光绪七年（1881）任驻日本国大臣。光绪十年（1884）丁母忧回国。光绪十三年（1887）再度派驻日本。光绪十七年（1891）任满归国，任川东道员兼重庆海关监督。著有《拙尊园丛稿》《西洋杂志》《丁亥入都纪程》《海行录》，编有《遵义沙滩黎氏家谱》《黎氏家集》《黎星使宴集合编》《曾文正公年谱》《全黔国故颂》《续古文辞类篡》《古逸丛书》《古逸丛书叙目》《宋本〈广韵〉校札》《春秋左传杜注校刊记》《青浦县志》等。

③ 黄宗宪（约1840—约1910），字玉屏，号小谷、味空居士，湖南新化人。同治十年（1871）在长沙师从丁取忠。光绪二年（1876）任职长沙制造局，同年冬随郭嵩焘赴英，充公使馆监印官，后任驻西班牙使馆供事。光绪五年十二月（1880年1月），随参赞黎庶昌前往西班牙任职。光绪八年（1882）春返国，回乡授徒。光绪三十二年（1906）被聘为新化公立两等小学堂算学教习。著有《求一术通解》《容圆七术》《曲面容方》《悯笑不计》《古琴古砚斋算率》，与左潜、曾纪鸿合著《圆率考真图解》，并增补李善兰《火器真诀》为《练炮宜知》出版。

堂、洋员法国人禄塞[1]，随同办公，可期周妥，谨奏。

光绪六年五月初四日[2]，奉旨："知道了。"

《清季外交史料》，（台北）文海出版社，1970年

① 禄塞（M. L. Roussel），也写作禄赛，生卒年不详，法国人。同治七年至光绪元年（1868—1875）曾被聘为福建船政学堂第一批理化教师。光绪六年至七年（1880—1881）由陈兰彬派为驻西班牙使馆洋员。

② 光绪六年五月初四日，1880年6月11日。

二十　奏为秘鲁被兵缓赴折

光绪六年六月十五日（1880 年 7 月 21 日）

出使美、日、秘国大臣，都察院左副都御史陈兰彬奏：

行次英国，探悉秘鲁被兵，未能前进，拟暂驻等候，报闻。[1]

《光绪朝实录》（二），光绪六年九月上，《清实录》第五三册，中华书局，1987 年

① 据陈兰彬咨呈总理衙门文称：“本大臣于光绪六年六月十五日具奏未能前赴秘鲁暂住美国等候一折，本年十一月初七日奉到发回原折后开军机大臣奉旨：‘知道了，钦此。’又，附奏参赞官叶源濬病故请恤一片，奉旨：‘叶源濬着交部照军营立功后病故例，从优议恤，钦此。’相应恭录咨呈贵衙门，请烦查照。”见《总理各国事务衙门清档》第 251 册，北京大学图书馆藏，藏书号：NC/4715. 1/2126/241 – 295。

二十一　奏为遵旨与万国医病会大概情形折

光绪七年正月二十二日（1881 年 2 月 20 日）

二品顶戴都察院左副都御史臣陈兰彬跪奏：为遵旨与会，先将大概情形恭折具陈，仰祈圣鉴事。

窃臣于光绪六年十二月二十一日[①]承准总理各国事务衙门咨开：“九月初六日准美国使臣安吉立[②]照称：‘准本国总署来文，内开欲请各国于本国京都设立万国医病之会，凡各国海口及各口出口船上之人，是否有瘟黄各等传染之病，彼此务须设法指明，特请派使赴会商议’等因，[③] 于十月十四日奏请派出使美国

① 光绪六年十二月二十一日，1881 年 1 月 10 日。

② 安吉立（James Burrill Angell，1829—1916），生于美国罗德岛州锡楚埃特（Scituate，Rhode Island），1845—1849 年就读于美国布朗大学（Brown University），1853 年任教于布朗大学。1860—1866 年任《普罗维登斯杂志》（*The Providence Journal*）编辑，1866—1871 年任佛蒙特大学（University of Vermont）校长，1871—1909 年任密歇根大学（University of Michigan）校长，1880—1881 年作为特使派往中国修改《中美条约》。1897—1898 年作为特使派往土耳其。

③ 据光绪六年九月初六日（1880 年 10 月 9 日）美国驻华公使安吉立照会奕䜣写道：“大亚美理驾合众国钦命驻扎中华便宜行事全权大臣安为照会事：兹准本国总署来文，内开本国国主据议院具奏，欲请各国于本国京都设立万国医病之会，凡各国海口及各口出口船上之人，是否有瘟黄各等传染之症，彼此务须设法指明，特请各国派人赴会商议等因，本大臣合将本国因此事所出节略及，请贵国派人赴会之意照会贵亲王查照。至贵国可否特派大臣前往，抑或有何意见，亦请照知本国。本国来文内，并嘱本大臣转达贵署。贵国如有特派之大臣，须有全权此事，如于大会内议妥与各国所派之大臣，立有医治预防各症之章，仍俟各国彼此互商批准方得照行。此会本国拟于一千八百八十一年正月初一日开办，如其时与贵国不便，本国可以酌为改期，据想此事与贵国甚有关涉，深望贵国或派驻本国之大臣，抑或另派大臣与各国所派之大臣公同商议也。为此照会，须至照会者。右照会大清钦命总理各国事务和硕恭亲王。庚辰年九月初六日。”见中国第一历史档案馆编：《晚清国际会议档案》（1），广陵书社，2008 年，第 1—3 页。

大臣陈，就近会商。[①] 奉旨：‘着照所请。钦此。’”抄录来往照会并折片，恭录谕旨，咨行到臣，遵即知照美国外部，旋准照复订期。[②] 臣当于十二月二十五日[③]亲赴会所，与各国使臣相见，嗣后数日一会，皆系先期定约，合计前后业经聚会六次。

查此会之设，名为“万国医病会”，实非会讲医道，只欲于各国通商海口船只进出，设法稽查，防范传染。现在与会二十四国，会议多次，只议定主席及参议分司各员名。其章程则有美国所拟，有各使所陈，并有各国特派之使，赍其君主训条，并出相商，未衷一是。臣咨访主席暨在会各使，佥称议有成稿，当分送各国使臣亲署诺否，再据奏本国取旨定夺。

---

① 据光绪六年十月十四日（1880 年 11 月 15 日）总理各国事务衙门奏：“再，九月间，美国使臣安吉立照会臣衙门内称：兹准本国来文内开，欲请各国于美国京都设立万国医会，凡各国海口及各口出口船上之人，是否有瘟黄各等传染之症，彼此务须设法指明，特请各国派人赴会商议，如立有医治预防各症之章，仍俟各国彼此互商批准，方得照行。深望贵国或派驻本国之大臣，抑或另派大臣与各国所派之大臣公同商议等因前来。查美国设立此会，请各国派遣大臣公同商议，无非为请求医理，利济群生起见，系属善举，中国若派员赴会，未始非善与人同之意。可否即派出使美国大臣陈兰彬就近会商之处，出自圣裁，臣等未敢擅便。谨奏。”见《总署奏片（光绪六年十月十四日）》，黄嘉谟主编，韦国恩、张珍琳编辑：《中美关系史料》（光绪朝三），《中国近代史资料汇编》，台湾“中央研究院”近代史研究所编印，1988 年，第 722 页。

② 据光绪六年十二月二十二日（1881 年 1 月 21 日）陈兰彬照会美国国务卿的《关于赴万国防疫会的照会（光绪六年十二月二十二日）》记载：“大清钦差出使大臣花翎二品顶戴都察院副堂陈，为照会事：照得前接贵大臣来文内开，防疫会一事，因当时尚未接本国政府来文，业经照复在案。现在恭奉大皇帝谕旨，特派本大臣在华盛顿同赴万国防疫会，合行知照贵大臣，请烦查照。顺候时祉。须至照会者。右照会大亚美利驾合众国总理外务大臣伊。光绪六年十二月二十二日。”见黄嘉谟主编，韦国恩、张珍琳编辑：《中美关系史料》（光绪朝一），《中国近代史资料汇编》，台湾“中央研究院”近代史研究所编印，1988 年，第 747—748 页。又见《中国驻美国公使馆致美国国务院备忘录（1868—1906）》第 1 册，广西师范大学出版社，2010 年，第 442—443 页。

③ 十二月二十五日，1881 年 1 月 24 日。

臣窃维中国医道与西国殊，通商各口亦未便尽用洋法，自应俟其送稿请署时，详核中国口岸能否照办，分别奏请圣裁。理合将遵旨与会并此会大概情形，先行具奏，伏乞皇太后、皇上圣鉴，谨奏。

光绪七年四月十一日[①]，军机大臣奉旨："知道了。钦此。"

正月二十一日

《录副奏折》，中国第一历史档案馆藏

① 光绪七年四月十一日，1881 年 5 月 19 日。

二十二　奏为遵旨查明驻洋肄业局现在情形据实具陈折

光绪七年二月初六日（1881 年 3 月 5 日）

二品顶戴都察院左副都御史臣陈兰彬跪奏：为遵旨查明驻洋肄业局现在情形，据实具陈，仰祈圣鉴事。

窃臣于光绪七年正月二十八日[①]，承准总理各国事务衙门咨递军机大臣字寄："光绪六年十一月十六日奉上谕：'有人奏，闽洋两局废弛，请饬严加整顿一折等因。钦此。'"遵旨得信前来。[②]

---

① 光绪七年正月二十八日，1881 年 3 月 8 日。

② 据《德宗实录》卷一二四记载："十一月庚辰（1880 年 12 月 17 日），谕军机大臣等：有人奏，闽洋两局废弛，请饬严加整顿一折。据称福建船政局，近来专徇情面，滥竽充数，提调监工，不谙洋务。船政大臣亦为所欺，一切公事，提调等任意把持，所造轮船，难以适用，虚糜薪水。出洋学生，近来多入耶苏教。帮办翻译黄姓暗诱学生进教，总办区姓十数日不到局，学生等毫无管束，抛荒本业等语。朝廷不惜重帑，设立船政局，并派员管带幼童出洋，原期制造轮船精坚合式，成就人材，以裨实用。若如所奏种种弊端，尚复成何事体？着何璟、勒方锜、黎兆棠将船政局事务力加整顿。提调、监工等，如有怠玩把持，即行从严参处，并着李鸿章、刘坤一、陈兰彬查明洋局劣员，分别参撤，将该学生等严加约束，如有私自入教者，即行撤回，仍妥定章程，免滋流弊。原折均着钞给阅看，将此四百里谕知。"见《德宗实录》（二），《清实录》第五三册，中华书局，1987 年，第 780 页。

李士彬原折为："……自中外交涉以来，国家不惜帑金，设立船政局，教习制造，并派员管带聪颖子弟出洋就学，原期造就人材，学成有用，以图自强之计。臣闻福建船政初开局时，立法甚善，派有提调一人、监工一人总司局务，局中学生督课綦严，勤者奖之，惰者革退。近则专徇情面，滥竽充数，不一而足。学技艺者率皆学画、学歌词，提调、监工不谙洋务，并不过问，（转下页）

臣伏查驻洋肄业局系同治十一年创设于美国之干捏底吉邦哈富得尔城[1]，臣于是年七月，同副使容闳奉委携带第一批幼童出洋，所有章程，均系遵照南、北洋大臣原议试办。十二年秋间，臣往古巴岛查察华佣。十三年夏间，返局，旋接总理各国事务衙门札调回京。其后，各批幼童陆续到局，该局总办、教

（续上页）船政大臣亦为所欺。凡局中一切公事，该提调等任意把持，不肯举办，所造轮船，惟‘扬威’‘振远’二只尚称合式，余则大半不商不兵，难以适用。局中及各船薪水，每月需银万余两，大家虚糜，船政大臣极欲整顿，竟有积重难返之势。至出洋学生，原不准流为异教，闻近来多入耶苏教门，其寄回家信，有‘入教恨晚，死不易志’等语。该局帮办翻译黄姓，久为教徒，暗诱各生进教，偕入礼拜堂中。总办区姓，日吸洋烟，恋姬妾，十数日不到局一次，纵到亦逾刻即行，绝口不言局事。该学生等毫无管束，遂致抛荒本业，纷纷入教。是闽局之废弛如此，洋局之废弛又如彼，该学生等或习为游戏，或流为异教，非徒无益，反致有损，关系实非浅鲜。应请旨饬下船政大臣，振刷精神，力除积弊，查明提调、监工等怠玩把持各情，严行参处，以儆将来。并请旨饬下南、北洋大臣转饬确查洋局劣员，分别参撤，其入教各生，一并撤令回华，免滋流弊。”见《光绪六年十一月十六日江南道监察御史李士彬奏》，中国史学会主编：《洋务运动》（五），上海人民出版社、上海书店出版社，2000年，第249页。

李士彬（1836—1913），字伯之（质），号石叟、石我山人，湖北蕲州人。同治元年（1862）壬戌恩科举人，同治四年（1865）乙丑科进士，授翰林院庶吉士。同治七年（1868）任刑部主事，考取军机章京。同治九年（1870）补军机章京兼方略馆协修。同治十一年（1872）主讲鹿门书院。次年回京，仍任原职。光绪元年（1875）补福建司主事。次年任刑部安徽司员外郎。光绪四年（1878）任刑部四川司郎中。光绪六年（1880）任江南道监察御史。光绪八年（1882）充壬午科任陕西乡试副考官。次年补授浙江杭州府遗缺知府，选请补严州知府。光绪十年（1884）调署金华知府。次年改署温州知府。光绪十三年（1887）回任严州知府。光绪十五年（1889）调补杭州知府。光绪十八年（1892）丁父忧。光绪二十年（1894）任广州知府，次年补潮州知府，护惠潮嘉道等官。光绪二十五年（1899）卸任归里。著有《石我集》《西轺记里》《襄阳县志》等。

① 美国之干捏底吉邦哈富得尔城，即美国康涅狄格州（Connecticut）首府哈特福德（Hartford），同治十一年至光绪七年（1872—1881）出洋肄业局总部所在地。

习各员亦迭有更换。

查原奏所称“总办区姓”，系工部升用员外郎区谔良[1]。该员外郎是否吸食洋烟，臣未亲见。惟自光绪元年接充总办，实携有侍妾二人另馆居住，则十数日不到局，到亦逾刻即行之语，谅非无因。但臣于五年二月接准北洋大臣李鸿章抄咨，已经具奏调回原衙门当差，该员外郎旋即交卸离局矣。

又原奏所称“帮办翻译黄姓”，查系候补同知黄达权。该同知原系奏带随使之员，派充华盛顿使署翻译。五年三月，臣往日斯巴尼亚国，适该局总办候选道容增祥丁忧回籍，副使容闳兼摄局务，拟派帮办。臣虑及该同知洋习太重，在局究不相宜，当于是年闰三月由法国途次，寄札改派为金山总领事公署翻译，以金山相距一万四千里，可免其沾涉局事也。

现在，该局总办系侍讲衔翰林院编修吴嘉善，教习系候选同知容思济[2]、候选县丞沈金午，各员皆不崇尚洋教，察出各学生弊窦，亦节次撤遣回华，不肯姑息。惟上年十一月，吴嘉善特来华盛顿，面称：“外洋风俗，流弊多端，各学生腹少儒书，德性未坚，尚未究彼技能，实宜易沾其恶习，即使竭力整饬，

---

① 区谔良（1851—?），字海峰，广东南海人。同治六年（1867）丁卯科顺天乡试举人。同治十年（1871）辛未科会试中式进士，改翰林院庶吉士。同治十三年（1874）散馆以部属用，签分工部。光绪元年（1875）以工部候补主事携带第四批留美幼童赴美，并出任驻洋肄业局总办。光绪四年（1878）任满回国，仍回工部任职，奉旨免补主事以员外郎即补。次年补虞衡司员外郎。光绪六年（1880）回京销差。次年补行验放。光绪九年（1883）与康有为在广东南海创立不裹足会。光绪十七年（1891）补都水司郎中。光绪十九年（1893）俸满截取，经工部堂官保送堪胜繁缺知府。光绪二十年（1894）经工部堂官保送，以知府分发补用指省江西。

② 容思济，生卒年不详，字汉三，广东南海人。光绪四年（1878）由陈兰彬奏调为出使美、日、秘随员，抵美后改派驻洋肄业局汉文教习。光绪七年（1881）驻洋肄业局撤销，携带留美幼童回国。

亦觉防范难周，极应将局裁撤。惟裁撤人多，又虑有不愿回华者，中途脱逃，别生枝节”等语。臣当语以拟何办法，总宜咨呈南、北洋大臣酌夺。嗣经迭次函牍询问，尚未据吴嘉善复有定章。

臣窃维吴嘉善身膺局务，既有此议，诚恐将来利少弊多，则照其所言，将各学生撤回内地，严加甄别，择稍有器识者分派需用各衙门，充当翻译通事，俾之学习政事威仪，其次者令在天津、上海各处机器、水雷等局专习一艺。谅各学生肄业多年，洋文固已谙通，制造亦当涉猎，由此积累，存乎其人，亦不在久处外洋方能精进。至所虑中途疏脱一节，即责成该总办督同教习各员，亲行管带回华交代，自免意外之虞。

惟查该局向章，一切事宜，均具报南、北洋大臣核办。此次应否撤局及如何带回交代之处，自应由该局总办筹有章程，呈请南、北洋大臣核定，奏明办理，已归画一。

臣恭奉谕旨饬查，理合将驻洋肄业局现在实情缮折具陈。伏乞皇太后、皇上圣鉴。谨奏。

光绪七年四月二十八日[①]，军机大臣奉旨："该衙门知道。钦此。"

二月初六日

《录副奏折》，中国第一历史档案馆藏

① 光绪七年四月二十八日，1881 年 5 月 24 日。

二十三　奏为遵旨敬谨详议慈安端裕康庆昭和庄敬皇太后上尊谥折

光绪七年三月二十一日（1881 年 4 月 19 日）

奏为遵旨敬谨详议具奏事：

光绪七年三月十五日①，奉上谕："大行慈安端裕康庆昭和庄敬皇太后②母仪天下，垂慈训政。锡福寰区，至德徽音，远迈前古。今兹仙驭升遐，朕心哀痛，不能稍释。敬稽典礼，宜隆谥号，以表尊崇。着大学士、九卿会同敬谨详议具奏。钦此。"

臣等敬稽旧典，详考彝章，钦惟"大行慈安端裕康庆昭和庄敬皇太后"德配乾元，功符坤厚，备福寿者卌五载，受孝养者二十年。合九州万国，以胪欢尊亲并戴；统四极八荒，而来贡颐乐弥长。扬神武于边陲，隆称迭晋；祝洪釐于薄海，庆典频颁。至德难名，非臣下所能拟议；徽音丕懋，惟圣主始克尊崇。谨酌缮谥法字义，进呈钦定。

再，查乾隆四十二年③恭上"孝圣宪皇后"尊谥，奉旨将历年加上徽号有按例酌减及应增加字样，敬谨详议。经大学士舒

---

① 光绪七年三月十五日，1881 年 4 月 13 日。

② 慈安端裕康庆昭和庄敬皇太后（1837—1881），钮祜禄氏，满洲镶黄旗人，广西右江道三等承恩公穆扬阿之女。咸丰二年（1852）被选秀入宫，初封贞嫔，五月晋贞贵妃，十月奉旨立为皇后。同治元年（1862）上徽号"慈安皇太后"。同治十一年（1872）同治皇帝载淳大婚，加上徽号"端裕"二字。光绪二年（1876）四十慈庆，加上徽号"昭和庄敬"。光绪七年（1881）病逝，上尊谥曰"孝贞慈安裕庆和敬仪天祚圣显皇后"。宣统元年（1908）加上尊谥"诚靖"二字，全谥为"孝贞慈安裕庆和敬诚靖仪天祚圣显皇后"。

③ 乾隆四十二年，1777 年。

赫德等议奏，于“孝圣宪皇后”徽号十八字内拟留六字，增加四字，冠以尊谥二字，共敬列十二字。

又，道光三十年正月初五日①，恭上“孝和睿皇后”尊谥，亦经大学士穆彰阿等奏请，于原晋徽号十二字内酌留六字，增加四字。

今恭上“大行慈安端裕康庆昭和庄敬皇太后”尊谥，于原晋徽号十字内谨拟敬留六字。缮单呈览，再拟增加四字，谨分晰缮单，恭候圣裁。

为此敬谨合词具奏请旨。

大学士臣李鸿章（直隶总督）
臣宝鋆
臣左宗棠
臣全庆
协办大学士臣宗室灵桂
吏部尚书臣万青藜
左侍郎臣乌拉喜崇阿
臣邵亨豫
右侍郎臣宗室奎润
臣钱宝廉
户部尚书臣景廉
臣董恂
左侍郎臣宗室昆冈（差）
臣王文韶
右侍郎臣锡珍
臣宜振（假）

① 道光三十年正月初五日，1850年2月16日。

礼部尚书臣恩承
臣徐桐
左侍郎臣宗室桂全
臣殷兆镛
右侍郎臣崇礼
臣祁世长
兵部尚书臣广寿
臣李鸿藻
左侍郎臣耀年
臣许应骙
右侍郎臣恩麟
臣朱智
刑部尚书臣文煜
臣潘祖荫
左侍郎臣松溎
臣孙诒经
右侍郎臣宗室敬信
臣薛允升
工部尚书臣宗室瑞联
臣翁同龢
左侍郎臣师曾
臣孙家鼐
右侍郎臣兴廉
臣张澐卿（差）
都察院左都御史臣宗室麟书
臣童华
左副都御史臣崇勋
臣钟濂

臣程祖诰
臣陈兰彬（差）
署左副都御史臣夏家镐
通政使司通政使臣文晖
臣刘锦棠（差）
副使臣宗室阿克丹
臣张绪楷
参议臣宗室嵩溥
大理寺卿臣恩艳
臣许庚身
少卿臣凤秀
臣曾纪泽

所拟谥号字样

谨拟尊谥四字。恭请钦定：
孝贞：德性正固曰贞；
孝钦：威德悉备曰钦；
孝肃：摄下有礼曰肃；
孝恪：温恭不怠曰恪。
谨拟增加字样。恭请钦定：
仪天祚圣；
希天牖圣；
违天迪圣；
参天跻圣。

（清）李鸿章撰，顾廷龙、戴逸主编：《李鸿章全集》（9），安徽教育出版社，2008 年

二十四　奏为委署驻日参赞并改派法文翻译折

光绪七年七月初八日（1881 年 8 月 2 日）

奏为委署驻日参赞并改派法文翻译，恭折具陈，仰祈圣鉴事。

窃臣上年三月由日斯巴尼亚国起程，札派江苏后补知府黎庶昌为驻日参赞，办理交涉事宜，当经具奏在案。

本年五月十八日①，承准总理各国事务衙门咨开：“光绪七年三月初七日②内阁奉上谕：‘黎庶昌着记名以道员用，赏给二品顶戴，充出使日本国钦差大臣，即行来京陛见，钦此。’”③ 等因，亟应委员赴日接任，俾黎庶昌得以交卸成行。

查有派驻美国金山随员、兵部候补主事朱和钧，堪以委署驻日参赞。

又，黎庶昌回华，须用翻译伴送。适驻日翻译、候选县丞吴礼堂呈请销差，当即派令随去。其驻日翻译，查有派驻古巴岛法文翻译、主事衔户部笔帖式廷铎，堪以改派，均经臣分别札委饬遵。

---

① 五月十八日，1881 年 6 月 14 日。

② 光绪七年三月初七日，1881 年 4 月 5 日。

③ 据《德宗实录》卷一二八记载：“光绪七年。辛巳。三月癸亥朔。己巳。命二品顶戴记名道黎庶昌为出使日本大臣。洋务档。”见《德宗实录》（二），《清实录》第五三册，中华书局，1987 年，第 840 页。

又据《欧游杂记》记载：“（光绪七年三月）二十五日，驻日斯巴尼亚参赞黎莼斋接奉电报：‘三月初七日奉上谕：黎庶昌着记名以道员用，派充日本钦差大臣，着即来京陛见。’”见徐建寅：《欧游杂记》，湖南人民出版社，2008 年，第 765 页。

兹据朱和钧禀称："已偕同廷铎于六月初七日[①]行抵日国，即于初八日接管参赞事务。"

除黎庶昌起程日期应由其自行奏报外，所有委署参赞并改派翻译缘由，理合缮折具陈，伏乞皇太后、皇上圣鉴，谨奏。

《陈兰彬致总理衙门函（光绪七年八月初十日收）》，《钦定总理各国事务衙门清档》第254册，北京大学图书馆藏，"出使美日秘国密档"

① 六月初七日，1881年7月2日。

二十五　奏为随员金延绪闻讣丁忧请暂留洋差遣片

光绪七年七月初八日（1881 年 8 月 2 日）

再，出使随带之员，有已到外国而报丁忧者，由出使大臣查明，倘有经手未完事件，即据实奏明暂留在洋差遣，经总理各国事务衙门奏明咨行，历经遵办在案。

兹据金山总领事陈树棠禀称“派在该署学习随员从九品金延绪，接到家信，知其亲母沈氏于上年十月十九日[①]在籍病故。该从九系属亲子，例应丁忧。惟该从九自奉委在署以来，经手事件诸关要紧，请仍留差次帮同料理”等情前来，复查无异，业经援照成案，批令暂留在洋，俾资熟手。

谨附片陈明，伏乞圣鉴。谨奏。

光绪七年八月十七日[②]，军机大臣奉旨：“知道了。钦此。”

七月初八日

《录副奏折》，中国第一历史档案馆藏

① 十月十九日，1880 年 11 月 20 日。

② 光绪七年八月十七日，1881 年 10 月 9 日。

二十六 奏为随带出洋员弁三年期满援案吁恳恩施折

光绪七年闰七月二十五日（1881年9月18日）

十月十五日[1]，军机处交出陈兰彬抄折称："为随带出洋员弁三年期满，援案吁恳恩施，缮具清单，恭折仰祈圣鉴事。"

窃臣承准总理各国事务衙门咨抄奏定出使章程，内开出使各国大臣所带参赞领事翻译等员，随同出洋，以三年为期，期满奏奖。

又，承咨准吏部文开"核议出使外洋随带人员保奖厘定章程，仍照异常劳绩，准保免补免选以应升之阶，选用补用不得越级"等因各在案，臣奉命出使美、日、秘三国，节次奏调员弁，内有直隶候补道陈桂士、四川候补道莫宴均、候选通判林振源[2]、候选通判刘光廉，四员或别有差委，或遇有事故，均未随同出洋，无庸奖叙。

又，总办肄业局务兼驻美参赞候选道容增祥丁忧回籍守制，派驻金山英文翻译候选同知薛树辉因病回籍就医。该二员均供职未久，请假后不再回差，不应列奖。

① 十月十五日，1881年12月6日。

② 林振源，生卒年不详，广东人，曾为粤海关通事。同治十三年（1874）随陈兰彬前往古巴调查华工被虐情况。光绪六年（1880）由陈兰彬奏调为出使美、日、秘随员。

又，二等参赞侍讲衔、翰林院编修吴嘉善，经臣派驻日国数月，即准北洋大臣李鸿章函商，奏调总办肄业局务；随员江苏试用县丞沈金午，并经吴嘉善请派同行赴局充当教习。该二员如何奖叙之处，应照该局向章，由南、北洋大臣核拟具奏。

又，续调之随员兼英文翻译、知府衔候选同知直隶州张斯栒[①]，英文翻译、同知衔何慎之[②]，随员五品衔赖鸿逵[③]，五品衔

---

① 张斯栒（1842—1898），字适严、听帆，浙江慈溪人。光绪元年（1875）由首任出使英国大臣奏调为随员兼翻译官。光绪五年（1879）担任出使德国大臣刘锡鸿的翻译官，未几回英国任。是年曾纪泽出使英、法后，继续留任翻译。次年，由陈兰彬奏调为驻美使馆翻译官。光绪七年（1881）回曾纪泽使署任翻译。光绪十三年（1886）刘瑞芬出使英俄，留任二等翻译官。光绪十六年（1890）薛福成任出使英、法、意、比四国大臣，升为二等参赞官。光绪二十三年（1897）销差归国，由知府奏保为道员，赏加二品顶戴。光绪二十四年（1898）由湖广总督张之洞调往湖北，任自强学堂总办，又任湖北留日学生监督，携带学生赴日留学。次年病逝于日本。著有《环瀛日记》等。

② 何慎之，生卒年不详，又名何来，字飞鸾，号绯联，广东南海人。光绪六年（1880）由陈兰彬奏调为驻美使署翻译官。次年任满回国，曾任轮船招商局司事。光绪十二年（1886）由第三任出使美、日、秘国大臣张荫桓奏调为驻美使署翻译官。光绪十五年（1889）由第四任出使美、日、秘国大臣崔国因奏留为驻美使署二等翻译官。

③ 赖鸿逵，生卒年不详，字文山，笔名八闽老叟、匏、匏隐主人，福建人。同治末光绪初曾任香港《华字日报》督印、主笔。光绪六年（1880）由陈兰彬奏调为驻美使署随员。次年由第二任出使美、日、秘大臣郑藻如奏调为随员。光绪八年（1882）与欧阳明赴檀香山考察。光绪九年（1883）任驻纽约领事署随员。光绪十一年（1885）任驻古巴岛总领事署随员。光绪二十四年（1898）接办香港《华字日报》。

王国逊[①]，中书衔国子监典黄宗宪，监生曾海[②]，法国人禄赛，英国人马治[③]，八员到差日期，虽先后各有不同，而皆未满三年，统俟该各员等差期届满之时，分别核办。[④]

此外，尚有同知衔陈国芬[⑤]，派充夏威仁[⑥]国商董，试办一年期满，诸臻周妥，惟该员现经总理各国事务衙门奏改领事，应俟三年期满，再行核奏。

---

① 王国逊，生卒年和籍贯不详。光绪六年（1880）由陈兰彬奏调为驻美使署随员。次年由第二任出使美、日、秘国大臣郑藻如续派为驻旧金山总领事馆随员。光绪十二年（1886）由第三任出使美、日、秘国大臣张荫桓续派为驻旧金山领事馆随员。

② 曾海，生卒年和籍贯不详。光绪六年（1880）由陈兰彬奏调为驻美使署随员。次年由第二任出使美、日、秘国大臣郑藻如奏调为驻旧金山总领事馆翻译。光绪二十一年（1895）任汉阳铁厂翻译委员。光绪二十二年至二十三年（1896—1897）由出使日本国大臣裕庚奏调为西文翻译。光绪三十三年至三十五年（1907—1909）任驻檀香山领事。

③ 马治，生卒年不详，英国人，光绪六年（1880）由陈兰彬奏调为洋翻译。次年由出使英、法、俄国大臣曾纪泽奏调为洋翻译。

④ 据《申报》光绪六年七月十六日（1880年8月21日）第2625号第2页《奏调人员》记载："钦命出使美、秘、西班牙三国大臣陈荔秋副宪，近以所带随员中有病故丁忧等事，襄办需人，特具折奏调人员前往差遣。查美国肄业局掌教容增祥丁忧回华，遗缺已奏调吴太史嘉善补授，而以黎庶昌派充二等参赞官，驻扎西班牙国。至前经奏调之通判张斯栒、中书黄宗宪，业已前赴秘鲁。兹闻续调者，系何慎之、林振源、赖鸿逵、王国逊四员，亦同赴秘鲁云。"见《奏调人员》，《申报》光绪六年七月十六日（1880年8月21日）第2625号第2页，《申报》影印本第17册，上海书店，1983年，第410页。

⑤ 陈国芬（1825—1906），原名陈芳，英文名 Chun Afong，广东香山人。道光二十九年（1849）赴檀香山经商。光绪五年（1879）由陈兰彬奏派为驻檀香山商董，次年任驻檀香山领事。光绪七年（1881）辞职。光绪十六年（1890）回国。

⑥ 夏威仁，即夏威夷（Hawaii），又译檀香山。原住民为波利尼西亚人（Polynesians），1778年开始有欧亚移民。1795年建夏威夷王国。1898年被美国吞并。1900年归属美国。1959年成为美国的第五十个州。

除以上人员不应于此次奖案开列外，其余各员皆系随臣出洋，于光绪四年六月二十八日①行抵美国，即自七月初一日②起算，扣至本年六月三十日③，三年差满，臣所使各国，距离穹远，兼系华民麕聚内江外海，日有事端，随行者往来跋涉，固启处之，不遑分驻者，头绪纷繁，亦经营之靡易。各该员悉心料理，随在挽维，用能中外相安，规模略定，实属异常出力，未便没其微劳，自应由臣按照奏定章程核拟请奖，谨缮具衔命清单恭呈御览，合无仰恳天恩俯准，分别奖叙，俾重洋之薄效，咸荷照临，冀后进之人材益知观感。

所有员弁三年期满援案请奖缘由，理合恭折具陈，伏乞皇太后、皇上圣鉴训示，谨奏。

光绪七年十月十五日，军机大臣奉旨："陈树棠等，均着照所请奖励，余依议。该部知道，单并发。钦此。"

照录清单：谨将出洋三年期满员弁缮具衔名清单恭呈御览

派驻美国金山总领事、二品衔候选道陈树棠。该员随臣出洋，于光绪四年六月到差，即派为金山总领事。值该处迭创新例，苛制华民，经该员激励商情，捐赀延用律师，随案驳正。华民流寓，得以相安。其余职分应为之事，亦皆办理周详，实属异常出力。拟请以道员分发省分归候补班前、遇缺即补。

派驻日国古巴总领事、户部候补主事刘亮沅。该员随臣出洋，于光绪四年六月到差，即在美国照料一切，及派为古巴总领事，联络群情，剔除积弊，抚绥整顿，动合机宜，俾数万困

---

① 光绪四年六月二十八日，1878年5月29日。

② 七月初一日，1878年7月30日。

③ 本年六月三十日，1881年7月25日。

苦华佣得各安生业，实属异常出力。拟请免补本班以直隶州知州分发省分归候补班前补用，并赏加四品衔。

委署驻日参赞、兵部候补主事朱和钧。该员随臣出洋，于光绪四年六月到差，派驻金山总领事署内，嗣因拟设夏威仁国商董，派该员前往体察情形。近又委赴日国接署参赞事务。该员不惮勤劳，事无贻误，实属异常出力。拟请免补本班以直隶州知州，不论双单月遇缺前先选用，并赏加知府衔。

派充日国马丹萨领事、同知衔监生陈善言。该员随臣出洋，于光绪四年六月到差，即在美国使署办理翻译事务，及派为领事，协同总领事刘亮沅措置一切，均极认真，而冲冒炎瘴周巡各埠，随地兴除，尤为不辞劳瘁，实属异常出力。拟请以府经历分发省分尽先补用。

派充金山领事傅列秘。该员系美国人，素为寓美华人所倚重。臣到美后，派为领事，协同总领事陈树棠办理事件，和衷共济，不避嫌怨，实属异常出力。拟请赏给四品衔。

随员、候选同知陈模。该员随臣出洋，于光绪四年六月到差，往还美、日各国，无役不从，料理往来文牍，并照料一切事宜，俱极详慎周妥，实属异常出力。拟请以本班分发省分归候补班前遇缺前先即补，并赏加知府衔。

驻美英文翻译、候选同知蔡锡勇。该员随臣出洋，于光绪四年六月到美，派为驻美翻译，办理汉洋文件，并酬应交涉各事宜，始终无误。当臣赴日国时，适驻美参赞容增祥丁忧回籍，事益纷繁，并能料理周妥，实属异常出力。拟请免选本班以知府不论双单月，遇缺前先选用，并赏加三品衔。

随员蓝翎候选同知徐承祖，随员运同衔候选同知严士琦，随员候选盐课司体举容闿。该三员随臣出洋，于光绪四年六月到差，派驻美国使署缮办文牍，并照料一切事宜，俱臻妥协。徐承祖拟请免选本班以知府不论双单月尽先选用。严士琦拟请以本班分发省分归候补班前即补，并赏换知府衔。容闳拟请免选本班以运同即选。

派驻美国使署洋员柏立。该员系美国人。臣到差时，用在美国使署，办理交涉应酬各事宜，均尚勤慎周妥。拟请赏给四品衔。

英文翻译、候选同知黄达权。该员随臣出洋，于光绪四年六月到差，派驻美使署内，嗣因金山翻译薛树辉告病回华，派往接办翻译汉洋文件，尚无贻误。拟请俟同知选缺后以知府用先，换顶戴。

随员、道衔候选郎中刘观成，随员、五品衔不论双单月选用教谕陈为焜。该二员随臣出洋，于光绪四年六月到差，派驻金山总领事署内，随同陈树棠办理事件，均悉心勷赞，并无贻误，实属异常出力。刘观成拟请免选本班以知府不论双单月遇缺前先选用。陈为焜拟请免选本班以知县不论双单月尽先即选，并赏换同知衔。

法文翻译、主事衔户部笔帖式廷铎。该员随臣出洋，于光绪四年六月到差，派驻古巴总领事署内。近又调赴日国，随同朱和钧办事，勤慎从公，始终无误，实属异常出力。拟请以知县不论双单月遇缺前先选用，并赏加同知衔。

随员候选州判刘宗骏。该员原充出洋肄业局教习。臣到差时，调为随员，派往古巴，随同刘亮沅办事，从公奋勉，事无贻误，实属异常出力。拟请免选本班以知县不论双单月遇缺前先选用，并赏加同知衔。

法文翻译、从九品补缺后以县丞用吴礼堂，日文翻译、同知衔监生吕祥[①]。该二员随臣出洋，于光绪四年六月到差，翻译

---

① 吕祥，生卒年和籍贯不详。光绪六年（1880）由陈兰彬奏调为翻译，光绪七年七月（1881年8月）任满回国。

汉洋文件，并照料一切事宜，均无贻误。吴礼堂拟请免补从九品以县丞尽先选用。吕祥拟请以盐运司知事归部选用。

英文翻译、同知衔监生谭乾初，学习随员兼翻译、候选从九品杨荣忠。该二员随臣出洋，于光绪四年六月到差，派往古巴，随同刘亮沅办事，照料事件，诸臻周妥。谭乾初拟请以县丞归部选用。杨荣忠拟请以县主簿归部尽先选用。

学习随员、候选从九品金延绪。该员随臣出洋，于光绪四年六月到差，派驻金山，随同陈树棠缮写文牍，照料一切事宜，均无贻误。拟请以县丞不论双单月尽先选用，并赏加六品衔。

守备衔武举杨名泰。该员随臣出洋，于光绪四年六月到差，派驻金山，随同陈树棠办事，诸务勤慎，每遇轮船由华抵埠，稽察拐诱等弊，尤无疏懈，实属异常出力。拟请以守备归标尽先拔补，并赏加都司衔。

军功六品尽先把总李大伦。该员随臣出洋，于光绪四年六月到差，派驻美国使署，委办事件，均勤慎无误。拟请免补把总以千总贵标尽先拔补，并赏加守备衔。

光绪七年十月十五日，军机大臣奉旨："览。钦此。"

《奏为随带出洋员弁三年期满援案吁恳恩施折（清光绪七年十月十五日军机处代呈）》，《钦定总理各国事务衙门清档》第256册，北京大学藏图书馆，"出使美日秘国密档"

二十七　奏为出洋参赞陈嵩良曾耀南差期届满如何优奖请旨片

光绪七年闰七月二十五日（1881 年 9 月 18 日）

再，臣随行二等参赞花翎刑部学习郎中陈嵩良、三等参赞花翎五品衔刑部学习主事曾耀南二员，持躬谨饬，遇事留心，经臣奏带出洋，纡回本周数万里，跬步不离，所有交涉要件，以及酬对各事宜，均悉心酌订，实事求是。金山、古巴、檀香山等处情形各别，初次设立总领事、领事、商董，草创经营，尤不能稍涉大意。该二员周咨博访，缕析条分，或一事而函电连番，或数处而疑难丛集，筹商剖答，往往寝食不遑。

窃计三年以来，使事获稍就绪，实该二员之力为多。今差期届满，自应从优酌保。惟该员陈嵩良系臣胞侄，因不敢拟乞恩施。该员曾耀南系属部曹，亦核与吏部现定章程颇有窒碍。若仅请交部议叙，又与总理各国事务衙门议覆奖叙出洋一二年不及满差之员无稍区别，似不足以资鼓励。其应如何优容之处，伏候圣裁，臣均未列单拟请。

谨附片具陈，伏乞圣鉴训示。谨奏。

光绪七年十月十五日，军机大臣奉旨："陈嵩良等著陈兰彬照章奏请奖励。钦此。"

《录副奏折》，中国第一历史档案馆藏

二十八 奏为绅董张荫孙等在港呼应尤为出力请奖励片

光绪七年闰七月二十五日（1881 年 9 月 18 日）[1]

再，美国金山、日国古巴岛等处设立总领事，创始开办，事极冗繁，加以市埠纷歧，未能多设副领事等官，不能不藉资群力，是以各总领事等抵任，均须随处遴拣妥人举为董事。

又，华人外出，多系经由香港，一切稽查拐诱、信息往还等事，非有人在港，呼应不灵。经总领事等函约招商分局在华善堂华佗医院[2]绅董彼此关照，计金山总领事陈树棠举用三十余人，古巴总领事刘亮沅亦举用二十余人，督饬分办。三年以来，

---

① 据郑藻如奏折写道：“再，光绪十一年二月二十四日，郑藻如三年期满请奖案内，董事何丹桂、谭玉书奏请五品顶戴，五月初十日奉旨，旋接部文，该董事系由何项官阶保奖，应令查明复奏，再行核办等因，当经郑藻如查据古巴总领事申复，何丹桂系广东陆丰县人，谭玉书系广东顺德县人，均由俊秀于光绪七年闰七月二十五日，经陈兰彬奏奖六品顶戴，十月十五日奉旨允准，核奏，移交前来，臣查该董事等曾蒙恩赏六品顶戴，别无他项官阶，前请五品顶戴既与部章不符，谨拟改奖县主簿归部铨选，吁乞圣恩饬部核议注册，以资鼓励。该董事等履历随折声叙，无须另列清单，合并陈明，伏祈圣鉴训示，谨奏。硃批：该部议奏。”见中国第一历史档案馆编：《光绪朝硃批奏折》第五辑，内政职官，光绪十三年十二月，中华书局，1996 年，第 472 页。

② 华佗医院，位于现在的香港岛湾仔石水渠街 72 号至 74A 号双数门牌。同治五年（1866）由香港殖民政府里的华人翻译 A-way FAN 推动筹建的第一所华人医院。同治十一年（1872）香港政府差饷征收册中名为“华佗医院”（亦称为“湾仔街坊医院”）。光绪十一年（1886）医院关闭。次年原建筑变为供奉神医华佗的华佗庙。1920 年两层楼原建筑拆掉。1922 年建成四层高建筑。1929 年华佗庙关闭。该建筑现已被列为香港一级历史建筑。其中 72 号、72 号 A 及 74 号三幢外墙被涂上蓝色，因而被称为“蓝屋”。

诸称得力。

兹金山迭设苛例，经董事侯景星[①]、李煦祥[②]等集赀延用律师，驳除多款，并结案二百余起。古巴各工所拘禁华佣数千，经董事何丹桂[③]、罗应磐[④]等逐处清查，报办释放。

至在港绅董张荫孙[⑤]、谭玉书[⑥]等，则安插金山返回之得妥恶疾，传递古巴华民之存没信音，事尤繁琐，凡所承办，均于公事实有裨益，即经该总领事等随案禀陈。

兹接开单请奖前来，臣查该绅董等并未领支经费，而奋勉办公，实亦不无微劳，并录除出力稍次之绅董，由臣咨明总理各国事务衙门酌给请奖外，可否仰恳天恩，俯准将尤为出力之候补同知张荫孙一员，赏加同知衔；监生侯景星、监生李煦祥、俊秀何丹桂、俊秀罗应磐、俊秀谭玉书五员，各赏给六品顶戴，以示鼓励之处，出自逾格鸿慈。

谨附片具陈，伏乞圣鉴训示。谨奏。

光绪七年十月十五日，军机大臣奉旨："张荫孙等均着照所请奖励，余依议，该衙门知道。钦此。"

中国第一历史档案馆藏档，《录副奏折》

---

① 侯景星，旧金山华商。

② 李煦祥，旧金山华商。

③ 何丹桂，生卒年不详，广东陆丰人。在古巴岛经商，娶当地人为妻。同治十三年（1874）曾向陈兰彬汇报古巴华工受虐情况。光绪七年（1881）由陈兰彬奏请奖给六品顶戴。光绪十一年（1885）由第二任出使美、日、秘国大臣郑藻如奏请奖给县主簿归部铨选。

④ 罗应磐，古巴岛华商。

⑤ 张荫孙，生卒年和籍贯不详，字禄如。在香港经商，与王韬等相熟。光绪年间曾任轮船招商局香港分局商董。

⑥ 谭玉书，生卒年不详，广东顺德人。在香港经商。光绪七年（1881）由陈兰彬奏请奖给六品顶戴。光绪十一年（1885）由第二任出使美、日、秘国大臣郑藻如奏请奖给县主簿归部铨选。

二十九　奏报出使差满各随员情况

光绪八年正月十八日（1882 年 3 月 7 日）

正月十八日，军机处交出陈兰彬片称：

再，臣随带员弁，除分驻各处尚未交替及差期未满各员，应俟新任郑藻如[1]随体察酌量去留外，其差期已满，并无经手未完事件之员，自应准其销差。

查候选郎中刘观成、候选同知黄达权、候选同知徐承祖、候选提举容阊、同知衔吕祥、守备衔杨名泰等，已于七八月间陆续回籍。

现在刑部学习郎中陈嵩良、刑部学习主事曾耀南、候选同知蔡锡勇、候选同知陈模等于此次随臣起程。

又，前由英国调用之府衔候选同知直隶州张斯栒亦咨回英国当差，业经分别咨札。理合附片陈明，伏乞圣鉴，谨奏。

光绪八年正月十八日，军机大臣奉旨："知道了，钦此。"

《钦定总理各国事务衙门清档》第 256 册，北京大学图书馆藏，"出使美日秘国密档"

---

① 郑藻如（1824—1894），字志翔，号玉轩（豫轩），英文名 Cheng Tsao Jo，广东香山人。咸丰元年（1851）举人。同治四年（1865）任上海机器制造局帮办。同治八年（1869）任江海关道，任上海机器制造局会办、总办，兼上海广方言馆总办。光绪四年（1878）任直隶津海关道，兼北洋海防翼长。光绪七年（1881）任出使美、日、秘国大臣。光绪十年（1884）任满回国。次年因病乞休回籍。

三十　奏覆查明给事中师长灼被参各款情形

光绪八年三月初七日（1882 年 4 月 24 日）

都察院左都御史臣乌拉喜崇阿[1]等跪奏：为遵旨查明给事中师长灼[2]被参各款恭折复陈仰祈圣鉴事。

本年二月十二日，内阁抄出：奉上谕："给事中孔宪谷奏'巡视中城给事中师长灼，听任伊子师岱及家人马祥等在外招摇舞弊。上年十一月间，家人黄大、商二讹索被殴一案，株连二十余人，马祥从中串说索银，入手始将原案移送南城。其审讯案件，往往将司坊原供印文涂改毁销，看押释放人犯，不批卷尾，亦不会商满员，畸轻畸重，颠倒任情。本年，高云川在步军统领衙门控告彭俊三案内，有师鲁生逼索等情，师鲁生即系师岱中城练勇局新派哨官，高钟山、李鸿逵二名，亦系师岱得钱五百千，师长灼听从添入。又，中城指挥张得先，卑鄙不职，日在师长灼私宅与家人交结唆令，讹诈生事，并持名片代传巡城口谕，看押释放人犯，乘机舞弊'等语。着都察院堂官秉公

---

① 乌拉喜崇阿，生卒年不详，字达峰，满洲镶黄旗人。咸丰六年（1856）丙辰科进士。光绪元年（1875）授内阁学士，充赴朝鲜副使。次年起历任兵部右侍郎、浙江乡试正考官、吏部仟郎、都察院左都御史。光绪九年（1883）迁理藩院尚书。次年调兵部尚书。光绪十八年（1892）兼署礼部尚书。光绪二十年（1894）辞休。

② 师长灼，生卒年不详，陕西韩城人。道光二十四年（1844）甲辰科乡试举人。咸丰三年（1853）癸丑科进士。先后任户部主事，迁郎中，改官江南、福建、河南三道监察御史，转掌四川道监察御史，官至巡视中城给事中。

认真查明，据实覆奏。钦此。”[1]

臣等当即撤去师长灼巡城差使，并将中城正指挥张得先撤任，一面札令师长灼按照原参各节呈递亲供，并遴派给事中讷隆阿、御史松林额勒经额传大章、郑溥元、李士彬、梁俊、莫勒赓额、胡隆洵等调取卷宗，传集人证，逐案详细核对，研讯确供。现已核讯明晰，谨据实陈之。

如原参“师岱及家人等在外招摇结交司坊官，说合公事，辄诈称失物，责令赔偿，马祥等勒索说白清唱之人，立有收钱租折”一节，传到师岱，诘以招摇等情，坚不吐实，指挥张得先系师岱同乡，亦坚称与师岱素无来往。而师长灼亲供内有所称师岱等在外招摇结交司坊官说合公事等情，自愧未能防范觉察，咎无可辞等语，是师岱之行为其父已和盘托出矣。

又，师长灼亲供内称家人只有马升，并无马祥，传讯马升，供称在师宅跟班，才及月余，并未在外多事，嗣经察访该家人来历，实系马升，其跟班月日亦与所供吻合，实非马祥。又据马升供称，宅内另有马姓，传到马姓讯，系宅内教读之马廷珍，亦非马祥，并非家人，研诘家人，商二即商升，黄大即黄瑞均，坚称实无马祥，亦不知收钱租折。连日再三严讯，矢口不移。窃以师长灼不为其子讳，岂转为其家人讳，商二等不能自讳，何肯为马祥讳，所称家人，并无马祥，似尚可信。

又，原参“家人商二、黄大讹索堂名被殴，师长灼乃株连二十余人，经马祥串说索银，入手始将原案移送南城，其家人始终未令到案，案内宋八等三名因贿宽纵”一节，缘商二、黄大与素识之陈福同至张苏氏娼寓为挑吸洋烟，彼此争吵，商二气忿，踢打张苏氏，张苏氏喝令雇伙张大、张二、徐二、王大

① 该上谕载于《光绪宣统两朝上谕档》（八），广西师范大学出版社，1996年，第51—52页。

即王祥云、麦刘即刘国顺等五人，将商二、黄大殴伤，陈福逃走至中西坊署喊控，并与商二、黄大各捏报失物多件，师长灼批饬缉拿群殴余党以靖闾阎，先后共拿到一十九名，派指挥张得先、副指挥高枫谕、吏目李春荣等三人，同讯十余次，张得先辄向高枫谕、李春荣口传奉城宪面谕严讯，若一次不打，城宪立加呵斥，遂不究虚实，概行叠责。时商二、黄大在外养伤，并未对质一次。计此案自上年十一月二十六日起，至本年正月二十日，师长灼始批出商二、黄大系其家人，例应回避，将原案移送南城。该城于正月二十四日收到，尚未讯结，钦奉谕旨查办，现在讯据各供，除许赔失物尚未入手，及并未在场帮殴之宋八等三名，师长灼因情轻取保，尚非得贿宽纵外，余与原参大略相符。

又，原参“师长灼讯案，往往将司坊原供印文涂改毁销，看押释放人犯不批卷尾，不商满员，畸轻畸重，颠倒任情”一节，札据巡视中城给事中安祥等转据该司坊结称查明该衙门卷宗，并无涂销之件，看押释放人犯，俱系奉批办理，并无不批卷尾案。据臣等调卷覆查无异。又，札据安祥单衔覆称，司坊呈报事件，先由汉员佥批，再送满员佥到，俟人卷带城时，公同讯办。师长灼尚无颠倒任情，不与会商之件等语。原参应毋庸议。

又，原参“高云川在步军统领衙门控告彭俊三案内，有师鲁生即师岱逼索等情。高云川先于中城控告，师长灼怒而逐之”一节。查六品衔翰林院供事彭俊三，在中城控告卫守备衔高维栋即高云川等殴抢。高云川在中城供称彭俊三在伊家酒后行凶各等情，师长灼饬查此案系在北城地面，备文移送北城，尚非怒逐。高云川在步军统领衙门呈控牵涉师岱受贿，商捏呈词，为彭俊三出气等情，步军统领衙门尚未传讯，奉旨后送臣衙门归案查办，现在研讯。师岱、彭俊三均供无行贿之事。高云川供称所控师岱受贿，系听外间传说之词，并无实据，惟两次在娼寓与师岱会面，师岱劝伊息讼是实。质之师岱，供亦相符。

又，原参“中城练勇局新派哨官高钟山、李鸿逵二名系师岱每人得钱五百千，师长灼听从添入”一节，讯据高钟山等供称，系在局充当勇丁，并非哨官，亦不认识师岱，实无花钱之事，调查勇册所载哨官，系许逢源、田德明二名，勇丁共五十名，每名每日发给公食钱一千二百文，高钟山、李鸿逵即在五十名勇丁之内，并无添入，册据具在，毫无疑义。

又，原参“正指挥张得先卑鄙不职，日在师长灼私宅，与其家人交结唆令在外讹诈生事，并持名片代传巡城口谕，看押释放人犯，乘机舞弊”一节，张得先供称，接任后，非有公事，不到师宅，实无交结家人，及持名片代传口谕等情，诘以前与高枫谕等会讯一案，何以口传巡城面谕，伊始俯首无辞。原参实非无因。

以上各节虚实，业经查明，应即拟结。

刑科给事中师长灼，于其子及其家人在外招摇滋事，未能防范觉察，且家人被殴后，迟延多日始将原案移送别城，实有应得之咎，应请旨交部照例议处。

师岱查系刑部候补主事，虽无婪索得贿实据，惟物议沸腾，被参招摇各情，其父亦经供明，且身为职官，辄往来娼寓，其行止不端，已可概见，应请旨即行革职。

指挥张得先辄口传严谕，任意刑讯，累及无辜多人，殊为谬妄。副指挥高枫谕、吏目李春荣与张得先同堂讯案，听从滥刑，若罔闻见，亦属颟顸，应请旨交部分别议处。

卫守备衔高云川，即高维栋，往来娼寓，不知自爱。六品衔翰林院供事彭俊三，酗酒滋事，均非善类，应咨部一并斥革。

彭俊三所控高云川殴抢重情，讯系怀恨混控，到案即行供明，尚非始终狡执，免治罪。案内另有监生樊步堂呈控高云川将其胞弟樊仙洲揪在他处不知下落等情，讯系误听彭俊三之言，亦毋庸议。

商二，即商升；黄大，即黄瑞，陈福在外滋事，不安本分，应照不应重杖八十律加枷号一个月，满日折责发落递回原籍交地方官严加管束。

张苏氏买良为娼，应照本例枷号三个月杖一百徒三年，仍照例决杖枷徒，收赎所买妇女，并发归宗寓屋讯止数日，免其入官。张苏氏供内有给过在逃之韩姓钱一千四百五十千，转交马姓代求了事等语，所给钱文是否属实，所称马姓是否即系马祥，俟缉获韩姓另结。

张大等五名殴人成伤，业经平复，均应照本律笞四十，折责发落。

勇丁高钟山、李鸿逵，与讯无情弊之马升、马廷珍，均免置议，无干省释，未到人证，免提省累。

调到勇册及各卷宗分别发还存案。

所有查明参款缘由，臣等谨恭折据实覆陈，伏乞皇太后、皇上圣鉴，训示施行，谨奏。

光绪八年三月初七日①

---

① 据光绪朝上谕记载："光绪八年三月初七日，内阁奉上谕：'前因给事中孔宪谷奏参巡视中城给事中师长灼各款，当经谕令都察院堂官查明具奏。兹据奏称师长灼因案得贿及办事颠倒任意各节，均查无其事，惟于伊子师岱及家人等在外招摇，结交司坊官说合公事等情，未能觉察并移送案件迟延，实难辞咎等语，刑科给事中师长灼着交部照例议处，刑部候补主事师岱行止不端，物议沸腾，着即行革职，指挥张得先任意刑讯，累及无辜，谬妄已极，仅予议处，尚属轻纵，着即革职。副指挥高枫谕、吏目李春荣与张得先同堂讯案，听从滥刑，亦属颟顸，均着交部议处，余依议。该部知道。钦此。"见中国第一历史档案馆编：《光绪宣统两朝上谕档》（八），广西师范大学出版社，1996年，（转下页）

经筵讲官都察院左都御史臣乌拉喜崇阿　　奏

左都御史臣毕道远　　折

左副都御史臣崇勋（差）

左副都御史臣钟濂

左副都御史臣陈兰彬

左副都御史臣曾纪泽（差）

左副都御史臣张家骧

《军机处档折件》，台北“故宫博物院”藏

（续上页）第 70 页。光绪朝上谕又载：“都察院查明师长灼被参各款折拟写明发谕旨师长灼照请交部议处。师岱照请革职，张得先仅予议处，尚属轻纵，应即革职。高枫谕等照请交部议处。余依议。”见中国第一历史档案馆编：《光绪宣统两朝上谕档》（八），广西师范大学出版社，1996 年，第 70—71 页。

又据《德宗实录》卷一四四记载：“（光绪八年壬午。三月丁亥朔。）癸巳。谕内阁、前因给事中孔宪谷奏：尔巡视中城给事中师长灼各款，当经谕令都察院堂官查明具奏。兹据奏称，师长灼因案得贿及办事颠倒任意各节，均查无其事。惟于伊子师岱及家人等在外招摇，结交司坊官说合公事等情，未能觉察，并移送案件迟延，实难辞咎等语。刑科给事中师长灼着交部照例议处。刑部候补主事师岱行止不端，物议沸腾，着即行革职。指挥张得先任意刑讯，累及无辜，谬妄已极，仅予议处，尚属轻纵，着即革职。副指挥高枫谕、吏目李春荣与张得元同堂讯案，听从滥刑，亦属颟顸，均着交部议处。现月。”见《德宗实录》（三），《清实录》第五四册，中华书局，1987 年，第 34 页。

三十一　奏报遵旨回京交卸起程日期

光绪七年十月初四日（1882 年 11 月 14 日）

二品顶戴都察院左副都御史臣陈兰彬跪奏：为微臣遵旨回京，谨将交卸起程日期，恭折具报，仰祈圣鉴事。

窃臣于光绪七年七月二十六日[①]在美国差次，承准总理各国事务衙门咨开正月二十八日[②]奉上谕："总理各国事务衙门奏出使大臣期满，请简员接办一折，二品衔直隶津海关道郑藻如着赏加三品卿衔，充出使美国、日国、秘国钦差大臣。陈兰彬、容闳均着回京。钦此。"[③]

臣遵将经手事件逐渐清厘，兹新任出使大臣郑藻如已于十月初三日[④]行抵华盛顿，臣当于初四日饬委随员、运同衔候选同知严士琦，恭赍光字第一百三十三号出使大臣关防一颗，并文册卷宗送交接管，臣即于是日交卸篆务。至臣前赴日国时刊交副使引用之木质关防，亦即收回销毁。除副使容闳据称随后回华外，臣现料理行装，定于十一月十一日[⑤]由华盛顿起程，前赴金山海口候船内渡。

所有微臣遵旨回京交卸起程日期，理合恭折具报，伏乞皇

① 光绪七年七月二十六日，1882 年 9 月 8 日。

② 正月二十八日，1882 年 3 月 27 日。

③ 据《德宗实录》卷一三一记载："光绪七年五月己丑（二十八日，1881 年 6 月 24 日），赏直隶海关道郑藻如三品卿衔，充出使美、日、秘国大臣。"见《德宗实录》（三），《清实录》第五三册，中华书局，1987 年，第 882 页。

④ 十月初三日，1882 年 11 月 13 日。

⑤ 十一月十一日，1882 年 12 月 20 日。

太后、皇上圣鉴。谨奏。

光绪八年正月十八日[①]，军机大臣奉旨："知道了。钦此。"

十一月初四日

《军机处档折件》，台北"故宫博物院"藏

① 光绪八年正月十八日，1883年2月25日。

三十二　奏为慈禧太后万寿节礼仪事

光绪九年十月初五日（1883 年 11 月 4 日）

礼部等部礼部尚书臣恩承等谨奏为礼仪事。

恭照光绪九年十月初十日，慈禧端佑康颐豫庄诚皇太后万寿节，皇上诣慈宁宫行礼。

礼节是日早，銮仪卫设皇太后仪驾于慈宁门外至长信门外，内监设中和韶乐于慈宁宫檐下，设丹陛大乐于长庆门内，俱北向。

礼部、鸿胪寺官豫设进表黄案一于慈宁门槛外，南向。

内阁学士恭捧皇上庆贺慈禧端佑康颐昭豫庄诚皇太后表文，安置匣内，自内阁捧出；内阁官前导，大学士随行，由熙和门中门出至永康左门外。

大学士接捧，礼部堂官二员前引，进至慈宁门，升东阶。

恭捧表匣安于黄案上，退出。

内监举表案，宫殿监侍二员前引，由东门入，升东阶进慈宁宫东槅扇，安表案于慈宁宫宝座东旁西向。

礼部官设王公、百官及将军、提镇等，庆贺慈禧端佑康颐昭豫庄诚皇太后表文，于午门外龙亭内。

王以下各官俱朝服。

鸿胪寺官引和硕亲王以下入。

八分公以上，于隆宗门外，按翼咸集。

其未入八分公以下，二品大臣以上，于长信门外，按翼咸集。

三品以下文武各官，于午门外，按翼咸集。

武备院官豫设皇上拜褥于慈宁门槛外，正中。

届时，钦天监官于乾清门外报吉时，礼部堂官奏请皇上诣慈宁宫行礼。

皇上具礼服，乘舆出宫，礼部堂官前引，由隆宗门出。

至永康左门外，降舆。

王以下入。

八分公以上俱随后。

行至慈宁门，礼部堂官引皇上由东阶升至门左，西向立。

日讲官四员，在慈宁门外西阶下立，东面。

王以下入。

八分公以上在阶下两旁立。

前引大臣及侍卫等在仪驾末两旁立。

内监奏请慈禧端佑康颐昭豫庄诚皇太后御慈宁宫。

慈禧端佑康颐昭豫庄诚皇太后具礼服出内宫。

中和韶乐作，奏豫平之章。

慈禧端佑康颐昭豫庄诚皇太后升座，乐止。

礼部堂官引皇上至拜褥上立，丹陛大乐作，奏益平之章。

王以下入。

八分公以上，在慈宁门阶下。

大臣、侍卫等在仪驾末，俱向上立。

其长信门外，咸集之未入，八分公以下，二品大臣以上，俱于仪驾末，各按品级向上排立。

鸿胪寺鸣赞官奏跪。

皇上跪，王以下诸臣皆跪。

鸣赞官奏拜兴。

皇上率诸王大臣行三跪九拜礼。

行礼时，设御史二员、鸣赞官二员，于慈宁门东西檐下；设御史、礼部官、鸣赞官各二员，于长信门外左右，仪驾之末；

设御史、礼部官、鸣赞官各二员，于午门外；三处侍仪。

又设鸣赞官于永康左门、右翼门、熙和门、午门内外等处，由内接传。

午门外咸集各官，随班行礼。

鸣赞官赞礼成。

礼部堂官引皇上复原位立，乐止。

鸿胪寺官引诸王大臣等各复原位立。

内监奏请慈禧端佑康颐昭豫庄诚皇太后还宫。

中和韶乐作，奏履平之章。

慈禧端佑康颐昭豫庄诚皇太后起座还宫，乐止。

礼部堂官奏礼成，引皇上由永康左门出，乘舆还宫。

王以下俱出。

礼部官捧午门前陈设之王公百官及将军提镇等庆贺慈禧端佑康颐昭豫庄诚皇太后表文，恭送内阁。

是时，皇太后仪驾乐悬，仍陈设丹陛大乐，移设于慈宁门内檐下，俱北向。

侍卫命妇豫设丽皇贵太妃等位拜褥于慈宁宫槛内东西，设敦宜皇贵妃、瑜妃、珣妃、瑨嫔拜褥于东西少后，均北向。

内监奏请敦宜皇贵妃、瑜妃、珣妃、瑨嫔诣慈宁宫行礼。

敦宜皇贵妃、瑜妃、珣妃、瑨嫔具礼服，乘舆，依次由启祥门出。

至徽音左门外，降舆，入。升丹陛。

至慈宁宫槛内，分班东西向立。

内监奏请慈禧端佑康颐昭豫庄诚皇太后御慈宁宫。

慈禧端佑康颐昭豫庄诚皇太后具礼服出内宫。

中和韶乐作，奏豫平之章。

慈禧端佑康颐昭豫庄诚皇太后升座，乐止。

敦宜皇贵妃、瑜妃、珣妃、瑨嫔就东西少后拜位，向上立。

丹陛大乐作，奏益平之章。

敦宜皇贵妃、瑜妃、珣妃、瑨嫔行六肃三跪三拜礼。

礼成，敦宜皇贵妃、瑜妃、珣妃、瑨嫔退东西两旁立。

先期，内监奏请丽皇贵太妃等位诣慈宁宫祇竢。

俟敦宜皇贵妃、瑜妃、珣妃、瑨嫔行礼毕。

丽皇贵太妃等位就原设拜位，上行六肃三跪三拜礼。礼毕，复原位立。

内监奏请慈禧端佑康颐昭豫庄诚皇太后还宫。

中和韶乐作，奏履平之章。

慈禧端佑康颐昭豫庄诚皇太后起座还宫，乐止。

敦宜皇贵妃、瑜妃、珣妃、瑨嫔出，徽音左门。

丽皇贵太妃等位，俱出，以次乘舆还宫。

为此谨具奏闻。

光绪九年十月初五日

礼部尚书臣恩承

尚书臣徐桐

左侍郎臣宗室桂全

左侍郎臣徐郙

署左侍郎臣陈兰彬

右侍郎臣嵩申

右侍郎臣童华

管理乐部事务和硕惇亲王臣奕誴

管理乐部事务总管内务府大臣臣师曾

中国第一历史档案馆编：《光绪朝硃批奏折》第二七辑，中华书局，1995 年

三十三　奏为遵议豫筹和局折

光绪十年四月初十日（1884年5月4日）

光绪十年四月初六日[①]，军机大臣面奉谕旨："李鸿章奏遵旨覆陈一折，着御前大臣、军机大臣、总理各国事务衙门大臣、大学士、六部九卿、翰詹科道，会同妥议具奏。钦此。"

准军机处交内阁传知，于初八日在内阁会议。是日，又奉上谕："该国先来讲解，亦愿保全和局，李鸿章所称'审势量力，持重待时'等语，尚属老成之见，自应相度机宜，与之妥议。惟大局所关，必须详审，此后应行豫筹之处，着一并详议，迅速覆奏等因。钦此。"

仰见圣朝抚驭机宜，集思广益，权衡于刚柔缓急者，至审且周。

臣等将李鸿章原奏及迭次来函、电报公同阅看。窃以越南列在藩封，理应保护，在事诸臣，仰承庙谟，先后坚持此议，原属义正词严。无如我则论理，彼则论力。今越疆日被侵占，越民日思助虐，彼将移其胜越之师前来恫喝。揆诸情理，惟有决战以振国威，断难言和以骄敌志。惟据李鸿章接据法将福禄诺密书及德璀琳从中介绍，已自露求成情款，以目前事势而论，迎机利导，俾就范围，未始非收束之一法。既据李鸿章奏称，"不贻后患，不损国体"，洵为洞中窾要，以后如何商议，应令李鸿章斟酌妥善，随时奏明请旨办理。如果要求太甚，即应严行拒却，不可曲予迁就，仍令实力整顿防守事宜，毋稍松懈，

① 光绪十年四月初六日，1884年4月30日。

以杜其得步进步之谋。

至李鸿章所称“选将练兵、通商裕饷、造船简器”各节，所以图自强者在此，所以保和局者亦在此，惟当求是于实事，不可徒托诸空谈，以及此后滇粤防务诸大端，应如何杜渐防微之处，再由中外任事大臣随时妥筹具奏。

至将来若有法国使臣奉命来商，应否简派大员赴津，会同李鸿章筹办之处，届时候旨遵行。

除臣张佩纶，臣廖寿恒，署祭酒臣李端棻，司业臣治麟、臣潘衍桐，给事中臣孔宪谷、臣万培因、臣邓承脩、臣李鸿逵、臣洪良品、臣邬纯嘏、臣秦钟简，御史臣胡隆洵、臣汪仲洵、臣贺尔昌、臣黄自元、臣何崇光、臣恩溥、臣吴峋、臣屠仁守、臣谭念祖、臣吴寿龄、臣文海、臣郑嵩龄、臣贵贤、臣赵增荣、臣赵尔巽、臣陈锦、臣张人骏、臣丁振铎、臣刘恩溥，均另折具奏外，所有遵议缘由，谨合词恭折具陈。

光绪十年四月初十日

御前大臣和硕博多勒噶台亲王臣伯彦讷谟祜

御前大臣郡王衔多罗贝勒臣奕劻

御前大臣上学习行走多罗克勤郡王臣晋祺

御前大臣上学习行走贝子衔喀尔沁公臣棍楚克林沁

军机大臣和硕礼亲王臣世铎

军机大臣臣额勒和布

臣阎敬铭

臣张之万

军机大臣上学习行走臣许庚身

臣孙毓汶（差）

总理各国事务衙门大臣臣宗室麟书（假）

臣周德润

臣陈兰彬

臣周家楣（假）

臣吴廷芬

大学士臣宗室灵桂

臣左宗棠（两江总督，假）

协办大学士臣文煜

内阁学士臣庆福

臣庆麟

臣升泰（假）

臣凤秀

臣尚贤

臣乌拉布（差）

臣陈宝琛（学差）

臣徐致祥

内阁侍读学士臣舒璧

臣宗室丰烈

臣志颜

臣荣惠

臣郭勒敏布

臣凤山

臣郑藻如（差）

臣冯尔昌

吏部尚书臣广寿

臣徐桐（差）

左侍郎臣宗室奎润

臣许应骙

右侍郎臣松溎

臣张家骧

户部左侍郎臣宗室福锟

臣孙贻经（学差）
右侍郎臣嵩申
臣孙家鼐
礼部尚书臣恩承
臣毕道远
左侍郎臣宗室桂全
臣徐郙（差）
右侍郎臣熙敬
臣童华
兵部尚书臣乌拉喜崇阿
臣彭玉麟（差）
左侍郎臣耀年
臣黄体芳（学差）
右侍郎师曾
臣刘锦棠（差）
刑部左侍郎臣贵恒（假）
臣薛允升（差）
右侍郎臣文晖
工部尚书臣翁同龢左侍郎臣兴廉
右侍郎臣景善
臣徐用仪
理藩院尚书臣宗室延煦
左侍郎臣阿昌阿
右侍郎臣岳林
都察院左都御史臣宗室崑冈
臣祁世长（差）
左副督御史臣英煦（差）
臣曾纪泽（差）

通政司通政使臣崇礼
臣吴大澂（差）
副使臣文硕（差）
臣胡瑞澜
参议臣和宝
臣延茂（差）
大理寺正卿臣明桂
少卿臣爱廉
臣沈源深
翰林院侍读学士臣宗室良贵
臣裕德
臣温绍棠
臣叶大焯（学差）
侍讲学士臣宗室会章
臣宗室霍穆欢
臣梁仲衡
臣汪鸣銮（学差）
詹事府詹事臣宝昌（感冒）
臣钱桂森
少詹事臣承翰
臣何如璋（差）
顺天府府丞臣杨颐（差）
太常寺正卿臣徐树铭（差）
少卿臣宗室奕年（差）
臣邵曰濂
光禄寺正卿臣宗室志元
少卿臣景沣
臣陈希龄

太仆寺正卿臣文兴
臣白桓（差）
鸿胪寺正卿臣宗室奕枤
少卿臣宗室桂勋
臣方学伊
国子监祭酒臣恩棠（差）
臣刘廷枚（学差）
司业臣奎明
钦天监监正臣恩明
左监副臣朱呈瑞
臣联奎
臣杜春融
右监副臣恩禄
臣井卫垣
吏科掌印给事中臣觉罗三德
户科掌印给事中臣安祥
给事中臣恩明
礼科掌印给事中臣文保
臣叶荫昉
给事中臣额勒经额
兵科掌印给事中臣廷禧
臣周鹤
给事中臣荣桂（感冒）
刑科掌印给事中臣顺龄
给事中臣宗室文纲
工科掌印给事中臣国秀
给事中臣扎拉丰阿
掌京畿道监察御史臣阿彦泰

京畿道监察御史臣瑞霖

河南道监察御史臣韫德

掌江南道监察御史臣觉罗阿克敦

江南道监察御史臣恩霖

臣英朴

臣冯应寿

掌浙江道监察御史臣觉罗钰昌

浙江道监察御史臣宗室德本

掌山东道监察御史臣文敬

臣郑训承

山东道监察御史臣爱兴阿

臣王赓荣

臣张元普

掌山西道监察御史臣觉罗舒恩

山西道监察御史臣舒普

掌陕西道监察御史臣俊乂

臣何桂芳

陕西道监察御史臣福诜

臣程鼎芬

掌江西道监察御史臣清漪（感冒）

臣魏邦翰

江西道监察御史臣本贵

掌湖广道监察御史臣隆恩

臣邵积诚（学差）

掌福建道监察御史臣宗室文英

臣曾培祺

福建道监察御史臣庆绵

掌广东道监察御史臣恩隆

掌广西道监察御史臣宗室祥祐　　　　奏
掌四川道监察御史臣润惠　　　　　　折
臣章耀廷（差）
掌云南道监察御史臣春长（差）
掌贵州道监察御史臣伊精阿

中国史学会编：《中法战争》（五），上海人民出版社、上海书店，1955 年

三十四　奏为洋情叵测谨筹办法折

光绪十年六月初六日（1884年7月27日）

总理各国事务庆贝勒奕劻等，奏为洋情叵测显形，谨将事势所必至，筹虑所宜先，恭折具陈，仰祈圣鉴事。①

窃以法人肆扰越南一案，津议甫成，波澜突起，缘事机紧急，历将法署使臣谢满禄叠次照会及臣衙门照覆，恭呈御览。仰禀宸谟，与该署使臣笔舌并争，所有天津续约三条之说，该署使臣先则坚持，继则武断，惟求即日撤兵；并以谅山一仗，系我军暗中截击，以为藐视条约，婪索巨款，并有自取押款偿款之言，实在贪鸷已极！该国接任使臣巴德诺照会臣衙门，以奉命驻京，该国水师提督孤拔管理兵事。是隐以战阵属之武夫，以为兵争张本；而该使臣既不来京接任，又不赴津议约，惟在上海候集兵船所至，恃强以逞。

连日南北洋及闽省电报，孤拔统铁甲等船直驶闽海。张佩纶电报，该国八船深泊马尾，觊觎船政局。张佩纶只有水路三船，陆路孤军，力筹守护。该国所谓自取押款者，殆即指此。虽其垂涎蓄谋未必只在船局，即以此局论，计经数十年诸臣筹办之苦心，各省关供解之巨帑，岂可轻付一掷？且为敌人，就机器以制船械器用，取携益便，贻害益深。逼近福州，弥廑切

---

① 据《德宗实录》卷一八七记载："又谕：总理各国事务衙门奏'洋情叵测统筹全局，请令户部通盘筹画，接济各路饷需'等语，着军机大臣会同户部详细筹画，妥议具奏。洋务。"见《德宗实录》（三），《清实录》第五四册，中华书局，1987年，第617—618页。

肤之痛。一局得失，关系一省大局，即关系自强大局。兵力取回，固非易易。即可取回，所损无算，何况策之更出其下乎？此船局之宜护也。

该国现又有船泊台湾基隆，前有攫取基隆煤矿之谣。该矿产煤颇旺，煤质尚佳，足供机局轮船之用，开采业有成效，官本、商本姑勿深计。泰西各国通商以来，所恃以往来无阻者，轮船之捷速耳。煤斤为轮船之命脉。现在各国轮船，远则购之伦敦，近则购诸日本，从未有能于中国境内自营煤矿者。故各国轮船虽能游弋中土，而不能全无却顾，即其联护日本，未始非虑船煤脱节也。基隆一为所袭，煤利彼更扩充，洋船有恃无恐，自在游行，更不可制。况基隆煤矿，地属台北，波浪尚平。由台北以窥台南，可免澎湖诸险。是基隆之关系，即全台之关系，得失之数，所当预筹。此基隆之宜顾也。

北洋电报，刘铭传到基隆，立将煤矿封禁，不准法舰买煤，办理极为中肯。若所部铭军合之台湾原扎各营，均无主客门户之见，谅可得力。惟据刘铭传电报，有炮台不能守口，急须改造之语，仓猝布置，恐难深恃。

日前，英使巴夏礼来见，言及法人有谋攻舟山、琼州、台湾之说。此皆孤悬海外之地，看似无碍中国内地。然敌人得志，则经营商务，讲求种植，洋人之商利日兴，华民之生计日蹙。舟山一隅，为浙海门户，又距江阴、崇明海口不远，刘秉璋电报已窥探定海。至琼崃郡城，民俗虽非富庶，然界接越南东京等省，片帆径渡，朝发夕至，既踞越南两圻，万一旁噬，则气焰益张，而越南东京土地益难收复。台湾久为泰西各国艳羡之地，物产富饶，五金俱备，苟以西法经理之，足敌泰西中大之国。故三者之中，所宜备御者，台为上，琼州、舟山次之。

法兵船现已深入福州，张佩纶等叠请南北洋、浙、粤酌派兵轮策援，以为牵缀之计。而南洋电覆，以兵轮不敷守口，实难分拨。北洋电覆，以现有兵轮较法人铁甲大船相去远甚，尾蹑无济，且津门要地，防守更不敢稍疏。浙省亦以船少尚难自顾电覆。均系实在情形。惟粤省拨去两船，并奉旨饬北洋拔两船赴闽，此亦暂顾目前之法，非练成大枝水师，则敌船或南或北，惟意所向，未易交锋。

津门戒备应视他省为严，比日亦有英国兵船六艘初泊烟台，旋往榆关，假避暑游历为名，总不离北洋各口，英、法之交素密，英国使臣巴夏礼包藏祸心已非一日。该船照约游历，又不便拦阻，已由臣衙门飞致北洋三口，随时侦报，观其动静，并拟就该使臣求结之案，由臣等与之订期面论，详稽案牍，酌量可结者结之，以杜其朋恶狡谋。此防法之外所当兼顾者也。

或者曰，通商各口，此时封禁，洋船便不能来，不知封禁之亦非徒托空言，必得口门严紧，炮台水师内外足相犄角，庶封禁之计可以御敌。昨将堵口一节，照会各国，而英国使臣巴夏礼本月初二日来言，福州既堵口，则英商财产均归中国保护。其面递照覆臣衙门闰五月廿七日照会，意谓阻滞贸易一节，是否应与中国无涉，亦宜酌看当时情形为断。俄国使臣博白傅照覆，用意略同。德国使臣巴兰德照覆，惟请中国设法极力保护各口德商，以免将来或有由华民受损，至向中国请偿各等语。是各国均有因以为利之意，其袒法不问可知。

闰五月二十七日[1]，钦奉谕旨，派两江督臣曾国荃等赴沪与巴德诺会议。曾国荃等渥荷殊恩，自能殚竭智虑，以与该使周旋，万不致有碍国体。该使臣先索巨款，本极无耻，据李鸿章

① 闰五月二十七日，1884年7月19日。

电称法外部茹斐礼近日函覆李凤苞[1]有云，不必依巨款并七日限，但允偿留兵及恤费，巴德诺即议偿数等情。查津约本有法国不索偿费之条，我当执津约以相持，津约所无，岂能徇其所欲？彼不得逞，势必指挥孤拔肆扰如马尾、基隆、舟山、台湾、琼州等处，审现有兵力，能否相抵，能否添选切实得力之师以资扼守，能否厚集饷需以供激赏、以期久持。此未战以前兵力饷力所当妥筹者也。

开仗以后，若五处皆捷，则凶焰已锻，然必不能遽罢，我军日久坚持，尔时我之兵力应否更番换戍，何处可以策应，何路可以抽调，若不为思患预防之谋，而姑作侥幸一胜之想，则战胜之后，所当妥筹者亦应自审也。

至于南洋，白泖沙为长江屏蔽，北洋之大沽、北塘等口为畿疆门户，无论已战未战，兵力饷力均不容稍有短绌。即沿海、沿江七省应守之地，各简军实，强忍毅力，静以待之。各该省防军月饷几何，亦宜早为筹度。滇、粤边军之撤留，均应斟酌。合各省兵力饷力而综计之，再以部库通盘筹算，量为注挹，持久之计，始不致卤莽从事，贻悔将来。即如新疆军事，暂借洋款以供急需，固权宜之一法；重利盘剥，容所不计。第两国兵衅既开，各国谨守局外之规，恐不复通融；即勉强借用，而借洋以御洋人，虚实已自宣露，亦非计之善者。尤不得不自为量度，先求不可胜而后可胜为计出万全也。

---

① 李凤苞（1834—1887），字丹崖，号海客，原籍江苏句容，生于江苏崇明。曾捐资为道员，后受命办理江南制造局、吴淞炮台工程局，并兼任两局编译，翻译科学技术书籍。光绪二年（1876）任船政留学生监督，次年携带学生赴英、法两国学习。光绪四年（1878）任驻德公使，又兼任驻奥、意、荷三国公使。光绪十年（1884）暂署驻法公使。中法战争爆发后，奉命回国任北洋营务处总办，兼管水师学堂。因在德国购买军舰从中受贿银60万两而革职。著有《四裔编年表》《西国政闻汇编》《文藻斋诗文集》等。

该国署使谢满禄，现未下旗出京。该国兵船横泊马尾，仍未开炮。只待曾国荃到沪会议。隐寓不遽失和之意，而其居心阴鸷，毒焰诡谋，既已昭然若揭。

臣等不能弭患未萌，仰纡宵旰，寻绎始末，愧悚实深。而目下事机间不容发，转捩关键，稍纵即逝，离合分际，毫厘千里，臣等愚虑所及，不敢不觌缕上陈。应请饬下曾国荃等，懔遵密旨，妥与商议，俾弭衅端；并请严饬南、北洋通商大臣，各海疆将军、督抚、统兵大员，急筹能战之实际，毋徒托言战之空谈，以期保全大局；仍令户部通盘筹划，接济各略饷需，毋任缺乏。至以后整顿外海水师，及沿海防战事宜，臣等再行公同酌拟条款，恭呈御览，伏候采择施行。谨奏。

光绪十年六月初六日

臣奕劻
臣阎敬铭（假）
臣宗室福锟（假）
臣宗室昆冈（假）
臣锡珍（差）
臣许庚身
臣徐用仪（假）
臣周德润
臣廖寿恒（差）
臣陈兰彬
臣周家楣
臣吴廷芬
臣张佩纶（差）
臣张荫桓

《总署奏洋情叵测谨按事实妥筹办法折》，黄彦威纂辑：《清季外交史料》（一），书目文献出版社，1987 年

三十五　奏为枢臣宜兼总署行走折

光绪十年三月二十四日（1885 年 4 月 8 日）

奏为总理各国事务不归枢臣兼领，窒碍难行，恭折沥陈，仰祈圣鉴事。

臣等伏查，道光年间，外夷始与中国立约。至庚申定约，始设总理衙门。是有洋务而后有总理衙门，并非有总理衙门而后有洋务也。设立总理衙门以来，恭亲王军机大臣兼管已二十余年。

本月十三日[①]，奉硃谕："恭亲王奕䜣等均着开去一切差使。"经臣衙门援照成案，请派管领。

十七日[②]，复奉上谕："郡王衔贝勒奕劻，着管理总理各国事务衙门事务等因。钦此。"

次日[③]，臣佩纶即以《枢臣当兼总署情形》具疏沥陈。臣兰彬等复与醇亲王及臣奕劻、臣德润等详细述知，综其大要，窒碍约有六端，敢为皇太后、皇上陈之。

一曰上下之情易隔也。洋务琐屑诡谲，瞬息万变，有[④]枢臣兼管，有应具奏者，有应面奏者，可随时禀承宸断，既恃训诲以遵循，亦免情形之扞格。今改为枢译分领，遇有机密动须奏牍，上闻机括既不能灵，无形之中自生枘凿。臣奕劻虽忝列侍

---

① 本月十三日，1884 年 4 月 8 日。

② 十七日，1884 年 4 月 12 日。

③ 次日，1884 年 4 月 13 日。

④ 有，张佩纶《涧于集》作"由"。

中，势难不时请对以各国交涉，而与部院照例之事一律视之，必有丛脞贻误者。至于电旨枢臣转传，电奏由臣署转达，在两处稽延不过一二日，而此一二日即稽延数万里，外国梯航绝徼，而消息灵通；臣署咫尺九重，而堂阶深复，欲图振作，转致因循，斯防弊适以滋弊矣。

二曰中外之隙易生也。查庚申定约，恭亲王及大学士文祥亲与其事，美、英、法三国照会、公函，均专给恭亲王，二十余年以来，仍而未改。恭亲王分属懿亲，久任枢臣，为外夷所最信服。现在法越之事未定，各国环而窥伺，倘非外夷信服之，亲藩镇摄其间，易起各国轻视之心，而办理各事恐多棘手。恭亲王及文祥倍尝艰苦，深悉洋情，岂不知军机不兼总署，则身名俱泰，一兼总署则谤诟交丛。然文祥至垂老乞骸，犹毅然以译署自任者，知其势之万无可诿，其事之万不能分也。外国使臣久处腹地，于王公支派之远近，臣僚职分之崇卑，均已瞭然。遇有交涉事件，臣等辨驳不决，则必求见军机大臣、大学士、枢臣等，辨驳不决则必求见恭亲王，臣等亦不愿亲藩重臣屡与会晤，冀以辨等威而示操纵，而大疑大策，必亲信王大臣一二语，乃足维持。无他，望重而地近也。本年春间，各国使臣请见亲王者渐渎，经臣等反复辨论，而外国犹疑端未释。今在我自更内政，彼族生猜，且谓我改易成规，有隔绝各使、藐视洋人之心，不令得见亲藩重臣，即于睦谊有碍，就令据理答复，彼见臣署事事须候枢臣裁决。俄国约章本有行文军机处一条，则必求见枢臣而后已，各国条约均列恭亲王之衔，则又必请见恭亲王而后已，与其待外国之环请而始复，旧章孰如鉴立法之初心，而仍从原制乎。各国通好已久，枢臣见之不为失体，枢臣不见之即足失欢，恐因此肇衅，枝节横生矣。

三曰枢臣办理洋务必至隔膜也。查臣衙门商务、防务，以及办理教案，办理边界，与夫各国出使章程往来礼节，头绪极纷，档册极细。薄物细故，皆他日构衅之端；空气隙光，皆古人格物之学。非深通而博究之，无事诧为诡异，有事必至周章。枢臣不兼译署，若将臣衙门档册条分件系，录送枢垣备核，汗牛充栋，无地可容；若仍如成例，日行事件照常由章京送阅，而枢臣未正兼理总署之名，章京即当避行走枢垣之迹，势必重大之事由臣等一奏，而一奏之外，枢臣不知也，紧要之事召臣等一商，而一商之后枢臣又不知也，繁赜必至遗忘，事理必至挂漏。而凡防务、商务，在枢臣承拟谕旨，措词必不能详确；在臣署钦遵谕旨，办事必不能贯通。至军机处章京，向有数员兼总理衙门行走。枢臣不兼差，而章京兼差，亦未免事等缀旒，迹涉矛盾矣。

四曰臣署办理洋务必至旷官也。查臣衙门商防各务，全恃疆吏得人，始得收内外同心之效。海防不密，而欲以樽俎谈笑，默折敌冲；关榷不精，而欲以米盐凌杂隐纾。岁计本属，无济于事。然洋务归枢臣兼领，凡疆臣应办事宜，臣衙门见及筹及，或先具函商榷，或即随时奏闻。在枢臣预参密勿，呼应较灵；在疆臣重视平章，登复较速。今枢译分为两地，臣署一牍挂壁而已，臣署一函束阁而已。其海疆要政，或先奏而辗转咨问，或已行而无从参预，在臣等尸位素餐，藉以藏拙亦固其所。而外国或来诘辩，臣等茫然，则为四夷[①]所笑；疆吏偶一咨询，臣等茫然，则为外吏所轻。至此以后，臣署舍应对宾客、奉行文书之外，别无一事，殆大失创设衙门重视洋务之初意也。

五曰衙门之体制顿改也。查总理各国事务衙门大臣均系兼差，并非额缺，遇有陈奏事件，以领衔为王大臣，均沿内廷之制。惟[②]其办理之事，所以不能尽如六部之循照例章者，大抵因

---

① 四夷，张佩纶《涧于集》作“外吏所轻”。

② 惟，张佩纶《涧于集》作“至”。

强弱之势以为刚柔，大事必力为挽回，小事亦不无迁就，是以臣衙门常为诟厉之阶。岂臣等一入译署即无天良哉？旁观之责备过苛，而疆吏之军防不振故也。然二十年来，以重臣兼筦视为要差，虽讥啁不免人言，而巨细尚无废事。今专立译署派员管理，论其体例，似理藩院会同四译馆比，而臣等均系兼差，又无专缺其事，系天下之重而其秩视六部为轻，一变旧章，均生藐忽，臣等虽欲忍辱负重，何益于事乎？

六曰章京之鼓励倍难也。初设总署，一切视枢垣之例，章京保举，视部院为优。故言路指摘纠弹，亦视部曹为酷。其人一入总署，则不问志行如何，相率而诋毁之。士之拘慎者不来，然犹恃枢臣兼筦此差，则材艺之徒冀以一长自效。近年保举屡经限制，取径亦稍迂矣，若复将译署改同部院，该章京等与其来译署而忍尤含垢，徒玷声名，不如趋部院而循份办公，尚有出路，各部堂官整顿部务，其在总署行走者，本不必得京察按资截取繁简考语，臣衙门且不能预闻，徒恃有记名海关一保耳，枢臣既不预译务，各章京才具之短长，品诣之污洁，无由而知，一经众口訾謷，或且终身屏弃。彼司员分部有才者均就枢直，而循资者自效曹司，谁复肯郎潜译署，求荣反辱哉！事业不足以羁上智，而禄利又不足以驭中材，强之使来冗员备位，黠吏生奸，流弊不可思议矣。

总之，时艰之亟，实以洋务为大端；枢密之繁，当以洋务为要政。朝廷重洋务，则必重视总理各国事务之衙门。臣等可以罢斥，而衙门之权必不可轻。衙门亦可裁并，而军机兼理之法必不可改。夫将帅不明洋务，必溃其师；疆吏不明洋务，必偾其事；部院大臣不明洋务，不足以预大政；言路诸臣不明洋务，不足以赞秘谋。况以枢臣秉国之钧，佐天而理，顾不明洋务可乎？故臣等以为，枢臣不兼理洋务，不成其为军机大臣；而总署不责成枢臣，亦不成其为总理衙门，断断然也。枢臣若仍须覆检臣署文牍，何必居其实而避其名？若徒覆检文字而谢绝外交，亦未免辞其难而就其易。反复思维，枢译两处断不可分。臣等忝预筹谋，难安缄默，理合缮折沥陈，伏乞天恩仍饬枢臣兼筦总署，以重洋务而赴机宜，天下幸甚。

是否有当，伏祈皇太后、皇上圣鉴。谨奏。

光绪十年三月二十四日[①]

臣奕劻

臣宗室麟书（假）

---

① 据《德宗实录》卷一八九记载："光绪十年。甲申。秋七月。谕内阁：前据给事中孔宪珏奏，太常寺少卿张荫桓，有私行函致上海道情事，当谕令总理各国事务衙门大臣明白回奏，兹据奏称，所覆上海道电信，皆系公同商办等语。查阅所寄电信内，间有措词未当，除彼时阎敬铭、徐用仪因病请假，锡珍、廖寿恒出差外，奕劻、福锟、昆冈、许庚身、周德润、陈兰彬、周家楣、吴廷芬、张荫桓均着交该衙门议处。总理各国事务衙门从前办事，每有不能详慎之处，嗣后该大臣等务当加意慎重，不得仍蹈前辙，致干重咎。现月。"见《德宗实录》（三），《清实录》第五四册，中华书局，1987 年，第 660 页。

《德宗实录》卷一六九又载："谕内阁：御史吴峋奏枢臣声名日败恳予矜全一折，据称筹兵筹饷，责在军机，阎敬铭专俟谕旨，并不豫为区画等语。前因恭亲王等办事因循，不能振作有为，钦奉慈禧端佑康颐昭豫庄诚皇太后懿旨，分别开去差使，休致降调，特遣礼亲王世铎等入直枢廷，当积习之余，又值多事之际，内外大臣，间有游移顾忌，所见未能远大，不能专责阎敬铭一人。嗣后务各殚竭忠诚，于一切事宜，实心实力，妥筹办理，和衷商榷，共济艰难，不得稍有疏懈。此次法人肆意要挟，先开兵衅。中国屡予优容，已属仁至义尽。现在战局已成，倘再有以赔偿等词进者，即交刑部治罪。总理各国事务衙门大臣办理中外交涉事件，必须体用兼备，能持大体之员，方足胜任。周家楣、吴廷芬在该衙门行走年久，办理未能合宜。昆冈于洋务未能讲求。周德润于应行公商事件，辄单衔陈奏，其为不能和衷，已可概见。张荫桓屡经参奏，众望不孚。陈兰彬年力渐衰，难胜繁剧。均着毋庸在总理各国事务衙门行走。至阎敬铭办事练达，清操久著；吴峋辄以执拗刚愎，怙过任性等语，形诸奏牍，实属措词过当。吴峋着传旨申饬。现月。"见《德宗实录》（一），《清实录》第五二册，中华书局，1987 年，第 663—664 页。

臣周德润

臣陈兰彬

臣周家楣

臣吴廷芬

臣张佩纶[1]。

中国第一历史档案馆编：《光绪朝硃批奏折》第一辑，中华书局，1995 年

---

① 张佩纶（1848—1903），字幼樵，一字绳庵，号蒉斋，直隶丰润（今河北丰润）人。同治十年（1871）辛未科二甲进士。同治十三年（1874）授翰林院编修。光绪元年（1875）擢升侍讲，充日讲起居注官。光绪八年（1882）署都察院左副都御史。次年，晋升侍讲学士，在总理各国事务衙门行走。光绪十年（1884）自左副都御史被外放至福建，兼署船政大臣，因兵败后逃跑而被革职，充军东北。光绪十四年（1888）获释。著有《管子注》《庄子古义》《涧于集》和《涧于日记》等。

三十六　奏为假期届满病难速痊恳请开缺由①

光绪十年八月二十九日（1885 年 10 月 7 日）

二品顶戴都察院左副都御史署礼部左侍郎臣陈兰彬跪奏：为微臣假期又满，病难速痊，吁恳天恩俯准开缺回籍调理事。

窃臣素患肝气，每遇感冒发动，头晕腰痛，手足麻痹，亟投寒峻之剂亦即就愈。嗣往返重洋两次，积受海风，病发时辄较前加重。今年五月因病请假，服药兼旬始瘥。不期本月初间复发，饮食减损，夜不能寐，益以便血，势更增剧，叠经蒙恩赏假医治。兹又假期届满，而所患未除，兼之耳鸣目眩，精神恍惚。据医者云，肝火炽盛，血气过亏，非静养不能见效。

伏念臣猥承恩遇，忝贰西台，肃纪整纲，责任綦重，且权襄仪部，典礼攸关。今旧疾纠缠，难冀速愈，设以病躯恋栈，致有贻悮，负咎滋深。再四思维，惟有仰恳天恩，准臣开缺回籍，俾静心调理，出自逾格鸿慈。倘荷圣主福庇，气体复元，谨当泥首宫门，求赏差使，断不敢稍耽安逸，自外生成。

所有微臣病难速痊，恳请开缺回籍调理缘由，理合恭折具陈，伏祈皇太后、皇上圣鉴。谨奏。

光绪十年八月二十九日

《军机处档折件》，台北“故宫博物院”藏

---

① 据《光绪宣统两朝上谕档》载：“陈兰彬奏假期届满病难速痊恳请开缺一折，都察院左副都御史陈兰彬着准其开缺。钦此。”见中国第一历史档案馆编：《光绪宣统两朝上谕档》（十），广西师范大学出版社，1996 年，第 270 页。

咨文

一 江南机器制造局呈给两江总督曾国藩的咨文二件

同治十年四月（1871年5—6月）

（一）委办江南机器制造局务造送测海轮船[①]船式旗号等项及月需经费清册

同治十年四月（1871年5—6月）

委办江南机器制造局务分巡苏松太道涂宗瀛[②]、江苏尽先补

① 测海轮船，上海江南制造总局建造的第三艘木壳暗轮兵船，全木质炮舰，木壳木肋无装甲，采用铁钉连接捻缝。由徐寿等设计监造。同治七年十二月（1869年2月）二十日开工，同治八年七月二十五日（1869年9月1日）下水，九月初一日（1869年10月5日）完工，十二月十一日由上海驶往南京查验。船价并配帆樯、舢板、器具共银82736.5两。舰长175英尺（17丈5尺，即56米），宽28英尺（2丈8尺，即9米），吃水10英尺（3.2米），排水量730吨（另说600吨），载重600吨。动力系统购于国外，采用普通卧式蒸汽机，配合一台锅炉，功率431匹马力（320千瓦），航速约12.5节（一说9节）。装备炮8门，24磅炮6门，12磅炮2门（另说15门12公分口径克虏伯炮、4门40斤克虏伯炮、2门12斤铜炮）。乘员117人（另说93人）。建成后，归南洋水师，驻防吴淞口一带。1918年退役。首任管带为金荣，其后为徐传隆、吴安康等。

② 涂宗瀛（1812—1894），字阆仙，号朗轩，安徽六安人。道光二十四年（1844）中举。咸丰四年（1854）在籍招募团勇与捻军、太平军作战。咸丰六年（1856）赏蓝翎顶戴。同治元年（1862）大挑一等，签分江苏知县，道经安庆，被曾国藩招入幕下，委办谷米局。同治三年（1864）委办江宁保甲巡防总局，寻署江宁知府。次年实授江宁知府。同治七年（1868）以道员尽先升用，并赏换花翎。同治八年（1869）升任苏松太道员，兼任江海关道。（转下页）

用道冯焌光[1]、四品衔刑部候补主事陈兰彬、遇缺尽先选用知府郑藻如，谨将测海轮船船式、旗号等项，及月需经费，开具清册，恭呈钧鉴。须至册者。

计开：

一　船名测海轮船。

一　船身长一十七丈五尺，船面宽二丈八尺，由船旁拦水板量至龙骨，计高一丈九尺九寸，舱深一丈三尺四寸，前后桅二枝，装配暗轮。

查该轮船船壳并一切装修，俱系机器局自造，惟暗轮机器、汽炉全副，系同治六年开办轮船时，即奉两江爵阁部堂曾[2]札饬："一面在外国购买机器一副，以期迅速而资考究；一面自行查照图式，另造机器。"是以，测海轮船机器、汽炉系将外国购来之一副安配，于同治八年十月成船，奉派在江浙洋面巡缉。此外各轮船机器、汽炉均系机器局自造。理合登明。

一　船上大桅挂用方旗一面，写测海轮船字样，船尾挂用画龙三角旗一面。

（续上页）同治十年（1871）升湖南按察使。同治十二年（1873）升湖南布政使。光绪二年（1876）任广西巡抚。次年调河南巡抚。光绪七年（1881）调任湖南巡抚。次年升湖广总督。光绪九年（1883）免职还乡。著有《涂大司马年谱》《涂朗轩尚书政书》《重建江宁普育堂志》《童蒙必读书》等，并以"求我斋""六安斋"为堂号，刻印书籍20多种。

① 冯焌光（1830—1878），字竹儒，亦写作竹如、卓儒、卓如、竹渔，广东南海人。咸丰二年（1852）举人。咸丰九年（1859）入曾国藩幕。咸丰十一年（1861）升为同知，归江苏补用。同治四年（1865）总理江南制造总局局务。次年升知府衔。同治七年（1868）由知府升为道员。同治十三年（1874）补授江苏苏松太道。光绪二年（1876）赏加二品顶戴。著《西行日记》等，辑有《西国近事汇编》和《舆地略》等，创办官报《新报》。

② 两江爵阁部堂曾，曾国藩于同治元年（1862）任两江总督，同治六年（1867）令江南制造总局下设造船所试制船舰，同治七年（1868）改任直隶总督，同治九年（1870）回任两江总督。

一　试带轮船委员尽先补用都司一员。查该都司金荣[①]，月支薪水湘平银五十两，自八年十二月二十日到船起，截至九年闰十月底止，共由机器局发过十一个月零十一天薪水，湘平银五百六十八两三钱三分三厘三毫三丝，申合规平银五百九十六两七钱五分。理合登明。

一　帮同照料船中需用物料司事湖北试用县丞一员。查该县丞黄建藩[②]，于造船之时，经手管理船上各件，成船后，仍拨

---

① 金荣，生卒年和籍贯不详。同治八年（1869）以尽先补用都司任南洋水师“测海”号管带。同治十一年（1872）两江总督张树声奏折里请以江南提标尽先都司补都司后以游击仍留江南补用。光绪初年任“威靖”号管驾，南洋水师外洋兵轮船左翼长，统带“南琛”“镜清”“保民”三船。光绪七年因率“驭远”号护送出使日本国大臣黎庶昌前往日本履任，将副将衔补用参将、尽先游击、准补太湖右营都司，请免补游击，以参将尽先推升。光绪十年十二月三十日（1885年2月14日）因“驭远”号被法军击沉，被革职，发往军台效力。

② 黄建藩（1840—1907），字守溪（漱溪），广东顺德大良人。黄建藩于同治八年（1869）冬到沪，寓徐润的宝源祥茶栈。次年任职于上海机器制造局。其后赴镇江代理通源土号经理，又往天津任职于轮船招商局天津分局。光绪八年（1882）任北洋旅顺营务处工程局管理导海大挖泥轮委员。光绪十一年（1885）任职旅顺电报分局。光绪十六年（1890）由张之洞派往湖北大治、王三石等地勘察煤铁矿，堪办金山店和胜山寺煤矿。光绪二十二年（1896）代理湘潭转运局事。晚年曾任广东电报局总办。其祖黄乐之，字爱庐，道光二年（1822）举人，历官山东盐运使、福建按察使和浙江布政使，卒年八十二，著有《枣香书屋诗钞》。其父黄经（1813—1860），字叔济，号郝存，又号确泉，黄乐之三子，道光十四年（1834）广东乡试解元，道光二十四年（1844）进士，选庶吉士，散馆授翰林院编修，先后充云南乡试考官、江南道御史、福建道御史、山西河东道、山西按察使，著有《河东鹾务录》《盐池记》《慎馀书屋文稿》《慎馀书屋赋稿》《慎馀书屋杂著》等。其伯父黄统（1812—1856），字伯垂，号少岳、大豆人，黄乐之长子，道光十一年（1831）顺天举人，道光三十年（1850）进士，选庶吉士，散馆授翰林院编修，充国史馆武英殿协修、功臣馆纂修，出为贵州学政等职，与龚自璋辑《医方易简新编》，著有《内外十三科验方》《思免愆斋诗稿》《思免愆斋赋稿》《思免愆斋赋录》等。其弟黄建笎（1849—1906），字花农，历官津海关道、湖南按察使、江宁布政使和山东布政使，光绪三十一年（1905）因病开缺，著有《寄榆盦诗钞》《寄榆庵书画稿》和《电学新编》等。其弟建簃，字定侯，任职于开平煤矿局。弟建藉，字效存。

归该船照料，以资熟手。月支薪水湘平银二十四两。自九年正月初一日到船起，截至九年八月底止，该县丞即行告假回籍，计由机器局发过八个月薪水，湘平银一百九十二两，申合规平银二百一两六钱。理合登明。

一　船上司事一名。查该司事汪凤藻[1]，月支薪水湘平银一十二两。自九年十月分新添到船起，截至闰十月底止，计由机器局发过两个月薪水，湘平银二十四两，申合规平银二十五两二钱。理合登明。

一　船上通事一名。查该通事贾澄，月支辛工洋二十六元。自八年十月二十三日到船起，至九年十月底止，即调回局内充当通事，计由机器局发过十二个月零八天辛工洋三八一十八元九角三分三厘三毫。理合登明。

船主美国洋人品特而登一名，该洋人自八年十一月初七日，即外国十二月初八日招雇到船起，至九年二月三十日，即外国三月底止，即行告假辞去，计在船三个月零二十三天。

夹敦罗一名，该洋人系接替品特而登。自九年三月初一日，即外国四月初一日募补到船起，至九年五月初二日，即外国五

① 汪凤藻（1851—1918），字云章，号芝房，江苏元和人。同治二年（1863）入读上海同文馆英文班。同治七年（1868）选送到京师同文馆。光绪四年（1878）以户部主事留馆，任算学副教习。光绪八年（1882）以监生参加顺天乡试，中壬午科南元。光绪九年（1883）癸未科会试进士，朝考一等第十六名，授翰林院庶吉士。光绪十二年（1886）任总理衙门纂修官。光绪十四年（1888）任驻俄使馆二等参赞、总理衙门撰修等职。光绪十七年（1891）以翰林院编修赏二品顶戴署理出使日本国大臣。次年实授出使日本国大臣。光绪二十年（1894）因中日宣战回国，仍在翰林院供职。光绪二十八年（1902）任上海南洋公学总理，旋离职，回京升翰林院五品侍读，任日讲起居注官。宣统元年至三年（1909—1911）任京师大学堂格致科监督。著有《中外政治类编》和英文语法书《文法举隅》，译有《万国公法》《公法便览》《英文文法》《英文举隅》《富国策》《新加坡刑律》《政治经济学》等。

月底止，即调至翻译馆充当教习，计在船两个月。

百克一名，该洋人系接替夹敦罗。自九年五月初三日，即外国六月初一日募补到船起，截至九年十一月初十日，即外国十二月底，即移交操练局接管。

查前项船主内，均照外国月分，每月给辛工洋二百五十元，火食洋四十五元，每月只用一名，前后共计更换三人，统由机器局发过十二个月零二十三天辛工、火食洋三千七百五十八元八角七分三毫。理合登明。

一　管机器正铁柜，美国洋人楷能亨吴一名。该洋人自八年十二月二十四日，即外国正月二十五日招雇到船起，至九年二月二十八日，即外国三月二十九日，即行辞退，计在船两个月零六天。

麦克林一名，该洋人系接替楷能亨吴。自九年三月初一日，即外国四月初一日募补到船起，截至九年十一月初十日，即外国十二月底止，即移交操练局接管。

查前项正铁柜均照外国月分，每月给辛工洋二百元、火食洋四十五元，每月只用一名，前后共计更换二人，统由机器局发过十一个月零六天辛工、火食洋二千七百四十七元八角一分一厘四毫。理合登明。

一　大伙，美国洋人三吾生一名。该洋人自八年十月三十日，即外国十二月初一日到船起，至九年正月初一日，即外国正月底止，即行辞退，计在船两个月。

朴根士一名，该洋人系接替三吾生。自八年十二月二十五日，即外国正月二十六日募补到船起，至九年五月初二日，即外国五月底止，即行辞退，计在船四个月零六天。

求士培里一名，该洋人系接替朴根士。自九年五月初三日，即外国六月初一日募补到船起，截至九年十一月初十日，即外国十二月底止，即移交操练局接管。

查前项大伙，均照外国月分，每月给辛工洋一百元、火食洋四十五元，每月只用一名，前后共计更换三人，统由机器局发过十三个月零六天辛工、火食洋一千九百二元三角八分七厘。理合登明。

一　二伙美国洋人白来脱一名。该洋人自八年十二月初二日招雇到船起，至八年十二月二十三日止，即行裁撤，不复募补。

查前项二伙，照外国月分，每月给辛工洋一百元、火食洋四十五元，计由机器局发过二十二天辛工、火食洋一百二元九角二厘八毫。理合登明。

一　看更掌舵，吕宋洋人四名。该吕宋人，自八年十一月初七日，即外国十二月初八日招雇到船，至九年十一月初十日，即外国十二月底止，均由机器局给发工食。

查前项看更掌舵吕宋洋人，每月均用四名，每名照外国月分，每月给辛工洋二十五元、火食洋一十五元，自八年十一月初七日，即外国十二月初八日招雇到船起，截至九年十一月初十日，即外国十二月底止，共计由机器局发过十二个月零二十三天辛工、火食洋二千三十八元七角九厘四毫。理合登明。

一　吕宋水手一十一名。该吕宋人自八年十一月初七日，即外国十二月初八日招雇到船，至九年十一月初十日，即外国十二月底止，均由机器局给发工食。

查前项吕宋水手每月均用一十一名，内头目一名，照外国月分，每月给辛工洋三十元、火食洋一十五元；又水手一十名，每名照外国月分，每月给辛工洋二十元、火食洋一十五元。自八年十一月初七日，即外国十二月初八日招雇到船起，截至九年十一月初十日，即外国十二月底止，共计由机器局发过十二个月零二十三天辛工、火食洋五千一十二元六分三厘九毫。理合登明。

一　中国水手二十九名。查前项中国水手，由八年十月分起雇用八名，八年十一月分陆续添雇一十名，计用十八名。八年十二月分，又添雇五名，计用二十三名。九年正月分，裁撤二名，计用二十一名。九年二月分，又裁撤二名。至九年五月分，每月均用一十九名。九年六月分，又陆续添雇一十名。至闰十月底止，每月均用二十九名。以上水手每名月给工食洋一十五元，共由机器局发过工食洋四千七百一十七元。理合登明。

一　汽炉火夫一十二名。查前项汽炉火夫由八年十一月分起，雇用九名。八年十二月分，添雇三名。至九年闰十月底止，每月均用一十二名。以上火夫内二名，每名月给工食洋二十元；又五名每名月给工食洋十八元；又五名每名月给工食洋十五元，共由机器局发过工食洋二千四百九十五元。理合登明。

一　管理机器内地工匠二名。查前项管理机器内地工匠，系自八年十二月二十六日招雇到船起，每月均用二名，每名月给工食洋三十元。兹截至九年闰十月底止，共由机器局发过十一个月零五天工食洋六百六十元陆角陆分六厘六毫。理合登明。

一　木匠一名。查前项木匠，每月均用一名，自八年十二月二十四日雇备到船起，至九年八月底止，均每月给工食洋二十元，由九年九月起，截至闰十月底止，每月减去洋一元，月给工食洋一十九元，共计由机器局发过十一个月零六天工食洋二百二十一元。理合登明。

一　洋人司役一名。查前项洋人司役，每月均用一名，自八年十一月初九日雇备到船起，至九年四月底止，均每月给工食洋一十元。自九年五月分起，截至闰十月底止，每月加给洋一十元，月给工食洋二十元，共计由机器局发过十二个月零二十二天工食洋一百九十七元三角三分三厘三毫。理合登明。

一　水手等所用烧饭小工二名。查前项烧饭小工，由八年十月分起，雇用一名，八年十一月分添雇一名，至九年闰十月底止，每月均用二名，每名月给工食洋七元，共由机器局发过十三个月零一十九天工食洋一百八十五元三分三厘三毫。理合登明。

一　带水二名。查前项带水内，八年十二月分雇用陈贤球[①]一名。九年三月分，添雇虞庆堂[②]一名。至九年闰十月分，每月均用二名，每名月给工食洋三十元，共由机器局发过工食洋六百二十七元。理合登明。

一　中国二伙一名。查前项二伙周凤智[③]一名，系九年七月分雇用，一十六天即行告假回籍，于九年闰十月分复又到船，前后共计一个月零一十六天，月给工食洋三十元，共由机器局发过工食洋四十六元。理合登明。

一　以上委员司事等薪水，及中国水手人等工食，自八年十月轮船试行起，截至九年闰十月底止，核计共用规平银八百二十三两五钱五分、洋九千四百六十七元九角六分六厘五毫。

---

① 陈贤球，生卒年和籍贯不详，同治八年（1869）任测海号轮船带水。同治十一年（1872）两江总督张树声奏折内以七品军功，请以外委留江补用，并加五品衔。光绪年间升任测海号帮驾，光绪十一年（1885）由曾国荃奏请免补把总、千总，以守备尽先补用，并赏戴蓝翎。

② 虞庆堂（？—1892），籍贯不详，同治八年（1869）任测海号轮船带水。同治十一年（1872）两江总督张树声奏折内以五品军功尽先拔补，请以千总拔补，并换五品军功都司衔。同治末年和光绪初年任“镇海”兵船总管轮。光绪六年（1880）随丁日昌赴英国接受“超勇”号和“扬威”号军舰，次年回国，在李鸿章请奖折内，以都司衔江苏补用守备，请补缺后以都司升用。光绪八年（1882）在“驭远”号护送出使日本国大臣黎庶昌赴日本履任奖叙案内，以都司衔守备用补用千总、江苏内外洋尽先拔补把总，请免补把总，以千总仍留原标尽先补用。光绪十年（1884）以升用都司补用守备任“虎威”号管带。光绪十七年（1891）左右以江苏苏松镇标都司任“寰泰”号管带。次年病故。

③ 周凤智，生卒年和籍贯不详。同治八年（1869）任测海号轮船二伙。同治十一年（1872）两江总督张树声奏折内以六品军功，请以把总留江尽先拔补，并加千总衔。

以上所用外国人等工食，自八年十月轮船试行起，截至九年十一月初十日，即外国十二月底止，共用洋一万五千五百六十二元七角四分四厘八毫。

一　船上汽炉二座，需用英煤，计行船一日夜，烧煤一十五吨。查购煤价值以九年正月至闰拾月市价核算，每吨约银七两左右。至每年用煤数目，以行船多少为定，未能预计。

一　需用杂物，约计每月用银一百九十余两。查船上需用杂物，系牛油、豆油、鱼油、籽油、棉纱、砂皮纸、洋烛、洗船刷帚、砂石、洋皂、刮刀、竹箕、大小绳索、帆线，及预备油节所需色漆等项。兹就九年闰十月以前用过款项核算，每月约支规平银一百九十余两，所有船上随时修葺，以及添置器具等件，不在此项之内。理合登明。

一　船上现配炮八尊，系在船水手人等操习演放。

一　船上每年需用火药、炮弹、铅子、铜帽等件，数目多少，未能预计。

一　以上各条，均就九年闰十月以前办理情形开列，自九年十一月起，所有各轮船，均归综理江南轮船操练局吴道大廷[1]经理。理合登明。

同治十年四月　日

台湾“中央研究院”近代史研究所编：《海防档》丙，机器局，台湾“中央研究院”近代史研究所，1957年

① 吴道大廷，即吴大廷（1824—1877），字桐云（彤云），湖南沅陵人。由拔贡选内阁中书。咸丰五年（1855）顺天乡试举人。咸丰十一年（1861）任员外郎。同治二年（1863）擢记名道员，又任福建盐法道。同治五年（1866）任按察使衔分巡台湾兵备道。同治七年（1868）任马尾船政提调，旋调任上海机器局总办。编有《福建盐法志》，著有《小酉腴山馆诗文钞》《吴桐云先生大廷自订年谱》《孝经今古文传注辑论》《读易随笔》《读书随笔》。

（二）委办江南机器制造局造送威靖轮船[①]船名旗号及行船用煤用料数目清册

同治十年四月（1871 年 5—6 月）

委办江南机器制造局务分巡苏松太道涂宗瀛、江苏尽先补用道冯焌光、四品衔刑部候补主事陈兰彬、遇缺尽先选用知府郑藻如，谨将威靖轮船船名、旗号及行船用煤用料数目查照清册，呈请钧鉴，须至册者。

计开：

一　船名“威靖”轮船。

一　船身长二十丈五尺，船面宽三丈六寸。由船旁拦水板量至龙骨，计高二丈三尺三寸。上下舱两层，共深一丈六尺八寸。前后桅二枝，装配暗轮。查该轮船船壳、机器、汽炉，并一切装修，均系机器局自造。于同治九年九月进河，十二月出洋试驶。理合登明。

一　船上大桅挂用方旗一面，写威靖轮船字样。船尾挂用画龙三角旗一面。

一　船上汽炉二座，需用洋煤，计行船一日夜，烧煤一十五吨半。

一　需用杂物，现就同治十年正、二、三等月核计，每月约用银三百两。查船上需用杂物，系牛油、豆油、鱼油、籽油、棉纱、砂皮纸、洋烛、洗船刷帚、砂石、洋皂、刮刀、竹箕、大小绳索、帆线，及预备油饰所需色漆等项。兹就十年正、二、

---

① 威靖轮船，上海江南制造总局建造的第四艘木壳暗轮兵船，同治九年（1870）建成，由两江总督曾国藩命名。排水量 1100 吨，600 马力，航速为 12. 5 节。该舰配备火炮 14 门，战斗乘员 145 人。

三等月用过款项核算，每月约支银三百两，所有船上随时修葺，以及添置器具等件，不在此项之内。理合登明。

一　船上现配开花子铜炮十尊，来福子钢炮三尊，系在船水手人等操练演放。

一　船上每年需用火药、炮弹、铅子、铜帽等件，数目多，未能预计。

一　以上各条，均就机器局经理事宜开列，所有管带委员衔名，并船上水手人数、月支薪工等项银两数目，均归综理江南轮船操练局吴道大廷经理。理合登明。

同治十年四月

台湾“中央研究院”近代史研究所编：《海防档》丙，机器局，台湾“中央研究院”近代史研究所，1957 年

二　呈总理衙门咨文四十一件

同治十三年至光绪七年（1874—1881 年）

（一）咨报调查古巴岛华工被虐事

同治十三年九月二十九日（1874 年 11 月 7 日）

本月二十一日接奉五月二十六日钧札并奉谕函①，应即束装就道，惟前在古巴录取华工供口，多系途中铅笔粗纸匆遽写就，虽经司员同马吴税司②面问，而由叶教习源濬，及通事陈应芝③、卢丕理④、林振源等手录为多。兹互译华洋文誊清，往往须问原

① 本月二十一日，1874 年 10 月 30 日；五月二十六日，1874 年 7 月 9 日。

② 吴税司，即吴秉文（Alfred Huber,？—1922），法国人。清代海关总税务司赫德（Robert Hart，1835—1911）的妹夫。同治八年（1869）任职汕头海关。次年任一等帮办。同治十年（1871）署汕头海关税务司，天津教案发生后，随同崇厚等赴法谢罪，充当随员和翻译。同治十一年（1872）任汕头海关副税务司。同治十二年（1873）任镇江海关税务司，旋改津海关税务司，与陈兰彬和马福臣（A. Macpherson）等组成调查团赴古巴调查华工受虐情况，与马福臣合作《古巴调查团》（The Cuba Commission），与陈兰彬和马福臣三人上呈《古巴华工调查录》。光绪二年（1876）随赫德等代表清政府赴美参加费城美国独立百年国际博览会。光绪四年至光绪八年（1878—1882）任汕头海关税务司。

③ 陈应芝（1847—1879），原名陈龙，又名瑞田，字壁文，广东香山人。陈芳（国芬）之长子，陈乐宾（永安）之父。1859 年随父赴檀香山。曾入读美国耶鲁大学。

④ 卢丕理（H. Rubery），英国人，同治二年（1863）至中国。同治十一年（1872）任潮海关二等帮办。次年代理潮海关税务司。同治十三年（1874）赴古巴协助陈兰彬等调查华工受虐情况。光绪元年（1875）署理浙海关税务司。次年任江汉关头等帮办 A。光绪三年（1877）任副税务司，管理长江六口。

来经手之人随时指说，是以日前将在洋办理缘由，肃函禀报。现口供录毕，尚有呈禀及日国章程暨领事人等交到船数人数、一切零件，译写核对，计在八月初十前后可以完工。

《古巴华工口供录毕事》，台湾“中央研究院”近代史研究所藏

（二）咨报出使资费事

光绪三年十月二十二日（1877 年 11 月 26 日）

本大臣出使美日秘三国，拟俟来春津河开冻，当即起程，所有出洋各项支销，未能逐一列款请领。窃念三国壤地远隔，且参赞、领事等分住数处，需用实繁，约计每国一年需银伍万余两。初年有整装盘川及到后铺陈等项，三国共又需银五万余两。本大臣拟请于出洋时统领银贰拾贰万两带往备用，札行江海关道先期预备，俾得到沪领取，以利遄行。①

黄嘉谟主编，韦国恩、张珍琳编辑：《中美关系史料》（光绪朝一），《中国近代史资料汇编》，台湾“中央研究院”近代史研究所编印，1989 年

① 光绪三年十月二十日（1877 年 11 月 24 日）陈兰彬致刘瑞芬函写道：“至弟出使三国，道途既远，人数亦多，初年薪水川费，连行装铺陈等类计，非廿二三万不办，当即告知总署，属由公牍知会台端，俾得早日预备。弟约计二月应可到沪也。”

光绪三年十二月十七日（1878 年 1 月 19 日）李鸿章在《复出使美日秘大臣太常寺正堂陈》中写道：“荔秋仁兄大人阁下：顷奉十三日惠书，过承覆饰。敬审皇华望重，勋履咸宜，引睇吉晖，至符心祝。台旌出洋，现定开春就道，所需出使整装各费，拟先统领银二十二万两，已由总署札知沪关预备，谅无可误。”见（清）李鸿章撰，顾廷龙、戴逸主编：《李鸿章全集》（32），信函四，安徽教育出版社，2008 年，第 191 页。

（三）咨报檀香山设立商董事

光绪五年二月初五日（1879年2月25日）收

太平洋中有国曰山域治埃兰[①]，译称檀香山。共辖八岛。内有大岛，曰阿亚湖[②]，正埠曰汉拿老路[③]，为各国商人聚集之所，距广东香港一万六千余里。咸丰初年，华人前往贸易，继以耕种畜牧，合计止有千余人。自美国与该国立约通商，互相免税，生计日蕃。又值金山土人逼逐华工，因之前赴该岛者添至七八千人。游手既多，华商经理无权，土人寖滋疑忌。

现据同知衔陈国芬等联名禀请该大臣就近迅派领事官驻扎檀香山，一切经费各商情愿筹备等语。查陈国芬请设领事，原系该处急务，惟未经换约之国，既不便设立领事，又不属美邦，非使美之员所能派设，但念此地本为出洋要冲，又为金山后路，且系秘鲁来华中站，若得有人照料，为中国数万穷民栖身谋食之地，亦属相宜。并查陈国芬系广东香山县人，已在该岛贸易有年，华洋夙著声望，可否变通酌办，或由南洋大臣，或由两广总督，或由该大臣发给商董谕帖，饬令陈国芬随时稽查约束，即将该处华民人数若干，作何生业，有何章程料理，限于一年之内禀报。如所办实合机宜，随后

① 山域治埃兰（Sandwich Islands），亦称三明治群岛，通译檀香山。
② 阿亚湖（Oahu），今译奥瓦湖。
③ 汉拿老路（Honolulu），又译火奴鲁鲁。

即可接办，否则即将谕帖撤销。[1]

---

① 该咨文摘自总理各国事务衙门奏折，原文为："窃臣衙门接准陈兰彬函称：太平洋中有国曰山域治埃兰，译称檀香山。共辖八岛。内有大岛，曰阿亚湖，正埠曰汉拿老路，为各国商人聚集之所，距广东香港一万六千余里。咸丰初年，华人前往贸易，继以耕种畜牧，合计止有千余人。自美国与该国立约通商，互相免税，生计日蕃。又值金山土人逼逐华工，因之前赴该岛者添至七八千人。游手既多，华商经理无权，土人寖滋疑忌。现据同知衔陈国芬等联名禀请该大臣就近迅派领事官驻扎檀香山，一切经费各商情愿筹备等语。查陈国芬请设领事，原系该处急务，惟未经换约之国，既不便设立领事，又不属美邦，非使美之员所能派设，但念此地本为出洋要冲，又为金山后路，且系秘鲁来华中站，若得有人照料，为中国数万穷民栖身谋食之地，亦属相宜。并查陈国芬系广东香山县人，已在该岛贸易有年，华洋夙著声望，可否变通酌办，或由南洋大臣，或由两广总督，或由该大臣发给商董谕帖，饬令陈国芬随时稽查约束，即将该处华民人数若干，作何生业，有何章程料理，限于一年之内禀报。如所办实合机宜，随后即可接办，否则即将谕帖撤销各等语。臣等查泰西有约各国，业经钦派出使大臣前往驻扎，且于英国新嘉坡、美国旧金山各处设立领事官，原为保护华民在外贸易、佣工起见，檀香山与中国并未立约，原未便按照各国在于该处设立领事，惟现据该大臣查明该岛该华民聚至七八千人之多，若不妥筹保护，时加约束，诚恐华民愈聚愈多，该岛之人渐生忌嫉，他日更难办理。该大臣现拟发给商董谕贴，交由陈国芬稽查约束，并拟嗣后或办或撤，再行随时酌度，原于保护之中仍作权宜之计。今若由南洋大臣或两江总督发给谕帖，地在万里以外，未免遥制为难，自以由出使大臣就近办理较为合宜。得旨：如所议行。"见刘锦藻：《清朝续文献通考》卷三百三十七，外交一，商务印书馆，1936，考一〇七八八。

又据光绪五年二月初五日（1879 年 2 月 25 日）薛福成日记载："陈星使致总署书云：太平洋中有国，曰山域治埃兰，译称檀香山，共辖八岛，地广人稀，四序温和，绝无瘴疠。其王居土人最众之岛曰夏衣华［编者注：即夏威夷（Havaii）］。有大岛曰阿亚湖，正埠曰汉拿老路，为各国商人聚集之所，距香港一万六千余里，轮船廿一二日可到。咸丰初年，华人来此贸易，继而耕种畜牧，去留无定，合计千余人。前年与美国立约通商，互相免税，生计日蕃，遍处招工，雇用华工甚多。又值旧金山逼逐华工前赴该岛，骤添至七八千人。若不先立章程，妥筹保护，恐源源而来，漫无约束，土人渐生妒忌，或如古巴、秘鲁之设法钳制，或如金山之借端斥逐。据同知陈国芬等禀称，在岛贸易二十余年，而檀香山岛为出洋要冲，又为金山后路，且为秘鲁来华中站，得此一处，有人照料，为中国数万众民栖身谋食之地，亦甚 （转下页）

刘锦藻：《清朝续文献通考》卷三百三十七，外交一，商务印书馆，1936年

（续上页）相宜，惟不曾换约之国，未便设立领事，而陈国芬于该岛夙著声望，似较胡璇泽（编者注：《薛福成日记》写作‘胡璇译’，当为笔误）之在新加坡办理尚易为力，拟请变通酌办，发一商董谕帖给陈国芬，俾稽查人数，妥议章程料理，限一年内禀报云云。”见（清）薛福成著，蔡少卿整理：《薛福成日记》上册，吉林文史出版社，2004年，第248页。

又据光绪五年二月十九日（1879年3月11日）薛福成日记载：“二月廿三日总署奏：出使大臣陈兰彬拟发现住山域治埃兰国商董谕帖，约束华民，据情具奏。奉旨依议，钦此。太平洋中有国，曰山域治埃兰，译称檀香山，共辖八岛，内有大岛曰阿亚湖，正埠曰汉拿老路，为各国商人聚集之所。”见（清）薛福成著，蔡少卿整理：《薛福成日记》上册，吉林文史出版社，2004年，第250页。

（四）咨呈札委朱和钧前往檀香山案

光绪五年四月初三日（1879 年 5 月 23 日）

照本大臣于光绪五年四月初三日，奉总理各国事务衙门来文，内开："光绪五年二月二十三日，本衙门具奏出使美日秘国大臣陈，拟发现住山域治埃兰国商董谕帖，约束华民，据情具奏，请旨办理一折，本日奉旨：'依议，钦此。'相应恭录谕旨，抄录原奏咨行贵大臣钦遵办理"等因，到本大臣，当即谕委该处商董、同知衔陈国芬设法试办，并以开办之初，须得委员前往查勘，以期洞悉底蕴而臻周妥。复经札委随员、兵部候补主事朱和钧前往，会同商董陈国芬细心查察，妥慎办理，各在案。

兹接据该商董并委员朱主事禀报，已于本年正月十一日，接到彼国外部准照，传知商民试行开办。

除分咨外，相应咨请查照。

蔡乃煌总纂：《约章分类辑要》，（台北）文海出版社，1986 年

（五）咨报英俄谋阿富汗事

光绪五年十一月二十八日（1880年1月9日）

印度来电报云，俄国已暗取味儿啡[1]（阿富汗西北地），从前俄国屡经有意取此省以通印度。英廷今亦即调兵往取希剌的[2]（阿富汗西），以阻俄兵来印度。

《总理各国事务衙门档案》，毛笔抄件，台湾“中央研究院”近代史研究所藏

① 味儿啡（Merv），今译梅尔夫，又称马雷，古称蒙奇、马鲁、麻里兀、马兰，是中亚土克曼斯坦马雷省的一个绿洲城市。1884年被俄国人占领。

② 希剌的（Hear，Harat），今译赫拉特，阿富汗斯坦西北部历史名城，赫拉特省省会。历史上为中亚、南亚同西亚各地区交通、贸易的枢纽，战略地位重要。该城始建于6世纪，从7世纪后期开始，先后被阿拉伯、波斯、中亚和北印度的伊斯兰教诸王朝所占据。帖木儿以中亚为中心建立帖木儿帝国时，此城为伊斯兰文化和学术中心之一。

（六） 咨报出使美秘国随员严士琦服阕起复由

光绪六年八月（1880 年 9 月）

光绪六年十二月三十日①，准出使美日秘国大臣文开：

据随员运同衔候选同知严士琦禀称："窃卑职随同出洋，于光绪四年四月十三日②，在上海差次闻讣，丁亲父举人严玉鸣忧，当即奔丧回籍，遵例呈报本籍安徽东安县转详在案，四年十月接奉宪札，内开出洋要差既经拣定，未便更易，五月间，续行拣调出洋人员案内，业将该员奏带随使日美秘三国，钦奉谕旨，允准札令在籍守制百日，期满应迅速来美听候差委等因，卑职奉札后，遵即束装到洋听候差委。四年十一月二十二日③，复蒙附片奏请留洋差委。五年二月初六日④，奉旨着照所请，该衙门知道，钦此。钦遵在案，计自光绪四年四月十三日闻讣之日起，至光绪六年七月十三日⑤止，不计闰，扣足二十七个月，已届服阕。惟卑职奉差在外，远隔重洋，差期尚未完竣，碍难回籍起复，合将服满缘由缮具亲供呈请宪台转咨，准令起复"等因，咨呈前来，相应据文咨行贵部，准令起复可也。

《钦定总理各国事务衙门清档》第 251 册，北京大学图书馆藏

---

① 光绪六年十二月三十日，1881 年 1 月 29 日。

② 光绪四年四月十三日，1878 年 5 月 31 日。

③ 四年十一月二十二日，1878 年 12 月 15 日。

④ 五年二月初六日，1879 年 2 月 26 日

⑤ 光绪六年七月十三日，1880 年 8 月 18 日。

（七）咨报美国苛待华工事

光绪六年九月（1880 年 10 月间）

上年美国议院立有苛待华工之例，经其总统批驳。本年正月间，金山埃里士党人又议例禁公司雇佣华工，一唱百和，几酿事端。经美国派兵弹压，始就安帖。是华工在彼，与土人已成冰炭，美国方极力设法调停，总恐非长久之计。

《总署奏片（光绪六年十月十四日）》，王彦威纂辑：《清季外交史料》（2），湖南师范大学出版社，2015 年

（八）咨报美国加征招商局和众号船钞货税事

光绪五年九月（1880年10月间）

招商局和众轮船，由檀香山前往美国旧金山，所有船钞货税均额外加征，遍查英法各国条约，载有彼此商船两无增加之语，而美国条约，只载美船到华利益，并未载明华船到美如何纳税，当此美国派人来华议约，此节亦所应议。

《总署奏片（光绪六年十月十四日）》，王彦威纂辑：《清季外交史料》（2），湖南师范大学出版社，2015年

（九）咨报近期外交情况

光绪六年十月二十六日（1880年11月27日）

正月二十三日[①]，摘录出使大臣陈兰彬函称：

哥罗拉度华人被害一案，与伊械士面谈之次日，接到该处华商陈良谱[②]禀函，即经照会美国外部，缘来函不甚明细，仍一面札饬金山总领事委员前往确查起衅缘由，由受害实迹，并该地方事后情形，禀复核办，据报已派傅领事于廿二日起程往查，又闻该处华商等亦自请有律师告理，惟日来晤问外部，均浑称办开而尚未见照复。

至和众轮船钞税一件，则接到照会，并其总统谕词，问以被收银圆，谓由户部主政当催其饬问交还云云，亦据情行知金山矣。

美使往华修约意固在于限制华人，但渠如何措词，前此尚难臆测。兹于廿二日申刻接奉电示，谨照号捡阅传写码数，尚未悉有无错伪，屈计此时已在画押定议也。

俄事近无所闻，智秘战事闻自美国劝和不成后，两国均各添兵，意图一决。昨接刘荫周一函，知前此新闻纸称在秘华人团结自保，请有英人操练之语，尚属有因，专肃奉布，抄件附呈。

《钦定总理各国事务衙门清档》第251册，北京大学图书馆藏

---

① 正月二十三日，1881年2月21日。

② 陈良谱，又写作“陈良普”，见《陈兰彬致总署（光绪七年三月初三日）》附件“照录哥罗拉度邦剪花埠众华民陈良普等十月初三日来禀”和“照录使署随员答复剪花埠众华商等信函”。

（十）咨报近期使署和肄业局以及外交情况等事

光绪六年十一月十九日（1880 年 12 月 20 日）

二月初三日[①]，出使大臣陈兰彬函称：

十月廿六日[②]，泐布华字第三十八号一函，谅获仰邀钧览。本月初七日，接到九月初十[③]发来美字十七号赐函并抄件，具聆诲示。

查各国在美人民，无论已未入籍，皆系归地方管辖，不过已入籍者一体纳税当差，未入籍实业则输税，浮业则作为贸易资本，纳所谓噹臣[④]纸费，不用当差耳，凡有案件，统由地方按司审理，领事官不能讯断，只可荐用律师申辩，各国皆然，已遵于初九日将大概由电报闻。

至前函称华人二万余，系指本年所查金山一埠户口，若合美国各邦计之，流寓华民或真有十余万也。现时美国议院开堂，各绅齐集，兼届洋岁将改，日夕惟酬应坌繁，尚无切要事件。

副使[⑤]自月初回华盛顿，另馆居住，尚称病未曾入署。

驻日黎参赞[⑥]函送所译日国度支一册，及与外部问答一纸。彼处亦觉顺平。

古巴刘总领事[⑦]亦只报称前巡东省各埠庄寮，尚有西省未

---

① 二月初三日，1881 年 3 月 2 日。

② 十月廿六日，1880 年 11 月 27 日。

③ 九月初十，1880 年 10 月 13 日。

④ 噹臣，英文 license，执照、准照之意。

⑤ 副使，即容闳。

⑥ 驻日黎参赞，即黎庶昌。

⑦ 古巴刘总领事，即刘亮沅。

到，兹于初八日带同陈领事[1]等再行巡察。

惟檀香山董事[2]呈送秋季汇报，并禀请派员接替，另有致参赞函，称办公外来动需费用，并须延请翻译文案相帮，前拟按丁抽捐，创设医院，遇有公用，即由院款公支，无奈事不能成，故本年用费统由国芬捐办。秋间接到钦宪倡捐千圆，民气颇形踊跃，会馆或可望成，但巨款亦未猝集。来年若另派领事，自由钦宪裁制，倘厚国芬，仍令承乏，则薪俸不敢请领，敬恳代乞宪恩，酌给公费等语。

兰彬查该岛虽未与中国立有和约，但未与立约，如俄罗斯等国，皆有领事在彼。又前在日国曾接副使函称商董职分较卑，应请奏明作为领事，已于发去委札时，函嘱该董事试办，期满听候另办云云。

是以三月间，法国途次具函请示，兹届一年将满，办理尚无贻误，人地亦觉相宜，似应奏明，领事即以该董事承充，第念此案起初系荷贵衙门奏办，此次应仍请贵衙门具奏饬遵，事体较为划一。用敢据禀联衔咨请，倘蒙俯准据情入告，尚乞并入容副使名，免又藉词负气，更为公便。

至该董事另函所云，已饬参赞复函，责以请给经费，与初禀不符，倘能就地筹款，拟有善章，尚可代求钦宪核准等语。该董事本年试办，原请有翻译、文案各一人，委系自行捐给，并未派收分毫，不请俸薪而请给公费，尚非不近情理。倘日后彼处无款可筹，或再缠恳，可否由出使美国经费项下订明每年酌拨三二千两，以资办公之处，兰彬未敢擅便，谨预此渎陈统候裁示。

---

① 陈领事，即陈善言。

② 檀香山董事，即陈国芬。

幼童肄业局流弊滋多，前次复函已略言之，昨准少荃中堂[1]函，嘱筹商裁撤，当即函知总办吴编修嘉善作何遣撤，交带尚俟吴编修拟定章程咨复，另布也。

月来未接曾侯[2]函信，而新闻纸所称，则有谓中俄议约气象和平，可以不用开仗者，有谓冬令严寒俄国暂作缓兵之计者，有谓崇约内地通商，松花江行船，均作罢论，伊犁亦可全还，但须中国偿银八百万者，纷纷不一。

智利已封秘鲁各港，兹闻又有陆路一军，由南便逼扎利马，已示知城内各外国人搬避，胜负如何，亦未得确耗。闻秘国爱公使[3]已由华回至金山，将到纽约，或来见一面未定。

巴西驻美公使来见，云闻中国已与巴西定约，但未得见约章。答以我亦如是。渠前数日已搭船往欧洲，候其议约公使矣。

① 少荃中堂，即李鸿章。

② 曾侯，曾纪泽因光绪三年（1877）袭父一等毅勇侯爵，故称。曾纪泽（1839—1890），字劼刚，号梦瞻，湖南湘乡人。曾国藩长子。同治九年（1870）由二品荫生补户部员外郎。光绪三年（1877）袭父一等毅勇侯爵，故有“曾侯”之称。光绪四年（1878）出任驻英、法大臣，补太常寺少卿。光绪六年（1880）兼充驻俄大使。光绪十年（1884）晋兵部右侍郎。光绪十一年（1885）归国，帮办海军事务，旋改兵部左侍郎，在总理各国事务衙门行走。著有《佩文韵来古编》《说文重文本部考》《群经说》《出使英法俄国日记》等，收入《曾惠敏公全集》。

③ 秘国爱公使，即秘鲁驻华公使爱勒谟尔（Juan Federico Elmore），同治十二年（1873）作为秘鲁驻华专使葛尔西耶（Aurelio García y García，1836—1888）的参赞官来华。光绪元年至二年（1875—1876）和光绪四年至五年（1878—1879）两度出任秘鲁驻华公使。光绪七年至八年（1881—1882）担任秘鲁驻美公使。

美旧总统家阑[1]，前在纽约遇见，兹到华盛顿，先来拜候，渠不得总统后，美人议用为外部大臣，又议举为议院绅士，又议每年给以养赡银两，而日内新报则多有讥讪，大约三者俱难就绪。惟由中亚墨利加开河[2]，使东西两洋相通一事，前经法国人建议，美国不愿其干预，兹由美国倡先科股，嘉阑[3]在首事之列云，专泐奉布，敬请钧安。

照录抄单：节译美国总统给上下议院谕词

前以中美交涉近事，所关甚大，特派大员前往中国修订条约。上届议院聚会时，当经议准，此项出使人员薪俸费用，俾该员等得作速就道，前赴中国议约。

中国于此事能实心体贴，亦愿迅速妥议办法，故会议不久即有定章。业于中纪十月十五日、十一月十七日议定条约两件，即在北京画押。其一为华民来美之事。又一约为贸易之

① 美旧总统家阑，即美国第 18 任总统格兰特（Ulysses Simpson Grant，1822—1885），生于美国俄亥俄州波恩特普里山特（Point Pleasant，Clermont County，Ohio，USA），毕业于美国陆军军官学校（西点军校，the United States Military Academy at West Point），参加了美墨战争和美国南北战争。1866 年晋陆军上将。1867—1868 年任代理陆军部长。1869—1877 年连任两届美国总统。著有《格兰特回忆录》（*The Memoirs of General Ulysses S. Grant*）。

② 中亚墨利加开河，指开凿巴拿马运河（Panama Canal）。

③ 嘉阑，即美国第 18 任总统格兰特。

事。议约大臣地士格[①]业由北京起程，携约回国，大约正月间可以回到。届时当将约章送上议院查核。

上次开议院时，曾经降谕饬议中国又日本盈余赔款，未经议结。为此，再行降谕，此盈余赔款知有美民应得之额，仰即迅速查办清楚所余若干，悉数交还中国、日本，以昭公允。

谨将夏威仁国商董陈国芬折报秋季分各事录呈钧览

一　在税关查得，秋季分共进口华人七百五十名。

一　在税关查得，秋季分共出口华人三百零六名。

一　阮锦、陈番禀诉梁达扬一案，商董面谕后，彼此允服，已具遵依结备案。

一　查得秋季分并无交涉案件。

一　查得秋季分华人在该国犯例监禁共四十二名，内犯私带洋烟者六名，犯吸食洋烟者二十八名，犯赌博者八名。

《钦定总理各国事务衙门清档》第251册，北京大学图书馆藏

---

① 地士格，又译笛锐克，今译雷斯科登（William Henry Trescot，1822—1889），生于美国南卡罗来纳州查尔斯顿（Charleston，South Carolina），1840年毕业于查尔斯顿学院（College of Charleston），1843年入哈佛大学（Harvard University）学习法律。1852至1854任美国驻英使馆秘书。1860年任助理国务卿，并曾代理国务卿。1861年回到查尔斯顿。1862—1866年任南卡罗来纳州议员。1877年任哈利法克斯渔业协会（Halifax Fisheries Commission）律师。1880年任美国修约特使赴中国谈判。1881—1882任美国驻智利大使。1882年协助美国前总统格兰特（Ulysses Simpson Grant）与墨西哥进行商业协议谈判。1889—1890担任新成立的泛美议会（Pan-American Congress）代表。

（十一）咨报近期外交情况和因病思退等事

光绪六年十一月十九日（1880 年 12 月 20 日）

二月初三日[1]，出使大臣陈兰彬函称：

夏间泐复一函，谅登签典。辰维履祉恒丰，鼎祺益豫，致为企颂。

弟由日旋美，原拟携同参赞等即向秘鲁趋程，奈行抵纽约，已闻嘉里约[2]港口被封，随后康港[3]、占波[4]两口又经智兵封闭，客船无可附搭，加以生意停歇，经费亦无从汇兑，断难成行，南阿墨利加洲各邦事宜，美国不愿欧洲各国干预，此件去年至今，美国两次遣使说合，迄无所成，盖智秘所争鸟粪硝矿地方，厚利所在，智利非得此不肯甘心，秘鲁则向来国用所资，苟或失此，势必困穷，且目前先无物可按贷于人，以赔兵费，智兵虽强于秘鲁，而秘鲁地方较大，人亦较多，纵今智利攻得里麻[5]，仍不足以吞灭秘鲁，故秘仍有所恃而不恐，在智利又势成骑虎欲退不能。旁观者揆厥情形，皆谓两国战事，或数年，或数十年，亦未可定也。

弟奉使三国，设若秘鲁竟不能去，则差事自属未完。惟弟自出洋以来，目沈耳鸣，足麻手痹，诸证治无一痊。欧洲回后，眠食更减，肢体益疲，上下数十级楼梯辄须中歇，比交冬令三五日内，往往眩晕怔忡，逾时始定，夜间喉痒痰嗽，合眼

---

① 二月初三日，1881 年 3 月 2 日。

② 嘉里约（Callao），今译“卡亚俄”，秘鲁最大的海港和第二大城市，距秘鲁首都利马仅 13 公里。

③ 康港（Chancay），今译钱凯，秘鲁沿海港口城市。

④ 占波（Chimbote），今译钦博特，秘鲁沿海港口城市。

⑤ 里麻（Lima），今译“利马”，秘鲁首都。

一二刻即便惊醒，不自知身在何许，几若魂气已离躯壳，未识能苟延残喘，完此三年差事否。

弟复思朽孑一身，殊无足惜，倘误公事，关系匪轻。由至计至明年夏尽，虽尚有八九个月期，而随带得力任事之员，已有确知其三年差满，决不愿留者，其余或留与否，必得接使有人预备于数月前往返商明，庶为着实。否则临期纷纷告退，事益难办矣。大约正二月间，替换此三国使臣即须有定，俾其物色随员料理一切，最为紧要关键。俟其起程到国，又得数月，届时弟或在美，或在秘。各处交卸完竣，仍复需时，稍与从容，似胜促迫也。

弟久病虚悸，心绪纷纭，展转思维，时深焦灼，念阁下素昔关切，又常川值署，特此沥布，敬祈与总办各位商略回堂裁定，曷胜敬祷。

再者，弟忆出都时，见佩蘅[①]、少荃中堂[②]俱谈及，将来接手能荐一二员备以采择更妙等语。弟想都中固贤才济济，即外省亦不乏人，惜弟见闻不广耳。然外间如津海关郑道玉轩[③]，在洋除差满不愿留各员外，如黎守庶昌，似亦在可以酌选之

① 佩蘅，即宝鋆（1807—1891），索绰络氏，字佩蘅（佩珩），号绰络氏，满洲镶白旗，世居吉林。道光十八年（1838）进士。咸丰四年（1854）升内阁学士。咸丰五年（1855）迁礼部侍郎，兼正红旗蒙古副都统，旋调户部。咸丰十年（1860）任总管内务府大臣，因故降五品顶戴，旋复原职，再兼任镶红旗护军统领，又兼署正红旗汉军都统、左翼前锋统领。咸丰十一年（1861）以户部右侍郎在军机大臣上行走，并充总理各国事务衙门大臣。同治元年（1862）任户部左侍郎，旋升户部尚书。同治十一年（1872）调吏部尚书。同治十二年（1873）兼翰林院掌院学士，以吏部尚书协办大学士，随后调兵部尚书，任体仁阁大学士，管理吏部。光绪三年（1877）晋武英殿大学士。光绪五年（1879）晋太子太傅。光绪十年（1884）以原品休致。著有《佩蘅诗草》（《文靖公诗草》）等。

② 少荃中堂，即李鸿章，字少荃，时任直隶总督，兼北洋大臣。

③ 津海关郑道玉轩，即郑藻如，字玉轩，时任津海关道。

列。阁下以为何如？

弟分不应僭越荐人，聊于知己之前，罄抒胸臆云尔，专肃，布请台安。

再，此间接劼翁[①]九月底信，俄议尚未有实际。顷驻日黎参赞[②]，十月中旬来函云，商办俄事，既又展限一月，近闻伊犁可以全还，西汉通商[③]、松花行船[④]，亦可作罢论。惟索费一千五百万鲁卜[⑤]（中银八百万两），曾侯允自崇约[⑥]画押后再认一年兵费，以此相持不下，然战事则可免矣云云。此信果确，计曾侯应已电知贵衙门矣。

前见哈富有人寄随员信云：华洋人有人心者俱望中俄和好，惟有洋华人望购军火以富腰缠者，言及和议可以成就，则勃然不悦。人性之不同如此，既可叹，又可笑也。

黎函又言：俄大太子于十月初到日都，三四日即去，总未拜客。

至俄换驻美公使，十月初到美，未递国书之先，即同一参赞来拜，问以来时见中国曾钦差[⑦]否。渠答未见，止谈

---

① 劼翁，即曾纪泽。

② 驻日黎参赞，即黎庶昌，时任驻日斯巴尼亚国参赞。

③ 西汉通商，指光绪四年（1878）出使俄国大臣崇厚擅自与俄国签订的《里瓦几亚条约》中“增开从新疆经嘉峪关、西安或汉中达汉口的通商路线”的条款。

④ 松花行船，指光绪四年（1878）出使俄国大臣崇厚擅自与俄签订的《里瓦几亚条约》中“开放松花江，自松花江至伯都讷，贸易自由”的条款。

⑤ 鲁卜，即卢布（Ruble 或 Rouble），俄国货币单位。

⑥ 崇约，即光绪四年（1878）出使俄国大臣崇厚擅自与俄签订的《里瓦几亚条约》，严重损害了中国主权和领土完整，未被清政府承认，崇厚因以被撤职严办，改派出使英法大臣曾纪泽兼任出使俄国大臣，前往谈判。

⑦ 曾钦差，即曾纪泽，光绪四年（1878）接替被撤职严办的崇厚，担任出使俄国大臣。

布策[1]、孔器[2]等在华行踪，不谈公事。

又，日国驻美公使，前数日由乡下避暑，回到美都，询其参赞云：现派往华驻扎使臣，不是丁美霞[3]，此人曾在葡萄牙、希腊当过公使，家口太多，不愿前往中国，意欲求请执政换人，故现未起程。等语。

又，纽约新闻纸云：中国派出意奥两国公使翻译，推揣洋音，似是马建忠[4]，未知确否。

拉杂草草，乞谅之。

《钦定总理各国事务衙门清档》第251册，北京大学图书馆藏

---

① 布策（Eugène de Butzow），1869—1870年曾署理驻华公使，1874—1882年任俄国驻华公使。

② 孔器（A. Koyander），同治末年和光绪初年任俄国驻华参赞，1873—1874年、1878—1881年曾署理公使。

③ 丁美霞（Francisco Otiny Mesias），西班牙驻华使馆参赞，1871年和1872—1875年署理西班牙驻华公使。

④ 马建忠（1845—1900），别名乾，学名马斯才，字眉叔，江苏丹徒人。早年入读上海天主教耶稣会徐汇公学（College of St. Ignace），并在耶稣会在上海设立的初学院作修士。同治九年（1870）入李鸿章幕。光绪二年（1876）赴法留学，兼充出使英法大臣郭嵩焘的翻译。光绪三年（1877）通过了巴黎考试院的文科和理科考试，成为第一个取得法国高中会考毕业证书的中国人。光绪五年（1879）取得政治私立学校（fr：école libre des sciences politiques，即巴黎政治学院前身）法学学位，随后回国，授道台衔。光绪七年（1881）赴印度办理外交事务。光绪八年（1882）赴朝鲜办理外交事务。光绪十年（1884）任上海轮船招商局会办。次年任上海机器织布局总办。著有《适可斋记言记行》和《文通》（通称《马氏文通》）等书。

（十二）咨报檀香山商董陈国芬届满事

光绪六年十一月十九日（1880 年 12 月 20 日）

二月初三日①，出使大臣陈兰彬文称：

本年十一月初九日②，据派驻夏威仁国，即檀香山国商董同知衔陈国芬禀称，窃商董仰蒙宪谕，试办夏国商董，自奉谕后，夙夜兢兢，均遵照前拟章程及夏国默许应有之权斟酌办理，除随时禀请外，其寻常事件，均汇归季报在案。伏查前颁文凭，系试办一年，自光绪五年十二月初四日③，扣至本年十二月初四日④，一年期满，兹试办将届期满，理合先期禀陈，拟请派员接替，以重职守，况本年夏国华民较往年来者已多，近又有招商局和众轮船奉北洋大臣批准，常川往来，华商亦陆续赁船来岛，以后华民势必有增无减，聚集既多，良莠不一，约束保护，均在不容稍缓，商董将届期满，然亦不敢不预陈善后之图，伏望酌派委员前来驻扎，以善其后，庶上足以崇国体，下足以驭华民。是否有当，伏候宪裁。

再本年办公经费及文案薪水，商董因试办之初，概未抽收，均系自己捐备，合并声明等情，据此除批该董事自试办以来，一切尚称妥协，所有办公经费及该董事文案等薪水，概未抽收华民分毫，系由该董事自行捐备，尤为好义急公，实堪嘉尚，兹缘试办将届期满，预请派员接替以善其后等因，仰候据禀咨请总理各国事务衙门核办，该董事仍一面妥慎经理，毋稍

① 二月初三日，1881 年 3 月 2 日。

② 本年十一月初九日，1880 年 12 月 10 日。

③ 光绪五年十二月初四日，1880 年 1 月 15 日。

④ 本年十二月初四日，1881 年 1 月 3 日。

懈忽，听候饬遵可也等因印发外，相应咨呈贵衙门，谨请核夺办理，示复施行。

《钦定总理各国事务衙门清档》第251册，北京大学图书馆藏

（十三）咨报前奏未能赴秘及附奏叶源濬请恤各折片

光绪六年十一月十九日（1880 年 12 月 20 日）

二月初三日，出使大臣陈兰彬文称：

本大臣于光绪六年六月十五日[①]具奏未能前赴秘鲁暂住美国等候一折，[②] 本年十一月初七日[③]奉到发回原折后开军机大臣奉旨："知道了，钦此。"

又，附奏参赞官叶源濬病故请恤一片[④]，奉旨："叶源濬着交部照军营立功后病故例，从优议恤，钦此。"

相应恭录咨呈贵衙门，请烦查照。

《钦定总理各国事务衙门清档》第 251 册，北京大学图书馆藏

① 光绪六年六月十五日，1880 年 7 月 21 日。

② 光绪六年九月初四（1880 年 10 月 7 日）《德宗实录》卷一一九记载："出使美日秘国大臣、都察院左副都御史陈兰彬奏：行次英国，探悉秘鲁被兵，未能前进，拟暂驻等候，报闻。"见《德宗实录》（二），中华书局，1987 年，第 729 页。

③ 本年十一月初七日，1880 年 12 月 8 日。

④ 据黎庶昌《叶参赞之丧》记载："美国参赞叶源濬，光绪五年十月十七日病殁于巴黎之预尔得巴尔杂克第四号客寓。子闻信，即偕联芳、春卿往视。"见（清）黎庶昌：《西洋杂志》，湖南人民出版社，1981 年，第 50—51 页。

（十四） 咨报近期使署和肄业局以及外交情况等事

光绪六年十二月初十日（1881 年 1 月 9 日）

二月十八日[①]，出使大臣陈兰彬函称：

敬肃者：

十一月十九日[②]泐布华字第三十九号函，谅获仰邀钧览。本初七日，接奉十月初六日[③]发来日字第廿四号赐函，具聆诲示。

汉文条款照会，当已转寄古巴矣。

檀香山古巴各处，据报平顺如恒。

驻日黎参赞函称："日本国前派往华之拜勒司得加司特诺不愿充使，已改派倭丁[④]，系从前当过使华参赞者，未知系丁美霞否。"

美国往华修约之笛使[⑤]，昨回至华盛顿，闻已将约章呈总统阅过，交入议院核议，但外间未见宣布。

合众轮船被收额外税钞一件，自应统降谕后，经户部行查海关。昨外部照会称，货税已因改运出口照例交还其钞项，俟另文知照等因。查该船于前月间第二次抵埠，已照美船一样，免收此等额外税钞矣。

美国防疫会，据称七月间已经通咨，但本署并未接有文件，迨接到十一月念间照会，计距会期不满旬日，故以赶办不

① 二月十八日，1881 年 3 月 17 日。

② 十一月十九日，1880 年 12 月 20 日。

③ 十月初六日，1880 年 11 月 7 日。

④ 倭丁，即丁美霞（F. Otiny Mésias）。

⑤ 笛使，即笛锐克或笛克脱（William Henry Trescot，1822—1889），今译雷斯科登，1880 年任美国修约特使赴中国谈判。

及，复之，此等事，赴会与否，亦无关要紧也。

哥罗拉度剪花埠[①]华人被害一案，据洋员傅领事[②]将亲往确查情形，并取具各华人失物清单，各证人到堂口供及承法司、陪审员判词禀复前来，实系华人并未肇衅，地方官弹压不力，而外部照复乃多方饰卸。刻下因寄来洋字件数繁多，尚未校译完竣，迟日仍当备文折辩。

惟此案初起系十月初间，其时副使尚未回美，及十一月初旬回美，又系另馆居住，从未一入公署，兰彬只于其初回时，亲往拜候，获见一面，近因洋人新岁，在总统客坐再见之，而每有案件，不能不令洋员柏立送与阅商。昨见其致柏立函内有哥罗拉度事，并不候我乡下回来，署内干员当能办理得手，一切我都不管等语。兰彬想责人缉匪赔偿，本非容易，渠即经手，亦未必果有善策，但遇事怄气，犹是常态，至有安危，利甾之心，则令人益增危悚耳。

又，裁撤肄业局，系吴编修嘉善叠次陈请，少荃中堂专函属筹，故面嘱吴编修拟定遣撤交带各章程咨复，乃吴编修别后忽而变计，欲将该局撤去，而幼童则交公署管理，且来函有怪兰彬不助裁撤之语。兰彬迭函诘问吴编修，始言系副使不愿裁撤之故。兰彬想，设局专管，尚且流弊滋多，使署人事纷烦，断难兼（顾）。故再函嘱吴编修务须遵照中堂来函，不可迁就。现仍未据拟有定章，此局不撤，则积弊愈深，诚恐虚糜公帑，而扫数裁撤，又有人身家体面大多不利，且意中不愿裁撤，外面究不敢显违宪谕，必将诡卸巧推，使人执其咎。此件将来若何变幻，有无倾陷，亦綦难摹捉也。

---

① 哥罗拉度剪花埠，即 Colorado Denver。

② 洋员傅领事，即旧金山总领事馆副领事傅列秘（Frederick Alonzo Bee）。

湍沕奉布，抄件附呈。敬请钧安，伏惟垂鉴。

照录清折：译录美国外部照复

为照复事：

前接贵大臣十一月十一号来文，内称哥罗拉度之颠化埠[①]华人惨遭扰害情形甚重，物业被毁，杀毙一人各等因。准此，查十月三十一日，该处不法愚民起衅，地方官弹压不及，延一昼夜，为时不久。

该愚民起事之始，意在扰害本埠良民，知初无分别残害之见，嗣闻颠化埠华人独遭匪徒扰害。

总统闻信之余，其愤激惋惜之忱，盖与贵大臣、与贵国有同情焉。

本大臣与僚属廷臣，无不同深惋情，尚望贵大臣将此意达于贵国政府。

至来文所称，望本国政府妥为保护颠化埠华人，并将不法匪徒拿获惩办，被毁物业设法筹偿，以昭公允等，查保护华民一节，本国不惟于颠化埠华人应行保护，凡在合众国内华人皆当与本国之民一体竭力保护，向来如此，以后亦愿永远如此。

至于拿获颠化埠不法愚民惩办一节，查合众国无权干预各邦内治，载在合众国律纲。贵大臣当已稔知，合众之权，律纲所限，于各邦行政制治之法，皆不得干预其律纲内有载明，以干预者，不在此论，所可以干预者，大抵因该邦势力不足以申法度而保邦权，然又必由该邦合例有司遵律纲成法，申请合众国协助而后得行干预之权，此合众国之定制也。可见拿犯惩办，如本案情形者，应归哥罗拉度邦办理，本大臣谓该邦地方

① 哥罗拉度之颠化埠，即哥罗拉度剪花埠（Colorado Denver）。

官与良民于起事之时，办理一切尚属妥协，大凡此种不法匪徒行同畜类，凶焰所及，无辜势弱者，恒遭惨害，该处地方地[1]及良民于事变之时，知于身家性命有关，首先以保护华民为事，盖逆知恶党似有怨憎华人之心也。

至于设法筹偿毁失物业一节，历稽史册所载，不法愚民，结党横行，骤合莫测，扰乱无因，势烈人众，凶焰所向，地方莫能弹压，虽事不常见，然无国之，此等意外之事，固为中国与美国之所不能免。

贵大臣应以为然，颠化一案，地方官不遗余力，以弹压土匪，不及二十四点之久，地方如旧安靖，恶党逃散，拿获为首多人，办理洵称得力。遇此等事，国内不乏愚民，扰害良善，本国之民与外国之民同遭危迫，国家既已竭力尽法弹压，揆之两国交际之道，应无赔偿之理，条约各款亦无赔偿之文，是合众国于颠化埠华人被害一案，碍难赔偿以华人与美民同在颠化埠者，皆当一律办理。如哥罗拉度之民，或合众国内某邦之民，寄居于哥罗拉度者，遭此等不法愚民扰害，如有筹偿之事，则华人在颠化埠被害，自必一律筹偿，此即万国公法之理，亦各国通行之例，所当如是也。

由是观之，美国遵约以待华人之意义，无可争辩。盖条约之意华人应得保护，应行申诉，皆与美国之民同享权利，一律办理已耳，合将本国之意，照复贵大臣查照。

至于华民遵约来美，遇有事故，贵国为民代请，凡属公道可行之事，本国政府力所能为，无不依旧留心照办。

为此照复，顺候时祉。

须至照会者。

---

① 地方地，应为“地方官”，疑为笔误。

谨录十月十四日哥罗拉度剪花埠验尸官陪审员判词

本年西历十一月初三、初四、初五、初六、初八、初九、初十、十一、十五日，连日经剪花城验尸官多马士利顿与陪审员审讯，成利尸首被戕之案，验尸官及陪审员首先验看尸首，及听讯供词后，判得成利死事情由系在本年西历十月三十一日晚八点半钟在剪花城摩发及加士喇街之嘉兰士敦医生医寓前毙命，是时七点钟，被哥利根活爹路美喇其力架，及伊等党与殴伤，踢坏脑而死，此事起于剪花城内鸦喇爹浩第十九号地方之地，十八、十九号街，今陪审员尚未讯悉该余党姓名。又审得匪党闹事之由，系因二三酩酊白人于附近十六号地方之啤力及华西街屋宇后，殴打华民，今讯悉各证人供词，倘于闹事之时，差役径行上前拴拿匪首，定能弹压，何致如此，酿成巨案。只缘本城差役查办无法，加以地方官治理不善，未能尽职所致，更有府官睹此意外之虞，仍不思援救华人性命与及物业，遂致匪党如此猖獗，杀戮人命，实有玷辱本城。

验尸官多马士利顿。

陪审员共六名，一铁治、二秘喇、三柯尔兰、四美喇、五麦了打、六麦其批。

照译十二月初六日美国外部大臣伊椷士照会

为照会事：

中国和众轮船前抵金山埠，被征额外税钞一案，本大臣接准户部大臣初三日来文内称：据金山埠税务司呈报，和众轮船载来之米，已改运出口，前往域多利亚埠，所有该关税收之正税及额外税，均经交还，至于征收额外吨税，容俟另行备文知照等因，准此合行照会贵大臣，请烦查照施行。

照录金山陈总领事[1]来禀

敬禀者：

案查光绪五年二月间，旋据本埠医院函称："有华人染患麻疯，医难痊愈，愿备资送回原籍"各情，业经禀报，奉批在案。

兹于本月十四日，又送到麻疯十四人，该西人不能医治，恐有传染之患，仍由彼捐资，请职道饬令回籍，自应遂其所请。

旋据麻疯人等禀称："民等身染痨疾，回籍后均无家可归，恳请函致省中善堂安置，以延残喘"等情。职道察其情词，实深怜悯，当按照前例，于本月二十一日附搭卑厘积轮船起程，并函致爱育堂善士妥为安置，俾有接应而无沟壑之虞。

除另缮麻疯人数、年岁、籍贯清单外，理合具禀上陈。

译录美国外部大臣喜十一月二十二日照会

为照会事：

照本[2]本年五月十四日议院议定延请各国为防疫会一节，本埠奉大伯理玺天德谕，曾于七月三十日行文通咨本国派驻有通商海岸各国，及驻扎中国使臣，延请各该国派员赴美国京都华盛顿聚会，定期于来年正月一号会议等因在案。

贵国允否赴会，现尚未接有复文，大伯理玺天德以此事所

① 金山陈总领事，即驻旧金山总领事陈树棠。

② 照本，应为"照得"，疑为笔误。

关紧要，甚望贵国派有人员同赴斯会，以便互相考证，资益实多，特命本大臣咨请贵大臣，设法或由电报请示贵国政府，如未经派定人员，可否即以贵大臣同赴斯会。

为此合咨贵大臣，并将会议大意各节钞单一并附送察核施行。

译录防疫会议钞单

疫症流行，事所常有，隄防之法，不得不周。年来，美国地方常患黄瘟疫症，其始多由外国传染而至，大为地方之患，是以，议院绅耆特议，延请各国会议防疫善法，以杜其弊。

查防疫常法，遇有疫症之船，或由有疫症口岸开行船只，必扣留口外，停泊若干日，方许进口；如该船上果有疫症，或开行之口岸确有疫症，则扣留停泊，理所应当；乃有查验未确，遽目其船、其埠为有疫症，遂将船只扣留者，向来常有船只由美国口岸到外国口岸，疑为有疫症而扣留其船者，亦有船只由他国到美国口岸，因疑其有疫症而被扣留者，于贸易往来有大关碍，推原其故，皆由各国无查验疫症通法，每有似疫非疫之症，查验未精致滋疑惑。

为此大伯理玺天德特请有岸海通商各国派员来美聚会，共相酌议，定立通行之法，俾同盟各国一律遵守，美无碍于各国之内治，而又裨于防疫之实益。

兹将会议大旨数条列左：

一　宜妥订布告有疫症之通行善法，遇地方上有黄疫或能传染之疫症，则依布告于人。

一　宜妥立通行保安执照，载明本埠无患疫情形，并船只由本埠开行确无患疫情形。

欲议前两款之事，须兼论下六条之意：

其一，谁为稽查口岸地方及船只有无患疫之官。

其二，稽查疫症官应如何查法，能确知有无疫症。

其三，口岸及附近地方，如有黄疫症，船只由彼开行，应如何查验。

其四，保安执照应如何详叙验法，俾见者知领照之船确无患疫情事。

其五，无防疫章程之口岸查验不详，又不愿入防疫会，或势有不能入会者，此等口岸应如何查验，以知其有无疫症。

其六，防疫会所定章程有不遵守者，可否酌量议罚。

洋一千八百八十年五月十四日美国议院立例一条

伯理玺天德有权邀请有海口地方能受黄症、疫症之国，派员到美京都华盛顿聚会，商议防疫通法，俾各国依法将辖内口岸及船只，由此开行，有无疫症情形，宣示于人。

照录十一月二十六日照复

为照复事：

昨接本月二十二日贵大臣来文，内开防疫会不日聚会，请由本大臣设法电报本国政府派员赴会等因，准此。

查会期迫近，上海无电报直达北京，碍难照发电报，若由内地传达文件以达京师，计复文到美须阅一月许，彼时料必会议完竣，虽派员亦已莫及，诸承关照，实深寅感，为此照复，并致谢忱，顺候时祉。

译录剪花埠布马来述词

本年西历十月三十一日礼拜日，我在剪花埠北与友膳。是日午后五点钟，始闻匪党闹事。又适遇尼哥路由城外而进，说及匪党在啤力街戕伤华人之事，稍为安靖矣。

我即弃下我妻于家中，跑到荷里爷街衣列治公司之马房，看见约有三千匪类，聚于马房后，围绕啤力街之华民铺户，手持木棍、石头等件，纷纷掷击华民窗户。

诸般粗言辱骂，甚为鼓噪，间有骂曰："杀戮此华民""戮此地狱异教人""焚其屋宇""打他落地狱""逐他出门""以枪轰他""吊他"等语。见门户击破，匪等手持火把，直入屋中，搜寻躲避之人，人又见匪等纷纷搬出衣物等件。

我劝旁观者同上前救人身家性命，且免匪等有放火之虞，惟旁观者昂然不动，反以恶言辱骂，并言华民应要逐等语。

当时，见匪等掷入屋宇之砖石，偶掷伤同党二人，余见之甚喜。

是时，匪等入屋牵扭一华人，出而殴之，或用棍击，或用脚踢，喧声不绝，后用绳缚其首，且牵且走，声言要吊他，连叫三声。

见一差役上前，欲逐退匪党，但不能就近华民之前。

我即奔往喇里马街之议例局，见必近督宪才到局中。

余即问他，将说何法以保护本城，救民生命。

他问何事，并言倘非本城官员来请救，他则不能移动民壮，惟肯挺身出助差人弹压匪党云云。

我请他暂停该处，待余跑往城守处请救。

他以我言为可，并示我以城守衙署，系在罗连士街。又着余请施波里城守，速即委总兵谷为差头到来。

吾则奉命奔至城守衙署，见有一班人在场食烟。余即问城守何在。

中有一人，大约名叫亚晏士打，指坐在写字台之人即是施城守，并带我到他面前。

我当时速将必督宪之言相告。

施城守答云，他是日午后已竭力弹压匪党矣，但手下无兵，难以施为。

我苦劝他，若民壮未便，须亲自出往弹压，逐散匪党等语。

少顷，他言愿往，旋即穿大萎衫，戴了帽，手持鞭杆，命署中二人矢誓作额外差人，另余本身。

正欲出门，适遇总兵谷到门，城守即委他为差头。谷即跑回取对面烧。

又得一人，名士柏相助。

于是排列队伍，分二人为一队，另有一班居民跟随扶助城守。

此时，谷为先锋，城守与我，另一班勇民次之。于是，由罗连士直抵一十六号街。

此时，我又求多数人添入队伍，遂直取街心，而行逼近匪党左右。

此时，匪等正在鼓噪轰击华民屋宇，谷上前饬令匪党退散，继则向空中烧枪，匪等退散后，城守当场劝谕一番。

是时，似属安靖，城守旋即回署。

我亦奔告督宪，言匪党已散，并说及“谷与别位已矢誓为额外差役，足以保护本城，令民遵守律法，无劳他助矣”后，我又奔往城守署。

路上闻说，又有一队匪党聚众，集罗连士屋宇左右，攻击一华民洗番衣者。

我走进城守署告知后，城守复出劝令匪等退散。但只闻匪等鼓噪之声，喧然辱骂，似此无法可施。城守称言，要交本城与督宪。

于是，我二人急赴宪署。当时尚欠五个嘛呢[①]到八点钟。

城守当作该城交与必近督宪治理，所有城守责任统归督宪。

是间，并求他发兵保护良民。

于是，必督宪即传电音到掌法司，并某兵房，着即准备兵役听用。

我急回署，携取军器，复回宪署效力。

斯时，宪说掌法司士班架称言他之额外兵役，尽可以压散匪党，倘不足用，然后，再后，督宪亲兵及炮兵一二队云云。

督宪亦意谓无庸添兵，但云倘掌法司请添兵时，然后再行发令。

督宪着我乘马出助该额外差役，并随时回报街上闹事情形。

我于是往非列马房获马一匹，随助该额外差役，弹压匪党，有两点钟之久。

当时，我见督宪亲军各持军器，立于小巷中，倘遇意外，即行相助。

我劝匪等宜速回家，免相残杀，因经已请发民壮到此矣。

匪等轰然，咒骂我者有之，谢吾告谏者亦有之。

是晚十一点钟，稍为安靖，额差逐退匪党，我即劝华民觅躲避之所。间有华民逃避入城守署中者。

我在罗连士街见一华民尸身。

嗣匪党闻得督宪必与总兵谷将发部下兵勇前来缉拿，始行

① 嘛呢，minute，分钟。

畏避。若于是日两点钟时，预行发遣弹压，或用军械，不用射水，则断不致匪党如此之猖獗也。

译录金山领事傅列秘往查剪花埠一案禀复陈总领事稿

复禀者：

昨奉台谕，前往哥罗喇都省之剪花城，查察侨居该处华民，于本年西历十月三十一日，被匪党戕伤身家性命一案，今将所查各情禀复。

敝领事于十一月二十三日，即礼拜二日，由署启行，至二十七日午夜抵剪花城，因霜雪，延阻二十点钟之久，至十二月初一日，由剪花而返。初五日方到本埠，一路霜雪纷霏，寒气凛烈，亦稽延二十四点钟之久。

查剪花城车路去本埠一千五百三十咪[1]路，该处居民约有四万之众，内有华人约四百五十名。敝领事到该处之日，立即传集华民，谕悉敝领事此次到埠，系奉宪委，查察尔等华民，于西历十月三十一日被匪徒戕害实情，据实报明所失各物去后，该华民等遵即缮列清单，共一百四十一张。

查单内列明所失及毁坏各物值价若干，惟名目太繁，只得饬他各列总数，以从简便，并饬令各人签押矢誓，以昭确实。

兹将清单共一百四十一张付呈，阅清单内之第一、第一百三十六至一百四十一号所开列各失物，便悉其概。

又将查据剪花城之声望华民所称是日匪党起衅攻击华民情形，另录详报。

该匪党滋闹后，次日，该处日报馆，刊录滋事实情四篇，即画哑字号者是也，希为细阅。另有一则押啤字号者，系剪花

---

① 咪，英文 mile，即公里。

城声望人，布马来述词，阅悉他亦奋力设法弹压，惟众寡不敌，致劳而无成。

所押施字号纸张，系剪花城验尸官，并秉公人判词内，据各证人供词，佥称陆扬委系无辜被戕，秉公人甚为愤激，以该处地方官不能早为防压也。敝领事昨禀钦宪文内，已详言陆扬年岁、籍贯，请烦检阅。

八十六号失单之黄现章，被匪党殴伤最惨。先是黄现章为匪等用绳缚颈，继则牵扭出街，纷纷殴击，周身受伤，幸有某居民上前将他颈绳割断，令他逃走，倘非遇救，定遭毙命。

查有华民七名，由百鹤矿地到剪花，每人携带银两约七百圆至千圆之间，意欲过此礼拜日，即于礼拜一日搭船回华，讵遇匪党滋闹，所有银两被掠一空，行李亦被毁坏。敝领事到剪花之日，此七名华人经已离埠而去，以故未能讯供，并取失单带回，可否饬查该人等现居何方，以便询问。

据剪花衙门人员说称，当闹事时，有华人四百余名，收留在狱三日，藉此以为保护。当盛闹之时，有华人一百五十名，由居民护送入狱等语。惟地方官并无遣发人证保护华民物业生理，以致匪党任意抢夺，似此见剪花地方官未能协力弹压。敝领事与该处人等共谈，莫不异口同声，均称弹压不力，于某日曾往候剪花城守施波里意欲再得所闻，惟面晤间，只闻说及当时匪党如此猖獗，力图戕命，剽掠等事，即饬令水龙工役射水散众等语。剪花官员如何保护，于此可见，致使酩酊匪徒肆行杀夺之虞。查剪花地方差役，仅有十五名，况差役等遇事畏缩，绝无恃匪党。自是日午后两点钟起，至是晚十点钟止，竟成此毙命抢夺之事。

敝领事往拜该处督宪，有公干，未及面晤。

至论匪党鼓噪情形，是处良民众口一词，谓并非华民酿祸。

查剪花华民，均能守法安分，四百余人中，从未有被控偷窃罪案。而起事之故，只在匪党藉端行凶抢劫耳。

又，查哥罗喇都省剪花城并无赔偿匪徒抢掠物业之例，将来亦难望其立例赔偿，惟美国朝廷可酌夺赔偿。

此次被戕抢之案，以华民侨居美国无辜受害，亟宜详禀钦宪，请按条约办理，保护子民物业、性命。倘华民侨居美国，被匪党戕害物业、性命，美廷自应赔偿，以昭两国信守条约。

回忆西历一千八百七十七年，本金山埠闹事之役，敝领事曾代华商电报美廷，请设法保护。当时美廷律政司谓："未便涉理金山埠政治，须俟该省埠均竭力不能保护华民，然后由该省详请美廷援助，方可涉理"等语。此款请阅地字号纸张，便悉其详。

谨将查办此案情节据实详报，并请钧安，统乞宪鉴。

光绪六年十一月初八日

西纪一千八百八十年十二月初八日

照录金山六会馆董事公禀

具禀人：

金山合埠华商六会馆等，为残杀不休，环叩乞命事。

窃以华人旅居是邦，良莠不齐，凶恶强徒，互相朋比，各携枪刀，白日截杀，一埠之中，毙数命，十命之内，半属微仇，或因口角猜嫌，或因受人贿杀，日甚一日，人不聊生，其安分良商，时时胆战股栗，皆有朝不保暮之势，千古以来，五洲之大，未有颓风败俗甚于此地者也。

推其所以，胆敢肆杀之故，有二：

一曰恃有包庇凶手之人，一姓之中，以凶手多寡为强弱，其父兄时时周济抚养之，遇与别姓有衅，则嗾其杀人，欲杀某，甲而不得，遇某乙而杀之，谓甲与乙同姓也。无论甲与乙并非同事，或并未识面，徒以同姓而杀之，株连无辜，十数人而不休，及乙族怒其凶横也，亦不分良莠伺杀其同姓者，以抵偿。苟无主使包庇之人，何敢强横若此。夫凶人原易惩办耳，大抵贫乏无赖者多，送官究治，何恃不恐。所恃包庇之人，助资远逃，或协力争讼，得免禁囚，是以惩凶之法与其惩行凶之人，不如惩庇凶之人，其源清，其流自不浊也。

一曰恃有受贿私和之人，不受其贿则凶手尚有所畏避，乃有恶劣之徒认与死者同姓，不思伸冤，但思索偿，既知凶手贫无可索，又思移祸凶手之族，勒以每人罚银若干作为和议，而正凶竟得优游局外，相遇如无睹焉。是以强悍之徒，开口即道我族大丁多，每人科银一圆，完汝一命等语，若各姓父兄能严禁受贿，则凶悍之徒，明知杀毙此人，断难以银了事，亦何敢逞凶哉。

商等际水火涂炭之时，乏济困扶危之术，呼天无路，吁地无门，势逼呼号乞命，哀恳钦宪大人拯千万之生灵，立三章之约法，出示晓谕，严禁庇恶行凶，私和人命等弊，如有不遵，至凶人漏网，及潜逃回籍，即查实凶手，并包庇私和之人姓名、籍贯，禀由领事官复查无异，批给原告收执，以便苦主带回原籍有据，勒追该犯眷属交凶，果能惩办一二案，则此处闻风，无不畏法敛迹，事半功倍，立见成效。如蒙宪恩，格外垂怜，缕将华商困扼情形，恭折请旨，饬原省督抚，可否如何妥办，出自鸿裁，非商等敢参未议者也，冒昧渎陈，不胜惶悚之至，除禀金山大埠总领事陈，伏乞钦宪大人察核施行。

计呈合埠会馆条规一折，谨将六会馆禁止华人庇恶、行凶、受贿、私和各规条录呈电察。

计开：

一　议梓友被唐番人等戕害毙命，如有能当场捉获凶手，即到本会馆投诉，查明实系正凶本会馆，即发给花红帖，交捉手收执，俟番官审实问罪之日，如系缳首死罪，即谢捉手花红银六百大圆。如系充军做砖等罪，即谢捉手花红银四百大元。

一　议梓友被唐番人等戕害毙命，其凶手逃匿，即由尸亲投诉会馆，查实凶手姓名籍贯，即由会馆出帖悬赏购缉获到正名凶手，开审之日，即谢捉手花红银二百大圆，问罪之日，如系缳手[①]死罪，再谢捉手花红银四百大圆。如系充军做砖等罪，即谢捉手花红银二百大圆。

一　议梓友被唐番人等戕害，已经刀枪重伤，幸不毙命，如有能当场捉获凶手，须即到本会馆投诉，查明实系正凶，本会馆给发花红帖，交捉手收执，俟番衙审实问罪之日，即谢捉手花红银一百大圆。

一　议以上所出赏格，无论唐番绿衣人等，一律照给。

一　议每会馆公推协理十名，遇有命案，两造相争，是否应出赏格，须公同各会馆司事、协理落阄，以众议过半者，为公论，不得争执。

一　议凡有命案经本会馆司事、协理查明正凶姓名，悬赏获送番官究办，如该凶巧计脱逃，或潜逃原籍，当由会馆开列犯人姓名、籍贯，禀请华官咨移原籍缉办，务以罪人斯得为止，以警效尤。

一　议凡有命案，该凶手亲属不得藉口谓死者作事无理，罪在应死等语，即罪系应死，自有番官操生杀之权，何得擅自行杀。如该凶亲属竟敢执词争论，包庇暗帮，串弄番衙，科银行贿，以致罪人漏网，会馆定将包庇受贿之人姓名、籍贯，禀请华官，移咨原籍，将包庇受贿之人，按律惩办。

一　议命案正凶或在番衙恃贿取胜，其凶手回粤之日，或

① 缳手，应为“缳首”，疑为笔误。

由尸亲电报香港截拿，或带差役到乡拿获解官，审实问斩之日，即谢花红银六百大圆，但尸亲须先到会馆报明查实，会馆给有帖据在先，拿犯在后，方能照办。

一　议尸亲到会馆投诉，实系正凶方能照办，不得移甲作乙，希图架祸别人，以开攻报私仇之弊，是非曲直，总由司事协理人等细查确实，无得恃强争执。

一　议集众公处，如有恃强不遵，目无法纪，凶恶横行，众怒昭彰，便是匪人，即联集司事协理落阄，如众叱之为匪人，落阄过半者，足见众怒难犯，罪无可辞，即将其姓名、年貌、籍贯，标注会馆大门，永远革出，免至时时滋事，株连会馆。如有凶人将他戕害，会馆亦不支理，以警刁顽。

一　议集众之时，如有恃强辱骂斗打，禁止不听，即令番差拿送究办。

一　议集众之时，如有携带刀枪凶器到会议事者，虽藏身不用，亦令番差拽出拿罚，以防滋事。

一　议正凶姓名曾经本会馆查实无疑，出有花红帖购缉，无论已否拿获，抑贿串番衙幸逃法网，其能贿通番官，断不能以贿通合铺梓友，当会同各会馆协理落阄，如落阄过半，皆议其应革，即将该凶姓名、年貌、籍贯，标帖会馆大门，永远革出，列入匪籍，日后如被人戕害，会馆概不支理，然未立例以前之正凶，恕其无知犯法，望其改过自新，无庸照办。

一　议凡经会馆出有花红之正凶，该凶戚族，如有抗众包庇，私和人命，即会同各会馆协理落阄，如落阄过半，皆议其应革，即将抗众包庇、私和人命之人姓名、年貌、籍贯，标贴会馆大门，永远革出，列入匪籍，日后如被人戕害，会馆概不支理，然未立例以前，犯此例者，恕其无知犯法，准其改过自新，无庸跟究。

一　议凡被会馆革出之匪人，另造一册书明姓名年貌籍贯，因何谋杀命案，或包庇主谋纵恶行凶或私和人命、受贿沈冤，逐事登记名下，遇有关心民瘼之官来巡是邦，即由各会馆公禀，将名册移寄原籍，按名追究各该犯人，已归则追押该犯，未归则追其父兄交凶，以警效尤。

一　议所给花红外，其余律师衙费等项，不干会馆之事。

一　议在娼寮、赌馆内被杀之案，无论是否进内嫖赌，均要该寮馆主出紋红银一百大圆，尸亲出花红银一百大圆，然后出帖一律尽力照办。如尸亲无银交会馆，概不支理。如寮馆主无银交出，恃强抗众，日后或被人将他戕害，会馆亦不支理。

一　议人命重案最关紧要，务须协力同心化危险之区为荡平之路，赏费不敷，自应随时商量设法。如有执拗不允，致此事解散，怨魂幽咽，天理昭彰，最在伊谁，其后必绝。

一　议现定章程，系自集六会馆议赏之日起，曾经到会馆投诉者照办以前命案不在此例。

一　议古今无不变之法，或时异势殊，日久弊生，须要随时更改，以期精益求精，密益求密，总至众谋签同，不得自执私见，于事方能有济。

照录禀批

据禀贿庇、仇杀、勒索、串舞，种种凶险贪顽，令人发指，该董事等共筹保卫公立规条内，如悬赏拿凶送办，明注匪册，呈究各节，尚皆详妥，仰即实力举办，毋致徒托空言。

至于漏网凶徒，潜逃回籍，一经该董事等探访确实，禀由总领事复核申详，本大臣定即据咨各原省督、抚宪，请其札行各该州县勒限交凶，尽法究办。督、抚宪关心民隐，自必随案严惩，此时毋庸请旨饬遵，预渎天听。

总之，异乡作客，意在谋生，况当外侮纷乘，尤应众心齐一。该董事等仍当随时劝诫，期于勉作善良，毋遇事而生风，毋挟嫌而构衅，各消畛域，共矢公平，则和气致祥，本大臣实有厚望焉。

禀折存查。

《钦定总理各国事务衙门清档》第252册，北京大学图书馆藏

（十五）咨报近期使署和外交事

光绪六年十二月二十八日（1881 年 1 月 27 日）

三月初三日[①]，出使大臣陈兰彬函称：

本月初十日[②]，泐布华字第四十号一函，谅获仰邀钧览。

二十日[③]，接奉十月廿二[④]发来美字十八号赐函，并公文抄件，恪诵再四，具仰荩筹周帀[⑤]，诲示殷拳。

美国政令不齐，无论何项人等，但使党徒众盛，朝廷即与为转移。华人来美，佣作居多，价省工勤，已足取工人之忌，其欲图公举之绅士，又见工党人众，可收为羽翼，益张其焰，而便其私，以故交涉事端，沓来纷至。

此次修订，彼国似皆畅然意满，妨碍平安之说，自当无所藉口。惟据翻译各员称，此间报馆所刻洋文新约，于附约之第四款讼事观审条内，多在中国内一句，与寄来汉文不符。兰彬想此款甚有关系，果若所刻洋文声明在中国内则领事观审，在美不能援引获益，实属得半之数，因带全翻译，亲往外部，欲取画押之汉洋原纸校勘。据称已送议院，须俟批准发回，始得交看。究竟系报馆增添，抑系汉文脱落，此刻尚难揣定，敬恳贵衙门饬为详校。倘原无此句，私刻自不足凭。即有此句，亦当恪遵。兰彬既知此情，不敢不缕渎钧听，亦冀汉洋文字校订相符，以免日后奉行，或有争执也。

---

① 三月初三日，1881 年 4 月 1 日。

② 初十日，即光绪六年十二月初十日，1881 年 1 月 9 日。

③ 二十日，1881 年 4 月 18 日。

④ 十月廿二，1880 年 11 月 23 日

⑤ 周帀，周到、周密。

美国防疫会一节，会期促迫，业经照复，兹准大咨，当即备文知照，旋据外部订期赴会。兰彬遂于廿五日亲赴会所，与各国公使相见。查此会之设，名曰防疫，实非会讲医道，不过欲订立章程，稽察船只进出，但各国口岸情形不同，断难一律。现已聚会数次，只议定主席、分司各员名，至于条款，则有美国所拟，有各使所陈，并有各国特派之员，带有君主训条，并出相商，所见各异，其未有训条，又无条陈各使，皆系静俟议有成稿，分送列名时，始各按自己口岸能否照办，分别准驳。中国医道与西国殊，通商各口亦未便尽用洋法，亦只好俟其送稿时，酌核可否，详请钧裁耳。

哥罗拉度案，昨已照会折辩，因证人口供各件前次校译未全，兹并录呈。

古巴各处，均据报平顺如恒。

中俄之故，照曾侯电复，和局当可望成。

惟闻秘鲁利马都城，已被智利攻破，其总统业经出亡，总统之弟，及兵将被掳，几及万人，各要隘城寨，均有智兵踞守，此耗若确，则秘鲁或被兼并，或准乞和，益未知何日定局矣。

承示赫税司[①]所送洋件，兰彬忆前年初抵美国时，即有一纽约日报馆，名哥厘士本连士，送新闻纸一张，系英法两国文

---

① 赫税司，即赫德（Robert Hart，1835—1911），生于英国北爱尔兰亚尔马郡之波塔当（Ireland，County Armagh，Portadown）。1853年毕业于贝尔法斯特的王后学院（Queen's College，Belfast）。次年来华，任英国驻宁波领事馆翻译。1858年调到被英法联军占领的广州任职。次年辞去领事馆的职务，出任粤海关副税务司。1861年代理海关总税务司。1863年任海关总税务司。1908年休假离职回国，仍挂总税务司头衔。1911在英国去世。著有《这些从秦国来——中国问题论集》（*These From the Land of Sinim*：*Essays on the Chinese Question*）。

字，后数日，又送一张，并连一函，内称该馆新闻纸系专报各国官事，与别家不同，定章每礼拜送报一次，每月报资一百圆，兹已月尽，请即交来等语。兰彬查各馆报资，皆系年计，少则十余圆，多或数十圆，渠乃每月百圆，浪费不值，因支银百圆，令陈丞善言作函复之，嘱自后不用再送。本年由日返美，暂寓纽约，渠又到寓与何丞慎之等面谈，谓陈公使极惜小费，尔应劝其看破些，我馆报纸无远弗属，各国皇帝君主，均藉为耳目，中国北京无难传到，好话多讲自属有益等语。兰彬见其意似讹吓，嘱何丞拒之。渠遂怫然而去。此件是否出自该馆尚未可知，但就中所言，确系虚捏，间有稍涉风影者，亦传会而回，失其真。

即如所称："新闻纸馆访事人与中国随员同行，因而喧闹受伤，几至毙命"云云。出洋以来，两载有余，随行各员无日不与兰彬同馆住宿，同桌食饭，动息皆知。兰彬实未闻有谁与人争闹，更未见有谁被人殴伤。

在纽约时，曾见译呈新闻一段，内有："杜露扶，系日报馆人，与中国副使容闳同往舞场观看，至三更后，尽兴而返，行数武，被人手炮弹伤，送医院调治之语。次日新闻纸又说同行者系由檀香山来之华人陈玲。再，又有杜露扶出赏五百圆购拿仇人"等语。彼时适值和众轮船事须与副使商办，电邀副使未来，陈玲到寓数日，亦早旋檀岛，想受伤几毙，及引至舞场，并纽约最最坏之区，各说当系由此纸化出也。

又，"公署英人非利格思玛尔给信新闻纸馆，曲意弥缝"云云。美国规矩宽松，黑人及小孩等见中国人服色殊异，往往相随嬉叫，然亦皆远立群喧，实未敢手足干犯砖石相加，彼中国体面之人，亦每见而喝止。此等陋俗到处皆然，大镇人多类杂，尤所不免，但究系小节，未便时以没关要紧之事鸣之官府。只好严饬各员少出步行，有事出街，必须乘坐有帷马车。各员亦皆遵依吩咐，不肯自讨没趣。

在纽约时，适丁韪良[①]假旋到彼，自与报馆人言我在中国相待极优，中国钦差到美，乃至随员人等，不敢行街，此事关系非轻，恐为失和之渐。尔馆应刻入新闻使官府见而知愧。报馆人来述，兰彬嘱随员以此非府府意答之，旋见报纸已将丁韪良之言，作为来函照刊。兰彬见邻寓皆体面绅商，恐其言不择音，致伤雅谊，特嘱洋员马治致函推开该馆，亦即照刻，此给信之实在原委也。

又，“轻蔑美国官员不与交接，不驻美京，而居纽约，因与阿德浮书塾相近，隐匿其中，以致美国人等寻觅维艰”等语。兰彬于四月廿九[②]回至纽约，五月初间即入华盛顿，其时适值避暑之期，各官及各国公使皆不在署，总统及外部旋亦外出。又因使署不敷，随行各员居住均须添赁房屋，且秘鲁之行止未定，若须前赴，终必经由纽约。彼与各员暂寓纽约等候，并非隐匿避客。在纽约时，除日秘公使领事外，凡稍有名望及旧有因依，

① 丁韪良（William Alexander Parsons Martin，1827—1916），字冠西，号惠三。生于印第安纳州利沃尼亚（Indiana，Livonia），1846年毕业于印第安纳州大学（Indiana University），入新奥尔巴尼长老会神学院研究神学（Presbyterian seminary，New Albany，Indiana）。1850—1860年在中国宁波传教。1865年被聘为同文馆教习，1869—1894年为该馆总教习。1898—1900年，任京师大学堂总教习。译有《天道溯原》《万国公法》《格物入门》《星轺指掌》《公法便览》《富国策》《西学考略》《性学举隅》《天道合校》等书，著有《翰林集》《中国的传说与诗歌》《汉学菁华》《花甲忆记》《北京之围》《中国人对抗世界》《中国的觉醒》等。

② 四月廿九，1880年6月6日。

如嘉兰总统[1]、蒲安臣[2]之子，及麦嘉缔士梯云等，无不时相遇，从回至美京，添中洋文名片千张，今仅数月，存剩不及二百，窃尝自笑出使外国，无亲无故，而酬应乃比在京倍繁，实不识骄傲不见人之说，从何而起。其所谓阿德浮书塾，大约系指哈富肄业局而言。该局距纽约五六百里，并非相近，局务自有总办教习料理，又无须兰彬越俎。止六月时，因有要件，须与副使会商，曾往局住歇六日。兰彬此次随带各员，虽流品不一，尚皆遵受约束，颇知自爱，故谓其非出类超群之才，兰彬自不敢阿好谓人不优待。由于各员背谬自招，恐各员实无从任咎也。

至旧金山埃党凌辱一节，兰彬前年初抵金山，华人来迎者万数，由码头至客寓，沿路皆华人充塞，几于不见有洋人。春初，在日国函复会馆董事称往赴秘鲁时，或者取道金山重图良晤，其实秘事未定，并未前往。

兰彬奉使无状，致有作祟之人传播谣言，上烦荩廑，悚惶无似。然此不能防不胜防者，兰彬惟有倍矢冰兢，并督饬各员时加警惕，慎之又慎，以冀陨越贻羞而已。

专泐附布抄件，敬请钧安，伏惟垂鉴。

兰彬谨肃。

---

① 嘉兰总统，前又作嘉阑、家阑，即美国第18任总统格兰特（Ulysses Simpson Grant，1822—1885）。

② 蒲安臣（Anson Burlingame，1820—1870），生于美国纽约州新柏林（New York，Chenango County，New Berlin），1846年毕业于哈佛大学法学院（Harvard Law School），1853年成为马萨诸塞州（Massachusetts）参议员。1855—1861年当选国会众议员。1861年任第13任美国驻华公使。1867年任办理中外交涉事务大臣，代表中国政府出使美、英、法、德、俄五国。1870年，在俄国病逝。

照录清折：照录致美国外部照会

为照会事：

照得前接贵大臣来文，内开：防疫会一事，当时因未接本国政府来文，业经照复在案，现在恭奉大皇帝谕旨，特派本大臣在华盛顿同赴万国防疫会，合行知照贵大臣，请烦查照。

顺候时祉。

须至照会者。

照录美国外部照复

为照复事：

昨接贵大臣本月二十一日十二月二十二日来文，内开：恭奉大皇帝谕旨，拣派本大臣同赴防疫会等因，准此，本部接阅来文，殊深欣忭。

为此照复，顺候时祉。

须至照复者。

译录美国外部照会

为照会事：

照得本大臣于前二十二日曾将中国和众轮船来旧金山被征分别额外税钞等因，知照贵大臣在案，兹将总统遵例所发谕词钞录数份，备文咨送贵大臣以便转送贵国政府查照。

为此照会，顺候日祉。

须至照会者。

照录美国外部十月二十二日来文

为照会事：

照得中国和众轮船前抵旧金山口岸，被征分别税钞一案，前接贵大臣七月三十日来文，内开中国通商口岸，并无分别征收美船税钞各等因，我政府甚为惬心，大伯理玺天德当即遵例降谕照办。

至于贵大臣文内所问，如中国口岸有分别征收美船税钞，美国领事官应有详报一层，查本部并无收到驻扎中国通商口岸之领事官详报中国通商口岸有分别征收美船之案，合并陈明。

为此照会，顺候日祉。

须至照会者。

译录美国总统谕词

为颁谕事：

照得中国现有实据陈明于我，谓美国船只及出产制造货物，前赴中国通商岸，中国并无征收分别额外税钞，本总统复核无异，为此按照国例所有之权，出谕宣示：

所有中国船只及其所载出产制造货物，无论由中国或由别国前来美国口岸，本国应征分别额外税钞一例，暂止不行。如中国以后有分别征收美船税钞，本国自应照例征收。

为此画押，盖用国玺。

一千八百八十年十一月二十三日。

合众国自主后第一百零五年总统喜士在华盛顿颁发。

外部大臣加押。

谨录十月初八日照会美国外部稿

为照会事：

照得本大臣于本月初三日晤见贵大臣，当将哥罗拉度华人被害之案面述一切，承贵大臣允许秉公查办。现接该处侨寓华人禀称："被害情节甚重，受伤者数人，毙命一人，毁坏屋宇物件，约值银二三万圆，地方官当时置华人于监中，以暂避一时凶焰"等情，相[1]备文咨请贵大臣妥速设法善为保护该处华人，并饬地方官严拿匪徒，设法惩治，所失财物，并为筹偿。

本大臣查该处侨寓华人遵通商和约来贵国贸易、工艺，一旦惨遭扰害，致资财散失，难以安生，应如何秉公核办，以警效尤，而安商旅，是在贵国与地方官之主持得当焉。

顺颂日祉。

照录金山总领事呈报六年分秋季金山香港火船来往出口华人数目

共计：

出口船五次，载去华人二千二百十六名。

入口船五次，载来华人一千零九十一名。

请领护照前往古巴口华人共四名。

① 相，疑缺一字"应"，应为"相应"。

照录金山总领事呈报六年分秋季金山火船来往进出口华人数目

共计：

出口船四次，载去华人四十九名。

入口船三次，载来华人十八名。

谨将十月二十三日申刻接奉电信查封码号录呈

此次修约订为四款：

一　未往华工，准其随时酌定人数、年数之制，并非禁止前往。

二　传教学习游历交易，随带雇用人等，仍准往来自便。

三　已往华人，仍尽力保护。

四　准美国照各款定立章程，知照中国，如与商民有损，可由钦差与外务及总署与美使妥议。

又别立四条：

一　交易有益之事，将来可以彼此商议。

二　禁贩洋药。

三　中船由通商口到美，弗准加征税钞。

四　观审之员，亦准驳论。

以上八条于十月半画押，俟一年钦准，再互换。

节录秘鲁商人刘荫周八月来函

（来函）云："该境现得英国钦差保护，人心稍定。前七月间，登拿、亚力架两埠失陷，杀伤华人十余名，各埠华人为之惶恐。又，闻杀伤意大利商人四十余名，意国领事即发兵船向智利索取赔款，要每人赔银四万，现虽未定夺，将来必有调停。又，嘉里约一埠，被围半载，货物不周，只有书信可由陆路传递，尚恐该埠或陷，华人或有遇害者。现在利马正埠众华商，联合铺户六十余间，同往请英国钦差保护，每铺出一人，日则在英人水车馆操练，夜则巡守华人铺户”等语。

译录美国外部来函

美国外部大臣问大清钦差大臣好，所有贵国派在合众国内领事人员共干名，何日由贵国派定，敬请开列名单，是复是荷。

十二月二十六日。

照录复美国外部函稿

复启者：

现接贵大臣来函，请开中国派驻合众国内之领事人员衔名单，兹将已派之总领事领事官衔名列左：

总领事官陈树棠，驻扎旧金山埠；

领事官傅列秘，驻扎旧金山埠。

以上二员于光绪四年十月十四日札派，特此到复，并候日祉。

录致俄都曾袭侯暗码电信

十二月二十四日

闻道伊犁全数交还，松花江、西汉，均作罢论，两国现皆允诺，的确否，请即由电报回信。

录十二月廿六日曾袭侯复电

伊犁得特克斯河[①]一带，余语的信。

照录致美国外部照会

为照会事：

照得哥罗拉度颠化埠华人被害一案，前经本大臣一面据华民禀报照会贵大臣，一面札饬金山总领事派员亲往查察。

昨据金山领事傅列秘将亲到该处，查得确系该埠匪徒纠党滋扰，地方官办理不善，以致戕毙人命，掠毁财物各情，取有各华人亲押，失物清单，承法司陪审员判词，各证人到堂口供，并布马来述词，禀复前来。

本大臣正拟备文照会，适接贵大臣十一月二十九日来文，本大臣逐细寻译，内中所闻有深堪感佩者，亦尚有未能释然者，谨分别为贵大臣言之，查来文内有凡华人应得保护，应行申诉，皆与美国之民同享权利，一律办理。又遇有事故为民代请，凡属公道可行之事，无不留心办理。

又，不独颠化埠华民应得保护，凡在合众国之华人，皆当与本国之民一体竭力保护，向来如此，以后亦愿永远如此。

又，颠化埠华人惨遭扰害，大伯理玺天德闻信之余，不胜愤懑。贵大臣与僚属廷臣，无不同深惋惜各等语，具见贵国敦笃睦谊，存心平恕，不独本大臣感谢无既，咨达本国政府亦必深相钦佩。惟拿犯惩治一层，该恶党等杀害人之生命，侵夺人之财产，贵大臣亦言不法之徒行同畜类，是固举国所共恶者，

① 特克斯河，伊犁河支流。蒙古语，“野山羊众多的河”。

自应严办，以儆凶顽，乃又有限于律纲，不能干预各邦内治等语，本大臣亦知律纲与和约，贵国均视为必应遵守之上法。

查中美和约系与合众国订立，非与哥罗拉度一邦订立，今无辜被害，系遵约来美之华人，是此案当属中美交涉事件，非一邦内治可比，故不得不商请贵大臣饬查办理，来文并未言及哥罗拉度缉拿几犯，如何惩治，以伸合众国照约保护之权，流寓远人何所托庇乎。

又，筹偿毁失财物一层，来文称为意外之事，无国无之，地方官竭力尽法弹压，应无赔偿之理等语，然则应否赔偿，总以地方官之尽力不尽力为断。据查，此次起事，实因匪徒憎恶华人，专向华人欺凌扰害，并非外寇骤来扰害。合埠地方官已逆知其专向华人，乃于滋闹之始，并未发遣兵勇，当场拿匪，力为禁遏，只令水龙工役射水，及盛闹之时，又止押令华人入狱躲避三日之久，并未遣拨人役防护华人物业生理，以致匪党任意抢夺。当日情形众所共见。

据陪审各官判断此案亦云："讯悉各证人供词，倘于闹事之时，差役径行上前擒拿匪首，定能弹压，何致如此，酿成巨案。只因本城差役查办无法，加以地方官治理不善，未能尽职所致，更有府官睹此意外之虞，仍不思援救华人性命，与及物业，遂致匪党如此猖獗，杀戮人命，实有玷辱本城"等语。是地方官之不尽力设法弹压，确有明征。

本大臣查中美条约第一款，即云两国及其人民皆照前和好，毋得或异，更不得互相欺凌，今华人遵约而来，安分营生，并未肇祸，只因凶党憎恶，致其身家性命不获保全，地方官临时既不迅为挽救，事后又不为竭力追贼偿失，似亦未见按约保护实际。

为此粘傅领事禀件，再行照会，敬烦贵大臣秉公察核，将如何于情理无憾，办理完结之处，再为示覆，俾得据报正府，实为切盼。顺颂时祉。

须至照会者。

计录送洋文：傅领事禀二件、各华人失单一件、承法司陪审员判词一件、各证人当堂口供一件、布马来述词一件。

照录哥罗拉度邦剪花埠众华民陈良普等十月初三来禀

初六到

敬禀者：

民等离中华而到此邦，约有四五百人，向皆安分贸易、工艺为生，不有犯彼邦事例。忽于前月二十九日下午两点钟，有该埠匪党多人游行街道，喝声驱逐华人，将我华人生意屋宇毁坏，钱银衣物劫掠一空，并将我华人赶逐四散，失所无栖，被伤者数名，因伤毙命一名。

当时，该处地方官发巡捕将我华人尽放落囹圄之中，藉资保护，勿俾毙命。

现在，下恶匪仍属猖狂，我华人危迫，恐无容身之地。是以合众联名飞叩大人，伏乞设法保护，以救残喘，感恩无既。

此次所失钱银货物，及屋宇，约计数万圆之间。合并陈明。

急切上赴陈钦差兰彬大人阁下。

十月初三日日①。剪花埠众华民等同叩。

照录使署随员答复剪花埠众华商等信函

十一月初七日发

径复者：

① 日，此处重复一日字。

现奉钦差大臣陈谕：美国哥罗拉度邦剪花埠华商新和陈良普等函禀情由，业经阅悉，除照会外部饬该地方官保护并缉凶严办、追赔失项外，仍一面札饬金山总领事官陈道树棠迅委妥员前往查理，仰该商等即便知之等因，特此寄复，顺颂财祉。

驻扎美国大清钦差公署随员字。

十月初七

译录哥罗拉度案证人供词

士地芬机路矢誓称：

我居住威伦街三百四十六号，在近雪店供役。

昨礼拜晚，我在鸦喇爸浩第十六号街，至城守到时，我亦在该处。听闻匪首声称："该华民死了，其生命可掷于车中"等语，于是将华民掷于车中，此时谅他已死。以我所见之尸首，其体容貌料，是掷于车中之民，该尸首在车内已被压责头面损破。匪党与匪首即令车夫载交件作。有匪等声称："若城官到来，亦如是待之"等语。尸首既载去后，匪党退散，但不知往于何方。

迨后，我又见队匪党在鸦喇爸浩第十五号地方，直往爸函鸦店后之华民屋宇，我见一人身长约五尺十寸，体甚肥胖，似无胡子，料是匪首。

次日，我在华西街遇一人，名"麦干"，对我称说："昨日我们将华人扫除，置伊等于地狱，已受天诛"等语。

该车夫我不认识，其车上有油布一幅，而旁无帘帐，疑是道远之车。

据一匪徒称："若不将该尸首载去，定遭我们毒手"等语。倘再见该匪徒，我即能认识他。该匪徒身穿陈旧，黑色外套，周身亦是黑色衣裳，我在府狱中见犯人，内有一犯似是我顷间所说之人，自称其名为“衣活朗爹路”。

以上是机路供词。

尼哥喇士坚打路供称：

我住本城士兜街五百零七号，佣工于喇里马街鞋店。

昨礼拜晚七点钟，往城内，见匪党从啤力街到十九号街，及罗连士街，斯时，我仍随匪党之后。至匪党等直到荷里爹十九号街时，我即跑到罗连士十九号街。是时，匪党在我后。

及至匪等到罗连士街，即入成利店内，击破窗户，有匪等由成利后门闯入，打破各物，并掷于街外。又有匪人约十名，入屋后拿着一华民，以绳缚其头，向他背后牵出殴之。其华民脱绳而走，绕店逃出。当牵扭之时，见有一匪用椅及拔下街灯木架殴击此华民，在路弯之屋宇阶级上，与一白人缠扭，奋力脱逃入室。是时，有白妇女二名，欲保护之，惟该华民已被白人所执。众匪等又趋前，声言要“割其辫，削其鼻”等语，见一人持小刀一柄，又一人声言割去其辫。迨后我即离去，未知他等如何看待该华民。顷刻后，我又在鸦喇爸浩十八号街，见该华人被掷于车内，众匪党是时退后，缘该车已落第十五号街。

以上所言，是我亲见其情形如此。

我曾在承法司署及狱中见过该犯人，惟不能确认是我眼见滋事匪等否。当闹事时，有二人与我同行，一是“占时士蔑”，一是“机路摩”，俱住在十九号荷里爹街，于罗连士十九号街，滋闹时，我见着“士蔑”。

以上是尼哥喇士坚打路供词。

爸百医生供称：

我是医生，住本城鸦喇爸浩街五百三十三号，昨礼拜晚七点半钟，闻匪党喧闹，遂出门到十九号街，先见着匪等在成利屋背后，我趋前看见一匪缠拿该华民之辫，此即是被戕之人。又一匪以绳缚其颈，牵往鸦喇爸浩十九号街，我上前苦劝匪等，惟数次皆被伊等推开，于是匪党拿该华民到街中，欲行吊他，是时，我执住匪首，苦苦劝谏不可吊他等语。当时我被匪众推出沟渠之外，我走近该华民前，见匪党将该华民由沟渠牵出来。又见一匪割去其辫，并用一条大木棍殴他，几至昏迷不省，当华民被割辫时，我妻并高氏行前，立于匪党及该华民前，除二匪首外，众匪皆退后，我即拿住一匪首，劝其释放该华民，适有旁观者，相助该华民竟得逃脱，走过对面，复被匪等捉获，由十八号牵他直落鸦喇爸浩，行及半途，至附近围墙左右遂止，再行殴踢该华民，我复上前，立于华民及匪首之中，有一侏儒匪首，令我退开，否则戕我命云云。有一匪在我背后用拳击我头颅三次，此时我仍立在华民及匪首之中，侧身遮护该华民，当时我见该华民鲜血淋漓，染及我衣。有一匪首乱踢该华民。又一匪首用拳击其头颅，遂致该华民屈膝于地。我复将华民释放，并哀求数年少人扶助他，送到街隅后，我立于匪首及该华民中，匪等复将该华民夺去，掷于车中，载往鸦喇爸浩街，此后我未复有见他，我曾见过该犯人，但不能证实该犯人果系闹事之匪党。其中有一犯人容貌与匪首无异，惟较长大似有差别，我在承法司署所见之二犯与该二匪首无异。此二犯，我愿能证实系闹事之匪首，以上是爸百供词。

廖衣士烈治供称：

我是派新闻纸人，住在本城第十街二百一十二号，在本城居住，经已两载。

昨礼拜日在华西十六号及啤力十七号街，见有水射匪党，匪即退散。

我行后，复于五点半钟，回来见所有华民屋舍俱被拆毁，差役在此看守，该处左右有多人及小子立观。

迨我与衣哥父到鸦喇爸十九号街，见匪党聚集该处，捉获一华民，拿到鸦喇爸浩十九号街。在灯柱下，此华民即前所见匪等拿获之人，该华民被殴以致血出，有一匪拿住该华民辮发，大声疾呼“已获其辮”等语。我一见侏儒匪徒，手持柄斧，割他辮发。该匪是魁伟之人，头戴硬帽，顶微凹。其中有人要放该华民，但魁梧之人厉声云：“取绳索吊他。”侏儒则云：“杀他。”若见匪面，便能认得他二人。余外匪党，则不能认。我曾在承法司署见过该犯人，认得该魁梧之人，即系割辮之人，并呼取绳索吊该华民之人。但该侏儒，我则不能证实果系声言要杀华人之人否。我是晚八点钟至十点钟之间，见该魁梧之人，在大酒店背后之华民屋宇搬出衣物。该屋宇后亦被匪党毁拆，该匪党即系在鸦喇爸浩十九号街攻击成利屋宇之人。

以上是廖衣士烈治供词。

嘉兰士顿医生供称：

我是医生，住加地士五百四十五号。

昨礼拜晚九点钟，或八点半之间，有一尸首用车载到我医寓前厅，我验看该尸首尚有生气，即着舁入我医房。此房系在摩发及加士喇街，于是我即用器具救之，并投以补神之药以苏之。验看该华民头颅之左旁，有一伤痕，我料其头颅非系烈烂，用擦法，兼用补法，卒能使其脉浮起，呼吸稍易。右眼之上，及面之右旁，甚是肿胀，其甚多是松烂，周身损伤，似被人踢着一样。载到之时，其手足与及四肢俱冻，并流冷汗。我验看得死者，系由内里受伤，大概因爆裂血管所致。以愚见推度，他是压伤头脑。惟头颅并无破裂，大概是用器皿击震，伤脑所致。颈下有绳缚痕，似非因绳缚致死。临死时，我尚与柏及哥本二医生诊视他，他到我医寓有一点半钟久，然后身亡。

以上是嘉兰士顿医生供词。

轩利衣哥父供称：

我是派新闻纸人，年方十五岁，住近桥旁十五号屋。

昨礼拜日傍晚时，我在啤力街十五号，见群众挤拥后，直上罗连士十九号街，见匪党于鸦喇爸浩十九号街，拿一华民声言要吊他等语，我尾其后，欲观伊等举动如何，后闻伊等说："今要去罗连士十九号街"等语，我到罗连士十九号街，见纷纷击破华民窗户，并逐华民出街。是时，匪等在鸦喇爸十九号，已拿住死者，在街灯下声言要"取绳来吊他"等语。迨众匪命他奔出，死者闻言即奔，一路走，一路气喘，但匪等是时仍尾其后而殴之，随于鸦喇爸浩十八号、十九号街复被匪等抢拿后，于鸦喇爸浩十八号街掷于车中。闻匪徒说割其辫。有魁梧之匪答曰："我已割之，置于囊中。"魁梧之人，头戴硬帽，我亦见他在大酒店背后之华民屋宇搬取衣物。又曾见他在鸦喇爸浩十八、十九号街中殴踢该华民，他携所搬之衣物，经由大酒店，直落十七号街。我曾在承法司署见过他二人，但不能认得是闹事之匪等否，我不见有绳缚该华民之颈，在鸦喇爸浩十九号匪等，已释放他，并令他逃命，讵料未到十八号街，半途复被匪等抢获殴打，拖至十八号街，掷于车内，随即载往鸦喇爸浩之谷仓左右。我见一匪似系在鸦喇爸浩十九号街大酒店背后搬夺华民衣物之匪首一样。我随着群匪由鸦喇爸浩十九号街直落到大酒店。

以上是轩利衣哥父供词。

非士秘希顿供称：

我是发匠，住于嘉里宽呢十九号。

昨礼拜晚六七点钟时候，我经由鸦喇爸浩十九号街回家，见有匪党拴拿一华民于街灯柱左右，一匪缠扭其辫，声言要割他喉咙，后即将手插入袋中，因我不欲观割喉咙之事，遂即离去，所言割喉咙之人，颇是长大，须则八字，戴软帽，穿黑衣。我料不能再认得他。想其容貌是挨利士人。该华民在地下时，见一匪以足踢他，至华民起身时，又见一匪殴他。于是我直过对街，迨后如何，未得见知，但我眼见该华民头颅右便受伤，鲜血淋漓。又见一白须老人劝谏缠扭该华民之匪。其中一匪将老人推开，并喝他退后。

以上是非士秘希顿供词。

亚历山打衣里供称：

我居于二十二号街二百八十九号，是代占士打父收账，兼代理乌鸦屋业事务之人。

罗连士十九号死者所居之屋，即系乌鸦产业。昨礼拜晚七点钟，我先见罗连士十九号街之匪党欲行毁拆一华民屋宇。是时，我上前欲保护乌鸦物业，讵料被一人推倒我在地，我不识此人，迨后他即逃走躲避于群众之中，我料此人系挨利士人。匪党被我说，倘我欲行护助华民，伊等即以待华民之法待我。当时闻匪等喧声，要往罗连士十九号街扫除该地等语，及到该处，即行攻击成利屋宇，用斧及石头等掷击窗户，有二人在衣袋取出斧头，又一人在该屋背后捉拿该华民，牵至鸦喇爸十九街之灯柱下，声言要毁灭本城，杀戮落地狱之畜类。

我见此人割去该华民之辫，此人年约三十五至四十岁左右，面黑须黑，颇是长大。又见一匪助他牵该华民之臂，此匪系侏儒，貌甚粗卤，须则短密，身穿黑衣，头戴黑色软帽。

我曾在承法司署见过他二犯人，认得一个系我所说之长大人，名“哥利根”，此匪系第三名入成利屋搜寻死者，并牵出殴击之人，声言：“此一畜类，我将杀之”等语。

另有二匪牵成利死者至后门，复殴一场。哥利根称要吊他于树上，二匪等称要吊他于灯柱上，遂将他所缚颈之绳，牵至对面沟渠之街灯柱下，于是有黑面人上前，正欲挂绳于灯柱，适有一妇人在场哀求不可吊他，我亦劝伊等不可吊他，惟匪等说若我不肯缄默，伊等即将我来吊等语。我曾在府狱认得该犯人中一个是画押第二名者，一个是画押第三名者。

另又认得一犯人，名“忌力架”，是前在喇里马街为匪首者，此人是长大年少之人，未有胡子，他是助匪徒掷击华民屋宇，他在狱中自称其名为“忌力架”。群匪喝住罗连士街颂扬悭阁为总统，迨至匪党欲在灯柱吊成利之时，我即行退散。迨后不知如何，惟是时听闻现押之第二名对成利说：“伊等要置他于死地”等语。

以上是亚力山打衣里供词。

父冷士丹顿供称：

我住在鸦喇爸浩街四百九十七号，是弄面包之人。

是晚七点钟，我先在喇里马十九号街见匪党直抵成利屋宇，此时，我回家稍顷复后，见群匪拿获一华民，牵往灯柱下，我尾其后，见伊等攻击成利之屋，迨至匪等到灯柱下时，我确认二匪，一是长大之人，八字须，黑帽黑衣；一是侏儒，穿黑衣。二匪扭获该华民，兼行殴踢。长大之人，割其辫。其余则牵他直往十八号街，此二匪喝令要吊他，见有妇人欲劝群众不可吊该华民，我曾在承法司署见过该犯，但不能认得是滋事之匪党否，我能记忆爸百医生，曾劝令群匪释放该华民，究之该华民得逃脱后，复被拴获，掷于车内，载往别处。

以上是父冷士丹顿供词。

佐治歇纪供称

我是刷书人，居于荷里爹三百四十一号。我在啤力街十六、十七号见水射匪党，匪等仍不退散，我到啤力街四百一十六号成利屋宇，有半点钟之久，见有多人，及小子纷纷掷击成利窗户，我前往屋后，见蘯仁官差，及一居民在此欲逐散群党，但匪党纷纷掷石。我等所以要退后，我及见一人入屋，蘯仁与一居民在外弹压，屋之前门已经封锁，及打破后，令差人进去，差人既进，我走入卧房，见有华民在此，连令奔出，各听我言奔出，惟亚松一人躲在台下，后匪众闯进屋内，见亚松在此，遂以绳缚其颈，牵之出门，我尾其后，蘯仁欲行释放亚松，但无能为役。有一人割断其绳，蘯仁与该居民带他走过十七号街，及至荷里爹街，复被匪等阻拦近十六号街，我等欲带他入一屋，讵料该屋门已经关锁，承法司喝令匪等退散，蘯仁、亚松及该居民一路直行。此时，我在匪党之后，立于亚墨利根屋后，我入房更衣复出，观之斯时，见匪党即退后，于是两名额外差役及成队差役已经退散，匪等走往喇里马十八号街、华西十七号街，及啤力街，追到十九号街，又攻击两间华民屋宇，后又喝往罗连士十九号街。是时，我知伊等系要往成利处。故此，我先行走报，及至，门已关闭，成利不肯出来，少顷匪党至，以木棍石头等掷击成利屋后窗户，我走进前门时，匪等已击破门户。有一匪由窗户直入，我尾其后，此时后门亦已攻击破了。众匪直入屋中，成利伏于地，及见我面他，即走来伏于我前，求我救。我曾奋力护他，免至匪党用绳缚其颈，众匪殴他，并说我是地狱华人，若我不退，伊等即将我来吊等语，说后，欲以绳缚我颈，群众中有一人甚为可恶，此人身体长大，头戴轻帽衣裳褴褛，想系挨利士人，余匪未能确认，所以不能说出容貌。我见匪徒以绳缚成利之头，拖他出门，但不能识得该匪等，拿亚先出门时，我尾其后，喝他逃走。至他走时，我拔出小枪，指退群匪，然后亚方能得躲避于煤炭厂中。迨后，我洗净他身上煤尘，送他到总汇之地，我见匪党用柴棍殴击成利，但因人众我不能上前。我在验尸官署见过成利尸身，认得无疑是成利。匪等呼我为地狱华人，并说我若不退后，即将我来吊等语。迨后，匪党颂扬悭阁为总统云。

以上是佐治歇纪供词。

佐治美利芬供称：

我年方十四岁，居于罗连士及喇里马二十三、二十四号中之小巷。

约一点钟时候，我行落喇里马街，见群众走落巷中亚墨利根屋左右。

迨是晚七点钟，见匪党在罗连士十九号街，我行到鸦喇爸浩十九号华人屋宇，缠扭一华民辫发，直过鸦喇爸浩十九号街，声称要吊该华民于树上。适有妇人在旁求伊等释放该华民。随后伊等以木棍殴他，并踢其面，始行释放。

该华民被释后，奔走不远，复被匪等拴拿殴打，又再释放。

该华民奔至鸦喇爸浩十八号街，跌倒在地，斯时匪等掷他于车内，命车夫载至狱中。

匪党中，我未有认识者，中有一人系长发，头戴阔边帽，颇是长大，我若见面，可能认得他。

又有一人，名柏，匪党呼他为兵总，柏骑在马上，喝令要吊华民，并对群众言他系是头目，入华人屋宇，并自称其名是柏先生，不是兵总。当时柏骑紫色良马，其马是中等身材，我在前见柏时，见他直上鸦喇爸浩十九号街，谒令群匪上前吊华民等语。他行在前，及之匪等拿获华民时，他即下马。是时有一人与他，牵住马，后来见柏骑马与匪等，直落其父顿屋左右。至该华民被掷车内后，后见柏在鸦喇爸浩街书院，充当匪等先锋。

群匪频呼慳阁为总统，并辖制华民等语。又闻柏喝令群匪上前。

以上是佐治美利芬供词。

高氏妇人供称：

我住鸦喇爸浩街五百二十九号，昨礼拜晚七点半钟，爸百医生夫妇，与我同落城，但未到十九号街，先是匪党闻说伊等已经攻击成利屋宇。当时见匪等用绳缚该华民之颈，声言要吊他，遂牵至灯柱下，该华民即跌倒在满渠，爸百妻与我上前欲勒令释放该华民，惟匪党人众，无能为役。有一人问爸百妻："是否欲观该华民缳首。"爸百妻答云："非也，不可在此将华民缳首"等语。

我认得现在之年少人，甚是可恶。当时他指一处地方，以吊该华人，并喝令匪等上前。又闻伊等喝令将华民发辫割去，随后果见一人割他发辫。

该华民几于昏迷不省。匪党拉他起来，逐他前去。我意谓匪等将他释放，当时有一长大之人，系八字须，声言要置他于死地，不可放他等语。于是群匪追到落十八号街，复拿回该华民，纷纷殴踢。惟殴踢最多者，莫如二匪首。群匪喝令将他置于死地。

又闻匪等频称伊等是慳阁党，呼颂慳阁为总统云。

以上是高氏妇人供词。

澧仁供：

我是差役，住地间尼街三百七十二号。

昨礼拜晚，先在华西街十六号街见匪党滋闹，后到啤力街十六号，则有水射匪徒，审事官威宾上前勒令匪徒散去。我是时设法求审事官威宾趋前颂扬悭阁，意谓匪必随之，于是威宾依计而行，趋至十六号街，时有二三人随之，威宾对群言明日乃是公举悭阁之期，当时在啤力街十六、十七号之中，有匪攻击成利屋宇。是时除我外，并无差役在场，我劝令匪等不可攻屋宇，但匪等反叱我退后，否则我必致受伤。匪等拿一华民，以绳缚其颈，牵之出，我上前欲行释放。我及一人相助割断其绳，使他逃走，及至小巷，匪等追到我二人，欲茈护该华民进劳衣士巷门，讵料门已封锁，当一人劝息匪党之时，我护送该华民走至十六号街亚墨利根屋下酒店后，匪党是时又到攻击华民屋宇，我上前欲行劝息，有一匪击破华民货栈，意欲闯进，遇枪响四声，见一白人手臂流血，并伸高其臂，言于众曰："观此白人之血"等语。群匪遂拥进屋内，后在该处屋后而退转过华西街时，我仍在该巷之华屋看守，当时我纷纷不暇，难以留意认人，所以我不能认得谁是柏兵总，被枪轰伤手臂之人。我料系匪党在华西街，我曾经欲逐散匪党，见一人名占劳衣士，我令他退去，是士班架部下，额外差役。后复不见他，至五六点钟时，在啤力及华西街之巷口华民屋宇后，复见他行近一个衣箱之旁，不知他意欲何为，但看其容色，则有欲垂涎该箱之意。他身穿黑色，戴阔边帽，发长须黄。鸦喇爸浩十九号街闹事时，我不在场。

以上是穑仁供词。

谢光代阿成传供称：

我是开洗衣馆人，住于罗连士十九号街。

昨于礼拜晚，匪党入我店时，我睡在熨衣台下，因是黑夜之时，我不能认得各匪，又因匪等以绳缚我颈，不见成利，被匪拖出门，匪等入店时，成利在店内，匪等牵我出门外，即割去我辫。今我不能认得匪等各人，惟先拉我出门，然后扭拿成利。

以上是谢光供词。

佐治利嘉供称：

我居于城西荷里爹十三号街，是卖酒人。

前礼拜日，在啤力十六、十七号街中华屋之后，见一人名坚尼或名麦坚尼，掷石入华屋，后又喝令匪等随之，顷间被何里拴拿，今已系狱。

昨礼拜六晚，沙文差役在啤力街拿获一匪，名士蔑，此匪即是滋事之人，我与二人救护华民出于匪党之手，他即上前欲夺回该华民，并辱骂我们，已为差役逐退。又见一人在罗连士十四号街，为匪党先锋。当时已为差役逐退。又见一人名布路，此人甚是可恶。首先用砖石掷击华民屋宇。

又有一人名衣先乞，在罗连士十四号街，乘马率匪滋闹，及至华屋，遂指众言曰："此处有一间。"放枪后，匪散，衣先乞仍乘马巡视华屋之前，或问他在此何事，他言为本城出力。或问其名，他言此非伊等所应问。或问他可有官府牌号否，他言无庸官府牌号。迨为沙利两差拿获到狱，除在罗连士十四号差役燃枪散匪外，我不知尚有何匪攻击何处。

以上是利加供词。

鸦时马先供称：

我在华西街四百零四号中间一酒店，名赞士啤士。

礼拜日两点钟，在华西十六号街，我店邻右见匪党滋闹。

先是沙利与两华人在我店中打纸牌。沙利是雇用工，于鸦喇爸浩街四百令六号。

适遇三四名酩酊之徒，入店内，行近纸牌台骚扰，而华人令他出去，继又口角相争，我上前劝息。酩酊匪徒趋至酒台，取啤酒饮。当时我劝令华人出门，以免彼此相争。华人遂从后门而出。

无故殴打一华人，并喝令店内同党出以相助，又取木板击，华人则奋力档开，以图逃脱。

我当时速闭门户，不许人进，遂不知伊等如何。此乃滋闹之由。

该酩酊匪徒是初到之客，我从前未有见过面底。

起事之时，我见劳衣士在店内，他欲后门出，但我不许他，卒之后，他逃出，旋即闻门外砖石纷飞，后来他欲复进门，但我不许他再进。

同劳衣士出去之人，我不识其名。

以上是鸦时马先供词。

以上各证人供词，系抄系录剪花城验尸官及陪审员研讯成利戕命案供，校订无讹。

沙利芬。

《钦定总理各国事务衙门清档》第 252 册，北京大学图书馆藏

（十六） 咨报智利事和届满归国等事

光绪七年正月（1881 年 2 月）

五月十五日[①]，出使大臣陈兰彬函称：

时际新春，远叨吉语，浣薇敬诵，篆竹殷忱。就谂蕃祉骈臻，大猷彪炳，贤劳懋著，圣眷优隆，载咏莺乔，良深凫藻。

弟刻下仍驻美邦，所有金山、古巴、檀岛各情形，已迭报贵衙门，兹不赘缕。

至秘鲁为智利破踞，新立总统尚无政权，既不能保护外人，到彼无益。其驻华爰使侨寓此间，现尚不能返国。闻英法义公使欲为调处，而智利于割要隘偿兵费外，并有四五十年内，不准置战舰、修炮台各条，果若所言，秘鲁殆不成国，不知何年才克自立矣。

弟六月瓜期届满，前已照章咨请换人，固由由道路迢遥，欲令替手者，一切预备，亦实因弟病躯惫极，时刻自危也。计自前岁至今，头晕腰酸耳鸣目眩等证，有增无减。近来早晚饭仅一小碗，夜间左臂膀疼痛，牵动左肩左胁。四五点钟后，方能略寐片刻。精神恍惚，事辄健忘，上阶下车，往往喘汗。窃观驻美廿余国公使，实未有如弟之衰老者。虽不常延洋医用药，而凡有官绅见面，无不缕询身体若何。其关切者，如丹、智等使，并直询是否可以请假回国。可见，精力疲颓，一望即知也。

弟于去冬卧疾时，曾拟开要紧事件，分嘱黎道庶昌、陈郎中嵩良、曾主事耀南、刘主事亮沅数人，今黎道已升调东行，刘主事办理古巴正在吃紧。陈曾二员，随同料简经营，而皆堂有老亲，时接家书，门闾望切，其余各员多系原订三年，计四

---

① 五月十五日，1881 年 6 月 11 日。

五月后，必将以差委期满，纷纷陈禀，而弟病势又日甚一日，断断难望复元。再四思维，若不预行据实尽言，恳求贵衙门早日定有接使之人，将来倘或误公，弟自问益滋疚戾。

特此肃函缕布，伏祈阁下逾格关垂，即为回堂裁定。

天地鬼神，昭布森列。弟决不敢于知己之前诳言饰说也。如有密音能迅为示知，更所感祷。

盼切！盼切！

专此！敬请台安！

《钦定总理各国事务衙门清档》第252册，北京大学图书馆藏

（十七）咨报近期外交情况等事

光绪七年正月二十二日（1881 年 2 月 20 日）

三月二十三日[1]，出使大臣陈兰彬函称：

十二月二十八日[2]泐布，华字第四十一号函，谅获仰邀钧览。

哥罗拉度案，未见复和众轮船额外税钞，嗣又接外部文称，户部已饬税关缴还，当即具文致谢，并行知金山总领事查照。

防疫会近又会议数次，仍系聚讼纷然，未卜何时归结。其大概情形，理合先行具陈，除另牍抄咨外，谨将折件包封，札由文报局递送贵衙门，敬恳代加黄绫安折三分呈进，不胜感怀。

美国新订之约，议院尚未画押，如何限制章程，亦未闻议。

其新总统定期二月初四日上任，闻届时议院亦停云。

新闻纸称日国又换执政，廷臣亦多须换，但未接黎参赞函报，未知更换谁何。

古巴刘总领事[3]函称，该岛总督照称，日国新章，凡外国人在岛者，总须由地方官给发执照等因，各国领事均不谓然，缘系中国人多，公推中国领事为首。现在相机驳论，尚未定局云云。兰彬想此举必系因照费起见，已函嘱该总领事执定条约第九款，由领事发照之语，妥慎立言矣。

① 三月二十三日，1881 年 4 月 21 日。

② 十二月二十八日，1881 年 1 月 27 日。

③ 古巴刘总领事，即刘亮沅，光绪五年至十二年（1879—1886）任驻古巴总领事。

檀香山国王①现往各国游历，约二月间可到中国通商口岸。彼本无约小国，但因其外部有文照会我董事陈国芬，此间接到禀函，日期已迫，故由电报达少荃中堂。

秘鲁都城被智利攻踞后，为战为和，迩来尚无确耗。

兰彬奉使外洋，倏将三载，极知办理无效，不应求请息肩，惟自念才力既竭蹙不前，体质亦衰颓益甚，加以去秋以后，屡发怔忡，实为前此所未有，虽即勉强支拄，深恐精神不能周到，致于误公。兹将扣算差满之期，咨呈贵衙门，伏乞轸念下忱，俯准援章奏请派员接替，则感荷实无涯涘矣。

本十一日，副使②由哈富回华盛顿。十四早晤面一次，亦商及咨报差满一并列衔。

耑肃奉布，抄件附呈。敬请钧安，伏惟垂鉴。

照录粘单：译录美国外部伊大臣照会

为照会事：

得和众轮船一事，前经照会在案，本大臣接准户部大臣初一日（中正月初三日）来文，内开中国和众轮船于上年八月三十日到金山埠，彼征额外吨税，每吨一圆，已饬金山税务司照数交还等因，准此合行照会贵大臣查照。

为此照会，顺候日祉。

---

① 檀香山国王，即夏威夷国王克拉卡瓦（David Kalakaua，1836—1891），1874 年继位，被尊称为快乐的君主，是夏威夷王国的最后一位君主。1881 年周游世界，先后游历了美国、日本、中国、柔佛苏丹国、暹罗（泰国）、缅甸、印度、埃及、意大利、比利时、德意志、奥匈帝国、法国、西班牙、葡萄牙、英国等国。1891 年在美国旧金山去世。

② 副使，即容闳，光绪四年至七年（1878—1881）任出使美日秘三国副大臣。

须至照会者。

照录复美外部照会

正月初十日[①]

为照复事：

迭接贵大臣十二月初六日、本月初四日来文，内开和众轮船征收额外税钞一案，业已办理完结，并由户部转饬金山税司将所征额外吨税交还等因，本大臣殊深寅感。户部大臣处，并望代为致谢。

为此照复，顺颂日祉。

须至照会者。

节录檀香山商董陈国芬来函

正月初九日[②]到

现职衔接到该国外部照会称："该国王拟十二月十九日乘坐轮船过旧金山，旋回金山，绕道日本后，到中国游历，并往印度，与及欧洲各国，然后由美回岛。特是平常而游，不以王度自居，计期来春二月初旬内可到中国，合先照会"等语。

伏念该国王待我华人甚为优谊，殊堪嘉敬，且职衔又奉该国照会，理合禀闻，仰荷大人察夺为祷。

本岛公事一切如常，惟华人来岛甚众。本月有轮船由粤到岛，一名"加山打"，一名"坚打"。此两共载来华人一千三百余名。

---

① 正月初十日，1881 年 2 月 8 日。

② 正月初九日，1881 年 2 月 7 日。

又接招商局信云，该局已发美富轮船载客来岛，约有客八百余名。月之间开来，大约日间可到。

就目下观之，华人来此上者，亦可谓一时之盛也。

《钦定总理各国事务衙门清档》第 252 册，北京大学图书馆藏

（十八）咨报出使三年差满日期由

光绪七年正月（1881年2月）

三月二十三日[①]，出使大臣陈兰彬文称：

查光绪二年九月十三日[②]承准贵衙门咨开九月十二日片奏："谨拟出使章程十二条，内载出使各国大臣拟自到某国之日起，以三年为期，期满之前，由臣衙门预请简派大臣接办，其副使亦一律办理。"等因，奉旨："依议，钦此。"钦遵在案。

兹本大臣奉使美日秘三国，于光绪四年二月出京，七月初一日[③]抵美国，亦经奏报在案，查自光绪四年七月初一日到国之日算起，扣足三年，不计闰，应于光绪七年六月三十日[④]为差满之期，理合遵照定章咨呈贵衙门，谨请察照施行。

《钦定总理各国事务衙门清档》第252册，北京大学图书馆藏

① 三月二十三日，1881年4月21日。

② 光绪二年九月十三日，1876年10月29日。

③ 七月初一日，1878年7月30日。

④ 光绪七年六月三十日，1881年7月25日。

（十九） 咨报万国医病会事

光绪七年正月（1881 年 2 月）

三月二十三日，出使大臣陈兰彬文称：

本大臣于光绪七年正月廿二日[①]具奏遵旨与会一折，除俟奉到谕旨恭录知照外，相应抄稿，咨呈贵衙门，谨请察照施行。

照录粘单

奏为遵旨与会，先将大概情形恭折具陈，仰祈圣鉴事。

窃臣于光绪六年十二月二十日[②]承准总理各国事务衙门，咨开："九月初六日[③]准美国使臣安吉立照称：'准本国总署来文，内开欲请各国于本国京都设立万国医病之会，凡各国海口及各口出口船上之人，是否有瘟黄各等传染之病，彼此务须设法指明，特请派使赴会商议'等因，于十月十四日[④]奏请派出使美国大臣陈就近会商。奉旨：'着照所请，钦此。'"

抄录来往照会并折片，恭录谕旨，咨行到。臣遵即知照美国外部，旋准照复订期。臣当于十二月二十五日[⑤]亲赴会所，与各国使臣相见，嗣后数日一会，皆系先期订约，合计前后业经聚会六次。

查此会之设，名为万国医病会，实非会讲医道，只欲于各国通商海口船只进出，设法稽查，防范传染。现在与会二十四

---

① 光绪七年正月廿二日，1881 年 2 月 20 日。

② 光绪六年十二月二十日，1881 年 1 月 19 日。

③ 九月初六日，1880 年 10 月 9 日。

④ 十月十四日，1880 年 11 月 15 日。

⑤ 十二月二十五日，1881 年 1 月 24 日。

国，会议多次，只议定主席及参议分司各员名。其章程则有美国所拟，有各使所陈，并有各国特派之使，赍其君主训条，并出相商，未衷一是。

臣咨访主席暨在会各使，佥称议有成稿，当分送各国使臣亲署诺否，再据奏本国取旨定夺。

臣窃维中国医道与西国殊，通商各口亦未便尽用洋法，自应俟其送稿请署时，详核中国口岸能否照办，分别奏请圣裁。理合将遵旨与会并此会大概情形，先行具奏，伏乞皇太后、皇上圣鉴，谨奏。

《钦定总理各国事务衙门清档》第252册，北京大学图书馆藏

（二十） 咨报奏呈肄业局事宜折

光绪七年二月（1881 年 3 月）

四月二十三日[①]，出使大臣陈兰彬文称：

窃照本大臣钦奉寄谕，将驻洋肄业局查明据实具奏一折，于本年二月初六日[②]拜发，除俟奉到谕旨恭录，另咨外，相应抄稿咨呈贵衙门，谨请查照施行。

《钦定总理各国事务衙门清档》第 253 册，北京大学图书馆藏

① 四月二十三日，1881 年 5 月 20 日。

② 二月初六日，1881 年 3 月 5 日。

（二十一）咨报近期外交情况和撤回肄业局等事宜

光绪七年二月初六日（1881年3月5日）

四月二十四日[①]，出使大臣陈兰彬函称：

正月二十二日[②]，泐布华字第四十二号函，谅获仰邀钧览。

廿八日接奉十一月廿三[③]、八等日发来日字二十五、六两号赐函，并夹单钞件，具承诲示。

“高桥”轮船[④]一案，兰彬自到美以来，该外部未曾谈及，议院亦并未置议。近来美国因换总统，内事纷繁，外事皆从缓办。昨日新总统嘉斐儿[⑤]，已经受事，但酬应未清，各官多未派实。议院亦暂停歇，一俟事体稍定，自当随时刺探，据实布闻。

日国及檀香山据报均尚平顺。古巴发照改章，刘总领事函称：“该督自照会后，尚未定有新章，但自上年十二月督署不肯盖印，本署即不能发照，诸多不便。现与该督署多方筹策，拟行一暂时通融之法，谅可办动，尚俟妥定具报”等语，当俟具报到后办也。

承准封寄一件，恭读寄谕，自应遵即查参劣员，整理局务。

---

① 四月二十四日，1881年5月21日。

② 正月二十二日，1881年2月20日。

③ 十一月廿三，1880年12月24日。

④ “高桥”轮船，同治二年六月（1863年8月），原“常胜军”洋将白齐文（Henry Andrea Burgevine，1836—1865，美国人，1860年任洋枪队副领队，1862年入华籍，并任“常胜军”领队）率数百人，劫持“常胜军”租用的美商“高桥”号轮船，投奔苏州的太平军。同年八月（1863年10月）白齐文乘“高桥”号协助太平军攻击无锡大桥角，该船被淮军副将周寿昌击沉。

⑤ 新总统嘉斐儿，詹姆斯·加菲尔德（James Abram Garfield，1831—1881），1859年选为俄亥俄州议员。在1862—1880年选为美国众议院议员。1880年当选第20任美国总统。1881年继任未几即遇刺身亡。

惟原奏所指二人，均早离局。又，上年吴编修力请裁撤，少荃中堂已迭函催商。昨又接到津门电示，有吴嘉善不能久留，又无妥人往替，不如及早撤回。故此次已据实奏复，但只略举其端，揆度事体，总应以该局总办详切筹有章程，呈请南北洋大臣核定奏明，方为正办。兰彬亦经函恳少荃中堂裁夺矣。

除另牍钞咨外，谨将折件慎重包封，札由文报局递送贵衙门，敬恳代加黄绫安折三分呈进，至为感悚。

秘鲁都城被踞后，闻其总统逃在南方，仍欲收合余烬，再为借一之举。又闻德法意各国现为说和，已有端绪，但询之智利驻美使署，则称未有确信。

中俄和局，闻已定议。曾侯月初业经回法京云。

耑泐奉布，钞件附呈，众请钧安。

照录钞单：照钞致美国外部照会

正月二十七日①

为照会事：

照得哥罗拉度华人被杀、家产被劫一案，曾经本大臣于十二月二十二日照会在案，查此案关系人命财产，如何办法，敬请贵大臣早日见复，以便转咨我国政府为盼。

顺颂日祉。

须至照会者。

① 正月二十七日，1881 年 2 月 25 日。

照录致美国外部大臣照会

正月二十五日

为照会事：

照得本国直隶总督李致函贵国水师副将满力士①，请其前赴天津充当武备书院，教习定期三年。查贵国水陆军法，向为相国所重。此次延请该员前往天津协同教导武备，定期三年。相应备文咨请贵大臣请烦分别咨请转饬该委员前往是盼。

为此照会，顺颂日祉。②

---

① 光绪四年（1878）陈兰彬致函张树声："再者，防海以水雷为要，各国皆同，而制造水雷，新法迭出，类无不夸所制以待售。傅相延请赴津之洋员满力士，系去年傅相向美国水师官书斐面订者，三年为期，每年五千圆，另炭银一百两，往来给与川费，在局给住房一所。因渠系美国当差之人，今春弟为转知美外部耳。前月起程时，向弟说及黎约翰水雷太费，近新出一种白头水雷，亦不合用，总当以工省费廉多制为妙，言似着实。然而容纯甫等说，其技仍非美国上等云云，未知确否。大氐系其所制所荐，则张大其词，否则不尔。美国风气类然，若在外间一说需人，则判牍纷投，令人接应不暇。如去年传闻中俄不协，带兵者、制械者，曹邱、毛遂，交发沓来，直至出新闻纸遏之而后止。此件拟竢确有见闻，然后沏布。"见《张树声往来函牍》，《洋务运动》（三），上海人民出版社，1961 年，第 420 页。

② 该照会英文版为："Sir：We have the honor to inform your Excellency that a letter has been addressed by His Excellency Li Hang Chang，Viceroy of Chih li，Senior Guardian to the His Apparent，and Grand Secretary etc. etc. of China，to Lieut D. P. Marine of the U. S. Marine corps，inviting him to Tientsin to take the post of instructor for three years in a military school established in that city. This invitation indicates the good opinion of His Excellency the viceroy，of the Military and Naval Service of the United States and a desire to have the services of this office to aid him in carrying out a system of Military education about being inaugurated，and he would be greatly pleased if Lieut Marine is given the necessary leave with permission to proceed to China and remain these during the time above indicated. Accept，Sir，the renewed assurances of our highest consideration. 陈兰彬（Chen Lan Pin）Yung Wing."见广西师范大学出版社组织整理：《中国驻美国公使馆致美国国务院备忘录（1868—1906）》（2），广西师范大学出版社，2010 年，第 5—6 页。

照译美国外部伊大臣照复

二月初四日

为照复事：

接准贵大臣前月二十五日来文，为贵国欲延请水师尽先副将满力士，前赴天津充当武备学馆教习等因，准此，现水师部已允准该副将文力士前赴中国充当教习，合行照复贵大臣查照。

顺颂时祉。

照录夏威仁国商董陈国芬折报冬季分事件

一　在税关查得，冬季十一月分，和众轮船共载来华人四百八十六名，拉时架帆船共载来华人三百零一名。十二月分，坚打轮船共载来华人五百一十七名，加山打拉轮船载来华人六百四十名。本季实查得共进口华人一千九百七十八名。

一　在税关查得，冬季分共出口华人二百五十名。

一　查得，冬季分并无投诉案件。

一　查得，冬季分并无交涉案件。

一　查得，冬季分华民在该国犯例监禁者二十五名，内有：犯吸食洋烟监禁者十五名，犯沽私酒监禁者二名，犯赌博监禁者六名，犯窃物监禁者二名。

照录六年分冬季金山船往来香港出入口人数

计开：

出口船七次，共载去华人二千七百零三名。

入口船六次，共载来华人一千一百八十六名。

又，金山船往来檀香山出入口人数，计开：

出口船三次，共载去华人十名。

入口船三次，共载来华人十一名。

又，华民请领护照前往古巴人数，计开：

共五人。

《钦定总理各国事务衙门清档》第252册，北京大学图书馆藏

（二十二） 咨报近期外交情况

光绪七年三月初五日（1881年4月3日）

五月初一日[1]，出使大臣陈兰彬函称：

二月初六日[2]泐布华字第四十三号函，谅获仰邀钧览。

初九日，接奉电示一道，当由电复此件。前据唐道廷庚[3]由古巴回述其情形，兰彬亦虑及如此办法不能久而无弊，但念年来古巴官绅与刘总领事办事，尚顺顺手，华民在岛实得自立自由。从前查禁华佣章程不能不暂时稍予活动，况该岛需人甚切，若始终无人前往，势必别起波澜，即便局船不行，亦必有洋行船只承揽，似不若招商局船行止，可以由官察无弊窦，则准其往来。倘有不妥，一经总领事申详，即可据咨南北洋大臣，立时停止。故当时止嘱唐道妥慎筹办，不加驳斥；并函嘱刘总领事留心体察，随时布闻。后迭据刘总领事函称："此事尚难成就，缘该岛轮船公司恐华船分其生意"等语，看来此事未必能成，即或能成，亦应由招商局禀候南北洋大臣核裁定议。兰彬已将电文录寄古巴，嘱刘总领事遵照矣。

美国新换总统，近始派定廷臣，其余各项职事尚多争论未定。故未见有何新政。新订之约，议院亦未暇画押。只哥罗拉度案，昨接到外部布连照复，照其所言，仍系坚执前说，而于拿匪几人，如何惩办，尚无实际，惟断断以条约所载，及彼国

---

① 五月初一日，1881年5月28日。

② 二月初六日，1881年3月5日。

③ 唐廷庚（1835—1896），字建廉，号应星，广东香山人。唐廷植和唐廷枢之弟，三人合编《英语集全》。道光二十三年（1843）入读香港的马礼逊学校。曾任轮船招商局广东、上海、福州分局总办。

律纲为词，左支右吾，应得再行议论。惟闻根尼臣[①]埠，又有吊杀华人之事，亦系哥罗拉度邦所属，离颠化埠不远。现已委人前往确查，拟俟复到一并备文照会。洋人专求自利，此等案件，责其赔偿，原知不易。驻美英使桑顿[②]亦曾云："经手命案四五起，均未办好。"但念华人在美，日有事端，从前遇事与外部面谈，多系口称查办，而事无结局，并案无可稽。故此案特用公文与之往复，将来办到如何地步，虽难预拟，第洋人在华动索赔偿，即令终办不动，亦算可备一案也。

闻近来檀香山极多华人前往，除招商局船外，尚有别行轮船多艘，每次载到华人，或千余，或数百不等。该岛地不甚大，恐喧宾夺主，日后又有变局。已函嘱陈商董细察其是否能容，据实具报。倘或不便，自当随时咨商粤督设法筹办耳。

去年十月，俄国驻美公使巴都罗马[③]迁住本署隔壁，往来颇洽。前月望日闻俄皇轰毙[④]之信，兰彬即往慰问。次日，又同美国外部及各国公使赴吊，入门握手如常，看其希腊教士诵经而散，别无礼节。

又，前月初间，秘国爱使[⑤]由纽约来见，并交贵衙门给彼公

---

① 根尼臣（Grand Junction），今译大章克申。

② 驻美英使桑顿（Edward Thornton，1817—1906），生于英国伦敦的外交官家庭，曾入读伦敦国王学校（King's College London）和剑桥大学彭布罗克学院（Pembroke College，Cambridge），1842 年开始先后任英国驻美洲各国使馆随员、秘书和公使等职，1867—1881 年任驻美公使。1881 年任驻俄公使。1884 年任驻土耳其公使。1887 年退休。

③ 俄国驻美公使巴都罗马（Michel Bartholomei），1880—1882 年任俄国驻美公使。

④ 俄皇轰毙，亚历山大二世·尼古拉耶维奇（Александр Николаевич，1818—1881），1855 年 3 月 2 日继任俄罗斯帝国沙皇，1881 年 3 月 13 日在圣彼得堡被刺杀。

⑤ 秘国爱使，即秘鲁驻华公使爱勒谟尔（Juan Federico Elmore）。

文三件，一系知照毛堂[①]回署，一系派换日本公使，一系各国领事在中国交际仪节。请署内翻译为之译出洋文。渠面述智秘战事颇详，又云："我由中国回，原欲与贵大臣同行赴秘，现在国事未定，政权不知所属，出使者直无话可说"等语。及将译件寄往，渠又复有谢函。

现日报传闻："智利兵破利马时，于华人尚无骚扰，惟土匪黑人乘乱向华人寻仇，附在英国水车练勇内者与之对敌，伤毙甚多。山中各埠劫杀尤重"云云。刻下犹未得有确信也。

又，防疫会现亦作为收场，同会廿七国公使，俱允将所议寄回本国核看定夺。兰彬亦允为译寄中国听候斟酌。渠洋文稿本尚未刊印齐全，俟送到译出，当即咨呈核定也。

专泐奉布，抄件附呈。

敬请钧安。

① 毛堂，毛昶熙（1817—1882），字旭初，号镜海，河南武陟人，1869—1878年、1880—1882年两度出任总理衙门大臣。道光十九年（1839年）己亥科举人。道光二十五年（1845年）乙巳恩科进士，选庶吉士，散馆授检讨。咸丰五年（1855）迁御史，转给事中。咸丰八年（1858）授顺天府丞。咸丰十年（1860）加左副都御史衔，命督办河南团练。咸丰十一年（1861）以误用逃犯李占标，降三级调用，暂免开缺，旋诏开复处分，连擢顺天府尹、太仆寺卿、内阁学士，仍留军。同治元年（1862）授礼部侍郎，仍命督团剿贼，归僧格林沁节制。同治四年（1865）僧格林沁战殁曹州，诸军并被谴，坐革职留任，诏回京。同治六年（1867）调户部。同治七年（1868）擢左都御史，兼署工部尚书。同治八年（1869）授工部尚书，命在总理各国事务衙门行走。同治九年（1870）办理天津教案，暂署三口通商大臣。同治十一年（1872）调吏部。同治十三年（1874）兼翰林院掌院学士。光绪四年（1878）丁母忧，服阕，命仍在总理各国事务衙门行走，兼翰林院掌院学士。光绪八年（1882）授兵部尚书，旋病卒。

照录抄单：节录驻日黎参赞来函

初十日，接外部文称："我君主现准加那华司[①]所统各部院大臣告退，特将新派大臣名单送阅，宰相萨加司达[②]、吏部尚书工萨勒司、兵部尚书马地勒司监步士、水师部尚书巴未亚伊巴未亚、户部尚书加马濯、刑部尚书阿郎搜马地勒司、藩部尚书勒盎伊加司地约、外部尚书侯爵未加得拉阿尔密荷、学部尚书阿尔巴赖达。"[③] 当亦以一函致贺。其外部云，萨加司达亦旧任宰相也。

照译美国新换廷臣名单：外部布连、户部温霖、内部格活、

① 加那华司，即安东尼奥·卡诺瓦斯·德尔卡斯蒂略（Antonio Cánovas del Castillo，1828—1897），生于西班牙马拉加（Málaga），曾入马德里大学（Universidad Complutense de Madrid）学习法律，毕业后从政，先后担任驻罗马外交特使、加的斯（Cádiz）省长、当地政府总管等职。1864 年首次担任内政大臣，1865—1866 年任海外领地大臣。1874—1875 年、1875—1879 年、1879—1881 年、1884—1885 年、1890—1892 年和 1895—1897 年六次担任西班牙首相。

② 宰相萨加司达，即普拉克萨德斯·马特奥·萨加斯塔（Práxedes Mariano Mateo Sagasta，1825—1903），1871—1872 年、1874 年、1881—1883 年、1885—1890 年、1892—1895 年、1897—1899 年、1901—1902 年七次担任西班牙首相。

③ 吏部尚书工萨勒司（Venancio Gonzalez）、兵部尚书马地勒司监步士（Arsenio Martines de Campos）、水师部尚书巴未亚伊巴未亚（Francisco de Paula Pavía y Pavía）、户部尚书加马濯（Juan Francisco Camacho）、刑部尚书阿郎搜马地勒司（Manuel Alonso Martines）、藩部尚书勒盎伊加司地约（Fernando de Leon y Castillo）、外部尚书侯爵未加得拉阿尔密荷（Marqués de la Vega de Armijo）、学部尚书阿尔巴赖达（José Luis Albareda）。

兵部林幹、水师部韩特、邮部詹士、律部麦徽。[①]

译录秘鲁爱公使二月二十二日函

刻奉十八日赐函，并附回托译总理衙门公文三件，均已照收，诸费清神，感谢无已。数日前，在华盛顿趋谒崇辕，旋蒙回候，适值他往未及候迎，歉仄奚似。此后，或驾临纽约，或弟到美京，深愿再图良晤，以慰渴怀。

秘鲁情形，前已面述梗概。阅纽约日报，载本国于二月二十二日（中纪正月廿四日）已暂立加打伦[②]为总统，此后如加打伦经民间公举为总统，议院照例聚会，则秘鲁大局可望底定。

谨将该日报呈阅，下期船到，当另有新闻也。

耑泐布复，敬请钧安。

爱勒谟押

译录美国外部大臣布照复

二月二十六日

为照复事：

照得哥罗拉度邦上年九月廿八日，愚民闹事一案，经贵大臣于十月初八日照会本部，当由伊前大臣于十一月廿九日照复

① 外部布连（James Gillespie Blaine，1830—1891）、户部温霖（William Windom，1827—1891）、内部格活（Samuel Jordan Kirkwood，1813—1894）、兵部林幹（Robert Todd Lincoln，1843—1926）、水师部韩特（William Henry Hunt，1823—1884）、邮部詹士（Thomas Lemuel James，1831—1916）、律部麦徽（Isaac Wayne MacVeagh，1833—1911）。

② 加打伦（Francisco García Calderón Landa，1834—1905），1881 年智利占领秘鲁首都利马时，暂代总统（1881 年 3 月 12 日—1881 年 9 月 28 日）。

在案，嗣接贵大臣于十二月二十日，及本年正月廿七日两照会，并论前案，本部均经诵悉，所称钦佩本国雅意各节，本大臣实深寅感；至本案赔偿一节，曾经伊前大臣细详裁复，不意犹未见洽于明察，本大臣细核各情，准诸定例，揆诸公法，应坚持伊前大臣所陈之意，为本国应尽之分，查伊前大臣前次照复，于详述地方官弹压匪徒后，开过此种事，国内不法愚民，扰害良善，本国之民，与外国之民，同遭危迫，国家既已尽法弹压，揆之两国交际之道，应无赔偿之理，条约各款亦无赔偿之文，是合众国于颠化埠华人被害一案，碍难赔偿，以华民与美民同在颠化埠者，皆当一律办法。如哥罗拉度之民，或合众国内某邦之民，寄居于哥罗拉度者，遭此等愚民扰害，若有筹偿之事，则华人在颠化埠被害，自必一律筹偿，此即公法之理，亦各国通行之例，所当如是也云云。

贵大臣则谓，和约与律纲同为本国之上法。又曰："华民系遵中国与合众国所立之约而来，今遭不法匪徒扰害"云云。又引验尸处、陪审人员供词，以谓据此足见地方官，并不竭力弹压。又引一千八百五十八年六月（即咸丰八年五月）中美和约第一款数句，其全文载："大清国与大合众国，并其民人，各皆照前和平友好，毋得或异，更不得互相欺凌，偶因小故而启争端，若他国有何不公，轻藐之事，一经照知，必须相助，从中善为调处，以示友谊关切。"

本大臣查贵大臣来文，有须剖答者，请先引前约言之，其十一款前段云："大合众国民人在中华安分贸易办事者，当与中国人一体和好友爱，地方官必时加保护，务使身家一切安全，不使受欺辱、扰害等事，倘其屋宇产业，有被内地不法匪徒逞凶恐吓，焚毁侵害，一经领事官报闻地方官，立当派拨兵役弹压驱逐，并将匪徒查拿，按律重办。"查此款及本约各款，并无载明华民在美国居住者，亦遵照一律办理，其故可想而知。至于华民来美居住，安分营生，悉与天下各国之民迁徙于美者，一律看待，并不在有条约载明而后得遵约而来，其身家物业，所赖以保全者，藉有合众国各邦律法，盖亦与合众国之民同一律办法耳。

颠化一案，准贵大臣来文，钞附傅领事查复详报，所载具见华民得获律法保护，当匪徒盛闹之初，或有一二地方职畏葸不前，然匪党聚众，至五千余人之多，亦难怪其徘徊顾虑。惟据该领事所报该邦总督与其郡侯邑宰，皆各出力弹压，而后得转危为安。查此案闹事之始，系因华人与人在酒馆聚赌，有违该邦律法。闹事时在两点钟至夜间十点钟，不及六时之久，而地方如旧安靖，稽诸各国史籍所载，匪徒闹事，势焰如此其烈，聚众如此其多，而能不施火炮，不相残杀于数时之间，即弹压安靖，办理无有如此神速者。即此可见地方官之调度有方，居民之安分遵法，且据该领事所报地方官业已拿获为首多人，内有二名经人指证为杀害陆杨之首犯，现尚在押，听候审办。

至来文所称条约与律纲同为本国上法，此旨恐有误会，因详述之。查律纲之意系言此律纲及按律纲而立之条例，以及已立续立之条约，皆奉为本国之上法，要当知条约与条例均须遵照律纲之理，而立者方为上法。假使条约条例某款或与律纲相背，则此款自应废弃，不得与律纲并称，其轻重自有分别。律纲者，乃合众国立国之大例，以其为无上之大例。故外国之人与本国之民之身家物业，同资覆庇，此即我国大同之本意也。

为此缕细详复，本国业已仔细熟审，而后定见如此。望贵国据此为本案之结局可也。

为此照复，顺颂时祉。

须至照复者。

《钦定总理各国事务衙门清档》第252册，北京大学图书馆藏

（二十三）咨报近期外交情况和病重届满归国等事

光绪七年三月十八日（1881年4月16日）

五月十五日[①]，出使大臣陈兰彬函称：

本月初五日泐布，华字第四十四号一函，谅获仰邀钧览。

十五日接奉电传一件，当即转知黎道庶昌，预备派员前往交替矣。十七日接到正月十一、廿五、廿六、廿八等日，发来日字廿七、美字十九、美字二十、日字廿八，四号赐函，并各抄件，备聆诲示。

高桥轮船案，美国并未向兰彬提及其盈余赔款。去冬议院开时，总统曾宣谕及之，仍未见该院若何发议。查此款历年开院司官，皆列款请议已成具文，况此时议院因更换各官，纷纭争执。闻新总统任后须换官三百余员，议院现仅核准十余员。新订中美条约尚未画押，积案更无暇置议，但当随时探访，一有确耗，即行布闻耳。

日本加税一层，承示办法，具仰荩筹周币，钦佩莫名。

比来美国外部布连卧病，尚未入署见客，迟日即当遵谕向询，并一面将函件抄寄日国，嘱黎道庶昌密探日国外部。

至檀香山之待华人尚无不好，惟闻近日华人搭船前往，多非自备川资，有人包揽则盘剥扣刻，不可不防其渐。且据古巴来函，彼处招工公司又欲集股开办，想系风闻往檀者，多思欲效尤，尤不可不亟为防范。故现在据咨广东，请饬查究，稍一松劲，即变态多端。贵衙门于局船行驶等事，诹询详慎洵属高瞻远瞩也。

① 五月十五日，1881年6月11日。

经笙中堂[1]忽闻作古，感叹良深。

正月间，兰彬将差满日期咨报贵衙门，此时计当达览。此件虽系照章备牍，实亦因病体侵寻，有增无减，难以支撑，深恐误公滋戾，盼望接替，昕夕屏营，万逾格，务怜早日奏请派定，由电传知，纫佩实无涯涘。

专泐奉布，抄件附呈，敬请钧安，伏惟垂鉴。

照录清折：照录咨两广总督、广东巡抚文稿

三月十三日

为咨会事：

窃本大臣现据檀香山商董陈国芬函称，近日华人到岛极多，除招商局轮船外，另有别行洋船多艘，每次载来华人或千数，或数百不等，并无华官执照，又非中国船旗。商董无从稽核，甚至船一到口，即有包揽头人协同雇主，逼其在沙滩草寮，写立合同，派往别埠，不服商董查问，声称粤城广生、祥河、南谦、和泰等字号，交带前来。现各华人尚有欠贷川资情事，须将人作按扣回各等语。商董现在延请律师向地方官告理，究恐来源不清，流弊终难遏塞，恳请移办等因，似此情形显系贩卖猪崽故辙，不可不严行查究，除饬该商董会商地方官吏设法防

---

① 经笙中堂，即沈桂芬（1818—1880），字经笙，又字小山，顺天宛平人，祖籍江苏吴江。道光二十七年（1847）丁未科进士，改翰林院庶吉士，散馆授翰林院编修。咸丰七年（1857）累迁内阁学士兼礼部侍郎。同治二年（1863）署山西巡抚，次年实授。同治六年（1867）任礼部右侍郎，充经筵讲官，在军机大臣上行走，迁户部左侍郎，兼管三库（银库、缎匹库、颜料库）事务，后调礼部左侍郎，充方略官总裁，升都察院左都御史，在总理各国事务衙门上行走。同治九年（1870）任兵部尚书。同治十一年（1872）加太子少保。著有《粤轺随笔》等。

范外，理合咨明贵督部堂、抚部院，请烦饬属确查省城及河南地方有无广生、祥谦、和泰等字号，抑或别处字号有招致拐诱等弊，均一体严拿，按法惩办。至穷民出洋谋生，洋船搭载虽未便概行禁阻，亦不可不立制防如何稽查，俾免弊之处，自应由贵督部堂、抚部院会商海关，札饬稽查委员，随时设法妥办。

查从前秘鲁、古巴等章程，原系出洋华人自备资斧，并无有殷实铺户担保，海关始给予执照上船。临开行时，又委员到船，细查加盖“讯无欠人川资”红戳。到岸口，中国领事查验登岸，立法最为善。

今檀岛既立有董事，可以责取查验回文，可否即援照办，并札饬招商局船，一体遵照，亦请由贵督部堂、抚部院裁定施行。

须至咨者。

译夏威仁国驻美公使阿联[①]来函

敬启者：

昨接本国外部大臣来文云：“有船由中国到檀香山，其搭客带有痘症，本国六礼拜以来，每礼拜患痘症者五六十人，死者约三分之一。”

又曰：“近常有船由中国广东省来，载来搭客甚多，已到四船，共载来搭客三千人。其船名，一曰美富，一曰京杜，一曰

① 夏威仁国驻美公使阿联，即夏威夷驻美国公使伊利思哈·埃伦（Elisha Hunt Allen，1804—1883），生于美国马萨诸塞州新塞勒姆（New Salem，Massachusetts）。1850—1853 年任美国驻夏威夷领事。任满后入籍夏威夷。1854—1856 年任职于夏威夷贵族院（House of Nobles）。1857—1877 年出任夏威夷高等法院大法官（Chief Justice）。1877 年担任夏威夷国首位驻美公使。1883 年卒于华盛顿驻美公使任上。

舌地麻，一曰里利阿。每船各有患痘症者。京杜一船竟讳而不报，致此恶症在本国四处传染。舌地麻一船，有痘症亦不据实尽报，且将搭船人数少报二百名。”

又，前月德国船里利阿到埠，载来华人七百五十名，据报有二人患痘症，遵例应将搭客扣留于防疫所。乃该搭客抗不登岸，恃众混闹。经德国领事官请地方官派兵上船弹压，细查船上患痘症者，竟有十六人之多。此事地方官办理为难之处，贵大臣当可想见。若任此搭客并有痘症者随意登岸，慢约束，则痘症日染日多，不惟为夏民洋人之患，即华民亦必同遭其害。

为此备函知照贵大臣，可否将前开事理报知贵国，并请遇船只由中国赴夏国者，详加查验，毋令恶症之搭客出口，以为防疫之助。泐此，敬请时祉。

洋四月十五日

中纪三月十七日

《钦定总理各国事务衙门清档》第 252 册，北京大学图书馆藏

（二十四）咨报慈安去世和近期外交情况及出使经费等事

光绪七年四月（1881 年 5 月）

六月初五日[①]，出使大臣陈兰彬函称：

前月十八日泐布，华字第四十五号函，谅获仰邀钧览。

十九日接奉电示，惊闻大行慈安皇太后大事，哀痛不胜，当即转电马得力、古巴、金山等处，一体遵照矣。

日本约稿一件，日前往外部见歇副大臣[②]，据称系前年事，美国与日本订立此约时，原声明须通商各国允行，始能作准，否则视为废纸。后闻各国多不应允，兰彬因问："不肯应允者，有多少国？"歇云："一时记忆不清，当查案函复，但恕不用公文。"兰彬云："不用公文更好，此等事，并非我政府嘱我询问，不过我因中国关税极轻，与日本相同，闻其立约加税，窃欲查知其办法耳。"昨接到歇大臣来函，谨照译呈览。又据本署洋员柏立面称，英法两国确系不曾应允。兰彬间与别国公使谈及，亦多称无本国允行之信，并以附闻。

前接檀香山驻美阿公使函，原欲与渠面谈一切，后因渠住

① 六月初五日，1881 年 6 月 30 日。

② 歇副大臣，即罗伯特·罗伯茨·伊特（Robert Roberts Hitt，1834—1906），生于美国俄亥俄州乌班那（Urbana，Ohio），1855 年毕业于美国印第安纳州爱斯布里大学（Asbury University，Indiana）。1872 年任美国国会参议员莫顿（Senator Oliver P. Morton）的私人秘书。1874—1881 年任美国驻法公使馆一等秘书。1881 年任美国助理国务卿（1881 年 5 月 4 日—1881 年 12 月 9 日）。1882 年当选国会议员。1890 年任众议院外交事务委员会主席。1898 年任夏威夷政府委员（Appointed to committee for Hawaiian Islands government）。

摩士顿[①]，距华盛顿三千余里，只得拟函复布，已于昨日寄去，看渠如何答复也。

根尼臣埠命案，月前委人往查，尚未回报。

和众轮船去年被收之额外税钞，据陈总领事申称，已如数收回，移知商局。

中美新订之约，议院现已画行。

古巴发照改章事，据刘总领事函称，前因章程未定，督署不肯用印改发，本署暂用纸已行之数月。兹据该督送到新章一本，定于六月间施行，条款纷繁，须迟日译清呈核等语，不知又有无变幻也。

近日新报称，秘鲁旧总统不服新立之总统，欲出相争利，拟发兵入出袭之，似此外患未平，内变又作。秘事益未知何日结局矣。

再，昨准大咨奉拨经费银一十六万两，现接金税司[②]电称，有银一万六千八百五十一磅，汇到哈富局，可问吴总办[③]取回云云。已专函往局查问，统俟收到，并沪道批解到齐，另牍具复也。专泐奉布，抄件附呈，敬请钧安，伏惟垂鉴。

---

① 摩士顿，即波士顿（Boston）位于美国东北部大西洋沿岸，是马萨诸塞州（Massachusetts）首府。檀香山驻美阿公使（Elisha Hunt Allen，1804—1883）出生的马萨诸塞州新塞勒姆（New Salem，Massachusetts），位于波士顿北郊，相距仅 24 公里。

② 金税司，即金登干（James Duncan Campbell，1833—1907），出生于苏格兰首府爱丁堡（Edinburgh，Scotland）。1859 年进英国邮政局工作。1862 年进中国海关在伦敦代理机构工作。1863 年来华，任海关总税务司署的总理方案，并主管财务稽核。1868 年经赫德推荐，由总理衙门派往欧洲活动。1873 年任中国海关驻伦敦办事处税务司直至病逝。其与赫德交往甚密，来往函电已由中国社会科学院近代史研究所和中国第二历史档案馆汇编成《中国海关密档——赫德、金登干函电汇编》。

③ 吴总办，即驻美肄业局总办吴嘉善。

照录清折：照录金山陈总领事申呈

窃照本年正月十九日奉札开："和众轮船初次进口，被征额外税钞一案，经本大臣先后照会美国外部商办各在案，兹接该外部两次照复，合就粘录札行，札到该总领事，即便遵照，传谕东和商人，向该税关，将前被征额外税钞银两，如数取回完案，仍一面将收回日期申复，以备查考"等因。奉此，遵即传谕去后，兹据该商禀称："已于三月初七日将被征额外税钞洋银一千一百三十圆，如数取回。"经查验无讹。

除饬该商存储列报广局，并移知查照外，理合具文申复，仰祈宪台查核，为此备由申乞照验施行。

须至申者。

照录复夏威仁国驻美阿使函

敬复者：

昨接洋四月十五号来函，得悉近日华人前到贵国者，有三千之多，想系闻贵国相待有礼，是以肯来也。

其美船搭客有患痘症者，以本大臣测之，必系船至中途其症始发，谅华人远涉贵境，意在谋生，断无在中国时已经患病，而肯落船出外，不顾性命之理。

特杜京一船，讳而不报，致此症传染多人。

舌添麻一船，亦不尽报，且将搭人数少报二百名，实属不合耳。

本大臣业已准照贵大臣所请，将来函所开事理咨报本国设法查办矣。

至里利阿船到埠载来华客抗不登岸一层，据本大臣所闻，实因去各舌添麻船载来搭客内有痘症，遵贵国例在沙洲盖屋栖止，竟被揽头李六古、金古玉等串通各雇主，即在沙洲屋内写立合同，逼往别岛佣工，并限以每月工资八圆，收领两年上期工价，尚不足填还船资，故里利阿船华人闻风畏惧，欲就原船返华，不愿登岸，并非敢抗不遵例，恃众混闹也。

查舌添麻船客避疫已经期满，揽头等逼勒如故，不准入埠，经我国商董陈国芬延有律师，向地方官辨论，地方官竟谓贵国立有新例，须实有工做，始得进埠，现在再向按司上控，曾否秉公断定，尚未据报。

我国官府前因华人出洋有被逼佣工，不得自主情弊，是以今年章程，凡出洋者，必须自备川资，有殷实铺户保结，由关道给予执照，下船临开船时，又委员到船查讯，委无借欠船钱，订立合同等弊，始准前往，否则撤回。

是华人搭船出洋，或贸易，或游历，或技艺营生，均应谓之“搭客”，不得谓为“工人”，即间有出洋日久，谋望不成工作糊口之辈，亦不应于其初搭船到埠时，即预指为“工人”。既非“工人”，即不应，须实有工做，始准进埠。

若如舌添麻船客案，地方官既偏听揽头谰言，断以新例。里利阿船客，地方官又发兵吓逼，是直将搭船华人概以工人相待，不特与我国章程不符，亦恐深为贵国声名之累。

贵大臣与本大臣交谊至好，且设立商董时，曾蒙贵大臣函致贵国政府先容，故敢向贵大臣详切言之，务望贵大臣函达贵国政府，请地方官删苛例，毋为揽头所惑，优待我国民人，与待各大国民人一样，并设法帮助陈国芬，俾其易于称职，本大臣实有厚望焉。耑泐复布，顺颂时祉。

《钦定总理各国事务衙门清档》第252册，北京大学图书馆藏

（二十五）咨报檀香山华工和改领事等事

光绪七年五月初八日（1881 年 6 月 4 日）

七月初八日①，法股抄付出使大臣陈兰彬函称：

五月二十日②，接奉二月二十三③发来美字二十一号赐函，诵聆诲示。

前因檀香山地方官设立苛例，谓须实有工做，方准入埠，以致搭附德国轮船之华人到岛，有被其逼立合同事，经陈商董延用律师驳辩不胜，兰彬思彼处创立此例，明系偏袒揽载欺人，已将历次函件抄寄广东，并备文咨请查办，适值该国驻美阿使信来，遂具原委布复，昨已接到复函。

兹又将改设领事一节，致函阿使，请其先行通知该国，一俟复到，当即给付凭札，颁发关防也。

何天爵④回美，日前亦来见一面，旋即辞回哈富。据称渠下月仍须回华，晏公使⑤秋间必回国等语。

---

① 七月初八日，1881 年 8 月 2 日。

② 五月二十日，1881 年 6 月 16 日。

③ 二月二十三，1881 年 3 月 22 日。

④ 何天爵（Chester Holcombe，1844—1912），生于美国纽约州温菲尔德镇（Winfield，Herkimer County，New York），毕业于美国联合大学（Union College），1869 年来华传教和办学。1871 年辞去教职，先后任美国驻华使馆翻译、头等参赞、代办等职务。1885 年回美。著有《华游志略》（*The real Chinaman*）。

⑤ 晏公使，即美国驻华公使安吉立（James Burrill Angell，1829—1916），生于美国罗德岛州锡楚埃特（Scituate，Rhode Island），1845—1849 年就读于美国布朗大学（Brown University），1853 年任教于布朗大学。1860—1866 年任普罗维登斯杂志（The Providence Journal）编辑，1866—1871 年任佛蒙特大学（University of Vermont）校长，1871—1909 年任密歇根大学（University of Michigan）校长，1880—1881 年作为特使派往中国修改中美条约。1897—1898 年作为特使派往土耳其。

照录清折：译录夏国阿公使来函

四月十五日到

敬复者：

今早由布士顿[①]寄到贵大臣四月初八日来函，聆悉壹是。当即将来函辩论各节，转报本国政府，一俟接到复言，再将我国办理本意知照贵大臣，彼此自可释然于怀。

贵国于华民出洋，必先稽查明晰，方许出口。我国亦愿于华民到后，公平相待。至船只由中国开行，搭客有患痘症者，传染于夏国，不惟夏民受害，即华民亦同罹此祸，其惨伤之处，为贵大臣所共见，想行文贵国时，必能力请，遇船只开行赴夏国者，详加查验，以防疫症之害，能于验后，给予平安执照，方准出口更佳，望贵大臣裁之。

来函所称，贵大臣与本大臣交谊殷渥，实深纫佩。我国处太平洋与贵国为邻，但愿彼此互通款曲，永敦睦谊。我辈交情，亦日久而弥笃。

肃泐布复，敬请钧安。

夏国公使阿莲书

---

① 布士顿，即波士顿（Boston），位于美国东北部大西洋沿岸，是马萨诸塞州（Massachusetts）首府。檀香山驻美阿公使（Elisha Hunt Allen，1804—1883）出生的马萨诸塞州新塞勒姆（New Salem，Massachusetts），位于波士顿北郊，相距仅24公里。

照录檀香山商董陈国芬开列春季清册

四月初五日发

一　在税关查得，春季分共进口华人二千三百一十名。

一　在税关查得，春季分共出口华人二百名。

一　春季分并无投诉案件。

一　春季分交涉案一次，缘二月十八日舌添麻轮船搭客侯艾全等禀称："痘期已满，苦押不放，并逼令立合同做工"等情，业已另禀在案。

一　查得春季分华民在该国犯例监禁者，共十七名，内：犯吸食洋烟及私带洋烟监禁者十名，犯赌博禁监者六名。另有梁龙一名，系香山县人，缘向新会人夏利讨债不遂，即将夏利斩伤毙命。今经该国官吏审断，以梁龙情属故杀，业拟问吊监候。因情节较重，理合陈明。

照录致夏威仁国驻美阿公使函

四月廿四日发

敬启者：

本大臣接奉总理各国事务衙门来文，内开："附奏改派现驻檀香山国商董陈国芬为领事官，由贵大臣转饬遵照等因一片，奉旨：'依议，钦此。'"恭录谕旨，咨行到本大臣，奉此。

查上年派设商董陈国芬，驻扎檀香山，诸蒙贵大臣雅意，行文贵国政府，为之先容，实为寅感。

此次改派该商董为大清驻扎夏威仁国领事官，除由本大臣札委该领事官陈国芬钦遵办理，由该员呈请贵国发给准照外，仍请贵大臣据情知照贵国政府，循例发给准照，俾该员得以莅任视事，并望贵国推诚相待，使该员得尽职办公，曷胜盼切。

顺将委派领事官札稿钞录附览。敬请升安。

节录金山陈总领事致参赞函

五月初一日到

兹昨廿三日，招商局美富轮船到埠，共载来华人三百六十三名，一切平安，税饷均照常例收纳，尚无苛刻之处，特此奉闻。

此间，贩卖猪肉，不拘礼拜，向皆照沽无异。乃前礼拜日，即中历四月十九日，忽拿去屠户数十人，谓其礼拜贩肉，有干例禁。经嘱利律师代其办理，今已释放无事。

又，中美新约有禁洋烟入口一条，而彼现在仍准照常例入口，特于埠内散卖烟膏之家，除加税外，另立领牌一例。每牌大小约费五十元、三十元不等。亦经该商等嘱托利律师办理，今亦将此例删除矣。

至哥罗拉度剪花埠一案，华人延有状师办控，当俟傅领事函取案卷，译齐送阅。

节录前东洋翻译洋员麦嘉缔由纽约来函一段

本省有光棍穆飞者，数日前，突入第八街三华中国洗衣馆，打劫馆主，并其伙伴，抢去银洋五十圆，嗣在公堂审究，后经陪审官断定，其罪当穆飞入监之项。

主簿施米士向该犯云：近来别省顽民每见业洗衣之华人，辄生妒忌，而有侮慢之心，此风已炽，汝等偷惰自安，不顾廉耻，见夫华人正经为业，不思敬重，反欲加害，小则抢劫钱财，大则甚至伤命。我今甚愿晓谕于众，此等之事，虽别省顽民或有偿其所欲者，若本署有权力能到之处，无论何远，必极力保护之，必使侮慢华民之风除之务尽，顽党不能自由。夫华民旋居此土，静心耐劳，循规蹈矩，按照美国之例，自应保护。此番公堂断定罚汝重刑，亦以为将来别的顽党再有扰害无辜华民之鉴重刑，惟何则定汝入坐本省大监两年。

《钦定总理各国事务衙门清档》第 255 册，北京大学图书馆藏

（二十六）咨报近期外交情况和撤回肄业局原委始末

光绪七年五月廿一日（1881年6月17日）

七月二十四日[①]，出使大臣陈兰彬函称：

本月初八日[②]，泐布华字第四十七号函，谅获仰邀钧览。

十九日[③]，接奉三月初九日[④]发来美字二十二号函称，备聆诲示。

幼童肄业一局，此时若不裁撤，必须由华遴派一有胸襟、有干局之员，来美专办，扫除其迹而更张之，或可望挽维于万一，断非留交使署苟且敷衍可以补已破之甑、回既倒之澜。

兰彬于二月底接到少荃中堂函谕，亦欲查照吴编修[⑤]后议，将撤留若干，界划清算，以免弊混。惟再四思维，撤局留人，弊且滋甚，故未敢明知其无益而将就奉行，业经迭函津门，将使署纷杂势难兼顾，另起炉灶，费不能省，以及大书院无别课程，久留未必有益。此等事无关交涉，撤局无伤颜面，各实情罄陈无隐，现尚未接少荃中堂复函，未知如何定见。

兰彬缘此事在此间受尽委屈，接到少荃中堂函件，不得不商之容副使及吴编修。始犹谓："容副使别有意见，吴编修当可商量。"不料渠亦阴险变幻，令人叵测。使署距哈富二千余里，见面不常。自去冬至今，所得吴编修信函，非闪烁其词，与津门不相符合，即挑剔字句，与此处故相纠缠。

比曾有人言："吴编修专欲令兰彬为难，其始明知副使改装

---

① 七月二十四日，1881年8月18日。

② 本月初八日，1881年6月4日。

③ 十九日，1881年6月15日。

④ 三月初九日，1881年4月7日。

⑤ 吴编修，即吴嘉善。

娶妇、养有儿子，不愿撤局回华。特建撤局之议，请少荃中堂责成兰彬定计，以为可使鹬蚌相持，及出示津门所来各件，副使知撤局，知议非起自此间，必将怨有所归，遂变为留交使署之说。倘兰彬允其兼办，必将又有轇轕牵缠，不闹至决裂不止”等语。悠悠之口，兰彬未敢据以为信，但将数月以来所有往复文函抄寄津门，冀悉底里。

兰彬奉使在外，凡有关涉中国事件，从未敢以度外置之。况此局兰彬本起初在事，加以贵衙门及少荃中堂苊廑萦，岂敢存膜视，奈此间三心两意，实在难以相商。兰彬非万分无奈，所上少荃中堂函内，亦不肯如此率直激切。

此时此局，应撤应留，专候少荃中堂裁定。惟议撤则望其责成吴编修将携带幼童销算经费等事，一切经理完竣；不撤则望其由华遴委妥员来局交替，不至吴编修强交使署，撤手即行，漫无归宿。此则私衷所祷切而未卜能否邀准者，伏乞矜鉴下情，函商少荃中堂俯准照办，则感篆实无涯涘也。

中美新约，前因报馆所刻与汉文不符，亲往外部，欲取画押洋文原纸一看。据称已送议院后，知议院已经画准，再往外部。

又称已寄中国互换，而外间所传，则谓观审一条，实但专指内地，即修订之笛公使，亦对署内洋员柏立谓原有在中国内一句，可否仰恳贵衙门饬将画押洋文原纸照摹一分寄来，俾得校阅，更为厚幸。

檀香山改设领事，昨接到阿公使复函，当已给付委札，并刊发木质关防，谨另牍咨复。

大行慈安皇太后大事，前接电示，拟候奉文，始行成服。兹接贵衙门三月十七日[1]行知另件，已系盖明蓝印，遂借以知会

① 三月十七日，1881年4月15日。

外部，并电饬金山、古巴、檀香山等处，均一体于二十日起缟素哭临矣。

专泐奉布，抄件附呈，敬请钧安。伏惟垂鉴。

照录抄单：译录夏国阿公使复函

五月十二日到

敬复者：

今早接到贵大臣来函，欣悉陈国芬奉派为大清驻扎夏国领事官，并承钞示札文各件，均经诵悉。

本大臣与陈国芬相识多年，其为人正直英敏，知必能敦两国之友谊而称厥职。本大臣当即据情知照我政府，此次派委得人，私心欣慰。

本大臣素怀睦谊，且与贵大臣交情殷渥，诚乐为转致者也。

专此肃复，敬颂勋安。

照录驻日参赞照会外部函稿

照得本参赞接奉国家来信，闻我大行慈安端裕康庆昭和庄敬皇太后，于三月初十日戌刻晏驾，即西历一千八百八十一年四月初八日，本参赞不胜哀怆，除遵制服缟素外，礼应讣闻。

顺候日祉。

黎庶昌押。

译录外部唁函

敬复者：

昨日接到贵参赞来信，内开不幸接得慈安皇太后上宾信息，本大臣当将此凶信上达我君主。

中国国家遭此大故，本大臣理应请贵参赞转报贵国国家道本部院及我君主深为惋惜，我国所愿望者，是中国之盛且大也。

顺颂日祉。

外部，未押。

照录致美国外部照会

五月十九日①

为照会事：

前准本国总理各国事务衙门电信，惊闻大行慈安端裕康庆昭和庄敬皇太后，于本年三月初十日晏驾，哀怆不胜。兹已接有蓝印公文，本署准于本月二十日遵制成服。理合知照，为此照会。

须至照会者。

译录美国外部照复

为照复事：

昨日接准贵大臣来文，惊悉慈安端裕康庆昭和庄敬皇太后，于本年三月初十日晏驾，贵国遭此大故，我伯理玺天德与我国人闻信之余，无不同深惋悼，望贵大臣将此意奏明贵国大皇帝为盼。

须至照复者。

---

① 五月十九日，1881年6月15日。

照录肄业局吴总办嘉善来咨

正月初九日[1]发，正月初十日到

为咨商事：

拟撤肄局一事节，经钦差办理北洋通商大臣李函开，交付与贵大臣妥为商办。或全撤，或渐撤，曾经面商，及叠次往返函商，均未能确实定妥。

兹体查现在情形，全撤终不如渐次抽遣之尤为善行无迹。现拟抽调愚鲁懒惰及花费不知节用者二三十名，先由敝编修管带回华，面陈事宜，亲承指示，或再奉派来局，或另委有贤员以善其后。缘此，拟将现存经费并一切局务迫行移交贵大臣暂为收管，兼督饬各学生书馆功课支应，以免松懈。是否尚可通融，或实有碍屈尊，望即赐为迅复，不胜濡笔延候之至。

再，敝编修自入春以来，腿疾旧患复发，不亟回国就医，病必误公。尤乞贵大臣体念时局，轸恤下情，俯赐慨允，实为德便。相应咨请察核施行，须至咨文者。

照录复咨

正月十一日发

为咨复事：

本日接准贵编修咨开：“拟撤肄业局一事，节经钦差北洋大臣李函开，交付与贵大臣妥为商办。或全撤，或渐撤，曾经面商，及叠次往返函商，均未能确实妥定。兹体查现在情形，全

---

① 正月初九日，1881年2月7日。

撤终不如渐次抽撤之尤为善行无迹。现拟抽调愚鲁懒惰及花费不知节用者二三十名，先行督带回华面陈事宜，亲承指示，或再奉派来局，或另委贤员以善其后。缘此，拟将现存经费并一切局务迫行移交贵大臣暂为收管，兼督饬各学生书馆功课支应，以免松懈。是否尚可通融，或实有碍屈尊，望即迅为赐复。再，入春以来，腿疾旧患复发，不亟回国就医，病必误公。尤乞体念时局，轸恤下情，俯赐慨允。相应咨请”等因，阅之骇异。

查同治年间，南北洋大臣奏设肄业一局，已阅六七年之久，方有公使来美。去年经贵编修迭次陈请北洋大臣准议裁撤。则无论全撤半撤，局务系贵编修专政，总应由贵编修一手经理，咨明南北洋大臣将幼童遣送、局款销缴。一切完结，然后起程，方为正办。今乃抽带二三十名先行回华，听候或奉派再来，或另委善后，此等办法或者贵编修身任该局总办，行止得以自由，不必虑及擅离职守，亦不必咨候南北洋大臣复文，本大臣均未便置议。

现拟将现存经费并一切局务移交暂管一节，前此面商，及节次函复，已将奉使三国，事务纷繁，种种窒碍，不能兼顾实情，再三奉告，万望贵编修曲加体量，切勿移来，倘勉强移来，本大臣亦断不敢应允接受。特此声复。

再，本大臣去冬接到津门来函，始知有力请撤局之事。北洋大臣李两次来函具在，实无交付与本大臣妥办字样，合并声明。

须至咨文者。

节录所致李傅相函稿

哈富一局，自同治十三年兰彬回华后，接办者少有信函，间有修候之书，亦从未提及办理情事。

及前年抵美到局暂驻，见存局之经史人谱等书，皆束高阁。幼童之来谒者，多系第一批认识诸人，余外寥寥。每询调考巡课各旧章，似不复举办，含糊答应，已知其诸务废弛，久将不可救药。缘其时随行人众，恐滋口舌，致有猜嫌，未便显加指摘。故只讽海峰[①]回华，而拟将局务全交元甫[②]经理。虽事多牵掣，未敢信元甫必日起见功，究系起首共事之人，凡事可以商略，可以责成，或冀补牢于万一。奈又变生意外，元甫接办帀月[③]，即丁艰回籍。兰彬与树冬[④]远在欧洲，在美者惟知意气相争，置大局于不顾。各童年长习深，心无严惮，遂益弛纵而不可究诘。

本年回美，力劝子登[⑤]以整顿。虽子登系纯甫[⑥]所推荐，交谊比别人较好，而总觉收拾不来。前复总署函内，已约略言之，亦经录稿呈览。窃尝自维前此料事不彻，办理无效，兰彬已咎无可逃，长兹敷衍以终，兰彬益罪无可逭。惟是局事应由子登细察通筹，故裁撤一语，兰彬因未接过子登函商，实有不敢先行遽请者，伏承中堂当几立断，并嘱密与筹商，不必谋之纯甫，

---

① 海峰，即第二任驻美肄业局总办区谔良。

② 元甫，即第三任驻美肄业局总办容增祥。

③ 帀月，满一月。

④ 树东，叶源濬（？—1879），字绪东，亦作树东，江苏江宁人。同治十年（1871）入曾国藩幕。同治十一年（1872）随陈兰彬携带第一批幼童赴美，任驻洋肄业局中文教习。同治十三年（1874）随陈兰彬赴古巴调查被虐华工。光绪元年（1875）与陈兰彬回国协助清政府与西班牙商定古巴华工条款。光绪二年（1876）由陈兰彬奏调为出使美日秘随员。光绪四年（1878）随陈兰彬出使美国，任参赞。光绪五年（1879）随陈兰彬赴西班牙递交国书时，十月十七日因病殁于法国巴黎。

⑤ 子登，即第四任驻美肄业局总办吴嘉善。

⑥ 纯甫，即驻美肄业局帮办、出使美日秘国副大臣容闳。

尤为体贴周至。

兰彬念设法裁撤，总须管局者主政，于接奉赐函之次日，即致函子登，嘱其查照办理。若何定规，尚俟文函再布也。

十一月十五日[1]

正月廿八日[2]，接奉十一月十九日咨行，适总署亦有包封递到，兰彬恭读寄谕，自应以查参劣员，设法整顿为先。惟念吴子登身为总办，既已力请撤局，则挽救当属万难。故自去冬接准钧函后，屡致函牍，无非欲子登筹有撤遣章程，据复核办。因子登意似游移，言无实际，是以未能径用公牍咨呈。此时谕旨或谓原定十五年，今据裁撤，有似半途而废。不知外洋书院虽由小而中而大，其实皆按年递进，俟读书期满，然后随其资性所近，专习天文、律算等学，至于制造技艺，尤须身居厂肆，始克有成，并非在院诵读多年，遂无所不晓。

兰彬于各童虽罕获见，而但计自设局至今，已将十年，即尾批到局，亦五六载，于外洋语言文字，必皆谙通，再留数年，自当逐渐进入大书院，但大书院并非别有课程，不过优游涵泳，因以广结，纳树声援。若系洋人，则毕生凭藉所系。不入大院，犹之不登科第，他日谋干，无系无援。中国学生固无须此。及今撤回，择其上者派充翻译、通事，次者令在津沪各局专学一艺。中国现设各局，均延有洋师，可以资其肄习，即或不甘自囿，亦应如遣往欧洲各生，欲学何艺，径投何厂。大约二三年亦可学成而归，不必徒鹜大书院之名，长其浮薄。曾兰生之子

① 十一月十五日，1880 年 12 月 16 日。

② 正月廿八日，1881 年 2 月 26 日。

曾溥、曾笃恭①，俱入过大书院者，本领亦可概见。故裁撤此局，本系因时制宜，不甚系于弊之有无，有弊则裁撤宜亟耳。

① 曾兰生（1826—1895），亦有误作“来顺、礼逊”，字恒忠、芝亭，英文写作 Tseng Laisun、Chan Laisun 或 Zeng Laisun。祖籍广东潮州海阳（今潮安），生于新加坡。1843 年，由教会资助前往美国读书，1846 年就读于纽约汉密尔顿学院。1848 年，回国后，在香港、广州等地工作。1850 年娶毕业于教会学校的华巫混血儿（即娘惹）Ruth Ati 为妻，育有三子三女，Annie Laisun（1851—?）、Lena Laisun（1853—1914）、曾溥（1854—1889）、曾笃恭（1857—1917）、Amy Hanbury Laisun（1865—1886）。1853 年，辞职往上海营商。1866 年曾在福建船政学堂任职，担任后学堂航海教授英人嘉乐尔（James Carroll）的助手和翻译。1871 年任留美幼童英文教习，1872 年全家随陈兰彬携带第一批幼童赴美。1875 年经欧洲回国后任天津海军公所翻译。1892 年曾兼任亨达利洋行（Vrard & Co.，L.）翻译。

曾溥（1854—1889），字子穆，又作子睦，英文名 Elijah Thien Foh Laisun，曾兰生长子。1872 年作为第二批幼童赴美。1874 年考入耶鲁大学谢菲尔德科学学院（Sheffield Scientific School，Yale University）学习土木工程。1875 年因剪辫被驻洋肄业局除名，继续在耶鲁大学就读。1877 年毕业，是 120 名幼童中第一位毕业于耶鲁大学并取得学位的学生。毕业后又往德国弗赖堡大学（University of Freiburg）学习采矿业研究生课程一年半。1881 年回国后，在开平矿业局任矿业工程师。1889 年 12 月 7 日在香港病逝。

曾笃恭（1856—1916），又名曾磐或曾天乐，字子安，英文写作 Spencer Laisun、Spencer Tsen Lok Laisun、Spenser Thien Lok Laisun、Spenser Tseng Laisun、Spencer T. Laisun，亦作 Tseng Tuh Kun，曾兰生次子。1871 年前在香港中央书院学习（Government Central School，Hong Kong）。1872 年作为第一批幼童随陈兰彬赴美，入读埃尔姆街文法学校（Elm Street Grammar School），1873 年考入斯普林菲尔德高中（Springfield High School），1874 年入读斯普林菲尔德学院（Springfield Collegiate Institute），1875 年考入耶鲁大学霍普金斯文法学院（Hopkins Grammar School，New Haven）。1876 年返校复学。1877 年退学。1881 年与黄开甲合办翻译代理社。1883 年任李鸿章翻译，兼上海会审会审公廨翻译。1883—1884 年与黄开甲合伙在上海南京路 31 号开办翻译华洋公事馆（Laisun & Co.，Public Translators and Interpreters. House and Land Brokers）。1885 年任美国驻镇江领事馆翻译。1886—1888 年派往新疆喀什。1890—1906 年先后任上海《北华捷报》（*North-China Daily*）和天津《字林西报》的翻译和编辑。1905 年加三品衔候补知府，担任耶鲁大学中国校友会副会长，帮助编译校友会目录。1906 年在南京任两江总督端方的外交顾问。1908 年改任上海道台的外交顾问。1916 年病逝于天津。

子登未可久留，诚如正月二十日电示，但听其先行回华，留此不了之局，恐日后益不成事体。①

兰彬此次复奏，已索性将局之应撤，及责成管带之处，显露其端。

---

① 光绪七年正月初九日，陈兰彬致电李鸿章："夏国陈商董报接外务文，国王游历各国，约二月可到中国。初九日。"见：《驻美陈使来电（光绪七年正月十九日到）》，（清）李鸿章撰，顾廷龙、戴逸主编：《李鸿章全集》（21），电报一，安徽教育出版社，2008 年，第 13 页。

正月十三日，陈兰彬致电李鸿章："接吴子登文，要自带二三十幼童回华，余事弗管，请即电止起程，饬其经理完结。正月十三日。"见《陈使由华盛顿来电（光绪七年正月二十一日到）》，（清）李鸿章撰，顾廷龙、戴逸主编：《李鸿章全集》（21），电报一，安徽教育出版社，2008 年，第 13 页。

正月二十二日，李鸿章复电陈兰彬道："接正月初九、十三两电，均悉。檀香山国王若来津游历，当妥为接待。子登何以遽带二三十幼童回华？已发电劝止。乞与商经理完结。恐彼未可久留，又无觅人往替，如真无功效，弗如及早撤局省费。请速筹定，勿辞。"见《复陈使（光绪七年正月二十二日）》，（清）李鸿章撰，顾廷龙、戴逸主编：《李鸿章全集》（21），电报一，安徽教育出版社，2008 年，第 13—14 页。

正月二十二日，李鸿章又致电吴嘉善道："闻有自带二三十幼童回华之说，务请与陈公妥商，将此事经理完结，乃可起程，切勿着急。"见《寄吴子登（光绪七年正月二十二日）》，（清）李鸿章撰，顾廷龙、戴逸主编：《李鸿章全集》（21），电报一，安徽教育出版社，2008 年，第 14 页。

正月二十六日，李鸿章又致电陈兰彬："格兰德来函，幼童在美颇有进益，如修路、开矿、筑炮台、制机器各艺，可期学成，若裁撤，极为可惜。子登冬月函称，已入大书院者，满期甚近，可交费，由钦差经理，余酌量撤回。其总办以下人等可裁，亦是办法。乞与莼甫等商定。"见《寄陈使（光绪七年正月二十六日）》，（清）李鸿章撰，顾廷龙、戴逸主编：《李鸿章全集》（21），电报一，安徽教育出版社，2008 年，第 14 页。

二月二十日，李鸿章收到陈兰彬来电："目前复奏，已言裁撤此局，应由中堂奏明。顷接电示，知子登又有变计，应否撤局，自由尊裁。惟兰彬弗能经理，万乞鉴原。莼甫如何，由其自报。"见《陈使来电（光绪七年二月二十日到）》，（清）李鸿章撰，顾廷龙、戴逸主编：《李鸿章全集》（21），电报一，安徽教育出版社，2008 年，第 15 页。

折稿另牍抄呈，敬恳中堂权衡早定具奏撤局折内并声明，着令子登亲带各童回华，交代局中教习各员，均须回华，即均可管带，并非责子登以难办，且有谙洋文洋语之学生，即可择派用作途中通事，比之前此分批带来，止仗一通事料理者，已较易矣。

倘奉有谕旨，则阻挠作祟之人，或当见晛而消，是撤局非徒省费，亦实省多少藤葛也。不揣冒昧臆见直陈，伏候钧裁。

二月初六日①

拟撤肄业局一节，去冬接到钧函后，即微闻有人遍托各院掌教，并格兰总统②，函致津门，犹疑其别有私事也而置之。兰彬离局多年，于各童近年学业何似，实未深知。果能如格总统所言，自应勉以卒业，不可废于半途，然外国书院章程，率系读书期满，然后随其资性，各专一家。上焉者，天文、律算，其次器局、兵船，亲执艺事，今各童院期尚未报满，窃恐所言种种技能，或亦徒望读其书而未能章程其效也。

子登去腊复函，尚有劳怨不敢辞之语。开正后，乃支离其词，且除公牍往复外，并无一字相商，犹以为嘉平念间，催得副使③往局，始图变卦，不知其早已有函上尘钧听，一面与兰彬言撤局，一面向中堂求留人，时而谓此局不可救药，时而谓书院将届满期，彼此不相符，前后不相顾，其居心何若，姑勿深求，但迹其所言，实系自图一己脱身，全置大局于不顾。幼童出洋，派有总办、教习各员，设局经管。果照原定章程，认真

---

① 二月初六日，1881年3月5日。

② 格兰总统，即美国第18任总统格兰特（Ulysses Simpson Grant，1822—1885）。

③ 副使，即出使美、日、秘三国副大臣容闳。

举办，则约束讲贯，调考巡课，以及各童之服食用度，一一周到，事端之繁琐，实与寻常局务迥殊，不过丧心无耻者为之，遂觉除支放经费外，竟无所事耳。

今渠拟将总办以下各员概行撤退，而各童及经费留交使署。使署人事纷烦，无专管之员，无调集之地，无督课之时，种种碍难，前已再三向渠声说，倘仅按月按季支与各童例费，而约束训课等事，但以使事余暇偶一及之，窃恐将来流弊益滋，必不仅如寄谕所谓废弛。若欲稍稍支拄，又须设局派员专责料理，是名为撤局省费，实则从新开局。细想无此事体，而况随时[①]乏员，实无妥人可派乎。

兰彬因撤局之议，起自子登，以为身在局中，利弊周悉，所言当必不谬，故于奉到寄谕复奏折内，冒昧言之，不料其反覆若此行为。兰彬即凛遵迭次钧函，欲与筹商，亦必无一句可靠之语。故接奉电示，当即告知副使，嘱其如何主见，自行布闻。兰彬自揣不能经理，亦径由电具复。此时此局，应撤应留，总候中堂裁定，兰彬不敢复。惟撤则销算局款，交代幼童等事务，恳责成子登料理完结，然后旋归。不撤，则子登即不愿久留，亦恳饬其暂候，由华遴委妥员到局交替。兰彬断不敢承揽兼顾，致滋贻误。所有下情，不得不罄臆披沥，激切繁复，并乞鉴原。

二月廿二日[②]

再密肃者：

兰彬出使随员大氐有人推举，惟子登系毛遂自荐，随使初志，似甚坚也。到美未经派事，渠驻肄业局五月有余，即谋为

---

① 随时，疑为笔误，当为“随使”。

② 二月廿二日，1881 年 3 月 21 日。

总办，曾与副使密商。赴日后，又屡由沈县丞[①]致函密订。彼时绝不令兰彬得知。迨前冬接奉钧函，局亟需人，并悉副使称誉极洽。因即奏换驻日参赞，便其遄行。在日都就道欣然，方谓督课或其所长，该局有赖。去夏旋美，趋晤，则见其日弄机器化药，于各童神情隔膜，局事亦不肯谈，亦但疑其别有同心，不愿旁人参预耳。冬间，两次奉示，始知其早已力请撤局。正在致函往问，渠已到来，言此局不可挽维，应得尽撤。兰彬语以如何办法，可呈报南北洋大臣核定，我处决无阻挠，如果拟有章程，祈即见示。渠嗣后惟约副使相商，游移变幻，一面言撤，一面言回华请示，言回华再来，言派员帮替，令人叵测。正月初，竟递公牍，说要带三二十人旋华，余悉留交正使。并有人云子登明知南北洋大臣未经奏明，但欲给此间一诺，则发通咨，谓由兰彬允行，陷以专擅之罪。当时兰彬于人言，亦不尽信，惟以接办种种，碍难自揣，实难经管，当即驳复，幸荷电止其行。随又接寄谕，月来乃稍靖息矣。外洋风尚险诈，一获售其机械，则得意洋洋，最易耳濡目染，以中国读书登第、名列清班、自命为醇谨老成之人，到洋曾未几时，辄尽效彼等伎俩。因此，思各幼童上智不移，能有几辈，恐他日久沾恶习，人人效子登所为，已有不堪设想者。况迁流所极，或且过之乎。

窃维数年来，办局除副使勿计外，由海峰而子登，并似有江河滔滔，趋而愈下之势，乌从得回澜巨手作砥柱而障百川。即使中堂罗致有人，到此与副使龃龉，或顿形决裂，或虚与委蛇，事弗完成，终必受人訾议。兰彬无足轻重，宪将来中外悠悠之口，并不谅中堂苦心。是以再四筹思，总觉趁此裁撤为是。管见如是，是否有当，仰候钧裁。

---

① 沈县丞，即驻美肄业局汉文教习沈金午。

至于子登，系衙门前辈，异域同来，诚不愿谈及彼短。惟见其好为反覆，且阅其去年上钧处之函，又有夸诞之词，欲谋别事，矜情饰貌，欺罔迭呈。兰彬心所谓危自不可不密布于大君子之前，用冀备知底蕴。

本初三日①，接奉正月二十五、二十九，二月初六等日②三次赐函，备聆中堂于哈富局事，筹示殷详，理应亟行遵办。惟是留交使署之说，原系子登暗变前言，不特未经上陈之先，并无片言商酌，即既经函请之后，亦无只字通知。迨兰彬接到二月中旬来电，知有此议，则已在具折复陈，并函恳奏办之后。以事体论，此时自应听候谕旨，及钧处复函，方好定夺。故日前子登函问何日交接，即复以此，意殊子登大不相谅，竟以为不应提及候谕，故意刁难。兰彬于子登，自谓无所开罪，不知渠何以藏怒宿怨，令人转喉触忌，始终不容有一语商量。

肄业一局，并非交涉事件，与外人毫无损益，而此间乃自生枝节，前既以不请留局，招莼甫之尤；今又以不急办，逢子登之怒。左右为难之处，笔难具陈。惟有仰恳中堂权衡，早定将此局之应撤应留，奏明办理，明示饬遵，不必再令此处筹商，徒滋口舌。

倘蒙于具奏后，电饬子登静候旨意，免其转向搅缠，无理取闹，则感篆更为无既。

四月初八日③

再肃者：

肄业局事，迭经函陈，此时或撤或留，想钧处必已裁定，

① 本初三日，1881年4月30日。

② 正月二十五，1881年2月23日；二月初六，1881年3月5日。

③ 四月初八日，1881年5月5日。

札函在途。兰彬惟应静候凛遵，毋容多渎。惟子登请全撤局员，留各童交使署经理之说，兰彬再四思维，始终有所未喻。

使署无专管之员，无训课之地，而且人事丛杂，应接烦喧，种种不能兼顾之处，姑不赘论。即论费用之省不省，亦惟撤去若干，尚属节省。其留者则一切修金、馆租、衣食、器用等费，均不能省。

照子登所言，似可省总办、教习薪俸。第思均是公事，使署倘有冗员，何敢故分彼此。奈兰彬随带各员，除分派金山、马得力、古巴等处外，在署之翻译、供事，既不足以监督各童。其曾经读书，稍知门径者，如陈郎中嵩良、曾主事耀南二人，又经管诸务，几于日无暇晷，断不能复责以巡察、训课等事。

从前元甫虽兼参赞，不过冀局事不致隔膜，究系驻局者。其常而到使署，其其偶或此间要件须与副使相商，藉资斟酌而已。与陈曾二员情事固有不同也。

或又言丹崖[1]出使，曾兼监督。但丹崖系初为监督，继为参赞，后乃驻使德国。其所带学生，由日意格[2]派布专投某船练

① 丹崖，即李凤苞。

② 日意格（Prosper Marie Giguel，1835—1886），出生于法国洛里昂（Lorient），咸丰六年（1856）英法对华发动第二次鸦片战争，随法国舰队来华，参加侵占广州的战斗，随后任管理广州事务的外人联合委员会的检查官。咸丰十一年（1861）任浙海关（宁波）税务司，因宁波被太平军攻占，转往上海，作为翻译，参与组织军事力量镇压太平天国。同治元年（1862）与胡雪岩等募华勇，组成中法混合军，名曰“常捷军”，出任帮统，但战斗中受伤回国。同治三年（1864）返华统领“常捷军”攻打太平军。同治六年（1867）任福建船政学堂副监督。光绪元年（1875）带领船政艺徒赴欧考察。次年回华。光绪三年（1877）任留欧学徒副监督，与监督李凤苞携带福建船政学堂艺徒赴欧留学。光绪十二年（1886）病逝于法国戛纳（Cannes）。著有《福州船政局及其成果》（*The Foochow Arsenal, and Its Results, from the Commencement in* 1867, *to the End of the Foreign Directorate, on the* 16*th February*, 1874）和《1864 年中国内战回忆》（*Journal of the Chinese Civil War*：1864）等。

习，无须兼课中文。日意格在巴黎亦贷屋设局，同一洋副手专管其事，并有华员黄小峰[1]助之。

兰彬往来欧洲，曾经到过其局多次。闻丹崖任公使后，亦不能训课矣。

今将各童交与使署，倘无定局，又无专员，则散漫无纪，废坏益不堪言。若欲稍稍经理，必须由华添调人员，又必须在附近各童处所赁屋开办。是撤旧局而立新局，去旧员而用新员，另起炉灶。恐费不能省，而反增也。

至谓幼童或因此畏惧云云，似亦非实。前数年，屡有撤遣矣。子登到局后，并致有中途逃窜之事，可见平时不愿与诸童见面，常加告诫，究无以联其志而慑其心耳。

同治十一、二年间，日本来美肄业者，闻有八百余人，且经议院准其数人入水师武备等院，后因费重，不数年间，尽行撤回。美国亦不闻介意，缘此等事与交涉无关，可以来者不拒，往者不追也。

兰彬此局起处在事，并非愿意中辍。即令留交使署，兰彬瓜期将届，功过可俟后贤，亦何必故意推诿。惟见子登意存脱卸，一味欺饰，全不顾事理之妥否，故敢将前函未尽之意，缕

① 黄小峰，当为“王小峰”，王国治，字小峰，天津府天津县人，光绪四年（1878）曾纪泽出使英法时，奏调为候选典史供事，随同出使。张德彝在记录曾纪泽使团成员时，记到：“十四日壬午，阴，巳正，曾袭侯来自英，即往拜谒，知此次袭侯奏调随带文武员弁之驻英法国者：……候选典史供事王小峰（国治），直隶天津府天津县人。”见（清）张德彝：《随使英俄记》，岳麓书社，1985年，第789页。又据曾纪泽日记有多处提及“王小峰”，如：光绪六年二月十六日，“王小峰来，一谈”。光绪六年二月十九日，“王小峰来见，立谈片刻”。见（清）曾纪泽：《出使英法俄国日记》，岳麓书社，1985年，第313—314页。

尘清听，伏祈钧鉴。

《钦定总理各国事务衙门清档》第255册，北京大学图书馆藏

（二十七）咨报檀香山商董改为领事官

光绪七年五月（1881 年 6 月）

七月二十四日[①]，出使美日秘国大臣陈兰彬文称：

窃照夏威仁国檀香山商董试办一年期满，前经本大臣据情咨呈贵衙门核办在案。

本年四月二十日[②]，接准咨文内开：于光绪七年二月十八日附折[③]奏请将现驻檀香山商董同知衔陈国[④]芬改为领事官等因，本日："奉旨依议，钦此。"恭录咨行到本大臣，准此。

查中国与该国向未立约通使，此次奏设领事，事属创始，当经行文夏国驻美阿公使，转行知会该国查照。现据阿公使函复前来，除札饬陈国芬遵照将□□□宜认真经理，设法保护约束，□□□□□□□，刊发木质关防一颗，文曰："大清领事官之关防"，交该领□□□□[⑤]用，除分咨查照外，相应咨呈贵衙门谨请督核施行。

《钦定总理各国事务衙门清档》第 255 册，北京大学图书馆藏

---

① 七月二十四日，1881 年 8 月 18 日。

② 本年四月二十，1881 年 5 月 17 日。

③ 此处缺字数不详，疑为"附折"。

④ 商董同知衔陈国，此处原缺，现据《陈兰彬致总理衙门函（光绪七年二月初三日）》提及"本年十一月初九日，据派驻夏威仁国即檀香山国商董同知衔陈国芬禀称"补。

⑤ 此处缺四字，疑为"事官□□"。

（二十八）咨报近期外交情况和接办事宜

光绪七年六月十七日（1881年7月12日）

闰七月十六日[①]，出使大臣陈兰彬函称：

五月廿一日[②]，泐布华字第四十八号函，谅获仰邀钧览。

本初七日，接奉电传一道，伏承轸垂远役，预定替人，感佩无似。

随接郑玉轩[③]电询，兰彬亦将随带各员去留若干，并此间现在情形，后手如何筹措，大概节要，详切具函布达矣。

秘鲁国事，至今犹未定局，从前所领国书，系兰彬及容副使衔名，倘或于此数月内，仍不能前往呈递，则拟于交卸后，带回恭缴。

美国总统嘉斐儿[④]，于本初七[⑤]早，被人用炮击伤，炮子入腹未出，其凶手已当场捉获。因总统生死未定，现在尚未审判。闻有谓为议院绅员主使者，有谓为该凶手求差不遂者，谣说纷纷。兰彬因缟素期内，未便亲往。自渠受伤之日，令洋员马治每日赍帖赴其宫门询候。本日已行释服礼，拟明日即亲往问好。又，成服后，外部正副大臣及各官，并各国公使，多有陆续前来，亲到大行慈安皇太后位前鞠躬行礼者，不能不一一回谢也。

---

① 闰七月十六日，1881年9月9日。

② 五月廿一日，1881年6月17日。

③ 郑玉轩，即第二任出使美日秘国大臣郑藻如。

④ 美国总统嘉斐儿，即美国第20任总统詹姆斯·艾伯拉姆·加菲尔德（James Abram Garfield）。

⑤ 本初七，疑漏一字，当为“本月初七”。光绪七年六月初七，即1881年7月2日，美国第20任总统詹姆斯·艾伯拉姆·加菲尔德（James Abram Garfield）遇刺，1881年9月19日身亡。

黎纯斋电称，约十二三，可由日都起程。现止接朱主事六月初二[①]英国途次来信，尚未接其抵日后交代文函。古巴发照改章事，据刘总领事函，述各国领事俱已允从，似有不得不将就办理之势。惟如此办法，则照费一项，深恐支用浩繁。现已函致该总领事，嘱以务须妥慎通筹，毋使出浮于入各等语。

专泐奉布，抄件附呈。敬请钧安。

照录六月初七[②]亥刻接到码号电文

五月二十八日[③]旨："直隶津道郑藻如，加三品卿衔，充出使美日秘三国钦差大臣。陈、容均着回京，钦此。"台从应俟玉轩到后起程，并希就近电知劼刚[④]、丹崖[⑤]。

《钦定总理各国事务衙门清档》第255册，北京大学图书馆藏

---

① 六月初二，1881年6月27日。

② 六月初七日，1881年7月2日。

③ 五月二十八日，1881年6月24日。

④ 劼刚，即曾纪泽。

⑤ 丹崖，即李凤苞。

（二十九） 咨报使署和肄业局事以及外交情况

光绪七年六月二十八日（1881 年 7 月 23 日）

闰七月二十八日①，出使大臣陈兰彬函称：

本十七日，泐布华字第四十九号函，谅获仰邀钧览。

廿六日，接奉四月廿六、五月初七发来美字二十三、日字二十九两号赐函，具承诲示殷拳，莫名钦佩。

秘鲁国事，久无定局。智利所推立之总统，秘人未尽服从，各国亦未往认。新闻纸屡称华民在彼有惨遭杀害之事，寄居乱国，事有固然，但究系得之传闻，华民之自秘回者，并不经由美都，切实情形，无从询悉。

兹接檀香山陈领事国芬申禀一件，照料由秘回华之人，尚觉妥协。又，檀香山前因有古金、李六等在彼承揽粤省广生、祥谦、和泰载运之华客，滋生事端，经兰彬咨请振帅查办。旋接振帅函称，现因痘证流行，已饬招商局船暂停载人往檀。又文开：德国领事申称华人搭船往檀，不服船主约束，将该华人载回，请设法办理，已着令嗣后于铺户担保结内，添入不敢滥保匪人一层，通饬查照等因。

昨据陈国芬函称，商局美富轮船到岛，并未载有华客，查檀岛之待华人，现时实无凌虐，倘能如招商局船依章程来往，无广生、祥谦、和泰等赁船揽载，则古金、李六等亦自无恶可作耳。

再，檀岛改设领事，前函恳请酌给公费，已蒙据情入告，但现时尚未开支。月前录奏行知，亦暂时此层节去，缘该岛初禀原称自备经费，迭经参赞等致函国芬，嘱其就地筹措。现虽

---

① 闰七月二十八日，1881 年 9 月 21 日。

往返函商，尚未定有善法。兰彬意欲仍俟拟议，再行察看，倘果万难设策，然后酌量动支。若稍可展宕，则竟从撙节也。

美国总统受伤未愈。

华民在美，据陈总领事及会馆董事近日禀函，亦尚安帖。

肄业局事，近接容副使函开李中堂电称，已经入奏，奉有谕旨，由贵衙门转行，而吴总办录寄洋文。津电又只称定计撤局，无入奏之语。数月来，未接少荃中堂函信，未知事体若何。只四月底，接到津门来电，嘱传知容副使、吴总办，速选学生二十名，学习电法，限两个月即送回华。昨接公文，系言此件亦即刻转行该局查照矣。

专泐奉布，钞件附呈，敬请钧安。

照录钞单：译六月二十七日华盛顿日报

总统被基杜①枪伤，纽约邦绅耆康宁谓："国会宜立新例，凡伤害总统者，治以死罪，以后即可援以为例。"昨日，奖恤院总管达理亦谓："凶手基杜宜照反逆治罪，即可援以为例"云云。当事变之时，无识之徒，每为过激之语，不意身任大员亦为此不经之论，殊堪诧异。

查合邦盟约（即律纲）第三章第三节载：兴兵谋反，或潜附敌人助之济之，斯为反逆云云。语至明晰达理，焉得谓基杜宜照反逆治罪。基杜所犯者，故杀之罪耳。如总统医愈，基杜自可免死，成例具在，又何须另订以犯上而置诸极刑，君主之国则然，而非所宜于民政也。夫所谓总统者，非为其有神圣之

① 基杜（Charles Julius Guiteau，1841—1882），1881年7月2日用枪击伤第20任美国总统加菲尔德（James Abram Garfield），1881年9月19日美国总统加菲尔德因伤去世，1882年6月30日被判绞刑。

姿而异于常人也，盖不过庶民中之一人，众人雇之以理国事，在任有定期，不与国同休，实庶民之奴才耳，如曰伤害总统与伤害平民不同，必置之极刑，则有犯廷臣部员者，亦将分别等第以用刑，是刑法徒严而害仍不能免，何也？昏如基杜，岂能以严刑酷法而慑其心乎。窃谓除弊之方，全不在此，律例载游手无赖之徒，行止不端，应即驱逐出境，使此例实力奉行，何至有基杜裁总统之事。予不谓立法之不备，惟咎行法之不力耳。

照录金山会馆董事禀

再敬禀复者：

现此处商情安谧，工艺兴盛。

至华人行凶肆杀一节，自去冬奉批晓谕之后，各姓无不凛遵，互禁子弟，大有脱剑之风，即素极凶顽之徒，间有三两成群，挟嫌打斗，亦自戒其伙伴免带刀枪，恐误伤获罪。自冬及夏，大埠并无伤毙一命，开埠以来，斯为极靖。间有穷山僻地，风谕所不到，仍有或蹈故辙，于美国数百埠内，统计华人寻杀毙命之案，今年仅有八起。报到之日，即由会馆饬出番人等亲到该埠，查实正凶拿送惩办。现已完结七案，均定以一二等充军之罪，所有张挂宪谕之处，无不歌声载道，仰颂仁慈，以为复见天日也。

知关垂注，肃此并陈。

照录金山陈总领事来禀

敬禀复者：

窃职道于六月初五日奉到五月二十三日札开：

现准两广总督部堂张咨：准南洋大臣、两江总督部堂刘咨商：查询华民前往檀香山是否不致有被诱转贩之虞。其旧金山一埠，华民前往能否相安，饬即按照文开事理，切实查明禀报，以凭咨复等因。

奉此，查华人在旧金山向与埃利士党积不相能，屡寻仇衅。职道到任后，每谕以镇静，自守不可稍事嚣张，故得以安贴后，于光绪六年正月间，适值该省三十年议例之期，挨党遂妄议新例，有驱逐华民出居埠外，不准洋人公司雇用华工等款，又聚党数万横行通衢，凡有洋人公司已雇用华工者，立逼辞退，并扬言要将华人房铺及领事公署，付之楚炬。其时华人失工者，不下四五千人。阖埠华洋人等，同皆震动，幸美国之富商大贾，联设保良会，练习民兵卫地方以保华人。

职道曾由电报禀请宪台咨请外部调兵前来保护，先将挨党头人乾弥经拿获收监。职道又饬中华会馆董事等劝捐，得经费一万余圆，延请长川状师尊治力、利亚顿二人，陆续将新例驳除华人，遂无转徙之虞，而洋公司亦得以复用华工，并添用工价，恶氛亦从此寝息，均经禀尘宪聪在案，现在奴乜士、古望、丹拿、山爹、哥及、域多厘等六七处，新建铁路，需用华工多而孔亟。今年春夏雨季，共来华人七千二百余名，皆随到即有工做，几于埠无间，民爰得其所。自去春驳除新例后，至今土客颇能相安，至华人来到金山，因工价较高，故转往别国者甚多。去年至今，由金山往古巴者，仅二十一人，皆由职道查确，委系自备川资、给发护照前往，其由金山往檀香山者，亦不过二十余人，亦查无被诱转贩之弊，除檀香山如何情形，应由该处领事禀复。

职道未敢越俎外，理合将华人现在金山暂能相安情形，详细禀复。

照录檀香山领事官陈国芬来禀

六月二十六日到

敬禀者：

窃五月廿二日，有美国桅船名“冀叻顿”，由秘鲁到岛。

伏查该船系秘鲁新昌盛赁来，搭载华人回粤，共华人一百六十九名，于三月廿九，由秘鲁开行，计程五十三日始行到岛。但该船因缺乏水米伙食，故驶至本岛备办，讵意新昌盛司事人所办伙食不足，以故该搭客到署面禀。

职衔据禀即委人下船点验，该伙食果系不足。职衔登即传新昌盛司事人到来面谕，令彼备足伙食，以免误事。

嗣该司事人亦遵谕备足，惟该船船主有欲另觅别船主代替之意，该客见欲换船主事有可疑，且船身甚老，故复到署禀报。斯时，职衔闻报遂亲向美国领事面商，并恳将船勘验。兹蒙该领事俯允，即请验船官往验。据验船官验明，谓该船无坏，独大桅要修理，并增小艇一号。今该领事已责令船主修理，及增小艇。现经修理妥当，拟初九日回粤，但查该客有四十五名登岸，在本岛谋生，其余一百二十四名，俱随此船回粤，理合禀陈。

《钦定总理各国事务衙门清档》第255册，北京大学图书馆藏

（三十）咨报届满各员撤回和经费等事宜

光绪七年七月初八日（1881年8月2日）

八月初十日[①]，出使大臣陈兰彬函称：

六月二十八日[②]，泐布华字第五十号函，谅获仰邀钧览。

本初二日，接奉电示，知中美新约，业经互换。顷接五月十四日[③]抄咨一件，当即转行该局查照钦遵，并请其将办理情形随时知照，应俟报到再布。

本年奏拨之经费，一十六万两，据沪道陆续批解到齐，除照收批回外，谨备牍咨复。查此项经费，沪道分作三次，发交税司兑汇，只一次汇到美国，余二次系到英国金税司[④]处，计将所买金磅申算，实已耗去一万九千余两。兰彬缘上年经费尚未用完，故本年所汇仍饬暂存英美各银号，谅此数月不须动支，统俟新任到日，并数移交也。

黎纯斋前函称六月中旬由日动身，至英法小有勾留，究竟定期何日旋华，当由渠自行奏咨。兹据朱和钧申报接管日期，具折奏明，除抄咨外，谨将折件包封，札由文报局递送贵衙门，敬恳代加黄绫安折二分呈进，不胜感悚。

现在差期届满，各员呈请销差。查有经手事件完竣者，已照章给发归装川费，准令回华。本署之徐丞承祖、吕丞祥，昨已起程。金山刘郎中观成、黄丞达权、杨守备名泰，日内亦即动身矣。

---

① 八月初十日，1881年10月2日。

② 六月二十八日，1881年7月23日。

③ 五月十四日，1881年6月10日。

④ 英国金税司，即大清海关驻扎英国办事处税务司金登干。

专泐奉布，抄件附呈。敬请钧安。伏惟垂鉴。

照录照会：照录黎大臣移送驻日朱署参赞照会一件

为照会事：

照会本大臣现在遵旨回华，所有参赞任内归装银两，前届期满，未经请领，自应照章具领，业于清折内续支项下，领讫，附文移知在案。兹查川费一项，照章亦应由经费项下支领。本大臣现须赴伦敦办理谢恩折件，再由伦敦回至马赛买船归回，均系奏明之件，应用途费若干，碍难悬拟，应请贵参赞先行付给洋银一千圆，俟用定后，将实在数目，仍余若干，再行函请核销，以昭核实。无须援照郭大臣由英回沪旧例，到沪报销。设若将来所用款目，有奉驳之处，维本大臣是问，与后任无干。请烦查照办理。

须至照会者。

光绪七年六月初九日①

译录华盛顿日报二则

智利国新举总统，名“先大马里亚”②，洋九月十八日上任（即中纪闰七月二十五日），此人曾居秘数年，立为总统后，当意在讲和矣。

秘鲁国于洋八月初十日（即中纪七月十六日）新举总统，

① 光绪七年六月初九日，1881年7月4日。

② 先大马里亚，即多明戈·桑塔·马里亚·冈萨雷斯（Domingo Santa María González，1825—1889）。出生于智利首都圣地亚哥（Santiago de Chile）。1847年毕业于智利大学（Universidad de Chile）。1881年9月18日—1886年9月18日任智利总统。

名“吉大安”[1]，美国嘱咐使臣，如果新总统不改民主之政，及决意与智利讲和，即认之。其余各国尚皆观望，未有置议。

《钦定总理各国事务衙门清档》第255册，北京大学图书馆藏

① 吉大安，即利萨尔多·蒙特罗·弗洛雷斯（Lizardo Montero Flores，1832—1905）。1881—1883年智利占领秘鲁首都利马时期，加打伦（Francisco García Calderón Landa，1834—1905）1881年3月12日—1881年9月28日任总统期间，担任第一副总统。1881年9月28日—1883年10月28日任秘鲁总统。

（三十一） 咨报使署各员去留情况

光绪七年七月初八日（1881 年 8 月 2 日）

八月初十日[①]，出使大臣陈兰彬文称：

案照本大臣于光绪七年七月初八日[②]，具奏委署驻日参赞并改派法文翻译一折，又从九品金延绪丁忧，援案暂留差次一片，除俟奉到谕旨恭录另咨外，相应抄稿咨呈贵衙门，谨请察照施行。

照录粘抄

奏为委署驻日参赞并改派法文翻译，恭折具陈，仰祈圣鉴事：

窃臣上年三月由日斯巴尼亚国起程，札派江苏后补知府黎庶昌为驻日参赞，办理交涉事宜，当经具奏在案。

本年五月十八日[③]，承准总理各国事务衙门咨开："光绪七年三月初七日[④]内阁奉上谕：'黎庶昌着记名以道员用，赏给二品顶戴，充出使日本国钦差大臣，即行来京陛见，钦此。'"等因，亟应委员赴日接任，俾黎庶昌得以交卸成行。

查有派驻美国金山随员、兵部候补主事朱和钧，堪以委署驻日参赞。又，黎庶昌回华，须用翻译伴送。适驻日翻译、候选县丞吴礼堂呈请销差，当即派令随去。其驻日翻译，查有派

① 八月初十日，1881 年 10 月 2 日。

② 光绪七年七月初八日，1881 年 8 月 2 日。

③ 五月十八日，1881 年 6 月 14 日。

④ 光绪七年三月初七日，1881 年 4 月 5 日。

驻古巴岛法文翻译、主事衔户部笔帖式廷铎，堪以改派，均经臣分别札委饬遵。兹据朱和钧禀称，已偕同廷铎于六月初七日行抵日国，即于初八日接管参赞事务。

除黎庶昌起程日期应由其自行奏报外，所有委署参赞并改派翻译缘由，理合缮折具陈，伏乞皇太后、皇上圣鉴，谨奏。

再，出使随带之员，有已到外国而报丁忧者，由出使大臣查明，倘有经手未完事件，即据实奏明，暂留在洋差遣，经总理各国事务衙门奏明咨行，历经遵办在案。兹据金山总领事陈树棠禀称，派在该署学习随员从九品金延绪，接到家信，知其亲母沈氏于上年十月十九日在籍病故，该从九自奉委在署以来，经手事件诸关要紧，恳请暂留差次，帮同料理等情前来。臣覆查无异，业经援照成案，批令暂留在洋，俾资熟手。谨附片陈明，伏乞圣鉴。谨奏。

《钦定总理各国事务衙门清档》第 255 册，北京大学图书馆藏

（三十二）咨报出使届满经费收支情况

光绪七年七月初八日（1881 年 8 月 2 日）

八月初十日，出使大臣陈兰彬文称：

本年四月初一日[①]，承准贵衙门咨开：“出使各国大臣经费，向由提存出使经费项下拨用，兹届应拨之期，本衙门现定拨给贵大臣经费银十六万两，除行南洋大臣、江海关道查照办理外，相应咨行查照，仍将收到日期咨复备查”等因，准此。

查本年五月十八日[②]，据江海关道文称：“遵于出使经费项下，先行动支库平银六万两，送新关赫税务司[③]买汇，每金磅五司令一边士二法丁[④]，合规平银一两，汇寄库平银六万两，即规平银六万五千七百六十两，合金磅一万六千八百五十一磅，由法兰西银行电汇驻英金税司查收寄呈。”

六月十一日[⑤]，又据文称：“现经续行动支库平银四万两，送赫税务司买汇，每规银一两，合金磅五司令一边士二法丁，向汇丰银行买得金磅六千一百九磅，合规平银二万三千八百四十两；又麦加利银行买得金磅五千一百二十五磅，合规平银二

---

① 四月初一日，1881 年 4 月 28 日。

② 五月十八日，1881 年 6 月 14 日。

③ 新关赫税务司，即大清海关总税务司赫德。咸丰十年（1860）根据天津条约精神，建立的由外籍人员管理的海关总税务司公署，称为“新关”或“洋关”，负责管理外轮货物的稽查征税，最高负责人便是“海关总税务司”。“旧关”或“常关”是由清政府官员主管的，管理国内民船贸易。

④ 金磅（Sovereign），即英国货币单位英磅；司令，即英国货币辅币单位先令（Shilling）；边士，即英国货币辅币单位“便士”（Pence）；法丁，即英国货币辅币单位法新（Farthing）。当时的英国货币换算情况：1 英镑 = 20 先令，1 先令 = 12 便士，1 便士 = 4 法斯。

⑤ 六月十一日，1881 年 7 月 6 日。

万两，均经各该行电知驻英金税司查收。”

七月初八日[1]，又据文称：“所有未解库平银六万两，现经照数动支，送赫税务司，由丽如银行买汇，每规银一两合金磅五司令一法丁，规平银六万五千七百六十两，共合金磅一万六千五百八磅十司令，由该行电知驻英金税司查收”各等因，并具批到本大臣。

据此查前项奉拨经费库平银十六万两，经江海关道照数动拨汇寄。据驻英金税务司来有电报通知，除将该关道批回印发外，相应备文咨复，为此咨呈贵衙门，谨请察照施行。

《钦定总理各国事务衙门清档》第255册，北京大学图书馆藏

① 七月初八日，1881年8月2日。

（三十三） 咨报肄业局各员携回幼童等事

光绪七年七月三十日（1881 年 8 月 24 日）

八月二十七日[1]，出使大臣陈兰彬函称：

裁撤哈富局事，前接大咨，当即转行。旋准少荃中堂将关道议复“安置回华学生章程”咨行，亦经转去。而子登太史总无只字回复。只本十四日新闻纸称：“该局容教习带领学习电报之学生二十一名回华。”

又，二十三日，派帮该局之随员容闳来署，禀请销差，并请示可否准其携带学生。兰彬答：“以局事亦系公件，何分畛域，即如汝本随使之员，久在该局，并未以别事相烦，今因销差，顺带学生，最为妥便”等语。随问以局款何日截止，学生有无留滞等事，则一切诿为不知，想系子登不欲与局外与闻，亦不便深诘，照禀批发而去。昨见其致蔡丞锡勇函称，已准于二十八日起程，并附呈所带学生姓名，及容教习带去学电各生姓名，各一纸。窃计该局幼童，除此节次撤遣外，实存当过八九十名。近日容教习既带回学电二十余名，此次容闳又伴送四十余名，所剩二三十名，子登及沈县丞回华时，谅更无难管带矣。

三年以来，兰彬为此局事觏闵受侮，笔难具宣。今惟望诸事速了，不至别生枝节，则所有猜憾怪责，悉可付诸达观也。

专泐奉布，抄件附呈。敬请钧安，伏惟垂鉴。

① 八月二十七日，1881 年 10 月 19 日。

照录清折：照录檀香山领事呈报夏季分各事清折

一　在税关查得，夏季分进口华人一千零七名。

一　在税关查得，夏季分出口华人二百零六名。

一　查得夏季分华民在该国犯例监禁者，共五十三名，内：犯私卖洋烟及吸食洋烟监禁者三十二名，犯赌博监禁十二名，犯沽酒与土人监禁者九名。又新会人聂绪发，于五月初十日向聂传孙讨债不遂，用小枪将传孙伤毙，经巡差拿获，尚未定罪。该犯于六月初三日在监患病身故，理合登明。

录呈肄业局教习容思济七月十四日伴送回华官生二十一人名单

计开：

黄耀昌　林联盛　唐绍仪　冯秉忠　方伯梁　唐荣俊
陶廷庚　袁长坤　唐荣浩　潘斯炽　朱锡绶　王仁彬
刘玉麟　唐致尧　唐元湛　盛文杨　陆德章　周传谏
周万鹏　吴焕荣　梁金荣

照录七月二十三日随员容闳批词

禀词阅悉，该员随使三年零一个月，现无经手未完事件，自应准禀销差。又据称：驻美幼童肄业局吴总办商令顺带学生回华。该员常川在局勷助，此次乘便办公亦合。准如所请，务须兢慎小心，勿滋贻误。除该员劳绩候核明汇案奏奖外，所有归装川费，仰即照章给发。此缴。

又录七月二十八日容随员伴送回华官生四十八人名单

蔡绍基	张康仁	钱文魁	黄开甲	黄仲良	邓士聪
吴仰曾	詹天佑	陈钜镛	梁敦彦	欧阳庚	陈荣贵
钟文耀	容尚谦	陆永泉	刘家照	张有恭	邓桂庭
蔡廷幹	宋文翙	陆锡贵	苏锐钊	温秉忠	梁普照
李恩富	邝咏钟	王良登	李桂攀	吴应科	梁普时
陈佩瑚	丁崇吉	沈家树	徐之煊	邝贤俦	康庚龄
杨兆南	梁如浩	容耀垣	徐振鹏	吴敬荣	黄季良
邝祖彝	薛有福	朱宝魁	梁丕旭	林联辉	吴其藻

《钦定总理各国事务衙门清档》第 255 册，北京大学图书馆藏

（三十四）咨报届满经费事宜

光绪七年七月三十日（1881 年 8 月 24 日）

九月十一日①，出使美国大臣陈兰彬文称：

光绪三年十一月初六日②，承准贵衙门咨开："本衙门附奏'出洋一切作正开销款项应俟一年后分晰造报'一片，光绪三年十一月初一日奉旨：'依议，钦此。'咨行遵照"等因。

查本大臣奉使美日秘三国第二年经费，前经造报奉准在案，兹自光绪六年七月初一日③起，计至光绪七年六月底止，又届一年期满，谨将收支数目、分别款项，按照实用实销，造具四柱清册，除所支俸薪，均有各该员押领；置买器具等物，取有铺户收单，妥存公署备查外，合将清册一本，咨送贵衙门，谨请核销。

《钦定总理各国事务衙门清档》第 254 册，北京大学图书馆藏

---

① 九月十一日，1881 年 11 月 2 日。

② 光绪三年十一月初六日，1877 年 12 月 10 日。

③ 光绪六年七月初一日，1881 年 7 月 26 日。

（三十五）咨报严士琦丁忧事宜

光绪七年七月三十日（1881 年 8 月 24 日）

九月十一日，出使美国大臣陈兰彬文称：

本年七月二十六日[①]，承准贵衙门咨："光绪七年六月初七日准吏部咨开：'运同衔候选同知严士琦丁父忧服满一案，前准总理各国事务衙门咨称，转据出使美日秘国大臣文报，该员严士琦随同出洋，于光绪四年四月十三日[②]在上海闻讣丁忧，当即奔丧回籍，因出洋要差，既经拣定，未便更易。五月间，续调出洋人员案内，将该员奏调随使三国，奉旨允准在案，当札令在籍守制，百日期满，即来美听候差委。该员奉札后，遵即到洋，计自闻讣之日起，扣至光绪六年七月十三日[③]服阕。惟该员奉差在外，远隔重洋，差期未竣，碍难回籍起复，理合将服满缘由呈请转咨，相应咨部准令起复'等情到部。查该员闻讣丁忧案内，本部饬令该员请咨回籍守制，查取给咨，起程日期，并三代姓氏、年岁、存殁、有无次丁，及次丁有无官职。"

嗣据安徽巡抚咨报："该员到籍文结内，并未声明在差，闻讣后起程日期，暨亲供三代内开母武氏存，亦未填注存年若干，又未声明有无次丁，及次丁有无官职。现报服满文内，仍均未声叙，核与定例不符，应咨总理各国事务衙门转行出使美日秘国大臣，查明该员在差闻讣丁忧后，奔丧回籍之起程日期，并伊母武氏存年若干岁，有无次丁，及次丁有无官职，一并声覆，咨部，再行核办"等因前来，相应咨行贵大臣查照，转饬该员

---

① 七月二十六日，1881 年 8 月 20 日。

② 光绪四年四月十三日，1878 年 5 月 14 日。

③ 光绪六年七月十三日，1880 年 8 月 18 日。

严士琦将以上吏部查询各节，详细声复本衙门，再行咨覆吏部核办等因。

准此，当经饬据该员严士琦禀称："伏查卑职于光绪四年四月十三日在上海差次闻讣丁父忧，当将经手书件交代清楚后，即于是年四月二十三日自差次起程回籍守制，维时匆匆奔丧，请咨一节，未遑计及，所有到籍日期，业经报由本籍地方官加结，详咨有案。兹将闻讣后，由差次奔丧起程日期，再为陈明。至卑职之母武氏存年若干岁，查光绪六年八月呈报服满时，系存年六十五岁。今系光绪七年，又增一岁，存年六十六岁次。丁有监生严士瑄一人，并无官职出仕。卑职前已具有亲供，今奉吏部咨查，理合按照咨开各节，再行据实声叙，仰请鉴核转咨"等情。据此，本大臣查核无异，相应备文咨复贵衙门查照，即希转咨吏部察核办理起复，实为公便。

须至咨呈者。

《钦定总理各国事务衙门清档》第255册，北京大学图书馆藏

（三十六）咨报近期外交情况和届满撤回等事

光绪七年闰七月十四日（1881 年 9 月 7 日）

九月十一日[①]，出使大臣陈兰彬函称：

七月三十日[②]泐布华字第五十二号函，谅获仰邀钧览。

出使经费，计自上年七月初一日[③]起，至本年六月底止，又届一年期满。现将第三年收支数目按照实用实销，造具四柱清册，备文咨呈察核。

另古巴照费清折一分。查刘总领事此次开支之数，虽与上次多少不齐，而数目尚属相仿。惟该处因议改章，自上年十二月至本年五月，始获定夺。该总领事数月不能发照，入项殊觉减色耳。谨照录附呈，其印折则留署备案也。

美国总统[④]伤疾近稍轻减，昨已抬往距此二百余咪之朗伯兰治[⑤]地方静养。闻其廷臣欲请副总统暂行代办一切，亦未见定议施行也。

肄业局事，吴总办并无文函知照。只昨据该局教习沈县丞金午禀称，局中学生，除容教习思济、容随员闿两次带去外，尚有二十余人，拟于八月初间，与吴总办全带回华，请此间照出使章程发与归装银两，并具领结前来。

---

① 九月十一日，1881 年 11 月 2 日。

② 七月三十日，1881 年 8 月 24 日。

③ 七月初一日，1880 年 8 月 6 日。

④ 美国总统，即第 20 任美国总统詹姆斯·加菲尔德（James Abram Garfield，1831—1881）。

⑤ 朗伯兰治（Long Branch），今译朗布兰奇，属于美国新泽西州（New Jersey）。1881 年第 20 任美国总统詹姆斯·加菲尔德（James Abram Garfield，1831—1881）遇刺后曾到朗布兰奇的埃尔伯龙（Elberon）疗养，并逝世于此。

兰彬查出使章程归装一项，原系除丁忧病故两项外，其余须三年差满，方准支给。该县丞随使不过年余，即随吴总办赴局充当教习，所有月给薪俸，概由局支，自应作为局员照该局向章办理，不应于此时又牵涉出使，图领归装，已经明白批示矣。

檀香山改设领事，前准大咨，即致函该国驻美阿使，接有复函，始将凭札关防发去。昨据陈国芬禀称，该外部藉词立约，未发准照。当又致函阿使，兹据复函所言，尚近情理，姑俟其国主到美时，看若何陈论。国芬近日亦未再有函禀也。

专泐奉布，抄件附呈。敬请钧安。

照录抄件：译录檀香山外部大臣格林复陈国芬文

昨接本月六号（中纪六月十一日）来文，内开贵商董接奉大清钦差出使美日秘国大臣陈、容札，知钦奉谕旨，饬派贵国商董为驻扎夏威仁国领事官弁，将札委文凭附送查核，请给准照，以便莅任视事等因。准此，本大臣当即据情转致本国摄政公主及相臣矣。

查贵商董派充领事官，自属人地相宜，我国无不惬怀。惟闻贵国拟寄约稿，与我政府商立条约，此次请给领事准照，应行暂缓发给，俟我国接到约稿后，核明所载领事权位如何，再行发给准照可也。

为此照复。

右照会大清商董陈。

光绪七年六月十七日[①]

---

① 光绪七年六月十七日，1881 年 7 月 12 日。

照录夏威仁国檀香山岛领事官陈国芬来禀

敬禀者：

窃本月十一日，奉到宪谕，并洋文凭照一件，木质关防一颗，内开将商董改为领事，仍饬职谨慎经理等因。接阅之下，感激莫名。伏念职性情愚直，知识毫无，前在商董任内，颇有人议论办事过于认真，乃蒙宪台体察包容。今又咨请总理衙门奏准，改充领事。查领事有保护约束本国商民之责，如职梼昧，深惧弗胜。此后，惟有凛遵宪谕，矢慎矢勤，毋长浇风而趋避劳怨，务崇国体，以联络商民，庶几稍答朝廷高厚之恩于万一。发到领事木质关防，已于本月二十六日开用。其董事钤记，谨此申送缴销。

至职署文案，现仍委监生李士昌办理。查该监生前在职署一载有余，皆无贻误，是否有当，伏冀宪裁。

再，职此次祗领宪谕后，遵即将洋文凭照赍送该国外部呈验讫。旋于十八日接据该外部复称，朝廷授职为驻彼领事，甚为欣慰。惟现有信息，中国与彼国商立条约，应俟条约议成，看利权如何，始行给发准照等语。职现虽接印视事，仍前经理一切，然领事倒必须接到彼国外部准行执照，方可照章有权办理。合并禀明。

至中国与彼国是否现在商立条约，职尚无所闻，伏乞大人察核示悉，实为恩便。

除照录该外部复文附呈外，所有奉到谕帖、接印、任事各缘由，理合肃禀，恭请钧安。

照录批词

据禀已悉，查中国与夏国未经立约，是以前次派设商董，均系托由彼国驻公使[1]阿连为之道达。此次仍仿前案办理，旋准阿公使复称，甚为喜欢，转达外部等语，是阿公使必已经咨报矣。况前据朱主事函开：无约之国设领事驻札彼邦者甚多，即或中国日后商定条约，亦必与设立领事，两无妨碍，何以此次不即发给准照。其中有无别故，候一面询阿使复到核办，仰该领事仍前谨慎经理，毋得因循苟且，致负委任，切切。监生李士昌前此经理文件，既无贻误，自应准如所请，以资熟手。附缴钤记毁销，此缴洋文录稿存。

照录致夏威仁国驻美公使阿连函

敬启者：

本大臣现据商董陈国芬禀称，接奉札文，派充驻夏威仁国领事官，当即知照贵国外部，请领准照，以便任事。

嗣于六月十七日接准外部大臣复文，内开："贵商董奉派为驻扎夏国领事官，请领准照，以便据情转致摄政公主、相臣。贵商董派充领事官，自属人地相宜。我国无不惬怀，惟闻贵国拟寄约稿，与我政府商立条约，此次请给领事准照，应行暂缓发给，俟我国接到约稿后，核明所载领事权位如何，再行发给准照"等因，并钞录贵国外部大臣原文，禀请核办到本大臣。

据此查我国派官驻扎贵国，屡承贵大臣厚意先容，实深铭感。此次改派陈国芬为领事官，亦经本大臣先行函知贵大臣，

① 驻公使，疑漏一字，当为"驻美公使"。

据复极为相[①]，本大臣原冀我国派设领事，得与各国领事官同享一切利益，并非与日后两国立约，有相关碍。

贵国外部大臣所称，我国拟寄约稿，与贵国商立条约一节，本大臣未闻其事。即有其事，贵国亦无妨发给准照，俾领事先行莅任。俟日后条约告成，按约行事。我两国素敦和好，贵国官员公忠体国，畛域不分，无约之国，派设领事已有成案，相应函请贵大臣转咨贵国外部大臣，按照未立约之国，派设领事驻扎贵国成案，发给准照，俾该员陈国芬得以早日任事，是所至盼。

专此，敬请时祉。

译录夏国阿使复函

闰七月初八日[②]

敬复者：

今早接奉贵大臣二十五号来函，诵悉一是。

本大臣现在文乞丹海傍避暑，不日拟回缅邦孟格地方。

陈国芬奉派为领事官，夏国外部延未给发准照，殊堪诧异。

我国王游历地球，取道纽约回国，本大臣昨日接到国王由法国寄谕，约本月二十号（即闰七月廿七日）左右，可抵纽约，担搁不久，即要起程回国。本大臣在彼接迎，俟见国王时，将此事详细奏明，再行函知贵大臣可也。

如近日贵大臣另有意见，或得有信息，统祈示悉为祷，专此，敬请时祉。

① 疑脱宜字。

② 闰七月初八日，1881 年 9 月 1 日。

译录闰七月初九日新报

美国驻扎秘鲁公使其里士丹司[①]，昨日回到纽约，询其近来秘鲁情形如何，据称地方蹂躏不堪，能否安靖，尚难逆料云云。

同日，《纽约日报》载：秘鲁新闻称，秘鲁新总统吉大安任事后，极盼美国新公使早日抵秘，为之调停智秘和议。该公使到任后，从中极力周旋，但其用意如何，外人无知之者。有谓该公使请新旧二总统不可相持，宜各告退，另择总统，以当大事，庶事权专一，法令易行。新旧总统皆弗从，现又不知如何调处矣。

查割地一节，秘鲁国会连日聚议，均称万难允从，惟其冲繁之区，均为智利所据，则无力克复。闻其国会之意，欲请美国公使为中保，令智利退还硝磺矿、雀粪埠，以便转质与美国，或别国公司。将来和议赔款若干，秘鲁自必照数付给，但不知美国肯允其公使肩此责任否耳。

秘鲁自乱后，盗贼蜂起，四处掳掠，离城三四十里外，无安靖之区，匪党藉口为义兵，实则以抢劫为事。有数处地方不过有智利兵三四十名镇守，该匪党所谓义兵连千累百，竟无敢犯者，日以勒索军需为名，鱼肉殷富，就令和议有成，智利兵退，正不知秘鲁将何以御此乱民耳。自兵燹以来，制造不兴，富者多迁徙他方，小民谋食维艰，不事抢掠，无以度日。然此犹曰愚民迫于衣食，故为不轨；乃有旧总统之将军，督带多人，

① 美国驻扎秘鲁公使其里士丹司，即以撒·佩卡姆·克里斯蒂安斯（Isaac Peckham Christiancy，1812—1890），生于美国纽约州约翰斯敦（Johnstown，New York）。曾任密歇根州（Michigan）参议员和密歇根州最高法院首席大法官等职。1875—1879 年连任两届美国国会参议员。1879—1881 年任美国驻秘鲁公使。

自据一方，勒迫富户捐纳军饷，不从则拘拿羁禁，甚至绝其饮食，必如数缴付，方得释放。名为办军务，实以饱私囊。国事之坏，有如此者。现下良民所托庇者，恃有智利兵耳。虽智利之兵，亦不免有欺凌勒索之弊，然较之内地奸民，则不啻王者之师矣。睹此情形，无论本国外国之人，甚愿智利兼并秘鲁，庶太平之日有望。然智利则以鞭长莫及，绝无兼并之心，此为众人所共知。良民无可如何，不得不属望于美国为之出头调处，假以兵威，资其弹压。秘鲁亦贸易之大镇，各国置业寄居于此者不少，非得大国出头以保护之。吾不知其祸将伊于胡底矣。

照录金山陈总领事报七年夏季金山船往来香港出入口人数

计开：

出口船八次，共载去华人一千二百六十八名。

入口船七次，共载来华人五千四百七十二名。

又，金山船往来檀香山出入口人数，计开：

出口船一次，共载去华人二名。

入口船四次，共载来华人八十名。

又，华民请领护照前往古巴人数，计开：

发给护照共九人。

《钦定总理各国事务衙门清档》第 255 册，北京大学图书馆藏

（三十七） 咨报陈嵩良曾耀南请奖事

光绪七年闰七月二十五日（1881年9月18日）

十月初七日[①]，出使大臣陈兰彬函称：

本月十四日泐布华字第五十三号函，谅获仰邀钧览。

随使各员，现届三年差满，应即援案请奖，除另牍抄咨外，谨将折片清单各件，慎重包封，札由文报局递送贵衙门，敬恳代加黄绫安折三分呈进，不胜感悚。

此次单开各职名，均经再三核拟，不能稍涉徇滥。即古巴、金山、香港各处绅董，亦实因其在事出力，故敢择其尤者数人，请以虚衔顶戴，其余只拟给外奖，将来汇咨贵衙门察核，不敢多渎宸聪。

惟二等参赞陈嵩良、三等参赞曾耀南二员，于单折内均有未便列入者，缘吏部现定章程，凡京员均须保以应升之外官，陈嵩良系副贡捐郎中到部，倘由郎中改外保以道府，渠自欣喜过望，但该郎中系兰彬胞侄，虽劳勋倍蓰于人，兰彬究不敢拟列上请。

至曾主事耀南，照例非无外升之阶，但屡据该主事面陈，愿留京官，回部供职，自不便强以外用。若保以内升，又显干部驳，且该主事系榜下分别，已于别案得有五品衔花翎，即封典虚衔各项，亦无可请给；然因其无可酌保，而竟使奖牍无名，实属向隅。

此次随使人员，虽辛勤各著，而或分驻一隅，或专管一事。惟嵩良舍侄，及该主事同心协力，常在兰彬左右，昼夜经营，奔走两洋，简料一切，劳绩确为各员之冠，而不获与各员同邀

① 十月初七日，1881年11月28日。

奖叙，兰彬亦自觉事未允惬，心殊缺然。因查光绪四年冬间，曾准少荃中堂咨抄《调回驻洋人员仰恳优奖》一件，奉旨："区谔良免补主事，以员外郎即补。钦此。"[①] 吏部因原奏系声叙劳

① 据李鸿章《调区谔良回华折》（光绪四年十一月二十四日）记载："北洋大臣李，奏为调回管带幼童驻洋肄业人员，请旨优奖，以示鼓励，恭折仰祈圣鉴事。窃臣于光绪元年四月，奏派工部候补主事区谔良出洋，会同原派委员容闳经理幼童肄业各事，当即札委携带第四批幼童赴美国哈富地方居住，照料各童学习文艺。查升任宗人府府丞陈兰彬，原与容闳同派管带学生，常驻美国，旋因总理各国事务衙门议办古巴招工章程，檄调陈兰彬回京，维时以幼童肄业事宜关系紧要，遴派区谔良速往接办。由臣奏明，请旨敕下总理衙门暨工部，仍照出差人员向例办理，如有成效，从优酌保，以示鼓励在案。现陈兰彬、容闳均奉命驻扎美、日、秘三国出使大臣，已于九月初三日在美都呈递国书。接陈兰彬来函，俟与美国外部商设金山领事，办有端倪，即须前往日秘两国。容闳来函，呈请交卸驻洋肄业局务，该局原派总办二员，目下各童均已考进书院，事务较少，即有正副两使驻扎美国，不能置此局于度外。其总办可酌量裁减，俾事权归一，以示责无旁贷。比与陈兰彬等往返函商，意见相同。查有保升主事内阁中书容增祥，在美经管肄业，充当教习，已阅七年，洋文、洋语具有规模，风土人情亦所熟悉，陈兰彬等已就近奏调派充驻美参赞，若令兼任管带学生，必可得力。参赞事务稍简，副使容闳既常驻美京华盛顿，参赞容增祥即可常驻哈富，两处铁路相通，轮车往来朝发夕至。哈富有事，容闳可来相帮；华盛顿有事，容增祥可暂去相助。两人素称浃洽，自无龃龉之虑。主事区谔良已离原衙门四年，应仍调回工部当差。该员远涉重洋，志趣坚卓，督率各生徒肄习洋学，渐得门径，附入各书院，益求精时，著有成效，自应从优酌保，以符原议。惟该员系属部曹，核与吏部现定章程，颇有窒碍，若照寻常劳绩，仅予加级升衔，殊不足以资鼓励。其应如何优奖之处，伏候圣裁。所有调回驻洋人员，仰恳天恩，从优给奖缘由，谨会同南洋通商大臣两江督臣沈葆桢恭折具陈，伏乞皇太后、皇上圣鉴，训示。谨奏。光绪四年十一月二十九日，奉旨区谔良着免补主事，以员外郎即补。该衙门知道，钦此。"见（清）李鸿章撰，顾廷龙、戴逸主编：《李鸿章全集》（8），奏议八，安徽教育出版社，2008 年，第 253 页。

又据李鸿章《区谔良请补员外郎片》（光绪四年十一月二十四日）载："再，臣前次奏派主事区谔良出洋，声明该员籍隶广东，年力正壮，借资造就。该员本由翰林院庶吉士改授工部主事，资俸渐深，此次回京供职，不（转下页）

绩，不拟官阶，遂以特旨给奖，钦遵注册。兹谨仿照该件原奏词意附片上陈，该员等究心时务，品质材具造就，已有可观，倘仰叨贵衙门培植，渥荷天恩，鼓励奋勉，他日有所树立，尤寸衷所殷殷盼企者耳。

专肃奉布，敬请钧安。伏惟垂鉴。

《钦定总理各国事务衙门清档》第 255 册，北京大学图书馆藏

（续上页）久当可补缺。惟该员管带幼童肄习学业，精益求精，渡海五万里，而遥离华三四年之久，非从优奖励不足以旌劳勚。近来吏部定章，京员在外省出力，不得保留补京职，局务人员只准保升衔加级等项。外洋固非外省可比，洋务尤与局务不同。然部臣既援例以相驳，已为中国官场中所不多见，他日历练稍久，可备专对之选。倘蒙恩施逾格，准其免补主事，以员外郎即补，既昭激劝之权，兼寓裁成之意。臣为造就人才起见，是否有当，理合附片密陈，伏乞圣鉴。谨奏。”见（清）李鸿章撰，顾廷龙、戴逸主编：《李鸿章全集》(8)，奏议八，安徽教育出版社，2008 年，第 253 页。

（三十八） 咨报出洋差满人员请奖折

光绪七年八月初三日（1881 年 9 月 25 日）

十月初七日[①][①]，出使大臣陈兰彬文称：

窃照本大臣于光绪七年闰七月二十五日[②][②]具奏出洋人员三年期满援案请奖各折片，除俟奉到谕旨恭录另咨外，相应抄稿咨呈贵衙门，谨请察照施行。

《钦定总理各国事务衙门清档》，第 255 册，北京大学图书馆藏

① 十月初七日，1881 年 11 月 28 日。

② 光绪七年闰七月二十五日，1881 年 9 月 18 日。

（三十九）咨报外交情况和肄业局裁撤等事

光绪七年八月初三日（1881 年 9 月 25 日）

十月初七日[1]，出使大臣陈兰彬函称：

前月二十五日，泐布华字第五十四号函，谅获仰邀钧览。

二十九日，接奉美字第廿四号赐函，并条约二十分，具承诲示。

高桥轮船并华尔[2]存款两条，兰彬自到美以来，实未闻该外部提及，即其议院递年开呈中美交涉事款，亦实无此二案。安使照会，既动以本国来文为言，是否密有交带，自仍应细密探访。

惟现时美国事正纷纭，该总统嘉斐儿于前月廿六夜在布兰治[3]地方，因伤身故，当由电闻，廿八日将其灵柩抬回议院。本初一日出殡，兰彬与各国公使皆到议院看其念经，随同送至火

① 十月初七日，1881 年 11 月 28 日。

② 华尔，即美国人费雷德瑞克·汤森得·华尔（Frederick Townsend Ward，1831—1862），出生于美国马萨诸塞州塞勒姆（Salem，Massachusetts）。1847 年随船到香港。1849 年就读于美国佛蒙特州的美国文理军事学院（American Literary，Scientific and Military Academy，今改为诺维奇大学 Norwich University），未及毕业即退学，先后曾在墨西哥、法国投军参战。1859 年到上海，次年任清军炮艇“孔夫子”号大副。其后召募外国籍人组成“洋枪队”，自任领队，参与镇压太平天国运动。1862 年与太平军战斗中受重伤，未几毙命。

③ 布兰治（Long Branch），今译朗布兰奇，属于美国新泽西州（New Jersey）。1881 年第 20 任美国总统詹姆斯·加菲尔德（James Abram Garfield，1831—1881）遇刺后曾到朗布兰奇（Long Branch）的埃尔伯龙（Elberon）疗养，并逝世于此。

车房而回，别无礼节。副总统阿达[1]承乏正任，现已来住华盛顿，但尚未订期见客。查该国向例，总统既换，除议院、绅院，及兵官、刑官外，所有廷臣，均应更换。况嘉斐儿到任未久，即值议院停歇，各官除代，尚未周遍。此时局面必当小有变动也。

檀香山改设领事，该国尚未发给准照一节。昨晤该国阿使，据称该国王已到纽约，迟日必到华盛顿。兰彬日前本拟亲赴纽约，与之相见，今当俟其到此面谈，看如何意见耳。

肄业局事，本应详报贵衙门备案，惟自前咨转行后，并未接过该局总办片纸只字，究竟事体若何，清结经费，何日截止，未知详确。只容教习思济带去电线学生廿一名。容随员闿带去学生四十余名，见之新闻纸，及金山总领事申报。昨容副使来称，该局总办吴嘉善已准于初四日动身回华，询以各事，亦语涉吞吐，所有详细，想渠必缕达南北洋大臣矣。

专泐奉布，钞件附呈。敬请钧安。

① 副总统阿达，即美国第21任总统切斯特·艾伦·阿瑟（Chester Alan Arthur，1830—1886）。生于佛蒙特州费尔菲尔德（Fairfield，Vermont）。1881年担任第20任美国总统詹姆斯·加菲尔德（James Abram Garfield，1831—1881）的副手，未几，由于加菲尔德总统遇刺身亡，继位为第21任总统（1881—1885）。1882年，签署通过了臭名昭著的《排华法案》（*Chinese Exclusion Law*），规定在十年内禁止华工入境，禁止法院授予已经居住在美国的华人的公民权。1888年出台的《斯科特法》规定，华工出境后，不管有无返美签证，一概不准回到美国。1892年的《吉尔里法》将停止华工来美期限延长10年，同时规定，在美华工必须一年内登记注册，否则将被驱逐出境。1902年，美国国会通过法案，再度将《排华法案》延长10年。1904年的一项法案干脆将《排华法案》无限期延长。《排华法案》直至1943年11月26日才废除。

照录闰七月二十七日[1]码号电文

二十六夜，美总领故，副阿达立，除使臣吊贺外，应请分别来电，以便转致。

译录闰七月二十七日美副外部歇照会

为照会事：

照得我伯理玺天德前于七月二号被凶徒枪伤，屡承贵大臣关注，常在本部慰问，方冀医治有效，乃不幸于昨夜十点钟三十五分驾崩。

特此讣闻，所有丧礼各节，俟议定后，再行备文知照。

为此照会。

右照会大清钦差大臣陈、容。

即日照复

为照复事：

顷接贵大臣来文，知贵国伯理玺天德于昨夜驾崩，实深惋悼。

本大臣今早惊闻噩耗，当即电报我国政府，并发电信到朗布阑治地方，与外部大臣布，用展我国与本大臣吊唁之忱，冀达于贵国及总统眷属也。

为此照复。

（闰七月二十七日发。）

---

① 闰七月二十七日，1881年9月20日。

节录檀香山陈领事国芬致陈参赞信函

闰七月二十日到

兹前日所到衣士跛里轮船，该载来华人登岸后，有数名到署面诉，谓包揽头人，逼收川资等语。弟据该华人告诉，登即出示禁止，声明不得向收川资。自出示后，该包揽头人亦颇敛迹也。

今将该告示照录呈览，祈察收，至勉以不避嫌怨，认真经理，以副朝廷委任至意，弟亦当遵奉训诲，勤慎从事。惟目下本岛藉贩人图利者，颇嫉恶于弟，而且屡向该官吏及德国领事搬道是非，谓弟有信回中国讲及该国贩卖猪崽，及谓德国船所载华人有转徙秘鲁云云。推其意，无非耸动洋人挟制于弟，幸弟久居此地，无隙可乘，不然不知渠等如何舞弊也。

本岛痘患经已半愈，顺此告闻。

为剀切晓谕事

现有华人多名到署告诉，称谓该包揽头人有逼收川资，恳请保护等语。窃查中国出洋章程，其搭船出洋民人，本应由殷实铺户，出具本人自备川资，情愿前往之甘结，嗣经委员讯问，如果属实，方准盖戳放行。

今据该华人称有逼收川资情事，实与定章有所不符。惟是词凭一面，恐有未真，故合行出示晓谕，为此示谕尔等知悉。

倘该华人名下有别欠项，方能追讨。如称欠贷川资，及有逼收情事，本领事一经查出，即详请钦宪咨行惩办，决不宽恕。

切切特示。

照录驻扎檀香山领事官陈国芬来禀

闰七月二十三日

窃职衔于七月初七日①奉到宪谕，内开：

光绪七年六月初五日②，准两广总督部堂张③咨称："据德国领事官函复：'嗣后遇有华人在中途为非，船主自应送交贵国领事讯办，以后亦望贵国领事官，会同本国领事官随时访察，得以尽守出洋章程，遇有违背，俾得禀请究办各'等因，相应咨请，行知檀香山领事遵照，遇有洋船搭载华人抵埠，务须认真约速④稽查"等因前来。仰该领事即便遵照等因，奉此，职衔合即遵照。嗣后凡华人搭载德国船前来，职衔务必认真约束稽查，并会同彼国驻岛领事，随时访察。总期慎益加慎，勉副委任之至意。所有奉到谕知缘由，理合禀覆。

《钦定总理各国事务衙门清档》第 255 册，北京大学图书馆藏

---

① 七月初七日，1881 年 8 月 1 日。

② 光绪七年六月初五日，1881 年 6 月 30 日。

③ 两广总督部堂张，即张树声（1824—1884），字振轩，安徽合肥人。廪生出身。咸丰三年（1853）在乡组织团练抗衡太平军。咸丰十年（1860）奉曾国藩命攻打并守卫芜湖，授知府衔。咸丰十一年（1861）加入李鸿章的淮军。次年授直隶按察使，赏卓勇巴图鲁名号。同治十年（1871）授漕运总督、署江苏巡抚。次年署两江总督兼通商事务大臣。同治十二年（1873）任江苏巡抚。光绪五年（1879）授贵州巡抚，旋任两广总督。光绪八年（1882）代署直隶总督。次年还督两广。著有《张靖达公奏议》《张靖达公杂著》《庐阳三贤集》等。

④ 约速，当作"约束"。

（四十） 咨报肄业局总办吴嘉善来咨

光绪七年八月十六日（1881 年 10 月 8 日）

十月二十一日[①]，出使大臣陈兰彬文称：

本年八月初五日[②]，准督办驻美肄业局务翰林院编修吴来咨，内开：

“驻美肄业各学生自奉文一律收局，当经先后由教习容丞思济及出使差满随员容丞闿分为管带，共学生七十人回沪，尚余学生二十四人。现已定于八月初四日，由敝编修与教习沈县丞金午，亲为督率同行。至于局屋等事，已于敝编修移交容副使文内详叙抄录咨会察夺施行，并粘单移容副使文稿一纸，到本大臣，准此，相应抄录咨呈贵衙门，谨请查照施行。”

照录抄单：照录吴编修移容副使文稿

为移交事：

照得出洋驻美肄业局各学生业已奉文收局，由贵大臣会同办理，先后派员管带回沪，共已去学生七十名外，尚余二十四名，应即由敝编修同教习沈县丞亲行管带全三万五千八百八十七元八角，第二次会同陈大臣交来质田银十万元，第三次交分存洋师处移抵银三千二百二十元二角三分。

而第一次之银，复据来文因提取一千零七十一元六角七分，属即照数扣除，是第一次实收到银三万四千八百六十六元一角

---

① 十月二十一日，1881 年 12 月 12 日。

② 八月初五日，1881 年 9 月 27 日。

三分。

三次总共收得银一十三万八千八十六元三角六分。

又，另有由上海关道亦分三次，共汇来银七万七千八百五十一两八钱九分五厘九毫七忽，除一并照章实收实支外，尚有盈余，自应到沪后，悉数同卷宗移解上海关道查收。其局用关防亦即咨呈南北洋缴销。

又，面商须酌留经费，以备修理局屋，暨完纳明年地税，并看管工人二名薪工，以及煤炭水火局屋保险等项之用，俟将来局屋或售或留，总核报销等因。

又，面商局租每年应银三千五百元，敝编修经手一年半，应出租银五千二百五十元，属另行移归上海关道查收，当为照办，其酌留经费一层，亦即查照交来单据，工匠占间约须修理银一千二百元，翻译核问洋明年通年地税银二百七十二元。

又，明年通年保险一百五十元；看管工人二名，至明年洋六月底止，薪工银共四百六十元；煤炭水火一百四十圆，俱明年洋六月底止。

又，留银六百元，为从前病故外洋学生曹家爵[1]、潘铭钟[2]两名运柩回家之费。

总核共须酌留银二千八百二十二元，自应详叙缘由，如数备具银两同局屋一所，局中器用账簿一本，原来洋帐七箱，统

---

① 曹家爵（1863—1875），又写作嘉爵，英文名 Tsao ka chuck，广东顺德人。第三批留美幼童之一，1874 年赴美留学，次年病逝于美国康州哈特福德（Hartford，Connecticut）。

② 潘铭钟（1862—），英文名 Paun Mingzhong，广东南海人。第一批留美幼童，1872 年赴美留学，先后入读康州的诺维奇自由学校（Norwich Free Academy）和纽黑文海滨学校（Seaside Institute，New Haven）。1877 年考入纽约州的瑞萨莱尔理工学院（Rensselaer Polytechnic，Troy），1878 年病逝于美国。

移贵大臣查收，并希即赐收到公文见复施行。

《钦定总理各国事务衙门清档》第 255 册，北京大学图书馆藏

（四十一）咨报近期外交情况和吴嘉善回国等事

光绪七年八月十六日（1881 年 10 月 8 日）

十月二十一日[①]，出使大臣陈兰彬函称：

本月初三日[②]，沥布华字第五十五号函，谅获仰邀钧览。

十四日[③]，接奉七月二十四日[④]发来日字三十、美字二十五两号赐函。十五日，又奉码号电复十件。具承诲示殷拳，莫名钦佩。

美国副总统阿连正位后，尚未订期见客。闻现调上议院绅员于下礼拜齐集开院，先议派换各官等事。届时若应致贺，兰彬自当遵示查照各国通例办理，兹已将吊慰之意，于早间备文照会矣。中国美续约既换，大约须此次议定各官之后。再，闻议院上下议员毕集，始能订拟章程。俟其如何置议，然后酌办洋行各赈、高桥轮船两案，此处初无影响，而安使[⑤]乃极力纠缠。津沪海线，他国不甚措意，而安使乃出头争论，大抵初出学堂之人，经历未深，遇事好逞才能，图得利而见好处，虚憍夸诞，曾无安静之时，贵衙门于彼两案经洞见结症，伏望坚持驳论，此间仍旁探密访，一有声息，谨即飞速闻。

至海线一节，此刻美国事体纷纭，其国家固未暇及此。查其电报各公司，亦均未有此议。既经许以通融，彼仍十分胶执，苦相诘难，宣彼已定期开办耶。两国和好，何不俟决意办时商

---

① 十月二十一日，1881 年 12 月 12 日。

② 初三日，即光绪七年八月初三日，1881 年 9 月 25 日。

③ 十四日，即光绪七年八月十四日，1881 年 10 月 6 日。

④ 七月二十四日，1881 年 8 月 18 日。

⑤ 安使，即美国驻华公使安吉立（James Burrill Angell，1829—1916），1880—1881 年作为特使派往中国修改中美条约。

量也。

赫税司所递秘鲁洋件，闻前此该新总统初立时，即属各国驻使转告各国，大约即系该件因中国使臣来到，渠之驻使又不在华，故展转递到贵衙门耳。查该新总统贫弱已极，兼有旧总统与争，能否支持，尚属未定，现在各国均尚观望，未有复书。只美国因换使臣，业经谒见。新闻纸称：该新总统惟美国认之，余皆未认等语。中国距隔穹远，其国书无使臣赍递，固不便办覆，即致贺一层，亦请暂时缓搁，俟其果能自立，或援照旧章，交其驻使，或使车可达，由我使臣送致，似均未晚也。

金山、马得力各处平顺如常。

古巴改章事，节经函布，现时所办，虽属将就，而领事尚可有权随时查办，不至任人鱼肉。

檀香山国王月之初间到华盛顿，兰彬即往谒见，谈及领事陈国芬未得准照，该国王谓我尚在外，未便遽行应允，但中国待我甚好，此等小事，俟我回国，当无难办云云。现闻该国王在美国各邦游历，尚须小有勾留。幸陈国芬近日来函，未称有何棘手。

裁撤哈富局吴子登编修已于初四日起程，初五日始接其抄咨一件，谨另牍咨呈。渠一切与副使交手，副使未回美都，尚无从细问底里也。

专泐复布，抄件附呈。敬请钧安。伏惟垂鉴。

照录清折：照录八月十五日号码复电

来电已悉，吊贺事，应由阁下照各国通例传旨，分别办理。

照录八月十六日致美国外部照会

为照会事：

前接贵大臣来文，告知大伯理玺天德嘉斐大事，本大臣当即电知我国政府，顷接总理各国事务衙门复电，恭悉我大皇帝闻信之余，甚为悼惜，应由本大臣传达旨意，吊慰贵国官民人等，及大伯理玺天德嘉斐太夫人、夫人等因，相应备文知照贵大臣查照，并望将我国大皇唁慰之意，转知大伯理玺天德嘉斐眷属，及贵国臣民等为盼。

现下北京未有电报至通商各口，故寄电稍迟，合并声及。

为此照会。

美国合邦盟约[①]（一译作律纲）

我合众国人民意欲联合众邦，以益巩固，昭公义，保安居，敦守卫，兴利除弊，爰及后裔，永享自由之福，特立盟约，曰《美国合邦盟约》。

第一章　论立法司

① 《美国合邦盟约》，(*Constitution for the United States of America*)，由蔡锡勇翻译，亦见于《张荫桓日记》（上海书店出版社，2004 年）第 82—94 页；并连载于《时务报》光绪二十三年十月二十一日（1897 年 11 月 15 日）第 45 册、光绪二十三年十一月初一日（1897 年 11 月 24 日）第 46 册、光绪二十三年十一月十一日（1897 年 12 月 4 日）第 47 册、光绪二十三年十一月二十一日（1897 年 12 月 14 日）第 48 册、光绪二十三年十二月十一日（1898 年 1 月 3 日）第 50 册、光绪二十四年正月廿一日（1898 年 2 月 11 日）第 51 册。

（按：合众国政治分三门，一曰行法司，国会[①]是也。一曰立法司，国会是也。一曰定法司，律政院是也。）

第一节

第一款　众邦既合之后，所有立法之权，应归合众国国会[②]，曰上议院，曰下议院。

第二节　论下议院绅士

第一款　下议院绅士，由各邦庶民选举，每二年一换，举之之法，悉照各邦选举邦会各绅士之例。（按：各邦各有邦会，亦分上下两院，其绅士由民间投筹，公举法各殊，有男女皆准投筹者，有不准妇人投筹者，二十一岁后，皆准投筹者，须读书识字始准投筹者。）

第二款　各邦公举下议院绅士必须籍隶本邦，年在二十五岁以上，入籍美国已逾七年，方准充当。

第三款　每邦所派下议院绅士人数及科派丁税之数，俱按照各邦户及他邦来此限年。佣工之人，如奴役人等，五分之三，共得若干人，照数均派胭甸土人，不纳税者不入算，自国会初开后，三年之内，务将民数查清。此后每十年间，照例重修户口册一次，按民数每三万人选派下议院绅士一名。小邦不及三万人者，准其选派绅士一名。未造户口册以前，纽咸时邦准派下议院绅士三名。麻沙朱色士邦八名。洛哀伦邦一名。干泥底吉邦五名。纽约邦六名。纽折尔西邦四名。宾西尼勒尼阿邦八名。地拉华邦一名。马力阑邦六名。勿尔吉尼阿邦十名。北哥罗尼那邦五名。南哥罗尼那邦五名。若耳治邦三名。（按：合众

① 国会，当作“总统”，见《张荫桓日记》（上海书店出版社，2004 年）第 82 页和《时务报》光绪二十三年十月二十一日（1897 年 11 月 15 日）第 45 册。

② 合众国国会，《张荫桓日记》作“合众国会”，

国既立盟约，美洲各邦归附者渐多，原订按民数，每三万人举绅士一名。觉绅士人数过多，碍难照例。嗣后民数限额屡有更张。近年则以十三万五百三十三人准派绅士一名，共得下议院绅士二百九十二名。）

第四款　各邦所派下议院绅士有因事出缺者，由该邦总督出示晓谕，民间举员充补。

第五款　下议院院长，由该院绅士自选，司事属员亦由该院选派。纠参官吏，惟下议院独有其权。（下议院纠参，上议院审讯）

第三节　论上议院绅耆

第一款　上议院绅耆，每邦准派二名，由各邦会绅士选举，在任以六年为期，凡判事可否各人得自抒己见。

第二款　国会初次聚会，即将各邦所举上议院绅耆约分为三排，第一排绅耆以第二年为满任。第二排绅耆以第四年为满任。第三排绅耆以第六年为满任。此后每二年选举一次，得新任人员三分之一（旧多新少，以资熟手），如上议院绅耆告退，或因事出缺，适值邦会停议之时，未能即行选员充补者，由该邦总督派员权理，俟下届该邦邦会聚议时，再行遴员充补。

第三款　凡充上议院绅耆者，必籍隶本邦，年在三十岁以上，入籍美国已逾九年，方准充当。

第四款　上议院以副总统为院长，议事不道可否。若所议之事，众绅耆从违各半，则以院长之允否为行止。

第五款　上议院司事属员，由众绅耆选派。遇副总统他往，或摄行正总统事，众绅耆可自择本院一人暂充院长。

第六款　凡纠参官文悉由上议院审问，遇此等事，众绅耆必重行具誓，然后开审，如总统被参、提审，则以律政院正堂为院长，定案时，必须在院人员三分之二，意见相同，方成信谳。

第七款　官吏被参，事迹属实，上议院只能革其官职，永不叙用，不准再当合众国各项差事。至革职之后，应如何审办定夺，由有司遵例办理。

第四节　论国会

第一款　选举国会绅士，应于何时、何处、如何举法，悉由各邦会绅士自定，国会亦可随时立法，以易其章程。惟举上议院绅耆之处，则不得更易。（按：选举上议院绅耆，恒在各邦之议例院。）

第二款　国会每年至少须聚会一次，以洋十二月内第一个礼拜一为期，或立例另易日期亦可。

第五节　论国会应行事宜

第一款　国会绅耆得邀公举之据，是否合例，由各该院绅耆公同核验，每院人数过半即可议事。如人数不及半，可以连日停议，或设法勒令旷职之员，即行到院。（按：此院有十五员，即可拘传不到之员。）

第二款　上下议院各自定其办事章程、惩办不循规矩之员，如三分二之意见相同，可将本院某员罢黜。

第三款　每院须设一日报，将所议公事，详载刊布，其机密事件，不便刊布者，由院绅酌定每议成一事，如在院人员五分之一，请将曰可、曰否者之名，载于日报，应即载明。（按：每议一事，各员先行辩论，至事理了亮之后，院长请定行否，愿行者同声曰："可"，不愿行者同声曰："否"，察声音之大小，以定事之行否。间或曰可曰否声音相埒，未能立决，即须按名查问孰曰可孰曰否，逐一载于日报。又或曰可曰否，声音大小迥别，已无疑义。而在院人员，若有五分一人数愿得曰可曰否者之名，俾举国共知某人主何说，则应将曰可曰否者之名载于日报）

第四款　当国会开议之期院，两院公允停议外，每院暂停，不得逾三日。至停议必在上下议院立定之处，不得前往别处聚会。

第六节　论国会绅耆应享利益与其所不得为者

第一款　国会绅耆应得俸薪，照定例酌给若干，由合众国户部开支。该绅耆自赴院会议至议毕回家之时，除反叛、大恶、伤风败俗、死罪外，不得因案拘拿。其在议院内所辩论之公事，不得于别处究诘。

第二款　国会绅耆任内，于合众国新设文职各缺，其薪俸较优于绅耆本任者，不准充当合众国现任职官，亦不得兼充国会绅士。

第七节　论立例事宜

第一款　凡议征收税课之例，应由下议院先议，议成之后，上议院或从或改，悉照寻常例稿办理。

第二款　凡例稿经上下议院议成之后，必呈总统核准，方谓之例。总统允准即在例稿上画押。若不允准，应将不准之故批明，发回创议斯例之院（或始议于上议院，或始议于下议院）。该院即将总统驳词详载官报上，重行置议，如众绅耆愿行者有三分之二，即将总统驳词转送至又一院重议，此院绅士若再有三分之二画诺，该例即为定例（无须总统批准）。凡重议之例，众绅耆孰曰可、孰曰否，必将姓名详载于官报，总统于国会呈例稿后，除礼拜日不计外，十日内若不将例稿发回，该例稿即作为定例，与已经批准者无异。如因国会停议，无从发回者，不在此论。

第三款　凡号令条议画诺之件，须由两院核准者，除议停歇日期不计外（国会停歇日期由两院绅耆公同商定，无须总统批准），俱应照呈总统，听候核定，方得举行。如总统批驳，须由两院重议，仍须每院愿从人数有三分之二方为定例。办理悉与寻常例稿无异。

第八节　论国会之权

第一款　国会有权征收地丁税课、出入口税、制造税，以清还国债、维持国是、昌裕国度，惟所征出人口税及制造税，须举国一律。

第二款　国会有权为合众国揭借债款。

第三款　国会有权酌立通商章程与外国贸易，或各邦互市，或与胭甸土人买卖。

第四款　国会有权定立外国人入籍章程，及亏空债项规条，俱宜举国一律无异。（按：外国人来美，至少须寄居五年方许入籍。）

第五款　国会有权饬铸钱币，定其轻重价值，酌定外国泉布相当价值，设立权衡丈尺。

第六款　国会有权立例以惩办假冒钞票钱币等弊。

第七款　国会有权设立邮务局与驿站。

第八款　国会有权以鼓励格致技艺有用之学，凡著书之人，及始创新式器用之人，俱给予年限，使专其利，毋许他人翻刻仿造。（按：现例著作书籍，准予二十八年限期，限内不准他人翻刻，始创新式器用者，给予十四年限期，限内不准他人仿造。）

第九款　国会有权设立审司衙门（巡按署及合众国按察司署），归律政院统属。

第十款　国会有权立法惩办海洋盗犯及干犯公法之案。

第十一款　国会有权宣谕交战，发给出疆强偿执照，定水陆地方捕拿敌人物业之章程。（惠顿氏万国公法云：用力自行伸冤谓之强偿，如本国之民遭别国强暴冤抑即可发给强偿执照与受屈者，俾其自行捕拿抵偿。）

第十二款　国会有权募养兵士，惟筹饷不得逾两万之需。

第十三款　国会有权设立水师。

第十四款　国会有权定立水陆二师军法。

第十五款　国会有权调集民兵，以伸国法、平内乱、御外侮。

第十六款　国会有权令各邦团练民兵，给予军装妥行训练，如经合众国调用，则归国会节制。至于派官统领，按照国会所定纪律，如何训练，悉由各邦自行办理。（按：训练民兵由各邦自行派官者，缘民兵本为各邦自卫而设，合众国偶有调用，非常事也。训练必遵国会所定纪律者，冀步伐止齐，举国一致也。）

第十七款　国会有权立法管辖京畿地方。其地四方不过十洋里，某邦让出，经国会核收即为合众国都城。至合众国向某邦购买地段，既经该邦邦会允肯，其地用以建造炮台、军装局、军火局及一切公所地方，虽在各邦界内，仍归国会统辖管理。（按：盟约定后次年，马力兰邦让出波淘麦河车地一段，又明年，麦尔吉尼阿邦让出河西地一段，均经国会核收，截地方十洋里名曰："古林比阿郡。"至一千八百年始建都于此，都城曰："华盛顿"。）

第十八款　上文明载国会应有之权，及合众国各部院官员遵盟约应有之权，由国会详审立例，使其权必行。

第九节　论合众国之权有限制

第一款　招徕各国人多寡，悉听各邦自行酌量。国会于一千八百零八年以前不得立法禁止。其招徕之人，拟征收人税，每名不得逾十元。（按：立国之初，地广人稀，须工垦植，故暂准招工贩奴，拟征人税，所以示禁阻之意也。）

第二款　提审票所以恤无辜，被押之人不得无故停发，遇内乱外侵，事势危急，有关大局之际，自可停发。（按：提审票由被押者之亲属请领，由审司发给，定日提审以免久押受累。）

第三款　越权定罪之例、追罪往事之例，俱不准行。（按：

越权定罪者，谓不循例审办，且无确实证据，遽定人罪，追罪往事者，谓犯法后，始立苛例以重惩之。）

第四款　征收丁税正税，必按户口册均派，法详上文（见第一章第二节第三款）。

第五款　合众国各邦货物出口不得征税。各海口贸易章程税则宜一律无异，不得有此优彼绌之别。船只载货赴某邦或由某邦开行，均听其任便往来，不得限定某邦某口为卸货纳税之区。（按：美属英之时，不与欧洲各国贸易，凡船只载货物出口，须赴英国口岸起卸，商民病之，故盟约特载此款以革其弊。）

第六款　户部存款，除遵例提用外，无许乱支。其遵例提用之款，务将进支数目、如何动支逐一载明，随时呈报。

第七款　合众国不设爵衔称号，其食俸任事官员，非有国会允准，不得受外国君主礼物、酬劳、官职、称号。

第十节　论合众国各邦之权有限制

第一款　国内各邦不得与外国立约联邦会盟，并不得发给出疆强偿执照，不得铸钱币、出钞票，除金银而外，不得制他物以偿债，并不准行越权定罪之例，及追罪往事之例，凡律法能致人失信而弃约据者不准行，爵衔亦不准用。

第二款　各邦非经国会允准，不得征收出入口货税，如酌收规费，以供本邦查验出产之用者，在所不禁，各邦所征出入口税实数，俱归合众国户部动用。所有征收税课之例，如须改订，悉由国会核定，各邦非有国会允准，不得征收船钞于升平之日，不得豢养兵士建置战舰，并不得与邻邦，或与外国订立条约，擅启衅端。若外侮方侵，事变叵测，急不及待，应行从权者，不在此论。

第二章　论行法司

第一节　论正副总统

第一款　行法之权，归于合众国正总统。总统以四年为满任，副总统亦然。举总统之法如下款。

第二款　各邦按照邦会绅士所授之选派公举人若干员，其人数与各该邦所派上下议院绅耆之数相等，现任国会绅耆及合众国食俸任事之员不得派充公举人。

第三款　（按：此款所载举总统旧法，今已不行，改订新法如下）

续增美国合邦盟约

第十二章

第一款　各邦公举人在其本邦聚会，各出筹拟举正总统一人、副总统一人，正副不得同籍本邦，至少须有外籍者一人。筹上书明选举某人为正总统，另一筹书明选举某人为副总统，于是将拟举为正总统者伊谁，各得筹若干，拟举为副总统者伊谁各得筹若干，分列为二单，由公举人画押批明封固，送至合众国都城交上议院院长开拆。（按：此单须缮备三分，一分专差递交国会，一分交邮务局转递，一分封交本邦之合众国巡按司公署存案。如延至正月内第一次礼拜三，此单犹未递至都城，则由院长遣员赴该邦巡按司公署查取存案之一分，送至都城以凭核计。）该院长届期即在国会众绅耆之前，将各邦送到名单，当堂开拆，核算某人承举为总统，得筹最多而其数又逾于公举人总数之半者，其人即定为正总统，如得筹不及公举人总数之半，即取得筹最多者约之，由下议院众绅士投筹重举一人为总统，计筹之法每邦无论所派下议院绅士多寡，须同一筹，此事须得众邦三分之二有绅士在坐方得开办，若绅士所举之人筹数逾于邦数之半，即以其人为总统。如下议院绅士于应举总统一事，延至本年三月初四日犹未举定，即以所举之副总统署正总统，其办法与正总统身故出缺或有故未能任事者同。

第二款　其承举为副总统得筹最多而其数又逾于公举人总数之半者，其人即定为副总统。不及半则取得筹最多者二人，由上议院绅耆重举，此事须得本院绅耆人数三分之二在坐方得开办，若所举之人筹数逾于众绅耆人数之半者，即以其人为副总统。（按：上议院举副总统，每员准一筹，下议院举正总统，每邦只准一筹，办法各异。）

第三款　凡不能胜正总统之任者，亦不得为副总统。

第四款　各邦选举公举人日期及公举人投筹日期均由国会酌定，惟投筹日期须举国一律。（按：一千九百九十二年定例，公举人聚会投筹在十二月内第一次礼拜三，国会核计算数在二月内第一次礼拜三。又，一千八百四十五年定例，各邦选举公举人在十一月内第一次礼拜后一日。）

第五款　在美国生长之人，或入籍美国在立盟约之前者，方准为总统。惟年纪不及三十五岁，入籍未及十四年者，仍不准。

第六款　总统因事开缺，或身故，或告退，或有故未能任事，即以副总统为正总统，倘遇正副总统，皆因事出缺，或身故，或告退，或有故未能任事，则由国会议立一员摄行总统事，以俟总统照常任事，或俟各邦另行公举。

第七款　总统任内俸银不得卒加卒减，并不得受合众国及国内某邦酬款。（按：总统俸银前定每年二万五千元，至一千八百七十三年增至五万元，副总统俸银八千元。）

第八款　总统受职必先具誓，其词曰："指天具誓，愿竭诚效忠以任合众国总统之职务，殚尽心力以保全合邦。"

盟约第二节　论总统之权

第一款　总统为合众国水陆二师统兵大元帅，各邦为合众国调用者，亦归总统节制，各部该管事务总统可饬令该部大臣议奏，除官员被参，不得宽宥外，凡有干犯合众国律法者，总统有权特赦其罪，或命暂行监候。

第二款　总统商准上议院绅耆可与外国立约，惟须上议院绅耆有三分之二意见相同，方能定议。总统可点派头等公使、各等出使大臣、领事官、律政院审司及合众国日后遵例续设职官，均须上议院绅耆公议允从而后定。至于各属司员，或由总统自行点派，或由律政院审司及各部大臣拣派，应由国会酌度情形，立例议定。

第三款　上议院停议之时，遇有合众国官员出缺，总统可以发照派人充补，其任事之期，限至下届国会停议为止。

第三节　论总统职守

第一款　总统须将合众国各邦情形随时谕知国会，令将应行事宜公同商妥，遇有要事可调集两院或任调一院绅耆会议，如两院于停议日期意见各殊，总统可酌量谕令停止，至何日再行会议。至于接纳外国各等公使，皆总统之事，又须留心体察各定例是否实力举行，并给予合众国各职官莅任执照。

第四节　论总统被参

第一款　正副总统及合众国文职官员（谓各邦大臣、律政院审司及巡按司等官，国会绅耆为各邦所举者，不在职官之列），如有谋叛大恶、授受贿赂、干名犯法等事被劾后，审明即行革退。

第三章　论定法司

第一节　论合众国法院

第一款　合众国司法之权，归于律政院及国会，随后所设归律政院统属。诸法院、律政院审司及属下各法院审司，如品行果端方，应令长莅斯职，在任时应得薪俸不得核减。

第二节　论审司之权

第一款　凡与合邦盟约律法及合众国所立和约有关涉之案，

或有关于公使领事之案，海上战利管辖等案，与夫一切齟齬案件，合众国在局内者，或此邦与彼邦齟齬，或此邦与彼邦之民齟齬，或此邦之民与彼邦之民齟齬，或同为一邦之民凭二邦之权索地基而兴讼者，或此邦及此邦之民，与外国及外国之民齟齬，以上各案件皆归合众国审司审断。

第二款　凡有关于外国公使、驻扎使臣及领事官之案，与案情之牵涉于一邦者，律政院有径行审断之权，其余前款所述各案件，律政院遇上控有复审之权，其有不准上控者，有须循定章者，悉由国会酌定。

第三款　凡审问一切罪案，除官吏被劾外，须有陪审人员，又必在起事之邦审办，如起事不在各邦辖内，应于何处审办，由国会议定照行。（按：陪审人员以十二人为额，择民间之殷实诚朴者当之，遇审罪案，令陪审者到听审，审司执法判案，仍须陪审十二人公议允行，方得定罪。）

第三节　论反叛

第一款　兴兵谋反，或潜附敌人助之济之，斯为反叛。反叛之案须有见证二人，供词相同，或逆犯当堂自招，方得定罪。

第二款　反逆如何治罪由国会议定，惟不得查抄家产、罚及子孙，反逆不处死者，不在此论。（一千八百六十二年国会定例，反逆或处死，或监禁，或罚锾，由审司酌定，惟监禁不得少于五年，罚锾不得少于万元。）

第四章

第一节　论各邦例案

第一款　此邦于彼邦之律例契券及其审司讯判之据，当奉为信凭，应如何察验，以杜假冒之处，由国会立例通饬遵行。（一千七百九十年国会立例，各邦律例契券审司判词均以印押为凭。）

第二节　论庶民利益

第一款　此邦之民赴彼邦，其应享利益，与彼邦之民所享之利益相同。

第二款　此邦有反叛凶恶罪犯逃往彼邦，由此邦主政者（即总督）行文到彼邦查拿，应即将犯解交起事之邦惩办。

第三款　学徒佣工遵此邦之例定有年限，如在限期内逃往彼邦，不得以章程互异，遂为逃人解脱，如经原主查取应交还。

第三节　论新邦新疆

第一款　新邦愿入合众国者，由国会核准，但不得于旧邦辖内，别为一新邦，亦不得合二旧邦或数旧邦以为一新邦，更不得于数旧邦内割地凑合另为一新邦。如经各该邦会及国会核准者，不在此论。

第二款　国会有权定立条例，以掌管处置合众国新疆公业。至合众国与各邦各有应得之地，盟约各款不得作有碍于其应得之额解说。

第四节　论护卫各邦

第一款　合众国愿保全各邦永行民主之政，各邦遇有外侵内乱，一经该邦邦会或总督报知（邦会停议即由总督）合众国，必妥为保护。

第五章　论增订合邦盟约

国会绅耆如有三分之二欲将合邦盟约增订，或合众国各邦三分之二，其邦会请国会将盟约增订者，由国会知照各邦派员会议如何增订，议成之后，或由各邦邦会绅耆画押，或由会议各员画押，应由国会酌定，其画押须得众邦四分之三具名方称定议。议定之款即与原立合邦盟约无异，举国一体奉行，惟一千八百零八年以前，如有删订，不得于第一章第一、第四两款，稍有妨碍。各邦非出于自愿，不得减少其应派上议院绅耆人数。

第六章

第一款　未立盟约以前，所有拨借公债立定约章，均系合众国肩承，办法悉与联邦时无异。

第二款　合邦盟约及遵盟约而立之律例暨已立、续立之条约，俱视为合众国之上法，各邦审司执法办案，凡邦例与盟约不符者，概不准行。

第三款　国会邦会诸绅耆，及合众国与各邦行法定法之官，于受职之时，须具誓卫护合邦盟约，至于奉教，无关于职守，无论所奉何教，合众国不得歧视。

第七章

论盟约告成，众邦会议，以上盟约如有九邦画押愿从者，即作为定议，由愿从之邦遵守奉行。（按：会议盟约之时，美国共有十三邦，愿从者十一邦，一千七百八十七年九月十七日。）

合众国自主后第十二年，众邦同立合众国续增盟约十五章：

第一章

民间立教奉教，各行其是，国会不得立例禁阻。至于言论著述、安分聚会、负屈请伸等事，皆得任便行之，国会毋得立例拘制。

第二章

各邦应练民兵，以资保护。民间置备随带军器不得禁阻。

第三章

国家平定之时，寓兵于民房，必由房主情愿，乱时亦然。兵士如何安插，候立例定夺。

第四章

民间身家房屋物产契券字据，不得无故搜夺，如请搜检票，必须案出有因，又必具誓确实，指明应搜之处某人某物应行搜拿，方准发票。

第五章

凡干名犯义重大罪案，须由陪审大员具呈（各邑择有名望者，至少十二人，至多二十三人，为陪审大员，遇有罪案，先由陪审大员会议确查原告所禀情形属实，然后具呈有司审办），方能提犯到案审讯，水陆二军及民兵当国家有事之秋，有犯前罪者，不在此论，罪犯既已办结，不得再拿惩办，并不得勒令犯人自供其罪（指用刑鞫讯）。除遵例办理外，不得杀害人之生命、拘制人之行藏、侵夺人之家产，如以私业取为公用，必须公平酬偿。

第六章

犯罪之案，被告者须由犯事地方例定界限内之陪审人员公同妥速审问，将所控情由详告被告之人，准其当堂与证人对质，如被告者欲得某人为证，须即传令到案，并准其请律师到堂申理。

第七章

遵例审判之案，凡银数逾二十元者，须由陪审人员断定，既定之后，不得在合众国法院重审，其遵照通例所载有可以再行提审者，不在此论。

第八章

取保不得多索，罚款不得过重，刑法不得太酷。

第九章

合邦盟约所载民间应有之权利，非谓所有权利，仅此而已。其寻常所有者，仍旧照行。

第十章

凡盟约无载明，特让合众国之民，及特禁各邦之权，准各邦与其居民仍旧照行。

以上十章于一千七百九十一年十二月十五日增立。

第十一章

无论本国列国之民，不得因例案争端兴讼控告合众国内之某一邦，合众国司法之权不得理及此等案。此章于一千七百九十八年正月初八日增立。（按：原立合邦盟约第三章第二节第一款载：此邦及此邦之民，与外国及外国之民兴讼，亦归审司审断，是无论本国外国之人，皆得与国内之一邦兴讼，众邦以其有碍于体制，故增立此条，以删改之。）

第十二章

译见前，此章于一千八百零三年增立。

第十三章

第一款　合众国内及所辖地方不得蓄养奴仆，并不得迫人为奴役之工，罪犯定案后，罚作奴役之工者，不在此论。

第二款　国会有权妥定律例，以行前款之意。

此章于一千八百六十五年增立。

第十四章

第一款　凡在合众国内生长之人，及入籍于合众国，或其属地之人，即为合众国之民，亦即为所住此邦之民，无论何邦，不得立例减少合众国人民应享之权利，并不得违背例章杀害人之生命，拘制人之行藏，侵夺人之家产，凡属合众国辖内之人，皆须遵例一体保护。

第二款　下议院绅士人数，系按照各邦民数多寡而定，烟甸土人不纳税者不入计。凡居民男丁年在二十一岁以上，不入叛党，又无犯法，若所居之邦，不准其投筹选举公举人及下议院绅士暨本邦总督、审司、邦会诸人员，则该邦应派下议院绅士人数，按照所不准举官之男丁人数比例核减。（按：何色人始准举官，系由各邦自定，合众国本不与闻，但释奴后，昔日之奴役作五分三算，今皆齐民，南邦之民数顿增，其所派下议院绅士人数，亦与之俱增，乃南邦每不准昔日之奴举官，故国会特增此款，意谓南邦绅士人数既因释黑奴而增，则黑奴应一律举官，如不准其举官，则派绅士人数应比例核减，欲各邦自择所从，以示限制也。）

第三款　凡上下议院绅士及合众国职官暨各邦立法、行法、定法等官，于受职时，业已具誓遵守合邦盟约，此项人员如有明归叛党或暗助之，以后不准再充国会绅士，并不准充公举人及合众国各邦文武职官，如国会两院绅耆各有三分之二允准其人复充职官者，不在此论。

第四款　合众国遵例揭借之公债及剿平乱党优恤粮借款暨募兵平乱，所给之鼓励银借款（入募者，例给粮饷之外，有先给鼓励银一款，所给不一律，其多少视募兵之难易而定）等项，自应照还，至于乱党所欠之债，为扶助反逆以攻合众国者，既释奴后，奴主亏累之款，皆属不合法款项，合众国及各邦皆不认还。

第五款　国会有权立例，以行前款之意。

此章于一千八百六十八年七月二十一日增立。

第十五章

第一款　凡属合众国之民，皆准一律举官，不得以种类不同、皮色各异，或因其昔日微贱为奴，遂不准其举官，或减少其举官之权（按：第十四章第二款，用意在黑人可以一体举官，不在核减绅士人数，乃男人卒不愿黑人举官，国会恐黑人不能一律自主，故再增此款，欲举国二十一岁之男丁皆得一律举官也。）

第二款　国会有权立例，以存前款之意。

此章于一千八百七十年三月二十日增立云云。

《钦定总理各国事务衙门清档》第 255 册，北京大学图书馆藏

（四十二） 咨报近期外交情况

光绪七年九月初三日（1881 年 10 月 25 日）

十一月十三日[①]，出使大臣陈兰彬函称：

八月十六日[②]，泐布华字第五十六号函，谅获仰邀钧览。

本初二日[③]，接奉闰七月初三日[④]发来美字二十六号赐函，并摹寄新约各件，具承诲示，当将所寄洋文交署中翻译各员详细校对。据称附约内观审一条，照其洋文，实系声明专指中国内地与此间报馆所刻及笛使所言无异，不知尚有讹错否。

金山、古巴各处，据报平顺如恒。

美国副总统正位后，于前月廿一日见客一次。兰彬言及："本国总署有电信来嘱传我大皇帝旨意，道贺问好。"渠答称："即烦贵大臣转为陈谢，并请大皇帝安好。"现时上议院只商议派换各官之事，闻不日亦将停歇，所有应行举措及外国交涉要件，统须年底上下两院毕集，始能闻议。其轰毙前总统之凶犯，须国会助以赀财，俾其延请律师辩论，故仍未见审办也。

檀香山陈国芬函称：近日衣士跛厘轮船抵埠，载来华人，均即日登岸，不行须有工作始准入埠之例，窥其官吏，似有悔心。向其外部问取准照，亦只言俟国王驾回定夺云云。檀岛国王在美游历，昨见新闻纸称，该王已于初一日由金山搭船回国矣。

秘鲁新立之总统，闻已被废，其所遣驻美之公使，即前驻

---

① 十一月十三日，1882 年 1 月 2 日。

② 八月十六日，1881 年 10 月 8 日。

③ 本初二日，光绪七年九月初二日，1881 年 10 月 24 日。

④ 闰七月初三日，1881 年 8 月 27 日。

华之爱勒谟尔呈递国书，业经旬日，昨始来见，神气萧沮，不似早年飞扬也。

专泐奉布，抄件附呈。敬请钧安，伏惟垂鉴。

照录清单
译录八月十八日[①]美国外部大臣布照复

为照复事：

昨接贵大臣来文，传达贵国大皇帝旨意唁慰等因，前总统大事，我国人与其眷属，正深凄怆，蒙大皇帝雅意慰问，不惟前总统夫人，感激无已，更以见贵国与友好各国，均以我国人之休戚关怀，尤深钦感，望贵大臣转咨贵国总理各国事务衙门，奏明大皇帝代达前总统夫人感谢之忱。

为此照复，顺候时祉。须至照复者。

右照复大清钦差大臣陈

照译八月二十日[②]由巴拿马传递利马城西报一则

兹接到利马城八月初五日[③]所传音耗，谓秘国新总政府，业已散而无存云云。

照译八月二十九日[④]传到西报一则

前者秘鲁新总统既立，饬造钞票甚多，以便行用。智兵驻

① 八月十八日，1881年10月10日。
② 八月二十日，1881年10月12日。
③ 八月初五日，1881年9月27日。
④ 八月二十九日，1881年10月21日。

秘科派军需，尝以钞票付之，此后每传闻有假造钞票之事。近人风闻有外来假票一千五百万圆，新总统政府事同行用。智营大帅谓已访有确据，于八月初四日派员占据新政户部所有案档卷宗，尽行搜拿，以备查核，并调取新政所设稽查钞票出入委员审问，未得实供，咸称假票一事，并不知情。智帅此举为新政者自以为非，然滥发钞票，既无收赎之资，人无取信之具，国中误用贻害非浅，秘民尝非议之。今智帅查出，而反复之，秘民有不以怨而以为恩者。

新总统见事势如此，力无能为，正欲退位。初五日，智帅竟出谕，废其新政，不与往来，溯自新政府国会议定，不允割地，至今只十日耳。智帅此举盖别有意也。闻新总统拟住欧洲，但不识智军肯准其他往否耳。

美国认秘鲁新总统，其端启自前公使，其现任公使夏君，循其政，撤其力助新政府，冀其立定，乃操之过激，以致物议沸腾，始则力斥旧总统得名不正，不应与新总统为难，继又行文智帅，劝其不宜割地，察其语意，一若割地，则美国必动兵干预，此层似非美国本意，其措词不当，致启疑害，已可概见，今新政府废矣，夏君将复认旧总统耶？抑不与秘鲁往来耶？岂不进退两难乎？且其致智帅之文，过于激切，致动智帅之疑，盖以美国之力助新政，不无垂涎于其硝矿，其废新政，似欲以杜其阴谋耳。

秘国此际力不足以拒智利，其享硝矿之利者，知将来为智利占据，必一无所有，常望外国从中干预，即不得回其矿地，亦得以泄其愤气。此秘民所以仍深望美国之干预也。

照译闰七月廿八日[①]自利马城传来西报一则

秘鲁新政仍未就绪，新总统调集国会后，众绅耆之意，愿与智利议和，但不允割地之款，曾请新总统将此意达于智国使者。智国视秘鲁之打拉巴格安都、法格士答二处硝矿，出产富有，垂涎已久，不允割地则和议终属无成，当两国商议之时，传闻美国甚不愿智利割地。智国忽又调回使者，因之议和一节，尚无头绪，新总统所居，名“马拉里那”，去利马城数里，为国会聚集之处，及秘鲁行政之区。智兵向不干预，且准其设立卫兵，带用军器，以示优崇。讵意月之初旬，有智兵数队，致彼搜夺卫兵军火。秘兵始欲抗拒，惟众寡不敌，只得任其搜夺。此举殊堪诧异。新政本未就绪，专恃智兵相卫护，俾秘民共尊其法令。今智国轻之，民不尊之，新政无权，和议焉得有成。或谓智利风闻该卫兵恃有军火，欲趋从旧总统作乱，故搜夺之，以除其患，不知果系如此，抑另有别故耳。

《钦定总理各国事务衙门清档》第255册，北京大学图书馆藏

① 闰七月廿八日，1881年9月21日。

（四十三） 咨报近期外交情况和郑藻如接办等事

光绪七年九月二十五日（1881 年 11 月 16 日）

十二月初八日[①]，出使大臣陈兰彬函称：

本月初三日[②]，泐布华字第五十七号函，谅获仰邀钧览。

昨接闰七月二十七日[③]发来日字三十一号赐函，具承诲示周详，莫名钦佩。

金山、马得力各处，据报平顺如恒。

檀香山王回国后，陈国芬是否已得准照，尚未接到函禀。

古巴发照改章，照刘领事现时所办稽查保护，可以有护照费，亦能敷衍，但闻该岛总督，近将更换，不知新任若何设施，亦远嘱刘总领事节节留神，随时详报矣。

美国新总统所调之上议院绅员议定三数大臣后，即经停歇，闻外部布连亦必换人，但须年底议院开，始能定夺，现在派定律师审讯轰毙总统之凶犯，纷纷传调供证及陪审等，至百数人连日喧嚣，尚未定案。前日[④]由公堂押凶犯回监车上，被人轰伤，查拿放枪之人，亦尚未获。昨得香港电报，知郑玉轩业经放洋，现饬各员赶将经手事件清厘，以便交代。

其防疫会一件，虽经兰彬奉旨与会，但此等事牵连多国，非一二年所能了结，且其会已散，以后只候该会库司所拟条款刊刷成帙，分送各使咨回本国核办而已，拟交卸时，亦知照该

---

① 十二月初八日，1882 年 1 月 27 日。

② 本月初三日，1881 年 10 月 25 日。

③ 闰七月二十七日，1881 年 9 月 20 日。

④ 前日，即 1881 年 11 月 14 日。是日，用手枪击伤第 20 任美国总统加菲尔德（James Abram Garfield）的凶手基杜（Charles Julius Guiteau）在华盛顿接受审判，并在押送路上被人枪击。

会，统交玉轩接管也。

专肃奉布，并抄件呈览。敬请钧安。

照录抄件：译录美国外部大臣布来文

洋十一月廿一日[①]

为照会事：

本部接准驻扎北京使臣文称，贵国出使大臣郑藻如月内可抵美国等因，本大臣当即咨请户部大臣，转饬金山税务司，于郑大臣到时，随带行李，毋得阻滞，经户部大臣复知业已照饬办理，合行照会贵大臣查照。

须至照会者。

右照会大清钦差大臣陈。

照录复文

为照复事：

接准贵大臣本月初一日来文内开，接准驻扎北京使臣文称，贵国出使大臣郑月内可抵美国，贵大臣业已咨请户部大臣，转饬金山税务司，于郑大臣随带行李，毋得阻滞等因，诸承贵大臣妥速关照，实深铭感，为此照复。

① 洋十一月廿一日，即1881年11月21日，农历九月三十日。

译录华盛顿中纪九月廿三日[1]新报一则

昨纽约城报事人致函非拉地非鸦城[2]《列查日报》馆谓纽约《盛泰枫梧日报》馆本月十九日录报华盛顿新闻一段，论及现任亚达总统偏听嘉兰将军之言，致滋物议等情，其所录各款列左：

一　总统拟照嘉兰将军章程主见议立廷臣。

二　于公事交涉之件，嘉兰将军拟委哥罗拉度省人渣，非代理查渣非之女，系嘉兰将军媳妇，彼此常有银两交涉往来。

三　嘉兰将军每称甚欲外部布连卸事，直言不讳，亦曾声明于简放使臣前往各外国一节，极欲亚总统商办其事。

四　嘉兰将军欲择简命出使东方之任，其心甚切。闻他已许两三友人使臣之任，无异总统亲许。

五　嘉兰将军请调驻扎日本公使炳咸前往澳国，俾得派纽约希路日报馆徐衣扬出使日本之任。

六　闻拟改派前任总统嘉非所放出使瑞国之公使寄林麻，前赴别国更美之任。至巴都将军一事，倘总统不便将马列将军撤委者，拟另行安顿，以慰其心。

七　嘉兰将军尝谓嘉非之人，务须尽数开除，必立其党乃可，等语。

该报事人阅此报后，即往谒嘉兰将军询问："以上所列七款，是否属实。"据嘉兰复称：

所报之款多是谎谬，他并未尝劝诱亚总统如斯办事，且谓政治之事，渣非素非与他同见，彼此并无丝毫银两交涉。至甚

---

① 中纪九月廿三日，1881年11月14日。

② 非拉地非鸦城，即费城（Philadelphia），属于美国宾夕法尼亚州（Pennsylvania）。

欲布连卸任之说，则确有其事，因布连似未能称其职。

所称简放使臣往东方之件（如中国日本各处），他只说应派熟识该处情形，并于商务有益之员，故拟派徐衣扬，并改调炳咸之议，本出此意。

至云务将嘉非之人尽数开除等语，殊属虚诞云云。

译录华盛顿日报

昨秘鲁驻美国公使爱勒谟尔接到本国电报，谓新总统吉大安及其外部大臣嘉儿美士，于本月九号（中九月十八日），为智军所掳，载往智国京师，现遵国例，以副总统嗣位。美国驻秘鲁公使，拟照认嗣位之总统。

爱公使称：本月一号，美国外部电知驻秘公使，仍前与新总统往来，计此电报到秘之时，与总统被掳之日，相去不久。智国此举直欲废秘鲁之国政，而不以美国所认之国为意矣云云。

《钦定总理各国事务衙门清档》第255册，北京大学图书馆藏

三　咨江海关道褚兰生文二件

光绪三年十月至四年三月（1877 年 11 月—1878 年 4 月）

（一）咨江海关道褚兰生

光绪三年十月二十二日（1877 年 11 月 26 日）

本大臣出使美日秘三国，拟俟来春津河开冻当即起程，所有出洋各项支销，未能逐一列款请领。窃念三国壤地远隔，且参赞、领事等分住数处，需用日繁，约计每国一年需银五万余两，初年有整装盘川，及到后铺陈等项，三国共又需银五万余两，本大臣拟请于出洋时，统领银二十二万两，带往备用，札行江海关道先期预备，俾得到沪领取，以行遄行。

黄嘉谟主编，韦国恩、张珍琳编辑：《中美关系史料》（光绪朝一），《中国近代史资料汇编》，台湾“中央研究院”近代史研究所编印，1989 年

（二）咨江海关道褚兰生

光绪四年三月十一日（1878 年 4 月 13 日）

出使美日秘三国经费银二十二万，除出京时在总理衙门借领银四千两，由道提还归款外，所有应带初年经费库平银二十一万六千两，饬将交兑日期知照，以便派员领取。

黄嘉谟主编，韦国恩、张珍琳编辑：《中美关系史料》（光绪朝一），《中国近代史资料汇编》，台湾“中央研究院”近代史研究所编印，1989 年

四　咨出洋肄业局总办吴嘉善文二件

光绪六年二月至七年正月（1880 年 3 月—1881 年 2 月）

（一） 咨出洋肄业局总办吴嘉善

光绪六年二月初九日（1880 年 3 月 19 日）

准出使日美秘大臣都察院副堂陈咨：

光绪五年十二月初四日[①]具奏，调员派换日国参赞一折内称，总办驻美肄业局务主事容增祥丁忧回籍，经理乏人，调派驻法参赞黎庶昌驻扎日国，贵编修充肄业局总办，以期两处公事均有裨益。

（清）李鸿章撰，顾廷龙、戴逸主编：《李鸿章全集》（37），安徽教育出版社，2008 年

① 光绪五年十二月初四日，1880 年 1 月 15 日。

（二）复出洋肄业局总办吴嘉善咨

光绪七年正月十一日（1881年2月9日）发

为咨复事：

本日接准贵编修咨开："拟撤肄业局一事，节经钦差北洋大臣李函开，交付与贵大臣妥为商办。或全撤，或渐撤，曾经面商，及叠次往返函商，均未能确实妥定。兹体查现在情形，全撤终不如渐次抽撤之尤为善行无迹。现拟抽调愚鲁懒惰及花费不知节用者二三十名，先行督带回华面陈事宜，亲承指示，或再奉派来局，或另委贤员以善其后。缘此，拟将现存经费并一切局务迫行移交贵大臣暂为收管，兼督饬各学生书馆功课支应，以免松懈。是否尚可通融，或实有碍屈尊，望即迅为赐复。再，入春以来，腿疾旧患复发，不亟回国就医，病必误公。尤乞体念时局，轸恤下情，俯赐慨允。相应咨请"等因，阅之骇异。

查同治年间，南北洋大臣奏设肄业一局，已阅六七年之久，方有公使来美。去年经贵编修迭次陈请北洋大臣准议裁撤，则无论全撤半撤，局务系贵编修专政。总应由贵编修一手经理，咨明南北洋大臣将幼童遣送、局款销缴。一切完结，然后起程，方为正办。今乃抽带二三十名先行回华，听候或奉派再来，或另委善后，此等办法或者贵编修身任该局总办，行止得以自由，不必虑及擅离职守，亦不必咨候南北洋大臣复文。本大臣均未便置议。

惟现拟将现存经费并一切局务移交暂管一节，前此面商，及节次函复，已将奉使三国，事务纷繁，种种窒碍，不能兼顾实情，再三奉告，万望贵编修曲加体量，切勿移来，倘勉强移来，本大臣亦断不敢应允接受。特此声复。

再，本大臣去冬接到津门来函，始知有力请撤局之事。北洋大臣李两次来函具在，实无交付与本大臣妥办字样，合并声明。

须至咨文者。

《咨报近期外交情况和撤回肄业局原委始末（光绪七年七月二十四日收)》，《钦定总理各国事务衙门清档》第255册，北京大学图书馆藏

五　咨两广总督广东巡抚文稿

光绪七年三月十三日（1881年4月11日）

为咨会事：

窃本大臣现据檀香山商董陈国芬函称，近日华人到岛极多，除招商局轮船外，另有别行洋船多艘，每次载来华人或千数，或数百不等，并无华官执照，又非中国船旗。商董无从稽核，甚至船一到口，即有包揽头人协同雇主，逼其在沙滩草寮，写立合同，派往别埠，不服商董查问，声称粤城广生、祥河、南谦、和泰等字号，交带前来。现各华人尚有欠贷川资情事，须将人作按扣回各等语。商董现在延请律师向地方官告理，究恐来源不清，流弊终难遏塞，恳请移办等因，似此情形显系贩卖猪崽故辙，不可不严行查究，除饬该商董会商地方官吏设法防范外，理合咨明贵督部堂、抚部院，请烦饬属确查省城及河南地方有无广生、祥谦、和泰等字号，抑或别处字号有招致拐诱等弊，均一体严拿，按法惩办。至穷民出洋谋生，洋船搭载虽未便概行禁阻，亦不可不立制防如何稽查，俾免弊之处，自应由贵督部堂、抚部院会商海关，札饬稽查委员，随时设法妥办。

查从前秘鲁、古巴等章程，原系出洋华人自备资斧，并无有殷实铺户担保，海关始给予执照上船。临开行时，又委员到船，细查加盖“讯无欠人川资”红戳。到岸口，中国领事查验登岸，立法最为善。

今檀岛既立有董事，可以责取查验回文，可否即援照办，并札饬招商局船，一体遵照，亦请由贵督部堂、抚部院裁定，施行。

须至咨者。

《陈兰彬致总理衙门函（光绪七年五月十五日收）》，《钦定总理各国事务衙门清档》第252册，北京大学图书馆藏

六　咨出使英法俄大臣曾纪泽

光绪七年十一月初四日（1881 年 11 月 24 日）

前调英文翻译、随员、知府衔候选同知、直隶州知州张斯栒，赴美差遣，委办事件，悉臻妥协，现当差期已满，给咨令该员回英当差，以符前议。

《随员张斯栒回差照章领俸片（辛巳十二月十九日）》，（清）曾纪泽著，喻岳衡点校：《曾纪泽集》，岳麓书社，2005 年

批文谕令

一　批金山六会馆董事公禀[①]

光绪六年年底（1881 年年初）

据禀贿庇、仇杀、勒索、串舞，种种凶险贪顽，令人发指，该董事等共筹保卫公立规条内，如悬赏拿凶送办，明注匪册，呈究各节，尚皆详妥，仰即实力举办，毋致徒托空言。

至于漏网凶徒，潜逃回籍，一经该董事等探访确实，禀由总领事复核申详，本大臣定即据咨各原省督、抚宪，请其札行各该州县勒限交凶，尽法究办。督、抚宪关心民隐，自必随案

① 据陈兰彬《使美纪略》记载："华民之来，始犹不多，且半系从别岛转徙至此，间有采金得资者，购布棚做小买卖。自立约通商后，来者始众，今计华民在美共十四五万，散处各邦乡市，如：曰沙利坚、曰尼华大、曰纽约、曰衣打贺、曰满单拿、曰乌大、曰宾夕温尼、曰鲁西安纳、曰麻沙朱色士、曰纽折而西、曰田纳西、曰诗加古、曰线华娜、曰新蕾、曰砵仑等埠，或数百，或三五千，或万余不等，而皆以金山为出入总口。初设会馆一所，继分六所。凡火船由华到埠，各着董事一人到船照料。盖恐华人初到，人地生疏，不谙该处禁例；或欲归故里，亦须先到会馆报知，查明有无债负，给予'出口纸'，始能搭船。其六会馆，一曰'三邑'，系南海、番禺、顺德、三水、清远、花县等县所设，商民约一万二千；一曰'阳和'，系香山、东莞、增城、博罗等县所设，商民约一万二三千；一曰'冈州'，系新会、四会、鹤山等县所设，商民约一万五六千；一曰'宁阳'，是新宁一县所设，商民约七万余；一曰'合和'，系新宁余氏一姓，合恩平、开平两县所设，商民约四万；一曰'人和'，系新安、归善 、嘉应等州县所设，商民约数千。或佣工，或垦地，分投谋食。在金山本埠者，统计三万余人，有赀本作贸易者不过数千，其铺户俱设于都板街、沙加免杜街、积顺街一带，土人呼为'唐人街'。其实，铺皆租赁，非华人置造也。六会馆之外，又有'昭一'公所，则商民捐设，凡事关商务，集此妥议，意见皆合，然后施行。近日，'合和'会馆因余姓人多，又议分设一馆，亦将举办矣。"

严惩，此时毋庸请旨饬遵，预渎天听。

总之，异乡作客，意在谋生，况当外侮纷乘，尤应众心齐一。该董事等仍当随时劝诫，期于勉作善良，毋遇事而生风，毋挟嫌而构衅，各消畛域，共矢公平，则和气致祥，本大臣实有厚望焉。

禀折存查。

照录金山六会馆董事公禀

具禀人：

金山合埠华商六会馆等，为残杀不休，环叩乞命事。

窃以华人旅居是邦，良莠不齐，凶恶强徒，互相朋比，各携枪刀，白日截杀，一埠之中，毙数命，十命之内，半属微仇，或因口角猜嫌，或因受人贿杀，日甚一日，人不聊生。其安分良商，时时胆战股栗，皆有朝不保暮之势，千古以来，五洲之大，未有颓风败俗甚于此地者也。

推其所以，胆敢肆杀之故，有二：

一曰恃有包庇凶手之人，一姓之中，以凶手多寡为强弱，其父兄时时周济抚养之，遇与别姓有衅，则嗾其杀人，欲杀某，甲而不得，遇某乙而杀之，谓甲与乙同姓也。无论甲与乙并非同事，或并未识面，徒以同姓而杀之，株连无辜十数人而不休，及乙族怒其凶横也，亦不分良莠伺杀其同姓者，以抵偿。苟无主使包庇之人，何敢强横若此。夫凶人原易惩办耳，大抵贫乏无赖者多，送官究治，何恃不恐。所恃包庇之人，助资远逃，或协力争讼，得免禁囚，是以惩凶之法与其惩行凶之人，不如惩庇凶之人，其源清，其流自不浊也。

一曰恃有受贿私和之人，不受其贿则凶手尚有所畏避，乃有恶劣之徒认与死者同姓，不思伸冤，但思索偿，既知凶手贫无可索，又思移祸凶手之族，勒以每人罚银若干作为和议，而正凶竟得优游局外，相遇如无睹焉。是以强悍之徒，开口即道我族大丁多，每人科银一圆，完汝一命等语，若各姓父兄能严禁受贿，则凶悍之徒，明知杀毙此人，断难以银了事，亦何敢逞凶哉。

商等际水火涂炭之时，乏济困扶危之术，呼天无路，吁地无门，势逼呼号乞命，哀恳钦宪大人拯千万之生灵，立三章之约法，出示晓谕，严禁庇恶行凶，私和人命等弊，如有不遵，至凶人漏网，及潜逃回籍，即查实凶手，并包庇私和之人姓名、籍贯，禀由领事官复查无异，批给原告收执，以便苦主带回原籍有据，勒追该犯眷属交凶，果能惩办一二案，则此处闻风，无不畏法敛迹，事半功倍，立见成效。如蒙宪恩格外垂怜，缕将华商困扼情形，恭折请旨，饬原省督抚，可否如何妥办，出自鸿裁，非商等敢参末议者也，冒昧渎陈，不胜惶悚之至，除禀金山大埠总领事陈，伏乞钦宪大人察核施行。

计呈合埠会馆条规一折，谨将六会馆禁止华人庇恶、行凶、受贿、私和各规条录呈电察。

计开：

一　议梓友被唐番人等戕害毙命，如有能当场捉获凶手，即到本会馆投诉，查明实系正凶本会馆，即发给花红帖，交捉手收执，俟番官审实问罪之日，如系缳首死罪，即谢捉手花红银六百大圆。如系充军做砖等罪，即谢捉手花红银四百大元。

一　议梓友被唐番人等戕害毙命，其凶手逃匿，即由尸亲投诉会馆，查实凶手姓名籍贯，即由会馆出帖悬赏购缉获到正名凶手，开审之日，即谢捉手花红银二百大圆，问罪之日，如系缳手[①]死罪，再谢捉手花红银四百大圆。如系充军做砖等罪，

① 缳手，应作“缳首”，疑为抄录笔误。

即谢捉手花红银二百大圆。

一　议梓友被唐番人等戕害，已经刀枪重伤，幸不毙命，如有能当场捉获凶手，须即到本会馆投诉，查明实系正凶，本会馆给发花红帖，交捉手收执，俟番衙审实问罪之日，即谢捉首花红银一百大圆。

一　议以上所出赏格，无论唐番绿衣人等，一律照给。

一　议每会馆公推协理十名，遇有命案，两造相争，是否应出赏格，须公同各会馆司事、协理落阄，以众议过半者，为公论，不得争执。

一　议凡有命案经本会馆司事、协理查明正凶姓名，悬赏获送番官究办，如该凶巧计脱逃，或潜逃原籍，当由会馆开列犯人姓名、籍贯，禀请华官咨移原籍缉办，务以罪人斯得为止，以警效尤。

一　议凡有命案，该凶手亲属不得藉口谓死者作事无理，罪在应死等语，即罪系应死，自有番官操生杀之权，何得擅自行杀。如该凶亲属竟敢执词争论，包庇暗帮，串弄番衙，科银行贿，以致罪人漏网，会馆定将包庇受贿之人姓名、籍贯，禀请华官，移咨原籍，将包庇受贿之人，按律惩办。

一　议命案正凶或在番衙恃贿取胜，其凶手回粤之日，或由尸亲电报香港截拿，或带差役到乡拿获解官，审实问斩之日，即谢花红银六百大圆，但尸亲须先到会馆报明查实，会馆给有帖据在先，拿犯在后，方能照办。

一　议尸亲到会馆投诉，实系正凶方能照办，不得移甲作乙，希图架祸别人，以开攻报私仇之弊，是非曲直，总由司事协理人等细查确实，无得恃强争执。

一　议集众公处，如有恃强不遵，目无法纪，凶恶横行，众怒昭彰，便是匪人，即联集司事协理落阄，如众叱之为匪人，落阄过半者，足见众怒难犯，罪无可辞，即将其姓名、年貌、籍贯，标注会馆大门，永远革出，免至时时滋事，株连会馆。如有凶人将他戕害，会馆亦不支理，以警刁顽。

一　议集众之时，如有恃强辱骂斗打，禁止不听，即令番差拿送究办。

一　议集众之时，如有携带刀枪凶器到会议事者，虽藏身不用，亦令番差拽出拿罚，以防滋事。

一　议正凶姓名曾经本会馆查实无疑，出有花红帖购缉，无论已否拿获，抑贿串番衙幸逃法网，其能贿通番官，断不能以贿通合铺梓友，当会同各会馆协理落阄，如落阄过半，皆议其应革，即将该凶姓名、年貌、籍贯，标帖会馆大门，永远革出，列入匪籍，日后如被人戕害，会馆概不支理，然未立例以前之正凶，恕其无知犯法，望其改过自新，无庸照办。

一　议凡经会馆出有花红之正凶，该凶戚族，如有抗众包庇，私和人命，即会同各会馆协理落阄，如落阄过半，皆议其应革，即将抗众包庇、私和人命之人姓名、年貌、籍贯，标贴会馆大门，永远革出，列入匪籍，日后如被人戕害，会馆概不支理，然未立例以前，犯此例者，恕其无知犯法，准其改过自新，无庸跟究。

一　议凡被会馆革出之匪人，另造一册书明姓名年貌籍贯，因何谋杀命案，或包庇主谋纵恶行凶或私和人命、受贿沈冤，逐事登记名下，遇有关心民瘼之官来巡是邦，即由各会馆公禀，将名册移寄原籍，按名追究各该犯人，已归则追押该犯，未归则追其父兄交凶，以警效尤。

一　议所给花红外，其余律师衙费等项，不干会馆之事。

一　议在娼寮、赌馆内被杀之案，无论是否进内嫖赌，均要该寮馆主出紋红银一百大圆，尸亲出花红银一百大圆，然后出帖一律尽力照办。如尸亲无银交会馆，概不支理。如寮馆主无银交出，恃强抗众，日后或被人将他戕害，会馆亦不支理。

一　议人命重案最关紧要，务须协力同心化危险之区为荡平之路，赏费不敷，自应随时商量设法。如有执拗不允，致此事解散，怨魂幽咽，天理昭彰，最在伊谁，其后必绝。

一　议现定章程，系自集六会馆议赏之日起，曾经到会馆投诉者照办以前命案不在此例。

一　议古今无不变之法，或时异势殊，日久弊生，须要随时更改，以期精益求精，密益求密，总至众谋签同，不得自执私见，于事方能有济。

《陈兰彬致总理衙门函（光绪七年二月十八日）》，《钦定总理各国事务衙门清档》第252册，北京大学图书馆藏

二　议设华洋书信局禀批

光绪七年四月（1881年5月）

钦差出使大臣二品顶戴都察院都堂陈批：

据呈阅悉。

查光绪五年古巴刘总领事亮沅抵任时，曾经禀请，拟嘱各华人多寄家信，并于香港转托妥人代收代发等因，业经本大臣允准在案。

上年，又接据该总领事函，称此件系由署中翻译官谭乾初，转托伊兄华陀医院值理谭海畴代为经理，而海畴首发善心，刊印小引数万张，布散远近，嘱各人亲属，如有访查亲人下落者，可将信交与香港华陀医院代寄，不收信资分文。秋冬以后，由港寄到，不下二千余函，均称无住址可交者。本署接到各信后，即将各人名姓、履历，开列清单，标贴署中门首；并将各信，用长木架排列厅堂，以便各人到署注册时，顺便查阅，转相告语，俾其本人来署取领。凡到领信者，则必要其报明住址，登记信簿，并责其人即日写信回复，使其亲人得知音耗。近日复信回华者，约有百余封等语。

今众绅等念切羁佣，以香港虽设，粤省仍未广行，拟于省城靖远街广善宣讲堂内，捐资设立华洋书信局，以便内地小民易于寄信，好善为怀，洵堪嘉尚。嗣后如有信函寄到，本大臣定当加封转寄各该署，并嘱各该员确访给领，以副众绅等好善之心。据称经禀明北洋通商大臣李[1]，暨面禀两广总督部堂张[2]，仍候批示，饬遵可也。缴。

① 北洋通商大臣李，即李鸿章（1823—1901），本名章铜，字渐甫或子黻，号少荃（泉），晚年自号仪叟，别号省心，谥文忠，世人多尊称李中堂，亦称李合肥，安徽合肥人。道光二十四年（1844）中顺天府乡试举人。道光二十七年（1847）中进士，朝考后改翰林院庶吉士。道光三十年（1850）授翰林院编修，充武英殿编修。咸丰三年（1853）回籍办团练，镇压太平军。咸丰六年（1856）加按察使衔。同治元年（1862）任江苏巡抚。次年兼署五口通商大臣。同治六年（1867）授湖广总督。同治八年（1869）兼署湖北巡抚。同治九年（1870）任直隶总督兼北洋通商大臣。著作收入《李文忠公全集》。

② 两广总督部堂张，即张树声。

附：捐设华洋书信局呈文

具公呈二品衔候选道管镇乾[①]等，呈为捐设华洋书信局，恳请迅赐核办事。

窃查拐贩出洋情殊可悯，况关河梗阻，音耗不通，计惟有寄函访踪，庶足慰仳离而谋团聚，仰惟宪台恩宏覆育，德被海陬。

上年，举人桂文灿[②]等，经将设立书信局紧要情形函，由丁中丞雨生[③]、何星使子峨[④]禀商宪核，兹复接悉古巴翻译官谭乾初司马禀奉准行。窃幸斯举创成，』群生仰赖。职道等经于本年十月十二日，航寄翻译官谭，转将设局公呈节略，赍呈宪慈核

---

① 管镇乾，生卒年不详，卒年七十二，字金墀，原籍江苏武进，生于广东南海。行伍出身，精医跌打刀伤。咸丰年间任二品衔军医，后流寓粤省大埔，同治年间寄居佛山开设医馆，为光绪年间南海伤科名医。民国《南海县续志》有其传。其子孙皆承其业。

② 桂文灿（1823—1884），字子白、昊庭、皓庭，广东南海人。师从陈澧。道光二十九年（1849）中举。光绪九年（1883）选湖北郧县知县，命在江夏审理案件。著有《朱子述郑录》《春秋列国疆域考》《四书集注笺》《周礼通释》《经学博采录》《子思子集解》《弟子职解诂》《潜心堂文集》《毛诗释地》《广东图说》《海防要览》《海国表》《四海记》等50余种。

③ 丁日昌（1823—1882），字雨生、禹生，号持静，广东省丰顺县人。历任广东琼州府儒学训导，江西万安、庐陵县令，苏松太道，两淮盐运使，江苏布政使，江苏巡抚，福州船政大臣，福建巡抚，总督衔会办海防、节制沿海水师兼理各国事务大臣等。著有《抚吴公牍》《保甲书辑要》《百兰山馆诗》《奏稿》《五洲政要通考》《百将图传》《巡沪政书》《丁禹生政书》《百兰山馆古今体诗》，重编《牧令书辑要》等，编有《持静斋书目》和《百兰山馆藏书目录》等。

④ 何如璋（1838—1891），字子峨，广东大埔人。咸丰十一年（1861）中举。同治七年（1868）中进士，并被选为庶吉士，散馆后授职翰林院编修。光绪三年（1877）晋升为翰林院侍讲，加二品顶戴，充出使日本大臣。光绪八年（1882）任满归国。次年，出任福建船政大臣。马江中法战争后，被贬戍张家口三年。光绪十四年（1888）主讲潮州韩山书院。

办在案。惟设筹虽亟，邮寄良艰。万一驿站逗遛，或被疏失，迁延岁月，难邀钧示，则是举恐致搁沈，理合粘录前呈节略，恳由东华医院绅士冯普熙[①]等，函送驻扎美国总领事陈观察[②]，递呈宪辕，覆请钧示，庶程途较便，可无濡滞之虞。伏望迅赐查核批行，俾斯民早邀德惠。

至各埠踪迹难稽，故土之亲邻可访所请，札行各埠领事委员一律设立名册，如该被拐华民求访亲属消息者，准其就近赴署，备将姓名、年岁、三代、乡贯、现在外洋住址，禀呈填注，发局代查，俾通音问。较之茫茫人海，函帖空传，南朔莫知，居栖靡定者，访寻较为捷便，办理尤觉相资。

倘蒙认真举行，在大员费综理之精勤，各属吏实效簿书之鞅掌，将我国百数十万散失羁佣，按籍钩稽，不至飘零无着。从此浮踪可觅，家书直抵万金。游子何依乡梦，长悬千里，动征人之归兴，慰远地之忧思，亿兆苍黎，讴歌靡既矣。

计粘前呈节略壹扣，呈候核示，祇遵。

为此上赴钦差大臣都察院左副都御史宗丞大人恩准施行。

《循环日报》光绪七年四月廿三日（1881年5月20日）第2211号

① 冯普熙（？—1898），曾名冯照，字明珊，英文写作 Fung Ming-shan、Fung Po-hai、Fung Chew，广东东莞人。毕业于香港圣保罗书院（St. Paul's College）。曾为香港壳洋行（A. H. Hogg & Co.）和有利银行（Chartered Mercantile Bank of India，London and China）买办。同治十年（1871）参与创办香港东华医院。同治十一年（1872）任东华医院总理。同治十二年（1873）资助王韬和黄胜成立中华印务总局，并任值理人。同治十三年（1874）资助王韬创办《循环日报》。光绪四年（1878）推动成立香港保良局，并出任三届保良局总理（1879—1881年、1880—1881年、1882—1883年）。光绪五年（1879）任东华医院首总理。光绪七年（1881）成为首位加入英籍的香港华人。曾作《答中外强弱论》刊于1872年4月的《香港近事编录》。

② 驻扎美国总领事陈观察，即驻扎旧金山总领事陈树棠。

三　发驻扎檀香山领事官陈国芬谕令

清光绪七年七月初七日（1881 年 8 月 1 日）到

光绪七年六月初五日[①]，准两广总督部堂张[②]咨称："据德国领事官函复：'嗣后遇有华人在中途为，非船主自应送交贵国领事讯办，以后亦望贵国领事官，会同本国领事官随时访察，得以尽守出洋章程，遇有违背，俾得禀请究办各'等因，相应咨请，行知檀香山领事遵照，遇有洋船搭载华人抵埠，务须认真约速[③]稽查"等因前来，仰该领事，即便遵照。

《陈兰彬致总理衙门函（光绪七年十月初七日收）》，《钦定总理各国事务衙门清档》第255册，北京大学图书馆藏

① 光绪七年六月初五日，1881 年 6 月 30 日。

② 两广总督部堂张，即两广总督张树声。

③ 约速，当作"约束"，疑为抄录之笔误。

附一：驻扎檀香山领事官陈国芬来禀

闰七月二十三日

窃职衔于七月初七日奉到宪谕，内开：光绪七年六月初五日，准两广总督部堂张咨称："据德国领事官函复：'嗣后遇有华人在中途为非船主，自应送交贵国领事讯办，以后亦望贵国领事官，会同本国领事官随时访察，得以尽守出洋章程，遇有违背，俾得禀请究办各'等因，相应咨请，行知檀香山领事遵照，遇有洋船搭载华人抵埠，务须认真约速稽查"等因前来，仰该领事，即便遵照等因。

奉此，职衔合即遵照。嗣后凡华人搭载德国船前来，职衔务必认真约束稽查，并会同彼国驻岛领事，随时访察。总期慎益加慎，勉副委任之至意。所有奉到谕知缘由，理合禀覆。

附二：节录檀香山陈领事国芬致陈参赞信函

闰七月二十日到

兹前日所到衣士跛里轮船，该载来华人登岸后，有数名到署面诉，谓包揽头人，逼收川资等语。弟据该华人告诉，登即出示禁止声明，不得向收川资。自出示后，该包揽头人亦颇敛迹也。

今将该告示照录呈览，祈察收至，勉以不避嫌怨，认真经理，以副朝廷委任至意。弟亦当遵奉训诲，勤慎从事，惟目下本岛藉贩人图利者，颇嫉恶于弟，而且屡向该官吏及德国领事搬道是非，谓弟有信回中国讲及该国贩卖猪崽，及谓德国船所载华人有转徙秘鲁云云。推其意，无非耸动洋人挟制于弟，幸弟久居此地，无隙可乘，不然不知渠等如何舞弊也。

本岛痘患经已半愈，顺此告闻。

附三：为剀切晓谕事

现有华人多名到署告诉，称谓该包揽头人有逼收川资，恳请保护等语。

窃查中国出洋章程，其搭船出洋民人，本应由殷实铺户，出具本人自备川资，情愿前往之甘结，嗣经委员讯问，如果属实，方准盖戳放行。

今据该华人称有逼收川资情事，实与定章有所不符。惟是词凭一面，恐有未真，故合行出示晓谕，为此示谕尔等知悉。

倘该华人名下有别欠项，方能追讨。如称欠贷川资，及有逼收情事。本领事一经查出，即详请钦宪咨行惩办，决不宽恕。

切切特示。

《陈兰彬致总理衙门函（光绪七年十月初七日收）》，《钦定总理各国事务衙门清档》第255册，北京大学图书馆藏

四　批随员容闳禀词

光绪七年七月二十三日（1881年8月17日）

禀词阅悉。

该员随使三年零一个月，现无经手未完事件，自应准禀销差。

又据称：驻美幼童肄业局吴总办①商令顺带学生回华。该员常川在局勷助，此次乘便办公亦合。准如所请，务须兢慎小心，勿滋贻误。

除该员劳绩候核明汇案奏奖外，所有归装川费，仰即照章给发。

此缴。

《陈兰彬致总理衙门函（光绪七年八月二十七日收）》，《钦定总理各国事务衙门清档》第255册，北京大学图书馆藏

① 驻美幼童肄业局吴总办，即驻美肄业局第四任总办吴嘉善。

五 批夏威仁国檀香山岛领事官陈国芬来禀

光绪七年七月（1881年8月）

据禀已悉，查中国与夏国未经立约，是以前次派设商董，均系托由彼国驻公使[①]阿连[②]为之道达。此次仍仿前案办理，旋准阿公使，复称甚为喜欢，转达外部等语，是阿公使必已经咨报矣。况前据朱主事[③]函开：无约之国设领事驻札彼邦者甚多，即或中国日后商定条约，亦必与设立领事，两无妨碍，何以此次不即发给准照。其中有无别故，俟一面询阿使复到核办，仰该领事仍前谨慎经理，毋得因循苟且，致负委任切切。监生李士昌前此经理文件，既无贻误，自应准如所请，以资熟手。附缴钤记毁销，此缴洋文录稿存。

---

① 驻公使，疑漏一字，当作“驻美公使”。

② 驻公使阿连，即夏威夷驻美国公使伊利思哈·埃伦（Elisha Hunt Allen，1804—1883）。

③ 朱主事，即朱和钧。

附一：夏威仁国檀香山岛领事官陈国芬来禀

敬禀者：

窃本月十一日，奉到宪谕，并洋文凭照一件，木质关防一颗，内开将商董改为领事，仍饬职谨慎经理等因。接阅之下，感激莫名。伏念职性情愚直，知识毫无，前在商董任内，颇有人议论办事过于认真，乃蒙宪台体察包容。今又咨请总理衙门奏准，改充领事。查领事有保护约束本国商民之责，如职梼昧，深惧弗胜。此后，惟有凛遵宪谕，矢慎矢勤，毋长浇风而趋避劳怨，务崇国体，以联络商民，庶几稍答朝廷高厚之恩于万一。

发到领事木质关防，已于本月二十六日开用。其董事钤记，谨此申送缴销。

至职署文案，现仍委监生李士昌办理。查该监生前在职署一载有余，皆无贻误，是否有当，伏冀宪裁。

再，职此次只领宪谕后，遵即将洋文凭照赍送该国外部呈验讫。旋于十八日接据该外部复称，朝廷授职为驻彼领事，甚为欣慰。惟现有信息，中国与彼国商立条约，应俟条约议成，看利权如何，始行给发准照等语。职现虽接印视事，仍前经理一切，然领事倒必须接到彼国外部准行执照，方可照章有权办理。合并禀明。

至中国与彼国是否现在商立条约，职尚无所闻，伏乞大人察核示悉，实为恩便。

除照录该外部复文，附呈外，所有奉到谕帖、接印、任事各缘由，理合肃禀，恭请钧安。

《陈兰彬致总理衙门函（光绪七年九月十一日收）》，《钦定总理各国事务衙门清档》第255册，北京大学图书馆藏

附二：译录檀香山外部大臣格林[①]复陈国芬文

昨接本月六号（中纪六月十一日[②]）来文，内开贵商董接奉大清钦差出使美日秘国大臣陈、容札，知钦奉谕旨，饬派贵国商董为驻扎夏威仁国领事官弁，将札委文凭附送查核，请给准照，以便莅任视事等因。准此，本大臣当即据情转致本国摄政公主及相臣矣。

查贵商董派充领事官，自属人地相宜，我国无不惬怀。惟闻贵国拟寄约稿，与我政府商立条约，此次请给领事准照，应行暂缓发给，俟我国接到约稿后，核明所载领事权位如何，再行发给准照可也。

为此照复。

右照会大清商董陈。

光绪七年六月十七日

《陈兰彬致总理衙门函（光绪七年九月十一日收）》，《钦定总理各国事务衙门清档》第255册，北京大学图书馆藏

① 檀香山外部大臣格林（William Lowthian Green，1819—1890），生于英国伦敦，1850年到夏威夷经商，1859年曾代理英国驻夏威夷领事，1874—1876年、1880—1882年两度担任夏威夷国外交大臣。1887—1889年任财政部长。

② 光绪七年六月十一日，1881年7月6日。

六　出使大臣议发檀香山商董章程九条

光绪七年七月（1881 年 8 月）

一　稽查航海通商事务，保护本国商民，调处争讼，代向地方官伸诉冤抑，遇有紧要事件，务须禀报，听候核夺。

一　办理交涉事案，当按照前禀与彼国官员酌议允行六条，妥慎办理；其余一切应行事宜，仍查照《万国公法》[①]《星轺指掌》[②]《公法便览》[③] 等书，及参酌各国事例而行。

一　遇有华民搭客来往，必须严密访察有无贩卖猪仔情事；倘有各国招工船只附搭华民抵境，或由该岛附搭华民他往，查系何国船只，即与该国驻岛领事商议，查验办理，据实禀报。

一　每月华人出口进口人数，务必在税关确切查明，按季禀报；至华人在彼国犯事监禁者，共有若干，其中所犯何罪，情节轻重，罪名大小，均须确查，按季汇报。

一　办理华民投诉事件，及与彼国交涉各事，除事关紧要，专禀候批遵行外，其余事务，须逐件详查，按季汇报。

一　商董公署不可收留逃犯，致招物议。

---

① 《万国公法》，原名 *Elements of International Law*（国际法原理），美国亨利·惠顿（Henry Wheaton）著，美国丁韪良（William Alexander Parsons Martin）译，同治三年（1864）岁在甲子孟冬月镌，京都崇实馆存板。

② 《星轺指掌》，原名 *Manuel diplomatique*，德国查尔斯·马斯顿（Charles de Maetens）撰，联芳、庆常译，丁韪良鉴定校核，光绪二年（1876）中秋月，同文馆聚珍版。

③ 《公法便览》，原名 *Introduction to the study of International law*，美国吴尔玺（Theodore Dwight Woolsey）著，丁韪良、汪凤藻、凤仪、左秉隆、德明译，光绪三年（1877）孟秋，同文馆聚珍版。陈兰彬为该书做序。

一　每逢宴会，切不可谈论公事，及刊刻新闻纸，说自己暨别国所办公事。

一　另有未尽事宜，果于华人有益无损者，该商董务须传集公正华商，和衷妥议，顾全大局，一面将办理情形，禀明察核。

一　印信卷宗暨收支册簿，均须妥存，或遇有新旧交替，移交接收，收取其回文具报。

（清）刘锦藻《清朝续文献通考》卷三百三十七，外交一，商务印书馆，1936年

陳蘭彬集

贰

照会

（清）陈兰彬　著
王　杰　宾睦新　编

SPM
南方出版传媒
广东人民出版社
·广州·

图书在版编目（CIP）数据

陈兰彬集／（清）陈兰彬著，王杰，宾睦新编．—广州：广东人民出版社，2018. 5
ISBN 978-7-218-12732-3

Ⅰ. ①陈… Ⅱ. ①清… ②王… ③宾… Ⅲ. ①陈兰彬（1816－1895）—文集 Ⅳ. ①C53

中国版本图书馆 CIP 数据核字（2018）第 076606 号

CHENLANBIN JI
陈兰彬集
（清）陈兰彬 著　王　杰　宾睦新 编

出 版 人：肖风华

封面题字：陈兰彬
责任编辑：张贤明　陈其伟　周惊涛　李沙沙　李梦泽
装帧设计：彭　力
责任技编：周　杰　易志华　吴彦斌

出版发行：广东人民出版社
地　　址：广州市大沙头四马路 10 号（邮政编码：510102）
电　　话：（020）83798714（总编室）
传　　真：（020）83780199
网　　址：http：//www. gdpph. com
印　　刷：广州市浩诚印刷有限公司
开　　本：787mm×1092mm　1/16
印　　张：120. 5　　插　　页：18　　字　　数：1900 千
版　　次：2018 年 5 月第 1 版　2018 年 5 月第 1 次印刷
定　　价：800. 00 元（全五册）

目　录

照　会

照会

一　关于请定觐见之期呈递国书的照会

光绪四年八月二十五日（1878 年 9 月 21 日）

大清钦差出使大臣花翎二品顶戴宗人府府丞陈、补用道容，为照会事：

照得本大臣奉本国大皇帝命敬赍国书前诣贵国。

兹于光绪四年八月二十三日行抵华盛顿，相应照会贵大臣。恳即据情奏请觐见之期，以凭敬谨呈递国书，并先抄录国书华洋文各一纸，附送察照。

须至照会者。

右照会大亚美利驾合众国总理外务大臣伊[1]。

光绪四年八月二十五日

广西师范大学出版社组织整理：《中国驻美国公使馆致美国国务院备忘录（1868—1906）》（1），广西师范大学出版社，2010 年

---

① 大亚美利驾合众国总理外务大臣伊，即威廉·麦克斯韦尔·埃瓦茨（William Maxwell Evarts）（1818—1901），出生于美国马萨诸塞州（Massachusetts）波士顿（Boston）查尔斯顿（Charlestown）。1833 年入读美国耶鲁大学（Yale University）。1839 年入读哈佛大学法学院（Harvard Law School）。1868—1869 年出任美国第 17 任总统安德鲁·约翰逊（Andrew Johnson）内阁司法部长。1877—1881 年出任美国第 19 任总统拉瑟福德·伯查德·海斯（Rutherford Birchard Hayes）内阁国务卿。1885—1891 年选入国会参议院。

附一： 英文版

Washington D. C.
Legation of China
September 21st 1878

Sir

The undersigned having been commissioned by His Majesty the Emperor of China——Chen Lan Pin, decorated with the peacock feather of the Chinese Second rank, Second Secretary of the Board for the government of the Imperial Clan, Envoy Extraordinary and Minister Plenipotentiary; and Yung Wing decorated with the peacock feather of the Chinese Second rank, Intendant of Circuit, Assistant Envoy Extraordinary and Minister Plenipotentiary jointly to the United States of America——have the honor to announce their arrival in those characters.

A copy of their joint Credentials is herewith enclosed, and they will thank the Secretary of State to cause a time to be named for them, to deliver the original to the President of the United States.

The undersigned avail themselves of this occasion to offer to the Secretary of State, the assurance of their most high consideration.

Honorable William M. Evarts　　陈兰彬　Chen Lan Pin
Secretary of State　　容　闳　Yung Wing
State Department
Washington D. C.

广西师范大学出版社组织整理：《中国驻美国公使馆致美国国务院备忘录（1868—1906）》（1），广西师范大学出版社，2010年

附二：国书中文版

大清国大皇帝问大亚美利驾合众国大伯理玺天德好。

贵国与中国换约以来，睦谊攸关，夙敦和好。

兹特简赏戴花翎二品顶戴太常寺卿陈兰彬，出使为驻扎贵国都城钦差大臣，以二品顶戴道员容闳副之，并准其随时往来。

朕稔陈兰彬等忠诚笃实、沉毅有为，办理交涉事件，必能悉臻妥协。

朕恭膺天命，寅绍丕基，中外一家，罔有歧视。

嗣后愿与贵国益敦友睦，长享升平，朕有厚望焉。

光绪四年正月二十五日

广西师范大学出版社组织整理：《中国驻美国公使馆致美国国务院备忘录（1868—1906）》（1），广西师范大学出版社，2010 年

附三：国书英文版

The Emperor of China to His President of the United States of America:

Since the interchange of Treaties between Your Government and China, relations of amity and good-will having been uniformly and sincerely maintained. It is now our pleasure to especially appoint Chen Lin Pin, decorated with the peacock feather, wearing the button of the Second rank, President of the Board of Sacrifice, to reside at Your Capital as Envoy Extraordinary, and Yung Wing, wearing the button of the Second rank, Intendant of Circuit, as assistant Envoy. And it is also our pleasure that they be at liberty to go and come as occasion may require.

We are fully Assured that Chen Lan Pin and his Assistant are just and honorable men, and we trust that in the discharge of their diplomatic duties they will give mutual satisfaction.

Having by the Will of Heaven, succeeded to Our Great Patrimony, we regard, without discrimination, China and all foreign nations as members of one family, and we desire that henceforth our relations with Your Government may be further strengthened, and that both nations may enjoy lasting peace, which is our sincere hope.

Kwang Shü 4th year 1st month 25th day

(February 26th 1878)

广西师范大学出版社组织整理：《中国驻美国公使馆致美国国务院备忘录（1868—1906）》（1），广西师范大学出版社，2010 年

二　关于派陈树棠为旧金山总领事请发执照的照会

光绪四年十月十四日（1878 年 11 月 8 日）

大清钦差出使大臣花翎二品顶戴宗人府府丞陈、补用道容，为照会事：

照得本大臣现派二品衔花翎候选道陈树棠为驻扎贵国金山大埠总领事官。

兹将所给文凭咨送察核，希为转奏贵国大伯理玺天德发给准照，俾该员陈树棠得以莅任视事。为此照会，顺候时祉。

须至照会者。

右照会大亚美利驾合众国总理外务大臣伊。

光绪四年十月十四日

广西师范大学出版社组织整理：《中国驻美国公使馆致美国国务院备忘录（1868—1906）》（1），广西师范大学出版社，2010 年

附：英文版

Chinese Legation

Washington D. C.

8th November 1878

Sir:

We have the honor to inform you that, according to His Imperial Chinese Majesty's Letter of Instruction investing us with discretionary power to appoint Consuls in the United States of America, we have appointed Chen Shu Tang, Second Rank by brevet, wearing the Peacock Feather and Intendant of Circuit, Consul General of the Chinese Empire at San Francisco, and we herewith enclose his Commission, and will thank you to cause the Exequatur of the President to be issued, recognizing Mr. Chen Shu Tang in his official capacity.

We have the honor to be, Sir,

With the highest consideration,

Your obedient servants

陈兰彬

Chen Lan Pin

容　闳

Yung Wing

Honorable

William M. Evarts

Secretary of State

We, Chen Lan Pin, Envoy Extraordinary and Minister Plenipotentiary, and Yung Wing, Assistant Envoy Extraordinary and Minister Plenipotentiary, being invested by His Imperial Chinese Majesty with discretionary power to appoint Consuls in the United States of America, and reposing official trust and confidence in the abilities and integrity of Chen Shu Tang, do appoint him, Consul General of the Chinese Empire at the port of San Francisco, California, United States of America, and do authorize him to have and to hold the said office, and to exercise; and to enjoy all the rights, privileges and immunities pertaining thereto, until it is our pleasure to revoke this Commission.

In witness whereof, we have hereunto set our hand and seal. Given the Eighth day of November 1878.

陈兰彬
Chen Lan Pin
容 闳
Yung Wing

广西师范大学出版社组织整理：《中国驻美国公使馆致美国国务院备忘录（1868—1906）》（1），广西师范大学出版社，2010 年

三　关于派傅列秘为旧金山领事官请发执照的照会

光绪四年十月十四日（1878年11月8日）

大清钦差出使大臣花翎二品顶戴宗人府府丞陈、补用道容，为照会事：

照得本大臣现派傅列秘为驻扎贵国金山大埠领事官。

兹将所给文凭咨送察核，希为转奏贵国大伯理玺天德发给准照，俾该员傅列秘得以莅任视事。为此照会，顺候时祉。

须至照会者。

右照会大亚美利驾合众国总理外务大臣伊。

光绪四年十月十四日

广西师范大学出版社组织整理：《中国驻美国公使馆致美国国务院备忘录（1868—1906）》（1），广西师范大学出版社，2010年

附：英文版

Chinese Legation
Washington D. C.
8th November 1878

Sir:

We have the honor to inform you that, according to His Imperial Chinese Majesty's Letter of Instruction investing us with discretionary power to appoint Consuls in the United States of America, we have appointed Frederick A. Bee, Consul of the Chinese Empire at San Francisco, and we herewith enclose his Commission, and will thank you to cause the Exequatur of the President to be issued, recognizing Mr. Frederick A. Bee in his official capacity.

We have the honor to be, Sir,
With the highest consideration,
Your obedient servants
陈兰彬
Chen Lan Pin
容 闳
Yung Wing

Honorable
William M. Evarts
Secretary of State

广西师范大学出版社组织整理：《中国驻美国公使馆致美国国务院备忘录（1868—1906）》（1），广西师范大学出版社，2010 年

四　关于元旦觐见总统的照会

1878 年 12 月 30 日

Chinese Legation
Washington D. C.
30th Dec. 1878

The Minister and Assistant Minister have the honor to say in reply to the note of the 27th instant from the Secretary of State, that they will be most happy to call and pay their respects to the President on the 1st proximo at 11 o'clock A. M.

To the Honorable
Wm. M. Evarts
Secretary of State

广西师范大学出版社组织整理：《中国驻美国公使馆致美国国务院备忘录（1868—1906）》（1），广西师范大学出版社，2010 年

五　关于元旦拜访国务卿的照会

1878 年 12 月 30 日

Chinese Legation
Washington D. C.
30th Dec. 1878

The Minister and Assistant Minister have the honor to say in reply to the note of the 28th instant from the Secretary of State, that they will be most happy to call and pay their respects on the 1st proximo at 12 o'clock No.

To the Honorable
Wm. M. Evarts
Secretary of State

广西师范大学出版社组织整理：《中国驻美国公使馆致美国国务院备忘录（1868—1906）》（1），广西师范大学出版社，2010 年

六　关于美国同孚洋行代秘鲁招工案的照会

光绪四年十二月二十一日（1879 年 1 月 13 日）

大清钦差出使大臣花翎二品顶戴宗人府府丞陈、补用道容，为照会事：

本大臣接奉本国总理各国事务衙门来函，内开美国同孚洋行[①]代秘鲁招工一案，请知会美国外部查察等因，并抄送案卷前来。

承准此，兹本大臣照录原文一分，又译印英文一分，备文咨送贵大臣，以便易于披览。

查此案同孚洋行代秘国招工，实与中国、秘国所立条约不符。贵国领事官林幹[②]为该行代索赔款，此举尤非所宜，相应咨请贵大臣详细察阅，无难洞悉其端末矣。为此照会，顺候时祉。

须至照会者。

计咨送汉文案卷一本，译印英文二本，内载两广总督与林领事来往公文，两广总督与英国官员来往公文，工人及招工头人各供词，同孚与秘国所立合同第三、第六、第八、第十一、第十二、第十五等款，又续增合同第二、第七、第十等款。

---

① 同孚洋行（Olyphant & Co.），道光八年（1828）由美国商人奥立芬（David Washington Cincinnatus Olyphant）和塔尔博特（Charles N. Talbot）创建于广州，初名“同文洋行”。其后在香港、上海、福州、澳大利亚和新西兰等地开设了分公司。光绪四年（1878）因替秘鲁招工案而倒闭。

② 林幹（Charles P. Lincoln），光绪元年至六年（1875—1880）任美国驻广州领事。

右照会大亚美利驾合众国总理外务大臣伊。

光绪四年十二月二十一日

广西师范大学出版社组织整理：《中国驻美国公使馆致美国国务院备忘录（1868—1906）》（1），广西师范大学出版社，2010年

两广总督刘坤一[①]复美国领事林幹札

光绪三年十一月二十三日（1877年12月27日）

为札复事：

光绪三年十一月十六日，接贵领事官伸陈，内称：

照得本国商人同孚洋行禀称，该商经与秘鲁国订合同，设立一轮船公司，从该国与中国来往。而所立之合同，系谨遵近日两国所立之和约准行各条款，且该轮船公司立此水程，专意运载两国货物、客商往来，又俾秘鲁国家藉可遵守和约所议条款，使日前出洋贫乏之华人在伊国愿回本国者，即乘此船便可返，据禀前来。准此，本领事查此系属确情正直之举。自和约颁行，中国民人在秘鲁国所有利益优待保护一体均霑，且确悉彼处各行事业均能有工可雇而易于寻觅，且工价亦高，即平常

① 刘坤一（1830—1902），字岘庄，湖南新宁人。廪生出身，曾任教谕。咸丰五年（1855）在乡举办团练，旋入湘军。同治元年（1862）升广西布政使。次年升江西巡抚。同治十二年（1873）调署两江总督。光绪元年（1875）授两广总督。次年兼南洋通商大臣。光绪五年（1879）调任两江总督，兼两洋通商大臣。光绪七年（1881）开缺回籍。光绪十六年（1890）任两江总督兼南洋通商大臣。次年奉命帮办海军事务。光绪二十年（1894）兼署江宁将军。次年入京任钦差大臣，驻山海关。光绪二十二年（1896）回任两江总督。著有《江楚会奏变法折》《东征纪略》《刘忠诚公遗集》《刘坤一奏咨》等，主编有《新宁县志》《萍乡县志》《江西通志》《江西全省舆图》等。

工人，照彼国时价每日可得七毫五至一圆半，本领事相应恳贵部堂允如所请，早将已上各情节给示，或饬属晓谕，俾知此举。此行系谨遵照和约而行，伊等无庸惊慌，请贵部堂所属两粤各府，烦饬照示抄贴，并恳给三张本领事为荷。为此伸陈，并配送洋文一纸。

又于本月二十日接贵领事官函称："本国同孚洋行设立轮船往秘鲁国载运货物客商一事，月之十四日曾肃具公文送呈，想邀台电。该商等事已详禀，未承札复，不便擅自举行，特将其下情转达，恳祈早赐札复。"各等情，本部堂均已阅悉。

查同治五年间，准总理各国事务衙门咨行续定招工章程，内开："华民不待承招自行出洋，中国官宪毫不拦阻，若有另行设法招致华民出洋作工，为例所严禁。"

又，贵国续增条约，内开："除两国人民自愿往来居住之外，别有招致之法，均非所准。"

又，秘国条约，内开："除两国人自愿往来居住外，别有招致之法，均非所准。"

又，议定华工专条，内开："凡华工合同已经期满，若合同内有雇主应出回国船脚之议，该工人有愿回国者，即当严令雇主出资送回。又，各华工合同若无送回字样，合同已经期满，该工人无力自出船资，有愿回国者，秘国应将该工人等附搭往华船上送回，船资一切无须工人自备，秘国自行料理。"各等因，业经通行遵照在案。

兹接伸陈前情，查同孚洋行与秘鲁国设立合同之轮船，如由秘鲁国载运华人回来中国，事属善举，断不致启人惊疑，或系华人自愿搭该轮船出洋，地方官亦无拦阻，本部堂所许者此也。

至谓秘国有工可雇而易于寻觅，且工价亦高，则近于设法招致，为条约所不准行，碍难饬属出示晓谕，相应札复贵领事官查照。转饬同孚洋行遵照可也。

为此札复。

广西师范大学出版社组织整理：《中国驻美国公使馆致美国国务院备忘录（1868—1906）》（1），广西师范大学出版社，2010年

两广总督刘坤一致美领事林幹札

光绪四年五月十三日（1878年6月13日）

为札知事：

现据省城保甲局及广州府番禺县具禀，访闻省城珠光里地方，有匪徒私设招工馆，招人前往秘鲁国承工。现有洋船泊在黄埔，闻得该招工馆招得工人先到黄埔洋人船上，然后开船出洋，当即饬差前往将在该招工馆司事之曾维邦一名拿获，讯据供称：

年四十五岁，新安县深圳村人，本年三月二十七日到省，适遇素识之鹤山人陆富成即祥元，邀到西关沙基江源元记正铺坐谈，据陆富成言称，现有同孚行买办与伊相商，云现在有秘鲁国包头托代招出洋工人数百，言明招一工人，在同孚洋行借出洋银十圆，交招工头人三圆，交客仔买零碎银二圆，另香港包头抽银一圆，尚存银四圆，除伙促行租之外，大家可以分用，将来做久，获利甚大，且立有约字，限五年之期，且有同孚洋行担保。小的当即应允同到珠光里，租成店铺一间，系麦栏街程姓之业，即交按柜银一百两，每月租银十圆，于四月初一日起，陆富成专办银两，小的在新开之店招牌江元记栈，专理招寻工人出洋事务，随有各客仔等陆续到来，自称愿去出洋打工，小的当将出洋打工之陆富成所讲之工价对伊等说明。现在开船

领银二圆买物落船，不要银者做衫裤一套，到秘鲁国工银每月三十五圆，将来就要扣水脚银七十五圆，才算自己之身，五年为期。各客仔均称愿去，于初九日计算，总来得客仔七十七人，议定于十二日开船到黄埔洋船上，然后再开船往秘鲁国。现在本栈被获到案的，连小的共有六人，尚有不识姓名十人未获，小的实系陆富成雇的，言明工银四圆，本月初九早就被官兵查知拿解到案等语。

并据拿获该招工馆工人唐鉴湖等五名，及先后起获招集在馆之华民四十余名，分别讯供，开具供折呈缴前来。

查曾经立约准其招工之国，必须按照总理衙门通行章程二十二款设立公所，委派中外人员会同办理。至贵国续增条约及秘国原定条约，均声明除两国人民自愿往来居住外，别有招致之法，均非所准等语。今贵国同孚行轮船前来广东省城私设店铺，招聚数十人，发给盘费议给身价前往秘国当工，以不准招工之国招致内地民人出洋，即是贩买猪仔。此种恶习，不准行之于澳门等处，岂可行之于会城？中外无赖之徒尚不敢为，况有体面之洋行乎。

上年，本部堂为该洋行轮船出示晓谕，即经声明："该轮船由秘国装载华工回粤，将来转身出洋，只可载货搭客。"等因，案牍具在，词意极明，讵可藉以影射秘国原定条约，并经声明如有装载招工出洋之船，即应照例罚办。

前数年秘国曾有轮船在黄埔及沿海停泊，意图招工，当经瑞前部堂驱逐严拿有案，该洋行应有闻知，何可复蹈故辙？应即饬令停止招工，将船驶出外洋，相应札知贵领事查照，饬令同孚洋行商人遵照，迅即停止招工，并将该轮船驶出外洋。此后只准搭客载货，不得再有贩卖猪仔之事，致违条约而伤友谊，仍希申复本部堂查核可也。

为此札知。

广西师范大学出版社组织整理:《中国驻美国公使馆致美国国务院备忘录(1868—1906)》(1),广西师范大学出版社,2010年

两广总督刘坤一覆美领事林幹札

光绪四年四月二十九日(1878年5月30日)

为札覆事:

光绪四年四月十六日,接贵领事申陈,内称:本月十三日,接奉来文,论及美国同孚洋行并被拿之曾维邦等事,均已细心阅悉云云,为此申陈等情,并配送洋文一纸,本部堂均已阅悉。

查此事先据省城保甲局及广州府番禺县具禀,并据番禺县将拿获江元记栈司事曾维邦、工人唐鉴湖等,及先后起获招集在馆之华民四十余名,分别讯供,列折呈缴前来。当经札知贵领事饬令同孚洋行迅即停止招工,并将泊在黄埔之轮船驶出外洋,此后只准搭客载货,不得再有贩卖猪仔之事,致违条约在案。

兹接来文,以此次同孚行轮船搭客前往秘鲁,系由自愿,非人勉强,并无立作工合同,不论在彼留居作何事业或回中国,均由自便,此次比之贩卖猪仔大不相同等语。如果属实,则是同孚洋行并无来粤招工,明系曾维邦等及招来各工在县供词,均经贵国副领事官及余翻译官在县听审,前后毫无异言。

今来文所称副领事当日听审口供与番禺县所开供折有数要款不同,且谓曾维邦等亦非违约犯法,自应复提讯明,分别办理,以成信谳而昭折服。当经本部堂札委广州府冯守督同番禺县原审各员,会同粤海关柏税务司提出曾维邦复讯明确,录取

切供，据实禀复核办。

兹据广州府冯守将会同柏税务司复讯曾维邦供折禀缴，并据柏税司申呈前来，除于广州府冯守禀内批饬将递具切结不愿出洋之郑亚江等四十二名即行省释外，查贵领事官伸陈同孚洋行之轮船系属搭客出洋，并非招工，今广州府冯守与柏税务司会讯曾维邦供词，则系陆富成商同同孚洋行买办雇伊专理招寻出洋工人事务，究竟此次江源记私行招工一事，是否实系陆富成雇令曾维邦经理，抑系曾维邦将同孚载客前往秘鲁之轮船误认为招工出洋，亟应查拘陆富成到案质讯明确，分别办理。

查陆富成现据番禺县呈缴复讯曾维邦供折，据供陆富成系在省城同孚洋行、香港同孚洋行两处充当孖毡等语，应即札提归案讯办，相应札复贵领事官查照，饬令同孚洋行即将陆富成即陆祥元交出，由贵领事官转解来辕，以凭饬发番禺县提同曾维邦质讯明确，录供禀候核办。

为此札复。

广西师范大学出版社组织整理：《中国驻美国公使馆致美国国务院备忘录（1868—1906）》（1），广西师范大学出版社，2010 年

两广总督刘坤一复美领事林幹札

光绪四年五月初五日（1878 年 6 月 5 日）

为札复事：

光绪四年五月初三日，接贵领事官申陈，内称：今早本领事函商洋关税务司柏卓安，谓现泊省河之兰治兵船管驾及哨官等在港时，闻悉伊国人缘与啤鲁沙轮船有所相关者致被干犯，欲往听税务司及承验委员在关署看验立意搭船之客，本领事亦

偕同往等语，顷在本署已验数搭客，是时管驾官等亦在场及本领事等如前意偕赴关署，惟柏税务司及会同验讯之委员，谓不愿我等在前，除非由贵部堂训示方可等语。因此赴验搭客均各回寓恭候宪复，而管驾官等欲往听其验询，以备公正，相应请贵部堂照饬遵行，实为公便，为此申陈等情。本部堂均已阅悉。

查税务司会同中国委员查验出洋华民，无预贵领事官之事，何烦前往同听？至于贵国兵船管驾及哨官人等，尤非所宜。此等办法是否向章，有无妨碍事体，已接税务司函约来署面商，定要再行知会贵领事官可也。

至贵国兵船管驾哨官等谓在港时，闻悉伊国人缘与啤鲁沙轮船有所相关者致被干犯等语，殊堪诧异。本部堂因贵国同孚洋行违背条约，欲以轮船为秘鲁私行招工，现有华民曾维邦等供词可据。札提该洋行孖毡陆富成未到，无从定案，是以仍准该洋行轮船照旧停泊，任其搭客载货，并无丝毫为难，惟有严查影射招工系照条约办理，是该洋行自行干犯，非被华官干犯也。且此等事件，自有贵领事官经管，有无干犯，不须兵船前来，即使贵领事官与本部堂意见两歧，尚可呈请中国总理衙门暨贵国驻京公使核办。中外交涉，亦非本部堂与贵领事官所能专擅耳。本部堂前在江西、江南与各国公使领事共事最久，及来广东，与贵领事官及各领事相处已有三年，遇事恪守条约，只论理之是非可否，此外非所计矣，惟贵领事谅之。相应札复。

广西师范大学出版社组织整理：《中国驻美国公使馆致美国国务院备忘录（1868—1906）》（1），广西师范大学出版社，2010 年

两广总督刘坤一复美领事林幹札

光绪四年五月二十八日（1878年6月28日）

为札复事：

光绪四年五月二十二日，接贵领事官申陈，内称：本月十六日，接贵部堂文开，照得札广州府及各委员，会同粤海关柏税务司复讯曾维邦一案，据柏税务司申呈，曾维邦供称系陆富成与同孚行买办雇伊招寻工人出洋一事，承札本领事官饬将陆富成交出，转解贵部堂审讯，日久未据解到。又邓标等七名所执同孚行发给往秘鲁之船票，在于广州府税务司柏及各委员之前供称，被人诱到江源元记受雇出洋作工，俱实不愿前往等供。故贵部堂札催饬令将陆富成交出，以伊系犯人等因。兹特申复，曾维邦供词均皆伪语，并非同孚行及买办与陆富成雇他招觅工人出洋，初承贵部堂札提陆富成此时可能照交，所以未曾交出，实有原由，谅贵部堂亦知之矣，其原由或异日为自护起见，迫得再为申明，但此际未便于公文遽说也。至陆富成不在本辖经已有时，本领事今已无从饬获，若此后知其下落，自当通知。

至于七人所吐供词，伊等并非称系被同孚行及代理人所诱，只谓被人诱到江源元记佣工耳，并未确谓被该店之人雇作工人或作别业，纵有此供即亦非真。伊等到本领事面前称系自愿前往，并无合同及并未有给他银两与别饵项以诱其出洋。如伊等随后到贵部堂或别人之前，无论其供吐系自己本意，或由恐吓与夫别势有以动之，所供与前相反者，岂能作据以证实事断不能也。

至向伊等言及秘鲁或别国之利益情形，如果此言真确，本领事意见不为犯例。计此案同孚行所为各事，贵部堂意为该行暗中行之，乃系明行，人所共知共见，且遵和约所准。现广府与各员所拟章程以辖制此事，实与和约意义相反，有碍和约所准。此次因贵部堂主意错会和约之字义，殊为可惜，不然此事定知成就，即贵部堂与众所关涉之人，亦以为妥当，及贵属今日之千百贫民亦获其益矣。为此伸复，配送洋文一纸等情，本部堂均已阅悉。

查此事前据曾维邦供称，系陆富成商同同孚洋行买办雇伊专理招寻出洋工人事务。又据邓标等供称，伊等路遇不识姓名之人，带往江源元记吃饭，脱换衣服，告以前往比鲁国招工，水脚系同孚洋行代出，如至领事海关则云自出水脚，愿意前去，后带至同孚洋行交给船单各等语。是陆富成商同同孚洋行买办雇令曾维邦设馆招工，以及邓标等被江源元记教令供认自出己资，情愿出洋种种情节，均据曾维邦与邓标等切实供明。来文所称曾维邦供词均皆伪语，七人所供并未确谓被该店之人雇作工人，或作别业，纵有此供即亦非真等语，未免意存袒护。大凡审理事件，总以供词为凭，今广州府暨委员与税务司会讯曾维邦等供词具在，而贵领事官指为假伪，则究竟如何方能作为确据耶？

陆富成系属案内紧要犯证，贵领事官既谓陆富成不在本辖，无从饬获，应即饬县严缉务获，讯明核办。至秘国条约并未准其招工，上年贵领事官伸陈内称，秘国有工可雇，易于寻觅，且工价亦高等语。本部堂以此数语近于设法招致，为条约所不准行，碍难饬属出示晓谕，即经札复贵领事官转饬同孚洋行遵照在案。今同孚洋行以搭客影射招工，邓标等并未付给水脚，而同孚洋行交给船单，注明水脚业已收清字样，明系设法诱致，并非出于本人自愿。按之条约，自应各照本国例从严惩治，贵领事官既未按约办理，转谓该行所为系照条约所准，未免近于强词。

至于委员等所拟章程，系中国稽查华民出洋之事，并非辖制洋人，亦与条约并无干碍也。

接伸前情，除饬行严缉陆富成务获讯办外，相应札复贵领事官查照。顺候时祉。须至札者。

广西师范大学出版社组织整理：《中国驻美国公使馆致美国国务院备忘录（1868—1906）》（1），广西师范大学出版社，2010 年

两广总督刘坤一复美领事林幹札

光绪四年五月二十九日（1878 年 6 月 29 日）

为札复事：

光绪四年五月二十四日，接贵领事官伸陈，内称：

顷据同孚洋行禀呈前来，请即转伸贵部堂照核，因中国地方官不合阻碍该行与秘鲁沙轮船生意，该商迫得将事控驻京衙门。现该轮船拟泊省河，专候公断此案，兼要讨索一款，向中国地方官追偿。

为此一切亏折，同孚洋行本月十一日来禀，已译华文，于前会晤时送阅，所索共款随列于下：

一　秘鲁沙轮船过期延迟，每日一千元；

一　搭客水脚银计客一千零五十名；

一　失秘鲁皇家帮补火船款项，因被上节所言阻滞，不能照所立合同办理；

一　因连累亏折，目下无从预定。

为此伸陈等情，本部堂均已阅悉。

查此事同孚洋行以搭客影射招工，所有案由情节，前接贵领事官伸陈，节经详晰札复在案。

查同孚洋行秘鲁沙轮船如系正经搭客，中国地方官原无阻止，乃因拿获曾维邦等供出同孚洋行买办商令设馆招工，是以

本部堂札饬柏税务司查照赫总税务司所拟潮州口秘鲁国商船搭客出洋办法稽查办理。迨柏税务司与委员等在于关署查询该轮船所搭华民，即据邓标等七名缴回船票，供称不愿出洋。又供出同孚洋行教令供认自出已资，情愿出洋等语。且邓标等并未付过水脚，而该洋行所给船票，注明水脚业已收清，其中种种可疑，不得不认真稽查，以杜影射招工之弊。当据柏税务司开呈章程两条，凡有搭客出洋，必须取具铺户甘结呈缴，听候税务司与委员等公同讯明，方准上船，并请将前次上船之华民二十余名，提回审问，令其取结等情。

本部堂查阅所拟章程，均属正办，当经札行该税务司照办，并札知贵领事官查照在案。旋据该税务司及委员等面称，前次上船前往秘鲁华民二十余名之内，有十余名均有的保已准放行。又，同船前往檀香山之华民亦有的保，一律放行，并查悉该轮船满载货物等语。是该轮船此次在于省河除不准招工外，其搭客载货，中国官毫无留难也。

至于搭船华民，查讯取结等项办法，皆由该同孚洋行违约招工，教串供词，虚给船票，种种情弊，自行败露。是以中国官员不得不益加慎重，以杜弊端，并非于轮船生意故有阻碍。且夫以地方之官稽察地方之民，职守攸关，普天一律，不独中国为然。广东黄埔地方，向来设有委员查问出洋华民，亦不独于美于秘为然。今同孚洋行以搭客影射招工，其种种弊端，又复自行败露，中国官员安得不查讯取结，以为杜弊之计。

来文所称秘鲁沙轮船过期迟延一节，并所称搭客水脚计客一千零五十名一节，查轮船开行之迟早，搭客之多寡，中国官从不与闻，该洋行不自知错认错，乃以此藉口，欲向中国取偿，殊出情理之外。

再，来文所云秘鲁帮补款项，因阻滞不能照所立合同办理一节，尤堪诧异。该洋行与秘鲁国如何写立合同，如何帮补款项与中国官何干，无论亏折资本若干，亦系咎由自取。

此案情节具在，本部堂不照诱骗札由贵领事官将轮船罚办，已属从宽，该洋行尚何词焉。

接伸前情，相应札复贵领事官查照。顺候时祉。

广西师范大学出版社组织整理：《中国驻美国公使馆致美国国务院备忘录（1868—1906）》（1），广西师范大学出版社，2010年

两广总督刘坤一收英署领事韩仕申陈

光绪四年四月二十三日（1878年5月24日）

为申陈事：

本月二十一日，接香港总督大臣文开，准贵署领事官十七日来文，并将两广总督于本月十四日所出告示录送前来，本大臣均已阅悉。查示内所云，现在各国均无请照定章招工之事，乃竟有匪徒藉称外国招工，骗人出洋，曾饬各属严拿解办等语。香港界内，凡有匪徒意图私举前项招工情事，本港律禁綦严，一经发觉，定必从严惩办。所有本月十一日发出本港辕报，内载本大臣与本国藩部侯爵贾因秘鲁招工来往公文，谅贵署领事官必已阅悉矣。理合文复查照，转致两广总督知照等因。本署领事官准此，用特将辕报所载公文翻译，申送贵部堂查照。为此申陈。附抄来往公文一纸。

一　光绪三年五月二十五日，贾侯致和督字寄："准前署督二月二十六日来文，以秘鲁国与美国同乎行立约，拟招华工入秘等因。本爵业已行知贵前督，除往英国所属，概不准于香港招工，并以我大英以柔治天下，嗣后如查某国看待华工似有不周者，仍不准该国于香港招工在案。应令贵督随时严束各招工

之事，乃现在秘国开办，不无酿祸之苗。溯查该国昔日情形，今当遏其开办之举。”

一　光绪三年八月初七日，和督致贾侯文：“正在奉贵爵阁五月二十五日字寄，闻有人禀请准在香港招工赴秘，以及南洋各国，当经本大臣批饬以招工至秘之事，本大臣未便相助。”

一　光绪三年十月初八日，贾侯致和督文：“准贵督八月初七日来文，均已阅悉。查招工大局，应令遵照本爵光绪元年十一月初七日字寄，申明事理查办，其此次批驳秘国招工，尚属妥当。”

一　光绪三年十月二十日，贾侯致和督文：“本月初八日，准贵督早间电信，有人请照运工至秘，可否准行一事，本爵已于初十日电复不准，仍烦查照本爵五月二十五日字寄事理遵行。本爵现查招工大局，仍应按照前章办理，未可稍事迁就云云。”

广西师范大学出版社组织整理：《中国驻美国公使馆致美国国务院备忘录（1868—1906）》（1），广西师范大学出版社，2010 年

卑鲁中国火船公司凭单

卑鲁中国火船公司

火船名卑鲁沙，第________水，由黄埔往加厘奥埠，号数________册号数________。

兹者，卑鲁沙火船之船主，如有携取客位纸到船者，即许载往加厘澳埠，按所列之章程办理。本公司已经收到其人之水脚鹰银八十圆。

华字名________

英字名________

见证人________

经纪人________

卑鲁中国火船公司

大舱客位________纸

附搭卑鲁沙火船

第________水

由黄埔往加厘澳埠

号数________册号数________

凭单准单内所列之唐人附搭卑鲁沙火船大舱，由黄埔前往加厘澳埠，约于英一千八百七十八年________月________号动轮，所有船上食物客位，皆按一千八百五十五年所定之华人出洋例则位置妥当，并按香港律例办理。

惟船若遇海上风涛之险及航海不测之事，或为他国君主扣留情事，各安天命，不得异言。

本火船公司已经收到其人水脚鹰银八十圆矣。

搭客姓名________

男客年岁________

女客年岁________

守　　业________

籍贯乡村________

代理卑鲁中国火船公司人同孚洋行

由广东省城________年________月________日发

额外章程

一　每搭客准带一百磅行李不需水脚。

一　搭客须自备被铺。

一　搭客不准挟带书信。

广西师范大学出版社组织整理：《中国驻美国公使馆致美国国务院备忘录（1868—1906）》（1），广西师范大学出版社，2010 年

广州美领事林幹批明执照

大美国钦命驻扎广州领事照诺达理佩历官林，为批明事：

照得所执此照之人，系大清国民人，自愿自主附搭卑鲁沙轮船，由中国广东省往卑鲁加厘澳埠。本人此行并无书立合约雇工做工，且水脚先经兑清。

本领事亲已查验，所有已上载明证据，显系确实，应亲行盖印给执。

广西师范大学出版社组织整理：《中国驻美国公使馆致美国国务院备忘录（1868—1906）》（1），广西师范大学出版社，2010 年

照录广州府知府冯端本、试用知县张正犖、会审委员候补知县陈廷绍、游击吴克应会禀

敬禀者：

窃五月初八日，奉宪台札行，饬即会同柏税务司提出同孚洋行轮船装载出洋之搭客邓标等七名逐一讯明，录取切供禀缴核办等因。奉此，查本案先经卑职正犖会同卑职克应，于五月初六日，约会柏税务司在于关署查询，由同孚洋行带来出洋华民共四十八名，除罗安等六名供词与船票不符，当即扣除外，内有邓标、张方盛、顾亚德、胡亚林、周裕宽、唐亚开、胡亚生七名供称，实被李安与不识姓亚四及不识姓名人招诱出洋当工，今已悔悟，不愿前去，缴还船票。卑职正犖等公同查阅，船票内开明出洋各搭客姓名年岁籍贯，代理秘鲁中国火船公司人同孚洋行已经收到其人水脚鹰银八十圆，并声明搭客自愿自

主各等语。当与税务司面商，以船票七张交税务司收存关署，该华民等则由卑职等带赴宪辕请示发落。奉发该华民等交卑府转发候审公所收管。兹奉札委卑府会同卑职克应等约会税务司公同复讯等因。卑府等遵即会同柏税务司于关署内提集邓标、张方盛、顾阿德、胡亚林、周裕宽、唐亚开、胡亚生，逐一查讯。据邓标等七名签供，先系被人招诱承工，现俱不愿出洋等情。查邓标等既系被人招诱赴秘鲁国承工，并非搭客。现据各供不愿出洋，应否省释，理合录供，禀候宪台察核，批示祇遵。

广西师范大学出版社组织整理：《中国驻美国公使馆致美国国务院备忘录（1868—1906）》（1），广西师范大学出版社，2010年

两广总督刘坤一复税务司柏卓安函

光绪四年五月十三日（1878年6月13日）

接阅来函，具悉一是。

此次美国同孚洋行，初则令买办陆富成等明目张胆设馆招工，嗣又以搭客影射，事之虚实是非，中外皆知，自有公论也。

今惟将已经上船搭客三十余人全行撤回重行查问，其实系搭客则取具地方旧开殷实铺户保结，以昭慎重；若名为搭客，实系招工，并无殷实铺户具保，自应扣留，以杜弊混而戒将来，于该洋行无丝毫为难之处，此后亦可照此办理。

至林领事以曾维邦妄供领事得银一圆之语，面请惩办，本部堂答以曾维邦充当包头招工，照中国例罪已应死，无复可加，第须陆富成到案质讯，以昭折服。林领事已允将陆富成解交，此系后日事也。

谨复。即颂日祉。

广西师范大学出版社组织整理：《中国驻美国公使馆致美国国务院备忘录（1868—1906）》（1），广西师范大学出版社，2010 年

两广总督刘坤一发美领事林幹札

光绪四年五月十六日（1878 年 6 月 16 日）

为札催事：

案接贵领事官申陈："以此次同孚洋行轮船搭客前往秘鲁，系由自愿，非人勉强，并无立作工合同，不论在彼留居作何事业，或回中国，均由自便。此事比之贩卖猪仔，大不相同。"等情。

当经本部堂札委广州府冯守督同番禺县原审各员，会同粤海关柏税务司提出曾维邦复讯明确，录供禀办去后。旋据广州府冯守将会同柏税务司复讯曾维邦供词列折禀缴，并据柏税务司申呈前来。

查阅曾维邦供词，称系陆富成商同同孚洋行买办雇伊专理招寻出洋工人事务，究竟此次江源元记私行招工一事，是否实系陆富成雇令曾维邦经理，亟应查拘陆富成到案质讯明确，分别办理。

当查陆富成其人，据曾维邦供，系在省城同孚洋行、香港同孚洋行两处充当孖毡，即经札行贵领事官饬令交出，转解审办在案。日久未据解到。

现复据广州府冯守会同各委员禀称，与柏税务司在关署公所查询搭客邓标等七名，亦据供称："系被人诱到沙基江源元记转带出洋承工，实俱不愿前去。"等语。

查江源元记，前据拿获之曾维邦及唐鉴湖供，系陆富成所

开，今邓标等供称被人诱到江源元记，转带出洋承工。是陆富成一名，系属案内紧要犯证，相应札催贵领事官查照，希即饬令同孚洋行即将陆富成即陆祥元交出，由贵领事官转解来辕，以凭饬发确讯，录供禀候核办。为此札行，顺候时祉。

须至札者。

广西师范大学出版社组织整理：《中国驻美国公使馆致美国国务院备忘录（1868—1906）》（1），广西师范大学出版社，2010 年

两广总督刘坤一收税务司柏卓安申呈

光绪四年五月十六日（1878 年 6 月 16 日）

为申呈事：

案查同孚洋行报称，有比国普路沙轮船搭载华客前往秘鲁及檀香山等处，请给准单一案。曾奉贵部堂饬令，会同稽查轮船委员等公同讯问。

本税务司旋于本月初六日，会同海关委员陈丞廷绍，暨委员张令正犖、吴游击克应即将已到之华客三十余人，按名查讯。正在问及二十余人时，即据邓标等七人前来供称，伊等出洋川资并非己备，系由同孚洋行交给船票，并有人教令供云自出川资等语，今将船票缴阅，不愿出洋等情。本税务司等即经按名诘讯，均供不愿出洋，一面录取供词，由委员张令等禀请贵部堂察核在案。

复于本月初八日，奉贵部堂札开：据黄埔稽查轮船委员张令正犖等具禀，本年五月初六日，会同柏税务司在于关署查询同孚洋行轮船装载出洋之搭客，内有邓标、张方盛、顾亚德、胡亚林、周启宽、唐亚开、胡亚生等七名声称，被人招诱，不

愿出洋，合将邓标等七名提出解赴宪辕听候核办等情，当将邓标等七名发交广州府收候札行遵办在案。

查邓标等既系被人招诱，不愿出洋，何以同孚洋行指为搭客，究竟其中是何情弊，应即由该税务司会同广州府冯守及委员张令正犟等提出邓标等七名，仍于关署逐一讯明，录取切供，禀缴核办。

至美国林领事官应否知会赴关会讯，该税务司并即酌量办理等因。奉此，本税务司当经函致美国林领事官，请其来关同座听审。旋准复称，本日因公不暇，不得来关听候等语。即经会同冯守暨陈丞、张令、吴游击等提集邓标等七名，仍于关中逐一复讯。

查核各供均与初六日原审呈缴船单情词大略相同。悉以路遇不识姓名之人，带往江源元记吃饭，脱换衣服，并告以前往秘国作工，水脚系同孚代出，如至领事及海关处，则云自出水脚，愿意前去；复带至同孚洋行，交给船单；嗣又至领事官处，悉系照供愿去，并无拐诱；水脚八十圆，皆系自出等词。

除经冯守暨委员等禀明外，所有本税务司奉札前因，合将初六日、初八日两次复讯邓标等七名供词，开具供折，具文粘呈贵部堂查核备案。

为此申呈，乞照验施行。

须至申呈者。

计粘呈供折一扣。

广西师范大学出版社组织整理：《中国驻美国公使馆致美国国务院备忘录（1868—1906）》（1），广西师范大学出版社，2010 年

照录番禺县呈缴供折

光绪四年四月初十日（1878 年 5 月 12 日）

谨将讯过曾维邦等供词开列呈电。

据曾维邦供：年四十五岁，新安县深圳村人，于本年三月二十七日到省，适遇素识之鹤山人陆富成即祥元，邀小的到西关沙基江源元记正铺坐谈。据陆富成言称，现有同孚行买办与伊相商，云现在有秘鲁国包头托代招出洋工人数百，言明招一工人在同孚行借出洋银十圆，交招工头人三圆，交客仔买零碎银二圆，另香港包头抽银一圆，尚存银四圆，除伙促行租之外，大家可以分用，将来做久获利甚大，且立有约字，限五年之期，且有同孚洋行担保。小的当即应允，同到珠光里租成店一间，系麦栏街程家之业，即交按柜银一百两，每月租银十圆，于四月初一日起，陆富成专办银两，小的在新开之店江源元记栈专理招寻出洋工人事务。抄白告示张贴之后，就有各客仔等陆续来到，自称愿去出洋打工。小的维邦当将出洋打工陆富成所讲之工价对伊等说明。现在开船领银二圆买物落船，不要银者做衫裤一套，到秘鲁国工银每月三十五元，将来就要扣水脚银七十五圆，才算自己之身，五年为期，在此亦要南海县及委员点过名才去，到国归唐官管束，各客仔均称愿去。于初九日算计，总来得客仔七十七人，议定于十二日开船到黄埔洋船上，然后再开船往秘鲁国。本栈另有唐鉴湖等伙伴十六人，均系各管各事，雇工不出洋之人，现在被获到案，连小的共有六人，尚有不识姓名十人未获，小的实系陆富成雇的，言明工银四圆，不料于本月初九日早就被官兵查知拿解到案。所供是实。

据唐鉴湖供：年二十四岁，恩平县人，本年三月二十八日到省，往大东门唐家祠，缘有族兄唐静臣，在沙基江源元记东主陆祥元行内管数，那陆祥元又在珠光里开设元记栈，招人出洋往秘鲁国雇工，那栈有曾维邦管理招工事务，陆祥元雇小的在元记栈司理进出银钱数目，未说工银，任从东主酌给，拟招五六百人，现招得七十七名，其招客之事，均是曾维邦经理，小的实不知悉。今蒙审讯，据实供明。

据黄亚福供：年二十九岁，归善县人。

据林亚顺供：年五十岁，归善县人。

据林亚福供：年三十四岁，番禺县人。

据张亚福供：年四十八岁，增城县人。

又据同供：小的黄亚福，于本月初二日，由曾维邦雇小的在元记栈，雇工看门，其工银俟出洋工人落船时酌给。小的林亚顺，于本月初八日，由曾维邦雇在江源记栈，打杂事务，每月工银一圆半。小的林亚福，于本月初八日，由曾维邦雇小的在元记栈，雇工伙夫，每月工银二圆。小的张亚福，于本月初六日，由曾维邦雇在元记栈，当买办饭菜事务，每月工银一圆。均俟出洋工人落船后，小的们即行歇工。至招工章程，小的们不知详细。今蒙审讯，据实供明。

据黄亚桓供：年三十二岁，惠州府归善县人。那现到亚丙，系小的亲侄。小的有姐丈胡绍修，向在河南龙导尾居住，寄信着小的来省当勇。本月初六日，带同亲侄亚丙动身开行。有同船素识的曾利桂，借过小的洋银三钱，初八日到省，曾利桂着小的同往取回。小的就跟他到珠光里元记栈住了一夜，不想本日就被捉获审讯的。小的并非情愿出洋雇工的。所供是实。

据杨惠清供：年三十四岁，惠州府归善县人，闻得那素识、现到案的黄亚三出洋雇工，于本日十点钟时候，小的就到珠光里元记栈，叫黄亚三不好出洋，黄亚三不允，小的正欲出门，就被兵勇捉获解案。小的并非情愿出洋雇工。今蒙审讯，所供是实。

据何亚色即石桂供：年四十二岁，惠州府归善县人。

据曾利桂供：年三十二岁，惠州府归善县人。

据曾亚江供：年三十岁，博罗县人。

据朱亚摺供：年二十八岁，归善县人。

又据同供：小的们闻得省城江源元记栈招人雇工出洋，小的何亚色，同郑江及未获汪亚才共三人。小的曾利桂同朱亚摺及未获林亚才、陈亚桓四人，均于本月初六日自惠州府来省，初八日到珠光里元记栈，曾维邦们议定每名水脚银七十五圆，俟到秘鲁国雇工之时，先将此银扣回。又开身之日，每名给银二圆，因郑亚江们，系小的何亚色、小的曾利桂两人带来，许另给小的每人银三圆。旋于初九日被兵役查知，致将小的们捉获审讯的。至汪亚才们三人，于本日早饭后，出街闲游，致未获案，合并供明。所供是实。

据叶亚雪供：年二十六岁，阳山县人。

据吕东成供：三十七岁，鹤山县人。

据李清右供：年三十一岁，河源县人。

据范亚保供：年三十一岁，清远县人。

据刘亚添供：年三十五岁，清远县人。

据杜观蛏供：年三十六岁，河源县人。

据吕亚木供：年三十六岁，鹤山县人。

据吕亚谦供：年三十九岁，广宁县人。

又据同供：小的们均在花地挑米度日，本月初六日，有未获钟亚林，向小的们说，省城珠光里元记栈招人出洋雇工，船银七十五圆，由该栈代出，俟到秘鲁国雇工时，先将船银扣回，小的应允跟随钟亚林到栈，听候下船，俟开船时，每月给零用银二圆，不料被获。今蒙审讯，据实供明。

据黄亚信供：年二十七岁，归善县人，系未获之何亚连邀的。

据张亚义供：年二十六岁，广西桂林县人，系未获之苏亚有邀的。

据李亚远供：年二十八岁，嘉应州人，系未获之黄幅来邀的。

据黄亚四供：年三十九岁，长乐县人，系未获之钟亚林邀的。

据叶亚逢供：年三十五岁，永安县人，系未获不知姓亚林邀的。

据张亚彩供：年二十三岁，韶州府曲江县人。

据黄亚六供：年三十七岁，归善县人，均系未获之不知名王姓邀的。

据梁亚容供：年二十八岁，清远县人。

据李亚蛏供：年二十三岁，增城县人，均系未获之陈亚篱邀的。

据蔡石秀供：年四十岁，东莞县人。

据蔡亚六供：年三十岁，东莞县人。

据张亚吉供：年三十一岁，东莞县人。以上三名均系未获之陈亚七邀的。

据吴四供：年二十四岁，东莞县人。

据彭亚有供：年二十一岁，东莞县人。

据徐亚昌供：年二十一岁，归善县人。

据刘辉垣供：年二十六岁，归善县人。

据谢亚四供：年二十七岁，龙川县人。

据周亚智供：年三十岁，大埔县人。以上六名均系已获之曾维邦邀的。

据谭亚举供：年三十五岁，归善县人。

据张亚尹供：年二十八岁，博罗县人。

据黄亚三供：年二十一岁，归善县人。

据伊瑞安供：年三十岁，归善县人。

据张亚留供：年二十七岁，增城县人。

据陈亚维供：年三十二岁，番禺县人。

据刘亚云供：年三十岁，东莞县人。

据张亚才供：年三十岁，东莞县人。

据李亚四供：年二十九岁，归善县人。

据陈亚秀供：年二十二岁，番禺县人。以上十名均系自行投栈。

又据同供：小的们闻得省城招人出洋雇工，先后来省，到珠光里元记栈，见曾维邦们，议定每名水脚银七十五圆，俟到秘鲁国雇工之时，先将此银扣回。又开身之日，每名给小的银二圆。现被查知捉获审讯，小的们现在不愿出洋了，均乞释回安业。今蒙讯问，所供是实。

广西师范大学出版社组织整理：《中国驻美国公使馆致美国国务院备忘录（1868—1906）》（1），广西师范大学出版社，2010年

照录番禺县禀

光绪四年四月十三日（1878年5月14日）

敬禀者：

窃卑职于光绪四年四月初九日，会同保甲局委员在县属珠光里地方拿获招工出洋之曾维邦及承工之郑亚江等，共四十九名，当即逐一提讯。据曾维邦供称，本年三月初二日，在香港同文街江源行遇见陆富成即陆祥元，称说，现有同孚行买办欲招华人数百名前往秘鲁国作工，邀伊代为招致，得利均分，伊

即应允，于是月初五日回省，约定二十七日在沙基地方陆富成所开之江源元记铺内会议。又在珠光里地方租赁店铺一间，系开设江源记栈，于四月初一日开张，陆富成备办银两，伊专理工人出洋事件，抄白旧日告示在栈张贴，即有现获之郑亚江等陆续前来，自称情愿出洋承工，伊与各人言定，每人到栈先供饭餐，俟落船时各给零用洋银二圆，或衫裤一套、洋毡一张，待到秘鲁国后，各人打工，每月工银二三十圆不等，扣满水脚银七十五圆外，其余工价均系承工之人所得。并称将来下船时，尚有县官及委员前往黄埔地点名，方始开行。郑亚江等各称愿去，共始有七十余人，均无行李货物。除现到案之郑亚江等四十二人外，尚有不记姓名各人出外买物，即有差役到栈，致被拿获解案。并称秘鲁国共有轮船六号，闻拟轮流到粤招工，现在先有一号在黄埔河面湾泊等语。

质之郑亚江等，或称系曾维邦等所招，或系自行往投，现均不愿出洋。诘以从前受雇时，何以又称愿往。则云先闻有县官委员点名，谅必可靠，是以愿往，现知并无其事，情愿在内地另寻生理等语。

卑职恐郑亚江等所供尚有不实不尽，又于十一日提同曾维邦两面环质，其时美国多副领事、余翻译官亦俱在旁听审，目睹郑亚江等供词，如出一辙，并无异词。其唐鉴湖、林亚顺、林亚福三名，均称受雇在江元记栈内管数及充当伙夫打杂，并非出洋承工。黄亚桓、黄亚丙、杨惠清三名，或到该店讨欠，或往劝阻黄亚三不令出洋，致被一并拿解，再三究诘，矢口不移。除将讯属无干之黄亚桓等三名，先行省释以省拖累外，所有招工头人曾维邦一名，应如何办理，其受雇出洋承工之郑亚江、朱亚摺、曾利桂、何亚色、李亚谦、吕亚木、杜观蛏、刘亚添、范亚保、叶亚雪、吕东成、李清右、李亚蛏、吴亚四、彭亚有、徐亚昌、刘煇烜、谢亚四、黄亚信、张亚义、李亚远、黄亚

四、叶亚逢、张亚彩、黄亚六、梁亚容、蔡石秀、蔡亚六、张亚吉、周亚智、张亚尹、黄亚三、伊瑞安、张亚留、徐亚维、刘亚云、张亚才、李亚四、陈亚秀、谭亚举、黄亚福、张亚福，共四十二名，均各递具甘结，声称不愿出洋，应否与讯止受雇管数及充当伙夫打杂之唐鉴湖、林亚顺、林亚福三名，一并交保省释之处，事关中外交涉，卑职未敢擅便，理合禀请宪台察核，俯赐批示饬遵。

广西师范大学出版社组织整理：《中国驻美国公使馆致美国国务院备忘录（1868—1906）》（1），广西师范大学出版社，2010 年

两广总督刘坤一收广州府禀

光绪四年四月二十二日（1878 年 5 月 23 日）

敬禀者：

窃照四月十八日，奉宪台札行，饬即定期知会柏税务司前往番禺县，督同原审委员，提出曾维邦等复讯明确，录取切供，据实禀复核办，并发卷一宗到府。

奉此，卑府遵即知会柏税务司于二十日赴番禺县，督同袁令提集曾维邦等复加研讯。曾维邦及各工人供词与番禺县前呈供折均属相符。并据曾维邦供称，当日洋行买办陆富成雇伊在栈管理招工事务，每月议给工银四圆，言明工人开船时，先到黄埔，有县官及委员点名再行出洋。伊见有同孚洋行担保，不知秘鲁系不准招工之国，亦不知私设招工所系有违条约，干犯例禁，是以受雇代招，实非假托图利。查核曾维邦供情，似与匪徒诱拐人口出洋尚有区别，至工人郑亚江等四十二犯，既经递至，切结不愿出洋，应请饬县即日省释，以省拖累。所有遵

札会讯缘由，理合禀复察核。肃此具禀。

广西师范大学出版社组织整理：《中国驻美国公使馆致美国国务院备忘录（1868—1906）》（1），广西师范大学出版社，2010 年

两广总督刘坤一收税务司柏卓安申呈

光绪四年四月二十三日（1878 年 5 月 24 日）

为申呈事：

本月十三日，奉贵部堂札开：

据省城保甲局及广州府番禺县禀称拿获曾维邦，讯据供称：遇素识之鹤山人陆富成即祥元，言称现有同孚行买办与伊相商云，现在有秘鲁国包头托招出洋工人数百，言明招一工人在同孚洋行借银十圆，交招工头人三圆，交客仔买零碎银二圆，另香港包头抽银一圆，尚存银四圆，除伙促行租之外，大家可以分用。将来做久获利甚大，并立有约字，限五年之期，且有同孚洋行担保。小的当即应允，同到珠光里租成店一间，系麦栏街程姓之业，即交按柜银一百两，每月租银十圆，于四月初一日起，陆富成专办银两，小的在新开之店招牌江元记栈，专理招寻出洋工人事务。随有各客仔等陆续到来，小的当将陆富成所讲之工价，对伊等说明，现在开船领银二圆，买物落船，不要银者做衫裤一套，到秘鲁国工银每月三十五圆，将来就要扣水脚银七十五圆，才算自己之身，五年为期，各客仔均称愿去，于初九日算计，总来客仔七十七人，议定于十二日开船，到黄埔洋船上，然后再开船往秘鲁国，现在本栈被获到案的，连小的共有六人，尚有不识姓名十人未获，小的实系陆富成雇的，言明工银四圆，本月初九早就被官兵查知，拿解到案等语。并

据拿获该招工馆工人唐鉴湖等五人，及先后起获招集在馆之华民四十余名，分别讯供，开具供折，呈缴前来等因。

奉此，复于十八日奉札行令本税务司，会同广州府冯守，前往番禺县，提出曾维邦等复讯明确，录供禀复等因。旋准广州府照会，订期前来，比于二十日，会同冯守前赴番禺县，提出曾维邦等复讯。

查核供词与前奉札文所供大略相同，惟据供称，每招出洋一人，在该行借出洋银十圆，交该行买办二圆、领事官一圆、荐手三圆、工人衣食一圆，落船时领受。下余三圆，作为该馆经费之用，除用去外，所余银洋每百圆提分五圆归己，且仅在所内理事，并未在外招有一人等语。是与前次供词稍有区别。

并另提华工数名，言词均与前供相符，似亦未便羁留。

所有奉札前因，理合具文申呈贵部堂查核。

为此申乞，照验施行。

广西师范大学出版社组织整理：《中国驻美国公使馆致美国国务院备忘录（1868—1906）》（1），广西师范大学出版社，2010年

抄录华人出洋供词

光绪四年五月初六、八日（1878年6月4、8日）

邓标口供：

初六日供：年二十四岁，连州人，因同杨姓来省请饷，因有病住在珠光里无字号店铺，有惠州人阿四著往比鲁觅工。阿四又云，有同孚洋行出水脚，每日发铜钱二三十文作为饭食，又吩咐下船之后，着向事头要银三四十圆，又云有二三十人同去，并不系卖猪仔，决无妨碍云云，现不愿意去。阿四初二三

日，由珠光里带至沙基江源元记，陈满今早饭后复带往同孚换衣服后，又带往一洋行审供。其供词系陈满所教，说八十圆水脚系亲戚所帮。又邓标云，并无分文水脚交同孚洋行，其水脚单系同孚洋行洋人交与我手。

初八日又供：年二十四岁，连州人，二月念间到省，系跟连阳领饷杨姓亲戚来省，先在船上住，后在珠光里患病，有一人名叫阿四，与钱二三十文，叫我病好即找头路，旋即带我到江源元记，我见好多人在内，我不敢去。后阿四又着陈满带我到同孚洋行换衣服，我不愿意去，佢一定要逼我去。佢又教我如到关大老爷问供，你要说我系自己愿意去。又带我去一间好大的洋行，有洋人审问我，又有人逼我要说愿意去。又有八九个猪仔头押住我等十多人来关，我并未有钱银交过佢。又在江源元记教我水脚八十圆，认系亲戚帮的，我现在不愿意去了。

周阿宽口供：

初六日供：年二十岁，东莞县人，现住佛山，向在佛山卖菜，因来省觅工，初六早，遇有不识姓名之人，向我云："你穿如此烂袴，何不觅人雇工。"因带我往沙基一屋吃饭。吃饭后即剃头，后带我往同孚洋行换衣服，又在沙基之屋，教我口供，云如果在关厂审讯，叫认自己愿去秘鲁寻觅织机事业。又教我话水脚八十圆系兄弟朋友帮助我的。我并无分文交过同孚洋行，其水脚单系老番交与我手的。又见有三四十人在沙基之屋吃饭，共有六桌。又我身穿之衣服，系今早不识姓名之人与我穿的。现不愿去。

初八日又供：年二十岁，东莞县人，向在佛山卖青菜，四月二十二日来省觅工，于五月初六朝行至沙基，遇一不识姓名之人对我说："你穿如此烂袴，何不跟我去找生意。"随带至沙基一屋内，与饭我吃，叫我剃头，又带我到同孚洋行换衣服，后来我恐他系猪仔头，我因有老母，故不愿意去。后又带我到江臣处交水脚单过我。又在我吃饭这间屋，教我说八十圆水脚系我自己出，不是同孚与我出的。又有一洋官读一张单过我，听内说是生死不追的话。又有一穿绸衫的跟我来关。我当初以为外国好好，今不愿意去了。

胡亚林口供：

初六日供：年三十四岁，四会县人，无父母，有兄弟一人，向日在四会做鞋。三月初十间来省挑瓦，三月二十间因患脚烂，不能挑担，无以营生，因闻人说沙基江源元记有人雇工往秘鲁国，因进去吃饭两天，今不愿去。

初八日又供：年三十四岁，四会县人，向来在乡做鞋，因无生意，于四月初六日到省挑泥，后患脚痛，初三日往街上行，因见有多人入江源，我亦入去，吃了饭后复与七八个人同往同孚洋行，有中国人教我说水脚八十圆已交付同孚洋行。又到一洋官处问话，问我水脚已交清否，我说已交。今想起家有幼弟，无人携带，不愿意去了。

张方盛口供：

初六日供：年二十四岁，连州人。向日在本乡做小生意，初三日遇着李安，带我往沙基江源元记，告诉我往秘鲁国发财，水脚并无分文交过，今不愿意去。

初八日又供：年二十四岁，连州人。向在乡打工，前半月到省花埭，初五日遇一人，名唤李安，问我愿觅工打否，即带我往沙基江源元记住了一夜。有人对我说，往秘鲁打工，每月可赚得工银二三十圆，又说水脚银八十圆现我代出，俟到秘鲁之后，要扣回银一百八十圆。又到同孚洋行，交一水脚单与我。又到领事官处，问我愿意去不愿意去，我当时说愿去。我今想起有老母，不愿去了。

唐亚开口供：

初六日供：年三十八岁，南海县马窑人，向在乡卖菜，初一日在关门口遇一不识姓名之人，带我往江源元记，着我往秘鲁雇工，水脚并无交到，今不愿去。

初八日又供：年三十八岁，南海县人，向在乡间卖菜。初间到省寻兄弟。五月初一日在关门遇见一人，带我到联兴街吃饭，又带到沙基江源元记，与衣服我穿。又在江源元记吃了饭五天。于初一日带到同孚洋行，说带我到秘鲁打工。又一中国吗咕与我单一纸，又对我说水脚八十圆系行代出，俟到秘鲁国，每月可赚得工银几十圆，再行扣回。我当初以为去秘鲁打工，故愿意去，今听见后来不能归家，不愿意去了。

胡亚生口供：

初六日供：年二十八岁，连州人，向日在船雇工，初五日在花埭遇着不识姓名之人，着我往沙基江源元记，转往秘鲁国觅工，并无水脚交与同孚洋行。今不愿意去。

初八日又供：年二十八岁，连州人，向在船上打工，现在花埭撑船，忽于初二日遇一人带到江源元记。又有江源元记人带我到同孚洋行，问我姓名。又由同孚行带我复到一洋行，交水脚单与我。又有一人，持单同我到一洋官处问话，问我愿意去不愿意去。又江源元记有人对我说，水脚八十圆，现同孚代出，俟到秘鲁国陆续扣回。我今想及尚有父母，不愿意去了。

郭亚德口供：

初六日供：年二十八岁，惠州府人，向日撑北江船，因来省觅工，初六日遇有不识姓名之人，带往沙基江源元记，并云荐我往秘鲁雇工，水脚之银并无分文交到同孚洋行。今不愿去。

初八日又供：年二十八岁，惠州府人，向日在北江撑船，今在花埭抬米，复又无米抬，初六日遇一人，带我到江源元记吃饭。此人对说，带我到香港做生意。又带我到同孚洋行换衣服，说不日即要落船。衣服系一洋人交与我穿的。又与我一纸，说是水脚单。又说银是同孚洋行代出，不用我自出。我当初以为去香港，故愿意去。今知道去秘鲁，水路甚远，不愿意去了。又同孚洋行教我如来关问话，要认水脚八十圆系自己出，系自己愿去。我现不愿去。

广西师范大学出版社组织整理：《中国驻美国公使馆致美国国务院备忘录（1868—1906）》（1），广西师范大学出版社，2010 年

摘录秘鲁与美国同孚洋行订立招工合同各款

第三款

一　所立合同以五年为期，自轮船由中国初次开行扣起，期内轮船往返运载共定二十八次，言明第一年内往返三次，第二年内往返四次，其余三年内往返七次。

第六款

一　合同期内，运载华工出洋一事，系秘国专责，本行承办，他人不得经手，以便本行尽力设法办理，并详细挑选华工。

第八款

一　本行所载华工，运至秘国时，该国须于戛里欧海口预备寓所，听华工暂住八日，不出使费。

第十一款

一　原订合同以五年为限，秘国应照光绪元年五月十三日

定例，每年发给该公司船资合秘国洋银十六万圆，言明该款或给现银，或以硝抵，均听秘国之便。倘愿给硝，须预先议定如何交付，以便该公司酌量变价，俾免耽延由中国开船日期。至硝价一节，应按照产硝达拉巴喀地方随时市价核算，该公司所收之硝，除欧罗巴各国不准变卖外，其余各国均准其随意出售。

第十二款

一　该公司言明第一年运载华工期满，其余四年运载次数较多，所领秘国款项是否敷用亦可概见，倘若无利，准其将所立合同作为废纸，如秘国视招工为要务，并得华工利益，以该公司办理得法，情愿于原订项款外，按照船行次数多寡酌加银两，则该公司仍照合同所定，再行接运四年。

第十五款

一　本行运载华工，情愿尽数运载，年终总核所运人数，按每船裒多益寡计之，至少应载五百名口。

广西师范大学出版社组织整理：《中国驻美国公使馆致美国国务院备忘录（1868—1906）》（1），广西师范大学出版社，2010 年

摘录续订各款

第二款

一　秘国每年应发款项一节，或给现银，或以硝抵，或以鸟粪抵价，均听秘国之便。如发给鸟粪，每年变价以八万洋银为度，该船所运鸟粪，只准在亚西亚各国出售，惟秘国前准德遮利讷在中国变卖鸟粪各省，该行轮船不得前往出卖。

第七款

一　该公司所运华工，每名船价只准讨取九十圆，不得逾

于此数。

第十款

一　秘国议定自光绪三年二月十二日起，二十日内如各商情愿载运华工，准其禀呈一节，该商等于递禀先须交秘国户部现银二万圆作为信证，无银者概不收禀。倘递禀后如有翻悔，所交银两归入官款，均不给还。

广西师范大学出版社组织整理：《中国驻美国公使馆致美国国务院备忘录（1868—1906）》（1），广西师范大学出版社，2010 年

附：英文版

Chinese Legation

Washington Jan. 13th 1879

Sir:

We are instructed by the Foreign Office of our Government to lay before Your Excellency certain papers relating to the Peruvian Emigration scheme of an American firm named Olyphant & Co. We have the honor to transmit the originals and to accompany them with an English translation, which we have had printed for your use, and to facilitate your examination of the same.

Inclosure 1. contains

1. A correspondence between the Governor General of the Two Kwangs and Mr. Consul Lincoln.

2. A correspondence with certain British officials.

3. The evidence of Chinese emigrants and emigration agent.

Inclosure 2. contains articles 3, 6, 8, 11, 12 and 15 of the agreement between the Peruvian Government and Messrs. Olyphant & Co. and articles 2, 7, and 10 of the Supplementary agreement.

His Majesty's Government desires us to call your attention to these papers and to express its confident belief that the Government of the United States will find no difficulty on reaching the conclusions that the emigration scheme of Messrs. Olyphant & Co. was not of the character contemplated by the Treaty with Peru, and that the claim for indemnity in the case of the steamer "Perusia" Professed by Messrs. Olyphant & Co. through the United States Consul Mr. Lincoln is onto by without reason.

We have the honor to be, sir

With the highest consideration,

Your obedient servants

(Signed) Chen Lan Pin

Yung Wing

THE "PERUSIA" CASE

No. I.

REPLY of the Governor-General of the Two Kwangs on the 27th December, 1877, (23d day of the 11th Moon, 3d year of reign of the Kwangsu,) to Consul Lincoln's communications of the 20th and 24th December, 1877(16th and 20th of the 11th Moon):

I received on the 20th inst. your communication, which sets forth as follows: "I have received a communication from certain American merchants, Messrs. Olyphant & Co. , Peruvian Government for the establishment of a line of steamships to run between Peru and China, and that the contract was based on the treaty recently entered into between these two countries, and was for the purpose of carrying out the stipulations of that treaty. That the object of this line of steamers would be exclusively for the conveyance of merchandise and passengers between the two countries, so as to enable the Peruvian Government to fulfill that condition of the treaty which requires that those of the distressed Chinese now in Peru who wish to return to China to be sent back, and this line of steamers will afford them the facilities to do so. Having received this communication, I have ascertained that these are the true circumstances of the case, and that the undertaking is a straightforward one. Since the promulgation of the treaty, the Chinese in Peru have enjoyed all the privileges, immunities, and protection accorded to them by that treaty; and I know as a fact that the business houses in Peru afford them sources of employment, which is easy to obtain and at high rates of wages, so that an ordinary work man could, according to the current rates of wages, obtain from 75 cents to $1.50 a day. I beg, therefore, that your excellency will grant the prayer, and issue at an early date a proclamation embodying the above facts, or cause your subordinate officials to notify the people that the present undertaking is made in fulfillment of treaty stipulations, and that consequently they need not be alarmed; and I shall feel obliged if your excellency will order all the prefects under your jurisdiction in the Two Kwangs (Kwangtung and Kwangsu) to post copies of that proclamation, at the same time forwarding me three copies of the same. I inclose herewith the English version of my communication."

On the 24th December, 1877, (20th day of the 11th Moon,) I further received a letter from you, as follows: "The American firm of Olyphant &Co., having established a line of steamers to run to and from Peru for the conveyance of merchandise and passengers, I have sent your excellency an official communication on the subject on the 18th December, which I have no doubt has already engaged your attention. Pending, however, an answer from your excellency, I have been unable to give a reply to Olyphant & Co.'s, prayer; consequently, operations in the project have not been commenced. I beg, therefore, to bring this circumstance to your notice, and to request an early reply."

Having perused the contents of these communications, I find, that, according to the emigration regulations promulgated by the Tsung-li Yamen (Chinese Foreign Office) during the 5th year of the reign of

Tung Chi, it is therein stated that "the Chinese Government throws no obstacle in the way of free emigration, but that all attempts to bring Chinese under a contract to emigrate are strictly forbidden by law"; and in the Supplementary Treaty entered into between China and the United States of America, it is stipulated that "the high contracting parties join in reprobating any other than an entirely voluntary emigration"; also, in the treaty between China and Peru, it is stipulated that "the high contracting parties join in reprobating any other than an entirely voluntary emigration"; also, in the special convention with Peru, it is stipulated that "the Peruvian Government will compel the employers of Chinese emigrants whose contracts have expired, and in which it may have been stipulated that they shall be sent back to China, to provide them with passage back to their native country, if they be desirous of returning to China. In the case of Chinese emigrants in whose contracts no stopulation is made for return passage on the expiry of the contracts, and provided that the emigrants shall express a wish to return to China, but shall be without the means of providing their own passage, the Peruvian Government will cause them to be repatriated gratuitously in the ships which leave Peru for China. "Now, all the conditions above quoted have been promulgated and acted upon. With reference to your communications under acknowledgment, and the circumstances therein set forth, if the steamers established under the agreement between Olyphant & Co. and the Peruvian Government contemplate the bringing back to China the Chinese emigrants in Peru, it is a benevolent undertaking, and will not be likely to excite the suspicions of the people; or if they are only for the conveyance of free Chinese passengers, the official will not throw any obstacles in the way. This is all that I can permit. As to recognizing the fact that there are sources of employment in Peru open to the Chinese, and of its being easily obtainable and at high rates of wages, it favors of emigration under contracts, which is prohibited by treaty stipulations; and I cannot therefore comply with the request for proclamations to be issued by my subordinates, and I make this reply for the information, through you, of Olyphant & Co.

To Consul LINCOLN.

No. Ⅱ.

A DISPATCH from the Governor-General on the 14th May, 1878, (13th of the 4th Moon,) to Consul Lincoln:

I herewith forward for your information a report from the commissioner of police and the magistrate of the Pan Yu district, in the prefecture of Kwang Chow. These officers reported to me that they have ascertained that certain vagabonds have secretly established an agency in Chu Kwong Lee street, for the collection of emigrants to proceed to Peru, and a foreign vessel is now at anchor at Whampoa. It has been ascertained that this agency first collects the men, and sends them on board the foreign vessel at Whampoa, to wait the final departure abroad. In consequence of this discovery, police officers were at once dispatched to take the manager of this agency, Tseng Wai Pang, into custody; and at the examination which followed, the defendant stated that he was forty-five years of age, and a native of Shum Chun. He continued: "On the 25th April, I came to Canton, and met a person whom I have known before. He is a native of Hokshan, and is named Look Foo Shing, alias Chiang Yuen. He invited me to go with him to the Chiang Yuen Yuen Kee shop in Sha Kee, western suburb, to have a chat. Look Foo Shing told me that the comprodore of Olyphant & Co. had been speaking to him, to the effect that at the present moment he was asked by some Peruvian contractors to get several hundred emigrants, for each of whom an advance of $10 was to be obtained from Olyphant & Co.; that $3 would be paid to the emigrant agent, $2 to the emigrant himself for making small purchases, $1 to the Hong Kong contractor, and that whatever that was left of the remaining $4, after paying for the man's board and lodging, could be shared between us; that in the long run we would make very large profits. He further said, that there was to be a contract for five years, and that the firm of Olyphant & Co. was the guarantee. I then consented, and went with him to the Chu Kwong Lee street, where a house was rented, the property of the Ching family in Mak Lan street. An earnest-money of 100 taels was paid down, the rent to be paid $10 a month, commencing from the 1st day of the 4th Moon (2d May, 1878). Look Foo Shing's part of the business was to be solely responsible for providing the establishment with funds, while my part was to obtain emigrants for the newly-opened shop, under the sign of Chiang Yuen Yuen Kee Chan shop. Intending emigrants then gradually came in, and stated that they were willing to emigrate abroad to become laborers. I then informed the applicants the terms of wages, as mentioned by Look Foo Shing, viz., that on the embarkation of the emigrants each was to receive $2, with which they could buy sundry small things to go abroad with, but that those who should not wish for the money would be supplied with a suit of clothing; that on arrival at Peru they would receive $35 a month wages; that the passage-money, of $75 each man, would be deducted from their pay, and when that was satisfied they would then be free; that the term of service was five years; and at that time every applicant expressed their desire to go, so that on the 9th day of the 4th Moon (10th

May,) there were altogether 77 emigrants, who were to go in boats on the 12th day (13th May) to the foreign vessel at Whampoa, to await her departure for Peru. The men arrested from our shop are six in number, including myself, and there are ten others, whose names I do not know, not in custody. I am really engaged by Look Foo Shing at $4 a month. This affair came to be known to the authorities on the morning of the 9th, (10th May,) and I was arrested and brought here for examination."

In addition to this statement, there were also the statements of Tong Kam Woo and four other employés in the emigration agency, now in custody, and of the forty-odd emigrants who have been taken from the emigrant office, a copy of which was forwarded to me.

As any Treaty Power which has the privilege of conducting emigration given to it by treaty can only carry on emigration by complying with the terms of the twenty-two emigration regulations promulgated by the Tsungli Yamen, and as the Supplementary Treaty between China and the United States contains the stipulation of mutual reprobation of "any other than an entirely voluntary emigration," the dispatch by Olyphant & Co. of a steamer to Canton; the secret establishment of an agency for the collection of several tens of men; the supplying them with passages; the payment of head-money to induce them to emigrate as laborers to Peru and the collection of emigrants from the interior of China by citizens of a country which does not possess by treaty the privileges of carrying on emigration, are acts tantamount to the coolie trade. If the nefarious coolie trade could not be permitted even in Macao, how could it be permitted in the metropolis of a province? Even vagabonds of either Chinese or foreign nationality would not dare to be engaged in it, much less a respectable foreign firm. In the proclamation which I issued last year for that firm, I had even then stated that when the steamer returned from Peru with Chinese emigrants to Canton, she was only to carry merchandise and free passengers on her next outward trip. This appears in official files. There is no ambiguity in the wording, by which an advantage could be taken by the employment of subterfuges.

Moreover, in the treaty with Peru, there is a provision for the punishment of any Peruvian vessels engaged in unlawful emigration; and a few years ago a Peruvian steamer sailed to Whampoa and the adjacent waters, with the object of carrying on emigration, but the late Governor-General Jui ordered her away, with instruction to arrest her if she should remain. These facts ought to have been within the knowledge of Olyphant & Co. , and they ought not to follow in the same footsteps now. I deem it necessary, therefore, to order that the emigration initiated to cease operation forthwith, and the vessel to leave these waters at once. With that object in view, I send this communication to you, that you may cause Olyphant & Co. to obey this order, by stopping the emigration forthwith, and by sending the steamer out of these waters at once. They must also be made to know that they are allowed in future only to carry merchandise and free passengers in their vessels, and no coolie trade, in whatever from, can be permitted in the slightest degree, to the violation of the treaties and the injury of friendly relations. A reply to this communication is requested.

No. Ⅲ.

DISPATCH from the Governor-General, in reply to Consul Lincoln, dated the 29th day of the 4th Moon (30th May, 1878):

I received, on the 16th day of the 4th Moon, (17th May,) a dispatch from you, in which you stated that you received on the 13th day (14th May) a communication from me in reference to the matter of the American firm of Olyphant & Co. and the arrest of Tseng Wai Pang and others, and that you had made yourself thoroughly acquainted with the circumstances connected therewith, &c., and that in acknowledgment of the receipt of that communication you sent this reply, together with a copy of the English version.

I have acquainted myself with the contents of your dispatch, and have to observe, that this matter was first brought to my notice by the commissioners of police of Canton, the prefect of Kwang Chow, and the magistrate of Pan Yu; subsequently, by the arrest of Tseng Wai Pang, the manager of the Chiang Yuen Kee Chan, together with the employés therein, Tong Kam Woo and others; and by the finding in that shop of more than 40 Chinese emigrants, whose statements were forwarded to me for my information. I thereupon wrote to you to request that you would order Olyphant &Co. to stop the emigration at once, and to send away the steamer then lying at Whampoa. I intimated that she could only be allowed to carry free passengers and merchandise, and that the coolie trade must not be revived, to the violation of treaties.

You now state, however, that the passengers to be taken by the steamer of Olyphant & Co. on this occasion were all voluntary passengers, under no compulsion whatever, nor were they under contracts to work, but that they were perfectly free to remain in the country, to engage in whatever labor they chose, or to leave it to return to China, as they pleased, and that in consequence the present scheme was widely different from that of the coolie trade.

Now, if what you stated are the facts of the case, then it is clear that Olyphant & Co. have never engaged themselves in this coolie trade in Canton, but that it is carried on by Tseng Wai Pang and others on their own account. Their evidence, and the evidence of the intending emigrates, given at the office of the Pan Yu magistrate, were taken in the presence of the United States vice-consul and the consular interpreter Yu, and no objection was taken at any time. In your present communication, however, you state that it had been represented to you by the vice-consul that the evidence taken that day was different in several points with that furnished by the Pan Yu magistrate, and that, moreover, Tseng Wai Pang and his comrades had never violated the terms of the treaty, neither had they transgressed against any law, and that a new trial should be made, in order to satisfy the demands of justice. I thereupon ordered the prefect of Kwang Chow, Foong, in conjunction with the Pan Yu magistrate and the original adjudicator of the case, as also the commissioner of customs, Mr. Brown, to take a new trial of Tseng Wai Pang and others, and a separate report of that trial has been sent to me by both the prefect and the commissioner of customs. The prefect, in his report, asks for instruction as to the disposal of the 42 men, Cheong Akong and others, who have made declarations expressing their unwillingness to emigrate; and while I have given the necessary order for their release, there in one thing I have to call your attention. Now, according to your dispatch, you state that the steamer of Olyphant & Co. was for the carriage of passengers only, and not for the purpose of carrying on emigration; but at the joint trial held by the prefect of Kwang Chow and the commissioner of customs, Tseng Wai Pang stated that he was employed by Look Foo Shing, in pursuance of the arrangement made with the compradore of Olyphant & Co. , as manager of the emigration office. Now, whether the present emigration scheme, secretly carried on by Chiang Yuen Yuen Kee, is actually conducted by

Look Foo Shing, with Tseng Wai Pang as his manager, or whether Tseng Wai Pang has put a wrong construction on the intentions of the steamer of Olyphant & Co. , in that he misstated the free passengers for Peru to be contract emigrants, it is essential to the ends of justice that Look Foo Shing should be brought up for examination, and to be dealt with as occasion may require. According to the statement of Tseng Wai Pang, made before the Pan Yu magistrate, Look Foo Shing is employed as a broker for the firm of Olyphant & Co. at Canton and Hong Kong; and I have to request that you will cause Olyphant &Co. to deliver up Look Foo Shing, otherwise Look Cheang Yuen, to you, and by you to this office, that he may be handed over to the Pan Yu magistrate for investigation, in confrontation with Tseng Wai Pang, so that a decision may be attained.

No. Ⅳ.

DISPATCH from the Governor-General, in reply to Consul Lincoln.

on the 3d day of the 5th Moon, (3d June, 1878,) I received a dispatch from you, which sets forth as follows: "This morning I wrote to the commissioner of customs, Mr. Brown, to say that the captain and officers of the United States steamer "Ranger, "now lying at the Canton river, having heard, while in Hong Kong, that the interests of some American citizens were involved in the "Perusia" affair, wish to be present at the investigation by the commissioner of customs and other deputy officers of the intending emigrants, now going on at the customs office, and that I shall accompany them, &c. Several passengers had just appeared before me at this consulate for examination, and the captain and officers were also present, and we proceeded to the customs office, in order to be present at the examination. But the commissioner of customs and the deputy officers were, however, unwilling that we should be present, unless they received instructions from your excellency to admit us. We had, therefore, to return home to await the necessary order from your excellency, and I trust you will issue instructions to the commissioner of customs and the deputy officers to admit the presence of the captain of the United States steamer "Ranger"and officers at the examination, in order they may attest to the impartiality of the proceeding.

I have acquainted myself with the contents of your communication as conveyed above, and in reply I have to state, that in the examination of Chinese emigrants by the customs commissioner and the deputy officers, it is a matter which does not concern you, and there is, therefore, no occasion for you to be present; and as to the presence of the captain and officers of the man-of-war, it is still more undesirable. But whether the mode I have indicated is the proper one to be adopted in this case or not, I have the reply from the commissioner of customs promising to call here to consult with me on the subject, and I shall communicate to you the result of our interview. With reference, however, to the statement that the captain and officers of the United States man-of-war had heard in Hong Kong that the interests of American citizens were involved in the "Perusia" question, I must express my surprise at such a statement. That Olyphant & Co. have violated the terms of the treaty in dispatching the steamer for the purpose of carrying out secretly an illegal emigration to Peru, there is the testimony of the coolie agent Tseng Wai Pang, and others, in proof; and inasmuch as Messrs. Olyphant & Co. have not as yet delivered up the broker Look Foo Shing to trial, the case cannot be brought to a close, and I have therefore permitted the steamer to continue to anchor at her former anchorage, and have not put the slightest obstacle in her way for taking in passengers on cargo. But if any subterfuge should be employed to carry out an illegal emigration scheme, we would have to adopt stringent measures to prevent it, as we have a right to do under the stipulations of the treaty; and if any injury had accrued therefrom to Olyphant & Co. , that injury to themselves is self-inflicted. Moreover, in the determination of questions of this kind, there is your consulate, which transacts all business with this government, and whether there be injury or no injury, there is no necessity for the intervention of any man-of-war. Even when your consulate and this government disagree on any point, it can be referred to our foreign office and the representative of the United States at Peking. For this reason, this government can only recognize the right of discussion on any international questions as belonging alone to your consulate and this government. During my administration as Governor of Kiangsi, I have had long experience of official transactions with foreign ministers and consuls, and since I have been in Kwang Tung I have had transactions of official business with you and the other foreign consuls during the last three years, and in every case I have abided strictly by the terms of the treaties, discriminating only the right or wrong of any given question, and anything beyond it is not within the scope of contemplation, I trust you will take this matter into your consideration. This is a reply.

No. Ⅴ.

REPLY of Governor-General to Consul Lincoln's communication, dated the 27th day of the 5th Moon (27th June, 1878):

A communication in reply. On the 22d day of the 5th Moon of the 4th Year, in the reign of Kwangsu, (22d June, 1878,) I received a dispatch from you, in which you stated: "I received a communication from your excellency on the 16th day of this month, on the subject of the further examination of Tseng Wai Pang by the prefect of Kwang Chow and the deputy officers, conjointly with the commissioner of customs, Mr. Brown, in which the commissioner of customs reported that Tseng Wai Pang stated that he was employed by Look Foo Shing, in pursuance of the arrangement made with the compradore of Olyphant & Co. , to be the agent in the collection of coolies, and your excellency requested me in your communication to deliver up Look Foo Shing to your excellency for trial, but that he had not been surrendered, although a long lapse of time had taken place. Further, that the seven men, Tang Piu and others, who held passage tickets given to them by Olyphant & Co. , for going to Peru, had stated before the prefect of Kwang Chow, the commissioner of customs, and the deputy officers, that they were decoyed by men to go to the Chiang Yuen Yuen Kee, in order to engage themselves as coolies to go abroad, but that, actually, they were not willing to go, &c. Therefore your excellency urged me, by communication, to deliver up Look Foo Shing, as he was an offender, &c. In reference to this, I have the honor to state, in reply, that Tseng Wai Pang's evidence is all false, and he was not employed by the compradore of Olyphant & Co. , in conjunction with Look Foo Shing, as agent for the collection of coolies. When your excellency first asked me to surrender Look Foo Shing, I could have given him up then; but I deferred doing so for reasons that must have been known to your excellency. These reasons may be useful on some futureday for purposes of self-protection, and I am obliged, therefore, to offer again this explanation. What these reasons are, it is inconvenient at the present moment to specify in writing. But with regard to Look Foo Shing, he has not been within my jurisdiction for some time, and I am now unable to effect his capture; but if I should know where he is to be found, I shall not fail to inform you. As to the statements of the seven men, they did not say that they were decoyed by Olyphant & Co. or their agents. They only said they were deceived by men to go to the Chang Yuen Yuen Kee shop to get work. They did not say specifically that they were engaged by the men of the shop in question to become coolies, or in some such other capacity. Even if there was such evidence, it could not be true, as they had appeared before me, personally, at the consulate, and said they were willing to go of their own accord; that they had not entered into any contracts; that they never had money given them, or any other inducement held out to them. If, subsequent to this, they should make any statements, either before your excellency or any other person, contrary to what they had stated before me, whether from their own minds, threats, or any other influence brought to bear, such statements cannot be used as proofs against positive facts. As to their reference to the profitable prospects to be found in Peru or any other country, if they did make such a reference, there is nothing, in my opinion, against law. Your excellency seems to think that in all that Olyphant & Co. have done in this case, there has been secrecy in their doings; but everything is done openly, known to all, and seen by all. There is nothing done which is not sanctioned by the treaty. The rules and regulations framed by the prefect of Kwang Chow and the other officers, for the control of this business, are inconsistent with the spirit of the treaty, and are detrimental to that which is sanctioned by the treaty.

"It is very much to be regretted that in this instance your excellency has formed a misconception of the construction of the treaty; otherwise, the present scheme would have been so successfully carried out that even your excellency and all parties concerned would have viewed it as satisfactory, while the hundreds and thousands of the poor people now under the jurisdiction of your excellency would have been benefited by it. I replying to your excellency's communication, I inclose the accompanying copy of the English version of my reply, "&c.

I have acquainted myself with the contents of your reply.

I find, in the statement of Tseng Wai Pang, that he stated that he was employed by Look Foo Shing, in pursuance of arrangement made with the compradore of Olyphant & Co. , to manage solely the business of collecting men to go abroad as coolies; and in the statements of Tang Piu and others, they stated that they met men, previously unknown to them, who took them to the Chiang Yuen Yuen Kee shop, where they had their meals, their clothes changed, and were told to engage themselves to go as coolies to Peru; that their passage was to be paid for them by Olyphant & Co. ; that when they were before the consul or customs authorities, they were to say that they paid their own passage, and that they were willing to go; that they were then taken to Olyphant & Co. , and were given the passage tickets, &c.

The facts that Look Foo Shing, in pursuance of arrangement made with the compradore of Olyphant & Co. , employed Tseng Wai Pong to open an agency for the collection of coolies; that Tang Piu and the others had been taught by the people of Chiang Yuen Yuen Kee shop to say that they paid their own passage, and that they were willing to emigrate, have been, together with other circumstances, clearly and well established by the testimony of Tseng Wai Pong and Tang Piu, and others. In your communication under acknowledgment, you say the testimony of Tseng Wai Pong is all false, and that of the seven men is not truthful also; that the latter only said "they were engaged by the men of the shop in question to become coolies, or in some such other capacity; and that even if there was such evidence, it could not be true," &c. In saying this, however, the appearance of a disposition to shield the guilty parties cannot be avoided; for in all trials of cases, testimony is the main thing. Now, in the joint examination of Tseng Wai Pong and others by the prefect of Kwang Chow, the deputy officers, and the commissioner of customs, there is the record of the testimony in existence; yet you assert it to be false. What, then, will constitute truthful evidence?

Look Foo Shing is an important party in this case, either as a criminal or a witness; and since you say he is no longer now within your jurisdiction, and that consequently you are unable to cause his capture, I shall immediately issue orders to the magistrates to make a strict search for him, that he may be captured, tried, and dealt with.

As to the Treaty of Peru, there is no stipulation in it which sanctions contract emigration. Therefore, when you stated in one of your communications last year that there was work in Peru, which was easy to obtain and at high rates of wages, I pointed out that these words had the appearance of an approach to an organized emigration not sanctioned by the treaty, and that I could not order my subordinate officers to issue proclamations on the subject. A dispatch to that effect was then addressed to you, requesting you to enforce obedience on the part of Olyphant & Co. Nevertheless, Olyphant & Co. are still carrying on the coolie trade by the subterfuge of an alleged free passenger traffic; and while Tang Piu and the other men did not pay anything for their passage, Olyphant & Co. gave them passage tickets, in which it was specified that the passage-money had been paid in full. This is clearly a scheme to entice the men away against their will; and, by the terms of the treaty, the respective guilty parties should be severely punished according to the laws of their own country. But while you have not only failed to act up to the requirements of the treaty, you turn round and assert that the acts of Olyphant & Co. are consistent with the treaty: which is simply a gratuitous assertion. As regards the rules and regulations framed by the deputy officers and others, they are made for the inspection of Chinese subjects going abroad, and not for the control of foreigners; so the treaty is not affected by them.

In addition to the issuing others for strict search of Look Foo Shing, with the view of his being captured, tried, and dealt with, I deem it necessary to embody my views of the case, as set forth above in a communication to you. Availing myself of this opportunity, I send you my good wishes for your daily happiness.

No. Ⅵ

REPLY of the Governor-General, dated the 29th day of the 5th Moon, (29th June, 1878,) to United States Consul Lincoln's communication:

A communication in reply. On the 24th day of the 5th Moon, in the 4th year of the reign of Kwangsu, (24th June, 1878,) I received a despatch from you, in which you set forth as follows: "Messrs. Olyphant & Co. have presented a petition to me, with a request to lay it before your excellency. It is therein claimed, that inasmuch as the local Chinese officials have improperly placed obstacles detrimental to the interests of the firm and of the steamer 'Perusia,' the said merchants have been obliged to appeal to the United States Legation at Peking; that the steamer, meantime, will continue to anchor in the Canton river, to await the final decision; and that they intend to prefer a claim of indemnity against the local Chinese Government for all the losses incurred. The petition received from Olyphant & Co. on the 11th day of this month has been translated into Chinese, and presented to your excellency at my last interview with you. The items of their claim are as follows: 1. Demurrage for the steamer ' Perusia, ' $1, 000 per day. 2. The freight for 1,050 passengers. 3. The amount of the subsidy granted by the Peruvian Government; the contract under which it is to be earned cannot be carried out, by reason of the obstacles mentioned above. 4. Consequential damages, which cannot be at present estimated. "

These circumstances were embodied in your communication, and I have made myself acquainted with them. Now, in this matter, —that of Olyphant & Co. adopting the subterfuge of alleged free passenger traffic in carrying on the coolie trade, —all the circumstances of the case, which have been referred to in your previous communications, have been exhaustively reviewed and completely answered by me in my replies. If the steamer "Perusia, " of Olyphant & Co. , were really an honest passenger vessel, the local Chinese officials would not place the least obstacle in her way; but because the men, Tseng Wai Pang and others, arrested in this case, testified that Tseng Wai Pang was told to open the agency for the collection of coolies, in pursuance of arrangement with the compradore of Olyphant & Co. , I directed the commissioner of customs, Mr. Brown, to institute inquiries, and to follow the manner of investigation established by the inspector-general of customs, Mr. Hart, in the case of the Peruvian vessel taking passengers abroad from the port of Swatow, and thereupon the commissioner of customs, Mr. Brown, and the deputy officers commenced investigating, at the customs office, the Chinese passengers who were going by that steamer. It was at this investigation that the seven men, Tang Piu and others, gave up their passage tickets and stated they were unwilling to go abroad. They further stated that they were taught by Olyphant & Co. to say that they had paid their own passage-money, and that they were willing to go abroad of their own accord. Moreover, while Tan Piu and the other men did not pay anything of the passage-money, the passage tickets given them by Olyphant & Co. certify that the full amount of the passage-money had been paid. Suspicions being thus aroused, we were obliged to institute inquiries in an earnest spirit, so as to prevent the evil results of the coolie trade, carried on under the disguise of a subterfuge. The commissioner of customs, Mr. Brown, submitted to me two propositions, viz. : (1.) All passengers are required to give security by qualified shopkeepers, and are subject to investigation by the commissioner of customs and the deputy officers before they should be allowed to go on board. (2.) The twenty-odd Chinese who have already gone on board are to be taken out of the vessel, investigated, and then called upon to give security. Having perused the propositions suggested, I approved of them, and gave instructions to the commissioner of customs to have them carried out. At the same time I acquainted you with them. Subsequently, the commissioner of customs and the deputy officers informed me personally that of the seventy-odd Chinese who had already embarked on board the vessel to go to Peru, more than ten had furnished the security, and were consequently allowed to proceed; that of the other passengers going in the same vessel to Honolulu, some could give security, and were likewise allowed to proceed; and that they had ascertained that the vessel was fully loaded with merchandise. Thus it will be seen that the steamer lying at present in the Canton river is allowed to carry passengers and cargo, and, except to prevent her from being engaged in the coolie trade, the Chinese officials have not placed the least obstacle in her way.

With regard to the investigation of the Chinese passengers and the security required of them, the necessity for such a course arises from the fact of Olyphant & Co. having broken the treaty in establishing the coolie trade, by tutoring the men what to say, and by furnishing them with passage tickets gratuitously. These and other symptoms of evil having revealed themselves, the Chinese officials cannot help being extraordinarily careful, in order to prevent nefarious results, and not with the object of obstructing the legitimate business of the steamer.

Moreover, the right of investigating the subjects of a country by the officials of that country is a matter of duty, admitted throughout the world, and not confined to China alone. In Whampoa, in the province of Kwangtung, there have been always deputy officers appointed for investigating Chinese passengers who go abroad anywhere, and not those going to the United States of America or Peru are alone investigated. In the present case, Olyphant & Co. sought to carry on the coolie trade in the disguise of free passenger traffic; and when their various devices revealed themselves, how could the Chinese officials help not investigating the men and requiring them to give security, as a means of preventing the evil?

With reference to the demurrage of the steamer "Perusia," and for the freight for passengers, estimated at 1, 050 men, mentioned in your communication, I have to say that the dispatch of the steamer, whether early or late, and the number of passengers, whether large or small, cannot be taken notice of by the Chinese officials. Olyphant & Co. not only refuse to admit their fault when they know they are at fault, but have made it a plea for demanding an indemnity from the Chinese Government. This is beyond all principles of propriety and justice. Again, in your communication, you referred to the subsidy granted by the Peruvian Government which could not be earned, because the contract could not be carried out, by reason of alleged obstacles. I am surprised that such a point is raised, because what has the Chinese Government to do with the keeping of contracts by Olyphant & Co. with the Peruvian Government, or with the granting of subsidy? Whatever their losses may be, the consequences are self-courted. All the circumstances of the case are on record, and if I have not insisted on the punishment by you of the parties connected with the steamer for their offence of enticement, I have been dealing liberally with them. What more have Olyphant & Co. to say for themselves?

For the purpose of continuing to set out my previous views of the case in full, I deem it necessary to send this reply to you, and I avail myself of the opportunity to send you my good wishes for your daily happiness.

No. Ⅶ

COMMUNICATION from Her British Majesty's Consul at Canton to the Governor-General dated the 23d day(24th May):

I received, on the 21st day, (22d May,) a dispatch from the Governor of Hong Kong, acknowledging the receipt of my letter of the 17th inst., (18th May,) and of the proclamation issued by your excellency on the 14th inst., (15th May,) inclosed therein. The Governor of Hong Kong referred to that portion of your excellency's proclamation which called attention to the existence of an attempt, on the part of certain vagabonds, to decoy men to go abroad as emigrants, in spite of the fact no treaty power had obtained permission under the emigration regulations to carry on contract emigration, and that your excellency had issued stringent orders for the arrest of such vagabonds. The Governor of Hong Kong states that the laws of the colony are very strict against emigration of that description, and that any vagabonds engaged in such unlawful pursuits shall be severely dealt with when discovered. He refers me to the correspondence between himself and the Secretary of States for the Colonies, the Earl of Carnarvon, which was published in the Hong Kong *Government Gazette* on the 11th inst. , on the subject of the emigration to Peru, and asks me to bring that correspondence, which he has no doubt I have read, to your excellency's knowledge. In compliance therewith, I have the honor to inclose to your excellency a translation of the correspondence as it appears in the Hong Kong *Gazette*, which I trust you will receive in due course.

———

Dispatch from the Earl of Carnarvon to Governor Hennessy, dated 5th July, 1877:

With reference to Mr. Austin's dispatch No. 69, of the 9th of April, I have the honor to transmit to you the accompanying copy of a letter relative to the projected arrangement between the Peruvian Government and the firm of Olyphant & Co. , for the importation of Chinese coolies to Peru.

On a former occasion your predecessor was instructed not to permit contract emigration from Hong Kong, except to British territories; and he was at the same time informed that her Majesty's Government reserved to themselves the right of prohibiting so-called free emigration from that colony to foreign countries, where there was reason to believe that Chinese emigrants had not been well treated.

I request, therefore, that you will watch very carefully any attempt to make Hong Kong a base of operations under the projected contract, if it reaches maturity, as well as any application for a license for any vessel which may be laid on for the purpose of carrying out such contract.

It is clear to me, that the course which the Peruvian Government propose to adopt is one open—if, indeed, it is not absolutely certain to lead—to the greatest abuses, and that, with past experience, it is desirable to discourage and suppress any attempt on their part to revive the coolie traffic, which it is clearly their object to set again on foot.

I have, &c., (Signed) CARNARVON.

Governor HENNESSY, *C. M. G., & c.*

Dispatch of Governor Hennessy to the Earl of Carnarvon dated 13th September, 1877:

MY LORD: Soon after I had the honor of receiving your lordship's dispatch No. 81, of the 5th of July, an inquiry was made as to whether the government would consent to the emigration from Hong Kong of Chinese laborers to South American republics and especially Peru.

I caused a reply to be written, to the effect that I was not disposed to encourage the emigration of Chinese to Peru.

I have, &c., (Signed) J. POPE HENNESSY.

The Right Hon. THE EARL OF CARNARVON,

Her Majesty's Principal Sec'ry of State for the Colonies, & c.

Dispatch of the Earl of Carnarvon to Governor Hennessy, dated 12th November, 1877:

SIR: With reference to your dispatch No. 111, of the 13th September, I have to refer you to the 6th, 7th, and 8th paragraphs of my dispatch No. 109, of the 4th of December, 1875, in which I laid down the general principles to be followed by the Government of Hong Kong as regards Chinese emigration.

I approve of your refusal to sanction emigration to Peru.

I have, &c. , (Signed) CARNARVON.

Governor HENNESSY, *C. M. G.* , *& c.*

The dispatch of the Earl of Carnarvon to Governor Hennessy, dated 24th December, 1877:

On the 12th instant I received from you the following message: "Twelfth. Mr. Geary, emigration agent and consul for Peru, applied for license to ship Chinese. Shall I grant it?" And on the 14th instant I returned the following reply: "14th December. Grant no license for any emigration to Peru. See my dispatch of 5th July. "

I continue to be strongly of the opinion that the Government of Hong Kong shall in no way facilitate an emigration which is liable to the very grave objections noticed in the correspondence of which my dispatch above referred to forms a part.

I have, &c. , (Signed) CARNARVON.

Governor HENNESSY, *C. M. G.* , *& c.*

No. Ⅷ.

FORMS OF PASSAGE TICKETS USED BY OLYPHANT & Co.

(Translation.)

The Peru and China Steamship Company.

Steamer "Perusia. " No. ________Trip.

FROM WHAMPOA TO CALLAO.

No. ________. Register No. ________.

Any person coming on board with a passage ticket shall be permitted by the captain of the steamer to have a passage to Callao, in accordance with the conditions therein mentioned. This company has received the passage-money of $80 from the person herein named.

________ ________. ________ ________.

(Name in Chinese.) (Name in English.)

Witness: ________ ________. Passage Broker.

The Peru and China Steamship Company.

Steerage ticket.

Per the steamer "Perusia." No. ________ Trip.

FROM WHAMPOA TO CALLAO.

No. ________. Register No. ________.

It is hereby certified that the Chinese herein named is a steerage passenger by the steamer "Perusia," sailing from Whampoa to Callao on or about the ________ day of ________, 1875. Victuals to be supplied to the passenger in conformity with the provisions of the Chinese Passengers' Act of 1855, and the fittings of the vessel are in accordance with the requirements of the laws of Hong Kong. Risks of the sea and accidents of navigation or detention by any sovereign power excepted.

This company has received from the person the passage-money of $80.

Name and surname of passenger ································

Male, age··························Female, age ················

Profession ··

Place of birth ···

OLYPHANT & Co.,

Agents Peru and China Steamship Co.

Canton, ________ day, ________month, ________year.

SPECIAL CONDITIONS.

1. Passengers are allowed 100 pounds of baggage free.

2. Passengers to provide their own bedding.

3. Passengers are not allowed to carry any mail matters.

I hereby certify that the within-named passenger is a native of China, and a free passenger by the steamer "Perusia," from Canton, China, to the port of Callao, in Peru; and I further certify that I have examined this person, and am satisfied that he goes under no contract whatever for labor, or to engage in labor, and that he has paid his own passage.

In witness whereof, I set my hand and seal. —U. S. Consul, Canton.

No. Ⅸ.

THE JOINT REPORT OF THE PREFECT OF KWANG CHOW, FOONG,

Probationary Magistrate Chiang Ching Fai, Associate Adjudication Deputy and Expectant Magistrate Chun Ting Chew, and Captain of the Army Ng Hak Ying:

We have the honor to report that we received instructions from your excellency, on the 8th day of the 5th Moon, (6th of June, 1878,) directing us to proceed, in conjunction with the commissioner of customs, Mr. Brown, to examine one by one Tang Apiu and others, the seven emigrant passengers taken out of the steamer "Perusia," of Olyphant & Co., and to take their evidence for your information. Previous to the receipt of those instructions, we, Chiang Ching Fai and Ng Hak Ying, had made an appointment with the commissioner of customs to assemble at the customs office on the 6th day of that month, (4th of June,) for the purpose of holding an examination. Out of the 48 emigrants sent here by Olyphant & Co. for the purpose of being examined, except the six men, Chu Lo On and others, whose names do not correspond with those given in their tickets, and whom we set aside, there were seven men, named Tang Piu, Chiang Fong Ting, Koo Atak, Woo Alum, Chow Yu Fun, Tang Ahoi, and Woo Asang, who stated that they were deceived by one Lee On, a man named Asee, but whose surname they did not know, and another man whose name and surname they did not know, to emigrate abroad as laborers; that they had now repented and did not want to go, and that they wished now to return their passage tickets. We examined the tickets, and found that they contained the names and surnames of the emigrants, their ages, the places of their birth; that Olyphant & Co. were the agents of the Peru and China Steamship Company; that they had received the passage-money from the men at $80 each, and also a statement that the men were free passengers. After a consultation with the commissioner of customs, we gave the seven tickets to the commissioner of customs to be lodged in the customs office, and the seven men we took with us to your excellency's office, for the purpose of obtaining your order as to their disposal. The men were, by your order, handed over to me, the prefect, and by me sent to the remand office for safe custody.

Having received the instructions stated above, we arranged with the commissioner of customs to have a further examination of the seven men, Tang Piu, Chiang Fong Sing, Koo Atak, Woo Alum, Chow Yu Fun, Tang Ahoi, and Woo Asang, individually, and they all made the same statement—that they were seduced by men to go as laborers, and that they were now unwilling to go. We are of opinion, that if these men had been really deceived by men to emigrate to Peru as laborers, they cannot be free passengers, and as they now state in their evidence that they are unwilling to go abroad, they ought to be released from custody. We therefore submit this report, and await further instructions from your excellency.

No. X.

REPLY from the Governor-General to the letter of the Commissioner of Customs, 13th day of the 5th Moon(13th June, 1878):

I have received your letter, and have made myself acquainted with the contents thereof.

In the present matter, the American firm of Olyphant & Co. having, in the first instance, caused their compradore, Look Foo Shing, to boldly and defiantly open an emigration office, and in the second to cover the scheme by the subterfuge of "free passengers," the true or false character of the whole concern, or where lies the right or wrong, public opinion will decide.

With regard to the thirty-odd passengers now already on board, they are to be brought out of the vessel again and subject to a further examination. If they are *bona-fide* passengers, they are to enter into a bond, with well known and honest shopkeepers as sureties, and then be allowed to proceed. This is done as a precautionary measure. If they are only passengers by name and coolies in reality, or if they cannot give the necessary bond, with honest shopkeepers as security, they ought to be detained, that the evil may be stamped out, and future had practices prevented. This course will inflict no hardship in the slightest degree on Olyphant & Co., and is one which you may follow hereafter.

As to Consul Lincoln's personal request, that inasmuch as Tseng Wai Pang had stated falsely that he(the consul) received one dollar from each emigrant, he should be punished for that false statement. I have already replied to him, that Tseng Wai Pang, being the coolie agent, should be punished according to Chinese law with death, and that a greater punishment than that could not be inflicted; but that Look Foo Shing being still at large, he ought to be brought to trial, as the ends of justice required. Consul Lincoln promised to deliver up Look Foo Shing, but of course this is a matter for the future.

This is a reply, with compliments.

No. XI.

COMMUNICATION from Governor-General to Consul Lincoln, 16th day of the 5th Moon(16th, June, 1878):

A communication urging speedy action.

I gathered from your dispatches to me, that you urge that the passengers now going to Peru in the steamer of Olyphant & Co. are free passengers, who are under no compulsion whatever, nor have they entered into any contracts for labor, but that they are at prefect liberty to remain in the country, to do what business they like, or to return to China if they choose. That in these respects, therefore, the present scheme is widely different from that of the coolie trade.

I therefore issued orders to the prefect of Kwang Chow, Foong to hold, in conjunction with the original judiciary deputy of the Pan Yu magistracy and the commissioner of customs, a further examination of Tseng Wai Pang, and to submit to me a report of the evidence taken therein. Since the issue of those orders, a report was sent to me by the prefect of Kwang Chow, on the result of the joint examination of Tseng Wai Pang he held in conjunction with the commissioner of customs. It appears from this report, as well as from a communication of the commissioner of customs on the subject, that Tseng Wai Pang affirms in his statement the allegation that he was employed by Look Foo Shing in pursuance of an arrangement he(Look Foo Shing) had made with the compradore of Olyphant & Co. , as the sole manager in the business of collecting men to go abroad. It is, therefore, necessary, for the final disposal of the case, that Look Foo Shing should be brought to trial, in order to ascertain whether, in the illegal collection of emigrants by the Chiang Yuen Yuen Kee shop, Look Foo Shing did or did not employ Tseng Wai Pang to manage the business for him; and it having been ascertained from the statement of Tseng Wai Pang that Look Foo Shing was employed as broker by the firm of Olyphant & Co. in Canton and Hong Kong, I communicated with you, and requested you to cause Look Foo Shing to be delivered up to me for trial. Although a long time has elapsed since the request was made, the man is still undelivered; and according to the report now presented by the prefect of Kwang Chow and the judiciary deputy of the Pan Yu magistracy, and the commissioner of customs, on the result of their joint examination at the customs office of the seven passengers, Tang Piu and others, who had stated that they were decoyed by men to go to the Chiang Yuen Yuen Kee shop in Shakee street, and thence sent as emigrants to go abroad to work as laborers, but that they were unwilling to go. With regard to the Chiang Yuen Yuen Kee shop, it was, according to the statement of Tseng Wai Pang and Tong Kam Woo, established by Look Foo Shing; and Tang Piu and others now state they were decoyed by men to the Chiang Yuen Yuen Kee shop, and from thence sent as emigrants to go abroad as labors. From these facts, it is clear that Look Foo Shing is an important party in the case, and I have, therefore, to urge you to use all possible speed in causing Olyphant & Co. to deliver up Look Foo Shing, otherwise Look Cheong Yuen, to you, and by you to this office, that he may be sent to the proper tribunal for examination, and for a record of his statement to be taken, with the view of bringing the case to a termination. A communication, with compliments.

No. XII.

COMMUNICATION from the Commissioner of Customs to the Governor-General, received on the 16th day of the 5th Moon (16th June, 1878):

In the matter in which Olyphant & Co. applied to me for a license to allow the Belgian steamer "Perusia" to proceed to Peru and Honolulu with Chinese passengers, I had received instructions from your excellency to hold an examination of the men, in conjunction with the deputy officers who are charged with the duty of inspecting the steamer. Acting on these instructions, I, in conjunction with the customs deputy sub-Prefect Chun Ting Shew, deputy officer, Magistrate Cheong Ching Fai, and Captain Ng Hak Ying, made an examination of the thirty-odd Chinese passengers who were already present, calling up each by his name and questioning him. While we were investigating, and having got through more than 20 men, seven men, Tang A Piu and others came forward and stated that they did not pay any part of their passage-money, but that they were given the tickets by Olyphant & Co. , and were, moreover, taught by people to state that they paid the passage from their own money; that they wished now to give up their tickets and did not want to go abroad. I thereupon questioned them individually, and they one and all declared their unwillingness to go abroad. Their statements were then taken down, and a report of the circumstances was made to your excellency by the deputy officer Magistrate Cheong.

On the 8th day of this month (8th June) I received a letter from your excellency, setting forth a communication from the deputy officer charged with the duty of inspecting the steamer at Whampoa, Magistrate Cheong Ching Fai, who reports as follows: "On the 6th day of 5th Moon, this year, (6th June, 1878,) in conjunction with the commissioner of customs, we were making an examination at the customs office of the Chinese passengers of the steamer "Perusia," belonging to Olyphant & Co., when seven men—Tang Piu, Cheong Foong Sing, Koo Atak, Woo Alum, Chow Kai Foon, Tang Ahoi, and Woo Asang—stated that they had been decoyed, and that they did not wish to go abroad. We thought it advisable to separate these seven men and bring them to the office of your excellency, for your decision as to their disposal." Your excellency's letter to me further sets forth the following: "I thereupon directed the seven men to be taken charge of by the prefect of Kwang Chow, to await further instructions from me. Now, if the seven men, Tang Piu and others, were decoyed and were unwilling to emigrate, why did Olyphant & Co. represent them as passengers? The commissioner of customs and the prefect of Kwang Chow, together with the deputy officer, Magistrate Cheong Ching Fai are, therefore, to hold an examination at the customs office of the seven men, Tang Piu and others, who are to be brought up for the purpose, and to have their individual statements taken down, and forwarded to me for my information and decision, in order to ascertain the extent and character of the evil which enshrouds this business. As to whether or not the United States consul, Mr. Lincoln, ought to be notified of this, and requested to be present at this examination at the customs office, the commissioner of customs shall decide after due deliberation."

On the receipt of these instructions, I at once communicated with

Consul Lincoln, and requested him to come to the customs office, to be present at the examination; but he replied, that he was engaged with official business that day, and could not come. I thereupon, in conjunction with Prefect Foong, sub-Prefect Chun, Magistrate Cheong, and Captain Ng, had the seven men, Tang Piu and others, brought before us at the customs office, and separately examined. The statements they made, and the circumstance of their surrendering the passage tickets, were similar to those given at their former examination on the 6th day (6th June, 1878). They all said that they met men, previously unknown to them, in the streets, and were taken by them to the Chiang Yuen Yuen Kee shop to have their meals, and their clothes changed; that they were told they were to go to Peru as laborers, and that the passage-money would be paid for them by the firm of Olyphant & Co., but that when they went before the consul and the customs authorities they must say that they paid for their own passage, and that they were willing to go; that they were then taken to Olyphant & Co. and were given the passage tickets; that they subsequently went before the consul, and stated to him that they were willing to go; that they were not decoyed, and that the passage-money, of $80 each, was paid by them of their own money. The above are the results of our examination, and in addition to the separate report which the prefect, Foong, and the deputy officers have submitted to your excellency, I beg respectfully to report to your excellency the action I have taken in consequence of your instructions, and to forward the statements in original taken of the seven men, Tang A Piu and others, at the examinations held on the 6th and 8th days of this month, (6th and 8th of June, 1878,) for your excellency's information and action thereon.

I have, & c.

I inclose the record of the statements taken.

No. XIII.

A RECORD of the evidence taken by the Magistrate of the Pan Yu district, and forwarded to the Viceroy on the 11th May, 1878 (10th day of the 4th Moon).

Tseng Wai Pang states: I am 45 years of age, and a native of the Shum Chun village, Singan district. On the 25th April I came to Canton, and met a person whom I have known before. He is a native of Hokshan district, and is named Look Foo Shing, alias Cheang Yuen. He invited me to go with him to the Chiang Yuen Yuen Kee shop in Sha Kee, western suburb, to have a chat. Look Foo Shing told me that the compradore of Olyphant & Co. had been speaking to him, to the effect that at the present moment he was asked by some Peruvian contractors to get several hundred emigrants, for each of whom an advance of $10 was to be obtained from Olyphant & Co.; that $3 would be paid to the emigrant agent, $2 to the emigrant himself for making small purchases, $1 to the Hong Kong contractor, and that whatever that was left of the remaining $4, after paying for the man's board and lodging, could be shared between us; that in the long run we would make very large profits. He further said that there was to be a contract for five years, and that the firm of Olyphant & Co. was the guarantee. I then consented and went with him to Chu Kwang Lee street, where a house was rented, the property of the Ching family in Mak Lan street. An earnest-money of 100 taels was paid down, the rent to be $10 a month, commencing from the 1st day of the 4th Moon (2d May, 1878). Look Foo Shing's part of the business was to be solely responsible for providing the establishment with funds, while my part was to obtain emigrants for the shop newly opened under the sign of Chiang Yuen Yuen Kee Chan. After posting copies of the proclamation, emigrants gradually presented themselves at the shop. They stated that they were willing to emigrate abroad to become laborers. I then informed the applicants the terms of engagement as mentioned by Look Foo Shing, viz. , that on the embarkation of the emigrants each was to receive $2 to buy sundry small things to go abroad with, but that those who should not wish for the money would be supplied with a suit of clothing; that on arrival at Peru they would get $35 a month wages; that the passage-money of $75 each man would be deducted from their pay, and when that was satisfied, they would then be free; that the term of service was five years; that they had to be examined by the Nanhai magistrate or his deputies before they could leave, and that on arrival at Peru they were to be under the jurisdiction of the Chinese officials. All the applicants expressed their willingness to go, and up to the 10th May there were altogether 77 emigrants, and they were to proceed to Whampoa to be transferred to the foreign vessel, which was to sail for Peru.

In our shop we had besides ourselves 16 assistants, Tong Kam Woo and others, who performed their respective duties in the shop, and were not intending emigrants. Six of us, including myself, are now in custody, and of the remaining ten I do not know their names. I am really employed by Look Foo Shing, and was to receive $4 a month. The soldiers heard of this affair, and arrested me on the morning of the 10th May. I declare that the above testimony is true.

Tong Kam Woo states: I am 24 years of age, and a native of Yan Ping district. On the 28th day of the 3d Moon, (30th April, 1878,) I came to Canton and lived in the ancestral temple of the Tong family at the Great Eastern Gate. I have a clansman named Tong Tsing Shan, who was employed in the Chiang Yuen Yuen Kee shop, of which Look Chiang Yuen was the master, to keep the books. Look Chiang Yuen also opened the Yuen Kee Chan shop in Chu Kwong Lee for the collection of emigrants to go to Peru as laborers. In this shop there was a man named Tseng Wai Pang, who looked after the business of collecting emigrants. Look Chiang Yuen employed me to look after accounts in this shop; there was no agreement as to the amount of wages, but I was to get whatever the employer thought proper to give me. It was intended to collect 500 or 600 emigrants, but up to the present there were only 77 obtained. The business of collecting men was entirely in the hands of Tseng Wai Pang, and I really know nothing about it. Being given now an opportunity to testify, I state the truth.

Wong Afook stated that he was 29 years of age, and a native of Kwai Shin.

Lam Ashun stated that he was 50 years of age, and a native of Kwai Shin.

Lam Afook stated that he was 34 years of age, and a native of Pan Yu.

Cheong Afook stated that he was 48 years of age, and a native of Tsang Shing.

Wong Afook further stated as follows: On the 2d day of the current Moon (3d May, 1878) I was engaged by Tseng Wai Pang to be porter at the Yuen Kee Chan shop, wages to be paid after embarkation of the emigrants, at a rate to be then determined.

Lam Ashun: I was engaged on the 8th day of this Moon (9th May) by Tseng Wai Pang as an assistant in the Chiang Yuen Yuen Kee Chan shop, at $1.50 a month.

Lam Afook: I was engaged on the 8th day of this Moon (9th May) by Tseng Wai Pang as cook in the Yuen Kee Chan, at $2 a month.

Cheong Afook: On the 6th day of the present Moon (7th May) I was engaged by Tseng Wai Pang as a marketman in the Yuen Kee Chan shop, at $1 a month. All our engagements were to cease after the embarkation of the emigrants. As to the collection of emigrants and the terms of payment, we do not know the details. Being now examined, we state the truth.

Wong Awoon states: I am 32 years of age, a native of Kwai Shin, in the prefecture of Waichow. The man now here, Aping, is my nephew. I have a brother-in-law, Woo Shew Sow, living in Loong To Mei street, Honam. He sent me a letter asking me to come to Canton to enlist as a soldier. I came here on the 6th day of the present Moon (7th May) with my nephew, Aping. There was a fellow-passenger named Tseng Lee Kwai, who was previously known to me; he borrowed three mace of silver from me. On arrival here, on the 8th day, (9th May,) he asked me to go with him to get back the money. I followed him to the Yuen Kee Chan shop in Chu Kwong Lee street, where I stayed one night, and was arrested to-day. Being under examination now, I declare that I do not wish to emigrate, and my evidence is true.

Yeong Wei Ching states: I am 34 years of age, and a native of Kwai Shin, in the Waichow prefecture. I had heard that a man now here, named Wong A Sam, whom I have known before, was about to emigrate, and I went at ten o'clock to-day to the Yuen Kee Chan shop, in Chu Kwong Lee, to dissuade him from going. Wong A Sam would not listen to my advice; and, as I was about leaving the door, I was arrested by the soldiery and brought here. I do not wish to emigrate. Being now examined, I speak the truth.

Ho Ashik, otherwise Shek Kwai, stated that he was 42 years of age, a native of Kwei Shin, in the Waichow prefecture.

Tseng Lee Kwai stated that he was 32 years of age, a native of Kwei Shin, in the Waichow prefecture.

Tseng A Kong stated that he was 30 years of age, a native of Pok Lo.

Chu Achip stated that he was 28 years of age, a native of Kwei Shin.

Ho Ashik and Tseng Lee Kwai further stated: Having heard that the Chiang Yuen Yuen Kee Chan in Canton invited persons to emigrate, I, Ho Ashik, and Cheang Kong, and one Wong A Tai, who is not in custody, and I, Tseng Lee Kwai, Chu Achip, and Lam A Tsoi and Chun A Woon, the latter two not in custody, came from Waichow on the 6th day of the present Moon(7th May, 1878) to Canton, and on the 8th day(9th May) we to the Yuen Kee Chan shop, in Chu Kwong Lee, where we agreed with Tseng Wai Pang and his comrades to repay the $75 passage-money each from our wages after our arrival in Peru; that on the day of embarkation each of us was to receive $2; and that because Cheong A Kong and Wong A Tai were introduced by me, Ho Ashik, I was to get $3 extra; and because Chu Achip, Lum A Tsoi, and Chun A Woon were introduced by me, Tseng Lee Kwai, I was to get also $3 extra. On the 9th day(10th May) however, we were arrested by the soldiers. As to Wong A Tsoi and the two others, they went out for a walk after the morning meal, and were consequently not arrested. What we have respectively stated above is true.

Yip A Suet, aged 26 years, a native of Yeong Shan; Lui Toong Shing, aged 37 years, a native of Hokshan; Lee Ching Yow, aged 31 years, a native of Ho Yuen; Fan A Po, aged 31 years, a native of Ching

Yuen; Lou A Tim, aged 35 years, a native of Ching Yuen; To Koon S-hing, aged 26 years, a native of Ho Yuen; Lui A Mook, aged 36 years, a native of Hokshan; Lui A Him, aged 39 years, a native of Kwong Ning, jointly state: We have all been earning our livelihood as rice carriers at Fatee. On the 6th day of the present Moon (7th May) a man, not in custody, named Chung A Lum, informed us that the Yuen Kee Chan shop, in Chu Kwong Lee street, Canton, was collecting emigrants to go abroad to work as laborers; that the passage-money, of $75 each man, would be paid by the said shop, but it was to be deducted from the men's wages after their arrival at Peru. We all agreed to this, and followed Cheong Alum to the shop, waiting to go to aboard the steamer. We were each to get, after embarkation, $2 a month for our personal expense, but we have been arrested and brought here for examination; and what we have testified is true.

Wang A Sun stated that he was 27 years of age, a native of Kwei Shin. He was obtained by Ho Alin, who is not in custody.

Cheong A Yee stated that he was 26 years of age, a native of Kwailin, in the province of Kwangsi. He was obtained by the man Soo A Yow, who is not in custody.

Lee A Yuen stated that he was 28 years of age, a native of Ka Ying Chow; obtained by a man Wong Fook-low, who is not now in custody.

Wong A See stated that he was 39 years of age, a native of Cheong Lok; obtained by the man Cheong Alum, who is not in custody.

Yip A Foong stated that he was 35 years of age, a native of Wing Lok; obtained by a man, not in custody, named Alum, whose surname he did not know.

Cheong A Choy stated that he was 23 years of age, a native of

Kook Kong district, in the Shew Chow prefecture.

Wong A Look stated that he was 37 years of age, a native of Kwei Shin.

Both were obtained by the man not in custody, surnamed Wong, whose name they did not know.

Leong A Yoong stated that he was 28 years of age, a native of Ching Yuen.

Lee A Sing stated that he was 23 years of age, a native of Chang Shing.

Both were obtained by the man, not in custody, Chun Alee.

Choy Shek Sow stated that he was 40 years of age, a native of Tung Koon.

Choy A Look stated that he was 30 years of age, a native of Tung Koon.

Cheong A Kut stated that he was 31 years of age, a native of Tung Koon.

These three were obtained by the man Chun A Chat, who is not now in custody.

Ng See stated that he was 24 years of age, a native of Tung Koon.

Pang A Yow stated that he was 21 years of age, a native of Tung Koon.

Chu A Cheong stated that he was 21 years of age, a native of Kwei Shin.

Low Fai Woon stated that he was 26 years of age, a native of Kwei Shin.

Chea A See stated that he was 27 years of age, a native of Loong Chun.

Chow A Chee stated that he was 30 years of age, a native of

Fai Poo.

These six were obtained by the man now in custody, Tseng Wai Pong.

Tam A Ku stated that he was 35 years of age, a native of Kwei Shin.

Cheong A Wan stated that he was 28 years of age, a native of Kwei Shin.

Wong A Sam stated that he was 21 years of age, a native of Kwei Shin.

Yee Sui On stated that he was 30 years of age, a native of Kwei Shin.

Cheong A Low stated that he was 27 years of age, a native of Chang Shing.

Chun A Wai stated that he was 32 years of age, a native of Pan Yu.

Low A Wan stated that he was 30 years of age, a native of Tung Kun.

Cheong A Choy stated that he was 30 years of age, a native of Tung Kun.

Lee A See stated that he was 29 years of age, a native of Kwei Shin.

Chun A Sow stated that he was 22 years of age, a native of Pan Yu.

The above ten men went to the shop of their own accord. They also stated as follows: We heard that emigrants were collected at Canton. We went at different times to the Yuen Kee Chan shop, in Chu Kwong Lee street, Canton, where we saw Tseng Wai Pong and others, and we agreed with them that our passage-money, of $75 each, was to be first deducted from our wages we were to receive after our arrival in Peru, and that on the day of our embarkation we were each to receive $2; but the matter becoming known, we were arrested, and are here for emigration. We do not wish now to emigrate, and beg to be released, that we may resume our respective avocations. Our evidence herein set forth is true.

No. XIV.

A REPORT by the Magistrate of the Pan Yu district, sent in on the 13th day of the 4th Moon (14th May, 1878) to the Governor-General:

I have the honor to report that on the 9th day of the 4th Moon, in the 4th year of the reign of Kwangsu, (10th May, 1878,) in company with the deputies of the commissioner of police, I arrested in Chu Kwang Lee street, in my district, the emigration agent Tseng Wai Pang and 49 emigrants. I at once set to work to examine them one by one. According to the statement of Tseng Wai Pang, he said that on the 2d day of the 3d Moon (4th April) he met a man named Look Foo Shing, otherwise Look Cheang Yuen, in the Chiang Yuen shop in Tung Man lane, Hong Kong, who told him that he was engaged by the compradore of Olyphant & Co. to get some hundreds of Chinese emigrants to go to Peru as laborers, and asked him (the defendant) to be his agent, with the promise of sharing the profits with him. The defendant consented, and on the 5th day of that Moon (7th April) he came to Canton, agreeing first to meet on the 27th day, in the Chiang Yuen Yuen Kee shop at Sha Kee, kept by Look Foo Shing, for the purpose of holding a consultation. It was agreed that a shop should be rented in Chu Kwong Lee, which was afterwards opened on the 1st day of the 4th

Moon, (2d May,) called the Kong Yuen Yuen Kee Chan. That Look Foo Shing supplied the capital, while he acted as the emigration agent. That he caused copies of the former proclamation to be made and posted about the shop. After this, Cheang Akong, and the other emigrants now in custody, then came to the shop and represented that they were willing to emigrate. That he then agreed with the men to supply them with food as long as they remained at the depot, and to pay them \$2 each as pocket-money on embarkation, or in lieu thereof a suit of clothing and a blanket. That he also told them, that on arrival at Peru they would get from \$20 to \$30 a month, and that with the exception of deducting back the \$75 passage-money, all the wages they might earn would be their own. That he further told them, that at the time of the embarkation they would be examined by the district magistrate and other deputy officers at Whampoa before they could be allowed to sail. That Cheang Akong and the other emigrants all expressed their willingness to go. That altogether there were more than 70 men obtained, and none of them had any luggage or cargo whatever. Besides the 42 emigrants now present, there were others, who happened to be out when the police arrived, and the names of these he did not know. That he happened to be in and was arrested. He further stated that there were in Peru six steamers belonging to this company, which would sail in rotation to China for emigrants; that the one at present in Whampoa was only the pioneer.

On examining Cheang Akong and his comrades, they either stated that they were collected by Tseng Wai Pang, or that they applied at the depot of their own accord; but they all united in signifying their unwillingness to go now. They were then asked why they stated at the time of their engagement that they were willing to go. They replied that they were told that they would have to be examined by the district magistrate and the deputy officers before embarkation, and they concluded from this that everything was right, and therefore signified their willingness to go. But knowing now that such was not the case, they would rather stay in China to look for a livelihood.

Fearing that possibly there might exist a want of truthfulness in the testimony of Cheang Akong and others, or there might be facts still unrevealed, I had them confronted on the 11th day (12th May) with Tseng Wai Pang; and at this examination there were also present the United States vice-consul, F. K. Talbot, and the consular interpreter, Yu Sui Wan, who saw the examination and heard the testimony. Cheang Akong and his comrades one and all made the same statement, and there was no contradiction. As to Tong Kam Woo, Lam A Shun, and Lam Afook, they stated that they were employed in the Kong Yuen Kee Chan, in the respective capacity of accountant, cook, and general assistant, and that they were not intending emigrants. As to Wong A Woon, Wong A Ping, and Yeong Awai, they stated that at the time of their arrest they were in the shop, either to collect accounts or to try to induce Wong Asam not to emigrate; and although they were interrogated several times, they stuck to the same statement. I thereupon discharged these three men from custody, as they had nothing to do with the affair. But with reference to Tseng Wai Pang, the chief emigration agent, I request instruction as to his disposal. With regard to the intending emigrants, Cheang Akong, Chu Achip, Tseng Lee Kwai, Ho Ashik, Lee Ahim, Lui Amook, Too Koon Sing, Low Atim, Fau A Po, Yip A Suet, Lui Toongshing, Lee Tsing Yow, Lee Asing, Ng A See, Pang Ayow, Chu Acheong, Low Fai Woon, Chea Asee, Wong Asun, Cheong Ayee, Lee A Yuen, Wong A See, Yip Afoong, Cheang A Choy,

Wong Alook, Leong Ayoong, Choy Shek Sow, Choy Alook, Cheang Akat, Chow Achee, Cheang A Wan, Wong A Sam, Wan Sui On, Cheong Alow, Chu Awai, Low Awan, Cheong Achoy, Lee Asee, Chun Asow, Tam Akie, and Wong Afook, (42 in all,) they have made their declarations, expressing their unwillingness to emigrate. Whether they ought to be allowed out on bail in the same manner as the three men, Tong Kam Woo, Lum Ashun, and Lum Alook, who were proved to have been only employed in the respective capacity of accountant, cook, and general assistant in this emigration agency, I do not venture to take upon myself the responsibility of making a decision, as this is a matter affecting international relation, and I shall therefore await instructions from your excellency before taking further action.

No. XV.

A REPORT by the Prefect of Kwang Chow prefecture, on the 22d day of the 4th Moon, (23d May,) to the Governor-General, on the result of the further examination of Tseng Wai Pang and others.

I have the honor to report that, acting on the instructions from your excellency, received on the 18th day, (19th,) to appoint a day with the commissioner of customs, Mr. Brown, to proceed jointly to the office of the Pan Yu magistrate, to cause Tseng Wai Pang and others to be brought up for further examination, associating ourselves therein with the adjudicating officer who sat at the former trial, and to make a report thereon, together with the evidence taken, and all the documents relating to the trial, I communicated with the commissioner of customs, Mr. Brown, and proceeded on the 20th day(21st May) with him to the office of the Pan Yu magistrate, where, in conjunction with district magistrate Yuen, we had Tseng Wai Pang and the others brought up. They were put to a rigid examination, and the result was the same as that obtained by the Pan Yu magistrate at the previous trial, while the statements now made were precisely the same. According to the statement of Tseng Wai Pang, he said that when he was first engaged by Look Foo Shing, the compradore of the foreign firm, to become the principal agent of this emigration agency, with wages at the rate of $4 a month, the understanding he had of the matter was that the men were all to be examined before the district magistrate and other deputy officers prior to embarkation, and that the firm of Olyphant & Co. was the guarantee, but that he did not know that Peru was a country not entitled to the privilege of carrying on emigration from China, nor that the establishment of such an agency for the collection of emigrants was against law and against treaty stipulation; that this was why he consented to act as agent, and that in so consenting his object was really not to make money out of the transaction. This statement of Tseng Wai Pang appears to be likely enough, and his case therefore seems to me to be somewhat removed from the ordinary cases of kidnapping men with intent to send them abroad. With reference to Cheang Akong and his comrades, inasmuch as they have signed the declarations signifying their unwillingness to emigrate, they may be allowed, subject to your instruction, to be released without delay, to prevent further embarrassment to them.

The above is the result of our joint investigation, held in obedience to instructions from your excellency, and I respectfully submit it in the form of a report for your information.

No. XVI.

REPORT by the commissioner of customs, Mr. Brown, to the Governor-

General, received on the 24th May, 1878, (23d day of the 4th Moon):

I have the honor to report, that on the 13th day of this Moon, (14th May,) I received a dispatch from your excellency, which embodied the joint report from the commissioner of police of Canton, and the district magistrate of Pan Yu, in the prefecture of Kwang Chow, respecting the arrest and examination of Tseng Wai Pang, whose statement was set out in that report, as follows: "I met a person whom I have known before. He is a native of the Hokshan district, and is named Look Foo Shing, alias Cheong Yuen. He told me that the compradore of Olyphant & Co. had spoken to him, to the effect that, at the present moment, he (the compradore) was asked by some Peruvian contractors to get several hundred emigrants, for each of whom an advance of $10 was to be obtained from Olyphant & Co.; that $3 would be paid to the emigrant agent, $2 to the emigrant himself for making small purchases, $1 to the Hong Kong contractor, and that whatever was left out of the remaining $4, after paying for the man's board and lodging, could be shared between us; that in the long run we would make very large profits. He further said, that there was to be a contract for five years, and that the firm of Olyphant & Co. was to be the guarantee; that he then consented, and went with him to Chu Kwang Lee street, where a house was rented, the property of the Ching family, in Mak Lan street. An earnest-money of 100 taels was paid down; the rent to be $10 a month, commencing from the 1st day of the 4th Moon (2d February, 1878). Look Foo Shing's part of the business was to be solely responsible for providing the establishment with funds, while his own part was to obtain emigrants for the newly-opened shop under the sign of Kong Yuen Yuen Kee Chan. After this, emigrants gradually presented themselves, and he then informed the applicants the terms of wages, as mentioned by Look Foo Shing. viz. , that on the embarkation, of the emigrants each was to receive $2, with which they could buy sundry small things to go abroad with, but that those who should not wish for the money would be supplied with a suit of clothing; that on arrival at Peru they would get $35 a month wages; that the passage-money, of $75 each man, would be deducted from their pay, and when that was satisfied they would then be free, and that the term of service was five years. All the applicants expressed their willingness to go, and up to the 10th May, there were, altogether, 77 emigrants. It was arranged that they were to proceed to Whampoa on the 12th day, (13th May,) to be transferred to the foreign vessel there, which was to sail afterwards for Peru. The number of employés in this shop who are now in custody are six, including himself; there were ten others, whose names he did not know, not yet arrested; that he was really employed by Look Foo Shing at $4 a month, and that while so employed he was arrested on the 9th day of this Moon by the police, when they came to hear of this affair.

Embodied in this report of the police commissioners and the district magistrate, were also the statements of Tong Kam Woo and the four other employés of the shop now in custody, and the forty-odd men taken from the shop.

On the 18th day of the present Moon (19th May) I received a further dispatch from your excellency, instructing me to proceed, in company with the prefect of Kwang Chow, to the office of the Pan Yu magistrate, to have Tseng Wai Pang and the others brought up for further examination. A day having been appointed by the prefect of Kwang Chow, I went with him on the 20th day of this Moon to the office of the Pan Yu magistrate, and had Tseng Wai Pang and others brought up for further examination. The statements they made at this trial were similar to those set forth in your excellency's first dispatch to me. But in reference to the point of the advance of $10 by the firm of Olyphant & Co. for every emigrant, it was elicited that $2 of that sum were to be given to the compradore of that firm, $1 to the United States consul, $3 to the man who introduced the emigrant, $1 to pay for the emigrant's clothing and food, and the remaining $3 payable on embarkation to the agency to defray the general expenses of the establishment. He further stated that he was to have a bonus of 5 per cent. of the net profits of the establishment; that his business was to look after the internal management of the agency, and that he had nothing whatever to do with the collection of men outside. The above statement, as your excellency will see, is somewhat different to what the man had stated before; but as to the intending emigrants themselves, the statements they made on this occasion are similar to what they had given at the previous examination, and it appears to me that there is no occasion for these men to be further retained in custody.

No. XVII.

COPY of evidence given on the 6th and 8th days of the 5th Moon(6th and 8th June, 1878) by Chinese emigrants:

Tang A Piu stated on the 6th inst. : I am 24 years of age; a native of Leen Chow. I came to Canton with a man surnamed Yeong, who was to receive some pay from the government. I took sick and went to live in a shop which had no sign, in Chu Kwong Lee street. A man named A See asked me to go to Peru to look for work. A See further said that the firm of Olyphant & Co. would provide for the passage-money, and would pay from 20 to 30 cash a day to each man for food. He also told me that after embarkation I was to ask the master to pay me $30 or $40; that 20 or 30 other men would go with me; that the emigration was unconnected with kidnapping, and that there was no harm in going. I do not wish to go now. On the 2d and 3d inst., A See took me from Chu Kwang Lee street to the Chiang Yuen Yuen Kee shop, in Sha Kee street. Chen Woon then took me, after breakfast this morning, to Olyphant & Co.'s, where, after changing my clothes, I was taken to another foreign house, where I was examined, and the statement I made there was taught me by Chun Moon, who told me to say that the $80 passage-money I got were supplied me by my friends. I did not pay a single cash to Olyphant & Co. for my own passage; the passage ticket was given to me by a foreigner at Olyphant & Co.'s.

On the 8th inst. he further deposed, as follows: I am 24 years of age; a native of Leen Chow. About the 20th day of the 2d Moon, (March,) I followed a relative surnamed Yeong to Canton; he came here to receive from the government the pay for the Leen Yeong district. At first I stayed on board the boat, but subsequently I went to live in Chu Kwong Lee street, where I became ill. A man named A See gave me 20 or 30 cash, and told me that when I should recover he would get me employment. He then took me to the Chiang Yuen Yuen Kee shop. I saw a great many persons there, and I was afraid to go in. Afterwards A See got Chun Moon to take me to Olyphant & Co.'s to change my clothes. I was not willing to go, but he compelled me to go. He instructed me what to say when before the commissioner of customs. He said: "When you are asked by the commissioner of customs, you must say that you are willing to go of your own accord." He also took me to a very large foreign house, where I was questioned by some foreigners, and where men forced me to say that I was willing. There were eight or nine coolie agents, who escorted more than ten of us to the custom-house. I did not have any money to pay them. I was taught in the Chiang Yuen Kee shop to say that the $80 passage-money were supplied me by my friends. I do not wish to emigrate.

Chow A Foon stated on the 6th inst. : I am 20 years of age; a native of Tung Kun. I am at present living in Fatshan. I have hitherto obtained a living by hawking vegetables at Fatshan. I came recently to Canton to look for employment. On the morning of the 6th, I met a man whom I did not know before. He accosted me, saying: "You dress in such tattered clothes, why don't you seek employment?" He then took me to a house in Sha Kee, where I had a meal. After meal I had my head shaved, and he then took me to Olyphant & Co. 's, where I had my clothes changed. When I was in the house in Sha Kee, I was taught that if I was questioned by the customs authorities, I must say that I was willing to go to Peru of my own accord, to get employment at weaving there. I was also taught to say that the $80 passage-money were supplied me by friends and relatives. I have not a single cash to pay Olyphant & Co. for the passage; the passage ticket was given me by a foreigner. I saw there were 30 or 40 men taking their meals in the house at Sha Kee; there were six tables altogether. The clothes I have on now were given me by the unknown man I met this morning. I do not wish to emigrate.

He further deposed on the 8th inst. as follows: I am 20 years of age; a native of Tungkun. I have been earning my livelihood as a hawker of vegetables at Fatshan. On the 22d day of the 4th Moon (23d May, 1878) I came to Canton to look for work. On the morning of the 6th June, while I was walking in Sha Kee street, I met a man whom I did not know before. He said to me, "You dress in tattered clothes; why don't you follow me to go to get employment?" He then took me to a house in Sha Kee, where he gave me rice to eat, and asked me to have my head shaved. He then took me to Olyphant & Co. 's, to change my clothes. I was afraid that he was a kidnapper, and as I have a mother living, I did not want to go. But he took me to the consulate, where I was given the passage ticket. I was taught in the house where I had my meal to say that the $80 for the passage were my own money, and were not given to me by Olyphant & Co. A foreign official read to me from a document, in which there were words to the effect that whether in life or death there was to be no retraction. A man wearing a silk jacket followed me to the custom-house. At first I thought foreign countries were very good, but do not wish to emigrate now.

Woo Alum stated on the 6th inst. as follows: I am 34 years of age; a native of Sze Woy. I have no father or mother, but I have a brother living. Hitherto I have been a shoemaker in Sze Woy. About the 10th day of the 3d Moon (12th April, 1878) I came to Canton, and was employed in carrying tiles. About the 20th of that Moon (22d April) I was bad with a sore foot, as that I could not work; and having no means of livelihood, and hearing people say that Chiang Yuen Yuen Kee, in Sha Kee street, was collecting workmen to go to Peru, I went in there, and had two meals there. Now I do not wish to go.

He further deposed on the 8th inst. : I am 34 years of age, a native of Sze Woy. I have been following the occupation of a shoemaker in the village. On the 6th day of the 4th Moon (5th May) I came to Canton, and worked at carrying earth. Afterwards I had a sore foot, and on the 3d day of this Moon (3d June) I was walking in the street, when I saw a great many persons going into the Chiang Yuen shop; I also went in, and had my meal there. After this I went, with 7 or 8 other men, to

Olyphant's. Some Chinese taught me that I was to say that the passage-money of $80 had been paid to Olyphant & Co. I next went to a foreign house, where a foreign official asked me if I had paid the passage-money. I replied that I had. Thinking now of my younger brother, who has nobody to take care of him at home, I do not wish to go.

Cheong Foog Sing stated on the 6th inst. as follows: I am 24 years of age; a native of Leen Chow; hitherto I have been a small tradesman in my native village. On the 3d inst. (3d June) I was in Fatee, and met a man named Lee On, who took me to the Chiang Yuen Kee shop, in Sha Kee. He told me to emigrate to Peru, to make my fortune there. I did not pay a single cash for my passage, and I do not wish to go now.

He further stated on the 8th: I am 24 years of age; a native of Leen Chow; hitherto I have been working for a livelihood in my native village. About half a month ago I came to Fatee, Canton. On the 5th inst. (5th June) I met a man named Lee A On, who asked me if I wished to get work, and then took me to the Chiang Yuen Kee shop, in Sha Kee, where I stayed one night. A man said to me, if I went to Peru to work there, I might get $20 or $30 a month; that the passage of $80 he would pay for me, and that after my arrival there $180 would be deducted from my wages. I then went to Olyphant & Co.'s, and was given a passage ticket. I also went before the consul, who asked me if I wished to go. I then said I was willing; but thinking of my mother, I do not wish to go now.

Tong A Hoi stated on the 6th inst.: I am 38 years of age; a native of Ma Yen, in Nanhai district. I have been a hawker of vegetables in my native village. On the 1st of the month I passed the customs office, and met a man whom I did not know before. He took me to Chiang Yuen Kee, and got me to consent to go to Peru. I did not pay a single cash for my passage. I do not wish to go now.

On the 8th inst. he further stated: I am 38 years of age; a native of Nanhai district. I have been a hawker of vegetables in my native village. About the beginning of the month I came to Canton, to look for a brother of mine. On the 1st day of the 5th Moon (1st June) I was outside the customs office; I met a man, who took me to a shop in Lun Hing street, to take a meal there. He then took me to the Chiang Yuen Yuen Kee shop, in Sha Kee street, and gave me clothes to change. I stayed five days in the Chiang Yuen Yuen Kee shop, and had my meals there. On the 1st day of the present Moon he took me to Olyphant & Co. 's, and said he wanted to get me to go to Peru, to work there. A Chinaman then gave me a ticket, and said the firm paid for me the passage-money of $80, and when I should arrive at Peru I could earn wages at the rate of several tens of dollars, and that the passage-money would then be deducted there-from. At first, I thought that in going to Peru I would be free to get work there, so I was willing to go; but when I now hear that I shall not be able to come back home, I do not wish to go.

Woo A Sang stated on the 6th inst. : I am 28 years of age; a native of Leen Chow; hitherto I have been working on board a boat. On the 5th inst. I met a man at Fatee whom I did not know before. He got me to go to the Chiang Yuen Yuen Kee shop, at Sha Kee, for the purpose of going to Peru, to work there. I did not pay anything for my passage to Olyphant & Co. I do not wish to go now.

On the 8th he further stated: I am 28 years of age; a native of Leen Chow; hitherto I have been working on board a boat. I am now working as a boatman at Fatee. On the 2d day of this Moon I met a man, who took me to the Chiang Yuen Kee shop. A man in that shop then took me to Olyphant & Co. 's, where I was asked my name, and from Olyphant's I was taken to a foreign house. I was given a passage ticket, and a man having this ticket took me before a foreign official, who questioned me. He asked me if I was willing to go or not. A man from the Chiang Yuen shop told me that the passage-money of $80 had been paid for me by Olyphant & Co. , and that it would be gradually deducted from my wages after my arrival at Peru. Remembering that I still have a father and mother, I do not wish to go.

Kwok A Tak stated on the 6th inst. : I am 28 years of age; a native of Wai Chow prefecture; I have hitherto been working on board a North river boat. I came to Canton to look for work. On the 6th inst. I met a man whose name I did not know. He took me to the shop in Sha Kee. He said he would recommend me to get work in Peru. I did not pay a single cash of the passage-money to Olyphant & Co. I do not wish to go now.

He further stated on the 8th inst. : I am 28 years of age; a native of Wai Chow prefecture. I have hitherto been working on board a North river boat, and was lately a rice carrier at Fatee; at present there is no rice to carry. On the 6th inst. I met a man who took me to the Chiang Yuen Kee shop, to have a meal there. This man told me that he would take me to Hong Kong, to get employment there. He then took me to Olyphant & Co. 's, to have my clothes changed, and said that I would have to embark shortly. The clothes were given me by a foreigner. I was also given a paper which was said to be a passage ticket; and I was also told that the money had been paid for me by Olyphant & Co. ; that I need not have to pay for it myself. At first, I thought I was only to go to Hong Kong, so I was willing to go; but learning now that it is Peru, and that the voyage is a very long one, I do not wish to go. Olyphant &

Co. also taught me that if I was asked at the customs office, I must say that I had paid the $80 passage from my own money, and that I was willing to go of my own accord. I do not wish to go now.

Inclosure 2.

IMMIGRATION CONTRACT ENTERED INTO BETWEEN OLYPHANT & COMPANY AND THE PERUVIAN GOVERNMENT.

[TRANSLATION.]

ARTICLE 3. The contract shall be for a term of five years from the time the first steamer shall leave China, and within the period of the contract there shall be made twenty-eight round voyages, viz. : three during the first year, four during the second, and seven in each of the remaining three years.

ART. 6. The Peruvian Government shall intrust the conduct of the Chinese immigration exclusively to this firm, and no other party shall be engaged in it during the time the contract shall remain in force, to the end that they may do their utmost in carrying it out and in the selection of Chinese coolies.

ART. 8. The Peruvian Government shall provide a depot at the port of Callao for the accommodation of the Chinese coolies brought over by this firm, and they shall remain there for the space of eight days free of charge.

ART. 11. The contract being for five years, the Peruvian Government shall, in accordance with the law enacted on the 16th June, 1875, grant a subsidy to the said firm at the rate of $160,000 a year, payable in money or in nitrate of soda, at the option of the Peruvian Government. In case nitrate of soda should be given, rules and regulations shall be first framed for its delivery to and sale by the said firm, so that the departure of the steamer from China shall not be delayed. As to the valuation of the nitrate of soda, it shall be rated at the price ruling in (Ta la Pa Hah) the place of the production. The nitrate of soda received by the firm may be disposed of in every part of the world except Europe.

ART. 12. At the conclusion of the trips in the first year of the contract, it will be seen whether the amount of the subsidy allowed by the Peruvian Government is sufficiently remunerative to continue the contract for the remaining four years, when the trips to be made shall be increased. If it is not, the said firm shall be at liberty to cancel the contract. But if the Peruvian Government should see the importance of the Chinese immigration from the benefit to be derived there-from through the able management of the same by the firm, it may increase the amount of the subsidy in proportion to the increased number of the trips to be made; and in that case the said firm shall continue to fulfill the contract to the termination of the remaining four years.

ART. 15. The firm hereby binds itself not to carry less than 500 Chinese to Peru each trip, on an average, through the year.

SUPPLEMENTARY ARTICLES OF THE CONTRACT.
[TRANSLATION.]

ARTICLE 2. The annual subsidy to be granted by the Government of Peru shall be paid either in money or in nitrate of soda, or in guano, at the option of the Peruvian Government. In case guano is given, its value shall not exceed ＄80,000 a year, and the said firm shall have the privilege of selling the guano so shipped to all Asiatic countries except China, which market has been granted to Messrs. Tak Chi Li Nah & Co. by the Peruvian Government.

ART. 7. The amount of passage-money to be charged by the company for every Chinese laborer they shall carry should not exceed ＄90.

ART. 10. The Peruvian Government has determined to receive applications for the contract of importing Chinese laborers from the 25th of March to the 2d of April, 1877.

All applicants shall deposit in the Treasury Department of Peru a bind of ＄20,000, as a guarantee of good faith, and applications unaccompanied by the requisite bond will not be received. In case of withdrawal from the contract, the amount deposited shall be forfeited to the government.

广西师范大学出版社组织整理：《中国驻美国公使馆致美国国务院备忘录（1868—1906）》（1），广西师范大学出版社，2010 年

七　关于福州禀控串同私征渔税案的照会

光绪五年正月十一日（1879年2月1日）

大清钦差出使大臣花翎二品顶戴宗人府府丞陈、补用道容，为照会事：

本大臣接奉本国总理各国事务衙门来函，有福州禀控串同私征渔税一案，美国人卜打干涉案内情形昭著，显系戴领事[①]为之纵容。此案各情曾经贵国西公使转呈贵大臣察照，惟是贵国何署公使尚未接有复文，今特录原文一本，并配送译印英文，以便查阅，并敬问贵大臣现在此案贵国已经如何办法，或随后如何办法，希为见复可也。须至照会者。

计咨送汉文案卷一本，译印英文二本，内载福州通商局禀复各犯供词，及此案来往文件，卜打所用之旗及表号式样，又三角旗一面，均卜打征收渔税时所用之物。

右照会大亚美理驾合众国总理外务大臣伊。

光绪五年正月十一日

原件影印件，美国国家档案馆藏“国务院档案”（The State Department's Decimal File，The National Archives of the United States at College Park，MD），1880年12月

① 戴领事，戴兰佛（Milton M. Delano），生于美国宾夕法尼亚州（Pennsylvania）阿勒格尼（Allegheny）。同治八年至光绪六年（1869—1880）任美国驻福州领事，同治十年至十二年（1871—1873）兼任德国驻福州领事，同治十三年至光绪六年（1874—1880）再兼任德国驻福州领事。

照录福建通商总局详文

福建通商总局司道，为详请事：

光绪三年三月二十日，奉宪牌，据统带平海营师船蔡提督国祥禀称，奉谕饬赴连江一带勘验炮台，三月初十日勘至连江海口地方。据绅董生员吴真卿等联名禀称，沿海一带渔船网捐久经停止，上年腊月，突有棍徒串贿洋人，雇请艇船前来各澳张贴告白，苛勒抽捐，理合据情转禀察核等情，到本部堂。

据此，除饬连江县查讯明白，据实具复核夺外，合并饬局即速一并转饬遵办毋违，计粘抄原禀并告白。

又据闽安协刘副将禀咨，东冲附近洋面于月前来有艇船一只，船上配有水手管驾多人，亦有洋人一名，张挂花旗号令，在东冲上下毗连各澳，按澳包看鱼网，收索捐费，恐致生出是非，亟应禀请移咨等情。又奉宪批，闽安协副将禀，东冲附近洋面，有艇船张挂外国旗号，并有洋人在内，包看渔网，何以该处文武毫无觉察，是否即系吴真卿前禀之船，应令福宁镇及该处府县迅即禀复，仰通局司道会同福臬司赶紧移行遵办，禀抄发各等因。

奉此，又据霞浦县禀蒙统带庆字营师船鞠镇台札，有苔绿乡乡长谢章镜、地保邹玉色，因该乡緢林本协，即林五邹，如失去大小緢九张，禀请美国洋人卜巡捕打同往延亭查访，该处地保指出，窃緢邱沙狮等起获原緢，当被狮等抢回，并携有枪刀，殴伤船主李冠彪，通事周霞川，水手李阿弟、李兰弟、陈阿莲，并据美国领事府巡捕官卜打以水手陈阿莲一名重伤，初五日行至东冲身死等由，具请相验，卑职即于初八日前往相验，会营严拿邱阿狮等务获究办。当见卜巡捕时，诘其何以不通知地方官，擅自赴乡搜查鱼网。卜巡捕言语支吾，事关中外，除俟验讯明确另文通报外，合将洋人卜打查缉失艋，以致水手被伤及伤重身死缘由，禀请察核等由到局。

续又迭据连江、霞浦二县渔户联名禀称，莫姓等串同洋人来乡，声言奉美国领事府之命开局看网，遍贴告白，按船按网勒收捐费等由，先后到局。据此，即奉宪谕委职道维汉亲赴东冲一带查办，遵即随带沈倅学海、刘倅晋驰往霞浦县辖之东冲牵获艇船一只，锚缆船二只，并获生员莫士衡即子平，又名莫筱潭，黄樜本即鉴波，戴家和即鸣凤，并船主李冠彪，共犯证四名及洋人卜打一名，起出号衣旗帜合同，并大美国巡捕官钤记等件，讯系设有防海局在连江县辖之黄岐地面，职道又折回黄岐拿获在局管账之陈莲溪、吴和卿二名，即饬沈、刘倅等押解进省，并经闽安协侯官县，先后拿到李友梅、甘燧春二名，一同发交福州府发审局审讯，即将生员莫子平、从九职衔甘燧春详情斥革，并派员连日察讯。兹据福州府并谳局各委员禀呈莫子平、李友梅等供词。

据供，莫子平于去年十一月初间，商同未获之吴真卿、陈宝珍、林兴旺，展转荐引英人麦见时以巡洋看网为名，合股设局收捐各澳网费。嗣因英领事不允，麦见时到黄岐即推病而回，莫子平等因恐麦见时靠不住，适有卜打时往麦见时处闲坐，谈次之间，亦肯与莫子平、吴真卿等主司看网之事，遂于去年十二月初九日，邀出莫子平之兄莫正藻，与李友梅、林亨衢、戴家和上省，由卜打代见美国戴领事商议，许送卜打每月工租银壹佰圆，美国翻译官李梦兰在场传话，并许送戴领事按月番银二百圆，许送李梦兰按月番银三十圆，言明后来旺收，按月送银一百圆。初十日，李友梅、戴家和、林亨衢同卜打到领事处，见戴领事及李梦兰，即在戴领事处写立约字，戴领事签字盖印。所有大美国领事府巡捕官钤记及三角红旗上写大美国领事府字样，均系戴领事吩咐刊刻书写。十二月十二日，致送戴领事番银二百圆，李梦兰台票银三十圆，俱由李友梅亲手送交，其卜打按约百圆，亦系由领事府按月转发，卜打承领。十九日，至翻译李梦兰家中，据称此票是假的，即经李友梅带同李梦兰家丁徐姓，到大桥头钱店，驳换零碎杂票回去，先送过一月，以后各月尚未送去，翻译李梦兰着家丁徐姓屡次前来追讨。十二月二十日外，由卢伯良经手，送戴领事收受茶四箱，用去银四十二两零。本年正月十五日，送过戴领事礼物四色，只收火腿两只，计在连江、霞浦一带口澳，奇达、北菱、小湾、后湾、下屿、菱南、苕绿各澳，每水勒捐，前后认收二千三百余圆，其串同洋人借名看繧勒捐，供已确凿。

查沿海网繧等捐，原因渔民穷困，屡奉大宪严禁佐杂汛弁，并巡洋师船不准借端勒索，乃革生莫子平暨李友梅等竟敢于严禁私抽之际，私设防海名目，冒称奉宪派巡勒抽繧捐，勾串洋人为之护符，擅受呈禀，私雇艇船装载大炮军火，逼勒乡愚，实属胆大妄为，目无法纪。洋人卜打倚戴领事作主，串同地方恶棍，以护繧为名，竟敢于不通商口岸张挂美国旗号，私行不法之事，并于各乡镇分给美国领事府旗号至五十余件之多。所有卜打与莫子平等书立合约，内有前往巡防连江沿海一带，如有匪徒滋扰，禀请领事代为办理等语，约中并有戴领事画押盖印为凭。并据莫子平等供称，一切致送领事银两礼物及发给美国旗号等事，皆是翻译李梦兰从中传语，是莫子平等之敢于私设防海局，肆无忌惮，由于洋人卜打为之护符。卜打之敢于擅受地棍工资，私勒繧捐，皆由于戴领事为之作主。戴领事之准给名片交与卜打为护符，并于和约画押盖印，允许散给美国旗号，皆由于翻译李梦兰之怂恿煽惑。

查《美国条约》第十四款："若别国船只冒大合众国旗号作不法贸易者，大合众国自应设法禁止。"又第二十八款："中国人与大合众国人因事相争，即须两国官员查明公议察夺，更不得索取规费。”

又，《列大臣照会》第三条：“美国业经定制，凡干涉买卖者，不得派作领事官。”第六条：“领事官从无发给旗号。”

细查底册，亦向无此事，当严谕领事，嗣后无致有此。

又，《续增条约》第八条：“凡无故干预代谋别国内治之事，美国向不以为然，至于中国之内治，美国声明并无干预之事。”等因。

今戴领事于中国严禁私抽害民之事，竟敢不知会地方官，擅准洋人帮同地棍勒抽缢捐，发给旗号，索取规费，以致土棍无忌横行，致酿人命，种种违背条约，实出意料之外。

查《美国条约》第十款：“地方官及领事等官，有侮慢欺藐等各情，准其彼此将委屈情由申诉本国各大宪秉公查办。”等因，理合遵照条约，将查获信约、旗号、供词，及戴领事信稿，照抄详情宪台，咨总理各国事务衙门，照会美国驻京大臣按例办理，以警违约而敦睦谊。

其该处文武地方官以及督带巡洋师船官弁毫无觉察，直至酿出人命之后，始行禀明，亦应分别查参，以示惩儆。

再，洋人卜打已在艇船拘获后，即交戴领事查收，合并声明。

（见美国务院收外使公文稿）

黄嘉谟主编，韦国恩、张珍琳编辑：《中美关系史料》（光绪朝一），《中国近代史资料汇编》，台湾“中央研究院”近代史研究所编印，1989 年

卜打信件

立信约：

大美国末士卜打，今承福建福州府连江县董事莫子平等，

禀请大领事大人批写，委卜前往巡防连江沿海一带，上至福宁府，下至长乐县辖巡防，以便渔艋船只往来方便，如有匪徒滋扰，系卜禀请大领事大人代为办理。

面约每月束脯壹佰圆，送卜以为伙食杂用，按月支取。

即有风水不虞，听从天命，与平等无涉，不得言说。

两相情愿，恐口无凭，立信约为照。

面约敦请三个月，如认真办理，自应接请，倘饮酒糊涂，不办公事，另行禀请大领事大人改派，理办标照面约束。

自十二月初十日起，到月支取。

光绪二年十二月初十日，立信约。

大美国洋人卜打。

莫子平、吴书升、李友梅、林玉树、刘希潜、陈庚云、李友棠、戴嘉禾。（押）

（见美国务院收外使公文稿）

黄嘉谟主编，韦国恩、张珍琳编辑：《中美关系史料》（光绪朝一），《中国近代史资料汇编》，台湾“中央研究院”近代史研究所编印，1989年

莫子平供词

据莫子平，即士衡供：

年三十一岁，侯官县人，同治壬申科，蒙孙学宪取进侯官县学第□名生员。光绪二年十一月初间，革生同连江县奇达乡生员吴真卿，民人赵家和、陈宝珍们，在左营司书房内商议看艋，经吴真卿即颂陵，具简延请洋人麦见时办理。大家议先鸠本钱二十三股半，每股出钱三十千文作为经费，内革生自己三股，林亨衢股半，陈益庚股半，黄永泰一股，戴家和二股，系

是伊亲戚托名的，赵珠官一股，刘为团股半，林明、关启森三股，梁植卿、甘燧春合一股，共十五股半，其余八股系郑铣五股，李友梅三股，是林亨衢招来的。今年林友梅、郭自固、甘燧春又鸠本二十股，内李友梅名下六股，郭自固名下七股半，甘燧春名下六股半。

革生于去年十一月十一日起身，到十六日抵奇达地方，吴真卿家设局，因与吴真卿口角，二十五日移设黄岐。麦见时到局巡看，因英国领事未曾答应，麦见时推病回去。时有美国洋人，不时到麦见时处闲坐，肯与革生代看。革生稔知广东人卢伯良，即篪卿与戴领事知好，就托裕丰洋行做茶箱的林兴旺转托卢伯良与戴领事说妥。革生就托兄正藻同李友梅、戴家和、林亨衢与卜打，同到领事府见着戴领事，请卜打到黄岐防海防艋，许送卜打每月修脯番银一百圆，又许送戴领事每月番银二百圆，李梦兰每月番银三十圆，言明后来旺收，按月送番银壹佰圆，由李梦兰酌议写立约字。其实，革生在黄岐公所，李友梅诸人因事系革生创议，故合约内写立革生为首名，革生虽未在场画押，也是情愿，所有致送戴领事番银二百圆，李梦兰番银三十圆，俱由李友梅送交李梦兰转送与戴领事。至送戴领事茶四箱，是由卢伯良经手，费去银四十二两零。又送过礼物四色，戴领事只收火腿两只。

革生设局后，经哥子莫正藻手，在菱南收四区条船费，每船六钱四重番银十二圆，共银四十八圆。林亨衢手在下屿乡收十四条船费，每船也是十二圆，共银一百六十八圆。又陈益庚手在后湾收五条船，每船亦是十二圆，共番银六十圆。又陈益庚、林兴旺手在奇达收十五条船，每船八圆，共银一百二十圆。又林兴旺手在北茭收七条船，也是十二圆，共银八十四圆。又戴家和手在苔菉乡收五条小艋，每船六圆，共银三十圆。以上一水，共计收番银五百七十圆。

十一月十六、十二月初二、十六，共三水，统共收番银一千七百一十圆。内惟奇达十二月十六一水一百二十圆，系李友梅去收。

今年二月初十日，雇定艇船，十六日驶到黄岐，分给各澳旗帜。至三月初二日始，收奇达十条船，计番银一百二十圆，陈益庚手。下屿五条船，计番银六十圆，洪时雍手。北茭五条船，计番银六十圆，陈益庚手。小湾五条船，计银六十圆，洪时雍手。以上一水，计收番银三百圆。至三月十六一水，各澳亦照旧收回番银三百圆，连旧年统共收银二千三百一十圆，均系六四番。其苔菉等乡，因网被失去，大家允俟追回后再收。

洋人卜打自去年十二月请起，至今约支一百圆左右，艇船每月银一百八十两，一雇即要支银。

今年正、二月间，因未起手，当向艇船内借银数十圆使用。所以迟未起手，因各縺户议论被窃的縺要令局中追赔，是以迟缓。

二月十一日，苔菉乡人，被前埕乡人偷去縺九张，系前埕、金蟹二乡邱阿狮、郑麻銮偷去，局友于二月十六日到乡具禀，递在卜打船上，要讨回渔縺。

本月初一日，艇船开驶苔菉，同縺户林本协，縺伙邹如如，地包邹玉色往前埕乡，邀同该处海保林志仁，并联董林姓二人，同往偷縺的邱阿狮家中讨縺。邱阿狮要勒银二百赎回，船主并局友只肯几十圆，阿狮不肯。海保和联董说贼已在此，尽可拿去，縺户们就把那縺拿去。正行出去，即被邱阿狮、郑麻銮等喝令殴伤艇船水手陈阿莲毙命。尚有被伤船主李冠彪、通事周亚川并在船共十余人，经馆友陈益庚、洪时雍、戴家和在场。那卜打船泊前埕乡，未曾上岸。

至革生鸠集股分，并去年所收縺例，除大家每股先收回一十千文，以及请洋人、雇艇船，并各澳看縺小船馆费一切，每月须用五百余圆外，尚属不敷，并无余钱存留。

今蒙审讯，革生据实供明，不敢混说，所供是实。

（见美国务院收外使公文稿）

黄嘉谟主编，韦国恩、张珍琳编辑：《中美关系史料》（光绪朝一），《中国近代史资料汇编》，台湾“中央研究院”近代史研究所编印，1989年

李友梅供词

据童生李友梅供：

年三十七岁，侯官县人，祖居春育亭地方，父故母在，现年七十八岁，并没兄弟，娶妻并未生子，向系读书。

上年十二月初七日，童生因遇莫子平之兄莫正藻，并林亨衢对童生告说，现在伊等于十一月间，在连江黄岐地方设局，雇船巡看渔网，即于是日到童生家中邀聘入伙，每股出钱三十千文，其实童生应允自搭一股，亲友暗搭两股，又郑铣五股，共计八股。又莫子平经手十五股半，内自己三股，林亨衢半股，黄永泰一股，赵珠官一股，陈益庚半股，梁植卿、甘燧春合一股，刘为团股半，戴凤鸣二股，林明、关启森三股，连童生股分，共二十三股半，其时，童生听闻十一月十六与十二月初二，已经收过两水，每水共有五百七十圆，何乡系何人收，童生先未到局，求问莫子平就晓得了。

莫子平先请洋人罗八仙父麦见时，因看罗八仙等是靠不住，才请洋人卜打。

十二月初十日，经莫正藻、林亨衢、戴家和四人，邀到戴兰俤领事处，同洋人卜打书写合约，前往黄岐防海看繾，又许送卜打按约束脩番银一百圆，又许送戴领事按月两百圆，许送李梦兰按月三十圆，言明旺收时按月加送银壹佰圆，其实卜打、

林亨衢、戴家和、李梦兰在场同说，戴领事应允。就由童生于十二月十二日备送洋银二百圆，亲到戴领事衙门交李梦兰查收转付，其时戴领事于楼上，童生未曾见面。所有卜打按月修脯亦系送由领事转发卜打承领。那李梦兰许送之项，于正月十七八日，送过台票三十圆，是交李梦兰之子蕙评收去，取有回片。以后各月尚未送去，经戴领事与李梦兰，时发李梦兰家人徐姓前来追讨，童生因无钱，故未送去。至起办时候，有卢伯良从中与戴领事说妥，并许卢伯良股分五股，戴领事处又送茶四箱，是十二月二十日外，由卢伯良手送去，计用去银四十二两零。又本年正月半，送戴领事礼物四色，只收火腿两枝。

其三角小红旗是戴领事当面吩咐写“大美国领事府”字样，发去奇达十五面、北茭七面、小湾五面、后湾五面、下屿十四面、苔菉五面，尚余一百面左右未发。所有大美国巡捕官钤记，也是戴领事吩咐刊刻。

当时，请洋人卜打，原是莫子平主意，童生恐生后患，到戴兰俤领事官处立约，首名系莫子平，因他起意，故列为首，并非强他，且莫子平现托胞兄莫正藻在场。据称，起事是他，不必写信耽搁日期，就此写了必无后言。因此首名莫子平，次名吴书开即真卿，三名系童生。

至抽捐事，系大家公议，在连江所辖之奇达、北茭、小湾、苔菉、下屿、茭南七乡巡看渔网，每月初二、十六两水，每船一只，每水收六四洋银十二圆或八圆不等。童生于十二月十六日到黄岐，收这十六期一水。奇达乡是海山林带童生往收，计緢船十五只，收洋银一百二十圆。北茭是林兴旺、姚五往收，计船七只，收洋银八十四圆。小湾是陈益庚、何遂遂往收，计船五只，收洋银六十圆。后湾是洪时雍、林三三往收，计船五只，收银六十圆。茭南是莫正藻往收，计船四只，收洋银四十八圆。下屿是林亨衢往收，计船十四只，收洋银一百六十八圆。

苔菉是戴家和往收，只收洋银三十圆，以上一共收银五百七十圆。

童生所收，除开发船租六十余圆，只剩下五十余圆，交与林明手收，即于二十日回省。

所有大家出过股分及现收钱文，除被林兴旺私用去一百四十圆，以及动用船租，暨致送洋人一切花费之外，截至年底止，各人每股先收回本钱十千文，后因尚欠洋人卜打修脯二百余圆，无钱致送，本年又添集二十股，童生经手六股，是下洋乡刘姓三股、欧姓三股。甘燧春经手六股半，是黄樢本一股，吴和卿半股，洪子卿一股，梁次桓一股，林姓三股。尚有七股半是郭自固经手，童生不知底细。

本年二月初十日，童生与莫子平、甘燧春、郭自固们四人认租艇船一只，去银一百八十两，先兑一月，即于是日开驶前往，十六日到黄岐，十七日到北茭，十八日到奇达，二十一日到下屿，分赴小湾，分给各澳旗帜，童生即于是日回省。

到三月初七日，童生又到黄岐，据管账的陈莲溪对童生说，初二日又收一水，内奇达十船，收洋银一百二十圆，是陈益庚手。下屿五船，收洋银六十圆，是洪时雍手。北茭五船，收洋银六十圆，是陈益庚手。茭南五船，收洋银六十圆，是洪时雍经手。以上一水，又收银三百圆。其余各乡因艋被失去，大家允俟追回后再收。

童生即于初九日回省，二十三日又到黄岐，大家已蒙访拿解案，童生询据陈莲溪说，十六一水又收过，奇达、下屿、北茭、南郊四乡，数目与前次初二一水所收相同，其所收钱文，均已开发一切动用。

至陈阿莲被前埕乡邱阿狮等戳毙人命，皆由陈益庚、洪时雍二人闹出，童生委实不知，并不在场。

今蒙提讯，据实供明就是。

（见美国务院收外使公文稿）

黄嘉谟主编，韦国恩、张珍琳编辑：《中美关系史料》（光绪朝一），《中国近代史资料汇编》，台湾“中央研究院”近代史研究所编印，1989 年

戴家和供词

据戴家和即凤鸣供：

年四十一岁，闽县旧闽里人，父故母在，现年八十八岁，并没兄弟妻子。

旧年十一月间，经素识林亨衢引荐，小的随同大美国洋人卜打，于十二月初二日到黄岐艇船上杂使买物，每月工资三圆，其船上洋人并通事排棹及陈益庚、洪时雍，连小的暨水手，一共十六人。那黄岐局，旧年二十三股半，本年增添二十股，每股钱三十千，小的搭有股半。

为首是莫子平、李友梅们，局内管数是陈莲溪，船上经理是陈益庚、洪时雍二人。

旧年十一月十六日，北茭收艚七条，每艚十二圆，计银八十四圆，林兴旺手。后湾五条，每艚十二圆，计番银六十圆，陈益庚手。奇达收艚十五条，每艚八圆，计番银一百二十圆，林兴旺手。下屿收艚十四条，每艚十二圆，计番银一百六十八圆，林亨衢手。小湾五条，每艚十二圆，计银六十圆，陈益庚手。茭南四条，每艚十二圆，计银四十八圆，莫正藻手。苔菉五条，每艚六圆，计银三十圆，小的手收。以上一水，共收番银五百七十圆，至十二月初二，并十六日两水，各澳仍照旧交经手收回。

旧年统共三水，计收番银一千七百一十圆。内惟十二月十

六日一水，奇达乡一百二十圆，系李友梅去收。

至本年三月初二日，又收奇达乡十条，计番银一百二十圆，是陈益庚手。下屿五条船，计银六十圆，是洪时雍手。北茭五条船，计番银六十圆，是陈益庚手。茭南五条船，计番银六十圆，是洪时雍手。以上一水，共收番银三百圆。

至三月十六日一水，各澳仍照旧交元经手收回。

两共番银六百圆，连旧年统共收六四番银二千三百一十圆。

今蒙复讯，小的不敢混供，求恩典是实。

（见美国务院收外使公文稿）

黄嘉谟主编，韦国恩、张珍琳编辑：《中美关系史料》（光绪朝一），《中国近代史资料汇编》，台湾“中央研究院”近代史研究所编印，1989 年

甘燧春供词

据甘燧春供：

年三十岁，侯官县人，住打绿莹地方，父故母周氏，现年五十六岁，并无兄弟，娶妻生有一女，平日教读谋生。

旧年十月底，莫子平对童生说，商办看网的事，唤童搭股。据他声称，共聘二十三股半，每股应出三十千文的话。是时，童生许搭半股，应出一十五千，他许童生赴馆司出官执事。彼时童生钱文未便，不曾前去。

迨十二月初十边，始交钱十千文，交莫子平收。至本年初十边，李友梅叫童生，据他声称，又聘二十股，内童生名下经手六股半，前后合聘四十三股半。嗣至本年起，他们把童生改派书启执事，每月许束三十千文，彼时原约童生应半股，有执事的人又许半股，兼童生又作书启事，另加一股，是以应分二

股，惟是童生分毫未见，故未赴馆。

本年三月初九日傍晚时，童生前赴小湾地方，由渡船到艇船一次，艇中只见广东李老板、一个洋人、一个莫子平与戴家和，均在艇船内。

迨次早，童生仍搭渡船回转家中，那看网所收钱文，童生是听莫子平告说，旧十一月十六、十二月二初收过二水，是莫子平经手，十二月十六收过一水，是李友梅经手，每水共有五百七十圆。

本年三月初二日又收一水，内奇达乡十船，洋银一百二十圆，北茭五船，收银六十圆，俱是陈益庚手。又下屿五船，收银六十圆；茭南五船，收银六十圆，俱是洪时雍手。十六日又收一水，与初二所收相同。

其账目均系陈莲溪管理，现在莫子平说收钱文不敷使用开发的话。

如今童生据实供明，求恩开释是实。

（见美国务院收外使公文稿）

黄嘉谟主编，韦国恩、张珍琳编辑：《中美关系史料》（光绪朝一），《中国近代史资料汇编》，台湾“中央研究院”近代史研究所编印，1989 年

童生吴和卿供词

据童生吴和卿供：

年三十六岁，父母俱在，兄弟无，侯官县人，西门外居住，素守儒业，餬口四方，本年闲暇在家，境况艰难，同船甘燧春与童生在李友梅看縚馆，登记零星碎数，每月应资斧三圆。

二月十七日，乘船抵黄岐看縚馆。二十四日，赴馆头乡访友。三月初一日，回看縚馆。

总管账目是陈莲溪。童生到馆之后，探听各乡澳情形，每月应两水，以初二、十六为准。去年十一月十六日起，至十二月初二、十六，共收三水。每月应收番银五百七十圆，其数目底细，童生实未知其详。

本年间，陈莲溪说三月初二、十六，应收两水。初二日收奇达船十号，应银一百二十圆，陈益庚手。又交收北茭船五号，应银六十圆，亦陈益庚手。又收下屿船五号，应银六十圆，洪时雍手。又收南茭船五号，应银六十圆，亦洪时雍手。

十六日，收奇达船十号，应银一百二十圆；收北茭船五号，应银六十圆，俱陈益庚手。收下屿船五号，应银六十圆；茭南船五号，应银六十圆，俱洪时雍手。其两水数目，系陈莲溪所管。

去年应二十三股半，本年应二十股，童生为甘燧春劝作半股，系是新股，不是旧股。半股应钱十五千文，童生应交去钱九千七百文，经陈莲溪手收去作伙食用。

所供是实。

（见美国务院收外使公文稿）

黄嘉谟主编，韦国恩、张珍琳编辑：《中美关系史料》（光绪朝一），《中国近代史资料汇编》，台湾“中央研究院”近代史研究所编印，1989 年

童生黄槁本供词

据童生黄槁本即鉴波供：

年三十四岁，住西门外昙石乡，父故母在，娶妻林氏，子三。

本年三月初五日，李友梅说此番设馆看緢，有谕帖告示，

叫童生充入新股一股，童生先交李友梅手十五千，十有谕帖告示出来，再交十五千，合成三十千作为一股，甘燧春在见。嗣于三月初六日起身，初七日到黄岐地方住宿。

闻去年二十三股半内，莫子平名下十五股半，郑铣五股，李友梅三股。今年又添二十股，内李友梅名下六股，郭自固名下七股半，甘燧春名下六股半，共成四十三股半。

又闻旧年十一月十六日一水，收五百七十圆。十二月初二、十六日两水，又照旧数收回，共收番银一千七百一十圆。

本年三月初二日一水，收三百圆，十六一水，亦收三百圆，统共收银二千三百一十圆。俱系六四番银。

今蒙复讯，童生据实供明，求恩典就是。

（见美国务院收外使公文稿）

黄嘉谟主编，韦国恩、张珍琳编辑：《中美关系史料》（光绪朝一），《中国近代史资料汇编》，台湾“中央研究院”近代史研究所编印，1989年

陈莲溪供词

据陈莲溪供：

年三十二岁，闽县东门大街人，父母俱在，兄弟二人，小的第二，并未娶妻。

小的先由素识之莫士衡荐到李友梅处，转荐黄岐登记数目，每月许给工资三圆，兼搭一股空股，以为津贴之资。

小的于本年二月十一日起身到黄岐，十七日进馆，那馆内为首是莫士衡即子平、李友梅、甘燧春、郭自固四人。

旧年有二十三股半，莫子平名下计十五股半的，莫子平自己三股，林亨衢股半，黄永泰一股，梁植卿、甘燧春合一股，

刘为团股半，戴鸣凤即家和二股，林明、关启森三股，赵珠官一股，陈益庚股半，其余八股系郑铣五股，李友梅三股。

今年，郭自固、甘燧春、李友梅们又添二十股，内李友梅名下六股半，郭自固名下七股。

旧年十一月十六，北茭收艚七条，计番八十四圆，林兴旺手。后湾五条，计番六十圆，陈益庚手。奇达收艚十五条，计番一百二十圆，林兴旺手。下屿收艚十四条，计番一百六十八圆，林亨衢手。小湾五条，计番六十圆，陈益庚手。茭南收艚四条，计番四十八圆，莫正藻手。苔菉收艚五条，计番三十圆，戴家和手。以上二水，共收番银五百七十圆。

至十二月初二日，并十六两水，各澳照旧经手收回。旧年三水，共计收回番银一千七百十圆内。

惟十二月十六一水，奇达乡一百二十圆，系李友梅去收，到年底大众散回度岁。本年二月初十日，雇定船艇一只，开始前往，于十六日到黄岐，分给各澳旗帜。

至三月初二日，始收奇达十条，计番一百二十圆，陈益庚手。下屿五条，计番六十圆，洪时雍手。北茭五条，计番六十圆，陈益庚手。小湾五条，计番六十圆，洪时雍手。以上一水，共收番银三百圆。

至三月十六一水，各澳照旧经手，又收回番银三百圆。

连旧年统共收番银二千三百十圆，均系六四番银。

今蒙复讯，小的所供俱系实在数目，不敢混说，求明察开恩是实。

（见美国务院收外使公文稿）

黄嘉谟主编，韦国恩、张珍琳编辑：《中美关系史料》（光绪朝一），《中国近代史资料汇编》，台湾“中央研究院”近代史研究所编印，1989 年

船户李冠彪供词

据船户李冠彪供：

年三十四岁，广东广州府顺德县人，小的置造有船艇一只，从前在平海营何总带炮船载乡勇，后销差在南台。

本年二月初九日，有莫子平、李友梅、甘燧春、郭自固四人，到梅坞卢其卿处租船，经卢其卿向小的议租，每月七二洋银二百五十圆，船上水手十五人，连带伙食在内，小的应允，收他洋银二百圆。

于二月十一日，开船。十六日，到黄岐。其时洋人卜打先在黄岐局，即日同懂事陈益庚、洪时雍、莫子平，并杂用戴家和、总理管数张飚庭、管驾张元庚一齐下船。十七日，船到奇达，陈益庚们上岸分旗。十九，至下屿，各人上岸，听闻在庙内与地保议说。二十一日，至可门口。二十三日，到东冲。其苔菉、北茭，船都有道，不记日期。那小湾、后湾、茭南三澳，船未到澳，人有上岸前往。小的并没看见他们收到番银到船。

至三月初一日，苔菉澳地保递禀说縴被前埕澳乡人邱阿狮、林阿桂们盗窃。莫子平们即唤海保林志仁，于初二日船抵前埕澳，海保林志仁见过前埕澳联甲，首议说取赎，两天说不清楚。

到初四日，莫子平们说如此不肯，进澳搜查。其时，卜打因身上有些不爽在船，同莫子平俱未上岸。卜打交使用戴家和同陈益庚、洪时雍、水手陈阿莲等，并小的一同进澳。

在邱阿狮楼上搜出渔网九张，那时，澳内有千余人围看，二三百人拾石丢打，有持械截杀。小的右眼下，被铁钩镶伤了一处。陈阿莲右太阳上戳伤一孔，左膝头打伤一处。其余水手伤有七八人。小的们即跑回船上。卜打着开大炮，水手要放洋枪，小的拦住未放，即船开东冲请医调治莫效。

至初五日酉刻，陈阿莲身死。初六日，报蒙霞浦县。于初九日至东冲诣验，左太阳是刀伤。至三月十六日，小的船上尚有数人伤未痊愈，在东冲请医调治，并未开驶。

现闻霞浦县拿了阿喜一名，邱阿狮逃走宁德未获。

至小的议租船价时，每月是二百五十圆，委实小的收得洋番二百五十圆。

今蒙提讯，据实供明，求明察是实。

（见美国务院收外使公文稿）

黄嘉谟主编，韦国恩、张珍琳编辑：《中美关系史料》（光绪朝一），《中国近代史资料汇编》，台湾“中央研究院”近代史研究所编印，1989年

福建通商总局收福州美领事戴兰俳函

启者：

弟昨由城回署，即细询卜打，渠与华人受雇一事，究竟如何，乃乘出洋之后如何办法，据供向一位受雇于捕鱼董事，即弟亦以为如斯，而所用之华人，亦无非卜打之同事，其被拿之广船，亦是该董租雇，专为保护渔网，以免被窃，倘使被盗去，须勉力缉回。

去年腊月，卜打曾带通事侍役各一名，驾小艇前往，所携之旗，却不是美国旗号，虽有条纹而无星点，旗顶左角黑色，书一□字样，新岁后广艇开往，卜打亦同去当管驾之职，常川往来该岛一带看守渔网。

又据供，所劝渔户助银以为该船经费，及渠自己薪水，原

系董事主意，而所捐银两亦系出于渔户之自愿。其不愿保守者，亦免捐费。

据卜打云，以渠知而言，所捐之项极属寥寥，嗣卜打前往后，诸事俱觉顺适，渔网并无被窃，但一月前曾有一渔村报失网数张，为邻乡所窃。广艇遂至该洲，忘其洲名，离岸停泊，船主水手五六人偕失主一人，驾小艇登岸寻找，即在该村起出四张，村人立即交回，并无争执。伊等持网回艇，将及艇回头一望，忽见村人蜂拥前来，手持竹竿、枪械、石头等器，船人踉跄而走，掷网下艇，皆欲躍身把棹而去。讵该艇搁浅，寸步不移，惟有任凭村人为其所欲，船人或被枪刺，或被石掷伤，纷纷莫辨。惟一水手，脑后被石击着，受伤过甚，次日身亡，曾经就近请官验明埋瘗矣。

迨事后一二日，验官遣附近之厘卷船两只，前往贼村再搜赃物，并查办一切村人，又将网二张交回船。卜打闻得厘捐船已剿毁该村矣。

当登岸搜网时，卜打未有同去，只在船看见船人被殴耳。

卜打动身时，弟曾给名片数张，准其遇见官员即投之，俾知渠之在该处系经弟允准者。

据卜打云，渠或时遇着官员，或时与绅耆交接各事，无不妥协，船人亦无疑忌，勒索情事，固属未有，则银两争执，亦从未有之。

按卜打所称，及弟所闻，则渠与船人所作所为，尚与律例相符。

惟昨日赐示之纸，有美国领事字样，弟却不可解也。

则据卜打供称，亦未悉此纸情节，倘蒙究明各节，委系妥协，望将该华人与船，即行释放，俾卜打仍复其职，照常办事。其人面目虽属粗鲁，惟其人品端方，办事亦属公正，应请先行给谕饬知看守该船，委员将卜打铺盖衣物等件交回，并将其侍役省释。渠目下未有铺盖，及侍唤之人故也。

昨日交府提讯之人，既有以上一番情节，更属容易查办。据卜打云，该华人等清白异常，并无干法，早为提讯可也。

如蒙将发还铺盖之谕给发，望饬递函之人守候带回为荷。

光绪三年三月二十四日

戴兰係顿

（见美国务院收外使公文稿）

黄嘉谟主编，韦国恩、张珍琳编辑：《中美关系史料》（光绪朝一），《中国近代史资料汇编》，台湾“中央研究院”近代史研究所编印，1989年

各犯拟罪节略

莫子平，为首，按律发极边、足四千里，充军。

李友梅、戴家和二犯，知情合伙，拟各杖一百，徒三年。

甘燧春、吴和卿、黄楀本、陈莲溪四犯，各杖八十。

李冠彪，船户，拟杖八十。

吴真卿，拟笞五十。

（见美国务院收外使公文稿）

黄嘉谟主编，韦国恩、张珍琳编辑：《中美关系史料》（光绪朝一），《中国近代史资料汇编》，台湾“中央研究院”近代史研究所编印，1989年

福建通商局致美参赞何天爵照会

为照会事：

蒙督抚宪牌开：案据该司道等具详，会同何参赞，连日提及串同洋人卜打私抽醸命之李友梅等，并翻译官李梦兰，包庇私抽集案质讯缘由，呈请会咨等由。据此，查戴领事所办此事，本堂部院，多所不解，兹将应行询查各事，逐条开列于左：

第一条：勒抽网捐之事，以其扰害穷民，历经中国历任督抚出示严禁，上年又经奏明禁止，并查有员弁私抽网捐者，即经参革数人在案。是网捐为不法之事，固已人人共知。

第二条：李友梅等，先欲请英人麦见士设局私抽，因英国柏领事不允，麦见士到黄岐即推病而回，方改请卜打。戴领事允其设局私抽，何以柏领事知与条约不符不肯允准，而戴领事即肯允准，且在领事署议立合同，签字画押。

第三条：卜打因华人雇作不法之事，戴领事即云不明白事之可行与否，但渠与中国官时常见面，又近在咫尺，何不讯明是否可行，再为签字画押。

第四条：戴领事自言："付卜打名片，使见各官知卜打此事为本领事所准行。"云云。现已查明闽安协，及厘今卡，及闽安汛，皆收有戴领事名片。据官弁等声称，当时曾以违禁之事，向卜打及李友梅等阻止，不准该船过卡，即据卜打交出戴领事名片，言称奉领事命行之事，是以准其过卡。由此观之，是无领事名片，李友梅之船，即不能擅过关卡，不法之事，即做不成。除将滥准过卡之员弁，由本部堂院，分别撤办外，戴领事擅给名片，致李友梅、莫子平等恃为护符，作此不法之事，戴领事岂得置身事外。

第五条：戴领事函致王副将信云："所捐之数，本属寥寥，卜打前往后诸事俱各顺适。”可知李友梅等，全仗洋人声势。如该领事不准卜打前往，则李友梅等无洋官可靠，何致酿成敏感。

第六条：戴领事致王副将信又云：“望将该华人与船即行释放，俾卜打仍复其职。”照会福州府云：“卜打尚有工资二百九十九圆，理应追给。”是该领事于此时闹破之后，尚欲使卜打仍复其职，岂非有心袒护。

第七条：戴领事致王副将信云：“该华人等清白异常，并无干法。”申呈本部堂云。该华人等应当其咎，与卜打无涉，是领事先欲袒护卜打，因而袒护华人，继欲脱卸卜打，因而脱卸自己。

第八条：戴领事致王副将信云，升用之旗有条纹而无星点，并非美国之旗等语，其时该旗甫经华员解到省中，戴领事并未看见，何以知该旗有条纹而无星点，可知卜打领旗之时，戴领事必与商明。且申陈本部堂称旗帜系莫子平自制，申详驻京大臣。又称系卜打引水旧旗，亦觉前后矛盾，且安知非该领事于制造旗帜时，预先授意，故作参差，以避列大臣所定第八款擅发旗帜之咎。

第九条：查戴领事申陈有扣留陈道之语，扣留二字已属不合，并有诬罔本署官员之语。夫李梦兰明系有罪而戴领事指为诬罔，其包庇之有心无心，前后细观自明。

第十条：条约第十四款：“船不得驶赴沿海口岸，及未开各港私行违法贸易。”今领事准卜打于不通商口岸，乘坐艇船，张挂美国旗号，分给领事名片，私藏枪炮，勒捐酿命，岂止违法贸易。

第十一条：条约第十四款载：“别国船只冒大合众国旗号作不法贸易者，大合众国自应设法禁止。”是别国用大合众国旗号倘须禁止，何以卜打系大合众国人，同中国作此不法之事，领事竟准其升用本国旗号，且不候驻京大臣饬遵，先将卜打释放。

第十二条：续增条约第八款载："凡无故干预代谋别国之事，美国向不以为然，至于中国之内治，美国并无干预之权。"该领事在华多年，岂不知私收网捐，乃系中国所严禁，就令不知禁令，究属中国内治之事，该领事何以干预。

第十三条：查李梦兰充当翻译六年，除此案同谋受贿情迹昭著外，其干涉华民词讼，在福州福防厅、闽侯二县有案者，至有二十余起之多，或朦请领事照会，或自以私函要求，至威迫刘秉忠身死一案，业经教谕陈莼等联控，该翻译藉权包讨，迫命横行，复从戴领事出头包庇，而且既充翻译，又干预贸易，开设洋行，该领事何以任听其倚势横行。而且上年经本部院令有体面之员，劝戴领事不可再用李梦兰，以致怨声载道。乃戴领事一味固执，仍为出头包庇，其为有心纵恶，已属显然。

第十四条：李友梅送与领事银二百圆，翻译三十圆等件，虽未亲交领事手收，但据李梦兰之跟丁徐姓供称，则系亲交李梦兰之手。夫他人所供尚可谓之诬罔李梦兰，徐姓乃李梦兰家人，岂肯诬罔李梦兰乎。领事纵令翻译官得脏一错，既纵令翻译官得脏，而又力为包庇又一错，其为有心之错无心之错，观李梦兰二十余起之全案自明。现李梦兰虽已革去翻译官，而此间百姓因戴领事包庇李梦兰，凡受李梦兰之害者，即恨及戴领事，若仍留在此，必致日久不能相安。

以上各条，显有证据，实与条约不符。查何参赞具有全权而且公正和平能办此案，希即照会逐条见复。

除咨请总理各国事务衙门转咨驻京大臣，并咨出使大臣分别办理外，合行该司道迅即照会何参赞持平酌核按约办理等因。奉此，合就照会贵参赞，祈即逐条酌核见复，并据实详情贵国政、驻京大臣按约施行。

须至照会者。

（见美国务院收外使公文稿）

黄嘉谟主编，韦国恩、张珍琳编辑：《中美关系史料》（光绪朝一），《中国近代史资料汇编》，台湾“中央研究院”近代史研究所编印，1989年

福建通商局收美参赞何天爵照会

为照复事：

本月初四日，准贵司道照会卜打一案等因前来。查此案贵司道等待许久方能照会，本参赞不能将甚为可惜之意与贵司道声明，此案前于十月先即会同讯问各供，在会讯时及讯供以后，屡将本参赞另有公务必须及早回京之言面达，日前并与督抚两院及贵司道言及，拟于初五日极早起行，想本参赞兹以为可惜，谅不能不以为然。贵司道亦明知本参赞现于临行之际，不能于来文内逐条细论，兹不过于各条之中略论数言。

第一条：查各供内并无一言可指为海防局向渔户收捐及勒捐之据。

第二、三条：查各供内并无英领事不准麦见时办理此事之言，在供词内外均无一言戴领事知此事为违禁之事。

第四条：查供词内外均无一言可据为该领事知其名片不应交与卜打投用。据想该领事此举实为不应，然不过为忽略之错。

第五、六条：请查阅第三四条所论之言自悉。

第七条：领事官护庇卜打，不过以其未办不法之事。

第八条：艇船所用之旗并非美国之旗，陈道拿获卜打后，领事讯问卜打方悉该船上有旗及旗之式样。

第九条：该领事既已申明督部堂，因其不通汉文，误用扣留二字，并已认错，据想此节似乎不必再行提及。

第十条：本参赞须再言该船并未升用美国之旗，据想该领事若在允卜打办理此事以先，总应向地方官商其可否方是。

第十一条：本参赞亦须言明，该船未用此旗，若该船升挂私用之旗，船主应当其罪，万不能咎及领事官，因该领事并不知该船曾否升用旗帜。至于未扣留卜打一节，实缘贵国官员彼时未申明其罪，本参赞前已屡言本国有律法可以查讯卜打之错处。迄今贵司道既未照办，据想自不能再为讯问。

第十二条：请查第一条所论自悉。

第十三条：本参赞现已将李梦兰撤任，兹不必再为提及。至该领事护庇李梦兰一节，自系因其素日相信。据想若督抚两院早将李梦兰之过错转报总理衙门，岂不免有许多过款。

第十四条：查供词内无一言谓戴领事收过银二百圆，亦无一言谓其欲索此银及该民等有欲送与洋银之意，本参赞因不能信李友梅将此银送至领事署之供，即令此供确实，亦只足显明此银实交李梦兰之手，贵司道既深悉李梦兰之为人，安知其不将此银私收入己。再查此条内有纵令翻译官得脏一语，想非应用，本参赞应并指明似此所叙如许无据之失言，岂得为了结此等纠缠案件之善法。在本国朝廷，万不允所派之员错办公事，亦何能允别国以非有重过人员而竟以重过之语相加也。

除将此案全卷供词，及贵司道照会，并本参赞照复，一并转报本国外，相应照复贵司道查照可也。

须至照会者。

（见美国务院收外使公文稿）

黄嘉谟主编，韦国恩、张珍琳编辑：《中美关系史料》（光绪朝一），《中国近代史资料汇编》，台湾“中央研究院”近代史研究所编印，1989 年

闽浙总督何璟收美参赞何天爵照会

为照会事：

案查卜打一案，贵国拘质人证，现已半载，其间实被牵连穷困莫诉者，不一而足，本参赞会办此案，于贵国办理华民事务，固不能有所干预，然现观该各民等拖累情形，不忍缄默，理合照会贵督部堂查照，可否将该民等分别保释，以省拖累之处，望即转饬施行。

再，此事原与本参赞无涉，贵督部堂照此允办，似益显公平惠爱之心于无尽也。

须至照会者。

（见美国务院收外使公文稿）

黄嘉谟主编，韦国恩、张珍琳编辑：《中美关系史料》（光绪朝一），《中国近代史资料汇编》，台湾“中央研究院”近代史研究所编印，1989年

闽浙总督何璟复美参赞何天爵照会

为照会事：

准贵参赞照会，内开：“案查卜打一案，贵国拘质人证，现已半载，其间实被牵连穷困莫诉者，不一而足，本参赞会办此案，于贵国办理华民事务，固不能有所干预，然现观该各民等拖累情形，不忍缄默，理合照会贵督部堂查照，可否将该民等分别保释，以省拖累之处，望即转饬施行。再，此事原与本参赞无涉，贵督部堂照此允办，似益显公平惠爱之心于无尽也。”等情前来。

本部堂查中国办案，皆系恪遵定例，期于无枉无纵，此案现已讯明，有罪者自应按律科拟，无辜者自当分别保释，断不

致有屈抑拖累也。除行福建通商局司道暨会讯之司道查核详复察夺外，相应照复。

为此照会贵参赞查照可也。

须至照复者。

（见美国务院收外使公文稿）

黄嘉谟主编，韦国恩、张珍琳编辑：《中美关系史料》（光绪朝一），《中国近代史资料汇编》，台湾“中央研究院”近代史研究所编印，1989 年

总署收美使西华照会

为照复事：

本月初一日，准贵亲王照会莫子平勾串洋人卜打勒捐酿命一案等因前来。

查此案曾于本月初八日，本大臣前往贵署与夏、董、沈、成各位大臣，面为商议，已将何参赞由闽省所录供词各件，请其查阅，并将本大臣看此事为如何，及早将此案各卷转报本国各情，面为申明。请俟本国文复到日，再行商议如何办理，各位大臣当已允行照办，相应照复贵亲王查照可也。

须至照会者。

（见美国务院收外使公文稿）

黄嘉谟主编，韦国恩、张珍琳编辑：《中美关系史料》（光绪朝一），《中国近代史资料汇编》，台湾“中央研究院”近代史研究所编印，1989 年

总署复美使西华照会

为照复事：

查戴领事纵容翻译勾串莫子平等勒捐酿命一案，本衙门前将切实证据逐层指出照会贵大臣在案。嗣贵大臣同何参赞来署面议，并称此案各卷已咨达本国，俟信到时再办复文，倘有未协之处，彼时贵衙门再为辩论各等语。

至本月十四日，又将此项情节照会前来。

查此案一切情形均经质证明晰，贵大臣居心公正，其应如何核办之处，谅必胸有成竹。是以前此面议时，曾请贵大臣持平办理。

至所称咨回本国，及候贵国来文等因，本衙门不必与闻，仍应查照前议，由贵大臣秉公办结可也。

为此照复。

须至照复者。

（见美国务院收外使公文稿）

黄嘉谟主编，韦国恩、张珍琳编辑：《中美关系史料》（光绪朝一），《中国近代史资料汇编》，台湾“中央研究院”近代史研究所编印，1989 年

总署致美使西华照会

案查福建莫子平勾结卜打私收缢捐酿命一案，前于六月间，经本衙门抄录闽省咨来全案照会贵大臣查照，旋准贵大臣照复，以此案必须详核，拟派何参赞前往福建查办，须行知该省总督派员与何参赞会同详讯等情。

本衙门当即咨行该省督抚，俟何参赞到闽时，会同详审办

理各在案。

本月初十日，准闽省咨，据署福建藩司、臬司会同何参赞提集串同卜打之李友梅等，并翻译官李梦兰包庇私抽质讯缘由，呈请会咨等由。查此事何参赞具有全权，而且公正和平，能办此案。因即照会，逐条见复去后。旋据声言：“另有公务，必须及早回京”照复前来。

查核何参赞随带录供之人，各犯亲加研鞫，证供确凿，案无遁饰，即可就证定谳，乃未准照会作何定断即行回京，以致仍未了结，合请会咨总理衙门照会西大臣查照，此案究应如何定断，按约持平办理，以昭公允等因前来。

本衙门查莫子平雇用洋人卜打私抽酿命一案，所有戴领事于办理此事详细情形，已详闽省文内，相应抄录原文照会贵大臣查照，如何从公定断之处，希即见复可也。

（见美国务院收外使公文稿）

黄嘉谟主编，韦国恩、张珍琳编辑：《中美关系史料》（光绪朝一），《中国近代史资料汇编》，台湾“中央研究院”近代史研究所编印，1989 年

总署收闽浙总督何璟咨呈

案查莫子平等，串同洋人卜打私抽网捐致酿命一案，前经承准美国西大臣照会，拟派何参赞前往福建查办等因，当经会委福建臬司李明墀、督粮道叶永元会同何参赞查核办理。

兹据该司道详称，会同何参赞提集李友梅等，并带同李梦兰父子连日隔别研讯。续又传到李梦兰跟丁徐贵与李友梅等对质。

据李友梅等供，延请卜打看网抽捐，在领事处立合同字据，

并由领事签字盖印，给与卜打名片，准其投见地方汛弁，并乘坐艇船装载大炮，升用旗号。曾于去年十二月十二日送过领事洋银二百圆。今年正月二十七日送李梦兰洋三十圆，并有礼物等件，且陆续送过卜打工资洋一百圆等供。

本司道等与何参赞会讯数次，其与李友梅等延请卜打看罟抽捐，在领事处写立合同字据、签字盖印、给与名片各等情，系属有供有据，何参赞已谓此举实为不应。

唯卜打制旗一节，诿谓系卜打自制。

至收受银圆礼物一层，除卜打百圆曾经领事函致副将王荣和照会福建府追索尾款，其为已经受过工资无疑。

翻译三十圆，有跟丁徐贵作证，何参赞亦无异词外。唯领事二百圆，据李友梅、徐贵等供，亦由李梦兰转交，何参赞以并无确据未能深信。然据李友梅及李梦兰跟丁各供，亦属确凿可据。此案李友梅等敢于设局抽捐，由于卜打为之护符。卜打敢于擅受工资，护庇罟捐，由于领事为之主持。领事之给与印戳名片等件，任听卜打升用旗号，由于翻译李梦兰怂恿而成。而李梦兰之敢于怂恿领事，仍由于戴领事之信任既深，而纵容尤甚所致也。

戴领事在闽多年，岂不知设局私捐有干中国禁令，而乃纵容卜打贪利妄为，故违禁令。就令不知违禁，究属中国内治之事，非美国所可干预，显背续增第八款之条约。倘使领事恪守条约，当时不准李友梅之请，不使卜打为人看罟，李友梅断不敢公然设局，按网私捐。即令卜打为人看罟，而领事不为其合同内签字盖印，不准其升用旗号，散给名片，李友梅等亦不能纠合土棍鱼肉渔户。倘谓领事不知其中原委，则不妨函询地方官是否可行，地方官必立时阻止，亦不致扰害乡愚，酿成命案。何以领事均计不及此，一味听信翻译李梦兰，纵容巡捕卜打于不通商口岸设局收捐，且为合同内签押、盖用大美国领事处钤记，给予卜打名片，使见地方官知系领事允准者，遂致卜打公然升用旗号，倚势妄为，种种不法，违背条约。除李友梅等抽捐醵命，另行按律拟议详办外，理合将连日会讯口供开列清折，详请查核会咨总理各国事务衙门，转咨出使大臣及美国驻京大臣按月持平酌核惩办等情，计送供折到本部堂。

据此，除详批示外，所有供折，相应呈送，为此咨呈贵衙门，谨请察查核办施行。

（见美国务院收外使公文稿）

黄嘉谟主编，韦国恩、张珍琳编辑：《中美关系史料》（光绪朝一），《中国近代史资料汇编》，台湾“中央研究院”近代史研究所编印，1989 年

总署收美使西华照会

为照会事：

六月初三日，准贵亲王照会，内称：莫子平等勾串洋人卜打私立海防局，福建戴领事及翻译官有收受洋银各情等因前来。

查此事本大臣早经知悉，前并据该领事禀明，惟该领事未悉该省大宪欲将此案咨报贵衙门，是以未将全卷抄送，且此事并经本大臣别有所闻。

查戴领事在福建任内，计有八年，此数年中，未闻其或有过失，本国前任驻京大臣亦以其为公平明干之员。兹闻其事，并致贵国大吏，颇有所疑，本大臣甚为不适。在本国向以所派官员与本国之声名大有攸关，本大臣自应思一妥协之法，即将该省大吏所咨戴领事之过失，详为查办，兹拟俟何参赞由京回台时，即饬其前往福建。何参赞亦有全权，自能查办此案，贵衙门须行知该省总督，派与参赞官阶相等之员，会同详讯案中

各证，其所应讯者，即系或由总督欲行传质之人，或由何参赞欲行传质之人，彼此均须各将所讯供词详录，以凭核办。若弗如此办理，恐何参赞前往亦系空此一行，请贵亲王作速咨行该省照办，并望于一二日内见复为要。

至来文所送各供，据想不足定戴领事即卜打按总督及通商总局所定之过失，兹不必论该省总督及通商总局之言。惟查各供词内，只有莫子平及李友梅之供，似为此案所指该领事等过失之根。

查莫子平之供，据云立合同及戴领事收洋银时，均非亲往，不过另据人言，而李友梅之供则云系闻翻译官云戴领事允收其洋银。又云其洋银系交于翻译官，彼时戴领事系在楼上，并未在场。详较此二供，一云每月与戴领事洋银二百圆，翻译官每月三十圆，一云只按此洋银之数付过一月，一云将卜打工资银壹佰圆全行交与领事官，一云尚欠付卜打工资银二百余圆，且该省总督及通商总局屡言戴领事及卜打相帮该处百姓私设防海局，按供词则海防局未雇请卜打之先，该局业经立定，并声明该局雇请卜打，并非请其向百姓索费，实请其为百姓看緜。

又霞浦县云，系卜打领人前往延亭搜网，而供词内则云卜打系在船上并未登岸。

既供词内有如许各不相符之处，此案必须详核方能定明。缘该领事禀内有云，所有供词均系地方官刑逼勒供，是以定断此案更须格外留心，想本大臣不必明言，贵亲王必早知本国万不能允美国人私用本国旗号相帮贵国之人办理违禁之事，并不能允用仿照美国旗帜及印信等件相帮办理。

来文所言，该海防局僱用美国人及仿照美国旗式升旗，并用钤记称为美国之官，此系确有，毋庸辨驳。惟思戴领事及卜打均不通贵国语言，是否该领事等果允其如此办理，及是否戴领事果明晰当日所盖印之合同，仍须详核方能尽悉，想该防海局人等，既欲行此违禁之事，若系设法诓骗该领事等，似亦属在情理之中。

至仿用美国旗帜一节，虽足哄骗该处居民，而据戴领事所禀，则云卜打原系在该处作引水之人，其旗帜即系其向来所用之记号等语。本大臣此言并非谓该领事毫无错处，其为有心与无心之错，姑不具论，第按该省总督及通商总局所定之过处而论，似仍欠详细核明，想系委办通商总局之员，或有与戴领事挟嫌不睦者，因而如此具详，亦未可定。

兹请将案内戴领事盖印之原立合同，或由贵衙门交与何参赞带往福建，抑或仍咨送请省总督，以便讯问时详为查办。更望何参赞到福建时，该省总督亦能按南北洋大臣接见何参赞之礼仪从优接见也。

为此照会，贵亲王查照。

须至照会者。

（见美国务院收外使公文稿）

黄嘉谟主编，韦国恩、张珍琳编辑：《中美关系史料》（光绪朝一），《中国近代史资料汇编》，台湾“中央研究院”近代史研究所编印，1989 年

总署致美使西华照会

查莫子平等勾结卜打私收緼捐醮命一案，经贵大臣派何参赞到闽会讯后，十月初十日据闽省咨报，何参赞并未定断即行回京，致未了结等因。本衙门当照录原文于十月十七日照会贵大臣定断见复在案。

本爵查中国内治之事，照约别国并无干预之权。网捐扰累穷民，既经闽省大吏奏明出示严禁，戴领事在闽多年，何以不

知中国禁令，竟自妄行干预，此一不应也。

别国船只冒大合众国旗帜作不法贸易，照约尚应禁止，卜打贵国人作不法事，戴领事何以竟准升用贵国旗帜，将谓旗无星点而旗帜实有白丸，谓非贵国之旗而何？即现据李友梅供，卜打讲明要领事旗，卜打亦自说旗是领事所给，众供显然，此一不应也。

况戴领事若非签押合同，并给名片准用旗帜，则卜打岂能作此种种不法之事，是卜打之错即戴领事之错。

戴领事若非平日纵容李梦兰，则李梦兰岂能干涉闽省词讼至二十余案之多，且此案又受其煽惑得收脏贿。是李梦兰之错，亦为戴领事之错。

查阅以上情节，本爵不能谓戴领事为无错。前准贵大臣照会以升用美国旗帜，盖用钤记，此系确有，本大臣并非谓该领事毫无错处，即何参赞照复闽省司道，亦以交与卜打名片此举实为不应，护庇李梦兰系因其平日相信云云。是贵大臣及何参赞均未尝不以戴领事为有错，今李梦兰业已撤任，而戴领事依然无事，罪同罚异，揆诸情理，实不足以昭平允。

至卜打系由戴领事提释，并未会商惩办，其一切应如何秉公定断之处，相应再行照会贵大臣，即希酌核见复，幸勿稍迟可也。

（见美国务院收外使公文稿）

黄嘉谟主编，韦国恩、张珍琳编辑：《中美关系史料》（光绪朝一），《中国近代史资料汇编》，台湾“中央研究院”近代史研究所编印，1989 年

总署收何天爵照会

为照复事：

七月三日，准贵亲王照会，以戴领事纵容翻译勾串革生莫子平等勒捐酿命一案，据福建按察使会同通商总局司道将革生莫子平等九犯应得罪名，照中国律例分别问拟，并请将此案本国如何办结之处及早照复等因前来。

查此案作何了结，尚未接准本国行知，若接到本国执政议定如何秉公了结此案，以敦两国睦谊之时，本大臣定不容刻缓，立即照会贵衙门知照。

至于来文内私设网捐，实缘戴领事纵容翻译勾串莫子平等酿成此案云云。去年十二月间，西大臣向贵署各大臣曾言此案情形，实不成为纵容勾串等语，本大臣应将此言再与贵亲王声明。

除将来文咨送本国外，相应照复贵亲王查照可也。

须至照会者。

（见美国务院收外使公文稿）

黄嘉谟主编，韦国恩、张珍琳编辑：《中美关系史料》（光绪朝一），《中国近代史资料汇编》，台湾“中央研究院”近代史研究所编印，1989年

总署致美署使何天爵照会

光绪四年七月初三日（1878年8月1日）

为照会事：

查戴领事纵容翻译勾串革生莫子平等勒捐酿命一案，本衙门于去年十二月初一日，将切实证据逐层指出，照会西大臣在案，嗣经西大臣同贵署大臣来署面议，并照称此案各卷已咨送本国，俟回信到时再为办复。

本衙门尚以案内情形均经质证明晰，仍希与贵署大臣秉公

断结各在案。兹于六月二十一日，准闽浙总督来文，据福建按察使会同通商局司道，将革生莫子平等九犯应得罪名，照中国律例分别问拟咨送前来。

查闽省私设网捐，实缘戴领事纵容翻译勾串莫子平等酿成此案，今莫子平等经该省司道俱已定拟罪名，而戴领事作何处分，迄今尚未见复。即云候贵国来文，现已七月有余，计日亦应收到。

除摘录闽省来文送阅外，相应照会贵署大臣，将此案贵国如何办结之处，及早照复本衙门，以昭公允可也。

（见美国务院收外使公文稿）

黄嘉谟主编，韦国恩、张珍琳编辑：《中美关系史料》（光绪朝一），《中国近代史资料汇编》，台湾“中央研究院”近代史研究所编印，1989年

符号

防海局救援哨勇。

（见美国务院收外使公文稿）

黄嘉谟主编，韦国恩、张珍琳编辑：《中美关系史料》（光绪朝一），《中国近代史资料汇编》，台湾“中央研究院”近代史研究所编印，1989年

臂章

大美国领事府

巡捕官卜

候湾乡

第四号

（见美国务院收外使公文稿）

黄嘉谟主编，韦国恩、张珍琳编辑：《中美关系史料》（光绪朝一），《中国近代史资料汇编》，台湾“中央研究院”近代史研究所编印，1989年

附：英文版

Chinese Legation

Washington Feb. 1st 1879

Sir:

His Chinese Majesty's Government desires us to lay before Your Excellency certain papers relating to an alleged conspiracy at Foo-chow to exact and collect illegal fees from Chinese fishermen. A citizen of the United States by the name of Porter was prominently connected with this scheme, and it is believed by our Government that it had the countervail of the United States consul, Mr. Delano.

We have the honor to inclose the original document and translations of the same which we have had printed for your convenience.

Inclosures 1. and 2. contain a state of the facts by the Foreign Board of Fookien, the inclosures of numerous witnesses, and a correspondence, the inclosures of which seemed necessary to a paper statement of the case.

Inclosure 3. contains a facsimile of a constable's badge, a triangular flag and also called "Porter's flag" all used by the American Porter, in performance of his scheme for the collection of fees from Chinese fishermen.

We are advised by the Foreign Office that the principal facts in the Foo-chow case was sometime ago forwarded to the United States Government by His Excellency Mr. Seward, but at a late date, no reply had been received by the charge d'affairs, Mr. Holcombe, and we are requested. Mr. Secretary, respectfully to inquire of you what action has been, or will be, taken by the United States Government in regard to Messrs.

We have the honor to be,

With the highest respect and consideration, Sir,

Your obedient servants

(Signor) Chen Lan Pin

Yung Wing

Honorable William M. Evarts

Secretary of State

THE "FOOCHOW" CASE

No. I.

REPORT from the Foreign Board of the Province of Fookien to the Governor-General of Fookien and Che Kiang.

On the 20th day of the 3d month of the 3d year of Kwang Su, this board received instruction from your excellency from the following order, posted in the notification board:

"Admiral Tsoy Kok Cheang, of Pinghai station, sends in a report to me as follows: ' In obedience to orders, I proceeded on my tour of inspection of the forts along Lin Kiang, and on arrival at the harbor of Lin Kiang on the 10th day of the 3d month, a petition was presented to me by Woo Tsin Hing, and other members of the local gentry, representing that the fishing boats along this coast have been exempted for a long time past from paying taxes on their fishing nets, but that on the 12th month of last year there came suddenly some swindlers in a hired junk, acting in confederacy with a foreigner, and posted notices at the different fishing stations, making an extortionate demand for contributions. On receiving information of these facts, I consider it my duty to make them known to your excellency, for your consideration. ' "

"On the receipt of this information, in addition to issuing orders to the magistrate of the Lin Kiang district to have the case inquired into, and a truthful report of the result made to me, I hereby direct the Foreign Board to issue at once the necessary instructions to have this order carried out. "A copy of the original petition and a copy of the notice were likewise posted.

A report from the Commander Liu, of the Min An station, was received by this Board, as follows: "Some time last month there has arrived in the adjacent waters of Tung Chung a junk manned by a captain and a numerous crew, with also a foreigner on board. She hoists the American flag, and sails along the different fishing stations in the neighborhood of Tung Chung, undertaking to watch over the fishing nets; for which they call upon the fishermen to pay them fees for their services. As I fear troubles might result from such proceedings, I hasten to make this report to you, with the view of its transmission to the Governor-General. "

To this report your excellency appended the following minutes: "According to the report of Commander Lin, of the Min An station, there appears to have been a junk in the neighborhood of Tung Chung, which flew a foreign flag and had a foreigner on board, undertaking to watch over the fishing nets for the fishermen there. How comes it that neither the civil nor the military officers in that locality have taken any notice of the matter? And whether it be the same junk as that reported by Woo Tsin Hing or not, let the commandant of the Foo Ning garrison and the prefect, as well as the magistrate of that place, report to me forthwith; and I direct the members of the Foreign Board, in conjunction with the judge of Fookien, to make all possible speed in issuing the necessary instructions for carrying out this order. A copy of this report is sent herewith."

The magistrate of Ha Poo district also reported to this Board as follows: "The commander of the 'Hing' division of the naval forces, Colonel Chu, addressed a letter to me, in which he stated that the elder of Toi Lok village, Tsze Cheang Kang, and the tepo, Chow Yu Sik, represented to him that two junk owners of the Toi Lok village, named Lum Poon Hep, *alias* Lum Woo, and Chow Yu Yu, having lost nine fishing nets of different sizes, requested Porter, an American police officer, to go with them to a place called In Ting, to find out where the fishing nets were concealed. The tepo of that place pointed out to them a man named Khin Ah Si and others as the thieves of the nets, and they recovered the stolen articles; but the nets were recaptured from them by Khin Ah Si and his party, who attacked them with spears and swords, wounding Lee Koon Pew, the owner of the junk, Chow Ha Tsun, the interpreter, Lee Ah Tai, Lee Lan Tai, and Chan Ah Lin, members of the crew. It was further represented to the commandant by Porter, the police officer of the United States consulate, that one of the crew, Chan Ah Lin, was seriously wounded, and died on his arrival at Tung Chung, on the 5th day. These facts were laid before me, with a request that I should hold an inquest on the body of the deceased. I accordingly proceeded to the spot on the 8th day, and held an inquest. At the same time, I acted in concert with the military authorities to devise strict measures for the arrest of Khin Ah Si and others, with the view of their being captured, tried, and punished. When I saw the police officer Porter, I asked him why he went into a village and searched for the stolen fishing nets without first informing the local authorities, and he prevaricated in his reply. As this is a matter in which international questions are involved, I deem it necessary, in addition to holding an inquest, and sending in a separate report hereafter of the evidence taken when the inquiry is concluded, to transmit this report to your Board, setting forth the circumstances attending the search made by the foreigner Porter for the stolen nets, which gave rise to the wounding of several of the crew, and to the death of one of them from the severity of his wounds, & c. "

Subsequent to this, a petition was received by this Board from the fisherman of Lin Kiang and Ha Poo districts, in which they charged the man surnamed Mok and others with having, in confederacy with a foreigner, come into their village and proclaimed that they had received instructions from the consul of the United States to establish an office for the protection of fishing nets. They posted notices everywhere, requiring fees to be paid according to the size of vessels and the number of nets.

Having received these representations in the order named, we were instructed by your excellency to this effect: That I, Chan Wai Han, an intendant of circuit, should proceed to Tung Chung and its neighborhood, to institute inquiries and to take action thereon. Acting on these instructions, I at once took with me the sub-prefects Shen Shoh Hai and Liu Chin, and proceeded with all speed to that portion of Tung Chung which comes within the jurisdiction of the district magistrate of Ha Poo. We captured one junk and two small boats. We also arrested Mok Si Hang, *alias* Mok Tsze Ping, *alias* Mok Sew Tam; Hwang Yu Poon, *alias* Kam Poa; Ti Ka Wo, *alias* Hung Ming, and Lee Koon Pew, the owner of the junk; also a foreigner by the name of Porter. We found in the junk some suits of uniforms, a number of flags, a written agreement, and also an official seal, bearing the inscription, "The police officer of the United States of America." We ascertained that there has been an office established in the village of Hwang Kee, in the district of Linkiang, styled "The office of the sea watchmen." We then proceeded to Hwang Kee, and arrested the accountant, Chan Lin Kai, in that office; also one Woo Wo Hing. I directed the sub-prefects Shen and Liu to take all the men in custody to Foo Chow. The commandant of the Min An garrison and the magistrate of How Koon district having already arrested Lee Yow Moi and Kum Shu Chun, they were likewise delivered over at the same time to the prefect of Foo Chow for trial. In the course of the trial the prefect of Foo Chow recommended that Mok Tsze Ping and Kum Shu Chun be deprived of their official ranks of a graduate and an official of the secondary ninth grade respectively. Deputy officers were at the same time appointed to carry on the examination from day to day.

From the report of the prefect of Foo Chow and the deputy officers of the judiciary board, on the testimony of Mok Tsze Ping and Lee Yow Moi, it appeared that Mok Tsze Ping stated that in the first part of the 11th month, last year, he consulted with the three men at present not in custody. Woo Tsin Hing, Chan Po Tsin, and Lum Hing Wong, about the employment of a foreigner named McKenzie to form, under the pretext of watching over the fishermen's nets, a partnership for the establishment of an office to levy contributions from the different fishing stations; but because the British consul would not give his consent, McKenzie, on his arrival at Hwang Ki, retired on the plea of sickness. At the same time, Mok Tsze Ping and others were dubious of Mr. McKenzie's reliability, and it happened that Porter frequently came to see McKenzie on friendly visits, and in the course of conversation he expressed his willingness to act for Mok Tsze Ping and Woo Tsin Hing in taking charge of the business of watching over the fishing nets. So on the 9th day of the 12th month last, this man, with Mok Tsing Chow, the elder brother of Mok Tsze Ping, Lee Yow Moi, Lum Hing Ku, and Ti Ka Wo, went to Foo Chow and were introduced to the consul of the United States, Mr. Delano, by Porter, for the purpose of holding a consultation. It was agreed to pay Porter one hundred dollars a month, and Lee Mung Lan, the interpreter of the consulate, was present and interpreted for them. It was also agreed to pay Consul Delano two hundred dollars a month, and the interpreter Lee Mung Lan thirty dollars a month, with an understanding that, if the business should turn out prosperous, the interpreter's pay would be increased to one hundred dollars a month. The next day, the 10th of that month, Lee Yow Moi, Ti Ka Wo, Lum Hing Ku, and Porter went to the consulate and saw Consul Delano; and Lee Mung Lan, in the office of Consul Delano, drew out an agreement, to which Consul Delano signed his name and sealed it with his official seal. Both the inscription on the seal, in the characters of "The police officer of the consulate of the United States," and the inscription on the triangular flags, in the characters of "The consulate of the United States," were cut or written by direction of the consul, Mr. Delano. That, on the 12th day of the 12th month, they sent two hundred dollars to Consul Delano, and also a draft for thirty dollars on a firm at Nantai was given to Lee Mung Lan, the interpreter. Lee Yow Moi was the person who handed the money and draft to them. As to the pay of $100 a month for Porter, it was sent to him through the American consul.

On the 19th day of that month, while Lee Yow Moi was in the

house of Lee Mung Lan, Lee Mung Lan told him that the draft was a forgery, and Lee Yow Moi went with the servant of Lee Mung Lan, surnamed Shu, to a bank near the Great Bridge, and had it exchanged for small notes. These payments were made in advance for the first month only, and no further payments have yet been paid for subsequent months, although Lee Mung Lan had often sent his servant Shu to urge payment.

On the 20th day of the 12th month, through the hand of Loo Pah Leang, a present of four boxes of tea was sent to Consul Delano; it cost fifty-two taels odd of silver; and on the 15th day of the first month of this year, another present, consisting of four packages of articles, was sent to Consul Delano; but of these he only accepted two hams.

That, from the fishing stations of Kee Ta, Peh Kow, Sew Wan, How Wan, Ha Yu, Kow Nam, and Toi Lok, along the coast of the districts of Lin Kiang and Ha Poo, more than two thousand and three hundred dollars in the aggregate have been exacted at different times.

From this testimony, it will be seen that the fact of confederating with a foreigner, and of extorting money under the pretext of watching fishing nets, is clearly established by the evidence; and we find that the levy of a tax on fishing nets along the coast has long been strictly prohibited, because of the poverty of the fishermen; and while all officers of the government, both civil and military as well as naval cruisers, have been forbidden to make exactions from them under any pretext whatever, the degraded graduate, Mok Tsze Ping, Lee Yow Mio, and others, were audacious enough to establish, in the face of this stringent prohibition, such institutions as that of the "Protectors of the Sea," falsely proclaiming that they were authorized, by special appointment from the authorities, to collect the fishing-net tax. They confederated themselves with a foreigner, and relied on him as the "charm of protection," as if it would give them immunity from punishment. They likewise arrogated to themselves the right to receive complaints from the fishermen; they secretly chartered a junk; they armed her with heavy guns and other munitions of war; they levied an exaction from the poor and ignorant. Thus they acted with audacity and contumacy, disregarding all rules of law.

The foreigner, Porter, relying on the countenance of the consul, confederated with these wicked vagabonds of the place, and under the pretext of protecting fishing nets, penetrated into non-treaty ports, boldly hoisting the American flag there, and secretly carrying on transactions which were contrary to law. Moreover, he distributed flags at different places, bearing the inscription, "The Consulate of the United States of America," to the number of more than fifty flags.

In the agreement entered into between Porter and Mok Tsze Ping and others, there is a stipulation that if, in the course of his tour of protection to Lin Kiang and its neighborhood, Porter should meet with vagabonds who were likely to give trouble, he was to report it to the consul, for action to be taken by him on their behalf. This agreement contains also the signature of Consul Delano and the seal of his office, and, according to the statement of Mok Tsze Ping and others, the payment of money and the present of gifts to the consul were made, and the issue of the America flags obtained, through the interpreter, Lee Mung Lan. Thus it will be seen that Mok Tsze Ping and others had the audacity to establish this sea-protection scheme, and to act in this lawless, defiant manner, relying on Porter as their "charm of protection," and that Porter dared to receive wages from the local vagabonds, and levied an illegal exaction from fishermen, because he had the countenance of Consul Delano; that Consul Delano consented to give his cards to Porter as a means for his protection; that he signed and sealed the agreement to signify his consent, and that he gave the American flags for distribution because he was incited and prevailed upon by Lee Mung Lan to do so.

The treaty with the United States, article XIV, says: "The United States will take measures to prevent their flag from being abused by the subjects of other nations as a cover for the violation of the laws of the Empire."

Article XXVIII: "If controversies arise between citizens of the United States and the subjects of China, which cannot be amicably settled otherwise, the same shall be examined and decided conformably to justice and equity by the public officers of the two nations, acting in conjunction. The extortion of illegal fees is expressly prohibited." And in the communication of Minister W. B. Reed, paragraph III says that the government of the United States has laid down the rule that no person engaged in trade shall be appointed a consul of the United States; and paragraph VI says that no consul has the power to issue license to any one to fly the flag of the United States of America; and that he (the minister) had looked into the records, but failed to discover any instances where a consul had so issued a license; but that he would, nevertheless, give instructions to the consuls, to prevent any cause which might give rise to similar questions as this. Further, in the supplementary treaty with the United States of America, art. VIII: "The United States, always disclaiming and discouraging all practices of unnecessary dictation and intervention by one nation in the affairs or domestic administration of another, etc., etc."

In this article the United States disclaim and disavow any intervention in the domestic administration of China.

Now, Consul Delano, knowing that this government prohibits all illegal taxation injurious to the people, boldly, and without communicating first with the local officials, permitted a citizen of his nation to assist the vagabonds of this country in a scheme for levying a tax on fishing nets, and issued to them flags, thus encouraging these vagabonds to act in a defiant manner, without let or hindrance, thereby causing a case of homicide. The action of the consul was thus in violation of the treaties in various ways, which conduct was unexpected.

Again, in the treaty with the United States, article X says: "If the officers of either nation are disrespectfully treated or aggrieved in any way by the other authorities, they have the right to make representation of the same to the superior officers of their respective government, who shall see that full inquiry and strict justice shall be had in the premises. " We deem it, therefore, necessary for us to comply with this provision of the treaty, and bring to your excellency's notice the circumstances attending the capture of the agreement and of the flags, together with the statements taken in the case, as well as Consul Delano's dispatch, a copy of which is sent herewith, that your excellency may bring the matter to the knowledge of the Tsungli Yamen, with the view of a communication being made on the subject to the American minister, that he may deal with the case according to law, so as to prevent others from violating the treaty and to maintain the friendly relations of the two countries.

As to the local authorities, both civil and military, and the commanders of the naval cruisers, they lacked vigilance, in that they were ignorant of the affair until a homicide had been committed, and it was then that they made a report. They should, therefore, be held responsible for their neglect, and be recommended for their removal from the service according to the degree of their malfeasance.

We beg respectfully to add that the foreigner Porter, who was arrested in the junk, has been delivered over to Consul Delano.

In addition to sending a similar report to the Governor of Fookien, we respectfully submit this to your excellency, for your consideration and action thereon.

COMMUNICATION from the Governor-General of Fookien and Chekiang, the Manchu General, and the Governor of Fookien, to the Board of Foreign Affairs, or Tsungli Yamen, at Peking:

The Foreign Board of the province of Fookien submitted to us a report, stating that in pursuance of instructions from us they had taken into custody Mok Tsze Ping, a degraded graduate, and others, on a charge of confederating with an American named Porter, who, on the strength of an agreement bearing the official seal of the consul of the United States, allied himself with the wicked vagabonds of the place, and, under the pretext of protecting the fishermen's nets, engaged a junk, which flew a foreign flag, for the purpose of levying an exaction, and obtained thereby a sum of money, but this gave rise to a case of homicide. The Board transmitted to us also the statements taken at the trial of the vagabonds Mok Tsze Ping and others, with a request that the case may be brought to the notice of the Tsungli Yamen, or Board of Foreign Affairs, for reference to the United States Minister at Peking.

We deem it right to forward the same to your excellencies, for your information.

We bag to add, that the Governor-General holds the acting appointment of the Manchu Generalship, in addition to his own office; therefore it is not necessary to add the name and title of the latter office to this communication. The Governor of Fookien, in accordance with the specified rule, has returned to the province.

No. II
AN AGREEMENT OF MUTUAL FAITH.

This agreement of mutual faith is made by C. E. Porter with Mok Tsze Ping and others, members of the gentry of the Lin Kiang district, in the prefecture of Foochow.

In consequence of a representation made to him by Mok Tsze Ping and others, the consul, (of the United States,) in a rescript to the same, recommended and authorized me, C. E. Porter, to proceed to cruise about and protect the sea-coast along the Lin Kiang district and its vicinity viz. , as far as the department of Foo Ning on the upper point, and the Chang Lo district on the lower point, in order to facilitate the navigation of fishing boats and other craft. If any vagabonds should cause any trouble, it shall be my duty to report it to the consul, that he may take the necessary steps on our behalf.

It is hereby agreed, personally, that a salary of one hundred dollars a month shall be paid to me, C. E. Porter, to meet my expenses in food and other things, and the same shall be paid monthly.

In case of accidents from the elements of wind or water, one's fate is at the will of Providence, and we, Mok Tsze Ping and others, shall not be held responsible for the same, nor shall any discussion be raised thereon. The above is assented to by both parties to this agreement, but, lest words of mouth be not binding, this agreement of mutual faith is entered into in proof hereof.

My engagement is to be for three months, and if I shall discharge my duties faithfully, the engagement shall, as a matter of course, be continued; but if, through drunkenness, I shall muddle or disregard my duties, then the other party are at liberty to represent the same to the consul, with the view of his appointing another man to carry on the business.

It is further agreed, personally, that my salary shall begin from the 10th day of the 12th month, and be payable at the end of each month.

This agreement of mutual faith, made this 10th day of the 12th month, in the 2d year of the reign of Kwangsu.

	(Signed)	C. E. PORTER.
	"	MOK TSZE PING.
	"	WOO SHOO SHING.
	"	LI YOW MOI.
	"	LING YUK SHOO.
	"	LEW HI CHIEN.
	"	CHEN KENG YUN.
	"	LEE YEOU TONG.
	"	TI KA WO.
Witness:	(Signed)	M. M. DELANO,
[SEAL.]		*U. S. CONSUL.*

No. III.

STATEMENT OF MOK TSZE PING.

Mok Tsze Ping, a graduate, 31 years old, native of How Koon distrct, states:

On the first part of the 11th month of the 2d years of Kwang Su, I, with another graduate, named Woo Tsin Hing, of Lin Kiang district,

Chew Ka Wo, and Chan Po Ching, were in the office of the left camp, and there we consulted about the establishment of watching stations for the fishing nets. Woo Tsin Hing, *alias* Chung Ling, was appointed to employ foreigner McKenzie to assist us in the matter. We all agreed to subscribe $23\frac{1}{2}$ shares, each share pay 30,000 copper cash, and myself subscribed 3 shares; Lum Hing Ku, $1\frac{1}{2}$ shares; Chan Yik King, $1\frac{1}{2}$ shares; Hwang Wing Tai, 1 share; Ti Ka Wo, 2 shares; Chew Chu Koon, 1 share; Liu Wei Ton, $1\frac{1}{2}$ shares; Lum Ming and Kwan Kai Sum, 3 shares; Leang Chik Hing and Kum Shu Chun, 1 share; Ching Sin, 5 shares; Lee Yow Moi, 3 shares; $-23\frac{1}{2}$ shares. At the commencement of this year, Lee Yow Moi, Kok Chi Koo, and Kum Shu Chun subscribed 20 more shares, namely: Lee Yow Moi, 6 shares; Kok Chi Koo, $7\frac{1}{2}$ shares; Kum Shu Chun, $6\frac{1}{2}$ shares.

On the 11th day of the 11th month I started, and arrived at Kee Tah on the 16th day of that month, and established an office in the house of Woo Tsin Hing. Having disagreed with Woo Tsing Hing, I went to Hwang Kee, and established an office in that place. McKenzie often came to the office, and knew that the English consul did not give his consent. McKenzie withdrew himself from the office, and said that he was unwell.

There was an American who often came to see McKenzie; this man expressed himself that he was willing to watch for us. I also well know that a Canton man, named Loo Pah Leang, *alias* Chi Hing, was a good friend of Consul Delano. I asked a tea-box maker of the Yu Fung foreign firm, named Lum Hing Wong, to ask Loo Pah Leang to settle with Consul Delano on the matter. My elder brother, Mok Ching Chow, with Lee Yow Moi, Ti Kai Wo, Lum Hing Ku, and Porter, went to the consulate and saw Consul Delano, and made arrangement with Porter to go to Hwang Kee and thereabout, to watch the fishing nets. Our party promised to pay Porter \$100 a month, and pay Consul Delano \$200 a month, and pay Lee Mung Lan, his interpreter, \$30 a month. Our party promised Lee Mung Lan that, if our business be prosperous, we will increase his pay to one hundred dollars per month. Lee Mung Lan drew out the agreement. At that time I was in the office at Hwang Kee. But Lee Yow Moi and the others thought, that as I was the first mover in this matter, my name was put first in the agreement. Though I was not there to sign the agreement myself, yet they have got my consent to sign it for me. The two hundred dollars for Consul Delano, and the thirty dollars for Lee Mung Lan, were sent by Lee Yow Moi, and requesting Lee Mung Lan to hand the money to Consul Delano. As to the four boxes of tea sent to Consul Delano, they were sent by Loo Pah Leang, which cost us 42 taels of silver, and something more. We also sent four articles to Consul Delano another time. He only accepted the two hams this time. After having established the watching stations myself, my elder brother, Mok Ching Chow, collected at Kow Nam village \$48 from 4 boats; each boat paid \$12; each dollar weighed six mace and four candarins. Lum Hing Ku collected at Ha Yu village \$168 from 14 boats; each boat paid \$12. Chan Yik King collected at Ha Wan \$60 from 5 boats; each boat paid \$12; —and he also collected at Sew Wan \$60 from 5 boats; each boat paid \$12. Lum Hing Wong collected at Kee Tah village \$120 form 15 boats; each boat paid \$8; —and he also collected at Peh Kow village \$84 from 7 boats; each boat paid \$12. Ti Ka Wo collected at Toi Lok village \$30 from 5 small boats; each boat paid \$6. The sums that were collected in the above period amount to \$570. In the three periods, (namely, the 16th day of the 11th month, the 2d and 16th days of the 12th month.) we have collected $1,710, including the $120 which was collected from Kee Tah station by Lee Yow Moi.

On the 10th day of the 2d month of this year, we employed a junk. She sailed and arrived at Hwang Kee on the 16th, and there we distributed the flags to the different stations, and we commenced to collect the fees on the 2d day of the 3d month again. Chan Yik King collected at Kee Tah village $120 from ten boats; Fung Si Yung collected at Ha Yu village $60 from five boats; Chan Yik King also collected at Peh Kow $60 from five boats; and Fung Si Yung also collected at Sew Wan $60 from five boats. Only $300 were collected on this period. On the period of the 16th day of the 3d month the same sum, that is, $300, were collected in the different stations. These sums, added to the sums that have been collected last year, amount to $2,310. Each dollar weighed six mace and four candarins.

Some nets were lost in the village named Toi Lok, and we all agreed that we shall not collect the watching fee until we recover the nets.

The foreigner, Porter, was employed in the 12th month, last year, and he has received about one hundred dollars up to this time.

The rent of the junk was one hundred and eighty taels of silver per month, payable in advance.

In the 1st and 2d months of this year, we were doing nothing, and we borrowed some money from the junk to pay our expenses. The reason why we were doing nothing at that time, is that the owners of nets demanded that we should make good their lost nets.

On the 11th day of the 2d month, the villagers of Toi Lok lost nine nets, and they were stolen by the natives of Tsin Ching village.

The man in office sent a petition to Porter, on board the junk, stating that Yow Ahsi and Ching Ma Lun, of the village Tsin Ching, and Kum Hai had stolen these nets, and asked Porter to demand the surrender of these nets.

On the 1st day of this month, the junk sailed from Toi Lok, with the owner of the nets, named Lum Poon Hep; his employé, named Chow Yu Yu; and the tepo, named Chow Yu Sik, for Tsing Ching, and when we arrived there we got the river tepo, named Lum Chi Yin, and two of the principal men, surnamed Lum. We all went together to Yow Ah Si's house. Yow Ah Si demanded two hundred dollars for redemption of these nets. Our men offered him several tens of dollars. Yow Ah Si was not willing to give up the nets. The tepo of the river and the principal men said that as we have found the missing property, we may take them away. Then the owner of the nets and his employé commenced to take away the nets, and tried to put them into the boat. As they were taking the nets, Yow Ah Si and Ching Ma Lun cried out for fight, and they wounded the sailor, Chan Ah Lin, who died afterward. Lee Koon Pew, the owner of the junk, and Chow Ha Chun, the interpreter, were wounded. There were more than ten of the boat people there; besides, Chan Yik King, Fung Si Yung, and Ti Ka Wo, of our office, were present. Porter was on board the junk, and did not land.

I have shown how I got all the shares, and how I collected the fees. Out of the fees thus collected, I paid back ten thousand copper cash to each share, and also paid for the employment of foreighers, junk, boat hire, house rent, which amounted to more than five hundred dollars per month. The fees collected were not sufficient to cover the expenses, and there is no money left.

This is a true statement.

No. IV.
STATEMENT OF LEE YOW MOI.

Lee Yow Moi, a student, 37 years old, native of How Koon district; has a mother 78 years old; has no brother; married, but has no children. He states:

On the 7th day of the 12th month, last year, I met Mok Ching Chow, who is the elder brother of Mok Tsze Ping and Lum Hing Ku. They told me that they had established a watching station at Hwang Kee, in the district of Lin Kiang, to watch over the fishing nets. They accompanied me to my house, and asked me to take shares in the company. I promised 1 share for myself and 2 for my friend. Each share contributed 30, 000 copper cash. One man, named Ching Sin, took 5 shares, which, together, made 8 shares. The other $15\frac{1}{2}$ shares were taken by Mok Tsze Ping and his friends, as follows: Mok Tsze Ping, 3 shares; Lum Hing Ku, $1\frac{1}{2}$ shares; Hwang Wing Tai, 1 share; Chew Chu Koon, 1 share: Chan Yik King, $1\frac{1}{2}$ shares; Leang Chik Hing and Kum Su Chun, 1 share; Lui Wei Tun, $1\frac{1}{2}$ shares; Tai Fung Ming, 2 shares; Lum Wong and Kwan Kai Sum, 3 shares; —total, with mine and my friends, are $23\frac{1}{2}$ shares.

I heard they said that on the 16th day of the 11th month, and on the 2d day of the 12th month, on each of these periods in these watc-hing stations, $570 had been collected. This was done before I joined the establishment. Mok Tsze Ping knows who collected these fees at the different stations.

Mok Tsze Ping employed some foreigners, as one Robertson and McKenzie; and as these foreigners were not trustworthy, he employed one foreigner named Porter.

On the 10th day of the 12th month I accompanied Mok Ching Chow, Lum Hing Ku, and Ti Ka Wo, and went to the consulate to see Consul Delano, to sign an agreement with the foreigner Porter. He promised to go to Hwang Kee and thereabouts to watch over the fishing nets, and we promised to pay him $100 a month for his service. We also promised to pay the consul, Delano, $200 a month, and his interpreter, Lee Mung Lan, $30 a month, with promise that if the business be good we will pay him $100 a month. Both Porter, Lee Mung Lan, Lum Hing Ku, and Ti Ka Wo said that Consul Delano had agreed to this arrangement. I, on the 12th day of the 12th month, took $200 to the consulate, and gave it to Lee Mung Lan for Consul Delano. I did not see Consul Delano, for he was up-stairs, and so I handed the money to Lee Mung Lan, the interpreter, to pay it to him. All Porter's wages was received through the consulate. On the 17th or 18th day of the 1st month I took a banknote, of $30, to the house of Lee Mung Lan, and paid the same to Lee Mung Lan's son, named Wai Ping, and he returned me his father's card as a receipt. I made no payment afterwards. Consul Delano and Lee Mung Lan often sent Lee's servant, surnamed Shu, to me, and asked me for payment, but I had no money to pay him with.

In the beginning of this establishment, a man named Loo Pah Leang, who settled with Consul Delano in all matters, and we agreed to give him five shares in the business as a present. We also made a present of four boxes of tea to Consul Delano, through Loo Pah Leang, on the 20th day of the 12th month, and the tea cost us a little more than forty-two taels of silver; and at the middle of the 1st month we made a present to Consul Delano of four kinds of things. The consul accepted the two hams, and returned the rest.

Consul Delano told us in person to write on the triangular red flags, "Consul of the United States." We sent fifteen flags to the Kee Tah station, seven to Peh Kow station, five to the Sew Wan station, five to How Wan, fourteen to the Ha Yu station, four to the Kow Nam station, five to the Toi Lok station, and there were more than 100 flags remaining in store, not yet sent away. The seal of the United States police was ordered to be cut by Consul Delano. It was Mok Tsze Ping's idea to employ Porter; but fearing that the contract would not be executed in a proper way, I went to the consulate of the United States to have Porter's agreement executed. Mok Tsze Ping was the first who suggested the establishment of a watching station; his name was put first on Porter's agreement; he was in no way compelled to head it. Besides, Mok Tsze Ping's elder brother was present when the agreement was executed. He told us that we need not write to Mok Tsze Ping about the matter, for it would be only wasting time; as he is the beginner of this movement, his name should be put in first. The second name is Woo Shu Shing, *alias* Tsin Hing, and my name was the third one on the agreement.

We all agreed to establish watching stations in or near the seven villages in the jurisdiction of Lin Kiang district, —namely, Kee Tah, Peh Kow, Sew Wan, How Wan, Tio Lok, Ha Yu, and Kow Nam, —to watch over their nets.

On the 2d and 16th days of each month each fishing boat should pay us twelve or eight dollars, according to their sizes. Each dollar was fixed to be weighed six mace and four candarins.

On the 16th day of the 12th month I went to Hwang Kee, and collected the money due on that day; and Hoy San Lin took me to Kee Tah village, and there we collected from fifteen boats, which amounted to $120; Lum Hing Wong and Yew Woo went to Peh Kow, and collected $84 from seven boats; Chan Lik King and Ho Shuy Shuy went to Sew Wan, and collected $60 from five boats; Hung Si Yung and Lum Sam Sam went to How Wan, and collected $60 from five boats; Mok Ching Cho went to Kow Nam, and collected $84 from four boats; Lum Hing Ku went to Ha Yu, and collected $168 from fourteen boats; Ti Ka Wo went to Toy Lok, and collected $30. All the above amount to $570. Out of the sum that I collected I paid $60 as boat rent, and the remaining fifty or more dollars I paid over to Lum Ming. On the 20th day of the month I came to the capital of the province.

Out of the total sum thus collected, Lum Hing Wong spent $140. At the end of the year, after paying boats' rents and foreigners, and other expenses, each share received ten thousand copper cash. In the early part of the year, Porter claimed $200 due to him as wages, and we had nothing to pay him, and therefore we tried to raise 20 more shares.

By my friends, Liu and Ow, of Ha Yeang, 3 shares each; by Kum Shu Chun's friends, Wong Yu Poon, 1 share; Woo Wo Hing, $\frac{1}{2}$ share; Fung Tsze Hing, 1 share; Leang Chi Hing, 1 share; Lum, 3 shares; by Kok Chi Koo and others, $7\frac{1}{2}$ shares; —total, 20 shares.

Of the last $7\frac{1}{2}$ shares I know nothing about.

On the 10th day of the 2d month, Mok Tsze Ping, Kum Shu Chun, Kok Chi Koo, and myself, four in all, chartered a junk, at 180 taels of silver per month, payable in advance. We sailed on that day, and arrived at Hwang Kee on the 16th, at Peh Kow on the 17th, at Kee Tah on the 18th, and arrived at Ha Yu on the 21st, and we ordered some flags to be sent to Sew Wan, and also some to the other fishing stations. After that I returned to the provincial city (Foochow).

On the 7th day of the 3d month, I went to Kwang Kee. The accountant, Chan Lin Kai, told me, that on the 2d day of that month Chan Yik King collected at Kee Tah $120 from ten boats, Hung Si Yung collected $60 from five boats at Ha Yu, Chan Yik King collected $60 from five boats at Peh Kow, and Hung Si Yung collected $60 from five boats at Kow Nam. They all collected, for that period, $300.

Besides these, we did not collect any money from the other stations, on account of that some of their nets were stolen; and we all agreed that we shall not collect any of the fee until the recovery of the lost nets. I left the fishing station again on the 9th day of the third month, and returned to Foochow. On the 23d day, I went to Hwang Kee again, and there found myself and the people of the watching stations were arrested. The accountant, Chan Lin Kai, told me that they had collected $300 from the four villages, namely, Kee Tah, Ha Yu, Peh Kow, and Kow Nam, on the 16th day of the month, just as much as they had collected on the 2d day of the same month. The sums that were collected in these two periods were paid out in different expenditures. As to Chan Ah Lin, who was killed by Yow Ah Si, of Tsin Ching village, in a fight, I know nothing about it. I was not there at the fight. Chan Yik King and Hung Si Yung were present. The above is my true statement.

No. V.
STATEMENT OF TI KA WOH.

Ti Ka Woh, *alias* Fong Ming, stated: I am 41 years of age, unmarried, and native of Min district, living at Min lane. My father is dead, but my mother, aged 88, is living. I have no brothers. On the 11th Moon of last year, I was recommended by Lam Hang Ku, with whom I have previous acquaintance, to an American named Porter, as his follower. On the 2d day of the 12th Moon, I arrived at Hwang Kee, and was put into a junk as general assistant, my wages to be at \$3 per month. There were 16 men on board the junk, including the foreigner, interpreter, and Chan Yikeang, Hung She Yung, boatmen, sailors, and myself. There were $23\frac{1}{2}$ old shares in the business, but there were 20 more shares added in this year, and each share paid 30,000 cash. I owned $1\frac{1}{2}$ shares. The head men were Mok Tsze Ping and Lee Yow Moi, while Chan Lin Kai was accountant, and Chan Yikeang and Hung She Yung managers. On the 16th day of the 11th Moon of last year there were fees collected from 7 junks at Peh Kow, each \$12, total \$84, in foreign coins, by Lam Hing Wong; from 5 junks at Ha Wan, each \$12, total \$60, by Chan Yikeang; from 15 junks at Kee Tah, each \$8, total \$120, by Lam Hing Wong; from 14 junks at Ha Yu, each \$12, total \$168, by Lam Hing Ku; from 5 junks at Sew Wan, each \$12, total \$60, by Chan Yikeang; from 4 junks at Kow Nam, each \$12, total \$48, by Mok Ching Choo; from 5 junks at Toi Lok, each \$6, total \$30, by myself. The whole amount of the above collections was \$570. On the 2d day and the 16th day of the 12th Moon there were fees collected for two more trips; the amounts collected were the same, and also by the same collectors. There were fees for three trips collected altogether last year, and the total amount was \$1,710, which excluded the fees collected at Kee Tah, of \$120, on the 16th day of the 12th Moon, by Lee Yow Moi. On the 2d day of the 3d Moon of this year there were fees collected from 10 junks at Kee Tah, amounting to $120, by Chan Yikeang; from 5 junks at Ha Yu, amounting to $60, by Hung She Yung; from 5 junks at Peh Kow, amounting to $60, by Chan Yikeang; from 5 junks at Kow Nam, amounting to $60, by Hung She Yung. These collections were made in one trip, and the amount was $300 in all. There were fees collected for another trip for the 16th day of the 3d Moon; they were collected by the same parties, and at the same places. The total amount of these trips was $600, and altogether, including the amount collected last year, there were $2, 310. Being now brought up for examination, I dare not make false statements, and beg to be released.

No. VI.
STATEMENT OF KOM SHU CHUN.

Kom Shu Chun stated: I am 30 years of age, and native of How Koon district, living at present at Tai Siu Ying. My father is dead, but my mother, Chow Se, aged 56, is living. I have no brothers; I have one daughter; I am a teacher by profession. About the end of the 10th Moon, last year, one Mok Tsze Ping said to me that he wanted to engage me in some fishing-net business; he wanted me to take a share in the business, saying that he wanted to get up $23\frac{1}{2}$ shares, each subscribing 30, 000 cash. At that time I promised to take half a share at 15, 000 cash. He asked me to become an officeholder in the new establishment, in the capacity of "representative with the officials." At that time I had no money, so I did not join him until about the 10th day of the 12th Moon, when I paid 10, 000 cash to Mok Tsze Ping; and about the 10th of the current 1st Moon one Lee Yow Moi spoke to me, saying that he wanted to get 20 more shares in this business. I got subscribers for $6\frac{1}{2}$ shares altogether. There were altogether $43\frac{1}{2}$ shares, old and new. From the beginning of this year they altered my position in the establishment to that of clerk, receiving pay between 3,000 and 4,000 cash a month. According to the original agreement, I owned by subscription half a share, and by virtue of my office of a committeeman half a share, and by virtue of my office of clerk one additional share; altogether I ought to have two shares, but as I did not receive a single cash of the profits I did not go to office. On the evening of the 9th day of 3d Moon, I went to Sew Wan, and from my passage boat I went to the junk. I went only once. I saw in the junk a native of Kwong Tung, surnamed Lee, the master of the junk, a foreigner, Mok Tsze Ping, and Ti Ka Wo; they were all in the junk. The next morning I returned home by passage boat. As to the collection of fees for protecting the nets, I was told by Mok Tsze Ping that on the 16th day of 11th Moon, and on the 2d day of the 12th Moon, last year, there were fees collected for two trips by Mok Tsze Ping himself; and on the 16th day of 12th Moon there were fees collected for one trip by Lee Yow Moi, amounting in all to $570. On the 2d day of 3d Moon, this year, fees were collected for another trip from 10 junks from Kee Tah village, paying $120; from 5 junks from Peh Kow, paying $60 (these were collected by Chan Yikeang); from 5 junks from Ha Yu, paying $60; and from 5 junks from Kow Nam, paying $60, collected by Hung She Yung. On the 16th day fees for another trip were collected, the amount so collected being the same as that on the 2d day.

All the money was paid over to the custody of Chan Lee Kai. Mok Tsze Ping now says that the money collected was not enough to pay the expenses. What I am now stating is the truth, and I pray to be released.

No. VII.
VERBAL EVIDENCE OF WU HU KHING.

I am 36 years old, live with my father and mother, in the district of How Koon, outside the west city gate. I have no brother, usually live by teaching, but this year I am at home, out of employment, and find it difficult to provide myself with the means of support. Mr. Kom Shu Chun, one of my fellow-students, recommended me to Mr. Li Yow Moi, as a book-keeper in the office of the fishing boats protective company; my salary is \$3 a month. I arrived at Hwang Ki, where the office is, by boat, on the 17th day of the 2d Moon, and left for the village named Kwan Teon on the 24th day of the same Moon, in order to seek out some of my friends. I returned to the office on the 1st day of the following month. The principal book-keeper of the company's office was Mr. Chan Lin Kai. Some time after my arrival at the sea-shore countries, I learned that the fishing boats made two voyages monthly, the first in the beginning of the month, and the second on the 16th day, regularly. Consequently, from the 16th day of the 11th Moon of last year to the 16th of the 12th Moon of the same year, there have been made three voyages, for which the company received a total sum of \$570. The exact amount of the receipts is unknown to me.

This year I have been informed by Mr. Chan Lin Kai that the company has received the tax only twice, for the 2d day and the 16th day of the 3d Moon. The sum received on the 2d day of the 3d Moon by—

Chan Yeh Kang is:	10 Kee Tah fishing boats	......	\$120
"	5 Peh Kow "	......	60
Hung Se Yung......	5 Ha Yu "	......	60

" 5 Kow Nam " …… 60

The sum received on the 16th of the 3d Moon by—

Chan Yeh Kang is: 10 Kee Tah fishing boats…… $ 120

" 5 Peh Kow. " …… 60

Hung Se Yung……5 Ha Yu " …… 60

" 5 Kow Nam " …… 60

The above receipts are in the hands of Mr. Chan Lin Kai.

The company was founded last year by $23\frac{1}{2}$ shares; this year there remain only 20 shares. Mr. Kom Shu Chun advised me to take half a share, which is the new share, for 15, 000 copper cash. I paid to Mr. Chan Lin Kai 9, 700 copper cash, which has been spent by him to purchase provisions.

The above statement is true and real.

No. VIII.

VERBAL EVIDENCE OF HWANG YU PUNG.

My age is 34; I reside outside of the west gate of the city, in the village of Fan she; my father is dead; my wife's name is Ling, and I have three sons. On the 5th day of the 3d Moon of the present year, Mr. Li Yow Moi told me that there was being formed a company, called the "Fishing Boats' Protective Company," duly furnished with official documents and proclamations. He advised me to take a new share, which I did, and I paid to him 15, 000 copper cash; and the remaining 15, 000 will be paid to him when the documents and proclamations will be issued for the whole amount of 30, 000 copper cash, to be paid to him in the presence of Mr. Kom Shu Chun.

I left for Hwang Ki on the 6th day of 3d Moon, arrived there the next day, and, after staying over night, I learned that in the previous year the company had issued $23\frac{1}{2}$ shares, of which $15\frac{1}{2}$ shares belonged to Mr. Mok Tse Ping, 5 to Ching Sim, and 3 to Li Yow Moi; that 20 more shares had been added, of which 6 belonged to Li Yow Moi, $7\frac{1}{2}$ to Ko Ze Ku, $6\frac{1}{2}$ to Kom Shu Chun; which makes, altogether, $43\frac{1}{2}$ shares. I further learned that the company had received last year, for a single voyage, \$ 570; and that on the 2d day of the 12th Moon, and on the 16th day of the same Moon, these two voyages brought to the company, each separate time, the amount of the first receipt—total, \$ 1, 710. That on the 2d day of the 3d Moon of the present year, the company received \$ 300 for the first voyage, and \$ 300 for the second voyage; in all, it received \$ 2, 310, each dollar weighing 6 mace 4 candarins.

This is my true, real, and repeated statement.

No. IX.

STATEMENT OF CHAN LIN KAI.

Chan Lin Kai stated:

I am 32 years of age, a native of Min district, and living in the main street, east gate. My parents are both dead, but I have a brother; I am the younger one, and have not yet married. I was recommended to Lee Yow Moi by Hung Tsze Hang, and by him to be an accountant at Hwang Kee, at \$ 3 a month, with one profit share in the business as additional remuneration. I left here on the 11th day of the 2d Moon of this year, and arrived at Hwang Kee on the 16th. On the 17th I entered upon the duties of my office. Mok Tsze Hang, otherwise Tsze Ping, was the head of the establishment, who, in conjunction with Lee Yow Moi, Kom Shu Chun, and Kwok Tsze Koo, owned the $23\frac{1}{2}$ shares of last year's stock. Of these, $15\frac{1}{2}$ shares stood in the name of Mok Tsze Ping; but, actually, they were apportioned as follows: Mok Tsze Ping, 3 shares; Lam Hang Ku, $1\frac{1}{2}$ share; Wong Wing Tai, 1 share; Leong Chik Hing and Kom Shu Chun, jointly, 1 share; Low Wan Tun, $1\frac{1}{2}$ share; Tai Foong Ming, *alias* Ka Woh, 2 shares; Lam Ming and Kwan Kai Sam, jointly, 3 shares; Chen Chu Kwon, 1 share; Chan Yikeang, $1\frac{1}{2}$ share; and of the remaining 8 shares, Cheang Sin owned 5 shares and Lee Yow Moi 3 shares. This year Kwok Tse Koo, Kom Shu Chun, and Lee Yow Moi raised 20 shares more, of which $6\frac{1}{2}$ shares stood in the name of Lee Yow Moi and $7\frac{1}{2}$ shares in that of Kwok Tse Koo.

On the 16th day of the 11th Moon fees were collected from 7 junks at Peh Kow, amounting to \$84 in foreign coins, by Lam Hing Wong; from 5 junks at Ha Wan, amounting to \$60, by Chan Yikeang; from 15 junks at Kee Tah, amounting to \$120, by Lam Hing Wong; from 14 junks at Ha Yu, amounting to \$168, by Lam Hang Ku; from 5 junks at Sew Wan, amounting to \$60, by Chan Yikeang; from 4 junks at Kow Nam, amounting to \$48, by Mok Ching Choo; from 5 junks at Toi Lok, amounting to \$30, by Ti Kai Woh. These collections were made of the first trip, amounting in all to \$570.

On the 2d and the 16th day of the 12th Moon collections were made by the same collector at the above-named places, except the collection at Kee Tah, of \$120, which was received by Lee Yow Moi; and the total amount realized from the three collections last year was \$1, 710.

At the end of the year we all left for our homes to spend the new year.

On the 10th day of the 2d Moon a boat was engaged for fitting out a collection expedition, and on the 16th day she arrived at Hwang Kee, where we distributed flags for the use of the different villages. On the 2d day of the 3d Moon we recommenced to collect fees from the fishing junks, viz. : 10 junks at Kee Tah, $120, by Chan Yikeang; 5 junks at Ha Yu, $60, by Hung She Yung; 5 junks at Peh Kow, $60, by Chan Yikeang; and 5 junks at Sew Wan, $60, by Hung She Yung; —total collections for this trip, $300. On the 16th day of the 3d Moon another collection was made by the same parties, and at the same places, receiving the sum of $300; and the total collections since last year $2, 310, in foreign coins, of mace 6. 4 per dollar.

Being now brought up for further examination, the accounts I have given above are true; and I dare not practice deception by false statements. I pray that mercy may be shown to me, and that I may be released.

No. X.

STATEMENT OF LEE KWON PEU.

Lee Kwon Peu stated: I am 34 years of age; a native of Kwong Tung, living at Shun Tak, district of Kwong Chow. I own a Cantonese junk. I have formerly been employed in a gunboat under an office named Ho; my duty was to convey militia soldiers to and from the villages. I remained at Nam Toi after I was discharged from the service. On the 9th day of the 2d Moon four men, viz. , Mok Tsze Ping, Lee Yow Moi, Kom Shu Chun, and Kwok Tse Koo, went to a man named Lo Ki Hing, at Moi To, and asked him to hire a junk for them. I was spoken to, and I agreed to let my junk to them. I arranged with Lo Ki Hing that the freight was to be $250 a month in foreign coins, at mace 7. 2 per dollar, and I agreed to have a crew of fifteen men on board, whose food I had to furnish. I received from them $200 in advance. On the 11th day of the 2d Moon I made the first trip. The junk arrived at Hwang Kee on the 16th day; at that time a foreigner named Porter, who was already in the Hwang Kee station; he came on board the same day with the committee, consisting of Chan Yikeang, Hung She Yung, Mok Tsze Ping, general assistant Ti Ka Woh, chief accountant Cheong Yeong Ting, captain Cheong Yun Keang. My junk arrived at Ki Tah on the 17th day; Chan Yikeang then landed there with some others to distribute the flags; we reached Ha Yu on the 19th day, when every one went on shore, I heard they had a consultation with the tepo. On the 21st day we arrived at Ho Moon How, and on the 23d day we reached Toong Choong, and we also went to Toi Lok and Peh Kow, but I forgot the dates of arrival there. In regard of Sew Wan, How Wan, and Kow Nam, we did not visit, but those of my boat who belonged to these places landed there; I did not see them bring any money to my junk. On the 1st day of the 3d Moon a petition was forwarded by the tepo of Toi Lok, complaining that some nets had been stolen by Yan a Shu and Lam a Kwai, of Chin Ching O. The watchman at that part of the sea, named Lam Chee Yan, was sent for by Mok Tsze Ping and others. On the 2d day my junk arrived at Chin Ching O. The watchman then went to see the head tepo of Chin Ching O, and asked to redeem the nets, but the matter could not be settled, after two days' negotiation. On the 4th day, Mok Tsze Ping then said, "If they don't give up the nets, we will go and search the village." In the meantime, Porter and Mok Tsze Ping did not go on shore, as Porter was not well, but Porter gave order to the general assistant, Ti Ka Woh, Chan Yikeang, Hung She Yung, crew, Chan ah Lin, and myself, to search the village. They found in the second floor of How ah Shu's house 9 fishing nets, and there was a crowd of more than 1,000 people who grouped round to see, and while we were searching, they threw stones at us; some even tried to kill us with weapons. The lower part of my eye was wounded by an iron hook; Chan ah Lin received a cut on the right side of his head, and another wound on the left knee, and seven or eight more of the crew were also wounded. I ran back on board my junk. Porter then wanted to fire at them with cannon, but the crew wanted to use the muskets. They were, however, stopped by me. We then started for Tung Choong for a doctor, but no one was cured. Chan ah Lin died at 6 P. M. on the 5th day. We reported to the magistrate of Ha Po district. He came to Tung Choong, and held an inquest on the body on the 9th day, and it was proved that the deceased died of the wound inflicted on the left side of the head. Until the 16th day of the 3d Moon we had still several men wounded on board; therefore my junk remained in the Tung Choong harbor ever since, as we wanted to get doctors there to cure the men. At present I heard the man named How ah Hee has been arrested by the magistrate of Ha Po district, and How ah Shu has not yet been captured, as he had run away to Ning Tak. It is true that I was paid $250 a month for the charter of my junk, and I did actually receive that sum. Now I am brought up for examination, I dare not make false statement, and I beg to be released.

(No. 11 should be read after the close of book No. 2)

No. XI.

COMMUNICATION FROM TSUNGLI YAMEN TO THE UNITED STATES CHARGÉ D'AFFAIRES AT PEKING.

The Tsungli Yamen herewith sends a communication.

In the matter of Consul Delano, conniving at the consular

interpreter's conspiring with Mok Tsze Ping and others, and exacting illegal levies, whereby the loss of life was caused, this office had already, on the 1st day of the 12th Moon, last year, (3d January, 1878,) communicated all the points in the substantiated testimony taken in the case to his excellency Minister Seward. Subsequently, Mr. Seward, accompanied by your excellency, came to this office to have an interview with us, and inform us that all the documents connected with the case had been forwarded to the government of the United States, and that when the reply arrived, the matter would then be communicated to us. As we consideraed the evidence of all the circumstances the case was very conclusive, we then requested Minister Seward and yourself to settle the case in a fair spirit.

On the 21st day of the 6th Moon (20th July) a dispatch was received from the Governor-General of Fokien and Chekiang, inclosing a report of the judge of Fokien and the local Foreign Board, defining the punishments to be meted out to Mok Tsze Ping and the eight other prisoners, for the various degrees of their offenses, according to Chinese law. The inauguration of the illegal levy of the fishing-net exaction was really consummated through Consul Delano's connivance at the conspiracy of the consular interpreter with Mok Tsze Ping and others, which gave rise to this case; but while Mok Tsze Ping and the others have already been condemned to suffer the various penalties determined by the judge and the local Foreign Board against them, we have not up to the present heard what has been done to Consul Delano. If it be said that it requires a reply from the United States government, seven months have now elapsed, and a reply ought to have arrived.

While sending you an extract from the dispatch of the Fokien authorities, we beg to request you to obtain the decision of your government in this matter, and to convey the same to us at an early date, so that justice may be done to the cause.

——

REPLY from Chargé d'Affaires Holcombe to the Prince Kung:

A communication in reply. On the 3d day of the 7th Moon, (1st August, 1878,) I received a communication from your highness in reference to the matter in which it is alleged that Consul Delano connived at the conspiracy of the consular interpreter with Mok Tsze Ping and others, whereby the loss of life was caused in the levy of illegal exaction, and wherein the judge of Fokien and the local Foreign Board have defined the various penalties to be meted out to Mok Tsze Ping and the other prisoners, according to Chinese law. Your highness requests to be informed at an early date the decision the United States government has arrived at with regard to Consul Delano. I have the honor to state, in reply, that I have not received intimation from my government as to the disposal of the case, and when I am made acquainted with the decision of the executive government, I shall lose no time in communicating the same to your highness.

But with reference to the allegation, that the inauguration of the illegal levy of the fishing-net exaction was really consummated through Consul Delano's connivance at the conspiracy of the consular interpreter with Mok Tsze Ping and others, which gave rise to this case, Minister Seward, at his interview with the members of the Tsungli Yamen, in the 12th Moon, last year, had already alluded to the various circumstances of the case, and pointed out that the consul could not be held to have connived at the conspiracy; and on my part, I have now to repeat the same language to your highness. I shall transmit your highness' communication to my government. Meantime I have the honor to send you this reply.

No. XII.

LETTER FROM CONSUL DELANO.

[True Copy.] May 7, 1877.

MY DEAR MR. WONG: After returning from the city yesterday, I had a long talk with Mr. Porter, questioning him closely as to the nature of his employment with the natives outside, and what had taken place under his notice since he went out.

He states that he has all along been under the impression that he was employed by agents of a fishing guild; (this was also my impression); that the natives who were with him were also so employed; and that the *lorcha* in which they were seized was chartered by the guild; and that their only business was to look after (watch) the fishing nets to prevent their being stolen, and when any were stolen to try and recover them. He went out first in a sampan, before the Chinese new year, taking with him an interpreter and a servant. The flag which he took was not the American flag. It had stripes on it, but no stars. The "Union" was black, with the letter "P" painted upon it.

After the Chinese new year, the lorcha was taken out and he went aboard of *her*, and understood his position to be that of a kind of sailing-master. They were continually sailing about amongst the islands and watching the nets. He says the fishermen were asked (as if by the guild) to contribute towards the expense of keeping up the boat and the payment of his wages and that of the crew; but all such contributions were voluntary. No one was *forced* to pay. Those who did not want their nets protected did not pay. And he says that, so far as he knows, only a small sum was paid.

Everything went on smoothly, and no nets were stolen after he went out, until about a month ago, when one of the fishing villages reported that some of their nets had been stolen, and, they believed, taken to another village near by. The lorcha proceeded to the island, (I cannot get the name of the village or islands,) anchored a short distance out, and the captain and five or six men of the crew, accompanied by a man who had some interest in the nets, who went to identify them, got into a small boat, pulled to the shore, and went up to the village and found four of the nets, which were given up without trouble. They took the nets and started down to the boat, and when near to it they looked around and saw a large number of the villagers following them, armed with bamboos, spears and stones. The boatmen ran pell-mell and pitched the nets in the small boat, jumped in after them, and attempted to push it off, but it was so hard aground they could not move it, and so were at the mercy of the pursuers. All of them were more or less injured by being pierced with spears and hit with stones. One of the crew was hit on the back of his head with a stone, and so badly hurt that he died the next morning.

His body was viewed by an officer on one of the islands and then buried. I understand Mr. Porter to say that, a day or two after this occurred, the same officer mentioned above directed two lekin boats lying near by to go to the thieving village and make further search for stolen nets, and punish the village; and they soon after delivered two more nets on board the lorcha. Porter says he heard the natives say that the lekin boats destroyed the village. He did not go on shore when the boatmen went for the nets, but saw the fight from the lorcha.

When he went out I gave him a half-dozen or so of my Chinese cards, with authority to show them, in case he should be brought in contact with any officials on any of the islands, simply as proof that he was there by my permission. He sometimes saw the official, and at other times only the head men of the villages, and says there seemed to be a perfect and complete understanding between them and the natives who were with him in the lorcha. Certainly. He says there was no squeezing going on, nor any trouble with any one about the payment of money. I believe from his statement, and from other information I get, that his occupation, and that of the lorcha and all who were in it, was *perfectly legitimate* and lawful. The only thing I do not understand is the paper shown me yesterday, in which the "American consul" appeared. Porter says he does not know anything about it.

If it should be found that everything is in order and lawful, I hope the natives and their boats will be at once released, so that Porter can resume his business, for he has been working in perfectly good faith, and would be glad to continue. He is a man of rough exterior, but is, I believe, honorable in his conduct and dealings in business matters. I wish, at all events, you would send me an order to the officer in charge of the lorcha to deliver Porter's bedding and other personal effects; also, to release his servant. He has no other bedding and is without a servant.

Now, I trust that the statement I have given you will be of service in the examination of the poor fellows who were sent off to the prefect yesterday, who, Porter says, are as innocent of any crime in this matter as anybody can be. Will you use your kind influence in their behalf, so far as to try and have them get an early examination; and, if possible, send me the order above mentioned by the bearer of this. He may be detained there to bring your reply.

Yours, truly,

(Signed) M. M. DELANO.

THE FOOCHOW CASE.

Summary of sentence passed on the several prisoners:

Mok Tsze Ping, principal in the case, is hereby sentenced to be banished, according to law, to the extreme frontier, for a distance of 4,000 li (3 li to a mile).

Lee Yow Moi and Ti Ka Wo, accessories in the case, are hereby sentenced to receive 100 lashes, and banished for three years.

Kom Shu Chun, Woo Wo Hing, Wing Yu Pun, and Chan Lin kai, each, to receive 80 lashes.

Lee Kwon Peu, master of the junk, is hereby to receive 80 lashes.

Woo Chan Hing, who turned State's evidence, shall receive 50 light lashes.

广西师范大学出版社组织整理：《中国驻美国公使馆致美国国务院备忘录（1868—1906）》（1），广西师范大学出版社，2010 年

Inclosure 2.

THE "FOOCHOW" CASE, No. 2

A COMMUNICATION addressed to Mr. Holcombe by the Foreign Board of Fokien:

A communication. We have received instructions from their excellencies, the Governor-General of Fokien and Chekiang and the Governor of Fokien, as follows:

"The members of the Foreign Board submitted to us their report of the joint investigation they held, on successive days, in conjunction with Mr. Secretary Holcombe, into the case of Lee Yow Moi and others, who were charged with confederating with the foreigner Porter in levying an illegal exaction and causing a homicide, and into that of Lee Mung Lan, the consular interpreter, who was charged with lending his protection to these men in their illegal levy; and we are requested to make a joint communication to other quarters on this subject. We find, from this report, that the conduct of Consul Delano throughout this case appears to us inexplicable; and we append herewith the various points to which we should direct your inquiry. They are set forth *seriatim*, as follows:

"1. Inasmuch as the exaction on fishing-nets has been held to be very injurious to the poor people, its levy has always been the subject of strict prohibition by the different Governors-General and Governors by proclamations, and in a former year the Imperial sanction has been obtained to this prohibition; while several officers of the government who have been discovered making the levy on fishing-nets have been either removed from their offices or dismissed the service. All these appear on record; and thus it is seen that the tax on fishing-nets is illegal, which is known to all.

"2. Lee Yow Moi and others, first of all, wanted to engage MacKenzie to assist them in opening the office for making this illegal levy; but because the British consul would not consent, MacKenzie retired, on the plea of sickness, on his arrival at Kwang Kee. It was then that they engaged Porter, Consul Delano sanctioned their opening the office for collecting this illegal exaction. If the British consul, knowing the scheme to be against treaty stipulations, would not consent to it, how came it that Consul Delano sanctioned it? Nevertheless, the agreement was discussed, signed, and sealed in his consulate.

"3. As to the engagement of Porter by the Chinese to commit an illegal act, Consul Delano said it was a thing he did not know whether it could or could not be done. But he had frequent personal intercourse with the Chinese officials, and was living near them. Why did he not make inquiries of them first, to ascertain whether the thing could be or could not be done, before he attached his name and seal to the agreement?

"4. Consul Delano volunteered the statement that he gave his cards to Porter, that when the latter met with any Chinese officials they might know from the cards that the business he was engaged in was sanctioned by the consul himself, &c. Now, it has been ascertained that Consul Delano's cards have been found in the Min An station, the Lekin station, and the Min An outpost. The officers in charge of these places stated that they had told Porter, Lee Yow Moi, and others, that their expedition was illegal, and that they had tried to stop them by not allowing their junk to pass the stations; but Porter gave them the cards of Consul Delano, and informed them that they were authorized by the consul to do this, and they were consequently allowed to pass. From this, it will be seen, that had it not been for the cards of Consul Delano, the junk of Lee Yow Moi would not have been allowed to pass the stations, and this illegal scheme would not have been accomplished. For carelessly allowing the junk to pass the stations, we shall deal with the responsible officers by removal from office or otherwise, according to the merits of their respective cases. But shall Consul Delano, who furnished the cards which Lee Yow Moi, Mok Tsze Ping, and others regarded as their "talisman" in the perpetration of this unlawful act, be placed outside the pale of responsibility?

"5. In the letter addressed to Colonel Wong by Consul Delano, it was pointed out that the sum collected was very small, but that after the engagement of Porter everything went on satisfactorily. It is clear from this, that Lee Yow Moi and others relied wholly on the influence of the foreigners. If Consul Delano had not sanctioned the engagement of Porter, Lee Yow Moi and others would not have had foreign influence to rely on, and the homicide would not have occurred.

"6. In the letter to Colonel Wong, Consul Delano also expressed a hope that the Chinese prisoners, together with the junk, would be liberated, so that Porter could be continued in his office; and in his communication to the Foreign Board of Foochow he said Porter had a claim for wages of $299, and that payment should be enforced. It will be seen, that even after the discovery of the case the consul still wished to keep Porter in the service. Does not this show that he purposely sheltered him?

"7. In his letter to Colonel Wong, the consul said the Chinese concerned were very honest people, and that they had done nothing against law; but in his communication with the Governor-General he said the Chinese alone should bear the responsibility of their offense, and that Porter had nothing whatever to do with the affair. This shows that the consul attempted first to shelter the Chinese in order to shelter Porter, but subsequently he tried to have Porter exculpated in order to exculpate himself.

"8. In the letter to Colonel Wong, the consul said the flag, having only stripes and no stars, was not a flag of the United States of America, &c. Now, at that time the flag was only just brought into the city by the Chinese officers, and had not been seen by Consul Delano at all. How could he tell that it had only stripes and no stars? This shows that, when Porter received the flag, Consul Delano must have prearranged it with him. Moreover, in his communication with the Governor-General he said the flag was made by Mok Tsze Ping and others themselves, but in his report to the United States Minister at Peking he stated that the flag was Porter's former pilot flag; and between these two statements there is a manifest contradiction. Is it not probable that when the flag was patterned, the consul counselled the intentional variation in its form, in order to evade the responsibility attached to the promiscuous issue of the United States flags, as mentioned in paragraph 8 of Minister Reed's dispatch?

"9. In the communication of Consul Delano there was an expression signifying the detention in custody of Tontai Chen. While the words ' detention in custody' is an improper expression, there are other expressions used which are equally derogatory to the officers' character of the Governor-General's office; for while the guilt of Lee Mung Lan is clear beyond a doubt, the consul insisted that he has been falsely accused; but a careful consideration of the facts, both before and after the event, will clearly demonstrate whether the influence and protection given by the consul in this matter was intentional or not.

"10. In the fourteenth article of the treaty, vessels are prohibited from visiting places along the coast, or non-treaty ports, for the purpose of carrying on clandestine trade. In this instance, the consul permitted Porter to sail a junk flying the American flag into a non-treaty port, to make free use of his cards, to cruise in an armed vessel, and to levy exactions which terminated with a homicide. Are not these deeds more outrageous than a clandestine traffic?

"11. In the same fourteenth article of the treaty, it is stipulated that the United States will take measures to prevent their flag from being abused by the subjects of other nations as a cover for the violation of the laws of the Empire of China. Now, if subjects of other nations are even prohibited from using the flags of the United States for illegal purposes, how happens it that when Porter, a citizen of the United States, associated with certain natives of China in proseenting this illegal scheme, the consul permitted him to use the flag of his nation, and released him from custody before instructions were received from the United States Minister at Peking?

"12. In article 8 of the supplementary treaty, it is stipulated that the United States, always disclaiming and discouraging all practices of unnecessary dictation and intervention by one nation in the affairs or domestic administration of another, do hereby freely disclaim or disavow any intention or right to intervene in the domestic administration of China. Now, the consul has been many years in Foochow. Is it likely that he did not know that the levy of a tax on fishing-nets was strictly prohibited by the Chinese Government? Granting even that he was not aware of this prohibition, the levy of a tax is nevertheless an act of domestic administration. Why did the consul participate in it?

"13. It has been ascertained that Lee Mung Lan has been consular interpreter for six years. During that period, apart from the present case, in which it is clearly proved that he had a secret knowledge of the scheme and received bribes, there are recorded in the offices of the Foochow prefecture, the sub-prefecture, and the magistracy of Min and How Koon districts, more than twenty complaints against him. These were, that, by deception, he either persuaded the consul to make representations to the authorities in local cases, or personally wrote private letters asking for favors on behalf of litigants, so that in one case a person named Lin Ping Chong was forced to commit suicide through his (the interpreter's) misrepresentation. In that case a commissioner of education, named Chen Shun, charged the said interpreter with having taken advantage of his position to insure the collection of an alleged debt on behalf of a person, thus forcing the commission of a suicide, and acting otherwise in a lawless manner; and that afterwards he incited Consul Delano to come forward to lend his protection to the affair. But while holding the position of consular interpreter, he was allowed to engage in trade, and through the influence of the consul he committed many lawless acts. Moreover, some time last year, a respectable official belonging to the Governor's office had advised Consul Delano not to employ Lee Mung Lan, so as to give rise to complaints all round; but Consul Delano persisted in his own way, and continued to lend his protection to his schemes. That the consul purposely connived at his (the interpreter's) misdoings, is thus clearly seen.

"14. Lee Yow Moi gave the consul $200 and the interpreter $30, besides other things. Although they were not placed in the hands of the consul personally, yet the servant of Lee Mung Lan, surnamed Chu, stated in his evidence that they were handed to Lee Mung Lan personally. Now, if this was stated by other witnesses it might be said that the accusation was false; but this man (Chu) was Lee Mung Lan's own servant. Was it likely that he would accuse falsely Lee Mung Lan, his master? In conniving at the bribe received by the consular interpreter, the consul had made the first mistake; and having connived at the consular interpreter's acts, he further lent him his protection, and in this the consul had made the second mistake. But whether or not these were intentional or unintentional mistakes, a conclusion can be easily arrived at by a perusal of the twenty-odd complaints against Lee Mung Lan. Although Lee Mung Lan is now dismissed from the office of consular interpreter, those of the people who have suffered at his hands cherish a dislike for Consul Delano, by reason of the protection he gave to Lee Mung Lan's schemes; so that if he is continued as consul here, we are sure harmony cannot be maintained in the end.

"The above facts are substantiated by proofs, and are violations of the treaty. We find that Mr. Secretary Holcombe possesses full powers, and we feel sure that he is competent to decide this case with justice, and we hope you will communicate with him on the subject, requesting from him a specific reply to each of the above points.

"In addition to transmitting separate communications on this subject to the Tsungli Yamen, with the view of its being brought to the notice of the United States minister at Peking, and to our ministers at Washington, for their action thereon, we hereby direct the members of the Foreign Board to communicate at once with Mr. Secretary Holcombe, that he may consider the case with fairness and act thereon according to the stipulations of the treaty."

Having received these instructions, we beg herewith to communicate with you on the subject, and to request you to consider the points and favor us with a reply to each at your earliest convenience, also to send a report of the same to your government and to the United States minister at Peking that a decision may be made in accordance with the terms of the treaty.

SECRETARY HOLCOMBE'S reply to the Foreign Board:

A communication in reply. On the 14th day of this month I received a communication from your Board in reference to the case of Porter.

That your Board should have delayed so long before sending me this communication, is a source of regret which I cannot help expressing to you. This case was first jointly investigated in the 10th Moon, and at the time of the investigation, as well as subsequent to it, I repeatedly told you personally that I had other official business to attend to, and that I should have to return to Peking as soon as possible. I also informed the Governor-General and Governor, as well as the members of your Board, that I would start very early on the morning of the 5th, so that I am sure you will concur with me in my expression of regret. You must also be aware that I am unable, on the eve of my departure, to give a full reply to the various points, and what I shall give will therefore be but brief.

1. Looking over the whole evidence, there is not a single word pointing to the Sea Protection Company levying any tax on the fishermen, or extorting any contribution from them.

2 and 3. There is nothing in the evidence showing that the British consul refused to consent to the engagement of MacKenzie; and neither in the evidence, nor outside of it, there is any allegation that Consul Delano knew that this was a business prohibited by the Chinese Government.

4. There is not a word, either in the evidence or outside of it, that can be relied upon, showing that the consul knew that he ought not to give his cards to be used by Porter; and although I am of opinion that the consul should not have done what he did, yet this is only a mistake committed through thoughtlessness.

5 and 6. What I have stated in points 3 and 4 covers this.

7. The consul affords protection to Porter, because he has done nothing that is illegal.

8. The flag used on board the junk is not the flag of the United States of America. It was after the arrest of Porter by Chen Taoutai,

when he was examined by the consul, that the consul knew that there was a flag used on board, and of its pattern.

9. In the communication to the Governor-General, the words "detention in custody" were improperly used, because the consul does not know Chinese; and as he has already apologized, this subject should not be again brought up.

10. I have to repeat, that the junk had never flown the American flag; but the proper thing to have been done was that the consul should have made proper inquiries of the Chinese authorities before he should have permitted Porter to conduct this business.

11. I have also to state that the junk did not use the American flag. If she had, the captain should be punished. No blame whatever can be attached to the consul, because the consul did not know whether the junk had flown the flag or not. As to not detaining Porter in custody, it was because the Chinese authorities had not stated the charge against him. I had informed you repeatedly that there were laws of the United States under which Porter's wrongful acts could be tried; but as you have not complied with the request, of course he cannot be tried again now.

12. My reply to point 1 applies to this.

13. I have already dismissed Lee Mung Lan from the office. That matter should not be brought up again. As to the consul affording protection to Lee Mung Lan, he was a man the consul had great confidence in. Since the Governor-General and the Governor had not brought the misdeeds of Lee Mung Lan to the knowledge of the Tsungli Yamen before, are they not a good deal to blame?

14. From the evidence, there is not a word that Consul Delano had ever received \$200, nor had he ever made a demand for this sum of

money. If those people did intend to offer this money to him, I cannot believe the evidence that Lee Yow Moi did take this money to the consulate. Even if this evidence was to be believed, the money, at best, was only placed into the hands of Lee Mung Lan. Since you appeared to know the character of Lee Mung Lan so well, could it not be supposed that he appropriated this money to himself? In this point, there is also an allegation that the consul connived at the reception of the bribe by the interpreter. I consider it my duty to point out that language like this should not have been used, and I ask, —Is this a good plan to bring a complicated case to a termination, with statements like these, with assertions so baseless? While our government will certainly not permit one of its officials to be guilty of malfeasance in office, it will not allow strong language to be applied by other nations to its officials who are innocent of any gross misconduct.

In addition to forwarding a full copy of the evidence in this case, together with a copy of your communication and my reply thereto, to the Government of the United States, I deem it necessary to send you this reply.

A COMMUNICATION from Secretary Holcombe to the Governor-General of Fokien and Chekiang:

A communication. In the matter of the Porter case, the various persons under examination have been in custody for more than six months; and this must have inflicted untold hardships in more than one instance. So far as I am concerned in this matter, I ought not to interfere with the Chinese administration of justice to the people of China; but, in view of the great hardship inflicted on the people, I feel I cannot bear to remain silent, but that I should communicate with your excellency on the suggestion as to whether or not the parties concerned should be liberated or bailed out, according to the merits of their cases, so as to relieve them from their sufferings; and I trust that you will issue the necessary orders to your subordinates to have my suggestion carried out.

I must again premise, that this is a matter I ought not to have interfered in at all, but your compliance with my suggestion would demonstrate all the more your great sense of justice, and the kind regard you entertain for your people.

A REPLY to Secretary Holcombe's communication, by the Governor-General of Fokien and Chekiang:

A communication in reply. I received a communication from you, in which it was set forth as follows:

"In the matter of the Porter case, the various persons under examination have been in custody for more than six months; and this must have inflicted untold hardships in more than one instance. So far as I am concerned in this matter, I ought not to interfere with the Chinese administration of justice to the people of China; but, in view of the great hardship inflicted on the people, I feel I cannot bear to remain silent, but that I should communicate with your excellency on the suggestion as to whether or not the parties concerned should be liberated or bailed out, according to the merits of their cases, so as to relieve them from their sufferings; and I trust that you will issue the necessary orders to your subordinates to have my suggestion carried out.

"I must again premise, that this is a matter with which I ought not to have interfered at all, but your compliance with my suggestion would demonstrate all the more your great sense of justice, and the kind regard you entertain for your people."

In reply, I have to say that the administration of justice in China is guided by established precedents, to insure no wrong being inflicted from false accusations on the one hand, and no undue leniency on the other; and with regard to the case in question, the matter has been investigated, the guilty ones shall be punished according to law, and the innocent parties should be either unconditionally liberated or released on hail, as the relative merits of their cases require, and on no account shall oppression or hardship be allowed to exist.

In addition to sending instructions to the Foreign Board and the adjudicating officers of the case to have the matter looked into, and to have a full report of their decision made to me, I deem it necessary to transmit this reply to you.

———

A COMMUNICATION in reply, from Minister Seward to the Tsungli Yamen:

A communication in reply. I had the honor to receive, on the 1st day of this month, a communication from your Imperial Highness in reference to the case of Mok Tsze Ping, who was charged with confederating with the foreigner Porter in the scheme of levying a contribution, whereby a homicide was occasioned.

In reference to this case, I called, on the 8th day of this month, at your office, and had an interview with their excellencies Ministers Shen, Tung, Shing, and Hsieh. I had then requested them to examine the evidence and the other documents which Secretary Holcombe had obtained from Foochow, and I also informed them that I had already sent to my government all the papers connected with this case, together with my views thereon, and that when I should receive a reply to the same I would then communicate to them the decision of my government. To this proposition all the ministers assented.

I beg, therefore, to send now this reply to your Imperial Highness.

——

A COMMUNICATION from the Tsungli Yamen to Minister Seward:

A communication in reply. In the matter in which Consul Delano connived at the interpreter's confederacy with the cashiered graduate Mok Tsze Ping, and others, in extorting a contribution whereby a homicide was occasioned, this office had already pointed out to you, in a previous communication, the various circumstances connected with the case, from truthful evidence taken therein. Subsequently, your excellency came to this office with Secretary Holcombe, and had a personal discussion of the matter, in which your excellency gave us to understand that all the papers connected with this case had been sent to your government, and that when a reply was received you would then communicate with us again, and that if anything was considered unsatisfactory we could then make another representation. On the 14th day of this month your excellency addressed us a communication embodying these circumstances.

As the facts of this case have been clearly brought out in evidence, we feel sure that, with your excellency's love of fairness, a proper mode for the settlement of this affair must appear clear to your mind. For this reason, we had asked you, at our previous interview, to deal with the case justly yourself. As to the circumstance of your having represented the matter to your government, and of your waiting for a reply, it was information the knowledge of which we should not participate in. Adhering, therefore, as we do, to our previous views, we beg again to request that your excellency will personally bring the case to a fair and just termination; and with that object in view, we make this communication to you.

——

A COMMUNICATION dated the 17th day of the 11th Moon, (21st December, 1877,) from the Tsungli Yamen to Minister Seward:

In the matter of the case against Mok Tsze Ping, of Foochow, for confederating with Porter in the levy of an illegal tax on fishing-nets, thereby occasioning a homicide, a communication on the subject had been sent to your excellency during the 6th Moon, inclosing a copy of the whole case as transmitted to us by the Foochow authorities, and a reply was received from your excellency, setting forth that the matter required investigation, and that for that purpose you had resolved to dispatch Secretary Holcombe to Foochow: that on our part we should communicate with the Governor-General of that province, directing him to delegate officials to associate with Secretary Holcombe in the investigation. We thereupon communicated with the Governor-General and Governor, to hold a join investigation with Secretary Holcombe, on the arrival of the latter at Foochow. All these appear on record. On the 10th day of this month, a communication was received from the Foochow authorities which set forth a report from the acting treasurer and the judge of Fokien on the result of their joint investigation they held with Secretary Holcombe into the case of Lee Yow Moi and others, who had been acting in confederacy with Porter, and that of the consular interpreter Lee Mung Lan, who had been lending the protection of his position to the scheme of the illegal levy. They further stated, that inasmuch as Secretary Holcombe had full powers, and was, moreover, a man of uprightness and fairness, he could have settled this case, and should have replied to the various points raised by them *seriatim*; but that the reply they received from Mr. Holcombe was a declaration that he had other official duties to attend to, and that he must return early to Peking. They found, however, that although the evidence was taken down by the clerks Mr. Holcombe brought with him, and the prisoners were closely interrogated by him personally, yet the proofs were so clear and positive that there could be no escape even by prevarication. Thus a decision could have been arrived at from the evidence taken; but before a reply was received as to what was to be done with the case, Mr. Holcombe left immediately for Peking, thus leaving the case still undecided. They therefore requested the Governor-General and Governor to communicate with the Tsungli Yamen on the subject, with the view of the matter being brought to the notice of the United States Minister, Mr. Seward, that he may look into the case in order to ascertain what should be done with it, and to decide it with fairness in accordance with the terms of the treaty, thus upholding what is fair and just.

Having received this communication, we find that in this case of Mok Tsze Ping, who engaged the foreigner Porter to levy an illegal tax, whereby a homicide was occasioned, the part taken by Consul Delano in the affair has been given with great minuteness in the dispatches of the Foochow authorities, and we beg herewith to inclose to your excellency a copy of the correspondence. We trust you will communicate to us the decision you shall come to.

A DISPATCH from the Governor-General of Fokien and Chekiang, Ho King, to the Tsungli Yamen, on the 3d day of the 9th Moon (9th October, 1877):

In the case of Mok Tsze Ping, confederating with the foreigner Porter in levying an illegal tax on fishing-nets, thereby causing a homicide, a communication was received from your office intimating that United States Minister Seward had resolved to dispatch Secretary Holcombe to Fokien to investigate the matter. I thereupon appointed the judge of Fokien, Li Ming Chi, and the grain commissioner, Taotai Yet Yung Yuan, as delegates to hold a joint investigation with Secretary Holcombe. They subsequently submitted to me a report stating that Secretary Holcombe had Lee Yow Moi and others brought up, Lee Mung Lan and his father being also present, and had them separately and closely examined, on successive days. Subsequently the servant of Lee Mung Lan, Chu Kwai, was summoned to confront with Lee Yow Moi and others. That, from the evidence of Lee Yow Moi and others, it was elicited that when Porter was engaged to look after the nets, and to make the levy of contributions, the agreement which the consul signed and sealed was entered into at the consulate. He also gave his cards to Porter, authorizing him to use them on calling on the officers of the locality, and to sail in a junk which was armed with large guns and flew the American flag. That on the 12th day of 12th Moon last year, (25th January, 1877,) he presented \$200 to the consul, and on the 27th day of the 1st Moon, (11th March, 1877,) \$30 to Lee Mung Lan; also some gifts of other things; while Porter was paid from time to time \$100 for wages. That they had associated themselves with Secretary Holcombe to investigate the matter on several occasions.

As to the evidence of Lee Yow Moi and others respecting the engagement of Porter to watch the nets and to levy contribution, the making of the agreement at the consulate, which was signed and sealed by the consul, and the giving of the cards to Porter for use on the local officers, the facts being borne out by conclusive proofs, Secretary Holcombe admitted that these acts were improper. But with regard to the manufacture of the flag, he contended that it was really made by Porter himself; and with regard to the reception of the money and the other gifts, (that apart from the \$100 in reference to which the consul had in his letter to Colonel Wong requested him to communicate with the prefect of Foochow, demanding the payment of the balance due,) there was no doubt that he had received pay for his engagement. With regard to the payment of $30 to the interpreter, there was the evidence of his own servant, Chu Kwai, and on this point Secretary Holcombe had likewise no contention to raise. But with regard to the $200 for the consul, the evidence of Lee Yow Moi and Chu Kwai showed that the money was paid through Lee Mung Lan, and Secretary Holcombe therefore contended that there was no positive proof, and that the assertion could not be believed. Nevertheless, the evidence of Lee Yow Moi and Chu Kwai, the servant of Lee Mung Lan, appeared to be circumstantial and positive enough. That Lee Yow Moi and others should have the audacity to establish the office for the levy of the tax, was owing to Porter acting as the "charm of protection"; that Porter should dare to accept the engagement on a paid salary of lending his protection to the scheme of levying a tax on fishing-nets, was because the consul had the direction of it; and that the consul gave the seal, his cards, and other things to Porter, or allowed him to hoist the flag, was because he was incited to do so by the interpreter Lee Mung Lan; and that Lee Mung Lan ventured to incite the consul, was because the consul, having implicit confidence in him, connived at his doings to a great extent. Consul Delano has been many years at Foochow. Is it likely that he did not know that the establishment of an office for the illegal levy of a tax was against the inhibition of the Chinese Government? Yet he connived at Porter's greediness of gain and his lawless acts, and purposely violated this inhibition. Even if he was really ignorant of this inhibition, it was, nevertheless, a matter affecting the internal administration of China, and should not have been interfered with by the United States Government. Such interference was, therefore, a violation of the eighth article of the treaty, and if the consul would have the treaty faithfully kept, he should not have granted Lee Yow Moi's request, and should not have permitted Porter to look after the nets for them. In that case, Lee Yow Moi would not have dared to establish the office so openly for watching the nets and levying an illegal tax on them. Even if Porter was engaged to look after the nets, had the consul not put his signature to the agreement, not affixed his seal thereto, not permitted the use of the flag, not given out his cards for use broadcast, Lee Yow Moi and his confrères would not have been able to confederate themselves with the local vagabonds to victimize the fishermen. If it be said that the consul was not aware of all the circumstances of this matter, no harm would have accrued by his sending a note to inquire of the local authorities whether the scheme could be properly carried out or not. If such an inquiry had been made, the authorities would have prevented it at once, and no injury would have accrued to the ignorant villagers, and no homicide would have occurred. Why could not the consul have thought of this? He allowed himself to be led away by the interpreter Lee Mung Lan; he connived at Porter's establishment of an office for the collection of contributions at places not opened to foreign trade; he, moreover, put his signature to the agreement, and affixed the United States consular seal to the same; he gave Porter his cards for use on the local officials, that they might know that the scheme was sanctioned by the consul; so that Porter was able to hoist the flag openly, and, relying on the strength of the consul, committed various acts of lawlessness, in violation of the treaty.

Apart from the consideration of the necessary punishment to be meted out according to law to Lee Yow Moi and others for levying a tax and causing a homicide, which will form the subject of a separate communication, the members of the Foreign Board deem it necessary to transmit this report of the joint investigation, held on successive days, together with a copy of the evidence taken, for our consideration, with a request that we should communicate with the Tsungli Yamen, with a view of the same being brought to the notice of the Chinese Ministers resident at Washington, to the end that a fair determination may be arrived at, in accordance with the terms of the treaty.

On the receipt of this report, we deem it essential, after making the necessary indorsement on it, to forward it to the Tsungli Yamen for its consideration.

The Governor-General begs to add that the acting appointment of the Foochow Generalship is also held by him, and that it is therefore unnecessary to include the General's name in this communication.

COMMUNICATION from Minister Seward to the Tsungli Yamen, sent on the 21st day of the 6th Moon (31st July, 1877):

I received a communication from your Imperial Highness dated the 3d day of the 6th Moon, (13th July, 1877,) in which you informed me that Mok Tsze Ping and others had conspired with a foreigner, Porter, in establishing a Sea-coast Protection Company, from which Consul Delano and the consular interpreter at Foochow received bribes.

In reply to the same, I beg to state that I have been made aware of the facts of this case already, the consul in question having reported the same to me. As he did not, however, anticipate that the high officials of Foochow would report the case to your office, he has not sent me a copy of the whole question. But, besides this, I have other sources of information on the subject.

Consul Delano has been in office at Foochow for about eight years, during which period he has never been known to have done anything wrong, and my predecessor regarded him as a man of fairness and ability. I am therefore sorry to hear of this affair, and that the high Chinese authorities have become somewhat suspicious of him.

As the United States Government considers the conduct of its officials as affecting the reputation of the country, I shall take the necessary steps to have the complaint preferred by the Foochow authorities against Consul Delano properly investigated.

Mr. Holcombe, secretary of this legation, while on his way from Peking to Formosa, shall be instructed to proceed to Fokien, and, as he possesses full powers, I have no doubt he will be able to investigate and settle this case. It will be necessary for your highness to instruct the Governor-General of Fokien and Chekiang to appoint officers of equal rank with Mr. Holcombe, that they may hold joint examination of the witnesses in the case. The evidence taken of witnesses either introduced by the Governor-General or by Mr. Holcombe shall be fully recorded, in order that the same may be considered together; otherwise the visit of Mr. Holcombe to Foochow will have been taken in vain. I beg your highness to communicate at once with the Governor-General, and request him to act accordingly; and also to send a reply to my note in a day or two.

With respect to the copy of the evidence inclosed to me in your communication, it is hardly sufficient to find Consul Delano and Porter guilty of the faults which the Governor-General and the members of the local Foreign Board have alleged him to be guilty of. Putting aside the allegations of the Governor-General and the members of the local Foreign Board, let us discuss first the evidence. The faults of Consul Delano and Porter appear to have been based upon the statements of Mok Tsze Ping and Lee Yow Moi. Now, Mok Tsze Ping stated that he was not present when the agreement was entered into, or when the money was paid to Consul Delano; the evidence was only hearsay. Lee Yow Moi stated that he learned from the consular interpreter that Consul

Delano had consented to accept the money. He further stated that when the money was delivered into the hands of the interpreter the consul was up-stairs, and was not present.

Analyzing the testimony of these two witnesses, one said that $200 was paid to Consul Delano and $30 to the interpreter every month; the other said that only one month's pay was given to them at those sums. One said the salary of Porter of $100 was all paid through the consul; the other said there was still due to Porter the sum of more than $200. The Governor-General and the local Foreign Board repeatedly asserted that the consul and Porter had assisted the natives to establish the Sea-coast Protection Company; but, according to the evidence, that company was already established before Porter was engaged. It was also explicitly stated that Porter was employed by the company for protecting the fishing-nets of the fishermen, and not for levying the illegal exactions from them. Again, the magistrate of Ha Poo said that Porter took his men to Yan Ting to search for the nets, while the evidence taken in this case stated that Porter was on board the junk; that he did not go on shore at all. There being so many contradictions in this case, it requires a careful examination to solve them. Besides, in the report of the consul, he alleges that all this evidence was obtained by torture. Therefore, in coming to a decision in this case, extraordinary care is necessary.

I have no doubt your highness knows well enough without my telling you that our government will never allow the illegal use of its flag in helping the Chinese to carry on any unlawful act; not will it allow any one to use a flag similar in pattern, or its seal, for whatever purposes. With regard to what was stated in your communication, —that an American was employed by the Sea-coast Protection Company, who used the flags and seal of the United States, and represented himself to be an officer of the United States, —these are all true facts, and I need not discuss them any more. But considering that Consul Delano and Porter are ignorant of the Chinese language, I am not sure whether they knowingly permitted these acts to be done, or whether Consul Delano knew what the nature of the agreement which he signed and sealed was. These are matters which require careful investigation before they can be understood. Inasmuch as it was the intention of the members of the company to do an unlawful act, it is reasonable to conclude that they had so devised the scheme that the consul and Porter were deceived.

As to the use of the United States flags for deceiving the natives, Consul Delano, stated in his report that Porter was a pilot, and the flag discovered was the same one which he had always used as a sign of his profession.

In conclusion, I must say that I do not mean that Consul Delano is entirely unblamable; but whether his fault is intentional or unintentional, I shall not discuss now. But with regard to the conclusion arrived at by the Governor-General and the local Foreign Board of his faults, I think it lacks careful consideration. I am inclined to think that there may be some officials of the local Foreign Board who are not on good terms with the consul that have made such a report to the Governor-General.

The signed and sealed agreement in original, above mentioned, may be delivered either to Mr. Holcombe, that he may take it to Foochow, or sent by your office to the Governor-General, that it may be exhibited at the investigation, as you may deem proper.

I hope that, on his arrival at Foochow, Secretary Holcombe will receive from the Governor-General the same courteous treatment as that accorded to him by the Superintendents of Trade of the North and

South of China.

I am, & c. , & c. , & c.

COMMUNICATION from the Tsungli Yamen to the United States Minister, Mr. Seward, sent on the 1st day of the 12th Moon (3d January, 1878):

The Tsungli Yamen herewith sends a communication.

In the case of Mok Tsze Ping and others, who conspired with Porter in levying illegal exactions on fishing-nets, whereby the loss of a life was caused, your excellency had dispatched Mr. Holcombe, Secretary of the U. S. Legation, to Foochow, to inquire into the merits of the case. On the 10th day of 10th Moon, (14th November, 1877,) a dispatch was received from the Fokien authorities, in which it was reported to us that Mr. Holcombe had returned to Peking without first settling the case. We accordingly communicated with you on the 17th day of the 10th Moon, (21st November, 1877,) forwarding you a copy of the Fokien dispatch, and requesting a reply as to your decision of the case.

In regard to the domestic administration of China, the treaty stipulates that no outside nation has a right whatever to interfere in the same. As the levy of taxes on fishing-nets is detrimental to the poor people, the high official of that province had already memorialized the throne, and issued proclamations for its stringent prohibition. As Consul Delano has been a long time in Foochow, he ought to have known this prohibition of the Chinese Government; yet, nevertheless, he recklessly interfered with it. This is his first fault.

The illegal use of the United States flags by ships of other nations, to carry on an unlawful trade, is a matter strictly prohibited by the treaty. How is it that a citizen of the United States, engaged in an unlawful act, was allowed by Consul Delano to use the flags of his nation for that purpose? It was argued that the flag had no stars; but it had actually white round dots on it, and if this was not a flag of the United States, what could it be? According to the statement of Lee Yow Moi, he said that Porter had agreed to get a flag from the consul; and Porter himself had also said that the flag was issued by the consul; and Porter himself had also said that the flag was issued by the consul. All the evidence showed conclusively that this was so. This is the second fault of Consul Delano.

Porter had clandestinely visited a place not open to foreign trade, to exact illegal contribution, and caused thereby the loss of a life. He is therefore an offending party of great importance in this case, and ought to have been retained in custody for joint action; nevertheless, Consul Delano released him. This is the third fault of Consul Delano.

If Consul Delano had not signed the agreement and not issued the cards and the flags, Porter would not have been able to carry on these unlawful acts; therefore the wrongful acts of Porter may be properly regarded as the wrongful acts of Delano; and, moreover, if it had not been for the connivance of Consul Delano, the interpreter Lee Mung Lan would not have dared to meddle with the local lawsuits, to the number of more than twenty cases. In the present case, Consul Delano allowed himself to be prevailed upon by the interpreter, and induced to accept the bribe. Thus the wrongful acts of the interpreter Lee Mung Lan may also be considered as the wrongful acts of Delano. Therefore, having regard to the circumstances mentioned above, we cannot hold that Consul Delano is without blame.

A dispatch was received from your excellency some time ago, in which you admitted that the hoisting of the United States flags and the use of the consular seal were true facts, and that you did not consider Consul Delano entirely unblamable; and in the dispatch of Secretary Holcombe, in reply to the officials of Fokien, he also held that Consul Delano should not have given his cards to Porter, but that the reason he afforded protection to Lee Mung Lan was because he had hitherto implicit confidence in him, &c. It is thus evident that neither your excellency nor Mr. Holcombe has ever exonerated Consul Delano from blame.

Now that the interpreter Lee Mung Lan has been dismissed from the service, Consul Delano is still continued in his post. It appears to us, that while their faults are the same, the mode of dealing with them is not the same. This cannot help striking us as being unfair according to the principles of justice and reason.

Porter, having been released by Consul Delano, has not been handed over for the action by the joint investigation. We deem it, therefore, incumbent on us to communicate to you again on the necessity of an equitable adjustment of this case, and we trust you will favor us with a reply on the subject without any unnecessary delay.

(Read here No. 11 in book No. 1)

No. 3
Enclosures.

A. Constable's badge

B. Triangular flag

C. Porter's flag

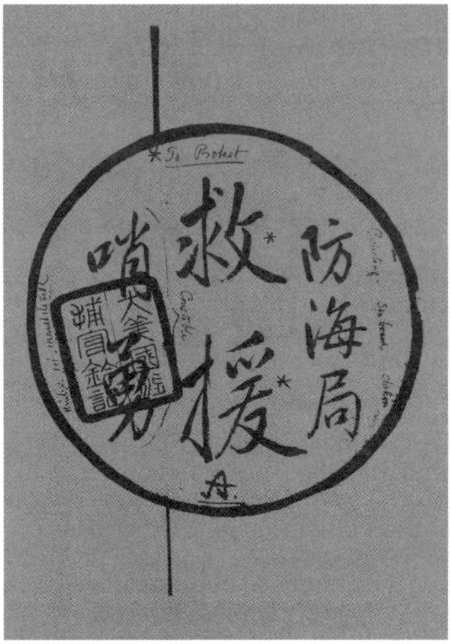

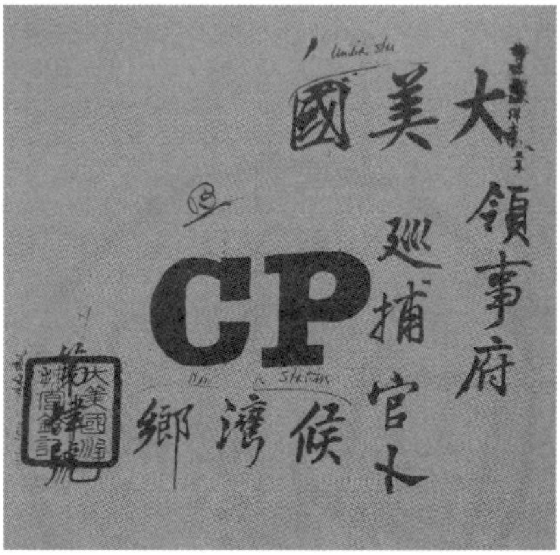

广西师范大学出版社组织整理：《中国驻美国公使馆致美国国务院备忘录（1868—1906）》（1），广西师范大学出版社，2010 年

八　关于副使容闳接理驻美使署事宜的照会

光绪五年三月初九日（1879 年 3 月 31 日）

大清钦差出使大臣花翎二品顶戴宗人府丞堂陈，为照会事：

照得本大臣钦遵我国大皇帝简命，准于三月十八日起程前赴日国，此后所有本署一切公事，暂归副使容大臣接理，本大臣拟请觐见大伯理玺天德，并赴贵署辞行，应于何日时刻为便，即希示复。为此照会，顺候时祉。须至照会者。

右照会大亚美里驾合众国总理外务大臣伊。

光绪五年三月初九

广西师范大学出版社组织整理：《中国驻美国公使馆致美国国务院备忘录（1868—1906）》（1），广西师范大学出版社，2010 年

附： 英文版

Chinese Legation

Washington March 31st 1879

Sir:

I have the honor to inform you that in obedience to instructions from the Government of His Imperial Chinese Majesty, I shall leave Washington on the ninth of April next for Madrid, and that during my absence my associate Yung Wing, Assistant Envoy Extraordinary and Minister Plenipotentiary, will take charge of the affairs of this legation.

I shall be most happy, Mr. Secretary, to call upon the President and you before my departure to Spain, and I will thank you to name a day and hour for the same.

I have the honor to be, Sir,

With the highest consideration,

Your obedient servant

(Signed) Chen Lan Pin

To Honorable Wm. M. Evarts

Secretary of State

广西师范大学出版社组织整理：《中国驻美国公使馆致美国国务院备忘录（1868—1906）》（1），广西师范大学出版社，2010 年

九　关于感谢国务卿相助的照会

1879 年 4 月 5 日

Chinese Legation

Washington April 5th 1879

Sir:

I have the honor to acknowledge the receipt of your note inclosing a Special Passport and a letter of introduction to the Diplomatic and Consular officers of the United States in Europe.

I am exceedingly obliged, Mr. Secretary, by your thoughtful courtesy.

I have the honor to be,

With the highest consideration, Sir,

Your obedient servant

(Signed) Chen Lan Pin

To Honorable Wm. M. Evarts

Secretary of State

广西师范大学出版社组织整理：《中国驻美国公使馆致美国国务院备忘录（1868—1906）》（1），广西师范大学出版社，2010 年

十　关于返美及致谢的照会

1880 年 6 月

Chinese Legation

Washington June 1880

Sir:

I have the honor to inform you of my return to this country from Spain, where I have been during the past year in obedience to the instructions of my government.

I shall take great pleasure, Mr. Secretary, in calling upon you at an early opportunity to express in person my regard for your welfare.

I have the honor to be,

Sir, Your obedient servant

陈兰彬

(Chen Lan Pin)

Hon. Wm. M. Evarts

Secretary of State

广西师范大学出版社组织整理：《中国驻美国公使馆致美国国务院备忘录（1868—1906）》（1），广西师范大学出版社，2010 年

十一　关于请帮找回遗失在纽约海关大楼物品的照会

1880 年 7 月 27 日

Chinese Legation

No. 21. West 31st street

New York July 27th 1880

Sir:

I understand that a small box marked G. P. and containing an cleelris pen is lying at the New York Custom House waiting to be claimed by me. As I wish to forward it to China, may I ask you to do me the favor of causing it to be delivered to me in order that I may put the right address upon it.

I have the honor to be, Sir,

Your most obedient servant

陈兰彬

Chen Lan Pin

Hon. William M. Evarts

Secretary of State

广西师范大学出版社组织整理：《中国驻美国公使馆致美国国务院备忘录（1868—1906）》（1），广西师范大学出版社，2010 年

十二　关于总理衙门通咨出使各国大臣公文的照会

光绪六年六月二十五日（1880 年 7 月 31 日）

大清钦差出使大臣花翎二品顶戴都察院左副都御史陈、补用道容，公文赍至：

大亚美里驾合众国总理外务大臣伊，当台开拆。

大清光绪六年六月二十五日

大清钦差出使大臣花翎二品顶戴都察院左副都御史陈、补用道容，为照会事：

照得本大臣前奉总理各国事务衙门通咨本国出使各国大臣公文一件，请将内开各节照会贵部查照等因，奉此，合将翻译原文刷印成本，以便检阅，备文咨送贵大臣，请烦查照施行。须至照会者。附送翻译原文二份。

右照会大亚美里驾合众国总理外务大臣伊。

光绪六年六月二十五日

广西师范大学出版社组织整理：《中国驻美国公使馆致美国国务院备忘录（1868—1906）》（1），广西师范大学出版社，2010 年

附一：英文附件

Chinese Legation,
July 31 1880.

Sir:

We have the honor to inclose here with copies of a note dispatched some time since by the Tsung-Li Yamên at Peking (the Foreign Office) to the Ministers of China in foreign countries. ① We were instructed by our Government to communicate its contents to your Excellency, and we have caused an English translation of the note to be printed to facilitate its examination.

Accept Sir the assurance of our high consideration,

陈兰彬
(Chen Lan Pin)
Yung Wing

Hon. Wm. M. Evarts

Foreign Relations of the United States, 1880, China
广西师范大学出版社组织整理：《中国驻美国公使馆致美国国务院备忘录（1868—1906）》（1），广西师范大学出版社，2010 年

① See appendix 6 to Mr. Seward's no. 510 of Nov. 21, 1879, *ante*, page 177.

附二：英文附件

The Tsung li Yamen to the Chinese Ministers Abroad.

1. Since the Treaties of Tientsin were ratified, China's relations with Foreign powers have invariably been conducted in accordance with their stipulations. Whatever complaints there may have been on the part of foreign governments on this head have in the main been occasioned by accidents to individuals and the incidence of taxation. As regards the first class of complaints, it must be remembered that such things may occur in any country, and that no amount of foresight can effectually guard against them; while, as to taxation, it is where there are no treaty provisions, or where treaty provisions are read two ways, that differences occur.

2. Treaties may be revised once in every ten years, and such additions, abrogations, or modifications as are introduced depend of course on the voluntary assent of the contracting powers. The first revision of the British Treaty was concluded by the Yamen and the British Minister in 1869; but, notwithstanding that friendly negotiations had extended over two years, the British Government refused to ratify the arrangements of its representative, and the revised treaty has never been in force. For a year past the revision of the German Treaty has been going on; among the proposals of the German Minister there are some to which it is impossible for China to assent; and so, although there has been much discussion, no settlement has been yet arrived at.

In this matter of treaty revision, a mutual interchange of views is a preliminary of much importance, and it appears to us that there are four cardinal points, regarding which it would seem that we have, up to the present time, failed to make the Chinese view understood. They are, 1st, transit; 2d, likin taxations; 3d, exterritoriality; 4th, the "most favored nation" clause. We propose to state our views in connection with them, for your Excellency's information.

3. As regards dues and duties paid by foreigners generally, we hold that, by the treaties of Tientsin foreigners.

Can import *foreign* goods into China on payment of the tariff duty;

Can re-export duty-paid *foreign* goods to a foreign country, and obtain drawback of the import duty originally paid;

Can convey duty-paid *foreign* goods into the interior and either, as Chinese merchants do, pay duties at each custom-house and taxes at each barrier passed, or, by payment of the tariff transit due, can free their good from such duties and taxes en route to any place, however distant, named by them and entered in their transit certificate;

Can purchase *native* produce in the interior, and, intended for foreign export and supplied with transit certificates, can bring it to a treaty port, exempt along the route from all duties and taxes, by simply exhibiting the certificates at each custom-house and barrier passed, it being merely charged the tariff transit due at the last "barrier"(i. e. , the barrier nearest the port) ; or, if not provided with transit certificates, then such produce has to pay the duties and taxes to which Chinese merchants are liable;

Can export *native* produce on payment of an export tariff duty;

Can convey native produce from treaty port to treaty port, on payment of an export duty at the port of shipment and a coast trade half duty at the port of discharge;

Can, after payment of the coast trade half duty as above, convey *such native* produce into the interior, on payment of the duties and taxes at the custom-houses and barriers passed en route, in the same manner as Chinese merchants.

The above is in a general way what foreigners trading in native and foreign goods are entitled to as regards payment of duties in accordance with treaties and regulations.

4. As regards *transit inwards*, however, foreigners have maintained that to say goods are exempted en route from a port to the place mentioned in the transit certificate is not enough. They have held that foreign goods which have once paid transit dues can not subsequently be called upon to pay any local charge whatever. To this interpretation we can not agree. By the treaties foreigners have the option of taking out or not taking out transit certificates. If transit certificates are applied for, the treaty stipulations require that the place to which the goods are going must be named and entered in the certificate. Why is this so? It is because the certificate is only to free the goods from the treaty port to the place named in the certificate; arrived there, the certificate becomes waste paper, and the goods thereafter differ in no respect from ordinary uncertificated goods. Again, the foreign merchant having the option of taking out or not taking out transit documents, it thence results that foreign goods of two kinds are found at the same place in the interior at the same time, namely, certificated and uncertificated. The certificated goods, traveling in a given direction under certificate from the treaty port to a place named, are by treaty exempt from taxation everywhere en route; while the uncertificated goods, transported in any direction at pleasure, are everywhere liable to the incidence of local taxation. When the certificated goods have arrived at their place of destination, and by the canceling of the certificate have become uncertifi-

cated, they, like all other uncertificated goods, are thenceforth liable to taxation. The certificate once cancelled on arrival at the place of destination, how can it be possible to distinguish among equally uncertificated goods which had paid and which had not paid transit dues? It is evident, therefore, that complete exemption from taxation everywhere and for all future time is not the meaning of the treaties, but simply that goods are to be freed from all taxes en route. In a word, as we understand the Inward Transit privilege, a certificate only protects goods from port to place of destination; but this is already a great privilege, for, on paying one transit due, the foreigner can at pleasure send his goods to any market, however distant, without further liability to taxation.

5. As regards *transit outwards* foreigners have held that goods may be brought down under transit certificate even when not intended for foreign export, but meant for resale in China, and have gone so far as to say that, even without certificates, no tax ought to be charged in the interior on goods ordinarily exported to foreign countries. Now, as Chinese merchants have to pay all taxes en route, as Chinese merchants have to pay all taxes en route, it is obvious that the only way foreigners could bring down goods free would be under certificates, and therefore without certificates goods must pay, no matter what may be their subsequent destination. And again, since native trade would be subjected to unfair competition if foreigners were permitted to bring down produce under transit certificate, and then send it to another port of China for sale, it follows that the produce that is entitled to transit privileges can only be such produce as is intended for foreign export. In a word, as regards native produce outward, the case is just the same as with foreign merchandise inwards; the transactions differ, but the amount of duty

charged is the same. For, just as a foreigner can take foreign goods to any port of China on payment of a full and half duty, so he can go to any port of China and thence take Chinese produce to a foreign country on payment of a similar full and half duty.

6. *Likin* is continually objected to by foreigners. But, is it not just as well known that Chinese merchants are opposed to it too, and that the Government regards it only as a temporary expedient? Independent powers must be guided by national necessities in fixing their taxation. In these troublous times the demands on the Government are very heavy, and it is impossible to avoid having recourse to special measures. We maintain that all such matters should be left to be determined by China herself, and that the foreigner has no more right to interfere with or object to them than China would have to interfere with or criticise the action of a foreign government in raising loans or increasing taxes. If foreign merchants desire to escape the likin, they can escape it, all they have to do is to supply themselves with transfer certificates when taking foreign goods into the interior or bringing native produce out of the interior. If they do not carry transit certificates they must pay the likin, for in the absence of transit certificates all goods are alike and indistinguishable, and must in the interior pay likin according to the rule of the locality.

7. As regards *jurisdiction*, i. e. , exterritoriality: By the treaties, foreigners in China are not amenable to the jurisdiction of the Chinese authorities—i, e. , they are exterritorialized. If they have disputes among themselves, their own authorities are to settle them; if they commit an offence, their own authorities are to punish them according to their own national laws. But foreigners claim much more than this; they interpret this exterritorial privilege as meaning not only that Chinese

officials are not to control them, but that they may disregard and violate Chinese regulations with impunity. To this we can not assent. China has not by any treaty given foreigners permission to disregard or violate the laws of China. While residing in China they are as much bound to observe them as the Chinese are. What has been conceded in the treaties in this connection is merely that offenders shall be punished by their own national officials in accordance with their own national laws.

For example, if Chinese law prohibits Chinese subjects from going through a certain passage, foreigners can not claim to go through that forbidden passage in virtue of exterritoriality. If they go through it, and thereby break a Chinese law, their own national officials are to punish them in accordance with such laws as provide for analogous uses in their own country. In a word, the true meaning of the exterritoriality clause is not that a foreigner is at liberty to break Chinese laws, but that if he offends he shall be punished by his own national officials.

Again, seeing that China has agreed that these judicial powers shall be exercised by foreign consuls within Chinese territory, foreign governments should, on there side, take care that none but good and reliable men are appointed to these posts. Several States, however, appoint merchant consuls. Now, in so far as concerns that part of a consul's duty which comprises the reporting and clearing of ships, and the shipping and discharged of sailors, China does not object to its being discharged by merchant consuls; but in China a consul's duties comprise judicial functions as well, and the importance of such functions is such as to seem to demand the appointment of *bona fide* officials to consular posts. Moreover, when cases requiring joint investigation occur, it is neither convenient nor dignified for a Chinese official to sit on the bench with a merchant consul who may have been fined for smuggling the day before, or who, in his mercantile capacity, may perhaps be personally interested in the case at issue.

8. The "*most favored nation*" clause is found in all the treaties, and it is well that it should be so, for it is difficult for China to distinguish between foreigners, of to say to which nationality each belongs; and so much is this so that even non-treaty Power foreigners are treated like the others. The object of the foreign negotiator in introducing this clause was to prevent his own nationals from being placed at a disadvantage as compared with others, and to secure that all should be equally favored. Now this is precisely what China desires; but foreign governments, although their objects in negotiating for the "most favored nation" clause were similar to those of China, are not always fair in their interpretation of it. For example, if China for a consideration grants a certain country a new privilege on certain specified conditions, this would be of the nature of a special concession for special consideration. Should other countries come for ward and in virtue of the "most favored nation" clause claim to participate in the new privilege, although China need not necessarily exact a similar consideration in return, yet it would be only just to expect that, enjoying the privilege, they would consent to observe the condition or conditions accepted by the Power to which it was originally granted. But, far from this being the case, there are some who, while demanding the privilege, refuse to be bound by the conditions attached to it. This is the unfair interpretation to which China objects. In a word, as regard this "most favored nation" clause, we hold that if one country desires to participate in the privileges conceded to another country it must consent to be bound by the conditions attached to them and accepted by that other.

9. Over and above the four points commented on, there is the *mis-*

sionary question. China, recognizing that the object of all religious systems is to teach men to do good, has by treaty assented to missionaries coming to teach their doctrines in China, and has also guaranteed protection to them and to their converts. But among the missionaries are some who, exalting the importance of their office, arrogate to themselves an official status, and interfere so far as to transact business that ought properly to be dealt with by the Chinese local authorities; while among their converts are some who look upon their being Christians as protecting them from the consequences of breaking the laws of their own country, and refuse to observe the rules which are binding on their neighbors. This state of things China cannot tolerate or submit to. Under the exterritoriality clause foreigners are to be dealt with by their own national authorities, but as regards Chinese subjects on Chinese soil, it is only the Chinese authorities who can deal with them; and Chinese subjects, whether Christian or not, to be accounted good subjects, must render an exact obedience to the laws of China. If any offend against these laws, they must one and all, Christians and non Christians alike, submit to be dealt with by their own native authorities, and the foreign missionary can not be permitted to usurp the right of shielding them from the consequences of their acts.

10. In order that negotiations for treaty revision may be facilitated, what is required is reciprocal consideration and mutual forbearance; we accordingly address to your Excellency this communication. To recapitulate:

In the matter of *inward transit*, we hold that certificates only cover goods from a treaty port to the place named in the certificate, exempting them from all taxes en route; and that, once arrived at that place, they thereafter differ in no respect from uncertificated goods, and must, like all uncertificated goods, pay whatever charges the barriers passed thereafter may collect.

In the matter of *outward transit*, we hold that produce not yet bought by foreigners, or brought but not covered by transit documents, is liable to all local charges; and that goods brought down under transit passes for foreigners must be sent to foreign countries, and can not be allowed to go to other Chinese ports of sale, to the disadvantage of native-owned goods which have not had the benefit of the transit pass.

In the matter of *likin, and taxation generally*, we hold that China, as an independent state, has the right to levy whatever taxes she pleases, in whatever manner she may think best; and we consider it unfair on the part of other governments to question our proceedings or put difficulties in our way, seeing that we only collect special taxes because special circumstances call for them.

In the matter of *jurisdiction*, we hold that the exterritoriality conceded in the treaties does not free the foreigner from observing the rules which Chinese have to observe; and seeing that consuls have judicial powers, we think the importance of the trust requires that they should be *bona fide* officials and not traders.

In the matter of *the "most favored nation" clause*, we hold that when any country claims to share the privileges conceded to another it is bound to observe the conditions accepted by that other likewise.

In the matter of the *missionary question*, we hold that within Chinese territory it is only the Chinese officials who can be allowed to exercise authority over the Chinese people; and that, Christians or not Christians, Chinese subjects must be one and all pay due respect and obedience to the laws of China.

What China wishes to do is to carry out the treaties in such a way as to give full effect to all their stipulations, and place all foreigners in China on the same footing; but she can not allow those treaties to be wrested to mean something which is essentially unfair to the Chinese people, nor, in attempting to adjust national resources to national wants, can she assent to any interference with her sovereignty as an independent state.

What the treaties aim at is maintenance of peaceful relations, and it will be found that nothing contributes to this end more powerfully than a due recognition by either state of the independence and sovereignty of the other.

广西师范大学出版社组织整理：《中国驻美国公使馆致美国国务院备忘录（1868—1906）》（1），广西师范大学出版社，2010 年

十三　关于武昌号船钞货税问题的照会

1880 年 8 月 9 日

Chen Lan Pin and Mr. Yung Wing to Mr. Evarts.

Chinese Legation,
Washington, August 9, 1880

Sir:

We have the honor to inform you that the Chinese screw steamer Wo Chung, the first Chinese steamer entering an American port, is soon expected to arrive at San Francisco, and to prevent any misunderstanding in regard to duties or other changes, we would ask you to be so good as to notify the Secretary of the Treasury, that he may issue orders to the customs authorities of that port to extend to that vessel the privileges which are conceded to vessels of other nations in treaty relations with the United States.

Accept Sir, the assurance of our high consideration,

陈兰彬
(Chen Lan Pin)
Yung Wing

Hon. Wm. M. Evarts
Secretary of State

Foreign Relations of the United States, 1880, China
广西师范大学出版社组织整理：《中国驻美国公使馆致美国国务院备忘录（1868—1906）》（1），广西师范大学出版社，2010 年

附： 美国代理外部大臣复函

Mr. Hay to Chen Lan Pin and Mr. Yung Wing.

DEPARTMENT OF STATE,

Washington, August 13, 1880.

GENTLEMEN: I have the honor to acknowledge the receipt of your note of the 9th instant, whereby you informed this Department of the expected arrical at San Francisco of the Chinese steamer Wo Chung, being the first of her class to enter an American port, and, in order to prevent any misunderstanding in regard to duties or other charges, you request that the Secretary of the Treasury be notified, to the end that the customs authorities at San Francisco may extend to that vessel the privileges conceded to vessels of other nations in treaty relations with the United States. The matter was forthwith referred to the Secretary of the Treasury, from whom I now learn that under the laws of the United States and the provisions of the existing treaties with China it will be necessary to exact tonnage tax at alien rates.

It appears that discriminating duties of tonnage and impost on foreign vessels and their cargoes are to be charged, as provided by law (section 4219 Revised Statutes), in all cases except where exemption is secured by treaty stipulations, or where special exemption is proclaimed by the President upon evidence of reciprocal exemption accorded to vessels of the United States, conformably to the provisions of section 4228 of the Revised Statutes, or where an exemption is created otherwise by law.

The treaties between the United States and China do not establish reciprocal exemption from discriminating taxes. While the tonnage tax to be collected from American vessels in the open ports is fixed by the treaty of June 18, 1858, between the two countries, it does not appear that Chinese vessels entering those ports are subject to the same charges. Neither does it appear that Chinse vessels resorting to the ports of the United States may not trade directly with the closed ports of China whither American vessels are debarred from going.

Under these circumstances the Secretary of the Treasury, conforming to the prescriptions of the statute as to tonnage duties, section 4219 of the Revised Statutes, has directed the collector of customs at San Francisco to exact, upon the arrival of the steamer, tonnage tax at alien rates, in addition to the ordinary tonnage tax paid annually, if the vessel be engaged in regular voyages between the two countries. He has, however, reserved for the present, consideration and decision of the question of duties on the cargo which the vessel may bring.

Accept, & c. ,

JOHN HAY,

Acting Secretary.

Foreign Relations of the United States, 1880, China

十四　关于合众轮船到旧金山征税课船钞的照会

光绪六年七月三十日（1880 年 9 月 4 日）

大清钦差出使大臣花翎二品顶戴都察院左副都御史陈、补用道容，公文赍至大亚美里驾合众国总理外务大臣伊，当台开拆。

大清光绪六年七月三十日

大清钦差出使大臣花翎二品顶戴都察院左副都御史陈、补用道容，为照复事：

连接贵大臣本月初八日、十八日来文，内开：中国和众轮船到旧金山埠，应征税课船钞各等因。又末次文内所询三事，相应备文照复。

本大臣查：

一　中国通商各口岸征收美船船钞，悉与中外各国船只无异。查咸丰八年，我两国所立条约第十六款，有载合众国船只输纳船钞，凡在一百五十吨以上者，每吨纳银四钱。又中英条约第二十九款、中法条约第二十二款所载皆同。此后与外国立约亦载有此条，可知中国各口岸征收洋船船钞，并无分别多征。

二　中国征收美商入口货税，亦与相待最优之国商民及华民一律办理。查中国入口税则系咸丰八年与英国使臣议定，贵国法国皆已照行，中美条约第十五款载大合众国人所纳之税，必须照中华至好之国一律办理。第三十款载，两国议定，嗣后中国有何惠政恩典，利益施及他国，或其商民无论关涉船只海面、通商贸易、政事交往等情事，为该国并其商民从来未沾，抑为此条约所无者，亦当立准合众国官民一体均沾。

三　中国各口并无额外多征外国货税之例，美船所载货物，无论系美国制造，抑系别国制造，货物出自何国，由外洋某处而来，在所不问。查中国各口洋关章程，中外各国船只载相同之货入口者，均与美船一律完税，并无分别。如美国船载货入口，即谓美国旗号载来之洋货，且准其由此口将原货运至通商他口。再查增订长江贸易章程内第六条，美商雇中国船插用美国旗号，亦能运货由此通商口岸至彼通商口岸。日前，本大臣咨送贵大臣本国总理衙门通咨出使各国大臣公文，内开洋货纳税各节，洋文第二页、第三页、第五页、第十页，所载华商与洋商贸易事宜，并无歧视。各口征收船钞课税，无不一律办理，假令中国征收美船货税、船钞比华商多索，则贵国领事商民必具报有案，本大臣料无其事，因考诸条约及通商口岸章程通例，均无分别多征之款。

兹于本月初二日以和众轮船不日将抵旧金山口岸，本大臣曾经照知贵大臣在案。查该轮船系中国招商局船，由中国广州通商口岸前来，今已抵埠，据称已辖输纳分别额外船钞货税等语。相应据实声复贵大臣察照，尚望大伯理玺天德允准出示，以昭睦谊。

为此照复，顺候日祉。

须至照会者。

右照会大亚美里驾合众国总理外务大臣伊。

光绪六年七月三十日

广西师范大学出版社组织整理：《中国驻美国公使馆致美国国务院备忘录（1868—1906）》（1），广西师范大学出版社，2010 年

附： 英文附件

Chen Lan Pin and Mr. Yung Wing to Mr. Evarts.

Chinese Legation.

Washington, September 4th, 1880.

Sir:

We have the honor to acknowledge the receipt of your two notes dated respectively, the 13th and 23d ultimo, relating to questions of tonnage and import dues raised by the arrival of the Chinese steamer "Wo Chung" at the port of San Francisco, and stating that discriminating tonnage dues and import duties are to be charged on all foreign vessels and their cargoes in all cases except where exemption is secured by treaty stipulations or where special exemption is proclaimed by the President upon evidence being furnished of reciprocal exemption being accorded to vessels of the United States, pointing out the statutes of the United States governing the subject and inquiring of us whether we are prepared to support our request in our note of the 9th ultimo in behalf of the "Wo Chung", by giving satisfactory proof in regard to the payment of tonnage dues by American vessels in Chinese ports, in regard to the payment of import duties by American citizens bringing foreign merchandise into China, and in regard to the existence of discriminating duties on cargoes in virtue of their origin.

To these inquiries propounded in your note of the 23d ultimo, we beg leave to reply:

First, no other or higher tonnage dues are exacted in the open ports of China from vessels of the United States than are paid by Chinese vessels or any foreign vessels entering those ports. The tonnage dues were fixed by the treaty of 1858, Article 16, at the rate of four mace per ton on vessels of one hundred and fifty tons and upwards. The same rate was, at that time, fixed in the British treaty, Article 29, and in the treaty with France, Article 22, and the same rate will be found in the subsequent treaties with other powers. No discriminating tax is levied in Chinese ports upon the vessels of any foreign power.

Second, no other or higher duties of import are exacted in China from American citizens importing merchandise thither than are paid by Chinese subjects or the citizens of the most favored power importing the like merchandise into China.

The rates of duties in the open ports were agreed upon in 1858 between the Chinese commissioners and the British Plenipotentiary, and they were accepted at the same time by the Plenipotentiaries of the United States and France. It is provided in Article 15 of the treaty of 1858, that "citizens of the United States shall never pay higher duties than those paid by the most favored nation", and in Article 30, that "should at any time China grant to any nation or the merchants or citizens of any nation, any right, privilege, or favor connected either with navigation, commerce, political, or other intercourse which is not conferred by this treaty, such right, privilege, and favor shall at once freely inure to the benefit of the United States, its public officers, merchants and citizens."

Third, no discriminating or additional customs duty is imposed upon merchandise, whether of American or foreign origin, entering the open ports of China in vessels of the United States which is not imposed upon the like goods entering those ports in Chinese vessels or in the vessels of any foreign power.

All examination of the Chinese "Maritime and Customs Regulations" for the treaty ports shows that no discrimination of this kind exists, and that the question of the origin of the cargo coming from a foreign port is not raised. The flag of an American vessel entering a Chinese port, not only covers its cargo, but also entitles it to carry that cargo from each one to every other of all the open ports; and further still, the flag covers the cargo in a chartered Chinese vessel, as will be seen by referring to Article 6 of the Revised Regulations of Trade on the Yang-tse-Kiang.

In the recent circular note of the Tsung-li-Yamen, it is stated in regard to foreign goods destined for the interior, (page 2) that "foreigners must pay duties at each Custom House and taxes as Chinese merchants do. "Again, (page 3) it is asserted that "such produces has to pay the duties and taxes to which Chinese merchants are liable. "

The principle there is repeatedly asserted (pages 5 and 10) that the foreigner and the native are to be on an equal footing in matters of trade and commerce, and this principle is carefully maintained in the administration of the laws and regulations pertaining to the collection of customs and tonnage dues in Chinese ports.

Permit us here to inquire if complaints have ever reached the United States Government from any of its consuls or from any American citizens in China of discrimination in this regard in favor of Chinese vessels or subjects? It can hardly be, for such discrimination is not knowingly permitted. It finds no lodgment in the treaties, none in the local port regulations, and none in usage.

The steamer "Wo Chung" whose expected arrival suggested our note of the 9th ultimo, is now at San Francisco from the open port of Canton, and we learn that she has been charged discriminating duties, both of tonnage and cargo, but we venture to hope, with this statement of facts, that she will be relieved of them by the President's proclamation.

Accept, Sir, the renewed assurance of our high consideration.

陈兰彬(Chen Lan Pin)

Yung Wing

Honorable William M. Evarts

Secretary of State

Foreign Relations of the United States, 1880, China
广西师范大学出版社组织整理:《中国驻美国公使馆致美国国务院备忘录（1868—1906)》（1),广西师范大学出版社，2010 年

十五　关于中国使团邮件的照会

1880 年 9 月 22 日

Chinese Legation

Washington, September 22nd 1880

Sir:

I have the honor to acknowledge the receipt of, and to thank you, for your note of the 13th instant, stating that a case addressed to this Legation is lying at the bonded warehouse of the custom house in this city, and requesting to know how it is to be disposed of.

As the contents are for the use of the Legation, I shall feel obliged by the once being placed at my disposal in the usual way.

Accept, Sir, the renewed assurance of my distinguished consideration.

陈兰彬(Chen Lan Pin)

Honorable William M. Evarts

广西师范大学出版社组织整理：《中国驻美国公使馆致美国国务院备忘录（1868—1906）》（1），广西师范大学出版社，2010 年

十六　关于哥罗拉度华人被害案的照会

光绪六年十月初八日（1880 年 11 月 9 日）

大清钦差出使大臣花翎二品顶戴都察院左副都御史陈，为照会事：

照得本大臣于本月初三日晤见贵大臣，当将哥罗拉度华人被害之案面述一切，承贵大臣允许，秉公查办。现接该处侨寓华人禀称，被害情节甚重，受伤数人，毙命一人，毁坏屋宇物件约值银二三万元，地方官当时置华人于监中，以暂避一时凶焰等情。相应备文，咨请贵大臣妥速设法，善为保护该处华人，并饬地方官严拿不法匪徒，按法惩治，所失财务并为筹偿。查该处侨寓华人，遵通商和约来贵国贸易工艺，一旦惨遭扰害，致资财散失，难以安生，应如何秉公核办，以警效尤，而安商旅，是在贵国与地方官之主持得当焉。

顺颂日祉。

须至照会者。

右照会大亚美利驾合众国外部大臣伊。

光绪六年十月初八日

广西师范大学出版社组织整理：《中国驻美国公使馆致美国国务院备忘录（1868—1906）》（1），广西师范大学出版社，2010 年

附一： 英文版

Chen Lan Pin to Mr. Evarts.

Chinese Legation

Washington, November 10, 1880. (Received November 12.)

Sir:

Referring to an interview which I had with your Excellency on the 5th instant and in which the recent disturbances at Denver, Colorado, were mentioned, I have now the honor to state that I have just received advices from some of the Chinese residents of Denver, which show that the affair was of a very serious character; that many of the Chinese were imprisoned in jail for their protection; that several were wounded, and one killed. The property destroyed by the mob is estimated to be from $20,000, to $30,000 in value.

As you kindly promised an investigation of the matter, I will ask that the Government of the United States extend its protection to the Chinese in Denver, and see that the guilty persons are arrested and punished, and it would seem to be just that the owners of the property wantonly destroyed shall in some way be compensated for their losses.

The Chinese in Denver went there under treaty stipulations and engaged in labor and trade, but now unfortunately they are subjected to such persecutions that they cannot peaceful labor, and the destruction of their property has interrupted the prosecution of their business. How this unhappy condition of affairs shall be amended, the Chinese be protected and such occurrences prevented in the future, the general government and the local authorities must decide.

Accept, Sir, the renewed assurance of my high consideration.

陈兰彬

(Chen Lan Pin)

Hon. Wm. M. Evarts

Secretary of State.

Foreign Relations of the United States，1881，China

广西师范大学出版社组织整理：《中国驻美国公使馆致美国国务院备忘录（1868—1906）》（1），广西师范大学出版社，2010 年

附二： 美国外部照复英文版

No. 188.

Mr. Evarts to Chen Lan Pin.

DEPARTMENT OF STATE,

Washington, December 30, 1880.

SIR: I have the honor to acknowledge the receipt of your note of the 10th of November last, in relation to the recent unfortunate occurrences at Denver, Colo. , by which certain Chinese residents of that city suffered very serious injuries in their persons and property, were subjected to wanton and undeserved outrage, and one of their number killed.

These sad consequences resulted from the conduct and action of a lawless mob, who, for a brief period, during the 31st of October, and the night following that day obtained the mastery over the law and the local authorities. The attack of the mob appears to have been, at first, indiscriminately directed against the peaceable and law-abiding of the whole community.

I embrace this oportunity to state for your own information and that of the Chinese Government, which you worthily represent, that the President upon the receipt of the information that in this outbreak of mob violence the Chinese residents of Denver had been made a special object of the hatred and violence of that lawless mob, felt as much indignation and regret as could possibly be felt by yourself or your government, and I need scarcely assure you that, in common with my colleagues in the executive government, I shared fully in this sentiment of the President.

You express, in your note, the desire that this government shall extend protection to the Chinese in Denver, and see that the guilty persons are arrested and punished; and you add that "It would seem to be just that the owners of the property wantonly destroyed shall, in some way, be compensated for their losses."

It affords me pleasure to assure you that not only in Denver, but in every other parts of the United States, the protection of this government will always be, as it always has been, freely and fully given to the natives of China resident in the country, in the same manner and to the same extent as it is afforded to our own citizens. As to the arrest and punishment of the guilty persons who composed the mob at Denver, I need only remind you that the powers of direct intervention on the part of this government are limited by the Constitution of the United States. Under the limitations of that instrument, the Government of the Federal Union cannot interfere in regard to the administration or execution of the municipal laws of a State of the Union, except under circumstances expressly provided for in the Constitution. Such instances are confined to the case of a State whose power is found inadequate to the enforcement of its municipal laws and the maintenance of its sovereign authority; and even then the Federal authority can only be brought into operation in the particular State, in response to a formal request from the proper political authority of the State. It will thus be perceived that so far as the arrest and punishment of the guilty parties may be concerned, it is a matter which, in the present aspect of the case, belongs exclusively to the government and authorities of the State of Colorado. In this connection, it is satisfactory to be able to note, with approval, the conduct of the public authorities of Colorado, and of the people of Denver, on the unfortunate occurrence in question. It was seen then as it always is in such outbreaks that the fury of the brutal and lawless, who compose such mobs, is ultimately turned against the weak and defenseless, and it is creditable alike to the appreciative sense of public duty of the authorities of Colorado and the humane instincts of the citizens of Denver, that their first care in this emergency (involving as it did for the moment, the lives and property of all alike), was the protection and safety of the Chinese residents, whose presence seemed to serve as a special incitement to the passions of the mob. And this brings me to the suggestion of your note, "That the owners of the property wantonly destroyed shall, in same way, be compensated for their losses."

It seems superfluous to recall to your attention the fact, but too well attested by history, that on occasions, happily infrequent, often without motive in their inception, and always without reason in their working, lawless persons will band together and make up a force in the character of a mob of sufficient power and numerical strength to defy, for the moment, the denunciations of the law and the power of the local authorities. Such incidents are peculiar to no country. Neither the United States nor China are exempt from such disasters. In the case now under consideration it is seen that the local authorities brought into requisition all the means at their command for the suppression of the mob, and that these means proved so effective that within twenty-four hours regular and lawful authority was re-established, the mob completely subdued, and many of the ringleaders arrested.

Under circumstances of this nature when the government has put forth every legitimate effort to suppress a mob that threatens or attacks alike the safety and security of its own citizens and the foreign residents within its borders, I know of no principle of national obligation, and there certainly is none arising from treaty stipulation which renders it incumbent on the Government of the United States to make indemnity to the Chinese residents of Denver, who in common with citizens of the United States, at the time residents in that city, suffered losses from the operations of the mob. Whatever remedies may be afforded to the citizens of Colorado or to the citizens of the United States from other States of the Union resident in Colorado for losses resulting from that occurrence, are equally open to the Chinese residents of Denver who may have suffered from the lawlessness of the mob. This is all that the principles of international law and the usages of national comity demand.

This view of the subject supersedes any discussion of the extent or true meaning of the treaty obligations on the part of this government toward Chinese residents, for it proceeds upon the proposition that these residents are to receive the same measure of protection and vindication under judicial and political administration of their rights as our own citizens.

In communicating to you the views of this government in the premises, I have pleasure in adding the assurance that it will upon every occasion, so far as it properly can, give its continued attention to every just and proper solicitude of the Chinese Government in behalf of its subjects established here under the hospitality of our treaties.

Accept, sir, the renewed assurances of my distinguished consideration,

WM. M. EVARTS.

Foreign Relations of the United States, 1881, China

附三：译录美国外部照复

十一月二十九日

为照复事：

前接贵大臣十一月十一号来文，内称哥罗拉度之颠化埠华人惨遭扰害情形甚重，物业被毁，杀毙一人各等因，准此查十月三十一日，该处不法愚民起衅，地方官弹压不及，延一昼夜，为时不久。

该愚民起事之始，意在扰害本埠良民，知初无分别残害之见，嗣闻颠化埠华人独遭匪徒扰害。

总统闻信之余，其愤激惋惜之忱，盖与贵大臣、与贵国有同情焉。

本大臣与僚属廷臣，无不同深惋情（应为“惜”），尚望贵大臣将此意达于贵国政府。

至来文所称，望本国政府妥为保护颠化埠华人，并将不法匪徒拿护（应为“获”）惩办，被毁物业设法筹偿，以昭公允等。查保护华民一节，本国不惟于颠化埠华人应行保护，凡在合众国内华人皆当与本国之民一体竭力保护，向来如此，以后亦愿永远如此。

至于拿获颠化埠不法愚民惩办一节，查合众国无权干预各邦内治，载在合众国律纲。贵大臣当已稔知，合众之权，律纲所限，于各邦行政制治之法，皆不得干预，其律纲内有载明以干预者，不在此论，所可以干预者，大抵因该邦势力不足以申法度而保邦权，然又必由该邦合例有司遵律纲成法，申请合众国协助而后得行干预之权，此合众国之定制也。可见拿犯惩办，如本案情形者，应归哥罗拉度邦办理，本大臣谓该邦地方官与良民于起事之时，办理一切尚属妥协，大凡此种不法匪徒行同畜类，凶焰所及，无辜势弱者，恒遭惨害，该处地方地（应为“官”）及良民于事变之时，知于身家性命有关，首先以保护华民为事，盖逆知恶党似有怨憎华人之心也。

至于设法筹偿毁失物业一节，历稽史册所载，不法愚民，结党横行，骤合莫测，扰乱无因，势烈人众，凶焰所向，地方莫能弹压，虽事不常见，然无国之，此等意外之事，固为中国与美国之所不能免。

贵大臣应以为然，颠化一案，地方官不遗余力，以弹压土匪，不及二十四点之久，地方如旧安靖，恶党逃散，拿获为首多人，办理洵称得力。遇此等事，国内不法愚民，扰害良善，本国之民与外国之民同遭危迫，国家既已竭力尽法弹压，揆之两国交际之道，应无赔偿之理，条约各款亦无赔偿之文，是合众国于颠化埠华人被害一案，碍难赔偿，以华人与美民同在颠化埠者，皆当一律办理。如哥罗拉度之民，或合众国内某邦之民寄居于哥罗拉度者，遭此等不法愚民扰害，如有筹偿之事，则华人在颠化埠被害，自必一律筹偿，此即万国公法之理，亦各国通行之例，所当如是也。

由是观之，美国遵约以待华人之意义，无可争辩。盖条约之意华人应得保护，应行申愬，皆与美国之民同亨（应为“享”）权利，一律办理已耳。合将本国之意，照复贵大臣查照。

至于华民遵约来美，遇有事故，贵国为民代请，凡属公道可行之事，本国政府力所能为，无不依旧留心照办。

为此照复，顺候时祉。

须至照会者。

《陈兰彬致总理衙门函（光绪七年二月十八日收）》，《钦定总理各国事务衙门清档》第252册，北京大学图书馆藏

十七　关于驻美使团成员的照会

1880年11月18日

Chinese Legation

Washington, Nov. 18, 1880

Sir:

We have the honor to acknowledge the receipt of your note of the 16th inst. requesting the names of the members of this Legation, and in response thereto we enclose a list.

Accept, Sir, the assurance of our high consideration

陈兰彬

(Chen Lan Pin)

Yung Wing

Hon. Wm. M. Evarts

Secretary of State

List of names of the Chinese Legation

Chen Lan Pin	E. E. and M. P.	1705 K. Street
Yung Wing	Assistant E. E. and M. P.	4 Iowa Circle
Chin Song Liang	Secretary of Legation	1705 K. Street
Chin Yiu Nan	Secretary of Legation	1705 K. Street
D. W. Bartlett	Secretary of Legation	1337 L Street
Tsai Sih Yung	Interpreter and Translator.	1705 K. Street
Chang Sze Shun	Interpreter and Translator.	1705 K. Street
Ho Than Chee	Interpreter and Translator.	1705 K. Street
Lui Tseang	Interpreter and Translator.	1705 K. Street

Chin Moo	Attache	1705 K. Street
Yen Sze Chee	Attache	1705 K. Street
Sin Ching Choo	Attache	1705 K. Street
Lee Yah Lun①	Attache	1705 K. Street
List of Legation		1705 K. Street

广西师范大学出版社组织整理：《中国驻美国公使馆致美国国务院备忘录（1868—1906）》（1），广西师范大学出版社，2010 年

① 使馆成员英文名: 陈嵩良 Chin Song Liang, 曾耀南 Chin Yiu Nan, 蔡锡勇 Tsai Sih Yung, 张斯栒 Chang Sze Shun, 何慎之 Ho Than Chee, 吕祥 Lui Tseang, 陈模 Chin Moo, 严士琦 Yen Sze Chee, 徐承祖 Sin Ching Choo, 李大伦 Lee Yah Lun.

十八　关于赴万国防疫会的照复

光绪六年十一月二十六日（1880 年 12 月 27 日）

为照复事：

昨接本月二十二日贵大臣来文，内开：防疫会不日聚会，请由本大臣设法电报本国政府派员赴会等因。准此，查会期迫近，上海无电报直达北京，碍难照发电报，若由内地传递文件以达京师，计复文到美须阅一月许，彼时料必会议完竣，虽派员亦已莫及。诸承关照，实深寅感。

为此照复，并致谢忱。顺候时祉。

《陈兰彬致总理衙门函（光绪七年二月十八日收）》，《钦定总理各国事务衙门清档》第 252 册，北京大学图书馆藏

附一：英文版

Chinese Legation

Washington, Dec. 27, 1880

Sir:

We have the honor to acknowledge the receipt of your note of the 23rd instant in regard to the Sanitary Conference soon to meet in this city, and suggesting a telegraphic communication with our Government to secure the appointment of delegates to the Convention.

While we are grateful to you for your courtesy and flattered by your suggestion, we regret to reply that it is impossible for us to communicate with our Government in time for the Conference as then is at present in a telegraphic connection between Shanghai and Peking to send a communication to use and must a reply would occupy more than a month, when the sittings of the Conference would probably be ended.

Accept, Sir, the assurance of our highest consideration

陈兰彬

(Chen Lan Pin)

Yung Wing

Hon. Wm. M. Evarts

Secretary of State

广西师范大学出版社组织整理：《中国驻美国公使馆致美国国务院备忘录（1868—1906）》（1），广西师范大学出版社，2010年

附二：译录美国外部大臣西十一月二十二日照会

为照会事：

照本[1]本年五月十四日议院议定延请各国为防疫会一节，本埠奉大伯理玺天德谕，曾于七月三十日行文通咨本国派驻有通商海岸各国，及驻扎中国使臣，延请各该国派员赴美国京都华盛顿聚会，定期于来年正月一号会议等因在案。

贵国允否赴会，现尚未接有复文，大伯理玺天德以此事所关紧要，甚望贵国派有人员同赴斯会，以便互相考证，资益实多，特命本大臣咨请贵大臣，设法或由电报请示贵国政府，如未经派定人员，可否即以贵大臣同赴斯会。

为此合咨贵大臣，并将会议大意各节钞单一并附送察核施行。

《陈兰彬致总理衙门函（光绪七年二月十八日收）》，《钦定总理各国事务衙门清档》第252册，北京大学图书馆藏

---

① 本，应作“得”，疑为抄录之误。

附三：译录防疫会议钞单

疫症流行，事所常有，隄防之法，不得不周。年来，美国地方常患黄瘟疫症，其始多由外国传染而至，大为地方之患，是以，议院绅耆特议，延请各国会议防疫善法，以杜其弊。

查防疫常法，遇有疫症之船，或由有疫症口岸开行船只，必扣留口外，停泊若干日，方许进口；如该船上果有疫症，或开行之口岸确有疫症，则扣留停泊，理所应当；乃有查验未确，遽目其船、其埠为有疫症，遂将船只扣留者，向来常有船只由美国口岸到外国口岸，疑为有疫症而扣留其船者，亦有船只由他国到美国口岸，因疑其有疫症而被扣留者，于贸易往来有大关碍，推原其故，皆由各国无查疫症通法，每有似疫非疫之症，查验未精致滋疑惑。

为此大伯理玺天德时请有岸海通商各国派员来美聚会，共相酌议，定立通行之法，俾同盟各国一律遵守，美无碍于各国之内治，而又裨于防疫之实益。

兹将会议大旨数条列左：

一　宜妥订布告有疫症之通行善法，遇地方上有黄疫或能传染之疫症，则依布告于人。

一　宜妥立通行保安执照，载明本埠无患疫情形，并船只由本埠开行确无患疫情形。

欲议前两款之事，须兼论下六条之意：

其一，谁为稽查口岸地方及船只有无患疫之官。

其二，稽查疫症官应如何查法，能确知有无疫症。

其三，口岸及附近地方，如有黄疫症，船只由彼开行，应如何查验。

其四，保安执照应如何详叙验法，俾见者知领照之船确无患疫情事。

其五，无防疫章程之口岸查验不详，又不愿入防疫会，或势有不能入会者，此等口岸应如何查验，以知其有无疫症。

其六，防疫会所定章程有不遵守者，可否酌量议罚。

《陈兰彬致总理衙门函（光绪七年二月十八日收）》，《钦定总理各国事务衙门清档》第252册，北京大学图书馆藏

附四：洋一千八百八十年五月十四日美国议院立例一条

伯理玺天德有权邀请有海口地方能受黄症、疫症之国，派员到美京都华盛顿聚会，商议防疫通法，俾各国依法将辖内口岸及船只，由此开行，有无疫症情形，宣示于人。

《陈兰彬致总理衙门函（光绪七年二月十八日收）》，《钦定总理各国事务衙门清档》第252册，北京大学图书馆藏

十九　关于赴万国防疫会的照会

光绪六年十二月二十二日（1881 年 1 月 21 日）

大清钦差出使大臣花翎二品顶戴都察院副堂陈，为照会事：

照得前接贵大臣来文，内开防疫会一事，因当时尚未接本国政府来文，业经照复在案。现在恭奉大皇帝谕旨，特派本大臣在华盛顿同赴万国防疫会，合行知照贵大臣，请烦查照。顺候时祉。

须至照会者。

右照会大亚美里驾合众国总理外务大臣伊。

光绪六年十二月二十二日[①]

广西师范大学出版社组织整理：《中国驻美国公使馆致美国国务院备忘录（1868—1906）》（1），广西师范大学出版社，2010 年

① 二十二日，《中美关系史料》（光绪朝一）作“二十三日”。

附一：英文版

Chinese Legation

Washington, Dec. 28th, 1880

The Minister and Assistant Minister have the honor to say in reply to the note of the Secretary of State of the 27th instant, that they will be most happy to pay their respects to the President on the 1st proximo at eleven o'clock.

Hon. Wm. M. Evarts

Secretary of State

Chinese Legation

Washington, Jan. 21, 1881

Sir:

Referring to my note of the 27th Ult. in regard to the Sanitary Conference. I have the honor to state that at that time, I had received no instruction from my Government, but that I have now just received the copy of an Edict of His Imperial Majesty appointing me a delegate to the Conference, now holding its session in this city.

Accept, Sir, the renewed assurances of my highest consideration.

陈兰彬

(Chen Lan Pin)

Hon. Wm. M. Evarts

Secretary of State

广西师范大学出版社组织整理：《中国驻美国公使馆致美国国务院备忘录（1868—1906）》（1），广西师范大学出版社，2010 年

附二：美国外部照复

为照复事：

昨接贵大臣本月二十一日（十二月二十二日）来文，内开：恭奉大皇帝谕旨，拣派本大臣同赴防疫会等因。准此，本部接阅来文，殊深欣忭。

为此照复，顺候时祉。

须至照复者。

《陈兰彬致总理衙门函（光绪七年三月初三日收）》，《钦定总理各国事务衙门清档》第252册，北京大学图书馆藏

二十　关于哥罗拉度颠化埠华人被害案的照会

光绪六年十二月二十二日（1881年1月21日）

大清钦差出使大臣花翎二品顶戴都察院副堂陈，为照会事：

照得哥罗拉度颠化埠华人被害一案，前经本大臣，一面据华民禀报照会贵大臣，一面札饬金山总领事派员亲往查察。昨据金山领事傅列秘将亲到该处查得确系该埠匪徒纠党滋扰，地方官办理不善，以致戕毙人命掠毁财物各情，取有各华人亲押失物清单，承法司陪审员判词、各证人到堂口供、并布马来述词禀复前来。

本大臣正拟备文照会，适接贵大臣十一月二十九日来文，本大臣逐细寻绎，内中所开有深堪感佩者，亦尚有未能释然者，谨分别为贵大臣言之。

查来文内有：凡华人应得保护，应行申恕，皆与美国之民同享权利，一律办理；又遇有事故为民代请，凡属公道可行之事，无不留心照办；又不独颠化埠[1]华民应行保护，凡在合众国之华人，皆当与本国之民一体竭力保护，向来如此，以后亦愿永远如此；又颠化埠华人惨遭扰害，大伯理玺天德闻信之余，不胜愤懑，贵大臣与僚属廷臣无不同深惋惜各等语。具见贵国敦笃睦谊，存心平恕，不独本大臣感谢无既，咨达本国政府亦必深相钦佩。

---

① 颠化埠，丹佛市县（City and County of Denver），美国科罗拉多州（Colorado）首府。

惟拿犯惩治一层，该恶党杀害人之生命、侵夺人之财产，贵大臣亦言不法之徒行同畜类，是固举国所共恶者，自应严办，以儆凶顽。乃又有限于律纲，不能干预各邦内治等语。

本大臣亦知律纲与和约，贵国均视为必应遵守之上法。查中美和约系与合众国订立，非与哥罗拉度一邦订立。今无辜被害，系遵约来美之华人，是此案当属中美交涉事件，非一邦内治可比，故不得不商请贵大臣饬查办理。

来文并未言及哥罗拉度缉获几犯、如何惩治，以伸合众国照约保护之权，流寓远人何所托庇乎！

又筹偿毁失财物一层，来文称意外之事，无国无之，地方官竭力尽法弹压，应无赔偿之理等语，然则应否赔偿，总以地方官之尽力、不尽力为断。

据查，此次起事，实因匪徒憎恶华人，专向华人欺凌扰害，并非外寇骤来扰害，合埠地方官已逆知其专向华人，乃于滋闹之始，并未发遣兵勇当场拿匪，力为禁遏，只令水龙工役射水，及盛闹之时，又止押令华人入狱躲避三日之久；并未遣拨人役防护华人物业生理，以致匪党任意抢夺。当日情形，众所共见。据陪审各官判断此案，亦云讯悉各证人供词，倘于闹事之时，差役径行上前捡拿匪首，定能弹压，何致如此酿成巨案。只因本城差役查办无法，加以地方官治理不善，未能尽职所致。更有府官睹此意外之虞，仍不思援救华人性命与及物业，遂致匪党如此猖獗，杀戮人命，实有玷辱本城等语。是地方官之不尽力弹压，确有明征。

本大臣查中美条约第一款，即云：两国及其人民，各皆照前和好，毋得或异，更不得互相欺凌。今华人遵约而来，安分营生，并未肇祸，只因凶党憎恶，遂致其身家性命不获保全。地方官临时既不能迅为挽救，事后又不为竭力追赃偿失，似亦未见按约保护实际。

为此钞粘傅领事禀件，再行照会，敬烦贵大臣秉公察覈，将如何于情理无憾，办理完结之处，再为示复，俾得据报政府，实为盼切。顺颂时祉。

须至照会者。

计配送洋文一件，计录送洋文傅领事禀二件，各华人失单一件，承法司陪审员判词一件，各证人当堂口供一件，布马来述词一件。

右照会大亚美里驾合众国总理外务大臣伊。

光绪六年十二月二十二日

广西师范大学出版社组织整理：《中国驻美国公使馆致美国国务院备忘录（1868—1906）》（1），广西师范大学出版社，2010 年

附一： 英文版

Chen Lan Pin to Mr. Evarts.

Chinese Legation,

Washington, January 21, 1881.

Sir:

Referring to the recent riot and attack upon the Chinese residents in Denver, Colorado, I had the honor to address you a note on the 10th of November last, stating the facts petitioned to me from the Chinese there; and at the same time I had authorized the Consul General at San Francisco to appoint a member to proceed to Denver for making investigations on this subject.

According to the report of Mr. F. A. Bee, Chinese Consul, who went personally to Denver and investigated thoroughly the case, I learn that the occurrence of the riot was owing to the incompetency of the authorities, and that it resulted in a homicide and the wholesale robbery of the property of the Chinese. Mr. Bee also procured the statements of the losses sustained by the Chinese, each signed by the individual sufferer; a copy of the verdict of the jury, and the evidence of the witnesses taken before the Coroner's jury at the inquest over the dead body of Look-Young, otherwise Sing Le; and the statement of Mr. Pomeroy.

The above named documents were forwarded to me by the Consul General at San Francisco, and while I was preparing to send you copies of the same, I received your note of the 30th ultimo, which I read and considered carefully. I find some parts of it highly gratifying, and some which I do not quite comprehend. Allow me, Sir, therefore to mention to you what these are.

It is stated in your note that "these Chinese residents are to receive the same measure of protection and vindication under judicial and political administration of their rights as our own citizens," and that "our government will, upon every occasion, as far as it properly can, give its continued attention to every just and proper solicitude of the Chinese Government in behalf of its subjects established here," and "not only in Denver, but in every other part of the United States, the protection of this Government will always be, as it always has been, freely and fully given to the natives of China resident in the country, in the same manner and to the same extent as it is afforded to our own citizens," and that "the President, upon the receipt of the information that in this outbreak of the mob violence, the Chinese residents of Denver had been made a special object of the hatred and violence of the lawless mob, felt much indignation and regret, and that in common with my colleagues in the Executive Government, I shared fully in the sentiment of the President."

The above extracts indicate the friendly and kind feeling of your Government, and I need not assure you that I feel gratified by their avowal, and that my Government on learning of them will share that sentiment with me.

As regards the arrest and punishment of the persons guilty of destroying life and property, it is stated in your note that "the brutal and lawless composed such mob." It is clear that these guilty persons are detested throughout the country, and ought to be punished severely in order to give a warning against similar recurrences. But I regret to learn from your note that the powers of direct intervention on the part of the United States Government are limited by the Constitution. It appears to me that treaties as well as the Constitution are the supreme law of this land. The Chinese residents who were subjected to the wanton outrage of the mob, came to this country under the right of treaties between China and the General Government of the United States, and not with Colorado or any individual State.

Thus the case under consideration should be a question of intercourse between China and the United States, and different from that to be dealt with under the ordinary internal administration of a State. It was with this view that I had in my last note requested you to cause this case to be examined. But I fail to learn from your note the number of the guilty persons that have been arrested, and how they have been punished or dealt with, and how the General Government of the United State has exercised, or intends to exercise, its power in executing the treaty obligations to protect the Chinese. Indeed I cannot see where these residents should seek for protection.

As regard the indemnity of losses of property, I noted from your dispatch that:

"Such incidents are peculiar to no country, and as the local authorities brought into requisition all the means at their command for the suppression of the mob, you know of no principle which renders it incumbent on the Government of the United States to make indemnity to the Chinese residents. "

It is therefore manifest, whether the indemnity shall be made or not, depends upon whether the local authorities had brought into requisition all the means for the suppression of the mob. According to the report of investigation, I learn that the Chinese residents of Denver have been made a special object of the hatred, violence, and bitter persecution of the lawless mob, which is quite different from the sudden attack of a band of depredators directed against the whole community of the place, involving (as you have intimated) for the moment the lives and property of all alike; and that the local authorities knew well at the beginning of the outbreak that this mob was directed solely against the Chinese; but instead of meeting the mob with a proper force, they ordered the firemen to throw water on them, and took no measures to cause the immediate arrests of the rioters then and there; and during the prevalence of the riot they put the Chinese in jail, and most of them, as it is asserted, remained there three days for safety, and no guard was placed over their property or places of business; thus the mob had free access to rob at their leisure. These are real facts, known to all. I beg to call your attention to the following verdict of the Coroner's jury:

"The evidence shows that the said mob could have been suppressed by the regular force had they fearlessly arrested the ringleaders; but which, owing to the disorganized condition of the police force of the city and the incompetency and inefficiency of its government by the proper authority and the failure of the county authorities to render the necessary aid and assistance required in such emergencies, the mob assumed such proportions as culminated in the destruction of human life and the disgrace of the city in not affording protection to life and property."

This verdict shows clearly that the local authorities had not brought into requisition all the means for the suppression of the mob. The treaty between China and the United States says:

"Article I: There shall be, as there has always been, peace and friendship between the United States of America and the Taching Empire and their people respectively. They shall not insult or oppress each other, &c. ”

The Chinese residents came to this country under the right of the treaty, and were peaceably pursuing their calling. In this present case, there was no other cause for the murderous outrage than the hatred of the mob which brought on them the loss of life and property. The local officials failed to render necessary, timely, and proper protection to the innocent sufferers at the beginning and greater part of the outbreak, nor have they since exerted their utmost in the recovery of the plundered goods and making reparations for their losses. I do not see that this can be considered as full protection according to the treaty stipulations.

I have the honor to send you herewith two copies of Consul Bee's reports and other papers, and requesting you again that you will be to good as to take the matter into your impartial consideration, and that you will deal with this case in a reasonable and satisfactory manner, justifiable to the moral sense, and when you reach a conclusion I hope you will favor me with a reply, that I may report to my Government.

Accept, Sir, the renewed assurances of my highest consideration.

陈兰彬

(Chen Lan Pin)

Hon. Wm. M. Evarts

Secretary of State

Inclosures

No. 1. & 2. The reports of F. A. Bee, Chinese Consul.

No. 3. An estimate of the losses sustained by the Chinese residents.

No. 4. The verdict of the Coroner's jury and the evidence of the witnesses taken at the inquest.

No. 5. The statement of Mr. Pomeroy.

[Inclosure 1.]

Report of F. A. Bee, Chinese Consul.

His Imperial Chinese Majesty's Consulate,

San Francisco, December 8th, 1880.

Sir:

I have the honor to report to your Excellency that in accordance with your instructions given me to "visit the city of Denver, State of Colorado, and investigate the acts of a mob that destroyed the lives and property of Chinese subjects residing there on the 31st day of October, 1880, and communicate the result of such investigation to you."

In conformity therewith, I left this Consulate on Tuesday, Nov. 23rd, arriving at Denver at midnight of the 27th, having been detained en route twenty hours by snow storms. Returning, I left Denver December 1st, arriving here on the 5th, having been delayed twenty-four hours by extreme cold weather and snow storms.

The city of Denver is distant by rail from San Francisco 1, 530 miles; the city proper has a population of near 40, 000 souls, including about 450 Chinese.

Immediately upon my arrival, I called a meeting of the resident Chinese and made known to them my mission as well as your instructions, requesting that they should promptly furnish me a true and correct statement of their losses by the mob of October 31st, 1880. In due time and in compliance with my request I received one hundred and forty-one vouchers of losses in detail, each article lost or destroyed, as well as money, being given, and value carried out. To obviate and condense this large number of claims I caused to be made a balance-sheet of the true total of each claim, requiring each one to make oath to its correctness after signature. I herewith transmit to your Excellency these sworn statements, numbered respectively from 1 to 141.

That you may see what the property lost generally consists of, I refer you to claims No. 1 and from 136 to 141; the articles being specified will give you a good idea of all.

To further carry out your requests, I called upon prominent citizens of Denver to obtain information as to the cause that led to this mob violence against the Chinese, its origin, &c.

For a full and correct (as I was informed) history of the outrage, I call your Excellency's attention to Document A, consisting of four pages of printed matter, extracts from the press of Denver giving full details published the day following the riot. Also Document B, containing the statement of M. M. Pomeroy, Esq. , a prominent citizen of Denver, to whose endeavors may be credited what action was taken to quell the riot, however weak and unsuccessful.

To enable you to judge as to the action of the city and county authorities towards the punishment of the leaders in this riotous proceeding, I procured after considerable delay the evidence of several witnesses, taken before the Coroner's jury at the inquest over the dead body of Look Young. (See Document C.) Page 1 contains the verdict or findings of the jury. I call your attention therein to the strong language used towards the authorities.

Your attention is respectfully called to my letter to their Excellencies, the Chinese ministers, giving the particulars in reference to the deceased Chinaman, place of nativity, age, &c.

I desire to call your attention to the case of Wong Tan Chung, whose claim for losses is numbered 86. He received most brutal treatment from the mob; a rope was placed about his neck, and he was dragged through the street, at the same time being beaten and bruised in a most cruel manner, and would no doubt have been murdered had not a citizen cut the rope and thus enabled him to escape from his would-be murderers. Many other cruel deeds might be enumerated. I was informed that seven Chinamen were temporarily stopping in Denver over Sunday (the day of the riot), intending to leave on Monday for China; that they came from the Black Hawk mine, where they had been engaged in mining; each one had from $700 to $1,000 in money, all of which was taken from them by the mob, as well as having their personal effects destroyed. These men had left Denver when I arrived, and I could not get such information as would enable me to present to you their loss. I would suggest that efforts be made to find their present place of residence.

I learned from an officer of the city government of Denver that upwards of 400 Chinese were placed in the county prison and kept there for three days as a measure of precaution. In fact during the prevalence of the riot 150 were taken out of their houses by citizens and placed in jail. As no guard was placed over their property or places of business the mob had free access to rob at their leisure.

The utter incompetency of the authorities to put down the mob was evident, and such was the opinion expressed to me by all.

I took occasion to call upon the mayor of Denver (Mr. Sporis), with the view of obtaining further information in this connection. In this I failed, as the whole interview was taken up by the mayor in describing to me how he dispersed the mob by the use of water. To quote his words: "When I found that they were determined to kill as well as rob, I ordered the firemen to throw the water upon them, which made them scatter."

Thus you can judge what protection the Chinese residents of Denver had from its officials when they were being robbed and murdered by a drunken mob.

In this connection I call your attention to the fact that the entire police force of the city consists of only 15 men, with no discipline or organization to cope with an emergency; but the facts show that the mob had no opposition from 2 o'clock until 10 p. m., when their murderous work was complete.

I also called upon his Excellency Governor Pitkin, but found him engaged with the State board of canvassers, and therefore failed to see him.

In reference to the cause that brought about this riot, there was but one opinion among all classes of good citizens—that the Chinese residents had given no cause for the outrage, but on the contrary, were law-abiding and peaceable. My attention was directed to the fact that not one of the 400 resident Chinese had ever been before the courts of Denver for the crime of theft; therefore the only object the mob had was rapine and murder.

I have the honor to be Your obedient servant

(Signer) F. A. Bee.

His Imperial Chinese Majesty's Consul.

His Excellency Chen Shu Tang,

His Imperial Chinese Majesty's Consul-General, San Francisco, Cal.

[Inclosure 2.]

Mr. Bee to the Chinese Ministers.

Sirs:

I have the honor to inform your Excellencies that I have obtained the following facts in reference to the Chinaman who was so brutally murdered by the mob at the city of Denver, State of Colorado, on the 31st day of October, 1880.

The same of the deceased was Look Young, and employed at the Sing Lee laundry. His native place is in Hock Sun, about 80 miles from the city of Canton, China. His age was twenty-eight years. He leaves a wife, father, and mother in China, who were wholly dependent upon him for support. Had been a resident of the United States for four years and six months, and had resided in Denver for six months previous to his death.

For your information in relation to his murder please see inclosed statements from the newspapers.

I have the honor to be Your obedient servant

(Signer) F. A. Bee.

His Imperial Chinese Majesty's Consul.

[Inclosure 3.]

Estimate of losses sustained by Chinese residents during the riot in Denver, October 31, 1880.

No.	Name.	Estimated loss.	No.	Name.	Estimated loss.
1	Quong Wah	$1,780 80	73	Lin Kong	$259 50
2	Wah Hing	713 45	74	Sing Lee	100 50
3	Chun Mung Lang	264 45	75	Quon Sam Kee	188 50
4	Ah Ou	164 00	76	Len Chee	300 75
5	Wah Kee	575 87	77	Ah Ming	848 50
6	Quong Fing	108 50	78	Yan Kim	289 85
7	Hop Kee	53 75	79	Ah Gau, Ah Fee's wife	2,260 50
8	Hop Lee	88 85	80	Ah Yot	150 00
9	Gee Wa	68 00	81	Yee Ah Hop	544 50
10	Ling Sing (wife)	260 50	82	Chin Miai Nam	569 50
11	Yee Ah Foe	367 50	83	Chin Wah Him	361 50
12	Ah John's wife	264 00	84	Hop Lee	196 00
13	Hong Wau	515 00	85	Chin Lum Hing	149 00
14	Yee Yot	139 50	86	Wung Yau Chung	615 50
15	Ah Yung	77 75	87	Wau Yee Sen	447 25
16	Sam Sing	335 85	88	Sam Kee	375 00
17	Hum Bark	416 50	89	Dou Dock	469 50
18	Sing Kee	263 65	90	Yee Foy	293 50
19	Wah Lee	750 00	91	Lee Hong	1,646 00
20	Ah Quong	240 50	92	Sam Wah	71 00

(续表)

No.	Name.	Estimated loss.	No.	Name.	Estimated loss.
21	Co Wah	127 50	93	Say Kim	647 75
22	Sam Kee	165 00	94	Wee Chung	216 30
23	Cheng Yung	279 25	95	Ah Oy's	99 50
24	Loo Hing	159 75	96	Ah Moon	204 00
25	Lee Doe	94 00	97	Yok Hi On	358 75
26	See Lee	73 20	98	Yee Chaw	350 00
27	Ah Gee	280 75	99	Un Sing Lee	140 50
28	Lun Shing	96 25	100	Sung Lung	305 50
29	Gim Som Sin	306 50	101	Yee Sick Youn	471 50
30	See Chung	100 35	102	Ah Fee & wife	948 75 537 50
31	Yee Shee Chung	647 75	103	Ping Hing	368 00
32	Ah Wie	557 00	104	Ah Yee	68 00
33	Don Jah	192 00	105	Yee Ah Quon	228 50
34	Sam Lee	85 75	106	Yee Gee Wah	697 00
35	Sing Lee's partner	91 00	107	Ah Gah	28 00
36	Yee Ah Chung	290 50	108	Yee Kee	186 50
37	Ying Wah	253 60	109	Yee Qua Wah	1,159 00
38	Sing Lee's partner	50 00	110	Ah Song	181 50
39	Sam Long	46 25	111	Loui Hop Shoung	84 75
40	Yee Chune	271 00	112	Nu Hluelen	474 00
41	Ah Yong	42 50	113	Leon Fong	1,304 00
42	Yee Lock	1,907 10	114	Len Yuen	592 00
43	Un Faun	207 00	115	Choi Wing	190 75

(续表)

No.	Name.	Estimated loss.	No.	Name.	Estimated loss.
44	Yu Ha (woman)	701 00	116	Lee Gang	95 60
45	Eu Ah Soi	1,020 50	117	Woo Ah Jim	330 50
46	Di Hal (woman)	454 50	118	Loo Chung	226 00
47	Sing Kee	321 25	119	Lim Jung	158 00
48	Yee Gum Yun	470 00	120	Yee Young Wah	586 00
49	Yee Tung Sing	156 50	121	Hop Kee	487 75
50	Yee Ah Joo	492 00	122	Yee Sin	176 00
51	Un Qui	875 00	123	Wah Lee Yee Che Quong	136 72
52	Lieu Fouk	349 50	124	Yee Taw	342 35
53	Hung Wan	261 45	125	Ah Joe	711 50
54	Sing Wah	281 40	126	Yee Sing Chung	291 00
55	Wau Ching	13 00	127	Chin Chow	166 00
56	Chin Kee	947 00	128	Ah Lang	532 00
57	Yau Chung	487 70	129	Koung Nee	312 75
58	Yee Chin Young	235 00	130	Ah Bow	267 25
59	Yee Ah Joe	492 00	131	Sing Lee	454 15
60	Shun Baun	731 00	132	Ah Jim	119 00
61	Yee Ah Fu	352 50	133	Yak Man	134 00
62	Ham Tip	248 00	134	Soue Quie	584 80
63	Sing Long	630 00	135	Bang Kee	993 50
64	Wy Chung	331 75	136	Ah You	160 75
65	Sou Sing	416 50	137	Quong Sing	744 50
66	Sam Leong	221 50	138	Ah Fee	282 00

(续表)

No.	Name.	Estimated loss.	No.	Name.	Estimated loss.
67	Ah Kee	35 75	139	Ah Wie	107 75
68	Ah Ken	115 50	140	Low Get	127 70
69	Choy Yee	160 00	141	Ed Shun	136 00
70	Ah Show	269 00		Total	53,655 69
71	Sam Sing	46 00			
72	Ah Au's wife	65 50			

[Inclosure 4.]

Testimony before the coroner's jury sitting on the body of Sing Lee.

State of Colorado,

County of Arapaho, 88

An inquisition held at Denver on November 1, 3, 4, 5, 6, 8, 9, 10, 11, and 15, A. D. 1880, before Thomas Linton, coroner of said county and State aforesaid, on the body of Sing Lee, lying there dead.

The jurors, whose names are hereto subscribed, after having first viewed the body and heard the evidence adduced at the inquest, on their oaths do say:

That the said Sing Lee came to his death at the office of Dr. O. G. Cranston, in the Moffat and Rassler block, in the city of Denver, on the 31st day of October, A. D. 1880, at 8: 30 o'clock p. m., from compression of the brain, caused by being beaten and kicked by—— Corrigan, Ed. Wendell, Fred. Miller, and——Krieger, aided and abetted by other parties to the jury at present unknown, at the corner of Arapaho, and Nineteenth, and between Eighteenth and Nineteenth streets, in the city of Denver and county and State aforesaid, about 7 o'clock p. m. of said day.

And we further find that the said mob was but the outgrowth of a drunken attack by two or three white men on some Chinese in the rear of their quarters between Blake and Wazee streets, near Sixteenth, and, which the evidence shows, could have been suppressed by the regular police force had they fearlessly arrested the ringleaders; but which, owing to the disorganized condition of the police force of the city, and the incompetency and inefficiency of its government by the proper authority, and the failure of the county authorities to render the necessary aid and assistance required in such emergencies, the mob assumed such proportions as culminated in the destruction of human life and the disgrace of the city in not affording protection to life and property.

Witness the hands of the said jurors, this 15th November, 1880.

GEO. TRITCH.
JOHN T. IRELAND.
G. P. McARTHUR.
J. A. J. BIGLER.
JAMES A. MILLER.
J. C. McKEE.

THOMAS LINTON, Coroner.

Stephen Gill, being duly sworn, says:

I live at 364 Wellon street, and work for Higgins, the ice man. I was present on Arapaho and Sixteenth street on last Sunday eve, and was there when the mayor arrived. I saw the mob there present, and heard the leader of the mob say to throw the Chinaman in the wagon or they would finish him. He was put in the wagon, and I believe he was then dead. I believe the dead body here is the same Chinaman, by his size and general appearance. At the time I saw him in the wagon he was lying crumped up, and bruised on the head and face. The crowd and the leader directed the driver to take the Chinaman down to headquarters and to the undertakers. Someone suggested that they ought to serve the mayor, when he came, in the same way. After the body was taken away the mob fell back, but I don't know where they went. I next saw a mob at the corner of Fifteenth and Arapaho, and they went over towards the Chinese house back of Parham's drug-store. The man whom I considered as the leader was about 5 feet 10 inches high, and rather heavy set, but, I think, had no whiskers. I met, the next day on Wazee street, a man by the name of James McCann, who said to me that, "We cleaned them out yesterday; we gave them hell; God damn them; they have got to go." I don't know the driver of the wagon. The wagon had an oil-cloth top, but no side curtains. It looked like a market wagon. I think I would know the man who made the remark, "They would finish him if he was not taken away," if I would see him again. He had on a dark old-style cloth coat, the balance of his clothes being dark. I have seen the prisoners in the county jail, and I recognize a man there whom I believe to be the man whom I heard make the remarks I have heretofore spoken of. He gave his name as Ed. Trondell.

N. S. Gill.

Nicholas G. Kendall says:

I live at 507 Stout street, this city. I am working at a shoe-store near the corner of Nineteenth and Larimer. On last Sunday I came down town about 7 o'clock from home and saw the mob come from Blake street to Nineteenth street and up Nineteenth street as far as Lawrence. During the time I was behind the mob until near Nineteenth and Holliday and then I went ahead of the mob to the corner of Nineteenth and Lawrence. They went straight to Sing Lee's house and commenced breaking in the windows. A portion of the mob went into the house in the rear. They proceeded to break up everything and throw it out. There were about ten went into the house. They caught one Chinaman and brought him out with a rope around his neck, and they were dragging with the rope while he was on his back. The Chinaman got the rope off and run around the building and out across the lot. While he was being dragged I saw one man strike him with a chair or table and take down a lamp from a bracket. I don't believe I would recognize the man. The man who struck the Chinaman had on an old-fashioned stiff square-top hat. His clothing was light colored. After going out back I saw the same Chinaman, I believe, across on the other side of the alley on the steps of a brick house attempting to get up the stairs and struggling to release himself from a white man. There were two white women trying to defend the Chinaman, but the white man got possession of the Chinaman, and the crowd then came up and cried, "Cut off his cue; cut off his nose," &c. I saw a man open his pocket-knife when a man said, "Cut off his cue."

I then left and did not see what was done to him until ten or fifteen minutes afterwards. I saw them throw him into the wagon at Eighteenth and Arapaho. The crowd following the wagon went down Arapaho toward Fifteenth Street. This is all I saw of the affair. I have seen the prisoners at the jail and at the sheriff's office but I don't recognize any of them as having seen them at the mob. During part of the time spoken of there were with me two men by the name of James Smith and——Gilmore who live at Nineteenth and Holliday, and I afterwards saw Smith again at Lawrence and Nineteenth street during the riot.

Nicholas G. Kendall.

Dr. C. C. Bradbury:

I live at 533 Arapaho street in this city; am a physician. About half past seven last Sunday I was attracted by the noise of the mob, and I went out of the house and down to Nineteenth street, and first met the mob, in the rear of Sing Lee's place. I went into the crowd and saw that one man had the Chinaman (deceased) by the cue, and another had a rope around deceased's neck. They were then moving towards the corner of Nineteenth and Arapaho. I made every remonstrance that I could with the mob. I was pushed away repeatedly by them. The mob took deceased to the corner with the avowed purpose of hanging him. When they got there I took hold of the leader and endeavored to persuade them not to hang him; in doing so I was pushed across the ditch. I made my way to deceased and he was pulled out of the ditch by the mob by the rope and by the cue. While being held up by one of the mob his cue was cut off by another. Deceased was at that time nearly insensible, he having been beaten by part of the mob with a large oak stick. At the time his cue was cut off, my wife and Mrs. Cale then stepped between the deceased and the mob. The crowd then fell back except these two leaders. I grappled one of the leaders and released the Chinaman (deceased) and with the help of some parties who appeared on the ground he succeeded in getting across the street when he was again seized by the mob. They then dragged him down Arapaho toward Eighteenth by the rope and the collar or the remainder of his cue. About half way between Eighteenth and

Nineteenth on Arapaho, and while near the fence they stopped again and commenced beating and kicking him. I again made my way to him, and while they were beating him I got between one of the leaders and deceased again. One of the leader (the short one), then told me to get out of the way or he would kill me, and at that time one of the crowd struck me from behind three times on the side of the head with his fist. At that time I was standing between one of the leaders and the deceased and leaning over the deceased when the blood from deceased spurted over my clothing. Deceased was then on his knees held in that position by one of the leaders who was kicking him and the other was pounding him on the head with his fists. I then got deceased released again and he was grasped by some young men whom I had urged to assist and take around the corner, and while I was between the principal leader and deceased, he was thrown into a wagon and taken away down Arapaho street, and I did not see him again.

I have seen the prisoners in the jail, but I cannot positively say that I recognize any of them as members of that mob. One of them answers the description of one of the leaders except in height.

I have seen two prisoners in the sheriff's office and am rather positive they are the two leaders of the mob above spoken to.

C. C. Bradbury.

Lewis Rich:

I live at 212 Tenth Street, and am a newsboy. I have lived in Denver two years. I saw the mob at the corner of Wazee and Sixteenth streets last Sunday, and on Blake and Seventeenth. While I was there the water was thrown on the mob and they dispersed. I then left and returned about half-past five to Wazee and Sixteenth streets, and saw that all the Chinese quarters were destroyed, and they were in charge of the police. There were a good many boys and men standing around. After I left there Henry Eichoff and I went up to Nineteenth and Arapaho, where the mob were then collected. The first thing I saw was the mob in charge of a Chinaman near a lamp-post, at corner of Nineteenth and A-rapaho. I had first seen them take the Chinaman from the rear of the house to the lamp-post. He had been beaten and was all bloody. One man was holding him by the cue, and I heard him say, "I have got his cue." I saw a man also with a hatchet; he was a short man. The man who cut off the cue was tall and wore a stiff hat, but crushed down at the top. Some of the crowd wanted to release him and the tall man hallooed for a rope to hang him. The short man wanted to kill him. I think I would know the two men if I was to see them. I did not know any of the men in the mob.

I have been over to the sheriff's office and seen the prisoners there and recognize the tall man as the man who cut off the cue and called for the rope to hang him, but I cannot say positively that the small man was the other. The tall one I afterwards saw carrying off clothing from the Chinese house in the rear of the Grand Central Hotel, between 8 and 10 o'clock p. m. This house was destroyed by the same mob that attacked Sing Lee's house at the corner of Nineteenth and Arapaho.

Lewis Rich.

Dr. O. G. Cranston:

I live at 545 Curtis, and am a physician. On last Sunday night a-bout half-past eight or nine o'clock, the body of a man was brought in a wagon to the hall in front of my office. I examined him and found him still alive, and he was carried up into my room (No. 13 Moffatt and

Kassler block) and laid on a lounge, and I went to work to try and resuscitate him by giving him stimulants. I found a cut on the left side of his head through the scalp clear to the skull. As far as examined I did not consider the skull fractured. By rubbing and counter-irritants we succeeded in raising his pulse and he breathed easier. He had a wound on his forehead, over the right eye, and the right side of his face was swollen considerably. His teeth were mostly all loose, and we took out some which were entirely broken out. He was bruised all over the body as though he had been kicked. His feet and hands and limbs to his body were cold, and he was in a cold sweat when brought there. The indications were that he was hurt internally and probably some rupture of a blood vessel. I think the cause of his death was concussion of the brain. There was no fracture of the skull, but concussion frequently occurs from a jar of the brain, as being struck by a broad instrument, jarring and paralyzing the brain. There were marks on his neck as though caused by strangulation, but don't think that the cauce of his death. I attended him to near his death in company with Dr. Park and Dr. Coburn. He was in my office about one and a half hours before he died.

O. G. Cranston, *M. D.*

Henry Eichoff:

I live on Fifteenth, near the bridge; I am fifteen years old; I am a newsboy. Last Sunday I saw the crowd on Fifteenth and Blake about dusk. I afterwards went up to the corner of Nineteenth and Lawrence and saw the mob have a Chinaman at the corner of Nineteenth and Arapaho, and heard them crying to hang him. I had followed the crowd to see what they were going to do, and I heard them say, "Now for Nineteenth and

Lawrence. " When I got to Nineteenth and Lawrence, I saw that the windows were broken in, and they had run the Chinese out, and the crowd had the deceased at the corner of Nineteenth and Arapaho at a lamp-post, and were threatening to hang him, and were calling for a rope. They then told him to run for his life, and he started to run, and he was moaning as he ran, and the crowd followed and struck him, and caught him again between Eighteenth and Nineteenth, on Arapaho. They afterwards threw him into a wagon at the corner of Eighteenth and Arapaho. I heard some one say, "Cut off his cue, " and I heard the large man say, "I have; I have got it in my pocket. " This man had on a stiff hat. I afterwards saw this same man carrying away clothing from the Chinese house in the rear of Grand Central hotel. I had seen this man striking and kicking the deceased at Arapaho and Nineteenth, and between Eighteenth and Nineteenth on Arapaho. He took the clothing down Seventeenth street past the Grand Central Hotel. I have seen two men in the sheriff's office but don't recognize them as having seen them in the mob. I did not see the rope on the Chinaman's neck. From the corner of Arapaho and Nineteenth the Chinaman was released and told to run for his life, and started to run, but was overtaken about halfway to Eighteenth and seized again by the mob and beaten again. He ran and was dragged to Eighteenth, and was there thrown into the wagon, and the wagon started down Arapaho towards the 'bus barn. I saw the same man who seemed to be the leader at Arapaho and Nineteenth down at the Chinese house in the rear of the Grand Central Hotel carrying away clothes under his arm down past the Grand Central. I followed the crowd down to the Grand Central from Arapaho and Nineteenth.

Henry Eichoff.

Frisber Hayden:

I live at the corner of Nineteenth and California, and am a barber. Last Sunday about 6 to 7 o'clock p. m. , I was passing the corner of Nineteenth and Arapaho on my way home, and saw the mob at that place near the lamp-post in charge of a Chinaman. One of the mob had the Chinaman by the cue and said he would cut his throat, and put his hand in his pocket. Not wanting to see the man's throat cut, I moved away. The man who made the threat had a sandy mustache, and a soft hat, dark coat, rather tall. I don't believe I would recognize him again. I think from his appearance he might have been an Irishman. I saw another man kick the Chinaman while he was down on the ground, and as the Chinaman raised up another man struck him. I then crossed over the street and could not see anything more, but I noticed the Chinaman had wounds on the right side of his head, and the blood was running from the wounds. I noticed an old gentleman with white beard remonstrating with the men who were holding the Chinaman, and one man standing near said to him, to "Stand back, " "Go away, "and pushed the old man away.

Frisbie W. Hayden.

Alex'r Ely:

I live at 289 Twentieth street. I am collector for James Duff, and agent for Mr. Horr's property, occupied recently by the deceased on Lawrence and Nineteenth. Last Sunday eve, about 7 o'clock, on the corner of Nineteenth and Larimer, I first saw the mob attempting to destroy a Chinese house. After breaking in that building they went to the corner of Nineteenth, and Lawrence. I was knocked down at the corner of Nineteenth and Larimer by a man while I was trying to protect the property for Mr. Horr. I did not know the man, and he escaped in the crowd. I was told by the crowd that if I attempted to assist the Chinese that they would serve me the same as the Chinese. I think my assailant was an Irishman. I heard some parties then call out to the mob to come on and they would go to the corner of Lawrence and Nineteenth, and clean out that place. When they got there they attacked Sing Lee's place with axes, hatchets, stones, &c. , and broke in the windows and doors. I saw two men with hatchets, and one of them took the hatchet from his overcoat pocket.

(2.) One of these men with hatchets I saw seize the Chinaman in the rear of the building, and drag him to the lamp-post at the corner of Arapaho and Nineteenth. I heard him say he was going to take the town in and kill every damned son of a bitch of a Chinaman he could find. I saw the same man cut off the cue of the Chinaman. This man was a dark complexioned man, tall, with dark beard and mustache, and about thirty-five or forty years of age.

(3.) I saw another man assisting in dragging the Chinaman by the arm. He was a short man, sandy complexioned, dark coat, dark brown pants, and black soft hat, short stubby whiskers. I have been over to the sheriff's office, and have seen two prisoners there, and I recognize one of the prisoners there as the tall man I have heretofore spoken of (Corrigan). He was the third man who entered Sing Lee's building and found deceased under the lounge and commenced beating him, and dragged him out and said, "Here is one of them, the son of a bitch; we will kill him." He helped drag him out by the collar, and two others assisted and got him into the back yard, and there they beat him again. They then got the clothes-line, and Corrigan said, "We will hang him to the tree," and the others said to hang him to the lamp-post.

They dragged him by the rope which they had put around his neck, across the ditch and street to the lamp-post, and a dark-complexioned man went to the lamp-post to throw the rope over, and a lady present begged them not to hang him. I also asked them not to hang him, and they said they would hang me if I did not keep still. I have been to the county jail, and among the prisoners I recognize a man there as the same man as heretofore marked No. 2. I also saw another man there that I have heretofore spoken of as No. 3. I also saw another man there (Craigen), that I recognize as having seen at the head of the mob on Larimer street. He is a tall young man, no whiskers. He was present aiding the mob and throwing into the house on Larimer street. He gave his name as Gregory (Craiger) at the jail. The crowd at Larimer street then shouted to go to Lawrence Street, and hallooed for Hancock. When I left the lamp-post where they were trying to hang Sing Lee, I did not see anything more. I heard the man described as No. 2 tell Sing Lee they were going to kill him.

Alex. Ealy.

Frank Stanton:

I live at 497 Arapaho street, and am a baker; I saw the mob first at the corner of Nineteenth and Larimer, about 7 o'clock in the evening, on their way to Sing Lee's place. I went home and returned in a short time, and saw the crowd in possession of a Chinaman whom they were dragging toward the lamp-post; I followed the mob, and saw them attack Sing Lee's place. When they got him to the lamp-post, I first noticed two men in particular; one was a tall man with a light mustache, a dark hat, and dark clothes; the other man was short and heavy set, dark clothing. They had hold of the Chinaman, and were beating and kicking him; the tall man I saw cut off the cue. I then saw them dragging him toward Eighteenth street. These two men and the crowd were shouting to hang him. I saw several ladies there trying to persuade the crowd not to kill him. I have been over to the sheriff's office, and seen the prisoners there, but I do not recognize any of them as having seen them before; I recollect seeing Dr. Bradbury in the crowd trying to persuade the mob to release the Chinaman, and he finally succeeded in getting him away, and into a wagon, and got him away.

Frank Stanton.

Geo. C. Hickey:

I live at the Taney House, 341 Holladay street, and am a printer. I saw the mob on Blake street, between Sixteenth and Seventeenth streets, when the water was thrown on them. The mob still remained there, and I came to Hop Lee's at $416\frac{1}{2}$ Blake street, and remained there half an hour. The small boys commenced throwing stones at the windows, and then the men commenced kicking in the doors and windows. I then went to the rear of the house, and Officer Ryan and a citizen were there trying to keep back the crowd. A. Tom then came out and said to get carriages and a policeman, and they would go away with us. The mob then threw stones so fast we had to retreat from the building. Another man and myself then went into the building, and Ryan and a citizen were trying to beat back the mob. I went through the house to the front to admit a policeman, and it being fastened, it had to be broken open to admit them. After the officer came in I went to the sleeping room and found there and urged them to run out. They all did so but Ah Chung, who remained and hid under the table. The mob then broke past the officers at the door and got into the building and found

Ah Chung and put a rope around his neck and threw him and dragged him out. I followed him out, and Officer Ryan tried to release Ah Chung, but being unable, some one cut the rope. Ryan and the citizen then ran him across the lot to Seventeenth street and down Holladay until again stopped by the mob. We got him into a doorway, the door being fastened, near Sixteenth.

The sheriff then ordered the mob to disperse, and Ryan, the citizen, and Ah Chung then moved on. I kept behind the party down Sixteenth street and into a place in the rear of the American House. I then went up to my room and changed clothes and returned to the scene, which was then on Wazee street attacking the Chinese houses in that quarter. The mayor and a squad of police then appeared and fired several shots, when the mob fell back. Two specials were left, and the main body of police left. The mob, after completing the destruction after the police left, darted for Eighteenth and Larimer, going up Wazee to Seventeenth, thence to Blake, thence to Nineteenth. On the way to Nineteenth they attacked and demolished two Chinese houses. They then shouted, "For Nineteenth and Lawrence!" I knew they were going to Sing Lee's, and I ran ahead to warn him, and when I got here and called to him he locked the door and would not come out. The mob then came and attacked the place with sticks and stones, and commenced breaking in the windows and doors in the rear. I went around to the front of the house, and while I was there they broke open the building, and one of the mob entered through a window, and I followed him. The crowd by that time had forced the back door and entered. I saw Sing Lee on his knees, and when he saw me he came and dropped down in front of me for protection, and I endeavored to shield him and prevent them from putting the rope around his neck. The crowd then commenced kicking him, and said I was a damned Chinaman, and they would hang me if I did not get away, and attempted to put the rope over my neck.

I noticed one man in the crowd who was very active; tall, light hat, rather poorly dressed, and, I think, an Irishman. I did not notice any other one particularly so that I can describe them. I saw them take Sing Lee out with a rope around his neck, but could not recognize any of the men who had charge of him. They caught Ah Sin and took him out, and I followed and I hallooed to him to run, and he ran and I pulled my revolver and kept the crowd back until Ah Sin was hidden away in a coal-shed, and I afterwards washed him and brought him to headquarters. I saw the mob pounding Sing Lee with cord wood, but I could not get to him on account of the crowd. I have seen the body of Sing Lee at the coroner's, and identified it as Sing Lee's. The crowd called me a damned half Chinaman, and said they would hang me if I did not clear out. There were shouting for Hancock.

Geo. C. Hickey.

George Milligan:

I am fourteen years old and live in the alley between Twenty-third and Twenty-fourth and Lawrence and Larimer. About one o'clock I came down Larimer street and I saw a crowd of people running down the alley by the American House. I did not see anything there, but that night about 7 o'clock I saw the mob up on Nineteenth and Lawrence. I went up to the corner of Nineteenth and Arapaho, and saw the crowd dragging the Chinaman by the cue across the street from the Chinese house at the corner of Nineteenth and Lawrence toward the corner of Nineteenth and Arapaho. They were taking him to hang him to a tree, as the crowd announced. A lady stood by and requested that they release him, and after beating him with clubs and kicking him in the face they released him, and after letting him run a short distance they again caught him and beat him again, and he was again released, and he ran to the corner of Eighteenth and Arapaho and fell. He was there thrown into a wagon that came along and the driver directed to take him to the jail.

I did not see any one in the mob that I knew personally, but I saw one man with long hair and wide-brimmed hat, rather tall, and think I should know him if I should see him again. A man there by the name of Burke whom they called ("Captain") "Colonel" Burke, on horseback, was hallooing to "Hang the Chinese," and I heard him say to the crowd that "He was the first man to go to a Chinese house." He announced that his name was not "Colonel" Burke, that it was "Mr." Burke. He rode a bay or brown horse and very fine appearance. This man Burke was of medium size. When I first saw Burke he was coming up Nineteenth toward Arapaho, and was crying to "Come on, boys," "Hang the Chinese." He was in front of the mob, and when the mob got the Chinaman out, he dismounted and another man held his horse. I next saw Burke with the crowd, on his horse, with the mob going down toward the Clifton House. After the Chinaman was put in the wagon, I saw him in front of the mob at the Arapaho-street school-house. The crowd were continually shouting for "Hancock," and "Down with the Chinese," and I heard Burke shouting to the mob to come on.

George Milligan.

Mrs. W. M. Cole:

I live at 529 Arapaho street. Last Sunday eve, about half-past seven o'clock in the evening, Dr. and Mrs. Bradbury and myself had started down town, and before we reached the corner of Nineteenth, we saw the mob and were told that they had attacked the house of Sing Lee. They came to the lamp-post with the Chinaman with a rope around his neck shouting to hang him, and just as he got to the ditch he fell, as I believe of strangulation. Mrs. B. and I went into the crowd to try to get him released, but the crowd were so close that we could do nothing. Some one asked Mrs. B. if she wanted to see him hung, and she said "No, and he shall not be hung here. " I noticed one boy, whom I believe I recognize as the boy here shown, who was very active and pointed out a place to hang him, and called on them to come on. I heard them shout to cut off the cue and saw one of the men cut it off. He seemed to be nearly insensible. They then got him up and started him off, and I thought they were going to let him go. One man, a large man with a sandy mustache, said "No, kill him; don't let him go. "And the crowd surged forward down Eighteenth street, and caught him again. The mob were beating and kicking him all the time, but there seemed to be two principal men doing most of the beating and kicking. The mob were shouting all the time to kill him, and I heard them repeatedly say they were a democratic crew, and they were continually shouting for Hancock.

Mrs. W. M. Cole.

T. J. Ryan:

I live at 372 Delgany street, and am a policeman. Last Sunday I first saw the mob at the corner of Sixteenth and Wazee, and I assisted in getting the mob up Sixteenth and into Blake, where the water was thrown on the mob. Judge Welborn then appeared and requested the mob to disperse if they would, and I suggested to Welborn to go ahead and halloo for Hancock, and I thought the crowd would follow, and he went up Sixteenth, and 200 or 300 followed him when he cheered for Hancock. He told the crowd that "To-morrow is the day to vote for Hancock." The balance of the crowd then attacked Hop Lee's house, on Blake, between Sixteenth and Seventeenth, and destroyed it. There was no policeman that I saw present there but myself, and I tried to persuade the mob to cease their attack, but the mob directed me to get away or I would get hurt. The mob in the meantime got a Chinaman out with a rope around his neck, and I attempted to release him. Another man and I then got to the Chinaman, and he cut the rope, and we got the Chinaman from the crowd and started into the alley, and the crowd then got to us again. We succeeded in getting the Chinaman along into the front of Louis's ten-pin alley, when the door was shut against us. Some one then attempted to quiet the mob by addressing the mob, and attracted the attention of the mob, and I got away with the Chinaman down to Sixteenth and down to the American House, where I got the Chinaman into the rear of the hotel.

The mob then came down and attacked the Chinese houses in the rear of the American Hotel, and I went out into the mob and attempted again to pacify the crowd. Some man then broke in the door of the Chinese store, and mob attempted to get in. Four shots were then fired, and a white man appeared, holding up his arm bleeding, and cried, "See the white man's blood," and the crowd rushed into the house. They then went through the Chinese house near the corner. The mob then moved around to Wazee, and I remained in charge of the house at the alley. I did not see Captain Burke at all, nor did I see any one whom I recognized, as I was so busy that I could not stop to look at any one in particular. The man who was shot in the arm I think was one of the mob. On Wazee street I tried to disperse the crowd from the sidewalk near John's place. I saw a man by the name of Jim Lewis, and I ordered him away also, and he told me "No; I am a 'special' under Spangler;" and I said, "All right," and I did not see him again until about 5 or 6 o'clock in the back part of the Chinese house at the corner of the alley, between Blake and Wazee, when I ordered a man away from a trunk he was trying to get into. I don't know what he was doing, but he was making himself busy there in some way. He had on a broad-brimmed hat, and wears long hair, black coat, and brown mustache and goatee. I was not up to Nineteenth and Arapaho at any time during the attack there, and did not see anything there.

T. J. Ryan.

Ah Sing (through Chee Quong, interpreter):

I live at the corner of Nineteenth and Lawrence. I keep a wash-house. I was in the house last Sunday evening when the mob came, and I was lying under the ironing-table. I saw the parties, but could not recognize them as it was dark. I did not see them take out Sing Lee, as the mob put a rope around my neck and dragged me out of the house, but it was so dark I could not see them to identify them. Sing Lee was in the house at the time the mob entered the house. The mob cut off my cue after they got me outside of the house. I could not identify any of the prisoners if I should look at them. They took me out before they seized Sing Lee.

Chee Quong.

George Le Clair:

I live at the corner of Thirteenth and Holladay, west Denver, and am a bar-tender. On last Sunday, on Blake between Sixteenth and Seventeenth, on the south side of the street, in the rear of a Chinese house, the same house attacked by the mob, I saw a man by the name of *Kinney* or *McKinney* throwing stones and bricks at the building during the attack on the building. He then advanced on the building and urged the crowd to follow, and was shortly after that arrested by Mr. Hawley and taken away, and is now in jail. Another man, who gave his name as Smith, arrested on last Saturday night by Officer Sherman on Blake street, I saw on the Sunday eve of the riot, while myself, Sherman, Welch, and Clarke were bringing two Chinamen from the Chinese house on Blake Street above described to the American House; he made an attempt to rescue the Chinese from us, and said, "I will take the God damned Chinamen from them; I am no ' tenderfoot. ' " This was near the American House. I afterwards saw this same man at the head of the mob at the corner of Fourteenth and Lawrence when they were dispersed by the officers, and also saw a man with a yellow hound, named Poole, who was also throwing stones, and saw him kicking at the door and break in the windows of the Chinese house above spoken of. He appeared to be very active, and was in the lead of the mob. I also saw a man by the name of Eiseahart, who was mounted and was leading the mob at the corner of Fourteenth and Lawrence, and when the mob came in sight of the Chinese house at Fourteenth and Lawrence, I heard him say to the mob, pointing to the Chinese house, "There is one of them now. " After the mob were fired into and dispersed, this man Eiseahart rode up in front of the Chinese house, and he was asked by a party there what he was doing there, and he said he "was working for the city, " and when asked his name he said it was none of their business. He was asked to show his badge or authority, and he said he "did not have any and did not need any. " He was arrested and taken off his horse and taken to jail by Officers Sherman and Levy. I did not see any attack made or ordered by any one in charge of the police at any place during the day except at Fourteenth and Lawrence, when the police were ordered to fire on the mob.

George Le Clair.

John Asmussén:

I live at $404\frac{1}{2}$ Wazee street, and keep the saloon known as "John's Place." I was present at my saloon last Sunday, the last of October, when the riot occurred on Wazee street and Sixteenth, near my place, about 2 o'clock. There was in my place at the commencement of the row, George E. Shalle and two Chinamen playing pool. Shalle works at 406 Arapaho street. They were playing quietly when three or four men came in who were drunk and went up to the table and commenced to disturb the game. One of the Chinamen asked them to quit; the men then commenced abusing the Chinamen, and I remonstrated with them, and they said they were as food as Chinamen, and they came up to the bar and got some beer. While they were drinking I advised the Chinamen to go out of the house to prevent a row, and they went out at the back door. After a few minutes one of the white men went out at the back door and struck one of the Chinamen without any provocation. Another one of the crowd called to one of the same gang inside to "come on Charley, he has got him," and he then picked up a piece of board and struck at the Chinese, which the Chinese defended against as well as they could, and tried to get away. This was the beginning of the riot. I then closed the doors and would not admit any one, and did not see any more of the riot. These men were strangers to me, and I had never seen them before, nor have not since. I saw Jim Lewis in the saloon at the time the row commenced, and he tried to get out of the back way, which I tried to prevent, but he got out by me and immediately he got out I heard the bricks flying. He tried afterwards to get back, but I would not let him in. The man who went out with Lewis I don't know by name.

John Asmussén.

I certify that the foregoing is a correct and true copy of the evidence, so far as taken by the coroner over the dead body of the Chinaman murdered at Denver, Colo. , October 31st, 1880.

F. A. Bee,

His Imperial Chinese Majesty's Consul.

I hereby certify that the foregoing evidence is a true and correct copy, so far as taken, of the evidence given before the coroner's jury at the inquisition held of the body of Sing Lee, in the city of Denver on the dates given in the verdict above.

Walter S. Sullivan.

[Inclosure No. 5.]

Statement of M. M. Pomeroy.

October 31st, 1880.

Sunday I was in North Denver dining with friends. The first I heard of the riot was about 5 p. m. , when Mr. Nichols who had come over from the city, reported that a mob had gathered in Blake street to kill the Chinese, and had been partially quieted. I hastened to the city, left my wife at our home, and then drove to the stables of Elledge & Co. , on Holliday street between Sixteenth and Seventeenth. At this time about 3,000 persons were assembled back of these stables, about the houses occupied by Chinese on Blake Street; the houses were entirely surrounded by a surging, infuriated mob of brutal cowards, with clubs, stones, & c. They were breaking in windows and doors, cursing, howling, and yelling "Kill the Chinese! Kill the damned heathens! Burn the buildings! Give them hell! Run them out! Shoot them; hang them!" & c.

I saw doors broken, saw men enter the houses and with impromptu torches look for those who inside were hiding; saw clothes and other articles brought out and thieves run away with them.

I appealed to men standing a little back to rush in and save life and property and prevent the starting a conflagration, but those appealed to stood as benumbed or answered by curses and cries, "The Chinese must go!"

Then I saw two men wounded by bricks thrown towards the house, and was glad that two of the rioters were hit. Just then a Chinaman was found in one of the houses and dragged out to be knocked down, kicked, jumped upon, and beaten with clubs by the rioters, who were filling the air with horrid curses, yells, cheers and cries. A rope was thrown over the head of the Chinaman and the crowd started with him on the run, to the cries of "Hang him! Hang him! Hang him!"

I saw one policeman trying to beat the mob back, but could not get to him. I then ran to the executive Department on Larimer street and found Governor Pitkin in his office, having just come. I asked him if he could do nothing to save the city from destruction and to the preservation of life. He wanted to know what was going on; he said that he could not move, could not call out the militia till called upon by the civil authorities, but offered to go in person and assist the police, appeal to the mob, or do whatever he could to stop the riot. I asked him to remain where he was till I could find the mayor. He agreed, and directed me where to find the office of the mayor on Lawrence street. As I started to go there Governor Pitkin asked me to ask Mayor Sopris to at once appoint General Cook chief of police. I at once ran to the office of the mayor and found there a number of gentlemen smoking; asked it the mayor was in, and Alderman Austre, I think it was, pointed to a man sitting by a desk and introduced me to him as Mayor Sopris. Hurriedly I reported what was going on, told of my call upon the governor, and of his request to appoint General Cook, and of his being in his office ready to act officially when called upon. The mayor replied that he had quelled the riot in the afternoon all that he could, but had no force at his command to preserve the peace. I urged him to go in person to the heart of the mob and command it to disperse, and then if it persisted in disregard of law to call upon the State for the use of its militia. After a time he said he would go. He put on his overcoat and hat, took his cane, swore in as special police two men who had come into his office with myself. General Cook came in, and he at once appointed him chief of police and asked him to go with us.

Then we hastened out upon the sidewalk. General Cook ran for his pistols; with the help of W. J. Sprague we formed into line, two by two, quite a squad of citizens, who were willing to go with us to protect the mayor in the discharge of his duty. By this time General Cook, the new chief of police, came up and took the lead, Mayor Sopris and myself arm-in-arm following him with a number of brave men, forming a compact squad. As we marched down Sixteenth street from Lawrence I called on all who would to join us, and many, to their credit be it said, fell in line. We marched down the center of the street, and turned into the one where the mob was breaking in a row of houses, pushing ahead through the swaying mob till we neared the house. General Cook commanded the mob to disperse, and began firing in the air. The crowd broke and ran. The mayor then spoke, counseling regard to law and public decency. We stopped the demolition of property. When something like quiet was restored, the mayor returned to his office, and I ran to inform the governor that I believed the mob was broken, and that General Cook and the special police being sworn in, could preserve the city and hold the people to respect for law without his aid. Then I ran to the office of the mayor. Learning on the way that a mob was gathering near the Lawrence House to attack a Chinese laundry there, I ran to the mayor, and he came out again, went into the crowd, begged of those assembled to disperse. He was greeted by cheers, hoots, oaths, curses, &c. , and stood there powerless, unable to be heard or respected. He offered to deliver the city over to the governor, and we hastened over to the governor's office, where, at five minutes before eight, Mayor Sopris formally asked Governor Pitkin to take the responsibility, to call out the troops, and protect the innocent from the guilty. Governor Pitkin at once telegraphed to the sheriff and to the headquarters of certain troops to be in readiness at once. I then hastened to my office and armed, returning to the governor's office for duty. He said all was in readiness, but that Sheriff Spangler thought that his increasing force of specials would be able to disperse the rioters; that if not, he was ready, and that the Governor's Guards and one or two batteries were ready to move. Governor Pitkin hoped the necessity could be averted, but was ready to issue orders if called upon by the sheriff. He asked me to get a horse and ride over the city, assisting the special police, and reporting to him of the condition of the streets.

I went to the stable of Philips & Son, procured a horse, and for two hours, with other special police, mounted or on foot, assisted all I could in the restoration of order, calling upon crowds to disperse, clearing saloons, &c. I found the Governor's Guards, under arms, in an alley, ready to move if called upon. I told crowds in the street that the militia was ordered out, and to hasten home to save bloodshed. Sometimes I was greeted with hoots and curses; at other times was thanked for the information. By eleven o'clock all was comparatively quiet. The specials having dispersed several riotous crowds, I helped to run Chinamen into places of safety, including the office of the mayor. I saw but one dead Chinaman on Lawrence street. I believe that the rioters dispersed when they realized in General Cook and the regulars and extra force under him, and in the governor, they had stern men to deal with. Had there been a prompt meeting of the mob with lead instead of streams of water at two o'clock in the afternoon, the riot would have died aborning.

Foreign Relations of the United States, 1881, China
广西师范大学出版社组织整理：《中国驻美国公使馆致美国国务院备忘录（1868—1906）》（1），广西师范大学出版社，2010 年

附二：译录美国外部照会

为照会事：

照得本大臣于前二十二日曾将中国和众轮船来旧金山被征分别额外税钞等因，知照贵大臣在案，兹将总统遵例所发谕词抄录数份，备文咨送贵大臣以便转送贵国政府查照。

为此照会，顺候日祉。

须至照会者。

《陈兰彬致总理衙门函（光绪七年三月初三日收）》，《钦定总理各国事务衙门清档》第252册，北京大学图书馆藏

附三：照录美国外部十月二十二日来文

为照会事：

照得中国和众轮船前抵旧金山口岸，被征分别税钞一案，前接贵大臣七月三十日来文，内开中国通商口岸，并无分别征收美船税钞各等因，我政府甚为惬心，大伯理玺天德当即遵例降谕照办。

至于贵大臣所问，如中国口岸有分别征收美船税钞，美国领事官应有详报一层，查本部并无收到驻扎中国通商口岸之领事官详报中国通商口岸有分别征收美船之案，合并陈明。

为此照会，顺候日祉。

须至照会者。

《陈兰彬致总理衙门函（光绪七年三月初三日收）》，《钦定总理各国事务衙门清档》第252册，北京大学图书馆藏

附四：译录美国总统谕词

为颁谕事：

照得中国现有实据陈明于我，谓美国船只及出产制造货物，前赴中国通商岸，中国并无征收分别额外税钞，本总统复核无异，为此按照国例所有之权，出谕宣示：

所有中国船只及其所载出产制造货物，无论由中国或由别国前来美国口岸，本国应征分别额外税钞一例，暂止不行。如中国以后有分别征收美船税钞，本国自应照例征收。

为此画押，盖用国玺。

一千八百八十年十一月二十三日。

合众国自主后第一百零五年总统喜士在华盛顿颁发。

外部大臣加押。

《陈兰彬致总理衙门函（光绪七年三月初三日收）》，《钦定总理各国事务衙门清档》第252册，北京大学图书馆藏

二十一　照录复美国外部函稿

光绪六年十二月二十六日（1881年1月25日）

复启者：

现接贵大臣来函，请开中国派驻合众国内之领事人员衔名单，兹将已派之总领事官衔名列左：

总领事官陈树棠，驻扎旧金山埠；

领事官傅列秘，驻扎旧金山埠。

以上二员于光绪四年十月十四日札派，特此到复，并候日祉。

《陈兰彬致总理衙门函（光绪七年三月初三日收）》，《钦定总理各国事务衙门清档》第252册，北京大学图书馆藏

附：译录美国外部来函

美国外部大臣问大清钦差大臣好，所有贵国派在合众国内领事人员共干名，何日由贵国派定，敬请开列名单，是复是荷。

十二月二十六日

《陈兰彬致总理衙门函（光绪七年三月初三日收）》，《钦定总理各国事务衙门清档》第252册，北京大学图书馆藏

二十二　照录复美外部照会

光绪七年正月初十日（1881 年 2 月 8 日）

为照复事：

迭接贵大臣十二月初六日、本月初四日来文，内开和众轮船征收额外税钞一案，业已办理完结，并由户部转饬金山税司将所征额外吨税交还等因，本大臣殊深寅感。户部大臣处，并望代为致谢。

为此照复，顺颂日祉。

须至照会者。

《陈兰彬致总理衙门函（光绪七年三月二十三日收）》，《钦定总理各国事务衙门清档》第 252 册，北京大学图书馆藏

附一： 英文版

Chinese Legation

Washington, Feb. 8th 1881

Sir:

Referring to your note of December 2nd and that of the 2nd issue respecting the charge of discriminating duties and tonnage on the Chinese steamer "Wo Chang" we have the honor and the pleasure of expressing our thanks for the information conveyed.

Be pleased, Mr. Secretary, to convoy to the Honorable Secretary of the Treasury our thanks for his order to the Collector of Customs at San Francisco for the refunding of the discriminating tax on tonnage.

Accept, Sir, the renewed assurances of our highest consideration.

陈兰彬

(Chen Lan Pin)

Yung Wing

Hon. Wm. M. Evarts

Secretary of State

广西师范大学出版社组织整理：《中国驻美国公使馆致美国国务院备忘录（1868—1906）》（2），广西师范大学出版社，2010 年

附二：译录美国外部伊大臣照会

为照会事：

得“和众”轮船一事，前经照会在案，本大臣接准户部大臣初一日（中正月初三日）来文，内开中国和众轮船于上年八月三十日到金山埠，彼征额外吨税，每吨一圆，已饬金山税务司照数交还等因，准此合行照会贵大臣查照。

为此照会，顺候日祉。

须至照会者。

《陈兰彬致总理衙门函（光绪七年三月二十三日收）》，《钦定总理各国事务衙门清档》第252册，北京大学图书馆藏

二十三　照录致美国外部大臣照会

光绪七年正月二十五日（1881年2月23日）

为照会事：

照得本国直隶总督李致函贵国水师副将满力士，请其前赴天津充当武备书院，教习定期三年。查贵国水陆军法，向为相国所重。此次延请该员前往天津协同教导武备，定期三年。相应备文咨请贵大臣请烦分别咨请转饬该委员前往是盼。

为此照会，顺颂日祉。

《陈兰彬致总理衙门函（光绪七年四月二十日日收）》，《钦定总理各国事务衙门清档》第252册，北京大学图书馆藏

附一：英文版

Chinese Legation

Washington, Feb. 16, 1881

The Minister and Assistant Minister from Chinese present their compliments to the Secretary of State and have the honor to State in reply to the invitation of the Presidents and Mrs. Hayes for the coming of the 24th inst. that they will be most happy to accept the same.

Hon. Wm. M. Evarts

Secretary of State

Chinese Legation

Washington, Feb. 23, 1881

Sir:

We have the honor to inform your Excellency that a letter has been addressed by His Excellency Li Hang Chang, Viceroy of Chih li, Senior Guardian to the His Apparent, and Grand Secretary etc. etc. of China, to Lieut D. P. Marine of the U. S. Marine corps, inviting him to Tientsin to take the post of instructor for three years in a military school established in that city.

This invitation indicates the good opinion of His Excellency the viceroy, of the Military and Naval Service of the United States and a desire to have the services of this office to aid him in carrying out a system of Military education about being inaugurated, and he would be greatly pleased if Lieut Marine is given the necessary leave with permission to proceed to China and remain these during the time above indicated.

Accept, Sir, the renewed assurances of our highest consideration.

陈兰彬

(Chen Lan Pin)

Yung Wing

Hon. Wm. M. Evarts

Secretary of State

广西师范大学出版社组织整理：《中国驻美国公使馆致美国国务院备忘录（1868—1906）》（2），广西师范大学出版社，2010 年

附二：照译美国外部伊大臣照复

二月初四日

为照复事：

接准贵大臣前月二十五日来文，为贵国欲延请水师尽先副将满力士，前赴天津充当武备学馆教习等因，准此，现水师部已允准该副将文力士前赴中国充当教习，合行照复贵大臣查照。

顺颂时祉。

《陈兰彬致总理衙门函（光绪七年三月二十三日收）》，《钦定总理各国事务衙门清档》第252册，北京大学图书馆藏

二十四　关于放行英国寄来包裹的照会

1881年2月25日

Chinese Legation

Washington, Feb. 25, 1881

Sir:

Having been advised that a mail parcel containing a suit of clothes has been send to we from England per S. S. "Canadian" now due in Baltimore, I shall feel much obliged if you will be pleased todirect that instructions be given to the collector of customs at that city, that the said parcel be delivered to my broker, Mr. Matthew Rosson, who will apply for it.

Accept, Sir, the assurances of my most distinguished consideration.

陈兰彬　Chen Lan Pin

Hon. William. M. Evarts

Secretary of State

Washington D. C.

广西师范大学出版社组织整理：《中国驻美国公使馆致美国国务院备忘录（1868—1906）》（2），广西师范大学出版社，2010年

二十五　关于哥罗拉度华人被杀家产被劫案的照会

光绪七年正月二十七日（1881 年 2 月 25 日）

大清钦差出使大臣花翎二品顶戴都察院副堂陈，为照会事：

照得哥罗拉度华人被杀、家产被劫一案，当经本大臣于十二月二十二日照会在案。查此案关系人命财产，如何办法，敬请贵大臣早日见复，以便转咨我国政府为盼，顺颂日祉。

须至照会者。

右照会大亚美理驾合众国总理外务大臣伊。

光绪七年正月二十七日

（见美国务院收外使公文稿）

《陈兰彬致总理衙门函（光绪七年四月二十四日收）》，《钦定总理各国事务衙门清档》第 252 册，北京大学图书馆藏

附一： 英文版

Chen Lan Pin to Mr. Evarts.

Chinese Legation

Washington, February 25, 1881

Sir:

I had the honor on the 21st ultimo to send your Excellency a communication upon the subject of the riot at Denver, Colorado, which resulted in the loss of life, and the destruction of property owned by the Chinese residents.

I shall be greatly obliged, Mr. Secretary, if I may soon receive a reply thereto that I may communicate the same to my government.

Accept, Sir, the renewed assurances of my highest consideration.

陈兰彬

(Chen Lan Pin)

Wm. M. Evarts

Secretary of State

Foreign relations of the United States, 1881, China

广西师范大学出版社组织整理：《中国驻美国公使馆致美国国务院备忘录（1868—1906）》（2），广西师范大学出版社，2010 年

附二：译录美国外部大臣布照复

1881年2月26日

为照复事：

照得哥罗拉度邦上年九月廿八日，愚民闹事一案，经贵大臣于十月初八日照会本部，当由伊前大臣于十一月廿九日照复在案，嗣接贵大臣于十二月二十日，及本年正月廿七日两照会，并论前案，本部均经诵悉，所称钦佩，本国雅意各节，本大臣实深寅感，至本案赔偿一节，曾经伊前大臣细详裁复，不意犹未见洽于明察本大臣细核各情准诸定例揆诸公法应坚持伊前大臣所陈之意为本国应尽之分，查伊前大臣前次照复于详述地方官弹压匪徒后，开过此种事，国内不法愚民，扰害良善，本国之民，与外国之民，同遭危迫，国家既已尽法弹压，揆之两国交际之道，应无赔偿之理，条约各款亦无赔偿之文，是合众国于颠化埠华人被害一案，碍难赔偿，以华民与美民同在颠化埠者，皆当一律办法。如哥罗拉度之民，或合众国内某邦之民，寄居于哥罗拉度者，遭此等愚民扰害，若有筹偿之事，则华人在颠化埠被害，自必一律筹偿，此即公法之理，亦各国通行之例，所当如是也云云。

贵大臣则谓，和约与律网同为本国之上法。又曰："华民系遵中国与合众国所立之约而来，今遭不法匪徒扰害"云云。又引验尸处、陪审人员供词，以谓据此足见地方官，并不竭力弹压。又引一千八百五十八年六月（即咸丰八年五月）中美和约第一款数句，其全文载："大清国与大合众国，并其民人，各皆照前和平友好，毋得或异，更不得互相欺凌，偶因小故而启争端，若他国有何不公，轻藐之事，一经照知，必须相助，从中善为调处，以示友谊关切。"

本大臣查贵大臣来文，有须剖答者，请先引前约言之，其十一款前段云："大合众国民人在中华安分贸易办事者，当与中国人一体和好友爱，地方官必时加保护，务使身家一切安全，不使受欺辱，扰害等事，倘其屋宇产业，有被内地不法匪徒逞凶恐吓，焚毁侵害，一经领事官报闻地方官，立当派拨兵役弹压驱匪，并将匪徒查拿，按律重办。"查此款及本约各款，并无载明华民在美国居住者，亦遵照一律办理，其故可想而知。至于华民来美居住，安分营生，悉与天下各国之民迁徙于美者，一律看待，并不在有条约载明而后得遵约而来，其身家物业，所赖以保全者，藉有合众国各邦律法，盖亦与合众国之民同一律办法耳。

颠化一案，准贵大臣来文，钞附傅领事查复详报，所载具见华民得获律法保护，当匪徒盛闹之初，或有一二地方职畏葸不前，然匪党聚众，至五千余人之多，亦难怪其徘徊顾虑，惟据该领事所报该邦总督与其郡侯邑宰，皆各出力弹压，而后得转危为安。查此案闹事之始，系因华人与人在酒馆聚赌，有违该邦律法。闹事时在两点钟至夜间十点钟，不及六时之久，而地方如旧安靖，稽诸各国史籍所载，匪徒闹事，势焰如此其烈，聚众如此其多，而能不施火炮，不相残杀于数时之间，即弹压安靖，办理无有如此神速者。即此可见地方官之调度有方，居民之安分遵法，且据该领事所报地方官业已拿获为首多人，内有二名经人指证为杀害陆杨之首犯，现尚在押，听候审办。

至来文所称条约与律网同为本国上法，此旨恐有误会，因详述之。查律网之意系言此律网及按律网而立之条例，以及已立续立之条约，皆奉为本国之上法，要当知条约与条例均须遵照律网之理，而立者方为上法。假使条约条例某款或与律网相背，则此款自应废弃，不得与律网并称，其轻重自有分别。律网者，乃合众国立国之大例，以其为无上之大例。故外国之人与本国之民之身家物业，同资覆庇。此即我国大同之本意也。

为此缕细详复，本国业已仔细熟审，而后定见如此。望贵国据此为本案之结局可也。

为此照复，顺颂时祉。

须至照复者。

《陈兰彬致总理衙门函（光绪七年五月初一日收）》，《钦定总理各国事务衙门清档》第252册，北京大学图书馆藏

二十六　关于祝贺布莱恩担任国务卿的照会

1881 年 3 月 8 日

Chinese Legation

Washington, March 8 1881

Sir:

We have the honor to acknowledge the receipt of your kind note of the 7th inst. informing us of your appointment to the office of secretary of state. A pleased, Mr. Secretary, to accept our thanks for your courtesy.

Accept, Sir, the renewed assurances of our distinguished consideration.

陈兰彬

(Chen Lan Pin)

Yung Wing

Hon. James G. Blaine

Secretary of State

广西师范大学出版社组织整理：《中国驻美国公使馆致美国国务院备忘录（1868—1906）》（2），广西师范大学出版社，2010 年

二十七　关于寻找哈瓦那寄来包裹的照会

1881 年 4 月 2 日

Chinese Legation

Washington, April 2 1881

Sir:

I have the honor to inform you that a package addressed to me arrived in New York on the 23rd of February lost by the steamer "city of Alexandria" from the port of Havana, and is now detained in the Custom House. I shall be exceeding obliged if you will be as good as to cause an order to be assured for its redraws that it may be founded to me.

Accept, Sir, the renewed assurances of our highest consideration.

陈兰彬

(Chen Lan Pin)

To James G. Blaine

Secretary of State

广西师范大学出版社组织整理：《中国驻美国公使馆致美国国务院备忘录（1868—1906）》（2），广西师范大学出版社，2010 年

二十八　关于放行哈瓦那寄来包裹的照会

1881年6月3日

Chinese Legation

Washington, June 3rd 1881

Sir:

I have the honor to inform you that a package addressed to me answer in New York on the 1st inst. By the Steamer "Saratoga" from the port of Havana and is now attained in the custom house. I shall be exceedingly obliged if you will be as good as to caner an aide to the issued for its relieve that it may be forwarded to me.

Accept, Sir, the renewed assurances of our highest consideration.

陈兰彬

(Chen Lan Pin)

Hon. James G. Blaine

Secretary of State

广西师范大学出版社组织整理:《中国驻美国公使馆致美国国务院备忘录(1868—1906)》(2),广西师范大学出版社,2010年

二十九　关于放行利物浦寄来包裹的照会

1881 年 6 月 3 日

Chinese Legation

Washington, June 3rd 1881

Sir:

I have the honor to inform you that a package addressed to me has arrived, or will shortly arrive in Baltimore by the S. S. "Nova Section" from the port of Liverpool. I shall be exceedingly obliged if you will be so good as to cause an order to be assured for its release from the Custom House of that Port in order that it may be forwarded to me.

Accept, Sir, the renewed assurances of my highest consideration.

陈兰彬

(Chen Lan Pin)

Honorable James G. Blaine

Secretary of State

Etc. Etc. Etc.

Washington

广西师范大学出版社组织整理：《中国驻美国公使馆致美国国务院备忘录（1868—1906）》（2），广西师范大学出版社，2010 年

三十　关于慈安太后逝世的照会

光绪七年五月十九日（1881 年 6 月 15 日）

大清钦差出使大臣花翎二品顶戴都察院副堂陈，为照会事：

前准本国总理各国事务衙门电信，惊闻我大行慈安瑞裕康庆昭和庄敬皇太后于本年三月初十日戌刻晏驾，哀怆不胜。自兹已接有蓝印公文，本署准于本月二十日遵制成服，理合知照，为此照会。

须至照会者。

右照会大亚美理驾合众国总理外务大臣布。

光绪七年五月十九日

《中美关系史料》（光绪朝二）上册，第 775 页。
《陈兰彬致总理衙门函（光绪七年七月二十四日收）》，《钦定总理各国事务衙门清档》第 255 册，北京大学图书馆藏

附一： 英文版

1881 年 6 月 15 日

Chinese Legation

Washington, June 15, 1881

Sir:

I was deeply grieved a fear makes move by the receipt of a telegram from My government announcing the death of the Empress Regent, Chi-an, Yuan-u, Kangching Chau-ho, Chuang-chin, Mother of His Imperial Majesty the company of which fact I gave your Excellency what notice at the time.

I have send announcing dispatch having just announced it becomes my painful duty to inform you that His Majestydeath occurred at eight o'clock from on the 10th day of the 3rd Month (8th April 1881), and also that the posted of official announcing a persisted by our statute will commence at the Legation on the 16th instant.

Accept, Sir, the renewed assurances of my highest consideration.

陈兰彬

(Chen Lan Pin)

Hon. James G. Blaine

Secretary of State

广西师范大学出版社组织整理：《中国驻美国公使馆致美国国务院备忘录（1868—1906）》（2），广西师范大学出版社，2010 年

附二：美国外部照复

为照复事：

昨日接准贵大臣来文，惊闻慈安端裕康庆昭和庄敬皇太后，于本年三月初十日晏驾，贵国遭此大故，我伯理玺天德与我国人闻信之余，无不同深惋悼，望贵大臣将此意奏明贵国大皇帝为盼。

须至照复者。

《陈兰彬致总理衙门函（光绪七年七月二十四日收）》，《钦定总理各国事务衙门清档》第255册，北京大学图书馆藏

三十一　关于感谢赠送统计部和地质部年度报告的照会

1881 年 8 月 17 日

Chinese Legation

Washington, Aug. 17th 1881

Sir:

I have the honor to acknowledge the receipt of, and to thank you for the annual Report of the Department of Statistics and Geology of the State Indiana, which you have so kindly lent for the library of this Legation.

Accept, Sir, the renewed assurances of my highest consideration.

陈兰彬

(Chen Lan Pin)

Hon. Robert R. Hitt

Acting Secretary of State

广西师范大学出版社组织整理：《中国驻美国公使馆致美国国务院备忘录（1868—1906）》（2），广西师范大学出版社，2010 年

三十二 关于放行哈瓦那寄来包裹的照会

1881 年 8 月 19 日

Chinese Legation

Washington, Aug. 19, 1881

Sir:

I have the honor to inform you that a package addressed to me arrived in New York on the 18st inst. by the steamer "Newport"from the port of Havana, and is now detained in the Custom House. I shall be exceedingly obliged if you will be so good as to cause an order to the assured for its release that it may be forwarded to me.

Accept, Sir, the renewed assurances of my highest consideration.

陈兰彬

(Chen Lan Pin)

Hon. Games G. Blaine

Secretary of State

广西师范大学出版社组织整理：《中国驻美国公使馆致美国国务院备忘录（1868—1906）》（2），广西师范大学出版社，2010 年

三十三　关于寄错照会的照会

1881 年 9 月 1 日

Chinese Legation

Washington, Sep. 1st, 1881

Sir:

I beg to return you a note misaddressed to me from your Department, which I have just received in this moment.

Accept, Sir, the renewed assurances of my highest consideration.

陈兰彬

(Chen Lan Pin)

Hon. James G. Blaine

Secretary of State

广西师范大学出版社组织整理：《中国驻美国公使馆致美国国务院备忘录（1868—1906）》（2），广西师范大学出版社，2010 年

三十四　关于美国总统驾崩的照复

光绪七年闰七月二十七日（1881年9月20日）

为照复事：

顷接贵大臣来文，知贵国伯里玺天德于昨夜驾崩，实深惋悼。

本大臣今早惊闻噩耗，当即电报我国政府，并发电信到朗布阑治地方，与外部大臣布，用展我国与本大臣吊唁之忱，冀达于贵国及总统眷属也。

为此照复。

闰七月二十七日发

《陈兰彬致总理衙门函（光绪七年十月初七日收）》，《钦定总理各国事务衙门清档》第255册，北京大学图书馆藏

附一：英文版

Chinese Legation

Washington, June 3rd 1881

Sir:

I have the honor to acknowledge the receipt of your note of today's date officially announcing the death of the illustrious President of the United States, which sad event. I have communicated to my Government by telegraph.

I now confirm the telegraphic despatch I had the honor of addressing the Secretary of Statsat long Brand this morning experiencing in the name of my Government as well as my own, deep sympathy with Mr. Garfield and the leaks in this great affliction.

Accept, Sir, the renewed assurances of my highest consideration.

陈兰彬

Chen Lan Pin

Honorable Robert R. Hitt

Acting Secretary of State

Washington D. C.

广西师范大学出版社组织整理：《中国驻美国公使馆致美国国务院备忘录（1868—1906）》（2），广西师范大学出版社，2010 年

附二：译录闰七月二十七日美副外部歇照会

为照会事：

照得我伯理玺天德前于七月二号被凶徒枪伤，屡承贵大臣关注，常在本部慰问，方冀医治有效，乃不幸于昨夜十点钟三十五分驾崩。

特此讣闻，所有丧礼各节，俟议定后，再行备文知照。

为此照会。

右照会大清钦差大臣陈、容。

《陈兰彬致总理衙门函（光绪七年十月初七日收）》，《钦定总理各国事务衙门清档》第255册，北京大学图书馆藏

三十五　感谢寄来秘鲁华人情况的照会

1881 年 9 月 23 日

Chinese Legation

Washington D. C. September 23th 1881

Sir:

I have the honor to acknowledge the receipt of, and to thank you for note of the 27th inst. enclosing a letter relating to the condition of the Chinese in Peru, which has been forwarded by Mr. Hurlbut United States Minister at Lima.

I beg you will further oblige me by conveying my thanks to your Minister at Lima for his courtesy.

Accept, Sir, the renewed assurances of my highest consideration.

陈兰彬

Chen Lan Pin

Honorable

Robert R. Hitt

Acting Secretary of State

Etc. Etc. etc.

广西师范大学出版社组织整理：《中国驻美国公使馆致美国国务院备忘录（1868—1906）》（2），广西师范大学出版社，2010 年

三十六　关于唁慰美国总统嘉斐逝世的照会

光绪七年八月十六日（1881年10月8日）

大清钦差出使大臣花翎二品顶戴都察院副堂陈，为照会事：

前接贵大臣来文，告知大伯理玺天德嘉斐大行，本大臣当即电知我国政府。

顷接总理各国事务衙门复电称，我大皇帝闻信之余，甚为悼惜，应由本大臣传达旨意，吊慰贵国官民人等及大伯理玺天德嘉斐太夫人、夫人等因。

相应备文知照贵大臣查照，并望将我国大皇帝唁慰之意，转知大伯理玺天德嘉斐眷属及贵国臣民等为盼。

现下北京未有电报至通商各口，故寄电稍迟，合并声明。为此照会，顺候日祉。

须至照会者。

右照会大亚美理驾合众国总理外务大臣布。

光绪七年八月十六日

广西师范大学出版社组织整理：《中国驻美国公使馆致美国国务院备忘录（1868—1906）》（2），广西师范大学出版社，2010年

附一：英文版

Chinese Legation

Washington, Oct. 8, 1881.

Sir:

Upon the receipt of your note announcing the death of President Garfield. I immediately telegraphed the sorrowful news to my Government. And I now have the honor to State that I have just received a telegram from the Tsungli-Yamen instructing me to inform your Excellency that His Majesty the Emperor, upon hearing of the death of the late President expressed his profound sympathy with the government and people of the United States, and especially with the mother and widow of the deceased they also request that these sentiments of grief and sympathy may be conveyed to the family of the late President.

The apparent tardiness of this reply is caused by the fact that Peking at present has no telegraphic communication with the sea coast.

Accept, Sir, the renewed assurances of my highest consideration.

陈兰彬

Chen Lan Pin

Hon. Fames G. Blaine

Secretary of State

广西师范大学出版社组织整理：《中国驻美国公使馆致美国国务院备忘录（1868—1906）》（2），广西师范大学出版社，2010 年

附二：八月十八日美国外部大臣布照复

为照复事：

昨接贵大臣来文，传达贵国大皇帝旨意唁慰等因。前总统大事，我国人与其眷属，正深悽怆，蒙大皇帝雅意慰问，不惟前总统夫人，感激无已，更以见贵国与友好各国，均以我国人之休戚关怀，尤深钦感，望贵大臣转咨贵国总理各国事务衙门，奏明大皇帝代达前总统妇人感谢之忱。

为此照复，顺候时祉。须至照复者。

右照复大清钦差大臣陈。

《陈兰彬致总理衙门函（光绪七年十一月十三日收）》，《钦定总理各国事务衙门清档》第255册，北京大学图书馆藏

三十七　关于武昌号轮船的照会

1881 年 11 月 23 日

Chinese Legation

Washington, Nov. 23rd 1881

Sir:

I have the honor to acknowledge urge the receipt of your note of the 22nd inst. stating that you have been made acquainted by the United States Minister at Peking, with the expected arrival some time during the present month of Cheng Tsao Jo, who comes to this country on diplomatic Mission and that you have requested and obtained from the Secretary of the Treasury the usual orders to the Collector of Customs at San Francisco, for the free admission of the Minister's personal effects.

Be pleased, Mr. Secretary to accept my thanks for your promptness and courtesy in this matter.

Accept, Sir, the renewed assurances of my highest consideration.

陈兰彬

(Chen Lan Pin)

Hon. James G. Blaine

Secretary of State

广西师范大学出版社组织整理：《中国驻美国公使馆致美国国务院备忘录（1868—1906）》（2），广西师范大学出版社，2010 年

三十八　关于祝贺布莱恩出任国务卿的照会

1881 年 12 月 20 日

Chinese Legation

Washington, Dec. 20 1881

Sir:

I have the honor to acknowledge the receipt of your note of the 19th instant stating that the President by and with the advice and consent of the senate has appointed you to be Secretary of States and that you have entered upon the duties of the office.

I shall with great pleasure wait myself of the comeliest opportunity to congratulate your Excellency in person.

Accept, Sir, the renewed assurances of our highest consideration.

陈兰彬

(Chen Lan Pin)

Hon. Fredk. T. Frelinghuysen

Secretary of State

广西师范大学出版社组织整理：《中国驻美国公使馆致美国国务院备忘录（1868—1906）》（2），广西师范大学出版社，2010 年

三十九　关于回国辞行的照会

光绪七年十一月初四日（1881年12月24日）

大清钦差出使大臣花翎二品顶戴都察院副堂陈、补用道容，为照会事：

照得本大臣钦奉我国大皇帝谕旨，着令回京，理合恭录谕旨面呈大伯理玺天德，为此备文咨请贵大臣订期觐见，以便辞行，是所至盼。

须至照会者。

右照会大亚美理驾合众国总理外务大臣傅。

光绪七年十一月初四日

广西师范大学出版社组织整理：《中国驻美国公使馆致美国国务院备忘录（1868—1906）》（2），广西师范大学出版社，2010年

附： 英文版

Chinese Legation

Washington, Dec. 24th 1881

Sir:

We have the honor to inform you that our August Sovereign His Majesty the Emperor of China has by an Imperial edict recalled us to Peking.

We will thank you, Mr. Secretary, to be so kind as to cause a time to be named when we may deliver a copy of the edict and take leave of the President of the United states.

Accept, Sir, the assurances of our very highest consideration.

陈兰彬

(Chen Lan Pin)

Yung Wing

Hon. Fredk. T. Frelinghuysen

Secretary of State

广西师范大学出版社组织整理：《中国驻美国公使馆致美国国务院备忘录（1868—1906）》（2），广西师范大学出版社，2010 年

四十　关于卸任辞行的照会

1881 年 12 月 26 日

Chinese Legation

Washington, Dec. 26 1881

Sir:

I have the honor to request that you will be so kind as to remit to my successor all papers that may be published hereafter relating to the recent sanitary conference of which I am a member.

Accept, Sir, the renewed assurances of my very highest consideration.

陈兰彬

(Chen Lan Pin)

Hon. Fredk. T. Frelinghuysen

Secretary of State

广西师范大学出版社组织整理：《中国驻美国公使馆致美国国务院备忘录（1868—1906)》（2），广西师范大学出版社，2010 年

四十一　关于觐见美国总统的照会

1881 年 12 月 28 日

Chinese Legation

Washington, Dec. 28th 1881

Sir:

We have the honor to acknowledge the receipt of your note of the 27th instant informing us that the President has appointed the hour of 12 M. of the 31st instant for the delivery of the Imperial Edict recalling us to Peking. We shall be happy to wait upon the President at the time mentioned.

Be pleased, Mr. Secretary to accept our thanks for the very kind and generous manner in which you attended to our mission at Washington.

Accept, Sir, the renewed assurances of our very high consideration.

陈兰彬

(Chen Lan Pin)

Yung Wing

Hon. Fredk. T. Frelinghuysen

Acting Secretary

广西师范大学出版社组织整理：《中国驻美国公使馆致美国国务院备忘录（1868—1906）》（1），广西师范大学出版社，2010 年

四十二　照复美国外部大臣布

光绪七年十一月底（1882年1月）

为照复事：

接准贵大臣本月初一日来文内开，接准驻扎北京使臣文称，贵国出使大臣郑月内可抵美国，贵大臣业已咨请户部大臣，转饬金山税务司，于郑大臣随带行李，毋得阻滞等因。诸承贵大臣妥速关照，实深铭感，为此照复。

《陈兰彬致总理衙门函（光绪七年十二月初八日收）》，《钦定总理各国事务衙门清档》第255册，北京大学图书馆藏

附：美国外部大臣布照复

光绪七年十一月廿一日（1882年1月10日）

为照会事：

本部接准驻扎北京使臣文称，贵国出使大臣郑藻如月内可抵美国等因，本大臣当即咨请户部大臣，转饬金山税务司，于郑大臣到时，随带行礼，毋得阻滞，经户部大臣复知业已照饬办理，合行照会贵大臣查照。

须至照会者。

右照会大清钦差大臣陈。

《陈兰彬致总理衙门函（光绪七年十二月初八日收）》，《钦定总理各国事务衙门清档》第255册，北京大学图书馆藏

陳蘭彬集

叁

函　电

使美纪略

杂　文

（清）陈兰彬　著

王　杰　宾睦新　编

SPM

南方出版传媒

广东人民出版社

·广州·

图书在版编目（CIP）数据

陈兰彬集／（清）陈兰彬著，王杰，宾睦新编. —广州：广东人民出版社，2018.5
ISBN 978-7-218-12732-3

Ⅰ. ①陈… Ⅱ. ①清… ②王… ③宾… Ⅲ. ①陈兰彬（1816-1895）—文集 Ⅳ. ①C53

中国版本图书馆 CIP 数据核字（2018）第 076606 号

CHENLANBIN JI
陈兰彬集
（清）陈兰彬 著 王 杰 宾睦新 编

出 版 人：肖风华

封面题字：陈兰彬
责任编辑：张贤明 陈其伟 周惊涛 李沙沙 李梦泽
装帧设计：彭 力
责任技编：周 杰 易志华 吴彦斌

出版发行：广东人民出版社
地 址：广州市大沙头四马路 10 号（邮政编码：510102）
电 话：（020）83798714（总编室）
传 真：（020）83780199
网 址：http：//www. gdpph. com
印 刷：广州市浩诚印刷有限公司
开 本：787mm×1092mm 1/16
印 张：120.5 插 页：18 字 数：1900 千
版 次：2018 年 5 月第 1 版 2018 年 5 月第 1 次印刷
定 价：800.00 元（全五册）

如发现印装质量问题，影响阅读，请与出版社（020-83795749）联系调换。

目　录

函　电

使美纪略

杂　文

函电

一 To the Editor Daily Alta California[1]

1872 年 9 月 16 日

Sir:

May I ask your favor to insert a few lines in your valuable paver on behalf of the Chinese Educational Mission.

---

① 该文摘自题为《*CHINESE EDUCATIONAL MISSION A Card of Thanks from the Party*》的一则新闻报道，其原文如下：

The last steamer from China brought to our shores thirty-six Chinese students, from twelve to fifteen years of age, who are to be educated in American Colleges, at the expense of the Government of China, one million dollars having been appropriated for that purpose. They are in charge of a number of dignitaries, who intend traveling throughout the continent and acquaint themselves with our form of government. During their stay here they have visited the various interesting sights, receiving everywhere the kindest attention. They leave today on their journey Eastward, and last evening sent us the following card of thanks for publication, written by Chan Laisun, one of the party:

To the Editor Daily Alta California—Sir: May I ask your favor to insert a few lines in your valuable paver on behalf of the Chinese Educational Mission. We wish to thank Captain Howard, of the *Great Republic*, his officers and crew for the great kindness and civility with which we have been treated on our voyage from Japan to San Francisco. We congratulate the Pacific Mail Steamship Company for having such able Captain and officers in their service. Also we tender our hearty thanks to Captain Mawzer, of the Custom House, and his officers for the kindness and gentlemanly treatment we have received from on our arrival in this city. Also to the proprietor of Woodward's Gardens for personal and friendly attention received from him. And last, but not least, to Philip McShane, Esq. , General Manager, and George H. Smith, Chief Clerk of the Occidental Hotel, for their uniform kindness. We are, sir. your obedient servants, TSENG LAN PIN

CHAN LAISUN

YEH YUN SING

We wish to thank Captain Howard, of the *Great Republic*, his officers and crew for the great kindness and civility with which we have been treated on our voyage from Japan to San Francisco. We congratulate the Pacific Mail Steamship Company for having such able Captain and officers in their service. Also we tender our hearty thanks to Captain Mawzer, of the Custom House, and his officers for the kindness and gentlemanly treatment we have received from on our arrival in this city. Also to the proprietor of Woodward's Gardens for personal and friendly attention received from him. And last, but not least, to Philip McShaue, Esq. , General Manager, and George H. Smith, Chief Clerk of the Occidental Hotel, for their uniform kindness. We are, Sir. your obedient servants,

TSENG LAN PIN,
CHAN LAISUN,
YEH YUN SING, ①

San Francisco, September 16th, 1872.

Daily Alta California, Volume 24, Number 8208, 16 September 1872

① TSENG LAN PIN，陈兰彬。CHAN LAISUN，曾兰生（恒忠）。YEH YUN SING，叶源濬（绪东）。

附：致《高加日报》编辑函[①]

1872年9月16日[②]

先生：

来函旨在恳请阁下襄助：可否在贵报刊登几行关于中国出洋肄业局的致谢信息？

敝局藉此向贵国的霍华德（Howard）船长及全体船员致以诚挚的谢意——从日本到旧金山的航途中对我们的礼遇，太平洋邮船公司有如是能干的船长和船员值得祝贺；由衷感谢旧金山海关马泽（Mawzer）上尉及其同僚——在敝局抵达贵市时的友好相待；感谢伍德沃德花园（Woodward's Gardens）主人的悉心关怀；最后致谢西洋酒店总经理菲利普·麦克寿（Philip Mc-Shaue）先生和首席书记官乔治·史密斯（George H. Smith）先生的优待始终如一。

您忠诚的　陈兰彬
曾兰生
叶源濬

《中国出洋肄业局——一张来自该局的感谢卡》，
美国《高加日报》1872年9月16日

---

① 此文由陈学章译，王杰校译。

② 美国旧金山《高加日报》1872年9月16日报道《中国出洋肄业局——一张来自该团的感谢卡》有载："最近从中国来的邮船为我们带来36名中国学生，他们12至15岁，拟来美国接受高等教育。中国政府已批准了100万美元作为他们的留学经费。他们将来拟负责一些政要在北美大陆的考察，以了解我们的政治制度。在本埠逗留期间，他们参观了一些景点，一路受到悉心关切。他们今天离开本埠东行，昨晚给我们寄来一张感谢卡。由该局曾兰生执笔。"编者按：36名中国学生：第一批留学幼童官费生30人，自费生6名。

二　致朱学勤函九封

（一）致朱学勤[①]函

同治八年五月初二日（1869年6月11日）

修翁仁兄年大人阁下：

在京诸承挚爱，纫感莫名。辰下敬维台祉绥增，允符颂肊。

从元侯[②]处得读手翰，语既清华，意尤沉着。宜元侯每论当世鸿材，必相称首也。

弟碌碌依人，靡长足述。自知疏懒，决意不作外官。到此与元侯订约，一年为期。未识一半年中，尚能实有劻勷，略副厚期于万一否？

保定初一得雨深透，前此各州县亦屡报微雨，普计通省麦收数在六分上下，倘从此秋禾得种，谅不致成大实菑变也。

各军现派出大、顺、广、东、吴、景、沧、盐、庆各路巡缉，均报安静。近晋会匪亦据称获得数名，畿辅年内可无股匪之虑。

① 朱学勤（1823—1875），字修伯，号结一庐主人，丁山河钓师，浙江仁和人。道光二十一年（1841）举人，咸丰三年（1853）癸丑科进士，选为翰林院庶吉士，改户部主事，入军机处，历任鸿胪寺少卿、大理寺卿。著有《读书跋识》《枢垣日记》《结一庐书目》《结一庐遗文》《国用岁出岁入总数考》《钦定剿平捻匪方略》《钦定剿平粤匪方略》《读书杂说》《结一庐文集》。

② 元侯，曾国藩。

唯各属举报人才尚罕至者，计省垣书院不能厚加膏火，着令久住。此间又少良师，自揣经术理学不能使人开发，于风俗人心稍有裨益，良用自愧耳。化外人计已无他见。

荃翁[①]信云，据新闻纸，现到头人颇能约束其类，是亦甚善。然即遵守成约，业已如衣裆虫蚁，令人恼闷矣。细思亦别无良法，奈何！

匆匆率布，祇请节安，统希垂照。不罄。

年愚弟陈兰彬顿首

五月二日[②]

再者，直隶永定河业经修治，递年但加挖浚，当可无虞。大清河决口甚多，又为滹、永两浊河所浸，岁岁为患，幸永河既戢。现清河费道亲往督办，先理要工，帑项无多，祇可为目前补苴之计。滹沱河本在深晋束鹿之南，至献县臧家桥合滏河为子牙河，由天津入海，自去年忽徙深晋束鹿之北，各淀均难容受，水无所归，并大清河亦受其害。此必须挽回故道，与大清河并治，附近十数州县始免沉灾。

屡商元侯，以两河须数十万金方能集事，俯首沉吟，无以应也。第思治此固益地方，即以缓免之数计之，亦尚合算。阁下倘以为然，便中信致元侯时，可以己意说及，万勿谓弟所言，是所切嘱。

① 荃翁，曾国荃。

② 五月二日，《藩复潘曾莹（同治八年五月初二日）》：“星斋世兄同年大人阁下：京华展觌，藉慰积悰。三月中旬，陈荔秋比部到省，奉到惠函，猥以馈敬戋戋，远劳齿谢，惭悚交并。”（《曾国藩全集·书信》，第6744—6745页）据此考订，陈兰彬于同治八年（1869）三月中旬到河北保定。

顺请台安。不宣。

弟又顿首

《陈兰彬致朱学勤手札》，上海图书馆历史文献研究所编：《历史文献》第5辑，上海科学技术文献出版社，2001年

（二）致朱学勤函

同治八年五月十五日（1869 年 6 月 24 日）

修翁同年仁兄大人阁下：

前月肃泐一函，谅邀青览。兹际秋光澄澈，敬维政祉双清，允符颂祝。弟蟾乌虚阅，鱼鹿如常，靡淑可述。

直省苦旱，大约宣永年成可八九分，天河可六七分，余则四五分左右。随后米价恐不免腾踊。所幸中堂严饬巡缉，当不致土匪滋事。且自四月行清讼章程以来，厘核至今，各州县结案已将二万件，积牍至年底计可一切清厘，差足为台从告耳。

练军，部议仍多游移之词，中堂尚须妥定章程，复行咨奏。滹沱河已饬查办矣，不知能就手否？现在吴挚甫中翰（官名汝纶[①]）奉部文调取，入京引见。伊前由中堂明保，以同知直隶州用者也，寒士久幕，极盼直牧，未知命竟何如？

乘便肃布，挚兄旋保在九月以后，如有复示，或另寄，或

① 吴汝纶（1840—1903），字挚甫、挚父，安徽省桐城市（今枞阳县会宫乡老桥村吴牛庄）人。同治二年（1863）以县试第一名的成绩考取秀才，次年中江南乡试第九名举人，同治四年（1865）中第八名进士，授内阁中书。曾先后任曾国藩、李鸿章幕僚及深州、冀州知州，长期主讲莲池书院，晚年被任命为京师大学堂总教习，并创办桐城学堂。著作有《吴挚甫文集》《吴挚甫诗集》《吴挚甫尺牍》《深州风土记》《东游丛录》等。

交贾家胡同高州馆杨容甫[①]转寄较捷，缘每次折弁抵都，弟均有家信与容甫也。

专此，祗请节安。不一。

年小弟陈兰彬顿首

五月十五

《陈兰彬致朱学勤手札》，上海图书馆历史文献研究所编：《历史文献》第5辑，上海科学技术文献出版社，2001年

① 杨容甫，即杨颐（1824—1899），字子异，号蓉浦，晚更号蔗农，广东茂名人。咸丰二年（1852）壬子顺天乡试举人。同治四年（1865）进士，选翰林院庶吉士。同治七年（1868）起，先后任日讲起居注官、实录馆总校、文渊阁校理、武英殿总纂、国史馆纂修等职。同治十年（1871）和光绪二年（1876）任会试同试官。光绪八年（1882）任陕甘甬乡试正考官，授詹事府左右赞善，翰林院侍讲、侍读。光绪十年（1884）任顺天府府丞兼学政。光绪十一年（1885）任顺天乡试武闱校射大臣。光绪十三年（1887）授大理寺少卿。光绪十四年（1888）任江苏提督学政。光绪十七年（1891）任光禄寺正卿、太常寺正卿。光绪十八年（1892）任都察院左都副御史。光绪二十二年（1896）任兵部左侍郎。光绪二十三年（1897）兼工部右侍郎，充武乡试校射大臣、复勘卷大臣。光绪二十四年（1898）兼署工部左侍郎。著有《观稼堂诗抄》，主纂《高州府志》和《茂名县志》。

（三） 致朱学勤函

同治八年六月二十日（1869 年 7 月 28 日）

修翁仁兄同年大人阁下：

接奉初四日手书，敬聆一切。阁下赞理枢垣，遐迩咸受其福，固不必效经生家矻矻穷年。况夙已万卷罗胸，千秋在目，皇猷黼黻，庶士倾风，仍复冲挹为怀，托于未遑攻苦，何其谦而善下也。如弟者一事无成，正当埋头窗下，其奈随手翻阅，多半健忘，致思又更迟滞，是以拟于明岁还山，藉静生明，或得稍理故业。

前此辑有《诗经靖笺》《孟子靖笺》两书，比来自勘，尚觉词涉繁芜，意多纤仄，未敢出而问世。且刘彦和[①]有言："敷赞圣旨，莫如注经，而马、郑诸儒宏之已精，就有深解，未足立家。"又，纪文达[②]云："自校理秘书，纵观古今著述，知作者固已大备，后之人竭其心思才力，更不出古人之范围，其自谓过之者，皆不知量之甚者也。"三复斯言，汗流浃背，遂拟焚之。质之曾侯则云，功名之建待乎时运，夙昔颇欲著作，而随时散佚，未能裒集，心辄闷闷。凡所作均当存之，以俟他年之自定也。以此暂留再订，将来或削焚十之七八，或竟付之一炬，是未可知矣。尘事匆匆，光阴迅速，将若之何。

承示滇南一节，持论允当，弟思自昔滇南用兵，罕有由一

① 刘彦和，即刘勰（约 465—532），字彦和，山东东莞人（今山东莒县）。著有《文心雕龙》。

② 纪文达，即纪昀（1724—1805），字晓岚，一字春帆，晚号石云，道号观弈道人，谥号文达，直隶献县人（今河北沧州）。乾隆年间，历官左都御史，兵部、礼部尚书，协办大学士加太子太保管国子监事致仕，曾任《四库全书》总纂修官。著有《阅微草堂笔记》，著述收入《纪文达公遗集》。

路进者。如诸葛公分军，一出牂牁，一向益州，而躬率步骑渡泸入越嶲；鲜于仲通伐南诏，大军出南溪路，仍分遣越嶲军出会同路，安南军出步头路；李宓入云南亦分二道，宓自蜀入，广南节度使何履光自海道入；宋宝祐初，蒙古攻大理，次忒列分军，一从西道入（今丽江），一从东道入（今姚安），大弟将劲骑从中道入（渡金沙江至北胜州）；元彻里帖木儿击云南亦分军，一由四川进，一由八番进（今贵州）；明玉珍攻云南，分兵三路，一由粤首（叙州府）入，一由建昌入，一由八番入；明傅友德讨云南，亦分军四川永宁趋乌撒，而大军自辰沅出贵州向曲靖。此前人用兵之大较也。今督、抚两军皆在省城左近，偏于一路，且又督、抚不和，其曷有济！（外间议论似觉抚优于督。）

为今之计，果饷勇俱足，由广西、四川及现勇分三路进攻最妙；次则有劲勇一支出四川西南攻其巢穴，将省城之围自解（现时情事殆谚所谓但有招架之功，并无还手之力耳），然后分而乘之。如再无饷添勇，似当用屯田之法，节节稳扎，与彼争利，使盐、铜逐层尽归于我，渐次可以募练，乃可有为。否则专待外省协饷，必无不困之理也。闻该处亦多愿应官军者，苟官军足恃，当有似孟德之田畴，丘夫之剧孟，奋起其间，汉回素仇，必更尽力。且闻杜逆告人云，若骆中堂早日来滇，我辈投诚久矣。此语虽不见确，然此辈非欲称王称帝者，其党未必皆甘心作乱，各图生路或亦有之，特难得坚心毅力诚信服人之大帅耳。局外人率肊妄谈，阁下以为何如？

至曾侯夫人，系在江南未起程时得有目疾，比请人治，再难复明。其次孙才两岁，四月间在山东路上殇去。曾侯意兴，据诸同事云比之往年大减，见其亲笔与人信，大都有精力衰颓云云，此一二月棋亦不着矣。且不独曾侯为然也，弟近来亦觉心绪烦闷，殆难自解，夜间魂梦往往越五岭而南。所以未即束装就道者，一畏粤中丈田之扰，一畏安插客民之扰耳。

查丈量沙坦之令，原指成熟溢坦而言，后则鱼游鹤立之地皆令承垦，并山田均令缴照听丈，失照者罚，丈有赢缩者罚，并罚取花利。于是贪劣委员串同沙棍局之棍徒，肆行搏噬矣。如欲买□处田者，与沙棍局订明价值，立一银单，沙棍即指民田为溢坦，今日上午出示而下午已有人承垦，诉无可诉，辨无可辨。南海乡贤如梁日孚先生祭田系王阳明先生所拨给，亦被充公，他可知也。（闻前年江南司道亦有此议，谓可得饷数十万。曾侯曰："江面此塌彼长，众所共知也，今未为旧塌者豁免，而但使沙长者升科，不为坑葬州县之地乎？且通省查溢量丈，骚然南宋末年之政也，未闻古循吏有此。"其事乃寝，不然今岁江南大水动荡变幻，不知增几许纷纭矣。）在粤中当事未必不知其委曲百姓，而滞于筹饷二字，百姓则敢怒不敢言，听凭委员沙棍摆布。（闻去年有委员受赃五百，为同僚所讦，自缢于押所者。又闻新会一县有攻省局公函，夷人刻之新闻纸，惜未之见。）将来蓄忿日久，恐大则激成事变，小则各族互相结私械斗，成千万年不解之冤，良堪浩叹。今丈量之法虽未通行，各府异时虑亦不免。此法若到，真难安居也。

至于客民，非他，即广东惠、潮、嘉应之人也，彼处地狭，生齿日繁，散处别府，处处有之，不别之为客民，久而浑化即亦无事。惟肇庆府属恩、开等六县，前此荒山较多，客民聚集廾垦者亦多，无识之官绅当日严分畛域，积而久之，遂致构此大衅。（开六县客民前此约五十余万人，今所剩不过数万。又客民滋事之后，附近各州县死者约亦在百余万矣。）查两粤自秦汉开辟扫荡，所谓真土人，只今黎、猺、獞、蜑之属耳，余皆外来者也，统在普天率土之中，均当一视同仁，均可安居乐业。如苗、蜑等类，时有报捐应考者，谁复歧而视之？今当事于六邑客民，不能使之服，使之畏，徒于住居平易者驱使散居于各郡，复请廿人进学一名以媚之，此何为者耶？粤中大县童试数千人，往往二百人上下才进一名。兹见客民便宜，必多妒忌，不轻为保结，嫌隙必滋。

又分藉者各自结党团居，强则欺人，弱则为人所欺，习惯杀戮抢掠，何所不至。闻鹤山等邑已纷纷告变矣，将来犹不止此。不鉴偾车，特寻覆辙，是犹被水者益溃其堤，似恐浸之不广；被火者益投以薪，以恐焰之不炽也。向所患在六邑，往后所患且七十余邑，何处是安身之地耶！每念及此，不觉中宵辗转，寝不成寐也。袁简斋云："办事人多解事少，爱民心易治民难。"曷胜感慨！

肃泐，敬请台安。不罄。

年弟陈兰彬顿首

廿日

再者，昨于邸报中见徐侍御折云，漕粮不专恃运河，而运河要不可废，议论极当。三四月间，侯相亦以此询访各属，能答者百无一二，即有所答亦不明析。唯天津同知陈重一禀略见大意，而云应于临清至黄河口岸另挖新河、建新闸，如前此清江之式。殊不知，由分水闸至临清，南高北下，地势递降九十尺（见《明史》），欲漳卫之水南而入黄，势断不便，不特劳费无已。而每逢秋涨，且恐黄流倒漾而北，漳流横溃而东，为害滋巨，已驳言不可行矣。

查临清至张秋，旧河、旧闸尚存，唯因黄、漳均系浊流，渐次淤塞，是以非遇涨潦不能有水。闻前次粮船乘涨人运，逮交卸后，为日既久，水已尽退，以至将船毁拆，船夫由陆散去，人人视为畏途。以鄙意揣之，须得用古人转搬之法方善。盖运河向系藉资汶水，今汶水已为黄流所截，涓滴不能入运矣；漳、卫之力又不能常为灌运敌黄，似乎南来粮运止可运至黄河口南岸之南，泊候交替，一遇涨发，运河水大，即以北船接运，回转泝津。不然则涨发时，南船渡黄至临清交卸而回，为日无多，亦可无浅搁难回之患。唯恐旱干之年，运河长涸及淤积日甚耳，能派有漕运人员驻扎交替处所料理，并递年将各闸修理及挖积淤乃善。其如何到运交卸，亦须严定章程，免致担搁。如此，想可不大费工帑，南运或不竟废也。至南运河下流亦有淤浅为患之处，其病与永定、滹沱各河相同。顺及。

即请台安。

弟再顿首

曾侯嘱考直隶河道，摘录南运河一段呈览，均不足为外人道也。又及。

廿日亥刻

《陈兰彬致朱学勤手札》，上海图书馆历史文献研究所编：《历史文献》第5辑，上海科学技术文献出版社，2001年

（四） 致朱学勤函

同治八年六月廿九日（1869年8月6日）

修翁仁兄大人阁下：

月内两奉还云，如亲霁月，就谂政祉均绥，曷胜忻忭。

直隶办公之资别无余款，来函盐务一节，已向节相言之。计日前陈公一折，仍不过得其大端，至其中曲折细微，固有非节相所能知，并有非都转所能悉者。古人云："利不十，不变法。"非尽悉底蕴，亦无从下手，更动犹待细密查询耳。

滹沱去年改道，晋州以下，深州、束鹿、深泽、饶阳、安平、肃宁、河间、献县、任邱、雄县等处泛滥散漫，迄无定所，已由五官淀穿千里金堤，四处浸灌，文安大窪矣。窪淀早已淤塞，多系村庄田亩，与数十年前情形迥殊，既无会通别河入海之路，各州县被害可想而知。

今年堤里祖，文安县民请由迸庄至王家口挖一十里小引河，通子牙河，暂消积潦，官府只可从之，救彼目前之急。然欲堵塞堤决，不顾上游邻境淹灌，则雄县各属皆出而相争。诚以治水不筹全局，使获归墟，第枝枝节节而为之，非善策也。唯举全局而论，河之受病仍在下游之下游。

查天津海河为永定、大清、子牙（即向来滹沱下游）、南北运五大河所归汇，自此以上各河来路皆已淤高，而《唐书》所谓"瀛郑之间九十九淀"，今已全化桑田，各河暴涨，急切无可涵容，而归海之途又不疏畅，安得不处处为患？

弟日前已绘滹沱一图，细思即今不惜巨费，办好一处，亦尚无益，且目下亦非动工之时。拟俟通考各河，再为斟酌，才注说呈览也。至于人材难得，自古叹之，弃短录长，随地亦有，可用而非根柢纯正，恐才人作弊更甚恒流，抑不能始终一节。

此间文武员弁颇有十数人在意中，尚须细察，将来未敢遽为阁下言也。

闻李相入蜀，想系查办大员事件，但现在大江数千里，宜有得力之人担当整顿，其在鄂已觉稍偏，倘竟帅蜀，于大局实有关系。（筹决外夷事件，曾侯亦未必能及，无论其他。）虽蜀省北捍关陇，南济黔滇，教匪披猖，亦关紧要，而较之大江则差远矣。局外妄议论，阁下以为何如?

再者，同年黎召民春间寄来一函，前数日才接，渠已赴闽矣。函内有一段嘱闻之阁下，节录附呈。祇请台安，统希垂照。不罄。

年愚弟陈兰彬顿首

廿九日

《陈兰彬致朱学勤手札》，上海图书馆历史文献研究所编：《历史文献》第5辑，上海科学技术文献出版社，2001年

（五） 致朱学勤函

同治八年十月廿七日（1869 年 11 月 30 日）

修伯仁兄同年大人阁下：

接诵初三日手书并吴挚甫检署，具审兴居多祐，至为企颂。

挚甫得用直牧，如愿以偿，伊文笔轩爽，有狂简斐然之质，苟知所裁，亦易成器，否则如《魏志》所云，词达情近，辩多诚少，亦殊可虑也。

稚璜同年办治安奄一节，实足千古。

月内致曾侯函，洋洋数千言，谓闻直隶欲办团练，决不宜行，现山东拟行保甲云云。弟思直隶团练固系抟沙，山东保甲亦属鱼饼，斯二者如得贤牧令行之，一州一邑，精神周匝，尽可见效。若一概推行，铺张粉饰，他日不过数束文书虚应故事，甚且陋劣官绅设局敛钱，诸多骚扰，是以年内直隶绅士呈请开局办团练保甲十余起，皆经弟手批予立案不行。宋李文靖有言，凡四方条奏，一切报罢，所以报国，区区窃慕此耳。

郢材同年前过保阳，得见折稿，内府撙节自属当今要务。所论减俸，似难深责。司农开捐一层，流弊诚长，然捐者实系乐输，且涓滴归公，视其他横暴抽收、半资中饱者犹胜，其名单一一实际，视各帅任意保举犹善。（近见一保举同幕某，以同知直牧留直，并加知府衔，其考语云“身临前敌，手获逆酋”，其人固无缚鸡之力，亦未曾到过军营也，署中由州县保道府花翎及武员红蓝顶。如此类甚多。其余百数□，更不知何若。嗟乎，名器可假，一至此乎！十数年来谁为作俑，致士大夫廉耻归地至此，曷胜浩叹。）所论传教，仍系有病无药，颂臣同年介介于此，所见者大，然条约早定，即使得行己意，于一省亦断难挽回全局，奈何，奈何。

垂询滹沱河，轸念民瘼，钦佩之至。此河去秋北徙，为患甚剧，前有阻曾侯者，竟致停阁未办，阻之之说，一则据明御史王之栋疏，谓因修转决，且修必速决云云。其实王御史所引洪武至隆庆四案皆非修而即决，顺治至今，如完固口、百尺口、焦罔、花园、小范各道，固有数十年始决者，岂得听汤汤横流，漫无归宿？一则据魏墨深《畿辅河渠议》，谓河过之处淤泥肥美，麦可倍收，民不乐于修理云云，不思淤泥种麦之地，享其利者无几，而田庐受害甚众，一家喜不顾一路哭，断非仁人所忍言。况百姓乐与不乐，非可以口舌争者，如年内文安乐堤堵水，雄县掘堤消水，酿成械斗命案。如果乐得水至，奚为堵之消之？此尤彰明较著者也。

兹曾侯委清河道费学曾[①]、候补道陈重于稿晋之间寻勘，得道光年间故道梗概，略具批禀，（委员濒行，弟面嘱以此症，不但说病说药，并须计算药赀及量，主人力所能办之药赀，煎调包愈，乃能间执后来谗慝之口，两位单车襆被，周历十余州县乡村，始得此河道，逐段用土圭法测得地势皆顺，又细核工费做法，竟得如此之省。盐商捐法亦系陈道面禀，两月有余，才克定议。费道弟旧好；陈小蕃则已酉小京官，本同刑部衙门也。）并滹沱源流一纸顺录呈览。此河引岸甚多，本年滏水独入子牙，不足济运，盐商改而用车，多费脚价十四五万两，故此次乐捐五万助修，自向委员言之，曾侯意欲全向盐务筹足，不另奏动公款，闻亦可筹。（故道日久，有百姓已开为田者，不能不酌量给赀，大约总用十余万，连工在内。）事有定局矣，兴工约在明春，知注附告。

畿内前此积案万余，弟月初通核，尚剩六百余起，新案每

① 费学曾，字幼亭，江苏武进人，费念慈之父。同治元年（1862）任天津知府，同治二年（1863）任保定知府。同治五年（1866）任清河道。

月四千左右，陆续报结，剩亦无多。唯抢劫淫乱之件仍然层见叠出，风气全未转移，古人论治，以百年必世为言，非迂阔也。差徭已通省逐一查明，弟细核各属所收，较之嘉道年间已减大半，仍为酌减。

三十余州县盐务亦经查禀，酌拟办法。复奏直省不能截私，断难杜绝病源，只可在规费等件去太甚之弊而已。积欠帑利似非疲纲所能支持，尚须另酌。又内中每年更换纲商一层，曾侯前已照部议仿山东章程更换一半（前稿非经弟定），揆之情理，深觉未妥，不知各人何以谓此为善？盐纲展缓，丙年完甲年之饷，而商人一年一换，是所办非自己名下事也，岂不可笑？一年为日有几，散商知其不久交卸，呼应乌能灵耶？情形能熟而首尾能清耶？

今年南省厄于冯夷，北省厄于旱魃，民穷可悯，然中外既和，且大盗甫平，人心不遽思乱，断可无事。封疆大吏能专拔用安静悃愊之吏，与民休息，藏富于民，使民不轻去其乡，治象渐成矣。迩来大患方在仕途，嚣竞相习成风，草野细人亦皆谓徒步可致将帅公卿，或图保，或图捐，或捐保之后于京外改图捷径，遂致纷纷浮动，杂乱无章，笑骂由他笑骂，好官还我做之，不复知人间无羞耻事。江河日下，劫运或开，亦未可定。是在京外大老勿狥己私，慎惜名器，俾百姓见官绅可重可敬，外夷亦不致谓中国官绅可轻可鄙，挽颓波而培元气，庶有豸耳。条议富强，抑末务也。通商衙门近忽多添数位，不测何意，便中一布为示及。

草草泐布，率忆而谈，祈勿为外人道。敬请台安。不一。

年愚弟陈兰彬顿首

廿七夜三鼓

再，弟近有妄想，计今日重要之图在于消弭外侮。彼屡滋事而皆中止，非力有余而不遑也，特患寡助耳。传教一事用计至毒，适值正学不昌，士气不振，人心好异贪利，遂致邪教浸广，病将入于膏肓。此事已有成议在先，居显职执事权者断难明言禁绝，唯得穷而在下、学识笔力并优之士，于彼教悉其源流，究其弊病，摹写腌臜陋劣诸丑态，穷形尽相，使魑魅魍魉伎术无所逃于光天化日之间，渐而海内风传，三家村学究亦得共见共悉，若孟子之辟杨墨，昌黎之辟佛老，令邪说不得作，庶可回狂澜于既倒耳。腐儒迂说，高明以为何如？

弟彬又顿首

同治八年十月

《陈兰彬致朱学勤手札》，上海图书馆历史文献研究所编：《历史文献》第5辑，上海科学技术文献出版社，2001年

（六）致朱学勤函

同治九年二月初二日（1870 年 3 月 3 日）

修伯仁兄同年大人阁下：

肥乡途次接奉正月六日手书，敬悉一切。

弟春初临出省时，亦曾有一函嘱同人遇折弁之便，为递都门，未审已签典否？

方存之兄去冬已到保定，品学兼优，慥慥笃实，若使莅简僻州县，必能造福一方。乃后生辈多慢侮之，深为可恨，在省如弟等之知心相得，不过落落数人耳。

弟此次同办赈务系李太守（准补大名府）兴锐，号勉林，有守有为，灵活处尚未及钱调甫廉访，而刚毅则过之，殆为直省道府第一。

游子岱同年（智开，辛亥乡榜），亦自谨稳可靠，南调诸人当推此数公。

至弟带随员，有唐大令（焕章，四川举人，候选知县，尚未奏留直隶），廉干而能耐劳，亦属此间杰出者。

现在奏赈止七州县，制钱十万，数十串便足敷衍。曾相又在天津别项加拨银二万两，除再补漏户，稍为推广及经费外，尚有赢余。然此系办去年冬灾，若今春不雨，则须办今年春灾，恐不止于七县，计亦非一二万可以了局。曾相已函嘱预议平粜章程。弟兹由广平过成安、肥乡、邯郸，虽未显露此说于官绅，而遍察情形，暗记开局之所、办事之人，即系密筹此事。大氐平粜须来路去路均得妥帖，来路者携银采买发放周转之人，去路则核实极贫并次贫丁口，发与准粜票据是也。窃计天津之钱二月抄方能运到，赈贷一节必三月初十内外方能蒇事，其平粜之办与否，必至三月初有雨无雨始决，言念及此，胸间殊格格不快矣。

现办七县，永年止五十余村，钱令尚明了，有绅士武酌堂（汝清）佐之，此人素为官绅推服（即前毁天主堂，为洋人所指控者），必可停当。大名、元城二县，钱调甫在彼，又有候补直牧吴帮理（名保泰，人亦明白能干），亦必妥适。成安一县，弟派有随员王大令（福谦，湖北人，人尚细密稳重）帮办，又有詹教谕（桂）可靠。肥乡一县（三百卅余村），李勉林太守长住在彼，有刘训导（枫林）及绅士张梦星等可靠。邯郸一县（九十余村），派有王牧（崑崖，河南人，人尚老练）帮办，又有武酌堂荐举其门人李怀馨等可靠。广平县吴令（名朝彦，号良甫，乙丑即用，廉洁勤慎，去年七月到任，即遇勘灾，闻一月内辄廿余日在乡，官声为畿南第一。钱调甫亦云，见任大顺广州县以吴令及平乡县苏性为最，询之舆论，良然）事能躬亲，弟派唐令焕章长川往彼，帮同料理。灾以肥、广为最重，而两县稽查布置较之各县，转觉裕如，天津钱到，俱可克日告竣也（不过十日）。

目下，尚无爬抢等事，亦尚无饿毙之人。而经过村庄，见男妇纷纷向野田挖拔草根，问以所用，则系归而捣和杂粮充食，令人堕泪。遍考各县粮价，大约白米每觔卅二三至卅四五不等，高粱、小米、白面价均四十以内，较以保定，亦非过昂。唯畿南洊经兵燹，不特户鲜余钱，除堡寨外，其村落之房屋完全者十不得一，粮食专望邻省接济，不免人人自危耳（如广平县义武赁住民房，均无衙署，城内残破小屋不满百家，尘霾满目，有若塞外。文庙自同治四年捐修至今，每年捐四五百千，去年并停捐修，尚未迄事，他可知也）。

来时，弟对曾相说，古所谓无一夫不被泽者，此次断做不到，惟赈钱务使一一散在贫人身上，不令有作弊中饱之人，或可庶几努力。今与同事均坚守此约而已（核册绝不经胥吏之手，下乡不带差役，肥、广、成、安并未曾打过一人而集事）。

弟去年本拟二月后由保定请咨提京，由京渐图退归，兹赈件计须三月才能完竣，若不雨而办平粜，更难定期，真闷极也。

至直隶摊捐大为州县之累，去腊已派任观察，开设交代局，此即将来裁减摊捐之根底也。

西事近日如何？便中祈示及一二。

李相入黔已启行否？须调直隶铭军否？黔乱已久，饷项不继，办事又不甚认真，得此次李相前往，成功自必易。

二月间，亦接刘云生函，绝不言及此事，不知其意若何。弟所盼于李相者，由黔而滇，如风卷箨，顺为设法稍遏川黔邪教，尤所祷企。

又，滇西地势过宽，或割添川南地段，于彼另设一省，或督抚分驻一位于彼，似俱可行。

又，闻由缅入海之怒江口、澜沧江口均已为洋人踞作卖买之场，不特东南各省处处图占海口也。彼处离印度不远，且风闻缅之西姑亦为洋人侵踞，而姑距阿瓦不远，阿瓦即与滇西毗近矣。现在滇陇未平，彼未能往传教，平靖之后，必即觊觎。前刘云生函谓传教者多系饥民就食，弟外间察之，事甚不然，大略乡居图免差徭者，市廛图免抽收者，或讼事仗彼气势者，类皆狡猾有钱之人。近亦渐拉绅士入其彀中，计入教者非第图饱，传教者更非徒慕虚名也。杞人之忧，曷其有极？

草草复呈，即敬请台安，统祈密照。不一。

年小弟陈兰彬顿首

花朝日成安旅次

《陈兰彬致朱学勤手札》，上海图书馆历史文献研究所编：《历史文献》第5辑，上海科学技术文献出版社，2001年

（七）致朱学勤函

同治九年二月初一日（1870 年 3 月 2 日）[①]

修伯仁兄同年大人阁下：

腊间接奉还云，敬聆一切。辰长缅维春祉绥增，升猷楙展，至为跂祝。

畿内盼雪甚殷，日来同云屡布，不识能渥沛雪泽否。

大广七属旱灾，寓贷于赈。曾侯奏拨天津制钱十万，仍留钱调甫廉访在彼办理，又再四劝弟前往商办，只可于初六日偕李太守兴锐合去，先查极贫户口。二月中旬天津钱到，便可按口派办，俟列榜并出示免其归还，当在三月中旬才能旋省矣。以十万钱散赈七县，断难至溥，但得赈钱俱在贫民身上，别无中饱等弊，于愿斯足，未卜必能如愿以偿否？亦只可竭心力为之。

滹沱河奏请秋间开办，仍举众人所疑各端，疏请部议，仍稍宽筹工费。此曾侯老成持重之见，深可佩服。

李相闻回鄂，过年入黔督师，于黔事大有裨益，计年内当可蒇事。

岑抚办理滇事声名甚好，西南应渐次荡平也。

长江水师彭雪琴决不再出经理，似乎杨厚庵肯出，较之他人为胜。

鲍春霆或能帮办西南事务，亦唯直隶铭军系李相旧部，不知需调去否？颇以为念。

---

① 本函日期不详。据下文“日来同云屡布”可知当日为阴天。又据《李兴锐日记》第 5—6 页记载，一月底皆晴日，二月初一日至二月七日之间，仅有初一日阴，其余皆晴日，故暂定该信日期为“二月初一日”。

曾侯元旦丑时二世兄添一男孙，顺及。

又闻李相与友人书亦云川中邪教甚盛，深以为虑。如此公入黔之次，于此事顺有所布置，则更妙矣。

草草，虔请年安。不一。

年愚弟陈兰彬顿首

《陈兰彬致朱学勤手札》，上海图书馆历史文献研究所编：《历史文献》第5辑，上海科学技术文献出版社，2001年

（八）致朱学勤函

同治九年五月十九日（1870 年 6 月 17 日）

修翁仁兄同年大人阁下：

日前肃泐一函，谅邀青览。辰维升祉增绥，为慰为祝。

弟抱拙依人，靡长足述。

天旱日久，数得微雨，均未深透。节过夏至，秋稻迟种，收成必歉。

畿辅兵灾之后，户鲜盖藏，匪孽常思蠢动，虽巡缉严紧，时有弋获。倘或竟成凶扎，无以赈救，将纷纷多事，殆有日不暇给者矣。

练军一事，元侯缘旱缓办。前数日，属叙折稿出奏，然弟检阅全卷，细思此件终以毛寄云、罗树翁暨阁下数折为正议。元侯承上文而来，不得不勉强从事，未必遂有把握也。弟前年初见刘荫翁，即说此层非善，伊亦悔之。此事窒碍多端，不一而足，请试言其浅者：

如兵丁同在一营，底饷本同，而苟得挑入练军，则加有二两四分练饷。此得挑而饷多，彼不得挑而饷少，相去悬殊。而问其本领，初非远胜；平日差操，亦曾无难易劳逸之殊。即令挑选营官大公至正，能得阖营心服乎？此其一。

兵丁挑选之后，六军各在本镇训练，不过旂帜略新，器械略整耳。久惯懒滑之人，其遂能顿变积习乎？此其二。

若调至省垣同练，则各营向来小贩手艺营生居其大半，其练饷二两四分在练营给领，其底饷一两五分仍在底营给领，彼小贩手艺者，势必但在练营左近稍分练饷，雇人冒替，或遇远调征战，则又另觅替人，兵止一名，人已数变，安能得力？此其三。

或谓底饷、练饷均由练营发，所练之人似可杜冒替之弊，然如此，则所练者大抵皆省城附近之人矣，他日若撤归伍，既须离乡，又或减饷，其本营能有几练卒？此其四。

即以省城而论，督标断非尽行挑练，则同一营伍规制业已两歧，其记拔外委之类势仍当差者得多，在练者得少，练军转有向隅之叹。此其五。

直隶营兵除缺额外，通计尚近五万，现练军总四千耳，其不得练饷者必藉口而自甘废弃，是未见练军能壮声威，已恍若减营兵数万也。此其六。

且查绿营旧制，其操演阵法与练军新章无甚径庭，今底营兵丁将听其不操乎，靡费底饷何为？得与练军一律乎，似又无此情理。拟改酌中，办法殊难也。此其七。

或谓练军可参用勇营之意，不知勇营前此所以得力者在号令不繁，前见练军章程仍仿绿营之法，且有繁于绿营者。此其八。

又带勇之官鲜有旁挠，事权归一，故得纵横如意。今练军则统领以上尚有总督、神机营、户部、兵部层层检制，欲换一哨官，汰一练卒，殆得处处咨申，从未几见多所掣肘能有奇效者。此其九。

又勇营系统领官选营哨，营哨选什长，什长选勇丁，勇丁多田间拙朴之夫，素来谙熟，合则用之，不合即去之，感选带之惠，情意相孚，故能贯输一气。今练军之统领未必即系底营久任之提镇，即令任以底营提镇能举协参以下各官兵一概换撤，唯差意所欲用乎？势必不可行也。此其十。

且赏罚者，行兵之大权也。今练饷悉有定制，欲犒赏，赏从何出？至于动以军法从事云云，更有所不能矣，安能认真振作？此其十一。

况练兵于无事之日与有事之日又异。试观历朝开创谊辟明君、谋臣、战将，类有过人之才，谁不注意兵制？卒之不数传而必坏，何者？有事之日皆切悚惶，无事之日心常乐易，将来勇队亦必渐渐不如从前，此固可逆揣而知者，若兵之本底素坏，益无论矣。此其十二。

加以四千练军过少，理须添练，其饷项又得请益，现时部库支绌，藩库欠款尤多，何能应乎？此其十三。

部中用度浸广，库帑难望充饶，他时倘有急需，必将练军裁撤。或曾侯异日挪动，另换局面，练军亦未知如何，恐此巨款将来究归诸无何有之乡也。此其十四。

至于零碎弊端，更难指数。弟所以谓罗、毛二公与阁下去年之折为正义者，此也。夫数千人可练，岂数万人遂不可练？既能选派统领、营哨各官入练军，何以不能选换镇协以下各官人绿营，均此练训，均此费神，而饷项一切差远矣。抑胡文忠有言：欲得精兵，须得汰兵。查顺治初年御史林起龙即奏言本朝兵多必贫必弱。又乾隆年间阿文成力争不复名粮，嘉庆圣训称阿文成老成谋国。前如左季高之在闽浙裁兵增饷，此老亦系阅历甚深，实有见地。似总当就绿营一面亟将欠饷补足，一面结实想法裁汰训练，勿另设名目，多靡巨帑为善。我朝二百年来圣君贤相立法定制，业经美备，其间即有废弛，但当整顿，不宜更张。若谓后人识见突过前人，弟不敢云也。

再，直省各属举德、才、学三科，现据报仅廿余人，到者仍寥寥。所谓德、才难于骤定，其学则八股诗赋而已。且查此月十三，莲池书院斋课日山长李铁梅为生童詈辱，元侯亲为调停，[①] 至十八日才行补课。士习如此，尚未易于挽回。弟前此力辞三科教习（此席早委丁忧知府李传芾，不过为人家求一团长

---

① 《复李铁梅（同治九年五月初六日）》，《曾国藩全集·书信》，岳麓书社，1994 年，第 7114 页。

差委，或求赏一匾额回去，又同虚设矣），非无见也。所以弟常向元侯说，外人谓直隶吏治民风悉已变好云云，非愚即谀，断未可信。然据弟外间听见，不谀人及不好谀人者亦绝少也。

弟到此数月，绝不应酬，往往半月不曾出门，亦甚闲暇。唯年内屡接家信，粤中海匪猖獗。自去年至今，高雷沿海一带被劫镇市、当店十余处。腊底，劫吴川怡德当店，距弟家仅半里耳，真觉寒心。而地方官总置若罔闻，问之武营，则曰水师战船若干年未修，兵丁欠饷若干年未发矣，何能捕盗？问之文员，则请候地方捐钱造船、练水勇、备口粮犒赏，方能动手。一案不破，上宪亦绝不过问也。故乡父老叠次驰函问策，策将安出？嗟乎，安得如郭筠仙、蒋香泉稍有生气者复为广东大吏也！

醉中草草附及，小轩同年各位晤时希代致意。至弟前后信，非遇知己至好，不必谈及。或有函信来直，更不可述弟于直省公事有如是云云也。切嘱！切嘱！

祗请台安，统希心照，不宣。

（是日申时得雨颇大，现仍有雨意。弟酉刻再注。）

年愚弟陈兰彬顿首

十九午刻

《陈兰彬致朱学勤手札》，上海图书馆历史文献研究所编：《历史文献》第 5 辑，上海科学技术文献出版社，2001 年

（九）致朱学勤函

同治十年七月初十日（1870年8月6日）

修翁仁兄大人阁下：

沪上叙晤匆匆，台旌北发，未克走送，歉甚。辰维起居康胜，远符颂祝。

春间一函寄呈，想邀览矣。

日本修约一事，敏翁信来说易，子敬说难，未知近已定议否？花旗为高丽击败，计今年可再无战事。

至英国仍用威妥马为公使，此人熟悉中国情形，改约想多棘手。又有巴夏礼来驻香港之耗，尤可虑也。英国鬻武官缺，加商人税，似非昔比，而辟土强兵，仍上下一心不遗余力。现拟在滇缅交界之巴摩开路，往来云南，是陆路亦渐作星罗棋布之势矣。

俄人向来悉意西略，自得黑龙江以北地段，东略更复殷心。刻下与布结好，王后、世子俱造布都，屯兵基发地方，意虽注在印度，气焰亦足及西藏、伊犁。在东海既有古里利廿五岛与日本互市，仍复另占丘律森五岛。今夏且由库页之南取砂格连岛，筑建炮台，渐次逼近高丽矣。

布国崛兴，日耳曼归附者三十余国。近闻其于中国产煤产铁之区，无不测探，勒有成书，于台湾尤所留意。

法虽丧败，闻崇帅至彼，彼族尚断断以陈国瑞、张光藻为言。且闻得伊国火船尚有三百余号，洋枪尚有五十万杆，战守兵尚有百廿余万，势犹足以害人。

近唯意大里往占罗马天主教，欲四向求救无援一事，差快人意。然细考天主一教为害西土深于中国，彼人早患苦之。中外关系之端，此似尚非至要，苟势力能去之，则竟去之矣，第恐势力不敌耳。

年来，闻谙于洋务者谈议，皆谓方今急务莫重于防外，防外莫先于制器。试举一端言之，现计闽沪两船局用铁甚巨，然此尚属试办，将来若制铁甲船、铁炮台，则用铁不可以数计。船厂之铁向取资于外洋，无论价重，洋人专利以耗中国，万一有变，彼人止铁不来，实能制我之命，此事之可忧者也。查中国著名产铁处所甚多，然皆深处内地，转运维艰，人烟稠密有碍，田园庐墓众集，工役易生事端。弟再四思维，未得善法。

近日，召民同年由闽交卸来沪，晤谈数日，因深悉台湾多铁多煤，可以开厂鼓铸。其地滨海，转运固易，且多近生番地界，无碍民居，向本五方杂处，无虑奸民屯聚，就地有煤，又利鼓铸。外人久已垂涎，若不早为经理，更恐他人捷足。招民前在台时，税务司荣雅国、葛德立、德璀琳及领事友雅芝皆劝其开采，且言英国本贫，后因开采铁煤遂臻富强，其处心积虑亦可想矣。有此自然之利，委而弃之，乃取资于外洋，是何异家有万金，扃之箧笥，不惜重利借贷于人，一旦大盗劫掠，既失其固有，仇家不贷，并绝其来源，尤为不堪设想。召民云，前在台湾极力整顿，节存之款十余万，原欲经理疆域，举办各务，去年闻机器局需用硫磺，曾来函力肩，惜稽核太严，遂为人所倾轧。然弟通筹大局，此举似仍不可少，但未知督办之人何如耳。或疑开厂鼓铸，一切买机器、建房屋、给薪水，费必不赀，不知开厂之后铁必价廉，计一时之费则觉多，计长久之费则反少，此费之不必较也。又疑开采之后，外人攘臂而争，不知洋人不能在不通商地方置买田产，据约驳斥，断难狡赖。若因循不振，恐外人暗中占踞，亡羊补牢，更多焦虑，此不待智者而知也。或又疑前明矿厂百弊丛生，恐滋扰累，不知地近生番，并无专主，况明之矿弊不在矿，而在开矿之人，若经理得人，断无扰害。人存政举，尤此事之至要者也。如果有意开办（能调召民到京细陈更妥），应先选督办之人，次则雇外国能看地脉者，察看某山苗旺、某处有煤、某处近水，择地既定，一面盖建房屋，一面往外洋购买开煤、炼铁机器，并雇募外国工匠以开其先，俟中国人习熟，随时裁撤。土地日辟，民聚必众，并可就便开垦，速置郡县。沿海一带皆有居民以实之，外人即或觊觎，无可容足，此又连类及之，一举而两得者也。洋人核算最精，而往往不惜重赀以开垦牟利，卒收实效，岂可甘让彼族，始终受制于人，致贻他日之悔乎？方今中外所仰望者，惟文中堂为最，而阁下又为其素所倚重，附陈管见，可否转达？伏祈察夺，事关重大，发交曾、李二相妥议，尤为妥也。派选幼童出洋一节，数月未闻消息，秋间将有旋澳之行。

顺及，即请台安。不一。

年愚弟陈兰彬顿首

七月初十日

《陈兰彬致朱学勤手札》，上海图书馆历史文献研究所编：《历史文献》第5辑，上海科学技术文献出版社，2001年

三　致曾国藩函八封

（一）禀曾爵相

自大名府三百里排递

同治九年正月十五日（1870年2月14日）

陈兰彬、李兴锐

敬禀者：

窃司员等奉委畿南抚恤灾黎差务，叩辞后，于正月初六自省起程，十二抵大名府，所过定州、正定、赵州、顺德、广平、大名属境，皆得初霑雪泽，一、二、三寸不等。既种之麦，渐有青意，独肥乡、广平两县，一片荒土，得雪又甚微，差幸地方一律安静耳。

抚恤一事，与钱升道熟商数次。定议司员兰彬往广平县，唐令焕章副之。卑府兴锐往肥乡。王令福谦往成安。[①] 惟各该县户口册，尚未赍送到道，是否确凿可凭，殊难遥揣。计距散贷之日无多，势不得不速往兴办。拟于十六日起程，同赴广邑，

① 据《薛福成日记》同治十九年正月十九日载："十九日（2月18日）记。晴。现在定州、正定、赵州、顺德、广平、大名属境，皆霑雪一、二、三寸不等。既种之麦，渐有春意，独肥乡、广平一片荒土，得雪又甚微，现与钱升道商议，陈荔秋、唐伯存往广平，李勉林往肥乡，王令福谦往成安，再奏办之大名、元城、广平、肥乡、成安、邯郸、永年七县，壤地相接，业经钱升道酌拟数条，分札各属云云。"见（清）薛福成著，蔡少卿整理：《薛福成日记》上册，吉林文史出版社，2004年，第51页。

妥商印官，体察难易。四人或先合查而后分贷，或竟分投办理，至彼再行酌定。

此事全恃地方官得力。广平之吴令、成安之王令，夙有政声，谅能通力合作，融洽绅民。惟肥乡庄令新故，王代令蹊径尚生，应请中堂饬令藩司，遴委干员，迅速接署，以期周妥。

至邯郸一邑，灾象虽轻，地面较广，民情多伪，久在宪台廑系之中。司员等既兼顾之不暇，亦委置而不能，因商请钱升道，另派分府之候补知州王牧崑崖，随同广平府长守专办，仍由司员等不时前往商榷。王牧外朴讷而内清刚，素为长守所赏识，必能力求妥善。

再，查禀办之大名、元城、广平、肥乡、成安、邯郸、永年七县，壤地相接，一事不可以两歧，非有定章，难昭公允。业经钱升道酌拟数条分札各属，仍抄录禀请钧裁。

除设局、查户各事宜，容俟随时禀报外，理合先将司员等到差筹议各情形，肃禀慈鉴。

敬请福安。

司员兰〇　卑府兴〇　谨禀

正月十五日申

（清）李兴锐：《李兴锐日记》，《天津图书馆孤本秘籍丛书》（三），中华全国图书馆文献缩微复制中心，1999 年

（二） 致曾国藩函

自肥乡县局五百里排递

同治九年正月二十三日（1870年2月22日）

陈兰彬、李兴锐

敬禀者：

正月廿二午刻肥乡差次，奉到十九日排递钧函，仰荷慈怀殷渥，训诲精详，感激无量。

司员等在大名筹议赈事后，十七日诣广平县，十九诣成安，二十一诣肥乡，所至会商印官，延请公正绅耆，接引教佐之质实能任事者，详述我中堂己溺己饥，专务实惠及民之意。天良人所固有，未尝不中怀感动，形诸声色也。以唐令焕章驻广平，王令福谦驻成安，皆已取齐该县底册，协同官绅，下乡挨查。注意总在贫乏万状、朝不保夕之流，非此既环跪哀求，只当以好言慰解，徐俟斟酌。广民苦而地面微狭于成，成灾轻而邑宰较逊于广。密嘱唐、王两令，平心静气，以求其是；和衷共济，以竟厥功。两令勤能，当资得力。

司员亦于廿三返广局，悉心经理。卑府恪遵宪谕，专意肥乡。此地居受灾永、邯、成、广四县之中，村庄多至三百以外。据王代令面称：曾于极贫户中，仅抽老弱残废一口至三口，综计已逾二万五千口，犹恐不无漏户，应补之数尚多。是清查固繁，调剂亦势有所不及。本日已派教佐及府委四员，辅以妥绅数人，分领乡段，四出严查，俟局事布置稍就，卑府亦即亲自赴乡，勤求遗滥。

目下四人分查三县，以期迅速。设肥事繁剧过甚，当将以广、成余力，匡所不逮，虽分犹合也。三县皆有户口草册，足供核对，其清册则未一律造详，当系审慎不苟之意。

新拟七县条款，业经钱升道禀呈，亮蒙宪核。条中虽未明定一次散放，而贷法似不必分作多次。陆运大宗钱文，究难同起到局。一户不分两次清领，四乡不拘一期散放。当日大名会议，定见如此。是否有当，伏乞训示遵行。

粮食常价，大米每升制钱八十二文，小米七十五文，白面每斤三十四文，视往年不止加倍。惟逢乡镇一、五赶集之期，稍为轻减。肥、广、成三县情形略同，其皆仰食于河南亦同。幸粮车之自清丰、南乐、开州来者尚多，刻下似不虞其缺乏，将来应否设局平粜，容俟随时体察，商由钱升道禀请钧裁。

天津解银易钱一节，现经钱升道预为备办，开年筹兑，不及冬腊宽余，幸数止二万，日期当缓办理，当不掣肘。

司员等初以为陈守元禄取巧之计，虑其按踵营求，有碍赈事，昨致幕府代禀一缄，不觉语言过激，兹事明谕，惶愧实深。种荷下询，缕列禀复。

敬请福安。伏惟垂鉴。

司员兰〇　卑府兴〇　谨禀

正月二十三日自肥乡申

录呈条款一纸

敬再禀者：

去冬屡奉中堂面谕，每大口应赈两月制钱一千八百文，即钱升道初详尚拟贷钱一千二百文。此次条内减为一千，系从斟酌挹注，推广恩施起见。佥言畿南郡民情质直而重利，同遭旱歉，嗟怨东西之邻，即论家贫，亦只微茫之辨，而或需厚泽，或叹偏枯，恐绝望之人太多，即援手之心未称裒盖之计。是否允当，统祈示遵。

司员〇〇　卑府兴〇　〇谨再禀

（清）李兴锐：《李兴锐日记》，《天津图书馆孤本秘籍丛书》（三），中华全国图书馆文献缩微复制中心，1999 年

（三）致曾国藩函

排递五百里

同治九年二月初四日（1870 年 3 月 5 日）

陈兰彬、李兴锐

敬禀者：

窃司员等接奉正月念七亥刻钧函，于查户、筹款、散赈、平粜数大端，谆谆致诲，仰见我中堂无日不以大人赤子之心，注畿南灾害之地。伏读数过，钦瞩莫名。谨分条禀复如左：

一　广、成、肥三县，明以贷字喻民，阴以赈法查户，求者不令滥准，准者或亦多求，掺纵之权，总以盖藏有无，食指多寡为准。八口量予四串，极贫歠粥矣。一村更查三番，厄穷无怨矣。诚求不遗余力，去取一秉至公，誓此顺事恕施，或有万一得当之理。至欲慰问琐屑，毫发不差，流言不作，诚如宪谕，势亦有所不能也。亟亟待赈之口，广平已得一万八千，肥乡二万四千。成安早经王令德炳举报三万一千，经钱升道严批驳斥，卑局亦缄属王令福谦细查核减。据称，初间可以查遍，核实约在一万六七千上下。此外三县各有闻赈来归，或经绅耆保正禀补，或复查添补，另立一册，汇总核办。

一　七属赈钱，前在大名公同约计十万串，勉强足用。迨查办各举端倪，觉分润尚虞支绌。问赈之奢望不足据，抽赈之本义亦宜周。即如司员等经办县分，穷极不可增损之数，广平必需一万八千串，肥乡必需二万五千串，成安必需一万六千串。他如邯郸、永年、大名、元城四县闻需五万有奇。是已浮于十万之外，颇多经费，犹不在内。宪虑深远，宏济优加，不知灾黎何修得此。遵即将原谕寄致钱升道。顷接复函，已将商会天津周道通融筹拨各情形，驰禀电鉴。仍请中堂咨行天津，于初次解银二万之外，综解制钱十万，饬由协饷项下，就近汇还银两，俾原款添款同起南来，免至由省转拨。

一　大口钱一千，遵不再减。散放之法，县境狭近村少，分期易；辽阔村多，分期难。设四乡局，分乡易，分期亦易。设一城局，分期难，分乡尤难。各县情形不同，惟有随时随地斟酌经理。如一乡有适中可倚之镇，即应下乡设厂，连期散放，否则谕令近者按期来城，远者村董领给，张贴榜示。若无村董，或有亦不可靠，另以委员局绅一人监之。大致一县之中，旬日内外放遍为最妥。奉谕俟天津钱船齐到，再行分乡、分期，不可脱空太远，洵属至当。昨已飞禀崇宫保饬委齐速起解，并请军需局司道急札沿河州县，加拨纤夫，趱催上驶。容俟津钱报到有期，再与钱升道会商具禀。

一　平粜事绪繁重，非预先立法尽善，得人尽当，断难望其始终条理。奉谕粜局之设与不设，视雨泽之有无为定。细询此地，二月得雨，可长菜、麦，可种棉花、高粱、芝麻、小米、豆粟之类。三月得雨，能种不定能收。过此，年成不可问矣。天心仁爱，未必偏憎南郡邑之人，令其连年饥馑。然风云或有不可测，筹济不妨先其难，万一春分前后不雨，即当吁请恩施，统筹粜法，维系人心。其时赈务将竣，司员等尚当分任一乡一邑，稍纾仁宪捍灾救患之忧。诸关廑怀，胪列禀复。

敬请福安，伏惟垂鉴。

司员〇〇　卑府〇〇　谨禀

二月初四申

（清）李兴锐：《李兴锐日记》，《天津图书馆孤本秘籍丛书》（三），中华全国图书馆文献缩微复制中心，1999 年

（四）致曾国藩函

五百里排单

同治九年二月十五日（1870年3月16日）

陈兰彬、李兴锐

敬禀者：

窃司员等于本月初四日，具禀赈粜数条，谅邀钧览。

目下查户核册，辨等计口，以及派雇钱车，备办村榜、户票等事，次第就理。探闻天津初六、七开放钱船，廿间可抵大名。再以三四日车运到县，月内尽能动放。大县拟一日放三四十村，小县一二十村，以旬日为度。庶最后者无容争先，当补者亦可早及。广平、成安两县，原拟钱数，足资敷衍。肥乡既苦且广，大段比较，似须稍加二三千串，乃为啬不丰，已缄商钱升道许可。伏查肥乡通县村庄，有去年未准灾者十一处，父老求恩，情词恺恻，细询其处，介在灾区之中，虽非颗粒不获，而贫民延息望救，情形与众相同，但未缓征，不便言赈，欲求两是，只有从权。商之府县，拟援办灾，县分凡附近成熟村庄，得请一体缓征之说，暂勿催比上忙，再由卑局量拨钱文，作借籽种，此觉情理两协，差副中堂胞与无外之意。

成安村庄亦有恍惚类此者，缄属王令妥商印官，斟酌抚恤。

邯郸赈务，据王牧崑崖等禀称，已查准九十八村，大小口八千八百有奇。合计后来补遗所需不及万串，该牧办事认真，一切妥帖，足纾廑系。

本月十一夜，得雪二寸，粮价仍有增无减，肥市尤属不经。初意缺涨，及暗访城中屯粮，尚觉充实。莫非刁商揣量赈期，预为垄断张本？掯累贫民，莫此为甚。向来救荒，从无抑价遏籴之理，此次情事不同，不得不为民谋食。因嘱县令剀切出示，禁止陡涨，俾赈户多得升合，商家获利，未尝不丰。愚昧之见，是否有当，统乞训示，祗遵肃此。

上叩福安。伏维垂鉴。

司员○○　卑府○○　谨禀

二月十五日

排递五百里申刻发

敬再禀者：

昨闻刘军门松山督攻坚寨，中炮殒命，骇极，恸极！迹其往日，含涕誓众，奋发岩疆，夜战穷追，入深出险之概，久已舍生报国，义烈填胸。及念智勇双绝，仁爱行师，百战勋名，壮年夭夺，上有老母，下无嗣息，不觉为之涔涔泪下。关中去此一将，狂贼罔惮，不问可知。第老湘一军，从来未曾挫衄，我中堂深信其可用，维持调护十余年矣。

此次骤失主将，系属极难。未知接统何人，当能整饬似旧，为刘军门一伸忠愤否？廑怀增恻，部署遥遥，不知几劳焦虑。

司员○○　卑府○○　谨再禀

（清）李兴锐：《李兴锐日记》，《天津图书馆孤本秘籍丛书》（三），中华全国图书馆文献缩微复制中心，1999 年

（五） 致曾国藩函

五百里排单

同治九年三月初二日（1870年4月2日）

陈兰彬、李兴锐

敬禀者：

廿七接奉廿三日钧函，殷然以灾区不雨、播种失时、粮价昂贵为念。旋荷积诚上格，感召祥霙，自廿六日始阴，申刻小雨，次夜小雪，廿八将霁复阴，自廿九申初至夜半，大雪得六寸，三月初一，再得六寸，两次风静云浓，情形甚溥，遣人诣四乡探视，可融透旱地六七寸，播种皆不后时，舆诵欢腾，足慰荩廑。

粮价惟前月上、中两旬，每集必长京钱一百，事属不经，人情骇动，一时权宜示禁，非欲其不长，但防其猛长。盖视常价业已过倍，核之豫东成本，商利自厚，粮车自多，尚无远商畏避之虞，且系一而不再之举。宪虑深远，无任钦佩。雪后出囷求售之粮必多，村人又得醵赈钱以资采买，若三月内再得雨泽一二寸，百谷生长，至于有秋，粮价定当递减。平粜一举，应否不需筹办，敬乞钧裁。

闻各属多于二月开征，但不知输将何似。大致灾重者不缓亦无可追，灾轻者不追亦可。当缓视州县之贤不肖何如耳。司员等前禀未准报灾各村，借给籽种，勿催上忙者，知有不可以赈妨征之势，因参用明征暗缓之法，庶可征村户，无所藉口。宪意如欲分别奏缓，或请密饬钱升道，细心体察，察候核夺，通缓似可不必也。

津船于廿三日行抵德州，初二三当泊大名。前月初接钱升道来函，拟赈大名二万一千串，元城一万四千串。近日核定户口，即有增减，亦当在四万串以内。统计银钱两款，绰有赢余。肃此禀复云云。

司员○○　卑府○○ 谨禀

三月初二日申

（清）李兴锐：《李兴锐日记》，《天津图书馆孤本秘籍丛书》（三），中华全国图书馆文献缩微复制中心，1999 年

（六）致曾国藩函

五百里排单

同治九年三月二十日（1870 年 4 月 20 日）

陈兰彬、李兴锐

敬禀者：

本月初二日，肃具禀函，谅邀宪鉴。天津钱船初七齐抵大名，由钱升道分期发县。先永年、邯郸，次肥乡，次成安，次广平、大名，元城最后。每箱装制钱三十千，洪纤尚确。

卑局先期分给村榜户票，随派妥员赴乡密查，遇有榜未张贴或贴榜不散票者，立刻追问。伏查肥、广一带城厢，曰城关、四乡，曰四路一村。二分曰牌。村中绅富耆老曰公正，地保曰地方。平日追呼徭赋，一任地方之所欲为，公正不敢发一言、决一事，即有争讼，州县左袒地方，遂益弱肉强食。统而论之，公正虽未必尽系善良，地方则无一而非豺虎。此次办理赈务，既不得不借助于村人，即不得不力矫其积弊。发票之先，令在局办事总董，按村特选公正，出具切结，由县令传谕到城，酌予川资，当堂交给榜票。其距城二十五里以外村庄，赈钱亦令综领转给，地方不过随同听命，不赏川资，不假事权。薰蕕异气，黑白异形，混则相攻，必然之势。且遇民智计或绌，耳目则周，邻近相形，有弊立睹，总董在局月余，核册查户，悉矢公勤，绝无丧心昧良取巧偾事之类。凡司员等见闻思议所不及，即嘱总董四路访查，遇有痞棍地方把持唆耸，及不肖公正情弊确凿，视其轻重，分别惩处。登时派员驰赴该村，代散钱文。数日以来，此辈不过二三，而缴回冒滥之户，无日无之。前禀谓畿南民情质直而重利，此其明证也。

开放赈钱之期，广平十五，五日可毕。肥乡十六，十日可毕。成安十八，七日可毕。每日黎明开厂，日中放竣，一律安静。间有闻赈来归及原册遗漏之户，除准由公正代为禀明，另行酌补外，理合将现在放赈情形禀请中堂察核。

再询，据村民口称，四路地亩多已布种，十六竟日小雨盈指，足资生发，粮价不长不跌，亦不缺乏。

诸关仁廑，合并声明云云。

司员○○　卑府○○　谨禀

三月二十日申

（清）李兴锐：《李兴锐日记》，《天津图书馆孤本秘籍丛书》（三），中华全国图书馆文献缩微复制中心，1999 年

（七） 致曾国藩函

四百里排单

同治九年四月初三日（1870 年 5 月 3 日）

陈兰彬、李兴锐

敬禀者：

窃司员等奉谕分办畿南赈务，曾将办理情形，随时禀报在案。现已一律完竣。广平用钱一万八千串，肥乡二万八千串，成安一万六千串。散放不经胥吏，涓滴皆在民间。差足仰副宪台仁廑，共见共闻之事，下至妇孺亦有知识歌颂，出于自然，此恩实逾恒泛。除将户口册籍票据分别点交各该县令造销外，理合开具简明清折，禀呈中堂钧览。

再，司员等并无未完事件，拟于初五日偕唐令、王令回省销差，合并禀陈云云。

司员〇〇　卑府〇〇　谨禀

四月初三日

赍呈清折一扣

谨将广平、肥乡、成安赈款，开呈钧览。

广平县一百三十五村，并城关八处，共户五千八百零六，大口一万六千零七十，小口三千八百六十，共赈制钱一万八千串文。

肥乡县三百二十村，并城关十处，共户一万七千零四十五，大口二万三千三百二十八，小口八千九百二十八，共赈制钱二万七千七百九十二千文。招力找补运钱车价等项零费钱五十八千文。县令张守元借支经费钱一百五十千文，通共用制钱二万八千串文。

成安县一百四十村，并城关六处，共户一万二千八百零三，大口一万四千二百零四，小口三千五百九十二，共赈制钱一万六千串文。

以上三县共用制钱六万二千串文，请款并无存余。合并声明。

（清）李兴锐：《李兴锐日记》，《天津图书馆孤本秘籍丛书》（三），中华全国图书馆文献缩微复制中心，1999 年

（八） 致曾国藩李鸿章函

同治十年十月（1871年11月间）

刑部主事陈兰彬候补同知容闳禀两江总督曾国藩咨北洋大臣李

敬禀者：

窃司员等于同治十年七月十三日奉到宪台札开："拟选聪颖子弟前赴泰西各国肄业习技艺以培人才缘由，经会同李爵大臣恭折具奏，抄录折单行知。又于八月二十九日奉到札开：前奏一折，奉该衙门议奏单，并发，钦此。札饬钦遵。又于九月十一日奉到札开：准总理衙门咨开议复挑选聪颖子弟赴西洋书院肄习技艺一折，奉旨依议，钦此。抄单转饬钦遵。"各等因。奉此，司员等伏读前后札发折单各件，于设局挑选出洋肄习事宜，均经胪举。昨在镇江途次进谒行辕，复蒙宪台指示一切，敬聆之下，钦佩莫名。除俟办理沪局委员奉派到日开局遵办外，理合将现拟各条缮具清折禀请钧览，仰祈宫太保侯中堂俯赐裁核，实为公便，肃具寸禀云云。

沪局挑选幼童章程

一　凡肄业学生须身家清白品貌端正、禀赋厚实、资质明敏者，方可入选。其身体孱弱及废疾者，概不收录。进局时，取具年貌、籍贯暨亲属甘结、收局注册、到局日期，一并注明。

一　凡挑选以年在十岁至二十岁为率。凡十二岁至十四岁者，择其文理略通即可入选；其十五岁至二十岁，必须中国文理通顺，及粗通洋文，略解翻译，方可入选。十五岁以上，仅读四书或习一经者，概不滥收，以示限制。

一　案奉总署复奏查照上海、广东开设同文馆成案，如有愿往泰西各国之人，不分满汉子弟，择其质地端谨、文理优长者，一律送往，以广人才等因，查幼童学习以年在十二岁至二十岁为率，如有质地端谨、中西文理优长，其年二十岁以内者，不分满汉，一律认真遴选送往学习。

一　幼童选定入局，以六个月为限，课以中西各学，再行甄别出洋，鲁钝不堪者，仍发回原籍。

一　新来幼童，先留读书，察看数日方准住局，以免往返赍送之劳。

一　幼童名字不雅驯者，父兄亲属先期改正，一经注册，不许更名。

一　幼童取结，除现居本地可届时取具外，从远方来此，须将结先行送局，如不入选，连结发还。结式由本局刊印空白预给。

一　幼童自本籍来沪学习，其行装衣服俱自行备办。至出洋启行时，官始备给。

沪局肄业章程

一　幼童选到入局，由总办及教习等查考中学浅深，分班课读。

一　幼童在局，夏令时，五六点钟起，上生书一首；八点钟，用点心，写字一纸，请先生讲书；十二点钟，午饭；一点钟至三点钟，温理熟书，文义不明者质疑问难；四、五、六点钟，习学外国语言文字；九点钟，寝息。冬令时，七点钟起身，十点钟寝息。课中外书，时刻与夏季同。秋冬日，晚七点钟至九点钟，课中国书籍，或课古文一篇，讲先哲格言数则。

一　在局肄业无事不准出门游荡。设有要事，须禀明总办及教习，因何事请假，何事回局。如有不遵，或擅行私出，三次者，即除名撤退，不准复行报名请选。

一　生徒中有争斗喧哗、不受学规、慢视教令、屡戒不悛者，即行出局。

一　放学日期腊月二十五日解馆，正月初六日开学，其余令节照常课读。

一　入馆之始，务将忠孝大节立身行己之道，勤加训诲，俾得心领神会，勉为端人正士。学成之后，庶几体用兼资，不至恃才妄作。

幼童在外国肄业章程

一　第一届幼童出洋，即由驻洋之员暨翻译、教习各员亲自带往，仍于驻洋两员中先期酌量一员驰赴美国，沿途部署一切，以便到日即行肄业。

一　自同治十一年起至十四年止，每年选送三十名前赴美国书院肄业。先课文字语言，习熟后，分送算数，步天、测海、制造、军政、船政、律学等院。肄习以十五年为率，中间艺成后，复游历两年，以验所学，然后回华，听候委用，此系官生选定出洋，不准半途而返，及入籍外洋。学成后，不准私在华洋遽谋别业。

一　肄业中学，先课以孝经、小学。至经史及国朝典例各书，当随资质高下，循序渐进。课文以作论为主，凡制义、诗赋从缓。

一　每遇房虚昴星日，正、副二员督率教习，集各童于公寓，宣讲圣谕，广训示以尊君亲上之义，务必随时随事剀切开导，以期实力体认，庶免入异学。

一　驻洋中西课程四个月考验一次，分别等第禀报。

一　幼童出洋所有束脩、膏火、衣服费用，川资皆官为经理。

结　式

具甘结 ________ 今于 ________________ 与甘结事，结得子\侄\弟○○请愿送赴宪局，听候带往西国肄业，习洋文、一切艺术，业成后回华差遣，不得私在华洋各处另谋生理，其在洋在途如有天灾疾病不测，各安天命，合具甘结是实。

计粘呈年貌籍贯一纸

同治 _____ 年 _____ 月 _____ 日，具甘结 ________ 州/县人

幼童 _______ 年 _______ 岁，身 ________ 面 ________，系 ________ 省 ________ 府/州 ________ 州/县 ________ 籍

曾祖 ________ 祖 ________ 父 ________

系蒙古/满洲/汉军 ________ 旗 ________ 佐领下人

两江总督曾北洋大臣李批

据呈清折均悉。查挑选幼童带赴美国肄业，事属创始，应准刊发关防，其关防字样，用“奏派选带幼童出洋肄业委员关防”，沪局关防字样用“总理幼童出洋肄业沪局事宜关防”，仰即知会机器局冯道，在沪一并刊刻开用，具报正、副二员职名，候专案具奏后，分别咨行各处，并咨请总理衙门照会美国公使知照该国。每年需用经费同颁发时宪书两事，候札饬上海道遵

照。其沪局挑选幼童出洋肄业章程七条同结式，候抄发总理沪局委员刘道办理。又《幼童在外国肄业章程》四条，亦尚妥协，应即照办。又沪局帮办委员董事，除本堂部已札派运使衔补用道刘翰清外，帮办之员即派候选知县吴宗瑛，董事三员即派陆宗云、徐润、唐廷枢，均候发给委札。吴宗瑛并每月酌给薪水银二十四两，以资办公。又出洋翻译之曾恒忠、初年出洋教习叶源濬，亦准先行给札。其第二年出洋之容增祥，仰即知照刘道存记，届时请札可也。缴。

《北洋纪事》第12册，幼童出洋，上海图书馆藏

四　致李鸿章函电十二封

（一）关于容增祥丁忧回籍的咨文

光绪五年三四月间（1879年5—6月）

（出使美国大臣宗人府府丞陈兰彬咨）

据五品衔主事容增祥遣丁呈称，三月十七日，接到家信，伊父二品封职容功裕在籍病故。该员系属亲子，例应丁优等情。容增祥驻洋八年，经管幼童肄业，办事认真，今遄行回籍，将来骤难得人接办，拟俟守制百日后，调令出洋。刻已商请副使容闳，由纽约驰赴哈富，暂行摄理局务。

（清）李鸿章撰，顾廷龙、戴逸主编：《李鸿章全集》（8），奏议八，安徽教育出版社，2008年

（二） 关于出使经费的咨文

光绪五年四月初八日（1879 年 5 月 28 日）收

（陈大臣咨）

美、日、秘三国参赞、领事，分住各处，相距均有一万数千里之遥。每国每年约需经费银五万余两，加以初年出洋，整装、川费、铺陈等项，统需二十二万两。第二年经费，三国共银十七万两，应预请拨发，存储备用。①

（清）薛福成著，蔡少卿整理：《薛福成日记》上册，吉林文史出版社，2004 年

① 光绪四年五月初六日（1878 年 6 月 6 日），薛福成在日记中记道："出使美、日、秘三国大臣所用经费，每年共支二十二万，各员行装、归装在外。"见（清）薛福成著，蔡少卿整理：《薛福成日记》上册，吉林文史出版社，2004 年，第 197 页。光绪四年五月十九日（1878 年 6 月 19 日），陈兰彬致刘瑞芬函提及："去冬弟向总署咨商，以出使美、日、秘三国，初年至少须带银二十二万两出洋，以备支用。经总署知照尊处，先期筹备在案。昨日询问，未据复文。伏惟阁下综理微密，况弟夙叨挚爱，谅早已筹划齐全矣。因行期伊迩，再顺及之。"

（三）关于出使人员变动的咨文

光绪五年十二月初四日（1880年1月15日）

（出使日、美、秘大臣都察院副堂陈咨）

光绪五年十二月初四日具奏，调员派换日国参赞一折内称，总办驻美肄业局务主事容增祥丁忧回籍，经理乏人，调派驻法参赞黎庶昌驻扎日国，翰林院编修吴嘉善充肄业局总办，以期两处公事均有裨益。[1]

（清）李鸿章撰，顾廷龙、戴逸主编：《李鸿章全集》（37），诗文，安徽教育出版社，2008年

① 光绪六年二月初九日，《照会翰林院编修总办出洋肄业局吴嘉善》："为照会事：准出使日、美、秘大臣都察院副堂陈咨，光绪五年十二月初四日具奏，调员派换日国参赞一折内称，总办驻美肄业局务主事容增祥丁忧回籍，经理乏人，调派驻法参赞黎庶昌驻扎日国，贵编修充肄业局总办，以期两处公事均有裨益等因。并接陈大臣电报，知贵编修已于十二月二十一日起程，前赴美国，入局办事。贵编修博通中西学术，物望素孚，应请循照旧章，妥为整理。如局务稍有流弊，暨章程有应酌改之处，应请体察情形，随时与陈、容大臣筹商，认真办理。向例总办月支薪水四百五十两，准即于到局日起，如数开支。除分别咨行外，相应照会贵编修查照办理。"见（清）李鸿章撰，顾廷龙、戴逸主编：《李鸿章全集》第37册诗文，安徽教育出版社，2008年，第167页。

（四）致李鸿章函

光绪六年十一月十五日（1880 年 12 月 16 日）

哈富一局，自同治十三年兰彬回华后，接办者少有信函，间有修候之书，亦从未提及办理情事。及前年抵美到局暂驻，见存局之经史人谱等书，皆束高阁。幼童之来谒者，多系第一批认识诸人，余外寥寥。每询调考巡课各旧章，似不复举办，含糊答应，已知其诸务废弛久，将不可救药。缘其时随行人众，恐滋口舌，致有猜嫌，未便显加指摘。故只讽海峰回华，而拟将局务全交元甫经理。虽事多牵掣，未敢信元甫必日起见功，究系起首共事之人，凡事可以商略，可以责成，或冀补牢于万一。

奈又变生意外，元甫接办帀月，即丁艰回籍。兰彬与树冬远在欧洲，在美者惟知意气相争，置大局于不顾。各童年长习深，心无严惮，遂益驰纵而不可究诘。

本年回美，力劝子登以整顿。虽子登系纯甫所推荐，交谊比别人较好，而总觉收拾不来。前复总署函内，已约略言之，亦经录稿呈览。窃尝自维前此料事不彻，办理无效。兰彬已咎无可逃，长兹敷衍以终。兰彬益罪无可逭。惟是局事应由子登细察通筹，故裁撤一语，兰彬因未接过子登函商，实有不敢先行遽请者，伏承中堂当几立断，并嘱密与筹商，不必谋之纯甫，尤为体贴周至。

兰彬念设法裁撤，总须管局者主政，于接奉饬函之次日，即致函子登，嘱其查照办理。若何定规，尚俟文函再布也。

十一月十五日

《节录所致李傅相函稿》，《咨报近期外交情况和撤回肄业局原委始末　光绪七年七月二十四日（1881 年 8 月 18 日）收》，《钦定总理各国事务衙门清档》第 255 册，北京大学图书馆藏

（五）致李鸿章电

光绪七年正月十九日（1881 年 2 月 17 日）到

夏国[①]陈商董[②]报接外务文，国王游历各国，约二月可到中国。

初九日

（清）李鸿章撰，顾廷龙、戴逸主编：《李鸿章全集》（21），电报一，安徽教育出版社，2008 年

① 夏国，夏威夷（Hawaii），公元 4 世纪左右，一批波利尼西亚人乘独木舟破浪而至，在此定居，为这片岛屿起名“夏威夷”，意为“原始之家”。最早发现该群岛的欧洲人是西班牙的胡安・盖塔诺，而真正使夏威夷为世人所知的是英国航海家库克船长（CaptainJamesCook），他于 1778 年登上夏威夷群岛。1795 年，卡美哈美哈一世（Kamehameha）征服了夏威夷其他部落，建立夏威夷王国。1893 年，一群政客和商人在美国人的帮助下发动政变。在美国军队的威胁下，夏威夷王国女王被迫退位。1898 年美国西班牙战争后，美国吞并了波多黎各、夏威夷、关岛和菲律宾。二战后，菲律宾独立，而关岛和波多黎各继续是美国的领土，而夏威夷在 1959 年成为美国的第 50 个州。

② 陈商董，陈芳（1825—1906），字国芬，今珠海市前山镇梅溪村人。1849 年，随叔父到檀香山经商，从商店学徒开始，后自立门户，经营甘蔗种植和制糖业，遂成为华侨第一位百万富翁，被誉为“商界王子”。1857 年，娶夏威夷国王之妹为妻，被选举担任夏威夷国会议员。1881 年，被清政府光绪皇帝钦命为中国驻檀香山总领事。1890 年变卖 60 万美元之家产归国，在澳门兴办酒店，养殖荷兰牛。1906 年，逝于澳门，葬于梅溪村。

（六）致李鸿章电

光绪七年正月二十一日（1881年2月19日）到

接吴子登文，要自带二三十幼童回华，余事弗管，请即电止起程，饬其经理完结。

正月十三日

（清）李鸿章撰，顾廷龙、戴逸主编：《李鸿章全集》（21），电报一，安徽教育出版社，2008年

（七）致李鸿章函

光绪七年二月初六日（1881 年 3 月 5 日）

正月廿八日，接奉十一月十九日咨行，适总署亦有包封递到，兰彬恭读寄谕，自应以查参劣员、设法整顿为先。惟念吴子登身为总办，既已力请撤局，则挽救当属万难。故自去冬接准钧函后，屡致函牍，无非欲子登筹有撤遣章程，据复核办。因子登意似游移，言无实际，是以未能径用公牍咨呈。此时谕旨或谓原定十五年，今据裁撤，有似半途而废。不知外洋书院虽由小而中而大，其实皆按年递进，俟读书期满，然后随其资性所近，专习天文、律算等学，至于制造技艺，尤须身居厂肆，始克有成，并非在院诵读多年，遂无所不晓。

兰彬于各童虽罕获见，而但计自设局至今，已将十年，即尾批到局，亦五六载，于外洋语言文字，必皆谙通，再留数年，自当逐渐进入大书院，但大书院并非别有课程，不过优游涵泳，因以广结，纳树声援。若系洋人，则毕生凭藉所系。不入大院，犹之不登科第，他日谋干，无系无援。中国学生固无须此。及今撤回，择其上者派充翻译、通事，次者令在津沪各局专学一艺。中国现设各局，均延有洋师，可以资其肄习，即或不甘自囿，亦应如遣往欧洲各生，欲学何艺，径投何厂。大约二三年亦可学成而归，不必徒骛大书院之名，长其浮薄。曾兰生之子曾溥、曾笃恭，俱入过大书院者，本领亦可概见。故在裁撤此局，本系因时制宜，不甚系于弊之有无，有弊则裁撤宜亟耳。

子登未可久留，诚如正月二十日电示，但听其先行回华，留此不了之局，恐日后益不成事体。

兰彬此次复奏，已索性将局之应撤及责成管带之处，显露其端。

折稿另牍抄呈，敬恳中堂权衡早定具奏撤局折内并声明，着令子登亲带各童回华，交代局中教习各员，均须回华，即均可管带，并非责子登以难办，且有谙洋文洋语之学生，即可择派用作途中通事，比之前此分批带来，止仗一通事料理者，已较易矣。

倘奉有谕旨，则阻挠作祟之人，或当见晛而消，是撤局非徒省费，亦实省多少藤葛也。不揣冒昧臆见直陈，伏候钧裁。

二月初六日

《节录所致李傅相函稿》，《咨报近期外交情况和撤回肄业局原委始末　光绪七年七月二十四日（1881 年 8 月 18 日）收》，《钦定总理各国事务衙门清档》第 255 册，北京大学图书馆藏

（八）致李鸿章电

光绪七年二月二十日（1881 年 3 月 19 日）到

日前复奏，已言裁撤此局，应由中堂奏明。顷接电示，知子登又有变计，应否撤局，自由尊裁。惟兰彬弗能经理，万乞鉴原。莼甫如何，由其自报。

（清）李鸿章撰，顾廷龙、戴逸主编：《李鸿章全集》（21），电报一，安徽教育出版社，2008 年

（九）致李鸿章函

光绪七年二月廿二日（1881年3月21日）

拟撤肄业局一节，去冬接到钧函后，即微闻有人遍托各院掌教，并格兰总统函致津门，犹疑其别有私事也而置之。兰彬离局多年，于各童近年学业何似，实未深知。果能如格总统所言，自应勉以卒业，不可废于半途，然外国书院章程，率系读书期满，然后随其资性，各专一家。上马者，天文、律算，其次器局、兵船，亲执艺事，今各童院期尚未报满，窃恐所言种种技能，或亦徒望读其书而未能章程其效也。

子登去腊复函，尚有劳怨不敢辞之语。开正后，乃支离其词，且除公牍往复外，并无一字相商，犹以为嘉平念间，傕得副使往局，始图变卦，不知其早已有函上尘钧听，一面与兰彬言撤局，一面向中堂求留人，时而谓此局不可救药，时而谓书院将届满期，彼此不相符，前后不相顾，其居心何若，姑勿深求，但迹其所言，实系自图一己脱身，全置大局于不顾。幼童出洋，派有总办、教习各员，设局经管。果照原定章程认真举办，则约束讲贯，调考巡课，以及各童之服食用度，一一周到，事端之繁琐，实与寻常局务迥殊，不过丧心无耻者为之，遂觉除支放经费外，竟无所事耳。

今渠拟将总办以下各员概行撤退，而各童及经费留交使署。使署人事纷烦，无专管之员，无调集之地，无督课之时，种种碍难，前已再三向渠声说，倘仅按月按季支与各童例费，而约束训课等事，但以使事余暇偶一及之，窃恐将来流弊益滋，必不仅如寄谕所谓废弛。若欲稍稍支柱，又须设局派员专责料理，是名为撤局省费，实则从新开局。细想无此事体，而况随时乏员，实无妥人可派乎。

兰彬因撤局之议起自子登，以为身在局中，利弊周悉，所言当必不谬，故于奉到寄谕复奏折内，冒昧言之，不料其反覆若此行为。兰彬即凛遵迭次钧函，欲与筹商，亦必无一句可靠之语。故接奉电示，当即告知副使，嘱其如何主见，自行布闻。兰彬自揣不能经理，亦径由电具复。此时此局，应撤应留，总候中堂裁定。兰彬不敢复。惟撤则销算局款，交带幼童等事务，恳责成子登料理完结，然后旋归。不撤，则子登即不愿久留，亦恳饬其暂候，由华遴委妥员到局交替。兰彬断不敢承揽兼顾，致滋贻误。所有下情，不得不罄臆披沥，激切繁复，并乞鉴原。

二月廿二日

《节录所致李傅相函稿》，《咨报近期外交情况和撤回肄业局原委始末　光绪七年七月二十四日（1881 年 8 月 18 日）收》，《钦定总理各国事务衙门清档》第 255 册，北京大学图书馆藏

（十）致李鸿章函

光绪七年四月初八日（1881 年 5 月 5 日）

再密肃者：

兰彬出使随员大氐有人推举，惟子登系毛遂自荐，随使初志，似甚坚也。到美未经派事，渠驻肄业局五月有余，即谋为总办，曾与副使密商。赴日后，又屡由沈县丞致函密订。彼时绝不令兰彬得知。迨前冬接奉钧函，局亟需人，并悉副使称誉极洽。因即奏换驻日参赞，便其遄行。在日都就道欣然，方谓督课或其所长，该局有赖。去夏旋美，趋晤，则见其日弄机器化药，于各童神情隔膜，局事亦不肯谈，亦但疑其别有同心，不愿旁人参预耳。冬间，两次奉示，始知其早已力请撤局。正在致函往问，渠已到来，言此局不可挽维，应得尽撤。兰彬语以如何办法，可呈报南、北洋大臣核定，我处决无阻挠。如果拟有章程，祈即见示。渠嗣后惟约副使相商，游移变幻，一面言撤，一面言回华请示，言回华再来，言派员帮替，令人叵测。

正月初，竟递公牍，说要带三二十人旋华，余悉留交正使。并有人云子登明知南、北洋大臣未经奏明，但欲给此间一诺，则发通咨，谓由兰彬允行，陷以专擅之罪。当时兰彬于人言，亦不尽信，惟以接办种种，碍难自揣，实难经管，当即驳复，幸荷电止其行。随又接有寄谕，月来乃稍靖息矣。外洋风尚险诈，一获售其机械，则得意洋洋，最易耳濡目染，以中国读书登第、名列清班、自命为醇谨老成之人，到洋曾未几时，辄尽效彼等伎俩。因此，思各幼童上智不移能有几辈？恐他日久沾恶习，人人效子登所为，已有不堪设想者。况迁流所极，或且过之乎。

窃维数年来，办局除副使勿计外，由海峰而子登，并似有江河滔滔，趋而愈下之势，乌从得回澜巨手作砥柱而障百川？即使中堂罗致有人，到此与副使龃龉，或顿形决裂，或虚与委蛇，事弗完成，终必受人訾议。

兰彬无足轻重，宪将来中外悠悠之口，并不谅中堂苦心。是以再四筹思，总觉趁此裁撤为是。管见如是，是否有当，仰候钧裁。

至于子登，系衙门前辈，异域同来，诚不愿谈及彼短。惟见其好为反覆，且阅其去年上钧处之函，又有夸诞之词，欲谋别事，矜情饰貌，欺罔迭呈。兰彬心所谓危自不可不密布于大君子之前，用冀备知底蕴。

本初三日接奉正月二十五、二十九，二月初六等日三次赐函，备聆中堂于哈富局事，筹示殷详，理应亟行遵办。惟是留交使署之说，原系子登暗变前言，不特未经上陈之先，并无片言商酌，即既经函请之后，亦无只字通知。迨兰彬接到二月中旬来电，知有此议，则已在具折复陈，并函恳奏办之后。以事体论，此时自应听候谕旨及钧处复函，方好定夺。故日前子登函问何日交接，即复以此，意殊子登大不相谅，竟以为不应提及候谕，故意刁难。

兰彬于子登，自谓无所开罪，不知渠何以藏怒宿怨，令人转喉触忌，始终不容有一语商量。

肄业一局，并非交涉事件，与外人毫无损益，而此间乃自生枝节。前既以不请留局，招莼甫之尤。今又以不急办，逢子登之怒。左右为难之处，笔难具陈，惟有仰恳中堂权衡，早定将此局之应撤应留，奏明办理，明示饬遵，不必再令此处筹商，徒滋口舌。

倘蒙于具奏后，电饬子登静候旨意，免其专向搅缠，无理取闹，则感篆更为无既。

四月初八日

《节录所致李傅相函稿》，《咨报近期外交情况和撤回肄业局原委始末　光绪七年七月二十四日（1881 年 8 月 18 日）收》，《钦定总理各国事务衙门清档》第 255 册，北京大学图书馆藏

（十一）致李鸿章函

光绪七年四月（1881 年 5 月）

再肃者：

肄业局事，迭经函陈，此时或撤或留，想钧处必已裁定，札函在途。兰彬惟应静候凛遵，毋容多渎。惟子登请全撤局员，留各童交使署经理之说，兰彬再四思维，始终有所未喻。

使署无专管之员，无训课之地，而且人事丛杂，应接烦喧，种种不能兼顾之处，姑不赘论。即论费用之省不省，亦惟撤去若干，尚属节省。其留者则一切修金、馆租、衣食、器用等费，均不能省。

照子登所言，似可省总办、教习薪俸。第思均是公事，使署倘有冗员，何敢故分彼此？奈兰彬随带各员，除分派金山、马得力、古巴等处外，在署之翻译、供事，既不足以监督各童。其曾经读书，稍知门径者，如陈郎中嵩良、曾主事耀南二人，又经管诸务，几于日无暇晷，断不能复责以巡察、训课等事。

从前元甫虽兼参赞，不过冀局事不致隔膜，究系驻局者。其常而到使署，其偶或此间要件须与副使相商，藉资斟酌而已。与陈、曾二员情事固有不同也。

或又言丹崖出使，曾兼监督。但丹崖系初为监督，继为参赞，后乃驻使德国。其所带学生，由日意格派布专投某船练习，无须兼课中文。日意格在巴黎亦赁屋设局，同一洋副手专管其事，并有华员黄小峰助之。

兰彬往来欧洲，曾经到过其局多次。闻丹崖任公使后，亦不能巡课矣。

今将各童交与使署，倘无定局，又无专员，则散漫无纪，废坏益不堪言。若欲稍稍经理，必须由华添调人员，又必须在附近各童处所赁屋开办。是撤旧局而立新局，去旧员而用新员，另起炉灶，恐费不能省，而反增也。

至谓幼童或因此畏惧云云，似亦非实。前数年，屡有撤遣矣。子登到局后，并致有中途逃窜之事，可见平时不愿与诸童见面，常加告诫，究无以联其志而慑其心耳。

同治十一二年间，日本来美肄业者，闻有八百余人，且经议院准其数人入水师武备等院，后因费重，不数年间，尽行撤回。美国亦不闻介意，缘此等事与交涉无关，可以来者不拒，往者不追也。

兰彬此局起初在事，并非愿意中辍。即令留交使署，兰彬瓜期将届，功过可俟后贤，亦何必故意推诿？惟见子登意存脱卸，一味欺饰，全不顾事理之妥否，故敢将前函未尽之意，缕尘清听，伏祈钧鉴。

《节录所致李傅相函稿》，《咨报近期外交情况和撤回肄业局原委始末　光绪七年七月二十四日（1881 年 8 月 18 日）收》，《钦定总理各国事务衙门清档》第 255 册，北京大学图书馆藏

（十二）致李鸿章电

光绪七年五月初一日（1881 年 5 月 28 日）到

已将来电速为转达吴子登、容闳，俟学生选齐动身时，再行详达。

（清）李鸿章撰，顾廷龙、戴逸主编：《李鸿章全集》（21），电报一，安徽教育出版社，2008 年

（十三）致李鸿章电

光绪七年十一月十一日（1881年12月31日）

十一月初九日，驻美、日、秘公使来电（本日下午四点钟到）：接报知电开售，喜极。初四，郑[1]接任。十一，递国书。陈[2]起程，请达总署。

陈、郑复

（清）李鸿章撰，顾廷龙、戴逸主编：《李鸿章全集》（33），信函五，安徽教育出版社，2008年

① 郑，即郑藻如。

② 陈，即陈兰彬。

五　致陈钦[①]函

同治十年四月二十九日（1871年6月16日）

子敬宗仁兄大人阁下：

旬内有一函交敝同乡张杰墀便道带呈，谅经登览。

日昨，应敏斋廉访[②]由金陵来沪，云候日本公使偕同赴津，其办法今未能悉。大抵日本小王近因改纪国政，思有所树立于外，以镇服其旧人。适值巴夏礼在彼，教以行西法、用西器，每言中国不能自强以激之。又见去年布之于法，以小胜大，愈奋雄心，遂决然求成通商之局。闻月前调集萨、峒、马各岛酋兵，商量校阅，或备内乱，或觊高丽，或为中国通商事，均未可定，总之皆在西人算中也。

西人莫不羡中国富庶。唯古来中国大计，在兵与农，苟尽地力，选车徒，即可安内攘外。今西人大计，在兵与商，舺板轮船所到，网利无遗，其君亦与焉。凡彼中山海所出煤磺铁木之类，利皆在国。中国则漕盐定款，久已按例罄支；煤铁等矿虽多，而开办即虞掣肘，久办必成漏卮，几令人不敢措意。且彼上下同心，群讲究军国重务，一切常若沛然有余。中国则习虚意虚文，第以名利羁縻，绝少忠诚孚结、遇事欲求满腔热血、忘私忘家、同顾大局者，殆不易得，殊堪浩叹。非有大力者转

① 陈钦，生卒年不详，字子敬，济南历城人。咸丰二年（1852）举人。由内阁中书考取总理各国事务衙门章京。同治元年（1862）擢升郎中。旋以海关道记名。九年（1870）赴天津办理教案，补授天津海关道。

② 应敏斋廉访，应宝时，字敏斋。

移风气，除冗滥而务真实，与彼人度长絜短，胜而后发，将何以善其后乎？

方今天下大患，又在游勇，望用兵，而迂儒好恃气。我之于彼，非可忘战也，而非其时也。试思若有战事，关税厘金骤停，饷源立竭。可虑者一。

沿海商舶渔舟，悉遭其害，况有漕粮，关系至重。可虑者二。

枪炮轮船所需铁木等料，皆不能来。可虑者三。

洋药不足，则洋枪洋炮将成废物。可虑者四。

闽、沪、天津机器局，皆在海壖。可虑者五。

中国现成轮船不满十号，未有铁甲等船守港。可虑者六。

熟铁大炮，沪局才经开办，炮力较彼远逊。可虑者七。

中国军械，计惟淮勇长矛，东莞线枪，非彼所及，似乎陆战可恃，然如所见外国新图，每车排枪十支（大于抬枪），后半压以子箱，一人摇拐，十枪迸发，半个时辰，可发六万子，是岂易敌？可虑者八。

洋人电报，捷逾鬼神，亲见上海、香港信息往还，不过半刻，其新闻纸谓调香港兵，四日可至，调新加坡兵，十日可至，殆非夸词。可虑者九。

中国轮船现派带勇者、领水者、管机者，凑合数人，勉强从事，实未能得量天测海，兼谙机器、明兵法，如外国所谓船主者。可虑者十。

其他可虑处，难以枚举。辗转筹思，似必得熟思审处多年，彼中之事，我无不知；彼中之技，我无不能，使彼见我之仁义如此，势力又如此，望而生畏，不敢侵侮，庶几有豸。否则因循过日，状罔偾事，虽悔何追乎？

现计俄国横亘六七万里，英国辟地遍四海，布国崛兴西陲，皆有雄视八荒之志。法虽丧败，意气仍傲睨不群。日本方追逐其间。美与高丽又见仗矣。

我之属国，如缅甸（英有怒江棉即堆[①]各埠）、暹罗（英法有麻六甲、斜仔[②]各埠）、安南（法有龙奈[③]、柬埔寨各埠），悉有西人佔居地方，多者近千里，少者百数十里。英人仍刻刻图谋，欲由印度开路，北通后藏，东通滇蜀。每念及此，耿耿杞忧，曷其有极。

弟到沪以来，觉数事近得端绪者：

一则，徐雪村[④]造试霙药，幸已有准，可制铜管拉引，并可渐改翎管拉引，向用铜管枪子，亦可望改纸管。

一则，王少云用强水劫制铜板，比亦试准，绘刻地图，可望成书。

一则，徐仲虎[⑤]见丹国用中国字作电报，拟议仿行。惟查机器价虽不多，而一咪电线需五百圆，恐中国难筹此款，并难禁长途损坏耳！

一则，月内造成铁壳火轮舢板，从此推展，已得铁壳大兵

---

① 棉即堆，密支那（Myityina）。

② 斜仔，即达剌希（Grahi），其异译有达啰啼、达啰希、加罗希、加啰唏等，今在泰国万伦湾西岸的柴也（Chaiya），我国史籍又称采野、斜仔等。《海国录》："由暹罗沿山海而南，为斜仔、六坤、大哖、丁噶呶、彭亨，均受暹罗国所辖。"《海国闻见录》云："由暹罗而南，斜仔、六坤、宋脚，皆为暹罗属国。"

③ 龙奈，亦作禄赖或龙奈、陆奈、农耐，在今越南南部，当指堤岸（Cholon）及西贡（Saigon）一带，该处原属真腊国，后为安南所并，故谓其地为"安南旧都"。《海国闻见录》："广南沿山海至占城、禄赖，绕西而至柬埔寨。"《海录》："又南行约二三日到新州，又南行约三四日过龙奈，又谓之陆奈，即海国见闻所谓之禄赖也，为安南旧都。""船往各国，俱经外罗山南行，顺风约一日过烟筒、大佛山，又日余经龙奈口，过昆仑海，日余见昆仑山。至此然后分途而行。"

④ 徐雪村，徐寿。

⑤ 徐仲虎，徐建寅，徐寿之次子。

船规模，即可层累而为造铁甲大兵船先导。缘局中翻译铁甲图说，不能详备，在局洋匠亦未尽了了。已属人向外国作数尺长之铁甲全船式样寄来，以便仿办。惟拟造二十余丈铁甲船，水线上八寸厚、十六尺长、五尺宽之铁板，计须三十余片，每片重一吨，价需千五百金。其余水线下及里面两层铁木，并炮台机器等项工料，通计约在百万以下。又不识将来能有此经费否耳？

至于火药，不可不造。拟就近地开小厂，购买机器试办，求精而不求多。

生铁炼熟并碾卷大件铁料，前经属人觅寄图说。此项原应就有矿之地为便，但开矿难定何年，亦难得人另起炉灶。拟俟机器图说到日，但觅一半机器，收买生铁，试在上海办理，恐为费已属不赀矣。

再，近日风传法人数万来华，查系谣言，想津门亦有此说。至美船为高丽击败，则实事也。敝同乡有密陀士行[①]崔（名应雄）[②]、新沙逊行[③]宋（名缙）[④] 者，颇知外事，亦尚稳练，洋人

---

① 密陀士行（Meadows & Co.），又作“咪多士洋行”或“密妥士洋行”。天津开埠之初，英商开办的四大洋行之一。

② 崔应雄，陈兰彬之同乡，曾任密陀士洋行买办。另，《李兴锐日记》：“［同治九年八月十二日（1870 年 9 月 7 日）］申刻，与云生、荔秋、挚甫赴密陀士洋行崔应雄处吃鲜鱼生，此广东菜也。”

③ 新沙逊行，沙逊洋行由英籍犹太人大卫·沙逊 1832 年创办于印度孟买。大卫·沙逊的长子阿拉伯特·沙逊继承父亲的实业，产业多置于印度；次子伊利亚斯·沙逊自立门户，1872 年在孟买开设了新沙逊洋行。上海新沙逊洋行创设于 1877 年，原址在仁记路（今滇池路）5 号。

④ 宋缙，上海新沙逊洋行买办，后以知府衔任轮船招商局天津分局商董。见（清）李鸿章：《声明宋缙保奖履历片（光绪元年十一月二十六日）》，见（清）李鸿章撰，顾廷龙、戴逸主编：《李鸿章全集》（6），奏议六，安徽教育出版社，2008 年，第 459 页。

消息倘有异同，可着林兄士志[①]向其询问，视别处较速较实。

数月来，品莲、乐山观察处久未致信，晤时希为道达一一。

专此泐请台安，即敬。节禧。

宗愚弟兰彬顿首

十年四月二十九日

《陈荔秋函稿》，《晚清洋务运动事类汇钞》上册，中华全国图书馆文献缩微复制中心，1999 年

① 林士志，字月槎，广东佛山三水人，曾是美商同昌洋行买办，天津教案期间加入曾国藩幕僚，捐知府衔候补同知，任职天津制造局，兼任津海关委员，曾参与创办轮船招商局。林氏生平信息来自《林士志留直差遣片（同治十年十二月初五日）》《林士志免交捐班银两片（同治十一年十五月初十日）》。见（清）李鸿章撰，顾廷龙、戴逸主编：《李鸿章全集》（4）（5），奏议四，安徽教育出版社，2008 年，第 468、98 页；《徐愚斋自叙年谱》，第 18 页；（清）吴汝伦撰，施培毅、徐寿凯校点：《吴汝伦全集》，黄山书社，2002 年，第 478 页；廖一中、罗真容整理：《李兴锐日记》，《中国近代人物日记丛书》，中华书局，1987 年，第 31 页。

六　致赵烈文函

同治十年（1871）

……

事庶几有望耳。畿辅地图因未雇到抄手，尚未发刻，俟剞劂告成，再当奉寄。

世本家遇胠箧所失，不到百金，虽未至大伤元气，然支绌情形，殊费踌躇。

汝纶抱采薪之忧，忽忽几及两月，幸刻下渐已复元，饭量有加于前，堪慰廑注。朔风多厉，顺时节宣。肃泐，复请升安，并贺年禧，不具。

愚弟　陈兰彬
萧世本
陈宝衡
吴汝纶
薛福成
邓贵伦　顿首

《简素文渊：香书轩秘藏名人书札》下册，2015年北京保利秋季拍卖会，2015年

七　致薛福成函二封

（一）致薛福成函

同治十年四月初六日（1871年5月24日）收函

铁壳兵船未甚得力，惟欲造铁甲大船，须以铁壳大船为先导。铁甲之制，水线以下用六寸厚铁板，水线以上用八寸厚铁板，船中炮台用一尺六寸厚铁板，船身既重，机炉一切加大，恐不若别项兵船之灵活，第现在外国巡防港口用为极选。外洋枪炮花样日新，以林明敦枪及后开门来福熟铁炮最为利器。去岁布国之胜，半用林明敦枪，而后门大炮尤精，各国仿效而推让之。近来美国有一种连环炮，炮不甚大，一车平排十口，有车箱统压炮，旁设曲拐，拐动子落，十炮齐发，一点钟可发六万子。

（清）薛福成著，蔡少卿整理：《薛福成日记》上册，吉林文史出版社，2004年

（二）致薛福成函

光绪五年六月初三日（1879年7月21日）收函

计由美都至日国马得力都城，水陆一万九千余里，大小舟车多番驳换，共行四十二日。

（清）薛福成著，蔡少卿整理：《薛福成日记》上册，吉林文史出版社，2004年

八　致美国康州教育局长函[1]

同治十一年十一月初八日（1872年10月8日）

径复者：

现承贵学政优待我国学生，寻觅妥处，安置教养，克竭心力，历历在人耳目。弟等四人深为感戴，尚冀该生成人后，均当铭心致谢。惟该生现值幼稚、远离乡土，阁下看视十分优异，将来必有图报。

目今尚有一言奉达，弟等诚心欣忭，只因贵国众户咸愿收育华生、教授学业，弟等寅感各众户君子，佥承重寄，供给屋室，教养兼施，刻将一切情状咨回我国大臣，代为入奏。

《大清钦命督率华生司员陈容曾叶为函致大美国甘尼学政大员讷》，《中西闻见录》同治十一年（1872）三月第九号

① 该标题原为“大清钦命督率华生司员陈容曾叶为函致大美国甘尼学政大员讷”，陈容曾叶四人分别为：陈兰彬 Chin Lan Pin、容闳 Yung Wing、曾恒忠 Tsang Hang Chung，叶绪东 Yeh Shu Tung。

曾恒忠 Tsang Hang Chung，即曾兰生，英文名常写作 Tseng laisun，亦作 Tsang laisun 或 Chan laisun，任驻美肄业局翻译，

叶绪东 Yeh Shu Tung，即叶源濬，同治十年（1871）七月入曾国藩幕，同治十一年（1872）任驻美肄业局中文教习，光绪四年（1878）任出使美、日、秘使团参赞。光绪五年（1879）十月十七日病逝于法国巴黎。

附： 英文版

SPINGFIELD, Mass, 8th October 1872.

DEAR SIR:

The deep interest you felt toward the young students recently sent by the Chinese government to be educated in this country, as shown by your energetic and prompt action in securing suitable homes for them, calls for some public acknowledgment of your invaluable services on our part. Permit us, therefore, to tender to you, as we now do, our united thanks, hoping the young students also, when they come to years of discretion, will be able to appreciate your efforts for them in their comparatively helpless condition in a strange land.

We must not fail to mention in this connection, the great pleasure we experienced from the cordial welcome the public has shown towards this educational mission, and we fell especially grateful to those good people who have so promptly responded to the call for homes for those young students, where they are cared for, protected, and instructed. It will give us the greatest pleasure to report to the Chinese government this cordial welcome and this generous treatment which we have received of American people.

We remain, dear sir, your obedient servants,

CHIN LAN PIN.

TSANG HANG CHUNG.

YEH SHU TUNG.

YUNG WING.

Dr. B. G. Northrop, Secretary of the Board of Education, New Haven, Conn.
The Chinese Educational Mission. The North-China Herald and Supreme Court & Consular Gazette (1870—1941); December 19, 1872
Papers Relating to the Foreign Relations of the United States. 1873

九　致李兴锐函

同治十二年六月十二日（1873 年 7 月 6 日）

勉翁仁兄大人阁下：

前泐两函，由上海竹[1]、开[2]二公寄呈，不识均得登览否？

比接畿辅手函，敬悉履祉绥增，致为企颂。

吴子石前录到伯相调奏阁下底稿，知已如此，夫复何憾！惟部中每以挑剔为事，而不问人才何如，果听伯相之言与否，尚复难料。仕路茫茫，令人浩叹。此间，亦接过召民两信，阁下干才难得，人寿几何云云，亦感慨系之矣。

纶阶曾晤面否？伯存竟如此结局，殊出意外。

玉轩信云，夏间至津，想得畅谈一切。

竹如全副精神萃机器局，日之所思，夜之所梦，罔不念兹在兹。文正公云竹如不想做官，肯专为我办局，虽以权术笼络之言，看来苦心孤诣，实罕有出竹如之右者。惜前此未向外洋游历，多罗花样在胸，然外洋规模，非富于赀，而且旁无阻挠，亦不易办也。

泰西以战斗为尚，寻常礼服即可用以临戎，居此虽未见其时时操演，而乡市十余岁童子暇则结队，带领者骑马执旗，余人佩鸟枪药袋，比戈立矛，讲究步伐止齐，俨临大敌，尚有寓兵于民之遗意，固随处遇之。至于掺求各国巧法，富商各运心思，务出其上，更为西人故习。如炼钢一法，得自英国而胜于

① 竹，冯竹儒。

② 开，刘开生，端芬。

英，近且再有新法较前又胜。

弟所见吉德令商厂十把连枪，一弱夫摇机，片刻可发数万子，殆各国所未有。

又闻现有水雷新法，在伊华盛顿都城演习，未肯传人，尚未得见。

数月来，莼甫因求镕铸铜铁图说，闻有新式，即趋往视，所画图有未了了者，再三覆视，路途来回，动以千百里计。叶树东帮其翻译，两人煞费苦心。

弟二月以前，止附近幼童来寓复书改文，傍晚两点钟工夫尽可毕事。三月复定轮班章程，四人一班，调到寓所专读华书，每日讲书、复书、背书各二次（大约三个来月，可以一周，将来人多，可以加班，妥为约束，又可相习矣等），写字二篇，或作“解”或作“论”，为之订改，复讲圣谕，附以律例。自五点钟起至九点钟寝息，中间遂鲜暇晷矣。各童聚集无不华言为便，倘此三二年内，不将各童隔别派开，欲其透熟洋文洋语，先不易易。

忆去秋初派时，各童恋恋，弟亦不忍言别，特念聚在一馆，延师束教，数点钟功课外，余悉华言，与在中国课习无异，似非出洋本意耳。当时亦虑其全荒本业，当从洋人订定，每日有一点钟读中国书、写中国字，教习等时往查考。今加上轮班一节，回馆后仍写读查考如常。

至此间人情和善，与英法之欺蔑华人者大相径庭。各童在馆，洋人供保护顾爱，体贴周至，有疑如学工差使者，绝不然也。

天主教堂、耶稣教堂、太阳教堂，花旗四十三邦处处有之，教其所教者以此为业。彼中所谓礼拜日，教士撞钟登台，手舞足蹈，笑啼并作，聚观者给与坐钱，与京中戏园无异。每当一年坐位数十金，为教士生涯，教读诸馆师并不得分润。彼中聪明人亦不信教，大约到礼拜堂者，百人仅数人耳。

幼童之派各馆，嘱莼甫订明不进礼拜堂。莼甫云，现有各洋馆复信可据。

兹接阁下手示暨召民、竹如信，均筹虑及此，心心相印，忻荷无量，益当铭泐肺腑也。

日本好动喜事。俄人蒸蒸疆盛，严密甲于诸国，西人亦畏之。

弟前闻轮船招商局成，心窃喜慰。盖见各国之用轮船，如鸟之有翮、鱼之有鳍，非此不能运棹。兹接上海同乡信，又有林月槎[1]帮招之说，月槎谨慎老实，而非能当一面之才，其所倚之唐景星[2]，似亦非深谋远驭、可肩巨任者，尚望有人树立，此局乃善。

前此召民开庄之议，亦是洋务要策。弟至上海，见所谓坐庄之陈樨坪，窃疑其弱，当即函商召民。复信谓香港梁鹤巢不肯坐庄，别人又未见可。比吴子石来，陈樨坪遽已歇业矣。幸召民把稳诸未发手，无所吃亏，足见用人之难也。

西国所谓富强，以煤铁为大宗。弟于机器虽不甚明了，月来见莼甫所译镕铁变钢等图说，似已得其要领。特利愈大则本愈重，不识能有此力量开办否？莼甫屡谓，以江海地势而论，于江西立局为宜。弟于江西情形向不熟悉，不识沈品翁在彼能为访察、看有人可任此事否？想中国煤铁同产之地甚多，亦不仅江西也。

再者，弟前到村间看织呢搓线等机厂，有用水机器者。其法于山泉上流筑坡陂蓄水，使水力猛而匀，在机厂开大石槽，筑大机轮（弟所见之机，轮阔五丈四尺，计五百匹马力），轮以

① 林月槎，即林士志。

② 唐景星，即唐廷枢。

木为之，两边用铁齿，另安小铁轮，与大铁轮齿相衔系，小轮当中铁轴穿墙，度入机房，诸机轮随之转动，一切同于火机矣。整毛、合条、刮丝、引线上机、梭织染色等类，皆机器为之，工人在旁为之调度。想中国可以作水机器处所甚多，奉天、燕齐、晋豫、关陇，羊毛出产地方办此，大属相宜，是亦夺外洋之利而归中国之一事也。大约有廿万银可开得一厂（购机、游历连工本），初仍需洋人数名，为之布置引导，数年之后即可全用华人，未知有富商大贾肯合股为此者否？阁下试留心物色，何如？

再者，弟前信所言封典一节，兹舍侄京中来信云，恭逢慈安、慈禧皇太后徽号封典，可以在部呈请貤封两先兄矣，迟日当禀知伯相也。

阁下行止何如？法兰西各国换约何如？或别有所闻，仍乞随时示及。此间天气甚热，夏至前后三点钟天亮，将九点钟昏黑，日似比上海稍长。

顺及。即请。台安！

小弟兰彬顿首

六月初十日[1]

再者，此间食用之贵，诚出意外，闻亦由前数年南北花旗打仗，改银用票抽收致然。彼人云，英国债清，当复现银，一切或可平减。此自彼国之事，听之而已，我辈居此，惟有事事樽节，但求正事无误。繁华非体面，悭俭非不体面也。外洋繁华已极，美国尤甚，所以于各童尤切切戒之。弟春至年底将出入之数统计，苟可勉强支柱，断不上渎宪聪。前此诸友各函略为缕陈者，自知实情如此，非亟于筹添也。中国筹添固难，倘添用于不急之务，问心何以能安？弟此行非有所乐而为之，亦

① 六月初十日，同治十三年（1874）。

非有所利而为之，第如尝胆枕戈，以期庶几一当，阁下所知也。

特于洋语洋文一无所知，除督课幼童外，欲别做一事，隔手则诸多不便，转有不若在中国时之耳目灵通、手足便利者。窃用闷闷，非知己者，不可使闻此言；知己者，又不可使不闻此言也。

弟生质本弱，遇事筹思，辄觉心力不足。五旬以外，往往看书不能终卷，写字每多错漏，一夜不寝，次日即疲。前在保定，曾文正对挚甫言，弟万事看空，似入老境，阁下所闻也。比召民①信来亦谓，筱帅曾嘱为弟觅替人，未经觅得，筱帅已奉讳归里，想毋庸议云云。诸君子体恤之情感何能已耶！

弟亦自思出洋以后，目眵耳鸣，眠食减损，与前渐异。此身亦无足计，惟夷人敬壮欺老，古今所同。得有替人，亦大局所系也。阁下意中有其人否？望暗为物色，有即密为见示是荷！以阁下垂恋至切，用布区区，可勿为外人道也。

弟兰又顿

同治十二年六月十二日

《陈荔秋函稿》，《晚清洋务运动事类汇钞》上册，中华全国图书馆文献缩微复制中心，1999年

① 召民，黎兆棠（1827—1894），字兰仲，号召民、铁庵，广东顺德县昌教乡人。咸丰三年（1853）进士，与陈兰彬同科进士，又同为曾国藩幕僚。历任礼部主事、总理衙门章京、江西粮台、台湾道台（1869—1874）、天津海关道台、直隶按察使、布政使、福建船政大臣（1879）、光禄寺卿。

十　致刘翰清函二封

（一）致刘翰清[1]函

同治十二年闰六月二十九日（1873年8月21日）

月初平甫[2]带二批幼童到美，接奉手书，当于月中肃复，连公牍各件寄呈，想经登览。附去禀信，想亦代致矣。

比接到五月二十九日并录有伯相信一纸，敬悉一是。

此次出洋幼童，如吴仲贤、李攀等，书法实为头批所无。各童洋语，刻下自未及驻洋日久诸童。而如容揆、李恩富等，容阶所列洋语一等均确，实已难得，内有语音尚生数人，想系入局未久之故，然即此已觉良工心苦矣。

至弟所云贵熟不贵多者，非谓能多读而故减之也。以读而不熟，与不读同，且不能读者，见多读者，均此敷衍，彼少读者，亦以敷衍应之，遂致一节书不熟，甚且字亦不识矣。惟知

---

① 刘翰清（1824—1882），字开孙、开生，江苏常州府武进县（今属江苏常州武进区）人。道光二十六年（1846）顺天府举人，候选主事。咸丰十一年（1861）以军功保举知府。同治元年（1862）入曾国藩幕府。五年（1866）与杨文会等人于金陵设经书局，盐运使衔、河南候补道加二品衔。十一年（1872）于上海设出洋幼童肄业局，担任“总理沪局选送事宜”。光绪四年（1878）随曾纪泽出任驻英、法、俄钦使，任二品顶戴钦使头等参赞。六年（1880）调赴俄罗斯，兼摄钦使事务。八年（1882）告假归国，甫到达即因风寒病殁。恤赠内阁学士，诰授资政大夫，晋封荣禄大夫。

② 平甫，即黄胜（1827—1902），又名达权。

读必贵熟，教习先生随时切实解复，使群晓然于读书之法，必须如此，乃肯用心。其不能者，亦自告退。弟素拙直，此心空空洞洞，尚可自信非有他也。

今年二批幼童所派洋馆，悉经莼翁①先期斟酌料理，不经那激之手。去年那撒手派者，亦经莼翁放调六七起，那撒亦仍此往来，无所芥蒂。

自三月改定课程，将幼童轮班调局，专习唐文半月，当即用洋文刊课程八条，逐馆给发。缘前此不准官生入教，及到礼拜堂，止系口说，兹特刻明，俾举国皆知。闻洋人亦列入新闻纸。据莼甫云，旁人见此，亦无异论，足见花旗风俗，尚近古也。彼教可驳非一端，彼中聪明人亦自觑破，上海《申报》亦已时见一斑。唯有等人，专藉此为衣食计，礼拜日在教堂上，笑啼舞蹈，观者欢笑取乐，与中国登场卖技无殊。即教堂收卖坐钱，亦与中国戏园一律。而七日作此一局，恶劳好逸，人之同情，遂成风气，复生一华盛顿，殆亦难遽变易也。

幼童中多有识透者，尚未能人人皆然。忆前两月，梁敦彦有契教人伦论，原题反振一段，暗举外间不伦之事，胪织成文，淋漓痛快，惜不能记录。犹记何廷梁②谨庠序之教解，末段杨墨并提，而撇去杨朱，重斥墨翟云。彼意主兼爱，欲摩顶放踵以救世，适足以自戕其躯，而世犹崇奉其教，非所谓不愚不灵者耶，亦算当头一棒矣。此等幼童，虽常戒其轻薄，要不能不喜其隽快。现在入局之童，看果聪慧可挑者，望阁下请教习先生着实讲与书义，能有十数页书义在胸，拓充自易，根基自固也。阁下以为何如？

至询开庄一节，召民来信，尚未得人，不能举办。论来洋

① 纯翁，即容闳，字纯甫。

② 何廷梁，第一批幼童。

务轮船，招商局已茁萌芽，机器局亦仅甲坼。出洋肄艺，更似捕风捉影，未有端倪，不知何日规模大定。天下事败之甚易，成之甚难，大抵如此。

金山华民数十万，粤商之拥赀本数万至数十万者甚多，而顽犷无赖之徒，出入藏小刀、洋枪者，亦居其半。娼寮烟馆百计，亦有中国戏班、酒店至七十余家，气习可以想见。会馆董事所能羁縻者，下船来去之人，必得会馆发单，不能私逃而已。细察彼间，尚未有实能镇服华洋之人。

至前云与英人合股做太平洋轮船，闻已装得三号，拟将来但走香港，不走上海，尚未见报何日可以开行。劝以华人自办，似非此一二年所能集事也。

此间，商厂吉德令枪，又译言格林，灵便坚稳，胜于法枪倍蓰。英俄各国，皆来购买，闻并有分厂开设英俄，说以带三二架往中国，彼尚迟疑，莼翁拟与定一约略条程，劝其秋间带来，未审必能就绪否？至美国水雷新式，闻现在华盛顿都城演试，外间犹未得其式样。

日本人在美肄业者，闻因经费不足，已陆续调回三十九人矣。日本改装，百姓不服，元甫来时，谓有人见其告示，改与不改，听民自便。兹闻其国有内乱之信，日本学生谓非大闹云云。

秘鲁贩卖猪仔一事，西班牙人主之，其源在澳门、香港，今香港已经英人查禁，止有澳门一处，应得广东大吏设法经理其事，能剿绝猪仔头为上，能激动英美出头次之，若开兵端，则为下策。秘鲁虽小，西班牙虽乱，自治不足，恐尚能扰我也。

至阁下春间来信，说请祁司马①携送三批幼童，弟当经复

① 祁司马，即祁兆熙（？—1891），号黼生，上海人。同治十三年八月（1874 年 10 月）护送第三批留学幼童出洋赴美肄业，其中有他 12 岁的儿子祁祖彝。著有《游美洲日记》《通商约章》《洋务成案》等。

信，恳早禀请并致函沈仲翁[①]定之。兹虑祁君一人难以兼顾，再请邝容阶[②]兄伴送，自为慎重公事起见，筹画周密，至为可感。商之莼翁，意见亦同。望即举行，勿再游移是幸。今年平甫路用，妥适节省，一一明析，随后请元甫[③]录出一纸寄回，祁、邝二公亦得有把握也。兰生[④]固不必回，昨接吴彤翁[⑤]信，闽局工匠出洋学习一节，亦作罢论矣。

（八月二十八日到。）

台湾“中央研究院”近代史研究所编：《中美关系史料》（同治朝下册），《中国近代史资料汇编》，台湾“中央研究院”近代史研究所编印，1968年

① 沈仲翁，沈保靖（1827—1903），字仲维，号品莲、怡云，江苏江阴人。曾为曾国藩、李鸿章幕僚，后同为江南制造局官员。其父师事李鸿章之父李子安。著有《读孟集说》《韩非子录要》《怡云堂内外编》等。

② 邝容阶，邝其照（1843—?），字蓉阶、容阶，祖籍广东新宁（今广东台山），生于广州。1875年携带幼童赴美，任肄业局翻译。著有《台湾番社考》《中外年表》《英语汇腋》《英文成语》《地球说略》《应酬宝笈》《华英字典集成》等，参与创办上海《汇报》和广州《广报》（后改名《中西日报》《越峤纪闻》）。

③ 元甫，容增祥，广东新会人，1873年任出洋肄业局汉文教习。1879年继区谔良之后，升为监督。

④ 兰生，即肄业局翻译曾恒忠（1829—1895），英文写作 Tseng laisun 或 Chan laisun，其名有误译作“来顺”或“陈赖荪”，祖籍广东潮州，生于新加坡，1860年秋与容闳、两位美国传教士访问太平天国。曾为左宗棠幕僚，1866—1873任教福建船政学堂，后任上海预备出洋学校英文教习。1873年随陈兰彬出使美国，任翻译。翌年回国任李鸿章翻译直至去世。其子曾溥（子睦）、曾磐（子安）皆为留美幼童。

⑤ 吴彤翁，即吴大廷。

（二）致刘翰清函

同治十二年七月十三日（1873 年 9 月 4 日）

第三批幼童出洋，前诵来函，云派邝容阶伴祁司马护送，周妥之极，谅经禀请矣。

莼翁在此，料理幼童，稽查洋馆，事事仗其出力，本难分身，兹以去岁奉伯相面谕，询查化矿变钢、卷铁等机器，莼翁到美后，奔走核考，绘图译说，实费数月苦心，而图说仍有未能详尽者，自非亲赍面禀，不克洞达，是以商令暂时回华，禀明公事，即须旋返，愈早愈妙，难待第三批幼童结伴同行。

第三批护送委员，断应禀定祁、邝二位，望阁下万勿因莼翁回去，而有所游移也。

弟先严坟茔，阴流入圹，亟须改葬，家信屡嘱早日亲回经理，免致一误再误，每念及此，心绪棼如。业经据情肃禀请假，旋里二月，俾办葬事，候奉两宪批示祗遵。如局中接奉行文，敬祈阁下即饬速寄，以免悬盼。

弟亦必俟莼翁回到，晤商一切，始起程也。

（八月二十九日到。）

台湾“中央研究院”近代史研究所编：《中美关系史料》（同治朝下册），《中国近代史资料汇编》，台湾“中央研究院”近代史研究所编印，1968 年

十一　致丁寿昌[1]函

同治十二年十二月二十五日（1874 年 2 月 11 日）

乐翁仁兄大人阁下：

月前肃泐寸缄，谅登青览，辰下敬维，百鹿千羊，鳞萃骈臻，致为企祝。

天津大水，深知贤劳。以一线海口，受五大河挟数十小河贯输，又值淤淀日增，而昔时九十九淀东西二泊复经填满，不能整蓄分泞，汛滥不知何年得已。以言治法，千数百里，平地沙土，仍恢复兼顾，由瀍措手真不易易。未识近日众论如何，

① 丁寿昌（1826—1880），字乐山，安徽合肥人。少为里塾师，粤寇扰淮南，遂集里中子弟勒以兵法，筑寨自保。同治初，率偏师从李鸿章东征，转战苏、松间，由知县晋秩知府。随潘鼎新攻浙江，克乍浦，摄乍浦同知。又随克嘉兴，晋道员。进攻湖州，战于晟舍镇，贼凭河为险，寿昌凫水破其两垒，诸军随击，立克之，湖州贼遂不振。论功，加按察使衔。六年（1867），率师从刘铭传剿捻，迭败之黄安、邓州。贼南窜沭阳，霖雨，平地水数尺，捻酋任化邦窜渡沭水而西。寿昌先解衣率将士徒涉，伐木为梁济军，既济，乃断梁。众知无退路，奋击破贼，追斩化邦赣榆城下。诏以道员简放，加布政使衔。又战潍县，擒捻酋李芸等，给西林巴图鲁勇号，记名按察使。八年（1869），天津民、教构衅，命寿昌率铭军四千驰赴津、沽备非常。遂署天津道，寻实授。时人情汹惧，讹言繁兴。寿昌处以镇静，扶良诘奸，属境安堵。救火会董积愤西教，适大火，相约不救教堂。寿昌闻警奔赴，略无畛域。会董感其诚，乃施救。梁家园河堤将圮，寿昌亲执畚立水中，众益奋筑，堤获全。设厂以赈流民，庐灶籓溷悉有程式。会遭父丧，士民奔走吁留者万人，坚请终制。服除，诏赴天津总理营务，兼充海防翼长。光绪四年（1878），署津海关道，擢按察使，署布政使，以勤慎称。六年（1880），卒官。赐恤，赠太常卿，于天津建立专祠。见赵尔巽：《清史稿》列传二百三十八，中华书局，1977 年。

有定议否？便中乞为示及。

弟睽别再更裘葛，幼童暨诸同事均幸□康，幼童中如梁敦彦、蔡绍基、陈钜镛、黄开甲辈，于洋课外，华文解、论各百余篇，时有斐然之作。二批幼童，□行轮调，业已一周，有李恩富、吴仲贤、李桂攀、容揆数人亦尚易于造就，足慰远注。

前此子敬观察来翰，论及替人一节，沪、粤友人来信，亦多以此为言。弟思此次出洋，志期久远，诚以外邦政教远逊中华，特恃艺术精到，驯致富强时生枝节。肄业之举，百二十人为度，即将来有所甄别，尚在百人以外。在洋久习洋人行径，群得周知，各所畏忌。内中倘得三数十人，中外学术精通，凡彼长技我可并驾齐驱，遇有事端，足与议论上下，得不战屈人，或在于此。大约就洋学节次而论，初数年在小馆，概习其文；再数年进大馆，博求其理；然后审度性质，分门别类，从所造而务致其精。中等天资，殆非十余年不办。

刻下才有端绪，岂遂废然而返，不欲观成？惟中国亲友信来，频以衰老为念，揽镜自照，亦顿觉发皑皑而视茫茫，且言语健忘，举步蹇缓，精力有减无增。窃念夷性贵壮侮老，从古而然。如得有年富力强之人，肯来经办，于公事岂不大有裨益？中心耿耿，实在如此，可对天地、质鬼神者也。若无接替，亦必法鞠躬尽瘁之义，终持不渝。至于捷径之嘲，谪戍之诮，所谓不入耳之言，早已一笑置之。忆去春黎召民观察闻曾、李二相奏折，即驰书相劝，云知己如此，想肝脑涂地亦复无憾。弟复书深许为知言，讵曾未几时，辄易初心而自惜残年，耽于闲逸。

秋间，率请南、北洋通商大臣给假，到家两月迁墓，实因先严、慈前葬本邑木约岭旁。去春，经弟侄辈缄，知溪流入圹，起庐暂停在近村之排子岭，以待觅地另葬。今年，屡接家信，已觅有本邑□山岭、茂邑那□岭等处，俟弟回乡商量，免致一误再误。辗转思维，实属万不获已之事，并非希图归计，藉托改葬为辞。然现时方奉总署札委，前赴古巴，请假一层，自当从缓。即至古巴查明奉覆外，亦敬俟伯相批回，及容莼甫旋美接办有人，然后整装就道。

九月间致沪局刘开生信，曾经说及，未识已代上陈否？

日斯巴尼亚国在澳门借招工为名，拐卖中国人口，比见总署寄来招工条议照会等件。日国约事违背过半，其凌虐情形，前在鸟约面询身经受虐者八九人，众词如一。金山柳阿连①等埔来信，亦闻十一月间出洋教习叶绪东等亲到日国属地古巴岛之夏湾拿（哈瓦那）密查问过中国九十余人，及彼处英美两领事，所言均无不合。

兹总署派来之吴、马两税司，尚未来到，未知其意见如何。而由所带通事林英南太守（金山信说，是太守面询伊云，未曾捐职，来文书为缘不知确否。又其伴有一名通事同来，仆人三名），交到赫总税司拟查条款，多要查按日国律例，已不免歧中有歧，尤难解者，要查助叛华人，不知何意，岂欲就此又生波澜耶？诚思古巴即有助叛华人，谁实招之至此？其招徕叛人之人，该国何不早问？且数年久乱之地，如何去得，如何访查？比如前剿发捻，大□能确查贼队中某府县几人助逆否？现往古巴查华民被虐，已几等入贼境而录难民口词矣，更欲入其境内之贼垒而录贼供，岂人力所能及乎？至欲查作慝犯科一项，细思此等人如日国知其有罪而招之，则与条议相背。若当时尚不知其有罪，岂有此时见中国官员，转旨说身犯何罪之理？又欲查居心刻忍、待下慈祥两项，人有无可指发之案？想来刻忍滋事或者有案，若待下慈祥案何从得？又欲查华工在中国时每年挣钱若干，此事人人互殊，事事各异，十余万人各致十岁，如

① 柳阿连，新奥尔良（New Orleans）。

一一询记，亦难了之局矣。其他凌杂累赘、看似无关痛痒者，不一而足。细玩其语，竟又多似为彼人故作支□轇轕，预开借口狡辩地步。

弟于赫德，素无来往交涉，其居心是否如此，亦不敢决言。但平时见外洋之人，空洞说话，常具天真，而久惯中国干预公事之洋人，每每爱侮弄中国，故不能无疑耳。即如此件，华工在澳门诱拐而出，大抵逼勒画押，顶名画押，所谓合同，徒有虚文，人所共悉，赫德断无不知。赫德食中国厚俸，如果心向中国，自当以有力之口，显确指言要紧弊端，乃犹含糊反复以合同为言，譬如脏官污吏，控写口供逼人画押，援例定案。发觉之后，评议者谓不必从，控供逼押处清究根源，第当从所控之供、所援之例，比对合否，冤情何日得伸乎？此意日夜来所以常搔首踟蹰、仰天太息者也。其荐来吴、马两人，现未经共事交谈，自不致预有猜疑、稍存成见，然以崇宫保之位望，前此同洋人出洋，尚多掣肘，弟他日光景谅亦不问可知。弟只有为力之所能为，尽心之所能尽而已，他亦非所计也。

至外洋用度之费，前着叶绪东等四人往返四十余日核算，连弟同到鸟约二次，已共用二千两有奇。以绪东之樽节省俭，绝无应酬，尚且如此。此次弟与上下共七人，拟带四千五百两，未知敷用否？已信嘱中途之柳阿连埔粤人“蚨来”号，回时川费不足，或向彼□行挪借，当可接济。弟用仆人二名，又带绪东及美国人泰而何约，一香山人陈应芝通传英语，又约一美国晓日国语言文字人那索同行。因前所雇之满超只识日国粗话，又未谙日国文字，故不带去。曾翻译恒忠，杂通英语，而遇事难期得力，且念去后只容元甫教习一人在局，故亦不带。然局中一切仍是交容教习主张，肄业之事，断不致稍有贻误，可以上纾列宪荩怀。

惟往查古巴一节，此刻实四顾茫茫，未卜将来如何了结。

数月以来参之众见，似必得清厘澳门以治其源，或请英领事或美领事在古巴兼办以治其流。他日与其公使辩论，惟执定同治五年招工条约照会，核审遵违，乃简净而有把柄。是否有当，祈阁下密乞伯相裁酌，是为至祷！

至洋人云此事发端之始，但以同治五年后在澳门招工违约，与之争论即可抵制其澳门合同，如年限、川费、安家现银两之类，查有不合，均可责赔。又云镂公使照会本是铁证，彼不信服，应请彼一同函请镂公使回复，当有力量相帮。若不以此为据，将来华工之言、中国委员之言，彼遂肯服乎？所言似亦凿凿有理，然此皆弟所不便上闻者，统望阁下以刍荛之采，密陈伯相宪听。

至弟所奉总署委札另纸录出，以备彼人要看初译英文、重译日文。弟衔系携带幼童出洋肄业委员，现奉旨往古巴查访事件，顺此布及。

前有《翻次千字文》一首，附呈莞正。

再者，函内多要密语言，客座勿看，至嘱。

谨肃，敬请台安，统惟融照不尽。

子敬观察晤时，希代致意，寄去《千字文》亦可博一粲也。

愚弟陈兰彬顿首

腊月念五日夜三点

再启者，廿六日，税司吴秉文由鸟约来见，交日国驻京公使送弟护照一纸。据云，在津门见子敬观察使，在京见崇宫保，均无别话。又云，马税司前由上海回伦敦，兹来电信说，自伦敦径赴古巴，计系中国正月初十前后，可到夏湾拿等语，当与约定正月初四，彼此在华盛顿会齐。弟初二日即须由哈富尔起程，计到华盛顿晤日国驻美公使，为同行诸人取护照，及在美国统理衙门或需耽搁一两日，便一同搭火车，到柳阿连渡海，大约二月中旬亦准到古巴也。

肃布。即颂。大安。

陈兰彬再顿

廿七日

《晚清洋务运动事类汇钞》上册，中华全国图书馆文献缩微复制中心，1999 年

十二　致刘瑞芬函二封

（一）致刘瑞芬[①]函

光绪三年十月二十日（1877年11月24日）

芝翁仁兄大人阁下：

前泐复函，谅邀青览。辰维禔祉骈罗，勋猷彪炳，至为企颂。

弟历碌如常，靡长足述。日国古巴[②]岛《华民章程》[③]，已于本月十三日[④]经伊使[⑤]画押定议。总署[⑥]十六日奉明，想不日即由

① 刘瑞芬（1827—1892），字芝田，安徽贵池刘街人（今安徽池州贵池），同治元年（1862）以诸生入李鸿章幕，为淮军转运水陆军林，检验西式枪炮。光绪二年（1876）代理两淮盐运使，驻节扬州。不久，改任苏松太道。光绪十九年（1894）年迁三品京堂，任驻英、俄公使。光绪二十一年（1896）改任驻英国、德国、意大利、比利时诸国公使。光绪二十三年（1898）奉召回国，授广东巡抚。卒于任所。著有《刘中丞奏稿》《西轺纪略》《养云山庄诗文集》《青山诗集》。

② 日国，日斯巴尼亚，亦译大吕宋，指西班牙。古巴时为西班牙殖民地。

③ 《华民章程》，指《古巴华工条款》，光绪三年（1877）清政府与西班牙在北京签订。

④ 本月十三日，指光绪三年十月十三日，西历1877年11月17日。

⑤ 伊使，伊巴里，任光绪三年至六年（1876—1880）西班牙驻华特命全权公使。

⑥ 总署，总理各国事务衙门。

南、北洋衙门[①]转达冰案。敝同事叶树东[②]兄十四日出京，言旋上海谒崇阶[③]时，询问此间情形，一切具悉。

弟年内原可起程，唯傅相[④]谓不日冰河，可俟春正[⑤]就道。

弟亦见同行诸友骤难聚集，不若稍需时日，较觉从容。

至弟出使三国，道途既远，人数亦多，初年薪水川费，连行装铺陈等类，计非廿二三万不办，当即告知总署，属由公牍知会台端，俾得早日预备。弟约计二月应可到沪也。

子峨太史尚未闻奉报，何日由沪东行？吴彤翁[⑥]抱恙南旋，

① 南洋大臣，南洋办理通商事务大臣，其前身为五口通商大臣，初驻广州，1859 年后驻上海，管理广州、厦门、福州、宁波、上海五口对外通商、交涉事务。《北京条约》后，续开沿海沿江十一个口岸，除北方三口外，其余各口连同原来的五口的事务，均属其管辖。初为两广总督兼任，咸丰八年（1858）改由两江总督兼任，同治四年自两江总督李鸿章起，两江总督兼南洋大臣遂成定制。其职权是管理东南沿海及长江沿岸各口岸的通商事宜，兼办海防和其他洋务。北洋大臣，北洋通商大臣，初为三口通商大臣，驻天津，管理天津、牛庄（后改营口）、登州（后改烟台）三口与外通商事务。其职权是管理直隶（今河北）、山东、奉天（今辽宁）三省对外通商、交涉事务，兼办海防和其他洋务。初为专职，由崇厚专任，1870 年 11 月，改称北洋通商事务大臣，撤销专职，改由直隶总督兼任并成定制。由于李鸿章担任直隶总督兼北洋大臣达二十多年，他实际上是晚清办理外交、洋务的总代表，因此，北洋大臣的地位和权势高于南洋大臣。南、北洋大臣是皇帝的钦差大臣，与总理衙门没有明确的隶属关系，二大臣在涉外中有“疑难之事”和“不决之事”，“请商”于总理衙门。电奏大事，由总理衙门代陈。作为中央外交机关的总理衙门，是南、北洋大臣的咨询顾问机构，对它只能咨商而无命令权。

② 叶源濬（？—1880），字树东，江苏南京人，光禄寺典簿附监生，留美幼童中文教习，驻美参赞。光绪六年（1880）病逝于美国任上。

③ 崇阶，高位、高官，指刘瑞芬。

④ 傅相，指李鸿章。

⑤ 春正，正月。

⑥ 吴彤翁，即吴大廷。

想已大愈。竹翁[①]近有信否？念念。勉翁[②]早有归志。闻玉翁亦欲言归。何不念时事多艰，努力撑柱耶？

肃请勋安[③]，不一。

愚弟陈兰彬 顿

十月二十日[④]

再启者：

有舍侄嵩屏[⑤]前经冯竹翁[⑥]派理救生轮船差事，幸尚无误，比得托芘仁宇，谅亦蝉联。唯去年过沪时，见其眷房聚居，仍形窘迫，可否有别项杂差兼理，藉资充裕之处，伏祈推爱，酌量添派，不胜感荷。舍侄能习苦耐劳，而才具素非开展重大事件亦不能任也。

夙叨挚爱，用布区区。敬请勋安，不一。

弟 又顿

四月十一日[⑦]

原件，上海图书馆藏

---

① 竹翁，即冯焌光（1830—1878），字竹儒，广东南海人。

② 勉翁，即李兴锐（1827—1904），字勉林，湖南浏阳市三口镇人。同治九年（1870）任直隶大名府知府。光绪元年（1875）任上海机器制造局总办。光绪十年（1885）参加查勘中越边界。后历任津梅关道、长芦盐运使、广西布政使。光绪二十六年（1900）擢江西巡抚。光绪二十九年（1903）署闽浙总督，次年署两江总督，旋病死。

③ 肃请勋安，即老式书信中用于政界“请安”性的问候语。

④ 十月二十日，光绪三年十月二十日（1877 年 11 月 24 日）。

⑤ 嵩屏，陈兰彬堂兄兰欐之子，提举衔候选通判。

⑥ 冯竹翁，时任上海道台。

⑦ 四月十一日，光绪四年四月十一日（1878 年 5 月 12 日）。

（二）致刘瑞芬函

光绪四年五月十九日（1878年6月19日）

敬再启者：

去冬弟向总署咨商，以出使美、日、秘三国，初年至少须带银二十二万两出洋，以备支用。经总署知照尊处，先期筹备在案。昨日询问，未据复文。伏惟阁下综理微密，况弟夙叨挚爱，谅早已筹划齐全矣。因行期伊迩，再顺及之。

至吴彤翁去年入京，虽屡次晤谈，而病势沉绵，颇以为虑，不谓遽尔作古①，身后情景如何？眷属已返湖湘否？乞便示及一二。竹翁②前信说途间一切甚详，近当在关内行走矣。风闻左兵③客腊已入喀什噶尔，比尚未见露布，不知缘何耽搁。玉翁诸

① 冯竹儒于光绪四年三月二十八日（1878年4月30日）过世。见《冯关道仙逝》，《申报》光绪戊寅年三月二十九日（1878年5月1日）第1844号，第二页。

② 竹翁，即冯焌光，光绪三年（1877）告假出伊犁，负父灵柩东归。次年春运抵上海，未回任，以劳瘁卒。

③ 左兵，左宗棠（1812—1885），字季高，一字朴存，号湘上农人，署名今亮，湖南湘阴人。咸丰六年（1856）任兵部郎中。同治元年（1862）由太常卿升任浙江巡抚，旋升任闽浙总督。同治三年（1864）克杭州，并受封一等恪靖伯。同治五年（1866）在福州马尾办船厂，也就是后来的福建船政局，并创办求是堂艺局，培养海军人才。同年，改任陕甘总督，其间创办兰州制造局。后创办甘肃织呢总局。同治六年（1867）授钦差大臣督办陕甘军务，定“先捻后回”方略，次年参与平定捻军。同治十二年（1873）授协办大学士，次年授东阁大学士。光绪元年（1875）奉命以钦差大臣督办新疆军务。次年，指挥刘锦棠、金顺诸军镇压阿古柏、白彦虎，次年收复除伊犁地区外的新疆全部领土。光绪四年（1878）由一等恪靖伯晋二等恪靖侯。光绪七年（1881）入北京任军机大臣，10月改任两江总督。光绪十年（1884）入京任军机大臣，9月以钦差大臣督办闽海军务。次年9月病故于福州，谥文襄。著述大多收入《左文襄公全集》。

公比并安善。勉翁曾否已行。念念。

弟程期在即，计聆榘诲非遥。草草手肃。敬请台安。

兰彬　又顿首

五月十九日

原件，上海图书馆藏

十三　致张荫桓函七封

（一）致张荫桓函

光绪三年九月二十二日（1877 年 10 月 28 日）

樵翁仁兄大人阁下：

顷接手书，敬聆一切，并承惠赐郧耳，俾治痢疾。谢谢！刻下审维勋福，均隆并祝。

日国伊使前数日才回京，晤面欲闽省船案与古巴招工章程同时议结[1]，看来骤难合拢。弟出京尚未定期也。

潍县煤务，阁下拟为山左开端，利赖无穷，深所盼企，大氐中国士大夫谈及开矿，直若动色相戒者，然皆由滞于古书，昧于时势，蹈常习，故苟安自便，不肯稍任艰难耳。迩来京中方渐有以此为言者，而外间所办又往往阻滞。若阁下此举，成

① 关于此情，《总署奏西班牙商船被抢与古巴换约案同时办结片（光绪三年十月十六日）》有详细记载，参见《清季外交史料》第 2 册，湖南师范大学出版社，2015 年，第 224—226 页。

否又在不知之数矣，岂气运使然耶？殊令人难解。信国[①]在都曾屡会叙，均在席间。东海一节，未经谈及，今汲汲如此，似非无故。查此间别无议论，其路数，或自南来耶。至于阁下，材器识力，洵系救时之彦，都门大老渐有知者，外间当路诸公别无所务，闲适之理，固意中事耳！骥足之展，鹏程之远，拭目俟之。

天寒，诸维珍摄，肃泐鸣谢。敬请台安。统希荃照。不宣。

愚弟陈兰彬顿首

九月廿二日

原件影印件，香港中文大学图书馆藏

① 信国，文天祥（1236—1283）封为信国公，后世多借“信国”暗指文氏人士。本函提及闽省船案，“信国”似指任福州将军兼署闽浙总督近十年的文煜。文煜（？—1884），费莫氏，字星岩，满洲正蓝旗人。由官学生授太常寺库使，累迁刑部郎中。出为直隶霸昌道、四川按察使。咸丰三年（1853）累迁江宁布政使。七年（1857）调江苏布政使，旋调直隶布政使。九年（1859）任山东巡抚。十一年（1861）任直隶总督，次年革职。同治二年（1863）授镶黄旗蒙古副都统。同治三年（1864）赴甘肃庆阳督办粮台。七年（1868）授正蓝旗汉军都统，旋任福州将军。十年（1871）兼署闽浙总督。光绪三年（1877）奉调回京，授内大臣、镶白旗汉军都统、左都御史，擢刑部尚书。七年（1881）协办大学士。九年（1883）任总管内务府大臣。次年拜武英殿大学士，旋乞退。

（二）致张荫桓函

光绪三年十二月十七日（1878年1月19日）

樵翁仁兄大人阁下：

接奉手书，敬聆一一。就审恩佑北宸，猷宣东海，升祺丰懋，豫颂良殷。弟株守京华，出洋日期，此刻尚难预定。

今岁□□晤面，大约台旆由楚而齐，原为防事，若再挪动，不便措词，自属实话，多吉意在，由旧乔迁，又无消息，见各政府列公别无所闻，容后续布，答复所以迟迟者，亦缘未得确耗也。

今岁出京，约在新正初五六之间，届时当再勉以出言，俾有把握。至应训一节，暂时瓜代，尽可不必，召、于二公系居实地，然亦怀熟人及可行者行之，不能普律，而低节之下，常有闲言，盖知处世之难也。

旗昌已并归招商局，浙江漕米可增多廿余万，漕运改由轮船，仍奉部议驳。筱赤各省谷米免厘一折，户部经议准矣（闻照江西以明年四月为始云）。

再，山东机器局马梯火枪，总署极□，议拟为片奏，将来该局或仍请稚公[①]兼管，李作、左统管沪闽一。又及。

敬请台安。

弟兰彬顿首

腊月十七日

原件影印件，香港中文大学图书馆藏

---

① 稚公，丁宝桢（1820—1886），字稚璜，贵州平远人。咸丰三年（1853）进士。十年（1860）任岳州知府。同治元年（1862）任长沙知府。次年任山东按察使。三年（1864）任山东布政使。五年（1866）任山东巡抚。光绪二年（1876）授头品顶戴、太子少保，兼兵部尚书、都察院右都御史衔，署理四川总督。

（三） 致张荫桓函

光绪四年正月二十四日（1878 年 2 月 25 日）

樵野仁兄大人阁下：

昨接答缄，具纫藻饰，敬维履祉增绥，升猷远播，允符额颂。

弟太常供职，岁序虚经。去冬，日使已有定章，虽到彼未必一一遵行，而出洋照纸发自海关，拐骗之风或当稍减。

弟与约春河开冻，便可启程，唯伯相信来，嘱到津务必停留，尚有面商事件，计伯相出省当在二月中旬，弟闻信才行出都，将来经过棠疆，亦当在三月上浣矣。

方右民三兄老成稳练，通达和平，语以阁下豁达精明，旧尹之政，必以告新，深所忻惬。

召民信云二月初三交卸，由保入都，弟或可在京晤面。

近畿屡仅微雪，满目灾黎，大有山东前年景象。闻得晋豫尤甚，而吾粤水灾以后，以盗风愈炽，米价愈增，为之奈何。只西陲大捷频闻，差强人意耳。

复请台安，统希关照。不宣。

愚弟陈兰彬顿首

正月廿四日

原件影印件，香港中文大学图书馆藏

（四）致张荫桓函①

光绪四年三月初七日（1878 年 4 月 9 日）

樵翁仁兄阁下：

睽违尘教，倏忽数年。满拟此次道出之罘，得以畅叙一一。唯由通坐船赴津，一路大风。廿四至初二，才获抵岸，头痛腹泻，初四五乃克如常，在彼连日会晤召翁，忻悉褆履绥康，一切顺平，至慰。召翁说及隆情，心感之至。

窃念我辈知己原可不必，且阁下需次多年，驰驱数省，虽署优缺，实处窘乡，万不敢领，已切实向召翁言之，转交召翁嘱为奉缴，随后召翁当必函布也。“保大”轮船十一点钟到岸，以风浪稍大，不能趋谒，询船主云两点钟开行，为时又无几矣。承惠多珍，择领二色，愧乏李报，歉甚。

郑玉翁北来沪上，抵总局。南洋委蔡通判汇沧②办理，李相不以为然，弟意如阁下肯为大局暂屈，甚善，唯虑东省经手事多，故未明言，倘有函示，希为略及。

弟计到上海仍有一月耽搁，以后来往信函交上海招商局文报处，虽远必达也。

右翁至好，祈致意。即此鸣谢。

---

① 三月初七日，本函所署日期为“初七日”，据陈兰彬《使美纪略》载：“（光绪四年二月）二十四日，由通州上船，东行，沿途阻风。三月初一日抵天津紫竹林，破驻招商局码头，不寓客官。初二日往谒北洋大臣李伯相……初七日，过烟台，风大，不克登岸。”与函中“唯由通坐船赴津，一路大风。廿四至初二，才获抵岸”和“‘保大’轮船十一点钟到岸，以风浪稍大，不能趋谒”史实相符，故此函时间定为三月初七日。

② 蔡汇沧（1841—1906），字二源，浙江德清人。同治五年（1866）以通判分发江苏，任赣榆县令。光绪三年至七年（1877—1881）任江南制造局会办兼上海广方言馆总办。

敬请台安。不宣。

愚弟陈兰彬顿首

初七

原件影印件，香港中文大学图书馆藏

（五）致张荫桓函

光绪四年四月初十日（1878年5月11日）

樵翁仁兄大人阁下：

道出烟台，接第二次手函，适值开轮，不能布复，歉甚，即维日祉绥增，至慰至颂。

康成[①]鸿渐之羽，久绊申江，此次幸获脱卸之机，自不欲故巢复返。临淮[②]洞知此意，故不以伯喈[③]之接手为然耳。既阁下肯为俯就，辟垒一新尽可操券，康成更为雀跃也。随后当向临淮陈之。至阁下欲惠二七之数，在津召翁言及，当即辞谢。想召翁不日必完璧归赵矣。厚意心领，勿再寄东南，致多一番周折，是嘱。

召翁初七入都，计四月中翰赴臬任。玉翁明日由“保大”船北上。弟到沪，暂住广肇公所，此间经费交齐，随员陆续报到，便可起程，或统抵香港搭附美国公司未定。

晤方右翁希代致意。

① 康成，东汉末年经学大师郑玄（127—200），字康成，后世多借“康成”暗指郑氏人士。此处即指郑藻如（1824—1894），字志翔，号豫轩，又名玉轩，广东香山人。咸丰元年（1851）举人。同治八年（1869）任江南机械制造局帮办。光绪四年（1878）任天津津海关道。郑氏任江南机器制造局帮办近十年，因李鸿章之举荐，升任津海关道。

② 临淮，三国时临淮人鲁肃（172—219），字子敬，此处借指陈钦，字子敬，山东历城人。咸丰二年（1852）举人。同治九年（1870）首任津海关道。

③ 伯喈，东汉蔡邕（133—192），字伯喈，后世多借此暗指蔡氏人士。上函（光绪四年三月初七日）提及蔡汇沧接任江南机器制造总局会办，故此处“伯喈”应为蔡汇沧。

专此，祇请台安，不宣。

弟兰彬顿首

初十灯下

原件影印件，香港中文大学图书馆藏

（六）致张荫桓函

光绪八年五月十六日（1882年7月1日）

再，戊岁在津一切，嘱召翁代达鄙忱，满拟路过烟台更畅谈一一，不谓风大不得泊也。

出洋后，阁下宦辙，友人信亦多言及，而远道匆匆，疏于偃候，恒以为歉。

至来函垂询各节，玉轩系去冬十一月初三日到美交卸，公度系新正莅纯斋[①]任后，前赴金山。茇南已于夏初返粤矣。玉轩尚不能赴秘。

近日美国待华人情形，较之早年殊觉日薄一日。惟刘湘甫在古巴办理仍前得手，如果始终别无变幻，真华民之幸也。又，台函济南云云，弟到京，何署使禀晤多次，并无提及诋毁一层，自可置之勿论。德州枝节亦经靖息。至该州之撤，筱帅信云，另有别故，不因中外交涉，其换房迭经在此议论，当可渐就范围。

计美国新公使一两月间亦到也。召民告病，奉旨赏假一月。任筱帅[②]请假廿日。阎大司农[③]已经到任。曾沅帅何时赴粤，折

① 纯斋，黎庶昌，字纯斋。

② 任筱帅，任道镕（1822—1906），字砺甫，别字筱沅，晚号寄鸥，江苏宜兴人。道光二十九年（1849）拔贡。咸丰年间在籍办团练起家，屡获升迁。光绪七年（1878）任山东巡抚，故称筱帅。

③ 阎大司农，阎敬铭（1817—1892），字丹初，陕西朝邑赵渡镇人。道光二十五年（1845）进士。同治元年至六年（1862—1867）任山东巡抚。光绪八年任户部尚书，故称大司农。张荫桓于同治三年（1864）捐纳知县，分发山东候补，屡获阎敬铭器重和提拔。

尚未到。张友帅[①]大约下月初出京。山农观察[②]尚未有北来之信。外间如有见闻，便中希密示一二。

草草复祈，心照不宣。

弟又顿首

五月十六日

原件影印件，香港中文大学图书馆藏

① 张友帅，张兆栋（1821—1887），字伯隆，号友山，山东潍县人。道光二十三年（1843）举人。二十五年（1845）进士，授刑部主事。咸丰三年（1853）任刑部广西司主事迁郎中。五年（1855）任刑部直隶司员外郎。次年升郎中。九年（1859）以知府分发陕西。同治元年（1862）任陕西凤翔府知府。三年（1864）升四川按察使。次年调广东按察使，选升布政使。五年（1866）任安徽布政使。七年（1868）改江苏布政使。九年（1859）擢漕运总督。同治十一年（1872）升广东巡抚，旋兼摄两广总督。光绪四年（1878）丁母忧回籍。八年（1882）署福建巡抚，次年实授。十年（1884）兼闽浙总督，旋因马尾失守被革职。

② 李宗岱，字山农，广东南海人，道光二十九年（1849）副贡。同治八年至十年（1869—1871）署山东布政使。同治十三年（1874）署山东督粮道。光绪三年（1877）署济东泰武临道台。光绪六年（1880）任济东泰武临道台。李氏乃张荫桓之舅，张荫桓于同治初年赴山东投奔李氏，而后捐纳知县，入山东巡抚阎敬铭幕。

（七）致张荫桓函①

光绪八年七月十二日（1882 年 8 月 25 日）

再，迭诵另笺，聆悉一一。

山东教案，弟自抵京后何署使绝不提及阁下阻挠。现拟竢秋闱后，乃别为觅地，其德州凌辱委员等事，则早经完结矣。至应酬一节，旧样何若，弟不便询，厚薄疏敬之间，唯尊意自定可耳。

春间在粤曾晤山农先生，颇有意于山东将军岭矿务，适傅相丁艰回籍，当待不日北上，相机商之。

草草手泐，祗请勋安。不宣。

弟又顿首

七月十二

原件影印件，香港中文大学图书馆藏

① 此函考订为光绪八年（1882），乃据函中“傅相丁艰回籍，当待不日北上”。《李鸿章年谱长编》记：光绪八年三月初二日，李母在武昌湖广总督署病逝，四月十四日，李氏离津奔丧回籍。七月十二日李鸿章起程返津，二十三日抵达。见刘忆江：《李鸿章年谱长编》，河北大学出版社，2015 年，第281 页。

十四　致张树声函

光绪四年夏秋间（1878）

再者，防海以水雷为要，各国皆同，而制造水雷，新法迭出，类无不夸所制以待售。傅相延请赴津之洋员满力士，系去年傅相向美国水师官书斐面订者，三年为期，每年五千圆，另炭银一百两，往来给与川费，在局给住房一所。因渠系美国当差之人，今春弟为转知美外部耳。前月起程时，向弟说及黎约翰水雷太费，近新出一种白头水雷，亦不合用，总当以工省费廉多制为妙，言似着实。然闻容纯甫等说，其技仍非美国上等云云，未知确否。大氐系其所制所荐，则张大其词，否则不尔。美国风气类然，若在外间一说需人，则判牍纷投，令人接应不暇。如去年传闻中俄不协，带兵者制械者，曹邱毛遂，交发沓来，直至出新闻纸遏之而后止。此件拟俟确有见闻，然后沥布。

……

《张树声往来函牍》丙二，中国史学会主编，中国科学院近代史研究所资料编辑室、中央档案馆明清档案部编辑组编：《洋务运动》（三），上海人民出版社，1961 年

十五　致上海文报委员黄惠和函五封

（一）致黄惠和函

光绪四年九月初六日（1878 年 10 月 1 日）

本大臣由美国华盛顿拜发奏折公文等件，照章封固发交该局员查收，即行转递。查出使文报最关紧要，奏事折件尤须慎重，倘有擦损迟误等情，定行查究，合就札饬，札到该员即便遵照，仍将接递日期禀报本大臣查考。

黄嘉谟主编，韦国恩、张珍琳编辑：《中美关系史料》（光绪朝一），《中国近代史资料汇编》，台湾“中央研究院”近代史研究所编印，1989 年

（二）致黄惠和函

光绪四年十一月二十三日（1878年12月16日）

本大臣由美国华盛顿拜发奏折公文等件，照章封固发交该局员查收转递。现在津河封冻，该局委员接到前项文报，仰即送请江海关道妥速驰递，事关紧要，毋许稽延迟误，合行札饬，札到该员即便遵照，仍将接递日期禀报本大臣查考。

黄嘉谟主编，韦国恩、张珍琳编辑：《中美关系史料》（光绪朝一），《中国近代史资料汇编》，台湾“中央研究院”近代史研究所编印，1989年

（三）致黄惠和函

光绪五年三月（1878年4月）

本大臣由美国华盛顿拜发奏折公文等件，照章封固发交该局员查收，即行转递。查出使文报关系紧要，奏事折件尤须慎重，倘有擦损迟误等情，定行查究，合就札饬，札到该员即便遵照，仍将接递日期禀报本大臣查考。

黄嘉谟主编，韦国恩、张珍琳编辑：《中美关系史料》（光绪朝一），《中国近代史资料汇编》，台湾“中央研究院”近代史研究所编印，1989年

（四）致黄惠和函

光绪五年四月初六日（1879年5月26日）

本大臣由日国马得力拜发奏折公文等件，照章封固发交该局员查收，即行转递。查出使文报关系紧要，奏事折件尤须慎重，倘有擦损迟误等情，定行查究，合就札饬，札到该员即便遵照，仍将接递日期禀报本大臣查考。

黄嘉谟主编，韦国恩、张珍琳编辑：《中美关系史料》（光绪朝一），《中国近代史资料汇编》，台湾“中央研究院”近代史研究所编印，1989年

（五）致黄惠和函

光绪五年七月初七日（1879年8月24日）

本大臣由日国拜发奏折公文等件，照章封固发交该局员查收转递。查出使文报关系紧要，奏事折件尤须慎重，倘有擦损迟误等情，定行查究，合行札知，札到该员即便遵照，仍将接递日期禀报本大臣查考。

黄嘉谟主编，韦国恩、张珍琳编辑：《中美关系史料》（光绪朝一），《中国近代史资料汇编》，台湾“中央研究院”近代史研究所编印，1989年

十六　致刘坤一函

光绪四年九月二十三日（1878年10月18日）到

敬肃者：

途次接奉荃缄，过蒙藻饰，临风三复，且感且惭，就维戟祺，安燕鼎祉。

庞鸿体偶尔违和，计已早占勿药矣。

示及不萌退志一语，读之令人奋发激昂，古所求咏王事鞅掌，夙夜匪懈者，仿佛见之。

至承谕在粤多生枝节之人，私衷亦殊切虑，而又不便明说，恐异时渠或有对照著笔之事，中国亦复作难。

兹在哈富接到新闻一纸，译录呈览。

又，彼使公赤去年到署议事，一不遂意，咈怒径去，骄蹇情形，与威无殊。现兼缘别事而回，闻将处以永不叙用，但二件均未准定，万恳此时阅毕勿宣，政为祷企。

弟别后，五月二十二日由香港上船，二十七日到日本。六月初二日由横滨渡太平洋，适轮轴断坏，在海洋中挂飘缓行，修整十余日始获完竣，幸一路风平浪静，同行俱各安好。二十八日抵美国旧金山码头，七月初五日上火车，十二日到哈富，暂寓出洋肄业局。

查得大伯尔士顿早出避暑，须中秋后回华盛顿，才能往递国书也。

过旧金山时，闻埃里士人及土人，联党结会，欲尽逐华人出境。交涉之案，几于无日无之。是邦总督及地方官，皆系其党所举。华盛顿议院亦有执事权者，因之难得定论。弟询之六会馆及久驻美国诸人，如何可以相安，则亦均无把握。惟云每逢船到，如华人过多，必即扰攘；人少，乃略靖息。是以前两年会馆董事屡次致信及印刷告白，寄回香港东华医院董事梁云汉、陈桂士等，嘱为设法查明发票，拦阻娼妓，并力劝华人勿来，以免自投坎窗，盖实见金山聚人太众，不特洋人争工忌嫉，即以华人而论，金山一埠，数逾三万，就令工价日减，亦将无处佣工，游手纷纷，事端百出，固理势所必然也。

第两国条约，系听民人任便往来，弟等出使，自须遵条约而顾国体，将来与其外务大臣议论，必力持之；而再四思维，似仍以华民少来，或可冀免滋闹酿祸，特不便出诸官府之口耳。

弟素拙钝，近更精力不继，咨诹询度，迄无良策，现一切亦尚未定局，夙叨挚爱，用先密布，祈为诲示，并乞秘勿泄露是幸。耑此，敬请钧安，统希垂鉴不备。

照录

陈兰彬星使　抄送八月初二日哈富新闻纸：闻间拏摩士庇（间拏乃兵弁之衔号，如中国之参将），为美国朝廷所聘，欲派之为驻广东省美国领事。兹华盛顿日报论及此事，谓未知摩士庇肯就道否，盖彼近家乡而谋一缺也。摩士庇前曾膺状师之选，生意颇称繁旺，惟今年则差为减色，以其身为南省之人，而附北党，乡人恶之，当加兰将军为总统时，摩士庇从之，于是声势甚巨，而未尝不念其月乡，多有为彼推举而仕者，结交甚广，故今之受聘，是友人为之吹嘘也。

《秘鲁国招工案》，孙学雷主编：《国家图书馆藏清代孤本外交档案》（10），全国图书馆文献缩微复制中心，2003 年

十七　致曾纪泽电

光绪六年十二月二十四日（1881 年 1 月 23 日）

闻道伊犁全数交还，松花江、西汉，均作罢论，两国现皆允诺，的确否？请即由电报回信。[①]

《陈兰彬致总理衙门函（光绪七年三月初三日）》，《钦定总理各国事务衙门清档》第 252 册，北京大学图书馆藏

① 另据陈兰彬咨呈总理衙门的文稿《咨报近期使署和外交事 光绪六年十二月二十八日（1881 年 1 月 27 日）》附件载："录十二月廿六日曾袭侯复电：伊犁得特克斯河一带，余语的信。"见《钦定总理各国事务衙门清档》第 252 册，北京大学图书馆藏。

十八　致夏威仁驻美公使阿连函四封

（一）复夏威仁国驻美阿使函

清光绪七年四月底（1881 年 5 月）

敬复者：

昨接洋四月十五号来函，得悉近日华人前到贵国者，有三千之多，想系闻贵国相待有礼，是以肯来也。

其美船搭客有患痘症者，以本大臣测之，必系船至中途其症始发，谅华人远涉贵境，意在谋生，断无在中国时已经患病，而肯落船出外不顾性命之理。

特杜京一船，讳而不报，致此症传染多人。

舌添麻一船，亦不尽报，且将搭人数少报二百名，实属不合耳。

本大臣业已准照贵大臣所请，将来函所开事理咨报本国设法查办矣。

至里利阿船到埠载来华客抗不登岸一层，据本大臣所闻，实因去各舌添麻船载来搭客内有痘症，遵贵国例在沙洲盖屋栖止，竟被揽头李六古、金古玉等串通各雇主，即在沙洲屋内写立合同，逼往别岛佣工，并限以每月工资八圆，收领两年上期工价，尚不足填运船资，故里利阿船华人闻风畏惧，欲就原船返华，不愿登岸，并非敢抗不遵例，恃众混闹也。

查舌添麻船客避疫已经期满，揽头等逼勒如故，不准入埠，经我国商董陈国芬延有律师，向地方官辨论，地方官竟谓贵国立有新例，须实有工做，始得进埠，现在再向按司上控，曾否秉公断定，尚未据报。

我国官府前因华人出洋有被逼佣工，不得自主情弊，是以近年章程，凡出洋者，必须自备川资，有殷实铺户保结，由关道给予执照，下船临开船时，又委员到船查讯，委无借欠船钱，订立合同等弊，始准前往，否则撤回。

是华人搭船出洋，或贸易，或游历，或技艺营生，均应谓之“搭客”，不得谓为“工人”，即间有出洋日久，谋望不成，工作糊口之辈，亦不应于其初搭船到埠时，即预指为“工人”。既非“工人”，即不应须实有工做，始准进埠。

若舌添麻船客案，地方官既偏听揽头谰言，断以新例。里利阿船客，地方官又发兵吓逼，是直将搭船华人概以工人相待，不特与我国章程不符，亦恐深为贵国声名之累。

贵大臣与本大臣交谊至好，且设立商董时，曾蒙贵大臣函致贵国政府先容，故敢向贵大臣详切言之，务望贵大臣函达贵国政府，请地方官删苛例，毋为揽头所惑，优待我国民人，与待各大国民人一样，并设法帮助陈国芬，俾其易于称职。本大臣实有厚望焉，耑泐复布，顺颂时祉。

《陈兰彬致总理衙门函（光绪七年六月初五日收）》，《钦定总理各国事务衙门清档》第252册，北京大学图书馆藏

（二） 致夏威仁国驻美阿公使函

光绪七年四月廿四日（1881 年 5 月 21 日）发

敬启者：

本大臣接奉总理各国事务衙门来文，内开："附奏改派现驻檀香山国商董陈国芬为领事官，由贵大臣转饬遵照等因一片，奉旨：'依议，钦此。'"恭录谕旨，咨行到本大臣，奉此。查上年派设商董陈国芬，驻扎檀香山，诸蒙贵大臣雅意，行文贵国政府，为之先容，实为寅感。

此次改派该商董为大清驻扎夏威仁国领事官，除由本大臣札委该领事官陈国芬钦遵办理，由该员呈请贵国发给准照外，仍请贵大臣据情知照贵国政府，循例发给准照，俾该员得以莅任视事，并望贵国推诚相待，使该员得尽职办公，曷胜盼切。

顺将委派领事官札稿钞录附览。敬请升安。

四月二十四日双衔。

《陈兰彬致总理衙门函（光绪七年七月初八日收）》，《钦定总理各国事务衙门清档》第 255 册，北京大学图书馆藏

附一：驻美使馆致驻夏威仁国领事陈国芬札

光绪七年四月（1811 年 5 月）

照得本大臣钦遵二月十八日大皇帝谕旨批准，改派陈国芬为驻扎檀香山领事官，由本大臣转饬遵照，为此札委陈国芬钦遵。

札到该员，即便莅任视事，所有侨寓夏威仁国华民，由该员妥为保护，一切交涉事件，认真经理。并请夏国外部大臣及各官员准该员陈国芬得享一切权利，并得行职分应为之事。

粘抄总理衙门来文一件。

《陈兰彬致总理衙门函（光绪七年七月初八日收）》，《钦定总理各国事务衙门清档》第 255 册，北京大学图书馆藏

附二：总署咨

光绪七年四月（1811 年 5 月）

本衙门于光绪七年二月十八日附奏：

拟派陈国芬为驻扎檀香山国领事官，由贵大臣转饬钦遵一片，本日奉旨："依议，钦此。"为此咨行贵大臣查照。

右咨钦差出使大臣陈、容。

《陈兰彬致总理衙门函（光绪七年七月初八日收）》，《钦定总理各国事务衙门清档》第 255 册，北京大学图书馆藏

（三）致夏威仁国驻美公使阿连函

光绪七年七月二十五日（1881 年 8 月 19 日）

敬启者：

本大臣现据商董陈国芬禀称，接奉札文，派充驻夏威仁国领事官，当即知照贵国外部，请领准照，以便任事。

嗣于六月十七日接准外部大臣复文，内开："贵商董奉派为驻扎夏国领事官，请领准照，以便据情转致摄政公主、相臣。贵商董派充领事官，自属人地相宜，我国无不惬怀。惟闻贵国拟寄约稿，与我政府商立条约，此次请给领事准照，应行暂缓发给，俟我国接到约稿后，核明所载领事权位如何，再行发给准照"等因，并钞录贵国外部大臣原文，禀请核办到本大臣。

据此查我国派官驻扎贵国，屡承贵大臣厚意先容，实深铭感。此次改派陈国芬为领事官，亦经本大臣先行函知贵大臣，据复极为相宜本大臣原冀我国派设领事，得与各国领事官同享一切利益，并非与日后两国立约，有相关碍。

贵国外部大臣所称，我国拟寄约稿，与贵国商立条约一节，本大臣未闻其事。即有其事，贵国亦无妨发给准照，俾领事先行莅任。俟日后条约告成，按约行事。我两国素敦和好，贵国官员公忠体国，畛域不分，无约之国派设领事已有成案，相应函请贵大臣转咨贵国外部大臣，按照未立约之国，派设领事驻扎贵国成案，发给准照，俾该员陈国芬得以早日任事，是所至盼。

专此敬请时祉。

《陈兰彬致总理衙门函（光绪七年九月十一日收）》，《钦定总理各国事务衙门清档》第 255 册，北京大学图书馆藏

（四）致夏威仁国驻美公使阿连函

光绪七年闰七月初一日（1881 年 8 月 25 日）

敬启者：

本大臣现据商董陈国芬禀称，接奉札文派充驻夏威仁国领事官，当即知照贵国外部请领准照，以便任事。嗣于六月十七日接准外部大臣复文，内开："贵商董奉派为驻扎夏国领事官，请领准照。当即据情转致摄政公主相臣，贵商董派充领事官，自属人地相宜，我国无不惬怀。惟闻贵国拟寄约稿，与我政府商立条约，此次请给领事准照，应行暂缓发给，俟我国接到约稿后，核明所载领事权位如何，再行发给准照等因，并钞录贵国外部大臣原文，禀请核办，到本大臣。"

据此，查我国派官驻扎贵国，屡承贵大臣厚意先容，实深铭感，此次改派陈国芬为领事官，亦经本大臣先行函知贵大臣，据复极为相。本大臣原冀我国派设领事得与各国领事官同享一切权益，并非与日后两国立约有相关碍。贵国外部大臣所称我国拟寄约稿与贵国商立条约一节，本大臣未闻其事，即有其事，贵国亦无妨发给准照，俾该领事先行莅任，俟日后条约告成，按约行事。我两国素敦和好，贵国官员公忠体国，畛域不分，无约之国派设领事，已有成案，相应函请贵大臣转咨贵国外部大臣，按照未立约之国派设领事驻扎贵国成案，发给准照，俾该员陈国芬得以早日任事，是所至盼，敬请时祉。

黄嘉谟主编，韦国恩、张珍琳编辑：《中美关系史料》（光绪朝二），《中国近代史资料汇编》，台湾"中央研究院"近代史研究所编印，1989 年

十九　致胡燏棻[①]函

光绪十年三月初二日（1885 年 4 月 15 日）

云楣仁兄大人阁下：

远隔光仪，常深饥渴，辰维筹酣宣劳，宪祺增胜，至以为颂。

现在赈需孔亟，筹措为难。阁下康济关怀，综理备至，钦佩钦佩。

弟等去冬曾有推广水灾救命捐册，分致各处，荷承诸君子概然见许，藉以接济要需。近接各处来函，有称欲就近由尊处汇解者，用特专函奉托，并附上册式一本，敢希察阅。倘有前项捐款交来，尚祈查照册中事理，随时汇寄敝处以便迅行拨解。烦渎清神，歉甚，感甚。专此驰恳，敬请筹安，并望福音不一。

愚弟许庚身、陈兰彬、徐用仪、吴廷芬、周家楣暨同人等顿首。

右录尹宪周会同许星叔侍诸公，于三月初二日寄局手谕。凡各处有已经书捐，推广水灾救命册，并捐项，如欲由保局，

① 胡燏棻（1840—1906），字芸楣，亦作云眉。安徽泗州（今安徽泗县）人，祖籍浙江萧山。同治十三年（1874）进士，选翰林院庶常馆庶吉士。后捐纳为道员，补天津道。光绪十七年（1891）任广西按察使。中日甲午战争爆发，受命留驻天津办理东征粮台。同年 11 月，奉命在天津马厂主持新式练兵，次年 9 月移至小站，年底调任芦津铁路督办，又授顺天府尹，迁总理各国事务衙门大臣。1900 年始历任关内外铁路会办，刑部、礼部、邮传部侍郎。

就近理解望即迅赐寄下，以便转解都门，俾资散放，曷胜盼祷。

《上海抛球场后街杨泰记并办理直赈捐输总局照录顺天府府尹四百里排递手书于后》，《申报》光绪十年三月十九日（1884 年 4 月 14 日）第 3950 号，《申报》影印本第 24 册，上海书店，1983 年

二十　致张之洞[①]函

光绪十四年（1888）

香涛大公祖大人阁下：

肃启者，远隔台晖，久疏笺候。望风驰想，积日倾忱。辰下敬维节钺延釐，鼎裀辑祜。范韩名重东西，钦渐被鸿勋；伊吕道侔中外，树怀柔骏望。定卜黄扉晋秩，允邀丹陛酬庸。翘跂辕铃，莫名轩鼓。

兰彬去秋患疟，形茶神疲，直过春分，才离药裹。幸际雨旸时若，年谷丰收，除电白毗界阳江、石城毗界遂溪等处，不无拜会谣传，其余尚称安谧。而海疆一带，则间有奸徒窥伺，剽掠商船，虽有防哨舟师，但非风顺，弗克开駶，无以使之震聋。前经函请钧座酌派缉捕轮船，每月来巡数次，藉绝匪踪。是否可行，仍祈裁夺。

见在重修郡志，将次告成，前修吴川邑志，皆由毛署令昌善朝夕商订，早获成书，容俟校刻竣工，呈求鉴定。毛令识见尚优，操守亦好，在吴逾载，建造节孝三忠祠，于江阳书院添设经古月课。又购拿积惯拜会匪首宁秀常正法，敝邑人士，颇有玄思。执事爱才若渴，谅亦栽者必培矣。

兰彬病后精神一切犹未复元，临启草率，劣不成书，伏维莞宥。

---

① 张之洞，字香涛，光绪十年至十五年（1884—1889）任两广总督。

耑此，虔请崇安，诸希垂鉴不备。

治馆愚弟陈兰彬顿首

国家图书馆善本部编：《赵凤昌藏札》（1），北京图书馆出版社，2009年

使美纪略

使美纪略

光绪四年正月二十八日至九月初六日

（1878 年 3 月 1 日—10 月 1 日）

光绪四年正月二十八日[①]，兰彬在太常寺卿任内，祇领〇国书三份，出使美利坚、日斯巴尼亚、秘鲁。[②]

二月初九日[③]，请〇〇训，面奉〇〇谕旨，先赴美国。

十一日，领到〇〇敕书，当即料理行装。

二十四日，由通州[④]上船东行，沿途阻风。

① 光绪四年正月二十八日，1878 年 3 月 1 日。

② 据《德宗实录》卷二十二载：“（光绪元年十一月十四日）赏四品衔郎中陈兰彬以三四品京堂候补，三品衔同知容闳道员用，并加二品顶戴，充出使美国、日国、秘国钦差大臣。现月……戊申（十五日）。谕军机大臣等。昨派陈兰彬、容闳充出使大臣，着该衙门查照出使英国成案，照会各国，嗣后均照此办理。现月。”见《德宗实录》（一），《清实录》第五六册，中华书局，1987 年，第 334 页。

又据《光绪宣统两朝上谕档》载：“光绪元年十一月十四日（丁未，1875 年 12 月 11 日），奉上谕：二品顶戴候补三四品京堂陈兰彬、三品衔同知容闳，着充使美国、日国、秘鲁钦差大臣。容闳并以道员用，赏给二品顶戴。”见中国第一历史档案馆编：《光绪宣统两朝上谕档》（一），广西师范大学出版社，1996 年，第 345 页。

③ 二月初九日，1878 年 3 月 12 日。

④ 通州，西汉初始建路县，后改称通路亭、潞县、通州、通县，历来为京东交通要道，漕运、仓储重地，水陆进京必经之地。

三月初二日[①]，抵天津紫竹林，泊驻招商局码头，[②] 不寓客馆。

初三日，往谒北洋大臣李伯相[③]。随由津海关丁道寿昌[④]送到总理各国事务衙门公文，内开吏部咨称："二月二十一日奉〇〇旨：'陈兰彬补授宗人府府丞，钦此。'"[⑤] 即日拜折，谢〇〇恩。[⑥]

---

① 三月初二日，1878 年 4 月 4 日。

② 同治十一年十二月十九日（1872 年 1 月 17 日），轮船招商局在上海创办，随后设立天津分局，位于紫竹林以东的密妥士洋行内。

③ 李伯相，即李鸿章。

④ 丁寿昌（1826—1880），字乐山，安徽合肥人。初为塾师。咸丰三年（1853）在乡办团练抗击太平军，以典史选用并赏戴蓝翎。咸丰九年（1859）擢县丞。咸丰十一年（1861）升知县。同治元年（1862）晋同知换戴花翎。次年以知府留江苏补用。同治三年（1864）升道员，旋加按察使衔，赏二品封典。同治六年（1867）加布政使衔。次年以按察使记名遇缺题奏。同治八年（1869）赴直隶分统铭字马步全军兼驻扎保定八营。同治九年（1870）署天津道，旋实授，赏一品封典。同治十三年（1874）丁父忧。光绪二年（1876）赴天津总理营务，兼充海防翼长。光绪四年（1878）署津海关道，旋补直隶按察使。次年署布政使，旋回按察使任。光绪六年（1880）卒于任。

⑤ 据《德宗实录》卷六十八记载："光绪四年。戊寅。二月。以太常寺卿陈兰彬为宗人府府丞。朱签。"见《德宗实录》（二），《清实录》第五三册，中华书局，1987 年，第 48 页。

⑥ 陈兰彬补授宗人府府丞谢恩折写到："二品顶戴新授宗人府府丞陈兰彬跪奏：为恭谢天恩、仰祈圣鉴事。窃臣奉命出使美、日、秘三国，于二月初九日请训后，束装起程。在天津途次，承准总理各国事务衙门知照，准吏部文称：光绪四年二月二十一日奉旨，陈兰彬补授宗人府府丞。钦此。当即恭设香案，望阙叩头谢恩。伏念臣岭南下士，知识庸愚。始通籍于词垣，旋备员于部署。容台超擢，未极涓埃；使节领承，方深兢惕。兹复渥叨恩綍，补授宗卿。闻命自天，负惭无地。窃维宗人谨司属籍，府丞实效赞襄。奉职编疏，旷官滋惧。臣驰驱海外，瞻望朝端。惟有勉矢慎勤，俾随班于鹭序；时殷咨度，冀仰答夫鸿慈。所有微臣感谢下忱，理合缮折恭谢天恩。伏乞皇太后、皇上圣鉴。谨奏。光绪四年三月初六日，军机大臣奉旨：知道了。钦此。"见（清）陈兰彬：《奏为奉旨补授宗人府府丞谢恩折（光绪四年三月初三日 1878 年 4 月 5 日）》，《录副奏折》，中国第一历史档案馆藏，档案号：03－5128－025。

初四日，美国领事毕得阁[①]来见。

初五日，税务司德璀琳[②]来见，送美国赛珍会[③]影图十幅。

初六日，搭招商局“保大”轮船[④]南行。天津亢旱数月，是夜得雨一寸有余。

初七日，过烟台，风大，不克登岸。

初九日，到上海，住二摆渡广肇公所[⑤]。奏带各员陆续亦到。

初十日，江海关褚道兰生[⑥]来见，订约一月内拨交出洋经费。兰彬拟于十五夜搭船往金陵[⑦]，谒南洋大臣沈幼丹制军[⑧]。

---

① 美国领事毕得阁，即毕德格（William N. Pethick，？—1902），美国人，1872—1893 年曾任美国驻天津翻译、副领事，离职后任李鸿章的英文翻译。著有《*The struggle on the Peking wall*》（载于《*The Century*》Magazine，December，1900，Page308 – 312.）。

② 税务司德璀琳（Gustav von Detring，1842—1913），英籍德国人，1864 年来华，进中国海关任四等帮办，1877 年任天津海关税务司。

③ 美国赛珍会，即 1876 年美国为庆祝独立 100 周年，在宾夕法尼亚州费城（Philadelphia，Pennsylvania）举办世界博览会（The Centennial International Exhibition of 1876），会期为 1876 年 5 月 10 日至 11 月 10 日。中国第一次自派代表参加该会，并设有展区。驻美肄业局亦组织在美的留美幼童前往参观。

④ “保大”轮船，轮船招商局所属。光绪元年（1875）定造，次年八月抵沪运行，光绪十三年六月（1887 年 7 月），在山东威海成山头搁礁沉没。航线为“上海—烟台—天津”。

⑤ 广肇公所，又名广肇会馆，同治十一年（1872）由广州府和肇庆府同乡叶顾之、韦秀川、徐荣邨（润）、潘爵臣、唐景星（廷枢）、黄亮甫、吴子石等集资共建。

⑥ 江海关褚道兰生（？—1879），字心斋，浙江嘉兴人。同治年间以典史累擢知府，补用道保充总理衙门委员。光绪元年（1875）为上海洋务总局总办，旋任上海洋药捐局总办。光绪三年（1877）以候补知府署理苏松太道，次年兼任江南制造局总办。

⑦ 金陵，南京古时的别称。

⑧ 南洋大臣沈幼丹制军，即沈葆桢（1820—1879），字幼丹，又字翰宇，福建侯官人。光绪元年（1875）任两江总督兼南洋通商大臣。

是日午间，忽寒热大作，昏迷不省人事，医者连日投峻削疏导之剂，瘟邪外散，渐而头晕、目肿、耳鸣、舌麻、骽[①]酸、胁痛，并疝痢旧症俱发，畏见风日，夜复难寐。直至四月二十四五日，始克离病榻而出卧房。

在沪晤美国公使西华[②]，日国公使伊巴理[③]，美国领事士打儿[④]，日国领事嘉罅[⑤]，义国领事加拉意[⑥]，皆匆匆一面，不能多谈。

五月初一日[⑦]，偕随员搭招商局“富有”轮船前往香港。

初五日，到香港，寄寓“旧居安”栈，等候美国金山公司轮船。

初七日，往拜英国驻港总督燕尼士[⑧]。

---

① 骽，通“腿”。

② 美国公使西华（George Frederick Seward，1840—1910），1875 年 1 月 1 日至 1878 年 6 月 8 日任美国驻华公使。

③ 日国公使伊巴理（Don Carlos Antonio de Espanā），1877 年 11 月 19 日至 1879 年 3 月 8 日任日斯巴尼亚国驻华公使。

④ 美国领事士打儿，即井威立（Guilford Wiley Wells），1877 年 8 月至 1879 年 8 月任美国驻沪领事。

⑤ 日国领事嘉罅（Alberto de Garay），1874—1880 年任日斯巴尼亚国驻沪领事。

⑥ 义国领事加拉意，即意大利（Italy）领事棉拿里（Lorenzo Vignale），1869—1880 年任意大利驻沪领事。

⑦ 五月初一日，1878 年 6 月 1 日。

⑧ 英国驻港总督燕尼士，即第八任香港总督轩尼诗（Sir John Pope Hennessy，1834—1891）。出生于爱尔兰科克郡（Cork，Ireland）。毕业于爱尔兰女王大学（Queen's College，Cork）医科。1855 年到伦敦查灵十字医院（Charing Cross Hospital）继续学医。次年弃医从政，到枢密院办公室任职员，又到内殿律师学院，修读法律。在修读期间，当选为下议院议员。1867 年出任纳闽总督。1872—1873 年署理西非殖民地总督，管辖塞拉利昂、冈比亚、黄金海岸与拉哥斯四地。1873—1874 任巴哈马总督。1877—1882 年出任第八任香港总督。

初八日，往答拜英国驻港将军高路奔[1]及署辅政司布礼士[2]、署按察司士呶顿[3]、署副按察司罗雅阁[4]、华民政务司师篋[5]，美国驻港领事罗灵[6]、日国驻港领事多沙[7]、秘鲁驻港领事多马士偏[8]、法国驻港领事布鲁士[9]。

---

① 英国驻港将军高路奔（Sir Francis Colborne，1817—1895），1874—1878年任驻港英军司令（Commander British Forces）。

② 署辅政司布礼士，即普赖斯（John MacNeile Price），1878年4月4日—1878年9月16日署理香港辅政司（Colonial Secretary）。辅政司（Colonial Secretary Office），为香港总督首席副手，是行政局及立法局当然议员，统领布政司署和全体政府公务员，执行香港总督的指令，英国管治时期香港政府内拥有仅次于总督职权的职务。

③ 署按察司士呶顿（Francis Snowden），1878年代理香港按察司（Acting chief Justice）。按察司是明清时的省级司法和检察机关，香港英治时期的最高法院（Judicial Establishment Supreme Court）和大法官（Chief Justice）也译为按察司。

④ 署副按察司罗雅阁（Henry Lowcock，1837—1901），生于英国 Middlesex，在港经商，曾任香港立法会成员，亦曾署理副按察司。

⑤ 华民政务司师篋（Cecil Clementi Smith），1877—1878年代理香港华民政务司。华民政务司（Registrar General's office），1844年由第二任港督戴维斯（John Francis Davis）设立总登记官署，并设总登记官（Registrar General），负责统筹日常的人口登记工作。总登记官署并管辖所有华人组织。是港督直接沟通香港本地华人的主要渠道，负责协助港英政府评论华人舆论的倾向，为华人提供咨询，亦提供有关政府部门及华人居民之间关系的建议。1913年正式易名为华民政务司署（Secretariat for Chinese Affairs）。

⑥ 美国驻港领事罗灵（H. Selden Loring），1877—1878年代理美国驻港领事。

⑦ 日国驻港领事多沙（Eduardo Toda），1878年任日斯巴尼亚国驻港副领事（Vice-Consul）。

⑧ 秘鲁驻港领事多马士偏（Tobias Pim），1878年任秘鲁驻港副领事。

⑨ 法国驻港领事布鲁士（G. Boulouze），1877年任法国驻港副领事，1878年署理法国驻港领事。

是日，在辅政司署见传话筒[①]，该署距燕尼士避暑处约三里，以手摇筒旁铜拐起号，即对话筒问话毕，旋闻筒旁钟响，以耳向筒，一一回答。询其何以能然，据言电线能传字，即能传声，厥理甚明，而内中制度未得窥悉也。又言英国已有人做藏话箱[②]，数人分槅说话封之，数万里之远，百十年之久，揭封侧听，口吻宛然，于立约、遗嘱诸大端尤为有用，将来制作尽善，当必传布中华。

初十日，秘国驻华公使爱勒谟尔[③]由粤垣来拜，辩论同孚洋行代秘鲁招工事件。

十一日，回拜爱使[④]，送来所刻日文中秘和约[⑤]一本、秘鲁游记二本。

十三日，往粤城拜晤刘岘庄制府[⑥]、张友山中丞[⑦]、长乐

---

① 传话筒，即电话，1876 年由苏格兰裔美国人贝尔（Alexander Graham Bell，1847—1922）发明。

② 藏话箱，似指留声机，1877 年由美国人爱迪生（Thomas Alva Edison，1847—1931）发明。

③ 秘国驻华公使爱勒谟尔（Juan Federico Elmore），1873 年作为秘鲁驻华专使葛尔西耶（Aurelio Garcíay García，1836—1888）的参赞官来华。1875—1876 年和 1878—1879 年两度出任秘鲁驻华公使。1881—1882 年任秘鲁驻美公使。

④ 爱使，即秘鲁驻华公使爱勒谟尔（J. F. Elmore）。

⑤ 日文中秘和约，即中秘《会议专条》和《通商条约》，1874 年 6 月 26 日签订。“日文”为日斯巴尼亚文，即西班牙文，亦为秘鲁官方语言文字。

⑥ 刘岘庄制府，即刘坤一（1830—1902），字岘庄，湖南新宁人。光绪元年（1877）授两广总督。

⑦ 张友山中丞，即张兆栋（1821—1887），字伯隆，号友山，山东潍县人。道光二十五年（1845）进士，授刑部主事，累迁郎中。咸丰九年（1859）任陕西凤翔府知府，同治三年（1864）擢升四川按察使。次年调广东按察使。同治五年（1866）任安徽布政使。同治七年（1868）调江苏布政使，曾署理江苏巡抚。同治九年（1870）擢漕运总督。同治十一年（1872）任广东巡抚。光绪四年（1878）丁母忧。光绪八年（1882）署福建巡抚，次年实授。光绪十年（1884）因中法战争失败去职。著有《凤翔纪事诗存》《守岐公牍汇存》和《守岐汇记》等书。

初将军①、俊星东榷使②。

十七日，返香港，定美国公司“东京”轮船③舱位，其仆从川资，各员自行支发。至由通州、天津、上海到香港，同行随员火食则均由兰彬行装拨支。

二十一日，拜发奏报出洋日期，并续带随员各折片，由香港招商局④交“富有”轮船送上海文报局委员黄惠和⑤转递。

二十二日，巳刻，雨后，偕带随员、仆从共三十四人登舟。

---

① 长乐初将军，即长善（1829—1889），字乐初，号大盋庵主，他塔喇氏，满洲镶红旗人。道光二十年（1840）报捐员外郎。道光二十七年（1847）任盛京刑部员外郎。咸丰元年（1851）任京师户部员外郎，旋改二等侍卫在大门上行走。咸丰五年（1855）任云南参将。次年署抚标右营游击。咸丰十年（1860）升副将衔。次年在总理各国事务衙门行走。同治元年（1862）任本旗参领。次年任镶黄旗蒙古副都统。同治三年（1864）兼署正白旗蒙古副都统。又署理山海关副都统。同治七年（1868）任广州将军。光绪十一年（1885）任正蓝旗蒙古都统。次年任检搜大臣。光绪十四年（1888）任杭州将军。著有《芝隐室诗存》。其父裕泰官至陕甘总督。其兄长敬曾任四川绥定知府。其弟长叙官至户部右侍郎，长叙长女即光绪之瑾妃，次女即光绪之珍妃

② 俊星东榷使，即俊启（？—1885），字星东，满洲旗人，光绪初年任粤海关监督，官至总管内务府大臣。光绪九年（1883）免去内务府大臣且降三级。

③ 美国公司“东京”轮船，即美国太平洋邮船公司（1848—1949）的“东京”号轮船（The Pacific Mail Steamship Company's steamer City of Tokio）。

④ 同治十一年（1872），“轮船招商公局”在上海成立。次年五月，招商局在香港设分局，简称“香港招商局”。

⑤ 上海文报局委员黄惠和，生卒年不详，字咏清（泳清或泳卿），广东香山人。黄胜（又名达权，字平甫）之子。留学英国。曾任职于轮船招商局。时任总理出使各国收发文报委员。上海文报局，光绪二年（1876）总理衙门鉴于外事活动频繁，以往驿站传递公文的方式已远不能适应形势需要，成立专管传递驻外机构与国内来往公文业务的文报局，在上海设立南洋出使文报总局，在天津设立北洋文报总局，作为京沪转口的枢纽，并在北京设立京局。文报局自成系统，归属总理衙门，不负责传递国内各衙门间的公文及民间私人函件。

爱使往东洋递秘鲁国书，亦附舟同行。未刻，启轮出鲤鱼门[①]，针指东北艮寅方[②]。

二十三日，午正，到厦门海面，计行二百九十七迈[③]（每迈约三里三），经线偏东一百一十七度零四十九分，纬线偏北二十四度零六分。酉刻，望见台湾山岸。

二十四日，午正，计行三百三十四迈，经度偏东一百二十三度零五十七分，纬度偏北二十七度零六分。

二十五日，辰刻，遥见两小山对峙。据舟人说，山在琉球之北，由此至长崎，约须半日水程。是日午正，计行三百四十二迈，经度偏东一百二十九度零四十九分，纬度偏北二十九度零二十分。酉刻，北风，微雨。自香港开行，连日炎热，至此可穿夹衣。

二十六日，大雨。午正，计行三百五十七迈，经度偏东一百三十五度零十一分，纬度偏北三十三度零六分。

二十七日，巳刻，到横滨，由香港至此，共计一千六百二十迈。因该船候货未行，我正理事官范锡朋[④]率其翻译官张宗

---

① 鲤鱼门，香港维多利亚港东面出口，分隔香港岛东部及九龙半岛东部。

② 艮寅方，指东北方向。

③ 迈，英里（mile）。

④ 范锡朋（1823—1896），号如蕉（椒），广东大埔人。其父秉元曾任广济知县。补禀生，捐附同知。光绪四年至八年（1878—1882）随何如璋出使日本，任驻横滨兼筑地正理事。任满回国擢知府，留福建补用，加三品衔，委派船政局总稽查。光绪十七年（1891）署理漳州知府，委充税厘总局总办。

良[①]、随员吴广霈[②]来迎，即同登岸，借寓中华会馆（理事官衙门即在左侧）。旋偕翻译官陈善言[③]，往拜日国公使亚华理士[④]、美国总领事云布连[⑤]。

① 张宗良，生卒年不详，字芝轩，广东南海人。少时就读于香港保罗书院。同治九年至十一年（1870—1872）任《香港近事编录》主笔。同治十一年（1872）与胡礼垣、黄咏清等参加香港华民政务司署招录华人书吏考试，名列第一。光绪三年至六年（1877—1880）随何如璋出使日本，任驻神户领事馆西文翻译。光绪八年（1882）1月1日至3月25日随黎庶昌出使日本，任神户理事馆翻译，未几赴美国。曾与王韬合译《普法战纪》，著有《驭外刍言》。

② 吴广霈（1855—1919），字瀚涛（汉涛），别号老剑、杏时、剑华、剑华道人、剑叟，晚号梅阳山人，安徽泾县人。同治五年（1866）在南京捐局报捐监生。光绪三年至八年（1877—1882）随何如璋出使日本，任神户理事馆随员。光绪八年至十一年（1882—1885）随郑藻如出使美、日、秘国，任驻秘鲁国使馆随员。光绪二十五至二十七年（1899—1901）任驻汉城总领事。光绪三十二年（1906）任南京高等学堂监督。民国立，任清史馆协修。著有《劫后吟》《石鼓文考证》《天下大势通论》《剑华堂救世要策万言书》和《南行日记》等，曾参与郑观应《盛世危言》修订并题跋。

③ 陈善言（1846—1905），又名陈贤（言），字善言、慎于，号蔼亭（霭庭、蔼廷、霭廷），英文名 Chun Ayin，广东新会人。咸丰六年（1856）到香港，曾任香港巡理府秘书。同治十年（1871）就职于《德臣西报》（*The China Mail*），并与王韬等创办《中外新闻七日报》。次年，参与创办《华字日报》。同治十三年（1874）因《华字日报》泄密，被通缉，改名“陈善言”。光绪三年（1877）由陈兰彬奏调为出使美、日、秘三国大臣随员。次年随陈兰彬赴美。光绪五年（1879）任驻古巴领事，派驻马丹萨（Mataaaas）（今译“马坦萨斯”）。光绪八年（1882）郑藻如任出使美、日、秘国大臣，继续任命其为古巴领事。光绪十二年（1886）升古巴总领事。光绪十五年（1889）任满回国。光绪十八年（1892）任开平矿务局会办。光绪三十年（1904）任淞沪铁路总办和沪宁铁路督办。

④ 日国公使亚华理士（Don Mariano Alvares），1878 年署理西班牙驻日本公使。

⑤ 美国总领事云布连（T. B. Van Buren），时任美国驻横滨领事。

二十八日，我驻日本何正使如璋、张副使斯桂①、黄参赞遵宪②，并随员沈文荧③等陆续来见。询悉横滨埠约有中华人三千余，神户约数百人，长崎约千人。

二十九日，招商分局董事罗阆卿邀游伊势山、红毛冈，二

---

① 张副使斯桂（1817—1888），字鲁生，号景颜，浙江慈溪人。道光三十年（1850）从美国传教士丁韪良学习英语。咸丰五年（1855）任“宝顺”轮船船长，授同知衔候补知县。同治二年（1863）入曾国藩幕，主持创办安庆火药局和安庆内军械所。次年湘军攻占南京后，离职回乡经商。同治十年（1871）入沈葆桢幕，受命仿造水雷和电讯，参与创办福建船政局，并前往湖北勘探广济煤矿。同治十三年（1874）年随沈葆桢巡台。光绪三年（1877）任出使日本国副使。光绪八年（1882）任满回国，任直隶广平府知府。光绪十四年（1888）卒于任。曾为《万国公法》作序，著有《使东诗录》《使东采风集》等。

② 黄参赞遵宪（1848—1905），字公度，号人境庐主人、东海公、观日道人等，广东嘉应人。光绪二年（1876）顺天府举人。光绪三年（1877）随何如璋出使日本，任参赞。光绪八年（1882）任满，随郑藻如出使美、日、秘，任旧金山总领事。光绪十一年（1885）丁母忧回国。光绪十五年（1889）由出使英、法、义、比国大臣薛福成奏调为驻英二等参赞。次年赴英履任。光绪十七年（1891）任新加坡总领事。光绪二十年（1894）任满回国，任江宁洋务局总办。次年参与上海强学会，与梁启超、谭嗣同等人创办《时务报》。光绪二十三年（1897）任湖南长宝盐法道，兼署湖南按察使。光绪二十四年（1898）任出使日本国大臣，未上任因维新变法失败而放归。著有《日本杂事诗》《日本国志》和《人境庐诗草》等。

③ 随员沈文荧（1838—1885），字心灿，号敬轩，又号梅史，别号瘦腰生，浙江姚江人。咸丰二年（1852）壬子科副贡。咸丰九年（1859）己未科举人。同治元年（1862）召集乡人抗击太平军。同治四年（1865）赴西北，入陕西提督、督办甘肃军务雷正绾幕，以军功获保举，赏戴花翎，授直隶州知州。光绪三年（1877）随何如璋出使日本，任随员。光绪五年（1879）丁忧回国。光绪十一年（1885）任陕西商州知州，旋病故。著有《眠琴榭词钞》《学乐录》《春萍馆诗文钞》《磨盾草》《栈车草》《塞垣日记》《西北行程记》《东槎诗文》《东瀛日记》《西旆录》等。

山最高，登巅一望，全埠在目。伊势山旧有行宫①一座，前十余年遭乱被焚，现改佛寺。其前皇于行宫为匪人行刺，时有弁目柏屋村盛武者，鹿儿岛县人，救皇死难，命葬此山，以旌其忠，坟茔上有石碑一座，字极雄古。又有维新碑一座，记该埠通商始末。离此百余步，有八阵图，种树为之，内有将台，外分四层，每层开四门，不晓路径者辄走闭路，不能到其将台，亦不能出阵外。

六月初一日，酉刻，有日国公使送到伊巴理一函，系询何时可到日国。返船匆匆，未及复信，当告以到美国后，俟有定期即知会日国驻美公使转致日国，请其将此意先代答复。回船后，见美国驻华公使西华及其眷属咸在。

初二日，未刻，自横滨开行，针指甲卯方。

初三日，午刻，计行二百五十四迈，经度偏北一百四十三度零四十分，纬度三十六度零二十六分。

初四日，午正，计行二百九十六迈，经度一百四十九度零一十分，纬度三十八度零四十四分。此后俱走艮寅方。

初五日，午正，计行三百一十迈，经度一百五十五度零四分，纬度四十度零五十分。是日为美国开国庆日②，船中书楼客厅插小旗数十面，有以绸为之者，有以纸为之者（系中国、英国、法国、俄国、德国、日本国、美国旗式，大抵船有其国人，即有其旗号也）。

初六日，午正，计行三百二十迈，经度一百六十二度零二

① 伊势山旧有行宫，即伊势山皇大神宫，位于横滨市西区，供奉“天照大神”，又称为“関東のお伊勢さん”（关东的伊势神），伊势神是横滨的总守护神。1870 年始建，1923 年关东大地震时倒塌，1928 年重建。

② 美国开国庆日，即美国独立日（US Independence Day），1776 年 7 月 4 日，《独立宣言》发表，标志着美国的诞生，从此定每年的 7 月 4 日为美国的庆祝日。

分，纬度四十二度零。

初七日，午正，计行三百二十五迈，经度一百六十九度零一十八分，纬度四十二度零二十三分。是晚九点钟，兰彬与同人在船上闲谈，忽尔停车。询之始悉大车心之机器因浇油不足，轴几蚀断，停轮修理，改驶风帆。

初八日，顺风，正午，计行一百九十八迈，经线一百七十三度零四十四分，纬度四十二度零三分。

初九日，午正，计行一百七十七迈，经线一百七十七度零四十二分，纬线四十二度零十分。

初十日，正午，计行一百四十一迈，经度一百七十九度零十分，纬度四十一度零五十分。西人于是日仍以为初九，据称自中国至此见日渐快（是处与中国日出差四点钟），必于此重一日，到金山时方无参差。而经线至此已足一百八十度，过此又渐次缩短，亦见偏西矣。

十一日至二十一日，共计行九百六十二迈，经线一百五十八度零二十分，纬线四十三度零六分。机器始行修复，拆前车所谓“鸡比”[①] 者以修后车，原用四汽盘，今止用三汽盘，于下午八点钟启轮。

二十二日，午正，计行八十六迈，经线一百五十四度零三十四分，纬度四十三度零一十三分。

二十三日，午正，计行二百六十四迈，经线一百四十八度零十四分，纬线四十二度零五十八分。

二十四日，午正，计行二百六十七迈，经线一百四十八度零十六分，纬线四十二度零一十八分。

二十五日，午正，计行二百六十六迈，经线一百三十九度零二十分，纬线四十一度零二十八分。

---

① 鸡比，即轮船发动机的齿轮传动承轴（gear bearing）。

二十六日，午正，计行二百七十迈。是晚八点钟，已隐隐望见金山，因大雾迷漫不便进口。船主摩利，旧曾任水师提督者，待同行诸人情意均厚，因用小红旗书“和衷共济”四字赠之。船上执事，凡洋人十七人，华人六十余人。

二十七日，早六点钟，入口见有炮台三座。其一在埠之北，名曰“哑儿加他拉士”[①]，离水高一百四十尺，为此口咽喉之地，土人以重兵巨炮守之。一在海之中，名曰“哥尽结地”（译言金门[②]），亦入口当冲之处，闻南北开仗时，此炮台不甚得力，故不甚措意。由此南望约十六里半，有一海岛名曰“霍潘地”[③]（译言炮台嘴也），建炮台于上，虽为西边海疆扼要，而仍不若“哑儿加他拉士”之雄壮也。金山之对面，有一埠名曰“屋仑”[④]，民居铺户甚多。

过“屋仑”始到金山正埠，时已九点钟矣。有三邑会馆司事梁楠到，说六会馆商董俱已预备马车亲来迎接，请为稍候。十一点钟，该商董百余人亲到船上，内衣顶袍褂者十余人，余俱长衫短褂，在码头上排班拱候。是日，中外士女观者如堵，并有由数百里搭火车而来瞻望汉官威仪者。

---

① 哑儿加他拉士，即阿尔卡特拉斯岛（Alcatraz Island），俗称恶魔岛（The Rock），位于美国加州旧金山湾内。早期岛上建有灯塔，是 军事要塞，后来改建为监狱，设有恶魔岛联邦监狱，于1963年废止，现为旧金山湾著名观光景点。

② 哥尽结地，即金门（Golden Gate）。

③ 霍潘地，即角堡（Fort Point）。

④ 屋仑，即奥克兰（Oakland），位于美国西海岸加利福尼亚州，金门海峡的东南端，圣弗朗西斯科湾口的东岸，隔湾与旧金山相望，是美国西海岸加利福尼亚州的第四大城市，也是全美第六大都市区“旧金山—奥克兰”地区的心脏。

登岸见华人会馆酒店已挂中国龙旗。赁寓在满金茉莉街九层楼宫殿酒店①（亦竖中国龙旗②）。是埠有洋商大酒店六间，此又六间中之最华丽者。闻房屋器用值六百万圆，地毡足铺五顷，庭院设新制电气灯四盏，白光如月，芒焰远映，胜煤气灯，且工费所省倍蓰，他日行用，谅必广矣。

是处天气和平，周年小雨而多雾，以寒暑针计之，至冷不过四十四度，至热不过六十四度。地在经线偏西一百二十二度零二十七分，纬线偏北三十七度零四十八分，日出较之广东差八点零钟。

其街道宽阔，形如棋盘，而以街市街为适中之地，生意之大尤在东边。各街俱有长行街车，可坐十数人，略同泛湖小艇，而往来迅捷。又有机汽车，不用人力、马力，转动消息，自能行走。迤北地势稍高，清泉颇少，所饮之水俱由远山引来。其出产以水银、面粉为大宗，其余海味、药材亦多运出口。盖邦国大势，总以出口货多为兴旺，少为衰弱，此埠殆蒸蒸日上云。

---

① 满金茉莉街九层楼宫殿酒店，即皇宫酒店（Palace Hotel），位于美国加州旧金山市新蒙哥马利街（New Montgomery，San Francisco，California），1875年10月2日营业，至今犹存。满金茉莉街，即新蒙哥马利街（New Montgomery Street）。

② 晚清政府以“龙旗”为国旗，鸦片战争后因来华各国船增多且皆有国旗，中国水师独无。1862年10月17日，经总理各国事务衙门奏准以后，各师船均竖立三角黄色龙旗，示为中国官船，22日总理衙门将此照会英、法、俄、美四国。1889年5月26日出使美国大臣张荫桓奏请定长方形黄色龙旗为国旗。旗面黄色为满族的代表色，旗上的龙则象征皇帝。

二十八、九两日，美绅哥路颠尼、那域、沙伦、傅列秘[①]、按察司非儿[②]，日本领事因那机亚[③]，英国领事卜嘉[④]，乃嘉拉娇

① 傅列秘（Frederick Alonzo Bee，1825—1892），出生于美国纽约州奥奈达郡克林顿市（Clinton，Oneida County，New York）。1855 年到美国加州经商。1858 年成立电报公司。1865 年参与美国西部铁路建设。1870 年代理纽约到旧金山的航运。1871 年创办中波利尼西亚土地和商业公司（Central Polynesia Land and Commercial Company）。1873 年该公司破产。1874 年参与创办萨摩亚商业和土地公司（Samoan Commercial and Land Company），1876 年该公司破产。1874 年任奥林匹亚铁路和煤矿公司经理（Olympia Railroad and Coal Mining Company）。1876 年作为旧金山六大会馆的律师和代表，出席美国国会两院联合调查小组委员会有关华工问题的听证会。1877 年参加华工移民问题听证会。1878 年由陈兰彬任为驻旧金山领事官。1882 年由郑藻如任为旧金山领事官。1886 年由张荫桓任为旧金山领事官。1890 年由崔国因任为旧金山领事官。1892 年 5 月 26 日卒于任。

② 按察司非儿，即加州高等法院首席大法官菲尔德（Stephen Johnson Field，1816—1899），生于美国康州哈达姆（Haddam，Connecticut），1837 年毕业于麻省威廉姆斯学院（Williams College，Williamstown，Massachusetts），1848 年到加州。1857 年任职于加州高等法院。1859—1863 年成为加州第五任首席大法官。1863—1897 年担任美国最高法院法官。

③ 日本领事因那机亚，即柳谷谦太郎（Kentaro Yanagiya，1847—1923），原名柳屋美浦松。生于日本长崎。原为中尾寿八郎次子，1860 年入继柳屋，其后改柳屋为柳谷，以后子女皆以此姓。1865 年入长崎济美馆学习英语。1869 年任长崎英语通弁役。1870 年任日本外务省权大录。1871 年赴美国留学。1874 年任横滨税关长。1874 年任日本驻美使馆监察长（Head Inspector）。1876 年首任日本驻旧金山领事。1883 年任满回国，任外务省书记官。1889—1890 年任出使巴黎博览会高级专员（Commissioner-General）。1890—1893 年任农商务省书记官、参事官。1893—1903 年任农商务省特许局长。1907 年任万岁生命保险会社重役（董事）。

④ 英国领事卜嘉（William Lane Booker，1824—1905），出生于英国，1844—1848 年曾游历亚洲、南欧和北美。1849 年到达美国加州。1851 年任英国驻加州领事馆秘书。1856 年代理领事。1857 年任英国驻加州领事。1871 年领事馆扩大到俄勒冈州和华盛顿州，总部仍在旧金山。1883 年任纽约州、特拉华州、新泽西州、罗德岛州和康涅狄格州总领事（总部设在纽约市），其后领事馆扩大到科罗拉多州、堪萨斯州、内布拉斯加州、达科他州、怀俄明州和犹他州。1894 年任满回国。

亚领事非理揀[①]，墨西哥领事布列策[②]，士威顿领事巴知臣[③]，秘鲁领事苏必辣[④]，俄国领事威列士奇[⑤]，前任使中国公使镂斐迪[⑥]，现任使中国公使西华[⑦]，镇守加科尼亚地方将军墨兜华[⑧]，

① 乃嘉拉娇亚，即尼加拉瓜（Nicaragua），位于中美洲，北邻洪都拉斯，南边是哥斯达黎加，东临加勒比海，西面太平洋。1524 年沦为西班牙殖民地。1821 年 9 月 15 日独立。乃嘉拉娇亚领事非理揀（Francisco Herrera），约 1878—1887 年任尼加拉瓜驻旧金山领事。

② 墨西哥领事布列策（Miguel George Pritchard），1878—1879 年任墨西哥驻旧金山领事。

③ 士威顿，即瑞典（Sweden）。士威顿领事巴知臣（Augustus Berggren），时任瑞典和挪威驻旧金山领事（Sweden and Norway Consul）。

④ 秘鲁领事苏必辣（Frederico de la Fuentey Subirat，？—1895），约 1872—1883 年任秘鲁驻旧金山领事。

⑤ 俄国领事威列士奇（M. Vladimir de Weletsky），时任俄国驻旧金山领事。

⑥ 前任使中国公使镂斐迪（Frederick Ferdinand Low，1828—1894），出生于美国缅因州法兰克福（Frankfort，Maine）。1849 年前往加州淘金获利后经商。1854—1861 年从事银行业。1862—1863 年当选美国众议院议员。1863—1867 年当选第二任美国加州州长。1869—1873 年担任美国驻华公使。1874 年回旧金山，任英加银行经理（the Manager of Anglo-California Bank）。1884 年任旧金山结算协会主席（president of the San Francisco Clearing House Association）。

⑦ 现任使中国公使西华（George Frederick Seward，1840—1910），出生于美国纽约州佛罗里达（Florida，New York），毕业于联合学院（Union College）。1861 年任美国驻沪领事。1863 年任美国驻沪总领事。1875—1876 年署理美国驻华公使，1876—1880 年任美国驻华公使。

⑧ 加科尼亚，即美国加利福尼亚州（California）。1850 年成为美国第 31 州。镇守加科尼亚地方将军墨兜华，即麦克道尔（Irvin McDowell，1818—1885），生于美国俄亥俄州哥伦布（Franklinton，Ohio）。曾留学法国特鲁瓦学院（College de Troyes in France）。1838 年毕业于美国军事学院（United States Military Academy）。1856 年升少校军衔。1861 年升准将。1864 年任美军太平洋总部司令官（Commander of the Department of the Pacific）。1865—1868 年任美军加州总部司令官（Commander the Department of California ）。1868—1872 年任美军东部总部司令官（Commander the Department of the East）。1872 年升陆军少将（Major-General）。1876 年任美军南方军团司令（Commander of the Military Division of the South）。1882 年退役。

水师提督律遮士[①]，及华商等陆续来拜。

查旧金山地属美之加科尼亚邦，洋语呼该埠曰“珊瑚兰昔士哥”[②]，开自一千八百四十七、八年，即道光二十八、九年。时地宝初呈，挖金、垦种易于谋生，各国流民闻风趋赴，蚁聚蜂屯。其地又为华、美往来轮船孔道，故不数十年间，屹成巨镇。

华民之来，始犹不多，且半系由别岛转徙至此，间有采金得资者，构布棚做小买卖。自立约通商后，来者始众，今计华民在美共十四五万，散处各邦乡市，如：曰“沙利坚”[③]、曰“尼华大”[④]、曰“纽约”[⑤]、曰“衣打贺”[⑥]、曰“满单拏”[⑦]、曰“乌大”[⑧]、曰

---

① 水师提督律遮士（Robert F. R. Lewis，1826—1881），生于美国华盛顿特区（Washington，D. C. ），1841 年加入美国海军，参加美国多次海外征战。1869—1881 年在美国海军太平洋舰队任指挥官。1878 年升任队长（Captain ）。1881 年卒于任上。

② 珊瑚兰昔士哥，即圣弗朗西斯科（San Francisco），俗称“旧金山”或“三藩市”。1776 年西班牙人建市，1821 年归墨西哥，1848 年属美国。19 世纪中叶美国西部淘金热时期，华侨称之为“金山”，后为区别于澳大利亚墨尔本，改称“旧金山”。

③ 沙利坚，即南卡罗来纳州（South Carolina），位于美国东南部。1788 年成为美国第 8 州，为美国立国 13 州之一。1860 年 12 月 20 日退出联邦政府。1868 年又重归联邦。

④ 尼华大，即内华达州（Nevada），位于美国西南部。1861 年 3 月 2 日脱离犹他领地。1864 年 10 月 31 日成为美国第 36 州。

⑤ 纽约，即纽约州（New York），位于美国东北部。1788 年成为美国第 11 州，为美国立国 13 州之一。

⑥ 衣打贺，今译即美国爱达荷州（Idaho），位于美国西北部。1890 年 7 月 3 日成为美国第 43 州。

⑦ 满单拏，即蒙大拿州（Montana），位于美国西北部。1809 年开始殖民。1889 年 11 月 8 日成为美国第 41 州。

⑧ 乌大，即犹他州（Utah），位于美国西部。1896 年 1 月 4 日成为美国第 45 州。

"宾夕温尼"[①]、曰"鲁西安纳"[②]、曰"麻沙朱色士"[③]、曰"纽折而西"[④]、曰"田纳西"[⑤]、曰"诗加古"[⑥]、曰"线华娜"[⑦]、曰"新蕾"[⑧]、曰"砵仑"[⑨] 等埠，或数百，或三五千，或万余不等，而皆以金山为出入总口。

初设会馆一所[⑩]，继分六所。凡火船由华到埠，各着董事一

---

① 宾夕温尼，即宾夕法尼亚州（Pennsylvania），位于美国东部，为美国立国13州之一。

② 鲁西安纳，即路易斯安那州（Louisiana），位于美国中南部。1812年4月30日成为美国第18州。

③ 麻沙朱色士，即马萨诸塞州（Massachusetts），通常简称"麻州"或"麻省"，位于美国东北部。1788年加入美国，为美国立国13州之一。

④ 纽折而西，即新泽西州（New Jersey），位于美国东北部，为美国立国13州之一。

⑤ 田纳西（Tennessee），位于美国南部。1796年成为美国第16州。

⑥ 诗加古，即芝加哥（Chicago），位于美国中西部，属伊利诺伊州（Illinois），东临密歇根湖。1833年建市。

⑦ 线华娜，即萨凡纳（Savannah），是美国大西洋岸港口城市，位于佐治亚州（Georgia）东南部，萨凡纳河口。1733年建市。

⑧ 新蕾，即塞勒姆（Salem），美国马萨诸塞州塞勒姆湾上的工业城市，也是新英格兰最古老的海港之一。1630年初建，1836年建市。

⑨ 砵仑，即波特兰（Portland），是美国俄亥俄州（Oregon）最大的城市。

⑩ 初设会馆一所，即"中华公所"。1849年12月，旅居旧金山的广州府各邑华侨在沙加缅度街（Sacramento Street）购房组建"中华公所"，聘请律师办理加州华侨事宜。1850年"三邑会馆"成立。1851年，"四邑会馆"成立。1852年，"阳和会馆"和"协吉会馆"先后成立。1853年四大会馆联合成立"中华会馆"。1854年，"宁阳会馆"从"四邑会馆"分出。1856年，"协吉会馆"改名"人和会馆"。1862年，"合和会馆"从"四邑会馆"分出，"四邑会馆"改名"冈州会馆"，六大会馆注册为Chinese Six Companies，对外称"六大公司"，对内称"中华会馆"。1876年，大部分开平和恩平侨民从"合和会馆"分出，另立"肇庆会馆"，形成七大会馆。1878年，七大会馆联合组成"中华总会馆"。1898年，恩平和开平侨民馆从"合和会馆"分出，另立"恩开会馆"，形成八大会馆。1909年，"肇庆会馆"和"恩开会馆"合为"肇庆会馆"，恢复为七大会馆，并延续至今。馆址初设于襟美慎街（Commercial Street）738号，1906年旧金山大地震馆址被毁，1908年迁至市德顿街（Stockton Street）843号重建。

人到船照料。盖恐华人初到，人地生疏，不谙该处禁例。或欲归故里，亦须先到会馆报知，查明有无债负，给予“出口纸”，始能搭船。其六会馆，一曰“三邑”①，系南海、番禺、顺德、三水、清远、花县等县所设，商民约一万二千。一曰“阳和”②，系香山③、东莞、增城、博罗等县所设，商民约一万二三千。一曰“冈州”④，系新会、四会、鹤山等县所设，商民约一万五六

① 三邑会馆（Sam Yup Benevolent Association），成立于1850年，由南海、番禺、顺德等三邑侨民组成。1862年，花县、三水、清远、高要、高明、四会等六邑侨民加入。1901年，三水、清远、高要、高明、四会等五邑侨民退出。会馆设董事局，配主席、书记、司库等职，由南番顺三邑轮任。馆址初设于企李街（Clay Street）与跑华街（Powell Street）交叉处，1862年迁入都板街（Dupont Street）823—829号，又曾迁往同街的929号，1906年旧金山大地震馆址被毁，暂借屋仑委士打街（Webster Street, Oakland）953号，1907年原址重建，地址改为都板街（Grant Avenue）835号。1975年出版了《旅美三邑总会馆简史：1850—1974》。2000年出版了《旅美三邑总会馆史略（1850—2000）》。

② 阳和会馆（Yeong Wo Benevolent Association），成立于1852年，由香山、东莞、增城、新安等四邑侨民组成，其后博罗侨民加入。会馆分喜善、积善、同善、德善、归善、敦善、集善、良善、宝安、义安、乐善、博善等12个善堂，主席与通事由善堂轮值选出充当，两年一任。馆址初设于电报山（Telegraph Hill）西南麓的夭寅街（Union Street），1868年迁入沙加缅度街（Sacramento）746号，1906年旧金山大地震馆址被毁，会馆临时迁往屋仑（Oakland），又暂借天后庙街49号，并在沙加缅度746号重建会馆，1909年迁回新馆。

③ 香山，旧县名，包括今中山、珠海、澳门等区域。

④ 冈州会馆（Kong Chow Benevolent Association），成立于1850年，初名“四邑会馆”，由新会、新宁、开平、恩平等四邑侨民组成，鹤山侨民亦附入。馆址原在企李街820号。1854年宁阳侨民（不含余姓）另立“宁阳会馆”，1862年宁阳余姓和恩平、开平侨民另立“合和会馆”后，剩下新会和鹤山两邑侨民，于1867年改名“冈州会馆”。馆址初设于都板街（Dupont Street）514号，1906年旧金山大地震古庙被毁，1909重建，1969年馆址售出，1975年重建于市德顿街（Stockton Street）855号。

千。一曰“宁阳”①，系新宁②一县所设，商民七万余。一曰“合和”③，系新宁余氏一姓，合恩平、开平两县所设，商民约四万。一曰“人和”④，系新安⑤、归善⑥、嘉应⑦等州县所设，商

---

① 宁阳会馆（Ning Yung Benevolent Association），起源于1850年成立的“四邑会馆”，1854年从“四邑会馆”分出，主要为宁阳（台山）侨民，不含余姓。馆址初设于天后庙街（Waverly Place）25号，1906年旧金山大地震馆址被毁，1907年原地重建，门牌号码改为41号。1928年改名“驻美台山宁阳总会馆”。刘伯骥著有《驻美台山宁阳总会馆事略》。

② 新宁，旧县名，今广东台山。明弘治十二年（1499）始建，1914年改名台山。

③ 合和会馆（Hop Wo Benevolent Association），起源于1850年成立的“四邑会馆”，1862年从“四邑会馆”分出，主要为新宁（即台山）之余姓侨民，与开平邓、胡、谢、朱、潘、利、区姓侨民和恩平之郑姓等侨民，以及龚、邱、劳、孔、聂，郭、范、苏、李、黄、伍、谭、白等诸姓侨民。1876年大部分开平和恩平侨民从“合和会馆”分出，另立“肇庆会馆”。1898年恩平和开平侨民从“合和会馆”分出，另立“恩开会馆”。馆址初设于企李街（Clay Street）751号［一说为商业街（Commercial Street）707号］，其后迁入市德顿街（Stockton Street）913号（一说大地震后迁入），1906年旧金山大地震馆址被毁，1908年原址重建。2010年出版了《合和总会馆一百五十年简史》。

④ 人和会馆（Yan Wo Benevolent Association），成立于1852年，初名“协吉会馆”，1856年改名“人和会馆”。由新安、归善、嘉应、赤溪等四邑客家侨民组成。馆址设于都板街（Dupont Street）945号，1906年旧金山大地震馆址被毁，1908年原地重建。

⑤ 新安，旧县名，辖地包括今天的深圳市及香港区域。东晋咸和六年（331）设宝安县，唐肃宗至德二年（757）改名为东莞。明朝万历时置扩建东莞守御千户基地，分东莞县置新安县。1913年复称宝安县。

⑥ 归善，旧县名。南朝陈祯明三年（589）置，治所在今广东惠阳东北，五代南汉移今惠阳。1911年改名惠阳。

⑦ 嘉应，古代行政地名，现为广东梅州大部分地区。清雍正十一年（1733），程乡升格为直隶嘉应州，统领兴宁、长乐、平远、镇平4县加上本属的程乡县称“嘉应五属”，直属广东省辖。嘉庆十二年（1807）升嘉应州为嘉应府。嘉庆十七年（1812）复为嘉应州，仍领兴宁、长乐、平远、镇平四县。宣统三年（1911），嘉应州复名梅州。1914年废州府制，梅州改名梅县。

民约数千。或佣工，或垦地，分投谋食。在金山本埠者，统计三万余人，有赀本作贸易者不过数千，其铺户俱设于都板街[①]、沙加免杜街[②]、积顺街[③]一带，土人呼为“唐人街”。其实，铺皆租赁，非华人置造也。六会馆之外，又有“昭一”公所[④]，则商人捐设，凡事关商务，集此妥议，意见皆合，然后施行。近日，“合和”会馆因余姓人多，又议分设一馆，亦将举办矣。

各国流寓，虽言语、嗜好与华人殊，尚无不协。公正殷实绅商并喜用华人，惟埃利士[⑤]工人会党肆意欺凌，其人由英之阿尔兰岛[⑥]源源而来，入美国籍，且得与于举官之列。从前诸务草创，市肆、街衢、器局、船厂，凡百需人，又周回数万里兴造火车铁路，各食其力，群可相安。自矿金渐竭，轮路告成。羁寄日多，工值日减，遂蓄志把持，妒工肆虐。而各国人皆有领事保护，兵船游巡，不敢逞志，故专向华人。始犹殴辱寻仇，近且扰及寓庐，潜行焚掠。始犹华佣被虐，近且逼勒雇主不准容留。而又设誓联盟，敛赀谣煽，欲使通国附和，尽逐华人而后已。其党魁复声气广通，诡谋百出。现在该处未结之案约数百起，监押者数百人。而所设新法，如住房之立方、天气，寄

---

① 都板街（Dupont Street），为旧金山唐人街一部分，现为格兰特大街（Grant Avenue）。

② 沙加免杜街，即沙加缅度街（Sacramento Street），今犹在，为旧金山唐人街一部分。

③ 积顺街（Jackson Street），今犹在，为旧金山唐人街一部分。

④ “昭一”公所，大约成立于同治末年或光绪初年，初期接纳所有侨商，后为南海、番禺、顺德三邑侨商和一部分香山、新会两邑侨商所垄断，1895 年新宁、恩平、开平、新会四邑侨商另立客商会馆，1908 年两公所合并，组成“金山华商总会”。1909 年改名“中华商务总会”。1917 年改名“旧金山中华总商会”。1924 年馆址迁入沙加缅度街（Sacramento Street）730 号。

⑤ 埃利士，即爱尔兰人（Irish）。

⑥ 阿而兰岛，即爱尔兰岛（Ireland）。

葬之不得迁运，告状之不许华人作证，及割辫、罚保等例，均于华人不便。忆甲戌[①]回华，路经此间，停辖数日，曾不料转瞬变局至于此极也。

初一日[②]，镂斐迪带矿师名“阿那希”来见，此系天津信来托伊觅雇者。据称候纽约寄到探矿机器、书籍等件，半月后即可前往中国。

初二日，陆路将军墨兜华、水师提督律遮士偕游“哥尽结地”炮台[③]。初到炮台时，该将弁照西例响炮以迎。炮台在峭壁之上，路径屈曲上达，各炮不安于墙垣炮眼而排临水土埂，约每丈炮一位，俱有炮车。此地三面皆海，坐小火船前往，约十数微厘[④]可到。律提督又引观陆路兵房。旋回至其府第。午饮后，出各种茶，照中国法烹饮。

初三日，偕翻译官薛树煇前往答拜各洋员。

初四日，前往拜谢各绅董。到各会馆，见铺陈均用华式。缘会馆定章，如不遵我〇朝正朔而改易洋装者，册不列名，有事投诉，会馆亦不理。昔苏子卿[⑤]颠连海上而手握汉节，钟仪[⑥]羁囚军府而乐操土风，史亟称之。小民糊口异域能不忘本，亦足嘉矣。询问各会馆有无存款，据称皆甚有限，各会馆别无抽

---

① 甲戌，即同治十三年（1874）。

② 初一日，农历七月初一日（1878年7月30日）。

③ “哥尽结地”炮台，即金门（Golden Gate）炮台。

④ 微厘，即分钟（minute）。

⑤ 苏子卿，即苏武（前140—前60），字子卿，陕西杜陵人。西汉武帝天汉元年（前100）奉命以中郎将出使匈奴，被扣留十九年，押到北海（今贝加尔湖）牧羊。始元六年（前81）获释回汉。

⑥ 钟仪，春秋时楚人。楚郑两国交战时，郑国俘虏钟仪，献给晋国。两年后，即楚共王九年（前582），晋景公见钟仪不忘本，就放其归楚。钟仪向共王转达了晋楚交好的意愿，并建议两国罢战休兵。楚共王采纳了钟仪的意见，与晋国重归于好。钟仪不忘本的故事见《左传·成公九年》记载。

项，只华人回国时酌量抽捐，多寡亦无额。而年中医理贫病、棺敛死亡，及初来之无靠、欲归之无赀，均须量为佽助。近为埃利士人所谓“渴林党”[①] 者，寻衅滋扰，须延请状师，点缀衙门，费益不少。询土人相待若何，则称本土绅商尚无别意，但彼党张甚，土人亦不肯惹事，其真心卫顾、始终不懈者，惟傅列秘、集臣[②]、卜尼士[③]等数人。凡遇华人有事，辄肯挺身到官，

① 渴林党，即卡尼（Dennis Kearney，1847—1907），出生于爱尔兰科克郡奥克蒙特（Oakmount，County Cork，Ireland）。1868 年到美国。1870 年定居旧金山，从事运输业，并入美国籍。1877 年，担任一个组织松散的劳工协会的秘书。该协会在美国排华热潮下，迅速成为排斥华工为主的加州工人党（Workingmen's Party of California）。其因煽动暴力排华活动，屡次被捕。1879 年美国加州通过排华法案，以及 1882 年美国国会通过排华法案后，加州工人党解散，卡尼也逐渐从公众视野淡出。

② 集臣，即基顺（Otis Gibson，1826—1889），出生于美国纽约州莫伊拉（Moira，New York）。1845 年加入卫理公会教会（Methodist Episcopal Church），1854 年毕业于迪金森学院（Dickinson College）。1855 年携妻前往中国福州传教。1865 年携妻回到家乡莫伊拉。1868 年到加州旧金山向华人传教，并反对排华。1870 年与其妻创立了太平洋沿岸妇女传教协会（the Women's Missionary Society of the Pacific Coast）。著有《*The Chinese in America*》（《唐人在金山》，1877 年出版），编有《*Chinese-English Dictio nary*》（《中英字典》），曾将《新约》译为粤语《*Translated the New Testament into Cantonese*》。

③ 卜尼士，即露密士或罗密士（Augustus Ward Loomis，1816—1891），1816 年出生于康涅狄格州哈特福德郡安多弗（Andover，Hartford County，Connecticut），1841 年毕业于汉密尔顿大学（Hamilton College），转入普林斯顿神学院（Princeton Seminary）进修神学（Divinity Program）。1844 年毕业后，携妻来华，先在澳门学习汉语，再到宁波传教。1850 年携妻回美从事教会工作。1859 年到美国加州向华人传教，并反对排华。著有《*Learn to Say No Or The City Apprentice*》（1856）、《*Scenes in Chusan or Missionary labours by the way*（*Scenes in the Indian country*）》（1857）、《*How to Die Happy*》（1858）、《*The Child a Hundred Years Old*》（1859）、《*The Profits of Godliness*》（1859）、《*Confucius and the Chinese Classics Or Readings in Chinese Literature*》（孔子与中国经典：中国文学读本）（1867）、《*Chinese and English Lessons*》（英华初学）（1872）等书。

设法排解，诚异乡之朱郭[①]也。是晚回寓，先发行李。

初五日，留随员陈道树棠、薛丞树辉、朱主事和钧、刘中书观成、陈教职为焜、金从九延绪、杨守备名泰于金山，余俱随兰彬于七点钟动身，搭火船过屋仑（横水渡）上车。是时，各商董俱衣冠至车前殷殷话别。至此，已离金山六迈路矣（以后迈数俱自金山起算）。八点半钟开车，往东北方行。

九点零十五微厘（以后零数俱以微厘计），到乃儿士[②]，计程二十九迈。

十点零十二，到布里山顿[③]，计程四十一迈。

十一点零三十一到伊利士[④]，计程六十九迈。

十二点零二十，到拉杜拉[⑤]，计程八十一迈。

十二点零四十，到士释顿[⑥]，打尖[⑦]，计程九十一迈。

一点半，到哥儿自[⑧]，计程一百二十二迈。

二点零二十，到沙加免杜[⑨]（即所谓金山二埠），计程一百三十八迈。有裕昌号华商送水果到车。询知该埠在沙加免杜河之东岸，屋宇颇华丽，俱用红砖为之，街道宽阔如大埠，比大埠尤为整洁，左右树木阴翳，溪水交流。居民约二万二千人。地产以麦、米、木料为大宗。有磨面粉局四、铁厂六、烧窑一。

---

① 朱郭，即朱家和郭解，两人皆西汉侠义之士，事迹载于司马迁的《史记·游侠列传》。

② 乃儿士，即奈尔斯（Niles），当时是铁路交会点，现为奈尔斯谷铁路线（Niles Canyon Railway）。

③ 布里山顿，即普利森顿（Pleasanton）。

④ 伊利士，即埃利斯（Ellis）。

⑤ 拉杜拉，即莱斯罗普（Lathrop）。

⑥ 士释顿，即斯托克顿（Stockton）。

⑦ 打尖，行路途中吃便饭。

⑧ 哥儿自，即戈尔特（Galt）。

⑨ 沙加免杜，即沙加缅杜（Sacramento）。

又有铸铁、蒸酒、制农具、织绒、制糖各局。据称，织绒局每日能织一千磅，制糖局每日可制一百吨。各局所用华人，或一百二三百不等，而糖局所用更多。我华人有家眷者百计。火车公司设在该埠，所有火车多于此处制造。该埠贸易，以去年而计，出口货约二千五百四十九万六千二百六十九圆之多，本埠销用不计。而每患水灾，其最惨者莫如一千八百六十一、六十二两年（即同治元年、二年），损坏人物无算，因河高地低，出口浅窄，淘金沙土又淤积于河，每遇山中积雪消化，势如奔马，虽欲走避，有所不及。现在洋人已将内地填高，外口疏浚，稍得平安，而一交孟春，各人均有惶恐之状云。是处天气与金山已大异，早间在金山时尚穿棉衣，至此改换单衣，仍汗流浃背也。

三点零四十六，到增顺①，计程一百五十六迈。是处有华人百余，有酒店一。地枕河滨，田土沃美，产麦极多。乡民约数百人。往阿利坚②都由此分路。

四点零十五，到沽伦③，计程一百六十迈。是处有石山一座，土人建造屋宇，多于此处取石。有华人数十名。

四点零二十七，到偏那④，计程一百六十二迈。路经矮山。

四点零五十，到纽哈士坐罗⑤，计程一百六十四迈。离此处不远，前有金矿，现已挖尽。居民约二百余。

五点零一十，到恶笨⑥，计程一百七十四迈。居民约一千左右。树木繁华，果实最多。有书院一，理刑衙门一。

---

① 增顺（Junction），现为罗斯维尔（Roseville），1909年建市。

② 阿利坚，即俄勒冈（Oregon）。

③ 沽伦，即罗克林（Rocklin）。

④ 偏那，即皮诺（Pino），今为彭林（Penryn）。

⑤ 纽哈士坐罗，即纽卡斯尔（New castle）。

⑥ 恶笨，即奥本（Auburn）。

六点零五十，到高罗化士[①]，打尖，计程一百九十二迈。

七点零四十，到高路喻[②]，计程二百零二迈。是处系挖金之所，有华人数百，地颇清胜。

八点钟，到阿儿达[③]，计程二百零七迈。木屋数间而已。

八点零五十，到哺灵干嫩[④]。是处产木最多，当火车未通之前，人迹少到，近日洋人结队入山，以机器锯而伐之，贩运出口，数年以来，取之不竭。

九点零十八，到俺觅加兰格[⑤]（译言游人峡），计程二百二十一迈。

九点零五十五，到西士哥[⑥]，计程二百三十迈。从前火车路至此而止，因落机大山阻隔故也（落机山[⑦]译言“石山”）。

初六日，十一点零五，到心觅[⑧]（译言“峰顶”也），计程二百四十三迈。是山统名曰“诗拉尼华大”[⑨]，离海高约万尺，今火车所过，计离海高七千零一十七尺。西人凿山通道，名曰“暗路”[⑩]，计长一千六百五十九尺。又有雪盖木屋，如长街。凡高必用盖者，缘岩谷间往往积雪至一二丈不解，火车至此碍难走动，故用此盖。又必粗大之木为之，春天冰解，势如地塌，非巨木不能支也（每迈路约须银一万圆）。

---

① 高罗化士，即戈尔法克斯（Colfax）。

② 高路喻，即戈尔伦（Gold Run）。

③ 阿儿达，即阿尔塔（Alta）。

④ 哺灵干嫩，即布卢坎宁（Blue Canyon）。

⑤ 俺觅加兰格，即埃米格兰特加普（Emigrant Gap）。

⑥ 西士哥，即锡斯科（Cisco）。

⑦ 落机山，即洛基山（Rocky Mountain）。

⑧ 心觅，即萨米特（Summit），位于洛基山唐纳山口（Donner Pass），是加利福尼亚州和内华达州的交通要道。

⑨ 诗拉尼华大，即内华达山脉（Sierra Nevada）。

⑩ 暗路，即隧道。

十二点零五十[①]，到杜力机[②]，计程二百五十八迈。在杜力机河之北岸，居民约二千人，专以贩木为业。民房俱以木为之，瓦面如尖峰，因冰雪太大，恐其停积也。有书院一所。

十二点零四十八，到波架[③]，计程二百六十六迈，不过一小站而已。

两点零十二，到尼那[④]（尼华大邦华士沙郡之首邑），计程二百九十二迈。居民一千五百人，有华人百余（有银行二间，又有按察司衙门）。是处左右金银矿极多。

三点零五十，到哈喇士[⑤]，计程三百十二迈。

四点零十四，到郁士话乎[⑥]，计程三百二十七迈。在杜力机河之东岸，有居民四五百人，地颇荒芜。离此二十里有铜矿，亦不甚旺。再南三十五里，有金穴，产金颇多，成色亦高。再南二百八十里，有硼砂矿，尼华大邦之富，以此数矿为著名。

五点零三，到爹说[⑦]（译言“荒野”）。

五点零三十二，到喝士冷士[⑧]（译言温水泉也），计程三百四十六迈。北面盐井极多，又有制硼砂局。

六点零四十，到布郎庄[⑨]，计程三百七十三迈。

---

① “十二点零五十”，疑为“十二点十五”，否则与下文“十二点四十八”矛盾。

② 杜力机，即特拉基（Truckee）。

③ 波架，即博卡（Boca）。

④ 尼那，即里诺（Reno）。尼华大，即内华达（Nevada）。华士沙，即沃肖（Washoe）。

⑤ 哈喇士，即克拉克司（Clarks），今为克拉克（Clark）。

⑥ 郁士话乎，即沃茨沃斯（Wadsworth）。

⑦ 爹说，即德赛特（Desert）。

⑧ 喝士冷士，即温泉城（Hot Springs）。

⑨ 布朗庄，即布朗（Brown's）。

七点零二十[①]，到拉乎乐[②]庄，计程三百八十九迈。草场丰茂，最宜畜牧。土人云，此处一带约有牛三十四万头，羊三万头，俱系贩往诗加古、旧金山为多。以去年而计，贩往诗加古一埠约六十车（每车二万二千磅，共一百三十二万磅），往金山一埠约四百五十六车（共计一千零三万二千磅）。

七点零十二，到阿嘀嗄那[③]，计程四百迈。有镕矿炉数处，土人挖矿，俱携来此镕之。

八点零十五，到嚟疋士[④]（译言粗麦陇），计程四百一十迈。是处麦苗极粗，与别不同。

九点零五，到钦哺路的[⑤]，打尖，计程四百二十二迈。是处清泉极甘，旁有酒店，树木清秀，果实亦多。

十点零五十五，到呍嘀麦吉[⑥]，计程四百六十二迈（乃钦哺郡[⑦]首邑）。民居百余间，民人八百，地多树木，矿苗亦旺，附近土人皆以攻矿为业。

十一点零三十五，到哥阿达[⑧]，计程四百七十九迈。民居绝少，但南北两山，一产金，一产银，取之不竭。

一点零四十，到八地儿毛天[⑨]（译言战山也），打尖。酒店侍役俱系华人，询知附近一带华人到此攻矿者，约九百余人。

---

① “七点零二十”与后文“七点零十二”矛盾，疑为“七点零十二到拉乎乐庄”，以及“七点零二十到阿离晏那”。

② 拉乎乐，即拉夫洛克司（Lovelocks），今为拉夫洛克（Lovelock）。

③ 阿嘀嗄那，即奥里那（Oreana）。

④ 嚟疋士，即拉伊帕奇（Rye Patch）。

⑤ 钦哺路的，即洪堡（Humboldt）。

⑥ 呍嘀麦吉，即温尼玛卡（Winnemucca），是洪堡县（Humboldt）县治。

⑦ 钦哺郡，即洪堡县（Humboldt）。

⑧ 哥阿达，即戈尔孔达（Golconda），地名有宝山之意。

⑨ 八地儿毛天，即巴特尔芒廷（Battle Mountain）。

二点半钟，到疏好[1]，计程五百四十五迈。是处离海高四千六百三十六尺，铜矿、银矿俱旺。

三点零三十六，到巴礼雪[2]，计程五百七十三迈。有居民约百余人。火车往天厘加[3]（银矿之最旺者），由此分路，[4] 铸出之银俱由此运往别处，以去年一年而计，运出巨砖银条约三千一百万零三万八千八百八十四磅（每磅二十两）。是日酷热异常，寒暑针在太阳阴处尚高至一百二十度。

四点零二十，到嘉伦[5]，计程五百八十三迈。居民约五百人。离此五十里至三百里，银、铜、铁矿处处有之。华人二百余，亦间有有家眷者。询称离此五十余迈，名“达士咕噜利”[6]，系华人挖金处，约四五百人。

四点零四十八，到模棱[7]，计程五百九十四迈。

五点零十四，到依儿高[8]，打尖，居民约千二百人。是埠初开时，民房俱以布帐暨木为之，今已改用砖石。尼华大邦之大

---

① 疏好，即肖肖尼（Shoshone）。

② 巴礼雪，即帕里雪得（Palisade）。

③ 天厘加，即尤里卡（Eureka），19 世纪美国内华达州著名矿镇。1864 年，尤利卡镇发现银矿和铅矿，1869 年修建熔铸场，开采矿石。到 1878 年，尤利卡的人口数达到 8000，已超过奥斯汀成为内华达第二大城市。

④ 火车往天厘加由此分路，1875 年，尤利卡（Eureka）到巴礼雪（Palisade）的铁路建成，通往 Carlin 车站。1937 年铁路停运。

⑤ 嘉伦，即卡林（Carlin）。

⑥ 达士咕噜利，即塔斯卡罗拉（Tuscarara）。

⑦ 模棱，即莫林（Moleen）。

⑧ 依儿高，埃尔科（Elko）。

书院[①]在该处之北。距此二百六十里，有地名“急”[②]，银矿最旺，镕炉亦多。

六点零四十，到哈力[③]，计程六百三十迈。有华人二十余。设一营汛，弁兵无多。

八点零五十，到威儿士[④]（译言水井也），计程六百六十一迈。有清泉二十余处，当火车未通时，挖金之人乘马车往来，必于此处饮马。

九点零十二，到胭脂偏定士[⑤]，计程六百七十六迈。南望有山谷二：一名“喙被栗”[⑥]，一名“柯罗吧”[⑦]。谷外溪水湾曲，谷内草木畅茂，牧场最宜。自东至西阔约十迈，土人近日始于“喙被栗”山寻出银矿，计镕矿一百吨，可得洋银六百圆。再迤而南六十五迈，有炮台一座，名曰“藿笠被”[⑧]。稍偏而东，有咸湖二：一名“佛兰玲湖”[⑨]，一名“笠被湖”[⑩]，每遇湖水泛涨，两湖可以相通。民居不过数十间，俱系退闲兵丁居住。

① 尼华大邦之大书院，指内华达大学（University of Nevada），创立于1874年，原在埃尔科镇（Elko），1885年迁校至雷诺（Reno），改名内华达大学雷诺分校（University of Nevada，Reno）。

② 急，即杰克（Treasure），19世纪美国内华达州著名矿镇，位于汉密尔顿山脉财宝山（Treasure Hill，Hamilton Mountain）。1867年发现银矿，1869年发展至顶峰，1870年下转。1874年小镇遭遇火灾，损失惨重。1880年后因矿竭而衰落，成为鬼镇（Ghost Town）。

③ 哈力，即哈力克（Halleck）。

④ 威儿士，即韦尔斯（Wells）。

⑤ 胭脂偏定士，即独立城（Independence）。

⑥ 喙被栗，即罗比谷（Ruby Valley）。

⑦ 柯罗吧，即柯里（Currie）。

⑧ 藿笠被，即惠勒峰（Wheeler Peak）。

⑨ 佛兰玲胡，即富兰克林湖（Franklin Lake）。

⑩ 笠被湖，即罗比湖（Ruby Lake）。

初七日，十一点零十五，到满爹罗①，计程七百一十五迈。是处离海高四千九百九十九尺。

十二点零十五，到噜顺②。

一点零四十五，到爹利士③，乃尼华大邦兵站也，计程七百五十九迈。

三点零二十五，到机利顿④，计程七百九十迈。系乌大⑤属所管，初因民人不满四万之额，故曰“属”。“属”虽不立督抚，亦得派人在美都下议院议事。该属旧为墨西哥所辖。一千八百四十六年，美墨失和，罢战后，始割此地归美。

先是有摩门教首名“布力衔央”⑥者，其教与花旗各邦不同，西俗男子不娶两妇，该教则准置姬妾。美廷以其教异己，屡屡发兵拘制，欲其改辙而不听，于一千八百四十七年七月二十四号率其教人迁居于此。初不过二百九十三人，现计约十三万余。该教首于去年始卒，临死尚有姬妾十九人，小儿女六十七人（成丁不计）。曾见其影相图，询之土人，俱云不诬。

地产五谷，百果皆宜，金银矿、煤、铁、铅、朱砂、宝石、玛瑙处处皆有，又产硫黄、硝盐、石羔⑦、黑铅、疏打粉、砖土、云石、青干石、红白粉、石灰石等类。该教例禁开山，近日始招人，于旷野中开挖三十余处，乃知各矿成色甚高。若一日开禁采用，富当不赀也。

---

① 满爹罗，即蒙特洛（Montello）。

② 噜顺，即卢辛（Lucin）。

③ 爹利士，即特拉斯（Terrace）。

④ 机利顿，即凯尔顿（Kelton）。

⑤ 乌大，即犹他（Utah）。

⑥ 布力衔央，即杨伯翰（Brigham Young，1801—1877），生于美国佛蒙特州惠廷厄姆（Whitingham，Vermont）。1832 年加入美国摩门教（Mormon）。1847 年率领教徒迁徙到盐湖城（Salt Lake），成为美国摩门教第二任教主。

⑦ 石羔，即石膏。

夏日苦热，绝少清泉，日用所需俱由远方运来，亦有饮沟中积雨者。火车路旁亦广置水桶，储积清水以备火车之用（每日专用火车一辆取水）。往阿利坚那①、衣打贺属由此分路（无火车，用马车）。

四点零五，到门纽问②，计程八百零七迈。地枕大盐湖③，时湖风扑面，腥秽难闻，入毛不沉，有似青海，水味咸苦。产盐极旺，湖边有盐灶百十座。

五点半，到布朗门多利④，计程八百二十迈。东西两路火车于此分界（由此东到纽约大西洋，归东轮路公司，西至旧金山太平洋，归西路公司），⑤ 一千八百六十九年（即同治八年），始行接续。

六点零五十五，到哥连⑥，计程八百五十六迈。

八点，到恶顿⑦，打尖，计程八百八十一迈。自金山至此，换车停候半时。此埠离火车站七里许，地高四千三百零一尺，居民约六千五百，多是摩门教人（为喊罢⑧郡首邑）。有酒店数间。道旁摆卖五金矿及玛瑙、宝石之类。地气温厚，物产丰盈。

---

① 阿利坚那，即亚利桑那州（Arizona）。

② 门纽问，即纪念碑（Monument）。

③ 大盐湖（Great Salt Lake）。

④ 布朗门多利，即普罗蒙特利（Promontory），此处为中央太平洋铁路与联合太平洋铁路的分界点。

⑤ 东轮路公司，即中央太平洋铁路公司（Central Pacific Railroad），从加州沙加缅度（Sacramento，California）到犹他州普罗蒙特利（Promontory Summit，Utah）。西路公司即联合太平洋铁路公司（Union Pacific Railroad），从内布拉斯加州奥马哈（Omaha，Nebraska）到犹他州普罗蒙特利。1869 年两条铁路线在犹他州普罗蒙特利汇合。

⑥ 哥连，即科林（Corinne）。

⑦ 恶顿，即奥格登（Ogden）。

⑧ 喊罢，即韦伯（Weber）。

十点零四十五分，到烟大[1]，计程八百九十迈。地势离海高四千五百六十尺。当一千八百六十二年摩门教党与摩利士[2]教党于此争杀（摩利士初亦摩门教，后欲自为教主，故启兵端），相持三日，将摩利士党人杀尽，获其男妇三百余人充作苦工，建第宅广阔数十里，可容数千人。后美廷前往提放，始得此三百余人释出。

十一点零五，到爹胡路吉他[3]（译言鬼门关也），计程八百九十五迈。岩石崎岖，绝少草木。

十一点零四十五，到喊罢，计程九百零七迈。居民约一千左右。

十二点零四十，到益个[4]，计程九百二十三迈。居民约二百人。是处煤矿最旺，亦有铁矿。

一点零四十，到加士杜路洛[5]。

二点零二十五，到华刹治[6]。是处旧为野番游猎之所，有石山一座，于石中凿通，以利车行，计长七百七十尺。

三点钟，到伊尹士顿[7]（乃烟大首邑），打尖，计程九百五十七迈。居民约千余人。有华人数百，俱系挖煤开路者，酒店

① 烟大，即尤因塔（Uintah）。

② 摩利士（Morrisite），即摩利士教，又称首生的教会（ The Church of the First Born），原是摩门教（Mormon）的分支，1860 年由摩门教徒莫里斯（Joseph Morris）创立。1861 年莫里斯被逐出摩门教，聚集信徒于尤因塔的金斯敦堡（Kingston Fort，Uintah）。1862 年犹他州民兵袭击金斯敦堡，莫里斯被杀，教徒被捕或逃散，教派分裂，史称摩利士战争（Morrisite War）。

③ 爹胡路吉他，即德弗尔斯山口（Devil's Gate）。

④ 益个，即埃科（Echo）。

⑤ 加士杜路洛，即罗克堡（Castle Rock）。

⑥ 华刹治，即沃萨奇（Wahsatch）。此处原是肖肖尼族印第安人（Shoshone Indian）营地。

⑦ 伊尹士顿，即埃文斯顿（Evanston）。烟大，即犹他（Utah），指犹他州。

侍役亦系华人。偶见门额有“东道寓所”[1]四字，询系华人聚会之处，亦有住家于此者。土人伐木烧炭为业。离此十里有煤山名“呀儿骂”[2]，产煤极旺，约用工人八百，华工居十之七。

四点零二十，到呀土便[3]。此处离海高七千八百三十五尺。连日暑气熏蒸，几不能耐，而远望山顶，尚有积雪未消。

四点零五十，到必问[4]，计程九百九十七迈。居民寥寥，约三数十家。

五点零五十，到加大[5]，计程一千零一十迈。

六点零四十，到策治不士[6]，计程一千零二十七迈。土产玛瑙石最多。

七点零七，到加嗹北[7]。

七点半，到麻士顿[8]。

七点零五十，到布偲士仁[9]，计程一千零六十九迈。约有居

---

① 东道寓所，是华工修建的道观。1868年兴建，1922年毁于火灾。其门额和对联现藏于埃文斯敦博物馆。门额为：“东道寓所　同治十三年岁在甲戌仲春吉日立”，对联为：“气慑群雄昭大义；荣膺七命普洪恩。”19世纪美国仅旧金山、纽约和埃文斯顿（Evanston）三处有道观。

② 呀儿骂，即阿尔美（Almy），指19世纪著名的阿尔美煤矿（Almy mines）。

③ 呀土便，即阿斯彭（Aspen）。

④ 必问，即皮德蒙特（Piedmont）。

⑤ 加大，即卡特（Carter）。

⑥ 策治不士，即教会山（Church Buttes）。此地曾为摩门教的营地，故有此称。

⑦ 加嗹北，即格兰杰（Granger）。

⑧ 麻士顿，即马世顿（Marston）。

⑨ 布偲士仁，即布莱恩（Bryan）。1868年由于太平洋铁路的兴修，该地被选为联合太平洋铁路的划分点，从此聚集成镇，但随着水资源的缺乏，划分点改至绿河边上的绿河镇（Green River），布莱恩镇随即衰落，成为鬼镇（Ghost Town）。

民四百人，濒河而居。有理刑衙门一，颇华丽。从前火车公司设此，因与土人不睦，改由河上搭桥而过，今已萧索矣。

九点零四十五，到洛士不领士[①]，计程一千零八十三迈。地多产煤。又有涌水泉，泉源甚旺，但味咸不堪入口。

十一点零二十五，到些儿地威而士[②]（译言盐井），计程一千零九十七迈。地产煤，多野兽。

十一点零五十，到潘他阿父不洛士[③]，计程一千一百零九迈。有挖煤公司，名曰“怀阿名”[④]，煤炭用机器挖之，每日可得一百车载（每车载二万二千磅）。又产蠔壳在大山中，土人建窑于此烧灰，贩运远近。

初八日，十一点零二十五，到不叨毕士[⑤]。

十一点零五十，到毕大其力[⑥]。

十二点零二十五，到嗟步洛[⑦]（译言平石也），计程一千一百三十九迈。此处离海高约六千八百九十尺，石皆红色，不堪器用。

一点零一十一，到列嗲述[⑧]。

一点零四十，到华殊呀低[⑨]。

二点零四十，到其李士顿，[⑩] 计程一千一百七十七迈。是处

---

① 洛士不领士，即洛克斯普林斯（Rock Springs）。

② 些儿地威而士，即索尔特维尔斯（Salt Wells）。

③ 潘他阿父不洛士，即波因特大罗克斯（Point of Rocks）。该镇始建于1862年，1868年成为太平洋铁路上的停靠站。

④ 怀阿名，即怀俄明（Wyoming）。

⑤ 不叨毕士，即黑丘（Black Buttes）。

⑥ 毕大其力，即比特克里克（Bitter Greek）。

⑦ 嗟步洛，即泰布尔洛克（Table Rock）。

⑧ 列嗲述，即雷德瑟特（Red Desert）。

⑨ 华殊呀低，即华谢基（Washakie）。

⑩ 其李士顿，即克里斯顿（Creston）。

离海高七千零三十尺。

三点零十二，到舌巴李顺[1]（译言离别也）。当初开轮路时，各公司延请地师聚会于此，然后分诣东西勘估，故有是名。

四点零二十，到罗连士[2]，计程一千二百零五迈。有居民八百人。离此东北一百三十里，有银矿颇旺。

五点零一十，到五藿是士低儿[3]，计程一千二百一十八迈。此处离海高六千八百四十尺。有炮台一座，建于一千八百六十八年六月三十号，弁兵无多。

五点零五十八，到胜马利[4]。

六点零四十，到巴士[5]。

七点零十一，到哈柄[6]（系哈柄首邑），计程一千二百五十八迈。地产煤，不甚佳，止堪火车之用，去年约出煤八万吨。

七点零五十，到勿地顺哺[7]。

八点零一十五，到哥无[8]，计程一千二百七十六迈，该处有一湖，与地同名，宽一里半，长三里。

八点零五十五，到落其列[9]，打尖，计程一千二百九十一迈。

九点零十二，到米沙[10]。

---

① 舌巴李顺，即塞珀雷申（Separation）。

② 罗连士，即罗林斯（Rawlins）。

③ 五藿是士低儿，即斯蒂尔堡（Fort Steele）。

④ 胜马利，即圣玛丽（Saint Marys）。

⑤ 巴士，即珀西（Percy）。

⑥ 哈柄，即卡本（Carbon）。

⑦ 勿地顺哺，即梅迪辛博（Medicine Bow）。

⑧ 哥无，即科莫（Como）。

⑨ 落其列，即罗克里克（Rock Creek），意为石溪。

⑩ 米沙，即米瑟（Miser）。

九点零四十五，到碌区[①]。

十点零八，到古巴士咧[②]，计程一千三百一十二迈，有湖一，与地同名，长七里，宽一里半，居民皆沿湖而居。

十点零三十五，到歪庵命[③]。

十一点零一十，到拉拉米坏沙名[④]（属拉拉米郡首邑），计程一千三百四十七迈，居民约四千人。屋宇浅窄，俱以木为之，近亦有改用砖石者。连日经过沙漠，乡村俱寥寥数椽，间有市站，多则百十间，少则十余间，独此处颇称繁盛。火车公司于此设铸铁局，颇宏壮，用银一十二万七千圆。查西例，理刑衙门陪审人员俱以男人为之，独该郡陪审用女人。[⑤] 由此西至旧金山，所有火车站头，俱用华人，或百十不等，由此东北而往，而少华人矣。是地草场丰茂，畜牧甚宜。

十二点零一十，到藿山大士[⑥]，计程一千三百五十四迈，有炮台一座，建于一千八百六十六年六月二十三号（即同治六年[⑦]）。

十二点零三十五，到不咧士[⑧]，地产橡木极大。

十二点零五十，到虾尼[⑨]。

---

① 碌区，即卢考特（Lookout）。

② 古巴士咧，库佩斯湖（Coppers Lake）。

③ 歪庵命，即怀俄明（Wyoming）。

④ 拉拉米坏沙名，即拉勒米（Laramie）。

⑤ 1869 年，怀俄明州女性获得选举权，1870 年拉勒米的一位名叫伊莱扎·斯图尔特（Eliza Stewart）的女教师参与陪审（Jury），成为美国历史上首位女陪审员（Juror）。

⑥ 藿山大士，霍特桑得（Fort Saunders），今改为 Fort Sanders。

⑦ 此处误，1866 年为同治五年。

⑧ 不咧士，即红比特（Red Buttes）。

⑨ 虾尼，即哈尼（Harney）。

一点零二十五，到沙问[1]（火车路所过，落机山之至高处，闻美国有一将名“沙问”[2]，其身材最高，故以此名之），计程一千三百六十五迈，离海高八千八百四十二尺，是处天气，寒暑针至热八十二度，至冷三十度。以后东南一望千余里，皆荒郊坦野，人烟绝少，旧为胭甸[3]野人游猎之所。当一千八百六十九年前，火车初开之时，野人不服，屡出杀掠，所杀白人、华人以千计，野人死亦不少。后美廷发兵以威服之，近又设边吏以镇守之，该野人遂移徙深山之中，离此约五百迈，间亦有出至附近山谷打猎者，但须托熟番先求边吏允准始可，否即杀而勿论。途中所见野人，红面如脂，发黑若漆，男女俱穿耳，留发不束，身体粗壮，五官亦整，见人辄笑而讨食，又见男妇两人，面抹黄土，各骑白马，身衣兽皮，手持羽扇，头戴皮冠，脑后两带下垂至腰，俱插羽毛。询之土人，云此系熟番头人（途中所见俱熟番），又云生番远处深山，草木轇轕，无路可通，间有

① 沙问，即谢尔曼（Sherman）。

② 一将名“沙问”，即谢尔曼将军（General William Tecumseh Sherman，1820—1891）。生于美国俄亥俄州费尔菲尔德郡兰卡斯特（Lancaster，Fairfield County，Ohio）。1836年入读美国西点军校（the United States Military Academy at West Point）。1840年毕业后参军。1853年退伍从商。1859年担任路易斯安那州立军事学院院长（the first superintendent of the Louisiana State Seminary of Learning & Military Academy in Pineville）。1862年重新从军，任西田纳西军第五师师长（Commander of the 5th Division，Army of West Tennessee），旋升为孟菲斯占领区军事州长（the military governor of occupied Memphis）。1863年任田纳西军团司令（Commander of the Army of the Tennessee）。1864—1866年任密西西比军区司令（Commander of the Military Division of the Mississippi），升陆军中将（lieutenant general）。1865—1869年任密苏里军区司令（Commander of the Military Division of the Missouri）。1869—1883年担任美国陆军总司令（Commanding General of the Army），升陆军上将（General of the Army）。1884年退役。著有《*Memoirs of General William Tecumseh Sherman*》（谢尔曼将军回忆录）。

③ 胭甸，即印第安（Indian）。

互市，非熟番不能到（亦无人晓其言语也）。近日美廷于此一带广设礼拜堂，欲使熟番招之入教，教以言语，给以粮食，使之耕种，烈山泽而驱恶物，诛草莱而播嘉禾，秽墟将变腴壤矣。

一点零四十五，到标拂[①]。

二点零一十，到加兰奸嫩[②]，计程一千三百九十八迈，系怀阿名属省会，自恶顿[③]至阿麻虾[④]，以此埠为最大，于一千八百六十九年始行开辟，有民人六千，有书院数处，理刑衙门一处（用银四万），又有大酒店（用银七万）、戏园、跑马场。通美国马鞍，以此制造为妙。人少务农，专以商贩为业。

四点钟，到呀查[⑤]。

四点零三十，到熙利士爹儿[⑥]。

五点零三十，到嘜地立[⑦]（系尼不拉士格[⑧]邦属邑），计程一千四百六十三迈。地产金钱鹿，土人多捕鹿为业。

七点零十五，到砵大[⑨]。

八点零五，到失尼[⑩]，打尖，计程一千五百迈。居民约一千五百人。地土卑湿，不堪耕种，俱畜牧为业，往往有一家养牛羊至数千头者。

九点零十一，到律治蔦路[⑪]。

① 标拂，即比福特（Buford）。
② 加兰奸嫩，即夏延（Cheyenne），怀俄明州（Wyoming）州府所在。
③ 恶顿，即奥格登（Ogden）。
④ 阿麻虾，即奥马哈（Omaha）。
⑤ 呀查，即安车（Archer）。
⑥ 熙利士爹儿，即希尔斯代尔（Hillsdale）。
⑦ 嘜地立，即羚羊（Antelope）。
⑧ 尼不拉士格，即内布拉斯加（Nebraska），指内布拉斯加州。
⑨ 砵大，即波特（Porter）。
⑩ 失尼，即悉尼（Sidney）。
⑪ 律治蔦路，即洛奇波尔（Lodge pole）。

十点零三，到昭凭不[①]。

十点零四十六，到不士冰领[②]（译言大水泉也），计程一千五百五十三迈。有大水泉，泉源甚旺。去年九月十八号，有火车过此，为匪党十二人蒙面行劫，计劫去该公司银六万五千圆、金表二个，另客人银一千三百圆，后悬赏万圆，拿获三人，治以西法，尚不能追足原赃。[③]

初九日，十一点零四十，到嗯加拉赖[④]。

十二点零一，到啰士个[⑤]。

十二点零三十五，到嗯哥儿[⑥]。

一点零十五，到阿花伦[⑦]。

二点零二十，到那乎不辣[⑧]，计程一千六百二十三迈，居民约二千人，俱牧牛为业，三年前民居寥寥，近始兴旺。

① 昭凭不，即查珀尔（Chappell）。

② 不士冰领，即大斯普林斯（Big Spings），又译为大泉或大水泉。

③ 此即联合铁路大泉劫案（Union Pacific Big Springs Robbery），是太平洋铁路上最大、最著名的火车抢劫案。1877 年 9 月 18 日，以山姆巴斯（Sam Bass）为头目的黑山土匪（Black Hills Bandits）六人团伙，趁着夜色，在大泉城站抢劫了联合太平洋列车 4 号快车上从旧金山铸币厂（San Francisco Mint）运往美国东部的价值6 万元的新铸造的 20 美元金币，以及乘客的 1300 美元和 4 块金表等物，震惊全美。一年内，该团伙主要成员，大多在其他劫案或追捕中，死于枪战或被捕审判。

④ 嗯加拉赖，即奥加拉拉（Ogalalla），现写作 Ogallala。

⑤ 啰士个，即罗斯科（Roscoe）。

⑥ 嗯哥儿，即阿卡利（Alkali），现在帕克斯顿（Paxton）附近。

⑦ 阿花伦，即奥法罗（O’ Fallons），现在萨瑟兰（Sutherland）附近。

⑧ 那乎不辣，即北普拉特（North Platte）。

二点零五十五，到马福顺，[1] 计程一千六百三十七迈，有汛地[2]，弁兵无多。

三点零二十，到布礼地[3]。

五点钟，到布尔其咧[4]，计程一千六百八十四迈，约有居民五百人，有书院一、衙门一。

五点半，到阿华顿[5]。

五点零五十，到嘅其列[6]，俱木屋数间而已。

六点零四十八，到加尼[7]，计程一千七百二十三迈，居民约一千二百人，有书院二、银行二。

七点零八，到呦笨[8]，居民约一百人。

七点零四十七，到活李华[9]（译言木沙也）。

八点零四十五，到其兰哀伦[10]（译言大岛也），打尖，计程一千七百六十迈，有居民一千五百人，铺户颇多，地枕不辣[11]河，离此七里有大海岛，长二百五十里，阔四十里，因以为名。

九点零一十五，到十问[12]。

---

① 马福顺，即麦克弗森（Mc. Pherson），现在马克弗森（Maxwell）附近。

② 汛地，清代军事组织名称。清代绿营兵制，凡千总、把总、外委等官弁所属军队称汛，其驻防之地谓之汛地。清制，凡城守分防务营，皆分领汛地，于沿边、沿海、沿江处所及大道旁，按段设置墩堡，分驻官兵，各守汛地，称为防汛。

③ 布礼地，即布雷迪岛（Brady Island），今为布雷迪（Brady）。

④ 布尔其咧，即布拉姆克里克（Plum Creek）。

⑤ 阿华顿，即欧弗顿（Overton）。

⑥ 嘅其列，即爱尔姆克里克（Elm Creek）。

⑦ 加尼，即卡尼（Kearney）。

⑧ 呦笨，即吉本（Gibbon）。

⑨ 活李华，即木河（Wood River）。

⑩ 其兰哀伦，即格兰德艾兰（Grand Island）。

⑪ 不辣，即普拉特（Platt）。

⑫ 十问，即查普曼斯（Chapmans），今为查普曼（Chapman）。

九点零四十二，到陇其里[①]（译言独木也），计程一千七百八十二迈，有居民六百人。

十点零一十，到哈勒士[②]。

十点零四十，到利华其力[③]（译言银湾也），计程一千八百零五迈，约有居民二千人，东北一带为野人所居，近日设官于此，教其种植，给以籽粮，渐变为熟番矣。

十一点零五，到侧顺[④]。

十一点零二十五，到哥林㘓士[⑤]，计程一千八百二十二迈，有居民二千人，有书院数间、银行二间。此地颇称沃壤，极宜耕种。

十一点零四十五，到力治兰[⑥]。

十二点零五，到柴赖[⑦]，计程一千八百三十八迈，有居民八百人，又有衙门、监房、书院。

十二点零四十五，到那士边[⑧]，有民房七十余间，民人三百余。

一点零五，到结针[⑨]。

一点零四十，到夫里文[⑩]（达士[⑪]郡首邑也），打尖，计程一千八百六十七迈，居民三千五百人，铺户约八百间，有衙门、

① 陇其里，即独木（Lone Tree）。

② 哈勒士，即克拉克斯（Clarks）。

③ 利华其力，即西尔弗克里克（Silver Creek）。

④ 侧顺，即杰克逊（Jackson），现在为邓肯（Duncan）。

⑤ 哥林㘓士，即哥伦布（Columbus）。

⑥ 力治兰，即里奇兰（Richland）。

⑦ 柴赖，即斯凯勒（Schuyler）。

⑧ 那士边，即北本德（North Bend）。

⑨ 结针，即凯彻姆（Ketchum），现在埃姆斯（Ames）附近。

⑩ 夫里文，即弗里蒙特（Fremont）。

⑪ 达士，即道奇（Dodge）。

监房、又有书院数间。

二点零十一，到华利[①]。

二点零二十八，到益康[②]，计程一千八百八十五迈，地近益康河边。

三点零五，到巴被灵[③]（沙皮[④]郡首邑也），居民约一千人。

三点零十七，到基利摹[⑤]。

三点零四十五，到阿麻虾[⑥]（系尼不拉士格[⑦]邦大郡）换车，计程一千九百一十四迈。此埠于一千八百五十四年始行开辟，今已杰构云连，楼台重叠，约有居民二万四千人。有衙门一，费三十五万而成。地枕密士疏利河[⑧]，商贾辐集，民多务农。附近一带矿苗亦旺，有镕矿局，每年出银约五百万圆，有酒店十七间、大书院一[⑨]、中书院二、小书院数间。该处商绅当建书院时，凑集洋银四十圆三万，以为义学膏火之费，每年延师四十四位，教学生三千人。另有大书院一间，颇清雅，约可住学生四百人。计建费不下五万五千圆，系孀妇名“加礼顿”拨出者，另送银十万发商生息，以为递年延师之费。又有兵房一所，约

---

① 华利，即瓦利（Valley）。

② 益康，即埃尔克霍恩（Elk Horn）。

③ 巴被灵，即帕皮利恩（Papillion）。

④ 沙皮，即萨皮（Sarpy）。

⑤ 基利摹，即贝尔维尤（Bellevue）。

⑥ 阿麻虾，即奥马哈（Omaha）。

⑦ 尼不拉士格，即内布拉斯加（Nebraska）。

⑧ 密士疏利河，即密苏里河（Missouri River）。

⑨ 大书院一，即克瑞顿学院（Creighton College），1876 年玛丽·卢克丽霞·克瑞顿（Mary Lucretia Wareham，1834—1876）为了纪念丈夫爱德华·查尔斯·克瑞顿（Edward Charles Creighton，1872—1874），在去世前留下遗嘱捐资创建。1878 年 9 月 2 日建成。1958 年改为克瑞顿大学（Creighton university）。

可住兵一千名。埠之东北有铁桥一座①，长约五里，上铁下石，有铁桥墩二十四只，其柱俱八尺五寸径，费二百五十万圆而成。是晚，在车上打尖。

五点零二十五，到干司路补拉乎士②，计程一千九百十六迈（系挨阿华邦不多华多味③郡首邑），又曰"会议冈"，当一千八百零四年初开埠时，与野人在此会议故也。现有居民一万四千人。有书院数间。又有别院以教聋哑者④。土地膏腴，少歉岁。

七点零一十七，到哑窝加⑤。

八点零二十，到尼兰的⑥。

九点零四十三，到崎士⑦。

十点零三十五，到的之达⑧，计程二千零七迈，沿途溪水交错，耕牧皆宜。

---

① 埠之东北有铁桥一座，即联合太平洋铁路密苏里河大桥（Union Pacific Missouri River Bridge），又称奥马哈联合太平洋铁路大桥（Omaha Union Pacific R. R. Bridge），1873 年建成，1888 年重建，1916 年重建。

② 干司路补拉乎士，即康瑟尔布拉夫斯（Council Bluffs），即会议冈之意。由美国陆军志愿者组成的刘易斯和克拉克探险队（Lewis and Clark Expedition）为纪念 1804 年 8 月 3 日与密苏里的印第安人奥图族（Otoe）部落举行会议而命名。

③ 不多华多味，即波塔瓦塔梅（Pottawattamie）。挨阿华，即爱荷华（Iowa）。

④ 又有别院以教聋哑者，即 1854 年由艾德蒙·布什 Edmund Booth（1810—1905）和威廉·埃姆斯 William E. Ijams（1830—1893）创办的私立爱德华聋哑学院（the Iowa Institute for the Deaf and Dumb）。1855 年改为公办。1870 年搬到康瑟尔布拉夫斯（Council Bluffs）。1892 年改名为爱荷华聋哑学校（Iowa School for the Deaf）

⑤ 哑窝加，即阿沃卡（Avoca）。

⑥ 尼兰的，即大西洋（Atlantic）。

⑦ 崎士，即凯西（Casey）。

⑧ 的之达，即德克斯特（Dexter）。

初十日，十一点零七，到地些陀[1]。

十一点零二十五，到奔马喊罗[2]。

十二点，到地士毛烟[3]，计程二千零四十二迈，乃埃阿华邦[4]首会，在地士毛烟河、拉观河[5]口，有议政院，极华丽。居民约一万五千人。

一点零十二，到嗗儿化士[6]。

一点零四十五，到纽顿[7]，计程二千零七十七迈。

二点零七，到其乐[8]，计程二千零八十六迈。

二点零四十五到吉领妳儿[9]，计程二千零九十六迈。

三点零十一，到马利襟[10]，计程二千一百零六迈。

三点零三十五，到不碌连[11]，计程二千一百一十二迈。

三点零五十，到域坐[12]，计程二千一百三十迈。

四点半，到马领个[13]，计程二千一百三十二迈。

五点零一十一，到恶士佛[14]，计程二千一百四十七迈。

五点零五十，到挨阿华薛地[15]，计程二千一百六十迈。地枕

① 地些陀，即迪索托（De Soto）。

② 奔马喊罗，即布恩维尔（Booneville）。

③ 地士毛烟，即德梅因（Des Moines）。

④ 埃阿华邦，即爱荷华（Iowa）。

⑤ 拉观河，即拉孔河（Raccoon River）。

⑥ 嗗儿化士，即科尔法克斯（Colfax）。

⑦ 纽顿，即牛顿（Newton）。

⑧ 其乐，即凯洛格（Kellogg）。

⑨ 吉领妳儿，即格林内尔（Grinnell）。

⑩ 马利襟，即马尔科姆（Malcom）。

⑪ 不碌连，即布鲁克林（Brooklyn）。

⑫ 域坐，即维克托（Victor）。

⑬ 马领个，即马伦戈（Marengo）。

⑭ 恶士佛，即牛津（Oxford）。

⑮ 挨阿华薛地，即艾奥瓦城（Iowa City）。

河边，溪水环绕，平原广坦，日渐开辟。

六点零三十二，到威士的礼的[1]，计程二千一百七十九迈。

七点半，到威利顿增顺[2]，计程二千一百九十一迈。

八点零四十五，到爹云砵[3]，计程二千一百九十六迈，系挨阿华大郡，在密士失必河[4]旁。是河长约万余里，河上有木桥一道，长数十丈，河下火船往来不绝。有铺户千余间，居民约万余人。地气温和，物产丰厚。过桥到洛哀伦[5]（译言石岛），有桥数道，有炮台一座[6]，为密士失必河握要之地。

九点零六，到摩拉吾[7]，计程二千二百二十迈。

九点零四十八，到专尔师阿[8]。

十点零五，到呢建顺[9]。

十点零十六，到嗳拏湾[10]。

十点零三十五，到些煇耳[11]。

十一点零七，到低士机利华[12]，计程二千二百七十七迈。

---

① 威士的礼的，即西布兰奇（West Branch）。

② 威利顿增顺，即威尔顿强克逊（Wilton Junction），位于威尔顿（Wilton）。

③ 爹云砵，即达文波特（Davenport）。1836 年 5 月 14 日由安托万·勒克莱尔（Antoine LeClaire）成立，并以友人乔治·达文波特（George Davenport）的名字来命名。

④ 密士失必河，即密苏里河（Missouri River）。

⑤ 洛哀伦，即罗克艾兰（Rock Island）。

⑥ 有炮台一座，即罗克艾兰军火库（Rock Island Arsenal），1863—1865 年曾作为联邦监狱（Federal prison）。

⑦ 摩拉吾，即莫林（Moline）。

⑧ 专尔师阿，即杰纳西奥（Geneseo）。

⑨ 呢建顺，即阿特金森（Atkinson）。

⑩ 嗳拏湾，即安纳万（Annawan）。

⑪ 些煇耳，即设菲尔德（Sheffield）。

⑫ 低士机利华，即蒂斯基尔瓦（Tiskiwa）。

十一点零十三，到雕罗曾顺[1]。

十一点零五十九，到咇噜[2]。

十二点零八，到拉沙罗[3]。

十二点零四十，到尼多华[4]，计程二千三百一十五迈。跨依邻奴士河[5]，左右两岸居民约二千人，沿途乡村稠密，腴壤极多。

十二点零五十，到马些路[6]。

一点零二十八，到摩利士[7]。

一点零五十，到免奴家[8]。

二点零二十，到左李咴[9]，计程二千三百五十九迈。在地士毛烟河东岸[10]，地产石灰，附近一带建造多仰给之。

二点零三十五，到莫坚拏[11]，计程二千三百六十九迈。

二点零四十八，到布里问[12]。

三点零五，到布鲁哀伦[13]（译言蓝岛）。

四点钟，到诗加古，换车，计程二千四百一十迈。乃衣邻

① 雕罗曾顺，即布林强克逊（Bureau Junction），位于布林（Bureau）附近。

② 咇噜，即珀鲁（Peru）。

③ 拉沙罗，即拉萨尔（La Salle）。

④ 尼多华，即渥太华（Ottawa）。

⑤ 依邻奴士河，即伊利诺伊河（Illinois River）。

⑥ 马些路，即马赛（Marseilles）。

⑦ 摩利士，即莫里斯（Morris）。

⑧ 免奴家，即米努卡（Minooka）。

⑨ 左李咴，即乔利埃特（Joliet）。

⑩ 地士毛烟河，即德梅因（Des Moines River）。

⑪ 莫坚拏，即摩可那（Mokena）。

⑫ 布里问，即不莱梅（Bremen）。

⑬ 布鲁哀伦，即布卢岛（Blue Island）。

奴士[1]邦大市镇，地近勿士镜河[2]之西岸，东临诗加古大河[3]，因河道歧流，地方三段，上架飞桥以通往来。万厦整洁，街道宽广（每街道阔八十尺），为东北一带火车统汇之所。有石暗道二条，由河底而过，又于地中开一暗道，以便马车行走，长约一千六百零八尺（费四十万圆）。是镇开辟于一千八百零四年至一千八百三十年，仅木屋十二间，居民百人，近已有居民四十万之多。地产五谷、百果、材木，贸易以米、面、牲口为大宗（通国贩买米、面，以此埠为最多），即牲口交易，就去年一年而论，约值银七千五百四十五万。又有制铁、炼矿、织棉、磨面、靴鞋等局，约用工匠五万人。华人在此佣工者数百人。有大书院[4]一间（建造费十一万圆）、小书院数间、教习医士院六间、花园六所[5]、大酒店六间。街车马车处处皆有。又有水池[6]，形如方塔，高一百三十尺，用机器运水，每日可运七千二百万加仑[7]（每加仑重五斤），通埠商民仰给于此。又闻此处于一千

---

① 衣邻奴士，即伊利诺伊（Illinois）。

② 勿士镜河，即密歇根河（Michigan River）。

③ 诗加古大河，即芝加哥河（Chicago River）。

④ 大书院，即芝加哥大学（University of Chicago），1857 年创办，1859 年成立法学院（Law School），1871 年芝加哥大火后遭遇财政危机，1873 年法学院加入西北大学，1886 年因财政问题而倒闭。为区别于 1890 年新建的芝加哥大学，而改称为老芝加哥大学（Old University of Chicago）。

⑤ 花园六所，即洪堡公园（Humboldt Park）、湖边公园（Lake Park）、林肯公园（Lincoln Park）、南方公园（South Park）、道格拉斯公园（Douglas Park）、中央公园（Central Park）等六处大公园。

⑥ 水池，指芝加哥水塔（Water Tower），1869 年建成，1871 年幸免于大火，为芝加哥地标性历史建筑。

⑦ 加仑（gallon）。

八百七十一年遭值回禄，[1] 计焚去民房、铺户七千四百五十间，货物约值银一万九千万圆，保险公司赔偿者约四千四百万圆，因而关闭者多所。有按察衙署、税关、书信馆、通商局亦遭焚毁，前两年始行修复，费银五百五十万圆而后成。

五点零一十，开车。

七点零五十五，到拉砵[2]（英里安纳[3]邦属邑）打尖。

九点零四十五，到益檄[4]。

十点零一十，到高顺[5]。

十点零四十二，到叻呢亚[6]。

十一日，十一点零十七，到嗹打威儿[7]。

十一点零四十五，到华打嘚。[8]

十二点零三十七，到不礌仁。[9]

一点零二十五，到华而安[10]。

二点零四十，到拕犂坐[11]（倭海阿[12]邦大郡），地枕摩味

① 一千八百七十一年遭值回禄，指 1871 年 10 月 8—10 日美国历史上著名的芝加哥大火，约 6.5 平方公里土地上的市区（包括商业区）建筑物几乎全部被烧光，约 300 人死亡、9 万人无家可归，财物损失达 2 亿美元。

② 拉砵，即拉波特（La Porte）。

③ 英里安纳，即印第安纳（Indiana）。

④ 益檄，即埃尔克哈特（Elkhart）。

⑤ 高顺，即戈申（Goshen）。

⑥ 叻呢亚，即利戈尼尔（Ligonier）。

⑦ 嗹打威儿，即肯德尔维尔（Kendallville）。

⑧ 华打嘚，即滑铁卢（Waterloo）。

⑨ 不礌仁，即布赖恩（Bryan）。

⑩ 华而安，即沃西翁（Wauseon）。

⑪ 拕犂坐，即托莱多（Toledo）。

⑫ 倭海阿，即俄亥俄（Ohio）。

河[1]，离伊鳌湖[2]尚有十二迈。当一千八百五十年仅三百八十余人，近已有居民五万。物产丰盈，商舶辐辏，出口以谷米为多，制艺有炼铁厂，专制火车、马车、农器等件。又有磨面局、蒸酒局。

四点零十二，到砵其连顿[3]。

六点零二，到利利哑[4]。

七点零五，到其里夫阑[5]，在古雅可嘉河[6]旁，对岸旧为倭海阿薛地[7]（薛地，译言城池也），近已兼而名之曰“其里夫阑”。河道深阔，泊舟极稳，常有挖泥机器疏通河道，以便舟楫往来。有木码头二处，筑出伊鳌湖数百尺，该湖阔六十迈，长八百迈。街道方整，民居稠密，有桥梁数道，横架古雅可嘉河上。居民约一十六万，地产五谷外，兼产薀磺水材料、云石、白铅，制造以铁器、煤油为最（通国出产煤油，以此处为最多）。有书院一间，专教女子；[8] 公家书院数间，专教幼童。藏书楼二所，每所藏书一万五千卷。又有医院四间，穷人院一间，[9] 贫而无告者于此栖息，饮食皆出公项，本人不费一钱。

---

① 摩味河，即莫米河（Maumee River）。

② 伊鳌湖，即伊利湖（Lake Errie）。

③ 砵其连顿，即克林顿港（Port Clinton）。

④ 利利哑，即伊利里亚（Elyria）。

⑤ 其里夫阑，即克利夫兰（Cleveland）。

⑥ 古雅可嘉河，即库拉霍卡河（Curahoca River）。

⑦ 倭海阿薛地，即俄亥俄城（Ohio City）。薛地，即城市（City）。

⑧ 有书院一间专教女子，即米特乐伯格女子学校（Miss Mittleberger's School for Girls，1875—1908），由米特乐伯格女士（Augusta Mittleberger，1845—1915）创办。

⑨ 穷人院一间，即克利夫兰疯人院（Cleveland Insane Asylum，1852—1975）。1852 年创建时名北俄亥俄州疯人院（the Northern Ohio Lunatic Asylum），其后改名克利夫兰州立医院（Cleveland State Hospital），沿用至 1975 年关闭。

八点零二十，到边是喊儿[①]。

九点零五，到哑是的哺辣[②]（宾夕尔勒尼安[③]邦属郡）。

九点零五十，到北力[④]。

十点零二，到伊鳌[⑤]。

十一点零四十，到登却[⑥]（纽约[⑦]邦属郡），在伊鳌湖之东南岸，沿湖多筑堤坝，泊船之处亦以人力筑成。有机器局一、锯木局一，专尚工艺，物产无多。

十二点零十五，到不乎罗[⑧]，计程二千九百四十五迈，在伊鳌湖之东角，居民约一十四万。为火车路往来通衢，四省之谷米贩往东省一带，必由此经过。有囤谷栈三十一间，每间可囤七百四十一万斗，贸易以濒海为最大。有炮台一座，颇险壮。书院最多，每年蒙童入院读书者约二万一千人。又有癫人院二间、教聋哑院一间、育婴院数间、医院数间。旧为法人所居。多畜野牛。于一千八百十三年与英国开仗时，此处受害最惨，止存民房一间，今尚完好，土人留此以作古迹。港口近为沙淤，舟行多滞。

迤北有河名曰“加哑辣”[⑨]，与安剔衣阿湖[⑩]、伊鳌湖相通矣。以此河分界，北岸属英，南岸属美，两国皆设大帅于此以

---

① 喊儿，即佩恩茨维尔（Painesville）。

② 哑是的哺辣，即阿什塔比拉（Ashtabula），现属俄亥俄州（Ohio）。

③ 宾夕尔勒尼安，即宾夕法尼亚（Pennsylvania）。

④ 北力，即布拉迪（Platea），位于阿尔比恩（Albion）和吉拉德（Girard）之间。

⑤ 伊鳌，即伊利（Erie）。

⑥ 登却，即敦刻尔克（Dunkirk）。

⑦ 纽约，即纽约州（New York）。

⑧ 不乎罗，即布法罗（Buffalo），又称水牛城。

⑨ 加哑辣，即尼亚加拉河（Niagara River）。

⑩ 安剔衣阿湖，即安大略湖（Lake Ontario）。

镇守之。又于河上架飞桥两道（一以便火车往来，一以便游人行走），其桥不用桥蛋，四面以铁缆维之，两岸各建桥楼以挽铁缆，高约数十丈，南楼阔八十尺，北楼阔七十八尺。

东、南、北三面皆大瀑布[①]，西人云，通地球瀑布，此为最大。北曰"马蹄瀑"[②]，阔二千尺，水流自高至底一百五十四尺。东南两瀑与河同名，南阔六百六十尺，东阔二百四十三尺，水流自高至底皆一百六十三尺。石峰壁石，湖水奔腾澎湃之声不绝于耳，水花如雪，远望只见白光飞舞。岸旁有屋数间，内设绞车机器，下通水轮以为升车上下之用，车如小室，可坐一十二人，四面玻璃透亮，有门以便开阖出入。对岸树林浓翳，山上建有亭榭，游人上下亦坐升车，如小舟式，亦系水轮运转。离此二迈，有转水潭，因水急流至此湾曲而转，故名。又有风洞，因地下浮沙随流而去，上余坚土，形似瓦面，水气由洞口而出，故名。是处风景幽绝，天气清和，每至炎夏，举国官绅多来避暑。英界有酒店一间，颇雅洁。

是日停车，同各随员乘马车游历，并犒赏饮饭等，费约用一百八十余圆，由兰彬薪水拨给。

十二日，八点钟，到阿儿宾尼[③]，打尖。

十一点零五，到四北岭非尔[④]（麻沙朱色士邦属郡），计程三千三百一十六迈，地毗干捏底吉河[⑤]（河之东属麻沙朱色士，

---

① 东南北三面皆大瀑布，即尼亚加拉大瀑布（Niagara Falls），位于加拿大尼亚加拉大瀑布地区和美国布法罗地区交界处。

② 马蹄瀑，即霍斯舒瀑布（Horseshoe Falls）。

③ 阿儿宾尼，即奥尔巴尼（Albany）。

④ 四北岭非尔，即斯普林菲尔德（Spingfield）。

⑤ 干捏底吉河，即康涅狄格河（Connecticut River）。

河之西属干捏底吉)[1]，在哈富[2]之北二十六迈。有居民三万余人。又有军械局[3]在高冈中，每日用工人七百名，常存洋枪一十七万五千杆，当南北花旗开战时，该局日夜不息，共造就洋枪八十万杆，费一千二百万圆。有按察司衙门（建费二十万圆)。又有藏书楼一所，藏书三万二千卷，书院数间。

十二点，到哈富（即哈富德耳，干捏底吉之首会），计程三千三百四十二迈。是埠阔三十三方里，居民约三万七千余人。正枕干捏底吉河，旁又有一河穿贯埠中（名曰“柏河”[4]），上架桥梁十一道，东西哈富相连处，架木桥一道，长约一千尺。于一千六百三十三年之先，为荷人所踞，现尚有一处名曰“荷兰国”（在干捏底吉河、柏河之中），后二年为英人侵夺，始改今名。工艺精巧，贸易颇盛。有大小书院，于一千八百一十七年另设一院，以教聋哑（通国设院教聋哑者，以此院为鼻祖)[5]。

十二点，到中国驻洋肄业总局，局在柯伦士的（“士的”译言“街”也）第四百号[6]，与副使容道闳，及驻洋委员区主事谔良、容中书增祥等相见，谈悉美国伯理玺天德及其各官员皆已

---

① 现在康涅狄格州和马萨诸塞州的边界并不是以康涅狄格河划分。

② 哈富，即哈特福德（Hartford)。

③ 军械局，即春田兵工厂（Springfield Armory)，1794 年始建，1964 年关闭。

④ 柏河，即霍坎纽姆河（Hockanum River)，位于东哈特福德（East Hartford)，汇入康涅狄格河（Connecticut River)。

⑤ 即康涅狄格州聋哑弱智教育收容所，后改名美国聋哑学校（American School for the Deaf)，是美国第一所提供小学和中学教育的永久性聋哑学校。1817 年 4 月 15 日，由托姆斯·霍普金斯（Thomas Hopkins Gallaudet，1787—1851)、劳伦特·克拉克（Laurent Clerc，1775—1869）和梅森·科格斯韦尔博士（Dr. Mason Cogswell，1761—1830）创办，至今犹存。

⑥ 柯伦士的第四百号，即柯林斯街（400 Collins Street)，中国驻洋肄业总局所在地。

避暑外出，须中秋后始回署办事。因偕随员等暂驻该局等候。此后，兰彬及各随员火食均按薪水多寡匀算。

十四日，晚饭后，与区主事等瀹茗闲谈，见月蚀过半。

十九日，随员等前往观跑马，回称，离此三里，有地一段极宽平，为较马场，四围缭以短木栏，栏外周排木架，架六七级如阶，男女观者列坐栏内，环开马路，宽可方轨十余车，中段径约三里，高盖彩棚，掌会及公道人踞坐其上，旁小台二，一为厨传，一为乐亭。客来马车亦可入内停卸。来较马者先于场外放牧饱腾，该处林树阴翳，列肆整洁，随意茗谈。届时各驾小车，以十辆为群，入场齐集听号，并驱齐骋，电掣飙驰。每终一匝，棚上高唱甲乙，细乐竞作，诸人鼓掌以贺。三匝皆先，遂得重彩，其马已声价顿增。闻有值五千圆者，千金市骏，良非侈语。土人言，每年春秋佳日，各赛一次。赴会者固不远千里而来，相马者尤欲于此物色云。

二十三日，闽尼疏打[①]邦有会董函邀看会，据称，八月初间开会，旬余始散，绅商咸集，各国使臣率多亲到，伯理玺天德亦必临观。兰彬以未递〇国书辞之，美国绅商多有欲亲华官者，凡有庆会及园林名胜，每函订游玩，间令随员三数人赴约，以领地主之情。

二十七日，新闻纸称，埃利士党魁加尼亲见伯理玺天德，求其删改和约，设法驱逐华人，未知确否。月来闲住，令随员等翻译各处新闻纸，见其谈及华人，必备极丑诋，又凭臆论说，凡可以欺凌华人者，无不恣意言之，甚且谓国政尚由民主，所有设施官府断不敢不准行。间有持论稍平者，究亦祝少而诅多。各处日报连篇累牍，多系此种语言，令人阅而愤懑。抄已盈匣，兹不具录。

① 闽尼疏打，即明尼苏达（Minnesota）。

二十九日，容副使偕叶主事（源濬）往华盛顿，租定耶夫街第二千九百二十五号宅为使署。[①]

八月初四日，有福州人黄建勋[②]，自鸟砵[③]求见，据称系光绪二年从李观察凤苞出洋学习水师者，同来三十人，其十八人令往德国，在英国者十二人，[④] 内有金步蟾在“利诗”兵船[⑤]，林泰曾在“平

---

① 陈兰彬任期华盛顿使馆变迁情况，1878 年陈兰彬租用 P 街 1025 号作为使署。1879 年陈兰彬赴西班牙递交国书，由容闳暂代驻美公使期间，使署搬至容闳住处（No. 4 Iowa Circle）。1880 年陈兰彬回美后，使署搬至 K 街 1705 号（Boss Shepherd house）。

② 黄建勋（1852—1894），字菊人，福建永福人。同治六年（1867）考入福建船政学堂后学堂第一期驾驶班。同治十年（1871）到“建威”练船实习。次年毕业。同治十三年（1874）派充“扬武”兵船正教习，又充“福星”兵船正教习。光绪元年（1875）回任“扬武”兵船。光绪二年（1876）派赴英国学习。光绪三年（1877）到英国“伯乐罗芬”（H. M. S. Bellerophon）铁甲舰实习。光绪五年（1879）学成回国，任福建船政后学堂驾驶教习。光绪七年（1881）补守备，加都司衔，旋由李鸿章调往北洋，充水雷营管带。光绪八年（1882）署理“镇西”炮船管带，次年实授，升都司，赏戴花翎。光绪十三年（1887）调任“超勇”快船管带。光绪十五年（1889）署北洋海军左翼右营参将。光绪十七年（1891）赏加副将衔。光绪十八年（1892）实授左翼右营参将。光绪二十年（1894）率“超勇”号参加甲午海战，舰沉而亡。

③ 鸟砵，即纽波特（New Port）。

④ 在英国者十二人，即刘步蟾、林泰曾、严宗光、蒋超英、萨镇冰、方伯谦、何心川、叶祖珪、林永升、林颖启、江懋祉、黄建勋。

⑤ 金步蟾，应为刘步蟾（1852—1895），字子香，福建侯官人。同治六年（1866）考入福州船政学堂后学堂第一期驾驶班。同治十年（1871）到“建威”练船实习。次年毕业。光绪元年（1875）任“建威”练船管带，旋赴英国学习。次年回国。光绪三年（1877）再次赴英学习，并在英国海军“马那杜”号（H. M. S. Minotaur）实习。光绪四年（1878）因病休养，痊愈后至“拉里”号（H. M. S. Raleigh）实习。光绪五年（1879）学成回国，任“镇北”号管带。光绪八年（1882）赴德国监造“定远”“镇远”铁甲舰和“济远”巡洋舰。光绪十一年（1885）随舰回国，次年任“定远”舰管带，授参将，旋升副将。光绪十四年（1888）署北洋海军右翼总兵。次年实授。光绪二十年（1894）率舰参加甲午海战。次年威海卫之战，舰船被日本鱼雷重创，自杀殉国。与林泰曾合撰《西洋兵船炮台操练大略》。“利诗”兵船，疑为拉里号（H. M. S. Raleigh）。

利露卑”兵船[①]，蒋超英在“济生”兵船[②]，俱驻守英国港口，

① 林泰曾（1852—1894），字凯仁，福建侯官人。其祖林霈霖是林则徐胞弟。同治六年（1867）考入福建船政学堂后学堂第一期驾驶班。同治十年（1871）到“建威”练船实习。次年毕业。同治十三年（1874）赴台湾测量水道，旋任“安澜”舰枪械教习，又改任“建威”练船大副。光绪元年（1875）以守备选用，赏都司衔，旋随福建船政学堂总教习日意格（Prosper Marie Giquel，1835—1886）赴欧洲游历，并入英国海军实习。光绪二年（1876）回国，调赴台湾会办翻译事务。光绪三年（1877）再选赴英国学习，并在英国地中海舰队“孛来克柏林”号（H. M. S. Black Prince）、“潘尼洛布”号（H. M. S. Penelope）、“阿其力”号（H. M. S. Achilles）和“威灵顿”号（H. M. S. Willington）等舰实习。光绪五年（1879）学成回国，任“飞霆”炮船管带。光绪六年（1880）调任北洋水师“镇西”炮船管带，随丁汝昌赴英国收验向英国订购的“超勇”和“扬威”号巡洋舰。光绪七年（1881）随舰回国，免补参将，以副将尽先补用，充“超勇”号管带。光绪八年（1882）免补参将，以副将尽先补用。光绪十一年（1885）兼办北洋水师营务处。光绪十二年（1886）任“镇远”舰管带，授记名总兵。光绪十四年（1888）任左翼总兵兼管中营。次年加提督衔。光绪二十年（1894）率舰参加甲午海战，战舰受损，自杀殉国。与刘步蟾合撰《西洋兵船炮台操练大略》。“平利露卑”兵船，即“潘尼洛布”舰（H. M. S. Penelope）。

② 蒋超英（1852—1912），字锡彤，福建侯官人。同治六年（1867）考入福建船政学堂后学堂第一期驾驶班。同治十年（1871）到“建威”练船实习。次年毕业。光绪三年（1877）派赴英国学习，并在英国地中海舰队的“狄芬士”号（H. M. S. Defence）实习。光绪五年（1879）学成回国，分派南洋水师。光绪六年（1880）任“扬武”兵船管驾。光绪八年（1882）任“镇东”炮艇管带。光绪九年（1883）任“澄庆”兵船管带。光绪十年（1884）中法马江海战时，率“澄庆”兵船驰援福建水师，在石浦海战中，“澄庆”兵船不幸沉没。光绪十六年（1890）任江南水师学堂总教习兼提调，并兼任“寰泰”练舰管带、正教习，江南水师学堂会办。光绪三十一年（1905）任江南水师学堂总办兼监督。1912年任海军部视察。“济生”兵船，疑为“狄芬士”号（H. M. S. Defence）。

江懋祉[①]、林永启在“立可真”兵船[②]，游巡地中海，严宗光[③]

① 江懋祉（？—1882），籍贯不详。同治六年（1867）考入福建船政学堂后学堂第一期驾驶班。同治十年（1871）到“建威”练船实习。次年毕业。光绪三年（1877）派赴英国学习，并在英国大西洋舰队“爱勤考特”号（H. M. S. Agincourt）实习。光绪五年（1879）学成回国，分派南洋水师。光绪五年（1879）学成。次年回国。光绪七年任“建胜”轮船管带。

② 林永启，即林颖启（1852—1914），字初季，福建闽县人。同治八年（1869）考入福建船政学堂第二期。光绪元年（1875）到“扬武”号练船实习。光绪三年（1877）赴英学习，并在英国大西洋舰队“爱勤考特”号（H. M. S. Agincourt）实习。光绪六年（1880）学成回国。光绪十五年（1889）任“威远”号管带。光绪二十一年（1895）威海卫之战，舰船被日本击沉，被革职听候查办。光绪二十六年（1900）任“海天”号管带，旋调守大沽。1911 年南京临时政府成立，任福州船政局副局长，未到职又改任福建海关监督。1914 年任海军军港司令。“立可真”兵船，疑为“爱勤考特”号（H. M. S. Agincourt）。

③ 严宗光，即严复（1854—1921），乳名体干，初名传初，改名宗光，字又陵，后名复，字几道，晚号愈野老人，别号尊疑，又署天演哲学家，福建侯官人。同治六年（1867）考入福建船政学堂后学堂第一期驾驶班。同治十年（1871）到“建威”和“扬武”练船实习。次年毕业。光绪三年（1877）派赴英国学习，考入格林尼治皇家海军学院（The Royal Naval College Greenwich）。光绪五年（1879）拟在英舰“纽喀什尔”号（H. M. S. New Castle）实习，旋奉电回国任福建船政学堂后学堂教习。光绪六年（1880）任北洋水师学堂所属驾驶学堂洋文正教习。光绪十五年（1889）报捐同知衔，以知府选用，派为北洋水师学堂会办。光绪十六年（1890）任北洋水师学堂总办。光绪二十二年（1896）创办俄文馆，并任总办。光绪二十七年（1901）任开平矿务局总办。光绪二十八年至三十年（1902—1904）任京师大学堂附设译书局总办。光绪三十二年（1906）任复旦公学校长，又任安徽师范学堂监督（1906—1907）。光绪三十四年（1908）任学部审定名词馆总纂。宣统元年（1909）任宪政编查馆二等咨议官、福建省顾问官。宣统二年（1910）海军部授为协都统，后任资政院议员。宣统三年（1911）创作大清国歌《巩金瓯》。1912 年，任北京大学校校长，旋辞职。1913 年任总统府外交法律顾问。1914 年选为约法会议议员，后任参政院参政。宪法起草委员。1915 年被袁世凯聘为宪法起草员，列名为筹安会的发起人，支持袁世凯复辟帝制。著有《严几道诗文钞》《愈壄堂诗集》《严几道文集》《严侯官先生全集》等，译有《天演论》《原富》《社会通诠》《群学肄言》《群己权界论》《穆勒名学》《法意》《名学浅说》等西方名著。

在格林书院，方伯谦①、林永升②、萨镇冰③、何心

① 方伯谦（1853—1894），字益堂，福建侯官人。同治六年（1867）考入福建船政学堂后学堂第一期驾驶班。同治十年（1871）到“建威”练船实习。次年毕业。同治十三年（1874）任“伏波”舰正教习，又调任“长胜”舰大副。光绪元年（1875）调任“扬武”舰。光绪三年（1877）派赴英国学习，考入格林尼治皇家海军学院（The Royal Naval College Greenwich）。光绪四年（1878）到英国东印度舰队“恩延甫”号（H. M. S. Emryafus）和“士班德”号（H. M. S. Spartan）实习。光绪六年（1880）学成回国，任福建船政学堂后学堂正教习，旋调练习舰教习。光绪七年（1881）调任北洋水师“镇北”号管带。光绪八年（1882）先后任“镇西”炮舰和“威远”练船管带。光绪十一年（1885）调任“济远”号巡洋舰管带。光绪十五年（1889）署北洋海军中军左营副将。光绪十八年（1892）实授北洋海军中军左营副将。光绪二十年（1894）甲午海战临阵退缩，被斩首。

② 林永升（1853—1894），字钟卿，福建侯官人。同治六年（1867）考入福建船政学堂后学堂第一期驾驶班。同治十年（1871）到“建威”练船实习。光绪元年（1875）调赴“扬武”练船，旋改任船政学堂教习。光绪三年（1877）派赴英国学习，考入格林尼次皇家海军学院（The Royal Naval College Greenwich）。光绪四年（1878）到英国地中海舰队“马那杜”号（H. M. S. Minotaur）实习。光绪六年（1880）学成回国，升守备，加都司衔。光绪七年（1881）调任北洋水师“镇中”炮舰管带和“康济”练船管带。光绪八年（1882）赴德国监造“定远”“镇远”铁甲舰和“济远”巡洋舰。光绪十一年（1885）随舰回国，次年任“济远”舰管带。光绪十五年（1889）署理北洋海军左翼左营副将。光绪十七年（1891）实授北洋海军左翼左营副将。光绪二十年（1894）率舰参加甲午海战，中弹身亡。

③ 萨镇冰（1859—1952），字鼎铭，福建闽侯人。同治八年（1869）考入福州船政学堂第二期。同治十一年（1872）在“扬武”练船实习。同治十三年（1874）任“海东云”船二副，巡防台湾。光绪元年（1875）调任“扬武”号。光绪三年（1877）派赴英国学习，考入格林尼次皇家海军学院（The Royal Naval College Greenwich），并在英国地中海舰队“莫纳克”号（H. M. S. Monarch）实习。光绪六年（1880）学成回国。光绪七年（1881）任南洋水师“澄庆”炮船大副。光绪八年（1882）任天津水师学堂教习。光绪十一年（1885）任“康济”号练船管带。光绪十二年（1886）任“威远”练舰管带。光绪十五年（1889）署精练左营游击。光绪二十年（1894）实授精练左营游击。光绪二十一年（1895）参加威海卫之战，战败卸甲归乡。光绪二十二年（1896）任吴淞炮台总台官，旋升自强军帮统。光绪二十五年（1899）任通济练习舰（转下页）

川[①]、叶祖珪[②]在地中海、东印度各处兵船，伊则在“彼利笋”

（续上页）管带，旋调任北洋海军帮统。光绪二十六年（1900）兼“海圻”巡洋舰管带。光绪二十九年（1903）升任北洋海军统领。光绪三十一年（1905）任总理南北洋海军兼广东水师提督。民国后，历任海军总长、暂代国务总理、福建省长等职。中华人民共和国建国后任第一届全国政协委员、中央人民政府人民革命军事委员会委员、中央人民政府华侨事务委员会委员、福建省人民政府委员会委员等职。著有《古稀吟集》《客中吟草》《里门吟草》《仁寿堂吟草》等。

① 何心川（1853—1926），字镜秋，福建侯官人。同治六年（1867）考入福建船政学堂后学堂第一期驾驶班。同治十年（1871）到“建威”练船实习。光绪元年（1875）调赴“扬武”练船，旋改任船政学堂教习。光绪三年（1877）派赴英国学习，考入格林尼次皇家海军学院（The Royal Naval College Greenwich）。光绪四年（1878）到英国南非舰队“菩提西阿”号（H. M. S. Bouducea）实习。光绪六年（1880）因病提前回国，任福建船政学堂教习。光绪十一年（1885）任南洋水师“开济”快船管驾。光绪十二年（1886）任“镜清”快船管带。光绪十六年（1890）任“寰泰”号练习船管带。光绪二十九年（1903）被张之洞参革。1912年任海军部视察。1913年任“镜清”炮舰舰长。1914年调任“肇和”巡洋舰总教官，晋升海军少将。

② 叶祖珪（1852—1905），字桐侯，福建闽侯人。同治六年（1867）考入福建船政学堂后学堂第一期驾驶班。同治十年（1871）到“建威”练船实习。光绪元年（1875）调赴“扬武”练船，旋改任船政学堂教习。光绪三年（1877）派赴英国学习，考入格林尼次皇家海军学院（The Royal Naval College Greenwich）。光绪四年（1878）到英国。1879年春进英国格林尼治海军学校学习，先后在英国海军“孛来克柏林”号（H. M. S. Black Prince）和“音温思布拉”号（H. M. S. Invicible）实习。光绪八年（1880）回国。光绪七年（1881）任北洋水师“镇远”号管带。光绪八年（1882）赴德国监造“定远”、“镇远”铁甲舰和“济远”巡洋舰。光绪十三年（1887）往英国接“靖远”舰回国，任“靖远”舰管带。光绪十五年（1889）署理北洋水师中军右营副将，旋升总兵。光绪十八年（1892）实授北洋水师中军右营副将。光绪二十一年（1895）威海卫之战，战败革职。光绪二十五年（1899）复出，加提督衔，授北洋水军统领。光绪二十八年（1902）任温州镇总兵。光绪三十年（1904）任广东水师提督，旋总理南北洋海军，兼任上海船坞督办。著有《旗灯通语》《要隘地理图说》等书。

兵船[1]，往来南北花旗及西印度一带。昨因该船驶至鸟砵[2]（洛哀伦[3]邦埠头），知有中国官到此，特来谒见。

与谈其所住之船，云该船系铁甲，重载六千八百吨，马力一千匹，有水师兵六百名，陆路兵二百余，盖水面交战则水师之力居多，追敌登岸必须陆兵也。提督一员，名“入可老时”。老船主一人，名“达四阿”。法令官一员，名“被蒙”。都司八员，守备三员，医生三员，管账三员，管轮六员，管理驾驶事务二员，学生十四人，教士一人。其将台在烟筒之旁，式甚窄小，远望只如风筒，所有千里镜、量天尺、电气线、发气筒，俱置于内。逢交战时，止提督与船主二人登此指挥，各弁兵俱在二层舱。该提督统带兵船十八号，临敌惟以发气筒进退之，如欲某船击东，某船击西，但放气筒，彼船即能视气以作行止，此系暗号，除提督、船主外，不许一人得知，如有偷看者，虽弁兵亦按军法也。其军器则有径十六寸大炮十位，径九寸大炮二位，十二磅子炮十二位，又贺炮及三板炮六位。又有水雷三种。一曰“白头雷”，别国未有者，形如鲤鱼，头有铜电气数条，尾藏机汽，量敌船之远近，用机汽之多少，计可到船触发，即敌船来猛，中途碰着鱼头，电气亦发。至于浅深，则于雷身量加铁条，如敌船入水一丈，则该水雷则沉至一丈，尺寸仿是。一曰“霞米雷”，其形方，中安铜电气线一条，上加长铁条，用绳绑于船尾，沉落水中，如遇敌船尾追，压动铁条，即被轰裂。一曰“上尖雷”，其式尖，量敌船远近，发以机汽，但其枢纽在己船上，须用千里镜瞄准，发始命中。三种之中，最便而利者，莫如“白头雷”。惟敌人机警，未出海之先已将船身入水浅深之

---

① 彼利笲兵船，即“伯乐罗芬”（H. M. S. Bellerophon）号。

② 鸟砵，即纽波特（Newport）。

③ 洛哀伦，即罗德岛（Rhode Island）。

字号改抹，以少注多，则水雷从底而过，无济于事。又称海上交锋，总要视敌船何舱系藏火药，专攻其药舱为要（某舱某物必有一定程序）。近日西人极意讲究水雷，而炮已为第二义云。

初九日，为该处农事赛会之期，凡牛羊菜果之属，培畜得宜、硕大肥腯者，皆送会中陈列，以示劝农。器之新造而便于用者，亦聚焉。

其犁车有生铁、熟钢二种，生铁者以犁地，熟钢者以垦荒，用马二三匹，一人御之，一过深可尺许，宽可尺五六寸。

又有乃奴士新式犁，前有小铁轮达于车中，可上下以取浅深之度。其割车左有大铁箕，离地寸余，箕口有直铁齿排列上下，可容割刀往来，割刀亦排列如锯齿，尾连曲柄于车，车行则箕口直齿插入麦中以约麦根，而割刀游刃于其间，麦梗立断，自然偃于车中，另于车侧安木梳运动，令麦偃车中者，扫出车后，用二马，一人日可割六七十亩（外国亩数计中国约三倍）。

又有风轮取水器，以资灌溉，其轮侧立两轴平运，轴前为轮，轴后有尾如柁，常顺风势，故轮面迎风而转，无论风来方向，轴有曲拐，连于抽水器以抽水。此法详载于泰西水法及奇图式二书，而柁之设尾则始自近年，尤为不糜风力。

又有打麦器，形如载客之火轮车，一头有轮，以便移动，一头有轴无轮，平置地上，前仰后俯，两轴之身联以循环铁链，链上围以木板，从车前进麦穟于板上，马从后入践之，马行板上，板即下移，马复踯步，板又下移，马在车中不离故处，而木板周而复始，粒皆从木缝中坠下，梗从车后退出，更进以麦穟如初。

又有捋包粟之器，用二直立铁轮，一动一静，轮面有粗齿，其静者更加缘边，用人摇之，包粟从顶纳入，经擦磨之后，粟米与中瓤各自坠出。

又有播种器，大略同中国所用，惟前有小犁犁土，种自斗底坠下，另斗漏少水浇之，又随有八字小铁铲，铲土覆之，更加以轻碡碌压土令平。

此数种俱巧便异常，真农家利器也。

十一日，偕随员往游多吉山[①]。山在哈富西十余里，不甚高峻，而四山低伏，遂有一览众小之概。南北争战时，于此架木楼以瞭望虚实，后即以时增修，为游人登眺。其下山塘清泚可鉴，林峦幽静，亭榭宽旷，夏日避暑者络绎不辍。是日适天气微寒，客来颇少，只晡后有少年男女七八人同车而来，登台跳舞，楚楚有致。

十四、五、六等日，各艺避暑者陆续回院，各随员连日往观其书院、医局及聋哑院。据称，该书院系中等，内有学生男子三百余人，女子百余人，皆年在二十左右，须由小书院学满四年，考录送进。院中分堂教授，所有天文、地舆、光学、化学、矿学、画学、格致、制造，以及医理、法律、文史等法，均列图备物，口讲指授，不独架有其书，徒供耳食。中国学生有三四人，初进此院，以英语口译赖丁[②]文籍，聆其背诵，尚属流利。

其医局处二处，一系国家例设，一系商民捐办，均洒扫虔洁，陈设鲜明。凡病人到院，一切药饵食息，医师不时料理，多有无甚大病者亦来此静养。另院聚诸疯子，癫狂之状变幻不一。其医师云，病此之人虽多，实系膏肓不治者亦少，凡思虑不遂皆足成痴，故但如其意之所欲，哄诱警觉，如彼为货财，则多聚珍宝，供其揶摩。彼好尊贵，则奉以衮冕，任其呼叱。往往有久而自悟者。每年院中放出者，或三五人，或十数人。其教诲聋哑之法，则将其二十六字母演为手法，此以手问，彼

---

① 多吉山，即塔尔科特山（Talcott Mountain）。

② 赖丁，即拉丁（Lingua Latīna）。

以手答，百试无差，兼能以手作势，彼即操笔为文，不失意指。其馆师云：哑子无不聋者，若但聋而不哑，尚易为力。谈次传出聋子数人，与之觌面说话，如响斯应，掉面则否，盖不用耳而用目，见人唇舌即能通晓也。

又往看织局者回称，局在修夫晚车士达①，离哈富东三迈程，创设者名“千尼有”，今归其子三人管业。初到时，“千尼有第三”先请到伊家饮酒，然后引看其总机器，大约与明轮火船之机器相似，但船上用镬装水，照顾不到即有水干镬坼之虞，此则于轮后开火炉十二座，每炉上置大铁罐九只，外糊厚土，中贮清水，火势一炽，其水自热，于近轮第一炉置大汽管以纳其气，又于管旁设螺丝，以便启闭消息，而于第十二炉上设一凉水管，开一小眼，使水能出而汽不能入，若炉中少热水一分即凉水滴添一方，可以终日无人看守而不误事，系近日新法，各艺局多已仿效。其扒丝、卷丝、出线、染线、梭织、花样，各有机器，大抵先将蚕丝抖乱扒烂，卷作一团，扯出粗线，染色过浆，用火床焙干，然后纺成幼线，若织双丝，又将幼线合纺。较之中国机房，虽迟速迥别，但转折太多，又不论精粗，一律造作，故其细缎仍逊中国之细致光滑。

申后，“千尼有第二”邀过其家便饭，谈及伊父在日，曾到中国买丝，上海、广东各处官商极为优待，归向其兄弟言之，今得见中国官员，十分荣幸。问渠局中用工人多少，据称现用一千五百人，女工居其八，每人月给辛工有六七十、三四十圆不等云。

① 修夫晚车士达，即曼彻斯特（Manchester）。

又往看格林炮局[①]者回称，初到时，其主人先领看军械所，则各国新旧戈矛枪弹诸式俱全，系采购以资参究者。登楼观其手枪，所制新式比旧枪分两既轻，施放亦便。旧枪或药弹分入，或药在弹内，皆用一铁机磕打铜帽，然后能响，稍不小心，或有失火、蕴弹等弊。此则枪身圆滑，但于下面着手处装两活机，抽其后机则锁开，置弹随手关回，再抽前机则弹出，可至二里之遥。据称俄国定购此式三万枝，每枝价银十七圆，弹子每千粒该银三十五圆，现将造毕，下月即可照交。又有炮，略如中国前此所购之样，但通身加包厚铜以免尘蔽涩滞。炮右摇机则改在炮后，炮车之轮亦略细小，其定炮之螺丝枢轴亦较灵捷，高低左右随手转动毫不费力，可打至五千余中尺。询其时价，则较前数年已大减跌，径四分者，每位须银七百圆，弹子每千须银三十五圆。径一寸者，每位须银二千圆，弹子每千须银二百三十五圆更有径一分者，体质轻便，用于船上尤宜，价与四分径者同。随至其试炮所，则在旷地中建一木屋，实以白沙，屋板着弹处疏密高下俱有准痕，约十息顷（一微厘分为六十息顷[②]），已发去弹子三包（每包四十粒），其后一包系我辈试放，与熟手者仍有迟速之分，想渠说一微厘可发千弹，固非虚语。又称，每炮一位须用五人料理（点炮二人，放弹三人），临敌时，每炮须计备万余弹云。

又引行里许，往观其祖坟，则用铁栏围方丈许，中竖白石，高约三丈，顶琢六角如钟鼓亭式，石自英国买来，用银五万圆

---

① 格林炮局，即加特林枪械公司（Gatling Gun Company），创办者是加特林（Richard Jordan Gatling，1818—1903），生于北卡罗纳州赫特福德（Hertford County，North Carolina）。1861 年发明加特林枪（Gatling gun）。1862 年创办加特林枪械公司。1891 年当选美国发明家和制造商协会首任会长（the first president of the American Association of Inventors and Manufacturers）。

② 息顷，即秒（second）。

云。又左右皆别家坟地，石华表大小不等，其所雕刻，有山水者、有人物者、有注其生卒年月者、有写其生前所制何艺形式者。据称，国例葬地须由官择定，不产煤、硫、五金，始指给人丛葬，而取其值，又不立茔兆、坟院，葬时亲朋人等各用生花供献，揜土后，子孙多不过问，其拈花到坟泣供者，间或有之，则夫妇情重者也。

十八日，干捏底吉邦操阅民兵，总兵官摩觐函邀往看，有随员数人赴约。回称，此去二百里，地名“乃安的”[①]，系大西洋海旁，是为较场。某等初至，与其总督恰弼[②]握手相见，坐谈片时，随令营总给予照纸，并命军官一员领往周视营垒，所过弁兵皆以军礼见，弁将新旧枪式、大炮、弹子等件演试讲说。随营医生、教士及绘图、照相人等，尤殷拳接谈。

中饭后，各兵腰刀手枪结束出帐，分为两翼，翼约各千人，号衣一红一皂，不许搀越，皆用乐手导前，炮车压后，军官骑马往来指挥，教师按剑随步提唱，旗帜却不多用，止竖大旗于中，两翼各有引旗一、令旗一、炮旗一而已。先则按步徐行，旋转数匝，继而各分小队，或十或五，或纵或衡，号令所宣，罔不齐一，校练多时，施放手枪，仍整队成列，点演大炮，然后偃旗散伍。我辈向各官赞颂，则云：此系民兵，平时不食口粮，止每年赴操时给以饭食，尚不甚整齐，非额兵比也。

因询其通国兵数，据称有步队二十五旗，计兵九千三百七十五，弁员八百七十七。马队十旗，计兵一万零九百四十九，弁员四百三十五。炮队五旗，计兵二千四百九十，弁员二百三

① 乃安的，即奈安蒂克（Niantic）。

② 总督恰弼，即美国康州州长理查德·达德利·哈伯德（Richard Dudley Hubbard，1818—1884），生于美国康州柏林（Berlin，Connecticut）。1939年毕业于耶鲁大学（Yale College）。1842年、1855年、1858年连续当选康州众议院议员。1877—1879任美国第48任康州州长（the 48th Governor of Connecticut）。

十。巡缴兵六百，管旗兵四百，营造兵四百，另余丁八百三十六，武备学徒三百一十。皆系额设。陆兵归大将军统管，水师则分布各兵船，计：

一等船五只，曰“哥罗拉度”，曰“夫阑连”，曰“闽尼疏大”，曰“乃阿其拉”，曰“华巴士”。①

二等船二十七只，曰“干捏底吉”，曰“佛勒鳌大”，曰“挨阿华”，曰“田纳西”，曰“安底烟覃”，曰“查化”，曰“纽约”，曰“宾夕尔勒尼”，曰“纱士贵韩纳”，曰“阑加士打”，曰“布绿连”，曰“边沙哥纳”，曰“哈富”，曰“里治满”，曰“干其厘士”，曰“吴士打”，曰“地连顿”，曰“布夏顿”，曰“阿拉士格”，曰“民尼西河”，曰“鸟马下”，曰“布廉马士”，曰“力格湾拏”，曰“的干里罗大”，曰“干阑底卦”，曰“满罗拿希拏”，曰“沈连罗阿”。②

三等船二十九只，曰“朱尼安大”，曰“澳西皮”，曰“坚尼博”，曰“司壆打拉”，曰“加林拏”，曰“分打来阿”，曰“乌里安”，曰“武喜干”，曰“衣老瓜”，曰“华周吞”，曰

① 哥罗拉度，即科罗拉多（Colorado，1858—1885）；夫阑连，即富兰克林（Franklin，1867—1916）；闽尼疏大，即明尼苏达河（Minnesota）；乃阿其拉，即尼亚加拉（Niagara，1857—1885）；华巴士（Wabash，1856—1912）。

② 干捏底吉，即康涅狄格（Connecticut）；佛勒鳌大，即佛罗里达（Florida，1867—1885）；挨阿华，即爱荷华（Iowa）；田纳西（Tennessee，？—1888）；安底烟覃，即安提塔姆（Antietam）；查化，即爪哇（Java，1863—1884）；纽约（New York，1863—1888）；宾夕尔勒尼，即宾夕法尼亚（Pennsylvania）；纱士贵韩纳，即南卡罗来纳（South Carolina）；阑加士打（Lancaster，1858—1915）；布绿连，即布鲁克林（Brooklyn，1858—1890）；边沙哥纳（Pensacola，1859—1912）；哈富，即哈特福德（Hartford，1858—1926）；里治满，即里士满（Richmond，1860—1919）；吴士打（Wachusett，1861—1887）；布夏顿，即波瓦坦（Powhatan，1852—1887）；阿拉士格，即阿拉斯加（Alaska，1868—1883）；布廉马士（Plymouth，1867—1884）；的干里罗大，即沙士魁海纳（Susquehanna，1850—1883）；满罗拿希拿（Monongahela，1862—1902）。

“怀阿名”，曰“打士格鲁拉”，曰“基河沙治”，曰“阿当士”，曰“阿来安士”，曰“衣色士”，曰“沙阁”，曰“乃阿”，曰“疏勿”，曰“烟得”，曰“安的布来士”，曰“臬色”，曰“阿瑞衣力”，曰“门奴格西”，曰“那里干舌”，曰“阿力”，曰“连者”，曰“甘色士”，曰“密基安”。①

四等船六只，曰“夫罗力”，曰“吉的士百”，曰“打拉保沙”，曰“巴罗士”，曰“地士巴治”，曰“里荷布拉奥”。

木质帆船二十二只，曰“纽韩西阿”，曰“纽墨连士”，曰“倭海阿”，曰“化孟地”，曰“干士地里臣”，曰“干士地都臣”，曰“烟地连士”，曰“沙面”，曰“山地”，曰“沙湾拿”，曰“砵士毛士”，曰“西安尼”，曰“占士端”，曰“沙拉都格”，曰“圣路易士”，曰“地儿”，曰“那尼”，曰“格儿”，曰“安华”，曰“利里失”，曰“计布来”。②

铁甲战船二十四只，曰“阿则士”，曰“奄非地来地”，曰“干阑尼格士”，曰“加民治”，曰“格士基儿”，曰“格罗沙士”，曰“得力打”，曰“则臣”，曰“里希”，曰“马合伯”，曰“门乞丹”，曰“麻沙朱色士”，曰“闽丹奴戊”，曰“阑拏奴”，曰“满托”，曰“拏韩”，曰“闽得吉”，曰“阿里干”，

---

① 朱尼安大（Juniata，1862—1891）；澳西皮（Ossipee，1861—1891）；坚尼博 Benicia 1868—1884；司澳打拉（Shenandoah，1862—1887）；分打来阿（Vandalia，1876 1889）；衣老瓜（Iroquois，1859—1904）；华周吞（Worcester，1866—1883）；怀阿名，即怀俄明（Wyoming，1859—1892）；打士格鲁拉（Tuscarora，1861—1883）；基河沙治（Kearsarge，1861—1894）；阿来安士（Alliance，1877—1911）；衣色士（Essex，1876—1930）；沙阁（Saint）；烟得，即印第安纳（Indiana）；安的布来士（Enterprise，1874—1909）；阿力（Alert，1875—1922）；连者（Ranger，1876—1940）；甘色士，即堪萨斯（Kansas）；密基安（Michigan）。

② 倭海阿，即俄亥俄（Ohio）；沙面（sanbine，1855—1883）；山地（Santee，1855—1912）。

曰“巴色”，曰“标里顿”，曰“路安奴”，曰“疏格士”，曰“打拿”，曰“威都安地”。

水雷炮船二只，曰“烟地立必”，曰“阿南”。

另小柁船约三十只，其容载重者三千余吨，轻亦四五百，炮位则十数至三四十不等，兵及水手多者四百人，少则四十，而一百及百五十者为常，在各海道、港口，或游巡，或泊守，均隶水师部，亦额兵也。

至于民兵，如今日所操者，则各邦多寡不一，合三十七邦，约可十四五万，无事时各谋生业，闻令即刻归伍，若国有大事，则民二十以上皆从征调，千百万可立致矣。谈次时已加酉，遂别而回。

二十日，前驻华卫使三畏[1]来见。兰彬在哈富驻经月余，土人柏勒士、梯云等，及旧日相识者，多来晤叙谈。

悉美国地处北亚美利加洲之南，纬线自北二十四度二十分至四十九度，经线自偏西六十六度四十分至一百二十五度三十二分，东界大西洋，西界太平洋，北界英属干尼大[2]，南界墨西

① 卫三畏（Samuel Wells Willianms，1812—1884），生于美国纽约州伊萨卡毕业于仁塞勒工业学院。1833 年到广州。1844 年任马礼逊教育协会通讯秘书。1844 年回国结婚，并获荣誉法学博士学位。1848 年携妻赴华。1853 年任美国远征日本舰队翻译。1856 年任美国驻华使团秘书和翻译。1860 年回美。1862 年再次赴华。驻华期间，曾 9 次代理美国驻华公使。1876 年退休返美。1877 年任美国耶鲁大学汉学讲座首任教授。1881 年当选美国东方学会会长。著有《拾级大成》（*Easy Lessons in China*，1842）、《英华韵府历阶》（*An English and Chinese Vocabulary in the Court Direct*，1844）、《中国地志》（*A Chinese Topography*，1844）、《对华商务指南》（*A Chinese Commercial Guide*，1844）、《中国总论》（*The Middle Kingdon*，1848）、《英华行名录》（*Anglo-chinese Kalendar*，1848—1856）、《英华分韵撮要》（*Tonic Dictionary of the Chinese Language of Canton Dialect*，1856）、《汉英拼音字典》（*A Syllable Dictionary of the Chinese Language*，1874）等书，曾主编《中国丛报》。

② 干尼大，即加拿大（Canada）。

哥，东西两千八百五十迈，南北一千六百迈，内海岸约五千二百迈，统计三百万零二万六千四百五十四方迈[1]。

其大山二，东曰“阿利塞尼山”[2]，高六千二百尺。西曰“落机山”[3]，高一万七千尺。

河以密士失必为最，发源于苏比利阿湖[4]，南流入于海，其支流分于东者为衣邻奴士河、倭海阿河[5]、雅苏河[6]，分于西者为闽尼疏大河、地士磨烟尼士河[7]、米苏理河[8]、阿士沙士河[9]、红河[10]，其余名河曰干捏底吉，曰赫臣[11]，曰特尔拉华[12]，曰沙士基旱拿[13]，曰波都麦[14]，曰占士[15]，曰沙湾那[16]等河，皆入大西洋，曰哥伦米阿[17]，曰沙格民多[18]，曰山租京[19]，曰阿罗拉度[20]，

---

① 方迈，即平方英里（mile）。
② 阿利塞尼山，即亚利加尼山（Allegheny Mountain）。
③ 落机山，即落基山（Rock Mountain）。
④ 苏比利阿湖，即苏比利阿湖（Lake Superior）。
⑤ 倭海阿河，即俄亥俄河（Ohio River）。
⑥ 雅苏河，即亚祖河（Yazoo River）。
⑦ 地士磨烟尼士河，即得梅因河（Des Moines River）。
⑧ 米苏理河，即密苏里河（Missouri River）。
⑨ 阿士沙士河，即奥塞奇河（Osage River）。
⑩ 红河（Red River）。
⑪ 赫臣，即哈得孙（Hudson）。
⑫ 特尔拉华，即特拉华（Delaware）。
⑬ 沙士基旱拿，即萨斯奎汉纳（Susquehanna）。
⑭ 波都麦，即波多马克（Potomac）。
⑮ 占士，即詹姆士（James）。
⑯ 沙湾那，即萨凡纳（Savannah）。
⑰ 哥伦米阿，即哥伦比亚（Columbia）。
⑱ 沙格民多，即萨克拉门托或沙加缅度（Sacramento）。
⑲ 山租京，即圣约金（Saint Joaquin）。
⑳ 阿罗拉度，即科罗拉多（Colorado）。

曰来阿支那[1]等河，皆入太平洋。

国内现分三十七邦、十属、二部落，广狭不等。

其东六邦，则：

一曰“缅”[2]，原与麻沙朱色士合，今分地在纬北四十二度五十七分至四十七度三十二分，经偏西六十六度五十二分至七十一度六分。东界英属乌布兰瑞[3]，西界纽罕什尔西，北界英属干拏大，东临大西洋。近海多小岛，稍大者名“毛里煞岛”[4]，民数约六十二万六千九百余，胜兵者七万八千余。会城曰“墺格士打”[5]，市镇以砵伦[6]埠为大，贸易最盛。

一曰“纽罕什尔”[7]，初附麻沙朱色士，又附纽约，今分地在纬北四十二度四十分至四十五度十二分，经偏西七十度四十分至七十二度八十分。东界缅及大西洋，西界洼满，南界麻沙朱色士，北界英属干拿大[8]。民数约三十一万八千余，胜兵者三万九千余。会城曰“庸曷城”[9]，市镇以文遮士大[10]为最，砵士毛庶[11]亦大西洋之要口也。

一曰“洼满[12]”，地在纬北四十二度四十四分至四十五度，经偏西七十一度三十四分至七十三度二十六分。北界英属干拿

---

① 来阿支那，即来阿支那（Roanoke）。

② 缅，即缅因（Maine）。

③ 乌布兰瑞，即新不伦瑞克（New Brunswick）。

④ 毛里煞岛，即芒特迪瑟特（Mountain Desert Island）。

⑤ 澳格士打，即奥古斯特（Augusta）。

⑥ 砵伦，即波特兰（Portland）。

⑦ 纽罕什尔，即罕布什尔（Hampshire），指新罕布什尔（New Hampshire）。

⑧ 干拿大，即加拿大（Canada）。

⑨ 庸曷城，即康科德（Concord）。

⑩ 文遮士大，即曼彻斯特（Manchester）。

⑪ 砵士毛庶，即朴次茅斯（Portsmouth）。

⑫ 洼满，即佛蒙特（Vermont）。

大，东界纽罕什尔，南界麻沙朱色士，西界纽约。民数约三十三万五千余，胜兵者四万四千余。会城曰“满必里阿”[1]，市镇以巴连顿[2]埠为大，擅三布连湖[3]之利，又有民富广马谷湖[4]。

一曰“麻沙朱色士”，地在纬北四十一度十五分至四十二度五十二分，经偏西六十九度五十四分至七十度三十五分。东界大西洋，西界纽约，北界洼满、纽罕什尔，南界洛哀伦、干捏底吉，迤东有地伸入海中，长五十迈。民数约一百四十五万七千余，胜兵者二十一万六千余。会城曰“布士顿”[5]，市镇曰“纽必里砵”[6]，曰“奴伦士奴亚”[7]，曰“瓦诗士打”[8]，曰“短安顿”[9]，曰“士布尔非儿”[10]等埠，皆名城也。

一曰“洛哀伦”，地在纬北四十一度十八分至四十二度三分，经偏西七十一度八分至七十一度五十八分。东北界麻沙朱色士，南界大西洋，西界干捏底吉。其民约二十一万七千余，胜兵者约四万。镇市以布罗非顿士[11]为最，其余则曰“奴砵”[12]，曰“哥阑尼吉”[13]等处。

一曰“干捏底吉”，地在纬北四十一度零至四十二度二分，经偏西七十一度四十六分至七十三度五十分。东界洛哀伦，西

① 满必里阿，即蒙彼利埃（Montpelier）。
② 巴连顿，即本宁顿（Bernington）。
③ 擅三布连湖，即尚普兰湖（Champlain Lake）。
④ 民富广马谷湖，即门佛雷梅戈格（Memphremagog Lake）。
⑤ 布士顿，即波士顿（Boston）。
⑥ 纽必里砵，即纽柏立波特（New Buryport）。
⑦ 奴伦士奴亚，即北安普顿（Northampton）。
⑧ 瓦诗士打，即伍斯特（Worcester）。
⑨ 短安顿，即陶顿（Taunton）。
⑩ 士布尔非儿，即斯普林菲尔德（Springfield）。
⑪ 布罗非顿士，即普罗维登斯（Providence）。
⑫ 奴砵，即纽波特（Newport）。
⑬ 哥阑尼吉，即格林尼治（Greenwich）。

界纽约，北界麻沙朱色士，南界洛哀伦海湾。民数约五十三万七千余，胜兵者六万三千余。旧以纽希文[①]为会城，今迁于哈富，兴建议院，工尚未竣。

其中三邦，一曰“纽约”，地在纬北四十度三十分至四十五度，经偏西七十一度五十四分至七十九度五十七分。北界圣连出[②]河，南界大西洋，东界麻沙朱色士，西界纽折尔西，东西三百八十一迈，南北三百迈，连海岛计四万七千方迈。民数约四百三十八万二千余，胜兵者四十八万三千余。会城曰“阿儿民尼而”[③]，曰“纽约”，曰“布鲁”[④]，曰“巴法路”[⑤]，曰“第来”[⑥]，曰“罗士边打”[⑦]，曰“沙那多架”[⑧] “士布尔士”[⑨] 等埠，皆巨镇。

一曰“纽折尔西”[⑩]，地在纬北三十八度五十五分至四十一度二十一分，经偏西七十三度五十八分至七十五度二十九分。北界纽约，东南界大西洋，西界宾夕尔勒尼安，共约八千三百二十方迈。民数约九十万零六千余，胜兵者二十四万八千余。会城曰“地林顿”[⑪]，市镇以奴洼[⑫]埠为大。

一曰“宾夕尔勒尼安”[⑬]，地在纬北四十九度四十三分至四

① 纽希文，即纽黑文（New Haven）。
② 圣连出，即圣劳伦斯河（Saint Lawrence River）。
③ 阿儿民尼而，即亚柏尼（Albany）。
④ 布鲁，即布鲁姆（Broome）。
⑤ 巴法路，即布法罗（Buffalo）。
⑥ 第来，即托里（Tory）。
⑦ 罗士边打，即洛彻斯特（Rochester）。
⑧ 沙那多架，即斯克内克塔迪（Schenectady）。
⑨ 士布尔士，即雪城（Syracuse）。
⑩ 纽折尔西，即新泽西（New jersey）。
⑪ 地林顿，即特伦顿（Trenton）。
⑫ 奴洼，即纽瓦克（Newark）。
⑬ 宾夕尔勒尼安，即宾夕法尼亚（Pennsylvania）。

十二度，经偏西七十四度四十分至四十度三十六分。东界纽折尔，西南界特尔拉华，西界西匆尔吉尼阿，北界纽约，东西三百一十五迈，南北一百六十迈，统四万六千方迈。民数约三百五十二万二千，胜兵者三十六万一千余。会城曰“乞里士北”[①]，市镇以非拉地儿非[②]阿埠为大。

其南十五邦，则：

一曰“匆尔吉尼阿”[③]，地在纬北三十六度三十分至三十九度四十分，经偏西七十五度十分至七十三度三十三分。东界大西洋，西界坚德基，北界西匆尔吉尼阿，南界北喀尔勒那。东西四百三十二迈，南北一百七十五迈，共三万八千三百四十八方迈。会城曰“利之文”[④]，市镇有曰“佛力打力士北”[⑤]，曰“必打士墨”[⑥] 等埠，民数约一百二十二万二千。

一曰“西匆尔尼阿”[⑦]，地在纬北三十七度十分至四十度二十分，经偏西七十七度四十七分至八十二度三十二分。东南界匆尔吉尼阿，北界宾夕尔勒尼安，西界坚德基，东西一百六十迈，南北二百三十迈，计二万三千方迈。民数约四十四万二千余。会城曰“威灵”[⑧]，市镇有曰“差士顿”[⑨]，曰“北加士北”[⑩]等埠。

① 乞里士北，即哈里斯堡（Harrisburg）。

② 非拉地儿非，即费城（Philadelphia）。

③ 匆尔吉尼阿，即弗吉尼亚（Virginia）。

④ 利之文，即里士满（Richmond）。

⑤ 佛力打力士北，即弗里德里克斯堡（Fredcricksburg）。

⑥ 必打士墨，即彼得斯堡（Petersburg）。

⑦ 西匆尔尼阿，即西弗吉尼亚（West Virginia）。

⑧ 威灵（Wheeling）。

⑨ 差士顿，即查尔斯顿（Charleston）。

⑩ 北加士北，即帕克斯堡（Parkersburg）。

一曰“北喀尔勒那”[①]，地在纬北三十三度五十分至三十六度三十分，经偏西七十五度二十五分至八十四度三十分。东界大西洋，西界田纳西，南界南喀尔勒那，北界勿尼吉尼阿，计五万七千零四十方迈。民数约一百零七万一千余。会城曰“罗利”[②]，市镇有曰“威林顿”[③]，曰“纽文”[④] 等埠。

一曰“南喀尔勒那”[⑤]，地在纬北三十二度四分至三十五度十二分，经偏西七十八度二十五分至七十三度十九分。北界北喀尔勒那，东南界大西洋，西南界若耳治阿，计二万九千三百八十五方迈。民数约七十万零五千六百余，胜兵者七万七千余。会城曰“哥伦米阿”[⑥]，市镇以“查士顿”[⑦] 为大。

一曰“若尔治阿”[⑧]，地在纬北三十二度二十二分至三十五度，经偏西八十度四十八分至八十六度四十分。东界大西洋，西界阿拉巴麻，北界田纳西，南界沙湾那河，东西二百二十四迈，南北三百二十二迈，合五万二千零九方迈。民数约一百一十八万四千余。会城曰“阿阑打”[⑨]，市镇有曰“米力之威”[⑩]，曰“沙湾那”[⑪] 等埠。

一曰“佛勒釐大”[⑫]，地在纬北二十四度三十分至三十一度，

---

① 北喀尔勒那，即北卡罗拉纳（North Carolina）。
② 罗利（Raleigh）。
③ 威林顿，即威尔明顿（Wilmington）。
④ 纽文（New Bern）。
⑤ 南喀尔勒那，即南卡罗拉纳（South Carolina）。
⑥ 哥伦米阿，即哥伦比亚（Columbia）。
⑦ 查士顿，即查尔斯顿（Charleston）。
⑧ 若尔治阿，即佐治亚（Georgia）。
⑨ 阿阑打，即亚特兰大（Atlanta）。
⑩ 米力之威，即米利奇维尔（Milledeville）。
⑪ 沙湾那，即萨凡纳（Savannah）。
⑫ 佛勒厘大，即佛罗里达（Florida）。

经偏西八十度一分至八十七度四十六分。东界大西洋，西界巴地度阿河[①]，北界若耳治阿，南界墨西哥，东西三百四十五迈，南北三百八十迈，合五万九千二百六十八方迈。民数约十八万七千余，胜兵者三万二千余。会城曰“打拉夏西”[②]，市镇有曰“山阿吉士天”[③]，曰“山麦”[④]，曰“基威士的”[⑤] 等埠。

一曰“坚德基”[⑥]，地在纬北三十六度三十分至三十九度六分，经偏西八十二度二分至八十九度四十分。东界北山地河[⑦]，西界密士失必河，北界倭海阿河，南界田纳西，共一万七千二百方迈。民数约一百三十二万一千余，胜兵者二十一万七千余。会城曰“附阑福”[⑧]，市镇以“鸟士威”[⑨] 为大。

一曰“特尔拉华”[⑩]，地在纬北三十八度二十八分至三十九度四十七分，经偏西七十四度五十六分至七十五度四十六分。北界宾夕尼勒阿，东界大西洋，西南界马理兰，南北九十二迈，东西三十七迈，合二千一百二十方迈。民数约十二万五千余。会城曰“多化”[⑪]，市镇以“威灵顿”[⑫] 为大。

一曰“马理兰”[⑬]，地在纬北四十八度至三十九度四十三分，经偏西七十五度四分至七十九度三十三分。北界宾夕尼勒尔阿，

---

① 巴地度河，即柏迪多河（Perdido River）。
② 打拉夏西，即塔拉哈西（Tallahassee）。
③ 山阿吉士天，即圣奥古斯丁（Saint Augustine）。
④ 山麦，即圣马克斯（Saint Marks）。
⑤ 基威士的，即基韦斯特（Key West）。
⑥ 坚德基，即肯塔基（Kentucky）。
⑦ 北山地河（Big Sandy R.），即大桑迪河。
⑧ 附阑福，即法兰克福（Frankford）。
⑨ 鸟士威，即纳什维尔（Nashville）。
⑩ 特尔拉华，即特拉华（Delaware）。
⑪ 多化，即多佛（Dover）。
⑫ 威灵顿，即威尔明顿（Wilmington）。
⑬ 马理兰，即马里兰（Maryland）。

南界拉沙伯湾[①]，东界大西洋，西界勿尼吉尔阿。东西约三百迈，南北约一百一十五迈，合一万一千一百二十四方迈。民数约七十八万零，胜兵者八万九千三百余人。会城曰“安那布里士”[②]，市镇则有曰“布地磨”[③]，曰“夫力大力”[④] 等巨埠。

一曰“阿拉巴麻”[⑤]，地在纬北三十一度十分至三十五度，经偏西八十四度五十三分至八十八度三十分。东界若耳治阿，西界密士失必，北界田纳西，南界佛勒釐大，南北二百七十八迈，东西二百迈，合五万零七百二十二方迈。民数约九十九万六千余。会城曰“文甘布里”[⑥]，市镇以“摩美儿”[⑦] 为大。

一曰“鲁安西纳”[⑧]，地在纬北二十七度五十五分至三十三度，经偏西八十八度四十分至九十二度二十三分。东界密士失必，西界得撒士，北界阿干沙士，南界墨西哥，东西二百九十迈，南北二百四十迈，合四万六千四百三十方迈。民数约七十二万七千余，胜兵者十三万二千人。旧以“巴顿鲁治[⑨]埠”为会城，后迁于“纽阿连”[⑩] 埠。

一曰“得撒士”[⑪]，地在纬北二十五度四十五分至三十六度三十分，经偏西九十三度三十分至一百零六度四十五分。东界阿甘撒士，北、西、南俱界墨西哥，东西八百迈，南北七百迈，

① 拉沙伯湾，即切萨皮克湾（Chesapeake Bay）。

② 安那布里士，即安纳波利斯（Annapolis）。

③ 布地磨，即巴尔的摩（Baltimore）。

④ 夫力大力，即弗雷德里克（Frederick）。

⑤ 阿拉巴麻，即亚拉巴马（Alabama）。

⑥ 文甘布里，即蒙哥马利（Montgomery）。

⑦ 摩美儿，即莫比尔（Mobile）。

⑧ 鲁安西纳，即路易斯安那（Louisiana）。

⑨ 巴顿鲁治，即巴吞鲁日（Baton Rouge），今仍为州首府。

⑩ 纽阿连，即新奥尔良（New Orleans）。

⑪ 得撒士，即德克萨斯（Texas）。

合二十七万四千三百五十六方迈。民数约八十一万八千余，胜兵者约七万四千四百余。会城曰“墺士天”[①]，市镇有曰“加威士顿”[②]，曰“厚士顿”[③] 等埠。

一曰“密士失必”，地在纬北三十度十分至三十五度，经偏西八十八度一十二分至九十一度三十六分。东界阿拉巴麻，西界阿干沙士，北界田纳西，南界墨西哥，东西一百八十九迈，南北三百三十四迈，合四万七千一百五十六方迈。民数约八十二万七千九百余，胜兵者十三万五千余人。会城曰“则臣”[④]，市镇有曰“威士巴”[⑤]，曰“那则士”[⑥]，曰“阿巴天”[⑦] 等埠。

一曰“阿干沙士”[⑧]，地在纬北三十三度至三十六度三十分，经偏西八十九度四十分至九十六度四十二分。东界仙法阑士河[⑨]，西南界红河，北界米苏理，东西二百五十迈，南北二百四十二迈，合五万零七百二十二方迈。民数约四十八万四千四百余，胜兵者九万五千余人。会城曰“地低儿落”[⑩]。

一曰“田纳西”，地在纬北三十五度至三十六度三十五分，经偏西八十一度三十七分至九十度二十八分。东界北喀尔勒那，西界阿干沙士，北界坚德基，南界若耳治阿，南北四百二十迈，东西一百零五迈，合四万五千六百方迈。民数约一百二十五万

① 澳士天，即奥斯汀（Austin）。
② 加威士顿，即加尔维斯顿（Galveston）。
③ 厚士顿，即休斯敦（Houston）。
④ 则臣，即杰克逊（Jackson）。
⑤ 威士巴，即西点（West Port）。
⑥ 那则士，即纳奇兹（Natchez）。
⑦ 阿巴天，即阿伯丁（Aberdeen）。
⑧ 阿干沙士，即阿肯色（Arkansas）。
⑨ 仙法阑士河，即圣弗朗西斯河（Saint Francis River）。
⑩ 地低儿落，即底特律（Detroit）。今州首府在小石城（Little Rock）。

八千五百余，胜兵者二十三万九千五百余人。会城曰“那士威儿”①，市镇有曰“面非士”②，曰“察丹奴化”③ 等埠。

其西十三邦，则：

一曰“倭海阿”，地在纬北三十八度二十四分至四十二度，经偏西八十度三十四分至八十四度四十二分。东界宾夕尔尼勒阿，西界英釐安纳，北界密执安，南界坚得基，南北二百二十迈，东西二百迈，合三万九千九百六十四方迈。民数约二百六十六万五千二百余，胜兵者二十二万九千七百人。会城曰“古偏巴士”④，各埠有曰“新新那地”⑤，曰“阿彬顿”⑥，曰“其理夫阑”⑦，曰“支里哥夫”⑧，曰“多里都”⑨，皆大市镇。

一曰“英釐安纳”⑩，地在纬北三十七度五十一分至四十一度四十六分，经偏西八十四度四十九分至八十八度二分。东界倭海阿，西界衣邻奴士，北界密执安，南界坚德基，南北二百七十六迈，东西一百四十迈，合三万三千八百零九方迈。民数约一百六十八万零，胜兵者三十七万七千八百余人。会城曰“英釐安纳保里士”⑪，系冲衢，为十四路火车总汇。

一曰“闽尼疏大”，地在纬北四十二度三十分至四十九度，

① 那士威儿，即纳什维尔（Nashville）。

② 面非士，即孟菲斯（Memphis）。

③ 察丹奴化，即查塔努加（Chattanooga）。

④ 古偏巴士，即哥伦布（Columbus）。

⑤ 新新那地，即辛辛那提（Cincinnati）。

⑥ 阿彬顿，即阿灵顿（Arlington）。

⑦ 其理夫阑，即克利夫兰（Cleveland）。

⑧ 支里哥夫，即奇利科西（Chillicothe）。

⑨ 多里都，即托莱多（Toledo）。

⑩ 英厘安纳，即印第安纳（Indiana）。

⑪ 英厘安纳保里士，即印第安纳波利斯（Indianapolis）。

经偏西八十九度三十分至九十七度四分。东界比里阿湖[1]，西界吋哥大，北界英属地，南界挨阿华，南北三百八十迈，东西二百八十迈，合八万三千五百三十一方迈。民数约四十三万九千七百零。会城曰“圣保罗”[2]，市镇以“闽尼阿保利士”[3] 为大。

一曰“衣邻奴士”[4]，地在纬北三十七度至四十五二度三十分，经偏西八十七度四十九分至九十一度二十八分。东界英鳌安纳，西界密士失必，北界威士干逊，南界倭海阿，纵三百七十八迈，横二百一十二迈，合五万五千四百零五方迈。民数约二百五十三万九千八百余。会城曰“士布林非耳”[5]，市镇以“诗加古”为最，“比阿利阿”[6] 亦大埠也。

一曰“密执安”[7]，地在纬北四十一度四十分至四十三度四十六分，经偏西八十度二十五分至九十度三十四分。东界衣利湖，西界威士干逊，北界力苏比利阿湖，南界倭海阿，纵四百二十迈，横三百迈，合六万五千四百五十一方迈。民数约一百一十八万四千余。会城曰“兰新”[8]，市镇以“地低来”[9] 埠为最。

一曰“威士干逊”[10]，地在纬北四十二度三十分至四十六度五十八分，经偏西八十七度八分至九十二度五十四分。东界密执安湖，西界挨阿华，北界苏比利湖，南界衣邻奴士，南北三

---

① 比里阿湖，即苏必利尔湖（Lake Superior）。

② 圣保罗（Saint Paul）。

③ 闽尼阿保利士，即明尼阿波利斯（Minneapolis）。

④ 衣邻奴士，即伊利诺伊（Illinois）。

⑤ 士布林非耳，即斯普林菲尔德（Springfield）。

⑥ 比阿利阿，即贝尔维尔（Belleville）。

⑦ 密执安，即密歇根（Michigan）。

⑧ 兰新，即兰辛（Lansing）。

⑨ 地低来，即底特律（Detroit）。

⑩ 威士干逊，即威斯康星（Wisconsin）。

百零二迈，东西二百五十八迈，合五万三千九百二十四方迈。民数约一百零五万四千七百余。会城曰“马里臣”[①]，市镇以“美洼基”[②] 埠为最。

一曰“挨阿华”[③]，地在纬北四十二度二十分至四十三度三十分，经偏西九十度二十分至九十六度五十三分。东界威士干逊，西界咑哥大，北界闽尼疏大，南界米苏理，东西三百迈，南北一百九十六迈，合五万五千零四十五方迈。民数约一百一十九万一千七百余，胜兵者十万九千八百余人。会城曰“地士毛烟”，市镇以“地云砵[④]埠”为大。

一曰“米苏理”，地在纬北三十六度三十三分至四十度三十分，经偏西八十八度五十五分至九十五度三十八分。东界衣邻奴士，西界尼不拉士格，北界挨阿华，南界阿干沙士，东西三百一十八迈，南北二百七十八迈，合六万五千三百五十方迈。民数约一百七十二万一千二百余。会城曰“者非臣”[⑤]，各埠曰“圣来”[⑥]，曰“干沙士”[⑦]，曰“圣色约”[⑧]，曰“力星顿”[⑨]，皆大市镇。

一曰“阿利坚”[⑩]，地在纬北四十二度零至四十六度十八分，经偏西一百一十六度四十四分至一百二十四度二十八分。东界衣打贺，西界太平洋，北界华盛顿属，南界尼华大，南北三百

① 马里臣，即麦迪臣（Madison）。

② 美洼基，即密尔沃基（Milwaukee）。

③ 挨阿华，即艾奥瓦（Iowa）。

④ 地云砵，即达文波特（Davenport）。

⑤ 者非臣，即杰斐逊城（Jefferson City）。

⑥ 圣来，即圣路易斯（Saint Louis）。

⑦ 干沙士，即康萨斯城（Kansas City）。

⑧ 圣色约，即圣约瑟夫（Saint Joseph）。

⑨ 力星顿，即列克星敦（Lexington）。

⑩ 阿利坚，即俄勒冈（Oregon）。

迈，东西三百九十六迈，合九万五千二百七十四方迈。民数约九万零九百余，胜兵者一万七千六百余人。会城曰“沙泵”①，市镇有曰“阿里根”②，曰“砵仑”③ 等埠。

一曰“加科尼亚”④，地在纬北三十二度二十分至四十二度零，经偏西一百一十四度二十分至一百二十四度二十五分。东界尼华大，西界太平洋，北界阿利坚，南界墨西哥，计十万零八千九百八十一方迈。民数约五十六万零二百余，胜兵者约九万四千八百余人。会城曰“沙格民多”，市镇有曰“珊瑚兰昔士哥”（即旧金山），曰“马理士威儿”⑤，曰“屋伦”⑥，曰“士托坚”⑦ 等埠。

一曰“甘色士”⑧，地在纬北三十七度至四十度，经偏西九十四度四十分至一百零二度零。东界米苏理，西界哥罗拉度，北界尼不拉士格，南界野番部，南北二百零八迈，东西四百零五迈，合八万一千三百一十八方迈。民数约三十六万四千三百余，胜兵者九万五千人。会城曰“都基加”⑨，市镇以“利分佳士”⑩ 为最大。

一曰“尼不拉士格”⑪，地在纬北四十度至四十三度，经偏西九十四度三十四分至一百零四度零。东界米苏理，西界怀阿

---

① 沙泵，即塞勒姆（Salem）。

② 阿里根，即俄勒冈（Oregon）。

③ 砵仑，即波特兰（Portland）。

④ 加科尼亚，即加利福尼亚（California）。

⑤ 马理士威儿，即马里斯维尔（Marysville）。

⑥ 屋伦，即奥克兰（Oakland）。

⑦ 士托坚，即斯托克顿（Stockton）。

⑧ 甘色士，即堪萨斯（Kansas）。

⑨ 都基加，即托皮卡（Topeka）。

⑩ 利分佳士，即莱文沃思（Leavenworth）。

⑪ 尼不拉士格，即内布拉斯加（Nebraska）。

北名，北界哳哥大，南界甘色土，东西四百八十迈，南北二百零八迈，七万五千九百九十五方迈。民数约十二万三千余，胜兵者四万六千人。会城曰“林坚”[①]，市镇曰“阿麻虾”[②]，曰“夫利文”[③] 等埠。

一曰“尼华大”[④]，地在纬北三十七至四十二度零，经偏西一百十五度至一百二十度零。东界乌大属，西界加科尼亚，北界阿利坚，南界亚里孙拏属，南北三百四十五迈，东西二百三十迈，合一万四千一百二十五方迈。民数约四万二千四百九十零，胜兵者一万五千六百余人。会城曰“加臣”[⑤]，市镇有“挨儿哥”[⑥] 等埠。

其十属，则一曰“地土地力·阿夫·哥伦米阿”[⑦]，即美国京畿华盛顿都城在焉，隔溪有郡名“佐治”[⑧]，合计六十方迈，在纬北三十八度五十一分至三十九度，经偏西七十六度五十八分至七十七度六分。东北界马理兰，西南界勿尔吉尼阿。民数约一十一万三千零。

一曰“新墨西哥”[⑨]，地在纬北三十一度三十分至三十七度，经偏西一百零三度二分至一百零九度二分。东界野番部，西界亚里孙拏，北界哥罗拉度，南界墨西哥，东西三百五十二迈，南北三百四十五迈，合十二万一千二百零一万方迈。民数约九

① 林坚，即林肯（Lincoln）。
② 阿麻虾，即奥马哈（Omaha）。
③ 夫利文，即弗里蒙特（Fremont）。
④ 尼华大，即内达华（Nevada）。
⑤ 加臣，即卡森（Carson City）。
⑥ 挨儿哥，即埃尔科（Elko）。
⑦ 地土地力·阿夫·哥伦米阿，即哥伦比亚特区（District of Columbia）。
⑧ 佐治，即乔治敦（Georgetown）。
⑨ 新墨西哥（New Mexico）。

万一千八百余。其埠名“仙大非”[①]。

一曰“华盛顿”，地在纬北四十五度四十分至四十九度零，经偏西一百一十四度四分至一百二十四度三十二分。东界衣打贺，西界太平洋，北界英属地，南界阿利坚，东西三百六十迈，南北二百三十迈，合六万九千九百九十四方迈。民数约十二万三千九百余。其埠名“阿林比阿”[②]。

一曰“乌大”[③]，地在纬北三十七度至四十二度，经偏西一百零九度三分至一百一十五度三分。东界哥罗拉度，西界尼华大，北界衣打贺，南界亚里孙拿，计八万四千四百七十六方迈。民数约八万六千七百八十余。其埠曰“盐湖”，曰“屋伦”。

一曰“哥罗拉度”，地在纬北三十七度至四十一度，经偏西一百零二度至一百零九度零。东界尼不拉士格，西界乌大，北界怀阿名，南界野番部，东西三百七十五迈，南北二百八十迈，民数约三万九千余，其埠名“颠化”[④]，闻此属将可升为为邦。

一曰“满单拏”[⑤]，地在纬北四十四度二十四分至四十九度零，经偏西一百零四度至一百一十六度零。东界咑哥大，西界衣打贺，北界英属地，南界怀阿名，计十四万三千七百七十六方迈。民数约二万零五百余。其埠曰“勿尔吉尼阿”[⑥]，曰“起运那”[⑦]。

一曰“怀阿名”[⑧]，地在纬北四十一度至四十五度零，经偏

① 仙大非，即圣菲（Saint Fe）。

② 阿林比阿，即奥林匹亚（Olympia）。

③ 乌大，即犹他（Utah）。

④ 颠化，即丹佛（Denver）。

⑤ 满单拏，即蒙大拿（Montana）。

⑥ 勿尔吉尼阿，即弗吉尼亚（Virginia）。

⑦ 起运那，即海伦那（Helena）。

⑧ 怀阿名，即怀俄明（Wyoming）。

西一百零四度至一百一十一度。东界尼不拉士格，西界衣打贺，北界满单拏，南界哥罗拉度，东西四百迈，南北三百迈，合九万三千八百八十三方迈。民数约九千二百余。其埠曰“赛烟”[①]，曰“衣隐士顿”[②]。

一曰“吖哥大”[③]，地在纬北四十二度二十分至四十九度，经偏西九十六度二十分至一百零四度。东界闽尼疏大，西界怀阿名，北界英属地，南界尼不拉士格，东西三百五十迈，南北四百五十迈，合十五万零九百三十二方迈。民数约一万四千二百名。有埠名“烟顿”[④]。

一曰“衣打贺”，地在纬北四十二度至四十九度，经偏西一百一十一度二分至一百一十七度四分。东界满单拏，西界阿利坚，北界英属地，南界尼华大，东西三百七十迈，南北四百八十五迈，合八万六千二百九十四方迈。民数约一万五千。有埠名“杯士西地”[⑤]。

一曰“亚里孙拏”[⑥]，地在纬北三十一度三十分至三十七度零，经偏西一百零九度至一百一十七度十五分。东界新墨西哥，西界加科尼亚，北界乌大，南界墨西哥，南北三百七十五迈，东西三百迈，合十一万三千九百一十六方迈。民数约九千六百余。有埠名“德臣”[⑦]。

其二部落，则一曰“野番部”，地在纬北三十三度三十五分至三十七度零，经偏西九十四度二十分至一百度。东界米苏里，

---

① 赛烟，即夏延（Cheyenne）。

② 衣隐士顿，即埃文斯顿（Evanston）。

③ 吖哥大，即达科他（Dakota）。

④ 烟顿，即林顿（Linton）。

⑤ 杯士西地，即博伊西（Boise）。

⑥ 亚里孙拿，即亚利桑那（Arizona）。

⑦ 德臣，即图森（Tucson）。

西南界得撒士，北界甘色士，东西三百二十六迈，南北二百二十二迈，合六万八千九百九十九方迈。皆野番所居，其稍通人性者为熟番，约八千余人。

一曰“阿拉士格部”[①]，系另为一土，购自俄国者，地在纬北五十四度四十分至七十一度二十四分，经偏西一百三十度二十一分至一百六十六度一十三分。北界北冰海，南界太平洋，东界英属地，西界比连海[②]，计五十七万七千三百九十零方迈。其土人分两种，一曰“印度番”[③]，一曰“衣士哥马士”[④]，亦不甚蕃育，以地极寒苦也。

美国除各属部肥瘠不等外，各邦地多沃壤，树艺皆宜，迤东一带尤擅上腴，惟土广人稀，稍稍垦治，粟麦之利已足以沾溉别洲。故其人不甚务农，攻矿畜牧之外，商贾最为本务，贸易之大，东则布士顿[⑤]，西则旧金山，南则纽阿连[⑥]，而纽约，及非柱地非阿[⑦]，更为货殖名区。

其制造各局所在皆有，而炮局则以曰“布士林非儿”[⑧]，曰“地林顿”[⑨]，曰“巴顿鲁”[⑩]，曰“地低儿落”，曰“圣来埠”[⑪]，曰“纽约”，曰“保多墨河”[⑫] 等处为最著。

---

① 阿拉士格部，即阿拉斯加（Alaska）。
② 比连海，即白令海（Bering Sea）。
③ 印度番，即印第安人（Indians）。
④ 衣士哥马士，即爱斯基摩人（Eskimos）。
⑤ 布士顿，即波士顿（Boston）。
⑥ 纽阿连，即新奥尔良（New Orleans）。
⑦ 非柱地非阿，即费城（Philadelphia）。
⑧ 布士林非儿，即普莱瑟维尔（Placerville）。
⑨ 地林顿，即特伦顿（Trenton）。
⑩ 巴顿鲁，即巴吞鲁日（Baton Rouge）。
⑪ 圣来埠，即圣路易斯（Saint Louis）。
⑫ 保多墨河，即波托马克（Potomac）。

至于兵厂，则比士吉打加阿岛、布鲁埠[1]、砵士毛士[2]埠、差士顿[3]埠、基威士的[4]，及奴福埠[5]之武备熟，皆水师公所。

书院之大者，则有若哈核[6]、若地林尼地[7]、若耶儿[8]、若威士里仁[9]、若林坚、若古林米阿[10]等院，而布士顿[11]之书院藏书尤富云。

二十二日，午后，由哈富登火车起程。

二点零二十六微厘，到马理丁[12]，有高山，积雪终年不化。

三点零二十五，到纽希文[13]，系大西洋港口，贸易颇大。

四点零五，到布理志索[14]，港口宽大而浅，大船不能入。

五点零四十五，到纽约，歇温沙客寓[15]。此埠街道宏敞，屋宇华丽，有华人约千七八百，住勿除街[16]，以洗衣、卷烟为业，杂货店不过数间，赀本俱小，闻近有凑股数万，拟设“广贞祥”字号，专由香港贩运中国货物，分通古巴岛、南花旗[17]等处，已

① 布鲁埠，即布鲁姆（Broome）。
② 砵士毛士，即朴次茅斯（Portsmouth）。
③ 差士顿，即查尔斯顿（Charleston）。
④ 基威士的，即基韦斯特（Key West）。
⑤ 奴福埠，即诺福克（Norfolk）。
⑥ 哈核，即哈佛（Harvard）。
⑦ 地林尼地，即三一学院（Trinity College）。
⑧ 耶儿，即耶鲁（Yale）。
⑨ 威士里仁，即卫斯理（Wesleyan）。
⑩ 古林米阿，即哥伦比亚（Columbia）。
⑪ 布士顿，即波士顿（Boston）。
⑫ 马理丁，即梅里登（Meriden）。
⑬ 纽希文，即纽黑文（New Haven）。
⑭ 布理志索，即布里奇波特（Bridgeport）。
⑮ 温沙客寓，即温莎酒店（Windsor Hotel）。
⑯ 勿除街，即勿街（Wott），纽约唐人街的核心街。
⑰ 南花旗，指南美洲（North America）。

回港置货，不日即可开张云。

随员接见华商李希龄[①]、伍朝辅、李道华等，询称该处相待较胜金山，虽被埃利士人欺凌，一到官府，尚为理断。

又有洋人巴力文兄弟偕随员等往各处游览，回据称其王家书院[②]为楼六层，凡初附学者居其上，为第六层，有男女童约四百，皆七八岁者，专教认字调音。第五层女童五六百，皆十一二岁者，教以书算、图画等技。第四层女童六七百，皆十四五岁者，教以格致等技。第三层约六七百人，皆十七八岁者，教以天文、地舆、制造、化学等技。第二层则由三四层中每日轮调约百人，教以琴歌、跳舞等技。第一层为各绅董写字、见客处。统计学生约二千四五百人，女子居多，男子仅百余而已，缘男童十岁后须往别馆也。

其大花园名“仙打园”[③]，周遭数十里，包山裹林，内有石亭一座，备储乐器，逢彼国庆日，游人群集，则作乐以助兴。有池广数亩，置画舫十余只。有栏院畜诸飞走。有深池养海虎、

---

① 李希龄（1849—?），英文名 Tom Lee，广东台山人。1863 年到美国旧金山，1878 年由旧金山中华会馆派遣到纽约建立分支。1880 年在纽约唐人街创立“联谊堂”（后改为“安良堂”）。1882 年任纽约郡副执法官（Deputy Sheriff of New York County）。其次子李锦纶（1886—1956），英文名 Frank. W. Lee，出生于纽约。毕业于纽约大学和芝加哥大学，获法学博士学位。1911 年回国任教于广州培正学校。1911 年任广东交涉署政务科科长。1913 年任培正学校监督。1917 年广东军政府成立后，任孙中山秘书。1920 年任粤海关监督兼广东交涉员。1922 年执教于上海沪江大学，任副校长。1928 年任驻墨西哥公使。1929—1932 年任国民政府外交部政务次长。1931 年代理部长。1933 年任驻波兰兼捷克公使。1934 年任驻葡萄牙公使。1943 年改任外交部顾问，并留驻美国担任宣传工作。1956 年病逝于美国纽约。

② 王家书院，即纽约皇后图书馆（Queens Library），位于纽约市皇后区，成立于 1858 年。

③ 仙打园，即中央公园（Central Park），在纽约市曼哈顿区。1857 年规划。1858 年始建，并对外开放。1873 年完工。

海狮、海狗等十余头，围以铁栅，各海兽亦不能上岸掠食，投以鱼饵则奔赴，海狮之行尤速。有高峰可望全埠，惜夜后不能远眺，只见万家灯火，不费买夜之钱耳。

园东二里许，有博物院[①]，主人沙儿达[②]，凡各国之珍禽异兽，与夫木石、五金、军械、衣食之类，无不罗致。中有兽名“模士”，鹿头马身，脚开两趾，角长而扁，分十余叶，形似锯齿，询出南亚墨利加洲，不可多得。有鸟似画眉，膊有四翼，翼下箭毛数茎极长。有小鸟数百，细如蜻蜓，一鸟一色，斑斓粉错，有胭甸野番所用之箭，长至丈余，箭镞有倒钩，淬以毒药，其衣服俱兽毛结织，用兽肋穿纫，贵者以鱼皮为之，饰以翎毛。看毕，主人赠以人情纸数十页，称院非公家所设，须好友领进后。有贵友来游，即于纸上添上尊名，自然有人招呼云。

又有河名“东河”，中多顽石，其流甚紧，不便舟艇，于两岸岭上高架铁桥，长数十丈，马车来往，如行空中。

又对海埠名“布绿连”[③]，现造全铁悬桥，高一百三十五尺，长三千四百七十五尺，宽八十余尺，首尾用径尺六寸大铁缆数条系之，已费金七百万，工程尚未十七，计再须五百余万，一年后乃成，成则每桥方寸可胜十六万磅之重，诚将来大观也。

其会堂及各官廨，或高至二百余尺，宽倍之。

火车房亦极大，长几七百尺，宽二百四十尺。

书信馆则为楼四层，俱青石砌造，设驿务官以董其事。有收信所（各处信到，即挂号盖印），分信所（信印后即统交此分

---

① 博物院，即美国自然历史博物馆（American Museum of Natural History），在纽约市曼哈顿区中央公园对面。1874 年修建，1877 年开放。

② 沙儿达，即斯图尔特（Robert Leighton Stuart，1806—1882），早年经商，捐资慈善事业。1872—1881 年任美国历史博物馆首任馆长。

③ 布绿连，即布鲁克林（Brooklyn），指布鲁克林桥桥（the Great East River Bridge），连接纽约和布鲁克林，1867 年始建，1883 年通行。

寄），寄信所（接到派来之信，即分别远近，或专呈，或寄递），贮信所（专管信箱，有来往信多，恐其遗误，则定一信箱，编第几号，自带钥匙，每日到此开看，有来信即取阅，有寄信亦投其内，彼即代递，每箱年须十六圆），遗信所（或有信去查不着人，又忘来信人之住址，则暂存于此，登入新闻纸，令人知之），搁信所（或信赀不足，或信内有违例物件，或包封有咸甜食物，恐碍别人信件，则搁留此处，函知本人，此物如何难寄，若欲取回，须自给车费，若久无人取，则不论何物，竟行充公）。

又有收银所、发银所（系用票汇兑者）。

又托寄新闻纸，以及不包封各件，另为一所。每所用人多少不等，该馆共约千五百人。

另电报馆，用工人二千余，分管各路电线。询称，该馆现有电线八千余条，往常所见各处电报，皆中设一盘（如罗经式），分派二十六字母，旁一人执笔照录，彼处一动，此处即看其字母，凑而成为某字。兹则并字母不用，彼处所说何语，此处即全句由机轮内印出。当时渠为演看，计纽约到布士顿三百余迈之遥，不过一息顷，已有回话。渠传去云“中国官员某人到此”，答云“已知某到，甚为欣悦”，如响斯应，巧妙绝伦。

该埠水局有二，俱砌以砖石，形似城堡，由东北河引水满蓄其中，然后以机器分注各家。新者尤高峻，可蓄水千兆加仑（每加仑计五斤零）。

其炮台则埠之东北内海，有名拏非逸[①]（译言督宪炮台），地势恍粤东之海珠在水中央，东南筑炮楼一座，高约二丈，上土下石，环以沟堑，中建兵房四十八间，每间可住四人，楼四面各置炮五位，炮约三十吨，手枪皆旧式，止当中一炮，口宽尺余，重六十余吨，可用药二百磅，西北各将官住房十余间，

① 拏非逸，即拉斐特（Lafayette）。

询称此台近实无用，因前人建造，未便毁堕，亦可藉以收藏军械耳。

港口炮台曰“藿哈罗洼士”[1]，地名“其李父敦哀伦”[2]，该处有高山，依山前面，正当海口，筑土台二座，上座置开花大炮十二位，每位一万七千一百磅，口宽一尺三寸，药弹每重二百二十磅。下座置炮三十二位，每位五万零磅，口一尺五寸，药弹每重五百磅。安炮之地，俱用铁汁灌铸，以防倾陷。山之后面，建兵房亦分上下两层，与两台相并，约可住兵千人，现藏军火甚富。山旁建石台一座，高与山齐，楼分三层，上层置炮三十一位，每重约万磅，中层置炮二十七位，每重一万五千磅，下层置炮二十余位，皆千余磅者，盖以备敌兵登岸，不须远及也。此为大西洋入口要处，故防范极严。东岭设灯塔一座，极高，亦置炮械。又于对岸朗哀伦[3]地方筑炮台，以阻守御，台名“咸米利顿”[4]，未及渡海往游。闻当年拒英，此邦实为首谋云。

二十三日，巳刻，乘马车到赫臣河[5]，既渡，为折尔西[6]埠，由火车起行。

九点零五十三，到纽华[7]，居民十万余，各项工厂五百余间。

十一点零九，到地林顿，系纽折尔西都会，闻拒英时，华

---

① 藿哈罗洼士，即沃兹沃思（Wadsworth）。

② 其李父敦哀伦，即克里夫顿岛（Clifton Island），位于纽约斯塔滕岛（Staten Island）。

③ 朗哀伦，即长岛（Long Island）。

④ 咸米利顿，即汉密尔顿（Hamilton）。

⑤ 赫臣河，即哈得孙河（Hudson River）。

⑥ 折尔西，即泽西城（Jersey City）。

⑦ 纽华，即纽瓦克（Newark）。

盛顿兵屡败，仅余二千人，夜渡地拉威河[①]，袭得此地，士气始振。[②]

十二点零十四，到非地拉威阿[③]，为美国极大埠之一，拒英时，于此誓师，其誓书系者发臣[④]所作。

两点零五十五，到地布马埠[⑤]。

四点零十七，到华盛顿，入寓耶夫街公署。由哈富至此，计程三百五十迈。是为美国京都，地在纬北三十八度五十六分，经偏西七十七度二分。诸山环拱，树木郁葱，前临保多墨河[⑥]，洛溪[⑦]绕其西北，地势略斜。自西北隅至东南隅，约四迈半。

议政院高距冈上，形势特胜，建造尤极宽敞华瞻，地基圈广三十洋亩，四面衢道，或铺红瓦白石，或以油煤和土筑成，光洁如拭。隙地则数步一树，间以各色花丛，铁铸长几随在摆设，以供行人歇坐。院中大塔螺旋至顶，高三百余尺左右。分上、下议院，各可坐千余人。大门外塑华盛顿石像，仪观壮伟。正门以铜为之，雕镂工致，云值六万圆。院墙壁有油画二幅，云一值三万余圆，一值万余圆。

① 地拉威河，即特拉华河（Delaware River）。

② 华盛顿拒英兵事，指美国独立战争期间，1776 年 12 月 25 日华盛顿率部横渡特拉华河，袭击特伦顿的英军，大获成功。

③ 非地拉威阿，即费城（Philadephia）。

④ 者发臣，即杰斐逊（Thomas Jefferson，1743—1826），出生于美国弗吉尼亚州夏洛茨维尔（Charlottesville，Virginia）。毕业于威廉玛丽学院（College of William & Mary）。1779—1781 年任第二任弗吉尼亚州州长。1785 年任美国驻法公使。1790—1793 年任第一任美国国务卿。1791 年与詹姆斯·麦迪逊（James Madison）创建了美国民主共和党（Democratic-Republican Party）。1797—1801 年任第二任美国副总统。1801—1809 年任美国第三任总统。

⑤ 地布马埠，即巴尔地摩（Baltimore）。

⑥ 保多墨河，即波多马克河（Potomac River）。

⑦ 洛溪，即罗克河（Rock River）。

伯理玺天德正衙，名曰“白屋”①，以其皆白石建成。铁栏森整，园沼宽宏。外部、库务衙署在其东，兵部、水师衙署在其西。

另有离宫在京西数里外，因山为囿，错置亭榭，任人游观。

东南十六迈，有山名发伦②，隶勿尔吉尼阿邦，为华盛顿致政后所居，屋仅数楹，规制俭朴，上下两层，上为卧房，有榻一，胡床、小桌各一，瓦缶数事，另房为正命之所，药罐、痰盂咸在。余为客房，下层储其遗物，若刀剑，若书籍，若鞭鞍，及退破衣裤等类。墙壁绘其生平得意数事。当战争时，有法国提督剌非日③捐资带兵相助，于成功后入籍美国，像亦绘壁间。屋俯大江，后有厨房，及佣人住处。闻临终时，曾放出黑奴二百余，听其自便。有木兰一株，高可齐檐，系其手植，今尚苍茂。一小园，宽约盈亩，花木行列修整，园外平坡一段，绿草如茵，为当年习骑之所。右即其坟，砖围丈许，中置二石棺，覆以铅瓦，若停柩之寮然。前立二石柱，高可八九尺，标刻随葬诸戚名氏，系后人改迁其手营寿圹，距数十武，尤极狭隘。有守坟官一员，秩视游击。据称，华盛顿居此四年，其妻又后十八月始卒。今房屋布置一切，皆其手泽，虽极朽蠹，仍依样修理，不敢擅易。坟虽改葬，亦不尚华饰，恐违先志云。

二十五日，照会其外部订期往见。据覆，伯理玺天德尚未

① 白屋，即白宫（White House）。

② 发伦，即弗农山庄（Mount Vernon）。

③ 剌非日，即拉斐德（Marie Joseph La Fayette，1757—1834），出生于法国上卢瓦尔（LePuy-en-Velay）贵族家庭。1771 年参加法国陆军。1877 年参加美国独立战争，获少将军衔。1878 年回法，升骑兵上校军衔，旋带兵赴美参战。1781 年回法，升准将军衔。1789 年选为制宪议会副主席。1792 年法奥战争爆发，任中路军指挥。1792—1797 年被囚禁。1818—1824 年当选为议员。1824—1825 年访问美国。1827 年再次当选为议员。1830—1831 年任国民自卫军总司令。

还宫，须俟数日。

九月初一日，接其外部大臣[①]伊械士照会，称伯理玺天德昨已回京，奏准初三日午刻接见。

初三日[②]，巳正三刻，兰彬与容副使闳，率同参赞容增祥、翻译陈言善[③]、蔡锡勇俱用行装，并洋员柏立，乘马车先到外部衙门，由正门入，各官旁立点首，行前数十步，由升车上楼，至第一层，入左边官厅，陈设铺垫俱极富丽。伊械士并其参赞施华[④]陪叙片刻，起偕兰彬等出乘马车，前赴伯理玺天德宫门外下车，伊械士前导，兰彬先，闳后，增祥捧〇国书继之，翻译及洋员随进，至殿右静候。殿长约二丈，阔二丈余，玻璃、窗槅，几帘、垫褥，一切蓝色，译称“蔚蓝宫”[⑤]。少顷，伯理玺天德由殿左上，站立左首。随从六员：库务大臣沙文[⑥]、律政大

---

① 外部大臣，即国务卿。外部大臣伊械士，即埃瓦茨（William Maxwell Evarts，1818—1901），出生于美国马萨诸塞州（Massachusetts）波士顿（Boston）查尔斯顿（Charlestown）。1833 年入读美国耶鲁大学（Yale University）。1839 年入读哈佛大学法学院（Harvard Law School）。1868—1869 年美国司法部长。1877—1881 年出任美国国务卿。1885—1891 年任美国国会参议院议员。

② 初三日，1878 年 9 月 28 日。

③ 陈言善，即陈善言，应为笔误或者排版之误。

④ 参赞施华，即西华（Frederich W. Seward，1830—1915），出生于美国纽约州奥本（Auburn，New York），美国前国务卿西华（William H. Seward，1801—1872）之子。1849 年毕业于美国联合学院（Union College）。1851 年到纽约州罗切斯特（Rochester，New York）任职。1861—1869 年其父出任美国国务卿，任助理国务卿。1877—1881 年任美国助理国务卿（Assistant Secretary of State Department）。著有 Reminiscences of a War-Time Statesman and Diplomat，1830—1915。

⑤ 蔚蓝宫，即蓝厅（Blue Room）。

⑥ 库务大臣，即财政部长（Secretary of the Treasury）。沙文，即谢尔曼（John Sherman，1823—1900），出生于美国俄亥俄州兰卡斯特（Lancaster，Ohio）。1844 年当选美国众议院议员。1852 年再次当选。1858 年第三次当选。1861 年任美国参议院议员。1877 年任美国财政部长。1881 年再次当选参议院议员。1897 年任美国国务卿。1898 年因病离职。

臣低云士[①]、兵部大臣麦加拉利[②]、驿务大臣胎拏[③]、内部大臣别而[④]、内务参赞大臣罗乍士[⑤]，皆在左序立。伯理玺天德略一点首，兰彬等点首答之，伯理玺天德趋近与兰彬、闳握手毕，兰彬随即朗宣颂词，增祥奉〇上国书，交兰彬恭捧，闳继用英语宣颂词讫，兰彬敬将〇国书递与伯理玺天德，接受后，转交伊楲士，即自展答词，诵毕，复与增祥等各员逐一握手示敬。伊

① 律政大臣，即司法部长（Attorney General）。低云士，即德文斯（Charles Devens，1820—1894），1840 年毕业于哈佛大学法学院（Harvard Law School），1841—1849 年任职于马萨诸塞州富兰克林法院（Franklin County）。1861 年任马萨诸塞州步兵（Massachusetts Infantry）上校，参加美国内战，屡获战功。1867—1873 年任马萨诸塞州高级法院法官。1873—1877 任马萨诸塞州最高法院助理法官。1877—1881 年任美国司法部长。1881—1891 任马萨诸塞州最高法院法官。

② 兵部大臣，即国防部长（Secretary of War）。麦加拉利，即麦克拉里（George Washington McCrary，1835—1890），生于美国印第安纳州埃文斯维尔（Evansville，Indiana）。1853 年在乡村公立学校任教。1856 年到律师事务所工作。1857 年当选爱荷华州众议院议员。1861 年当选爱荷华州参议院议员。1868 年当选美国国会议员。1877 年任美国国防部长。1879 年任美国巡回法院法官（United States Circuit Court）。1884 年退休。

③ 驿务大臣，即邮政局长（Postmaster）。胎拿，即泰纳（James Noble Tyner，1826—1904）。1869—1875 年连续三届当选美国众议院议员。1875 年任美国邮政局第二副局长。1876 年任美国邮政局局长。1877 年任美国邮政局第一副局长。1881 年辞职。1889—1893 年和 1897—1903 年任美国邮政局副总检察长。

④ 内部大臣，即内政部长（Secretary of the Interior）。别而，即舒尔茨（Carl Christian Schurz，1829—1906），出生于德国埃尔夫特施塔特（Erftstadt Germany）。毕业于德国波恩大学（University of Bonn）。1852 年移民美国。1861 年任美国驻西班牙公使。1866 年任底特律邮报（the Detroit Post）主编。1867 年任西方邮报（Westliche Post）主编。1868—1874 年任美国参议院议员。1870 年组建美国自由民主党（the Liberal Republican Party）。1877—1881 年任美国内政部长。

⑤ 内务参赞大臣，即内政部副部长（Assistant Secretary of Interior）。罗乍士，有误，或是别的职务待考。时任美国内政部副部长是 Alonzo Bell。

械士又引兰彬等与六大臣握手相见，施参赞亦带增祥等与各官握手，然后退出。伯理玺天德送至殿前，谕令伊械士陪过东殿游玩。少顷，乃别各大臣等，登车回寓。是日往返，男女观者夹道，即外部及宫殿门外亦拥挤如市。

初四、五、六等日，偕副使闳往拜外部大臣伊械士，及英国公使桑顿①、俄国公使施士建②、德国公使阿鲁沙③、法国公使乌地理④、澳国公使海阿士⑤、意国公使列打巴拉娇⑥、益国公使

---

① 英国公使桑顿（Sir Edward Thornton KCB，1817—1906），生于英国伦敦，前英国驻葡萄牙公使桑顿爵士（Sir Edward Thornton，1766—1852）之子。曾就读于伦敦国王学院（King's College London）和剑桥彭布罗克学院（Pembroke College）。1842 年赴英国驻意大利都灵（Turin）使馆任职。1845 年赴墨西哥使馆任职。1853 年升墨西哥使馆秘书（Secretary of Legation）。1854 年署英国驻乌拉圭公使。1859 年任英国驻阿根廷公使。1865 年任英国驻巴西公使。1868—1881 年任英国驻美公使。1881 年任英国驻俄公使。1884 年任英国驻土耳其公使。1887 年退休回国。

② 俄国公使施士建，即尼古拉斯·希什金（Nicolas Shishkin），1875—1880 年任俄国驻美公使。

③ 德国公使阿鲁沙（Kurd von Schlözer，1822—1894），1841 年高中毕业后，曾任记者，又在柏林外交部任职。1857 年任普鲁士驻俄使馆秘书。1863 年到丹麦使馆任职。1864 年到意大利使馆任职。1867 年署理驻意大利公使。1871 年任驻美公使。1882 年任驻意大利公使。1892 年退休。

④ 法国公使乌地理（Ange-Georges Maxime Outrey，1822—1888）。1868—1871 任法国驻日本公使。1877—1882 年任法国驻美公使。

⑤ 澳国公使海阿士（Count Ladislaus Hoyos）。1875—1879 年任澳大利亚驻美公使。

⑥ 意国公使列打巴拉娇（Baron Alberto Blanc）。1875—1880 年任意大利驻美公使。

亚西哇儿[①]、布拉西儿公使波遮士[②]、土耳其公使亚离士打其啤日[③]、西班牙公使李阿士云民有[④]、哝唎[⑤]公使打拉哥士天、日本公使大有拏利[⑥]、亚毡太吾公使加西亚[⑦]、比利时公使爹儿科士[⑧]、丹国公使林敦其伦[⑨]、那威[⑩]公使廖云恰、瑞典公使白芍[⑪]、墨西

---

① 益国公使，亚西哇儿（Benjamín Aceval，1845—1900），出生于巴拉圭（Paraguayo）首都亚松森（Asunción，Paraguayo），在阿根廷首都布宜诺斯艾利斯（Buenos Aires，Argentine）学习法律，获得法学博士学位。1873 年回亚松森创办拉里火马报（La Reforma），并先后在国会、巴拉圭高级法院和外交部任职。1878—1880 年任巴拉圭驻美公使。1886 年担任巴拉圭外交部长。其后担任法学院教授和大学校长。

② 布拉西儿，即巴西（Brazil）。波遮士（Antônio Pedro de Carvalho Borges，1824—1888），1841 年海军军官学校毕业后，任职于巴西海军，直至 1863 年退役。1871—1881 年任巴西驻美公使。1881 年任巴西驻奥地利公使。1884 年任巴西驻葡萄牙公使。

③ 土耳其公使亚离士打其啤日（Aristarchi Bey or Grégoire Aristarchi，？—1915），1873—1883 年任土耳其驻美公使。1883 年任阿尔弗雷德·诺贝尔（Alfred Nobel）的顾问。1909 年任土耳其驻荷兰公使。著有 Mémoires d'Aristarchi-Bey（Démétrius），1888。

④ 西班牙公使李阿士云民有（Senor José Brunetti Y Gayeso），1878 年 8 月 14 日—1879 年 2 月 2 日署理西班牙驻美公使。

⑤ 衣利，即智利（Chili）。

⑥ 日本公使大有拿利，时任日本驻美公使为吉田清成。

⑦ 亚毡太吾（Argentine），即阿根廷。加西亚（Manuel R. Garcia），1870—1880 年任阿根廷驻美公使。

⑧ 比利时（Belgium）公使爹儿科士（Maurice Delfosse），1865—1889 年任比利时驻美公使。

⑨ 丹国，即丹麦（Denmark）。林敦其伦（J. H. de Hegerman Lindencrone），1874—1879 年任丹麦驻美公使。

⑩ 那威，即挪威（Norway）。

⑪ 瑞典（Sweden）公使白芍（Baron Carl Nils Daniel de Bildt，1850—1931）。曾在瑞典驻英国、法国、美国、德国和奥地利等使馆任职。1889 年任瑞典驻意大利公使。1902 年瑞典任驻英公使。1905 年再任瑞典驻意大利公使。1920 年退休后留居罗马直至去世。

哥公使三马干拏[①]等，有见，有不见，只秘鲁公使新故，代者未到。其余各部大臣曰“沙士”、曰“谭顺”[②]、曰“马吉利”[③]、曰“威地”[④]、曰“沙文”[⑤]、曰“地纷士”[⑥]、曰“韩地”[⑦]、曰

① 墨西哥公使三马干拿（Manuel María Eutimio de Zamaconay Murphy, 1823—1904）。生于墨西哥普埃布拉（Puebla ）。1861 年任墨西哥外交部长。1867 年当选墨西哥国会议员。1872 年任墨美索赔委员会委员。1878—1882 年任墨西哥驻美公使。1898 年任墨西哥最高法院院长。

② 谭顺，即汤普森（Richard Wigginton Thompson，1809—1900），出生于美国弗吉尼亚州卡尔佩珀（Culpeper Virginia）。1834—1838 年任美国印第安纳州大会代表。1836—1838 年在美国印第安纳州参议会议员。1841—1843 年和 1847—1849 年当选美国众议院议员。1867—1869 年任印第安纳州巡回法院法官。1877—1880 年任美国海军部长（Secretary of the Navy）。

③ 马吉利，即麦格鲁（Jacob M. McGrew），1875 年任美国财政部第六审计员（Sixth Auditor）。

④ 威地（Morrison Remick Waite，1816—1888），出生于美国康州莱姆（Lyme，Connecticut ）。1837 年毕业于耶鲁大学。1849—1850 年当选俄亥俄州参议院参议员。1874—1888 年任美国联邦最高法院首席大法官（Chief-Justice）

⑤ 沙文（Noah H. Swayne，1804—1884），出生于美国弗吉尼亚州弗雷德里克（Frederick County，Virginia ）。1825 年任俄亥俄州科肖克顿县（Coshocton, Ohio）检察官。1830 年任俄亥俄州检察官。1836 年当选俄亥俄州众议院议员。1862—1881 年任美国联邦最高法院大法官（Associate-Justice）

⑥ 地纷士（John D. Defrees，1810—1882），出生于美国田纳西州斯巴达（Sparta，Tennessee）。早年办报。1860—1869 年和 1876—1882 年任美国政府打印办公室（Government Printing Office）公共打印员（Public Printer）。

⑦ 韩地（Ward Hunt，1810—1886），1828 年毕业于美国联合大学（Union College）。1844 年任纽约州尤蒂卡（Utica）市长。1865 年任纽约上诉法院法官。1868 年任纽约上诉法院首席法官。1872—1882 年任美国联邦最高法院大法官（Associate-Justice）。

"夏伦"[①]、曰"瑞营"[②]、曰"米拉"[③]、曰"士地朗"[④]、曰"布拉利"[⑤]、曰"非儿地"[⑥]、曰"其里佛"[⑦]、曰"罗查士"[⑧]等，皆俟其来见，然后往答。又差帖遍拜各国参赞，及无公使各国

---

① 夏伦（John Marshall Harlan，1833—1911），出生于美国肯塔基州丹维尔（Danville，Kentucky）。1877—1896 年任美国联邦最高法院大法官（Associate-Justice）。

② 瑞营（Edward G. Ryan，1810—1880），出生于爱尔兰米斯（Meath，Ireland）。1830 年移民美国纽约。1836 年入籍美国。1874—1880 年任威斯康星州最高法院首席法官（Chief Justice of the Wisconsin Supreme Court）。

③ 米拉（Samuel Freeman Miller，1816—1890），出生于美国肯塔基州里士满（Richmond，Kentucky）。1838 年毕业于特兰西瓦尼亚大学（Transylvania University in Lexington）。1862—1890 年任美国联邦最高法院大法官（Associate-Justice）。

④ 士地朗（William Strong，1808—1895），出生于美国康州索莫斯（Somers，Connecticut）。1828 年毕业于美国耶鲁大学。1846 年当选美国众议院议员。1857—1868 年任宾夕法尼亚州最高法院法官。1870—1880 年任美国联邦最高法院大法官（Associate-Justice）。

⑤ 布拉利（Joseph Philo Bradley，1813—1892），出生于美国纽约州伯尔尼（Berne，New York）。1833—1836 年入读罗格斯大学（Rutgers University）。1869—1891 年任美国联邦最高法院大法官（Associate-Justice）。

⑥ 非儿地（Stephen Johnson Field，1816—1899），出生于美国康州哈德曼（Haddam，Connecticut）。1837 年毕业于威廉姆斯学院（Williams College）。1857 年任加州最该法院法官。1859 年任加州最该法院首席法官。1863—1897 年任美国联邦最高法院大法官。（Associate-Justice）

⑦ 其里佛（Nathan Clifford，1803—1881），出生于美国新罕布什尔州拉姆尼（Rumney，New Hampshire）。1830—1834 年当选缅因州众议院议员。1834—1838 年任缅因州总检察长。1846—1848 年任美国总检察长。1857—1881 年任美国联邦最高法院大法官（Associate-Justice）

⑧ 罗查士（William Adams Richardson，1821—1896），出生于美国麻省泰斯波鲁夫（Tyngsborough，Massachusetts）。1843 年毕业于哈佛大学法学院。1855—1875 年成为麻省遗嘱和破产法官。1869 年任美国联邦财政部副部长。1873 年任美国联邦财政部副部长。1874 年任美国上诉法庭（Court of Claims）法官（Associate-Justice）。1885 年任美国联邦最高法院首席大法官。

之代理参赞等。

查美国各邦，凡商民汇集至盛之所，设立总督或巡抚，称会城，皆有上、下议院，即市镇稍大，有咩亚①（官名秩如知府）衙署者，亦各有会堂，故一切政治律例不能画一，只征收关税，水陆兵柄及外交立约等大事，归京朝主政。其设官衙，一曰“外部”②，专管各国交涉，及遣接使臣等事。一曰“内部”③，专管国内舆图、户口、粮赋、学校，及发给准照（凡创一设器艺，必给予准照，不许他人遽行仿造）等事。一曰“兵部”④，专管陆师诸务。一曰“水师部”⑤，专管水师诸务。一曰“库部”⑥，专管款项出入，及铸造金银、行用钞票等事，有石银库一座，造费千万余，宽十数亩，门似蜂房水涡，尝存银二百余兆万。一曰“刑部”⑦，有正、副按察使等官，专管一切词讼，其衙署即附在议院。一曰“农部”⑧，专管制造农具、分别耔种等事。另有“律政衙门”⑨，增删条例归其议奏。有“驿务衙门”⑩，电报札文归其稽核。各设大臣一员，副大臣及司员，则视事务繁简多寡不一。而事权统归议院。上议院⑪，每邦二人，共计七十六人，下议院⑫每邦多少，视其大小，现计二百九十四员，皆由各邦民间公举，赴京办事。凡有举措，须询谋佥同，

① 咩亚，即市长（Mayor）。

② 外部，即国务院（State Department）

③ 内部，即内务部（Interior Department）

④ 兵部，即战争部（War Department）

⑤ 水师部，即海军部（Navy Department）

⑥ 库部，即财政部（Treasury Department）

⑦ 刑部，即联邦最高法院（Judge of the Supreme Court）

⑧ 农部，即农业部（Department of Agriculture）

⑨ 律政衙门，即司法部（Department of Justice）

⑩ 驿务衙门，即邮政局（Post-Office Department）

⑪ 上议院，即参议院（Senate）

⑫ 下议院，即众议院（House of Representatives）。

间有异议，则用其签名之多者。伯理玺天德特总其成而已。

兰彬奉使美、日、秘三国，今只行抵美京，日斯巴尼亚、秘鲁二国，相距窎远，且未克遽赴。窃念〇〇陛辞日久，费已不赀，方寸凌兢，无时或释，即有暇晷，而夙昧洋文洋语，见闻未审，亦难遽笔于书。数月来缀述寥寥，因取陈郎中嵩良、曾主事耀南、陈丞善言、蔡丞锡勇数人所散记，合并参订，存兹崖略，固多疏漏，仍不敢谓中无舛讹也。

（清）陈兰彬：《使美纪略》，（清）王锡祺辑：《小方壶斋舆地丛钞》，光绪十七年（1891）上海著易堂铅印本

杂文

一　赖园橘红颂

咸丰九年五月二十二日（1859年6月22日）

化橘岁登天府，州廨苏泽堂前产也。外此，药肆所需，则以赖家园橘为最。园毗州廨，同秉礞石之气；功力维均，且赖氏世业。无租赋之扰、旱涝之虞，得以岁入。余资浚治池亭，杂植花树。过客停骖，往往流连不欲去，凡有题咏，主人皆藏之，积久成帙。

今夏经此，橘叟将携厥稿问序于余。余思园林之胜，得之城市为难，有园林之乐而无园林之费益难，橘叟何修而得此哉。余忆十余年间，足迹半天下，所见富豪家，构园召客，极欲穷奢，一再过，夷为荒墟者，指不胜屈。设移赖园于通都大邑，购之者价且不赀，其芳菲之点缀，金碧之渲染，以及名公巨卿之题咏，当必百倍于斯。而乃僻在南陲，高轩之过，寥寥可数，只以橘能药病，存园名于若隐若见之间，余不能不为斯园惜。然以橘能药病，遐方异域，遂莫不知有此园。其地不尚豪奢，其用可以济世，与苏泽堂并垂不朽，视夫转瞬夷为荒墟者，不啻霄壤。俯仰同怀，感慨系之，于是乎书。

己未夏至①丽湫陈兰彬撰，庚申闰夏②粤西邓北松书。

（清）赖蕴山撰：《橘中人语》，咸丰庚申（1860）清和月刻本，赖家园藏版

---

① 己未夏至，咸丰九年五月二十二日夏至（1859年6月22日）。

② 庚申闰夏，咸丰十年闰三月十五日立夏（1860年5月5日）。

二　杨廷桂[①]《北行日记》序

同治五年（1866）秋

嗟乎，人之才力相越，岂不远哉。彬夙有游兴，幼见诗古文词，叙述山川名胜，辄发遐想。及读《山海经》《穆天子传》诸书，以为彼神圣帝王，侍从有人，纪注宜尔。即《闽粤巡视纪略》[②]《松亭行纪》诸书，倘非持宪节扈宸跸，文献具备，载笔曷详，斯何敢望。或得如石湖《骖鸾》[③]、放翁《入蜀》[④]之类，行程所及，勒为一编，亦足自怡也。

怀此颇有年，丙午[⑤]廷试，由两江越齐抵燕，旋游关陇。于

---

① 杨廷桂，生卒年不详，字天馥，号冷渔，又作岭隅，又号蓉浦，广东高州曹江冷水村人。道光十四年（1834）举人。曾主讲高文书院和近圣书院。卒年八十。著有《中庸详笺》《论语详笺》《今考定礼记》《古文准》《骈文准》《诗准》《词准》《癸未北行日记》《乙巳南还日记》《岭隅文存》《岭隅诗存》《偶吟余胜诗稿》等。

② 《闽粤巡视纪略》，杜臻撰。杜臻，生卒年不详，字肇余，浙江秀水人（今嘉兴）。顺治十五年（1658）进士。官至礼部尚书。康熙二十二年（1683）为工部尚书，奉诏与内阁学士石柱往闽粤抚视，画定疆理。十一月启程，次年五月竣事，因述其所经理大略，著成《闽粤巡视纪略》，首《沿海总图》，次《粤略》三卷，次《闽略》二卷，次附纪台湾澎湖合为一卷。

③ 《骖鸾录》，范成大撰。范成大（1126—1193），字至能，一字幼元，号石湖居士。石湖，湖名，在江苏苏州西南，吴县与吴江县之间，西南通太湖，风景优胜。相传为范蠡入五湖之口。

④ 《入蜀记》，陆游著。陆游（1120—1210），字务观，浙江山阴人。乾道五年（1169）十二月陆游任四川夔州（今重庆市）通判，于次年五月十八日由山阴出发至十月二十七日到达夔州，前后五个多月，陆游逐日记叙了赴任途中的所见所闻，记录了旅行过程中的名山大川人文古迹，并有所考证订误。

⑤ 丙午，道光二十六年（1846）。

山见龙门、华岳、太白、终南、嶓岷、鸟鼠、朱圉、贺兰，水见谷、洛、湹、灞、澧、漆、泾、渭、北海、青海、仇池、瑶池，于关见函谷、潼、萧、瓦亭、白马，至伏羲之台、轩辕之谷、不窋之墓、隗嚣之宫、诸葛之营、赫连勃勃之城、曹玮之砦，皆所历览泊。

戊午南返，过瓜洲后，傍北固金焦，经惠山、虎邱、西湖、天目，泛富春江，东转青田、永嘉，逾桃花岭，度福兴、漳、泉，入粤，陟白鹤、罗浮诸峰。然后归途中名胜以古证今，有合有不合，间有题咏，亦间有考订，而零星挂漏，迄未成书。

今观冷渔先生北行南还两册，元元本本，殚见洽闻。其记疆域，有若祝穆《方舆胜览》者；记山脉，有若《徐霞客游记》者；记水道，有若桑钦《水经》者；记时序，有若费著《岁华纪丽谱》者；记险要，有若程大昌《雍录》者；记俗尚，有若莫休符《桂林风土记》者；记祠宇，有若吴之鲸《武林梵志》者；记轶事，有若龚明之《中吴纪闻》；记果树，有若嵇含《南方草木状》者；记食品，有若屠本畯《闽中海错疏》者；记文艺，有若乐史《太平寰宇记》者；记小说，有若陈宏绪《江城名迹》者。萃宇宙之菁英，趋走腕下。且风味冲澹，性情见焉；据核精赡，学问见焉；规画详密，经济亦见焉。两次下第南还，并绝无怫郁辞气；形诸楮墨，尤足见德养之粹也。

先生著述等身，《四书集诂》《古今诗文准》各书，浩如烟海，此册特龙一爪、凤一毛耳，已彪炳陆离。若是夫册内所记，自两楚外，皆彬所及游者，而彬之所游，有先生未尝者，乃彬检行箧丛稿，曾不及先生什一，使先生尽游彬之所游，鸿笔发皇，卷帙博富，又当何如哉！此彬所以望洋而叹也。

先生已倦游，彬奉旨畿辅从军，不日将取道荆襄北上，拟捧先生日记为先路之导。异日者，公事释肩，或由西路绕川、蜀、黔、滇，或由东路穷匡庐、天台、白岳、黄山诸胜。言旋里衖，坐先生于观山鉴水，闲瀹茗焚香，举曩昔游踪一一请质，斯至愿矣，未识彼苍者天，能如愿以偿否。

麈语方停，骊驹欲唱。序此弥复怅然。同治丙寅[①]秋，世愚侄陈兰彬拜撰。

（清）杨廷桂：《北行日记》，同治六年（1867）刻本，芸香堂藏版[②]

① 同治丙寅，同治五年（1866）。

② 杨霁主修：《高州府志》（光绪版）卷五十二“纪述五·艺文”：“《北行日记》《南还日记》三卷，国朝茂名杨廷桂撰。自序，江都蒋超伯、归安陆心源、吴川陈兰彬、遂溪陈乔森、族子杨颐序。郑县志。”

三 姜邑侯生祠[①]碑记

同治六年（1867）

盖尽心力为民，不必即为大吏，为州县足报国矣。同治三年，子辉姜公以劳绩保奏，奉命莅吾吴邑。敛心洗虑，振奋其事，我民如木萌泉动，惟公是向。

爰日接士大夫、百姓，语之曰："吾职县官，任无小大，士无沃确，民无良莠，皆宜自力。吾来不过为父老子弟经纪，众有不便必以告，有甚愿必告吾，获以朝廷爱民之意。行众所悦喜，吾不敢疲。"故其为政也，自始递今，亵衣不过麻棉，常膳不过粗粝，贤老不离侧，隶吏慎慑。讼者径陟其庭，传呼立断。每举行一大事，必要其始终。寒暑不暇裘盖，饿不暇飧，以为民先。事上有礼而不阿，上信之，得行其志；临下有法而不刻，下畏之，得济其用。劳泽深被，是以我民皆欣戚，与为一体。

先是，吾邑城素颓圮，我公以为急，不可因劳民，弛率民修之，二年竣功，既竣且坚，复以余力改建万寿宫、尊经阁、大成殿、先农坛、南北坛，迁考院而敞之。

众乃相语曰："我民久食公德，将谓之何，盍醵祠塑像祀公。"公闻之，不许。于是，耆老佥至，进于公曰："公任满必有晋秩，去亦必祀公，且公之德永久，毋拂我民爱戴心。"公不

---

① 姜邑侯，姜光耀（？—1868），字子辉，安徽怀宁人。监生。同治三年（1864）九月任吴川知县，六年（1867）调知茂名，七年（1868）四月署新会知县，同年卒于官。姜邑侯生祠，即姜公祠，亦曰储英书院，同治六年（1867）建成，邑人林召棠与陈兰彬等为祠撰写碑记。

能禁。时丁卯九月落成也。

公，安徽怀宁县人，名光耀。邑人陈兰彬，系之诗曰：

炎徼南暨，我邑僻处。
弦诵之声，颇似邹鲁。
稼穑之知，亦似豳土。
惟我民贫，婴而无乳。
城市萧条，山泽瘠卤。
我公之来，怿如甘雨。
宿驾中田，苏其流户。
海泄淫飓，野薙伏莽。
衣得机杼，食安仓庾。
我公廉勤，岂曰小补？
吏拙民和，讼息俗古。
卫我身家，坚城百堵。
造我人士，兴文有所。
万寿无疆，层宫歌舞。
我公未至，兹盛曷覩。
为公筑堂，貌公辛苦。
及公见之，陈我酒脯。
公尽其心，于此何取。
我民依之，如恃如怙。
身及子孙，吹籥击鼓。
亿万斯年，长此我抚。

（清）毛昌善修，陈兰彬纂：《吴川县志》，（台北）成文出版社，1967 年影印光绪十四年（1888）刊本

四　郭安人墓志铭

同治八年（1869）夏

岁乙丑[①]，余采访高凉节孝，有同邑萧君昌瑚来，述伊母郭安人守节事状，既为汇报题旌矣。

今夏，余奉旨畿辅从军，道由楚皖，萧君亦附舟北上，复请为其母铭墓，不获，以不文辞。

案状安人姓郭氏，监生朝学之女，年十九归赠武略骑尉隆廷公，二十九而寡，治家教子，支撑门户，盖数十年如一日。

先是，族祠久圮，安人捐赀修复。又捐赀助邑中寒士乡会试宾兴费。辛亥岁祲，糜粥丸药，济救饥疫，存活无算。邻有养媳，为姑与夫所弃者。安人曰："稚无知耳，可遽弃乎？"携归，饮食训诲逾月，送还，则合门和好云。

嗟乎！自三代下，世风恶薄，里豪坐拥厚赀，义举不拔一毛者，比比皆是。至乡邻衅阋，更肥瘠视越秦，素无以德感人之心，人亦弗为感也。若安人敦大节，明大义，睦姻[②]任恤，使族邻仁义油然以兴。求之士大夫中，殊难既见，况巾帼哉！呜呼贤矣！

安人殁在咸丰辛酉，距生于嘉庆丙寅，享年五十有六。子昌瑚从征江南，叙功得五品蓝翎、尽先千总。恭遇覃恩请封如

① 乙丑，同治四年（1865）。

② 《周礼·地官·大司徒》："二曰六行：孝、友、睦、婣、任、恤。"郑玄注："睦，亲于九族；姻，亲于外亲。"后因以"睦姻"谓对宗族和睦，对外亲亲密。

例。女三人，曰职员林拔材，曰县丞林永安，曰监生林懋亨，其婿也；孙一、孙女二。

安人厝茂名碑记岭之原。铭曰：

江天黯黮，节矗霜筠。
阴崖积雪，松树轮囷。
苍苍美荫，并芘其邻。
猗彼弱植，化寓同春。
子笋于宵，孙枝亦茂。
雨露得天，云胡不厚。
我勒贞珉，置之墓右。
千秋过者，式此贤母。

（清）毛昌善修，（清）陈兰彬纂：《吴川县志》，（台北）成文出版社，1967 年影印光绪十四年（1888）刊本

五　太傅一等毅勇侯文正公祭文

同治十一年四月二十八日（1871年6月15日）

同治十一年四月二十八日，四品衔刑部候补主事陈兰彬谨禀告于太傅文正侯中堂之灵曰：

呜呼！公竟逝耶！公立德、立功、立言，实出三不朽之全，天下仰之，后世传之，尚何所憾！

然闻公正月复总署函谓："仇不可忘，气不可懈！"[①] 知公长惓惓于中外大局也。英夷距中国七万里，道光庚子、辛丑间，牵率诸夷侵扰内地，驯至文宗[②]北狩，淀园[③]被焚，洋楼建于都城，教堂偏于行省，四海臣民痛心疾首，公能释然哉？

兰彬一介京员耳，智术迂浅。戊辰[④]冬，公晋京陛见，枉驾过访，一见驩然，笑貌声音，今犹可想。旋即奏调直隶，兰彬懒不任事，公不督责，礼意有加，商略手书一岁至数寸许。

庚午[⑤]夏，天津之役，调剂内外，费竭苦心。祸变既靖，复

① "仇不可忘，气不可懈"，原文"趁此内地军务将竣之际，急谋备御外侮，非好动也。仇不可忘，气不可懈，必常常有设备之实，而后一朝决裂，不至仓皇失措"。见《同治十一年正月二十八日总理衙门收曾国藩函》，《海防档》（乙），福州船厂（二），台湾"中央研究院"近代史研究所编：《中国近代史资料汇编》，（台北）艺文印书馆，1957年，第326页。

② 文宗，爱新觉罗·奕詝（1831—1861），清朝第九位皇帝，也是清军入关以来第七位皇帝，年号"咸丰"，庙号"文宗"，谥号"协天翊运执中垂谟懋德振武圣孝渊恭端仁宽敏庄俭显皇帝"。

③ 淀园，指圆明园。因其位于海淀而有此称。

④ 戊辰，同治七年（1868）。

⑤ 庚午，同治九年（1870）。

奏调兰彬于江南，委勷沪上机器局务。机器非兰彬所习知，公亦知此非兰彬所能，特筹所以长驾远驭之策，谓“前古富强在兵与农，今日西人富强在兵与商。其用兵恃炮利船坚，无不根本于算法。”欲选幼童出洋肄习，悉其技艺。与李伯相奏，派兰彬携带前往。比将戒行，而公不及见矣！

忆去冬谒公金陵，语及南洋各岛为泰西来路，知安南、暹罗、坎民、仰光、麻六甲、三宝垅、新加坡、槟榔屿等数十处，均有泰西埔头，亦均有华民流寓，数约五六百万。拟于此一二年间奏派委员，自制轮船，周流巡历，为之各立董事，抚绥联络，俾作他日西行之东道。兰彬旋粤，访得各岛殷实有才客长三十余人，条列待呈，而公又不及见矣！

西人之经商中土也，中国事势罔不周知，利权并为所夺。公谓中国亦宜有商人往彼开庄，庶声气常通，而用物常给。今春，兰彬往香港邀晤华商，甫有成议，先纽约、次伦敦，夏秋之交，计可集事，而公亦均不见矣！

煤矿铁矿，中国大利，所有开采至为急务，而各省办理恐多梗阻，唯台湾悬隔海外，试办为宜。前台湾黎道兆棠①将次举行，撤任中止。公与黎道，初未谋面，每言此事，未尝不叹其有体、有用、有肝胆，当道遽置之闲散可惜，而深虑外夷觊觎台湾、沿海之祸愈烈。此皆公与兰彬迭次谈议者。公之爱才为何如，谋国为何如，能不令人感极涕零哉！

公于兰彬，屡有荐剡之词。兰彬早无宦情，绝非藉以阶进，而公实知我中心，固耿耿不忘。且向所承教于公者，异时即勉力以图，无复有公维持，同人意气索然，成否固自难必，唯冀公在天之灵，有以密牖其衷，使无陨越中国自强之基，从此渐立，则私心所祷祝者耳。

---

① 黎兆棠同治八年（1869）任按察使衔分巡台湾兵备道。

袁子才①序《尹文端②集》云：“知我一生，报公千古。”兰彬将何以报公耶？

呜呼！书不尽言，焚化灵前，伏乞垂鉴！兰彬谨上。③

《大界曾氏五修族谱》第一册卷四，中华全国图书馆文献缩微复制中心，2002年

---

① 袁枚（1716—1797），字子才，号简斋，晚年自号仓山居士、随园主人、随园老人，钱塘（今浙江杭州）人。乾隆四年（1739）进士，历任溧水、江宁等县知县。

② 尹继善（1695—1771），章佳氏，字元长，号望山，满洲镶黄旗人。雍正元年（1723）进士，改庶吉士，授编修。五年（1727），迁侍讲，寻署户部郎中。谥号“文端”。

③ 底本于文后尚有句云：“谨案：文正公事迹，具见国史，前谱备录本传，今从略，改刊墓志，及汪士铎及陈兰彬各祭文，稍补国史之不足。”因非陈兰彬语，故删去，附注于此。

六　重次千字文

癸酉年[1]作于美国哈富得尔[2]之中华肄业总局[3]

同治十二年十月初一日（1873年11月20日）

惟晋右军[4]存余千字次而为文，始周兴嗣[5]。后续作者推吕章成[6]、渭[7]也、人月[8]，妙亦驰声（前明吕栽之章成、徐文长

---

① 癸酉，同治十二年（1873）。

② 哈富得尔（Hartford），今译“哈特福特”，美国康涅狄格州（Connecticut）首府。

③ 中华肄业总局，又作“中国驻洋肄业总局”和“幼童出洋肄业总局”（李圭：《环游地球新录》）。

④ 王羲之（303—361），字逸少，因官拜右军将军，人称王右军。

⑤ 周兴嗣（？—521），字思纂，梁武帝时，上《休平赋》，官朝散骑侍郎。武帝十二年（513）官给事中。十四年（515）担任临川郡丞。十七年（518）官给事中。普通二年（521）病故。著有《千字文》《皇帝实录》《皇德记》《起居注》《职仪》等。

⑥ 吕章成，字裁之，号蓼园，又号余民，余姚人，明末清初逸士，善诗，长古文，与陈函辉等交，出游四方，多与异人友，归里自毁所著诗文。

⑦ 徐渭（1521—1593），字文长，号青藤老人、青藤道士、天池生、天池山人、天池渔隐、金垒、金回山人、山阴布衣、白鹇山人、鹅鼻山侬、田丹水、田水月等。明代文学家、书画家、军事家，山阴（今浙江绍兴）人。正德十六年（1521）出生于浙江绍兴府官僚世家。父徐鏓，母为侍女小妾。二十岁时成为生员。四十年（1561）徐渭四十岁才中举人。万历五年（1577）回绍兴。

⑧ 卓人月（1606—1636），字珂月，号蕊渊，别署江南月中人，明代戏曲家。浙江仁和（今浙江杭州）人。崇祯八年（1635）贡生。富才情，诗文词曲兼擅。早年撰千字《大人颂》，被誉为稳帖奇肆。和孟称舜、袁于令、徐士俊交善。著有杂剧三种，今存《花舫缘》杂剧一本。另有《蟾台集》《蕊渊集》。又与徐士俊合编《古今词统》末附二人唱和之词《徐卓晤歌》。

渭、卓人月珂皆有重次千字文），并闻。

国朝多大手笔恭赞圣皇抗音调律（康熙时王百朋锡[①]有《圣德颂千字文》，乾隆时彭芸楣元瑞[②]有《恭跋御制全韵诗千字文》，杨春圃世英[③]有《恭颂太上皇帝周甲授受礼成千字文》，亦重次周本为之）。

比来海内，寻眺无缘。
絜寸布尺，用效鞶马。
念我生初，意颇沈笃。
积岁下帷，自知不足。
近从时义，远及索坟[④]。
隶摩斯邈[⑤]，辞慕渊云[⑥]。
口问耳聆，惧讥墙面。
写稿盈箱，弟兄躭翫。

---

① 王锡，字百朋，仁和（今杭州）人。诸生，毛奇龄之徒，著有《啸竹轩集》。袁枚《随园诗话》记载："沈归愚选本朝诗，不知杭州王百朋，几有遗珠之叹。余告之曰：'百朋，诸生，名锡，毛西河高弟子也。有《啸竹轩集》。'"

② 彭元瑞（1731—1803），字掌仍，一字辑五，号芸楣（一作云楣），江西南昌人，清代学者、楹联名家。乾隆二十二年（1757）进士，改庶吉士，授编修，官至工部尚书、协办大学士。元瑞博学强记，时有令誉。纪昀为《四库全书》总纂官时，彭元瑞是十个副总裁之一。与蒋士铨合称"江右两名士"。卒于官，赠太子太保，谥文勤。

③ 杨世英，字春圃，其著千字文之作有三：《太上皇帝纪元周甲授受礼成恭颂千文》《武业县志跋千文》《严慈八十双寿征诗启千文》。

④ 索坟，八索三坟之谓，泛指古书。《春秋左氏传》："左史倚相趋过，王曰：是良史也，子善视之！是能读《三坟》《五典》《八索》《九丘》。"

⑤ 斯邈，秦代李斯和程邈的合称，泛指古代文字或书法。李斯创小篆，程邈造隶书。

⑥ 渊云，汉代王褒和扬雄的并称，泛指古代文学或文人。王褒字子渊，扬雄字子云，皆以赋著称。班固《西都赋》："秦汉之所极观，渊云之所颂叹。"

弱冠优贡，乃离广东。
俶[1]瞻辇毂[2]，特欲图功。
累困名场，犹縻故业。
欣赏新笺，宝藏旧牒。
坐辨唐汉，啸咏盘桓。
气移魄芥，交尽鞠兰。
矫想九霄，庸绩莫建。
驾言出游，姑适己愿。
驱輶动轲，勒驴引骡。
衣摄青岱[3]，杯映黄河。
赵号魏韩[4]，常所信宿[5]。
磻洛漆泾[6]，俯临属目。
岫登王母，庙履令公。
刻思禹碣，色别秦松。
旷地寥天，独回塞上。
历银川城，察蒙古帐。
嘉宾获宴，逐步玉堂。
石渠闲静，极爱驹光。
物阜民欢，宰官豫逸。

---

① 俶，开始。

② 辇毂，皇帝的车舆，代指皇帝或京城。

③ 青岱，亦称岱宗、岱岳，泰山的别称。

④ 春秋末年（前453年），晋国被韩、赵、魏三家瓜分，借指河北、河南、山西、陕西等原赵魏韩属地。

⑤ 信宿，连宿两夜，亦指两三天之间。

⑥ 磻，古水名，在今陕西宝鸡东南，相传是姜太公钓鱼处。洛，古水名，源于陕西洛南，东流经河南入黄河。古作“雒”。漆，古河流名，为泾渭支流，位于陕西境内。泾，水名，发源于甘肃，注入陕西渭水。

省会谈禅，听起毛贼。（时广西郑梦白中丞[1]，修佛辨道进麾。）
洪匪肆恶，几骇神京。
承敕助守，务止横行。（咸丰三年五月，奉旨赴保定防堵。）
矢束剑磨，万甲振竞。
幸藉威灵，戒严事竞。
丙辰[2]之夏，改职理刑。
皋陶[3]是则，罪恻疑矜。
英法背盟，五羊[4]逼处。
频晦恃仙，崑臣制府[5]。（时叶崑臣节相于粤东城内建长春仙馆，军旅之事皆卜乩仙。）
璇垣[6]拜命，南去审论。（咸丰三年十二月奉旨随办夷务。）

① 郑祖琛（1784—1851），字梦白，浙江乌程（今属吴兴）人。嘉庆十年（1805）进士。道光十二年（1832）升任广西布政使。二十五年（1845）任云南巡抚兼署云贵总督。次年，调任广西巡抚。咸丰元年（1851）太平天国起义，以防范懈怠被革职，旋病逝。

② 丙辰，咸丰六年（1856）。

③ 皋陶，亦作皋繇、臯陶、咎繇，传说虞舜时的司法官。

④ 五羊，指广州。

⑤ 崑臣制府，叶名琛（1809—1858），字昆臣，湖北汉阳人。道光十五年（1835）进士，选庶吉士，授编修。历任陕西兴安知府、山西雁平道、江西盐道、云南按察使，湖南、甘肃、广东布政使。二十八年（1848）擢广东巡抚。咸丰二年（1852）升两广总督，兼通商大臣。咸丰七年（1857）英法联军侵入广州，叶名琛既不抵抗，也不议和，更不逃跑，因此被俘，囚于印度加尔各答。次年死于囚所。

⑥ 璇垣，皇宫，亦借指皇帝。

殊丁内戚，退隐家园。
寓郡养亲，阶环俊士。
四箴两铭，寒暑乐此。
发盗扇祸，号云金冈[①]。
任侠潜结，伤践高凉。
县邑悚惶，孤寡悲吊。
深岩画惊，空庭夜耀。
楹倾发宇，碑毁伐郎。
穑夫纺妾，实感饥荒。
粮阙兵疲，武弁甘辱。
秉节设施，谁其方叔。
因竭绵力，斩捕并招。
凋彼伏莽，剪落枝条。（咸丰十一年二月，遁贼陈金冈由湖南、广西突踞高州信宜城。同治二年九月光复。四年六月，罗定、岑容土匪皆平。）
将父礼终，侍御举奏。
骧首宫门，敢忘世宙。
靡怀陛陟，默谢宠荣。
位卑禄薄，漠弗载营，
连道合州，岳钟二相。

---

① 金冈，陈金冈，亦作金刚、金缸，广东三水人，亦说开建人。咸丰四年（1854）起义，围攻三水、攻占清远，围攻韶州府，攻下怀集，建大洪国，号兴南王。此后在两广活动。十一年（1861），攻占信宜。先后攻打石城、化州、茂名，进逼高州府。同治二年（1863），在崑寿的镇压下，再加上义军内部叛变，起义失败。

伊傅杜房[1]，卿尹宗仰，
诛已灭叛，草野人绥。
爵封傅嫡，庆典诚宜。
指愿平羌，更有左伯[2]。
辽杳昆明，假寐即席。
蒸黎宁定，戎政益修。
训稽能迩，虑切宣猷，
操干钧衡，求瑞抽要。
策似烦难，劳皆勉劭。
盖当八表，纳税通商。
既称敦睦，途等康庄。
且谓泰西，机器甚好。
量遣少年，往资厥巧。
入疏殿陛，维帝曰都。
微躬奉委，何可启居。
罗兹精良，殆致织璧。
淑性佳姿，星聚雨集。（同治十年冬，上海关局招选出洋肄业幼童；十一年初秋，携带启行。）
路经日本，造美利坚。
火车催运，轻若转九。
霸绩煌哉，说华盛顿。（创立美利坚合众国者。）
鸟约市集（鸟约为美国首镇），奄观妍景。

① 伊傅，商代贤相伊尹和傅说。杜房，唐初贤相杜如晦和房玄龄。
② 左伯，左宗棠。

巨宅澄洁，拱带曲阿。
蓝肥亩稷，翠密池荷。
枇果阴浮，笋根馨满。
李谷真超，棠谿最善。
户槐寂翳，林奈分张。
桐白增闰，姜紫凌霜。
饭黍散鸡，眠沙牧犊。
巨兽廊悬，珍禽亭育。
赤鷴唱露，丹凤鸣阳。
曦炜夕昃，餍饫诗肠。
雅琴据梧，圆笙对竹。
浴体具汤，清热息烛。
糟床酒熟，恙祭执觞。
烹咸和淡，餐膳饱尝。
服食接充，岂虞贱陋。
墨稼纸田，非农实富。
薪水给领，夙沛君仁。
敬答慈惠，贵在立身。
释老形骸，阮嵇歌笑。
亏伦钓异，过中贻诮。
每语诸友，勿收冥愚。
孰见象冈，必得元珠。
正直忠贞，贤基素志。
侈俗丝纷，受染恐易。
妇女纨绮，巾飘裳飒。
男儿腾跃，早逍晚遥。
黜短取长，主于学艺。

杷垢吹糠，耻遵流弊。
楼安孔子，慎重尊师。
投颡谨畏，舍菜[1]习仪。
祇祀陪随，组缨[2]济楚。
徘列鱼鳞，徊翔雁羽。
克化情感，匡佐史监。
赖叶茂才（名源睿，江苏人），
与容孝廉（名增祥，广东人）。
画殿彩筵，郁攸[3]照读。
简解绛裳，温仗详覆。
群悦谦让，貌木心虚。
百工以劝，扶植庶乎。
射的[4]壹持，琴瑟弦再鼓[5]。
洞达短规，归仕垂誉。
遐冕德晖，永被福祐[6]。

① 舍菜，又称释菜礼、释菜，即用“菜”（蔬果菜羹之类）来礼敬师尊，这是古代入学时祭祀先圣先师的一种典礼。

② 组缨，古代系冠的丝带，其色因地位而异。《礼记·玉藻》：“玄冠朱组缨，天子之冠也……玄冠丹组缨，诸侯之齐冠也；玄冠綦组缨，士之齐冠也。”《墨子·公孟》：“昔者楚庄王，鲜冠组缨，绛衣博袍，以治其国，其国治。”

③ 郁攸，火气，火焰。《左传·哀公三年》：“济濡帷幕，郁攸从之，蒙葺公屋。”

④ 射的，用箭射靶。《韩非子·内储说上》：“人之有狐疑之讼者，令之射的。中之者胜，不中者负。”

⑤ 琴瑟弦再鼓，比喻关系融洽。《诗经·小雅·常棣》：“妻子好合，如鼓琴瑟。”

⑥ 福祐，幸福；福气、福祐。汉刘向《列女传·有虞二妃》：“帝尧之女，嫔列有虞，承舜于下，以尊事卑，终能劳苦，瞽叟和宁，卒享福祐。”《汉书·扬雄传下》：“听庙中之雍雍，受神人之福祐。”

龙飞[①]同治，率土恬如[②]。

孟冬吉旦[③]陈丽秋

《陈荔秋致丁乐山观察函（同治十二年十二月二十五日）》，《晚清洋务运动事类汇钞》上册，中华全国图书馆文献缩微复制中心，1999 年

① 龙飞，比喻升官提职或仕途得意。《易·乾》：“飞龙在天，利见大人。”《文选·张衡〈东京赋〉》：“我世祖忿之，乃龙飞白水，凤翔参墟。”晋傅咸《赠何劭王济》诗：“吾兄既凤翔，王子亦龙飞。”唐刘知几《史通·叙事》：“邦国初基，皆云草昧；帝王兆迹，必号龙飞。”

② 恬如，安然，泰然。汉应劭《风俗通·怪神·世间多有伐木血出以为怪者》：“左右皆怖伏地，而叔高恬如也。”《晋书·王述传》：“性沉静，每坐客驰辨，异端竞起，而述处之恬如也。”

③ 孟冬吉旦，农历十月初一日。孟冬，指冬季的第一个月，即农历十月。吉旦，农历每月初一日。

七 《公法便览》[①] 序

光绪三年六月十五日（1877 年 7 月 25 日）

五方不同文，在昔外史氏所掌，即须鞮[②]译，况寰瀛万国，各国文词多异，中国奚从观览哉。然文虽异，事理则一，而所译或诘屈聱牙，或铺菜[③]桐达，是在其人诣力之浅深矣。

同文馆总教习丁冠西[④]先生，亚墨利加所称博学深思者。初至沪渎[⑤]，即喜中国书籍，而欲达之西书，使无阂格以便阅习，译有《万国公法》。董醖卿[⑥]大司农暨张鲁生[⑦]太守已叙行，今率馆生复译《公法便览》成，属余为序。

---

① 《公法便览》，原名 *Introduction to the study of Intenational law*，美国学者伍尔西（Theodore Dwight Woolsey，1801—1889）著，丁韪良、汪凤藻、凤仪、左秉隆、德明译。

② 鞮，古代释译官。

③ 铺菜，繁多茂盛貌。汉班固《西都赋》："五谷垂颖，桑麻铺菜。"

④ 丁冠西，即丁韪良（William Alexander Parsons Martin，1827—1916），字冠西，号惪三。

⑤ 沪渎，上海旧称。

⑥ 董醖卿，董恂（1807—1892），原名椿，字寿卿，1833 年改名醇，1861 年避同治帝讳改恂，字忱甫，号醖卿，江苏甘泉（今江苏江都）人。道光十七年（1837）中举，二十年（1840）进士，先后事道光、咸丰、同治、光绪四朝，官至户部尚书。先后著有《楚漕工程》《江北运程》《随轺载笔七种》《甘棠小志》《荻芬书屋文稿》，以及《手订年谱》等近百卷。译有美国郎费罗的《人生颂》一诗。

⑦ 张鲁生，张斯桂（1816—1888），字景颜，号鲁生，浙江慈谿人。早年入曾国藩幕。光绪二年（1876）十二月，奉旨赏加三品顶戴，出使日本国首任副使。光绪三年（1877）十一月，与正使何如璋东渡日本履任。著有《使东诗录》。

余取二书，反复披览，觉其笔墨、词气进而益上。譬如造舟车，始而刳木椎轮，继且文茵[①]畅毂也。譬如筑亭台池苑，始而砖石甃，[②]甓垣堤鞏备而已。继且丹漆雕镂，点缀名葩美箭也。

质有其文，夫岂偶然哉。盖冠西先生居中土久，口其语言，手其文字，又勤敏善下，与文章学问之士游，浸灌于典雅义理之趣，故深造有得如是。余久闻泰西该洽士流，多寄迹香港、上海间，有能殚精研画于五经四子书者，而且文章赠答、诗歌唱和，综事情而昭文采，积以岁月，当与中国经师学士著誉艺林。不止，如足利之所藏山，井鼎之所述焉。可因译书渐精一端，拭目以俟也。

光绪三年，岁在丁丑，夏六月中浣，[③]吴川陈兰彬序。

丁韪良等译，吴尔玺撰：《公法便览》，同文馆聚珍版，光绪三年（1877）

---

① 文茵，车中的虎皮坐褥。《诗·秦风·小戎》："文茵畅毂，驾我骐骉。"

② 甃（zhòu），以砖瓦砌的井壁。

③ 光绪三年（1877），农历干支为丁丑。中浣，月中旬。陈兰彬于1878年赴美就任。

八　呈递国书节略

光绪四年十一月二十日（1878年12月13日）寄到

兰彬等八月二十三日抵美国华盛顿京城。

二十五日，照会外务大臣依械士，并将国书录稿送去。

二十七日，外务大臣复文称：现奉到钞录大皇帝国书底稿，适大伯理玺天德出京未回，届时代请觐见之期可也。

嗣于九月初一日，又准该外务来文，内开：大伯理玺天德业已回京，择于九月初三日十一点钟接见，请贵大臣等十点半钟先到本部稍候，并乞钞示颂词，着参赞预先交来，以便转奏，缘大伯理玺天德亦当拟有答词也。

九月初三日十点钟，兰彬等及参赞容增祥、翻译官陈善言、蔡锡勇五人行装，带洋员柏立，乘坐马车，先至外务衙门，由正门开阶而上，观者如堵。

入门时，各官旁立点首。衙署高大宏敞，俱是白石建成，四面楼房铺以云石。

行前数武，共由升车上楼。至第一层，左边转入官厅，长约六丈，阔二丈余，陈设几座，均以刻金为垫，气象华丽，壁上悬画五帧，俱古名臣像。

外务伊大臣并参赞西华两人陪坐叙谈。

顷刻间，伊大臣起，偕兰彬；西参赞偕闳，布参赞偕参赞增祥，并洋员柏立，暨翻译两员，挨序而出，乘马车四辆，前赴大伯理玺天德宫门外下车。

伊大臣前导，兰彬先行，闳后，参赞增祥捧国书继随，进殿内右旁静候。殿长约四丈，阔二丈余，四围玻璃镜窗、所有几帘一切俱装花夹金蓝缎，译所称蔚蓝宫[1]者是也。

俄而，伊大臣传言驾出，其大伯理玺天德遂由殿左而上，站立，不居正中。

随行六员：库务大臣[2]沙文[3]、律政大臣[4]低云士、兵部大臣[5]麦加拉利、副驿务大臣[6]胎拿、副内务大臣[7]别而、内务参赞大臣罗乍士，皆在左序立。

大伯理玺天德略一点首，兰彬等亦点首答之。

大伯理玺天德趋近，与兰彬、闳握手相见毕，兰彬宣诵汉文诵词。增祥谨赍国书前上，交兰彬恭捧。闳继将诵词宣诵英文毕，兰彬敬捧国书，递与大伯理玺天德接授后，转交与伊大臣讫，登即自展答词。诵毕后，与增祥等各员逐一握手，示伊大臣又带兰彬等与随行六员握手相见。西参赞亦带增祥等与随行六员相见毕，然后退出。

大伯理玺天德送至殿前，并谕伊大臣带兰彬等旁过东殿。

殿内两边大镜六座，上下大镜两座，旁有花草点缀，地铺草席。闻此殿用以宴会大臣者。

游玩少顷，然后与伊大臣等告别，登车回寓。

陈星使呈递国书，颂词云：

“使臣等荣膺我大清国大皇帝亲简命赍国书前来驻扎，以表永远和好之意。伏惟大伯理玺天德勋崇绩茂，福锡群伦，大皇

---

① 蔚蓝宫（Blue Room），今译“蓝厅”。

② 库务大臣，即财政部长。

③ 沙文（John Sherman）。

④ 律政大臣，即司法部长。

⑤ 兵部大臣，即国防部长。

⑥ 驿务大臣，即交通部长。

⑦ 内务大臣，即内政部长。

帝实深欣悦。前此聘问贵国，曾遣使臣，彼此情通，成效已睹。今使臣等驻扎伊始，惟愿固往日之交益，冀资将来之益，赍奉国书，谨此呈览。”

美国大伯理玺天德答复，颂词曰：

“十年前，我前任接见大皇帝初次派来三位公使。彼时人皆欢喜接纳，以为开日后好处之先路，不独令两国声气交通，且预兆将来两国人民贸易加增及货物通畅。此皆当时预卜，后来果著成效。是以我今再接中国公使，尤为欣悦。现因贵大臣等欲设公署，在此京都常任，如别国公使一样，我无思疑。有公署在此，可令现在我两国交谊益加坚固，有此并可革除烦难，及妥办以后两国一切交涉事宜。我今更加欣悦者，查得中国大皇帝所特简两位使臣，办此等关系职事，皆从前在我国所有交往者，为人所素仰。兹贵公使等代达贵国大皇帝友睦之忱，我亦虔诚回候，恭颂贵国大皇帝好，并祈福祉安康，国家昌盛，是所厚望。”

（清）薛福成著，蔡少卿整理：《薛福成日记》上册，吉林文史出版社，2004 年

九　高州府节孝祠碑记[①]

光绪五年（1879）

呜呼，古先圣哲人于妇节三致意矣。《易》明恒贞之义，《书》著有别之文，《礼》严一醮之分，《诗》美共姜春秋，褒纪姬，其劝勉奖励、垂训天下后世者，何深耶。

我朝自京辇暨直府厅州县，皆许建坊立节孝祠[②]，旌表之例尤崇，重而详密，卫纲常，普风化，于以轶隆三代也。高郡郡治向未建节孝祠，余意歉然，以为此守土暨士大夫好义有心风化者之责也。

咸丰庚申[③]，余主高文书院讲席，因商六邑[④]搢绅耆旧，设局采访，承平时及地方兵乱以来，得节孝妇女二千八百余名，造册汇报，题奏旌表，获报可。

① 高州府节孝祠，又作六邑节孝祠。“六邑节孝祠，在马王庙右，同治八年邑举人黄乃琮等倡捐创建，光绪五年建总坊于门外。采访册、副都御史吴川陈兰彬。”“六邑节孝祠，在城东马王庙右，同治八年郡人黄乃琮等倡捐创建（姓名具载列女门），光绪五年建总坊于门外（郡人陈兰彬有记，郑县志）。”见（清）杨霁修，陈兰彬等纂：《高州府志》（光绪十五年刊本）卷九“建置二壇庙”，（台北）成文出版社，1967年，第115页。

② 旧时统治阶级为旌表节孝妇女，为其设立祠堂，称为节孝祠。清代在各省、府、州、县各建节孝祠一所，祠外建大坊，凡节孝妇女由官府奏准旌表的都入祀其中，春秋致祭。见《清会典·礼部十·祠祭清吏司二》。

③ 咸丰庚申，咸丰十年（1860）。

④ 六邑，借指高州。明洪武元年（1368）改元高州路置高州府，府治茂名县（今广东高州），辖境茂名、电白、信宜、化州、廉江（旧称石城）、吴川（含今湛江坡头、硇州、南三岛）等六县。1912年，建茂名县（今高州城）废高州府。

丁卯[①]春，旋奉诏佐军保定，未竟厥事。杨太史颐续有搜罗，由都中补报得准，于是搢绅耆旧请于郡侯聂公尔康[②]，递及毓公争劝捐，乡人出资恐后。

及相基址于文明门外，瓴甓[③]砖瓦，楹梁题角，丹漆金碧圬垩，需备俱集。前为高门悬榜，旁广四室；后为深堂，旁室如前；上耸楼五构，设前后旌表木主；右有簃[④]，为庖库斋宿处，外余地亩，佃为司香火人工食费。经始同治己巳，至癸酉告成，其取给官民所捐缗八千以赢。

丁丑[⑤]冬，郡侯张公联桂[⑥]复特畀俸钱六百缗，惟子母永远俱祭，而二百余年，郡中阙典，一旦焜燿，啧啧称盛焉。乃知人之欲善，谁不如我也。

余窃思忠臣义士、孝子悌弟、节孝妇女，其所为出于天性之正，虽激烈病苦，守坚赴决，忍人所不能堪。循其本，皆自然，无所强，并不为名，祀与不祀，彼亦何所计较？而目击耳

① 丁卯，同治六年（1867）。

② 聂尔康（？—1872），又名亦峰，湖南衡阳衡山人。咸丰二年（1852）中第四十名进士，并钦点翰林。三年后散馆，在广东石城、新会、南海、冈州、濂江、高凉、梅关等地任知县，官至高州府知府、候补道员。同治十一年（1872）病逝，著有《聂亦峰先生为宰公犊》《冈州公牍》《高凉赠行录》《高凉公牍》《濂江公牍》《梅关公牍》《煎茶闲录》等。其子聂缉椝娶曾国藩之幼女曾纪芬。

③ 瓴甓，砖块。《文选·司马相如〈长门赋〉》："致错石之瓴甓兮，象瑇瑁之文章。"李周翰注："瓴甓，甎也。言累甎石似瑇瑁之文。"

④ 簃，楼阁旁边的小屋。

⑤ 丁丑，光绪三年（1877）。

⑥ 张联桂（1838—1897），字丹叔，一字驶叔，一字瞍叔。江苏江都人（今江苏扬州）。由附贡生捐太常寺博士。咸丰八年（1858）补授太常寺博士。光绪二年（1876）补授广东高州府知府，次年赴任。四年（1878）调署惠州府知府。著有《学治臆说》《问心斋诗文集》《问心斋治学杂录》《张中丞（丹奴）奏议》《延秋吟馆诗钞》等。

闻其事者，未有不咨嗟悽怆、泣下沾襟，传述羡企，奋发若不可及，欲得其人尸而祝之，始踌躇满志焉。

今祠之设，箟幄辉煌，钟鼓铿锵，俎豆馨香。绰楔者，宣圣天子宠命；承祭者，达贤守牧纯诚。闺门为起化，本贞信为女德，型在祀孀嫠之灵，云旗风乘，来歆来格。回顾处人伦之变，质诸上下四旁，寸心若铁。然后叹环珥、缟綦之俦，或迫于饥饿，羡于膏腴，詟于豪强，感于才器，挟于六观之计，歉于百年之长，生死不能了，始终不能完，如靡草零花，邈不足兴，霜松雪柏，言高下得失也。闻是祠之设，亦可以兴矣。

《茂名县志》，《广东地方志丛书》第六十五号，（台北）成文出版社，1967 年影印光绪十四年（1888）刊本

十　塘䃂通津桥记

光绪七年（1881）

吴川塘䃂渡，为高、雷、廉、琼四郡通津，水涨筏小，岁有覆溺。杨洛钟广文居近其地，念必易筏而桥，庶易危而安也。

余时出使外洋，嵩梅[①]侄家报及此。余函商裘[②]、沈[③]两邑侯，亦皆谓然。为劝好善者资助，得制钱五千六百缗有奇。鸠工庀材，即两岸及中流，深排桩杙，磐叅巨石，空梁七道，行水上，甃石版，翼以石栏，侧首建亭纳凉避雨。又于左近创塘峡桥，规制比通津桥五之一，凡桥上下衢路，悉以砖漫，俾免泥泞。络绎行人，群庆平平荡荡矣。

夫桥长不廿丈，高广俱不十丈。经始于光绪六年六月[④]，告成于七年七月[⑤]，计时亦自宽。然顾闻职其事者，奔走筹理，劳勚殊剧，何者？捐资非一人，集资非一日。石砖灰木或运至于数十里、数百里外，水陆兼驰。且土脆沙松，桥功又非邑匠所习，往往毁而后成，改而后定，用期永远巩固。谚云：“成如容易却艰辛”，不诬也。

爰纪于石，俾后来有考焉。

（清）毛昌善修，（清）陈兰彬纂：《吴川县志》，（台北）成文出版社，1967 年影印光绪十四年（1888）刊本

---

① 嵩梅，陈嵩梅。

② 裘，裘伯玉，江西新城人，同治十二年（1873）正月起任吴川知县。

③ 沈，沈春辉，江苏监生，光绪元年（1875）二月署吴川知县。

④ 光绪六年六月，1880 年 7—8 月。

⑤ 七年七月，1881 年 8—9 月。

十一　覃恩诰封夫人张老伯母凌太夫人墓表

光绪七年（1881）冬

太夫人系出凌姓玉邑司马开盛公长女，覃恩晋赠资政大夫勗轩张公德配也。凌号〇〇素封。

公安儒素，于归后，宵灯佐读，寒暑勿辍，布衣蔬食，处之泰然。事翁姑尤得欢心，妯娌戚族咸爱敬焉。公好施而力不给，太夫人时税簪珥以助。洎诸嗣君并登仕籍，禄养有余，其俭如故，而乐善弥殷。每训其子，承先志广行之，如建桥甃途，保婴义举，屡捐巨资，不少吝。

光绪六年，邑宰暨士林举行懿行，请大府闻于朝，得旨旌表建坊，一时荣之啧啧焉，以为种德之报。

太夫人生于嘉庆丙寅[1]年十二月十八日，终于光绪庚辰年十一月初六日，享年七十有五。明年冬，卜葬广丰城北五十都八堡流坞塘顶之田垄，首癸，趾丁兼丑未。墓既成，谨志梗概如左，其他淑德夥矣，兹不具论。

赐进士出身诰授资政大夫（都察院左副都御史）加三级愚侄陈兰彬顿首拜题。

张庆彬等：《旌阳张氏通修族谱·凌太夫人墓表》，光绪二十六年（1900）永思堂刻本，中国国家图书馆藏

① 丙寅，原作“□寅”，据其年岁推断当生于嘉庆十一年丙寅（1806）。

十二 《陆地战例新选》序

光绪九年四月（1883年5月）

战争者，造物之憾也。仁义穷，斯战争起，故圣人慎之。孟子生当战国时，特明仁义之说以止战争之害，恐人之狃于战争而不悟也，则曰“善战者，服上刑”；仍恐人之遗弃仁义而莫之顾也，则曰“仁者无敌”。盖仁者以仁存心，其于兵也，不得已而后用之。声罪致讨，薄伐缓攻，不以争城杀人，不以争地杀人，所过之处，秋毫无犯，而民归仁。此无他，能推不嗜杀人之心，俾义闻仁声昭布天下，初无俟讲韬钤、利器械、习击刺，而以力征经营耳。

今览瑞士国穆氏、德国布伦氏，偕英、和、法、日、俄、奥、义诸国十一人，所成《陆地战例新选》一书，不详战胜攻取之法，而惟以遵条约、严纪律、修好睦邻、医伤恤死为心，与中国圣贤之书，大指符合，可知恻隐之心，人皆有心，无分中外也。

方今六合交通，日臻辑睦，苟同保此心，无胥戕，无胥虐，悉出以恺悌慈祥，将见太和之气洋溢宇宙间，仁义充，战征息矣。其有裨于生民，岂浅鲜哉。

同文馆总教习丁冠西先生，译竟是编，将付手民，属余为序。余深喜其用心之厚，而立说之能根本乎仁义也，爰弁数语于简端。

光绪九年岁次癸未四月初吉，吴川陈兰彬书。

丁韪良译：《陆地战例新选》，光绪癸未（1883）孟夏总理衙门印

十三　顺天府水灾劝募函

光绪九年十一月（1883年12月）

敬启者：

本年各省水患，久沐皇恩颁帑，官民输资，筹振多方，全活无算。近自河流复溢，潦水皆冰，耕作期遥，饥寒苦迫，已生之民又将毙矣。同人仰体九重宵旰，悯念万姓流离，前于函牍布告外，复在京设水灾救命捐册，以期积少成多，藉苏民困。惟限于一隅，未能普遍。因思天下之大，以一人救一人，即可以一人救千万人，其力纾，其泽遍。诸君子久抱救人之愿者，薄海内外当无虑亿万。各省官民踊跃助赈，均能上副朝廷德意。况近依首善之区，尤有不容辞之责。

兹特公同筹议推广救命捐，仍与各省地方官、善堂善士劝捐之法并行不悖。所愿诸君子乐善之心愈推愈广，无论何人，以亲及亲，以友及友，互相劝募，共济艰难，但使多活灾黎一人性命，即可为国家培一分元气。同人经理此事，务使捐户一钱功德，灾民即受一钱实惠。如有欺饰，天日鉴之，鬼神知之。至灾民苦状，共见共闻，昔谓铁人堕泪，今将无泪可堕矣。为此敬启并附条议于后。

一　此次推广水灾救命捐，现议定以京都琉璃厂沙土园广育堂为代收汇总之处（系顺天府会同各直省京宦绅士所设善堂）。现经理者为工部余维祯。至先经寄致之册，无推广字样者，仍寄交经手人，交宝兴隆金店代收，以清眉目。

一　捐款以银两通行，无论京外，均交汇总之处，愈速愈妙。收到后，均送交顺天府尹署中，自顺天府属以及各直省所有被灾之区，分别轻重，酌量拨款。至办理放赈，各省本已有善士经理，即迅速妥寄，必可核实。

一　外省均由同人分别函托，在于何地收捐，应请随地酌定。捐款寄京，请径寄广育堂内，取收据为凭，或即寄交函托之人转交广育堂。各处收捐，应否各出收据，请同人随地制宜。京中广育堂收到捐款若干，即按册填掣总据。无总据者，即与同人无涉。

一　捐册均有号数、骑缝图记，发出均有日期，以昭郑重，将来完竣，册须一律收回。每发总收据后，即照书清单，榜贴通衢。事竣，刊简明征信录，按收捐之处照发。其有独捐巨款应请奏奖者，亦可代收，即转送顺天府筹赈局核办，决不迟误。

一　捐款不论多寡，自数万金至数百文、数十文均无不可。其有以书画润资助者，有脱簪珥出物件助者，均请本人或经手人随宜合银汇寄。有捐而不欲书名姓者，务各于捐册内注明经手某人为要。其距灾区近者，或杂捐米粮、籽种、药饵，势难汇总，由京外同人彼此飞速函，务期妥适。

一　同人应用一切笔墨、纸张、零费等款，均自措备，不动丝毫捐款。想外省同人亦同此志。至赈银汇兑，各向殷实汇票号商酌。如可无须汇费更妙。倘有必须酌付者，即照数开支，以期妥速。

光绪九年十一月〇〇日发递。

胡隆洵　李方豫　王懿荣　程志清　谈鸿鋆　俞宗海　钱骏祥
盛　昱　黄元善　杨　晨　徐壸立　杨宜治　余钟麟　周志靖
王邦玺　郑嵩龄　周銮诒　何福堃　陈望曾　姚景夔　余维祯
吴廷芬　何崇光　支恒荣　廖正华　封祝唐　王朝瀚　沈邦宪
许庚身　许有麟　杨　颐　李兆勖　冯锡仁　梁有常　钱绳祖
周家楣　国　炳　李　璲　洪良品　延　清　王仁东　吴诵清
陈兰彬　志　锐　赵增荣　余联沅　尹德坤　王　集　蔡源深

徐用仪 钱应溥 江树昀 李鸿猷 蔡世佐 赵臣翼 连文冲
恽彦彬 丁立瀛 关朝宗 徐道焜 王开甲 陆之斡 任申福
光 熙 丁立钧 徐致靖 傅 潛 龚寿昌 范树升 戚人铣
许景澄 李鼎铭 戴彬元 吴祖椿 法承源 方济宽 任锡汾
梁燿枢 金文同 卢秉政 杨万庆 张祥书 朱 滘 钱培仁
同启

《推广水灾救命捐简明征信录》序

光绪九年，顺天水灾，时家楣待罪京尹，一时来告者谓灾状之剧，昔所未有。不及待牧令之报，即就府库存储近两万金，亟遴员延绅，分携前往灾所，随宜拯救，具疏以闻。

旋由宫太傅大学士总督伯相李公，兼府尹总宪今尚书毕东河师，会疏陈请恩施，蒙皇太后懿旨，以中秋节户部呈进银五万两，赏拨顺直振济。

五城科道连衔疏请平粜、各省拨款，户部议上直隶拨银十万，每省拨一二万备振，兼办平粜。

御史张君安甫陈奏救荒之策，请款十万金浚沟渠，以工代赈。得旨：下户部、工部、顺天府会议。

家楣亟商户部、工部，以灾民在各属不能赴京工作，若为振务计，以查户口、放振并办各属之工为宜。遂合词覆陈，奉命俞允，移款以振。

其时家楣于闻灾后驰书于各封疆大臣并及戚友，赖诸大府先后拯济。豫、晋为近邻，各济顺直八万金，各戚友亦有呼辄应。合之各省援拨，得二十余万。

顺天绅士复仿塔捐，刊本集振。副宪荔秋陈公函请出使各国大臣郑玉轩、京卿诸公，集募亦逾万金。朝士悯各省水灾，募集水灾救命捐，分拨顺、直、山东。

山东是年被灾最先，家楣方以畿骚可望有秋，先拨存储库银援济山东，并致书上海、江浙、闽粤筹振诸公，前往振济。

讵顺天之灾相踵而见，不能不急于自谋，于是亟请谢绥之、严佑之、施少钦及同志诸君来济。佑君遂由东至顺，携款数万，亲为查放。

正在筹措接济间，适任逢孝廉以钱子密铨部之议来告，曰：今宜为推广水灾，遍告四方集款，京师归广育堂收，交府库存储，量灾轻重分拨各省，而于京师根本重地，拯济为先，其必有济。遂亟行之。幸赖在朝公忠恺悌卿大夫士联名为公亟白其状，各附捐册，以备书名书数，家楣亦附焉。从此，书如相应，款若贯串，相继而来。

册中所捐，数大者万金、千金，上至巨公，均怀胞与，数小者尺布斗粟，乡市妇孺亦笑乐施，或并隐姓名，务种德。虽边疆远徼，蒙古土司，莫不争先相助。合计此捐，共收银十二万六千六百九十三两八钱六分二里四毫。均由广育堂绅余慕周水部经收，由家楣与同志诸公商酌分拨。除拨济山东诸省及生息银二万两外，均归顺天振济之用，得以无策不施，有施必速。

访诸人言，谓自九年被灾之日起，以迄蒇事，死于无食者良鲜。要之，此次巨灾，百十万灾黎得以出死入生，重逢乐岁，诚上沐圣朝德泽，亦海内诸君子救饥拯溺之功也。

兹因水部将收放各款，刊印《征信录》，属言其缘起如左。其非由广育堂经收者，另归顺天奏报案牍，不著于篇。

时光绪十一年七月下浣，署户部左侍郎、兼管三库事务通政使司通政使、前顺天府府尹周家楣谨序。

李文海、夏明方、朱浒主编：《中国荒政书集成》
第九册，天津古籍出版社，2010 年

十四　张凤翔封翁七十双寿序[①]

光绪九年（1883）

今上御极之九年，江右张公缦卿自雷州守量移吾郡。寿星再见，卿月在宵。野无刁斗之声，家有弦歌之乐。喜换邻封之尹赏，快瞻膝下之老莱。当公堂酌兕之时，正燕寝齐麋之日。以明年正月为凤翔封翁暨陈太夫人七十寿辰，合白叟黄童祝木公金女，将以助太守称觞礼也。

窃维封翁，好生廑念，媲曹武惠之慈祥；惜福存心，享郭汾阳之富贵。若徒夸鸾鹤松茑之誉，极冈陵嵩华之辞，粉饰云屏，铺展緜算，曼延无纪，预颛不售，若封翁者，其殆德门之必昌，仁者之可寿乎。

封翁豫章将才，清河望族。童牙孤露，尝涵迹于屠沽；壮志干霄，早究心于钤录。操奇赢而宗兵法，历山川而识阵图，故能变化六韬，纵横七萃。道光二十一年，夷氛四起，海水群飞，靖逆将军奉督师之命，道由江浙，行抵粤东，募士贵为前锋，屈须陀于裨将。封翁心雄敌忾，义切同仇。助杨侯而霹雳齐鸣，攻贰律则艨艟尽靡。发虎门之炮，巨铁甲波沈；轰鹢首之轮，摧红毛气沮。盖是时，年方逾冠也。既而功成受赏，凯撤言旋，以外委充抚辕巡捕，隰罔号夷吾之舌，石洪受乌公之罗。幕府久栖，干城待寄。咸丰五年，发匪窜扰江西，中丞张文毅公，帅许远于睢阳，御朝宗于城下，封翁櫜鞬左右，甲胄昕昏，取大旗而考叔先登，着六矢而万春不动。回知劲草，特

① 此文为李文泰代笔。

借长材。岳家五百之军撼山，犹益德万人之敌，拒贼何忧？卒之城几陷而复完，阵无坚而不破。地雷腾焰，唐滕王之阁依然；天雨洗兵，徐孺子之亭无恙。寇之退也，封翁之功也。天子未识真卿之状，首褒光弼之劳，以千把越保，选授山东梁州都司。留署武宁都司。水大鳞舒，风高翮健。山中草木，知万福之威名；坛下貔貅，听韩侯之号令。于焉修筑雉堞，斩刈驼荆。诛乱而虎负常撄，赈饥而鹄形悉改。戚南唐之练卒，操演鸳鸯；郑监门之流民，招集鸿雁。固已挤将军为大树，恃道济若长城矣。

无何，石逆煽焰，武宁戒严，以十万之黄巾，困孤军于黑子。封翁从容应敌，慷慨登陴。严铁牡之关，肃银刀之队。业八战而八克，乃九拒而九攻。奈铜马之势张，腹背受敌；望纸鸢而信断，内外无援。犹复振臂而呼，裂眦相向。奇计射尹锜之目，稍快人心；力战洞公县之胸，共惊神勇。师虽溃矣，绩逾伟焉。督师曾文正公喜马援之生还，谅孟明之无罪，观其后效，畀以中权委带潮勇及赣军，驻营城外。乃值甘凌斗忿，浑濬争功。骇白刃之交驰，患赤眉之暗伺。方构二撼，赵魏操戈；必致两伤，蔺廉避面。封翁独维大局，预定先机。解鹬蚌之持，渔人何利？释蛮触之斗，蜗国无猜。繇此竟罣弹章，颇受李陵之累；未几忽来荐剡，终酬鲍叔之知。封翁七纵七擒，再接再励，驱健儿而穷追黔虏，挫么麽而屡复名城。维时风鹤四郊，群庆谢安起用；乃者莼鲈千里，遽闻张翰归来，猗欤高矣。

且夫挽五石之弓，不必能知字义也；封万里之侯，自来尠衍书香也。文通武达，兼之实难。封翁吕蒙治经，郤縠说礼。轻裘缓带，希羊祜之风流；雅歌投壶，通祭遵之儒术。而又聿开堂构，善裕箕裘；窦氏桂香，王家槐茂。长君则枢垣偰值，次君则府佐翔翔。而我缦卿太守拔萃早登，循良卓著。委寇公于河内，称召父于南阳。伯起挥金，屏绝苞苴之献；昌黎荐士，毫无关节之通。于是寒士欢颜，豪强敛迹。民情愿依夫爱日，天庥以兆夫丰年，非封翁明德之贻，义方之训能如是乎？

德配陈太夫人，绸直表躬，庄姝合度，柔娴慈孝，出自性成，言德容工，不从人授。其相封翁也，自行伍以至副将，甘苦与共，操作不辞。义浆仁粟，以助藁砧；典珥质钗，而犒士卒。仲卿佳士，岂叹困于牛衣？世忠夫人，实勷劳于桴鼓。而又熊丸佐读，画荻陈书。虽同邹女，不烦徙宅之勤；甫授雷池，窃慕封鲑之意。宜其辉增翟茀，宠叠龙章，比桓孟而逾荣，较郝钟而倍胜矣。

彬译署趋公，谏垣逐队，家督虽通乎缟紵，使君远荷其帲幪。试问战功，稔柳营之名譟，逖听舆论；适梓里之书来，天锡昌辰。人开寿域，金台雪满，挥毫当长至之初；鉴水春移，介酒值元宵之后。是日也，岁星与福星并耀，文露与武露齐浓。酿九穗之谷以为醪，裁七襄之云以为锦。堂集珥彤之士，衢偕击壤之农。百福登屏，三雅晋爵。封翁其将移旌黄堂，与太夫人共进一觞乎。他日者，荷九重之特恩，臻百龄之双寿，彬又且为封翁遥祝之矣。

《李小岩（文泰）先生遗著》，（香港）大同印务有限公司，1987 年

十五 《全体通考》序

光绪十年四月（1884 年 5 月）

医，仁术也。论病及国，原诊知政者尚已，即博习方书，审别标本，亦寥寥称绝诣焉。夫医本吾儒格致之一事，然儒有定理，医无定法，故自元以后，医家门户之歧更甚。于儒世之为医者，略有师承，动以声气称良，毅然立方，不暇抉择，医而生，不知所由生；医而死，亦不知所由死也。窃谓医有医理，求之脉息者，变动不居；医有医方，采诸品物者，广大悉备。

西士之医书，余未暇考也。中国自羲轩以来，绘图立说，疏明藏府、骨节、经络、腧穴，以为医门法律、证治准绳者，明皙详尽，如曩昔《灵枢经》《甲乙经》《明堂灸经》《针灸资生经》《铜人针灸图经》以及《医旨绪余》《奇经八脉考》之类，已几于更仆难终，诚以此固医道一端，必不可阙耳。

同文馆医学德子固教习贞[①]，自泰西来游中土二十年，博涉多通，译述不倦，近复著《全体通考》一十八卷，附以五百余图，于人身肌骨筋节，洪纤毕举，微显兼赅，欲俾初学披阅瞭然，洵属医家枕筏。

比者校刊将竣，属丁冠西总教习问序于余。余非越人，乌知医意？顾喜其仁心为质，用力至勤，条缕细确，能有裨乎医

---

① 德贞（John Dudgeon，1837—1901），字子固，英国苏格兰格拉斯哥人，1862 年获英国格拉斯哥大学外科学硕士，1863 年受伦敦会派遣来华行医传教。1865 年，在北京创办第一所近代化医院——双旗杆医院，即今天协和医院的前身。1884 年，所撰中国近代第一本解剖学教材《全体通考》由同文馆印刷出版。

术也，乐为喤引其端。

抑余闻医之于病也，望而知者，谓之神；闻而知者，谓之圣；问而知者，谓之工；切而知者，谓之巧。庐扁照见症结，秦缓察及膏肓，自非易及。然由体质而体会入微，何处何病，原从何起，将且何变，当何药以止之补之，其药之品性，药之铢两，药之制法，并一一覶列简编，庶习医者，易于从事，而仁术得以推行，是尤余所企盼也。子固以为何如？

光绪十年清和月[①]，吴川陈兰彬序。

［英］德贞子固氏撰：《全体通考》，光绪十二年（1886）同文馆聚珍版

① 光绪十年，1884 年。清和月，四月。

十六　广东省各县建造陈氏书院公启

光绪十年四月（1884年5月）

敬启者：

我太邱太祖，德高汉代，荫贻后昆，奕叶蕃昌，散布于粤中者，类成巨族。

今切水源木本之思，为崇德报功之举，邀集宗族在羊城西关连元大街，买得吉地一千井有奇，议建宗祠。我粤中各房昆仲，或为值事，或出主陪享，经众议定章程。

辰下各昆仲极为踊跃，业已交易地价，诹吉兴工。诚恐未及周至，谨修函奉达，敬请家先生大人惠临公所面商一切，并通知尊处亲房，倘欲出主陪享者，祈早日到公所挂号。诸叨玉成，曷胜铭感。从此宗敦族睦，数厥典而无忘。

倡建陈氏书院公所绅耆值事公启

倡建陈氏书院绅耆芳名列：

昌朝　宗询　福谦　冠朝　宝望　梦日　乔森　炽基　序琛
炬林　景鎏　伯陶　如岳　荣辉　念荣　　基　桂士　作离
兰彬　序球　熙敬　植槊　庆桂　华聚　国彬　汝畴　　栋
植恕　序琳　桂籍　焕尧　宝章　而韶　嘉谟　培桂　序睿
龙章　为焕　锦腾　桂薰　忻虞　文蔚　兆祥　文海　承果
其政　济坤

议建陈氏书院章程

谨将《议建陈氏书院章程》开列呈电：

一　议书院必须择地，现请堪舆先生择得吉地，相连数百井，坐在广州城西门外龙津桥之西，共连元大街，与奎光字院、文疆书院相比邻。堪舆先生云：得五星聚奎之象，洵胜地也。现在买地定贴内言明，用木石行九五尺量，每井价银一十两，填地至本处宝石路，高一式，如有未填者，计未填处，每井扣出银二两，已交地价银一千两正。

一　议董事每名入正座主三代，不用缴银，以得酬劳。至董事每名议定先捐银一百两，庶有主位。如未交银，仍不与主位。其银先支地价及建公所。银两清讫，然后抽签分先后收还。

一　议事每名捐银一百两，即须兑交。如不能即交，限一月内交清其银，偕同公所各董事交卖地之家聚德堂、仁厚堂收入，取回收单，即以此地为实处。至董事额数，限至本年六月底止截。

一　议大粤中各房入主陪享正座，每位科银四十两；旁座每位科银二十两；厢房每位科银十两。

一　议太邱书院已建于羊城仙湖街，唯入主每位科银数佰两，未免筹款惟难。今在城外创建新祠，颜曰陈氏书院，现议入主银数，似易举手，凡我宗亲，务祈踊跃，以免向隅。

一　议入主陪享，须报明某县某乡某图某甲，如簿遗失，可以赴书院声明补还。

一　议公举管账数人，所有数目归其登记，及设立簿仔，交管银者照数支给，按月将数目张挂公所内，并督理建造各事宜。

一　议公举督理建造工料数人。

一　议董事者俱帮理数目及帮理建造各事宜。

一　议俟交足地价及建公所银两之后，另公举管银一二人，由其举出殷实银号代为收存银两。至于支出，由管账者设立小簿，列明数目，其银交其支发，互相登记。

一　议工竣之日，将进支数目刊征信录，并详列某邑某房主位衔名分，送各房查核。

一　议升座之后，进支数目，备办祭品，分班轮值司理。

一　议递年各房子孙有中举、中进士、点词林侍卫及第者，应送花红，容再集议。

一　议逢大科宾兴之年，八月□日，集各房昆仲，肃整衣冠，行团拜礼一次。

一　曰书院宜名实相顾也。议落成后，倘有余款，则多置产业，为作育人才经费款。每年应备春秋二祭要款外，提出租息若干，延品学优长老师在本书院讲学课文，凡我祠子孙果系聪明敏捷、材学有成、无力求师者，准入书院课读，由书院酌助膏伙。另每月设文会一次，酌给奖赏以士气。仍增设内试寓，以便各房赴考。

一　曰合族祠宜和睦宗也。议联宗后，凡属宗亲，遇有以强凌弱，以众欺寡，或械斗不休，或缠讼不息，或意外株连者，可赴本祠投知，传集众绅调处，总期息事为先。或理屈恃强，不遵众议者，公同代为伸理，以免寡弱者受欺凌。

一　曰题捐宜加踊跃也，如有题捐款项最巨者，首陪享位，其余论捐数之多少，陪位序之高卑。

一　凡缙绅出名在倡建帖内者，例得居正座长生禄位一尊。

光绪十四年岁次戊子四月谷旦，创建陈氏书院绅董公启。

《陈氏宗谱》，广东省新会景堂图书馆藏

十七 《经字正蒙》序

光绪十一年六月（1885年7月）

字之为用也，有形同音异而义异者，有形异音同而义异者，有形同音同而义亦异者，差若毫厘，谬辄千里，辨之不可不早辨也。

三代盛时，比闾间八岁入学，朝益暮习，薄海同文。汉世官人尚以识字如额著为令，盖非通经，无以致用；非识字，无以通经。小学固若斯之重也。特是小学诸书，递有传述，留存至今者，以《说文》《玉篇》为最古，而《说文》则体皆篆籀，《玉篇》则字无次序，检阅良难。

惟我圣祖仁皇帝御定字典，每字之下先列唐韵、广韵、集韵、韵会、正韵之音，次释其义，次列别音、别义，次列古音。又每字必载古体，用《说文》例。改同隶书，用《集韵》例。兼载重文、别体、俗书讹字，用《干禄字》书例。皆缀于注后，用《复古编》例。仍从偏旁，别出于诸部，用《广韵》互见例。至增入之字，各依字画多寡，列诸数末，则《说文》之新附、《礼部韵略》之续降例。《补遗》一卷，复收稍僻之字。《备考》一卷，更收不可施用之字。并有附录等，之外篇既包括而靡遗，实权衡于至善。

御制序文谓，古今形体之辨，方言声气之殊，部分班列，开卷了然，信六书之渊海，多士之准绳矣。第穷乡僻壤，难于家有其书，在童蒙余力学文，亦未遽能详稽博订，而读经伊始，沿讹袭谬，舛迕之积已不可胜言。古人云，处鲍居兰，翫所先入，染丝斫梓，功在初化，滋可虑夫[1]。

雪庐比部[2]，端居嗜学，笃志经术，重其西席鲁南茂才品学，相与商略，务实事以求是，冀蒙养之有功。鲁南爰就十三经，计复字外，得字六千五百二十有二。逐字诠注，约而精，确而亮，俾蒙师有所据守，童子易于习傅。其体例略仿陆氏《经典释文》，而大要归于简切浅近，且增入孟子而不释老庄，意亦粹然矣。

同人皆言便于初学，怂恿付梓，属余序其缘起，谨书卷端[3]。

光绪十一年六月，前署礼部兵部侍郎、都察院左副都御史愚弟陈兰彬撰。

（清）李文沂：《经字正蒙》，羊城萃经堂光绪十一年（1885）刻本，广东省立中山图书馆藏

---

① 夫，《吴川县志》作“矣”。

② 雪庐比部，《吴川县志》作“李雪庐比部”。

③ 谨书卷端，《吴川县志》作“为书卷缘”。

十八　化州瑚琳杨氏宗祠记

光绪十四年五月（1888年6月）

霞侣杨公，精青乌术[①]，卜居化州吴川县界，子孙众多，文武科第暨列郡庠者，指不胜数。其十二世孙、诸生登云从余受业，自余游宦四方，迄今请假南旋，别经二十余年，与谈次，及其霞侣祖祠，岁支渐乏，近有讲同衔植廷捐拨田租壹百五十石，助给祠费，族人义之，乞余为文勒石用示来者。

余思昔范文正公有志赡族，后登二府，竟成厥志，垂裕至今。余丁卯夏侨寓苏台，过万笏朝天坟，犹想见流风余韵然。王辟之《渑水燕谈》，谓铅山刘辉哀族人不能为生者，买田数百亩养之。辉以进士得大理评事签书，建康军判官耳，家无余赀，能力为此，殆较之范公尤难。今植廷一介寒儒，身未入黌门[②]，名未登仕版，递年舌耕，珠积寸累，乃集成巨款，举以赡族，获遂其尊祖敬祖收族之愿，视宋时范刘二公不难之□□哉。嗟夫，往哲云遥，而芳徽如昨，无谓古今人不相及也。因登云来请，濡笔志之。

光绪戊子年夏五月吴川陈兰彬记，茂名周朝勋书。

原碑，广东省化州市杨梅镇那新村瑚琳杨氏宗祠藏

① 青乌术，即堪舆术、风水术。

② 黌，同“黉”，黉门，即学校。

十九 《黄佐廷慰亲遗照图题词集》序

光绪十五年十月（1889 年 11 月）

□□□[①]《咏黄子诗》一帙，问序于余。展读数过，写其移孝作忠者居多，几欲击碎唾壶。但诸君于黄子，类皆得之耳闻，孰若余之深悉其底蕴也。然读诸君题咏，觉向之依依海外，兄若弟共话家山，二十余年如一日，爰就结契之深，并志其缘起于简端焉。

光绪十有五年冬十月，前署礼部左侍郎、都察院左副都御使、同里陈兰彬荔秋氏序。

珠海容闳与留美幼童研究会主编：《黄佐廷慰亲遗照图题词集》，珠海出版社，2008 年

① 原缺。

二十　跋陈献章《寄怀林子南峰诗》

光绪十六年四月（1890 年 5 月）

白沙先生下笔纯任天机，此赠门人南峰先生者，藏林氏家祠近五百年矣！

诗仅廿字，瞻诵移时，发人遐想。既自诩眼福，又憾生弗同时，不获侍两先生杖履也。

光绪十六年四月，后学陈兰彬谨识。

寄怀林子南峰诗

陈献章

击玉又敲金，思君对我吟。
江门临水坐，明月二更深。

林受福主编：《霞街林氏族谱》，霞街林氏宗谱编纂委员会，2004 年

二十一　皇清诰封五品宜人李母陈宜人墓志铭

光绪十六年二月（1891 年 3 月）

旨赏花翎二品顶戴、都察院左副都御史、历署礼部左侍郎、兵部右侍、癸丑翰林、年家眷弟陈兰彬顿首拜撰。

余于乙丑曾为李封翁讳建朝号晋阶老先生作双寿叙，陈宜人其德配也。佩班惠四箴，娴马伦七诫，以故奉翁姑，和妯娌，相夫子，教儿女，待邻里戚眷，无不藉藉人口。

今春，其孙学博、得寅奉宜人状，请志其墓。余思人有贤子孙，每由于有贤母。宜人屯于前，而享于后。既富方谷，俾一家凤毛蝉联雀起。花诰频颁，其厚德之载福，固所宜然。乃彼苍眷顾，隆益加隆，身后锡以吉壤，尤为福荫无疆焉。

宜人享寿八十有八，乾隆乙卯，光绪癸未，其生卒之岁也。四月初三，正月二十六，其生卒之月日也。戌卯，其生卒之时也。

丈夫子六人，孙十有一人，曾孙三十有三人，云孙十有二人。女子三人，长适朱门，次适邹门，三适梁门。外孙男女九人，宜人之嗣续也。

先年葬于发皇岭湾田弓之阳，坐未向丑正针，宜人之佳城也。

呜呼！母范之贤，善人之报，皆堪不朽，故书其事于石。

铭曰：

发皇岭上脉络蟠，穴结湾田气局完。

戴未履丑高位置，宜人茔域在此间。

相戒松楸勿剪伐，子孙世守磐石安。

奉祀

男：监生彬华、监生丽华、庠营守府芳华、候选都府春华、监生卓华、监生蓁华。

孙：增生委用训导得寅、监生祥、职员世祯、监生辉、监生承恩、世元、世勋、监生泮香、庠生得霖、世珍、世和。

曾孙：鸿才、庠生萝蓉圣才、梓才、贤才、庠生得霙俊才、高才、鹏才、栋才、英才、全才、抡才、藩才、葵才、经才、国才、鹄才、捷才、鹤才、广才、拔才、达才、弼才、茂才、桢才、天才、蔚才、毓才、干才、赓才、骥才。

元孙：廷瑞、廷琇、廷瑛、廷璇、廷瑶、廷玮、廷瑄、廷瓒、廷璜、廷玑、廷球、廷璋。

孙枝藩衍，未及悉载。

地师张飞卿。

大清光绪十六年岁次庚寅仲春月吉旦立。

李母陈宜人墓碑，广东省茂名市电白区麻岗镇藏

二十二　祭曾雪堂军门文[①]

光绪十七年（1891）

呜呼！大树秋零，寒星夜坠。
太息将才，屡悲圣裔。
前度劼侯，去年沅帅。
湘水无情，岘山有泪。
惟公独存，播名中外。
桃李成蹊，桑梓是卫。
夫何一朝，告终里第。
行道吞声，登堂雪涕。
公生岐嶷，长更魁梧。
贫供子职，志与人殊。
好谈兵法，戏摹阵图。
自比霍卫，暗合孙吴。
子房圯下，老人之书。
陈平门外，长者之车。
时无英雄，我亦丈夫。
燕雀笑之，愚乎不愚。
人亦有言，山西出将。
蕞尔吴川，专阃相望。
硇州屹然，翔龙气王。
杨潘刘招，腾威虎帐。
桓桓武襄，丰碑赐葬。

① 此文为李文泰代笔。

勇烈洵勇，壮果尤壮。
亦越老彭，一方保障。
公起其间，后先比伉。
咸丰之初，发贼蔓延。
大江南北，全境骚然。
公亟荷戈，每战必先。
黄骢战马，画鹢师船。
长江失险，高垒无坚。
奏肤第一，献馘盈千。
天子曰俞，不次尔迁。
承恩北阙，凯歌南还。
维时岭西，土客搆祸。
釜鱼泳汤，灯蛾投火。
遣将绥之，佥曰公可。
公立束装，飞驰巨舸。
进军布茅，平厥偏颇。
兵弗露刃，篪犹藏笴。
槛兽网禽，累累道左。
既歼巨魁，悉宥么麽。
乃议安插，经营贴妥。
客民谓公，实再生我。
高罗大牙，路多荆棘。
金缸虽平，余孽四出。
曰李阿孃，曰王狂七。
豨突狼奔，弱肉强食。
有兔营窟，如虎传翼。
公临贼穴，川原变色。
钲耀日红，炮轰云黑。
一炬焚如，狼烽以熄。
粤东锁鑰，最重北江。

天子命公，作镇此邦。
樊哙非伍，李广无双。
巾山兀兀，湘水淙淙。
夕严刁斗，朝拥璟旌。
岂无毒龙，制之即降。
亦有妖鸟，化之则祥。
悍卒顽夫，归于敦庞。
万里黔疆，边庭门户。
小丑跳梁，敢撑螳斧。
大吏上言，宸居赫怒。
秉节裯牙，发璋徵琥。
公乃徂征，岁在庚午。
唱筹量沙，指形聚黍。
缝革冲礧，邛笼非炬。
破易拨醴，动若推腐。
红旗之捷，献天子所。
天颜有喜，勇号是加。
维巴鲁图，胜曳落河。
煌煌头衔，有耀自他。
翠羽翩翩，雄冠峨峨。
右抽左旋，后殿前呵。
弓矢剑佩，鸣声相磨。
将军者谁，乐毅廉颇。
古无横海，今有伏波。
昔郭汾阳，单骑见虏。
觥觥我公，方驾于古。
回逆鸱张，铦矛毒弩。
劳而无功，胜之不武。

直抵其巢，谆谆诫语。
罗拜欢呼，群来就抚。
士卒同甘，生灵勿苦。
仁人之言，其利诚溥。
滇西威宁，有古山川。
千丈嶙峋，百级盘旋。
关索迹在，诸葛铭传。
公兼教养，万口碑镌。
弦歌络绎，仓箱溢填。
爱留福井，思深惠泉。
牙旗猎猎，铜鼓渊渊。
公之威德，永镇蛮烟。
公移古州，总齐纪律。
宽猛相济，继在能割。
金革夺情，连年墨绖。
亲恩未酬，臣力是竭。
控置蔡流，拊循瓯脱。
沐雨栉风，卧沙餐雪。
鸡犬梦安，狼貙气夺。
公归文武，随所旋设。
朝廷赐公，一品鸾章。
鹤顶分红，鹅衣染黄。
飘然归去，画锦之堂。
有时笠屐，陇畔徜徉。
结侣樵渔，闲话农桑。
都忘尊贵，惯折辈行。
是翁矍铄，居士清凉。
急流而退，善刀而藏。

公有至行，足风末俗。
陶侃爱兄，老而弥笃。
诫侄有书，贻孙有谷。
一门之内，雍雍肃肃。
伯子俊才，玉堂望属。
仲号龙媒，季推骥足。
讵让湘乡，遥遥氏族。
吾邑之光，我公之福。
方今中枢，御侮需人。
望公复起，矫矫虎臣。
岂徒鄙里，排难解纷。
海水不波，边境无尘。
遽骑箕尾，殁且为神。
鸳鸯阵散，鸱鸠声闻。
白马素车，风集云屯。
临文恸哭，不知所云。
余自乞归，寒暑十阅。
一面无缘，竟成永诀。
地近非遥，天长此别。
痛念典型，沦丧圭臬。
丹旐飘扬，黄江呜咽。
骠骑新宫，松楸郁郁。
公魂可招，公名不灭。
灵其来歆，杯酒犹热。
哀哉，尚享。

《李小岩（文泰）先生遗著》，（香港）大同印务有限公司，1987 年

二十三　题某人墨迹

同治七年五月初五日（1868 年 6 月 24 日）

……槃槃大才，以余技为此，沈挚似杜，排奡似韩，俊爽似苏，瘦硬似黄，已足令千人辟易，佩服佩服！

戊辰夏五丽秋弟陈兰彬拜读。

《简素文渊——香书轩秘藏名人书札》下册，2015 年北京保利秋季拍卖会，北京保利国际拍卖会有限公司，2015 年

二十四　祭林心彝先生文[①]

呜呼！逋仙已矣，寂寂孤山。
鹤去不返，梅花自寒。
乾坤蜗寄，人世沙搏。
绛云影远，白雪歌残。
老成凋谢，朋旧悲酸。
一缄在手，万里摧肝。
频挥泪雨，独坐汍澜。
乃托毫素，用写哀叹。
呜呼先生，幼生华族。
天性孝友，人言媚睦。
梨让孔融，橘怀陆绩。
祖砚是传，父书是读。
亲见状头，院归撤烛。
子舍春融，御炉香郁。
偶出词句，辄惊耆宿。
始贡优行，初翔骥足。
京师首善，荟萃文人。

① 此文为李文泰代笔。林心彝，即林诒燕，字心彝，吴川状元林召棠长子。道光八年（1828），以优行贡成均，选任从化训导，后升任儋州训导，未二年丁母忧归，以父年老，遂不复出。殁后，以子晋堃任四会教谕，貤封修职郎。配易氏，貤赠孺人；妾赵氏，貤封孺人。事迹见《吴川县志》（光绪版）和《高州府志》（光绪版）。

先生年少，累超其群。
才推馆阁，学究邱坟。
诗成五言，笔阵千军。
芦沟晓月，金台夕曛。
贮囊珠玉，落纸烟云。
韩碑柳颂，杜骨颜筋。
一时名噪，日下惊闻。
岂知先生，材高无两。
弱水先回，强台阻上。
屡踬棘闱，迟登蕊榜。
明珠见遗，珊瑚未网。
幸脱名韁，乃辞尘鞅。
彭泽官闲，太邱道广。
蛱蝶交飞，苜蓿自长。
有校士责，无俗吏想。
区区从化，邑逊英精。
弹丸蕞尔，未启文明。
先生来止，时雨欢迎。
冷署问字，高阁尊经。
若马季常，如郑康成。
顿除谫陋，渐起科名。
接踵雁塔，擢甲羊城。
谁寔阶之，咸称先生。
亦越琼南，再官儋耳。
七百年来，苏髯旧址。
木蜑性驯，板猺歌俚。
芹藻斯馨，槟榔逾美。
自任去留，是知足止。

既遂乌私，先生归矣。
惟文恭公，官情最淡。
庵拓金莲，门滋碧藓。
性命简编，泥途轩冕。
克肖所生，先生无忝。
迹谢城市，交绝贵显。
夏午凉消，头科足跣。
和学展禽，狂偕曾点。
先生于此，兴复不浅。
呜呼！彬交先生，五十余载。
胸泯城府，量涵沧海。
玩世诙谐，参禅欢喜。
屡典骚坛，久摩诗垒。
南国嗣兴，东坡健在。
子由扶杖，老莱戏彩。
鼎鼎家门，怡怡兄弟。
一家词赋，风流文采。
先生冢嗣，泮水含英。
次君饩廪，应天厨星。
人间棺下，天上楼成。
三君秉铎，啮指心惊。
大豪岩远，归及奠楹。
季也白眉，声隽一黉。
下逮孙曾，振振绳绳。
桐枝竞茁，荆树方荣。
彬前奉命，使美利坚。
倚装话别，言驾轮船。
先生最健，望如神仙。

握手大笑，谓我独贤。
相思两地，相望各天。
何期朝露，遽隔重泉。
众诔先生，乞予一言。
中心养养，此恨緜绵。
呜呼！巨卿白马，执绋能来。
乔元只鸡，奠酒能陪。
彬依阙下，遥指天涯。
晨星暗淡，落月徘徊。
玉棺不见，丹旐空哀。
楮途黝墨，絮发清醅。
心香爇瓣，泪烛凝堆。
先生有知，来鉴一杯。
尚飨！

《李小岩（文泰）先生遗著》，（香港）大同印务有限公司，1987 年

二十五　题吴方翱[1]像赞

繄公别我，四十余年。
今披遗像，望之俨然。
回忆高凉，风檐共试。
条举韵书，不差一字。
公旋优选，我继后尘。
秋闱旅舍，笑语常亲。
尊甫人师，湛深经术。
远绍旁搜，等身著述。
我家上冢，每过横塘。
谙谆听诲，公总在旁。
烛跋漏残，益伸绪论。
上下古今，澜飞雪喷。
六书课弟，案列诸筹。
圆通属对，缉缀珠毬。
暇则携锄，杂植松竹。
酷暑祁寒，襄禀林麓。
我言聪敏，公实绝伦。
胡弗闭户，抚范昔人。

① 吴方翱，字羽宾，号云图，广东吴川人，吴懋清长子。道光甲午（1834）优贡生，著有《亦云轩稿》。见中山大学中国古文献研究所编：《粤诗人汇传》第三册，清四，岭南美术出版社，2009年，第1667页。

公谓习勤，经旬辄病。
记录几何，谅亦有命。
由斯推阐，富贵功名。
持躬涉世，奚必纷营。
我聆高谈，式符素愿。
守拙养和，敢岐隐见。
八万里外，旌节回华。
悬车及岁，归话桑麻。
企羡德门，英英群从。
喆嗣贤孙，文史足用。
惟公既往，徒想余徽。
九原不作，将谁与归。

（清）毛昌善修，（清）陈兰彬纂：《吴川县志》，据光绪十四年（1888）刊本影印，（台北）成文出版社，1967 年

二十六　长子嵩琪结婚谒祖祝文

云帝作，两仪分；姬公生，六礼备。桥初鹊革，者番胜事可传；纳采骤皮，焉敢古人是悖？兹有陈兰彬之子加以冠，某媳某氏及以笄。睹桃夭之灼灼，庶求吉士；听鸣雁之邕邕，冰期伴未。合卺昨宵，欣饮酒于乐岂；谒祖今早，庆笾豆之有苴。昌哉乎五世，共偕乎百年。调风诗以琴瑟，调调调还须调调雅；种花枝于魏苑，种种种自有种种奇。时遇摽梅，岂乃歌乎七？夕当楚柬，星乃咏乎三。也乐钟，也乐鼓，镐镐有闻，闻锵锵；亦梦熊，亦梦罴，谆谆以歌，歌振振。青染树下之袍，袍可夺锦；丹攀月中之桂，桂能生香。而光于前，亦垂于后。

陈修省主编：《纪念陈兰彬诗文集》，湛江教育印刷厂，2007年

二十七　李际廷先生六秩晋一双序[①]

高凉擅山水之秀，吾邑尤称福地焉。百有余年，兵革不加，井里无恙，文翁之秀气，极浦之支流，代有福人。徜徉其间，若陶朱之家五湖，李愿之隐盘谷，富贵寿考，一身兼之，果何修而得此哉。

光禄署正李君际廷，邑之岭博乡人也。尊甫秩圃，赠公兄疾，焚香祷天，愿以身代，竟偿其志，卒年三十有一。伯叔父育圃、穆圃两先生，均以孝悌闻于乡，修撰林公与之游，述其友弟恭兄之谊，为薄俗劝。又制为文，书之屏以寿之。以为两先生“太和之气，发为嘉祥，宜尔子孙，昌而炽，寿而富”。迄今读者犹津津齿颊，油然生其孝悌之心。矧君之亲承其教，目覩怡怡兄弟之家法者哉。

今年秋，余备员京师，吾乡之试京兆者，纷纷来谒，谓今九月为君与其配钟恭六旬双寿，邑人相与制锦称觞，而请余一言。迩来简书劳鞅，笔砚荒废，桑梓阔别，于吾乡士大夫为人行事，概弗得其详。余文乌足以重君？乃感乡人之意，不欲泯君之善，而遂不获已欲言也。

夫人生拥千金之赀，幼失二南之训，虽有贤母画荻丸熊而督责之严，万不能行之外。苟其忘亲自便，则凡饮食游戏之征，逐狗马声色之嗜好，皆足以斫其身而荡其家。君之少也，奉母太恭人如严师，一出而必告，一返而必面。遵孟母断机之教，

---

① 此文为李文泰代笔。

志曾子囓指之痛，恭敬撙节，屋润而体胖，日就丰厚。太恭人好施乐善，取携得以裕如。侍亲足疾，躬调汤药，十余寒暑弗少间。既而龙章凤诰，光贲九原，于是乎知君之为孝子也。

又尝考之史书所载，孝子何在蔑有？而悌弟之见者寥寥，诚以兄弟者，气本相同，而分不甚相远，又或少而嬉戏，狎而忘其尊，长而昏娶，疏而间其亲。骨肉之间，善处为难，角弓偏反，诗人所以三致意也。君与令兄光簿，髫年友爱，式好无尤，姜被田荆，迄白首如一日。非无谗言，偶间而萋菲之口，不足伤其鄂韡之情，亲爱有加，手足弥挚，于是乎知君之为悌弟也。

余距君乡不廿余里，家居时习闻君轻财好义、重道崇儒，与寻常田舍翁吝啬刻薄者，相去有若南北万里之背而疾驰。岁荒者，减其租；邻饥者，贷之粟。园丁佃户举火者，恒数十家，虽施不必遍，求不尽给，未免反资人怨讪之端，而不知博济之名，仁圣尤歉。端木氏问乡人，皆好之，皆恶之，何如孔子皆以为未可？诚以善者好，不善者恶，古今之公论也。悠悠之口，无足是非，君之为人不又从可知哉。

恭人产自名门，善相夫子，蘋藻能斋。笄加式度，姑嫜称其淑，臧获感其仁。一门常觉其春和，六族咸分其冬爱。诚闺门之懿范，抑巾帼之美谈也。用能生子惟贤，诫女以顺，两男三婿，均负时名。明诗习礼，虽未青钱中选，而珠光剑气，必将上腾。或天骥之呈材，或骅骝之开道，异日者，掇巍科，登显仕，翔翔台省，黼黻隆平，君夫妇乃亲见之。黄发皤皤，期颐偕老，拜九重之恩命，庆八座之起居，中心祝之，不且左券操之也乎。

余老矣，无所建白，有负圣朝特达之知，而又欲图报天恩，不获归里优游，与福地福人共享林泉之乐，行自愧矣。海天万里，引领为劳，遥想此时，金母木公，瑶池高会，群仙毕至，进安期之枣，享曼倩之桃。

令兄光簿先生，效东坡以梅檀杖祝子由生日，绵绵鹤算，彬彬雁行，梓里之人，交口竞羡，亦以修撰林公所称“太和之气，发为嘉祥，宜尔子孙，昌而炽，寿而富”者为君颂之也。余不敏，不敢自比林公，而君实能继先人之盛事，南云可望，谨临风而献一觞云。

《李小岩（文泰）先生遗著》，（香港）大同印务有限公司，1987 年

二十八　李作廷先生七秩晋一寿序[①]

昔人论官，其尤关天下政教之源者，宰相而外，曰州县，曰校官。州县亲民，实兼六部之职，其权与宰相等。学校为宰相百执事所从出之途。校官职司劝课，有扶世育材之责，而正人心、睦民族，更匡州县之所不逮。然则师儒之重，虽谓过于宰相也亦宜。

吾乡李作廷先生，少嗜学，以茂才援例为校官，司铎会同，勤于课士，先品学，后文艺，多士翕然宗之。倡修学宫，建尊经阁，迁明伦堂。邑令张与诸绅歧意，见事多牵制，先生和解之，鸠工庀材成之，不日文教大兴。

其任陵水也，黎民盗牛，邑绅乞官兵剿之，黎抗拒，几成大衅。先生亲至黎峒，谕黎民还所盗，事遂息。邑有书院，缺膏火，绅士议抽船规充之，邑令鄢弗从，官绅不睦。先生排解，如在会同时，而且捐俸薪创宾兴，士林德之。

任开平数阅月，得代即行，诸生扳辕，同僚祖道，未尝不惜先生之去而共叹其贤也。

先生其真能勤劝课、扶世育材，以正人心睦民族，而匡州县之所不逮者哉。

余与先生居同里，稔悉先生少孤，奉吴太恭人教，与喆弟际廷署正，友爱怡怡。比长居官，一事一言，动遵母诫，躬过覃恩请封赠，喜动颜色。家居坦然，乐易与人交，不设城府，

---

① 此文为李文泰代笔。

无机械心。家本素封，约于自奉，服食无异寒素，有祖尝甚薄，先生撙节累积，卒建祠堂，跂翼奂轮，牲醴丰腆，宗族称焉。

淑配白孺人，黾勉同心，相夫子，明诗习礼，誉播九妯。

先生早岁艰于得嗣，逾五旬举丈夫，子女头角峥嵘，咸推英物。充闾跨灶，操券可求，诸婿多材，门楣称盛，天之报施善人，讵有忒欤。

今十月望为先生七秩晋一寿辰，官绅制锦称觞，征余言以侑爵。余闻百年旦暮也，二至昼夜之晷，皆不过七十，故生七十者，古以为稀，然铁勒之书，有最高晷焉。昼几百分阴阳之纯也。

先生秉清刚之质，貌温以肃，神凝以和，阴阳之纯气备矣。其得寿岂在寻常意量中哉。余忝长先生四岁，而视茫发苍，筋力疲薾。先生眉发漆黑，一如壮年，神明不衰，步履逾健。太史公传儒林曰：伏生年九十余，为尚书师，弟子为博士者十余人；申公八十余为鲁诗师，弟子自远方至者千余人；辕固生九十余为齐诗师，齐人以诗显者皆其弟子也。汉人重师法，而史纪经师者，必兼及其年齿，岂师必以年重哉。盖惟精神庞固，斯经术湛深，以是为齿德兼尊，自然之符应也。

今先生矍铄，依然孳孳好学，他日者朝廷修袒割馈，酳宪老乞言之礼，蒲轮下征，行且夺申、辕之席，而岂余所敢望哉。余未获登先生之堂，谨以师儒之重，匪州县之所不逮者，相引重而以申公、伏生、辕固生之耄耋期颐，为先生券也。先生见之，计必逌然满引觞也乎。

《李小岩（文泰）先生遗著》，（香港）大同印务有限公司，1987 年

二十九　封孝子行[①]

大孝由来可格天，孝心果笃天无权。
容州封家有孝子，名曰梁治人争传。
生来至性本天授，双亲逮养情殷拳。
家贫子职久弗懈，晨夕谒力耕其田。
一朝母死失所恃，血泪化作三春鹃。
劬劳未报恩罔极，凭棺依恋如生前。
康熙甲午岁二月，祝融烈烈飞青烟。
始由前村反邻舍，火势已逼穷庐边。
此时孝子偶出作，仓卒一瞥心如煎。
弃锄顿足望烽哭，大呼奔救忙遄旋。
直排毒焰抱亲柩，誓与老母归重泉。
哭声如共炬声怒，旁观束手徒矜怜。
至诚克动天帝鉴，嘉其孝行卓且坚。
持咨巽二急回驭，返风灭火须臾焉。
母柩获全子心慰，由来至此非徒然。

① 此文为封梁治而作，因陈兰彬与封蔚礽是咸丰三年（1853）同科进士，故有此举。封蔚礽（1830—1891），字少霞，广西容县杨梅镇石岭村人。十五岁中秀才。道光二十九年（1849）举人，咸丰三年（1853）二甲二十二名进士，点内阁中书协办侍读，加一级。同治十年（1871）充庚午科湖北乡试同考试官。光绪三年（1887）乙亥恩科湖北乡试同考试官，十四年（1888）戊子科充湖北乡试内收掌官，次年十一月诰授通奉大夫（阶从二品），十七年（1891）在武昌病故。著有《还续斋古文》二卷，主修《蕲州志》三十卷。

回望四邻尽灰烬，特余孝子家数椽。
我闻西汉有蔡顺，母榇在室邻火延。
仰天号泣得天佑，火势遽灭胥保全。
又有何琦亦灭火，名称史册相后先。
乃知孝子心，　　昕夕惟悬悬。
当其冒火奋身入，遑顾令誉垂简篇。
至今啧啧播众口，奇事竞溯康熙年。
圣朝以孝治天下，輶轩搜采登经筵。
特加旌表励颓俗，春秋秩祀光豆笾。
容州封家有孝子，直与峤山万载无崩骞。

吴川翰林陈兰彬荔秋

《同古山祖母何氏封诰文》，封保华主编：《容州封氏家谱》第1卷，容州封氏修谱理事会，2004年

三十　祝两广劳制军寿[1]

皇帝御极，龙飞万年。
璇图永祀，玉烛调元。
余粮被亩，吉曜丽天。
唐虞何让？汤禹并传。
奄有世宙，礼乐遐宣。
治几回斡，主圣臣贤。
维我劳公，两广制军。
庙廊佐运，渊岳钟灵。
爱悬赵日，慈覆卿云。
絜之皋稷，□可与伦。
迩当二月，筵重千秋。
甲子连续，起居优游。
貌殊磻钓，时近觞流。
道充德劭，□□身修。
鞠躬称庆，敢引浮辞。
宫墙幸□，笔□难施。
持笺默想，面壁澄思。
翳古能文，曰周□嗣。
勉竭庸愚，效颦集字。

① 劳制军，即劳崇光，咸丰九年至同治元年（1859—1862）任两广总督，故有此称。

条理绮合，端委鳞次。
左徘右徊，移陈盛事。
夙闻大府，家食会□。
假寓善化，乃振始基。
少也英俊，宿学恒推。
形骸必谨，任侠勿讥。
愤索饱读，抗志农羲。
夏凊冬湿，孝承父母。
敦睦金昆，兄恭弟友。
下惟寡交，铭盘浴垢。
规矩因心，琴书在手。
神京给禄，席践史官。
闰位诮魏，霸业卑桓。
纸帐夜寐，青箱结欢。
新诗九转，妙论珠圆。
累蒙上赏，紫罗素纨。
贡举巨典，遣使邛洛。
艺取精刻，□黜薄弱。
武汉启场，遵操衡鉴。
银河景飙，輶轲眺翫。
楚才晋用，出守平阳。
羸车朝发，冈阜腾骧。
牒驰秦豫，曲香伊凉。
鱼庭盟洁，雁服成章。
蒸黎顿颡，环拜黄堂。
寒暑载更，□□□□。
易咸为甘，□□存敬。
作则士夫，垂箴牧令。

辇毂知名，市途听命。
陛见荷宠，聆奏嘉纳。
训语甚殷，女其观察。
西省假临，明刑执法。
性厌轻肥，念耻矜伐。
纷于抽囗，密如枇发。
特简封王，荒沙路远。
鸡囗来归，桐叶执翦。
吊亡立嫡，竟绥诸阮。
土民啸聚，税驾南宁。
叛者畏惧，释矢投诚。
收捕谿洞，实别渭泾。
登床饫饍，州邑不惊。
布政通都，寻磨利器。
终藉熟习，改仕旧囗。
梧郁盗横，果资匡济。
剑履养威，冠带表里。
洪匪潜退，九门解严。
坐阼建节，晚餐旦眠。
力矫巨弊，坚谢外缘。
阙疑切问，分惠助廉。
肠热克己，迹孤慕禅。
等囗殿最，益致谦光。
犹并方叔，宾适孟尝。
疏工内稿，宝散倾囊。
耳目独具，隐微自伤。
尺寸务得，誉毁皆忘。
灭火积薪，饥兵欲变。

塞户历阶，凌尊恃贱。
谈笑囗囗，约束诫劝。
照囗囗囗，囗及将午。
岁号丙丁，囗逼囗贼。
白昼晦冥，离囗亏昃。
妇纺无裳，男耙弗穑。
驱犊入岩，傍岫营宅。
悲戚悚惶，饭糠扶策。
所赖秉钧，罔露声色。
巾扇从容，戎机指画。
诛恶惟尽，祭忠每恻。
陶稼乂安，张李斯获。
催逐疲困，伏莽落魄。
兽骇禽縻，若奉勅勒。
再造初定，舍兹东行。
摄领要职，往哉即真。
体国经野，正义育仁。
功陟房杜，绩盖华昆。
侍宇瞻垣，感跃靡似。
实而求焉，详说一是。
鹍翔霜漠，百鸟寥寂。
赤象步空，群驹仰息。
欣戚荣辱，故宜超逸。
石芥本直，糟姜亦馨。
囗的审射，处谷藏音。
静以宰动，此谓深沉。
凤囗唱答，驴背闲情。
邈隶颠草，摩碣列楹。

高雅谁比，八伯五君。
菜根信美，贞木后凋。
漆园旷达，既逍且遥。
虚怀恬淡，俗染恐招。
沛乎海水，羌彼岱宗。
意虑过陋，口悦口同。
庄言短咏，笙瑟和鸣。
丹霄淑口，早映良辰。
岂设歌妾，韩虢妍姿。
莫云珍物，巩组多仪。
口衣煌炜，俯躭佳儿。
愿颇满足，常对兰枝。
槐树亲植，笋奈仙贻。
率猷僚属，受爵传师。
烹羔夕燕，庶尹祇陪。
稽弦中吕，孔酒盈杯。
亭池竞巧，鼓吹相随。
赞非阿好，姑写口碑。
蓝田拱璧，翠羽飘缨。
棠阴黍雨，松茂川增。
福绵绛县，口笃羊城。
老人星朗，富贵长生。

《陈兰彬遗稿》，中山大学图书馆藏

三十一　谢蒋楞香馈冬笋笋干酱蔬腌俎

昨于司马归轮，拜分肴簌，辱远道筠笼相送，非寻常菜把之供。只合春园，留将不老；更兼冬味，配觉尤甘。几经拨雪挑来，调和芍药；断似惊雷抽去，收束琅玕。相逢玉版禅师，好论金齑丰味。如叨茗惠，足媚椒盘。惟同作客于天涯，反似荷恩于地主。纵长斋未学，也教忍心茹荤；即后贵能酬，先合铭心谢素。附候动静，不尽言意。

《陈兰彬遗稿》，中山大学图书馆藏

三十二　禀贺雷琼道江观察寿[①]

敬禀者：

窃卑职前修芜禀，虔敬节鳌。遥蒙温谕之颁垂，愈切私衷之向募。扪怀志感，积念倾诚。兹际香□莲蕊之时，欣占寿益椿龄之日。恭维大人福同箕衍，兆协崧生。维屏维藩，树绩与垣鏞永峙；懋功懋德，引年与山阜俱崇。即今祉集星孤（下缺）

《陈兰彬遗稿》，中山大学图书馆藏

① 江观察，应是江国霖（1811—1859），字雨农，号晓帆，四川人，道光十八年（1838）一甲第三名进士，与曾国藩是同榜进士，道光二十八年（1848）任惠州知府，次年任雷琼道，咸丰三年（1853）升广东按察使，旋转布政使。咸丰八年（1858）升广东巡抚，旋病逝。江任雷琼道，陈兰彬丁忧在乡。其时红巾军起义攻占信宜，陈氏组织团练参与镇压。“观察”是道这个级别的称呼。雷琼道距高州府不远，离吴川更近，向“同一水路”的官员贺寿，存在客观环境。

三十三　谢冯午桥馈玉佩笄簪云肩铜盆玻璃镜绒花

顷接惠书，猥以小女于归，赠以琅玕之佩，加诸玳瑁之簪。未告榛虔，先教盥手。似擎荷盖，谬许垂肩。端因花出（下缺）

《陈兰彬遗稿》，中山大学图书馆藏

附录一　仪国公寿序文

咸丰九年五月（1859 年 6 月）

恭祝诰授武显将军、福山总戎、复生孙公太翁暨德配诰封夫人柯夫人双寿序。

自古重熙累洽之代，保大定功之朝，必有奇庞福艾之臣，赞康乐安平之治。入则弼谐廊庙，出则绥靖封疆、纬武经文，其揆一也。而韬钤之略，每藉诒谋；棨戟之家，诞生俊贤。西汉则周太尉之钟鼎，东京则耿好畤之旂常。郭忠武之洪烈，出自将门；曹武惠之勋名，仍传哲嗣。重光家乘，再上云台，唯复生镇军孙太翁，克绍厥绪矣。

公生寇邓之名宗，有英卫之雄略。恩荫通判，兼世袭骑都尉。引见以世职，归本省学习。知人善任，圣主之明也；因事立功，才臣之绩也。

康熙间，宋牧仲以勋臣子由游击改通判至尚书，公亦以勋臣子由通判改都戎至专阃，文武更换，并致通显，如一辙焉。

公通习孙吴，熟知险要。或佐大帅，或专督舟师，穷搜豺虎之巢，迅扫鲸鲵之队。戈船下濑，雷厉风飞。天吴助威，涛涌云拥。沸汤沃雪，捧海浇萤。群丑歼除，算无遗策。奖功不次，骤致总戎，苏松福山屡移节焉。才脱墨衰，即奉新命，统师焦山，进攻瓜州、镇江、金山，所向克捷。比以积劳，暂休甲第。怡平泉之林石，开绿野之琴樽。少耽简编，尤嗜金石，著有《公余杂录》。书法迫肖颜平原，桓宣武之笔札，秘阁留摹；邓高密之门庭，群经分授。勋庸福祚，公兼备焉。

柯夫人以甲族之贤媛，为公侯之伉俪。璋判而圭合，藻洁而蘋齐。恪孝养于慈姑，媲令徽于前矩。礼法型于戚党，慈惠逮于僮奴。鸤鸠七子，葩经颂美于淑人；兴庆首行，翟茀增荣于命妇。笄珈之懿范，偕往柱石之崇勋，如日方中，光辉未艾也。

哲嗣寿卿公祖，以优行贡成均，来为高凉通守。圭璧之品，不缕自雕；诗礼之贻，既明且哲。平准百货，加惠懋迁；绥靖群萌，克兴谣诵。兹以蓬壶之永日，溯屺岵而称觞，凡在帡幪，咸怀忭舞，列锦结绣，抽秘摛华。旨酒思柔，进公堂之兕觥；望云介祉，助愉乐于鲤庭。敬祝方叔壮猷，永作熙朝之屏翰；鲁侯燕喜，并颂嘉耦之寿康。

赐进士及第、诰授奉直大夫、翰林院修撰、国史馆纂修、辛卯恩科陕甘正考官，加二级、愚侄林召棠顿首拜撰。

赐进士出身、覃恩诰授资政大夫、刑部主事、江西司行走、加八级、前翰林院庶吉士、实录馆撰修、赏戴蓝翎、愚侄陈兰彬顿首拜书。

诰授资政大夫、刑部主事、加八级、赏戴蓝翎陈训行等同拜祝。

咸丰九年，岁在屠维协洽夏月。

孙云安编辑：《乐安孙氏先代纪念册》，（新加坡）龙记活字组版公司，1960 年

附录二　崖州举人吉大文暨德配周夫人荣寿序文①

光绪五年（1879）

恭祝诰授中宪大夫、晋封资政大夫、福建候补道加四级，少史吉观察大人暨德配晋封二品夫人周夫人荣寿大庆。

尝闻五百年有名世，海峤灵钟；八千岁为春秋，蓬壶日永。是以赋蓼萧者，载咏龙光；颂閟宫者，兼及燕喜。自来检玉检金之策，必有介福介寿之词。星耀躔弧，熙春镈鼎；云翻织帨，广厦娱觞。而况回风岭畔，本是仙都；落笔峰前，原称寿域。其人则翥凤翔鸾，丰标骏望；其才则盘根错节，匡济鸿猷。如我友少史观察之翘然特出。

观察为候选训导、岁贡生青峰公之次子，分发教谕、己酉拔贡，伯阶之介弟也。幼而颖异，长更沉潜。露抄雪纂，不辞麟士之勤；字酌句斟，兼有彦伯之胜。与伯阶兄为戴醇士学使，赏识游庠，嗣是应试，均列前茅。丙午，黄石琴中丞决科，称为“海滨之秀”。其受业师云澹人吏部、徐佩韦进士、邱雨田孝

① 吉大文（1828—1897），字少史，崖州镜湖人（今海南乐东九所镇镜湖村人）。咸丰元年（1851）恩科举人，曾以军功获议叙同知，以知府升用。光绪四年（1878）赴京引见，循例报捐道员，分发福建候补，先后在闽督办税厘总局、委办省会善后局兼管营务等，卒于福建行馆。吉大文与陈兰彬学生陈乔森相熟，有诗《次韵陈一山潘孺初诸公都中聚饮之作（二首）》：“（一）郁郁长安竟久居，廿年乡思断鲈鱼。幸无阮籍看人眼，应有扬雄问字车。燕赵交游多感慨，神仙糟粕尽元虚。何如斗酒谈天罢，补缀嫏嬛未见书。（二）闲向花村问酒沽，胸中垒块得消无。梦魂乍醒非蝴蝶，行止难言是鹧鸪。海上怀人秋欲暮，天边游宦里将芜。壮心烈士歌同听，醉后谁当击唾壶。”

廉，罔不刮目相看待。而同门如杨蓉浦、张韵辈，亦皆推服。至辛亥恩科始获售。以人之杰，破天之荒。固国二百余年，吉阳所未有也。使其乘锐气，奋前程，久住春明，密勤夏课。青云直上，出入程明之庐；指日高翔，雍容著作之府。有如拾芥，讵愧簪毫？顾以椿寿方高，兰芽未茁。情殷负米，藉申视膳之欢；念切析薪，以慰含饴之愿。因以茅檐跧伏，绝意功名，依然蓬户啸歌，耽心弦诵。然而问字者频来，担簦者踵至。乃设马融之绛帐，启杨震之讲堂，一时从游者多所裁成焉。且夫明体，因而达用，君子自励之修，纬武出乎经文，哲人兼权之计。

丁卯岁，黎匪扰乱，观察率勇助剿，大乱削平。大宪以捐资团练，深入黎崗，歼厥渠魁。经画善后，深资得力，请以知府补用。事竣入都，捐升道员，签分福建，随即抵闽。檄委办理厘税总局，期满奏留。以繁缺道员叙补，益奖励为酬庸之典，得通儒始克成功。屏藩分锁钥之权，非才子何能胜任？况以生民黎杂处之地，值东西煽衅之时。男儿要立边功，志士无忘血战。丁丑、辛巳，两次从征，入而募勇防乡，出则挥军捣穴。士行争米取三百囷，越石枕戈经五六载。角端在手，向沟口而铜鼓沉声；秋水横腰，过石门而弩弓匿影。投鞭断长溪之水，扬威者一岛四州；积甲齐五指之山，纳款者千黎百崗。铜出沙而铸柱，石悬壁以铭碑。贼亦尊师，不犯康成之里；军能破虏，久钦潞国之名。虽未邀再奖于上台，要亦播嘉言于妇孺。劳而不伐，功乃莫争。而且情笃天亲，礼敦友爱。郊祁联步，埙篪并奏乎艺林；桥梓传经，衣钵亲承夫学校。兰桂则三枝竞秀，簪缨则奕叶扬庥。不又为人伦之极盛哉。

德配周夫人，四德垂箴，三从式训。赞芾珩于阃外，肃蘋莒于庙中。持己俭先，率众勤始。允叶家人之吉，群推内助之贤。陈君光烈等，以韩门弟子，亲元献师。资缮长生之帙，备述偲闻。征益寿之文，用彰曼福。予以世谊，夙托心知，所愿韩嬴偕老，葛鲍齐年。寿荣之卉骈枝，鸾凤之环合璧。纪百四十余策之龙蓍初揲，颂升恒则介祉同赓；制一千二百双之鸳锦为屏，养颐鼎而恩荣再宴。谨序。

赐进士出身、诰授朝议大夫、知府、前知柏乡事加四级、纪录十次、年愚弟邱对欣顿首拜撰。

赐进士出身、二品御都察院左副都御史、年愚弟陈兰彬参校拜书。

《崖州吉氏族谱》，海南乐东县《续修吉氏族谱》委员会吉家专提供

附录三　先考府君先妣太夫人合葬墓志

光绪九年八月（1883 年 10 月）

呜呼，府君既卒之三十九年，纪岁癸未，吾母春秋八十，弃养江南上海公寓，丧輲还，以八月二十六日癸酉祔葬篠水垅居第东阡府君宅兆，垣封碑碣，物像如今制，乃形家言枕亥趾巳。谨泣志梗概，用诏来兹。

府君讳锡祺，字竹香，次居二。先世文通公明季自平江村市迁浏，是为浏阳李氏鼻祖。九传至应松公，世有隐德，宗支乃大。曾祖讳兆明，国子监生。祖讳宗任。考讳祚承，国子监生，仁孝恭俭，粹然有魁儒风。晚岁丰于财，以节缩服食宏济群伦为己任，惟日不足，长老至今称述弗衰。府君气象尊严，声如洪钟，见者惮慑，然温良嘿穆，与物无忤。型于家，式于乡，壹本先绪而恢廓之。邑有义举，宗族有兴创，孤嫠有求欲，津梁道途有修治，无役不从，无诚不至。喜居间解两家争讼，其犷悍者，峻厉责之，势若霆摧，往往寝息。尝谓君子在上则静万变之器，在下则排一方之难，道一而已。自少侍先太父治外事，大以失学为耻，讲求经世，宾接文士，教习诸子，倍蓰严师，舐犊之爱，一如其量。道咸之际，寇氛四塞，一二愤发敢死之士，驱田间子弟数千百人喋血转战，誓不生还。而大乱徐定，天子伟之，士民怀畏，不士不农不学剑，崛然军功起家，仕居朝右，殁流青史者，湘楚之人独多，气为之也。府君负雄杰非常之概，遭际承平，不有奇遇，重事发，搪志意，亦抑塞磊落自然之数矣。道光乙巳九月十日疾卒，年四十有三。后四年而乱作。十月初三日卜葬乾塘山。辛酉十月改葬郭家冲。癸酉九月改葬斯兆以祔葬，故启视吉，更为棺椁衿敛，惟贞惟新。

先妣周太夫人，浏阳处士永瑚公次女，夙学文波公胞妹，十九来嫔，事祖姑、翁姑，兢兢至孝，佐府君综家政，饎爨必谨，宾祭不愆，娣姒无间言，视群从子女如己出，内外整饬，室以太和。有子男四人女二人，恩勤无所假借，厥后御诸妇亦如之。其以母道兼父道，范驹雏于义方者，至难能矣。兴锐既少孤戆愚，不识礼度，弟妹率皆稚弱，岁歉时艰，救死不暇，师资阙有间矣。爰命家居课弟而自置机杼东厢，昼则户牖洞开，夜则隙帘幌，别勤惰，梨枣处左，夏楚处右，所示守家训，礼明神，重字粟，惜物力，亲贤远邪，通经制用诸大端，又复千亿，其词动与古合。

咸丰戊午，兴锐始以诸生偕仲弟从事湘乡曾文正公军营，濒行百端诏诫，尤谆谆于以苦勤事，以清继志。逾八年，迎养于皖江差次。于时子皆成立，女归士族矣。哽咽而言曰，儿曹厪不緥䙞，吾他日有面目见儿父地下。呜呼，衷礼法持母教垂四十年，不厌不倦，苦心迈志若此，视昔和丸画荻之贤，分量何如者。小子非材，请俟诸铭传知言之君子。二月十五日无疾含笑终。六月初二日旅榇抵家。初，兴锐以军营劳绩荐擢安徽直牧，得旨赠王考暨府君皆奉政大夫，祖妣氏张赠宜人，妣封宜人，嗣官直隶，恭遇覃恩，加四级，曾祖府君宗任、祖府君祚承暨府君皆晋资政大夫，曾祖妣氏罗、祖妣暨先妣皆晋二品夫人，府君兄弟，伯曰蕃貤赠朝议大夫，季曰葰貤封中宪大夫，叨荣至矣。

男六人。兴锐，邑痒生，花翎直隶补用道，大名府知府，乞养未之官，配萧氏，继配马氏、姚氏，妾张氏。兴钜，太学生，蓝翎知州衔，山东尽先知县，配陶氏。兴镜，乙亥恩科举人，分发补用盐大使，配陈氏，继配涂氏。兴铎，翰林院待诏职衔，配欧阳氏。其次二人殇。钜、镜、铎亦先殁。女三人。长未嫁殁。次适王显澍。次适唐先耑，先殁。孙五人。昌濬，配易氏。昌澍，配贺氏。昌湛，配师氏。昌洵，配贝氏。昌洸，配马氏。澍先殁。孙女七人。曾孙六人。鸿杲、鸿榦、鸿枢、鸿桀、鸿植。曾孙女七人。

光绪九年八月，长男兴锐谨志，并书。

赐进士出身、翰林院庶吉士、署理兵部右侍郎、都察院左副都御史、愚侄陈兰彬顿首拜填讳并篆盖。

《李光镜合家墓志铭》，未刊稿本，天津图书馆藏

陳蘭彬集

肆

古巴华工事务

（清）陈兰彬　著
王　杰　宾睦新　编

SPM
南方出版传媒
广东人民出版社
·广州·

图书在版编目（CIP）数据

陈兰彬集/（清）陈兰彬著，王杰，宾睦新编．—广州：广东人民出版社，2018.5

ISBN 978-7-218-12732-3

Ⅰ.①陈… Ⅱ.①清… ②王… ③宾… Ⅲ.①陈兰彬（1816－1895）—文集 Ⅳ.①C53

中国版本图书馆CIP数据核字（2018）第076606号

CHENLANBIN JI

陈兰彬集

（清）陈兰彬 著　王　杰　宾睦新 编

出 版 人：肖风华

封面题字：陈兰彬

责任编辑：张贤明　陈其伟　周惊涛　李沙沙　李梦泽

装帧设计：彭　力

责任技编：周　杰　易志华　吴彦斌

出版发行：广东人民出版社

地　　址：广州市大沙头四马路10号（邮政编码：510102）

电　　话：（020）83798714（总编室）

传　　真：（020）83780199

网　　址：http：//www.gdpph.com

印　　刷：广州市浩诚印刷有限公司

开　　本：787mm×1092mm　1/16

印　　张：120.5　　插　　页：18　　字　　数：1900千

版　　次：2018年5月第1版　2018年5月第1次印刷

定　　价：800.00元（全五册）

目　录

古巴华工事务

古巴华工事务

一　呈送《古巴华工事务各节》申呈[①]

同治十三年九月十一日（1874年10月20日）

为查明申复事：

同治十二年十月初十日接奉札开："所有日国古巴夏湾拿招工应行查办事件，本衙门现派选带学生出洋委员主事陈兰彬前往查办，并派江汉关税务司马福臣、天津关税务司吴秉文随同该员前往。于同治十二年七月二十日具奏。奉旨：'依议。钦此。'该主事俟马福臣、吴秉文到美国后，即挈同前赴日国确切访查，详晰声复，以凭核办"等因，奉此，当于十月十二日先将遵办缘由具文申复在案。

十二月二十六日，税务司秉文到来美国。

正月初三日，司员兰彬一同起程，于正月二十九日抵日国所属之古巴夏湾拿城，与税务司福臣同寓。

二月初二日，见古巴将军及夏湾拿知府、局绅，后陆续见英、法、俄、美、德及瑞、丹、和、澳、比、义各国领事。

初三日，查衣巴呢司卖人行。

初四日，查夏湾拿城工所。

初五日，复查卖人行。

初六至十一等日，复查工所。

十三、十四、十五等日，查夏湾拿城官监。

十六、十七、十八日，查那司格里亚司糖寮。

① 此节《古巴华工调查录》未收录。

二十二日，抵马当萨司城，连日查工所、官监，并所属三格阿也打罗糖寮、敢勒写别司恩糖寮、雅么里亚糖寮。

二十八日，过格颠剌司城，连日查工所、官监，并查所属夜司必朗萨糖寮、聂吉里婀糖寮、三安多里糖寮。

三月初一日，到查西马虏聂些埠。

初三日，过科垄城，连日查工所、官监，并查所属日斯巴里亚糖寮、夫厄虏厄底古巴糖寮。

初六日，过萨故阿城，连日查工所、官监，并查所属三打安那糖寮、三打意萨播拉糖寮、格必多里婀糖寮。

初九日，过先辉过司城，连日查工所、官监、并查所属茹阿泥打糖寮、敢得拉里亚糖寮。

十三日，抵故阿那海城，查工所、官监。

十五日，由三安多里婀埠回夏湾拿。

十七日，抵故阿那八过阿城，即日查所属三打格阿打里那糖房、聂各拉糖房。

以上所到各城，除客寓、道途随时查访外，至抽查工所、官监，均由地方官约定时日，其所属之糖寮等亦由地方官预先订允，才能前往抽查所有华工情形，司员兰彬同税司福臣、秉文等面加讯问。

据各华工供禀："系由中国被拐骗来者居十之八。船上数月打伤、自尽、死亡已不止十分之一。迨装到夏湾拿发卖为奴，其买在人家铺店者无几，业经受虐。至买入糖寮者，人数较众，尤为凌虐不堪，其工夫过重，其饮食过薄，其作工时刻过多，其被棍撞、鞭拷、锁闸等诸般荼毒又最甚，递年各处打死、伤死、缢死、刎死、服毒死、投水死、投糖锅死者累累不绝。现时折手、坏脚、瞎目、烂头、落牙、缺耳、皮开肉裂指请验伤者已复不少，凌虐实迹人所共见。况工满合同年限之后，工主多不给满工凭据，仍勒令再作数年或十数年，依然照常受虐，倘不肯允，即送工所锁押修路，并无工银，与官监人犯一律，务使华工必由工所出雇与商人，立新合同，俟其满日复送工所，如此者至再至三，各华工不但不得回国，并不得自行觅工。且自咸丰十一年二月后来者，概不发满工执照，人人可以拘拿，即旧有执照之华工，无论在途在室，巡役等随时搜验，常被将执照收毁，送入工所，受虐更属无穷。”

窃计自正月二十九日到古巴，至三月二十三日出港，所见华工等大抵受苦之人，所闻大抵诉苦之语，司员及税司等皆共见共闻，计共录得口供一千一百七十六纸，又收得一千六百六十五名口禀帖八十五张，互译华洋文汇呈鉴核。

再，去年十二月奉到函开饬查各节五十一条，现在逐条查明，据实登答，并英总领事及古巴局递年装来华工数目清单各一份，古巴局章程一份，古巴商人给船主章程一份，新旧合同式样八张，又古巴局交来人数各条，一并译誊附文申送备案。

所有司员等前赴古巴查访华工被拐为奴确受凌虐各情形，理合据实备文申复，伏乞察核施行。须至申呈者。

（清）陈兰彬：《古巴华工事务各节及古巴华工口供选录》，中国第一历史档案馆、卢文迪、陈泽宪、彭家礼合编：《中国官文书选辑》，陈翰笙主编：《华国出国史料汇编》第一辑，中华书局，1985 年

二　古巴华工事务各节（一）[①]

谨将查明古巴华工各节复呈钧览。

计开：

第一条：古巴华工，系从中华何处招去？

查古巴华工，多由澳门、厦门、汕头、广州省城等处诱拐出洋，非尽由于招去。

兹据生员冼佐邦十四人禀称："被澳门洋人广布匪党掳拐骗诱，一入到猪仔馆，就不得出门，一下到猪仔船，便不得登岸，任凭锁打押过大洋，及到夏湾拿，卖人行剪辫改装，听人拣卖。"

生员陈少严禀称："被恶人骗来古巴。"

施致和等二十九人禀称："在澳门被骗拐到吕宋国古巴岛。"

吴阿光禀称："被拐匪诱我下船。"

区炳南等二十三人禀称："被强逼过番。"

游击张銮等三十一人禀称："葡萄牙人串同西班牙人，专交结中国匪徒，以拐卖人口为业。"

林金等十六人禀称："串谋土棍局骗拐诱。"

杨允等一百三十三人禀称："棍骗吾侪雇工。"

黄有等十六人禀称："被拐带棍徒骗押落船。"

生员李肇春等一百六十六人禀称："被葡萄牙人勾结匪徒，前后陆续掳拐到澳门猪仔行。"

① 《古巴华工调查录》亦有收录。见（清）陈兰彬：《古巴华工调查录》，上海书店出版社，2014 年，第 161—261 页。

唐占魁等九人禀称："误遭奸棍狡骗。"

简仕光等九十七名禀称："逢奸拐骗。"

江西邱碧山等三十五人禀称："拐匪设法诱人，假招工为名，诓骗为实。"

福建王均盛禀称："被人骗卖。"

曾瑞托等五人禀称："被人骗落猪仔船。"

郑九禀称："被拐到古巴，卖入糖寮。"

直隶赵昆等九十八人禀称："吕宋船入中华，勾串奸民，满装华人出洋，被骗者十居八九。"

刁木等四人禀称："无赖之流，骗诱乡民，接踵而至此地者，以万亿计。"

潘泰等九十人禀称："因谣言骗诱，被卖古巴为奴。"

叶年等二十一人禀称："被猪仔头拐带出洋，卖落糖寮。"

戴日生等二人禀称："误被拐骗到吕宋埠。"

唐联升等一百七人禀称："被葡萄牙人结党掳拐，由澳门装到古巴，发卖与糖寮各处为奴。"

蔡恒等八十人禀称："匪人诈骗拐至洋行，甘言蜜语，引套落于洋船之中，转贩外国。"

谢双就等十二人禀称："被匪拐骗，强迫落船。"

吴阿发等四十人禀称："被匪骗入澳门。"

浙江叶福君等五十三人禀称："被人拐骗。"

黄逢吉等十二人禀称："被恶匪温阿娇、赖记长、钟禄圆骗称招请雇工等情，诱落澳门，纠同恶党，强捉落船。"

赖胜等十人禀称："被洋人诱卖作奴。"

刘阿寿等五人禀称："被人诱拐到澳门猪仔馆，未曾见过西洋官，晚饭后突有洋兵手持洋枪押后，几人绑辫作一队，排列而行，在路喊冤，无人能救，迫得落船。"

张定加等一百二十八人禀称："被棍徒骗卖夏湾拿城。"

郑阿茂等九十人禀称："被人诱到澳门，云出洋做工，价值甚多，虽打八年合同，计中国年月不过四年，就得自便。且见洋行挂牌有'招工'二字，信以为真，入到洋行，不得再出。"又称："到夏湾拿上岸，一排估价，凌虐不堪，方知不是招工，实是将我等贩卖为奴。"各等语。

且此次抽查华工一千一百七十六名，面录供词，由澳门被掳去文长泰等六十六人，诱骗去曾二斋等六百九十人，诓说顶名骗去刘阿瑞等五十一人，因赌钱骗去黄阿木等九十四人，自愿出洋陈阿吉等六十五人。由厦门被掳去苏阿海等十二人，诱骗去林盛等十一人，自愿出洋王水头等六人。由汕头被掳去陈阿桂等五人，诱骗去张阿林等二十八人，自愿出洋罗富崇等十二人。由广东省城黄埔诱骗去杨石凤等十七人，因赌输骗去陈阿秋等八人，自愿出洋梁阿盛等十二人。由香港诱骗去李三茂等二人。由小吕宋被日国掳去魏冷一人，诱骗去王为等四人。由上海吴淞口诱骗去张桂廷一人。

又据张荣纪供："有洋人到浙江温州府平阳县地方，招有十几人网到澳门。"

又余阿照供："有外国人会说中国话的，拐骗我到溪门猪仔馆顶名。"各等语。是该华工等自中国拐往古巴者十居八九，并非其愿意承招矣。

至递年装去人数，据驻古巴英总领事清单，自道光二十七年起至同治十三年三月止，共装去华工十四万二千函百二十二人，计厦门、汕头、香港、广省黄埔，并安南小吕宋等处装去四万三千二百七十三人。澳门一处，自道光二十七年至同治五年，装去六万三千四百五十五人，自同治六年至今年三月，又装去三万五千六百九十四人。

查同治五年照会内开"有澳门一处，并非招工之地"等语。而五年以后，仍由澳门装去三万五千余人之多，明与照会不符。

又，查同治六年和约第十款，有“不得收留中国逃人，及另有拐卖不法之事”等语。

兹古巴华工供禀，多称由中国被拐至古巴发卖，核与和约条款，亦不符合。

第二条：古巴承工华民，是否均有合同？

按同治五年招工章程第十七款内云：“所有该口招工公所，俱准两国委员随时任便出入传问华工。”又：“华工画押合同，以及下船之时，该委员等亦当在场监视。”又，十一款云：“华民不及二十岁者，或欲承工出洋，必须取具本身父母准往凭单，盖用地方官印信，方准承招。如或无从取其父母确据，亦应取具地方官盖印凭单，如无此单，不准前往。”其洋一千八百六十年日国君主谕旨第十款，亦有“凡年未及十八岁者，欲立合同，必须亲属先行应允后，方能立合同”等语。

兹查古巴华民，多由略卖，非系自愿承工，无论及岁不及岁，有诱立合同，有逼立合同，有顶名立合同，有馆中派交合同，有船中派交合同，并有竟无合同者。就有合同，无委员监视，无地方官印，无父母应允凭单，不特与同治五年招工条款不符，即按之伊日国章程，亦属不合。

据朱箕训等十一人禀称：“被棍徒拐骗往澳门，苦迫入洋行，强押立合同，即时落船至夏湾拿。”

何阿英禀称：“禁置楼中，揭打合同。”

骆亚宝禀称：“逼打合同。”

古桥秀禀称：“被苦打刑法难当，无奈含泪执合同上船，同伴六百余人冤惨。”

郑阿茂等九十人禀称：“并未曾打过合同，一月之久，逼要落船。”

叶福君等五十三人禀称：“入门后，即被洋人下闸，不得复出，因知中彼奸计，无可奈何。且同屋中有百余人，多有日夜号哭，亦有被打血流，云或系私想逃走，或系见洋官问不愿去者。猪仔行甚深，凡打人时，恐其大声呼喊，外人闻知，猪仔头乱打锣鼓，烧爆竹，以掩人耳目，故虽打死，亦无人知者。民见如此，迫得强从下船时，派有纸一张云，打八年合同。”

任世贞禀称：“概说卖身，谁有双亲花押。”

李肇春等一百六十六人禀称：“被拐以后，或十数年，家中并未知我等死生下落。”等语。

又据贺阿先等二百三十六人供：“被逼打合同。”

黄溯炳等一百九十三人供：“在猪仔馆给合同。”

郭占等一百十七人供：“在船上派给合同。”

文长泰等二百二十二人供：“见西洋官给合同。”

苏阿海等四十三人供：“无合同。”

李阿五等二人供：“骗立合同。”

冼成古供：“我不愿，硬交合同，不由分说。”

胡阿保供：“见西洋官不肯在合同上打手印，西洋官拿我的手在纸一印就拿去。”

李阿保供：“用手印盖合同，给铜钱十文。”

罗阿二供：“锁了半月，给合同一张。”

朱捷等三人供：“打合同，未见官。”

杨阿旺供：“有人代我打合同一纸。”

黄阿友供：“十六岁顶名打合同。”

陈华供：“十一岁被拐。”

陈阿五供：“十二岁被拐。”

陈阿福供：“十一岁在猪仔馆给合同。”

林阿秋供：“船上打合同，给钱二千文。”

刘益龄供：“上船锁住，通事给我王阿满合同一张。”

张火秀供：“我在猪仔馆看见说不愿去的人，就打嘴，又要坐屎牢，我只得答应。”

王廷贵供："我被拐不肯上船，他就拉入屎牢，说若再不愿就下屎牢，永远不准出来，只得答应。"

梁阿盛供："我见不愿意出洋者被押入屎牢。"

陈龙供："我见西洋官说不愿出洋，通事说你如不愿去，必定下屎牢三年。"

林阿连供："我不愿出洋，猪仔头说若不允准，即下屎牢。"

张林安供："捉到猪仔馆逃出，又被捉回坐屎牢。"

洪阿异供："带进猪仔馆，关了三天，给三水何阿，有合同一纸。"

陈少岩供："在船给郑材姓名合同。"

吴联胜供："逼立合同，写吴阿忠名。"

伍耀供："在船给合同是陈阿四名字。"

麦阿贵供："合同在船派的，是陈阿福名字。"

梁阿掌供："合同是黄福姓名。"

崔兰芳供："给刘七名字合同一纸。"

萧孟兴供："见西洋官，给我林福合同。"

李灿供："合同是黄姓。"

叶阿锡供："下船交陈庆云合同一张。"

黎阿胜供："合同是陈阿兴名字。"

梁阿成供："合同是李阿二名字。"

张銮供："合同是陈贵名字。"

林阿中供："在船交阳春、梁阿福姓名合同一张。"

李阿北供："合同是阳江林曰名字。"

李阿德供："合同是刘阿红名字。"

何阿丁供："船上给郑阿大名字合同。"

谭培供："船上交黄阿三名字合同。"

陈阿德供："船上交侯阿古名字合同。"

李阿叶供："船上交谭阿合名字合同。"

陈阿六供："合同是黄阿三名字。"

胡阿祥供："合同是陈阿五名字。"

张阿成供："合同是伍永贞名字。"

邓阿言供："合同是潘英圆姓名。"

梁阿万供："合同是谢吾姓名。"

谭阿勤供："合同是蓝阿火名字，到夏湾拿又换合同，名李阿四。"各等语。

第三条：立合同时，是否将合同内字句语言，令华工明悉？

据李肇春一百六十六人禀称："传话者念读合同，含糊数语，且或言雇去安南、新加坡等处。尔时尚望生还，免得立时就死，不得已画押下船。"

又据黄潮炳等一百九十三人供："猪仔馆给合同，未读过。"

郭占等一百十七人供："上船派给合同，未读过。"

文长泰等二百二十人供："见西洋官给合同，未读过。"

王尚等九人供："见西洋官给合同，读过。"

李阿福等三人供："见西洋官解过合同。"

陈通供："招工馆给合同一张，读过。"

贝阿宝供："合同读过，我不知何意。"

陈阿桂供："洋人手执合同，令我签名，未读合同我听。"

汤玉等二人供："合同读过，我不知道说什么。"

李明供："在澳门见西洋官，我有父母不肯去，西洋官说过，如过古巴不喜欢，有盘川送尔回来。"

许阿发供："我问夏湾拿是何处？渠言是船名，我认是下船做工，我就立合同。"

谢阿发供："打合同时，说外国一年，是中国六个月。"

冯阿开等七人供："合同读与我听，我不知是何事，我又不认得字。"

吴阿芳供："我不知合同是何解法。"各等语。

第四条：华工往古巴时，途中所搭坐之船，种种安置，有无妥章，预为照料？

查华工往古巴，或坐轮船，或坐帆船，亦不定何国之船，章程本难一致。日国商人虽刻有三十六款，交给船主，亦但涂饰耳目，多不照行。且其中第三十五款云："不准华工剃头。"第二十款云："凡船要修理进口等事，不要进中国，或英国，或美国口子。因为进三国口岸，恐怕所装华工永远不得到夏湾拿。"等语，复令人难解何故。

计前后装去古巴华工十四万余，而途中物故至一万六千余人之多，其无照料妥章，从可想见。

据李肇春等一百六十六人禀称："由澳门出海时，闭坐舱底，甚至装入竹笼，锁入铁槛，随意拉打三数人以示威。同帮之人，或病死，或打死，或饥渴死，或乘间投海死，不知几许。"

邱碧山等三十五人禀称："船主好者，不过生病沉疴。凶恶船主，肆行荼毒，每有一船人死亡过半，洋海数月，苦楚万般。"

刁木等四人禀称："多有疾病身亡，跳海死者，俱葬鱼腹。"

叶福君等五十三人禀称："海中风浪甚大，三个月尚未到，又无水饮，买一杯水，要银一圆。舱口仅容一人出入，人气薰臭，感病死者不计其数。"

刘阿寿等五人禀称："在船屈死无数，抛落下海。"等语。

又，查各供，间有相待好者，如：

陈阿秋等二人供："船主待人好。"

冯吉供："船上待人过得。"

潘明等三人供："船上好，食得饱。"

姚阿押供："船上好，食得饱，甜水够。"

余阿狗等二人供："船上好，水饭俱有。"

至此外所说情形，如：

王水头等五人供："船上水饭俱不足。"

陈阿吉供："有自尽两人，因渴极取水，及不肯剪辫被打。"

梁阿照供："被骗上船，我带有银与船主商量赎身不准。"

何锡供："船上淡水短缺。"

蔡阿鲁供："水不够，渴死的多，又有三人寻死。"

陈池四人供："饭与甜水不够，要水就打。"

余名兴供："船上待人不好，有时一圆银买两杯水食。"

李阿保供："渴死五十余人，亲见一中国人偷水一杯，被船主打死。"

梁恩供："水饭俱不够，不准上舱面。"

黄开等三人供："一洋钱一杯水食。"

林泉等三人供："食不饱，无甜水，常打。"

高阿代供："船上待人极坏，吃臭水。医生不好，人病将死就抛入海。"

刘阿三供："有二十人投水死。"

陈阿胜供："船上渴死有三百人。"

周成供："见身子壮健的人就锁住。"

李阿德等二人供："睡觉只一尺地方。"

冯阿开供："生病医生先打，又有吊起打的，病人打死过三个。"

李锦泉供："船主极坏。"

梁有德供："水饮俱不足，又见三四人身体壮健，船主疑他闹事，提出痛打，锁到埠才放。"

吴越供："船上待得不好，又怕出洋，有二十人寻死。"

周润腾供："有一人因鱼臭告诉大伙，船主叫水手打得几死。"

吴阿侯供："我晕船不能做工，大伙就打。"

李有等二十四人供："有一人投海死。"

龙阿川等三十人供："有两人投海死。"

王正福等七人供："有三人投海死。"

黄阿昌等五人供："水饭不足，有四人投水死。"

刘阿四等三人供："船上刻薄，有五人投水死。"

崔安供："见有八人绑打甚重，后两人锁到埠才放。"

李惠供："见绑一东莞人，开枪打死，又绑五人抛下海。"

李禹供："船上待人不好，打死两人。"

崔登林供："两人投水，两人自缢，打死一人。"

赵阿陵供："船上淡水不够，用枪打死三人。"

李文财供："有五人被骗不服的，船主拿错别人，锁住他们，五人就投水死。"

李阿皆供："有四人晚上出恭，被水手打死。"

石阿狗供："饮咸水生病死，医生不能医。"

王阿福供："投水死八人，是被骗来的，心内不服之故。"

谢官姐供："有一人投海死，因船主与通事常打。要水饮就打，有人渴死。"

曾阿带供："通事是西洋人，时时踢人。"

倪阿焕供："大伙时时用大索打人。"

谢发供："锁在舱底。"

高宝等二人供："不准上舱面抖凉。"

陈阿顺供："船上自尽两人，有水手将我斩伤，有伤痕可验。船主又开洋枪打伤两人。"

黎顺供："水饭俱不足，有两人被炮打死，有两人投水死。"

黎信供："有两人吵要饭食，被手枪打死。"

谢阿庚供："船主不好，缺食无水，投海、自缢、病死都有。"

周阿未供："因为剪辫子投水的人多，如要水吃就用铁绳打。"

陈翼供："因拐骗的人不愿出洋，有闹事的意思，被水手站在舱门口，对舱下放火枪，打死二十人，打伤四五十人，余人被锁，每日拿三十人带上舱面痛打。”

李璧和供：“绑五人在桅上，用枪打死，我被脱衣服打过三次。”

陈琴供：“渴死的人多，如拿水食即打。”

林阿用供：“因为晕船打我，食又不饱。”

卢钟供：“食与水俱不够，大众吵嚷，船主把两个为头的查出，用枪打死，别人都受毒打。”

李阿会供：“我因饿要食，被四个水手捺住毒打，如今身上尚有伤痕。”

王为供：“有一人不食牛肉，问他要盐，船上不给，投海死。”

黄坐供：“因疑人闹事，打死五人。”

谢阿作供：“不准上舱面吹风，闷死的人多。”

黄阿芳供：“船上有十一人寻死。上船第二天叫各上舱面，检了一百七十三人有气力的锁了脚，又有一百六十人脱去衣服，用藤棍打。”

王廷贵供：“船上二十四人投水，两人食烟膏死，都是被拐不愿出洋的。”

赖阿时供：“大众不愿出洋，哭吵，船主叫水手用铁索打死约计有八十人。”

朱村房供：“我有一日渴极，取些水饮，被船主每手打二十五板。”

吴联胜供：“亲见有一花县人有病取药，船主说是诈病，登时踢死。我一帮有三十人捉出捆打，锁到英国属地才放。”

陈阿庆供：“有两人生病上舱出恭，被水手踢死。”

庞阿东供：“作工不好，听不清话，都要打。有一人投海死。”

黄阿北等五人供：“船上自尽一人。”

廖阿炳供：“因饮一小碗水，拉上舱面重打。”

罗怀昌供：“有一人被船主打得痛极受不住，就投水死。”

罗先发供："船上打死一人，寻死有五人，又炮打死两人，因无得食要食打的。"

张正高供："船主凶恶，有人因无水吃渴死，又有打死，又有未死将死就推下海，又有受苦不过自投海死。"

萧多供："食不饱，水臭，常打，有两人寻死，又有两人食烟被水手踢伤后病死。"

李报供："有两人船主疑他闹事吊死的。"

陈华供："有四人被船主打死。"

陈其光供："因有一嘉应州人不愿剪辫，在船吵闹，立刻打死，其余之人绑着打到肉烂。"

甄阿林供："船主凶恶，大众上舱寻水喝，船主说人闹事，用洋枪打死四十人。"

徐观供："船主待人恶极，疑我与十五人闹事，锁着带链常打。"

陈学周等二人供："船上开炮打死三十多人。"

张阿金供："医生是洋人，医死的人多，又因关在舱下闷死，又有拐来不愿出洋自尽死。"

李阿祥供："有两人船主疑他闹事吊死。"

梁阿有供："有两人似是疯癫病，被水匠打死。"

林金供："有三十人寻死。"

崔兰芳供："有三人吵不愿去，被用小洋枪打死两人，吊死一人。"

曾阿胜供："拐来的人都不愿意，被船主用炮打死，及投水死共六十人。"

关阿晓供："因食烟打到吐血死四人。"

莫双供："有四人寻死，船主用枪打死三人。"

梁阿见供："我父母只生我一人，在船啼哭，无人问我，同船一人自尽死。"

黄秋泰供："投水死二人，打死三人。"

梁标供："船上水饭不足，如有说不够的，就用四枝藤子合做一条，脱去衣服打百余下，或数十下不定。"

何阿发供："船主打死三人。"

林阿三供："船上说人闹事，打死七人，一人投水。"

陈龙供："船主不好，不愿出洋投水多。大众因不准上舱面，又无水食吵闹，船主说是闹事，就打死十多人，皆是水手用棍打刀戳等伤死的。到麻六甲坏了船，水已进舱，仍不肯开舱，后水淹至颈才开，又淹死十多人。"

刘阿林供："船上打死一人。"

苏阿五供："有八个人被脱净衣服重打，锁到埠才放。"

刘阿喜供："船上捉四个人重打，次日死了。"

黄阿成供："我在船上与人说话，船主疑我要闹事，叫水手把我与三十一人绑起，脱去衣服打，打后又锁。"

吴振名供："有六人自尽。"

梁阿炳供："船主疑人闹事，捆三十人，打得极重。"

方阿才供："有二百多壮健人，船上疑他闹事，就被锁。"

温四供："同船一人自尽，锁五十人，疑他闹事。"

罗阿发供："船上两人投水死，两人被打死。"

彭阿生供："有一人食烟膏寻死。"

黄阿斗供："船未开时，有五人跳水想逃走，被开洋枪打死。开船后，有二十四人捆绑重打，锁在船头内，有二人跳水死。"各等语。

第五条：华工途中受冤屈，按国法可否申诉？

查洋一千八百六十年，日国君主谕旨第十六款，内云："凡船进口时，将名单等件查对，查出每百人死逾六名之数，必派员查明致死之由。又有或照例饬令控告。"等语。又第三十款，内云："凡将军照前款罚办，必一面将因何罚办情节，知会官状师酌量令副状师代该工人照例控告。”各等语。似途中受冤屈之华工，亦可伸诉。惟华工等被拐下船后，性命即寄于船主、大伙等之手，在途一切受屈，固属无处呼冤。迨抵夏湾拿城，则又已驱禁行中，除有人押出做工，难移寸步。且日国语言文字，一皆未谙，所有冤屈情形，自断断不能诉说，船主等又何肯直说，是饬令控告一款，向来但有名无实而已。

查各禀词，如陈名愿禀称：“系船主请作医生。”姚文光禀称：“系船主请看守船中病人。”张泰隆禀称：“系船主由咬唠吧请作吧语通事。皆约定给费送回，而到夏湾拿，并遭骗卖，冤屈多年，尚且无从伸诉，何况其他。”各等语。

第六条：华工到古巴时，登岸办法若何？

据洋一千八百六十年第十三款云：“凡船装华工到古巴，必须进夏湾拿口门，方准上岸，若有意外之变，方准由别处口门登岸等语。所以向来船到故阿那海所属之马厘衣路埠海边停泊，洗身后，即驶进夏湾拿登岸，其办法大抵一律。”

据谢双就等十二人禀称：“到古巴上岸，三五洋人骑马执鞭赶押民等上行贩卖。”

邱碧山等三十五人禀称：“视华工如犬豕，督牧有人，锁禁有人，饲食有人，巡查有人，俟数日后发卖。”

李肇春等一百六十六人禀称：“到夏湾拿洗身剪辫，送上卖人行，候客商来挑摆议价。”

叶福君等五十三人禀称：“发卖时，排列上中下三等，俱要脱去衣服，赤身看验估价，全无廉耻，羞辱太甚。”

张定加等一百二十八人禀称：“夏湾拿城上岸，赤身验卖，我从未见羞辱至此极者。”等语。

又查各供内，有林阿榜等二人供：“凡到夏湾拿上岸，进卖人行，来买的人都要脱去周身衣服，看有力无力，如买牛马无异，中国人来此不独受苦，兼之受辱。”

高阿三等二人供："到夏湾拿时，有人来买，脱去衣服，周身看过才买，与牛马无异。"

严阿焕等二人供："卖时脱衣服，看过有力无力，同买牛马一样。"

章阿锡等二人供："被他发卖时，系脱净衣服，周身摩验，同乡间买牛一样。"

江三供："到夏湾拿官工局，我不肯剪辫子，打得几乎死。"

李阿灵供："猪仔规矩，发卖时都是脱尽衣服，由买主周身遍看。"各等语。

第七条：承工年限之内，华工情形如何？

据李肇春等一百六十六人禀称："卖入糖寮者十居八九，寮主向总管要得糖多，总管向管工要得工多，惟利是图，罔惜人命，华工之劳逸不问，饥饱不问，生死亦不问也。一日两餐，发生蕉四条，准作华工一餐者以为能，发三条准作一餐者更以为能矣。勒华工每日做工二十点钟者以为能，勒至做二十一点钟者更以为能矣。鞭棍频仍，监锁任意，报病者棍打，受饿行慢者，嗾狗追咬。"又称："其他如山寮糖房、瓦窑、面包、烟叶，火车、鞋帽等铺，苟有华人数名以上者，其设立刑具打人刑人，脚闸监房，均与糖寮一律。"

冼佐邦等十四人禀称："华工等食狗彘不屑食之物，做牛马不能做之工，处处监房，时时鞭棍，折手烂脚，皮裂血流者，无日不见。悬梁跳井，割颈食烟膏死者，亦几于无日不闻。"

林金等十六人禀称："管工之人，执持棍棒，迫勒作工，夜以继日。"

陈古等三人禀称："总管、管工、头人，如狼似虎，拿刀背枪，倘气力迟慢，当即鞭打血流满地。"

张銮等三十一人禀称："纵横千百里中，监房不下数千间，脚铐不止数万副。内中被虐工人呼冤受痛之声，皮开肉裂之形，刎颈悬梁、吞烟投水之事，不一而足。”

施致和等二十九人禀称：“皮鞭拷挞，锁链随身，少壮者尚能饥留残喘，老弱者竟归阴府冤沉。”

简任光等九十七人禀称：“囚械桎梏，拷挞鞭笞，难保一日之存肤，未有半朝之歇息。”

陈玉树等五人禀称：“卖为家奴使用，或在糖房，或在街市，皆如犬马耕牛一般，食不甘味，寝不安席，度日如年。”

高老秀等十七人禀称：“入到古巴，日夜做工，无一时可安，又加挞打刑鞭之苦，视华人如同牛羊犬马之类。”

赵昆等九十六人禀称：“食少劳多，工作无分昼夜，日则链锁鞭施，夜则坐监闸脚。屈死逃亡，不计其数。”

刁木等四人禀称：“工程日继夜续，寝稀食乏，常加挞禁镣锁，视如草芥牛马。”

潘泰等九十人禀称：“在夏湾拿作工，被严逼鞭拷棍打，夜不安眠，日不足食，无衣可着，凌虐死者不可计数。”

张阿圆等五人禀称：“管工眼睁睁手执木棍，被打者周年晕血淋淋，或两三日就死。”

郑惺等六人禀称：“寝食不足，受尽押打鞭刑之苦。”

蔡恒等八十人禀称：“管工在侧，手执鞭棍，腰带刀枪，开声如雷如电，举手似虎似狼，倚东主之权柄，视民等如马羊，爱之则生，恶之则死。”

谢双就十二人禀称：“管工如虎如狼，全无慈恻，时发雷霆之威，非鞭即棍，提拳起脚，轻则伤身，重则殒命。”

刘阿寿等五人禀称：“督工人如狼似虎，稍慢辄皮鞭打背，叫大狗来咬，血肉淋淋。”

张定加等一百二十八人禀称：“督工人骑马，拿牛筋鞭，带火枪，不分做工快慢好歹，在远用皮鞭乱打，在近用木棍直撞，有折断肋骨，有当场吐血，但看不见头裂脚断者，仍复要做工夫。”

郑阿茂等九十人禀称：“三更要起身做工，管工人执鞭怒视，动则打背流血，常有因苦极自寻短见者。捱到八年期满，死亡过半。”

陈名愿禀称：“更有四散苦工，欠食受苦，刎颈、投河、撞井、带锁、含冤、食药，屈死者无数。”

朱箕训等十一人禀称：“或山中或糖厂住家火车路船只等处，或被捉在监受尽土恶之气，更兼管工用鞭苦打，其鞭是用生牛筋晒干做成皮鞭样，约三四尺之间，屡将我等无辜鞭挞，苦痛难禁，跳井投河食药而死，不可胜计。”

杨允等一百三十二人禀称：“或悬树而自缢，或投水而亡身，或食烟膏入糖榨而苦寻自尽，冤极惨极，不可胜言。”

又据伍阿祥供：“我亲见有几个打得吐血，数日即死。”

李阿伍供：“糖寮做工稍慢，管工必打，每打至数十下流血破皮赤肿。”

陈得正供：“做工不如总管之意，就收监房，带脚链做工，或打二十鞭，或二十五鞭，或五十鞭，或打无算，血肉淋漓。”

朱甲先供：“管工说不怕我们死，死了东家再买。”

陈保供：“我见一华工被打折两腿骨。”

何阿德供：“我在糖寮被打烂了，用酒浇洗，痛入骨髓。”

郑阿吉供：“我被打极毒，现在身上有伤可验，打时用牛皮条鞭，常打伤出血，连衣服都打烂了，并不犯事。”

林阿狗供：“总管酒醉打伤我头。”

周六供：“因总管凶恶逃走，被带大狗追回，斩断手指二个。”

陈阿顺供：“总管常打人，又放大狗咬人。”

王敬供：“我初到六个月，锁打难捱，自己刎颈，一月医好。”

卢盛供：“每月不照给四圆，一年半只给五十一圆。”

王阿瑞供：“卖在瓦窑十八个月后，不发工银。”

韩炎培供："东家无饭给开牌，在他店取食，算钱八年都被扣去。"

崔登林供："有一天出门卖零件回来，就重打锁住，做工三个月。"

杨其满供："有一天打得重，我伤了吐血才住手。我见一人被打狠重，受不过就跳井死。"

黄阿耀供："我因不肯食粟米，被打一回，几乎打死，身体都打烂，无一好处。"

李阿达供："有一天打我二百下，满身伤痕，仍然要做工。"

李三茂供："有两次脱去我裤子用藤条打。"

吴阿三供："凡锁中国人，要学羊叫狗叫，如不叫就毒打。"各等语。

第八条：承工年限内，合同各条是否照行？

现据取到咸丰三年至同治十二年合同式样八张阅看，除附有同治五年招工章程五款一张，未经画用外，其余各张，大略相等。然如伊内中一款云："每日二十四点钟，其作工之时，不得逾十二点钟之外。兹查作工多者每至二十一二点钟。"

又一款云："凡遇礼拜日即为停工之日。兹查礼拜日，多不停工。"

又一款云："每日实发咸肉八两，另杂项食物二磅半，均系好肉。兹查发咸牛肉少者日仅两零，馀系蕉薯、包粟。"

又一款云："凡遇有病，不论日子多少，事主务必送入医院，令医生看病施药，病愈方止，事主仍不得将工银扣除。兹查报病多被锁打，并常有锁打致毙者，亦罕不除扣工银。"

又一款云："给银八圆预备行李，俟到古巴按月扣回一圆，扣足即止，不得多除。兹查华工被拐出洋，多有未得一钱者，工主大抵扣十二圆。"

又一款云："满八年工期任由作工人自便经营，事主万不得托言欠银，及有约各等名色，延日推月，强留作工。兹查工期将满，多是设法锁打，强逼多做数年。”

又一款云：“期满后事主务必给作工人六十日在埠安闲，以便自备回国。若作工人不欲回国，另寻高着，俾得多钱，如古巴工人无异，任从其便，毫无阻挡之处。兹查华工期满，若不勉从工主再立合约，登即解送工所，派做无钱官工，断不得六十日在埠安闲筹备回国。既押工所之后，一切皆工所作主出雇，亦不得自行觅工。”

以上数条，现在古巴所行与伊合同已属大相悬异，有各华工供禀可查。

第九条：工主不按合同，该工人等有无申诉之律？

查洋一千八百六十年，第四十四款，内有：“凡主人待工人刻薄，或不照合同相待，工人可到保护官处，由保护官将两造讯明。”等语。似工主不按合同行事，亦准工人诉官。但工人等人地生疏，遇刻薄工主，更严禁不得出门，自难赴诉，即诉亦不得伸。

据蔡恒等八十人禀称：“身无票纸，一步难行，抱恨无伸，冤屈莫诉。”

林金等十六人禀称：“磨场山园，自尽死亡，种种不一，伤惨难言。如衙门稍有知觉，东家即贿赂洋官，上下互相埋没，奇冤沉覆，难以枚举。”

黄逢吉等十二人禀称：“十分凄楚，捱满八年，窃意合同有准，可出生天，谁料凭据无灵，再遭罗网。”

赖质直等四人禀称：“洋人奸滑，合同条款总是空言，八年工期满限，又要八年。”

邱碧山等三十五人禀称：“八年满工，已备凌虐，讵料满工后，复再立合同六年。”

杨允等一百三十二人禀称：“方其立约于澳门，则曰八年期满，既而困身于此境，何曾一日工完。”

郑盛禀称：“我一帮二十人，每人有合约一纸，言明做八年期满，由我任从自便。岂料当家不良，不肯与我出身，要我再做六年，无奈曲从。今六年佣工又满，仍不肯畀我出身，将我们一齐捉交与洋官。”

古桥秀禀称：“同伴现有百余人，满期八年，逼令再回做工，如若不从，即要送入监中。”

吴阿发等四十人禀称：“其合同规条，俱皆弃废，纵然工期完满，官署亦不给文凭，强勒永为奴仆。”

又据叶田供：“糖寮主常打告官，东家有钱送官，仍送回糖寮，脱去衣服毒打。”

李通供：“因无米饭食告官，锁一个月。”

吴越供：“糖寮受苦不来，寻死人多，禀官不问。”

陈阿顺供：“糖寮设有监房，常闸人锁人，出糖寮界数步，即捉回锁打入监，无人能去呈诉。”

何阿八供：“出门数步，即算逃走，捉回锁打，无人敢出伸冤。”

游阿式供：“照合同应给衣服未给，我说不愿意作，他就锁打。”

黄兴供：“糖寮相待常锁打极重，不敢告官，恐怕更遭毒手，自己曾刎颈未死。”

黄阿水供：“我在糖寮时，有番禺阿桂被总管当场打死，次日我们想见地方官告他，到了半路，总管带了几个人，拿着洋枪追来，捉我们回来锁脚。”

高阿伦供：“同帮九个人到地方官处，官将我送回糖寮，半夜将我们绑起来打，白人管工的打到手不动才歇。”

赖川受供：“黑人作管工时打人，我被打后锁脚做工已经四次，因管工骂我，我想说明白，他生气打锁，是不准人回话的。”

林阿泰供：“东家欠工银一百二十八圆，我来夏湾拿告状，官不追欠，反押到工所做官工七年，无工钱。”

林阿薯供：“东家欠工银一百零八圆不给，我告官，东家领回，又做五个月，仍无银给。又说我告过他，要将我卖入糖寮，我同帮三人走出夏湾拿告状，被发入工所做无钱官工已七八年，并未调到东家对质。”

陈阿音供：“有洋人雇我行船，欠我工银一百余圆，告官不理。”

谢阿发供：“作工稍慢就打，做工时不准出恭，有一次在地方官处告他，因为打得利害，后来东家用钱又拿我回来锁脚做工。”

刘阿文供：“前几年因总管凶横，我告过官不准，回来锁了四十人，锁脚做工三个月扣工钱。”

陈阿睦供：“糖寮待我十分刻毒，去年挨打得更重，我到地方官处告状，东家送地方官银，将我带回锁脚几个月，待我比旧时更恶。”

曾庆荣供：“同帮二十人，有一个吞烟膏死，又见一个阿福打死，即刻埋了，无人知道。”

邓宽供：“在糖寮两年，时常被重打，我见地方官投诉，因不甚通西班牙话，他就将我送工所锁脚做整街打石工夫，无工钱。”

林阿中供：“我同阿生、阿福三人求总管发实银，总管生气，送到工所作无钱官工。”

冯吉供：“合同满再作七年，五年是十七圆，后来东家要给银纸，我不肯领，两三日官来带入工所。”

李嘉供：“作满八年，东家说未满，我到官投诉，官留我作整街官工，并无工钱。”

罗阿二供："满合同送工所作四个月，东家领回，用铁链锁三个月，照常作工，天天打，昨天还重打一回。现在已满五个月，不给工钱，我因东家不给钱，又锁打我，请伙计代我在地方官处告状，告过三次不准，仍然作工，如要工钱，就要锁脚，我实想寻死了。"各等语。

第十条：工人不按合同，工主有无伸诉之例？

查洋一千八百六十年，第七十七款内云："凡工人屡次错失，应由主人察请保护官查明所叙各错失是否照律例能办者，若系可行，亦当遵照办理。若律无明文，不能惩办，保护官饬令主人照六十九款之意，加等示惩。"等语。是六十九款，已有惩治工人之条，听其加等示惩，并可出于律例之外。

据各华工供禀："现在古巴工主等，恣行凌虐，均自设有监房脚闸，及一切刑具。总管管工常带领大狗佩刀，执棍持鞭，任意施用，华工等时有性命之忧。如各供内所说无错处被打，无事被打，及既满合同被锁被打者，不可胜数。则工人作工之日，尚谁敢不按合同，纵或间有错失，亦不过千万人中偶然一二人，千万事中偶然一二事矣。虽章程内有禀请保护官查办之说，但该工主等于工人既可惩治，并可加惩，且可随意用刑，自无庸向官伸诉。"

第十一条：工主是否体恤工人？

查体恤工人，是情理应然之事，而古巴工主多不体恤。

据杨力胜禀称："做工不分昼夜，挨尽饥寒，遇有人病在身，还要重刑拷打，若然片时坐卧，必定锁禁监牢。"

张定加等一百二十八人禀称："每日食包粟蕉子数只抵饥，又称一月给银纸四圆，实不到中国两圆，赔补衣食不够，分文不剩。"

王华等十七人禀称："日食三餐，杂粮番薯、包粟、青蕉，咸臭牛肉一块，两重之间。"

李英松禀称："日夜佣工，食则以薯粟，睡不过片时。"

梁有胜禀称："日夜打我，凄凉难当。"

李肇春等一百六十六人禀称："华工在各糖寮，每月银纸四圆，实不过白银一圆零，本自不敷贴补衣食，而寮内总管等开有铺店，货低价昂，听从扣算，若离此别购，则斥为逃走，锁脚做工，至八年工满，安得有回华盘费。"

潘多利等三人禀称："出店买些小物，东人不知尚可，但有识出要扣数月工钱，兼且锁脚数月做工。"

吴阿发等四十人禀称："每月给发工资银纸四圆，两不当一之用。"

林阿庆、袁阿安禀称："一日不得食，三餐止系包粟米。现下工银纸四圆，不值二圆实银，有一毫些小事，都被扣去。"

叶年等二十一人禀称："每月虽有四圆，衣衫什物各项，乃是自理，有做无食，无眠有打。"等语。

又据王阿纪供："初来时每日三餐，第二年因人多，改为两餐，又毒打。"

杨锦供："日食臭牛肉，如不食即锁脚。"

张长贵供："我作烧瓦工八年，六年无工钱。"

何阿瑞供："作烟粗，锁我两个月。"

梁阿秀供："我一帮二十四人，因受饿无力作工，同求东家之子添饭食，即被全行锁打。糖寮无屋住，派我们出银自买，我们每月三圆，计买两人住茅屋也须十圆，银无从出，告诉小东家，他即大怒乱打，并拿刀同黑人斩死一香山人，众人亦皆受伤。"

梁阿照供："糖寮内有东家开的店，买物俱要在店内，价钱极大。"

朱甲先等七十七人供："买东西要在糖寮铺子买。"

刘阿文供："买食要在管火食处买。"

刘阿耀供："糖寮买物要在管帐处买。"

冯二供："此刻糖寮监内锁着两人上脚闸，因为往别处买东西。"

汤明奎供："每月工银照给铜牌四个，准在寮内买物，别处不能使用，亦不准换银纸。"

曾富民供："东家发工钱是给纸一张，在他铺取物，不能取钱，不准往别处买物。"

陈阿福供："因年小派放马，常脱去裤子四人捺住用藤条打。"

蔡阿方供："我因病作工少，被锁手脚，脱去衣服，用牛皮鞭痛打。"

张水供："我因病仍逼作工，做得少又被锁打。"

骆阿宝供："糖房东家凶恶之至，常被他打伤皮骨血流，残毒万分。"

陈阿连供："我见有一个年老的人，管工的叫搬重家伙，他拿不动，立刻就打死。"

庞阿东供："管工的都是手里拿皮鞭子打华工的。"

刘阿林供："总管恶毒异常，东家叫他只管打，打死一个，再买十个。"

谢阿四供："东家叫总管管工打我们，他说打死一个，我有钱可买十个。"

刘阿瑞供："东家常对管工说，只要作的糖多，不必爱惜工人，打死一个，再买十个各。"等语。

复查各供内有张阿文供："在山寮是法国东家待人好。唐生供：东家待我过得，食得饱，病不扣人工。"是尚能体恤者。惜此类寥寥不可多见。

至如王九所供："东家尚好，总管不好。"蔡丕供："东家好，总管常打。"王阿盛供："东家和平，总管凶恶。"何锡供："东家尚好，总管极恶。"虽非东家亲自凌虐，而总管系东家所用，亦未得体恤之道矣。

第十二条：工人是否听从工主？

查华人装到古巴，听凭卖人行发卖，经各工主买去后，辖以总管，钤以管工，镣铐在旁，鞭棍在后，无论如何受苦，势亦不得不从。

据郑阿茂等九十人禀称："有得做，无得饱，只得食蕉子包粟挨饥，三更要起身做工。"

又据杨发祥供："东家欠人家钱，叫我到糖寮做工抵账。"

卢钟供："我的工钱都是在糖寮内铺子里买食物添补用完，铺子量工钱多少赊给，我不敢不从。"

钟声供："作满不给纸，又勒再作，只得依从。"

吴德盛供："作满八年，东家要我再作两年，不敢不应承。"

陈阿圆供："我作到七年时，给东家一百五十圆金钱赎身，他又叫我添作一年，我作足八年期，东家不给满身纸，我赎身的钱是徒然花的。"

区圆供："我作满八年要纸，东家总是一年推一年，我又作完四年，有五百圆交给东家留作盘川，已交了两年了，总不给纸，不准出口。"

何阿四供："我作满八年无纸，又逼作四年，前几天问东家要纸，他说再添作六年。若一定如此，我只好寻死了。"各等语。

第十三条：国法准否工主惩治工人？

查洋一千八百六十年，第七十四款内云："所有主人能惩治工人：一、或不听主人及主人所派之总管吩咐；一、或不作工，或作工故意粗心错失；一、将人打伤；一、逃走；一、酒醉；一、有违作工之处章程；一、若有不守规矩之事，如系照律例不必有人控告，或照律例应有人控告而无人控告，均须惩办；一、凡有心害人，如所受之害，不能照律惩办，即与该主人惩办。”

又第六十九款云：“凡有应惩治工人之时，该主人之权有二：一、系可锁在监内十日，不得过十日；一、系凡锁日不发工银，若主人只锁工人，不扣工钱则可，若只扣工钱不锁不准。”各等语。是伊国之法授权与工主，准其惩治工人，而未尝许其滥用刑罚，仍然略有限制。

现在古巴工主亦不照伊国法而行，如：

张定加等一百二十八人禀称：“糖寮间间有监房，极多刑具，锁链重者五十余斤，至少亦二十余斤，随意锁脚做工。”

骆阿宝禀称：“二百七十人过古巴，卖入糖房做工，常被打得通身出血。”

张观禀称：“一日要做足二十一点钟，如做少半点钟，皮鞭重打，皮飞肉烂。”

又宋海供：“现在新来有四十中国人不懂话，带链做工。”

李阿德供：“因作工时吃一口小烟，就拉回用四人捺住打二十四鞭，皮肉都打烂了，这是至轻的。又有锁脚在后用马鞭赶着走，总管如好只锁两个月，不好锁六个月。凡脚镣是连头颈锁的，脚链脚镣共计有四十斤重，我锁过三次了，是因对总管说食山薯不能作工就锁。又常年不准洗衣服，歇工时洗衣服，被黑人看见又锁又打。有人在附近糖寮小店内买物一次，拉回锁脚八个月。”

陈德明禀称：“若出别铺买物者，拿回锁脚三个月，扣三个月工银。”

何阿八供：“有一遍食小烟，东家看见叫四个黑人拉住我手脚，又叫人拿藤木棍毒打，腿肉脱落见骨后，仍上脚闸，总管又鞭打。”

刘新发供：“有一天打得狠重，膀子打坏了，背上都打出血来，流了满身。”

李齐供："有一遍四个人杀死一个管工黑人，捉锁寮内监房六个月，就有两人吊死，有两人糖寮内用枪打死，各工人都看见的。"

谭发供：有一天我买了米饭吃，总管知道锁了两个礼拜，扣了一个月工钱。

汤阿昌供："东家刻薄，病一日扣银一圆。"

陈香供："我被转卖到糖寮五年是极苦的，无日不打，我对东家说我工夫不错，何以日日打我？东家说我非买尔来做工，特买尔来打的。"

阮阿聪供："东家凶恶，做工不分能做不能做常打，有时在路遇着，顺手也打几下。"

钟阿伐供："糖寮东家将我手打断，自己医好，现在不能拿重东西。"

何沛麒供："病六个月，扣一年工钱。"

廖阿丙供："做工稍慢打，小便亦打。"

江阿起供："常打，又放狗咬人。"

卜阿厚供："有作工人出恭时候久，总管管工白人叫四只狗咬他的脚，脚咬烂了不能走路。"

罗阿二供："我想照原价赎身，他不但不肯，就用铁链锁我一个月，打得狠毒。"各等语。

第十四条：工主按例惩治工人，工人不服，有无上告之例？

查洋一千八百六十年，第七十一款内有"凡工人无论何事，自忖主人有委屈之处，或系无故惩治，不照六十九款之法，或相待与章程不符，总准工人禀明保护官。"等语。似乎借惩治之例，而逞凶残，以致工人受屈不服者，亦准上告。惟是工人不服者虽多，而能得上告伸理者甚少。

据林贵兴供："在糖寮无论受何样苦，都不能告状，因为不准出来。"

刘阿连供："管工用大皮鞭毒打，皮肉开裂，仍要带伤做工，亦无人得出去呈诉。"

李禹供："因做工不懂话，用牛皮鞭打，我受不过。又见有凌虐不堪，服毒而死，我到官告状，后来打得更甚。我所告状官府不问，我于满身后，又将各人受苦情形，在夏湾拿将军处递禀未准。"

朱甲先供："我看见刘阿科受打一百五十下狠重，我不服到夏湾城去告管工，官不问，仍送回糖寮，到了就打一百五十下，是辰正到巳正的事，午初时候，刘阿科就跳糖锅死了。"

李带供："有一人能说西班牙话，对东家说中国人皆食惯米饭，又在澳门时，言过礼拜不作工，今到此所言不符。东家大怒，觉得胆太大，后来他生病，东家送入病房不久即死。"

周德华供："我不晓得说话，就把我手指打断了。"

钱阿生供："东家不好，我时时被打，左臂已经打断，无力作工。"

王阿才供："屡被打伤，想去控告，被他知道，将我锁脚做工九个月。"

梁恩供："因梁有胜被总管打死，我同帮三人禀官，东家管事人送官银一千圆，总管又送官四个黑人，官就不准我告，仍将我们交回糖寮锁脚作工一年，又将我们送到东家别处的糖寮做满八年，我要满身凭据，守候一年，仍照旧做工。后来出去心想告官，糖寮写字人又送银与巡街，见我们出去就拿，说我们逃走，交回锁着脚做四个月工。"

林亚三供："无事即打，随他喜怒，又不敢去地方官处告状，因如告官，后来锁打更甚。"

又，据李肇春等一百六十六个人禀称："打死、刎死、投水死者，可不报官，即报官亦止来看了事。华工中就有桑梓之谊，莩葭之亲，目击情形者，亦不敢向官指证。倘一证说，即死不旋踵矣。”各等语。

第十五条：承工年限内工人有无休息时日，可否任便，有无保护之例？

按同治五年招工章程第十款：“承工工作日期时刻，定准七日之内必得一日休息，一日之内作工不过四时六刻，如足所定日时之数，不准强其工作。”

复查伊商人等，咸丰十年合同式样第五款：“除歇息之时，东家不勉强礼拜，以及大瞻礼日作工，惟由各人不论何项随意作工，格外另沾利益。”

又同治三年、四年、十年、十一年合同式样第四款，亦俱有“凡遇礼拜，即为停工之日”等语。

惟查洋一千八百六十年第五十二款云“凡工人除天主教大日之外，每日照合同内载作工若干，所指大日，虽系天主教之大日，若该教准人作工，工人仍须照常工作”等语，已与招工章程及伊合同所说不免参差。

再查同治三年、四年、十年、十二年合同式样第五款云：“每日二十四点钟，其作工时不得过十二点钟之外。”

又一千八百六十年第五十三款，亦云：“每天不能令工人作工过十二点钟。”至五十四款云“每日作工加减，一天内至多不能过十五点钟”等语，又与五十三款不免参差。而此款之内又云：“再凡有工人必须或日或夜连歇六点钟。”又第四十五款云：“休息时准在本处闲散顽耍等语，亦尚似意存保护，而古巴工主，多不照行。”

兹据邱碧山等三十五人禀称：“入糖寮与地狱无异，事主凶横，管工残虐，总管敲扑，身无完肤，足无停趾，昼夜十二个时辰，只歇二时。”

王阿敬等二十三人禀称：“工夫实难作，三点钟起身，做到十二点钟歇工，一点钟又开工，做到七点钟回屋，食粟米不过半点钟，又出去做到十二点钟收工，三点钟又打门叫出做工，我等又受饿，又受打，同来有二百余人，现存不过八十余人。”

王华等十七人禀称：“夜则至一点钟收工，日则天未曙四点钟开工，周身骨痛，焉能有力。”

陈德明禀称：“我被卖到糖房，实难过日，寅时起身作工，作到夜里丑时。”

林阿庆等二人禀称：“火车管工的不好，样样代司头说话，司头信他话，所有八年满身之人，不畀出身，教司头时时打我，早朝四更做工，做到夜里三更，礼拜亦不歇工。”

叶福君等五十三人禀称：“卖入糖寮，日夜做工，只得三点钟食睡。”

陈古等三人禀称：“糖寮山寮，早以三点钟开工，夜以十二点钟收工。”

潘多利等三人禀称：“一日二十四点钟，做工二十点钟，十九点钟未定。”

又据唐建等一百七十一人供：“在糖寮寅初做工，到子正歇，礼拜照常。”

张照等一百二十二人供：“在糖寮寅正做工，到子正歇，礼拜照常。”

温阿照等二十一人供：“在糖寮丑正开工，做到子正歇。”

陈万生等四十八人供：“在糖寮寅时初做工，到子初歇。”

陈池等二十八人供：“在糖寮寅正做工，到子初歇。”

陈鼎贤等七人供：“在糖寮寅初开工，做到亥初歇。”

曾贰齐等八人供：“在糖寮丑正开工，做到子初歇。”

李合等九人供：“在糖寮寅正开工，做到亥正歇。”

张开等七人供：“在糖寮卯初做到子正歇，礼拜照常。”

苏阿海等二人供：“在糖寮寅正做到亥初歇，绞蔗礼拜不停，不绞蔗做到巳初。”

刘阿三供："礼拜歇半天。"

陈林等四人供："在糖寮礼拜作到巳初歇，申正又作到酉正。"

郭占等二人供："在糖寮绞蔗，礼拜照常，割草时礼拜作到辰正。"

林阿亦供："在糖寮日夜歇二时二刻。"

吴且供："在糖寮卯正做子正歇。"

李游供："在糖寮子正做到戌初歇。"

黄捷供："在糖寮寅正做到子正歇，礼拜准歇一个时辰洗衣服。"

黄阿轩供："在糖寮礼拜不肯做工，带锁一个月。"

李阿耀供："在糖栈做工无定时。"

黄阿木等四人供："在糖栈寅正二刻做到酉正。"

陈阿吉供："在糖栈寅正到酉初歇。"

李禹供："修车路丑正做到戌初歇。"

胡阿听供："做面包子正做到寅初歇，卯初做到辰初，辰正又做到未正歇。"

许阿芬供："面包铺巳正做到卯正歇。"

陈阿焕供："卷烟铺卯初做到子正歇。"

黎社银等五人供："在糖栈寅正做到子初歇。"

梁阿成供："驳船行寅正做到子正，东家说遇礼拜日午正收工，我依东家话，管工不准，手打脚踢，锁了三日，我不晓话，不能告诉。"

陈阿佑等六人供："扫街馆亥正做到巳初歇。"

余阿昌供："扫街亥初做到巳正歇。"

陈孟明等六人供："在工所卯正做到酉正歇。"

郑阿富等四人供："卖人行卯正做到酉正歇。"各等语。

第十六条：以工主招工之花费而论，以工人在华常挣之工钱而论，以工人先知中国工价后愿立合同始往古巴而论，工主

令工人照合同承工，是否有不公道处，有无不按例处？

查招人承工，是听其乐附，略卖人口，是逼使相从，两者迥然各异。兹古巴华工，多由掳骗，本不得概谓之招工。且据华工各供多系收过数圆，甚至仅给铜钱三百文，给铜钱十文，并有不给一钱者，是本来亦无甚花费。即使有费，逐层核计，亦不过如英国人威斯敏斯德评文集，所谓通共招一工人，运至哈法那，约费银一百九十圆而止，及其到埠货出，便已获利不赀。

查任世贞、戴仁捷、梁兴照等禀称："洋人捉拐中国人口来古巴贩卖，他收价银，每一名四五百圆，至千圆不等，除过用度，拉扯约计，每名至少挣二三百圆。但是来过一万人，他就挣过中国人口银二三百万，前后来人不下二十万，他已挣过数千万。既是中国人身价银，论理应算交我中国给些与我家属。"云云，盖谓此也。

至该华工之在华，其富贵人家，别有职业，被拐来者，姑不具论。即素系作工之人，在华时各人所挣之工钱，原无一定，即一人之身，逐年所挣之工钱，亦无一定。方其受人掳骗，逼勒出洋，生死听命他人，尚何能议论合同，较量工价。其中或有听信谣言，自想出洋，初谓工价稍多，归期甚近。又以为佣工当同中国，可以不受凌虐，可去可留，贸贸然执合同下船，迨往古巴，光景大异。如：

潘泰等九十人禀称："每月虽有工银四圆，但此处不同中国，各物比如珠玉之价，此银亦何足用。"

姜阿麟供称："此处工价虽较多于中国，但银纸甚贱，物价甚贵，十圆八圆，抵不得中国一两圆。"

罗阿已供称："我在中国每日得百钱可一家饱暖，此处就日挣一圆，食用昂贵，不得敷一人用。"

就此而观华工情况，已良苦矣，况合同内所有者，如歇息、医药、饮食、衣服之类，该工主未尝逐款照行。而合同内所无者，如脚闸、皮鞭、棍撞、狗咬之类，该工主均可任意施用，尤为苦上加苦。据理而论，该华工等系中国人，古巴既来中国招工，所立合同，自应以同治五年中国招工章程为定例。

今查古巴合同，多限八年满工，已不按例，且八年工满，非逼令再立合同，即解交工所押候另立合同，至再至三，辗转工作，受虐无有已时。与伊合同所谓工满在埠安闲，及工满任由自便经营者，绝不相合。是各工主令工人照合同承工，公道与否，且不必论，实则各工主，先已不照合同也。

又据张銮等三十一人禀词："有已经八年工满，当给凭据脱工，情理显然共见，乃竟送押工所与命盗等犯一样锁脚做工，不应拘囚而概令拘囚，未尝走路，自古及今，普天下各国有此等不公道之政事哉。"等语。

第十七条：工主性情不一，有居心忍刻，有待下慈祥，于此两项内有无可指发之案，工主与工人相待，大概情形如何？

查工主于工人，如果相待慈祥，自不致呼冤诉屈。惟其居心忍刻，总管管工等亦相助为虐，残人肢体，伤人性命，虽或该地方官不皆举发办理，而惨毒事迹，不能尽掩，仍灼然在人耳目之间。

此次查访所及，如赖阿四供："我记得前年打死华人一名，抛尸下海，洋兵看见捞起，查问知是糖房的东家，说不是官不追究。去年七月又打死河源县阿二，官叫华人去问，东家不认，推为管工黑人打死，将黑人坐监。当时证东家有死的，系河源县人，东家恨他，转卖入山去了，东家又常叫黑人只管重打，打死一个，再买两个。"等语。

范四和供："管工黑人一见即打，不论作工不作工，总管又自己来打，我见陈阿四因拿蔗碰了管工一下，即刻打死，假作吊死式样。"

吕阿珍供："糖寮管工是黑人，我无错常打，我见一人被他立刻用棍打死，私自埋了，不禀地方官。"

薛阿盛供："我同帮有新宁陈姓、开平梁姓，因总管说铲草迟慢，每人用四人捺住手脚，用鞭打到将死，后新宁人自缢，开平人投水，地方官来看，也不认真办理，我同帮人不识洋话，不能代诉冤苦。"

罗阿二供："我同叔父罗南绍均被卖火车路作工，管工人用铁尺将我叔父罗南绍打伤，半月身死，我告官，官将管工捉去坐监一月即放，并未办罪。"

胡阿花供："听见林阿等被打死，扛上厅即时有官来验，将管工人坐监。"

谢阿候供："现因有三十个新到工人，内有四人报病，进病房约有两时就死，有二十人要去告官，说是打死。总管通知小官请他来问，我传话，有两人说是死者先有病，我照传，第二天官来验看，众人到场，讯问究竟有病无病，大众说无病，小官说我传话不清，拿我下监，后来东家保我出来。"

梁阿广供："我同帮阿六是下四府的人，来了一个多月，因受虐不堪，自缢身死，官亦到验过，东家是有钱的，自然无事，此地官俱听富商指使，无可告诉。"

王慕九供："我因作工太紧告官，官吩咐东家叫他慢慢的叫我作工，给我食饱。东家答应，领回就用铁链子锁脚七个月，锁着仍要做工，做工不好又打。"

黄阿容供："我见黄阿洸受苦逃走，捉回锁住毒打，血肉淋漓，仍押带锁做工不给食，他因肚饿，在蔗田食蔗尾，被管工看见，即刻再打，是晚黄阿洸自缢身死。有二十个工人往官处投诉，皆不愿回该处做工，东家向官说合，将十二人押回，余八人地方官劝东家转卖别间糖寮。"

林合供："有顺德人李德，在糖寮做工九年，剩了七十二个大金，存在管工的手里，有一天管工的把李德在田里打死埋了，有四个黑人帮他的，官员都不知道。”

黄阿德供：“我见去年打死一香山人，地方官看过也不追究，是黑人打死的，东家知道打了他几下就放了。总之他待黑人比待中国人好。”

胡阿四供：“有新会人阿丰被黑人打死，未报官就埋了。”

张銮供：“亲见东莞镇口姓孟的被总管将他满身打烂，带脚链缢死，地方官看过，同总管说话，并未叫人查问，就无事了。”

叶阿灵供：“同治十年时有黑人斩死一华人，黑人系东家极爱的，私抬去埋，经华人查见，东家对官说，将华人拷打，诬为华人打死的，定罪有八人坐监。”

陈林山供：“满工后总管打的毒，我们三十人不服，有人对总管说，背后怨总管凌虐难受的话，总管就锁起十几个人来，又送钱与地方官，叫兵来开火枪打死四人，系高明县李阿记、高要县阿照、惠州府李庚有、新会县阿兴。”各等语。

至此次查访时，亲自公同验视者，有：

陈佩长被管工用砖打落两牙请验。

梁阿华被打坏一目睛请验。

吴阿光被锁脚烂成废请验。

黄阿盛被总管打缺耳请验。

梁阿有被东家割去左耳请验。

生员陈少岩、李阿会、袁蔼山、陈阿海被打折手请验。

阮阿聪、梁阿林、曾荣庆、罗阿纪、温阿照、何海、黎阿侯、林阿金、刘阿记、钟声、陈阿洪、高阿伦、李阿开、韩庆铎、梁阿洪、谭连进、莫阿训、刘阿廷，身上被打伤痕请验。

黄阿炳、林轮美、屈但壳，刎颈未死伤痕请验。

王大成、陈乙有、蔡阿鲁、区祖康，林滋有、李阿吕，被打烂腿脚请验。

李阿达供："被打二百下，背上打烂，双目俱盲请验。"

贺阿先背上伤痕交加请验。

陈阿深头上打破医好请验。

卢盛保供："打断脚医不好请验。"

区阿点头面伤痕请验。

陈思秀胸前大疤痕棍撞伤的请验。

李洪手指脚指打断请验。

张式震臂上身上伤痕请验。

伍阿琴身伤脚烂请验。

何阿发手上头上伤痕请验。

骆观秀左右大指食指中间斩开请验。

李河手脚指被东家打断请验。

张生打破头请验。

余阿田打伤头颅请验。

朱村房被打伤额上两疤肩上各疤痕请验。

许阿芬脚镣伤痕请验。

洪阿异股肉脱落疤痕请验。

蓝阿穆受打身上全烂请验。

颜阿有手上背上伤痕请验。

缪阳娇木棍打破头脑伤痕请验。

梁阿贵皮鞭痕条条在背请验。

沈泰高额上伤痕请验。

吴阿芳脸上刀伤请验。

刘阿林被刀斩落四个指头请验。

第十八条：工人不一，有因勤奋性成，愿离故土，以冀有益于身家者，此等人到古巴，系甘心远去，必能操作过人。又有因作慝犯科，思以远避者，此等人到古巴虽亦出情愿，然怙

恶不悛，仍萌故志。又有因性本愚鲁，被人拐去者，此等人到古巴其所作工夫，安能灵敏。又有明干之人，一时误听人言，堕其诓骗之术者，此等人到古巴翻然醒悟，气忿盈怀，必致刻不能安，群然偾事。工主若不能明此等情节，则疑其行为反常矣。以上四等人，到古巴各项如何度日？

查华人勤奋性成，操作过人者，在故土即能养赡身家。据张銮等三十一人禀词："有生长中华，暖衣饱食，祖父以来，未闻须出洋谋生。"等语。

其作慝犯科，如赌博输钱之类，查各供词，亦间有思作逃人，愿出远避者，初亦不料受虐受苦至于此极。况到古巴后，习见白鸽票等项，仍萌故志，亦依然不剩一钱。

至愚鲁者之被拐捉，明敏者之被诓骗，已堕机彀，则生死一切由人。未出洋时，受拐匪等威胁下船，受船主威胁，登岸受卖人行威胁，到工受工主总管管工威胁，工满年限，复受工所官绅等威胁。所有身受情形，节节俱属难受，各虽醒悟，无可如何。当其备受毒虐之时，气忿盈怀，每每图谋自尽。

查各华工供禀，除打死伤死外，自刎死、自缢死、投水死、食烟膏死、投车路死、跳糖窝死者，不可胜计。甚至刻难安生，逼致拼命，杀死管工、总管，往往一二人动手，而愿意附名认罪者，至十余人、二十余人之多，古巴各华工之惨极无聊，从可想见。

据李肇春等一百六十六人禀称："苟非万分势迫，谁不怕杀人抵命。"

张銮等三十一人禀内又称："少壮者愿得罪而坐官监者，此岂人情所乐。"

又，黄阿沛等二十二人供词，均有"监内比糖寮好些"等语。

至于各项如何度日，据邱得意等禀称："华人过到古巴十数万口，受磨如坐牢狱。”

高老秀等十七人禀称：“华人屈于此地，不能转身。”

郑悭等六人禀称：“日日苦楚，冤情无处分诉。”

吴阿发等四十人禀称：“被困此邦，度时如月，度日如年。”各等语。

第十九条：工人于承工年限内，所有一切于其见合同后，自计之初愿是否相偿，如有违其初心之事，其合同何时何地而见，又应惟何人是问？

查各华工供禀，多系逼打合同，是未下船时，已违初心，及至开船，多有渴死，打死，投海自尽等事，是下船后，又违初心。在卖人行脱去衫裤验买，群称羞辱太甚，是登岸后，更违初心。至于做工年限内，日无饱食，夜无安眠，病不得医，伤不敢说。如：

黄有等十六人禀称：“土恶欺横，不依合同。”

赵昆等九十八人禀称：“照初来合同所载，大相悬绝。”

叶年等二十一人禀称：“时时打闹，不照合同所说，其违初心之事益多矣。”

不特被掳被诱，未曾听读合同者，违其初心，即间有自想出洋，曾经听读合同者，亦无不违其初心。以情理而论，自应先问串匪拐骗之人。

按同治五年招工章程第六款云：“招工各商，欲遣华工代觅承工，此项承遣者，必由地方官先给盖印准单，方可前往。后或干例，无论故违误犯，惟本人是问，俱由地方官传案究审。”

兹据各华工等所说被拐情形，奸计百出，是此项承遣代觅承工者，俱系拐匪，断无地方官盖印准单可知。

其卖人、略卖人，实属若干例禁，惟华工等当时一入圈套，身不自由，涕泣呼号，即已无人援救。古巴远隔海洋数万里，家属不知踪迹，又不能寄家书，自然无人向问。

其买奴者与略卖者，本来一气，复设法勒令辗转工作，便永远不得回华，更自无人过问，而中国地方官，亦遂永无传案究审之事矣。

第二十条：承工年限已满，归于何处？

查华工供内，有胡如供："年限满无满身纸，在本糖寮再立合同，做工两年，满后送到工所，由工所出雇三年，又回工所作工五年，无工钱，又出雇每次完后仍回工所，如是者九年。"

陈阿福等六十四人供："工满无纸，送工所。"

李大财等三人供："满八年，又做一年送工所。"

倪阿焕等十二人供："满八年，又作两年送工所。"

叶阿耀等二人供："满八年，又作三年送工所。"

张会供："满八年，如不再打合同，必要打死，我只得再立六年合同。"

林阿秀等四人供："工满八年，又作六年，后送工所。"

张照等十三人供："满工无纸，被地方官拿送工所。"

许建发等三人供："满工八年，又到砖窑做工四年半，地方官拿我送工所。"

黄阿木供："作满八年，又作六年，因无纸地方官捉送工所。"

梁阿盛供："八年满身，又作三年，得满身纸，烧炭一年，捉去工所四年。"

吕阿武供："八年工满，问东家要满身纸，就叫巡捕捉去坐监。"

李合供："满工八年，又作别项工十一年完送工所。"

吴阿侯供："满八年，送作无钱官工五年。"

林阿亦供："工满又作六个月送工所。"

林月供："八年满，后作散工七年送工所。"

蔡霞供："我做满八年，因腿有病送工所。"

黄诗供："作满八年，又作两年，又作四年送工所。"

王福供："作满八年，又作五年送工所。"

陆阿杏供："满八年，东家给我一年的满身纸，到一年期不准换，送到工所。"

陈阿庆供："满八年，东家要再立合同，不允，锁脚两晚送工所。"

陈阿洪供："八年工满，又作三个月，叫我再做我不肯，就用砖用棍打伤我腰送到工所。"

胡阿四供："现在糖寮监房内有一人快满身，锁两脚做工。"

罗阿玉供："工满又立合同三年，作完送工所作工十年。"

陈万生供："满合同后，又作十一年，后送工所。"

陈有供："满八年，要再打六年合同，不允，被锁脚押着做工。"

巫毓胜等三人供："卖在工所内作满八年，又要再立合同。"

陈苟供："满合同的人，俱不准出，如不肯再立合同，即送工所。"

陈阿红等四人供："将满工期，打得最毒，我一帮四十人，锁三十四人作一起送工所。"

陈阿恒等四人供："将满八年，前数日忽将我们通上锁链苦打，问我们如再立合同可放，如不愿就送工所。送时两人用一绳绑住，如送贼一般，存在糖寮衣服不准带出。"各等语。

第二十一条：工人年满后，或他去，或仍在古巴，是否均任其自便？

据任世贞、戴仁捷、梁兴照等禀称："卖入糖寮，捱饿捱打八年，因为添买吃着，都要在糖寮店内，工银被他尽扣，本想工满出外，见高价工做一二年，剩得盘川还乡。不意头家于工满日，即将我送入工所，次日即锁脚押做整街工夫，同监房命盗犯人一样，并无工银。随后有商人向官与工局说明，勒我等再打合同做工，名为绑身。所得工银有每月十五圆时，官与局绅分去十圆，我得五圆，有三十圆时，官与局绅分二十四圆，我得六圆，及至绑身期满，又送工所，工所数月又勒绑身，中间无身得自便之一日。”

黄二等六人禀称：“旧年三月做满八年之期，至今仍在火车馆做有一年之久，东家说要再打合同四年。”

梁阿德禀称：“做足八年之数，我同帮欲出外埠做工，我旧东家将我同帮人捉拿锁打，要我同帮再另做六年。”

余阿治禀称：“卖落火车馆做工八年为满，今过期七载，未有出纸，我欲别处行街，又怕东家知道要锁打受苦。”

刘阿寿等五人禀称：“捱满八年，东家又不肯畀满身纸，要再做六年不允，又打又锁。我无钱拜契爷满纸，自欲走出，又怕有洋兵查捆押入工监。”

朱其训等十一人禀称：“若满身求官给发五年满身纸，一年行街纸者，要用金钱五六十圆之数，更认契爷洗头，然后给发，若无银并契爷不望有发纸之事。

张猛禀称：“被兵卒查纸，将我拿去押入牢狱，每日扫街坊做工，无钱无衫，可怜一十七年做工，无满身纸。”

张石达禀称：“到古巴被卖落与菜园做工，八年已满，又要我再做四年，四年又满，仍送我去走路馆修街五年。我年已老迈，情愿得纸出去乞食，现下未得乞丐纸，专此禀叩。”

袁蔼山禀称：“八年工期已满，又强迫两年，名为绑身，合同被管工人收下，今尚未还，被洋兵查拿，困在工监三年之多，苦楚不能尽说。我今年六十六岁，伏恳转达代求乞丐纸一张，得以出外乞食，真乃重生再造。”

李英松禀称：“八年之后不给满身凭据，问及主人因何不放，主人大怒，将我送吕宋国官发落，该官不由分说，竟将我困入工监四年，罚作无钱官工，困苦异常。”

叶福君等五十三人禀称：“幸捱得八年工满，自谓脱身苦海，稍些盈余为回华计。谁知司头不良，再要绑身六年，如不愿者，即送官府押在工监罚做无钱官工，终日锁脚抬石整街，又不得饱，值烈日盛热中，苦楚万状。”

何阿英禀称：“我于同治六年出身，九年失纸，至今仍在监房做头家身，冤屈无伸。”

张观禀称：“做到十数年，应当有脱身之日，仍不得作自己生涯，仍要将身尽归洋官作无银之工。”各等语。

复查洋一千八百七十二年九月，古巴总局章程第三十七款内云：“凡系一千八百六十一年二月十五日之后，所到古巴之华工，无论作何项工，及在何处，若未照章程立过合同，必送交各该府城工所，以便照章程立合同。”等语。是工人年满后，或欲他去，或仍在古巴，均不得任其自便也。

据林金等十六人禀称：“显系洋官视华人为奇货以利己，含屈莫可伸诉。”等语。

第二十二条：工人自愿留住古巴，其章程如何？

据洋一千八百七十二年九月，古巴总局章程第一款内云：“凡有华工到古巴，一千八百六十一年二月十五日之后，满合同工人，必须遵照六十年谕旨第七款，及六十八年章程第五十二款，又将军七十一年十月十八日所出之示，有或出古巴地方，或再立合同。”等语，并无听工人自愿留住古巴之例。

查该工人等八年限内工资微薄，添补衣食尚不足用，焉能余剩盘川。即使照两月之限，准出古巴，该工主等无水脚路费，已难就道，况为新章缠缚，工满之日，即送工所押作无钱官工，以待辗转出雇，并无两月自便筹谋。其被扣留于古巴，自非情愿，但不得满工照纸，既不能不留住，而领照留住情形，亦实为难。

如曾阿石禀称：“恳求救我，不至永作奴工，得以有满身之纸，任由自便，恩莫大焉。”

又梁阿德禀称："想望有人救我出外埠做工，或三年两载，剩回多少银钱回国。"

又据陈通等二人供："认得古巴洋人作寄爷，每月送银三圆，我想回中国，官不肯给出口纸。"

胡如供："有东家凭据取满身纸，须亲手交给地方官大金三圆。"

文长泰等七人供："花三个大金买满身纸。"

莫越等二人供："用五个大金卖满身纸。"

许数等二人供："用去六个大金取满身纸。"

冯阿泰供："用三个半大金给地方官、写字人，买满身纸。"

周润脑供禀："地方官请发满身纸，花十七圆，纸内注明不要钱。"

王正福等三人供："用一百圆取满身纸。"

崔登林等三人供："用四个大金买满身纸。"

关阿能供："满身纸费一百银，每年换纸一次，一二圆至五圆、十圆不等。"

潘岳衡供："用九十五圆买了满身纸。"

李顺供："用五十圆买满身纸。"

梁阿英供："用去三个大金到地方官处买得满身纸后，作散工两年，遇见地方官查说此纸不是此处出的，拿去改别人名字，故我无纸。"

吴文番供："有满身纸被巡捕抢去送工所。"

何阿端五人供："地保抢去满身纸送工所。"

吴阿福供："有满身纸被焚，拉入工所。"

李阿斗供："买满身纸用三个大金，又作散工八年，地方官说我纸是假的，收去，又捉我。"

许阿发供："满八年不给满身纸，我告官，准了，用去三百余圆。"

李锡宝供："满八年，又作六年，用四个大金向地保买得满身纸，地保说随处去都可，巡捕说新纸不对，送工所。"

陈阿发供："用去二十圆取满身纸。"

林阿龙供："被人偷去满身纸，拿去坐监。"

伍阿四供："用十五圆大金向地方官买纸。"

江阿起供："满八年，又作三年，送五个大金官仍不给纸。"

谭阿兴供："因贼乱失满身纸，拿送工所。"

陈阿桂供："失落满身纸送工所。"

王滋供："被偷满身纸，到工所报明，被留住。"

郭纪秀供："礼拜日出来未带满身纸，被捉入工所。"

李阿鸿供："用十三个大金请满身纸后，又说假的，官提到工所。"

万长秀供："用三个大金买得满身纸，被地方官撕坏送工所。"

梁连供："被巡街扯碎满身纸，未拿我去。"

刘阿纪供："用三十六圆换满身纸，照规矩只是半圆。"

黄德供："到地方官处换纸被拿送工所。"各等语。

第二十三条：工人自愿他去，其章程如何？

据洋一千八百七十二年九月古巴章程第二款内云："凡华工满合同要出古巴，必要带至被地方作工之处府城工所，以便遵照一千八百六十年谕旨，及六十八年第五十四款章程，两月内出古巴，如逾两月之限，仍未凑出盘川，尚未启行，可令再立合同。如此办理，工所费用可省，又免工所所住华工过多，以致乡下无人工作。"等语。是章程所重者，惟在令满工工人再立合同作工，而不欲其他去。

况七十三年五月章程第二十五款又云："凡华工将原合同及后合同作满，欲出古巴，准照一千八百七十二年七月十三日，将军出示领路照以便到夏湾拿请护照出口，必由华工将原合同与满工凭据，呈交总局。若该华工是任在夏湾拿城，由主人带到总局，一并将合同凭据呈缴，若无执照，或无示内所云保人，即不发出口护照。查所出之示，系叙明保人必须总局查看着实可靠方准。”各等语。

是则出口一节，要原合同，要后合同，要得有满工凭据，要请领路照，再请出口护照，又要主人带出，要保人同来，且要待总局查看此保人以为着实可靠。种种办理为难，华工等虽欲他去，殊不容易矣。

据吴锦成等一百二十四人禀称：“常见有得满身纸，托人换出港纸银已乌有，并满身纸亦不得回者，不计其数。”

又曾林供：“我有盘费欲回中国，东家不肯给满据，要再立合同。”

唐建供：“问得出口纸七八十圆，一二百圆不定。”

王阿纪等二人供：“有盘费欲回中国，因出口最难。”各等语。

第二十四条：工人年满后，究系愿留住者，与愿他去者，孰多孰少？

查华工多系拐来，在古巴备受凌虐，捱到八年期满，所剩之人，业已无几。其幸获生存者，以情理而论，谁不愿意他去，亟避此火热水深。惟是年满后，工主不给满工凭据，强逼再立合同，及至工完，又送工所，多方措阻，将使毕世为奴，虽愿他去而不可得。

如陆阿杏供：“我满身后，总受屈心里不服，无论甚么地方，我都愿去，总比古巴好，这样冤屈，真不能受，活着不如死还好。”

梁阿新等三人供：“我心里总是想离古巴地方。”

周阿东供：“总求设法救我们出了此地，就死也愿意。”

陈阿顺供：“满八年，问取满身纸，就捆起来，他说再要做六年八年不定。”

云林山供：“我总愿意回中国，只是屡次受人讹诈，积不起盘费，又因出口纸非百余圆不能得，所以想往他处，亦不能动身。”

谢阿瑞等二人供：“就是工所准我出去做挣钱工，我都是愿在中国，不愿在此地。”

汤玉等十一人供：“此地即或有财发，我亦不愿在此地。”各等语。

第二十五条：工人初次承工，年满欲留住，所得工值，是否多于初次，应否另立合同，其新立合同中之利益，是否增加？

查洋一千八百七十一年十二月古巴将军示内云：“凡未领五年执照之中国人，不在田内作工，不在行栈作工，不在住家人作工，必得立行拿送工所。所有中国人已在各处作工，未照章程再立合同，准暂可留作，俟将军查明何项人或逃走者，或满合同而未立合同者，此等人亦必与暂作工处主人，即立合同，叙明主人每月给洋十二圆，内四圆给工人，八圆呈交将军，候查明如何。”

又云：“核算人数之时，凡中国人已满原合同，或仍在原主人处暂行作工，或入工所算人数时，各样凭据执照，均不准给发，只准照原合同工人，惟调过别埠，准发护照。”

又七十三年五月章程第十四款内云：“作满合同，或不肯再立合同之华工，必须主人交与地方官该华工之合同，及一年执照，一并由主人交出。”各等语。是则初次承工、年满之工人，虽不欲留住，而势不得不留住，且立新合同与工值是否增加，均非华工所能作主矣。

据林阿有禀称：“同帮四十二人，期满八年，勒回雇工，不许满身回乡，脚镣监锁，寸步难移。”

赖胜等十人禀称：“前在中国打合同写明八年工期为满，满身任从自己打工，有钱者归国，而今作满八年，并无出身之日，在此无可奈何。”

陈庚圆等四十三人禀称：“工期已满之日，亦无满身纸出，定再打合同六年。”

曾阿石禀称：“锁脚威胁，允肯再做奴工，不特无满身纸出，而且无加工银，只得暂且允从，方得放开脚镣。”

又据罗阿已供：“八年工满，逼令再立合同四年，每月加银四圆，满后复作三年不加银。”

沈阿才供：“作满八年，东家逼多作四年，不加工银。”

陈德林供：“满身后，立合同二年，每月六圆，只给四圆。”

曾阿十供：“满身四十人，东家逼勒带脚镣做工，按每月四圆者打四棍，每月多一圆每天多打一下。”

陈阿和供：“近时满工后，再立合同，每月加工银数圆系银纸，与不加无异。”

文长泰供：“工满，东家收入监房押住，令再立合同作一年工。”

陈阿吉供：“糖房满工八年，仍勒令多做两月，又索取大金一圆，方肯放出。”

陈翼供：“作满八年，欠我等九个月工银，换新东家，我问取所欠工钱，他说你再做，俟旧东家回时发给。我一帮十六人，问他再做每月工银若干？他说照旧四圆。我们说工满总该加添，如不添请你送官。总管忽说合同未满，不问愿不愿，俱要照旧做工。我们实已满工不答应，各管工的就拿绳链围住，有捉我们锁的意思，有一人能说西班牙话的，叫他对总管说，已满合同不肯照旧的话，管工就用鞭柄打我，登时头破血流。有两人走出去地方官处投诉，官叫总管与我们同去，官与总管商量许久，定十人回寮做工，我同五人不肯回去，就送科垄工所。”

庞阿东供：“满八年如不遵再立合同，必定打了带镣子。”

黄全喜供："东家着我出去，同人整火车路，每月工银二十五圆，头一年东家给我每月三圆，以后四圆，余银东家收去。后来工满，东家将我送官，官说有三个大金发满身纸，如无银要送与别人立合同，每月缴他四圆。"

林合庄供："作满八年，勒逼再作六年，每月十五圆，完后送工所。"

陈满供："作满八年，勒再作四年，每月十一圆，完后送工所作无钱工。"

王水头供："作满八年，又作六年，每月八圆，送工所作六年无钱工。"

陈鼎贤供："工满，东家送地方官处，勉强再立两年合同，每月六圆，后来有满身纸，前年无钱换纸，被地方官拿送工所。"

苏阿海供："做工十六年，有满身纸，逐年缴换，后因生病换迟不准，押入工所四年。"

卢盛保供："作满八年，东家锁脚六个月，后来送工所，合同亦不给还。官说我逃走，作数日将我脚打断，医生不医，所以脚不得好，病房不给饭吃，现出乞食，乞纸被巡捕抢去，只可在街上睡。"

陈阿顺供："满工八年，又作七年，闻得官给满身纸在东家处，东家扣留，要大金四个方肯给。"

陈香供："第二个东家将满身纸拿去送工所，后再取得满身纸，地方官叫我送银子，我无银送，将纸收去，不肯给还，又押做无钱官工。"各等语。

第二十六条：工人承工年满后，或欲回国，或欲他去，其章程保护之法如何？

按同治五年招工章程第九款，合同所定承工年限，不准逾于五年，期满如欲回国，彼处必将合同所注水脚路费若干，按数备令交付，便船回中华。如或限满不欲回国，其法有二：一则，听凭该处官宪准否留住，准时即将合同原定路费一项，全数付给便用；一则听其复行承工，另立合同，即将原约所定银数付给一半，听其自用。而此次合同仍不过五年为期，期满仍照前次合同原数付船送回。设若华工到该处后患病不能作工，该处不俟限满，先行按数给钱送回，否则准其赴官禀请伸诉。现查各合同式样，惟有一张，附列此款。

又该合同第二款云：“言明雇工限五年为期。”

第六款云：“满此合同之期，我愿回唐，东家要出水脚银七十五圆，以为租船之费。”

第七款云：“满五年之期，任我自悦与旧东家商量，从新再立合同，必要五年为满议的，东家当先送前期水脚银三十七圆五角，或至下期满限，任我再行听取七十五圆，以为租船之费。”

第八款云：“如船新到本埠，倘我身上有带重病等症，盖不能工作，要回唐，东家应照例给银七十五圆付我回家便费，勿庸听候期满。”各等语。而此张合同，虽经刻成，未见画用，其余已经画用之合同，则于此数款绝不提及，实与招工章程不符。

复查洋一千八百六十年，第十八款内云：“凡华人在古巴作工满合同后，如两月之内不出古巴，即令作官工，发工钱若干，后除该工人作工时费用外，所存之钱，若敷盘费，即代为搭船出古巴至该工人愿去之处。如该工人自己无一定之处，将军可指令何处搭船前往。”

又六十八年章程第三十款云：“凡中国人欲出古巴地方无用费，作官工一年，满一年后，如所存之钱不敷，由各该工所垫出。”

又七十一年六月，日国君主出谕亦叙明：“如无盘费，将军垫给盘费。”各等语。

以上数条，亦颇有保护之意，无如章程虽具，徒托空言。凡古巴年满工人，仍是身不由己，非旧主勒令再留佣作，即工所押令再立合同。其在工所之日，固做无钱官工，迨由工所辗转另立合同，入己工赀亦均有限。至于代为搭船垫出盘费，非所望于工所之人，该工人等更不能请示将军商量何往。

据冼佐邦等十四人禀称："前此福建、广东搬来，间有五年工满合同，到埠后即被卖人行收毁，自澳门来者，皆写八年工满，实不知八年之例何人所定。"

林金等十六人禀称："限满向讨出身字，而东家迁延不与，反与番官局套强行押禁，再威迫转卖八年。"

杨胜禀称："八年工满，又把我送官押罚，作开山打石官工，以致石龟伤断右手。此时官亦不体恤伤残，亦无怜悯救济，求乞无路，觅食无门。"

李肇春等一百六十六人禀称："出港纸视乎囊橐厚薄，数十圆至数百圆不定，华工等能有几人敢作回华之想乎？"

吴锦成等一百二十四人禀称："闻得有已得纸下船的，在半途饿死，人财两空，或被装往别处再卖。"

高老秀等十七人禀称："其中有人意欲回归故土，以报父母养育之恩，但往来不见船只，坐食空费而失其时者有之，或者积些钱财，被人知觉，昼夜跟随，待无人处而谋害其命者有之。"各等语。

第二十七条：古巴岛之哈法那等城市内有无华工，如有究系何项人等，其情形若何，并彼处所待情形若何，并听其所言之情形若何？

查华人装到古巴岛，卖在夏湾拿等城内佣工者，如糖房、烟铺、鞋铺、帽铺、铁铺、炭铺、面包铺、糖果铺、石作、木作、泥水作、洗衣作、火车馆、街灯馆、扫街馆、砖瓦窑、驳船行，以及侍仔、厨子等项俱有。亦间有工满后，得有满工照纸，自作小买卖者。以上各项人等，听其所言，无非诉苦。

询问各城内华人聚处，大抵押在工所者为最多，尤以押在工所者为至苦。

街道所见，常有工所华工，成群遂队与监狱人犯一样，押出做掘土抬石等工，亦均有执持鞭棍之人在后趱督。

至于各城相待情形，如李亚九供：“得满身纸六年，被地方官拿去，叫做官工。”

姚阿押供：“满身纸被巡捕拿去送入科垄工所。”

文长泰供：“前七年此萨故阿客寓对面造天主堂，无论满工不满工，人俱捉去作工，每四人用一白人管工，稍慢就打。我见有一刻工夫投井死七人，又打死吊死不计数。”

陈阿振供：“被人抢去满身纸，拉入工所。”

陈水供：“年年换满身纸，要一个大金。”

何阿二供：“原有满身纸，七年因贼乱出城报官，后来生病失去，被提入工所。”

李卓供：“由地方官放出做工，如二十圆工银，至少要分一半与官。”

罗阿昌供：“有满身纸，在日国人小店内作工，因工钱少辞出，日国人恨我，叫巡捕将我满身纸拿去，捉入工所。”

陈阿福供：“因机器绞断手残废，工所逐出乞食十数年。”

蔡阿鲁供：“在工所腿生病，官不要我，叫我上街讨饭。”

梁廷铂供：“我见有两人捱打为放屁的。”

陈阿顺供：“巡役查着无满身纸人，要银四圆，有几次硬将中国人纸取去讹钱，如不给即撕毁送官。”

杨锦供：“我有一日见中国人与黑人打架，行近劝解，被巡捕连我都捉去见官，我的时辰表与满身纸银票都被拿去，闸脚九日。”

杨阿由供：“我先在花旗金山作火车路，后在船上作工，到夏湾拿因赌输钱不能回船，在此间住被捉送科垄工所，在此四个月作工无钱，常被乱打，真是待人如鸡犬一般。”

贝阿宝供：“失落满身纸，地方官叫去作工，言明十七圆一月，作一年未给过钱。”

李衍春供：“无满身纸人，用钱与巡街可放，后仍要拿。”

张二供：“这里满身纸可买的，总要费三四个大金，至十个大金不等，地方官如晓得人有钱就要多了。又有管工所的官见中国人有满身纸，他就收去，如死他就卖与别人顶名。”

庄阿意供：“满工后开牛肉铺七年，现在夏湾拿开杂货铺，因铺伙被人斩伤四人，一人已因伤身死。后有一本地兵入铺取了许多物件，问他要钱不给，我不允他取去，即被用木棍打我，伙计出来劝解，他拔刀斩伤一人左肋骨，又扎伤一人头颅，现在伤痕可验。至左肋受伤之人，现在病房，我臂被打伤，不能转动。此地人都说打死中国人，不过如打死一狗，我将斩伤我们的人禀地方官，已经六日未叫我们去问。”等语。

又据吴锦成等一百二十四人禀称：“中国人三五个在街上说话，巡役等竟可诬以谋反，三五个在房内说话，又可诬以聚赌，立要畀银，方得无事。若被捉去坐监，或入监二三年，官不审问，或递禀三五次，官不批示。每递一察，亦要托着朋友觅状师，向衙门花多少银，方能递上。若不满衙门所欲，终不得放，所以前后满身之人，想剩得数百圆办出港纸费及回华川费，真是难事。”各等语。

第二十八条：古巴岛之四乡内有无华工，如有究系何项人等，其情形若何，并听其所言之情形若何？

查古巴岛乡下，间或有种烟、种架非及种瓜菜等，山寮亦间或买有华工，佣作人数，尚属寥寥。惟糖寮蔗田，弥望皆是，用华工最多，各华工亦最受虐，比之在城内者，惨苦尤甚。

至四乡情形，如陈通供：“古巴每间糖寮有监房，监内至少可押十二人，至十五人。”

屈但壳供：“日间带链做工，夜晚上脚闸，寮内监房三间，一间铁的常押三十余人，两间木的亦常锁押数十人。”

陈金供：“因告病打背二百，打烂赶去做工，晚上用盐及橙水擦。”

李闰供：“看见糖寮开炮打死四人。”

黄潮炳供：“我在糖寮锁脚做工三年，不知为何事。”

梁道汉供：“糖寮内跳蚤极多，钉入皮肉生子蚀肉，就溃烂不得好，又无鞋穿，每致不能转动。”

柯溪供：“满八年又作两年，工钱都存在东家处，不料东家从贼，钱都没有了。”

陈苟供：“我自己省俭用度，余得一百圆，被人偷去，查出他同总管分了。”

伍阿祥供：“卖我在地方官的糖寮作了六个月，只给两月工银，又叫我们在山上捉松鼠作菜，就省干牛肉。”

谢阿利供：“糖寮做工五年，言明每月十圆，不按月给，计五年共给过一百二十五圆，我真受不过，不敢告状。”

温阿能供：“糖寮内监房，现在有人锁脚，因为中国官来，带去别处。”

张惠供：“糖寮内有一个人，早两天受打，现在锁起来，不给中国见，怕问他话。”

陈阿和供：“满身纸交给领工头缴换，不料工头逃走带去，被查送入工所，现在地保要钱买纸，因我无钱，仍在工所。”

何阿官供：“满身纸交给东家，在路未带，被拿送修水沟，又派到别处作工十年，无工钱。”

蔡细供：“有一天向一间糖寮门口经过，白人捉我，将物件并满身纸抢去，我告官，官就押我在格颠剌司工所。”

陈阿有供：“我有一天在糖寮经过，管工的拿我，把我满身纸抢去送工所。”

又据唐联升等一百七人禀称：“去年多罗闸之役，地方近贼，十分危险，水土又恶，官派黑人止十之一，派华人至十之九，说过六个月工满回来，即给与满身纸。除华工约死了三分之一外，现在陆续回到，并无纸给，反尽押工所。惟视华工为奇货可居，地方官与局绅等，居心如此，无信如此，尚何情理之可言哉。”

又刘阿松供：“多罗闸有铺子，是小官开的，有鸦片烟买零物都可买，先赊后扣工钱。”

张阿文供：“多罗闸食物太贵，一杯好水要半圆，所以无余钱。”

刘阿连等四人供：“押去多罗闸时，两人一绳绑上火车去。”

李阿耀等一百二十八人供：“押去多罗闸做工，官许回时给满身纸，现皆送夏湾拿工所，做无钱官工，并无纸给。”各等供。

第二十九条：古巴监狱内有无华工，如有华工系犯何章何罪，受何项刑罚，待犯人情形如何？

查古巴各城监狱，类皆雄固高大，洒扫爽洁，视各工所之湫隘郁热，及各糖寮工房之秽垢逼仄，殆胜倍蓰。所有人犯，除锁脚押出整路，不免同工所华工一样受苦外，其在监内者，则只派卷小烟，不作重工，亦少鞭打，尚有体恤犯人之意。

至抽查其到监情节，如王阿福供：“作满十四年出来，东家说是逃走，拿捉坐监定罪，坐监两年。”

梁贵钟供：“骑马上街，遇着当兵的问满身纸，我适未带在身边，就把我送监。”

李香供：“被拿我坐监，我不知事故。”

吴阿照供：“东家作贼，我到官投明，因无纸，将我坐监。”

吴且供：“别人诬我偷钱，送我到监房四月之久，未见过官。”

唐阿隆供："我被地方官捉坐监六个月，忽带到夏湾拿监，我想并无犯罪，或因营盘买卖时与洋人不对，为他所陷不定。至今在监三年零，在兵头处递禀四次，并无分断。"

杨阿匹等七人供："去年三十人在糖寮作工，满身纸交东家验过不错，因东家欠工银一千三百圆，我向催取。又总管勒作夜工我不允，地方官又想我送钱，就说满身纸是假的，我辩说验过有印是真，官仍不放，遂送十一人入监，我的衣服等件存在糖寮，值二百圆，都拿不出来。"

梁有德供："因在街上遇见三个中国人在街上说话，巡役说我带三人走路，送到故阿那海监，食不饱，有钱给管监的稍好。"

何锡供："我做工头被诬雇逃走工人，坐监。"

张长贵供："因地保借钱，借马鞍，我不允，后有中国人失物，地保诬赖我偷，就送进监。又因我妻子是白人，他们不喜欢，管监的初时打，后用了银三圆就不打。"

罗阿发供："出街遇见四个中国人打架，与我无干，地保硬拿我与徐阿五两人送监。"

陈成琪供："有满身纸开杂货铺，被西班牙人虏米那虏诬说他妻有银四百交我铺内，地方官捉我坐监。"

徐阿兴供："遇巡街叫我取满身纸看，他说不是我的，我与他辩，他叫狗咬我，我踢狗，地保拿我送监。"

容方宽供："因说满身纸是偷别人的，送到坐监未审。"

吴绍供："管工欠我银一百圆不还，问他要，他又打我跌在地下，我身上有刀，把刀戳死了，捉我到监，未有定罪。"

宋晋供："作满八年不给满身纸，走出自作六年，现在捉到马当萨司坐监。"

邓阿四供："有满身纸到别间糖寮，新东家叫二十人作工，皆有满身纸的。有巡街捉我说所找工人未有满身，拿去我现银七十圆，银纸二百圆，对我说再送二百圆，方肯放我，我未有银送，押我坐监，没有官审过。”

梁阿友供：“我在瓦窑作工，今年三月有中国人出埠收帐不回，洋人沿途查访。我前一晚恍惚听见有马声响，指去查看，伊见有尸首，就拉我见地保送监未审。现在人都知我冤枉，因未审不能出，已坐监一月。”

龙阿川供：“前年用四个大金买满身纸，去年正月换纸，巡捕说是假的，就送监。”

林瓦供：“有白人龙番马丁欠我几十圆，又向我借物我不肯，适有中国人失了烟物，龙番马丁说是我偷，中国人说不是我偷，他不听就诬送我入监。”

梁海供：“我向广东人阿发仔卖金表链一条，后有人来验链说我买赃，拿去监房二十个月，官未问过。”

李大财供：“作饭的黑女人拿我裁纸小刀，说我戳他，我实未戳，作饭白女人就叫巡捕捉我坐监。”

谢阿狗供：“因总管凌虐，把他戳死，我们二十四人自投监房，东家用四十个大金送地方官，叫他送十二个回糖寮，我们不肯，小官开枪打我们头上，共中十三个小炮子，打伤九人，死了两人，现有二十二人在监，监内比糖寮好些。”

张阿秀等五人供：“同帮四十人，被管工打死四人，后十一个人将管工打死坐监，监内比糖寮好些。”

柯溪供：“我有满身纸，官问我要钱，我无钱，他说是假的，捉坐监。”

陈兴供：“我箱子内有小枪，被捉我送监。”

伍阿耀供：“我买煮饭家伙，遇一白洋人说他处有卖，同他讲价钱尚未定，有巡役到查他的物，说是偷来的，他先走了，巡役拉我坐监，现已三个月。”

吴业成等四人供：“黑人同新到的人把新总管杀死，东家用了钱不说黑人，只说我们将近满工十个人杀死，坐监。”

黄官亨供：“先卖糖寮，因失火后出去做火愿一年半，做满被送监房。”

许阿湘供：“我因李阿流被黑人谋财害命，东家买嘱何章友证是我谋害，后众人不服，何章友已供认，东家买嘱诬证一节，现仍在监未审。”

缪已有供：“作打杂工夫，有一晚黑人作厨子的吃醉了，拿刀追我，我躲上楼要同东家说，黑人追上楼梯时跌倒，刀就扎伤他自己，告诉东家说是我扎的，送监定罪，坐监六年。”

陈阿林供：“有一天我卖菜，我自己的钱丢在瓜架上，我就拾去，他们说我是偷的，就送我坐监，我不会说话，定罪一年，在监内花去十圆，谋作看园的工。”

梁阿秀供：“小东家拿刀同黑人斩死一香山人，各人也皆受伤，齐去夺刀斩死小东家，捉二十三人坐监，监内死了一个，卖出夏湾拿四个，发回糖寮十六个，剩两个坐监。”

贺阿先供：“巡捕捉走路人，我出街遇着，他说我形貌相同，又诬我抢银二百，就拿我坐监六个月，地方官未有问过。”

梁阿有供：“我有一遍出去回来，被东家割去耳朵，有官过路看见问我，我告诉他，官捉东家同我押到监房三日，后闻得东家送官二千圆放去，只留我在监，我有银物在东家处，亦拿不出。”

骆观秀供：“总管用刀斩开我大指食指，又阳江阿郭同时被斩破头颅，东家报官将我两人连总管一并收监。总管第二日就放去，我两人仍在监内。”

王阿才供：“因一个半大金买得金表，被洋人诬我偷的，送官坐监，监内每礼拜派作小烟一万六千枝，如不足数，打十二大棍。”

陈阿秋等二十三人供：“监内比糖寮好些。”

黄石宝供："糖寮内作工比坐监苦。"

吴华长供："愿在监内。"各等语。

第三十条：承工华人所作工夫，系按合同内批明之事为其所愿为而已，非与为奴者可比，古巴现在工人，彼处究系待之以奴，抑系以自主雇工之理待之，古巴各处有无为奴者，如有，彼处待伊等如何？

从来承工之人，非卖身为奴可比，理得自由。其所立合同，当实系两相情愿，所有工作，亦当是为所愿为。现在古巴工人，多系掳骗逼勒而来，彼处轻蔑相视，不必问合同何如，不必论工夫何如，任意欺凌，概系待之以奴，非待以自主雇工之理。盖古巴各处本有黑奴，终身为之服役，并可赁卖与人。兹华工等自到夏湾拿发卖后，亦往往转行货卖，且工期既满，再勒作工，复行送押工所，发与别人作工，工无了期，永不得脱身自便，实与为奴无异。

如胡如供："到古巴二十七年，领不得满身纸，此地人真是要中国人为奴一世。"

刘阿唐供："糖寮相待与黑奴一祥。"

林阿龙等二人供："此地糖寮待中国人同黑人一样。"

林阿泰供："糖寮黑人多待的是一样。"

刘阿瑞供："待我如黑奴一样。"

陈德林供："作了三年，转卖与别处糖寮，后又转卖三年。"

林月等八人供："转卖别家糖寮。"

李阿皆供："山寮转卖糖寮。"

曾贰齐供："转卖箍桶。"

陈阿吉供："由地方官转卖糖房，身价七十圆。"

李阿宝供："初卖火车房十四个大金，三年转卖首饰铺十个大金钱，后用十八个大金钱赎身。"

梁样等二人供："转卖面包铺。"

李阿斗等二人供："卖入糖寮，又转卖。"

刘阿戴供："泥水作转卖糖寮。"

游阿式供："糖寮转卖菜园。"

林阿用供："作了三年，转卖第二个东家九个大金。"

胡阿宝二人供："转卖六处。"

陈阿海供："打断右手，转卖作卷烟。"

廖阿炳供："夏湾拿猪仔馆，转卖马当萨猪仔馆。"

温阿先供："我一帮人十二人，转买出七十七人。"

廖三供："到糖寮三个月，转卖别间糖寮。"

梁阿盛供："作一年将我转卖入糖寮。"

黎润珠供："由糖寮转卖火车馆。"

林二供："火车馆作九个月，转卖糖寮。"

王贵姐供："我到夏湾拿病了住在病房，带病卖到马当萨司，东家向来是买有病的人，医好转卖。"

罗阿二供："我在火车房两年，总管买我作侍仔作三年，东家穷了，又转卖到夏湾拿城六个大金。"

钟声供："由挖金地方作七年，东家带出夏湾转卖糖寮五个大金。"

王从盛供："先在古巴挖金五年，后东家转卖炭山。"

陈阿、夏五供："转卖到湾拿作侍仔。"

章荣纪供："作过一年转卖。"

林阿平供："作过三年后转卖。"

区荣供："转卖糖寮，又转卖糖房。"

关阿喜供："转卖两次到夏湾城。"

梁阿有供："转卖铺头作工。"

陈绍基供："转卖夏湾鞋作。"

崔兰芳供："转卖西路公司楼鞋铺。"

徐绍麟供："此地用惯黑奴，待中国人比黑奴更坏。"

陈阿顺供："古巴官商一气，想禁中国人永远为奴。"

唐阿隆供："前三年二兵头要将中国人尽调回夏湾，再卖六年为奴。"

又据苏进生等十二人禀称："同治十一年九月，官商串通，勒再立合同六年，是夜拿捉一空，禁于炮台科遂监房等处。幸赖各国领事官，不忍坐视，向伊理论，始得取保释放，余下百六十余人，夏湾拿二兵头再卖入山，每个银一百零二圆。"

吴锦成等一百二十四人禀称："自被拐来到古巴，未满身的，固受毒虐，就是已满身的，都受凌辱，如火车不得坐头车，店铺不得坐上桌之类，相待均与黑奴一样。"

李承训禀称："到此古巴岛，与奴隶为伦。"

冼佐邦等十四人禀称："各国人到古巴，皆得往来自便，平正交易，不知华人何以独应受虐，竟出黑人之下。"

任世贞等三人禀称："古巴官商上下俱沾光华工银两，竟全无良心，时时刻刻要凌虐华工，糟踏华工，不以人待华工，而辱之为奴，待之如畜，千古冤情有大于此者乎？闻得中国已与西洋各大国和好，各大国于贩卖黑人已经力为禁止，独不设法解救华工，何也？"各等语。

第三十一条：日斯国曾否代华工设立章程，如已设立，其章程内有无保护照料华工之条，可能尽善尽美，如未能善美，其弊之大小若何，因何不能杜绝？

查洋一千八百六十年，日国君主谕旨第三十一款，内有"特派将军为总护，又派各城参将及各乡镇官为兼护"等名目。

其第十款内云："凡年未及十八岁者，欲立合同，必须亲属先行应允。"

第十二款内云："船上食物淡水，料理敷足。"

第二十一款内云："凡有装来不合例，各该工人准听其自便觅主人。"

第二十二款内云："或者已知其不愿立合同，由将军饬令该董事缴出银若干，敷工人去别处之盘费。"

第三十二款内云："凡工人在衙门控告之案，由官状师帮理。"

第五十三款云："凡主人无论何时，无论合同如何写法，扯算每天不能令工人作工过十二点钟。"

第六十九款内云："工主惩治工人，锁在监房，不得过十日。"各等语。

以上数条，原寓有保护照料之意，而迄未循行，徒成文具。惟工所勒令再立合同等条款，日加严密，使华工工满仍受凌虐，不得脱工。

据简仕光九十七人禀词："有日国设酷规，及吕宋施暴政。"等语。

李肇春等一百六十六人禀词："又有近年来各糖寮主，在古巴做官坐局者，更定有最毒新例等语。其不以为善美可知。"

又据张銮等三十一人禀称："古巴之官，大抵为商，古巴之商，总可制官，各寮动用非刑，官若不知，逼打死人，官亦不问。近年方且揹搁满身纸，非多金不肯给发，拓充波遂馆着巡役遍处搜罗，勒各工再立合同以媚商，令各工分绑身银以肥官。工所官绅，循环收发各华人，遂利路宏开，财源滚进，华人等亦遂辗转为古巴众人之奴，永无生还之望。"

又唐联升等一百七人禀称："勒令与商人再立合同，谓之绑身，工银稍多，官与局绅分取大半，绑身期满仍送工所，工所日久，复行绑身，如环无端，不论次数。"

又云："官兴全岛之投，可以不费工钱，商用满身之工，只是饱官囊橐，官商交结愈密，工人冤苦愈多，各等此语端之不能杜绝，或由于此。"

第三十二条：镇守古巴将军于分内之事，在未经报明国家

之先，能否设立章程，抑将所拟之章必俟国家议定。古巴将军所拟章程，曾否有被伊国议驳者，抑有自议章程，而未经试办者？

查洋一千八百五十四年三月，日国君主谕旨第五十六款内云：“从前所定章程概行停止。至六十年七月，又谕将五十四年所定章程停止，现在六十年章程仍行。”

其三十一款有云：“特派将军为总护华工事宜，是经理华工自属将军分内之事。”

其第八十一款云：“本国不拘何时将工人到古巴之事停止，或暂不停止以前，将谕旨刻明在本国及夏湾拿官报内，由夏湾拿至少限八个月期停止，该八个月之后，装工人来船作为违背此章程之船，一律照二十款办理。凡现在及以后带工人来之各商，须知日后如此暂停不准，或竟停止，断无请本国赔款之理。”等语。

后六十八年二月，将军设立章程八十三款，内叙明因常有不遵照六十年上谕办理，必定将工人在古巴各情节，首先安置妥当。

至七十年七八月时，将军奏：“中国工人到古巴，请即日停止。”

七十一年六月君主出谕将中国工人进古巴停止。是年十月十八日，将军又即出示云：“从前所议之条革除不用。”

至七十二年九月十四日，将军据总局禀请允准章程一张出示晓谕，凡四十一款，全系设法将满工之华工，再立合同，后虽不奉本国允准，此时仍然照行。

又于七十三年五月初七日，据总局禀请章程一张出示晓谕，凡六十五款。

此外，将军尚有无自议章程未经试办者，外间无从知悉。

第三十三条：现今古巴境界有何处叛乱者？

查古巴境界，自山地阿个爹古巴城西北，萨故阿城东南，先辉过司城东北，时有贼踪出没。

第三十四条：叛乱人民内曾否有华工随逆，如有，系从何时，在于何地，其助逆情形如何？

据张銮等三十一人禀称："古巴兵戈数年，系伊西班牙人自乱，当时各寮主威胁工人同行，华工等抵死不从，陆续走出，人数不少，现皆可询。又如糖寮近贼之区，及多罗闸做工等处，亦未闻有华工相率叛去者。在华工非必能以德报怨，特缘身出中国礼义之邦，不愿为非礼非义之举，古巴人当知感愧，乃借此造言，更设法禁锢华工，尚得谓有良心天理乎。"等语。

又查各供，内有贺阿先等二人供："东家从贼，我走出夏湾拿。"

梁阿照等二人供："东家作贼，我不肯依从，管工带我到工所。"

莫阿穆供："东家做贼去了，我在新东家处做工。"

陈阿秀供："东家从贼，我们散开，被地方官拿送工所。"

曾李姐供："东家作贼，我到中国领工头手下作工。"

章荣纪供："东家从贼，我走出官局做工。"

殷守昆供："东家作贼，我逃出官府处投明做官工。"

吴阿容供："被贼捉去，不数日便逃出来到工所。"

汤玉供："东家做贼，我到地方官处投明，他叫我做无钱官工。"

王阿瑞供："东家作贼，我在别家糖寮。"

王廷贵供："东家作贼，我不肯去，走到地方官处做火头。"

廖三供："东家作贼，我就逃出来到糖寮。"

李康稳供："东家从贼，我就走到工所做工。"

张生供："作了四年糖寮，被贼烧去，我跑出来被拿送监房。"

姜阿麟供："我于东家从贼时，我逃出将我捉入工所。"各等语。

此华工不肯从逆之大概情形也。至现在尚有无随其工主助逆之人，及何时何地，情形如何，实难于身到贼营探问。

第三十五条：因其叛乱，其管理华工章程，曾否有因此而更改者，如有改章，其更改章程与承工华人有何关系？如仅系为暂行防范，则其所防范者，或系国家应防之事，抑或待工人过严之条，如有此等额外之章则试辨之，执法轻重若何，年满者如有上等之人居古巴城内营谋者，伊等以其章程为何如？

查古巴华工各章程，俱未提明何款是因叛乱更改。惟洋一千八百七十年七八月间，古巴将军奏："中国工人到古巴与种田作买卖，及现在办贼，大有妨碍，请即日停止。"

至七十一年十月，将军出示即已云："现在贼多平定，从前所议之条，革除不用矣。"

后七十二年九月，由总局更定章程，亦但为扣留华工再立合同做工起见，并无暂防叛乱之词。

复查七十三年，押人往多罗闸开山地，最近贼据总局单，共派去一千九百三十二人，而华工居一千八百二十七人，其无防范之意，显然共见。况华工等如果尚须防范，日国商人何为复想招工，是华工绝不须防，尤属彰明较著。

至古巴人之于华工，一概以奴相待。居古巴城内者，本无所谓上等之人，即使执法过重，章程过严，亦断不能向古巴官绅置喙。且困处该处，不特年未满者，固受毒虐，即年已满者，均受侵凌，盖商人嗜利，所有保护之例，多不实在遵行，而兵役图财，遇有严刻之条，无不借端照办。即如搜查执照一节，六十八年将军章程第十六款，叙明六十九年二月后半月内有所派委员，必到领过五年执照之中国人家，将各华人亲自看过，饬令将五年执照及一年执照呈出。所有五年执照，由该委员存留一年，执照还各华人，执照上盖印批明编号。

又七十一年十二月将军示内有：“所派委员必派差一二人与邻佑两人，到领过五年执照之中国人家内，必须亲见所住之中国人，当面查视，并令将五年及一年执照取出，认真验看执照内所叙年貌籍贯，逐一比对，准该差随时设法彻底确查等语。自有此事，不特前此工满不得凭据领照，及洋一千八百六十一年二月来者，不能请照，人人可拿，即早年工满幸已得照者，亦复时时自危，家家被扰。”

如简仕光等九十七人禀称：“古巴官吏兵勇常昏夜而叩门，操戈入室，竞乘机而掠物，碎箧空金，虽高喊而邻舍莫援，若与争则人财尽掳，诬以犯律送入监牢。又云突整其旅，尽掳华人，强夺文凭，禁囚图圄。”

唐联升等一百七人禀称：“或得有满身纸之后暂住古巴者，必须十圆上下领有行街纸，方能行街。此纸一年一换，辄须数圆，倘失落过期，另须重罚，若欲暂往别埠，又须求地保给过埠纸。行医者要请医生纸，乞食者要请乞丐纸，均需使费。至开小铺者，请开铺纸，需时更久，费益不赀矣。以上该请之纸，幸已到手，仍时常有巡兵在路拦验，有地保入室搜查，或被收去说是假纸，或被撕毁说是无纸，皆可捉入监房，押在工所，锁颈锁脚，督做无钱官工。”

朱箕训等十一人禀称：“地保兵役，屡次白日登门，或半夜捏说我等食洋烟无纸等事，毒言强欺。其实索查金银，劫掠财物为真，不论有纸无纸，概捉送官或入工监受苦做街，然后用银一二十圆，或用契爷保认得放。”

赵昆等九十八人禀称：“更有番兵一款，唯利是图，鱼肉华人，甚于蚕食。时常入室搜物翻床，执一物以起端，指称犯法，尽将家私银两任意拈清。”

邓阿四禀称：“已蒙前任官出有满身纸交执，向守本分，佣工度日，适有东家邀我到糖寮雇工，不料去年十月有番兵数名突入糖寮，捏我造假纸，冒认满工，拘我到案。”又云：“登即囚禁，将我身上金银共计值银七十圆，另银纸二百圆，马二匹，尽归番官。”

戴日生等二人禀称：“居在埠中，又常被番兵逼勒财贿，无纸者固严拘索诈，有纸者亦逼勒受刑。”

何福堂禀称：“出入搭车查察此满身纸，倘若未带，拿捉究治。”

余阿洽禀称：“现今此埠前有得纸在身者，亦不能往别埠，怕番兵锁捉。”

范足兴禀称：“有些积蓄以备旋归者，俱被势恶搜寻，将纸毁烂扯破，捏为走路，捆缚行刑，金银财物抢将一空，与之理论，或反遭扑殴毙命。”各等语。

第三十六条：华工在古巴身体强弱如何？

查古巴城乡各华工，除侍仔、厨子饮食得充，身体较健外，至所见糖寮工所等处工人，大抵饥饿困苦，面无人色，神气颓败者居多。即或幸得满工纸出外经营，而前经作苦多年，气力业已摧残，缘此病弱者，亦复不少。

如简仕光等九十七人禀词：“有工满限期，死亡几已过半，苟能免死，非沾残疾，也染阴伤。”等语。

又查各供，内有林阿亦供：“在糖寮时，被打伤心坎，至今时时作痛。”

郭阿荣供：“管工的白人用棍撞击，或用脚踢，我现在仍有便血的病。”

吕阿武供：“东家用黑人捺着打皮条八十多下，打伤吐血，至今未愈。”

朱开自供：“我因在地下睡，受湿腰坏，现在乞食。”

沈阿才等二人供：“初到时我有气力，因常受打，现在弱了。”

胡庚秀供："因在糖寮受苦，身子多病。"

陈阿顺供："我在糖寮被打伤吐血。"

翁阿宜供："我手脚有风瘫病，是作工得的。"

潘岳衡供："腿被锁伤腐烂。"

林阿美供："我左脚溃烂，系在多罗闸碰烂的，现虽脚烂，仍要做工。"

杨锦供："我在糖寮不因事被打伤吐血。"

庞阿电供："我受的伤是一生不能好的。"

黄阿章供："时常吐血。"

刘光采供："我因被人拐来，我天天哭，眼就坏了，医不好。"

胡亚泰供："我受木棍打的暗伤，时时发病。"

陈阿养供："初到数日就被木棍打撞呕血，至今时常发作。"各等语。

第三十七条：华工如有疾病，彼处用何法医治料理？

查古巴各城病房，多是雄敞华丽，花树盈庭，床衾齐整，一切有人料理，本非为华工而设，然华人有病者，倘若得入其中，亦可望照料。至所见糖寮病房，间亦医生管事，地尚洁净。但据华工供禀，得入病房者绝鲜。如：

陈德明禀称："有病不得入病房歇，若病得重求要入者打，又锁脚扣工银。"

赖质直等四人禀称："如有疾病沾身，不能作工，即受鞭挞。"

李英松禀称："倘若生病不能做工，轻则拳脚交加，重则刀棍逼命。"

又林龙等十八人供："生病不准报病。"

廖应等十六人供："告病不准，又锁脚。"

周大等三人供："生病不准进病房，锁打做工。"

王崔安供："因报病被锁打二次。"

李卓供："报病被总管打我，锁脚两三天，因报病不准，并扣八个月工银。”

陈阿福供：“被机器绞断手医好，扣工银九个月。”

陈阿荣供：“眼睛病三年，报病不准。”

钱阿荣供：“生病不准告假，要打几棍，逐去做工。”

王阿盛供：“因整车路断脚，医生用木接好，东家不令作重事，后总管令搬石，因搬不动，被将木脚打断，耳朵也打缺，有伤可验。”

韩锦供：“我几次报病，都被锁打，有一次打得吐血，仍锁脚做七个月工。”

李阿来供：“生病的常打，说他假病。”

屈但壳供：“工人脚烂报病，东家说脚痛不为病，就拿棍乱打。”

袁阿安供：“身病呕血，医生不准我入病房。”

高阿代供：“生病不医治。”

黄阿满供：“凡生病医生可叫狗咬，用棍打。”

陈阿金供：“我生病告诉管工，说我假病，叫四人捺着脱去裤子打，肉都烂了，仍带链做工，夜里回来，又拉着我在破处擦盐及橙子水，我痛得几死。”

梁阿壬供：“糖寮报病的，就叫黑女人撒尿，令有病者吃，如肯吃就是有病，不肯吃要做工。”

李阿会供：“我在糖寮生病，不能做工，寮内叫四个黑人捺着脱去衣服重打，后在工所生病，管工将我臂膀打坏，至今不能转动。”

余阿田供：“真病到万分，亦要先打一回送病房。”

周阿丁供：“有两个头上生疮，不能作重工，叫换工夫与他做，被总管锁打得几乎死。”

谢阿选供：“我见有报病人打后收监房，白天仍锁脚做工。又有报病挨打后，怕闸脚坐监，自缢二人，是东莞人。”

刘阿耀供："有病的锁在病房，有时几天没得食，医生也不看。"

吴联胜供："我见一个病人，因病未出去做工，被管工打死。"

黄阿斗供："我见有香山项生病，总管说他诈病，捉他重打，是晚自缢死。又湖南李姓，因报病被打自尽死。又有姓郑的，病中被拉出重打跳水死。又有一汕头人，一广州人，在病房饿死。"各等语。

第三十八条：华工在古巴每年内所死数目以百人计算，约死若干？

查华人装来古巴，自道光二十七年六月起，至同治十一年七月总局核算人数之日止，除道光二十八年至咸丰二年无来船，计二十年到古巴登岸华工十一万四千八十一人，据该局清单止剩得五万八千四百人。

又查得清单内开有一条："洋一千八百七十二年，至七十三年九月，计一年零九个月，共出港二百三十五人。"就此扯算，每年应出港一百三十四人，内除初八年不得出港，计十二年应共出港一千六百八人，再除去道光二十七年五百七十一人，亦作为出港外，通计自咸丰三年起，至同治十一年七月止，在古巴华工十一万四千余人，死过五万三千五百二人，其船中死过一万五千余人，尚不在此数内，且此等装来作工之人，皆系年纪少壮者，深堪悯恻。至于每年所死数目以百人计，约死若干。查道光二十七年仅到岸五百七十一人，其余应自咸丰三年计起，又应逐年除出死过人数，然后次年方能按上年所存实数，每百计算。

兹古巴总局只交有同治十一年七月核算人数清单，此外别无每年存人数目，无从递年推算。

第三十九条：华工在古巴死者，是否均系病故，抑有因他事致死者？

查古巴天气酷热，各华工筋骨过劳，体肤受饿，感病而死者固多，其因他故致死者，亦复不少。

据袁观禀称：“被卖在九笔架山阿槐糖寮，总管掌工，恶如狼虎，心毒如蛇，有一名陈阿灶思想太苦，自跳煮糖大锅身亡。又一连阿兴身沾软脚疾，迫做工夫，吊颈身亡。又一刘百忍被掌工打伤吐血身亡。又一名洪阿富做工不及，私逃避难，被掌工夜晚捉获打死。又一名张阿丙身沾病服毒身亡。又一名周若兰到糖寮十五日，就被掌工打伤身死。”

林阿有禀称：“去年有工人曾阿基曾经打死，冤无可诉。”等语。

又据陈阿吉供：“在糖寮亲见三人因毒打自尽。”

陈林供：“同帮十人三人寻死。”

周六供：“糖寮内吊死十人。”

文长泰供：“亲见吊死九人，投糖锅死一人，打伤皮肉生虫死十二人。”

何锡供：“同帮二十人，见二人自缢死，四人投井死。”

梁恩供：“同帮十五人，自缢死四人，又有梁百胜被总管打伤筋骨头颅，绑在马尾拖回，登时身死，尸骸抛弃拉撒堆内。”

陈阿应供：“亲见吊死的人多，煮糖地方又一绳吊死两人，东侧睡房都见吊死过人。”

容阿彩供：“前有一人逃走，被总管拿回用粗木棍打死。”

温阿照供：“我见阿来是锁住用棍打，又用刀戳死，又阿三是吊死的。”

冯阿秀供：“亲见吊死五人。”

吴阿清供：“我一帮五十人，只剩二十五人，投井死、吊死、自刎死都有。”

李惠供：“我见顺德有姓陈、姓梁的，因受打难堪，吞烟膏死。又见一客家人自缢死。”

罗阿发供："我见总管用刀斩死两人，又见因凌虐不堪自缢死两人。"

李卓供："我满八年见打死六七人，吊死十三人，服毒三人。"

林阿亦供："我一帮二十人，受不来凌虐，食烟膏死二人，吊死五人，自刎死二人。"

罗阿昌供："我一帮二十四人，内有二人吊死。"

林阿泰供："我见有四人一同上吊死，因为受苦不来。"

梁阿林供："我见吊死三人，打伤死十人，吞烟膏死二人。"

温满供："在糖寮亲见吊死二人，一名阿迟，一名阿官，皆因受虐太甚。"

陈阿养供："亲见广东人阿六在糖寮监内自刎死，又见一广东人自缢死。"

罗阿纪供："同帮八十人，数年中自缢死四人，吞烟膏死三人，东家报官俱说病死。"

陈均开供："亲见叶阿才投水死。"

吴文番供："同帮十五人，一个吊死。"

李文财供："亲见糖寮有二人吊死，二人投井，三人食烟膏死，又见二人生病打他做工就死。"

容周宽供："见有一人吊死，因受苦不过。"

武进贵等三人供："我见用棍撞死二人，受伤后吊死二人。"

蔡阿丙供："我见受不来苦吊死四人，投水死一人，打伤脚死三人。"

张阿喜供："见有一个顺德姓黄的，因总管打得脚烂就吊死。"

李有供："见有一花县阿桂，受不来打，又食不饱就吊死。"

李河供："见有新会陈阿光年二十岁，因受打不过吊死。又有新会李阿魏、陈阿振亦是吊死，石阿狗眼见受不过毒打，有一条绳吊死四人。"

陈阿顺供："我见糖寮有打死三个中国人，并无报官，埋了无事，又有缢死四个人，皆因受打不堪，带伤身死。”

林阿榜供：“我见吊死、投井死、跳糖锅死约二十人。”

梁阿壬供：“见有受打不过吊死一人。”

陈阿音供：“见有东莞黄阿发伤重，不能做工，吞烟膏死，又有东莞阿和打伤后自缢死。”

陈水供：“我见糖寮有一人投水死，一人吊死。”

游阿式供：“我同帮十六人，已经有八人吊死。”

何阿基供：“见有一人病不准歇，迫他做工，他自缢救回后投井死。”

苏阿发供：“见糖寮有三人被打后次日即死。”

陈阿顺供：“有一个被糖寮开铺人斩死，凶手无获，有二个被总管打死，总管送银地方官了事。”

陈阿二供：“见糖寮投水死五人，吊死四人，皆因工夫辛苦毒打。”

陈阿保供：“见糖寮有二个广东人捱打不堪自缢死。我同帮三十一人，因受虐自缢死二人，吞烟膏死三人。”

黎顺供：“我见有一个同帮惠州人，因受虐自缢死。”

韩炎培供：“同帮五十人，因凌虐不堪投井死三人，自缢死二人，受伤后身死十三人。”

陈忠秀供：“同帮二十二人，因受苦自缢死二人，食烟膏死二人，打伤死四人。”

杨石凤供：“同帮有博罗人冼士被打伤痛苦不堪，医生给与泻药，加之呕吐，自缢身死。又有归善陈阿才被打后，带双脚锁做工，跌落灰槽，被灰触死，我眼见打伤入病房死的不止百人。”

黎信供：“我见有惠州人陈阿四，因打重痛苦自缢身死，同帮二十人向官告诉，官不理，东家将二十人领回锁脚，不能再告。”

李阿五供："我见被虐投水死三人，自缢死五人。"

郑阿桂供："见有李阿三因生病叫他搬蔗，拉不动就打死了。又见吊死二人，投井死一人。"

黄阿格供："见有糖寮受打不过，陈阿狗、咸鱼仔吊死，一在树上，一在屋里。"

姜阿麟供："见有一个广东人吊死，四个食烟膏死。游阿四见有同帮福建人陈阿狗被棍打伤，到了七天死，因他有脚软病。又见南海人吊死三个。"

刘阿瑞供："见有吊死二人。"

陈立异供："我见三个人自缢死，一个投水死。"

郑阿士供："我见十个人被打受伤，不久即死，又有四个受苦不堪，自缢身死。"

梁阿新供："见糖寮受苦不过自刎死三人。"

张二供："同帮二人投水死，三人食烟膏死。"

谭友供："见一新宁人黄阿养被管工打死。"

吴阿二供："见糖寮一个投水死，三个吞烟膏死，一个自缢。"

刘阿四供："见打伤抬入病房，一二日内陆续身死十个人，又见有福建人受苦自缢死。"

孙观福供："同帮有两个吊死，一个吞烟膏死，都是受苦不过的。"

叶阿三供："我见有一个广东人吞烟膏死。"

何阿八供："我见有一个人报病不准，被东家一脚踢死，地方官不查问。"

刘阿长供："见一广东人受苦自缢，官不查问。"

林阿美供："见有三个广东人自缢死。"

唐占魁供："在面包铺同帮一个捱打不堪自缢身死。"

骆水胜供："我八年中见一个广东人投井，一个福建人投糖锅，一个潮州人自刎，有八个广东人自缢。"

陈阿焕供："我一帮一百人，吊死了五十人。"

陈阿福供："我同帮二十五人，吊死三人。"

余名兴供："我见自刎二人，一名阿开，一名九角子，后来医好，又见吊死三人，又一个自己打下阴死。"

黄阿英供："见有高州人是吊死的。"

卢钟供："同帮一个投井死，二个食烟膏死。"

王滋供："亲见有二个工人自尽死。"

邱圆供："在糖寮同帮二十人，有三个自尽死，四个死在监房。"

陈汉彬供："我同帮有二个自尽死，一个被管工斩死。"

韩锦供："同帮三十人，八年内两个自缢死，二个投水死，一个吞烟膏死。"

李班章供："见有二个自缢死，一个投井死。"

梁阿阴供："同帮有八个自缢死，二个投井死。"

黎阿达供："我一帮有一人打伤后，进病房一天就死。"

李阿鸿供："我见打死一个人。"

梁道汉供："同帮十二人，二个服毒死，一个吊死。"

叶应宝供："见一个吞烟膏死，一个投水死。"

李游供："见有二十人寻死。"

郭景芳供："见二个食烟膏死，三个吊死。"

李阿福供："见四个人吊死，因打得重。"

曾阿十供："见打死南海一个人，是打到吐血仍然毒打后就死了。"

陈得正供："亲见自缢死五人。"

郑九等十五人供："见糖寮有李阿二被打落水淹死。"

何秋史供："见有自刎二人，一个死，一个医好。"

黄阿章供："见总管打伤二人，抬到病房次日即死，又有食烟膏死六人，自缢死三人。"

王廷贵供：“同帮吊死五人。”

朱村房供：“我堂弟朱梅香因车蔗略少，答牛瘦不能走，管工大怒，不准中国人与他驳嘴角，用棍痛打，申刻到戌正就死，又见自缢死六人。”

司徒性供：“一帮四十三人，有二十九人寻死。”

廖阿饼供：“我见四人吊死，一人投水死。”

李润供：“见四个人东家疑他闹事，就用枪打死，又有客家林娇投水死。”

曾阿养供：“见惠来县李联秀因受不过锁打，食烟膏死。”

白棉供：“同帮十人，一个食烟膏死。”

吴义供：“我见十个人吊死。”

叶全供：“见东莞县一个食烟膏死。”

游阿巨供：“三个食烟膏死，两个吊死，因受苦不过。”

何阿求供：“同帮有一个食烟膏死。”

李阿来供：“有两个人因打得重死的。”

邱木供：“我见有两个工人自缢死。”

李嘉供：“见自缢死三人，食烟膏死五人。”

梁阿亮供：“见自缢死三人，食烟膏死三人，去年二月总管用棍打死三个人。”

陈阿庆供：“见自刎死二人，打伤后二日死两人，自缢死两人，亦无官来问，我们不得出门，不知官在何处。”

张阿照供：“同帮温廷让河源人，因受不过打，食烟膏死。”

林阿贵供：“见自缢死三人，食烟死三人，打伤一二日死六人。”

李昆供：“我同帮阿遇因受打不过投水死。”

文阿来供：“一帮十人，投水死一人，吊死三人。”

梁阿连供：“同帮吊死一人，食烟膏死二人。”

罗阿德供：“糖寮东家打死一人。”

陈阿洪供："同帮十三人，被打死七人。"

邓阿木供："同来三人，有一鹤山黄阿六食烟膏死，又有伍阿九食烟膏死。"

阮阿聪供："同帮有两人不能捱打吊颈死。"

王大诚供："我见糖寮打死一个人。"

邹阿二供："同帮十人，有一人投水死，有三人打伤后病死。"

钟阿代供："见受不过打自吊死三人。"

梁阿三供："见一个姓胡的受不住打吊死了。"

李顺供："同帮有十一人寻死。"

何沛麟供："见一个吊死，两个寻死，一个投井。又有一年老无力华工，拉极重农具，陷在泥内，总管把他打死。"

庞阿东供："我同帮一个吊死，一个受打太重死。"

赖英来供："我见有三个食烟膏死，两个投水死。"

张会供："我见两人吊死，一人食烟膏死。"

黄阿杏供："同帮四十人，三个被打，内一个即时死，两个入病房死。"

唐石桂等二人供："火车行见两人食烟膏死，一个吊死，皆因受苦不过。"

何阿魏等二人供："见两个食烟膏死。"

刘伍供："见有三人吊死，一人食烟膏死，又有一个生病报病，管工打得极重，他辛苦投水自尽了。"

李山供："我见三个食烟膏死，三个自缢死。"

伍阿耀供："同帮二十人，见有三个食烟膏死。"

朱阿福供："见一香山陈阿旺被打，逼得跳水死，又有七个自尽死。"

邝宽供："糖寮内三个吊死，三个食烟膏死。"

王敬供："见三个人跳水死。"

陈有供："见有两个吊死，三个跳水死，因受苦不过。"

邓胜供："见有六个食烟膏死。"

李才供："同帮有一个自缢死，因管工打得厉害。"

钟来供："有一年老工人不能提重，被管工打死。"

刘阿石供："糖房有惠州人朱阿水，被管工毒打，投水身死。"

黄兴供："见有三个新到华工，糖寮管工说他不懂话，不会做工，登时打死。"

林滋有供：见有阳江人受虐不堪，自己用手巾绞颈死。"

梁阿盛供："见广东老李并无事故，被锁入监，自缢死。"

梁阿胜供："见广东陈阿光受苦不堪带脚锁，自缢身死。"

黄阿体供："见打伤三个人，入病房次日即死，又见有捱打不堪食烟膏死的。"

黄阿昌供："见一阿光被锁脚痛打，自缢身死。"

陈阿红等四人供："见满身工人阿纪，被管工黑人打他颈子，三天就死。"

周阿兴供："见有惠州姓张的因凌虐不堪，食烟膏死。"

蒋礼实供："见有吊死三人。"

卢阿良供："同帮有一个归善阿寅被打死，一个客家马仔吊死，一个阿透食烟膏死。"

张正高供："见王阿江因打得多，带着脚链吊死，同帮七人，因打伤重病死。"

林贵兴供："见有博罗姓黄的被打死。"

何阿成供："见一个投糖锅死，两个吊死，一个带锁投井死。"

萧多供："见同帮有一人因锁脚常打，吊死。"

罗福供："我同来有一个吊死，一个打重身死。"

刘阿松供："同帮有两个吊死，五个食烟膏死。"

温二章供："见一个食烟膏死，一个吊死，因受苦不来。"

赖阿携供："见有六人自缢死。"

叶瑞章供："见一新会人被管工打死。"

江阿腾供："见有十二人自缢死。"

黄陈福供："见有一个被打死。"

陈华供："糖寮见新会人黄阿芳，在糖栈做工眼困被打，放狗将他咬死。又有一个食烟膏死。"

廖均供："见有南海林姓自缢身死。"

黄建馨供："同帮有三个自尽。"

刘锦秀供："见两个工人自缢死。"

钱有供："见有二十八个华工自缢死，皆因受苦不起。"

温阿安供："见有跳水死三人。"

洪阿异供："见广东梁阿华等十二人食烟膏死。"

谢阿典供："见惠州林阿发、香山阿满被打死，又一个因锁脚打伤，不与饭食，自吊死。"

周阿九供："我同帮二十人，打伤吐血死六人。"

梁阿华供："我同帮四十二人，投山塘死了二人，被总管打死二人，医生打死一人。"

曾阿明等四人供："同帮十三人，因受伤医治不痊死六人。"

陈阿深供："见打伤次日身死一人，捱打受苦投水死一人，自缢死两人。"

贺阿先供："见惠州刘阿秀被棍打伤，次日身死。"

何阿坚等二人供："见糖寮有两人自缢死，因受不过凌虐。"

麦阿安供："见糖寮有两人自缢死，因受不过凌虐，是满八年期，不准出去的。"

黄阿友供："见打一人，用大棍向背打伤，数日即死，又有两个自缢死。"

黄杨顺供："在糖寮见两人吊死，两人投井死，三人食烟膏死。"

徐观供："管工踢一个人，因伤致死。又有三人寻死。"

区荣供："糖房内有八人自缢死。"

张四供："同帮有两个人自尽死。"

陈炳供："见有五人自尽死，内三人食烟膏死，二人在脚闸房死。去年有顺德姓李的，被管工用棍打断肋骨，即晚就死。"

徐百好供："见糖寮两人寻死，一个因用皮鞭柄伤重身死。"

刘阿耀等二人供："前日有两个人吊死，因受不来凌虐。"

梁阿掌供："见自缢死一人，食烟死四人，俱是广东人。"

赖阿四供："见广东人阿田，因受毒打自缢死，又有食烟膏死两人，俱是广东人。"

陈观植供："见有两个同锁一链，投糖锅死。"

赵长供："我见一人寻死。"

潘文道供："同帮有两人自尽死。"

钟亮臣等二人供："见一福建人林松明，在蔗田食烟膏死，为受苦不过。"

关贤供："见一个人被打后，入病房自缢死。"

何阿文供："见有三人自尽。"

梁阿关供："同帮有两个吊死，一个打重致死。"

徐绍麟供："有堂兄绍荣因受打不过投水死。"

黄阿穆供："我同帮被打死过一百人。"

区祖康供："我一帮有一个人吊死。"

沈耀忠供："见打死两人，投车路压死三人。"

沈金奎供："同帮三人，江西人阿满被打死。"

袁阿安供："同帮因受苦难捱，自缢两人，又有新会阿炳自刎医好。"

邓阿星供："见南海姓林的吊死。"

朱阿瑞供："见有打死一个人，又有跳下烧煤炉内身死的，有打断三支骨，入病房次日即死的。"

莫阿冈供："见捱打受伤自缢死三人，食烟膏死三人。"

何阿发供："见广东张阿旺受虐自缢死，又琼州两人食烟膏死。”

杨阿纪供：“有一个生病不准进病房，食烟膏死在蔗田。”

麦泰常供：“同帮吊死两个，一个自刎的。”

刘阿贵供：“同帮有六个吊死，因为打得极重。”

杜义供：“见一年老人，被管工打断肋骨立刻死。”

李二供：“见有南海人因受虐吊死。”

梁满供：“有一潮州人陈礼，因饭不够，常打吊死。”

蔡阿腾供：“见有两个吊死，两个食烟膏死，一个投糖锅死。”

刘应发供：“见有广东林添受打不过投水死。”

沈仰供：“见有漳州姓谢的，被打吐血即时死。又有泉州姓蔡的，食烟膏死。”

陈乙有供：“见有自刎医好一个，又有自缢死三人。”

薛阿东供：“在糖寮见有福建人陈有赖吊死。”

胡阿四供：“见有受不来凌虐一个跳水死。”

柯阿庆供：“见有工人因病被打自缢死，又一个被总管踢伤，次日身死。”

吴阿成供：“见寮内开铺的用木柴打死工人陈阿福，又有杨阿坤被管工打了次日死。”

庄万顷供：“去年有一工人打后身死。”

李和供：“糖寮内有两人吊死。”

陈龙供：“有新来福建两人吊死。”

余阿平供：“糖寮前两天有两人吊死。”

胡阿泰供：“见打伤死三个人，有河源阿义投水死。”

刘五秀供：“同帮二十五人，有六个人报病不准，又被毒打后就死。”

朱阿山供：“同帮二十三人，吊死两人，食烟死一个。”

陈平安供：“同帮三十四人，有两人吊死的。”

梁远庆供：“糖寮受苦寻死，投水两人，自缢两人。”

梁平安供："见吊死三个，食烟膏死五个，投糖锅死三个。"

梁标供："见面包店内一个食烟膏死。"

梁阿秀供："见一客家食烟死。"

叶阿锡供："见惠州万阿发，因受虐不堪，自缢身死，又有万阿兴兄弟同时投井死。"

阿荣供："见一人锁住做工，被白人推跌伤了，想进病房，白人见了就打极重，数日即死。"

陈受供："见打死一个人。"

谭长秀供："见一个人吊死。"

冯二供："见东莞一个人食烟膏死。"

区阿求供："见有一个人打过，次日即死。"

刘新发供："同帮有一人吊死。"

梁丁供："见潮州李阿求年老搬蔗楂不起，管工打他肋骨，死了。"

郑阿吉供："我见香山人郑姓吊死，又有阿福食鸦片膏死，皆因毒打不堪之故。"

梁廷铂供："见有一人，是总管用棍撞他吐血死，又有二人是总管撞伤，在病房死。"

纪阿乐供："见七个上海人，内两个受打不堪食烟膏死，三个投井，两个自缢，又有六个福建人，内四人同时自缢，一个食烟膏死，一个投糖锅死，皆因受伤太重。"

周阿东供："我见受不来凌虐寻死八人，俱广东人，又有打伤做工三日内死的四人。"

何阿庚供："我见受不来凌虐一房吊死四人，又到树上吊死三人。"各等语。

第四十条：华工在古巴死者，工主作何安置，已经工满与未经工满之人，有无分别？

查古巴工满华工，惟早年得过满工照纸者，得在本华自行觅工，或做小买卖度日。若如近年之不准领照，及先有照纸，被人撕毁收去，则其人虽经工满，或原主已逼令再立合同，或送工所押令另立合同，或收毁照纸后，由工所迭次复立合同，均与未经满工者，无所分别。

其死后安置情形，据各供禀，尤多惨刻。如徐立生等九十九人，俱是华工，死无棺无坟。

陈德林等三人供："华人死无棺木，埋时都将衣服脱去。"

周润清供："中华人死，不入教者，不准埋在坟地内。"

郭阿美等二人供："我是做打棺材工，黑人死有棺材，中国人死无棺材。"

黄捷等二人供："东家有一棺材，如有人死，装好送到山上埋，后将棺材带回。"

李阿九供："见中国人死无棺材，又几年将人骨烧灰。"

罗阿巳供："死者拉出浅埋，日久控骨成堆，雨淋日晒，渐渐消化。大凡糖要光白，俱下牛骨灰，又搀杂人骨灰更洁白。"

又据任世贞、戴仁捷、梁兴照禀称："我等困此十七八年，现被工局官绅设计辗转缠缚，自揣气力渐弱，或磨折死在工所，或死在绑身之处，或老病难动被逐出，死在路旁，俱属难定。总之将来是无棺无坟，日久骸骨或杂牛马骨烧灰，提炼白糖了，家中子孙，亦永远不得知道，可怜可怜。"各等语。

第四十一条：华民在古巴人数，现有若干？

据古巴总局交来前年七月核算人数清单，实存华工五万八千四百人。

又据驻古巴英总领事单，自前年八月起至今年三月止，装来华工一万一千三百三十二人，除船上死去九百七人，实登岸一万四百二十五人，合共应有六万八千八百二十五人。惟前年八月至今年三月，在古巴通共死过人数，尚未开除。

第四十二条：华工在古巴以四类分计，一系自谋生计，一

系承工年限未满，一系承工年限已满现需另谋他去，一系在监禁者。此四类中，每类约计人数若干？

查早年满工之人，工主间有给与满工凭据，及拜认义父用费向官取有执照，得以在城乡自做小买卖，或做散工，此古巴局单所谓入日国籍，或入别国籍者也。此类人数，就伊局单计约居十之二，而素受欺剥且执照常被收毁，欲谋生计已难。

至承工年限未满者，固不必论，即近年来，年限已满之人，非被工夫勒令再立合同，即须送押工所，另立合同，并无身得自便之一日，其不能另谋他去，与年限未满者，初无以异。此华工供禀内所谓欲禁锢终身，永无生还之望者也。

此两类人数，殆居十之七八，至若在官监羁禁，或已经定罪，或日久未审，或工满无过者皆有之，约计不过数百人。

第四十三条：古巴华人中曾否有营谋致富者，古巴人民视华人之人品高下能如待己否，其国家看待华工与其人民能同一律否？

查古巴华人能得满工执照出外营谋者原少，若如近年之概不发照，则依然概勒做工。即早年得过照纸，或照纸一被收毁，便不能自己营谋，又常被土人侵讹，何望致富。现据访闻华工中并无富人。

至古巴人民之视华人，及伊国官府之看待华工与其人民，实属悬异。

如高老秀等十七人禀称："有在菜市及外路街巷作小生理者，每日强赊强借，难以数计，举物便行。若要寻问，乱打乱捶，不管生死，一人下手十人相帮，告诉官府又不理，我华人只是束手自恨。"

林阿源等四人禀称："黑白洋人赊欠无数，或者约到月余清还，岂知到期，心起不良，银两不还，反加殴打。或者先将货物来卖，后来令他人冒认，投告地保看验，反说华人买卖盗货是真，擒缚收监，达知本市主，市主视为无关，即对官府告诉，官上全然不理，反将华人罚银，冤情难以伸诉。”

冼佐邦等十四人禀称：“无论在中国有何才学，到此总须做工，无论在中国是何身分，到此一概为奴。”又称：“现在华人行街，常被土人秽骂掷石，若不顺受，即被群殴，拉去入监。华人买土人物件，还价稍低，亦被打骂，至土人向华人取货，或饭铺饮食，问要价值，被其打伤，甚至打死。”

简仕光等九十七人禀称：“城中工役稍胜他方，而土人之欺凌，更有甚于臧获。”

朱箕训等十一人禀称：“我等在街市经过出入，或贸易买卖，土恶三五成群，手执石卵、臭鸡蛋，或污秽烂物，打将出来，有打伤首面身体货物者，甚至有当场伤害性命者。左右邻家街路人等，皆嘿嘿无言，即有人投明地保，反转毒语强辞，骂我等皆无父母手足妻子亲朋之人，何敢蚁与虎斗。又土恶无赖，日夜横行，身藏利刃炮火，屡次抢摸金银一空，或手把利刃，割一二刀，生死不分。”

又据周阿九供：“现开糖果铺，也是受气，强赊物件，不准讨钱，如去要钱就打。又有路过的人，自行取食，也不敢问他要钱，在此受白人荼毒，不敢与之较量。”

李阿东供：“东家待中国人，比黑奴不如，西班牙人看中国人，总该永世为奴的，所以专做拐卖人生意。”

纪阿乐供：“总管常说：‘中国人如同鸡狗一样，打死再买。’”

何复兴等十人供：“中国人到此受苦，无人不知道的，比畜生不如。”

许阿发两人供：“中国人在此受尽凌虐。”

周陈东等五人供：“街上遇见小黑人白人，都是用小石打我。”

梁道汉供：“现在开小酒米铺，常受白人讹诈赊物，不肯还钱。”

白永发供：“中国人在此受苦，待得不如黑奴。”

韩阿兴供：“我作糖果小生意，一个人可食得饱，若是剩得银多，此地人就要来索诈，我的糖果，每日都有人来随意取食，不问价不给钱，或问他要钱，必遭毒打。”

谭长秀供：“此地华人极受打受欺的。”

曾阿十等四人供：“此地待中国人，比猪狗不如。”

洪阿枝供：“此地人不好，常用石打中国人。”

潘阿保供：“街上白人常抛石打我。”

郭占供：“日国人遇见中国人时，常用脚踢，无人问。”

吴阿清供：“在此行街，遇见白人黑人俱抛石打，又抢物件，视中国人如猪狗。”

林泉供：“此地待中国人极坏，欠钱不还，如问他就要打，在街上走，又用碎石打，地方官不问。”

叶由供：“现作卖菜生意，此地人赊账，问要钱就打，街上人用小石打我。”

陈阿福供：“待中国人如鸡狗一般，我不晓得受到何日才死。”

朱村房供：“中国人在此狠受冤屈。”

程章明供：“皆因视我们如同犬马，该为奴一生。”

李阿保供：“行街被笑骂，习以为常。”

陈水等二人供：“古巴待中国人比从前更坏，黑人比从前打中国人更甚。”

陈阿发供：“此地规矩，带长刀巡捕，见中国人穿好衣服的就拉去说犯赌，官也不问，必得花钱了结。”

李有供：“此地人欺负中国人的狠，不犯事也就捉去工所，又要花钱才能出来。”各等语。

再，查华工在古巴佣工，每月工银四圆，已不敷添补衣食之用。即间有打中白鸽票，骤获洋银千百圆，及金表等物，可备回华川资者，出港纸又一时不能办得。其所存资财，每被土人设法取去，是以此等华人去住两难，其苦楚更难言矣。

第四十四条：华人居住古巴，现在曾否有才艺出众，为难能可贵之事者，有此等人，所得工值利益，能不负其才技否？

查古巴华工，粤人最多，闽、楚、江、浙次之，余外则旗籍及各省人，亦无所不有。此次抽查所及，已见有文武员弁，胶庠秀士，被人拐卖，杂在佣作之中。

诚有如张鋆等三十一人禀词："所谓网罗遍港，机械塞途，无论智愚，常为掩取，以数万人所聚集，自应有才艺出众，足为难能可贵之事者。无如古巴概待以奴，令作糖寮种蔗，以及平街抬石，一切粗贱苦工，虽有才技，亦无所用。其所给工价，均照常例，大抵初年每月三圆，后来四圆，工满或有加增，亦非因其才技格外与以利益。"

复查古巴章程各款，亦不言及华工有才艺者，作何优待之条。

第四十五条：现居古巴之华人情形，较中国孰好孰坏，现在有无追悔情事，思图他去者，如有此等情事，能任其自便否？

查各华工供词，有林阿用供："我一见古巴光景，便不愿意在此地。"

冯会供："食既不饱，工夫又重，真是悔恨无穷了。"

黎阿隆供："我在中国只做四个时辰工，到古巴做十个时辰工。"

刘阿福供："我有满身纸做散工，也是常受人欺负，此地人待中国人同黑人相等，有时待黑人比中国人还好。"

李锡宝供："不为什么事都打，比起中国来一天受不得。"

赵阿凌等十五人供："我想在中国做乞丐，也比此地好。"

何阿基供："待中国人与黑奴一样，我想回中国讨饭，不愿在此磨折。"

刘圣麟供："我东家虽好，比起中国作工已苦得万分了。"

张林安供："我见中国至苦人，比此处好。"

李阿耀等一百八十六人供："愿意回中国。"

陈学周供："我有朋友帮银赎身，做两年剩有盘川欲回家，在西路尾遇官出，令捉华人，我被地保拿去解监，着我做工，后契爷用银一百五十圆保出，免再卖入山为奴，回查银物尽失一空。"

王向供："我现有银二百圆，如果工所准我出去，我便回中国。"各等语。

第四十六条：华人在古巴有娶妻者否，所娶系何处人氏，其家室现在如何，其子女能得其教养否？

查洋一千八百六十年，第三十五款内云："凡工人准其在古巴地方娶妻，然必先得主人应允方准，如不允，工人可照四十三款赎身。"

复查四十三款内云："凡工人不拘何时，均准赎身，必须先将后开之银，交给主人查收。此银一系该主人原花本银，一该工人所欠主人之银，或因作工耽误，或因别故欠款。一、所有工人作工已成熟手，与生手有别，应熟习之人，代为估值，应照所估数目归还，一、因工人赎身之后，或难觅接手，应赔补若干。又有绞蔗之时，同作紧要之工时，不准如此赎身。"各等语。

是在工之人欲赎身以要妻，诚不容易矣。早年有工满一二人，得过执照，在古巴中白鸽票赎娶中国女人为妻者，此时尚未有盘川返国。至前后到古巴十余万人，仅闻有一潮州人郑阿来，积有微资，因系娶白洋女，出港两次，均被捉回，人已身故，未寄过一钱回家。

又有张长贵娶白洋女，佣工尚足糊口。兹据供称："白人们不喜欢顷缘，地保挟嫌，另案被累。"

又有何锡、庄文明、伍阿灵、陈秀、何丹桂等数人，娶黑洋女及半黑白女人，均属华工中所仅见者。现在子女自行教养。

第四十七条：现闻古巴有新章出，系因其地人民叛乱为暂行试办者。其章内有云，合同所定年限已满华工，仍应归伊前主抚庇等语。又云，如该工人定欲他去，不愿仍归前主，即将置之于城内一公所等语。其所谓前主抚庇者若何，其所谓城内公所者若何？

查古巴华工章程，屡屡改变，此数年闻该处商民内乱，所出新章，是否因其人民叛乱，暂行试办章程各款，俱未明言。至于华工作尽期限后，再立合同，及令作官工，则六十年之第七款、第十八款，已有明文，则其由来亦既久矣。接同治五年招工章程，应以五年工满，乃立合同则以八年满限，是该华工等业已吃亏，仍要归其前主，无非逼令照旧作工，是该华工岂头有此等抚庇。

又如曾阿十供："满身四十人，东家逼勒带脚链做工。"

庞阿东供："满八年如不遵再立合同，必定打了带链子。"

林滋有供："一南海人工满，不肯再立合同，被总管用棍撞胸伤死。"

梁阿盛供："广东人阿寄满工，总管押令再做，不肯，拿棍撞伤筋骨，数日即死。"各等语。

是华工等之不愿归前主，并前主之非抚庇，更可概见，况工主作乱，其工人脱出者甚多，此亦何能仍归前主也。

至城内公所，即系工所，各华工供禀内，或称走路馆，或称波索馆，或称科遂，或称科事，或称科司，或称官局，或称工监，或称江素萎，或称贡恕捞，均系一处工所。原为逃走黑奴而设，后以之处逃走华工，再后则无满工照纸者以逃走论，或遗失及被抢毁照纸者，又以无照纸论。近年官不发满工执照，以便人人可拿，凡工期将满之华工，若不允归前主作工，多被锁打。如仍不允，即送置城内工所，押作无钱官工，听候由工所出雇立新合同，满日仍送工所，工所又立合同，如此循环不已，该华工等不特不能回国，亦不能自行觅工。

在古巴之工，以糖寮为最苦，初幸有不卖在糖寮者，迫由工所迭立合同，亦常致转入糖寮，备受苦虐矣。

据李肇春等一百六十六人禀称："工满华人要送出各埠工所，锁脚做无钱官工，不拘何处，并无年限，直须做到死而后已。若旧寮主或别人同该埠官说妥，每月十圆，十余圆，可挑人入寮做工，谓之绑身，而所得工银，必须订明分大半畀官，华工每月所得亦止数圆。"又称："澳门合同入寮时多为寮主收去，或其人已死，寮主亦可同该埠官商妥，向工所指一人顶合同已死之人。"又称："所谓工所，即走路馆，华人从未走路，而满工者亦并归此处。每日锁脚，挑泥凿石，洋人持鞭刀趱督之，甚有加以两三道脚锁者，务使困苦不堪，再与富商立合同，绑身佣工若干年而后已，工满后仍复如此办法。是西班牙卖人为奴，并设法禁锢终身，令无生还之望。"

冼佐邦等十四人禀称："古巴之工所官监，无所分别，多年工满者，可谓之走路，永押工所，即可永押官监。总之，设计将华工永远拘管做官工，得不费钱，又得绑身分肥而已。"

区炳南等二十三人禀称："该地方官设立中国民人监牢，名叫科司，各处地保夜夜查纸，有纸者例应不拿，亦冒捏以食洋烟、赌博，无纸者当为私走，一概拘禁科司监。"

陈古等三人禀称："拘禁科司馆，工无了日，祸无了期。"

唐占魁等九人禀称："现今各埠俱设科遂，凡陆续满工者，即将满工之人送至科遂囚禁当工，或送入山，或勒再立合同，给工食如饲鸡犬，任意鞭挞，与牛马无异。"

赵昆等九十八人禀称："官无纸给，一经番兵查获，例名贡素捞，亦是颈链脚镣，鞭挥棒打，少壮再入糖寮绑身，剩下老弱无能，劳若马牛，死轻蝼蚁。”

郑悭等六人禀称：“八年限满，又被头家将我等尽送交官府，每日修整路径抬石，两足锁链，管工逐日再加刑罚之苦。”

赖胜等十人禀称：“押出街坊整街，担土凿石工夫甚苦，并无银钱给发，且食用不敷。”

邱碧山等三十五人禀称：“官局作苦工与罪人等，或锁脚，或收禁，均照常作工，凌虐与糖寮无异，变态百出，总欲华工在此毕世为奴乃止。”

吴阿光禀称：“不论满身与未满身者，提入工监，即时上锁，日夜当无钱官工，亦有骑马拿枪督押，如无土人保领，带刑至死为限。我经被锁数载，脚烂不堪，竟成废疾，四体不全。”

骆亚宝禀称：“做满八年，司头不好，不得满身纸，上年走出外做工，因无纸被兵查拿捉来走路馆，做工四五年无工银。”

陈玉树等五人禀称：“忍耐八年，意欲满身有清闲之日，谁知此处洋官又生一计，设为缚身，若不缚身，即送走路馆置之死地。”

唐联升等一百七人禀称：“押送工所，直逼之与各家为奴，图之使毕世为奴。”等语。

又据陈樵顺供：“失落满身纸送工所。”

张开供：“因失落满身纸拿送工所，做工八年无工钱。”

黄阿木供：“工所放我出来做卖水生意，每月约得二十圆，分十五圆与工所官，我得五圆。”

刘阿唐等五人供：“有人同官说雇人做工，每月十五圆，官收十圆，我得五圆。”

陆阿杏供：“由工所与糖寮立合同，每月工银二十圆，我得十圆，官得十圆。”

李阿德供："由工所出去作工，每月十一圆，我得一圆，官得十圆，后到机器局作工，每月十七圆，官得十二圆。"

张銮供："在工所出去做，人家早出晚回的，工夫所得工银，每月只分四圆与我，余归总管。"

林阿得供："工所有许多人租与别处做工之钱，是工所得的，我同帮九人租与一间糖寮。"

李锡宝供："工所见一顺德人六十多岁，被打断手医好，又有广东一人四十多岁，打坏腰骨，因走路慢之故。"

何阿善供："工所黑人是拣顶老之人打。"

王大诚供："在多罗闸开山被树把脚打坏了，送回工所医好些，又被总管推跌，又跌坏了。"

陈阿保供："工所有十个年老及跛脚的，先两日送下乡下，因为听见中国官到，我的哥子，原有满身纸，也被押入工所，真不公道，也因中国官来，带往别处了。"

游阿四等九人供："我前睡在地下，脚都肿了，闻中国官来，现有木床，并衣服一套。"

李阿保供："工所郁仄腌臜，人多都睡在地下，同泥猪一样，千数人都在几尺水槽内洗澡。"

林阿狗等十九人供："闻中国官来，地方官给衣服一套。"

潘明供："前天有米饭，昨天有新衣服。"

李阿能供："因失落满身纸拿送工所，新衣服昨天发的，带锁的人，昨天放了。"

温阿照等三人供："我见做官工的苦的狠，向无衣服给的，听见中国官来，才发衣服。"

刘阿喜供："工所因听见中国官来，才给米饭。"

林二供："工所作工无钱，苦比糖寮更甚，因听见华官来，才发米饭，发新衣服。"各等语。

第四十八条：华人有经被讯者，能令其情尽乎词，抑有所

畏逼而使之不敢言否?

查各供察，华人在古巴，前此有经被讯者，如:

沈三稳供:“因黑人偷物，说我串同，送监定罪，坐七年监。官审问时，不许我尽情说，坐监已满，仍不放。”

赖阿携供:“亲见博罗县人黄阿光，被打后锁脚做工，受苦难捱，夜里自缢死。我们到就近地方官告状，官不查究，叫埋了就算完事。我们二十三人，见不公道，再投诉第二个大官，总管跟着我们走，我们到他亦到，同官说话许久，官就问谁愿意回糖寮，不怕捱打，如不回去，须另卖与别处糖寮，有十人被另卖，我们十三人回糖寮。”

关阿喜供:“有一个瞎眼的人，被东家一拳打破他头，我们不服，告东家，官不准，送我进监。”

韩炎培供:“我问总管取八个月工银，反被他打，到地方官告他，官传他问他，反说我偷他马草，官就送我到监。”

又曾托瑞等五人禀称:“咸丰七年以后，洋官贪财，众富商用财贿串，不论新旧老少之人，押令缚身，虽旧有字凭，不容分诉。”

邱得意禀称:“或被捏词设套，捆辱抵衙，不准分辩。”各等语。

至此次访查所及，面加讯问者，如工所官监糖寮等处，多由其管事之人，派定华工预备问话。内中糖寮华工，常有望见总管管工等在侧，瑟缩畏葸不敢尽言者，亦有历陈苦虐，指画伤痕，并捧出生蕉、干牛肉片等物，尽情诉说者，有各供词可核。

第四十九条：查讯华人时，日斯国官民等有无代为方便其事者?

此次到古巴抽查华工，除那司格阿里亚司糖寮，系该商自请往看外，其夏湾拿卖人行、工所、监狱、病房，及各城工所、监狱、糖寮等处，皆系古巴将军由非鳟依蓑鳟传札各该地方官照料。临行时，夏湾拿知府兼总局总董苏卢咽大，亦给信带往通知各府分局。

至于到乡下各糖寮，系各城该地方官，先同寮主酌定，才能约期前往。

当讯华人时，日斯国官绅，间或在旁，亦不干预。此外别无日斯国官民等，代为方便其事者。

第五十条：查讯华人时，日斯国官民有无从中阻碍畏吓情事？

此次查讯华工，除在各城乡道途客栈随处访问外，所到夏湾拿等各城工所、监狱，俱得入去抽查。各供词内，大抵有因闻有中国官来，才发床铺米饭新衣等语。至所到糖寮，均由地方官约期，间或陪从前往，寮主等亦间有备车设食款接者。

惟要传问华工，则往往推说已出做工，止派出侍仔火夫等，人数不多，听候抽问。即或等候多时，传到种田等数人，亦促令迅速问供，勿稍耽搁。临问讯时，又每有管工等拿鞭侧立，幸无出言吓阻。

惟到马当撒司所属雅么里亚糖寮，初允抽查三十人，问至十人，该寮主忽然大怒，不听录供，华工等退出屋外，被拳打脚踢散去。与之再三议论，始允次早挑派数人再问。是夜四点钟，叫到数人，立催快问完事。

又在马当撒司客寓，后到梁阿德禀词云："我昨夜欲来面说，我东家捉我回去锁脚，不能得见一面，特字寄来禀知。"

又加颠剌司客寓，接到潘多利、王束招、陈敬等禀词云："众等欲为面禀，无奈东人言及选人八名面见，万不许多，民等见东人如此严法，故各人隐迹难言，兹特奉达。"各等语。

第五十一条：总之此次所查，无论从前之事，与现在之事，须将一切不合之处，确切查明。

查各华工从前之事，与现在之事，一切确实情形，具在各华工供禀之内，有无不合之处，统求察核。

（清）陈兰彬：《古巴华工事务各节及古巴华工口供选录》，中国第一历史档案馆、卢文迪、陈泽宪、彭家礼合编：《中国官文书选辑》，陈翰笙主编：《华国出国史料汇编》第一辑，中华书局，1985 年

三　古巴华工事务各节（二）

（一）译华工进古巴章程说

一　查一千八百五十四年三月二十二日日国君主谕旨第五十六款内云："从前所定章程，概行停止。"此项从前章程，无从查核。后至一千八百六十年七月初七日又谕："一千八百五十四年所定章程复行停止。"查现在所行系一千八百六十年章程逐款译后。

一　查一千八百五十四年第一次谕旨言，日国人、中国人、美国南方人到古巴作工各条核计，虽已行过六年，而原谕内只准行二年。所言分为三段：第一，言工人进古巴之条；第二，言工人与主人以及各人交涉之条；第三，言主人如何惩治工人之条。另有一条，补言各种情节未备之处。

一　查一千八百六十年谕旨，专指中国人进古巴章程，前三段名目与前相同。后另有一段补各情节未备之处。

一　查一千八百五十四年第一段内系十五款，六十年增为三十款。所增各款，除两条另件外，余俱古巴将军同日斯巴里亚国商人交涉之事。至另件系华工满合同，或再立合同，或出古巴，或作官工之事。仍有一条系五十四年所定，六十年即停止不行，内言："凡工人来时，必挈女人同来。"第二段、第三段系在第二次谕旨内较前少之条。一系工人欲回本国，如合同内未注明，断不能令工主及古巴将军招工商人等给出盘费；一系从前章程注销；一系凡工人满原合同，可与各国人在古巴一律相待。第四段有一段系在两次谕旨内，系每年必须计算工人数目。另有三款，系在六十年内。一系凡有中国人照谕内所得各利益不准私相授受；一系言日国君主虽有不准工人到古巴之权，必先在于八个月内晓谕明白；一系注销五十四年各章程。

一　查一千八百五十四年谕内云：“凡中国人满原合同后与外国人一样。惟时外国人到古巴，须先领准在古巴住五年执照。闻得内开明住满五年，须入天主教，并入日国籍，如不肯即不准住在古巴。”又闻得各国人不愿如此，即出去一二月，复回古巴再请执照，可免入教等事。兹查中国人满合同多系先入教，后领五年执照，因一千八百六十八年章程第七十五款，令中国人呈出住五年执照及入教凭据，一齐验视。今据各华工口供，亦系先入教后领执照之语。又是年章程内十六、八十三两款及口供内各意，均是五年满即作为日国人。口供又云：“凡中国人入教，必先寻契爷方可。或请五年执照，必先有满合同凭据方准。既领得五年执照后，并可得一年执照（即是口供内一年满身纸）；无一年执照，不论何时，被巡街查着，即行拿办。有一年执照，或开铺面，或作散工，无论何时俱可听便。查合同未满时，各主人必须代各工人请领一年执照，此执照乃主人报明，用中国人作工凭据，向归主人收存，与华工毫不相涉。”

一　查一千八百六十年谕旨第七款、十八款与再立合同及不立合同，出古巴之意，是从六十一年二月十五日工人到古巴后才行，实在与华工大有妨碍。因该工人到古巴照原合同作工，剩钱即或能多，亦难敷回国盘费，欲得多钱，必俟满合同后通晓语言，自己作生意方可。若照一千八百六十年之意，如此作生意，俱犯例禁，势致该工人等回去皆无余资，与初来时相等，或者作官工，或再立合同，所有再立合同俱是吃亏，多因与立合同者，俱知其怕作官工，又不能回国，所给工钱皆少，该工人又不能不允。后到一千八百六十八年十二月三十一日，古巴将军设立章程，管理中国工人。章程内叙明，因常有不遵照一千八百六十年上谕办理，必定将工人在古巴各情节，首先安置妥当。章程内共八十三款，云三事。第一件系："下年二月内必将中国人在古巴数目开细单，分为六张，第一张是照原合同作工，第二张是逃走未拿到，第三张是逃走拿到，锁在工所，查此工所，先为逃走黑奴而设，后来逃走中国人及中国人未再立合同，一并送入。第四张系满原合同想回国，暂在工所等候船只。第五张是监房内中国人。第六张是已得五年执照中国人。"第二件后来如何陆续查中国人往来各埠情节。第三件如何待逃走之人，如何待再立合同之人，如何待出古巴之人。查第一事有二十三条，查人数单第一张至第五张，俱委员工主人及管监官工所，所开均无薄待中国人情节。第六张方有委员亲自到中国人家内查看询问。查章程内第十六款叙明六十九年二月后半月内有所派委员必到领过五年执照之中国人家，将各华人亲自看过，饬令将五年执照及一年执照呈出，所有五年执照由该委员存留，一年执照还各华人，执照上盖印批明编号。又查第八十款，凡有华人呈出一年执照，查看执照内并非发与该华人者，系发与别人之执照，即可拿办。惟章程内定所算工人数目，此时总未核算。兹查一千八百七十一年又七十二年二月初三日将军出示均云：七十二年所算华工数目是第一次，第二事有十六条，均是令古巴各地方官，凡有中国人往来各情节，须报明存案，内只第三十一条是指明必须中国人自行者。凡有领过五年执照，要过别处，必报明地方官。再查有两条系专指中国人死之事。所有通共章程，除一千八百七十三年第六十二条外，只此二条：第一条第二十七，凡照合同作工之中国人死，东家报明地方官，将合同及一年执照交出，由地方官转送上司，呈送将军；第三十九，凡有五年执照之中国人物故，必一律报明呈出，此款内未叙明是由何人呈报。第三事，如何待逃走及再立合同与出古巴之人，共有四十四条，内有五十五款叙明，凡有中国人欲出古巴地方，无川费，作官工一年，满一年如所存之钱不敷，由各该工所垫出等语。此章程虽未叙明注销，向来亦未行过。再查七十一款内云：凡中国人在六十一年二月十五日以前来者，若满合同时，未即请五年执照，后若迟延不请，则无请执照之权。后七十三年二月十三日将军又出示，将此款注销，示内云，如此办理更为妥便，以昭公允等语。其余四十二条，均载在一千八百七十二年及七十三年所定章程内，此章现在仍行，译在后。

一　查一千八百六十八年章程，恐尚未将华工事务安排妥协。因到一千八百七十年七八月时，古巴将军奏明，说中国工人到古巴与种田、作买卖及现在办贼等事，大有妨碍，请即日停止。其时所有在古巴中国人，不照原来本意作工，即行带出。因为别项工人多，各田主亦情愿用别项人。七十一年六月十三日君主谕，将中国工人进古巴停止。将来再立合同之中国人，或不照原来本意作工，或闹事，各中国人逐出古巴。又叙明如无盘费，将军垫给盘费。不料到七十一年十月全行更改。十月十八日将军出示，现在贼多平定，从前所议之条革除不用，凡有中国人仍准在此，必得照章认真遵照作工。所有一千八百六十一年二月十五日以前所来之人，作工必将五年执照料理清楚。六十一年以后，所来之人再立合同，或者不肯再立合同，就限两个月内出古巴。十二月十三日将军又出示，所云尤为严密。从一千八百六十一年至六十三年，所到中国人六千九百四十八人。至六十九、七十、七十一年合同满期内，不遵照章程之人甚多，或再立合同，或出古巴，仍有逃走之中国人亦多，照例应当由官拿送原主，以便补作逃日工夫。又因一千八百六十八年所定之法过宽，该工人散处古巴各处，虽照例当与大局有益，其实诸多妨碍，若不另行筹法，实难令照章程办理。必得革除积弊，方能一律整齐等语。查示内二十六款外，尚有暂行一条，前九款系再叙六十八年所定开人数清单，复行申明。内第八、九款，是较六十八年尤为严密。内叙所派委员，必派差一二人与邻佑两人到领过五年执照之中国人家内，必须亲见所住之中国人，当面查视，并令将五年及一年执照取出，认真验看执照内所叙年貌籍贯，逐一比对，准该差随时设法彻底确查，实系本人照章所请。若验系真确，须将执照批明，此照必由将军衙门复验过方准。如有假冒情事，即照一千八百六十八年第三十款拿办。又查示内尚有数款系属紧要，凡未领五年执照之中国人，不在田内作工，不在行栈作工，不作（在）住家人作工，必得立行拿送工所。所有中国人已在各处作工，未照章程再立合同，准暂可留作，俟将军查明何项人，或逃走者，或满合同未再立合同者，此等人亦必与暂作工处主人即立合同，叙明主人每月给洋十二圆，内四圆给工人，八圆呈交将军，候查明如何，若系原合同已满未再立合同，所存之八圆，仍发交该工人查收。如查系逃走之人，将该工人及每月所存八圆发交原主。所有已得五年执照之中国人，只准自向主人言定做工，不准承揽多人。又云，核算人数之时，凡中国人已满原合同，或仍在原主人处暂行作工，或入工所，算人数时，各样凭据执照均不准发给，只准照原合同。工人调过别埠，准发护照。

一　查以上各条，与勉强将该工人扣留古巴无异。七十二年正月十六日将军又出示，凡依照章满合同之人，愿出古巴者，准给护照。二月初五日即将此示停止。五月十七日又复行声明停止。七月十三日又准发此项路照及各执照。又查前示内云，每月八圆交将军暂存。至七十二年五月十八日出示云，凡该工人满原合同，在原主处暂作工，此八圆即交还该工人，不必呈交将军。所有别项暂且作工之人，至一千八百七十二年九月十四日再出示，准照章程立合同。再查一千八百七十一年十二月十三日将军出示内叙，必设立总管工人各务总局，局内所派各人，应声明此事，必能与已定未定各章大有裨益。又叙明总局设总董一人，另设立董事十二人，帮办十二人，如正董事因事他出，帮办即可接办，亦必有五人方能作主。所有各人均由将军派定，必须内有三分之二是有田地者，方能派充。所有在局诸人，均不开支薪水，总局各费用，自出示之日为始，均归原寻回华工主人及暂用华工主人照定章派出。又工人在古巴各项事件，不论何时，将军可令总局禀明拟议请办。又此总局应归将军属下，是专管华人事务者。十五日又出示派定董事等诸人，一千八百七十二年五月十九日，在各埠派定分局，又在各乡镇委派一人，归分局统辖。九月初十日将军出示，将总局所议分局等，虽各示内未声明，夏湾亦派分局。查阅一千八百七十三年章程，明系夏湾拿已设有分局，惟时在古巴各华人自拟设法保护。所筹之法有二：一是拟请公正廉明之外国人为之董率，如该华人有事，可由其转达将军。是以一千八百七十二年三月内住在夏湾拿稍有余资之华人，禀求允准照办后，于三月二十日将军出示，允准派定外国人一名住夏湾拿为各华人董事。又在各埠内派副董事，叙明如此办理，为防备中国人不识话及不知律法，并与刁狡之人交涉受欺等事。本来此举垂成，后七月初四日将军出示，将前议不行，原示掣消，叙明因格颠剌司副董事有违章程不妥之处。（查前夏湾拿董事极具公正，办事亦最认真，此众口一词）第二，系因一千八百七十年七月初四日，有日国谕旨，将外国人在古巴从前所领之五年执照停发改章，凡外国人执照必先在领事官衙门挂号，或亲自到将军衙门，或由领事官转禀请将军衙门编号后转发。又因西洋国所议，中国工人从澳门出口章程第六段第五十六款叙四，此项中国人在作工地方，必须西洋国领事官照料，凡有船到古巴，由该国领事官询问船上各情及编号，收规费之事，间或代请五年执照，虽经该领事照料中国人，然亦多未到之处，并有不妥之处。不过出一千八百七十一年十二月告示之后，中国人难处之事更多。因该华人希冀新执照容易领取，又因领事官照料即或不同，较与田主照料有别，因各该田主总以工价愈省愈好，所以夏湾拿等处之工人到领事官处请领事照料较从前尤多。后到七十二年十二月初九日将军出示，所有中国工人既系西洋领事官代领外国人执照，若系六十一年二月以后到之人，亦与各中国工人一律办理。又将军十六日出示云，据总局禀请，允准此项外国人执照只准发一千八百六十一年二月以前来者。

一　查一千八百七十三年六月二十日将军奉君主谕旨出示，派定专管中国工人进古巴各情节官，叙明每年薪水若干及所应办之事，每一船装中国人到，必亲去询问船上如何待法；所有各项章程，必须设法饬令各人遵照，或有不遵之处，或转请将军惩办，或照律例子在该管各衙门控告。

一　查总局自设立之后，亦详细将现行及注销各章程分别汇定，七十二年九月十四日由将军据总局禀请，允准章程一张出示晓谕后，虽未奉本国允准，此时仍然照行。又于七十三年五月初七日又据总局禀请章程一张出示晓谕，此二项章程译后，所有现在华工在古巴各事，俱系照六十年谕旨及七十二、三两年章程办理。

中国第一历史档案馆、卢文迪、陈泽宪、彭家礼合编：《中国官文书选辑》，陈翰笙主编：《华工出国史料汇编》第一辑，中华书局，1985 年

（二） 一千八百六十年日国君主谕旨

第一段　工人进古巴章程

第一款：若将中国工人带进古巴，必须遵照后开章程办理。

第二款：凡有人带中国人进古巴，必先在古巴派定董事一人，此人必有田地，素行端正之人，或者商人，所有公司不准派充董事。查夏湾虽已设立公司，照章能由中国带人来古巴，亦必须另派董事。

第三款：凡有违此次章程之处，俱惟该董事是问。惟装华人各该船船主、大伙等亦有专责，断不能以已经责成董事，而船主、大伙置身事外。

第四款：凡雇船装华人到古巴，必先由董事将船名、吨数及水手数目、船主姓名及欲装若干人，须逐一报明将军，由将军将此项情节刻在夏湾拿官报内，一面速即奏明本国。

第五款：凡在中国与工人或立合同时，或送到船之时，必随处与驻扎中国之日国领事官会同管理，或与该领事官之代理人料理，必由该领事官等查明，系遵照章程办理，是乃领事官专责。

第六款：所有各合同应注明各款：一、合同工人系男、女、年岁、籍贯；一、合同系何年所立；一、工钱若干，饮食衣服如何；一、工人生病时必由主人请医调治；一、工人生病时系非因作工劳苦，又非主人之错，工钱发否须注明，一天必须作工几何时，并注明作工之时刻，主人有无权柄令工人多做或短作，然后归补；一、凡工人自行错误少作时刻，必须补还；一、凡工人无论在何处作工，必须遵照该处章程，不得违背；一、工人须叙明所得此项工钱较古巴别工人为少，亦必知合同所得好处足可补偿；一、合同内雇主与工人须两人画押，如工人不能写字，须用两人为证。

第七款：前款所载各立合同之外，各合同必须注明，凡作满合同期限，必再立合同，或作匠人，或种田地，或作打杂，或厨子等工，由主人作保；或不立合同，必满合同后两个月内出古巴。

第八款：所有与华人立各合同，必写四纸，另由领事衙门内翻译官将合同译出写二纸。

第九款：凡工人上船，必须由上船之处董事开明名单四纸，此名单须分别男女及年貌，呈送日国领事官或代理领事官，并将该四纸由领事衙门编号批明，将一张存案，一张发还董事，一张呈送本国，一张送交古巴将军。

第十款：凡年未及十八岁者欲立合同，必须亲属先行应允后，方能立合同。

第十一款：凡工人装在船上，必须一人两吨舱位，此两吨必先将所装之货出清，只是余存能住人之处照算。

第十二款：凡雇船装华人，必须留心设法将船上食物及淡水料理敷足，以及人数又行船天数，预先计定。又当设法令船上洁净，又须透风，因不洁净于人身大有妨碍。如所装人数逾四十，必须请医生一人。若各船进古巴时，必遵照该口预防传染病症及巡查章程。

第十三款：凡船装华人到古巴，必须进夏湾拿口门，方准上岸；若有意外之变，方准由别处口门登岸。

第十四款：凡船从中国开行，必由领事速即报本国及古巴将军。

第十五款：凡装工人船到夏湾拿，必须在二十四点钟内由董事按照人数每名缴五十圆交官银号。此项系预防董事不尽心照办而设。如果工人上岸时有病，以便延医购药各费，或住屋及照料之用。又恐该工人有赔款，因在船被欺之事，亦由此五十圆内开销；或者带工人进口，商人有应罚之款，亦由此项开销。若开销之后，仍有盈余，即交还董事，或全无花费，即照原缴之数交还。此款所言，与第三款责成无干。

第十六款：凡船进口时，将名单等件查对，查出每百人死逾六人之数，必派员查明致死之由，查后即由该委员禀请将军，由将军会同应管此项两局，酌量罚银若干，或照例饬令控告。

第十七款：凡装工人船进口，或领得在船实无病人凭据后，二十四点钟内，必将工人原上船名单批明所死何人，是何缘故，由董事呈出后，由将军核明，设法杜弊，然后发给上岸准单。

第十八款：凡华人在古巴作工满合同后，必须照第七款之意，或再立合同作匠人，或种田地，或作打杂或厨子等工均可，或出古巴。不独原合同如此办理，即后来所立各合同，亦应一律办理。如两日（月）之内不出古巴，即令作官工，发工钱若干。后除该工人作工时费用外，所存之钱若敷盘费，即代为搭船出古巴，至该工人愿去之处。如该工人自己无一定之处，将军可指令何处，搭船前往。

第十九款：凡装人进口，商人屡次违背章程，或作董事之人赔本，将军可不准该商人带工人来古巴。若有董事赔本情事，由将军限商人两个月内另觅董事；若满两月未觅得董事，后不准雇船装工人，或仍有此等船来，即将该船照不遵章程一律办理。

第二十款：凡商人不先派定董事，或不先报明雇船及欲装工人若干各情节，或立合同工人上船及船上安排饭水等事，未请日国领事官管理，或者因紧要之事在衙门控告，有衙门判定是商人之错，所带来之华工，即不作为同该商人曾立合同之人。

第二十一款：凡有前款各情节，由将军照料妥协，以便该中国人上岸得有楼上（栖止），二切（项）费用仍归董事零出，各该工人，亦准听其便寻觅主人立合同，或作匠人，或作小工，或打杂各事，由将军一面设法照料，免其受欺。

第二十二款：照前款所云，上岸后两个月未寻得主人，或者已知其不愿立合同，由将军饬令董事缴出银若干，敷该工人去别处之盘费，仍搭妥船及所往何处，亦由将军询明，如能去所愿之处，即行令往。

第二十三款：凡有华工人进口，商人亦能将该工人让与别商人，或与田主，或与住家之人。如何让法，可两相定见。新主必须具结，言明合同内及此项章程各款必得遵照，新主人仍准转让与别人。若后来有与合同不符之处，转让即行注销。

第二十四款：凡有转让之事，必须在二十四点钟内两造将取让工人数目、年貌、籍贯以及男女，系何船装来，住在何处，报明将军。

第二十五款：报明将军后，即将所报各情节存案。

第二十六款：凡中国人由此处至彼处，必先由将军允准方可。

第二十七款：凡船带华人到古巴，照该工人所住地方免收船钞。

第二十八款：凡带工人进口，商人或董事违背此项章程之处，由将军会同按察司衙门，酌量罚银若干。所罚之银，不能不及一千圆，不能过五千圆。或所违背之事，与照料及相待工人妥协之处有妨碍者，至少准罚二千圆，至多不得过一万圆。

第二十九款：凡有如此罚办之事，或将军有别项照章程惩办之处，而该商人等不服，可转请奏明君主定夺。

第三十款：凡将军照前款罚办，必一面将应（因）何罚办情节，知会官状师，以便该状师酌量令副状师代该工人照例控告。此款与别款内注明应当控告之事无关。

第二段　工人与主人交涉事件

第三十一款：凡华工在古巴，特派将军为总护华工事宜，又派各城参将为兼护华工事，又派各乡镇官亦为兼护。凡有事件，必报明参将请示遵行。

第三十二款：凡工人在衙门内控告之案，如系小事，由各城各乡镇官状师帮理，如系大事，即由本国驻扎夏湾拿城官状师帮理。

第三十三款：所派定各保护华工之官，必须认真详细巡查，实系相待该工人无不合之处，又按照合同内各款办理。该保护华工之官，凡与工人有益之法，呈明将军，以便照办。或者主人与工人有不合之处，亦由该保护官随时料理清楚，所有不合之处，若与律例有关，必由该保护官另请一员帮同转集两造，令其（将）各情节禀明，即由该保护官立时当面判定，若不合之处系属紧要，必须照各该衙门章程控告，以便照律例判定。

第三十四款：凡工人立合同，所有别人照例应得益处，若系与内各款不相符合，该工人断不能得。倘此次章程内载明，可得即准。

第三十五款：凡工人准其在古巴地方娶妻，然必得先问明主人，主人应允方准。如不允，工人可照四十二款赎身，或另寻主人，由该新主人代为赎身。

第三十六款：凡工人有妻子者，准由该工人照例照管，但不能有碍该妻子照例应作之工，及应遵之章程。

第三十七款：所有工人之子生时，如伊生母系照合同作工，其子与伊母一律相待，只过十八岁后，或伊母仍照合同作工，准其自由。又凡女人立合同作工，其时已经有子，其子如何相待，亦必须合同内载明；若未经载明如何相待，其子亦准自由。惟尚未过十二岁，其住居衣食，应出伊母之主人照给，与伊母相同。

第三十八款：所有女人照合同作工时所生之子，未准自由之时，亦由主人照给衣食，惟其子必须照年方可作之工照作。

第三十九款：凡转让工人之时，该工人已有妻子，其子未到十二岁时，该新主必须将该工人妻子一同收受。又凡工人有妻子者，主人不能令其长久分住，如其子未到十二岁，亦不能令其子母常久分住。

第四十款：凡工人若得有产业，所得产业或送、或卖与别人，均可准行。惟此项事内必须隐显全无与合同不相符之处。

第四十一款：凡工人均准照三十二款之意控告主人，如有告别人之事，主人能可代工人帮理，若主人不肯帮理，系因与所告之人有交好之处，准工人照三十二款请状师帮理。

第四十二款：凡工人若立合同时不及二十岁至二十五岁，准其将合同注销，所有二十岁以后立合同之人，做满六年合同之后，亦准注销。至各该主人，亦能及期注销该工人之合同。各该工人若欲如此注销，必先将所欠主人银若干归还，或多作工归还，或照别样归还均可。

第四十三款：凡工人不拘何时均准赎身，必须先将后开之银交给主人查收。此银一、系该工人原花本银，一、该工人所欠主人之银，或因作工耽误，或因别故欠款。一、所有工人作工已成熟手，与生手有别，应熟习之人代为估值，应照所估数目归还。一、因工人赎身之后，或难觅接手，应赔补若干。惟查绞蔗之时，同作紧要之工时，不准如此赎身。所叙紧要之工，系天主教之大日，照例不当作工，因工紧急，天主教准作，即作为紧要之工。

第四十四款：凡主人待工人刻薄，或不照合同相待，工人可到保护工人官处，由保护官将两造讯明，若实系主人之失，由该保护官饬令将合同注销。如此注销合同，不必赔该主人原本之款。注销之后，若工人或主人准在各衙门照律例控告。

第四十五款：凡准工人休息之时，并准其自己作工挣钱。如作工或在主人屋内，或在他处，若出去作工，必得主人先行答应方可。又休息时，亦准在本处闲散玩耍，惟所玩耍，亦必循守规矩，无碍地方局面。

第四十六款：凡工人照前款挣钱，或因工人有产业挣钱，准其自便使用。但无论何项生意，凡主人不愿者，不能常作。

第四十七款：凡工人产业转卖时，必先行通知主人。若主人愿买，必先卖与主人。

第四十八款：凡主人将地一方让与工人，以便工人暇时种植果菜，若未先言明如何，所出之物俱归工人。

第四十九款：若工人出做工之所，必先通知主人，请主人写给凭据，或总管之人凭据，方准出门，如无此凭据而径行出门者，必拿获送回，所有拿送费用，归主人归还。

第五十款：凡主人无论因何故，实在不能将合同内所载衣食给工人，亦准换他样衣食；惟衣食数目不能更改。若如此改换之时，工人心内不服，该工人必须去保护官处，由保护官定夺如何办法。保护官必得设法，以期两无妨碍。至紧要者，不准令工人原本利益有妨。

第五十一款：合同内所载工人生病延医各款，无论系如何写法，主人不独请医调治，必须预备药饵，又须预备医生所指定食物。

第五十二款：凡工人除天主教大日之外，必每日照合同内载，作工若干时。所指大日，虽系天主教之大日，若该教准人作工，工人仍须照常作工。

第五十三款：凡主人无论何时，无论合同如何写法，扯算每天不能令工人作工过六时。

第五十四款：凡合同开明主人能照第六款第六条，每日作工加减一天内，至多不能过十五点钟。再凡有工人，必须或日或夜，连歇三时，若合同内未开明每日工可加减，主人必定遵照合同内所定工时。

第五十五款：若合同内未开明工人应作何工，不应作何工，工人必定听主人吩咐，无论何工照作。如果合同开明应作何项，及不应作何项，若主人所定做之工与合同不符，准其不作。所有工人，若合同内未开不准租与别人，亦准由主人租与别人，惟租与别人后，代租主应做之事，亦必与合同相符。

第五十六款：凡工人生病，不能令其作工，必须医生言明，实系病好，方可令其作工。

第五十七款：凡主人发工钱之事，必照合同内指明何项，遵照发给，或合同内有别项相涉工钱之款，亦当遵办。

第五十八款：凡工人生病，若所生之病系因主人之失，或病须主人预防，而主人未经预防，以致生病，工钱照给。或病系别故，与主人无关，若合同内未开明照常发给工钱，即不发给。

第五十九款：凡工人生病，所生之病系该工人自取之咎，工钱一概不发。至合同内开明凡有病照发，亦与此项自取者无涉。

第六十款：凡定工人病症系因何而得者，以便遵照以上各款，由各处常请之医生看视定见。如无常请医生，必须主人转请一医定夺。若工人以医生所定不公，可请保护官另派两医验看，一归官派，一归主人专请，此两医生所定作为凭据。若两医意见不合，由保护官添派一人，此一人即可为凭。

第六十一款：凡工人因自己错误，在当作工时停歇，必须按照合同作完时补作。似此补作与照例惩办该工人亦不相涉。

第六十二款：凡各主人必须日日记帐，每工人作工若干时，得钱若干，以便不拘何时，能知或主人应欠工人之款，或工人有欠主人之款，或合同满后应补工若干。

第六十三款：此项帐目必须每月底算清，存欠若（干）款须告工人，以便由该工人看视，有不对之处，随时说明。或者主人不肯更改，准工人到保护官处禀知。

第六十四款：查此项章程第六款第八条叙明，各合同应注明工人在何处作工，应遵该处规矩。至此次章程别款，亦系此意。惟所指之规矩，断不能与合同内或此次章程内不相符合。

第六十五款：凡工人逃走时，必由主人报明地方官，以便设法拿获送回。所有费用，先由主人补还，后准主人在工钱内扣回。

第六十六款：凡由主人必须设法将天主教内各道理讲说与工人听，只准如此讲解劝戒，若工人自己愿入教，由主人知会该处教师，以便教时查照遵办。

第六十七款：凡有工人受自由之人，或在别处主人所用作工中国人之害，所受之害按律例所不能惩治者，主人须查明，若真系受屈，必设法劝该各人公平赔补，如不允，必由该主人或禀明地方官，或转托官状师代禀。

第六十八款：凡有带工人到古巴及在古巴用该工人之人，若不遵照第一二段章程，由将军酌量罚银若干。除罚银外，若照律仍有惩办之条，亦即遵办。

第三段　主人如何惩治工人

第六十九款：凡有应惩治工人之时，该主人之权有二：一系可锁在监内十日，不得过十日；一系凡锁日不发工银。若主人只锁工人，不扣工钱则可，若只扣工钱不锁，不准。

第七十款：凡主人照前款惩治工人，必须二十四点钟工夫内，报明保护中国人官，以便该官若有询察之处，可将各情节查明，或有不公之处，可将主人所定惩治之法，量为更改。如惩治工人时不报明保护官，罚银自二十五圆至一百圆为率。

第七十一款：凡工人无论何事，自忖主人有委屈之处，或系无故惩治，不照六十九款之法，或相待与章程不符，总准工人禀明保护官。若由该保护官查明实系冤极，此冤极若能照律例惩办，即准照例控告办理。如该工人所说之委屈系无关紧要，可由保护官自行罚办工人，罚款不准过一百圆外。

第七十二款：所有保护官，无论何时随意或亲自或派委员，至用华工各处查看，以便将各情节面讯该工人，以免主人有违背前两款之意。

第七十三款：所有各主人手下之总管，亦能照前款惩治工人；若惩治不公，有应罚银之处，仍问主人。若照律例有惩办之处，即将该总管惩办。

第七十四款：所有主人能惩治工人之错失列后：一、或不听主人及主人所派之总管吩咐；一、或不作工，或作工故意粗心错失；一、将人打伤，若伤重致受伤之人不能作工，不在此条内；一、逃走；一、酒醉；一、无论何事，有违作工之处章程；一、若有不守规矩之事，如系照律例不必有人控告者，或照律例应有人控告而无人控告，均须惩办；一、凡有心害人，如所受之害不能照律惩办，即与该主人惩办。

第七十五款：除各主人照此章惩治工人之外，所有受工人害老人，亦准禀请各衙门照律例查办。

第七十六款：凡有各事能照律例讯问总办，而不在主人惩治之权内，必照例控告。控告时照三十二款内，由各官状师帮理。

第七十七款：凡工人屡次错失，照六十九款所开惩治之法实系无用，应由主人禀请保护官查明所叙各错失，是否照律例能办者，若系可行，亦当遵照办理，若律无明文不能惩办，保护官饬令主人照六十九款之意酌加示惩。

第七十八款：凡工人闹事，一同动手，断不能听主人、总管之话，主人不能设法勉为弹压；一面由主人请保护官查明闹事各情节，实系极重，能将有罪之人当该所用别项工人之面惩办。

第四段　补各情节未尽之处

第七十九款：凡工人照上谕所应得各益处，不准私相授受。

第八十款：将军当设法每年正月内将华工人数开明，必注年貌、男女、姓名，有无五年执照，及照合同作工等事，系做何项工，合同内年若干，用工人之主人姓名，及作何事，住处，由将军汇总一单奏明本国。单内必写明总共工人若干，分别男女。又须注明未及十五岁、已过十五岁、未及五十岁、已过五十岁。又分别娶妻、未娶妻，以及鳏寡诸人。又分别系做田工，及匠人工，或在人家作工。又须分别系在何埠，或何乡镇。又必注明合同内所开五年以下、五年以上、十年以上、十年以下，及十五年以上。

第八十一款：本国不拘何时，将工人到古巴之事停止，或暂不停止已（以）前，将谕旨刻明在本国及夏湾拿官报内，由夏湾拿至少限八个月期停止。该八个月之后，装工人来船，作为违背此章程之船，一律照第二十款办理。凡现在及以后带工人来之各商，须知若日后如此暂停不准，或竟停止，断无请本国赔款之理。

第八十二款：所有一千八百五十四年三月二十二日之谕旨，及一切前定因工人进古巴章程，均行注销。

中国第一历史档案馆、卢文迪、陈泽宪、彭家礼合编：《中国官文书选辑》，陈翰笙主编：《华工出国史料汇编》第一辑，中华书局，1985 年

（三） 一千八百七十二年九月十四日古巴华工再立合同等事章程

第一款：凡有华工到古巴，一千八百六十一年二月十五日之后，满合同工人，必须遵照一千八百六十年谕旨第七款及一千八百六十八年章程第五十一、二款，又将军一千八百七十一年十月十八日所出之示，或出古巴地方，或再立合同。

（查一千八百六十八年第五十一款内云，须遵照一千八百六十年谕旨第七款、第五十二款。第五十二款内云：凡中国工人满合同而未再立合同者，进一工所，必须在该处新闻纸内刻明，工所内有工人愿出去作工，若无新闻纸，必须在通衢大路写字张告，令人知之，亦应在该处官报内一律刻明。又须查明系何省分，省城官报内刻明。再查一千八百七十一年，将军出示所指之款，只说再立合同之主人必须著名公正之人；又云各人将一千八百六十八年四十六、七、八、九，六十二、六十三、六十四等款，遵照此项各款，亦在此章程之十三、十四、十八、十九、二十等款内。）

第二款：凡华工满合同要出古巴，必带至各该地方作工之处府城工所，以便遵照一千八百六十年谕旨及六十八年第五十四款章程，两月内出古巴。如逾两月之限，仍未凑出盘川，或已有盘费尚未启行，可令再立合同。如此办理，工所费用可省，又免工所所住华工过多，以致乡下无人工作，华工与田主两有妨碍。

（查一千八百六十八年五十四款内云，若工人自己出古巴，未报明是何处，或尚未定见，可由将军代定行止。）

第三款：如前款内云，或离海口远，或在海口无便船，必将华工派到夏湾拿工所，以便由该处起身。

第四款：凡有逃走华工，若从进工所日期计算，至十一个月之内无主人来寻，亦可令再立合同，其原立合同暂行停止，以便遵照六十八年第四十六款章程。

（查一千八百六十八年第四十六款云，该逃走工人尚未再立合同，均在工所扣留。又云十一个月满时，必将该工人姓名在人数单第三张内除去，列入第四张上。其人数单第三张系工所内逃走人数，第四张系工所内候再立合同之人数。）

第五款：凡华工在监内出来，若原合同已满期，主人未来寻，亦当带至工所，亦可再立合同。若将军酌量令其出口，或原定罪时坐满监期，即令出口，均即令其出古巴。

第六款：凡华工因主人为事故不肯用其做工，亦当送至工所，亦可令再立合同；或主人不用时已经逃走，拿到后亦可再立合同。

第七款：凡有田地主等人与华工再立合同，必先禀明将军，由将军照一千八百七十一年十二月十三日所出告示之意，转交总局查照后，由总局查明情节，再禀将军，以免无盘费出古巴之华工再立合同时受屈。因该华工无盘费，并非华工之错，又因该总局之本分，乃会同各官筹办照章安置华工在古巴妥帖。

第八款：凡有田地主等人与华工再立合同，必由总局先查明此人实有家产，又系正人，然后查工所内所存之华工可敷出雇，由该总局禀明将军，将军查照相符，再令总局照本分遵照各章，该华工出雇之期开明，以便照章转呈。

第九款：凡写立出雇华工之时，必一并叙明该华工情愿同某某立合同，倘无此语，所立合同即作为废纸。

第十款：立合同之时，由招工之人到工所，另由总局派员前往，以便华工当面言明愿去的话，后将言明之话写明凭据一纸，由总局之员及管工所之人，又招工之人，均须画押，将此凭据粘在出雇华工之期单上，后将该期单及华工名单并合同四张，统呈将军，以便将军验准出工所呈缴收条。

第十一款：凡再立合同之华工，如系在府城各工所内，应由该处分局遵照此章程内第九款、第十款之意料理。

第十二款：凡有华工再立合同，六年期限为至少，八年为至多。倘或有违此章，合同作为废纸。

（查后七十三年三月二十九日，由将军出示，将六年限期改为二年。）

第十三款：凡有逃走之华工，十一个月内未经原主寻回，照此章程第四款再立合同，只准六个月为限，每月给工钱四圆。此合同内各款，与原来合同各款相同，六月作完，亦可再立。必遵照一千八百六十八年章程内第四十六、七、八款，在合同内写明华工某某人，因为由某处逃走而来，倘或原主日后寻来，必得候作满六个月合同之限给回原主，情愿照补原定八年之期。

（查一千八百六十八年章程内第四十六款之意，已注明此章程内第四款之下第四十七、第四十八款，与此款相同，只是叙明工钱。）

第十四款：凡有逃走之华工再立合同，不独照一千八百六十八年章程第四十九款，补回原主期限，若新立合同后再逃走，亦须补回新立合同之期限。

（查一千八百六十八年章程内第四十九款与此条前半相同。）

第十五款：凡有与逃走之华工再立合同，必由该新主人准持地方官查逃人执照之人查对，查对之时，必有该新主或总管人在旁，若主人总管他去，必须有权代理之人在旁，因查对之事极紧要，不能耽误。此项官给执照，由该地方官处发给，不取分文。至持执照之人，每次不得过三人，又须由地方官照华工逃走总单查明，所请执照之人，实系有华工逃走，若寻华工之原主不得亲去查对，或派人持名片前往亦可。

第十六款：前款所言执照，在古巴各地方可以呈用，由各地方官必设法帮办，惟在三个月之内，必在领执照处缴销。

第十七款：凡有华工将满八年之期，如工主情愿与华工再立合同，必由该工主三个月以前禀明地方官，地方官允准可不必令华工进工所，只照第九款再立合同。

（查一千八百七十三年五月二十日将军出示云，凡有满原合同之华工与该主人愿意再立合同，准在该乡镇由管该乡镇之府局取派之员查明，实系该华工愿意再立合同，可免照十一款到府城徒多往返。）

第十八款：凡有再立合同之华工，不准工主令该华工作该工主分外之事，又不准该工主受该华工之钱，或别样利益，以便遵照一千八百六十八年第六十二款之意。

（查六十二款与此款相同。）

第十九款：凡有再立合同之华工，必遵照一千八百六十八年第六十三款之意，不准工主转与别人。如该工主物故，华工与工主别项产业当归接手之人。

（查六十三款与此款前半相同。）

第二十款：凡有工主违背前两款章程，如为一华工，罚银五百圆，另将合同注销，其华工送入工所。

（查一千八百六十八年第六十四款与此款无异，至罚银系二百圆为至少，一千圆为至多。）

第二十一款：凡此项合同，纸须一律大小。又须凭各城参将或府参将面立，因该参将等俱系保护华工之官，自当查明立合同之时各情节，实系遵此章程内各款办理。

（查已经在第十七款下注明。将军示，出满原合同之工人，若能与原主在乡镇再立合同，应在该乡镇分局之员面立，由分局转呈参将画押。）

第二十二款：此合同照前款必写四纸，由工主及所雇之华工两人画押，另由地方官画押，由地方官呈将军衙门，将军札发总局，由总局查照相符。倘不由总局查对，合同作为废纸。

第二十三款：立该合同之后，一存总局，一存将军衙门，一交主人，一交华工。

第二十四款：凡有再立合同之华工，无论系已满八年及逃走者，由新雇该华工之主呈出洋四圆二角交与总局，为该总局之费，由该局每月将用呈报地方官。此项银钱，不准由华工工银内扣除。每凡有逃走华工，各该工主寻回之时，亦由该工主呈缴银四圆二角归总局，由总局作为费用报销，此四圆二角之外，或仍有别项花费，当令该工主归还。

（查一千八百七十三年三月二十九日将军出示，将所云四圆二角注销，叙明所有已满合同再立合同之人，由主人先于每立合同一年交十圆，按年计算，如系与逃走之工人再立合同，每次只交五圆。）

第二十五款：凡有再立合同华工及所雇华工之主，仍照一千八百六十年谕旨第二及第三段，料理各项工主、工人两相交涉之事。

第二十六款：凡华工照合同替各主人无论作何项工，均必遵照各该处所定章程。

第二十七款：凡华工自行停工不做，俟满合同之日必当补做。至所停之日，除不给工钱外，必遵照一千八百六十年谕旨第六十一款惩办。

第二十八款：凡华工生病，由工主延医服药，此系主人之本分，只工钱照停。若该华工致病之由是自取之咎，或该工主无法可免令生病，到满合同之时，该工人亦当补做所停之日。惟该工人生病是主人之错，病日当照给工钱，满合同之后，不必补做所停之日。

第二十九款：凡华工生病时，必当妥为安置合宜之处，以便照料，及照例请医生服药。

第三十款：凡华工不论作何项工，必与同事工人所食一样。每年正七月内，必给粗草帽一顶，衫裤一套，均是粗布，又粗皮鞋一双，另有正月内给外着粗绒衣一件。

第三十一款：所写各合同，必用日国字。该合同内必注明该华工愿意照所定工钱做工，虽知工钱比别人少，已悉合同内所定别项好处足可补偿。

第三十二款：凡再立合同华工，必由主人带该华工到本地方官将合同及华工一年执照呈出。另照一千八百六十八年第八款将名单一张，呈交该地方官查收，由该地方官填写姓名在人数单第一张内，后将合同及一年执照一千八百六十八年第九款盖印批明发还该主人。惟名单呈交将军衙门转发总局。

（查一千八百六十八年章程第八款内云，开人数单之事叙明由各主人将合同及一年执照与名单转呈地方官。又查第九款叙明，将所开名单与合同执照查对后，将合同执照批明盖印，发还该主人。）

第三十三款：凡再立合同华工满合同之时，由该主人报明地方官，第二日将华工交与各该府城公所，如违此章程，罚洋二十五圆。倘因华工生病之故，不能出门可免罚。

第三十四款：凡照前款交与工所之华工，必由该主人将合同与执照呈交与地方官。该主人必在合同执照上批明该华工已做满期，已交与工所；批明之处地方官画押后，交古巴将军衙门，将军衙门转给总局。

第三十五款：该华工自执之合同，亦当一律交与总局。

第三十六款：凡各工所内所存能可再立合同之华工，由总局或开印新闻纸上，或另行设法传令各处周知。

第三十七款：凡系一千八百六十一年二月十五日之后所到古巴之华工，无论作何项工，及在何处，若未遵照章程立过合同，必送交各该府城工所，以便照章程立合同；或有逃走之工人，以便送交该原主。

第三十八款：凡有查出照前款用此项未立过合同之华工，如系用一人，应罚该主人洋钱五百圆，若照律例仍有一惩办之条，仍照例惩办。再查所罚银之日及各情节，必刊入官报内。

第三十九款：凡用华工，若所用之工已与别人立过合同，亦当一律照前款罚办。

第四十款：凡照前两款及照二十款所定罚款，将十分之二作为花红，赏与查出该情节巡查之员差，或住家之人。另各情节报明将军衙门，及三日内解清所罚之银到库。一面将所罚之银一半呈将军衙门，以便将军交存管库官。三日之内，饬令将所定赏款拨发充赏。

第四十一款：凡地方有此项情节之华工，该地方官不查出，除该（革）职外，另照例惩办。

中国第一历史档案馆、卢文迪、陈泽宪、彭家礼合编：《中国官文书选辑》，陈翰笙主编：《华工出国史料汇编》第一辑，中华书局，1985年

（四）一千八百七十三年五月初七日谕旨共四段

第一段　设立夏湾拿总工所及府城各工所章程

第一款：凡一千八百六十一年二月十五日以后所到古巴之华工及逃走各华工，日后均归入夏湾拿总工所内。此时设立总工所二处，即系安置再立合同之人及逃走之人。又系遵照一千八百七十一年十二月十三日将军所出设立总局之示第五款第八条之意。

（查第五款第八条叙明由总局设法将古巴东省、中省之华工，全解至夏湾，西省华工未载在内，与此款略异。）

第二款：设立总工所全归总局管理，与夏湾拿城内所管各务之绅董无关。

第三款：总工所因该华工等住屋及衣服食用及照看之人各项费用，由总局所收各项规费内垫出。凡有照一千八百七十二年章程再立合同之华工，由主人立合同之时每年先出十圆交与总局查收。至所有逃走之人交回原主之时，亦由该主人除将拿获之费用归还外，另照一千八百七十一年将军之示，及一千八百七十二年章程内将四圆二角交与该总局查收。

（查一千八百七十三年将军示内云，凡逃走之人若立合同六个月，须交洋钱五圆，已注明七十二年章程二十四款之下，此款未题及，想当漏叙。）

第四款：凡有进总工所之逃走人，能照后开章程暂雇与正派可靠著名之主人，以便该工人所挣之钱归总局查收，俾所收之银足敷该总局各款之费用。

第五款：凡有逃走之人出雇，不准一二人或数人一起，至少一帮须十人。此项工人，亦必遵照各作工处各项章程，至看守该工人及各项照料，均归主人专责。

第六款：凡有进总工所之逃人，过十一个月之后不准照前款出雇，必照例立六个月合同，以便遵照一千八百六十八年章程之四十六、七、八、九各款，及一千八百七十二年之章程十三、四、五、六等款。

第七款：凡有逃走之人，交还原主，由该主人只照第三款内所云各费交出，所有解送总工所及总工所内各费用，即由该工所自给。

第八款：凡总工所内各项费用均由总局主持。该总局必须遵照一千八百七十一年将军设立总局之示内第九款，其总工所内所用之人，均须听总局之吩咐。

（查一千八百七十一年第九款云，每月将各项费用账目报明将军。）

第九款：凡有收规费之时，由总局只能照所定之数目收取。又凡华工在总工所内有逃走之事，如查出是因粗心失察，必惟该总局是问，因总工所内所用各人均归总局调派，是以凡有错误，应惟总局是问。又因该总局立章程当安置总工所各事妥协，至此次所立各章程，亦由总局饬令该总工所内各人遵照办理。

第十款：除夏湾拿总工所外，另在夏湾拿及府城设立逃走华工之分工所。此项分工所，夏湾拿与各府城归各该处之绅董管理，惟虽系绅董照料而各分局亦有询问之权。再查分工所内所存各华工，只准留一月，后当照后开之章程解送总工所收管。

第十一款：凡夏湾拿各府城分工所内，由各分局除照一千八百七十二年八月初九日之示照例报明进出各人数目，按日报明外，另由该分局设法将分工所内现已留一月，原主尚未来寻之逃工，解送夏湾拿。又由各该分局认真预防，地方官等未遵照章程内各情节，先令华工出工所。

（查一千八百七十二年八月初九日出示晓谕分局，已在前叙明。)

第十二款：凡有逃出各分工所之事，由该分工所之总管将情节报明该处分局，由该分局转报总局，以便由总局安置清楚总工所及华工各项数单。

第十三款：凡各分工所照前款所存一月逃走之华工，只能令其作官工。作工时必有人看守，若查出令其作别项工夫，惟地方官是问。

第二段　总工所内所存再立合同之华工

第十四款：凡有第一条已注明作满合同或不肯再立合同之华工，必须主人交与地方官。该华工之合同及一年执照，一并由主人交出。

第十五款：凡有一千八百七十年十二月十三日以后再立合同之华工，立合同时未遵照一千八百七十二年章程，或有从前各工所已放出之华工，未先报明总局，必须交出总工所，或交作工之处地方官。至将军一千八百七十二年十月二十九日示内所叙出工所各人，不在此条内。

(查一千八百七十二年十月二十九日所出之示叙云，亦系饬令凡有总局未先允准而出工所之人，必须解回。又云，内有几人由将军格外加恩，可不必解回。)

第十六款：凡有一千八百六十一年二月十五日后来之华工，若在各地方作工未照例立合同，或未由主人照例在华工人数单内开明，必由主人出盘川解回总工所，以便照例再立合同。若查出实系逃走之人，即照一千八百七十二年章程解回原主，而所用此项无合同或逃走之华工，仍能照该章程第三十八款之意惩办。

第十七款：凡有已经再立过合同之华工，或系照自由作工，或被主人出雇作工，或由主人转与别人作工，亦由该主人出盘费解回总工所，以便遵照一千八百六十八年章程内第六十二款及七十二年之十八、三十九款，另将原主人及后用该华工之主人照一千八百七十二年之章程内二十八款、三十款罚办。

第十八款：凡有一千八百六十一年二月十五日之后所到华工，未遵照定例取得华工自由执照，亦解送总工所，以便再立合同，必先查明所到古巴之日，及如何得自由执照之情节。

第十九款：凡照前款将华工或解送总工所，或交与地方官，必一面将该华工先后各合同及一年执照，送交总局。

第二十款：凡有将华工交与地方官之时，必由该地方官十天内将该华工送交总工所，送时必由地方官赶速省费解送。所有之盘费，若照前款注明，由该主人交出，若未注明，即由总局筹发。

第二十一款：凡有地方官不遵照前款之意，即由该处分局或分局之员报明总局后，必将该地方官掣回。

第二十二款：凡华工满原合同进总工所，其时必报明是否已有盘费，及欲领护照出口。若欲出古巴，限两个月起行。如两个月内未能呈出实在满原合同凭据，实系做满合同，除不准发护照外，即照第四款之意出雇作工。其出雇之时，一面仍查明是否实满合同，以免受屈。

第二十三款：凡照此段各款内进总工所之华工，必开明在人数单第四张，另将各人进总工所情节，每一人开单一张，并原合同及主人满工凭据粘在单内。

第二十四款：凡华工照前款之意明系作满原合同，可准其照一千八百七十二年章程再立合同。如两个月内未呈出凭据，仍照第四款出雇作工。

第二十五款：凡华工将原合同及后合同作满欲出古巴，准照一千八百七十二年七月十三日将军出示领路照，以便到夏湾拿请护照出口，必由华工将原合同与满工凭据呈交总局。若该华工是住在夏湾拿城，由主人带到总局，一并将合同凭据呈缴。若无执照或无示所云保人，即不发出口护照。

（查所出之示与此款相同，只叙明保人，必须总局查看着实可靠方准。）

第二十六款：凡总工所内所存华工，如无何时到古巴确据，可禀请将军准查明系何年来，若系早到，可同前来之人，一律得利益。此项情节如尚未查明，必照此章程办理。凡遇有此等禀请查明之事，该总局毋得阻拦，不特不能阻拦，亦必设法相助。

第三段　逃走之人

第二十七款：凡有华工不能呈出实据实系作满合同，与逃走之人一律照此章程办理。

第二十八款：凡有逃走之华工，无论在何处拿获，由该处地方官留住三天。若系乡镇，由该地方官出条布告各处后，满三日如原主尚未来寻，将该工人送到府城，交与参将查收。

第二十九款：凡拿获逃走人之时，各乡镇地方官将情节报明该管参将，又报明该分局总董。若三日内有原主来寻，由该原主将合同呈出，若与合同上批明照一千八百六十八年第十一款逃走日子相符，可将逃走之人交主人领回；另由该地方官照一千八百六十八年第二十四款将合同上批明拿获之日，批明之处有地方官与主人画押，由该主人将拿到之费用交出，另将照章所定之四圆二角五分交清，由该地方官将此银送交参将，一面报明分局，又将逃走人名在人数单第二张内注销，写入第一张内。

（查一千八百六十八年第十一款内云，写逃走之人数单由各主人开具清单，及逃走人之合同及一年执照呈交地方官，由地方官在合同与执照上批明逃走日子，发还主人。又第二十四款内云，凡拿到逃走或领回逃走之人，必报明地方官，将合同执照交给，又由地方官将合同上批明领回日期，又批明该华工逃去若干日，须补还主人。）

第三十款：凡各乡镇内之分局所派之人，必认真设法，俾各事俱照前款办理，如有违背各情节，行报明分局，以便查办。

第三十一款：前二十八款内所叙，三日期内若原主未来找寻，必送交府城，交与参将，另报明该府城分局总董。

第三十二款：凡拿到逃走人之时，由该处地方官先设法查明由何处逃来各情节，禀知参将。如果查明该逃走之人主人姓名住址，由参将通知该主人即在禀内签明，已知照该主人存案。

第三十三款：凡参将知会主人，若该主人一月内到府城请领回逃走之人，即照二十九款内各情节将该逃走之人交与该主人带回。若一月无主人来领，必将该逃走人送至夏湾拿总工所，其解送费由总局发给。查满一月送总工所，乃系参将专责，断不能稍为推托延误。

第三十四款：凡三十二款内所言逃走人，乡镇官禀参将之禀，俟所可查之处均已查清，必将禀帖转交总局总董。该总董查照若一月之期已满，未将该逃人送到总工所，必再由总董催问，以便照章办理。

第三十五款：前款内所云一月之期，该逃走之人均系在夏湾拿及各府城分工所内留住，该逃人在分工所之时，照第十款内各该绅董发给口粮，并可饬令作官工，官工之外，不准作别项私工。

第三十六款：前款所叙一月之期，每一礼拜必须各该逃走之华工自早六点钟至晚六点钟齐集工所内，以便各主人或主人所派之人查对余日。该逃人作工时，或歇工时，亦准主人查对。另将各华工紧要情节刻入该处新闻纸内及粘贴报单在工所门首，以便主人一见即知；若有主人来寻，必遵照二十九款各节办理。

第三十七款：凡华工无论在何处作工，若出该处界址，必须请主人凭据，若无凭据，即照一千八百六十年第四十九款由该地方官拿获后，将该华工照一千八百六十八年第三十七款送回原主。若该主人实系在一处统辖界内，其送回费用由主人照给。（查一千八百六十八年第三十七款与此款同。）

第三十八款：凡有收留包庇逃走人，或用假合同执照等将逃人在人数单内开作照合同作工之人，或照自由之人，若用一人，罚洋钱五百圆，另照一千八百六十八年第三十六款照律例惩办，所有逃走之人，即刻带送总工所。（查一千八百六十八年第三十六款与此款相同。）

第三十九款：凡分局及分局所派各乡镇之司事，或别项人，愿出力帮办分局者，随时设法查探，以杜前款所叙各弊端。其查出情节，必即时报知总局。

第四十款：凡华工成帮作工，有领工头人，与将军一千八百七十三年十二月十三日及七十二年五月十三日告示不合，必将该工人及头人送交总工所，及所用各该工人之主人，按用一人照章罚银五百圆。若查得此等弊端该管参将与乡镇各官未查出报明，即将该参将等暂行撤回，必俟查明该参将等官是否通同作弊，再行定夺惩办。（查一千八百七十一年告示暂行一条第一款云，凡有华工及自由之华人不许成帮作工，叙明各华工必须与主人面定，断不准有人居中为首。又查一千八百七十二年五月十三日示内之华工，成帮作工最易藏匿逃走之人，及无合同之人。又云凡有此等弊端，皆为参将与各地方官专责，必须认真办理，所有用该工人之主人，每用一人，罚银五百圆。）

第四十一款：前款所立华工成帮作工，系极紧要之弊端，凡行此等事，地方官应准各邻右出首报明亦可，若总局疑有此等事时，可禀请将军允准派将差往查。因成帮作工最易藏匿逃走之人，而逃走者更多。

第四十二款：凡自由之华人，已言定作工，或按月、或按日给工钱，其时系与主人面定者，不归前两款之内。或该华人必须先报明该处地方官，所有五年执照及一年执照，由总局随时复查，其所作之工，只准在主人本处。

第四十三款：凡总工所内所存逃走之华工，亦能照此章内二十九款各款交还原主，该原主必须照第三条所定规费交出。

第四十四款：凡逃走之人进总工所内，必由该工所设法查明系何主人，即将该华工姓名、年貌从人数单第二张改归第三张，另将所查该华工自己及主人住址，如所查各情节刻在总局官报内，一月两次刻明，如主人已领去，即不必刻。

第四十五款：凡总工所内所存逃走之华工，照第四条内出雇过十一个月之后，即照一千八百六十八年第四十九款又一千八百七十二年章程内第十三、四、五、六款，立六个月合同作工。

第四十六款：凡有照第四十五款用此项逃走人之主人，必须照一千八百七十二年章程内第十五款，若有原主人来查对，准其查对。

第四十七款：凡查对逃走人时，所领准查对之凭据，亦照一千八百七十二年章程内第十六条，过三个月之期即注销。

第四十八款：凡有逃走之华工，已在总工所内住满十一个月之期，应饬令再立合同，以便遵照一千八百六十八年四十六、七、八、九各条。至一千八百七十二年十三、四、五、六各条所再立之合同，必叙明每月发工钱十二圆内，四圆交该华工领受，八圆交与总局留为费用。所请用此项华工之各主人，该主人内已查照人数单第二张自己有工人逃走而未寻回者，或该主人并无工人逃走者，而主人必先让有工人逃走之主人先行请用。

第四十九款：凡有主人查出自己有逃走华工照前款代别人作工，不能即时带回，必先遵照此章第二十九款办理后领局凭据，方能将该工人带回。若违此章，所查出逃走之华工，仍解送总工所，及该原主人及让其带去之新主人罚银一百圆。若所查出逃走之华工，若系照章程内第四条出雇，主人查出，准立时带去；两日内必将合同呈出，以便遵照此章之二十九条各款办理。

第五十款：凡有在总工所内住满十一个月以及能再立合同之华工，每月由总局开具名单刻在官报上。又凡有再立合同出工所之华工，写明系与何人立合同，住址何处，及华工原来情节开明，每月刻入官报上。

第五十一款：凡有逃走之华工，从进总工所之日起，已照一千八百六十八年及一千八百七十二年各章程挨次立合同，作满六年工，亦应同满合同之华工一律相待，或能出古巴，或照此章第二段及一千八百七十二年章程各款，自立合同挣钱。

第四段　总工所办事章程

第五十二款：凡有人将华工带到总工所，必将带到情节报明，由工所总管将华工收管，另出收单一纸，交带来之人收领。即由该差人将此收条或解送华工之公文呈缴总局。所有带到之川费，由总局发还，必先由总局查明所开费用之账相符方准。所取之收条，工所内必开明该华工系编何号及姓名，或系逃走之人，或系满合同之人，系何主人，何处来者，由何地方官饬送总工所，并将该华工年貌等情节照式开明。

第五十三款：凡有华工送到总工所之时，由总管照式开单报明总局，总局收到报单，亦准照前款饬令缴还费用。

第五十四款：凡有华工解送总工所，由总管照章程注明各人数单内，另照定式将送到之人各情节，分别系逃走之人，系满合同之人，开列工所簿内。

第五十五款：凡有华工逃出总工所，必由总局每礼拜照定式开明清单呈报总局，由总局照所开之单，酌量应备食物若干。另由总管每礼拜将已用若干，所存若干，报明总局。

第五十六款：凡总工所内所取用各食物，必由总局总董允准，方能治办。

第五十七款：凡无论何处工所有逃走之人，由总管即时报明地方官及夏湾拿城知府及总局各处。

第五十八款：凡总工所内所存住各华工，若系因逃走获送工所者，所穿之衣与满合同之华工须有分别，该逃走之人，必得将号数注明在号衣之后。

第五十九款：凡有逃走之华工，若照第四款出雇，或照四十八款再立合同，必有总局总董之凭据，方准在工所。

第六十款：凡此项华工交与新主人之时，必由该主人在凭据上注明：已交到。至逃走之华工出雇之时，所立之合同应写两张，由该新主人画押，该主人存留一张。

第六十一款：凡有逃走之华工过十一个月之期再立合同，应遵照一千八百六十八年及一千八百七十二年章程，必照样写四张由主人画押。

第六十二款：凡有总工所内所存各项华工，或出雇，或再立合同，必由该新主人将该工人带到做工处之地方官，以便遵照一千八百六十年之谕旨及一千八百六十八年章程，将该工人开入人数单内，如有逃走及物故者，由主人报明地方官及总局，另由地方官查明该工系因何故而死，报明总局。如违此章，必查明或系地方官，或系主人之错，酌量罚办。

第六十三款：凡有逃走之华工出雇，必由总局除照例分填各项册籍外，必随时登记各主人每日用人若干名，或退回若干名等事注清。

第六十四款：凡有前项主人应发之工钱，若有迟延不给，必由总局将该华工带回总工所，至所欠之钱，或该主人出雇之时有先交存之款拨补，或令保人偿还。

第六十五款：凡有再进总工所之华工，编号必须照第一次入工所所编之号列入号簿。所有报明入簿各情节，必照章程办理。

中国第一历史档案馆、卢文迪、陈泽宪、彭家礼合编：《中国官文书选辑》，陈翰笙主编：《华工出国史料汇编》第一辑，中华书局，1985年

四　古巴华工呈词节录[1]

谨将古巴华工呈词节录呈乞钧览。

计开：

（一）夏湾拿城

同治十三年二月初四日，据广东海阳县生员陈少岩禀称："生于咸丰年间，跟方耀大人到高州府地方剿匪，馆住高州城内绿阴堂，教方大人之子读书，兼办营事。后班师回省，不料祸起不测，被恶人骗来古巴。番人存心性行，与华人悬异。在糖寮八年间，苦楚难堪，或受饥寒，或受拷打。一身孤苦，孰看落魄之可怜？举目无亲，谁念穷途之可悯？生现居教宿兰稿，做烧炭工夫。修禀求见，望救残生回乡。"等语。

二月初四日，据广东南海县生员洗佐邦、民人秦阿保、何阿四、何阿秋、张福才、周清、吕金圆、李阿金、何阿灶、梁阿贵、刘阿广、伍阿长、陈时东、金阿文等禀称："生员于咸丰九年，蒙殷学台岁考取入广州府学。次年有家住佛山之番禺县人潘阿恒来说，每年修金一百二十圆，请到澳门，遂被拐卖过番。至民人等，或居乡，或居城，亦被澳门洋人广布匪党，掳捉骗诱，一入到猪仔馆，就不得出门，一下猪仔船，便不得登岸，任凭锁打，押过大洋。及到夏湾拿卖人行，剪辫改装，听人拣

① 此节《古巴华工调查录》未收录。

卖。无论在中国有何才学，到此总须做工；无论在中国是何身分，到此一概为奴矣。买入人家做侍仔、火头者，虽受鞭挞，尚不捱饿，少做夜工，然无几人也。买在砖瓦、面包铺、山寮、糖房等处，已不免闸脚熬夜。况糖寮千数富官大贾，皆据此为利薮。华工等食狗彘不屑食之物，做牛马不能做之工，处处监房，时时鞭棍。折手烂脚，皮裂血流者无日不见；悬梁跳井，割颈食烟死者，亦几于无日不闻也。前此福建、广东船来，间有五年工满合同，到埠后即被卖人行收毁。自澳门来者，皆写八年工满，实不知八年之例何人所定。早年八年工满，常有预花十数圆，拜寄爷洗头作保得满身纸者。近年则官商一气，寄爷亦难为力。非司头出凭据，不能向官请纸，非有满身纸，巡役可随意捉入工所。古巴之工所官监无所分别，多年工满者谓之走路，永押工所，即可永押官监。总之，设计将华工永远拘管做官工，得不费钱，又得绑身分肥而已。满身纸之外，又有行街纸，年年要花钱更换，否则不能行街。若欲由此城暂过别城，则另须要求地保给凭据纸，否亦可以捉押。有残废不能做工，被糖寮逐出，及工所中实在老病难堪者，亦须有乞丐纸，方准出外乞食。此纸亦非用银不能得。至于出港纸，更视乎囊橐厚薄，数十圆至数百圆不定。华工等能有几人敢作回华之想乎？生等亲见壬戌年间，忽有官役拘满身华人打石，名曰谏爹拉，逼勒再立合同。黑人督工凶狠之极，哭声遍地。幸癸亥年清官到任，下令省释，给纸营生，得以安帖。辛未年九月，忽又拿捉华人，乘夜入室，收去文凭，诬为逃走，尽行拘禁。幸得英美各国领事官力与理论，始获释放。除保出外，仍有再卖入山者。华人何辜，冤苦至此！现在华人行街，常为土人秽骂掷石，若不受即被群殴，拉去入监。华人买土人物件，还价稍低，亦被打骂。至土人向华人取货，或饭铺饮食，问要价值，被其打伤，甚至打死者，不一而足。忖思各国人到古巴，皆得往来自便，平正交易，不知华人何以独应受虐，竟出黑人之下？常欲写信遍告中国人，谨慎防备，勿再受骗到此，而又无路寄信。幸遇驾临，乃得联名禀诉。”等语。

二月初四日，据广东开平县司徒德、郭金安禀称：“同治九年到来此地，不得回乡，故在夏湾拿行医，求食度日。我无罪过，旧岁忽被番官捉来坐监，说我华人不得在此行医。我现在监中烟仔楼，不能得见，特寄数言告禀。”等语。

二月初四日，据广东南海县施致和、李成玉、吴秉刚、赵有为、陶明光、陈英、陈松芳、黄开、崔世荣、张昭德、郑保、冯乙、梁顺、马德芳、伍杰、吕富、甘毓、何有、潘广、章生、沈德明、孙燕、周昆、姜毓秀、朱植、王保、杨仁、苏成德、何世德禀称：民等咸丰九年十月在澳门被骗拐，到吕宋国古巴岛，发卖与糖寮佣工，甚为刻薄，指不尽之凄凉，笔下虽千言亦难述。皮鞭挞背，锁链在身，少壮者尚能饥留残喘，老弱者竟归阴府冤沉。从此生则为冻馁之人，死则作饿殍之鬼。纵然合约满期，终无释放。亦有完工已久，困入监牢。等语。

二月初四日，据广东顺德县杨万胜禀称：“民本做梧州船水手，咸丰八年十月间在广东省城五仙门外会仙街，偶遇素识之黄阿保，系肇庆人，声言要请人往澳门佣工，工价甚昂，是以允诺。行至澳门，见吕宋国番人，谓想佣工，要去夏湾拿古巴岛，立约八年为期，每月给工钱四圆，衣食无亏，工满可回，如不愿者，立即刑杖，只得应允。落船开行，三月之间抵夏湾拿，将民发落，卖与糖寮佣工，不分昼夜，捱受饥寒。遇有大病在身，还要重刑敲打，若然片时坐卧，必定禁锁监牢。是以难返故乡，冤情莫达。”等语。

二月初五日，据广东番禺县人李英松禀称：“咸丰八年十月间，在广东省城小南门外路遇骗徒，声言要请人前往澳门佣工，其价甚昂，无论士农工商，各因其才而用，是以民允诺而行。

遂至澳门，入其屋舍，视之乃吕宋国番人也。谓欲佣工，必须前往夏湾拿古巴岛，立合约八年为期，每月工银四圆，工满回归，如不愿往，立即行杖。民此时身入牢笼，无可奈何，只得暂行应允，以免笞杖。随落船开行，有三月之久，抵古巴岛地面，将民卖与田间作奴，任其使唤，日夜佣工。食则以薯蕉，睡不过片时。倘若生病，不能作工，轻则拳脚交加，重则刀棍逼命。只因言语不通，无可如何。欲待工满回乡，谁想八年之后，不给满身凭据。问及主人因何不放，主人大怒，将我送吕宋国官发落。谁想该官不由分说，竟将我困入工监四年，罚作无钱官工，困苦异常。”等语。

二月初五日，据广东吴川县吴阿光禀称：“自少失怙，家贫如洗，只靠母亲鞠育，并无兄弟，采樵度日。不料同治元年被拐匪诱我下船，是时势寡力穷，万难得脱，又见有中国官衣顶端坐，督立合同，如不依者，交回处治，逼得允从。岂知到来，当工不分昼夜，贱如犬畜，捱饥受刑。至今八年已满，事主不肯写保结，地方官不肯出满身纸，但无此纸为凭，不论满身与未满身者，捉入工监，即时上锁，日夜当无钱官工，亦有骑马枪炮督押，如无土人保领，带刑至死为限。我经被锁数载，脚烂不堪，竟成废疾，四体不全。恳求设法，以度性命。”等语。

二月初七日，据广东恩平县吴胜禀称：“咸丰十年十一月间，在澳门被人骗诱，声言请人佣工，价值甚贵，是以民应允而行。到见有吕宋番人厉声言曰：尔等欲想佣工，必须去至夏湾拿，立合同八年为期，每月给以工银四圆，兼衣食无亏，俟其工满，方许回归，如不愿往，即用棍打。落船到境，发卖与糖寮做工，日夜不歇，时受拷打。八年工满，又把我送到番官处，押罚作开山打石官工，以致石炮伤断右手。此时番官亦不体恤伤残，亦无怜悯救济，求乞无路，觅食无门。”等语。

二月初八日，据广东开平县人陈名愿禀称：“民自幼学医为生。咸丰九年八月初旬，往省寻亲，忽遇澳门高尾街聚益堂杨先生往省采药材，称说有一位番人托他请医，在洋船中医人，到埠为限。即时同到新合行，与船主说允，工金、往来费各项一应包足，于八月十五日写立合同，落船医人，但船到埠，许船同回中国，原船不回，亦要补回船银一百八十圆，任另请船自便。谁料到夏湾埠，取出合同算数，船主不良，将合同骗回，并无银两另补，因言语不通，逗留遭害，被辱太甚，苦泣难诉。更有四散苦工，欠食受苦，刎颈投河撞井，带锁含冤食药，屈死无数，闻者伤心，见者流泪。”等语。

二月初九日，据广东南海县区炳南、谢闰桂、李华、余芬、吕乾、丁皆、惠州府刘棉、开平县司徒松兴、张发、区命、新会县谢成就、高明县廖章、东莞县梁文、顺德县何祺祥、归善县庄福、恩平县洗乔，番禺县王德、吴川县陈学周、海阳县廖来、香山县黄连胜、新宁县何贵、曲江县谭胜、湖南安仁县周显谟等禀称：“民人等被强迫过番，屡屡无辜受害，前年设立会馆章程，往格颠剌司埠签题银数千，欲建会馆，救困扶危，岂料地方官不准。计中国人到古巴甚多，被欺骗冤枉毙命约一半。咸丰十年间，大兵头名叫舍囒，将满身人一概捉拿，往石山及贡恕捞做无银官工，管工头人狠恶，打死者不计其数。后数月，新大兵头名叫唠士莅任，乃怜恤释放，给满身纸自便。前在广东澳门立合同过番，以八年为满，不料到来，官说十一年十月二十五日止，以后过来者未有满身纸。有合同为凭，尚且强欺，有死无生矣！该地方官设立中国人民监牢，名叫科司，各处地保夜夜查纸，有纸者例该不拿，亦冒捏以食洋烟、赌博，无纸者当为私走，一概拘禁科司监，锁脚做官工。同治十年九月初十夜，尽将我们二千余人拘禁科司，幸赖外国领事官向兵头理论，兵头官着求此处人具保释放，余剩百余人在山。出到夏湾城，举目无亲，无银求人具保，拘禁一年后，又一概带入糖寮再卖，每人身价银一百零二圆，有冤无伸。同治十一年，幸赖别国王子名叫必吟是敝亲到游玩，是夜开释铁脚链五百余对，仍旧做官工。今现有三埠锁脚作官工，故阿那八过阿埠、马当撒司埠，格颠剌司埠，此三埠惨极，冤屈死者不计其数。至同治十二年五月，地方官与各富商出示，欲将我们捉拿当兵，入山打仗，闻之心惊胆寒。后闻中国官不日莅临此地，才免捉拿当兵，地保亦无夜夜稽查，平安数月。只得沥情伏乞台阶，着大兵头官饬各埠官，尽将科司人释放给纸，并满身人一一给纸。诚恐大人回国后仍要拘禁当兵，恳代请列国领事照料，方免灾难，以救众命。"等语。

二月初十日，据广东武生军功游击赏换花翎前署汀州右营守备张銮、广西候补巡检江苏程榕龄、广东尽先守备莫荣显、保举把总陈学周、民人福建诏安县林国、广东嘉应州李昌、唐梅郎、长乐县林三、博罗县古秀、古松、邹二、邹生、林四、林长、张平、田发、余阳秀、林满，归善县张福、梁桂、揭阳县陈实、林南，英德县张丙，新安县冼乔，新宁县罗三，连平州黄义兴，恩平县彭亮、黄春、彭金保、杜腾，吴川县陈福等禀称："职等生长中华，暖衣饱食，祖父以来，未闻须出洋谋生也。自古治国之道，十年生聚，不患民多。只有设法招徕，未有愿人民散之四方，寄籍异国，况于陷入死地，不获生全乎？不谓近数十年华洋通商，竟有葡萄牙人串同西班牙人，专交结中国匪徒，以拐卖人口为业。此风倡于厦门，盛于澳门，其羽翼爪牙散布各府州县者，沿海掳拐华人，入猪仔馆，下船运往夏湾拿货卖。又或甘言巧语，谓古巴发财容易，作工之日无多，且每假称装到英国，新加坡，美国金山、纽约等处为名，使人不甚畏，网罗遍港，机械塞途，无论智愚，常为掩取。此皆葡、西两国忍心害理，引人贪利背义，诱人作奸犯科，以致中国良民骨肉分离，宗枝断绝也！古巴一岛，形如鳄鱼，毒气熏蒸，迴殊别处。糖寮林立，四望蔗田纵横，千百里中，监房不下数千间，脚铐不止数万副。内中被虐工人，呼冤受痛之声，皮开肉裂之形，刎颈悬梁，吞烟投水之事，不一而足。少壮者愿得罪而坐官监，老弱者常求纸以作乞丐。此岂人情所乐哉！更有甚者，古巴之官大抵为商，糖寮之商总可制官，各寮动用非刑，官若不知，逼打死人，官亦不问。近年方且措搁满身纸，非多金不肯给发，拓充波遂馆巡役遍处搜罗，勒各工再立合同以媚商，令各工分绑身银以肥官工所。官绅循环收发各华人，遂利路宏开，财源滚进，华人等亦遂辗转为古巴众人之奴，永无生还之望矣。已经八年工满者，当给凭据脱工，情理显然共见，乃竟送押工所，与命盗等犯一样锁脚做工，不应拘囚而概拘囚，未尝走路而混于走路，自古及今，普天下各国有此等不公道之政事哉！前数年，华人以病无人医，死无地葬，寄书无路，回国无期，议各埠捐建会馆，选派董事，别国义士亦有愿意助成者，不料葡萄牙官欲中华民心涣散，勾串汉奸，捏造集赀为叛等谎，唆古巴官禁阻其事。厥后，葡国副领事诱华民到格颠刺士领假纸，密通巡役查拿索诈，并原有满身纸者亦多被搜去，将其人转卖入山，冤极惨极！试思华洋各处贸易地方，会馆以千万计，曾有创会馆以造反者乎？古巴兵戈数年，系伊西班牙人自乱。当时各寮主威胁工人同行，华工等抵死不从，陆续走出，人数不少，现皆可询。又如糖寮近贼之区，及多罗闸做工等处，亦未闻有华工相率叛去者。在华工非必能以德报怨，特缘身出中国礼义之邦，不愿为非礼非义之举。古巴人当知感愧，乃借此造言，更设法禁锢华工，尚得谓有良心天理乎？职等自幼学文习武，原有志于功名，断无出洋工作之念，今乃沦陷遐荒，无由自脱，不能报国，只是辱国，尚何复言！唯葵藿之向犹殷，荩葹之心未死，恭逢宪台临莅，用敢尽情沥诉，伏乞察而救之。”等语。

二月初十日，据广东开平县梁杰禀称："吕宋国人姓巴名河西，原与民同在点街灯工人馆雇工，寓居夏湾城内，街名疏第八十六号。督工头人即巴河西。民在此雇工，业已数载，每月工价银十二圆。只因本年国中尽用钞纸，衣食昂贵，而此处不增工银，民以衣食不敷之故，又是有文凭脱工之人，欲舍此别图，于本月初一日告谢巴河西，辞工欲去。岂料伊包藏诈心，不允所请，欺民孤弱，盛怒相迫。民无如何，请其增加工银，并告以不敷日给之故。孰意伊凶顽，不容分说，竟执毒殴。旋赂地方官将我囚禁，计被囚至今，业经绝粒数日。前已浼人在该国上司诉禀在案，未蒙批判。诚恐钱神摆布，含冤不自。"等语。

二月初十日，据广东高明县苏进生，开平县吴昌，恩平县侯德，清远县严水，吴川县冼作方，南海县江保村、关春、李玉中，惠州府刘全连、和灼、林山、薛金等禀称："咸丰年间，被开平县长沙壳村卢老胃等拐来吕宋雇工。在澳门给有合同，满期自便，无得措阻。岂料吕宋官商恃势欺压，迫勒万端，满身之后，俱要再立合同。但若不从，立即捆解石山，名曰谏爹，拉黑人督工，任意鞭挞，捶打毙命者不计其数。或送入科遂馆，锁脚锁颈，出入做空工，苦极惨极。泣思前同治元年五月，工满之人拿送入山年余，捱尽刑苦，悬梁跳水者不记其数。同治二年，劳士清官荣任，释放给纸，始得暂安生业。后同治十一年九月初十晚，官商串通，勒再立合同六年，是夜拿捉一空，禁于炮台科遂监房等处月余，幸赖各国领事官不忍坐视，向伊理论，始得取保释放。余下百六十余人，夏湾拿二兵头再卖入山，每个银一百零二圆。如此恃势凶横，何时可解。"等语。

二月十一日，据福建同安县林金、庄文明、李九、张江水、晋江县陈明、海澄县钟德基，龙溪县陈三，诏安县陈位，广东揭阳县林壬子、吴华、王辉、姚大来，潮阳县萧苗、许兴、郑益等禀称："金等生在中原，身出礼义之乡，伦常之俗，农贾为活，毫非莫染。冤因道光二十七年，有番船二只到厦门，串谋土棍局骗拐诱诈，言'雇人番地佣工，每月除衣食外，工银四圆，如有疾病，东家延医调治，八年为限，限满东家向番官给字，与为出身，任从贸易营生，抑或回家，各从其意'等语。岂料金等自践此土佣工，就被番人欺侮凌辱，视如草芥，苦惨万状。在城市供役者，略息残喘，若在磨场山园者，尤苦楚。管工之人，执持棍棒，迫勒工作，夜以继日，刻无休歇。有疾不准报病，催迫力作，稍有迟步，立将殴打，痛楚难当。不胜其苦者，自投沟壑，或寻酖缢，自尽死亡，种种不一，惨伤难言。如衙门稍有知觉，东家即赂贿番官，上下互相埋没，奇冤沉覆，难以枚举。孤身异地，无奈伊何，惟有忍辱饮泣。华人前后到此亿万余人，内中满限东家给字出身者甚少，有满限取讨出身字而东家迁延不与，反与番官局套强行押禁，再威迫转卖八年，显系番官视华人为奇货以利己。含屈莫可伸诉。"等语。

二月十二日，据广东南海县杨允、温达圃、周社、何德、叶金祥、招作、黄公干、张满、伍华、陆耀宗、杨培、王全、谭福、谢盛、谢相、周超、潘澄、容伟、冯顺，番禺县陈步云、何庆、林荣、冼桥、梁广河、何锡、梁家和、黄福、周县，顺德县关科、冯全、王松、梁敬，东莞县陈乐、孔富、陈德、冯福、黄英、朱宜安、袁善、汪先、蔡基、聂才、陈业有、叶祖、林全、龙福，香山县陈观植、周社嵸、黄安、梁廷华、吴发、邝添、邝润、李疆、郑润，新会县李锦泉、陈福、彭昌、林成、黎细、伍文江、李清泉、梁球、梁常、李柔、黄锟、黎四、叶灵、陈珠、林益、何葵、黄钧瑞、林骥、黄如屏，新宁县刘英岳、陈保、伍振、刘天锡、李幼珠、女黄氏阿菊、何氏连娣，李氏阿好、伍氏阿秋、黄氏阿娇、黄氏，三水县郑同、岑润荣、梁标伟、刘正基、叶受、伍培铃、梁北、谭董、刘荣基、麦寿、谢槟、谢伦书、谢方，鹤山县宋并、王伍、冯福、冯金，恩平梁昌、何槐、林日、何川德，开平县张成、张如、梁庆，肇庆府黄义、胡新长，惠州府郑胜、梁细、刘连、刘观清，潮州府招来、黄禮、瑞兰郑氏，阳江县黄福，阳春县陈云，高明县罗五桂，高要县何兆蛟，电白县周阿超、陈有，四会县罗锦、林胜，福建省郑添、廖金，浙江省陈义、张福，湖南长沙县张颜、黄文、潘乾等禀称："自道光二十七年间，始被西洋人诡称吕宋世界金银，棍骗吾侪雇工，无论白屋庸愚，固受其引诱，即此朱门弟子，亦入其牢笼。统计每年拐来多人，迄于今二十六年矣，生存无几，计不过十之二三。前三年九月间，夏湾官兵突如其来，通捉吾辈入监，幸得英美各国官解释，苟延残生。方其立约于澳门，则曰八年满期，既而困身于此境，何曾一日工完？试观整路而链锁其脚，此乃何辜？过街而石掷穿头，此因何事？辱固极矣，怨有谁诉？食不过蕉粟，人更贱于牛马，暂停则鞭挞怒骂，少驻则锁禁莫逃。洵是笼中之鸟，有翼难飞；几等网中之鱼，有渊难跃。或悬梁而自缢，或投水而身亡，或食烟膏、入榨糖而苦寻自尽，冤极惨极，不可胜言。伏愿严禁澳门，先绝其引来之路，超生我辈，复开其再造之天。"等语。

二月十二日，据广东徐闻县骆阿宝禀称："民本做羊肉生意，遇人叫去上船卖羊，不得上岸，骗去澳门，带上猪仔行。同治元年十二月廿七日遭打合同，廿八日早下番船，通共约二百七十人。过古巴卖入糖寮做工，常被打得皮骨通身出血。做满八年，司头不好，不得满身纸。上年走出外做工，因无纸，被兵查拿，捉来走路馆做工，四五年无工银，每日二餐饭，不饱。"等语。

二月十三日，据福建龙溪县张泰隆禀称："同治三年，往咬唠吧城，由三吧垅往南望采米发兑。七年间，澳门有一夹板船，运华人五百余，扬帆去夏湾城。至吧城，薪米水菜不周，故进吧港添采，三日之后，复出吧港，遇风将舟打破，此华人五百余投生登岸。时吧官玛嘤与船主约定，两月之期，返澳整船，再来装运。不料船主回澳八九月之久不返，吧国主将此华人用夹板船装去夏湾城，船主要寻一人识吧语，请我在船上通事，每月工银四十圆，议到湾后访舟配回，有吧城文凭为证。途中药水不足，死一百二十余人，尚存一百五十二人。到湾，谁知船主起不良之心，令我押此华人登岸往兑人行，并将我禁在行中，不许出入。三日后，有番人与我坐车去城中番屋传话：'我是你东家船主，将你卖与我八年为奴。'我不识此地言语，后方知船主将我卖身，悲惨之至。东家逐日殴辱难当，十年五月间走出城内一月，又被东家拿回刑罚禁锁，幸同乡万有生向东家哀求，每月纳回银十二圆，故此脱禁。今已四年，仍要按期纳银，不知何日得免。"等语。

二月十四日，据广东恩平县黄有、邹戊、古观海、尹良佐、陈才、李十、陈林、罗树、郑顺、邓丙、沈成、柯尖、王陈寿、李玉章、杨官福、杨四等禀称："被拐带棍徒骗押落船，直往亚拿湾温亚拿哥处，卖与火车馆佣工，八年为期，言明期满任我自便，各安生业。岂料土恶欺横，不依合同，现今期满数年，不畀出身，亦不给纸，迫我们再卖身做工。佣工之苦，衣少食缺，工夫太重，更兼管工私自鞭责，苦楚难禁，入井自尽，不可胜计，怨屈无伸。"等语。

二月十五日，据广东嘉应州黄二，惠州林贵，肇庆府王昌兴、朱桓、何华、谢木等禀称："同治三年来到番地，卖在湾哪哥火车路做工。旧年三月做满八年之期，至今仍在火车馆做，有一年之久。东家说要再打合同四年。"等语。

二月十五日，据广东番禺县生员李肇春，民人吴川县吴二、林德秀、郑德如、叶二，长乐县魏左，兴宁县袁二、张九，嘉应州谢福、房二先、张长、曾进、谢裕朗，英德县朱圆，东安县陈炳，雷州李安，湖南湘潭县文楚臣、余德盛、唐自升、周茂廷、李文楚、周有桂、李德胜、文日章，直隶天津县曹俊，江西龙南县谭德成，吉安县万安、张文、袁生，饶州郭胜，建昌府刘明、江南金坛县陈金圆，上圆县黄满，奉天府姚四，广西桂林何昌，福建泉州江林行、张二丁、金年、林白、郑彦，漳州吴万真，龙溪县庄九，南安县洪伟、陈振、吴钧正，诏安县林闰、沈朝，惠安县许高，平和县陈庆来，漳浦县林有文，广东河源县刘秀年，遂溪县陈福，英德县张闰，新安县卓三、洗高，三水县邓锦、郑英、麦文、杨松朗、霍濠，南海县李别、阮和、冯松基、何福、赵建、欧昌，香山县谭来、麦维新、伍连发，新宁县钟秀、何有、梁三，增城县谭旺、廖二胜、温照、罗应贵、曾金秀，新会县梁利、苏发、何成，东莞县郑全福、李锦、李海、游石、袁万、袁清、蔡吉、区致、周信、王松，顺德县卢源、苏槐保，从化县钟添、刘二，龙门县叶庚秀，番禺县凌闰、黄俨，博罗县江二、黄灶、陈福、邹火、李喜、唐洪，归善县林良、刘长、林群、何保罗、南养古、陈福、蔡明、谢贵邱、陈福、陈开、罗应盘、涂胜才、邱金福、何保、卢桃林、姚傅、萧满、石长、张有、薛恭，海丰县刘金保、李穆、刘梅，河源县谢泉、李润、谢贤、李喜、阮年、刘满贵、张兴、吴枚、王有、阮喜，永安县李成基、张先，陆丰县林卢，龙川县吴韬，开平县谭德厚、何长、梁戴，阳江县陈正，恩平县孔龙、郑霞、萧连、彭亮、刘九、卢攸、曾庚连，高要县何明，鹤山县沈传、李胜，四会县吴水，高明县黄金科、吴福，德庆州张茂，海阳县陈屈手、曾洪，潮阳县萧茂、周冬，揭阳县林旺滋，惠来县方富等禀称：“生于咸丰四年，张百揆学院取进黉宫，后教读，遭乱，被人哄荐澳门教馆，逼勒出洋，卖烟店为奴。民人等在华，或耕、或读、或樵、或渔、或做商贩，递年亦被葡萄牙人勾结匪徒，前后陆续掳拐到澳门猪仔行关，不得出行中。所言无非说某某不肯出洋，已经捶毙，已经捆抛下海，已经禁死在屎牢等语，令人心胆俱碎。及拉见番官，如狼似虎，传语者念读合同，含糊数语，且或言雇去安南、新加坡、新旧金山等处，尔时尚望生还，免得立时就死，不得已画押下船。不谓卖到此古巴岛，终世为奴，终日受苦，直至祈速死而不可得。且被拐以后，或十数年，家中并未知我等生死下落也。回忆由澳门出海时，闭坐舱底，甚至装入竹笼，锁入铁槛，随意拉打三数人以示威，同帮之人或病死，或打死，或饥渴死，或乘闻投海死，已不知何许矣。及至夏湾拿，洗身剪辫，送上卖人行，候客商来挑摆议价，卖多少不得而知，何人分肥若干亦不得而知也。但思此身生长中华，父母教育，幸得成人，竟为外洋设法，源源骗卖，身价归于洋人，自古及今，失算之事孰甚于是？或谓古巴人但云招工雇工耳，云卖合同耳，未言卖人为奴也！试思途中已死无人之合同，伊肯卖乎？西班牙欲辞卖人之名，又乌可得乎？至于买去做奴，在埠中人家铺店者殊少，种烟种架非者亦属寥寥，而卖入糖寮者十居其九。寮主向总管要得糖多，总管向管工要得工多，唯利是图，罔惜人命。华工之劳逸不问，饥饱不问，生死亦不问也！一日两餐，发生蕉四条准作华工餐者，以为能发三条准作一餐者，更以为能矣。勒华工每日做工二十点钟者，以为能勒至做二十一点钟者更为能矣。鞭挞频仍，监锁任意，报病者捱打受饿，行慢者嗾狗追咬，打死、刎死、投水死者，也不报官，即报官亦止来看了事。华工中就有桑梓之谊，莩葭之戚，目击情事者，亦不敢向官指证，倘指证即死矣！古巴人动言华工每杀总管，苟非万分势迫，谁不畏杀人抵命乎？又言华工多有逃走，苟其可以安生，谁肯拼命逃出乎？华工在各糖寮，每月银纸四圆，实不过白银一圆零耳。本自不敷贴补衣食，而寮内总管等开有铺店，货低价昂，听从扣算，若离此别购，即斥为逃走，锁脚做工。八年工满，安得有回华川费乎？况近年来各糖寮主在古巴做官坐局者，更定有最毒新例，工满华人要送出各埠工作，锁脚做无钱官工，不拘何处，并无年限，直须做到死而后已。若旧寮主或别人向该埠官说妥，每月十圆十余圆可挑人入寮佣工，谓之绑身。而所得工银，必须订明分大半畀官，华工每月所得亦止数圆，又安能剩得川费？至澳门合同，入寮时多为寮主收去，或其人已死，寮主亦可同该埠官商妥，向工所硬指一人顶合同已死之人，惨更甚矣！在华工非必好赌，惟西班牙官家重白鸽票等赌博，派人到处卖票，倘幸赢得多银者，谓有天彩，往往准其赎身，是以众人希冀万一，而不知缘此益窘也！又华人非尽喜吸鸦片烟，本有瘾者，由澳门至古巴，船行数月，瘾亦断矣，无奈绿衣等借鸦片烟馆图利，又欲借吸鸦片讹人，乐得由华人吸食鸦片。各富商又谓华人烟瘾之后，便无钱无志气，不想回华，亦乐得诱华人吸食鸦片。华人见身非已有，钱非已有，均之被掯，不得回华，亦遂恣情妄费，其多吸鸦片，亦情事不得不然也！不然以糖寮之刑威，何难禁绝乎？鸦片烟土岂华人能贩运而来乎？其他如山寮、糖寮、瓦窑、面包、烟叶、火车、鞋帽等店，苟有华人数名以上者，其设立刑具，打人、刑人、脚闸、监房，均与糖寮一律。或别国人开设糖寮，间有发四圆实银及一二日内得食米面一二顿者，而习于古巴风气，工作时刻，究不能松，且格于古巴新例，八年工满亦不肯出满身纸也。生等忖思，贩卖货物尚须问过主人，今葡萄牙等串结匪类，任意将中国人拐卖，家属不知，王法不顾，颓风煽炽，致叔侄兄弟亲戚朋友有互相骗诱者，隳中国之伦纪，坏中国之人心，流毒无穷，非细故也！生等又见人家之待牛马，食料必期其饱，驾驶必量其力，即或鞭挞，亦不过数下，断无锁其脚而驱驾者。今西班牙官商之待华工，食既不饱，工又繁重，鞭打动至百数，皮裂骨折，亦不知恤。糖寮脚闸监房，少有空时，入监者日间仍带脚链做工。至所谓工所即走路馆，华人从未走路而满工者，亦并归此处，每日锁脚，挑泥凿石，洋人持鞭刀趱督之，甚有加以两三道脚链者，务使困苦不堪，再与富商立合同绑身佣工若干年而后已！工满后，仍复如此办法。是西班牙卖人为奴，并设法禁锢终身，令无生还之望。世间惨毒之事，有过于此乎？生等朝不保夕，不知命尽何时，但得塞除大害，使中国人再不致来古巴，遭罹荼毒，死亦瞑目。”等语。

二月十八日，据广东新会县李承训禀称：“窃我幼家贫，谨承父严训。行年十八岁，舌耕江门镇。壬申岁父殁，五月之中旬。求施于乡党，得钱三千文。叩谢乎闾里，归家议葬亲。因丧而失馆，家无粒粟贫。愿往亲友处，觅枝以栖身。路遇梁阿高，小泽乡中民。旧识谈往事，复假问寒温，云澳一蜒户，其家颇称殷。修金一十圆，邀我为西宾。我信以为然，随到澳门津。伊指一洋船，云即我东人。乃用小艇往，半海露情真。云往吕宋国，我初不愿闻。伊出铁利器，不从定丧身。念家存老母，妻儿女成群。若然身丧后，合家靠谁怜？逼得乃从权，泣叹生不辰。到此古巴岛，与奴隶为伦。工夫苦异常，牛犬胜十分。惜短杆拙笔，难尽录由根。万望发慈悲，早救我辈人。旋邦见母子，万代共沾恩。所禀尽实情，无半点虚陈。”等语。

二月十八日，据广东永安县陈古、归善县萧阿多、增城县吴阿有等禀称：“民等自到夏湾城外糖寮山寮，早以三点钟开工，夜以十二点钟收工，日食两餐，大粟、大蕉、咸牛肉，各寮如是。总管工头人如狼似虎，拿刀背枪。倘气力迟慢，当即鞭打，血流满地。或私走被捉锁禁，难望释放。或迫饿死于山林，或悬梁而投河，惨不胜言。忖思合同八年满期，欲望回家，以报劬劳，岂料八年限满，强迫再立合同，讨向给满身纸，不肯。无奈在近地雇工，地保稽查，拘禁科事馆，工无了日，祸无了期，有死无生矣！旧岁八月初三夜，地方官、地保亲查，不论有纸无纸，一概拿捉，往土名多罗榨，开山砍树，限做六个月为满，有纸交还，无纸给纸。至今岁二月满期，叩乞释回本埠给纸，以便雇工。岂料欺骗太甚，将我等一概带出夏湾科事馆，押做官工。”等语。

三月十九日，据广东龙门县人唐占魁、丁阿佳、吴阿六、李清泉、莫金齐、余阿洪、曾阿贵、雷阿从、李阿清等禀称：“我等自咸丰年间，误遭奸棍狡骗，由澳门陆续到吕宋国雇工，以八年期满，任由自为经营，或回国，俱不得措阻留难，合同字样可凭。岂料该地方官豪势横强，于洋人一千八百六十一年二、三、四月间，将等做满八年工者尽行勒追再立合同，当官工，一概捆解入山，名曰谏爹拉，又名曰江素，屡以狠恶，黑人督工拘管凌辱，肆意鞭挞，不由分说，竟遭严刑扑捶，登即毙命者不计其数。幸该处换新官，名啉士荣任，遂饬释放，并给满身纸，俾我等得生业相安。讵七十一年九月初十夜，该处豪官势恶，又将我等满工者不论有纸无纸，尽行捉拿，解送科遂馆及监房等处锁禁，赖英美等国官不忍坐视，理论劝处，陆续释放。更有甚者，该处街坊地保常窥探我等，凡住屋或有三五来往坐谈，即必诬捏赌博、吸食洋烟，讨出身纸等事，欺噬勒弱，若不遂诈，使捏扭解科，遂锁禁做工。当时有美国义士浪罗付旁观不忍，助金劝捐，愿我等设立会馆，为排难解纷起见。不料又被该势豪富恶贿串，诬捏捐银帮贼等情谎告，致使会馆散局，受豪欺噬，无所底止，殊堪痛恨。现今各埠俱设科遂，凡陆续满工者，即将满工之人送至科遂囚禁当工，或送入山，或勒再立合同。给工食如饲鸡犬，督做工任意鞭挞，与牛马无异，难堪惨苦。”等语。

三月十九日，据江苏镇江府人陈庚圆，广东新宁县邓洪喜、谢南保、伍阿吉，新安县范阿生、冼阿乔、高阿喜，开平县曾阿杨，归善县黄阿四、欧阳义宽、陈新发、钟汪兴、邓阿珍、罗阿捷、马阿发、时阿发，河源县曾阿胜、黄阿有、吴阿梅、吕伯寿、吴阿兰、张石妹，连平州袁显飘，长乐县陈阿森，恩平县卢阿霞、刘阿荀、吴阿义、张阿金，潮州府刘阿信，博罗县黄云龙，高要县苏殿培，东莞县周阿信，高明县潘阿义，永安县张阿先，番禺县赵仲健，鹤山县李阿成，四会县吴阿荣，惠州府林阿安，兴宁县袁学顺，嘉应州李阿三，惠来县方阿员，香山县伍阿发，广州府杨松朗等禀称："民等同治三年十一月二十日在澳门街落船开行，直至四年五月到大吕宋夏湾拿城，卖身火车馆打工，八年为期，每月给银四圆，日给米一十二两，咸牛肉五两。至于工期已满之日，亦无满身纸出，定要再打回合同六年，如有不愿打回合同者，即送交官做官工，并无银两给发，衣服亦无。"等语。

三月二十日，据广东番禺县简仕光、梁来、钟文，海阳县蓝如、黄利昌、庄妥，揭阳县伍廉、林圆兴、何两宜，潮阳县陈古、林振扬、庄二妹，大埔县巫保利三，南海县陈永、刘贺、阮锡蕃、吴有、潘瑞安，新宁县谢长、黄七、庞长、庞二、叶龙、林万，海丰县李文、陈罍、陈妹、刘先、洪才，增城县朱三、何保生、黄南，恩平县曾伍，顺德县胡寿、卢源、吴胜、廖禧，开平县邝陆、周长、何梦梅，归善县袁贵、陈五昌、沈佛、董利安、钟梅、庄命、陈松、黄福、冯满、黄观养、方来、刘贵，兴宁县刘龙、曾官成、陈添，东莞县黄辉、王能、吴明、黄庭、叶福，博罗县张桂清、张悦来、江二、温化，始兴县廖圆贵，河源县黄福、刘润、李喜、袁福、游文，三水县李先，高要县李辉、伦光，罗定州张彪，嘉应州邱换、王风清，丰顺县钟春、锺日，长乐县孔锦鸿、邓二、廖先、曾先、万二，龙门县沛贤，鹤山县温福，龙川县骆传曾、罗海、刘连，陆丰县陈发、罗德，香山县林章，德庆州张戊，阳江县林仁德，湖南宜章县李策魁，宁远县贾闰成，江苏江宁县周维屏等禀称：“民等智识浅疏，生辰舛滞，有丁年贸易失足离罗，有壮岁佣工逢奸拐骗。论民等别国离家之由，实有冤戴覆盆之苦矣！然既身羁陷阱，欲脱安能？惟望工满券期，回乡有日，不意佣工番地，居然罪倍流徙，沦落他乡，俨若生囚地狱。总管督工作福作威，图贿赂东家贪酷，恒昼恒夜促兼工，甚则械囚桎梏，拷挞鞭笞，难保一日之存肤，未有半朝之歇息。虽乃分符执据八年为期，孰意爽约背盟，终身抱恨。至若城中工役，稍胜他方，而土人之欺凌，更有甚于臧获矣。但以身拘约券，蒙难敢不艰贞？及夫工满限期，死亡几已过半，苟能免死，非沾残疾，也染阴伤。幸赖无虞，不遇富欺，则逢吏虐，或逼立卖身约券，或驱禁公务羁囚，竟将民等幽困牢笼，永为奴隶。其忍心如是，其贪戾无穷！盖以此国设立酷规，凡华人在此立工券者，工期若满，务要进伊教，认伊国人为父，方能在地方官处求给脱工文凭，如无文凭，作逃亡人论。但此国番人贪而无信，华人如有求，彼则必温言厚币，馈宝送金，认称契父，乞其代禀，如其许诺，辄索多金，为官衙使用。故华人在此满工者数万，而有文凭者不过数千而已。更有一端，言之发指。古巴吏官本是穷奇饕餮，夏湾兵勇居然猛虎豺狼，常昏夜而叩门，操戈入室，竟乘机而掠物，碎箧空金。虽高喊而邻舍莫援，若与争则钱财尽掳，诬以犯罪，送入监牢。蒙冤兮何处鸣？负屈兮无路诉！贪河无满，欲海难盈。辛未年九月十日，土豪煽暴，窘我华民，污吏弄权，虐我远客，突整其旅，尽掳华人，强夺文凭，禁囚囹圄，千般锻炼，万种严刑，逼再鬻身，屈使立券，华人死刑者指不胜数矣！于斯时也，生死均难，进退维谷。不意险中之险，犹幸绝地逢生，何期冤外之冤，且喜危中遇救，乃有他邦豪杰，别国官员，悉知民等被冤，毕集群贤拯救，问法律于元戎，诘犯由于太守，正言厉色，吕宋官吏低声，义论公评，此地土豪俯首。

于是金锁开，樊笼破，游鱼脱网，戴列国之德如山，惊鸟归巢，视故居之产似磬。悲哉！昨日性命系于须臾；苦矣，此时饥寒迫于旦夕。凡此皆民等昔历之艰难，而吕宋所施之暴政也。当今圣上仁泽汪洋，化及外方，草木湛恩，广大惠沾，率土苍黎，诚千古未有之鸿施，百世初颁之旷典。民等以穷荒贱役，落难愚民，未冠被困于遐方，及壮消磨于海国，自恨穷途多病，犹悲苛政频加，故敢哀鸣赴愬。”等语。

中国第一历史档案馆、卢文迪、陈泽宪、彭家礼合编：《中国官文书选辑》，陈翰笙主编：《华工出国史料汇编》第一辑，中华书局，1985 年

（二）马当撒司城

二月二十五日，据江西南昌府人邱碧山，广东南海县黄玉、冯福，顺德县谭栋、区联、杜昭、杜由、潘呈，新宁县梁奴、何六、梁中，香山县李龙，新会县梁福、卢昭，番禺县张华、陆九、伍唐，东莞县翟福、黄恩、孔富，三水县梁家和、杨培，增城县伍灵、梁福、钟进，恩平县谢隆，鹤山县冯广、吕新、陈达，高要县区长、刘绵，清远县罗胜，惠州府吴新桥、黄继森、叶材等禀称："民等向在中国，或小本营生，或务农为业，皆属安分良民。不料咸丰、同治年间，或因寇乱破家，或因年荒流徙，有等拐匪设法诱人，假招工为名，诓骗为实，诡计百出，或云澳门洋行雇工，或云香港店家帮伙，甚至被伊诱嫖诱赌，陷入罗网，骗到澳门，卖入猪仔馆。后至逼令过番，或锁入屎牢威胁，每拷打一人，必令众人环视，使其畏惧，不敢有违。迨至强逼下船，船主好者不过生病沉疴，恶船主必肆行荼毒，每有一船人死亡过半，洋海数月，苦楚万般。抵夏湾拿遂入夏湾拿之猪仔行。该处行内，视华工如犬豕，督牧有人，锁禁有人，饲食有人，巡查有人。俟数日后，发卖糖寮，每二十五人为一起，价值银数万。后入糖寮，与地狱无异，事主凶横，管工残虐，总管敲扑，身无完肤，足不停趾。昼夜十二个时辰，只歇二时。日食粟米粉两块、弓蕉数个、咸牛肉两块而已。每日所作之工，与牛马无异。强壮者枵腹从事，皮骨仅存，稍弱者难受凌虐，自缢、投水、投糖锅、自刎、服药死者不计其数。惨无天日，莫此为甚！更难堪者，八年满工，已备凌虐，讵料满工后复要再立合同或六年，如或不允，即送入官局作苦工，与罪人等，或锁脚，或收禁，均照常做工，凌虐与糖寮无异。变态百出，总欲华工在此为奴，毕世乃止。此邦之人，绝无人心，总无天理。今蒙查访，正拨雾见天之日。为此沥情直陈。”等语。

二月二十五日，据广东惠州府人阳阿英、许阿满等禀称：“民等自八年工满后，于同治八年十月间，有洋人司头罗委柱雇往敢磨令糖寮做工，着民等代雇工人三十七人，每人每月工银一十八圆，直做至同治十年五月间完工之日，与彼面算，除来工银外，仍欠民笔工银二千七十余圆，屡屡索取，全无银交。民等商酌，贫者自不能与富敌，到处皆然，若系民等二人之工价，尚犹自可，无奈代雇工人三十五六名之多，难免同伴之人噪闹。不得已禀明番官，业经马丹沙大番官审决在案。面谕三日内先交银四百圆，仍欠若干，分两年陆续交足。无如罗委柱恃强倚势，分毫不交。此人非系贫穷，现开有糖寮、布店。糖寮在散旦小埠内，地名敢磨令，布店在角老内舞大街，当卖货之人名龙麻内，系他之女婿。彼所以不完工银与民等者，实明欺民等孤身远客，无人帮助，由他任性横行。”等语。

二月二十五日，据福建陈玉树、林连发、黄捷圆、林三、江叶科等禀称：“咸丰二年到吕宋，被番人卖为家奴使用，或在糖房，或在街市，皆如犬马牛豕一般，食不甘味，寝不安席，度日如年，惨至极矣！不特工夫辛苦，而且打骂难堪，同帮自尽而死者不计其数。或有不死，而忍耐八年，意欲满身，有清闲之日，谁知此处番官又生一计，设为缚身，即送走路馆，置之死地。虽呼天号地，亦无如之何。”等语。

二月二十六日，据广东王阿敬、文阿安、李阿其、刘水秀、陈自福、简阿生、陈阿容、阳阿贵、罗秀隆、廖阿四、陈阿有、钟罗保、陈阿才、王石福、梁阿至、区子康、李阿祥、张林发、胡阿四、赖春秀、周阿长、沈阿赛等禀称：“民等在中国到来此地，被卖入敢勒写别西恩糖寮。初来三五月，有得三餐食，至今都是两餐。工夫实难做，三点钟起身，做到十二点，歇工一点，又开工，做到七点，回屋食粟米，不过半点钟，又出去做到十二点，三点又打门叫出做工。民等又受饿，又受打，同来有二百余人，现存不过八十余人，投河食药死者太多。如走路拿回，锁脚重打。做满八年，又不畀出身，要做多六年。病入病房，又无工钱。”等语。

二月二十六日，据广东嘉应州范足兴禀称：“咸丰年间被棍拐骗至吕宋国，入山埠土名马丹沙附近做工，已做满八年，被该处地方官捉拿送江素萋锁禁，当官工。该处理事及督工之人希图肥己，朋比为奸，串同勒诈，私刑殴迫，送银与伊则轻刑，不送银与伊则重刑。有满身纸，有些蓄积以备旋归者，俱被该管理督工势恶搜寻，将纸毁烂扯破，捏为走路，捆缚行刑，金银财物抢掠一空。与伊理论，反遭再殴扑毙命者不知凡几，锁禁当工者数千百余人。泣思八年艰苦，更又遭此抢殴捏勒，情何以堪？实属罔知天理，暴恶特甚。”等语。

二月二十六日，据江西庐陵县王均盛禀称：“咸丰八年来至广东省城，二日之久，被人骗卖过番，于十一月间开身，至九年三月到夏湾，卖入马丹社凉水店做工，有六年半，下欠一年半，赎身银二百零四圆，多承契爷打纸出身，自做生意。于去年十一月出夏湾，换公司纸数张，三十日搭火车回马丹社，在家闲坐。有走路馆人来叫，言及朋友喊我，即时同去。一进门去，走路馆写字洋人名叫哋呤将所换之公司纸抢去，冤诬我带人走路，不由分说，锁我出街做工。有四个月，时常教黑人打我，总管兵亦打我，周身打烂，血流不止。即时又要做工，不敢一言。前月十九日，蒙契爷与大地保将我保出，不然又有四年之苦。如今写字洋人有百万家财，尽是拷打勒取华人之银。”等语。

二月二十六日，据广东嘉应州赖质直、恩平县汤壬秀、番禺县钱华玲、南海县陈阿慈等禀称：“民等雇工此境，被骗拐而来者十有七八，谁愿洋海飘涉？且澳门立合同之日，听其条款，八年工期而已。岂知番人奸滑，合同条款，总是空言，八年工期满限，又要八年，若不再做，非打即锁，与他理论，即送官矣。递年做无银官工，日无饱餐一顿，夜无安睡三更。如有疾病沾身，不能作工，即受鞭挞。不忿逃走，一经捕获，刑法难当。身苦无执照之纸，永无了期之工，所谓入虎穴难离虎口，种种弊端，难以枚举，乞垂怜救此无辜之工。"等语。

二月二十六日，据广东电白县林阿有禀称："民远适异国，实因家贫，只得同人雇工，不料被糖寮恶主监别宏懒老，小埠名唤咕力打，糖寮名唤老量。共同工人四十二名，期满八年，勒回雇工，不许满身回乡，脚镣监锁，寸步难移。去岁工人曾阿基曾经打死，冤无可诉，远近皆知。势得沥情匐叩。"等语。

二月二十七日，据广东新宁县曾阿石禀称："民自幼在家农工为业，于同治二年三月，误被客头张阿发骗入澳门，卖身到此。现有同伴四十二人，共卖在角委打小埠糖寮，名唤老量做工。兹本月初旬，奴工已毕，众人询问司头近日工竣之期，讵料司头不惟不从所请，即将民等尽行锁脚，威迫允肯再做奴工，不特无满身之纸发给，而且无加工银，只得暂且允肯，方得放开脚链。民不畏刀斧，捧词直陈，恳求救民，不至终身永作奴工，得以有满身之纸，任由自己方便，恩莫大焉。"等语。

二月二十七日，据广东顺德县梁阿德禀称："自同治三年九月二十八日离我中国，至同治四年二月十二日到古巴，已经九载有余。我同帮人到此由芒罗笼糖房，共有四十五名，今我同帮人做八年满，不过剩二十六人，或食药死，或吊颈死，或打伤病死，总之十分苦楚，难以尽说。我今已做足八年之数，我同帮欲出外埠做工，我旧东主将我同帮人捉拿锁打，要我同帮再另做六年，每月工银十二圆，亦不为少。但现今各物十分太贵，我想十二圆买得食亦不能买着，如何有盘费剩回中国？想望有人救我出外埠做工，或三年两载，剩回多少钱银回国。我昨夜欲来面说，我东家捉我回去锁脚，不能得见一面，特字寄来禀知。”等语。

二月二十七日，据广东开平县梁有胜禀称：“咸丰七年被人骗我到外国，卖入马丹沙埠糖寮。一日食番薯二斤，日夜做工，无得歇。同帮或有投河入井死，或有食药死，八年期满，剩无五成人。日夜打我，凄凉难当，不知何日得回乡。”等语。

中国第一历史档案馆、卢文迪、陈泽宪、彭家礼合编：《中国官文书选辑》，陈翰笙主编：《华工出国史料汇编》第一辑，中华书局，1985 年

（三） 格颠刺司城

二月二十八日，据福建晋江县曾瑞托、南安县陈阿世、长泰县吴阿玉、同安县叶阿田、林祖爱等禀称："民等自被人骗落猪仔船，风浪险恶，闻声酸鼻，或致病而死，或跳海身亡。到了古巴，暗想有工夫头路，以作过日之计，谁知洋人尽卖落糖寮，朝夕做工，寝食欠缺，复加鞭挞之苦，如同牛马。是以轻身自死者，亦不能尽数，候八年工满，十存无六。咸丰七年以后，番官贪财，众富商用财贿串，不论新旧老少之人，押令缚身，虽旧有字凭，不容分诉，幸得英美官府看为不平，协力阻散，不致押毙。至咸丰十年以后，说新来之人永无满限出身之期。不论在城乡街市中，老幼成群，深巷掷石，官上不理。忆昔三年以前，大城法地之间，华民等并无犯官律法，忽被一网拿掠，押入囹圄，枉死者百数人，又幸各国官员不忍坐视，直到番官衙门问华人何罪，尽入罗网？番官出于不得已释放。其中亦不得尽放，我等又用银两，托番人对官讲妥得放，无钱者仍押在街面作工打石。"等语。

二月二十八日，据福建高老秀、杨福田、张本、许合、蔡双凤、郑向、胡坪、卢三、杨池、陈喜、胡佑、陈临、苏若、王领、王琢，曾浓、郑来等禀称："民等出去外国，欲求安饱，谁知入到古巴，日夜做工，无一时可安，又加挞打鞭刑之苦，视华人如同牛羊犬马之类。捱尽八年苦楚，所存者仅十之五六。至八年满限，送交官员，修整路径掘石，以待缚身，或一二年或三五年，候再缚身，作官工过日，永无出头日期。有在菜市中及外路街巷作小生理者，每日强赊强借，难以数计，举物便行，不问多少。若要寻问，乱打乱捶，不管生死，一人下手，十人相帮，告诉官府，官又不理，我华人只是束手自恨。其中有人意欲回归故土，以报父母养育之恩，但往来不见船只，坐食空费而失其时者有之。或者积些钱财，被人知觉，昼夜跟随，待无人处而谋害其命者有之。是以华人屈于此地，不能转身。”等语。

二月二十八日，据福建泉州府人郑九禀称：“因被拐到古巴，卖入糖寮。工夫辛苦，半日难捱。左右思量，无法可施，只得走路逃难。后来入埠名格颠剌司，复被别司头强捉到糖寮名家下由达猗当工，再做八年。于今屈指算来，十载有余，尚未放我出身。兹因旧年新派管工，恶煞非凡，是以与他相斗，万望设法放出笼中。”等语。

二月二十九日，据直隶顺天府人赵昆，广东顺德县何锡函、梁阿伙、冼阿陵、陈阿带、康重才、梁阿六、何阿财、张阿汝、张阿汶、苏阿培，南海县周阿容、潘阿秋、颜阿安、王阿德、邱阿全、刘阿胜、颜阿炳、潘阿伟、黄阿琛、李阿勇、林舜贤、李阿胜、徐阿金、潘阿湘、陈阿牛、吴阿辉、余阿坤、黄永义，番禺县罗阿浩、区阿添、王阿冬、梁阿九，三水县邝阿庆、李阿泉、邓启泰、陆阿喜、陈阿分、李阿唐、潘阿容，海丰县何丹桂，新会县梁阿有、许阿乐、李阿成、梁阿养、梁阿豪、陈阿隆、梁阿寿、叶阿容，容阿京、欧阳福田、梁阿随、叶阿后、陈阿炎、张邦沾、吕阿振，四会县冼阿北、黄阿瑞、吴长德、曾阿庆，开平县杨阿福、谢天寿、谭阿女、许阿右、李阿文、谭阿三、陈阿春，吴川县陈土生，电白县冯阿四，花县邓阿端、植得龙、梁阿德、麦阿贞，龙门县钟阿惠、邓阿秋，恩平县冯阿信、甄阿正、麦阿带、叶阿润、谭阿九、吴如宝、黄阿带，高要县叶社、谢阿耀，合浦县韦忠义、黄阿杰，东莞县叶阿杰、殷阿生、叶阿成、叶阿俅，新兴县赖阿桂、李阿炎，新宁县陈阿受，增城县吕阿胜，肇庆府李阿长、岑阿生，鹤山县陈阿容等禀称：“吕宋船入中华，勾串奸民，满载华人过番，被骗者十居八九。涉重洋之险，离骨肉之亲，不幸命丧船中，葬归鱼腹，多少刺心酸鼻，方到夏湾。我辈守法奉公，不敢作歹。计各埠共十数万之众，受尽辛劳，彼国财得以裕充，富家借以安享，功缘不小，应格外以施恩。乃卖入糖寮者，有管工挟制，复受总管磋磨，食少劳多，工作无分昼夜，日则链锁鞭施，夜则坐监押脚，屈死逃亡不计其数。千余糖寮，焉能枚举？幸得八年捱满，一帮人之内所存者鲜有过半，正是苦极望甘，欲求一纸以护身，总要百银预备。若官无纸给，一被番兵查获，押回衙内，例名贡素捞，亦是锁链脚镣，鞭挥棒打，少壮再入糖寮帮身，剩下老弱无能，劳若马牛，死轻蝼蚁，照初来合同所载，大相悬绝矣。忆同治十年，夏湾城内一时番兵突入民房，尽将华民数千押归监内，破家荡物，犬走鸡飞，牢狭人多，三日间死者百余，其余押往别处掘土开坑，死者又不知凡几。此时天愁民怨，旁忿难平，幸得英美各国大领事，自咸丰十年以上来者，约共发出满身纸千余张，方暂止各埠查捉之弊。今仍事参差，后祸难于逆料。且城厢各埠，华人夜出入被黑人暗中刀刺受伤而死者，往往有之。至于白人欺侮，辄在途中殴打，习为常事。夙本无冤，奚见害至此！因华人无权，未立领事协同办理所致。还有番兵一款，唯利是图，鱼肉华人甚于蚕食，时常入屋搜罗，执一物借称犯法，尽将家私银两任意拈清。多有言语不通，无门告诉，遂使老弱有捱饥抵死之惨。种种受虐，罄竹难穷。”等语。

三月初一日，据广东南海县任世贞禀称：“被骗过番，恒年抱恨，缮写过番事略云：浩浩乎平沙无垠，复不见人，海水萦郭，野树连阴。四望山场，伐木开荒而拓土，千家糖圃，需人植蔗以营生。此吕宋招工之由来也。彼人立心狡狯，秉性贪残，缘地广而人稀，恃财多以计诡。船入中华之境，勾串奸民，馆设澳门之区，网罗庸众。缘中国生齿日繁，营谋日盛，或有千金用尽，颜汗回乡，或有一介清贫，身求生理，相逢萍水，偶遇无良，伪指金山，托言有路，无拘戚眷，不论亲朋。舌底吐出莲花，腹内匿藏利器。引人入阱，但知为己求财，骗客过番，不顾他人绝嗣。时方醒悟，船已渡于江心，缰欲收回，马既临于栈道，乌获难施其勇，言偃莫用其文。入却牢笼，八载困飞腾之翼，中他诡计，一生绝养育之恩。概说卖身，虽有双亲花押，吞声竭力，命悬总管操持。林密山深，捱不少皮鞭挞打，名更姓改，受几多脚闸沉疴。屈死逃亡，不胜枚举。食无兼味，长年薯粟青蕉，日尽工银，不足灯油一饭。李陵难望回国，子卿长困外邦。终日倚闾盼望，徒劳父母。晨昏炊爨饥寒，孰顾妻儿？吕宋有十数万力作之众，即中国有十数万涕流之家矣！夫作客者幸得八年捱满，喜望离灾，谁知官衙禁锢，永作舆台。足镣颈链，运土填坑，求充饥于画饼，欲止渴而思梅。有物送呈，管工放慢，无银孝敬，棍棒频催。头蓬面垢，裤破衣霉，生同牛马之劳，死若蝼蚁之哀。命尽其间，谁惜无棺饿殍，何方是冢？惟全枯草飞灰，九泉含恨，万骨间堆。总要洗头入教，礼物酬劳，拜作至亲长上，认为结契儿曹，不遵此例，获罪难逃，动使百金，方能有济，悭廉数载，一用全无。年年换纸，无限工夫，多般受制，孰不悲乎？嗟嗟！本是良民，谁无父母，提携养育，畏其不寿。谁无兄弟，如足如手。谁无夫妇，如宾如友。生也何恩，骗之何咎？其存其殁，家莫闻之。人或有言，将信将疑，伤心惨目，孰不啼悲？音书不至，哭望天涯。物价如珍，即停工而停口，人同朽木，世无叶以无枝。借问好从何处？不过死未临期。原由始末，中土谁知？洋汪海大，插翼难飞。所愿同人，得遇机缘而回国，广传善众，勿投圈套以来兹。”等语。

三月初一日，据广西桂林府王华，福建汀州府陈国明，广东嘉应州钟亮臣、曾锦，惠州府陈毓、赖三、蔡荣发，四会县彭卓林、朱圭，东莞县张葆、何东成，新会县李俊庭、黄培、林俭，鹤山县温菖，恩平县梁胜，香山县萧兴等禀称：“糖寮糖房等工，绞蔗、铲草、种蔗，日夜受苦，夜则至一点钟收工，日则天未曙，四点钟开工，周年骨痛，焉能有力作工，慢者则用皮鞭挞之，或自刎而死者有之，或悬梁而死者有之，或投河而死者有之，或吞洋烟而死者有之。如此之苦死，含冤种种难堪。日食三餐杂粮、番薯、苞粟、青蕉，咸臭牛肉一块两重间。况且番人狠恶，日夜鞭挞，苦痛难捱，死而后已。”等语。

三月初二日，据福建诏安县林阿源、同安县林祖受、惠安县吴阿月，广东潮阳县杨秋等禀称：“民等在菜市中守规蹈矩，买卖交易，童叟无欺，谁知黑白番人赊欠无数，或者对面相议，约到月余清还，岂知到期，心起不良，银两不还，反加殴打；或者先将货物来卖，后来令他人冒认，投告地方保长，保长看验，反说华人买卖盗货是真，擒缚收监。我达知本市主，视为无关，即对官府告诉，官上全然不理，反将华人罚银，冤情难以伸诉，虽欲回归故土，但为银两短少，不能转身。”等语。

三月初二日，据广东李子程、李阿泗、陈有、陈阿中等禀称：“民等自到古巴捱八年，已经出身数载，蒙东家保领出满身纸，守分佣工度日。去岁同伴数人往糖寮做工，其纸先交方天香带去，呈达该处地方官，不料半途错路，却被别的糖寮白人捉住，声言伪造假纸，顶冒姓名，将方天香解送囚监，又将各人之纸交与番官，假云吊出各认，民等几人亲到领纸，不料中他诡计，将我等尽押入工所，迫做工夫，分文不给，已经三个月有余，屡叩施恩，不肯释放。”等语。

三月初二日，据广东东莞县方天香禀称：“因遭拐骗卖到古巴八年，艰苦言之不尽，今幸满身数载，守分佣工事。因去年十一月初十日，同伴十余人往糖寮雇工，依本处例，将满身纸呈达该处地方官，乃得做工，因而我带各人之纸先行呈达，不料半途失路，经过一糖寮，被总管捉获，押送该处地方官，捏我伪将假纸顶换姓名，冒认满身，索囊赎罪，苦诉来由，该官不准，解我囚监，已经半载。因闻大人到此，昨天释放我出，尚有工所四人未曾释放，满身纸十张，亦未交还，恳求释放四人，追回各纸。”等语。

三月初二日，据广东博罗县邓阿四禀称：“咸丰八年被棍徒拐到古巴糖寮佣工，已蒙前任番官出有满身纸交执，向守本分，佣工度日，适有东家邀我到糖寮雇工，不料于去岁十月有番兵数名，突入糖寮，捏我造假纸，冒认满工，捉我到案。原因有唐阿桥与我素有毗隙，番官查伊满身之纸，名姓与印不符，指我混用，串同勒索，登即囚禁，将我身上金银共计约值银七十圆，另银纸二百圆，马二匹，尽归番官。斯时无从告诉，更令要勒索赎罪银四百圆，方准释放。切思华人满工纸俱由番官发出，我不能分是真伪，似此指鹿为马，良歹不分，囚我在监半载，不究不释，叠次恳乞开恩不准，迫得沥情哀告。”等语。

三月初二日，据福建莆田县陈德明禀称：“我被卖到糖房，实难过日，寅时起身作工，作到夜里丑时，一日三餐包粟、番薯；有病不得入病房歇，若病得重求要入者打，又锁脚，扣工银。若出别铺买物者，拿回锁脚，扣三个月工银。”等语。

三月初二日，据福建龙溪县林阿庆、广东龙川县袁阿安等禀称：“现今在火车馆，日夜做工，此乃系火车管工的不好，样样代司头说话，司头信他话，所有八年满身之人，不畀出身，教司头时时打我。早朝四更做工，做到夜间三更收工。一日不得食，三餐食止系包粟米。现下工银纸四圆，不值二圆实银，有一毫些小事，都被扣去，礼拜亦无歇工。”等语。

三月初二日，据广东开平县许阿湘禀称：“同治八年误被奸徒诱拐，卖身古巴糖寮罗谅基哩度处佣工。冤于同治十年间，同伴李阿流是早开工，至晚不回，四觅无踪，群疑纷议不一。

迨至旬日间，我由外牵牛回寮，适途遇华人阿李，遥指林内，风送臭味，群鸦集地下，似有毙物之象。我行里许，群工凑聚，乃白知于众，旁有何章友，即往观之，认有流帽在地，告知副头家，带令华人掘地数寸，果见流尸。副头家即往埠禀报番官，随带兵到寮拘我等讯问，尸埋在地下，谁觉知情？众指我白时，将我等严刑拷问，捏我杀命谋财，不容我告诉，登即押我与何章友回衙，不究不讯，递解格颠剌司囚监在案。我曾叠具词诉冤，迄今两年有余，仍未定案。切恩我当日见冤迹不鸣，而死冤没灭，为鸣死冤，至罹杀身之祸。仰不能达天，俯不能诉于九泉，肠如刀割，心若火燃，为之恸绝。”等语。

三月初二日，据广东潮州府潘多利、王束招、陈敬等禀称：“闻贵驾到此察问古巴之事，众等欲为面禀，无奈东人言选人八名面见，万不许多民等见，东人如此严法，故众人隐迹难言，兹特禀达。一者，卖落糖寮十分难度岁时，一日虽有三餐，不过粟米而已。二者，有病欲入医院，食些凉物，东人不允，仍要做工夫，或言愿理病，即将工银扣回。三者，出店买些小物，东人不知尚可，但有识出，要扣数月工银，兼且锁脚数月做工夫。四者，一日二十四点钟，做工二十点、十九点未定，或在外做工，手足一些迟慢，即将柴棍乱打，到晚兼且闸脚，此数刑难抵，或食药自尽，或走路，皆因工夫难捱，致有此也。”等语。

三月初三日，据广东揭阳县邱得意禀称：“华人过到古巴十数万口，受磨如坐牢狱，卖入糖寮，一日两餐，食蕉粟。日夜只得四点钟停歇，作工不快，皮鞭刑打，当苦不起，酖药、跳井、自缢死不计数。到八年满，头家无凭据，仍扫街路、抬石，总难脱身。前岁大城官从富户同谋，忽然拿二千几名，似笼中鸟，有冤无伸，好得英美领事协力阻散。又街道幼童，沿途掷石，官上不理，或捏词设套，捆辱抵衙，不准分辨，诬罚钱财，身无可靠等语。

三月初三日，据广东潮州府李先、邓已礼、郑得意、吴钦、陈侑、王成、苏沺、李子成、苏忠等禀称：“自咸丰年间抵古巴，被卖入糖寮，磨碌受饥，捱八年苦楚，惨不胜言，又且另有缚身年期，立合同三年五载，满期有乡亲朋友怜恤相助数十圆，或打得纸，孤苦者四面无依，终当犯人，敲石缧绁，永不逃生。番人街市欺压，难以尽述。鸦片烟由关口过本坊所卖，番官不掠，只巡查唐人吸鸦片烟者，看见登时捆抵衙门，有银可罚即放，无资派修街路，惟图挟制华人。”等语。

三月初三日，据广东嘉应州刁木、李祥、刘俭，惠州府江九等禀称：“数十年来，滨海之间，民风日变，无赖之流，诱骗乡民，接踵而至此地者，以万亿计。来时数月，大风险浪，触目酸心，多有疾病身亡跳海死者，俱葬鱼腹。及至古巴八载，工程日继夜续，寝稀食乏，常加挞楚镣锁，视如草芥牛马，悬梁刎颈，相率轻生而死者过半，其存者，欲候期满之秋，图归故里。不料自同治九年之后，竟无满身纸出，虽工满，仍要送官运石修街，甚于囚犯，如富商将财神摆布，仍各绑身雇工。现今此地各埠，番兵番吏惟利是视，每借端以吸洋烟或赌博为题，拿捉抢夺。回忆此地，前年一夕之间，湾城内玉石不分，尽网而擒拘之，囹圄枉死百有余众。幸得英美各国官不忍坐视，谓中国人何罪若此？从中讲情释放，英国官且行出纸之令，至今犹蒙其泽，若非如此，早不聊生矣！恳设良图，不胜待命之至。”等语。

三月初三日，据广东南海县任世贞、新宁县戴仁捷、顺德县梁兴照等禀称：“窃世贞在省城开地理馆，仁捷在家开酒店，兴照在香山开纸宝铺，皆有妻有子，有衣有食，被人拐骗下船，逼勒出洋，卖入糖寮，捱饥捱打八年，因为添买吃着，都要在糖寮店内，工银被他尽扣。本想工满出外觅高价工做一二年，剩得川费还乡，不意头家于工满日，即将我送入工所，次日即锁脚，押做整街工夫，同监房命盗犯人一样，并无工银。随后有商向官与工局说明，勒我等再打合同做工，名为绑身，所得工银有每月十五圆，时官与局绅分去十圆，我得五圆。有三十圆时，官与局绅分去二十四圆，我得六圆，及至绑身满期，又送工所，工所数月，又勒绑身，中间无身得自便之一日。无论无钱不能回乡，就使有钱，亦不能觅纸过埠，亦无从回乡也。我等今年六旬内外，捱苦无有了期，我想洋人等拐掠中国人口来古巴贩卖，他收价银每一名四五百圆至千圆不等，除过用度拉扯，约计每名至少挣二三百圆。但是来一万人，他就挣中国人口银二三万。前后来人，不下二十万，他已挣过数千万。既是中国人身价银，论理应算交中国，给些与我家属。又福建、广州来者，多有五年工满合同，我等要做八年，分明被他赚我三年人工。我又见早年得满身纸之人，在外做工多者每月五六十圆，少者二三十圆。今我等工满无罪之人，工所要勒捉做工，以工满在外中等工价每月三十圆而论，我等华工在工所者不少，工所递年应补给我等工银若干？每人绑身之银，官与局中绅士分去不少，应还我等若干？且闻说初年满身纸，俱不过费用数十圆，后来衙门索至数百，他试细细思想，赚过华工银多少？告状呈费等又赚过华工银多少？行街纸、开铺纸、行医纸、过埠纸、乞丐纸，随时请领更换等费，又赚过华工银多少？至于地保兵役等，借端搜索，强赊强借者，更不必论。古巴官商上下，俱沾光华工银两，竟全无良心，时时刻刻要凌虐华工，糟踏华工，不以人待华工，而辱之为奴，待之如畜。千古冤情，有大于此者乎？闻得中国已与西洋各大国和好，各大国于贩卖黑人已经力为禁止，独不设法解救古巴华工，何也？我等困此十七八年，现被工局官绅设计辗转缠缚，自揣气力渐弱，或磨折死在工所，或死在绑身之处，或老病难动，被逐出死在路旁，俱属难定。总之，将来是无棺无坟，日久骸骨或杂牛马骨烧灰提炼白糖了！家中子又生子，孙又生孙，亦永远不得知道，可怜！可怜！”等语。

中国第一历史档案馆、卢文迪、陈泽宪、彭家礼合编：《中国官文书选辑》，陈翰笙主编：《华工出国史料汇编》第一辑，中华书局，1985 年

（四） 西马虏聂些埠

三月初一日，据广东顺德县吴锦成、莫荣生、冼胜、梁伍、黄荣祥、梁景顺、苏荣，惠州府杨松、王兴、刘绣、谢闰、刘福、李圆、张秀、翟成、杨祥、闻有、杨五、叶三胜、文发、朱水，南海县李壁堂、李弼庭、黄杰、刘连、王财、颜如玉、陈醴，新会县谭连、莫沛、余大华、李澄川、冯梁稼、莫连、谭容、万益、谭才、区祝、聂苏、莫受、冯九，博罗县林秀、邱容、高兰、朱龙秀、袁观好、余观连、张念养、戴月生、曾小娇、张金博，东莞县叶同、张吉、魏保、叶顺、叶继、邓福，嘉应州张泗生、余明、邱新、陈木生、刘全、黄七、李祥、李福生，三水县邓满、邓培、何心，潮州府胡全、徐来生、陈福记、刘琛、芮大材、林喜，恩平县黄业强、黄辛长、吴发、李明、邱廷、罗锡祥、谢福星、冯五，归善县杨四、林三，新宁县李绫、郭官、黄郁，海丰县邹荣、刘阳寿，福建郑合、郑新、詹周、方良恩、詹粘、黄同、陶美、郑石城、吴南，广东龙门县张五、张吉，鹤山县吕显、梁祖福、邬金，清远县明周清，河源县邹龙、曾纯，高要县张有胜、廖福，开平县胡琴、关贵，龙川县袁晏，增城县郭维翰，四会县罗成，连平州谢上增、李贵，永安县何庆、叶麻，从化县刘胜，福建汀州府赖宝，诏安县余圆，广东英德县谭胜，高要县欧阳受，新安县叶六，雷州府彭全等禀称："民等自被拐来到古巴，未满身的，固受毒虐，就是已满身的，都受凌辱。如火车不许坐头车，店铺不得坐上桌之类，相待均与黑奴一样。有做小买卖的，拜认契爷洗头，遇着意外患难，稍有依靠，然契爷及地保来取物，来借银，都要顺着他意，亦不见事事得力。中国人三五个在街上说话，巡役等竟可诬以谋反。三五个在屋内说话，又可以诬以聚赌，立要畀银，方得无事。若被捉去坐监，或入监三二年，官不审问，或递禀三五次，官不批示，每递一禀，亦要托着朋友觅状师，向衙门花了多少银，方能递上。若不满衙门所欲，终不得放。所以前后满身之人，想剩得数百圆办出港纸费及回华盘川，真是难事。民等常见有得满身纸，托人换出港纸，日久无出港纸，银已乌有。并满身纸亦不得回的，不计其数。又闻得有已得纸下船的，在半途饿死，人财两空；或被装往别处再卖，所以十数年中，幸遇有人回乡，众人托带家书，从无回复，至在信行寄信，更无一到。似此永被禁隔，日受凌虐，情何以堪。万望大发慈悲，亟为拯救。”等语。

中国第一历史档案馆、卢文迪、陈泽宪、彭家礼合编：《中国官文书选辑》，陈翰笙主编：《华工出国史料汇编》第一辑，中华书局，1985 年

（五）科奎城

三月初三日，据广东潘泰、林溢、梁琛、潘五、黄杰、钟天宝、梁清、罗秀，陈秀、钟六、何槐、周礼、陈和、钟七、何源、陈琪、邓端、李忠、何昌、曾九、胡璋、伍闰、屈闰、区妹、周佳、陈双、何林、张新福、曾闰、周秀、陈陆、康雄、蓝胜、黎强、刘陆、张五、钟阿四、黎九、周广、谭春、严林、黎陆、李有、黄成、马成、李福、谭埕、黄阿祖、陈体、梁石、周成、潘华、黄坤、朱五、陈添、黄福、姚七、周祥、周福、谭五、梁有、周自、何礼、陈炳、李德、刘富、李阳、陈贵、洪日、暨威、陈发，张发、郑有、伍换、余五、李周、钟英、钟贵、罗成、谢柏、叶成、罗松，余源、邓干、潘权、何连、张金、李源、曾四、陈金禀称："民等不幸，因谣言骗诱，被卖古巴，为奴八年，在夏湾地方作工，被严逼鞭拷棍打，夜不安眠，日不足食，无衣可着，凌虐死者，不可计数。每月虽有工银四圆，但此处不同中国，各物比如珠玉之价，此银亦何足用。将至八年期满，送入官衙复卖，或一年，或两年，照样工夫，倘不允复卖，押送衙门为奴，每月无工银供给，受此凌辱，苦不堪言。"等语。

三月初四日，据广东归善县姚文先禀称："同治五年间，往香港裙带路，后来九月十六日，往澳门街，番人来请我入船中看守病人，通事与我及船主三人言过，每一礼拜花银八圆，后来说及过番，每月花银三十圆，船主又说，到埠银一概交足，并将原船载回中国澳门街埠。头船行了四个多月到夏湾拿埠，谁知番人止给过银二十圆，余俱不给，起了奸计，将我卖身入糖寮病房，苦守八年。同治五年，我五十五岁到来番国，今年六十三岁，家中有老母在堂，如今八十四岁母亲，所靠谁人？

爱回中国，尚无盘费。”等语。

三月初四日，据广东恩平县郑盛禀称：“我一帮二十人，在番邦糖寮做工八年，每人每月给工资银四圆，每人有合约字一纸，言明做八年期满，由我任从自便。岂料当家不良，不肯与我出身，要我再做六年，佣工又满，仍不肯俾我出身，将我们一齐提交番官处治，日日发配在街市打大石，无力不能做者，皮鞭痛打，甚是困苦难当。”等语。

三月初四日，据广东张圆、温石、胡阿进、曾阿发、黄其方等禀称：“民等在古巴岛八年，与番人做工夫，苦楚难当，风雨无殊，食薯粟、咸牛肉，有番人管工，眼睁睁手执木棍被打者，周年晕血淋淋，或三两日就死等。至八年工满，要拜契爷保家，至庙堂念经洗头字据，到番官面前立凭据，方得出外佣工度活，无洗头者，头家送至官府，押下公司馆做工，又无工银，受苦无休。”等语。

三月初五日，据广东永安县袁观禀称：“咸丰八年，被人拐诱至澳门，共百多人，行船至九年四月到夏湾城起岸。俟至六月中，被卖与白番，叫做狼北路，带至糖寮土名九笔架山阿槐。至咸丰十年，头家又买得华人六十人，共群做工夫。不料同治三年老头家死，换过总管掌工如狼虎，心毒如蛇。有一名陈阿灶，思想太苦，自跳煮糖大锅身亡；又一连阿兴，身沾软脚疾，迫做工夫，吊颈身亡；又一刘百忍，被掌工打伤吐血身亡；又一名洪阿富，做工不及，私逃避难，被掌工人夜晚捉获，打死在大烟窗内焚尸，外人不知，至后来有人看见窗内人形样式，骨骸已变成灰；又一名张阿丙，身沾病，服毒身亡；又一名周石兰，到糖寮十五日，被掌工打伤身死。”等语。

三月初五日，据福建诏安县郑惺、王保、曾二、林水、方得、陈庆等禀称：“初过番邦，意欲求取工夫路头，谁知被卖入糖寮，日夜相连做工，不分旦夕，寝食不足，受着押打鞭刑之苦楚，视我等如同禽兽畜生。幸到八年满限，又被头家将我等尽送官府，每日修整路径抬石，两足锁链，管工逐日再加刑罚之苦，番官将我等尽押，强要缚身六年，日日苦楚，冤情难诉。”等语。

三月初五日，据广东长乐县古桥秀禀称：“咸丰十一年，被人拐骗至澳门，及到洋行，说及离乡过番，我不允从，即被苦楚，刑法难当，无奈何含泪执合同一张下船，同伴六百余人冤惨。谁料到吕宋埠，更有甚焉者，地方番官善恶不分，青白不辨，在糖寮者，日无食，夜无眠，工夫辛苦，受刑法，食药者自尽而已，打死者不计其数，远近皆知。番官受财，冤不能伸。居埠中者，官兵恃势逼勒，索诈财贿，指不胜屈。同伴现有百余人满期八年，逼令再回做工，如若不从，即要送入监中，脚镣锁禁，寸步难移，苦有万分。”等语。

三月初五日，据广东叶年、王魁、陈著、萧滔、吕锦、何国、林成、叶法、江秀、劳成、黄富、甘祥、梁香、谈昌、林春、杜锡、陈宝、冼榕、高恭、吴相、龙僖等禀称：“前被猪仔头拐带过番，卖落糖寮，苦楚难当，日中食用不足，日做夜做，管工手拈藤鞭，时时打闹，不照合同所说。每月虽有四圆，衣衫食物各项俱是自理，有做无食，有打无眠。”等语。

三月初五日，据广东博罗县戴日生、归善县潘阿从等禀称：“民等咸丰年间初到澳门，被番人拐骗到吕宋埠，卖在糖寮，刑法难当，食药、打死不计其数。居在埠中，又常被番兵逼勒财贿，无纸者，固严拘索诈，有纸者，亦逼勒受刑。民等身当其境，真正目击心伤，只得据实诉明。”等语。

中国第一历史档案馆、卢文迪、陈泽宪、彭家礼合编：《中国官文书选辑》，陈翰笙主编：《华工出国史料汇编》第一辑，中华书局，1985 年

（六）萨故阿城

三月初六日，据江苏南通州唐联升，宝山县吴阿小，上元县杨德福，福建同安县吴阿垒，漳州府谢阿令、谢阿目、余德、林大年、施阿赏，东安县平辉，泉州府高阿义，诏安县沈阿相，建安县李阿补，晋江县王明，广东河源县陈旺英、张潮、赖阿章、翁阿贵、邱阿盛，番禺县彭阿才、廖阿丙、林阿北、陈阿仁、陈阿光、潘阿合、刘恩从，化县罗阿芳、邝仁连，永安县卢胜英，归善县黄阿成、徐阿康、陈阿先、钟阿梅、张阿先，饶平县丁阿团、罗阿林，龙门县陈阿掌，鹤山县胡阿先、李金兴，惠来县吴阿芳、古阿庚，东莞县徐阿惠、王阿满、陈阿富，揭阳县黄阿柳、李有科，澄海县朱富，恩平县何英华、陈阿二、黄阿宽、冯阿胜，东安县陈阿兴，高要县陈阿纲，南海黎中骥、区阿树、黄阿安、苏阿长、喻大章，香山县陈阿满、麦阿一，潮州府刘阿唐、林昌昆、刘阿仰、李阿金、蔡大吉、区阿石、吴绍庆、曾阿东、蔡阿顺，雷州府刘德，惠州府张阿旺、萧阿长，博罗县谢阿三、柯观生、钟阿喜、古观且、朱阿先、朱阿连，新会县梁阿成、莫阿福、黄阿兴、雷百安，增城县胡林保，顺德县黄阿衡、谭圆坤，嘉应州陈春福、罗阿耀、周义、温阿四、萧良兴、李阿德、张阿义，开平县谢阿长、吴九如，长乐县黄阿茂、王阿满，镇平县林阿顺，新宁县李庭麟、陈阿十，平远县吴阿荣，吴川县潘成兰，三水县陈遂先、蒋阿庚，潮阳县许阿苕，文昌县杨阿宽，清远县林阿畅，兴宁县吴连发等禀称："民等十余年来，被葡萄牙人结党掳拐，由澳门装到古巴，发卖与糖寮各处为奴，备受荼毒。幸得生存者，指望八年工满，生还故乡，然非得满身纸，不能请出港纸；非得出港纸，不能下船回华也。早年工满者，求买主一画押作凭据，谓之非马，又拜认契爷作保，特向地方官请纸，其衙门使费自半个大金至十五个大金不等。至于请出港纸，使费又自半个大金至二三十大金不等。衙门收银后，往往上个礼拜推挨下个礼拜，推到数十个礼拜，衙门换官，银纸两空矣。或有得满身纸之后，暂住古巴者，必须十圆上下，领有行街纸，方能行街。此纸一年一换，辄须数圆，倘失落过期，另须重罚。若欲暂往别埠，又须求地保给过埠纸。行医者，要请医生纸，乞食者，要请乞丐纸，均需使费。至开小铺者，请开铺纸，需时更久，费益不赀矣。以上该请之纸幸已到手，仍时常有巡兵在路拦验，有地保入室搜查，或被收去，说是假纸；或被撕毁，说是无纸，皆可捉入监房，押在工所，锁颈锁脚，督做无钱官工。候富商到来关说当作逃走工人，含糊认领。又有勒令与商再立合同者，谓之绑身，工银稍多，官与局绅分取大半。绑身满期，仍送工所，工所日久，复行绑身，如环无端，不论次数。官兴全岛之役，可以不用工银，商用满身之工，止是饱官囊橐，官商交结愈密，工人冤苦愈多。在华工原为一家之奴者，今送押工所，且逼之与各家为奴，圈之使毕，世为奴矣。去年搓罗闸之役，地方近贼，十分危险，水土又恶，官派黑人止十之一，派华人至十之九。说过六个月工满，回来即给与满身纸。除华工死了三分之一外，现在陆续回到，并无纸给，反尽收押各埠工所。惟视华工为奇货可居，地方官与局绅等居心如此，无信如此，尚何情理之可言哉！民等被困遐邦，早已奄奄无生气矣。但见各国商民，俱得往来自便，独中国人厄于澳门，又厄于古巴，苦上加苦，无所了期。用特申诉，倘蒙怜悯，设法拯救水火之中，感戴无既。”等语。

三月初七日，据广东揭阳县张猛禀称：“咸丰六年至吕宋国，被番人卖身八年，佣工期满，不识番话，又被他卖身一年，又加一年。初先头家马当撒司转缚去科垄，又送至格颠剌司番官，将我又卖身二年。头家又死，无出身纸，被兵卒查纸，将我拿去押入牢狱，每日打扫街坊，做工无钱无衫。可怜一十七年做工，无出身纸，年已六十有一岁，身在牢狱受灾。”等语。

三月初七日，据广东南海县蔡恒、廖协、黄阿宝、杨友、卢松林，番禺县章廷、黎春、黎照、林大有、傅其昌，东莞县黄容、李宽、袁明、林峻、郑春、张华、罗喜、苏泰，顺德县程德海、辛满章、陈有平、曹子章，新会县陈大权、邓如锦、邓宽新、梁直，新宁县刘冯记、巫直福，花县陈吉、罗秀、罗昌、蔡良、林秀、苏廷、李纪、邓智、曹德、张光、杨照、林圆，嘉应州罗阿龙、张三、廖三、饶其、周泰、陈恭、谭吉、谢三、邓有明、石见、蔡先、林得、麦记，惠州府张阿友、吕乾、石广平、罗四、李海、周天祥、孙有发、蔡得庆、郑圆华、王逞必，博罗县谢葵花、冯信、董仲、沈阳、尤福、朱贵、许益、张二、柏乐、周圆、曹满、葛贵、鲁先，揭阳县王城，高州府杨毓靖，广州府叶绳祖、吴恩等禀称：“前在本国不幸，途逢匪人，诈骗拐至洋行，甘言蜜语，引套落于番船之中，转贩外国。或砍木于山林，或割蔗于田圃，风霜劳苦，早夜奔驰。兼之时有管工在侧，手执鞭棍，腰带刀枪，开声如雷如电，举手如虎似狼，倚东主之权柄，视民等如马羊，爱之则生，恶之则死，即如饮食一事，每日二餐，蕉粟半腹。每月给工资四圆，尽要添买粮食，粗帽草履，亦须自置。衣服虽然东家给发，周年二套，衫裤监缕，污椤难安，穷矣！极矣！待八年完工，岂料番人安排巧计，使华人无出头之日，勒民等复作马牛，官不发凭，身无票纸，一步难移，抱恨无伸，屈冤莫诉。再者，广州翰林院前任两湖总督吴荣光之侄吴恩，今落沙华蔗寮；翰林院叶衍兰之侄叶绳祖，今落司马咙铺；高州翰林院杨颐之侄杨毓靖，今落铁厂。三人未得亲来拜见，特此禀明。”等语。

三月初七日，据广东梁亚有禀称：“自从中国到古巴，已经做工七年，但有一日游行。我在澳门打合同，应当礼拜日得有游行，谁想他特起不良，将吾左耳割去，苦痛凄凉，捱近八年。偶然一日番官巡游，相遇看见吾单耳，问吾，吾将情尽诉，故拿头家马岭殿尾唻与吾齐同坐监。头家不过坐得三天，已出去矣，但剩下吾在监惨切。前剩得衣服及银两现在头家处，亦不得执回。”等语。

三月初八日，据广东恩平县谢双就，南海县冯阿九、王水，开平县关阿就，博罗县梁阿胜、李期，新会县文阿长、李安、崔丁、黄结、梁能、崔安等禀称：“前于澳门，被匪拐骗，强迫落船，受尽水程之苦，饥渴之伤。数月船到古巴上岸，三五番人骑马执鞭赶押，民等如牛马，披星戴月，沐雨栉风，八年劳苦，千愁难诉。饮食止是蕉粟，管工如虎如狼，全无慈恻，时发雷霆之威，非鞭即棍，提举起脚，轻则伤身，重则殒命，含冤受屈，度日如年。即有命不该绝，度满八年番官不发纸凭，亦是难移寸步，途遇查问无凭者，捉入监牢，永为囚犯，日整街坊，不发分文工资，含冤万状。”等语。

三月初八日，据广东南海县李阿发、陈有纪、黄其章、张阿瑞、苏有信、李庆云、范文质、郑恒，番禺县王阿来、蔡先、石其亨、李阿得、廖蓉峰、黄邦国、郑昌能、曹景林，东莞县秦志、冯胜、蒋福、朱光、杨廷吉、何德明、王圆、曾连，顺德县苏文圆、戴其昌、饶琼珊、傅准中、梁炳、曹德安、周士圆、金有吉，香山县郑太和、林大有、何阿禄、袁德兴、张月辉、陈光照、曾文祥、黄泰来等禀称：“民等昔日被匪骗入澳门，在官厅三面言议，立有合同，约满工期八年，任从自便，不得生端拦阻，载明各款规条，各执合同一张，庶免日后生端。讵料番人背约，反悔前言，其合同规条，俱皆弃废，纵然工期完满，官署亦不给文凭，强勒永为奴仆；兼之每月给发工资银纸四圆，两不当一之用，以致被困番邦，度时如日，度日如年，陷害不浅。”等语。

三初八日，据广东南海县谢启仁禀称：“咸丰八年二月间，被拐落澳门吱咕行，即于是月开身，其船六十余人，八月到夏湾，即被卖入蔗寮。每月给工银四圆，饥苦难堪，不能尽诉。捱至同治五年九月，期满送入小监，造街数日。另寻东家，绑身在于萨故阿火车馆病房造工，每月工银十二圆，欲积微资，以回故土，因本埠物价俱增，工银亦薄，不足糊口，是以留落此间，至今过番一十六年，并无满身之计。去年闻番官欲出纸畀我，旧人满身，我不胜喜。恳求东家写名讨纸，自旧年七月初六日交洋银一十二圆半，在本埠番官屋内挂号，岂知番官收了银两，并无出纸，延日推月，至今将有十个月之多，我不敢与他争论。”等语。

三月初八日，据广东博罗县张观禀称：“雇工古巴，一日二十四点钟，要做足二十一点钟，如做少半点，皮鞭重打数十，皮飞肉烂，有病在身，亦不得歇息一时，仍要做足二十一点钟之工。日无粮食，半肚捱饥。夜无静宿，双眼劳倦。八年之期作够，亦不得脱身，仍要绑身几年，共做到十数年，应当有脱身之日，仍不得作自己生涯，亦要将身尽归番官，作无银之工。大人回国，祈布告群民，日后千万不可过洋。”等语。

中国第一历史档案馆、卢文迪、陈泽宪、彭家礼合编：《中国官文书选辑》，陈翰笙主编：《华工出国史料汇编》第一辑，中华书局，1985 年

（七）先辉过司城

三月初九日，据广东归善县何阿英禀称："咸丰七年出外营生，被人骗拐，说道往澳门做生理，不意往到澳门卖入猪仔行，禁置楼中，揭打合同。卖身八年为期，每月工银四圆，凑数百人，即速开身。船中禁水，或渴水而生疾，或呕浪而起病，受尽风波艰苦，到来吕宋，卖在糖寮，片刻难捱。日夜做工，工头管紧，一日两餐番薯包粟，顷刻偷闲，皮鞭落肉。甚是工夫苦楚，难以聊生，悬梁割颈者有之，食药投河者有之，凄凉难诉，惨恻莫伸。纵有侥幸免死，犹如漏网之鱼。又或多做一二十年，未可知也。至出身后，无端被其污辱，无端被其拿捉，任其设施处置。我于同治六年出身，九年失纸，至今仍在监房做头家工，冤屈无伸。"等语。

三月初十日，据浙江临海县叶福君，福建南安县梁阿丕，龙岩州黄阿明，诏安县郭文光，海澄县邓阿景，广东新宁县朱阿瑞、罗金昌，博罗县叶风、黄金秀、李阿发、叶眉寿，新安县文瑞学，番禺县梁平、王阿能，新会县林寿能、王其悦、严阿侯、谭合，恩平县刘北旺、包四福、刘阿八，花县吴阿宝、侯阿宰，兴宁县黄五，茂名县谢砚芝，清远县陈慈、吴阿四，南海县符安、区阿义、黄阿、康何、阿魏，高要县陈三，长乐县魏阿守、曾阿海，鹤山县冯圆第、黄阿怀、陈礼，东莞县蔡阿崇、罗穆籍，三水县邓阿怀，潮州府安殿邦，新宁县刘连芳，开平县梁阿奴、汤阿金，归善县黄阿幼、黄阿龙，新宁县骆阿金，从化县邝阿耿、黎阿宗，顺德县冯阿锐、温阿炳，海丰县叶振喜，嘉应州刘阿荣等禀称："民等前此被人拐骗，言去澳门洋人处雇工甚得价值，不料入屋后，即被洋人下闸，不得复出，因知中彼奸计，无可奈何，且同屋中有百余人，多有日夜号哭，亦有被打血流。云彼或系私想逃走，或系见番官问不愿去者，猪仔行甚深，凡打人时，恐其大声喊外人闻知，猪仔头乱打锣鼓，烧爆竹，以掩人耳目，故虽打死亦无人知者。民见如此，迫得强从。下船时，派有纸一张云：打八年合同，银二圆。不料行到海中，风浪甚大，三月尚未到，又无水饮；买一杯水，要银一圆。关锁舱门，仅容一身出入，人气熏臭，感病死者不计其数，其尸俱抛落海，葬于鱼腹，百余日始到古巴。约同帮数百人，尽押入卖人厅发卖，排列上、中、下三等，俱要脱去衫裤，赤身看验估价，全无廉耻，羞辱太甚。后卖入糖寮，日夜做工，只得三点钟食睡，又无米面，但派蕉薯包粟，捱饥，做工稍迟者，立加鞭挞，甚于马牛。给工银纸四圆，计实银不能得半，添置衣服，尚不得足，其中有投水死、悬颈死、服毒死、苦打死者，不计其数。幸捱得八年工满，自谓脱身苦海，稍积盈余，为回华计，谁知司头不良，再要绑身六年，如不愿者，即送官府，押在工监，罚做无钱官工，锁脚抬石整街，又不得饱，值烈日盛热中，苦楚万状。”等语。

三月十一日，据广东番禺县黄逢吉，长乐县周阿傅，阳春县赖阿光，兴宁县萧阿春，恩平县黄戊先、黄新长，新宁县余阿珍，鹤山县郑阿卓，归善县刘林保，电白县苏阿八，博罗县陈阿先，龙川县叶阿先等禀称：“民等同治三年间，被恶匪惠州温阿娇、阳春赖记长，嘉应州钟禄圆，骗称招请雇工等情，诱落澳门，纠同恶党强捉落船，至同治四年方到夏湾拿埠，卖落先辉过司地方，苦惨万分，难以尽述，十分凄楚。捱满八年，窃意合同有准可出生，天不料凭据无灵，再遭罗网，番官吏索银，无银不肯出纸，被拿入监，冤无路诉，遭无辜之奇祸，受荼毒以何堪。”等语。

三月十一日，据广东南海县何福堂禀称：“因咸丰四年间，出省城寻工作，不料来到洋巷内，遇拐徒老李，骗我来到吕宋，将身变卖，八年为期，做工已满，难以行移，出入搭车查察，此满身纸倘若未带，拿捉究治。番人法律，见者伤悲。”等语。

三月十一日，据广东顺德县袁蔼山禀称：“自咸丰十一年到夏湾拿埠，上卖人行，卖入糖寮，一向做工，苦守八年，工期已满，又强迫两年，名为绑身合同，管工人收下，今尚未还，被番兵查拿；困在工监三年之多，苦楚不能尽说。我今年六十六岁，伏恳转达代求乞丐纸一张，得出外乞食，真乃重生再造。”等语。

中国第一历史档案馆、卢文迪、陈泽宪、彭家礼合编：《中国官文书选辑》，陈翰笙主编：《华工出国史料汇编》第一辑，中华书局，1985年

（八） 故阿那海城

三月十三日，据广东潮阳县陈世友禀称：“自抵此邦，被卖入利打毛戍蔗圃，磨作八年工满，另缚身于本地番官名唠不唠煞妈窑，只是为官挟制，不肯出纸，押落凿石数载，不能出脱。若非有几十圆，不能得满身纸，终受缧绁之苦，望救蚁命。”等语。

三月十四日，据广东新宁县刘阿寿、南海县黎清、新会县马阿黄、长乐县钟阿钱、从化县李崇等禀称：“民等咸丰年间，被人拐诱到澳门猪仔馆，未曾见过西洋官，晚饭后，突有番兵手持洋枪押后，几人多辫作一队，排列而行。在路喊冤，无人能救，迫得落船。三个余月到夏湾拿，在船屈死无数，抛落下海。后到卖人厅，周身看过，发卖在糖寮。一日不得三餐，食只食包粟薯蕉，不能得饱，且睡不得足，亦要做工，三更起身，做到深夜。督工人如狼如虎，稍慢则皮鞭打背，叫大狗来咬，血肉淋淋。自念何辜受此苦楚，正是呼天不应，叫地不闻，此时捱不得苦，有自尽者，有因伤致毙者。言不能尽。捱满八年，东家又不肯畀满身，要再做八年，不允又打，又锁。我无钱拜契爷请纸，自欲走出，又怕有番兵查捆押入工监刑罚，惟有做到死而后已。”等语。

三月十四日，据广东归善县张定加、胡崇楷，安徽六安州刘总、刘宝，四川重庆府陈富，湖南长沙府梁天材、卢绳祖、吴连胜，陕西泾阳县陈松寿，广东惠州府张阿如、李阿四、梁阿权、李阿坤、文爽、李兴发、曾丁右、唐观龙、姚观连、郑细平、杨金德、范阿安、梁阿巨、张阿寿、黄才有、董阿发、张阿安、高武秀、张观寿、林阿发、陈似德、陈文雄、何阿光、凌乐乾、黄阿容、宋杨宽、黎进生、刘钦、杨长乔、黄阿兴、邹阿福、冯阿锦、曾阿乾、李阿卓、李阿信、林风泉、罗子权、冯赐成、吴于结、谭聚、罗顺、罗观谛、李阿贵、梁带、吴阿二、朱阿正、周四、文润生、邓阿箮、李阿秀、张阿三、冯阿成、陈阿华、叶新旋、卢阿广、梁胜德、康正、卢炎光、韩阿三、曾阿松、李阿先、张锡宝、刘东成，广州府冯德荣、崔阿贵、洪阿明、林阿毓、陈阿金、邹阿就、钟阿贵、戴阿平、李阿林、冯溪、周阿财、高观秀、杨阿炳、巫阿晚、陈性学、潘阿炳、廖美忠、苏盛、李阿合、吴林、郑宏根、关隆、黎阿水、萧阿才、蔡阿秀、方阿海、黄日、黎阿十、黄阿亮、谭阿占、邹阿龙、黄阿像、曾阿胜，嘉应州吴奇、钟廷玉、苏钦，肇庆府谭阿、周志、阿正、苏阿成、朱添财、司徒成、谭阿东、梁安、冯桂扶、李阿有、梁阿珍、李阿金、罗阿万、冼阿超、张天福，潮州府黄阿丙、陈阿桃，廉州府王阿义、许阿直、王国昌、苏应山等禀称："民等生长中华，素安本分。咸丰年间，被棍徒骗卖夏湾城上岸，赤身验卖，我从未见羞辱至此极者。卖入糖寮，甚过牛狗，督工番人骑马，拿牛筋鞭，带火枪，不分做工快慢好歹，在远用皮鞭乱打，在近用木棍直撞，有折断肋骨，有当场吐血，但看不见。有头裂脚断者，仍复要做工夫，不许入病房。未满八年，因伤而死者，不计其数。若私自走出在山，就叫几个大狗来咬。糖寮间间有监房，极多刑具，锁链至重者，五十余斤，至少者亦二十余斤，随意锁多少道在脚，锁到裤头，都要做工。每日食包粟蕉子数只抵饥，我见牛狗尚食饱，有得歇，真正不如牛狗也。幸死里逃生，捱满八年，心谓脱离虎口，谁知司头不好，不畀满身纸，又要绑身六年。做满六年，今还不放，一月止给银纸四圆，计实不到中国两圆，赔补衣食不够，分文不剩。又不能寄信回归，真正呼天无路，入地无门，困楚不能尽述。今幸大人到此查看，乞将此等苦楚，告知中国人，千万不可受人骗诱来古巴。”等语。

中国第一历史档案馆、卢文迪、陈泽宪、彭家礼合编：《中国官文书选辑》，陈翰笙主编：《华工出国史料汇编》第一辑，中华书局，1985 年

（九） 三安多里婀埠

三月十五日，据广东永安县赖胜、新会县叶阿才、番禺县黄阿福、南海县曾阿文、博罗县黄阿德、兴宁县曾阿林、嘉应州李阿先、惠州府洪阿发、高州府黎阿三、肇庆府叶阿培等禀称："我华人被洋人诱卖作奴做工，不分日夜，管工乱打，捱苦不过，逃走在外，被人查捉，送于官府工监之内，日中押出街坊整街，担土凿石，工夫甚苦，并无银钱发给，且食用不敷。前在中国打合同，写明八年工期为满，满身任从自己打工，有钱者归国。而今作满八年，并无出身之日，在此无可奈何。"等语。

三月十五日，据广东海丰县余阿洽禀称："咸丰九年，到番邦卖落火车馆做工，八年为满。今过期七年，未有出纸，我欲别处行街，又怕东家知道，要打锁含苦。现今本埠前有得纸在身者，亦不能往别处，怕番兵捉锁。"等语。

三月十五日，据广东河源县张石连禀称："咸丰八年到古巴，被卖落与菜园共司头做工，八年已满，又要我再做四年，四年又满，仍送我出走路馆，修街五年。我已老迈，情愿得纸出去乞食，现下未有乞丐纸，专此禀叩。"等语。

中国第一历史档案馆、卢文迪、陈泽宪、彭家礼合编：《中国官文书选辑》，陈翰笙主编：《华工出国史料汇编》第一辑，中华书局，1985年

（十）故阿那八过阿埠

三月十七日，据广东肇庆府朱箕训、朱义、李有、张庸、李福、温忠、邓贵、许安、梁福、张松、冯禄等禀称："咸丰八年三月间，我等被棍徒拐骗，指名往金山埠营生，不料往澳门苦迫入洋行，强押立合同，即时落船。至夏湾拿将我等卖与番人，佣工八年为期。说及佣工情事，见者伤心，闻者流泪。屡受毒打，困苦不堪。八年期满，即将我等送官锁脚，修街补路，常被管工鞭打重责，又无工钱，所食惟杂粮粗粟而已。若满身求官发给五年满身纸，一年行街纸者，要用金银五十圆之数，更认有契爷洗头，然后发给；若无银并契爷，不望有发纸之事。我等在街市经过出入，或贸易买卖，土恶三五成群，手执石卵、鸡蛋，或污秽物，打将出来，有打伤首面、身体、货物者，甚至有当场伤害性命者，左右邻家街路人等，皆默默无言。即投明地保，反转毒语强词，骂我等皆无父母、手足、妻子、亲朋之人，何敢蚁与虎斗！又土恶无赖，日夜横行，身藏利刃、炮火，屡次抢摸金银一空，更或手把利刃，割一二刀，生死不分。且地保兵役屡次白日登门，或半夜入屋，捏说我等食洋烟、无纸等事，毒言强欺，其实索揸金银，劫掠财物为真。不论有纸无纸，概捉送官，或入工监受苦做街，然后罚银一二十圆，或用契爷保认得放，如无银者，及契爷保认以私走同论，做街永不释放。至于佣工之困苦，或山中，或糖厂，住家、火车路、船只等处，或被捉在监，变尽土恶之气，更兼管工用鞭苦打。其鞭是生牛筋晒干做成，皮鞭样约三四尺之间，屡将我等无辜鞭挞，苦痛难禁，或跳井投河，食药而死，不可胜计。前年忽然一夜，将我等满身之人捉拿，锁住押送入山开荒，迫我等再立卖身数年合同，日受管工鞭打，衣少食缺，苦难尽言。幸英美各国官见我等常受灾难，欲与我等设立会馆，其事将成，忽被土恶串通棍徒，反说我等捐题金银，有帮贼之意，其事遂止。仰求怜悯蚁命，设法办理，伸明冤屈。”等语。

三月十七日，据广东郑阿茂、古阿秀、古阿全、古阿实、古阿金、陈阿福、陈成洗、陈阿吕、陈知寿、陈加金、阿七金、阿求金、阿福、彭三、莫全、莫阿分、莫阿安、张本秀、关阿安、关敬老、李阿欢、李壬、徐三、廖义、朱宽、陆顺、陈赐、谭伍、方佐、徐标、刘义、李成、谭票、程顺、朱和、陈长、何胜、何四、王壬、黄胡、黄宜、朱六、李茂、崔皆、郭巨、陈佐、程合、黎宝、吴四、林木、罗青、林长、蔡全、陈启、李康、李明、谢泰、周宽、程赐、周启、李参、甘桂、徐达、杜洪、王周、程沃、徐添、谢禄、程胡、王三、谭呈、刘仪、李六、程伯、黎进、周七、郭葵、李万、吴皆、崔四、黄明、徐光、周古、刘福、康皆、曾心、张贵、张心、李四宝、崔陆等禀称：“民等被人诱到澳门，言出洋做工，价值甚多，虽打八年合同，计中国不过四年，就得自便；且见洋行挂牌，有招工二字，信以为真。不料入到洋行，不得再出，是时不晓言语，又不识路，并未曾打过合同。一月之久，逼要落船，捱尽船中苦楚。到夏湾城上岸，一排估价，凌辱不堪，方知不是招工，实是将我等贩卖为奴。所卖之银，并无一毫给我，此时命在他手，插翼难飞。卖入糖寮，有得做，无得食，又无得睡。只食蕉子包粟捱饥，三更要起身做工。管工人执鞭怒视，动则打血流背，常有因苦极自寻短见者。捱到八年期满，死亡过半。司头不肯给满身纸，又强迫再立合同，要绑身五六年。如不允肯，即交番官锁脚刑罚。又不准三五聚谈，遇有洋兵来查见者，遂诬以聚赌为词，若私与多银则放，无银押解衙门坐监锁脚，罚落整街，做无钱官工。彼周年开白鸽标沿街买票，引人赌博，则不禁也。又查有食鸦片烟者捉罚，我华人不能贩卖鸦片烟来，古巴贩卖鸦片烟，俱是古巴人，贪财引我等，食烟费钱，又得借以讹索，务使身上一文不剩，不得回国，他才甘心。”等语。

以上通共华工一千六百六十五名，共计禀词八十五张。

中国第一历史档案馆、卢文迪、陈泽宪、彭家礼合编：《中国官文书选辑》，陈翰笙主编：《华工出国史料汇编》第一辑，中华书局，1985年

五　古巴岛华工口供汇录[①]

自道光二十六年至咸丰五年华工七十名口供

四品衔刑部候补主事陈兰彬

江汉关税务司马福臣

津海关税务司吴秉文

呈。

谨将亲历古巴岛各城乡查讯各华工口供汇造清册呈送查核施行。

须至册者。

计开：

苏阿海供："年六十岁，福建同安县人。在厦门卖鱼为业。道光二十六年间，被不识姓名两人捉我下夹板船，给洋钱十二圆，并无合同。船上有人跳海死。船主待得极坏，水与饭俱不够。到夏湾拿城住一个月，卖入糖寮，每月四圆，病日扣除。管工凶恶，时时打人。每日两餐，俱蕉子。食可得饱，只是不好。绞蔗时，寅正开工，做到亥初，内歇一个半时辰，礼拜不停。不绞蔗时，礼拜日做到巳初歇工，不作夜工。满八年期取得满身纸，自做十六年散工，各处俱做过。后因生病不能到地方官处换新纸，后来病好请换，他说来迟了，不准换纸，押送我入科垄工所，现约四年，皆系做无钱官工。"

唐建供："年五十六岁，福建惠安县人。道光二十七年，有

---

① 《古巴华工调查录》亦有收录。见（清）陈兰彬：《古巴华工调查录》，上海书店出版社，2014 年，第 3—39 页。

人荐我到洋行作工，到厦门进行，立合同一张，我不知合同意思，未解明，只说作工八年为满，押下洋船。开船月份记不清楚。到夏湾拿进卖人行，每日都有买主来看我，住十天就卖到糖寮，一帮共五十二人。总管、管工异常凶恶，待人比猪狗不如，每日寅初上工，做到子正歇工，作的慢或稍停片刻，就用牛皮条鞭毒打，或木棍任意撞击。身体稍弱被打两三次，无不受伤生病致死的。日食两餐蕉子、粟米粉、干牛肉，不得饱。我作满期，同帮死了三十人，内自缢、投水，及因伤病死的都有。满期后，我寻得契爷，领了满身纸，就自己出来作卖布生意，作了两年。后来又作散工十几年，至今契爷尚在。我现在替契爷作工，有工钱的。我此时无余钱，将来积有盘川，我就回中国。我听见出口纸总要七八十圆，及一二百圆不定。我来了二十七年，看见后来的人比我受苦尤甚，作满期不给满身纸，如同黑人一般看待，要做一世奴，永无脱身之日。”

胡如供：“年四十四岁，广东东莞县人。我在家作工，被人骗入猪仔馆，打合同一张，给银四圆，见过西洋官。道光二十七年开船，日期记不清了。到夏湾拿卖我入糖寮，总管凶横，不论作工勤惰，但是任意毒打，视人不如猪狗。日食粟米、蕉子、番薯。我作满八年，又勒作两年。每月工银九圆，作完送到萨故阿工所，与别家再立合同，作了三年。满期，因无满身纸，仍送回工所，作打石工。作了五年，都是无工钱的。后又到别处作工，每次完后，仍送回工所，如此又作了九年。去年东家给我凭据，今年要换新纸。此地换纸规矩，交凭据时必须大金三圆，一并亲手交与地方官，然后官写收条一纸，过几日再拿收条，取满身纸，方无失误；如交凭据，不带大金三圆去，官就将凭据收去，不给收条，满身纸就无处可拿了。现在我无钱不能换，去地方官，不捉我去作官工？我计算来了二十七年，作糖寮工十几年，无钱官工十几年，今有凭据，仍领不得满身纸，此地的人真是要中国人为奴一世矣。”

陈阿吉供：“年四十七岁，福建泉州府人。本系耕田，道光二十八年正月间，想出外佣工，搭船往厦门，打合同，收银八圆，衣服两套，上船即开。船上自尽死两人。食的饱，水不够。因渴极自取水饮就打，又因不肯剪辮亦被鞭打。每日不论何时可上舱面抖凉。到夏湾拿三天卖与糖寮，东家留在家中作侍仔。头一年每月工银三圆，因我生病将我交与地方官，病了一个多月稍好，派我做一年造灯楼工夫，每月四圆。又派我整街，并无工价，六个月后，将我转卖与糖房，身价银七十圆，做满八年，糖房东家不肯由我出去，要多做两个月，并送他一个大金方肯放出，我只得允从。我计到古巴已二十六年，未曾得满身纸。我常生病。在糖房时亲见有三人被管工毒打，随即自尽。我由糖房出后，近来在萨故阿做散工，仅得够饱。”

陈林供：“年三十七岁，福建汀州府人。在家作小工，我想外国工钱多，咸丰二年从厦门上船即开，给我八年合同，收洋钱十二圆，未见过官。到夏湾拿两天卖入糖寮，我一帮十人，管工常用粗棍打，又叫别的管工打。头两三年常时被锁脚闸，因为派的工我无力作不完，每天寅正上工，做到戌初歇，中间歇一时食饭，礼拜日作到巳初歇后，申正又作到酉正歇。头一年每月工钱三圆，后来四圆，初有米饭，后食蕉子、咸牛肉、粟米、山芋。作满八年，同帮十人只剩六人，有三人是寻死，一人是病死的。满工后我不肯再作，东家亲送我到工所整街，无工钱。作了六个月，东家又叫我回去，我因为工所无工钱，又无的饱，就仍回糖寮，每月十二圆，作了两年。后到各处作厨子，作了十一年，工钱至少十二圆，至多四十圆。我赌钱，又买白鸽票，所以赚的钱都花了，我现在格颠剌司作工。”

曾贰齐供：“年四十三岁，广东新安县人。做屠户生意，因生意歇了，在香港遇见人，骗我到澳门，替我寻事做，比香港好，到澳门就送我到猪仔馆，关住了两个月，给了洋钱一圆，衣服一套，未见西洋官，勒逼我立合同画押，我见别人不画押受毒打，我不敢不画了。咸丰二年十月开船，船上好。到夏湾拿卖我到花旗人家，是八个大金钱。我一帮共一百零三人。第一年每月工钱三圆，二年四圆，三四年俱六圆，待我好，未打过。后来转卖与日国东家，每月只四圆，作了四年。有两次叫人捺着我，脱去衣服，用牛皮条鞭打我，八年都是做箍桶工夫，丑正起身，到子初歇工。满期时同帮一百零三人死了六十人，后我领得满身纸，就自由了，现在马当萨司地方箍桶。我没有剩钱，因为所寻的钱，都是买鸦片烟与白鸽票用完了。”

叶田[①]供：“年四十二岁，福建同安县人。在家种田，因为父亲死了，母亲嫁了，我不愿跟去，就到厦门，遇见人说荐我一事，送上猪仔馆，给合同一张，钱是带我去的人拿去。咸丰二年九月开船，船上待人不好，无甜水，饭不够。到夏湾拿卖到糖寮，待我极恶，常打。我告官，东家有钱送官，仍然送回糖寮，就脱去衣服毒打，食不饱，每天寅初起身，到子正歇，中间歇六刻工夫食饭，礼拜日照常。满八年，到别的东家处立合同，作两年，待我尚好，有时准我在外作工赚钱。后来剩了钱，买满身纸一张，现在格颠剌司作卖菜生意。此地的人赊账的多，问要钱去，他就打，街上的人亦常用小石子打我。”

周六供：“年四十三岁，广东番禺县人。因为在家同兄弟不和，走到澳门。咸丰二年十二月，由澳门开船，到夏湾拿。我生病三个月后，我一帮十二人卖到糖寮。待我不好，食不饱，总管凶恶，我就逃走了，总管就带着大狗追我，追着了，割断了我两个指头。糖寮内吊死十人，受苦死的多得很[②]。我生病不

① 叶田，《古巴华工调查录》作“叶由”。

② 很，《古巴华工调查录》作“狠”。

准进病房，又打我，锁我，仍然要作工。满了八年，又勒逼我再作九个月，是补作逃走的日子，后来不给满身纸，我出来在别处作散工。现在格颠剌司作工，每月十五圆。”

郭占供：“年六十岁，福建同安县人。作小生意，有一天在村上卖东西，遇见一个人告诉我，有生姜换我的货，我就同他走到他家内，一进门就把我锁了。夜里带我到厦门上船，给合同一张，无钱。咸丰二年十月开船。到夏湾拿卖我到糖寮，每月四圆，生病照扣，总管、管工待人不好。我见有许多人吊死、投水死的。每天三顿有米饭，又有干牛肉，食的饱。卯初起身，到戌正歇工，中间歇一时食饭，礼拜照常，割草时作到辰正歇。糖寮作满八年，另立合同两年，到别处作马夫，每月八圆五角，作满了东家送到科垄工所，作了六个月后，又到泥水匠处作工，每月十二圆；作满一年，得满身纸，在科垄地方作卖水果生意，大约每月有十五圆，剩的钱不多，因为用度大。日国的人有一多半不好的，街上遇见中国人，时常用脚踢，无人过问。”

张照供：“年六十四岁，福建泉州府人。在家种田，因与兄弟不和，卖我与猪仔馆，带到厦门上船，给合同一张，洋一圆，一套衣服。咸丰二年开船，不记得月份了。船上好，食的够，水不够。到夏湾拿卖到糖寮，第一年叫我砍木头，每月四圆，照日付给，病日照扣。无论作工好歹，常打，食不饱，每天两顿有米饭、粟米、蕉子。寅正起身到子正歇工，中间歇一时半食饭，礼拜照常。满了八年出来，在别处作工多年，每月计算可有十五圆。前一年因无满身纸，被地方官拿送先辉过司工所作工。不打人，就是食不饱。现在先辉过司武官花园作工。”

陈鼎贤供：“年六十岁，福建漳州府人。向作医生的，有人告诉我说中国医生到外国可得多钱，问我去不去，我因生意不好，答应他。在厦门上洋船，给合同一张，无钱。咸丰二年八月开船。到夏湾拿卖到糖寮，每月四圆，按月发给，病照扣。

因我的气力不大，派的工作不完，常打。我见多人寻死，因为受苦不过，食不饱。每天三顿蕉子、米饭、干牛肉。寅初起身，作到亥正歇，中间歇一时半食饭，礼拜照常。满了八年，东家送到地方官处，勉强我叫我再立两年合同，每月六圆。满了期，领了满身纸，后就自己作工赚钱。前年因无钱，不能照章换满身纸，地方官送我格颠剌司工所作修街工一年半。无工钱，食的不饱，前天给衣服一套，一切都待我不好。”

陈阿福供：“年三十一岁，广东惠州府人。我十一岁时，被人拐到澳门，入猪仔馆，给我合同一张，我不知道意思，无钱给我。咸丰二年十月开船，记不得日子了。到夏湾拿卖入糖寮放马，因我年少，常打屁股，是用藤条，四人捺住，脱去裤子打，管工十分凶恶。每天寅正起身，做到戌初歇，一日两餐，粟米、番薯、咸牛肉、又米饭一小碟，我年少，食的饱。作了四年就被机器绞断了一只手，后医好，扣了九个月工钱，做工仍然是打。满八年期东家死了，不给满身纸，送到走路馆，作了几个月打石的工夫，无工钱。作完又送到夏湾拿工所捡烂布，作了一年，放我出来，仍无满身纸，无人要我，我只得乞食，已十几年。现在我来格颠剌司乞食，租屋住，仍须四圆一月租钱，真苦不能尽了。”

郑阿安供：“年四十岁，广东恩平县人。在家作手艺的。咸丰二年被人骗到澳门做工，我就同他到澳门，入猪仔馆打合同一张，洋二圆，未见西洋官。十一月开船。到夏湾拿卖到科垄属下糖寮，待我极凶酷。起初有五百中国人作工，现在只得三百人，死的、逃走的俱有。我是管火轮的工夫，因机器伤了脚，医生锯断了，用木接好，仍然作工。日食只粟米粉、咸牛肉、蕉子都不常吃的。我亲见吊死、投井死、吞烟膏死、打伤后死，又有三四人一同投井死，多得很。寮内待华人比猪狗不如，真惨极了。我作满八年，脚又坏了，又请医生治好，仍在原处作管轮机工，每月二十五圆。我此时得了满身纸，可以自由，每月给米二十五磅，干牛肉二十五磅。我听见大人来，我特来科垄寓面见诉苦的。”

刘阿三供：“年三十七岁，广东嘉应州人。被邻人李阿五约到澳门，骗进猪仔馆，住了八天，打合同一张，给洋四圆，见过西洋官。咸丰二年十二月开船。船上有二十人投水死，皆因被骗上船，不愿出洋的。到夏湾拿卖到先辉过司火车路作工，司头在夏湾拿城内，管工的待我不好，常打。每天寅正起身，作到酉正歇，礼拜歇半日。每日食米饭、干牛肉，可饱。我满八年期，寻得契爷，代我领满身纸，后就自寻工做，每月大金一圆。现在先辉过司作厨子多年了。此处华人死了，就送入坑内掩埋。我想回中国，因盘川不足，尚未去。”

黄阿盛供：“年四十五岁，广东番禺县人。因作生意亏本，有人约我到澳门作工，有四圆一月，我就同他去。咸丰二年十一月开船。给合同一张，洋钱三圆。到夏湾拿卖入糖寮，东家为人平和，总管凶恶。我在糖寮内作了二十一年的工，第七年时断了一只脚，是因整车路断的，医生用木接好，东家就不叫我作重事，只叫我看门。做满八年，每月给洋八圆。去年总管忽然叫我扛石头，我如何扛得，他就把我的木脚打断了，耳又打缺了，有伤可验。总管又送我到马当萨司工所，已作了九个月整街工夫，苦的很，不作就要打，只得勉强去作，每日食粥两次，食不够饱。”

黄阿才供：“年三十一岁，广东石城县人。咸丰二年，我九岁被人拐到澳门入猪仔馆，我不肯出洋，猪仔头把我浸在水中两日，逼我立合同，未给钱，在馆内关了一个多月，下船即开。到夏湾拿卖与带兵官，做了两年侍仔，派我到山寮种瓜菜。总管凶恶的很，食不饱，时常鞭打，我屡被打伤。想去告他，被他知道，将我锁脚九个月，仍要作工，我受尽苦楚。满八年期，东家要我再立合同作工，我不肯，就送我与地方官，做了九个月无钱的街工。我有契爷，为我洗头，取纸用去八角大金，我才得出来作火头、卷烟等事。我前年买得金镖一个，价系一个半大金，我不知来历，被洋人认回，竟诬我偷的，把我送官，不由分说，拉我坐监九个月，复送到夏湾拿监房，将近十个月了，闻得今年六月可满。监内每一礼拜要作小烟三捆，约一万六千枝，倘不足数，要打十二大棍。每日食白豆粥，不能饱，常泻肚。我若有盘川，就回中国，我想在中国作花子比此地好。”

杨阿四供：“年四十二岁，广东惠州府人。咸丰三年，被人骗到汕头入猪仔馆，十二月上船即开，给合同一张，洋钱二圆。到夏湾拿卖入火车路公司，不常打。满八年再立合同四年，每月十二圆。我花费洋钱八圆五角，便得满身纸后，各处作散工多年。去年八月，我领三十人在糖寮作工，将三十人满身纸交与东家，请地方官验过不错，大众踊跃作工。因东家欠给工钱一千三百圆，工人催讨，总管要作夜工，我不肯，小地方官又想我的送钱，就说满身纸是夏湾将军出的，无作工处地名，不准在此作工，不由分说，就捉进监，又说满身纸是假的。我同他辩驳，满身纸是先请东家带去验官，验是真的后才作工，且俱有印为凭，东家说有十人纸好，二十人不好。我说何以官验时全真，此时忽然说假，前后不符，东家与官俱不能回答。东家意思想不要我作工头就好，日夜勒逼人作工。官虽有意放我，却想我送他钱，我无钱送他，故不肯放我。我们被捉十一人，已到萨故阿监房坐了八个月。我有衣服等项存在糖寮，约值几百圆，现在都拿不出来了。东家欠的工钱，官叫还我，他不肯。”

文长泰供：“年三十九岁，广东新会县人。在家读书，我来时才十九岁，被人拐去到江门，搭小船到澳门，见洋官，给合同一张，洋钱一圆。咸丰三年十二月开船，到夏湾拿卖到糖寮。我一帮七十五人，满八年期，只剩十五人，我见吊死九人，投糖锅一人，因打伤皮肉腐烂生虫死的十二人，又有走出山内饿死，有逃出糖寮不知生死的。我割蔗时常见人骨，有叫狗咬断筋及喉受死的，各样都有，皆是我亲眼看见。我满工时，东家送我到监房绑起来，叫再立合同。做一年工后，东家无本钱，就散了。我另立合同，在别的糖寮作一年，每月八圆五角，花了三个大金钱，买得满身纸，又认了契爷后，自己寻工。是总在萨故阿地方。我前七年见此客寓对门造天主堂，凡中国人无论满身不满身，都拿来作工，无鞋穿的人多，地下尖石头脚都戳烂了，每四人用一白人管工，稍慢就打。因此地寻死的人多，有一刻工夫投井死七人，是我亲见的，又打死、吊死的不计数。此处白人待中国人比狗不如，我所以来寓面禀的，求设法拯救。”

黄阿纪供：“年五十三岁，广东新会县人。我在福山街作吹玻璃生意，有人叫我到省城作工，后来带我到澳门，给合同一张，见过西洋官，无钱。咸丰三年正月开船。到夏湾拿卖到科垄属下糖寮，初来时每日三餐，第二年来的人多，就食两餐，俱是粟米、蕉子，礼拜日不作工，因为人多，毒打异常，锁脚锁手都有的。作满八年无纸，我同帮二十个人，只剩十八人。有因总管毒打，将近满身他就自刎死了。糖寮规矩，将满身人格外毒打，故作威福、吓人。八年满身后到地方官处立合同作工，每月六圆，那时价值十二圆，他给我一半，两年作完，我寻得契爷洗头进堂，拿到满身纸。后来自己作工三年，又作散工两年，后在科垄开杂货铺，到此时计已五年了。我想即回中国，有盘川，就是出口费事，又怕路上被算计，另卖他处，所以未敢动身。闻得大人到此，特来寓面禀的。”

罗阿玉供：“年六十五岁，广东增城县人。在家耕田，有人叫我到安南作工，我就跟他走，带我到澳门入猪仔馆，不准出来，给合同一张，洋钱一圆。咸丰三年十二月开船。到夏湾拿卖到科垄糖寮，待我凶恶，不分能作不能作，一味凌虐。食粟米、蕉子，与大众同作了五年。后来作挖金三年。八年满身，无满身纸，我因无钱拿不着纸，又立合同三年，作完回到格颠剌司工所，又到小埠作割马草工夫，无工钱八年。后来又送回此地工所，将近两年无工钱。现在做打石、扫地工夫。我食不饱，不打，不准出街走路，我无钱，也不能买东西吃，真是苦死为止。”

李阿耀供：“年五十一岁，广东新会县人。在广州城作机房生意。咸丰三年水荒无事作，就有沙冈姓张的带我到澳门，我知道出洋，立合同一张，收洋钱一圆，无西洋官问过。十一月开船。到夏湾拿未下船，就卖到糖栈。作工无一定的时候，作了八年满身，又作了二年，十二圆一月，不肯给我满身纸，后到开山地方作火头，每月十圆，作了两年，又到一山寮内作工，每月十圆，作了一年，又到别处做散工数年。去年被东家送到萨故阿作工所，做了四个月整街，无工钱。后来到多罗闸六个月，每天一圆，听见说到夏湾拿打纸，现在已到夏湾拿工所一个多月，无纸，在此作整街工夫，无钱。我在古巴苦无了期，极想回家，如有船，我去就好。”

徐立生供：“年四十五岁，广东丰顺县人。本业田工，被人哄我说，下洋船可得银十二圆，出洋做工每月四圆，中国六个月算洋人一年，合同八年，不过四年，做满可回来。我误信为实，同他往打合同，不料签名后，并无银给。于咸丰三年三月开船。船上相待过得，饭亦得饱，但缺淡水。到夏湾拿四十多天，被卖入糖寮，按月工银四圆，食的不好，又不得够，管工的无论做不做[①]俱打，被打难堪的，往往自缢。绞蔗时，礼拜日

① 做不做，《古巴华工调查录》作“着不着”。

一样做工。不绞蔗时，礼拜日亦做到巳初歇工。我八年满工，到山寮种烟，第一年每月工银八圆半，后来添至十二圆。去年十二月被官押去多罗闸开路，每月银纸三十圆；地方官说过回时给我满身纸，现工满回来，送我入夏湾拿工所，待我好，食的饱，做整路工夫，天亮起工到酉初收工，日间连食饭共歇一时。我见糖寮华工死的皆随便弃尸，没有棺材。我倘有盘川，愿即回中国去。”

李合供：“年五十四岁，广东潮阳县人。我是作水手的，因生意不好，自己想到外国，在汕头上一洋船，给合同一张，洋钱四圆。咸丰三年十月开船。船上好，食与水尚够。船到夏湾拿卖入糖寮，每月工钱五圆，比合同加一圆，病的时过了十五天才扣工钱，待我好，食的饱，一天两顿米饭，一顿番薯，蕉子。寅正作到亥正，中间歇一时半，食饭。绞蔗时，每两礼拜歇一天，割草时夜不作工。糖寮内作满八年，又立合同作木炭工夫，作了十一年，每月七圆。满了我不肯再作，东家送到格颠剌司工所。现在工所一年零八个月，做零星工夫，食的饱，地方官不肯给我满身纸。我穿的衣服是前天给的，工所内又打扫干洁了。”

梁有德供：“年三十五岁，广东番禺县人。本来作小买卖，有人劝我澳门觅工，不料是诱我入猪仔馆，关住两个月，逼我画合同，未见西洋官，给银二圆，衣服两套。于咸丰三年十月开行。船上水菜俱不足，我一路俱病，见有三四个壮健的人，船主疑他闹事，捉出痛打，锁在船头环上，到埠才放。到夏湾拿两个半月，卖入糖寮。绞蔗时，寅初起工，做到子正方歇，中间歇六刻食饭，逢两个礼拜歇两个时辰。不绞蔗时，寅初起工，做到戌正方歇，礼拜得歇三个时辰。起初三年，东家相待尚好，后待得刻薄，食不得饱，时常打我，我被重打亦有三十遍，管工总是逼迫添工，我见有一管工华人，待人凶恶，被人打死。又见有工人寻死。糖寮内并无人逃走，因人想走，未得走脱，每被捉回责办。我八年间未曾走开一步。工满后东家要我再打合同，我不答应，将我送官做一年修路工夫，每月工银六圆。后来官准我到山寮作工三年，每月工银八圆，食东家饭，山寮东家带我洗头，入天主教。后我给巡街头目银十二圆一角五分，得有满身纸，赁地一块种菜七年。有一日我带菜上街市，路遇三个华人交头接耳说话，与我无干，忽有巡役捉我，说我带三个人走路。冤枉之极。我到故阿那海监房一个礼拜，未曾有审问，监内食不饱。有钱与监头，相待自好；若无钱，难免打骂。"

陈阿桂供："年四十三岁，广东饶平县人。本来开豆腐店，有一朋友陈其裕请到他家饮酒，是晚即将我锁在房内，即拉到汕头落夹板船，见有几个洋人，手执合同，要我签名。船中人说，若不愿出洋，即捆抛下海。迫得答应，未曾将合同读我听，亦未给银。咸丰三年十二月开船。到夏湾拿卖我，系八个大金。入糖寮做工四年，转卖与别人新东家来，我又做四年工，按月皆工银四圆，食亦得够。作工稍慢就打，报病一日扣银一角五分。八年工满，问取满工凭据，东家带我见官，限十五日要觅得新东家，我找得东家立合同四年，初两年每月工银十二圆，后两年工银十六圆。四年满后，官捉入夏湾拿工所，做十一个月无钱官工，随有洋人雇我做工一年，每月工银十二圆七角半，工满仍将我送萨故阿工所，做五个月官工。以后又立五次合同，每一年期，每月工银十六、十五、十八、十七、十二圆五角不等。去年官押我往多罗闸做工六个月，每月银纸三十圆。说过多罗闸回来即给满身纸，不料工满仍送我来夏湾拿工所，已经五个礼拜，日日整街。我在糖寮时，见工人死者，随便浅埋，并无棺材。我不愿在古巴，回得中国乞食，亦是愿意的。"

何锡供："年四十岁，广东顺德县人。读书无成，于咸丰三年十月，有香山人阿二劝我到澳门觅工，不料骗我入猪仔馆，关住四十日，不准出，交我合同一张，洋银二圆，合同内话未读与我听，就拉我下船即开。船上淡水短缺。到夏湾拿即将我卖入糖寮。同帮二十余人，每日寅正起工。绞蔗时做到半夜，礼拜照样。不绞蔗时天黑收工，礼拜无事。每日三餐，两餐有米饭，一餐番薯，食的时刻系巳正一餐，午初一餐，戌正一餐。东家尚好，总管极恶。我同帮二十余人，有两个自缢死，有四个跳井死。工人报病，多是被打。我做满八年，得了满身纸，在糖寮内再作两年，每月工银十七圆，两年满后，在糖寮开一小铺，娶一黑女人，另在小埠住家作雇工，头人诬我雇逃走的人作工，官捉我坐监，现时到故阿那海监六日，旧东家尚照顾我。我所开小铺仍在糖寮，做雇工头人已经十年，常有四五十华人可以雇得，我所雇工价系论出糖多少，不论做工时刻，钱是交我发给工人，总是我说明有一定工钱，因他们满身纸总存在我处，可随便辞他及扣工银，所住小埠近在贼作乱地方。我赔了好多钱，想急回中国，但是我此时仍欠账，不得清还，不能动身。”

梁恩供：“年四十岁，广东开平县人。向做鞋，因与胞兄争吵，有人劝我到澳门觅工，不料被带入咖咕行，关住一月，逼我见西洋官，打合同，给银一圆。于咸丰三年三月开船。船上饭水俱不够，又不准上舱面。到夏湾拿一天，一帮十五人，卖到糖寮，卖我系十二个大金。起初三年相待尚好，食的饱。后换新东家，食不得饱，相待刻薄，时时被打。我同帮十五人四个自缢死的。有番禺人梁百胜，在蔗田做工，总管骂他不会做，将他鞭打，梁百胜说，我不止会做蔗田工夫，并会煮糖。总管大怒，用棍打伤他肋骨，并打破头颅，我同帮见打得凶恶，共劝说总管，反将梁百胜绑在马尾拖回见东家，并说众人要闹事，东家将众人闸脚收监，梁百胜当即殒命，尸首掷弃拉杂堆内。

我们锁三个礼拜才放，放后我同帮三人走向番官投诉，东家的写字的人送番官银一千圆，总管的又送地方官四个黑人，地方官遂不依我们说，仍将我们交回糖寮，叫东家锁我们的脚，带链做工一年，时时叫黑人跟住，随后又将我及同帮九人俱送到东家的别间糖寮。做满八年，我问取凭据，写字人说，东家不来不能出主意，我候了有一年，照旧做每月工银四圆，仍不见东家回来。我们出去心想告官，写字人又送银与巡街的，见我出去，就拿我们，说我们逃走，地方官又将我们交回锁着，做四个月工才放。后过了五个月，将我们送官，勒我们同到别人糖寮，立合同一年，每月工银六圆。工满后我们分散，不知同帮九人在何处了。后我领了满身纸，作工多年，挣的钱够度日。后因满身纸失落，我想再领一张，官要三个大金，照数与他。此刻在马当萨司作厨子，每月二十五圆。”

赵育供：“年五十七岁，广东香山县人。被亲戚带到澳门入猪仔馆，未见西洋官，上船给合同的。咸丰三年正月开船。到夏湾拿卖到马当萨司火车房作工，待我尚好，食的饱。作满八年，又作六年，每月十七圆。后到糖寮作了四年，食不饱，米饭不常有，待得不好，常打。我作满期，问东家要满身纸，东家不给，送我到夏湾拿工所，作了两年修街工夫，无工钱，食不饱，又待我不好。后来到糖寮作了两个月，每月十二圆，东家看我太老，送到格颠剌司工所。总管好，食的饱，一天两顿米饭。管工不好，不公道，常打我。因为我年老，不及年轻的快，不准我出门。我是一个钱都没有，不知何日放我出去，我心里很[1]不服，我真受冤屈了。”

潘明供：“年四十四岁，广东揭阳县人。在家种田。咸丰三年因赌钱，欠猪仔头的钱，就带我到汕头上船，给合同一张，

① 很，《古巴华工调查录》作“狠”。

又洋钱四圆，衣服两套。正月开船，船上好，食的饱，有水喝。到夏湾拿卖到糖寮，每月四圆，生病照扣。总管同管工的人常打，并不为错事。一天两餐蕉子、粟米、咸牛肉，可得饱。因为受不来苦，自己寻死的多得很[①]。每日寅正起身，作到子正歇，中间歇一时食饭，礼拜不停。割草的时，礼拜作到巳正歇工，夜不作工。我在糖寮共作了十年，满工后每月十二圆。后来得了满身纸，就自己作工。去年生病不能去换满身纸，所以送到萨故阿工所，来了两个月，作无钱的工，食的是粥与面包。前天有米饭给我们食，仍是食不饱，昨天有新衣服给我们。”

李通供：“年五十三岁，广东潮阳县人。我作药材生意，咸丰三年有人约我到汕头看戏，就带我上猪仔船，给合同一张，洋钱四圆，十一月开船，船上待人好。到夏湾拿卖到糖寮，第一年每月工银三圆，第二年每月四圆，病照扣。待人不好，总管、管工的常打人，并无错处。食的够，每日三顿粟米、番薯、蕉子。寅正作到子正歇，中间食饭，歇息一时二刻，礼拜照常。割草时不作夜工，礼拜巳初歇工。锁过我一月，是因我告官无米饭吃的事。作满八年出来，另立合同在瓦窑内作工两年，每月八圆五角。后来又在别处作散工，前两年因地方官查出无满身纸，拿到萨故阿工所，现在作无钱的工，食不饱。”

吴越供：“年四十八岁，福建漳州府人。打鱼为业，有一天我到姑母家去，回来在路上遇见一个人，约我到厦门米铺作工，说有多钱，到厦门锁在屋里一个月，带到船上，给合同一张，拐我的人拿了十二圆去，我未得钱。咸丰三年开船。船上投水死约二十人，因待得不好，又怕出洋，所以就寻死了。食的不够，水也不够。到夏湾拿卖到糖寮，每月四圆，按月[②]付的；如

① 很，《古巴华工调查录》作“狠”。

② 月，《古巴华工调查录》作“日”。

病了有一礼拜，就扣工钱。管工的不论何时常打。每天两顿粟米、蕉子、咸牛肉，食不得饱。寅初起身作到子正歇，中间歇息一时食饭，礼拜照常。糖寮寻死的人，多因为受不来苦。有时禀地方官，官不问。作满八年，又强我再立合同两年，每月洋钱八圆，作完了出来，就用去大金五圆半，买了一张满身纸。现在格颠剌司卖水果，已经多年了。”

陈得林供：“年五十三岁，广东揭阳县人。在家种田，因为赌钱输了，怕父亲责备，就走到汕头，听见说外国作工钱多，就上船立合同，看过我明白，收了六圆。咸丰三年十二月开船，船上好。到夏湾拿卖到糖寮，东家尚好，食的饱。每月四圆，每天寅初上工，做到子正歇，中间歇一时半食饭。割草时礼拜不作工。作了三年，因与人吵嘴，就转卖别处糖寮。作了两年，又转卖与东家之兄。又作三年，共作满八年，另立合同作石炭工夫两年，合同内每月六圆，只给四圆。作满了到格颠剌司，被地方官拿着，叫我作六个月工，因为腿上生疮，叫我在工所打石。病重送到病房住了几个月，稍好去作卷小烟工两年，每月八圆五角。满了又送回工所，至今仍然在工所。食的不饱。寅正上工，作到酉初歇。古巴地方极不好，我不愿在此长[①]久，情愿回家去看父母、妻子。在此地华人死了无棺木，有时埋的时候补[②]把衣服脱去。”

姚阿押供：“年六十五岁，广东潮阳县人。在家作小本生意，因生意不好，有人告诉我到外国赚钱容易，我就到汕头上了一个外国船，给合同一张，洋钱四圆，一套衣服。咸丰三年开船，船上好，有食的，甜水够。到夏湾拿卖到糖寮，每月工钱四圆，按日发的，病时照扣。总管、管工时常打我，每天三

① 长，《古巴华工调查录》作“常”。

② 补，《古巴华工调查录》作“都”。

餐米饭、蕉子、粟米、咸牛肉。满了八年再立合同四年，每月十圆，作完了东家代请了满身纸。后来在外头作了九年多工，赚钱不多，够用的。后来巡捕把我的满身纸要了去，就送我到科垄工所。现在工所作工，无工钱，食的可以饱。”

周润腾供：“年四十四岁，广东嘉应州人。在家种田，因赌钱输了，自己愿出到外国作工。到汕头上船，船上收洋一圆，衣服一套，鞋一双。咸丰三年十一月开船，船上食的饱，水也有。待人不好，有一天我在船头洗衣，不留心连桶一起都抛下海，船主看见，立刻叫两个外国水手捺着，用外国粗绳打，我后病了三天。又有一人，因为鱼臭了，告诉大伙，被水手打的很[1]重，几乎打死了，也是船主叫水手打的。到夏湾拿卖到糖寮，系九个大金钱。糖寮绞蔗时，寅正起身，到子正歇，中间歇息一时，礼拜照常。割草时里不作工，礼拜日巳初歇工。食的是粟米粉、薯仔、蕉子、咸牛肉。如果有人死了，不准别人去送葬。糖寮规矩，不准出门，必得总管凭据才能出去。第一年工钱扣回十二圆。他说在汕头付过，实在未收。后来每月四圆现银。满八年，同我一帮三十一人，只剩十五人。我因作满工，要出来，地方官勉强我又作两年，第一年每月八圆五角，第二年十二圆七角五分，满了东家送到科垄工所，作了四个月整街工夫，前三个月无工钱，第四个月有八圆现钱，作完四个月，管工所的人代我寻得契爷，带我去洗头，我就算入教，给了先生一圆二角五分。后就自己作工，剩了几个钱，拿了两块六角洋钱，给日国人代写禀帖与地方官，请发满身纸，后来花了十七圆使费，领到满身纸，内注明是不要钱的。凡中国人不入教，死了不准埋在坟地内。我的契爷收的人多的很[2]，都是要

① 很，《古巴华工调查录》作“狠”。
② 很，《古巴华工调查录》作“狠”。

送礼物送钱的。现在我仍在科垄工所作工。”

罗富崇供：“年五十九岁，福建上杭县人。作剃头生意，到汕头想到外国作工，到后上船，给合同一张，洋钱八圆。咸丰三年十二月开船，船上食的饱。到夏湾拿卖到糖寮，每月四圆，病日照扣。糖寮待我不好，总管、管工的常打。食的粟米、番薯、蕉子，不得饱。寅初起身，到子正歇，中间共歇一时半食饭，礼拜照常。我作满八年，再立合同两年，每月十圆。后领得满身纸作散工，每月十五圆。现在科垄作工。糖寮内中国人死了无棺材，随便埋葬。”

沈阿九供：“年六十岁，广东普宁县人。在家种田，因为赌输了不敢回家，就到汕头坐在路旁。有人问我，我告诉他输了钱，他问我肯到外国否，我答应了，就跟他上外国船，给合同一张，无钱，合同的话都讲给我听。咸丰三年十二月开船。到夏湾拿卖到糖寮，每月四圆，按月发给。食不饱，待我不好，无故即打。我同帮三十六人，到八年只余九人。每天寅正起身，作到子正歇，食饭歇一时，礼拜照常。不绞蔗时，作到亥初或亥正，礼拜不作工。我作满八年，又立合同在瓦窑两年，每月洋钱八圆。又糖寮一年，每月十二圆；锯木作一年，每月八圆五角；种烟三年，每月十一圆；夏湾果铺一年，每月八圆五角；作厨子两年，工钱俱是八圆五角一月；放牛一年，每月十二圆。后到多罗闸作了六个月，每月票洋十五圆。作满送到夏湾拿工所，在工所一个半月，待我好，有食的，卯初上工到酉初歇工，食饭歇一时，就是无工钱。我见糖寮内人死，随便埋葬，无棺材。古巴地方太坏，我想回中国。”

陈阿应供：“年四十二岁，广东新会县人。我在家作卖木柴生意，咸丰四年有人说有四圆一月的事做，我不晓得出洋，我就跟他到澳门，打合同一张，收银一圆，未见西洋官。十二月开船。到夏湾拿卖到糖寮，待人不好。初来时，前六个月有饭食，后来就兼杂粮了。打死人是用棍打，吊颈、投水死都有，我亲见吊死的最多，煮糖地方有一绳吊死两人，东厕睡房我都见过吊死人。每天寅正上工，作到子正歇工，每日食粟米、干牛肉、蕉子及一小碗米饭，食不饱。作满八年无满身纸，送到地方官处，又立合同三年，每月十二圆。作完了又作散工一年，每月十圆。作完送我入科坣工所，作打石工夫，无钱，有饭食，不饱。后来又立合同三年，每月十圆，作完了，又送回工所打石，无满身纸。我如有满身纸，每月可值二十圆工钱。我问他要纸，他说现在无纸出。此刻在火车头作工，已经三年了，如果不作，就送到工所作无钱工夫。此等情形是勒逼要作的。糖寮礼拜不作工，绞蔗不歇。我有钱，无满身纸，也不能回去，今特来寓面诉冤苦的。”

陈阿吉供：“年四十二岁，广东南海县人。我被陈阿五骗到新州府打工，就带我到澳门立合同一张，给银二元，见过西洋官。咸丰四年二月开船。到夏湾拿卖到火车公司，待我不好，常打的，打伤的也有。如作工东家不合式，就锁脚，进监房，我也锁过三四次。作了八年无满身纸，又作六年，每月十二元。作完我到中国领工头处，作火头作了四年，捉到科坣工所，来了一年多，作整街工夫，无工钱，食不饱，打的少些。现在仍然无满身纸，只好作到死为止了。”

梁阿照供：“年六十八岁，广东新会县人。我在前山开香铺，有向来共买卖的高阿苗说去上海作生意办货，我也想去上海买货，他又约我去游玩，我带了几百银子，同他到澳门街落船，我怕错上猪仔船，他说一定是上海船。不料上船就是猪仔船，高阿苗转眼即不见，我明白被骗了，真是想不到。我带有现银，即与船上的人商量用银赎身，船主不肯。我家内有妻室，有儿孙[1]，都不知道，只认我去上海。我上船后无合同，无钱。咸丰四年九月开船。到夏湾拿卖入萨故阿糖寮，作了八年，每日打的毒的很[2]，行慢一点，都要打，无的饱，同帮三十人，狗虱咬死有十五人，自己寻死几人，到满身时只剩几个人了。无满身纸，司头作贼，管工的带我到科垄走路馆作工，无工钱，作了一年多，又送到糖寮作了五年，每月十二圆，作完送到格颠刺司工所，由工所立合同，出去作工五年，未打过，将就可以食饱。去年到此地，现在尚未寻着东家，我作整街工，不论何事皆要作官说。我满工他晓得，叫我寻着东家，就有满身纸给我的。起先东家已作贼，何处寻，是以不得满身纸了。现在早上多发两个面包与我，此地的饭，我年老可以食的饱，年少的人食不饱的多。先时糖寮内有店铺，是东家开的。前十几年都是给钱，不给银纸。"

张长贵供："年四十二岁，广东嘉应州人。我去潮州，被老黄拐到澳门，他说作工每月有二十五圆，我跟他去上船，打合同一张，给三百铜钱。咸丰四年十一月开船。到夏湾拿卖到烧瓦作工，作了八年，六年无工钱，又立合同二年，每月大金半圆。无的饱，打的毒的很[3]。每日食两顿，皆番薯，一个月约有两顿米饭。打伤后进病房，死的多。我作满又立合同一年，寻得契爷作保，用大金一圆。洗头后，自己做工两三年，作山寮，自己耕种六年，娶了一个妻，生子无事。地保问我借钱，我不肯；我有一个马鞍，买三圆大金，他又问我借，我不肯，后来有中国人不见物件，地保就说我偷的。因为我的儿子生病，出埠买物，地保说我出埠换钱去，中国人说不是我偷的，地保说

① 儿孙，《古巴华工调查录》作"兄孙"，当为转录之误。

② 很，《古巴华工调查录》作"狠"。

③ 很，《古巴华工调查录》作"狠"。

一定是我，就送我到故阿那海坐监，坐了二个礼拜，官未问过，我不晓得怎样。我的妻子是白人，生呱子，才一个月，因为别人不喜欢，我实在不犯事，无罪。我娶亲是进过礼拜堂的，我穿的新衣服是前两天发的。管监头前几天打，后来我给他三圆二角五分，他就不打。我在监内有粥食，有番薯、咸牛肉，每日食两顿，我食不饱，坐监实在冤枉了。”

钟阿振供：“年四十五岁，广东新会县人。被人拐到澳门进猪仔馆，打合同一张，收银四圆，未见西洋官。咸丰四年开船。到夏湾拿卖身烧石炭厂作工。待我不好，一帮七十人，只剩十一人，打死的也有，走的也有，寻死的也有。我作满八年，无满身纸，送到工所另立合同。到夏湾拿城内各处作工，约有十年，后又立合同两年，在三打格阿打里那糖栈内，现已作完，他说合同是六年，仍要作四年。待我比从前好些，不作夜工。我来此将近二十年，仍是无满身纸，如何能回中国？如何能余钱？”

陈阿和供：“年四十二岁，广东南海县人。本做藤儿生意，同伴四人闻得澳门招工钱多，就到澳门去，进猪仔馆。第二天到西洋官公馆，就收住了四个月，不准出门。我要见官，外国人不准，又凌虐不堪，总见不着官。咸丰四年三月开船。船上食的不饱，水尚有，未打过。到夏湾拿卖入糖寮，东家是住在夏湾拿，总管恶的很[1]，若作工稍慢就要打。寅正作到戌初歇，有时作夜工，礼拜日作到午正歇。食的饱，无米饭。每月四圆。作满八年，又立合同作一年。我虽不愿意，亦无法想。作完了一年，寻得契爷作保，地方官给了满身纸，花了三个大金。后种蔗六年，作完又到萨故阿种蔗，是短工，每月约二十圆。作了五年，因为换满身纸，就交给工头代换，又交使费半圆，不

① 很，《古巴华工调查录》作“狠”。

料工头逃走，连我的满身纸带了去。我是实话，后来我就被官查着，送到萨故阿工所。我的保人现在作乱地方，寻不着，我另在萨故阿开了一个小饭店，地保是认得我的，别人认得我的多的很，我到地保处商量，要别的凭据。他问我要钱买，我原有四百多元，被人借去不还，不能买纸。他送我到工所作修路及各样工夫，地方官不准我出去。此地虽有米饭，食不饱，偶然打，不重。我如有盘费，再能多二百元，就可回中国了。”

张二供：“年七十二岁，广东惠来县人。做卖水菜生意，有人拐到艇船上，说要我的菜，我就下船，不准上岸。带我到澳门猪仔馆，住了二十天，又带上船，给合同一张，洋钱八圆，合同内的话未解与我听。咸丰四年开船，忘记月份。到夏湾拿卖入糖寮，作了八年，每月四元。作工稍慢就毒打，食的不好，又不饱。我记不清楚作工时候，总在天亮以前起来，半夜才歇工，食饭的时候歇的工夫短，礼拜照常。满了八年，又到马丹萨司工所作工，计十一年，无工钱。后来送到多罗闸六个月，每月票洋十二元。我老了，无力作工，所以不要满身纸。多罗闸作完送到夏湾拿工所，来了三个月，作整街工夫。卯初起身，到酉初歇，天里歇一时食饭。工所别样待我好，只是食的不饱。我见糖寮死的人可埋葬，无棺木，无衣服。我想回中国，无盘费，现在年老无用了。”

张开供：“年四十四岁，广东揭阳县人。卖水菜生意，因赌钱输了，到汕头闻得出洋工钱多，就上船，给合同一张，洋钱四元。咸丰四年十二月开船。船上待人尚好，食的饱，甜水不足。到夏湾拿卖到糖寮，每月四圆，按期发的，待我不好，食不饱，一天两顿，或米饭，或粟米、蕉子。卯初起身，作到子正，歇工、食饭共歇一时半，礼拜照常。割草时不作夜工，礼拜作到巳初歇工。满八年期，用两个大金买得满身纸，自寻工夫，作了四年，因为失落了满身纸，巡捕查出拿到科垄工所。

现在在工所，作了八年，无工钱，待我尚好，食的饱。”

王水头供：“年六十四岁，福建南安县人。在家种田，因穷难度日，到厦门上外国船，给合同一张，未给钱。咸丰四年开船。船上不打，食不饱，水也不足。到夏湾拿卖到糖寮，每月四圆，按期发的，生病照扣。作工夫慢就打，食不饱。寅初起身，作到子正，中间歇一时半食饭，礼拜照常。作满八年，东家勒令再作六年，每月八圆。又作满了，我不肯再作，东家不给凭据请满身纸，就送到先辉过司工所，作了六年无钱官工。待我平平，只是食的不饱。”

容阿彩供：“年四十二岁，广东新会县人。我因贼乱，被人拐到澳门，送入猪仔馆，到西洋官处给合同一张，洋钱四元。咸丰四年十二月开船。到夏湾拿，我同帮二十人卖到糖寮，作满八年，只剩十二人，寻死四人，病房死几个人，都是因受苦死的。食的不饱，工夫难作，常打，又常锁住打，是因为无力作工，又为私自走，及作工时困倦，有时并不为事亦打。绞蔗时，一日夜，食饭、睡觉只歇两时，礼拜照常作工。割草时，歇的工夫稍为多些。前有一人逃走，被他拿回，总管锁住用粗木棍打死了，地方官也没有治他的罪。我满了八年，领得满身纸后，自己作工，现在科垄作工。”

吴阿侯供：“年五十岁，广东潮阳县人。在家耕田，有人同我说外国真是好，工钱又多，又无重工，他说：‘你要是喜欢去，我找船给你，只管去，如果不好，两三个月就可以回来了。’未见过西洋官。临下船时，给我合同一张，未读与我听，也未拿钱。在汕头下船，是咸丰四年正月的时候，上船即开。在船上，大伙打我，因叫我作事，我晕船不能作，他就打。船上食的饱，水不够。到夏湾拿住了八个月，卖到糖寮是二十五个大金，作了八年，四圆五角银纸一月，按月支的，病时要扣工钱。作工稍慢就打，起身慢亦打，因不准出门，故不能告状。

每日食一顿米饭，一顿粟米粉。作工是寅初作到子正，内歇一时食饭。不绞蔗时，无夜工。礼拜日，寅初做到午正歇，常年如此。八年之后，东家将我送到地方官处，作了官工五年，无钱的。后来种烟叶与番薯一年，每月八圆五角。又送我到科垄工所，作官工三年。作完后，又种烟，约二年，每月四圆五角。期满去多罗闸作六个月，每月三十圆。回来夏湾拿工所住了五个礼拜，不打我，食不够。作工天亮作到酉初，内歇一时食饭。糖寮内人死的无棺木，无坟。我如有盘费，就有好事，我也不肯多住一天了。”

李阿能供：“年六十一岁，广东饶平县人。因为赌钱输了，有猪仔头借钱与我赌，我不能还他，就到汕头上船，给我合同一张，洋钱四圆。咸丰四年十一月开船。船上待人好，食的饱，到夏湾拿卖我入糖寮，是二十个大金，每月四圆，按月给。作工不论好歹，常打。我因为待我凶恶，我就投井寻死，他们又救我起来。每天两顿粟米、蕉子、干牛肉，食不饱。寅初上工，作到子正歇，内中歇一时食饭，礼拜照样。作了八年，得了满身纸，后来就作各项散工。作了十年，每月十五圆、二十圆不定。前一年失落了满身纸，被巡捕拿到萨故阿工所做官工，无工钱。如果能放我出来，我可在糖寮自己作工。在此地饭食不够，新衣服是昨天发的。带锁的工人昨天放了。”

何阿官供：“年五十二岁，广东香山县人。在家作瓦匠，有朋友住在澳门，约我去作工，每月四圆。到澳门进猪仔馆，住了三四天，给合同一张，我不知道说什么，只告诉我四圆一月，未见过洋官，后来上船就不准上岸。咸丰四年十二月开船。船上待我好，食的够。到夏湾拿卖入糖寮，八年之内每月四圆，管工黑人有时打别的工人，打的凶恶。我作满八年后，拿得满身纸，到别处糖寮作放马工夫，每月六圆，作了几个月，我的满身纸交与东家。有一天在路上走，未带满身纸，被巡捕拿着送去修水沟。后来又到别处共作了十年，俱是官工，无工钱，一年两套衣服，饭不饱，又不好。后送到多罗闸，那里的人不要我，我不知道是何意思，共有五六人送到夏湾拿工所。我来此六个月，作工无工钱，食的饱，作工不苦。我不食鸦片烟，有盘费，我定要回中国。如不在官工局，我另去作工，可得八圆或十圆一月。”

温阿照供：“年四十五岁，广东增城县人。因有胞兄在麻六甲作生意，我去寻他，到澳门被张三骗入德记猪仔馆。咸丰五年十一月开船，未见西洋官，有合同，给洋钱一元，衫裤一套。船主不好，不够饱，不给水，又任意毒打，死的人多，死了就抛入海中。到夏湾拿住了两个月，卖到萨故阿糖寮，是六个大金钱，我不愿作工，他仍然送我回夏湾拿，又卖到烟铺做了十几天，铺头收了，又送到行卖到格颠剌司糖寮作工。待我凶恶之至，无的饱，又乱打。丑正起身，作工到子正歇工，中间歇一对，食粟米、蕉子，干牛肉。割蔗时，作到巳初歇工。同我一帮四十五人，死了二十六人，吊死、投井、又打死的都有，这些人我都记不清名字，因为那个时候，我也要死，心已乱了。只记得两个熟人：打死的名阿来，因锁住用木棍打，又用刀戳死的；又一个名阿三，是吊死的，皆是受不来凌虐，不愿生活的。死了的人，就叫黑人拖去，随便抛弃。我在这个东家作了八年，不论各样苦处都受过了，现在身上还有伤痕。八年后，认了一个契爷，代我出钱打了一张满工纸。我告诉他要回中国，惟时我的盘川不够，就住下了。到夏湾拿作火头，作了十年。现在工夫没甚苦了，每月二三十元银纸不等。满身纸一年一换，出街必须带在身上，不然就要捉去作官工。从前捉到无纸等人即锁脚，现在不锁了。我看见作官工的人，是无衣服给的，因为听见大人来，就现给衣服穿了。我十多年都聚不起钱来，现在虽想回家，仍无盘川，故不能如愿，特来夏湾拿寓叩见大人，并求作主的。”

冯阿秀供：“年四十二岁，广东三水县人。在家种田，因为贼乱，到省城被人骗到澳门打工。到猪仔行，不准出门，打合同一张，收银一圆，见过西洋官。咸丰五年二月开船。到夏湾拿卖到萨故阿糖寮，待我凶恶，毒打异常。有吊死、投井死。每日有蕉子六条，干牛肉不一定。计一日夜，歇息一个半时辰。不绞蔗不作夜工，到戌初歇。满八年期，同帮十五人只剩四人，死的、走的都有，我亲见吊死五人，又有病死的。满身后再立合同三年，每月十圆、十二圆不等。寻得契爷给地方官写字人大金三圆半，得了满身纸，后来自己作工。此刻有纸的人也是一样凌虐。我满身后捉过数次，说满身纸不好，叫我作打石工夫，与无纸的一样，我又花钱请契爷保出。凡中国人在此地，不准两人同行，如或同行，地方官及兵看见就要打的。今特来萨故阿寓面禀受苦情形的，求作主的。”

吴阿清供：“年四十二岁，广东潮阳县人。在家种田，后来在衙门内作火头。咸丰五年潮州贼乱，我到汕头想到省城，遇见揭阳人阿致，叫我出洋作工，有三十圆一月，好的很，我就同他下船打合同，无钱。九月开船。船上投海死两人。到夏湾拿卖入科垄糖寮，东家待人凶恶，天天用牛皮鞭毒打，又脱裤子打，有时打死人，我一帮五十人只剩二十五人，投井死、吊死、自刎死均有。作完八年，不给满身纸，我就走出来，在乡下糖寮作了八年，每月十二圆。作完了到此地两年多，自己作散工，尚可下的去。今日听见大人来，特来格颠刺司寓递禀。我们在此行街，遇见黑人、白人，俱任意欺负，或抛石头打，有时天黑不独打人，即抢物件，人事极坏，视中国人如猪狗一般，实在可恨。”

张阿林供：“年三十二岁，广东潮阳人。咸丰五年被人拐到汕头，下船即开。到夏湾拿卖入糖寮，待我凶恶异常。一日夜歇两个半时辰。食的粟米、蕉子。作了八年满身，有满身纸，自己作各样散工。去年作砍木柴工，被大树倒下把臂膀打断了，就到医房医治，用去四个大金，四十几天才好。自己钱用完了，就作乞食的，无屋住在四处的睡。我作糖寮时打是常捱的，年少未打伤。闻得大人来，特来格颠剌司寓面诉受苦情形，求作主的。”

崔安供：“年三十六岁，广东新会县人。向来做纸生意，有邻人温阿珍对我及表亲八人说，到澳门可觅工做，不料带我入房那哈猪仔馆，关住三日，逼我去打合同，并无银给，我得有衣服一套下船，于咸丰五年十月开行。船上水饭俱不好，我被打两次，皆因饮水未先说知，我见有八人绑打甚重，系船主疑他闹事，打后有两个带锁到埠。每次十人一班上舱面乘凉。到夏湾拿同帮九人卖入糖寮，每名八个大金。绞蔗时，丑正二刻起，做到子正二刻歇工，礼拜不歇。不绞蔗时，寅正起做，到亥初歇工。礼拜日，做到巳初歇，申正又开工，做到亥初歇工。日食番薯、粟米粉、咸牛肉。初到糖寮一年，硬扣银十二圆，说是还澳门得过数目，以后每月四圆，报病即扣。我被打有三遍最重，又被锁多回。头一次报病请他准我进病房，被他锁打；第二次因十一二点时眼困；第三次因我不肯饮泻油。我八年之内，亲见一管工的被人斩死，又一个被人打死。斩死管工时，捉去二十四人坐监，打死管工，捉一人打死。我满身后送地方官四个大金，取得一张满身纸，出外做散工。现时在萨故阿地方做火头，每月银纸十五圆，计算十五圆银纸，无异中国实银七圆。此间无物不贵，我每月工钱俱花去买白鸽票银三圆。”

陈亚振供：“年四十九岁，广东潮阳县人。本来业农，有人对我说：‘出洋作工每月可得银四圆，做足八年准听回乡。’我误信他话。咸丰五年同到汕头落洋船，给我合同一张，并无银给。到夏湾拿住卖人行一夜，即将我卖与糖寮，每月工银四圆。

我们作工夫慢被打，有时无缘无故亦被毒打。食既不好，又不得饱。绞蔗时，寅初起做到巳初，歇半时又起工，做到午正歇，未初二刻又起工，做到子正收工，礼拜日一样。不绞蔗时，不作夜工，礼拜日巳初歇。我在糖寮做了十年，出外在瓦窑作工两年，每月工银五圆，得有满身纸，仍回瓦窑五年，每月工银九圆。忽被人将我满身纸收去，并拉我出马当萨司工所。我到工所两年，先日有工作，现在腿生病不能做工，工所不甚打我，每日稀粥、面包，食不饱，又无工钱，冤苦之极。”

林阿二供：“年五十一岁，广东潮阳县人。本系业农，咸丰五年有一人同我往汕头看戏，起初不知他系猪仔头，被他带我落船，给我合同一张，并无银给。正月开船。船上相待尚好，食亦得饱，但水不足用。到夏湾拿将我卖入糖寮，每月按期给工银四圆。总管、管工常打人，有同帮四人被管工打得厉害，两三日内身死。一日两餐皆系蕉粟、番薯，并不够饱。寅初起做到子正歇工，内歇一时二刻食饭，礼拜日一样。我做满八年，立合同作工九年，在三个东家处，都是每月工银十二圆。后来满了期，送我出萨故阿工所做官工，并无工银，仍要受饿，苦楚比之糖寮更甚。前在此工所每餐止给稀粥，此两三日发有米饭，因闻得有中国官来查，亦派些新衣服与工人着，并未发齐。”

徐日供：“年四十五岁，广东增城县人。本业耕田，后来有事到澳门去，听见猪仔头说夏湾拿做工容易赚[1]钱，带我见西洋官打合同，给银一圆，衣服两套。于咸丰五年三月开船。船上待我好，只是饭与水不够。到夏湾拿猪仔馆住一个月，将我卖入糖寮。头一年每月按期支工银三元，以后四元，病日除扣。东家住在夏湾拿，权柄全在总管手里，时常打人。有一日忽将

① 赚，《古巴华工调查录》作“赚”。

我锁脚链四个月，系总管疑我要杀他。寮内一日两餐，食蕉粟、番薯，不能得饱。我亲见有数人捱苦不过，自缢身死的。绞蔗时，卯初起，做到子正歇工，内歇一时食饭的，礼拜日一样。不绞蔗时，不作夜工，礼拜日子初收工。我做满八年，东家要我多作两年，每月工银十一元，作满两年得有满身纸之后，出外自便，牵扯计算在外，每月约可得银二十元。现在萨故阿作工。”

林阿秀供：“年五十三岁，广东海阳县人。本业裁缝，听见人说西班牙属地赚钱容易，我于咸丰五年间到汕头海口落船，收合同，收银二圆，即日开船。船上淡水不足，相待刻薄。我到夏湾拿住了两个月，将我卖入糖寮。每月工银四圆，管工是黑人，时常打我，同帮有捱打不过，气忿自缢者数人。一日两餐，皆系包粟、番薯、干牛肉，食不饱。寅正起工，做到子正，内歇一时食饭，礼拜一样。八年工满，东家勒我再立合同做六年，说过六年后，给我满身纸，不料工满，仍不给纸，反将我交地方官。官送到先辉过司工所做官工，作到此时，未得过分毫工银，我想起还是愿意回糖寮。”

黄箕供：“年四十岁，福建晋江县人。本来耕田，父母俱没，亦无亲戚，自想出外打工，遇着一人说西班牙属地容易觅工，我随他到厦门落船，过澳门打合同，收银四圆，衣服两套。于咸丰五年开船。船上食得可饱，淡水不足。到夏湾拿次日，卖入糖寮，按月支银四圆，病日除扣。做工稍慢即打，若是要米饭吃，也是打。每日两餐，食系番薯、包粟等物。绞蔗时，寅正起工，做到子正，内歇一时二刻食饭，礼拜日不歇。不绞蔗时，不作夜工，礼拜日做到巳初歇工。我做满八年，在别的东家处立合同一年，每月工银十圆。后来我用大金一个，买得满身纸一张出外做工，有时买零星等物，有时亦在糖寮作绞蔗工，通扯计算，一月均可得银十五六圆。”

许数供："年四十六岁，福建泉州府人。向卖生果，因有人同我说西班牙属地佣工容易赚钱，问我愿去否，我应允，同到厦门下船。在船上给我合同，并无银给。于咸丰五年正月开行。跳海死一人。相待尚可过得，食亦得饱。到夏湾拿三天，卖入糖寮，闻得我身价系十个大金。初到十一个月，每月工银三圆，以后四圆。寮中管工待人刻毒，我亲见受苦不过，自尽多的很[①]。总管凶恶，有事无事以打人为乐。食既不好，又不得饱。每日寅正作到子正，内歇一时食饭，礼拜日亦是一样，病亦要做工夫，不做即打。我捱满八年，用六个大金买得一张满身纸，出在人家做火头四年，每月工价二十圆。现在马丹萨司自开小烟铺子，不能再做重工了。我未剩钱，因为衣服各物昂贵，用度大之故。"

林阿陆供："年四十一岁，福建晋江县人。作小工的，有人约我下夹板船做工，不料落舱即关住，不得上岸。并未见过西洋官，在船交合同一张，未读与我听，给洋银一圆。咸丰五年十一月在厦门开船。船上相待尚好，食的可饱。到夏湾拿猪仔馆住了一个月，卖入糖寮，不知卖多少银子。做了两年就逃走了，因寮内受不来苦，又因稍有错恕治太恶，食的不饱。绞蔗时，寅正作到子正歇，内歇一时食饭。不绞蔗时，仍要做到亥正。我逃出十六个月，被捉回，转卖夏湾拿城人家，做工约四年。我现仍在夏湾拿城自己作工度日，我是作厨子的。"

陈万生供："年四十一岁，福建漳州府人。在家种田，因为穷苦不能度日，自己情愿出洋，上了海船，到油头又上洋船，领合同一张，铜钱一千六百文。咸丰五年正月开船。船上淡水不足，食的可以饱，待人尚好。到夏湾拿卖到糖寮，每月工银四圆，按期发的，生病扣除。糖寮待人各样俱不好，无论作工

① 很，《古巴华工调查录》作"狠"。

不作工常打。绞蔗时，寅初起身作到子初，中间食饭歇一时半，礼拜日照常。割草时，夜不作工，礼拜日寅初起工做到巳正。我作满八年，又立合同到别处两年，每月七圆。满了又立合同一年，作烧木炭工夫，每月十圆。后来又作厨子一年，每月九圆。又到糖寮一年，每月十二圆。又到菜园一年，每月八圆五角。后来又作本炭四年半，每月九圆。作满了，东家带到地方官处请满身纸，他不肯，送我到格颠剌司工所作整街工夫。无工钱，食的不饱。早两天有新衣服发给。从前在地下睡，听有中国官来，就收拾好了。”

何海供：“年三十四岁，广东番禺县人。咸丰五年，我才十五岁，有人告诉我，约我到金山，就带我上本地船，先到香港，后到澳门入猪仔馆，住了一个月，给我合同一张，说作工八年，每月四圆，未说到那里去，做何事，上船即开。船上食的饱，未打过。到夏湾拿卖到鞋铺，在萨故阿地方，是卖二十四大金钱。东家待我不好，常打，至今尚有伤痕可验。打我是因为学作工时慢。食的饱，生病时如果十五日就扣工钱，有医生治。礼拜作工另外给钱，作四对鞋给一圆。满八年无满身纸，东家送到工所作整路工夫。作了一个月后，又立合同一年，仍是做鞋工夫，每月十二圆五角，东家比前好些，有时也打。作满后仍回工所，作了三个礼拜，又立合同到皮鞋作工，钱与前同，东家比前二人更好。作满一年又回工所，又立合同作鞋，工钱照常。一年完了后，八年俱是作鞋，工钱多少不等。作工有时一年，有时两年，有时论月，有时计工给钱，东家不一样，有好有歹。我愿意按工给银最好，若照此我一月可挣三十圆。去年在萨故阿作工，地方官叫我到多罗闸作六个月工，完了有满身纸给我，每月三十圆，东家准我去，我即去了，作工不打，水土极恶，食的头三个月很不好，寅正作工到酉正歇。作完了，到夏湾拿工所，仍然未给满身纸。”

刘长供："年三十八岁，广东惠州府人。在家种田，咸丰五年时，我愿到外国作工，有人说两年内可回中国。船是正月往澳门出口，船上罢了，有时食不饱，有一人是投水死的。到夏湾拿，卖到格颠剌司糖房。作糖时，或丑正，或寅初上工，作到子正歇，中间歇半时食饭。糖房是搬运糖的工夫，东家也有糖寮在格颠剌司属下。作完就送我到糖寮作工，寅初作到戌正，或亥初，中间歇一时食饭，每日两餐蕉子、粟米、番薯、干牛肉，食的糖房与糖寮俱是一样。初三年有衣服给我，八年只给过一双鞋。在糖房时食饭快可出去片刻，糖寮不准出门。礼拜日寅正作到午正歇。糖寮打的重得很[①]，有监房，常锁人在监内。糖寮更坏，常有人捺着我脱去衣服打。咸丰九年我寻死，同帮的人救活了。我作工八年内，知道寻死的人多的很[②]，不计数。满了八年，寻得契爷，就入教。后来领得满身纸，作厨子，每月二十圆，待我好。作了三年，病了。自从那时，我就常生病。我挣的钱不多，搭人住，作轻工夫。现在我同客家在格颠剌司住。此时古巴各处中国人比从前更受苦，受黑人打，常欺负。又因为银票折耗的事，所以更苦的。"

陈樵顺供："年五十七岁，广东潮阳县人。在家种田，有人告诉我在外国寻钱容易，我就到汕头上外国船，给我合同一张，洋钱四圆。咸丰五年正月开船。船上待人好，食与水俱好。到夏湾拿卖到糖寮，每月四圆，按期发，病照扣。待我不好，常受管工的打。食的又不饱，每天三顿粟米、蕉子、番薯。卯初起工，作到子正歇，中间歇一时半，礼拜照常。割草时，礼拜作到巳初歇，夜里不做。糖寮作满八年，领到满身纸，自作散工十年。后来换满身纸时，地方官把我的纸不见了。因为无纸，巡

① 很，《古巴华工调查录》作"狠"。

② 很，《古巴华工调查录》作"狠"。

捕送到科垄工所。现在在工所，食的不饱，作官工，无工钱。”

廖应供：“年三十四岁，广东南海县人。咸丰五年间，有人劝我到澳门觅工，不料是骗我入猪仔馆。下船到夏湾拿，将我卖去糖寮，身价系十二个大金。一日三餐皆系番薯、蕉子，亦不够饱，相待不好。我作工虽认真，仍然是捱打，报病必打。绞蔗时，连食带睡共计两时。有自尽死的，有入病房死的，有走路的，我记不清人数，皆因待人刻薄。我八年工满，他不肯给满身纸，仍要勒我再立合同，工钱又少，后来我自己取得满身纸，但取此纸时十分艰难才得。时在格颠剌司埠住，作工的。”

李惠供：“年三十五岁，广东肇庆府人。向做镜子生意。咸丰五年五月，搭小艇去看龙舟，小艇漏水，叫我上一大船，不料上船即将我掩落舱底，装出澳门，拉入知咕行关住。到八月，有洋官入行，叫我立合同，亦读合同与我听，给银四圆，上船即开。船主待人不好，食亦不够，疑人闹事，叫人绑一东莞人，吊起用枪打死，又绑五个人抛掷下海。到夏湾拿住了三个月，卖入糖寮，闻得我身价系十七个大金。寮内食不得饱，又不好。管工的时时要锁人、打人。我见顺德陈姓同一姓梁的，俱因受打难堪，吞食烟膏身死；又见一客家人自缢身死。绞蔗时，寅初作到子正歇，内歇半时食饭。不绞蔗时，作到亥正。我到寮六年，有一次子初煮糖，眼困糖焦，管工的拿大棍打我，我接住棍，将他推开，不意管工的跌入糖锅。我并非有心将他致死，总管将我送交地方官审过，定罪坐监十年。我先在别个监坐了十三个月，据说不在一年之数，后来送我到夏湾拿监，现已坐七年了。我在监卷小烟，一个礼拜要交一万五千枝与官，此外能多卷五千，即得工银一圆，监内食亦不饱。我细想来，情愿在监房，不愿在糖寮，因为糖寮日夜做工，辛苦繁重，打得又厉害。”①

---

① 厉害，《古巴华工调查录》作“利害”。

郭福供："年二十五岁，福建晋江县人。向开米店，因赌钱输了，不敢回家，有赌场[1]朋友叫我同他住，供给我米饭，过了几天，我就跟他上艇船，他叫我等一刻他就回来，他上了岸，即晚船开了，到厦门就搬过夹板船。合同是在船上给的，无钱，亦未说明与我听。在夹板船时，我要上岸，船上的人说有人卖了我，不准上岸。咸丰五年正月开船。船上待人尚可，食的不好，因米饭不熟，水又不够。到夏湾拿住了三四天，卖到糖寮，不知道是多少钱。作满八年，每月四圆，按月发的。每日食粟米、干牛肉，待人不好。晚上作夜工，困倦就要打的。作了八年，又换第二个东家。作了四年，先说八圆五角，后来只给六圆。作完又换东家，每月七圆。作了两年后，作烧炭事。作了三年，八圆一月。后来就送我到工所三四个月，修街路，无工钱。又叫我去多罗闸，说作完了回来给满身纸，作了六个月，十五圆一月，又押我来夏湾拿工所。现在来了四个月，作打石修路工夫，食不饱，天亮上工到晚，内歇一时。在糖寮人死是随便埋的，无棺木。我如有盘川，要回家，断不愿在此地。至今未给满身纸。"

王阿镜供："年四十岁，福建全州府[2]人。本来业农，有人对我说，小吕宋作工工钱多，叫我去作工，我答应了，在厦门下猪仔船。船上给合同一张，未给钱。咸丰五年正月开船。船上有一人投海死。待我好，食的够饱。到夏湾拿二天，卖入糖寮，卖我是十个大金。初到十一个月，是每月工银三圆，以后四圆。待人刻酷，我亲见受苦不过自尽的人多的很[3]。总管凶恶，不论错与不错，均要打人。食的不好，又不得够。每日寅

① 赌场，《古巴华工调查录》作"赌厂"。

② 全州，当为泉州之误。全州属广西桂林府。

③ 很，《古巴华工调查录》作"狠"。

初作到子正歇，内歇一时食饭，礼拜同。生病时也是要作工，不作即打。我满了八年，用了六个大金买得满身纸出来，在人家作火头，每月工价二十圆，作了四年。现在马当萨司作卖鱼生意，未剩得钱，因为此地食物用度贵的很。”①

吴阿芳供：“年四十四岁，广东惠来县人。咸丰五年，我在家种田，有认识的人张阿永对我说，出洋到新州府做工，每月可挣二十圆，或者十五圆不定，半年就可回来一次。我信以为实，就同他上小船，已先有十数人在船上，同到汕头上夹舨船即开。在船上给合同一张，我不知是何解法。船主待人不好，不准上舱，水手见人就打。到夏湾拿，卖到糖寮。东家凶恶，无故常打，又吩咐管工的打人，总要作工快。每日寅正上工，到子初歇，内歇一时食饭，礼拜照常作工。不绞蔗时，作工是戌正歇，礼拜歇半天。我并不犯事，被总管、管工常打，我不敢分辩。有一天做工时，我走后一步，被总管拿刀斩我，斩伤脸上，登时晕倒。后来伤稍好些，就锁脚作工。至今脸上伤痕尚在，请验。我作满八年，又勒作六年，作完送工所，做无钱工两年。我寻得契爷，领到满身纸，后来在故阿那海作散工，所挣的钱只够食，无余钱，不能回中国。”

以上自道光二十六年至咸丰五年华工七十名口供。

中国第一历史档案馆、卢文迪、陈泽宪、彭家礼合编：《中国官文书选辑》，陈翰笙主编：《华工出国史料汇编》第一辑，中华书局，1985年

① 很，《古巴华工调查录》作“狠”。

六　古巴华工口供选补[①]

（一）咸丰六年七年华工口供[②]

梁阿英供："年四十一岁，广东新会县人。在家耕田，因父母死了，无生意作，遇见人叫我到新加坡打工，就到澳门，带入猪仔行，立合同，未见过西洋官。我不愿来。猪仔头共给过我洋钱一圆半。咸丰六年二月到夏湾拿，住三天，卖到萨故阿火车路作工夫，每天有火车到，就有工作，不定时候。我是搬东西上火车的。不常打我，见整车路等打得多的狠。作满八年，

① 《古巴华工调查录》亦有收录。见（清）陈兰彬：《古巴华工调查录》，上海书店出版社，2014年，第3—158页。《古巴华工事务各节及古巴华工口供选录》收录了咸丰六年至同治十二年的口供；《古巴华工调查录》收录了咸丰六、七、八、九年的口供，其余年份口供未收录。

② 《古巴华工事务各节及古巴华工口供选录》选录咸丰六年、七年的梁阿英、罗阿发、李卓、陈成琪、高如鉴、关阿能、张贵廷、吴阿小、朱开自、罗阿已、李文财、陈阿金、林德、朱甲先、蔡金才、杨其满、吴绍等17人的口供，《古巴华工调查录》收录了咸丰六年、七年的75人口供，除以上17人外，还有何阿二、林阿亦、陈敏兴、罗阿昌、林阿泰、陈吞、陈福生、李亚九、王九、许建发、吴且、蔡丕、林月、梁阿林、梁阿盛、黄阿寿、吕阿武、卢盛保、卓金、黎阿候、林阿狗、李阿保、温满、陈阿养、江阿锦、陈阿寿、黄阿晚、胡阿花、李明、李禹、高阿代、陈均开、吴文番、伍阿祥、陈发、何阿端、赵阿凌、陈满、吴阿隆、林合庄、徐阿兴、林泉、蔡露、车章、黄阿木、洪阿板、崔登林、沈阿才、梁阿顺、蔡阿鲁、黄诗、陈池、周阿齐、容周宽、王阿意、庄阿意、周阿东、陈旺等58人的口供。

又添六年。八年是四圆一月，六年是十圆一月。作完了十四年，我问他要满身纸，他不肯给。我自己在地方官处花了三块多大金，就领出一张纸来。我就打散工，每月十四五圆不等。有时工忙有二十五圆一月。我作了两年后，来在蔗田内作了十七天，是二十五圆一月的。就遇见地方官来查，说我的满身纸不是本处出的，就拿去了，改了别人的名字，我就没有纸了，就押我到工所整大桥，作了六个月，每月三圆五角银纸。作完了，他说还我满身纸，也未还我，就送我到先辉过司大官处整街，作无钱工，作了一个月。又叫到多罗闸开山，每月十五圆。番官对我说，三十圆一月，不晓得他纸上写的是十五圆，我只得了十五圆一月了。六个月作满，说送我到夏湾拿给我纸，我来了两个月，作整街扛石工夫。我现在有病，未作工，从前不准告病的。这里工所这十几天饭够食的，我如果挣得盘川，或有便船，我情愿回中国，就是中国死了，也比此地好多。”

罗阿发供：“年四十岁，广东番禺县人。咸丰六年十二月被本邑陈阿完邀我到澳门，即带我入潮州礼猪仔馆，关了一个多月，逼我见西洋官打合同。我说不愿去，洋官交猪仔头带回毒打，脱去衫裤，拉下舢板，勒到允去。押下大船，给银一圆，并合同一张。于七年正月开船，船主打死一人，不知是因何事。我到夏湾拿卖人行五个月，被卖入科垄所管糖寮，闻得身价系二十五个大金。东家一月到寮一遍。总管凶恶，时刻打人。寮内有脚闸监房一间，人数常满。我被锁入寮内监已十余次。我记得五六年前见总管用刀斩死两人，东家有钱无事。又见因凌虐不堪自缢两人。我八年工满，东家叫我再立合同，我不愿意，东家将我送科垄工所做无钱官工。后来地方官又叫我再立合同，入糖寮做了一年，得满身纸，在外做散工，每月得十余、二十圆不定。我今年到糖寮斩蔗，礼拜日出街买鞋，适值潮州、客家人打架，有两个打伤的。四人俱不相识，与我无干，地保硬拉我行街之人与徐阿五一同见地方官，经官问明，我两人无事，仍将我送来科坌埠收监，闻要等受伤人好再审才定。我到监已十二日了，监内稀饭可以半饱，亦无别项工做。”

何阿二供：“年六十二岁，广东嘉应州人。作石匠生意，有周姓、蔡姓两人说广东有洋房好顽，哄我下小船就绑住了，不得动，送到澳门，未见西洋官，给我合同一张，洋钱四圆。咸丰六年十一月间开船，到夏湾拿住了三个月，卖入糖寮。我做发火食工夫，派分食的弓蕉、番薯、干牛肉等件。我虽常受打骂，比之别人，算不苦了。八年满工，每月四圆。又作一年，每月十二圆。后来到地方官处打满身纸，是契爷替我办的。有纸后，自己的身，就作了六七年工夫，每月二十七圆、二十五圆不定，挣几个钱就同契爷做生意。因贼乱，地方失了，我就报明地方官，写了一封信赍回到契爷家。适值契爷死了，我就出来寻事做，作了五六个月，就病了两个月，不省人事。病好后，满身纸又失落了，出街就被捉到夏湾拿工所内，说我无纸无人保，押在工所作工。作了两个月，无钱，不准出门，天天作打铁工夫，苦的狠，有饭食，不得饱。我早已想回中国，前挣了有一千银，后来贼乱了，失落了，故无盘川，不能回去。”①

李卓供：“年四十岁，广东开平县人。因贼乱走到澳门，被曾阿温骗到猪仔馆，见过西洋官，给合同一张，未得过钱。咸丰六年十一月开船。到夏湾拿卖到先辉过司属下糖寮。同帮八十九人，作到八年，只剩三十人，打死六七人，病死几十人，吊死十三人，服毒死三人。东家在夏湾拿城，总管、管工俱恶毒的狠。一十二时，只歇一时。一天两餐，番薯、干牛肉，食不饱。有人生病，不能作工报病，管工的就用木棍撞打，因伤

① 该供词原无，据《古巴华工调查录》补。见（清）陈兰彬：《古巴华工调查录》，上海书店出版社，2014 年，第 44—45 页。

即死，凌虐不堪。我锁脚两三次，是为报病不准，就锁了。有八个月，未给我工钱。头里每月拿现银四圆，作满八年，认得契爷作保，得满身纸，自己作散工，每月十数圆、二十圆不等。我是自己身，天亮起来，不做夜工。后来我作工头，领人到各处作工。此地凡满身的人，总要契爷，无契爷，就有纸也是过一年就无用了。或者契爷住的远，不能照应，就有纸也不算了，再立合同。作工夫的人，在地方官处，放出去作工，是要分钱与地方官的，如或二十圆工银，至少要分一半与官。此地总要有钱才好，无钱寸步难行。我听见大人到先辉过司埠，特来寓面禀受虐受苦情形的。”

陈成琪供：“年三十岁，广东潮州府人。咸丰六年，由汕头夹板船来，卖入糖寮做工，八年已满。做工时，一日夜十二时，只歇一时。每日食粟米、番薯。做工稍慢，即用藤棍苦打。我是同治三年满工，后在人家做工，每月十圆。做过一年，第二年做官工，无工钱。第三年就自己作生意，作过六七年，略剩些钱。前十天，忽有西班牙人虏米那虏告我说，他妻氏有银四百圆交与我铺内，实在并无此事，我如何认？官府就拉我坐监。我有个朋友，今天保我出来，说明天交还我铺子，我尚不晓得有事无事，特到夏湾拿寓来见大人面诉冤屈的。我是开杂货铺子，那处地方官府待我尚可，百姓坏极。前我来的时候，一帮十几人，工未满时，只剩四个人。我开铺子的地方，糖寮多的狠，中国人也多，我算不出来。我看糖寮内待中国工人不好的狠，鞭打如从前一样。中国人受苦至极。我做工时拜了一个干爷，才能保我满身。拜干爷花九百洋钱，如无钱拜干爷，地保拿去作官工。再不然从新打合同，再作八年工。如作满了工的人想回家，东家无盘川给的。所供是实。”

高如鉴供：“年三十四岁，四川巴县人。咸丰五年，因跟吴学院保泰到广东省，被贼后避乱澳门，就进行寻出洋工作，立合同一张，未拿过钱。那时我不知道出洋是如何景况。六年正月开船。到夏湾拿，卖到萨故阿属下糖寮。待人不好，天天都要打的。派我作火头工夫，又作侍仔。寅初起工，作到子正歇。总管凶恶，任意打人，恶毒的狠。寻死的人多，都是我眼见的。作了八年满身，再立合同三年，每月二十五圆。后来我寻得契爷，拿到满身纸，自家作蔗寮工头，离此地四十里路，手下共有四十人，虽然受气吃亏，比在糖寮时好多了。我家内父母俱在，无信回去，不知何日才能离此地。闻得大人来，特到萨故阿寓面禀受苦情形的。”

关阿能供：“年三十七岁，广东南海县人。从前在香港开店，父亲死后，到澳门胞兄去，遇见人就拉我上猪仔馆，不由分说，无合同，无钱。咸丰六年三月开船。到夏湾拿卖入糖寮。头一年的东家尚好，第二年糖寮转卖与人，东家凶恶，一日夜作工，只歇两个半时候。打得毒的狠，华工一百多人，只剩三十人，其余都是吊死、打死、投水，各样死的，都是我亲见的。作满八年，又立合同六个月。后来寻到契爷洗头，得满身纸一张，共花费有一百银，每年换纸一次，花洋钱一二元，及五元、十元不等。现在作耕田工夫，每月十几圆，是现银。若用票纸，每月三十圆。闻得大人到科垄城，特来寓面诉的。”

林阿亦供：“年五十九岁，广东归善县人。咸丰六年因贼乱，有朋友带我到澳门，入猪仔行，给合同一张，未给钱，见过西洋官。六月开船，到夏湾拿，卖入糖寮。待我极恶，每一日夜，只歇二时二刻。一天两餐，蕉子十五条、干牛肉两块。不分作不作与快慢，都要打，打的极重。我一帮二十人，因受不来凌虐，食鸦片烟膏寻死两人、吊死五人、自刎两人，都是不愿生活。我作满八年，又作六个月，不给满身纸。后来送到走路馆，打石六个月，无工钱。作街上浇水工夫，每月八圆五角，作了三年，我就自己作工。告诉地方官，作了四五年卷烟等散工，每月够食。我现在仍在格颠剌司，自己作工。我在糖寮时，因被打伤了，心坎时时作痛，不能作事，年已老了，东家有时叫我到家，拿点东西与我吃，终不常法，生不如死。我特来寓面诉度苦情形的。”①

陈敏兴供：“年四十岁，广东海丰县人。咸丰六年因被人骗拐到澳门，打合同一张，洋钱四圆。到夏湾拿，卖到火车路公司，作工苦的狠，常时毒打，话都不许说。我赎身后，到先辉过司埠作生意，作了七年。我有出街纸，是向白人买的。官来查看，说是假的，我说有人卖与我的，他不肯捉去，就把我送入先辉过司监，定罪四年整街，现在改为火头。此地作工不是偷东西及打死人，待得尚不大恶。有饭食，派多时够食，派不多就不够食。我已坐监三年零一个月了。”②

罗阿昌供：“年四十三岁，广东博罗县人。在家种田。咸丰六年十二月内，遇见阿种告诉我，可在澳门代我谋事。后来有四五人同到澳门，带入猪仔馆，住了十余日。后来吓我，我就答应他出洋。西洋官给合同一张，告诉我在古巴作八年工，每月四圆，给银一圆，上船即开。同来的人，亦同上船。船上食的饱，打过一次。到夏湾拿，卖入糖寮。一天两顿蕉子、粟米。寅初上工，作到亥正或子初歇。一年计四个月，作到晚歇。是不绞蔗时，待我们过于凶恶，稍有不是，即用藤棍皮鞭打。有一回，有四人捺着我，脱去衣服打。有人诬告我偷东西，就锁脚多日。我一帮二十四人，内有两人吊死，六人是受苦过度死的。住的地方不好，病的人也不用心照应。八年满了，东家送

---

① 该供词原无，据《古巴华工调查录》补。见（清）陈兰彬：《古巴华工调查录》，上海书店出版社，2014 年，第 47 页。

② 该供词原无，据《古巴华工调查录》补。见（清）陈兰彬：《古巴华工调查录》，上海书店出版社，2014 年，第 47 页。

到工所，作了二十天后，寻得契爷入教，取得满身纸，就在领工头中国人手下作工，每月二十五元，作了四个月，散了。我就在日国人小铺子内作工，每月十二元，作了两个月，因工银太少，我就歇了。日国人恨我，叫巡捕把我的满身纸拿了，送到工所整街，作了七个多月。食的饱无工钱。后逃出来，几年都在中国人作领工头手下作工。也有自己寻工作的时候，巡街的拿过三次，两次逃走，一次锁在工所。几个月后，送到多罗闸作工，每月十五元银票，待我过得。早一个月送回夏湾拿工所内，食的不好，工夫又苦，无工钱。我虽作工多年，无余钱。从前所余之工钱，都是为每次在工所内花了。多罗闸所余的钱，在夏湾拿工所又花完了。如此时放我出去，寻得盘川，就回中国了。”①

张贵廷供：“江苏苏州府人。咸丰六年，到上海住了六个月，无事做，后遇见张保，请我食饭，就拐我到吴淞口上外国船，说有事作。同我一起有七八人，都是拐去的。到船上，船主给合同一张，我不知道是什么话。十一月开船。船上食的饱，待人尚好。到夏湾拿，卖我入糖寮，系二十个大金钱。糖寮内共有八十中国人，每日寅初上工，到子初歇工，一日歇息两次食饭。割草时，晚上不作工。第一年有米饭食，后来食粟米、番薯、牛肉干。到糖寮二十天，就派我作小管工，所以未受过打。别人有一点错就打的，管工是白人，用牛皮条打，及脚踢。如有逃走的人，追着必绑起来，脱去衣服打。我在糖寮知道五个人吊死的，两人受皮鞭打过了，三日内死的，是因他拿刀吓管工的黑人，所以如此毒打。工钱第一年是三元，后来四元。我在糖寮八年，后送到萨故阿作火车路，每月四圆。作了两年，

① 该供词原无，据《古巴华工调查录》补。见（清）陈兰彬：《古巴华工调查录》，上海书店出版社，2014 年，第 47—48 页。

又送到萨故阿工所。待我不好，食不饱，常打，病时仍要作工。作了二十天，又立合同，在木匠作一年，每月十二元，待我尚好。作完了，后来寻得契爷，入了教，有神父雇我挖坟坑，每挖一坑，给我一圆。我在神父处作工两年，买得了满身纸，又到糖寮作工。作了几个月，满身纸失落了。后来心里着急，就生病了。病五个月，余的钱都花完了。病好又在饭店内作工，待我好，每月十七元，作了一年，余了六个大金。后来巡街官来查，因我无满身纸，带到先辉过司工所。作了十个月，每月四元，半银半票。待我罢了，食不饱。余的钱又花完了，是买物及鸦片烟吃。后又送到多罗闸，作了三个月，每月十五元。后生病，无工钱。病时待我尚好，就是食不饱。前一个月到夏湾拿工所，作整街工夫。早两天有衣服给我，无工钱，食不饱。别的尚罢了，现在一文俱无。到多罗闸去的时候，说回来有满身纸，现在不给了。”

林阿泰供：“年四十二岁，广东花县人，在家作金叶生意。赌输了，自己到澳门卖猪仔，住了两天，见西洋官，立合同，解话与我听，上船给银一元。咸丰六年二月开船，船上待人不好，叫我做厨子，说给四元一月，别人也是这样。有作水手，说给十元一月，后来俱不给。到夏湾拿，卖入糖寮。待我凶恶，常锁打，用牛皮鞭打，因为不能作极重的工。我见有四人一同上吊死，两人就是受不来苦。管工的更不好，有人寻死都是为他打的。食的不饱，每日只粟米一样。糖寮黑人多，待的是一样。作满八年，又添作两年。每月十二元。作满了，东家给我凭据，用去三个大金给官。得了满身纸后，自己作工八年。因生病九个月，失落满身纸，地方官送我到多罗闸，将近一年。初三个月，无工银。后来给我三十元银纸一月，后又加五元。我又病六个月，所以送我到养病院，住了一个多月，送到夏湾拿工所。来了四个月，先言明到多罗闸后，回来给满身纸，现在不给了。我无钱不能回中国，若有满身纸在此作工，亦不妨。”①

陈吞供：“年二十九岁，福建漳州府人。有厦门人约我到外国作工，给我二十九圆一月，我愿意去，同他到船。在船上给我合同，解说与我听。未给钱。咸丰六年八月开船，到夏湾拿，卖到糖寮。待我不好，食不饱。寅初上工，子正歇工，中间歇一时，礼拜不停。满八年，又到别处糖寮作了一年，每月九元。又砍木一年，每月八元五角。后来到多罗闸六个月，收十五元一月银纸，不打，食的饱。许回来给我满身纸，至今未给。作完了，送到夏湾拿来了，已四个月，无工钱，不打，食不饱。寅初上工，酉初歇工，中间歇一时。是作修路工夫。前在糖寮内，见有人死，就在树林内埋，无棺材。我如有满身纸，我想法寻几个钱回中国。”②

陈福生供：“年三十五岁，广东嘉应州人。作剃头生意，因赌输了，愿意到外国。咸丰六年在汕头开船，收银一元，衣服一套。船上水饭俱足，待我尚好，无拘束。到夏湾拿一个礼拜，卖入糖寮。我一帮十人，闻得每人卖十五个大金。寅正作工，到子正歇礼拜不停。不绞蔗时，作到戌初歇。礼拜日到巳初歇。初到时，工钱扣过十二元，他说在汕头付过，实在未付。后来就收四元一月，是金钱。每天食牛肉干、粟米粉、蕉子、番薯。常打，因为身子软弱，不能作重工。作满八年，我一帮十人，只剩六人。我不欲在糖寮，东家送到科隆工所。作了两个月，无工钱，食不饱。我就又立合同，到别处糖寮。每月金钱十圆。

① 该供词原无，据《古巴华工调查录》补。见（清）陈兰彬：《古巴华工调查录》，上海书店出版社，2014 年，第 49—50 页。

② 该供词原无，据《古巴华工调查录》补。见（清）陈兰彬：《古巴华工调查录》，上海书店出版社，2014 年，第 50 页。

作了两年，又送回工所，作了一个月修路工夫。又立合同，到点心铺，每月十圆。虽然作了多年，我得不着满身纸，现在东家罢了，欲回中国无川费。”①

李亚九供：“年四十八岁，广东新会县人。在省城衙门作火头，赌钱输了，衣服都当尽，无面见东家，遇着阮阿义，叫我同他去澳门寻头路，不料带我到猪仔馆。在馆内二十天，见过西洋官，我想说不愿来，阮阿义不准说话，不得已，就打合同。未读与我听，我认得字，未给钱。咸丰六年二月开船。船上待我罢了，食的饱。到夏湾拿之先，船到一埠，叫我们歇凉后，进夏湾拿口，上猪仔馆，住了十天。卖我是二十个大金。作了七个月，捱苦不堪，逃走到了萨故阿地方，被官拿着，作官工四年，无工钱。作完了，后来走到先辉过司，我自己到地方官处作官工两年，无工钱。后来就放我出去寻东家，是面包铺作了四年，四圆一月，按月给的。四年后，得了满身纸，出来作工，作了六年，十七圆一月。后来满身纸被地方官拿去了，叫我作官工六个月，又到多罗闸作了六个月，每月十五圆。作完后，就送我到夏湾拿工所，现在已有五个礼拜，作挑泥整路工夫。待我罢了，食与糖寮相等，作工是天亮到酉初，内中歇一时食饭。我在糖寮时，看见人死无棺木，有几年又将人骨烧灰。我无钱不能回家，至少要两三百圆。如无钱，死在此地就是了。”②

王九供：“年四十五岁，福建泉州府人，从前在家作汉烟生意，有人约我到厦门做事，就下小船同他去，不知道就到汕头，

---

① 该供词原无，据《古巴华工调查录》补。见（清）陈兰彬：《古巴华工调查录》，上海书店出版社，2014年，第50—51页。

② 该供词原无，据《古巴华工调查录》补。见（清）陈兰彬：《古巴华工调查录》，上海书店出版社，2014年，第51页。

送到外国船上。无合同，收洋钱一圆。咸丰六年十一月开船。船上待人好，食的够。到夏湾拿三天，卖到格颠剌司属下聂吉里婀糖寮。四圆一月，病照扣。食不饱，每天三顿粟米。东家尚好，总管不好，常打，不为什么事。作满八年，问东家要满身纸，东家不许，要我仍然作工，说每月十五圆银纸。因为食物太贵，余钱不多，我想回中国。前见死的人，埋在各处，无棺木。"①

许建发供："年三十二岁，福建漳州府人。我开小米铺。一天晚上，在厦门饭馆食东西，来四个人，把我捆上送到船上。合同是在船上给的。咸丰六年开船，船上待人好，食的饱。到夏湾拿卖到糖寮，每月四圆。管工的打过几次，不为什么事。饭够，不好。寅初上工，子正歇，中间歇一时食饭。不绞蔗时，作到戌正歇。礼拜日寅初做到巳初歇。满八年期，自己到砖窑作工，作了四年半，每月十圆。作完了，地方官拿我送到夏湾拿工所，作了五年半，每月八圆五角。卯初作工，酉初歇工。我是作赶车工夫。食的饱，待我尚好。我问他要过满身纸，他总不给。我无川费，我有钱就回去了。"②

吴且供："年三十八岁，福建泉州府人。作剃头生意，有人告诉我厦门剃头可多得钱，我就同他去，半路进了一个房子，他就锁上门。后来送到渡船，到汕头上夹板船。咸丰六年二月开船，到夏湾拿。合同是在船上给的，给过洋钱一圆。船上待我尚好，食的饱。在夏湾拿二十天，卖到糖寮，是十八个大金。每月四圆，按月给的。卯正上工，作到子正，内歇一时食饭。

① 该供词原无，据《古巴华工调查录》补。见（清）陈兰彬：《古巴华工调查录》，上海书店出版社，2014年，第51—52页。

② 该供词原无，据《古巴华工调查录》补。见（清）陈兰彬：《古巴华工调查录》，上海书店出版社，2014年，第52页。

不绞蔗时，不作夜工。待我不好，食的可饱，只是不好。我作满八年，有满身纸，自己作了六年工，作小买卖，又帮作糖寮工夫，又到夏湾拿作过剃头的。四年后，有认识的人说我偷他的钱，送我到监房，来了未见过官。我在此四个月，卷小烟的。不打，不勉强作工。作五千五百个小烟，发给八角银纸。我如有盘川，回中国了。”①

蔡丕供：“年四十九岁，福建同安县人。耕田的。我有叔父给我钱买烟叶，我就赌输了，怕回家，同两个朋友到厦门，就上外国船出洋。无合同，无钱。咸丰六年十一月开船。船上待人好，食的饱。到夏湾拿七天，卖到格颠剌司所属聂吉里婀糖寮。每月四圆，按月付的，生病扣钱。东家好，总管常打，不为事。食的不好，每日三餐俱是粟米。作了八年，请东家给满身纸，东家不肯，叫我在此。现在每月银纸十五圆。病了送养病院。我见糖寮死的人，不准用棺材，无坟地，到处可埋。”②

林月供：“年五十八岁，广东饶平县人。耕田的。我因赌输了，不能还人钱，他就带我到汕头外国船上。无合同，无钱。咸丰六年二月开船，船上待人不好，饭不够食。到夏湾拿一个月，卖与糖寮。我病了，又把我送到夏湾拿，换别人。过了十五天，又卖与别家糖寮。每月四圆，待我不好，食的也不好，又不够。作工寅正到子正，内歇一时二刻。我作满八年，未与人立合同，又无满身纸，我自己寻散工作。又作了七年，是一年一处的。后来送我到马当萨司工所，已经两年零两个月了。

---

① 该供词原无，据《古巴华工调查录》补。见（清）陈兰彬：《古巴华工调查录》，上海书店出版社，2014 年，第 52—53 页。

② 该供词原无，据《古巴华工调查录》补。见（清）陈兰彬：《古巴华工调查录》，上海书店出版社，2014 年，第 53 页。

待我不好，食的也不够。现在作整街工夫。”①

吴阿小供：“年五十五岁，江苏宝山县人。我十二岁时被人拐到小吕宋，三十六岁时到古巴。是有西洋人约我作工，说每月二十元金钱，我就同他上船，未给过钱。我上船后，见有数百中国人，有人说是卖猪仔的船，我始明白，不准上岸。咸丰六年二月开船。到夏湾拿，卖我到糖寮，是二十四个大金。我一帮共有五十人，东家极恶，任意毒打，并不因事。每日寅正上工，作到子初歇，礼拜照常作工。割草时，礼拜可歇半天。食是粟米、蕉子、干牛肉，从未饱过。作满八年，各样的苦都受过了。又逼作六年，作工照常，仍然毒打。作满送到工所修街，作无钱官工。我无满身纸，不准到别处作工，我无余钱，想回中国无盘川。我现在故阿那海埠作工，特来寓面禀的。”

梁阿林供：“年三十五岁，广东归善县人。咸丰七年有博罗王发叫我到澳门作工，我不知故，就同他去到澳门。入猪仔行，才晓得被他拐骗了。见西洋官，打合同一张，收银一圆。开船的月记得不了。到夏湾拿，卖入糖寮。我一帮卖去五十九人，满工时，只剩得二十三人，吊死三人、打伤死十人、吞烟膏死两人、其余均是病死。作工时，是寅正起身，作到子正歇工。每餐只粟米约五六两、干牛肉一块。作工时，不问犯事不犯事，都打，打的我遍身都有伤痕，可请验看。我的手指是作工时，机器绞断的。作满八年，有满身纸，是官府出的，我花三个大金钱。后来我就自己作了七年，都是自己身子可以，由得我。现在我手足甚闲，住在马当萨司城。我想回中国，无钱，将来

① 该供词原无，据《古巴华工调查录》补。见（清）陈兰彬：《古巴华工调查录》，上海书店出版社，2014年，第53页。

有钱就要回去了。闻得大人来此，特到寓面禀的。”①

梁阿盛供：“年五十一岁，广东鹤山县人。咸丰七年，被人拐来，在澳门开船，记不得月份。到夏湾拿，卖入糖寮。日日打，不为什么事，是用木棍、牛皮条、藤条打的。一天十二时，歇不过二时，食不得饱。作了八年，无满身纸，又立合同三年，每月十五圆。后来拿到满身纸，到烧炭地方作了一年，就捉出来格颠剌司走路馆。作了四年，无工钱。不打，食不饱，睡在地下。现在闻得中国官来，添作木床，发衫裤一套。”②

黄阿寿供：“年四十八岁，广东惠州府人。在家剃头，有博罗县人高阿发哄我说到古巴剃头，发财容易，我就同他到澳门。见过西洋官，打合同一张，无钱。咸丰七年开船。到夏湾拿，卖湾城对海地方烧石炭。打我尚少。每月四圆。作了八年，无满身纸。要我再立合同，每月十二圆。后来又到糖寮立合同，是十二圆半。作了两年半，有四个月不给银，我就辞出。作散工一年半，遇兵拿我到萨故阿工所，已经两年了。昨日锁的四个人放了。昨日派了一套衫裤与我。我在此食的饱，有饭，有咸牛肉。此地不常打我，我无钱无契爷，拿不到满身纸。”③

吕阿武供：“年三十八岁，广东连山县人。咸丰七年，被林阿起拐到澳门，下船住了一个月，打合同一张，给洋钱一圆。十一月间开船，到夏湾拿，卖入科垄糖寮。东家凶恶，地方都怕他。糖寮内有三四百中国人，我常被他绑起来，用黑人拉着打，牛皮鞭八十多下，打伤吐血，至今未好。作满八年期，不

---

① 该供词原无，据《古巴华工调查录》补。见（清）陈兰彬：《古巴华工调查录》，上海书店出版社，2014 年，第 54 页。

② 该供词原无，据《古巴华工调查录》补。见（清）陈兰彬：《古巴华工调查录》，上海书店出版社，2014 年，第 54 页。

③ 该供词原无，据《古巴华工调查录》补。见（清）陈兰彬：《古巴华工调查录》，上海书店出版社，2014 年，第 55 页。

给满身纸。我问他要，就叫巡捕捉去坐监。后来的人不敢要纸。东家嘱官定罪，坐监到死。后来我逃走，出来买了一张纸，用了两个大金。年年换的，每次两元。在糖寮时，看见死的人多了。我们一帮三十人，满身只剩得十四人，投水、吊颈、病死都有的。现在糖寮尚在。我此时在格颠剌司处作卖鱼生意，闻得大人来，特来寓面诉受苦情形的。”①

朱开自供：“年四十三岁，江苏元和县人。在家作小生意，有宁波人骗我到广东作工，我就跟他到广东，搭小夹板船到厦门，又换大夹板船，立合同，给洋钱五元。咸丰七年二月开船。在船上共有江苏人七十三名。到夏湾拿卖到科垄糖栈，日夜作工，只歇一个半时。食的是蕉子、粟米、干牛肉，米饭只一小碟。黑人管工打的极重，食完就打了，实在凌虐不堪。作了八年，无满身纸，送我到地方官处，又立合同一年。后来病了，因在地下睡觉，受了湿气，腰就坏了。现在乞食，无人叫我作工，有乞食纸。中国人多的地方，就可乞得够食，少的地方，就乞不够食。我住的不定是什么地方，只要有中国人的房子就可住。特来寓面禀，求作主。”

卢盛保供：“年三十二岁，广西梧州人。我在书房读书，贼乱被掳到澳门，入猪仔馆。无合同，给洋钱六圆。咸丰七年开船，不记得月份。到夏湾拿，卖到此地铁店，作打铁工夫。作满八年，东家锁我的脚，锁了六个月，作煮食工。东家待人凶恶，食不得饱，时常打。每月不照给四圆，计一年半只给五十一圆。后来送到走路馆作整街工夫，合同也不给，官就说我逃走，作了几个月，把脚打断了。医生也不替我医，所以不得好，在病房住了两年，他也不给我饭食，我实在饿不过，就出来乞

① 该供词原无，据《古巴华工调查录》补。见（清）陈兰彬：《古巴华工调查录》，上海书店出版社，2014年，第55页。

食。我自己的钱，已贴补食完了，病房是在地下睡，我就出来了，乞食纸被巡捕抢去，我无钱租屋，只好在街上睡，巡捕看见赶去别处，苦难尽言，生不如死。我又无纸，如别人收留，被巡捕看见，是受讹的，所以无人敢留我。特来寓求作主的。我现在格颠剌司乞食。”①

卓金供：“年三十二岁，福建安溪县人。咸丰七年正月，看戏那晚上，有同路的人带我下艇船，到汕头过夹板船。无合同，无洋钱，上船关住一月，不准上岸。二月开船，到夏湾拿，卖到格颠剌司木匠店。东家待人不好，常打，用马鞭打。作满八年，不给满身纸。又作三年，每月十二圆，是现银。有的食，可饱。三年完，又添五年。脚就打坏了，因为木头跌下来打的。我脚坏不能作工，东家就不要我了。现在无事，只好在各朋友处讨一点食。我现在格颠剌司暂住，无乞食纸，不准乞食。”②

黎阿候供：“年四十六岁，广东增城县人。有江阿芬带我到澳门，入猪仔行，不准出来。打合同一纸，见过西洋官，我说不愿来，他就打我，我只得应允。收银一圆。咸丰七年正月开船，到夏湾拿，卖到科垄糖寮。待我不好，毒打异常，至今尚有伤痕，请验。亲见打伤病死的多。每天寅正上工，作到子正歇。不绞蔗时，卯初作到亥正歇。三餐番薯、蕉子、干牛肉。作满八年期，带到工所作了三个月。无工钱。后自己寻工，作四年，每月十余圆。又立合同一年，每月十五元。作完，又到科垄工所作泥水，每月六元，如无手艺，是无工钱的。我早已

① 该供词原无，据《古巴华工调查录》补。见（清）陈兰彬：《古巴华工调查录》，上海书店出版社，2014 年，第 56 页。

② 该供词原无，据《古巴华工调查录》补。见（清）陈兰彬：《古巴华工调查录》，上海书店出版社，2014 年，第 56 页。

作满八年，无纸与我，所以我无处赚钱，难回中国。”①

林阿狗供：“年三十七岁，广东潮州人，我自己到澳门，入猪仔馆，打合同一张，收银四圆，见过西洋官。咸丰七年二月开船，到夏湾拿卖入糖寮。待我不好。日食两餐，包粟。打的毒的狠。一日夜，食饭、睡觉，歇两时辰。我在糖寮，头都打伤了，是总管食醉酒打的，实在凌虐不堪。作了八年，无满身纸，我就走出来作工，作了八年，每月十元。我在中国人手下可以作得，后来，前三礼拜，查纸，我无纸，就捉到科垄工所，作整街工夫。辛苦的狠，不常打。衣服是地方官发的，为是中国有官来，所以给我的。”②

李阿保供：“年三十六岁，广东归善县人。咸丰七年七月，有同邑人黄姓对我说出洋做工，做了三年，不辛苦，可以发财回家。我同到澳门，不料将我卖猪仔，他得银十二圆。住了十余日，见一人，说不愿去，被猪仔头打得将死。我骇怕，在行打合同，手印，止给铜钱十文。七月内下船。船上无水，渴死五十余人。亲见有一中国人，因偷水一杯，被船主打死。到夏湾拿，卖到本城火车路公司。卖我是大金钱十四个。派我帮做木匠。每日两餐，饭一碗，咸牛肉一块，不得饱。卯正开工，酉正收工。头一年，每月工银三圆。第二年后，每月四圆。我做了三年，东家将我卖与首饰铺，闻得系十个金钱。做了一年，我用金钱八个赎身。此金钱一半系朋友凑帮的。我认一契爷，取得满身纸，用去银八圆。后来在外自便做小买卖，陆续还账。递年亦受足洋人之气，出街被掷石、笑骂，习以为常。我见中

① 该供词原无，据《古巴华工调查录》补。见（清）陈兰彬：《古巴华工调查录》，上海书店出版社，2014 年，第 57 页。

② 该供词原无，据《古巴华工调查录》补。见（清）陈兰彬：《古巴华工调查录》，上海书店出版社，2014 年，第 57 页。

国人太苦者，亦常帮助。现在夏湾拿作工，未剩得盘川回去。”①

温满供：“年四十五，广东博罗县人。咸丰七年七月，有高阿发说同我去新嘉波做工，不料到澳门，带我入祥利行猪仔馆，关住十二天，逼见西洋官，打合同，给银一元，捉我上船，住至九月开船。船主待人刻薄，水饭不足，跳水死者三人，被锁者不计其数。到夏湾拿，住了两个多月，卖入糖寮。总管白人、黑人，俱极凶恶，时常毒打我。到四个月，亲见有一绳缢死两人，一名阿池，一名阿官，皆因受虐太甚，迫得寻死。寅初起工，子正歇。日食山薯、包粟，有时发米一小茶盅。我捱锁捱打，亦难计数。做满八年，认一契爷，洗头、担保，共用过银十七元。得满身纸，外出觅工。我工满后，即留辫子，时时想回中国，但所得几个工钱，食用贵，又帮助极受苦的人，故不能得够水脚及出港纸等费。现时自己在夏湾拿城做工，仍是常受白人之气。”②

陈阿养供：“年四十岁，广东茂名县人，咸丰七年在公馆墟，有柯姓叫我挑担，到水东，下船即开，不准上岸。驶到澳门，拉入猪仔馆，二十余日。逼见西洋官，打合同，给银八圆，于十二月开船。到夏湾拿两个月多，将我卖入萨故阿糖寮。总管凶恶。日食系蕉薯，并无米面。每日寅正上工，做到子正歇工。因我不晓话，初到几日，用木棍打撞呕血，至今时常发作，未痊。我当时打后，并拉我坐监。是晚，监内，广东人阿六在监自刎。次日方将我放出。又一年多，亲见自缢一人，亦广东人。我做了七年零，因东家打得更加利害，我迫得逃出作。有

---

① 该供词原无，据《古巴华工调查录》补。见（清）陈兰彬：《古巴华工调查录》，上海书店出版社，2014 年，第 57—58 页。

② 该供词原无，据《古巴华工调查录》补。见（清）陈兰彬：《古巴华工调查录》，上海书店出版社，2014 年，第 58 页。

洋人叫我出格颠剌司做工，约一年零。又同华人斩蔗三个月。又到各处作散工数年。后被地方官捉我出马当萨司工所，锁做无钱修路官工。我病到病房，方开脚锁。此数日病略好，即押出做工。现已四个月了，不知何时才得满身纸脱身的。”①

江阿锦供：“年三十九岁，广东增城县人。我在家耕田，被邻人何富才骗我到澳门猪仔行，他卖我十八圆，是我见洋人给他，船上合同一张，洋钱一圆，袋一个，鞋一双，衫裤一套。咸丰七年十二月开船。到夏湾拿，卖到糖寮。待人凶恶，任意毒打，常见打死人。我一帮二十人，只十四人作满工的，其余都寻死了。每日食杂粮，食不饱，又食糖水、甘蔗充饥。寅初作工，到子正歇工。不绞蔗时，寅初作到亥正歇工。作满八年，又立合同二年，又作一年，直作八年。去年又捉到多罗闸，作了六个月，仍无纸给我。后来买得满身纸一张，用去洋钱一百圆，又回萨故阿的。闻得大人来此，特来寓面诉受虐情形的。”②

陈阿寿供：“年三十八岁，广东东莞县人。作小生意，有人约我到澳门作生意。到澳门，就入猪仔行，那个人不见了。打合同一张，收洋钱一圆。咸丰七年六月开船，船上罢了。到夏湾拿住了七天，就卖到科垄糖寮。是二十四个大金。我在糖寮作烧饭工夫。打的少，出田作工打的多。一日只歇两个时辰工夫，苦的狠。作满八年，又作七年。每月十圆。作满就送至官局，作整街工夫，无工钱，日日打，我受不过，就走了。又捉至格颠剌司作苦工，将近一年，无工钱。后来送到多罗闸，作了六个月，每月十五圆，比整街官工稍好，就是水土极坏。作

① 该供词原无，据《古巴华工调查录》补。见（清）陈兰彬：《古巴华工调查录》，上海书店出版社，2014 年，第 58—59 页。

② 该供词原无，据《古巴华工调查录》补。见（清）陈兰彬：《古巴华工调查录》，上海书店出版社，2014 年，第 59 页。

完了，送夏湾拿工所。到此地是昨日晚上。我有盘川，就想回中国。此时如能得满身纸，可以出去作工，挣几个钱作盘川就好了。”①

黄阿晚供：“年三十八岁，广东新会县人。咸丰七年，我到香港打工，回家过年，搭渡到澳门，有素识的戚姓，遇见向我借银十圆，就骗我入猪仔行，关不许出，住了八日，捉我下船，交银四元，并合同一张。我并未见过官。八年二月开行。到夏湾拿，卖入人家，做火头。时被打骂。我八年工满，司头从贼，我出夏湾拿，在饭店煮食，做了年余。合人开饭店，数月闭歇。又在人家打工几年。旧年十月，出街买菜，有一白人见我拿银纸，忽说我偷他银，叫巡捕拉我到地保处。地保送我入夏湾拿监，东家来保，官不准，断我坐监四个月。现在坐监六个月，尚云要坐两个半月才满。监里睡在地下，几个礼拜得洗身一遍，每餐发一小碗稀粥，有咸鱼同煮，腥难下咽。监中派做打扫屎尿等工。若有几个钱，牢头可不派做。又做卷小烟工，每日可做分零银纸，帮补口粮。衣服皆系自置。”②

胡阿花供：“年四十五岁，广东归善县人。咸丰七年挑咸鱼出卖，被人诱至澳门锡记猪仔馆。猪仔头系归善林阿奇、林山。逼我见西洋官，打合同，并无银交。于九月开船。到夏湾拿，卖我入格颠剌司糖寮。东家不常到糖寮，总管凶恶。绞蔗时，寅初做到子正。不绞蔗时，卯初起工，做到子正歇。稍不如意，即用大皮鞭打，至少打十数下，往往皮肉开裂。黑人同华人同一监房，夜用脚闸，日间带锁链做工。我亲见林阿等被打死，

① 该供词原无，据《古巴华工调查录》补。见（清）陈兰彬：《古巴华工调查录》，上海书店出版社，2014 年，第 59—60 页。

② 该供词原无，据《古巴华工调查录》补。见（清）陈兰彬：《古巴华工调查录》，上海书店出版社，2014 年，第 60 页。

扛上厅，即时有番官来验，将管工人坐监。我做满八年，东家送我出格颠刺司工所作官工。后来，有洋人杂货店同地方官说雇我做工，每月工银八圆半。做了三年，又病了两年，仍在该店医治。旧年，地方官将我又押出工所，打石、整街。饭不得饱，日日做无钱苦工。我到此差数日便够一年了。”①

罗阿已供：“年三十二岁，广东南海县人。向在衙门做工。咸丰七年九月，有一本村人说，澳门有洋行雇工，不过打扫轻事，不辛苦，每月可得银四圆。我被诱同去澳门，将我送入猪仔行，关住约二十日，行中说要出洋做工，每月银四圆，八年为满，给我银一圆，带见西洋官画合同。十月开船。到夏湾拿四天，将我卖入糖寮。头一年每月工银三圆，以后四圆。所食系薯、粟、蕉子，亦可够饱。时常打人、锁人。我同帮八十人，数年中，自缢死者四人，食烟膏死三人，东家俱报官说病死，官亦不问。死者拉出浅埋，日久挖骨成堆，水淋日晒，渐渐消化。大凡糖要光白，俱下牛骨灰，又时搀杂人骨，色更洁白。我八年工满，仍被逼令再立合同四年，每月加银四圆。四年满后，复勒再作三年，不加工银，三年满后，官捉我往多罗闸，言明六个月工满，回来给满身纸。不料六个月满，押我回夏湾拿工所，做无钱官工。我回此一个多礼拜了，我设若得满身纸，出外做工，挣得盘川，便回中国。我在中国每日但得百十钱，可以一家饱暖，此处就每日挣得一元，食用昂贵，不得敷一身的用。是以一到古巴，见此光景，人人皆想念中国，不但我心如是。”

李明供：“年三十四岁，广东长乐县人。向做剃头生意。咸丰七年十二月，有新会人陈姓叫我到澳门剃头，每月四圆，我

① 该供词原无，据《古巴华工调查录》补。见（清）陈兰彬：《古巴华工调查录》，上海书店出版社，2014 年，第 60—61 页。

就同他到澳门，入猪仔行，住八日，叫我见西洋官，我有父母，不肯去，西洋官话过古巴，如果不喜欢，有盘川给你回来。行内交合同一张，银十元。几日就下船，住两个月，才开行。船上有水有饭吃，常打人，不知是为什么事。到夏湾拿，被卖到人家，作使唤人，待人凶得狠，时常打我头。三年三圆一月，五年四圆一月，两年十元一月，均是实银。在他家作了十年，后不给满身纸，就送我到夏湾拿工所，使牛车，每月银纸六圆。在此作了五六年，每天车石工夫。丑初起身食饭，做工到巳初暂停食饭，未初又上工，酉正收工。如今不狠打我。初到时，不懂话，关我在一间房内，把我衣服脱尽，用柴打了有一点钟时候。我来此作工已十六年，仍不给我满身纸。我问他要纸，他说咸丰十一年以后，就不给纸，或者你找着干爷，可以想法要满身纸。我因找不着干爷，在此作苦工，不知何日得了。”①

李禹供：“年三十八岁，福建泉州府人。我在乡下开杂货铺。咸丰七年，在厦门，有人叫我做工，说可得多钱，比作铺店好，后来就下船，我不知道被人拐骗。上船后，给合同一张，洋钱两圆，又说合同内注明每月洋钱四圆。五月开船是夹板船，待人不好，打死二人，其余的人都锁脚。到夏湾拿，住半个月，就进做车路，闻的卖大金二十四圆，地名殿呢纳，做过两年，每日丑正或寅初上工，戌初歇，中间歇一时食饭。做工时，因不懂话，立用牛皮鞭打，我因受不过，又见有因凌虐不堪，服毒及自缢死，我就在殿呢纳官府告状，后来打的更甚，我所告知状，官府也不问，就转卖我到糖寮做工。每日丑正或寅初起工，作到子正歇。一天除食饭外，准歇息一时半。礼拜有时歇，有时不歇，周年如此。糖寮也时常打，不过比做车路稍好，工

① 该供词原无，据《古巴华工调查录》补。见（清）陈兰彬：《古巴华工调查录》，上海书店出版社，2014 年，第 61—62 页。

钱均是四圆一月，如礼拜作工加洋银二角五。做过六年，连车路两年，共八年。同治四年满身。满身后，东家给我满身纸，后来自己作生意，我前在山内糖寮作工，苦不堪言。白天作工尚不要紧，夜内仍然作工，不能睡觉。我满身后，又将各人受苦情形，在夏湾拿将军处递禀，未准。我现在夏湾拿城作小杂货铺生意，特来寓面禀受凌虐实情，求作主。”①

高阿代供：“年三十四岁，广东归善县人。在家耕田。因为赌钱输了，有叔伯兄弟带我到澳门，就进猪仔馆。打合同一张，未给钱，未见西洋官。咸丰七年十二月开船，船上待人极坏，吃臭水，医生又不好，人病将死，就抛入海里去。到夏湾拿，住了十五天，就卖到萨故阿糖寮内司头罢了，有饭食，因不懂话，总打。过糖栈共六十人，栈内病的也不问不医治。死了的人，就扛进山里埋。我作满八年，立合同四年，每月一个大金，值十七圆。作满四年，就送到萨故阿地方官工所，作整街工夫，无工钱，食不饱，常打。作了三年就调去多罗闸作工，作了六个月，每月三十圆银纸，满了工就到夏湾拿工所，一个月，作整街工夫，辛苦的狠，食不饱，管工的人常时打。我想回中国，现在无盘川，如有满身纸，就可出挣钱做盘川回去了。此处局不准出门的。”②

陈均开供：“年三十四岁，江西定南厅人。在家耕田。咸丰七年，在城内赌钱输了，有惠州龙川县人何阿川，就叫我到澳门卖猪仔。进行住了三天，打合同，给我八圆上船。船上待人还好。到夏湾拿住了三天，卖到糖寮。待人凶恶之至。绞蔗、

① 该供词原无，据《古巴华工调查录》补。见（清）陈兰彬：《古巴华工调查录》，上海书店出版社，2014 年，第 62—63 页。

② 该供词原无，据《古巴华工调查录》补。见（清）陈兰彬：《古巴华工调查录》，上海书店出版社，2014 年，第 63 页。

割草，工夫极重。每日寅初作工起，到午正食番薯两条，未初又上工，作到戌初食番薯，戌正又起，作到子正歇工，周年如此。每天食不饱，人人都受不起如此苦，愿死不愿生。每天必要打的，不论何事，即不犯事也是任意的打。我眼见有一人受不过投水死了，名阿才，姓叶，只作了一年工，就寻死的。报官割开看过就埋了。我到糖寮作工，先三年，每月三圆，后来四圆。作满八年，又添两年，每月八圆五角。作满两年好，又叫我做，我不可能，就送我到工所，我只作了两三天工夫，就病了，地方官送我到夏湾拿病房。在病房四个半月才好，又送至工所，作了一年，是无钱的。满一年，送我烧炭、种田工夫。作了三年，十圆一月。东家待我尚好。作完了一年，官局写信与东家，就押我到夏湾拿工所。又作了一年无钱的官工，听总管的喜怒，有时打，有时不打。天天食咸牛肉、面包，有饭吃，是老米，食不够。我的合同是东家交与地方官了，满身纸是拿不着。我作工得的工钱都贴补食用、衣服，用完了。如有盘川就回中国。”①

吴文番供：“年四十八岁，广东开平县人。作铜匠生意。咸丰七年八月，有人说澳门有事做，到澳门有朋友叫我立合同到外国去作八年的工，后来就立合同，立刻开船。船上寻死的多，也有绑起手在船尾，打的重，受伤死的。我也是这样捱打，是为从舱底上舱面，未先说明，就打。食的饱，水不够。到夏湾拿，卖到糖寮。绞蔗时，寅初上工，做到子初歇，礼拜不歇。不绞蔗时，寅正作到酉正，礼拜作到巳正歇。每日三餐，有时有米饭，平常蕉子、番薯、干牛肉，每天约六两。总不准出门，如要买物，有人来卖。作工慢就打我，差不多天天捱打。同帮

---

① 该供词原无，据《古巴华工调查录》补。见（清）陈兰彬：《古巴华工调查录》，上海书店出版社，2014 年，第 63—64 页。

十五人，两人病死，一人吊死，一人在蔗田死的，不知何故。作满八年，得了满身纸后两三天，到科坴，被巡街人拿去了，送到工所，作了八个月，就逃出，到先辉过司，住了两年，卖果子生意。有一天遇见当兵的问我要满身纸，我无纸，送入工所作工。每天寅正起身，到亥初睡觉。是打扫房屋、收拾花园的工。我在工所年久，晚上可准出门。礼拜日作工到巳初。无工钱。一日两餐，一次米饭、干牛肉。所内中国人常被黑人管工的欺负，常打，我看总无指望。无六个大金，总不能得满身纸。”①

伍阿祥供：“年三十九岁，广东新宁县人。本业剃头，因赌输了钱，到澳门有人对我说西班牙属地发财容易，问我愿去不愿，我答应他，带我入猪仔馆，见西洋官，打合同，收银二圆。咸丰七年八月开船。船上投海死两人，待人过得，食的够，水不够。到夏湾拿住一个月，卖入糖寮，每月工银四圆，病日照扣。管工的常打人，无事亦打。我亲见有几个打到吐血，过数日即死。食系蕉薯、肉干，不够饱。绞蔗时，寅正开工，做到亥正，内歇一时食饭，礼拜日一样。割草时，无夜工，礼拜日做到巳正歇。我因受不起毒打，屡想自尽。八年工满，买得一张满身纸，出科坴埠剃头。该埠白人黑人都待中国人不好，街上撞见时常被他打踢。我现在赚钱仅可够用，因食物各样俱贵，极想回中国见母亲。”②

陈发供：“年四十三岁，广东博罗县人。我是作裁缝的。咸丰七年腊月，有邻居告诉我新嘉坡可有事做，带我到澳门入猪

① 该供词原无，据《古巴华工调查录》补。见（清）陈兰彬：《古巴华工调查录》，上海书店出版社，2014 年，第 64 页。

② 该供词原无，据《古巴华工调查录》补。见（清）陈兰彬：《古巴华工调查录》，上海书店出版社，2014 年，第 65 页。

仔馆。我无法能出来，住了一个月，给合同一张，合同内话，告诉我又说我八年作满，每月可挣三五十圆，另给我一圆，当日带我下船即开。开到夏湾拿，卖到工所，作了八年，待我罢了，因为无钱不能买满身纸，仍在工所立合同，每月八圆，做整街及泥水匠工夫。寅正上工，酉初歇工，亥初以前可随便出街走。食的饱，早上有糖茶一杯、麦包一个，两顿饭是面包、米饭、干牛肉六两。管工人好，不打；不好是时常打的。一年两套棉布衣服、皮鞋一双、帽子是自己买的，生病送病房，待人尚好，我无契爷，又无余钱，不能得满身纸。寻契爷及各样花费，要用的钱多。我如能自己作泥水工夫，每天可有一元五角。我若是能在外作工，可以挣得盘费，又能余二百元，就回中国了。”①

李文财供：“年四十八岁，广东新会县人。在家卖鱼。咸丰七年，赌钱输了，到澳门遇见猪仔头，告诉我可去金山，后来送入仔猪馆，住了五天，给合同一张，洋银八圆。合同内的话，未告诉我，不过是说金山作工的事。下船即开。船上待我罢了，食的饱，有甜水。有四五人晓得不是到金山，在船上闹事，船主拿错别人锁住，他们五人就投水死了。到夏湾拿，卖到糖寮。每天寅初上工，到子正歇，礼拜不停。不绞蔗时，礼拜作到巳正歇工。食的是粟米、蕉子、干牛肉，食不饱。作工稍慢，管工的就拿牛皮鞭打，他们各总工，俱是手执皮鞭。糖寮四十五人，有两人吊死，两人投井死，三人食鸦片膏死，都是为受苦不来，吊死的都在树林内，投井的，后来用铁钩钩起，这都是四个月内亲眼见的。四个月后，我脚上生疮，东家转卖到作面包铺。在格颠剌司，作八年，食的饱，不打。满八年，领得满

① 该供词原无，据《古巴华工调查录》补。见（清）陈兰彬：《古巴华工调查录》，上海书店出版社，2014 年，第 65 页。

身纸。后来就在糖寮作工，每月十元，作了四年，作工的时刻与旧时相仿。日食三餐，有米饭，有粥，其余蕉子、粟米、干牛肉。不常打。我见死了有十数人，两个寻死的，是为无鸦片烟生病，打他叫他作工，他不能，就寻死了。后来我因为工钱不照时给清，我就想歇工，他不肯，我就跑出来了几天。捉着了，送到马当萨司工所，就带上链子，作整街工夫。卯初上工，至酉正歇。一天食两顿粥，作的慢就打，如有钱送与管工的，就不打。管工的手里都有棍。生病的可送进病房。”

何阿端供：“年四十一岁，广东顺德县人。作金线生意。咸丰七年五月，因赌钱输了，在东马陆地方，遇见陈阿新，告诉我到澳门有事做，我就到澳门，带我入猪仔馆，因人未齐，住了四五个月后，带见西洋官，给合同一张，告诉过是作八年工，每月四圆，先付三圆，即刻上船开行。船上食的饱，未打。到夏湾拿卖到烟作，作了八年，食的饱。每天卯正上工，到亥正歇，又歇两次食饭。烟作内，只我一人未打过。如果粗就锁脚。我有被锁过两个月。满八年，东家不给凭据领满身纸。我寻了一个日国的人，作契爷，入教，领满身纸。作了五年工夫，是作厨子，工钱每月两三个大金钱不等。后到同治十年，被地方官将满身纸抢去了，送工所作了一个月，有一个日国人代我设法出来，过了一个半月，又拿住了，送到夏湾拿工所。我从前工余银七百圆，自同治十年后，常病，都快用完了。自进工所后，作工无工钱。我如有满身纸，在外作工，每天都可挣一圆。”①

赵阿凌供：“年四十一岁，广东新会县人。在家作舂米工夫。有一个阿旺，新会人，说澳门有事做，我就同他到澳门。

① 该供词原无，据《古巴华工调查录》补。见（清）陈兰彬：《古巴华工调查录》，上海书店出版社，2014 年，第 66—67 页。

入猪仔馆，住了二十一天。给合同一张，洋一元，合同的话，我不知道。咸丰七年七月开船。船上用枪打死三人，是因闹事，皆由船上甜水不够。到夏湾拿，卖到糖寮。管工凶恶，作工慢常打。一天两顿米饭，食不饱。满了八年，无满身纸，送到先辉过司工所。我不肯在工所作工，又立合同一年，到菜园。每月十二圆，食的不饱。作满了，又送到工所。在工所时，管工所人叫我到糖寮作工。每月十五圆，给管工所人十圆，我得伍圆。作了六年，心内不服，无法可施，如禀报地方官也是无用。后来，管工所的人送我到多罗闸，作工六个月，每月十五圆。告诉我回来时有满身纸，现在回到夏湾拿仍无满身纸。多罗闸地方水土不好，十人去总要死一半。食不饱。管工的常打，因为工夫太苦，作不来之故。我到此做工一个多月，无工钱。我不知道何时能出去，怕死了才能出来，我情愿在中国讨饭，总比在古巴作工好。到此地来，总是冤屈。我待的总不公道。”①

陈满供：“年三十八岁，广东香山县人。咸丰七年十二月，我自己情愿出洋，上船即开。到夏湾拿，卖到火车公司，做火车路。管工的不好，常打。过了六个月，送我回夏湾拿猪仔馆，卖到糖寮。食不饱，一天两顿，是番薯、粟米、蕉子。常打我，因为作工不如黑人。绞蔗时，一日夜，食饭、睡觉，只歇得两个时辰。有逃走及食鸦片膏、自缢、投水死，皆是因为受苦原故。满八年期，东家不给凭据领满身纸，勒逼作了四年，每月十一圆。作满了，仍然无凭据，我就不作，送我到工所作工，无工钱。后来立合同，在糖寮内作三年，每月十七元。去年花

① 该供词原无，据《古巴华工调查录》补。见（清）陈兰彬：《古巴华工调查录》，上海书店出版社，2014 年，第 67 页。

了钱，得了满身纸。现在格颠刺司作工，此刻尚无盘费可回中国。”①

陈阿金供：“年四十八岁，广东东莞县人。在香港作造船工夫。有人叫我到船上作工，上了船，我就晓得是猪仔船。把我锁在舱内二十七天，后来到洋船去，给合同一张，作工五年，又给洋钱五圆。咸丰七年三月出口。到夏湾拿，卖到糖寮。我一帮六十三人，五年作满了，只余三十三人。有吊死、投水、病死的，都是受苦太重。食的不饱，只粟米、蕉子。绞蔗时，一天十二时，睡觉只歇两时，礼拜照常。不绞蔗时，礼拜作到巳正歇工，不作夜工。有一回，我生病，告诉管工的，说我假病，叫四个人捺着，脱去裤子，打二百下，肉都烂了。后来带链照常作工。夜里回来，又捺着，在我破处，擦盐及橙水，我痛的几乎死了。满了八年，请凭据领满身纸，不肯给我，我就出来了。自己在外作了两年工，后来被巡街的查着，送到工所，作了二十一天，无工钱，我就逃出来。现在我私自在格颠刺司作工，总怕再拿去工所。此刻如果有钱花，仍然可得满身纸，我实无钱。”

吴阿隆供：“年五十二岁，广东开平县人，作弹棉花生意。有朋友问我肯去金山否，我就同他去澳门，带我到猪仔馆，住了一个月，带到西洋官处，给合同一张，洋四圆。咸丰七年二月开船，船上待人尚好，食的饱，水亦够。到夏湾拿，卖到糖寮。每月四圆，按期给的。待我不好，食不饱，一天三顿，蕉子、粟、番薯。寅初上工，到子正歇工，礼拜不停。不绞蔗，礼拜作到巳初歇工，不做夜工。糖寮八年作满，我自己在外作散工八年，每月有二十五圆、三十元不等。我无满身纸，先是瞒

① 该供词原无，据《古巴华工调查录》补。见（清）陈兰彬：《古巴华工调查录》，上海书店出版社，2014 年，第 67—68 页。

着地方官，后查出送到科垄工所，作官工三个月，比糖寮待我好，只是无工钱。”①

林合庄供：“年三十八岁，广东潮州府人。我是作厨子的。搭船到汕头去，被人带到外国船上，给合同一张，洋一元。外国船到香港装水，又给一圆。咸丰七年九月开船出口。船上待人尚好，食的饱。到夏湾拿，卖我到糖寮，是二十一个大金。每月工钱四圆，待我不好，作工稍慢就打。食的不好，又不够。每天寅初上工，作到子初歇。作满八年，勒令再立合同六年，每月十五圆。后来地方官叫我到格颠剌司，作官工一年。满了，送我到多罗闸作工。作了六个月，每月三十元银纸。水土不好。我去的时候，他说作完回来有满身纸。昨天回到夏湾拿工所，我要满身纸，他不给我。糖寮内，中国人死是无棺木，我不愿在古巴。”②

林德供：“年三十一岁，福建东安县人。我到叔父家去，在路上忽来两人，捆我上小船，由厦门到汕头上夹板船。船上给合同一张，洋钱三元。咸丰七年正月开船。船上待人好，食的饱，有水吃。到夏湾拿住了两个月，卖我到糖寮，是十六个大金。先是三圆一月，一年后是四圆一月。管工的无故即打，食不饱，每餐是粟米、蕉子。寅初上工，子正歇工，内食饭歇一时，礼拜照常作工。作八年，问东家要满身纸，东家就送到马当萨司工所。作了三四个月，领得满身纸，就自己作工，作厨子。作了将近九年，每月工钱十圆、十二圆不等，现在是十八圆。我实在愿意回去，我有母亲在家。出来时年纪小，家内都

① 该供词原无，据《古巴华工调查录》补。见（清）陈兰彬：《古巴华工调查录》，上海书店出版社，2014 年，第 68—69 页。

② 该供词原无，据《古巴华工调查录》补。见（清）陈兰彬：《古巴华工调查录》，上海书店出版社，2014 年，第 69 页。

不知道。此地英国领事官极照应中国人，有许多满工的人，地方官想勒逼他再作，因有英领事照应，他就不敢任意勒逼了。”

徐阿兴供：“年三十岁，广东博罗县人。在家作田。本家徐阿棋约我到澳门作小生意，我同他坐小船去到澳门，就进猪仔馆，我不晓得。过了两天，又到西洋官处，阿棋告诉我，合同如不画押，是要毒打的，又要送坐监。我只得画了。西洋官解说合同明白，后来送我下船。咸丰七年三月开船。船上食不饱，无甜水，不打人。到夏湾拿两个月，卖到本城卷烟作工。待我尚好。第一年，每月四圆，后八圆。满期八年，又立合同五年，每月十三圆，我愿立合同，因为不能得满身纸。作完五年，到西洋官领事处，请得满身纸后，到萨故阿作烧炭卖生意，每月二十圆。后遇巡街，叫我取出满身纸与他看，他说不是我的，我与他辩白，他叫狗咬我。我踢狗，地保就拿我送到萨故阿坐监。我的满身纸他拿去了，坐了五个月监。审过，说满身纸是买的，别人的。现尚未告诉我坐监多少日子。一天有两顿饭，食不饱。自己有钱可买面包添食。我不带锁链。每日出去打石、整街。从前挣的钱都输了。”①

林泉供：“年三十七岁，福建漳州府人。在家作丝线生意。有客人约到厦门作工，他说工钱多。到厦门，就送我到外国船上。咸丰七年开船，船上待我不好，常打，食不饱，缺水。到夏湾拿，卖到糖寮。每月四圆，病照扣。管工的常打。作了八年，不死是万幸了。有的人受不到八年就死了。食不饱，每天三顿，山芋、粟、蕉子、干牛肉。寅正起身，作工到子正歇。天里食饭共歇一时半，礼拜照常作工。作满期又立合同，作一年，每月十圆。花了五圆大金才得了满身纸。现在格颠剌司作卖猪

① 该供词原无，据《古巴华工调查录》补。见（清）陈兰彬：《古巴华工调查录》，上海书店出版社，2014 年，第 70 页。

生意。此地的人待中国人极坏，欠钱不还，问他要就打。在街上走也有人用碎石打，地方官都不理。”①

蔡露供：“年四十一岁，福建漳州府人。在家卖菜。有一个本地船上的人，叫我上船，买我的菜，上船就开到汕头，送上外国大船，给合同一张，洋钱一圆。咸丰七年开船。到了夏湾拿两个月，卖到糖寮。每月工钱四圆。食不饱。作工稍慢就打，因为受不来荼毒，投水自尽的极多。每天寅初上工，至子正歇，工天里歇一时食饭，礼拜照常。作满八年，我的腿有病，他送我到格颠剌司工所，作官工，作了两年整街工，无钱。后来放我出来，过两个月，又把我留在工所五个月。我的朋友帮助我，出钱替我买了一张满身纸。此刻不能作工，腿尚未好，总是朋友照应我。今年我要换纸，地方官要半块大金。”②

朱甲先供：“年四十一岁，广东新宁县人。我是客家，耕田为业。被本地人欺负，把我拿出卖与大西洋人，是澳门猪仔馆，逼我画合同，给我一套衣服。咸丰七年二月开船。船上饭水都够，未打过。有时为同帮吵闹打架及赌博打的。到夏湾拿，同帮一百人卖到糖寮，每人十八个大金。绞蔗时，寅初上工，作到子正歇，天里歇一时食饭。不绞蔗时，是戌初歇工，礼拜巳正歇工，不作夜工。初到时，按月扣我一圆，后来是每月四圆，病照扣。打我凶恶的狠，打过二十多次，锁过几天。饭是番薯、蕉子、粟米粉、干牛肉。因为我看见刘阿科打了一百五十下，打的狠重，就走到夏湾拿城去告管工的，官不问，仍送回糖寮，到了就打一百五十下，是辰正到巳正的事，午初时刘阿科就跳

① 该供词原无，据《古巴华工调查录》补。见（清）陈兰彬：《古巴华工调查录》，上海书店出版社，2014 年，第 70—71 页。

② 该供词原无，据《古巴华工调查录》补。见（清）陈兰彬：《古巴华工调查录》，上海书店出版社，2014 年，第 71 页。

在糖锅内死了。同我一帮来一百人，过了八年只剩有四十人，其余的人，都是因为待的太恶，寻死了，或逃走了，或病死，或自己打死，都有的。糖寮内不许出门，要买东西，就在糖寮铺子内买，价钱极贵。管工常说，不怕我们死，死了东家再买。我满了八年，送到萨故阿地方官，作整街工夫两个礼拜。我在监房及工所作厨子，每月八圆五角，作了一年，后来作卖水生意，共计十年，才得满身纸，花了二十五圆半洋钱，后租了一小块地方种菜，四圆二角五分一月租钱。作了一年，我剩了钱，开一个小馆，一年卖了，又作厨子两个月，又开了一个水果店，生意难做，欲回中国去。"

车章供："年五十九岁，广东惠州人。作小生意，因生意不好，闻得外国作工，每月四圆，八年后，东家仍然送回来，我就自己到猪仔馆，去见西洋官，立合同。咸丰七年七月开船，到夏湾拿住两个月，卖我到糖寮，作厨子，不打，别的工人常锁打的。满八年送到萨故阿工所，作整街工夫，无工钱，无衣服，食不饱，待人极坏。作了一个月，再立合同。作了约二年，每月八元，满了仍送工所。作了一个月，又立合同三年，每月八圆。后回工所，现在萨故阿，又立合同作工两年了。自从满身后，都拿不着满身纸，不能去别处作工。"①

黄阿木供："年三十七岁，广东惠州人。我因赌钱输了，不能回家，有猪仔头带我到澳门，在猪仔馆住了七天，见西洋官，立了合同，收洋钱一圆，衣服两套。咸丰七年三月开船，船上好，食的饱，缺甜水。到夏湾拿，卖到糖寮，每月四圆，病照扣。总管、管工在田内常打。饭食不饱，一天两顿粟米、番薯、蕉子、牛肉干。寅初上工，子正歇工，食饭共歇一时半，礼拜

① 该供词原无，据《古巴华工调查录》补。见（清）陈兰彬：《古巴华工调查录》，上海书店出版社，2014 年，第 72 页。

照常。不绞蔗时，作到辰正歇，夜不做工。我作满八年，又立合同，每月十圆。作满了，地方官因为无满身纸，送我到萨故阿工所。地保放我出来，作卖水的生意，每月约二十圆，分十五圆与工所官，我自己得五圆。我要满身纸，地保不肯，因我无钱，他要一个大金。”①

洪阿板供：“年二十八岁，福建漳州府人。在厦门作小摆渡船生意，有一天，送人上船，就留我在大船，不准下来，给合同一张，未给钱。咸丰七年开船，到夏湾拿，卖到糖寮。四圆一月，病时每天照扣九分。待我凶恶，因此寻死的多。食不饱，每天两顿蕉子、牛肉干。寅初上工，作到子正，食连睡觉，日夜共歇三个半时辰，礼拜照常。不绞蔗时，作到辰初歇，夜里不作。满八年期，得了满身纸，自己作工，在格颠剌司，每月约有三十元。这里的人不好，常用石头打中国人。”②

崔登林供：“年三十六岁，广东博罗县人。我在家，有人约我到澳门看戏，并寻生意。到澳门，就送我到合盛猪仔馆，我才晓得他是猪仔头。住了一个月，见西洋官，我说不愿去，有人脱去我的衣服打我，我无法，只得画了押。咸丰七年二月开船，船上待人不好，有两人投水、两个人吊死。食可饱，缺甜水。到夏湾拿，卖到糖寮，每月四圆，病照扣。常打，总管说我作工慢，又不懂话。糖寮食不饱，每日粟米、蕉子、番薯、牛肉干。有一天出门，想买零物，回来就重打，锁住作工三个月。有几个人受不来凌辱，自己寻死的，有投水、吊颈、食鸦片死不等。绞蔗时，寅初上工，到子正歇工，天里歇一个时辰，

① 该供词原无，据《古巴华工调查录》补。见（清）陈兰彬：《古巴华工调查录》，上海书店出版社，2014 年，第 72—73 页。

② 该供词原无，据《古巴华工调查录》补。见（清）陈兰彬：《古巴华工调查录》，上海书店出版社，2014 年，第 73 页。

礼拜照常。不绞蔗，礼拜作到午初歇，夜里不作。我满八年，送我到萨故阿工所，作了七个月，无工钱。后又同别的糖寮立了六年合同，没有十圆。作完了六年，花四个大金，买了满身纸。后来作散工，在萨故阿地方，每月三十余圆不等。食物一切贵，无余钱了。”①

沈阿才供：“年三十四岁，福建诏安县人。有人约我到汕头，替我寻生意。到汕头，叫我上本地船，船上先有五人，开到香港，上外国船。咸丰七年正月开行，船上两人投水死。食可够，甜水少。待人罢了。到夏湾拿，卖到糖寮。每月四圆，病照扣。待我不好，初到时，我有气力，因常受打，现在弱了。饭食的饱，每天两顿米饭，一顿蕉子。绞蔗时，寅正上工，到子正歇，礼拜不停。不绞蔗时，礼拜作到巳正，夜不作工。我在糖寮作满八年，东家逼迫我多作四年，不加工钱，后来又加作一年，半年是每月十二圆，半年是十七圆。作完了，我就到中国人工头处作了两年，地方官查我无满身纸，送到工所做两年，后来我赌钱赢了钱，买了满身纸。现在故阿那海地方作种烟叶工，每月十六圆。前见糖寮内死人，无棺木，准埋葬。”②

梁阿顺供：“年六十四岁，广东潮州府人。在家作席子手艺，因贼乱到汕头，遇见一个人，说如果欲到外国，他可代搭船，不要花钱。我答应，就到汕头上船，给合同一张，未给钱。咸丰七年二月开行，船上好，饭食的饱，甜水不足。到夏湾拿，卖到糖寮。每月四圆，病照扣。食的不够，如要添米饭就打，每天两顿米饭、粟米、番薯。寅正作工，到子初歇，礼拜照常。

---

① 该供词原无，据《古巴华工调查录》补。见（清）陈兰彬：《古巴华工调查录》，上海书店出版社，2014 年，第 73 页。

② 该供词原无，据《古巴华工调查录》补。见（清）陈兰彬：《古巴华工调查录》，上海书店出版社，2014 年，第 73—74 页。

作满了工，花三块大金钱，得满身纸。数年都是在故阿那海作卖糖果生意，一个月可得十五圆。此地各样贵，未余钱。”①

蔡阿鲁供：“年四十二岁，福建漳州人，在家作小生意，被人拐到汕头上船，给合同一张，洋钱一圆，衣服几件。咸丰七年十二月开船。船上因水不够，渴死的多，又有三人自寻死的。饭食得饱。在船上，不赌钱、吵闹，就不打了。到夏湾拿时，我害眼睛，住了四个半月后，卖与糖寮。一帮十人，东家不好，管工更恶，无故打。作工是寅正作到子正，礼拜照常。不绞蔗，不作夜工。饭是番薯、蕉子、牛肉干、粟米粉。满了八年，东家送我到格颠剌司工所，作了三年整街工夫，无工钱。后来腿生病，官不要我，叫我上街讨饭。现在格颠剌司，作花子了。”②

黄诗供：“年五十三岁，广东揭阳县人。在家种田。我坐小船，欲到潮阳去，后来他摇到汕头，送到外国船上，给合同一张，洋钱三圆。咸丰七年九月开船。船上待我尚好，只是饭水不够。到夏湾拿，卖到糖寮。每月四圆。待我极恶，管工的都是随意打。饭食不饱。寅初作工，至亥正歇，礼拜到巳正歇。作满八年，东家又叫接作两年，每月十五圆。作完了，又作四年，每月十七圆。后来地方官送到格颠剌司工所，作了一年，又送到多罗闸六个月，每月三十元银纸。昨天从多罗闸回来，到夏湾拿工所。在糖寮看见好多人寻死，因为受不来毒打的缘故。死人准埋，无棺木。地方官许我多罗闸回来给满身纸，至今未给。我欲回中国。”③

① 该供词原无，据《古巴华工调查录》补。见（清）陈兰彬：《古巴华工调查录》，上海书店出版社，2014 年，第 74 页。

② 该供词原无，据《古巴华工调查录》补。见（清）陈兰彬：《古巴华工调查录》，上海书店出版社，2014 年，第 74—75 页。

③ 该供词原无，据《古巴华工调查录》补。见（清）陈兰彬：《古巴华工调查录》，上海书店出版社，2014 年，第 75 页。

陈池供："年五十三岁，广东惠州府人。在家种田。父母死了，被姨母将钱取去。我听见外国招工，我坐小船到澳门，见西洋官，立合同，给洋钱一圆。咸丰七年七月开船，船是火轮船。船上饭与甜水不够，如要水就打。到夏湾拿，卖与糖寮。每月四圆，病照扣。待我凶恶。饭食不饱，每天三顿，俱是蕉子、山芋，无米饭。寅正上工，到子初歇，礼拜照常。不绞蔗时，礼拜作到巳初，不作夜工。作满八年，又作六个月，每月十圆。得了满身纸，在外作各样散工几年，每月十五、二十圆不等，后来被官抢去满身纸，送到格颠剌司工所。现在来了三年，作修路工夫，无工钱，饭食不饱，待人不好。发新衣服，是前两天才发，从前均未发过。"①

周阿齐供："年三十四岁，湖南永州府人。作开石生意。被人哄到汕头上船，给合同一张，未给钱。咸丰七年十月开船，船上有一人投水死，通事说我们偷水，常打。饭食的饱，无甜水。在夏湾拿，卖到糖寮，每月四圆，病照扣。作工无论好歹，常打的。初到时，是因为不懂话打。每天三顿粟米、蕉子、番薯，无米饭。寅正上工，到子初歇工，礼拜照样。不绞蔗时，礼拜作到巳正，平常作到亥初。我在糖寮三年，后来打死福建人，坐监，定了罪，坐监八年，坐到六年八个月就放出来。我旧东家又寻回糖寮，作了四个月，东家死了，我就逃走，出来在马当萨司作各样工大，每月十圆、二十圆不等。我买了别人的满身纸，后来要换的时候，我给他钱，仍然叫他换去。他就去了不来，我现在无满身纸。"②

---

① 该供词原无，据《古巴华工调查录》补。见（清）陈兰彬：《古巴华工调查录》，上海书店出版社，2014年，第75页。

② 该供词原无，据《古巴华工调查录》补。见（清）陈兰彬：《古巴华工调查录》，上海书店出版社，2014年，第75—76页。

蔡金才供："年四十岁，广东海阳县人。在家砍木，有一天在山头卖柴，忽有四个人把我捆起来，带到汕头洋船。未立合同，未给钱。咸丰七年十月开船。船上两人投水，船上待人好，只是水饭不足。在夏湾拿一个月，卖到菜园。每月四圆，病照扣。无故的打。食的饱。作工寅初到亥正歇，礼拜是寅初到巳正，周年如此。作满八年，得满身纸，自己作了四年，被人拿去满身纸，送到格颠剌司工所，作了四年修街工。无工钱，待我不好，食不饱。因有中国官来，给我新衣服，从前总未给过。工所内前几天才收拾好的。"

容周宽供："年四十七岁，广东新会县人。有人约我到澳门作工，每月四元。我到澳门进猪仔馆，见西洋官，立合同，给洋钱一圆。咸丰七年开船，到夏湾拿，卖到糖寮。食的饱。绞蔗时，每天寅正上工，子正歇工，中间一时二刻歇、食饭。不绞蔗时，寅正作到酉正止。歇工常打常锁，又常上脚闸。因作不来工，像我受锁打的人多的狠。有一人自吊死，又有许多在病房死的，皆因受不来的原故。不许我们出街，用的东西总在糖寮内铺子里买，价极贵。满八年期，得了满身纸，自己作工。作了两年，我失落满身纸，又补请一张。后来被人拿了去，送我到工所，作了两年工，无工钱，作工狠苦，食不饱，待我不好。后又得满身纸，在外自己作工一年零几个月，又说满身纸不是我的，是偷别人的，把我送到故阿那海监房十五天，饭食不饱，待我不好。他说我偷满身纸，并未审问，也未定罪，不知道在此要多少年。"①

王阿意供："年五十二岁，广东海阳县人。在家打鱼。因穷苦到澳门，想到外国作工。见西洋官，给合同一张，洋钱八圆，

① 该供词原无，据《古巴华工调查录》补。见（清）陈兰彬：《古巴华工调查录》，上海书店出版社，2014 年，第 76—77 页。

两套衣服。咸丰七年三月开船。船上待人不好，食可够，甜水不够。到夏湾拿，卖到糖寮。每月四圆。待我凶恶，因我不能作苦工，常锁常打。饭不好，食不饱，一天两顿山芋、粟米。作工是寅正上工，到子初歇工。礼拜照样。满八年期，又作二年。第一年，每月十圆。第二年，每月二十圆。后来虽未领得满身纸，东家给我出来自己在外作散工。每月约十元。后地方官查得无满身纸，送我到先辉过司工所。在此四年，作官工，无工钱，饭食的饱，待我比在糖寮略好。糖寮不过有工钱，此处无工钱，其实两处也相等。"①

庄阿意供："年三十四岁，广东普宁县人。我系咸丰七年出洋，来到古巴，忘记月份。卖在面包铺，满工八年，有满身纸，就自己开卖牛肉铺七年。现在夏湾拿埠开零碎杂物小铺，已经十四个月了。此十四个月内，因我铺内伙计被人斩伤了四人，内有一个因伤身死。先一个礼拜，又有一个白人，系当兵的，入到我铺取了若许物件，我问他要价银，他不肯给，我不听他拿去，他就一条木棍打我伙计，出来拦劝，他又拔出一把刀，斩伤一伙计左肋骨，又一伙计被他扎伤头颅，现在此处有伤痕可验。至左肋受伤的伙计，现在病房，不知能医好否。我肩膀被木棍打伤，现在转动不得。此处土人都说斩死一个中国人不过如杀死一个狗。我将斩伤我们的人禀送番官，已经六日了，未听见有如何发落，亦未叫过我们去问口供。"②

杨其满供："年四十岁，广东海阳县人。在家作挑担生意。忽被两三人捆住，锁在房子内，三四天后，送我到汕头，上外

① 该供词原无，据《古巴华工调查录》补。见（清）陈兰彬：《古巴华工调查录》，上海书店出版社，2014 年，第 77 页。

② 该供词原无，据《古巴华工调查录》补。见（清）陈兰彬：《古巴华工调查录》，上海书店出版社，2014 年，第 77—78 页。

国船。无合同，收洋钱两圆。咸丰七年二月开船。到夏湾拿四天，卖到糖寮，是二十四个大金。第一年每月三圆，以后每月四圆。不为事就打，有一天打的重，我伤了吐血，才住手。我见有一人被打的狠重，受不过就跳在井内死了。每天食不饱，又不好。寅初上工，子正歇工，中间歇一个时辰食饭，礼拜照常。作满八年，又作瓦匠，每月六圆。后又作瓦窑两年，每月十二圆。种烟两年，每月八元。又两年，每月十二圆。后在萨故阿工所作官工四个月，到糖寮作三个月，每月十二圆。因东家不给工钱，我就走了。到多罗闸作六个月，每月银纸三十圆。水土极恶，官说作完了给满身纸，后来就送我到夏湾拿工所，也没有满身纸。我来了一个月，作整街工夫。不打。食不饱。寅初上工，到酉初歇工，日里歇一时食饭。”

吴绍供：“年五十五岁，福建诏安县人。在家耕田，因家穷苦，就同朋友到汕头上船，见过外国人，说是官。无合同，无钱。咸丰七年正月开船。船上投海三人，待人不好，水饭都不够。到夏湾拿三天，卖入糖寮，是十八个大金。每月工钱四圆，病照扣。如果作工慢，管工的用牛皮鞭打，食不饱。卯初上工，子正歇，中间歇一时食饭，礼拜照常作工。不绞蔗时，夜里不作，礼拜作到巳正。糖寮满八年后，又与别人立合同两年，每月八圆五角。得了满身纸，就在外作散工。作了七年，每月约十七圆。有一天，在糖寮作工，管工的欠我一百圆，不肯还我，我问他要，他同我吵闹，又打我跌在地下，我身上有刀，就把他戳死了，糖寮就送我到地方官处，后来送到格颠剌司监房。未定罪，在监内卷烟。食不饱，又不好。”

周阿东供：“年四十一岁，广东海丰县人。被人骗到澳门，进猪仔馆，逼我签合同，未给钱，亦未见西洋官。咸丰七年正月开船，船上待人不好。到夏湾拿，卖到糖寮。待我极恶，常受毒打。生病时，不准告假，仍要出田做工。若稍慢，必遭毒打，或锁脚做工。我见受不来凌虐寻死有八人，俱是广东人。又有打伤后，带伤做工，三日内死的，四人。我满八年，勒逼又作六年，仍是照常虐打。做满后，不给满身纸，就送地方官处，做修街工一年，无工钱。后，我寻得契爷，领满身纸，自己作散工，寻的钱可够食的饱。此时在故阿那海埠，仍是受欺。此地的人，看中国人比黑奴不如，街上走路遇见小白人、黑人，都是用小石头冲打我。特来寓禀知，总要求设法救我们出此地，就死也愿意的。”①

陈旺供：“年五十四岁，广东普宁县人。我被人拐骗，带到汕头下船，给我合同一张，未给钱。咸丰七年十月开船。船上待人不好，投海死五人。到夏湾拿，卖到糖寮。东家凶恶，任意毒打。每天寅正开工，做到子初歇。食的只粟米、蕉子、番薯，不得饱。生病的人，不准报病。如有报病，就锁打，仍要作工。我在糖寮八年，亲见同帮有十九人，陆续寻死的。糖寮内有监房、脚闸，常锁人在内，白日放出锁脚作工。我作满八年，中白鸽票赢钱，取得满身纸，自己寻工作。现在故阿那海作山寮，种烟叶、番薯各项工。可以食的饱，无余钱。我急想回中国，就在中国讨饭也比在古巴好的多。”②

以上咸丰六年、七年，华工七十五名口供。

中国第一历史档案馆、卢文迪、陈泽宪、彭家礼合编：《中国官文书选辑》，陈翰笙主编：《华工出国史料汇编》第一辑，中华书局，1985 年

---

① 该供词原无，据《古巴华工调查录》补。见（清）陈兰彬：《古巴华工调查录》，上海书店出版社，2014 年，第 79 页。

② 该供词原无，据《古巴华工调查录》补。见（清）陈兰彬：《古巴华工调查录》，上海书店出版社，2014 年。

（二） 咸丰八年华工口供[①]

武进贵供："年三十三岁，广东恩平县人。被同邑黄阿东拐到澳门，进猪仔行，逼打合同，给银八元，拉下洋船。于咸丰八年开船。到夏湾拿两个月，卖入糖寮。东家、总管待人恶毒。一日两餐，系粟米、蕉子，又干牛肉二两。寅初起工，做到子正收工，连食带睡，不过歇两个半时辰。常打人，报病被打尤多。糖寮内有监房，不如总管意的，打后锁入监房，闸脚，夜间不得转动，日间开闸带锁做工。我亲见用棍撞死两人，受伤后缢死二人，伤入病房数日而死的难以数计。我一帮入糖寮四十人，八年工满，剩二十六人。我三人工满，东家不肯给满身纸，又立合同六年余，不得出外觅工。每月是银纸十二圆，折实银不到六元。自置衣服，赔贴饭食，尚不足用。时被打伤，不敢告病，亦自须调理费钱。所供是实，今特来格颠刺司客寓面禀的。"[②]

车阿福供："年三十五岁，广东新宁县人。咸丰八年，我到

---

① 《古巴华工事务各节及古巴华工口供选录》选录咸丰八年（1858）的宋晋、李河、陈阿顺、林阿榜、梁阿壬、陈阿发、林阿龙、王阿福、陈水、蔡贵、陈香、倪阿焕、陈阿顺、朱阿兴等14人的口供，《古巴华工调查录》收录了咸丰八年的69人口供，除以上14人外，还有武进贵、车阿福、林贵、何复兴、梁阿三、蔡阿丙、李阿皆、林阿泰、吴阿福、李阿斗、陈苏、江阿起、胡庚秀、刘阿戴、张阿喜、李有、许阿发、谢阿选、林阿著、石阿狗、汤发祥、李锡宝、梁阿茂、唐阿隆、刘阿唐、薛阿盛、陈阿音、李阿保、古阿兰、梁阿牛、潘阿保、黄肇基、何阿满、林阿枝、廖阿坚、游阿式、蔡阿方、郭阿先、何阿基、苏阿发、张水、梁松九、吴阿德、黄阿四、谢官姐、曾阿带、邓阿四、杨阿会、谢发、李衍春、赵阿桂、谢亚瑞、黄阿合、陆阿杏、纪阿荣等55人的口供。

② 该供词原无，据《古巴华工调查录》补。见（清）陈兰彬：《古巴华工调查录》，上海书店出版社，2014年，第83页。

澳门做生意，被人拉入猪仔行。”余供与武进贵同。[①]

林贵供：“年三十五岁，广东新宁县人。咸丰八年到澳门觅工，被人拉入猪仔行。”余供与车阿福等供同。[②]

何复兴供：“年三十四岁，广东龙门县人。有黄经姓谢的，骗我到澳门街打工，我跟他去。给合同一张，洋钱四元，见过西洋官，上船又给三元。咸丰八年三月开船，到夏湾拿，卖到萨故阿糖寮。东家罢了，因为造反回去。总管不好，凶恶，常时打。我满八年，无满身纸，后来请英国领事发纸，换西班牙纸。现在自己作散工，各项工俱做。满身纸是年年要换。中国人到此受苦，是无人不知，比畜生不如。我特来寓面禀受苦受虐实情的。”[③]

梁阿三供：“年四十二岁，广东高要县人。有人叫我当勇，到澳门入和生猪仔馆。给合同一张，银一元，见过西洋官。咸丰八年正月开船，到夏湾拿，卖作开石工夫，辛苦的狠。一帮十人，只剩三人。东家凶恶，天天打。一日夜，食饭、睡觉，只歇三个时辰。作满八年，有满身纸，自己作散工约六七年。又到中国人作工头手下作工，每月三十元，随我的便，作工不打，不作可歇。我前六七天，因为中国人与黑人赌钱，我劝他不要赌，就连我拿到科垄工所。我有满身纸，又银五元，都被他拿去了。现在工所作工，无钱的。”[④]

---

① 该供词原无，据《古巴华工调查录》补。见（清）陈兰彬：《古巴华工调查录》，上海书店出版社，2014 年，第 83 页。

② 该供词原无，据《古巴华工调查录》补。见（清）陈兰彬：《古巴华工调查录》，上海书店出版社，2014 年，第 83 页。

③ 该供词原无，据《古巴华工调查录》补。见（清）陈兰彬：《古巴华工调查录》，上海书店出版社，2014 年，第 83 页。

④ 该供词原无，据《古巴华工调查录》补。见（清）陈兰彬：《古巴华工调查录》，上海书店出版社，2014 年，第 83—84 页。

蔡阿丙供："年六十一岁，广东归善县人。咸丰八年，被人骗我出洋作工，我就同他到澳门和生行。给合同一张，洋钱一元，衫裤两件。正月开船，到夏湾拿，卖到糖寮。打的毒的狠。每天三顿粟米、咸牛肉。绞蔗时，加山芋。我见受不来苦，吊死四人，投水死一人，打伤锁脚死一人，都是黑人管工打的多。我一帮六十人，八年工满，死了二十几人。期满无纸，再立合同六年，每月十元。作完仍不给纸，送到格颠刺司工所，作整街、打石工。现已年半了。食不饱。糖寮绞蔗时，礼拜不歇。此地礼拜不作工。糖寮有人来卖物件，不准出门。"①

李阿皆供："年三十岁，广东顺德县人。在家作纸生意。有胡阿鹤约我到澳门，送入猪仔行。打合同一张，未给钱。咸丰八年十一月开船。船上待人不好，有四人晚上出恭，就被水手打死。到夏湾拿，就卖到山寮，作火头。作到三年，转卖糖寮。作了五年，东家待人中等。作满八年期，东家到官领得满身纸，我用十二个洋钱。后就自己作工，约四年。后来，满身纸被人偷去，捉入工所作整街工夫三年。无工钱，有饭食，不饱。整街工夫常时打极重，不能睡，苦不能尽。作完了三年，就到多罗闸作六个月，每月十五元。作完到夏湾拿工所一个月，作整街工夫，食不饱。我想回中国，无盘川，如有盘川，我就回去了。"②

林阿泰供："年四十九岁，广东归善县人。佣耕度日。有本邑邱阿柯，常到新家波贸易，叫我到澳门。不料十二月到澳门，即诱入合记猪仔馆，不得出门。拉见西洋官，打合同。咸丰八

① 该供词原无，据《古巴华工调查录》补。见（清）陈兰彬：《古巴华工调查录》，上海书店出版社，2014 年，第 84 页。

② 该供词原无，据《古巴华工调查录》补。见（清）陈兰彬：《古巴华工调查录》，上海书店出版社，2014 年，第 84 页。

年二月开船。未曾给过我银。船上水饭不足。到夏湾拿，卖到花园做工一年，东家因病回国，派我入山寮种瓜菜。做了五年，每日所食系番薯、瓜菜，计东家欠我工银一百二十八元。我来夏湾拿二兵头处投诉，二兵头不为我追银，并押我到夏湾拿工所，作七年零官工，皆系派我做木匠，并未发过工银。前年至今两年，方发每月银纸四圆，并未得过满身纸。现今时价银纸四元，实不够银两元。”①

吴阿福供：“年五十四岁，广东南海县人。咸丰八年，被本邑河南黄阿新，说荐我到澳门做工，每月可得银十元。不料到澳门，带入猪仔行，关了两个月，逼我见西洋官，打合同。先把我痛打数下，见西洋官时，迫得签名，给银八元。二月开船。到夏湾拿卖人厅，住了三日，将我卖入科垄埠所管山寮，种瓜菜。饭亦得饱。作了两年零两个月，东家身故无子，山寮送入地方官，做五年零十个月满身，恰遇西班牙大赦，将我亦算满工的人。地方官叫我在外作石工，每月银票十二元，又给我纸一张免拉波索馆。后有糖寮雇我做工，约两年多。寮内失火，此纸被焚。地方官查我无纸，将我押入科垄工所，作无工钱官工。饭有时得饱，有时不饱。我已做三年零六个月了，苦不可言。”②

李阿斗供：“年三十五岁，广东博罗县人。咸丰八年，被王阿七，又有李人胆，拐我到澳门，进和生行。打合同一张，给洋钱一元，见过西洋官。五月开船，到夏湾拿，卖入糖寮。东家又转卖与人。无论作工如何，日日毒打，任意凌虐，无有不

① 该供词原无，据《古巴华工调查录》补。见（清）陈兰彬：《古巴华工调查录》，上海书店出版社，2014 年，第 84—85 页。

② 该供词原无，据《古巴华工调查录》补。见（清）陈兰彬：《古巴华工调查录》，上海书店出版社，2014 年，第 85 页。

锁脚者。每日寅正起工，作到子正歇，中间歇息一时食饭。不绞蔗时，礼拜不作。满八年期，受足苦楚，不给满身纸，送到工所，作官工十余日。我买得满身纸，用去三个大金钱。后来自己作割蔗等散工，每月有十余元不等。作了七八年，现在格颠剌司作工，身子不苦，就是受黑人、白人欺负，地方官说我满身纸是假的，收去，未捉我。此刻私下作工。我今特来寓面禀受苦情形。”①

宋晋供：“年四十五岁，四川成都县人。咸丰七年，我在广东省城跟官，因洋人进城无事，有人叫我到澳门作工，我就到澳门一年。有王友叫我出洋做工，每月有洋钱几元，工夫又轻，我就应允。未见过西洋官，给合同一张，未给钱。咸丰八年九月开船。到夏湾拿，卖到马当萨司糖房。东家凶恶，作工时乱打。每天寅正开工，作到亥正歇工。日食一顿米饭，一顿杂粮，食得饱。作工时，用牛皮鞭打，有的打伤了，后来三两天无的食，就死了。死的人有地方埋。我在糖寮作满八年，不准给满身纸，我就逃走出来，自己寻东家作工，作了六年，每月八圆，不打。前二十天，就捉我到马当萨司收监。每天出去做整街工夫，锁着脚。每顿食的稀粥，不得饱。官局作，卯正作到酉正。”

陈苏供：“年五十七岁，广东番禺县人。因洋人打进广东，无生意作，有人带我到澳门，住了两个月，打合同一张，收银一元。咸丰八年九月开船。到夏湾拿，住了七天，就卖到糖寮。东家待人凶恶，甚为不好。寅初起身，作到子正歇工。每日粟米粉、咸牛肉，食不饱。打的时候，并不为什么事，无论能作不能作，都打的。生病时，有病房医。如绞蔗时，就是有病也

① 该供词原无，据《古巴华工调查录》补。见（清）陈兰彬：《古巴华工调查录》，上海书店出版社，2014 年，第 85—86 页。

是要作的，不作就毒打。作满八年，不给满身纸。又作了三个月。后来到少东家处作了三年，他就作贼了。我又到别处作。我出来走了三个月，就被地方官捉到格颠剌司工所。后来送到马当萨司工所，作了八个月，无工钱。立合同出去作了三年，我眼瞎了，东家仍送我回马当萨司工所。我的眼睛是前问人要钱去，他未还，我后来就瞎了，不知何故。我在此作起水工夫。”①

江阿起供：“年五十一岁，广东永安县人。作布店生意。有人约我到澳门当勇，是姓陈及姓黄的，就送我入猪仔馆。咸丰八年正月打合同，收银一元。上船即开，到夏湾拿，住了一个月，卖到糖寮。待我凶恶，食不饱，常常打，又放狗咬人。一日夜作工，只歇两个半时辰。绞蔗时，直不准睡。满了八年，又作三年，每月十五元。后来到地方官处打满身纸，永乐五个大金，仍然不给纸，就叫我到大官处要纸。大官说没有纸，叫我到糖寮作六个月，打纸与我。我每月十五元，作完了，又叫我作整街工夫八个月，无工钱。又与法国人打工，作了二年，每月十二元。作满二年，又落监房一个月。后来，又叫我到官糖寮作了四个月，每月十二元。作完后来，又到工所地方官处作整街工夫，无工钱。又送到多罗闸作工，作了六个月，每月三十元。作完了，到夏湾拿工所五个礼拜。在此地作整街工夫，无工钱，有饭食。我想回中国，无盘川。”②

胡庚秀供：“年四十一岁，广东惠州府人。咸丰八年，有人约我到澳门作工，我就同他到澳门。给合同一张，未给钱，未

---

① 该供词原无，据《古巴华工调查录》补。见（清）陈兰彬：《古巴华工调查录》，上海书店出版社，2014 年，第 86—87 页。

② 该供词原无，据《古巴华工调查录》补。见（清）陈兰彬：《古巴华工调查录》，上海书店出版社，2014 年，第 87 页。

见过西洋官。因为我不愿出洋，所以他不叫我见西洋官。正月开船，到夏湾拿，卖入糖寮。东家待人罢了，总管不好，有工作，无饭食，常用牛皮鞭打。或因病不准告假，仍勒令作工，稍慢即打。糖寮每一日夜，歇息两个半时辰，是轮流换班的。作了八年期满后，送我到地方官，作官工一年，每月八元。后来寻得契爷，请了一张满身纸，用大金两元。作火头，作了七八年，每月十七元金钱。常有病痛，皆因在糖寮受苦所致。现在想回家，无钱。所寻的钱都用完了，因此地各物皆贵，身子多病之故。闻得大人查难民，特来马当萨司寓面诉受苦情形的。”①

刘阿戴供：“年四十七岁，广东增城县人。咸丰八年，有钟阿炳约我到澳门街看朋友，我同他进猪仔馆。给合同一张，洋钱一元，见过西洋官。十月开船，到夏湾拿，卖到马当萨司作泥水及杂工，后来转卖入山内糖寮。东家待人不好，无论能作工不能作工，都要打。每日寅正起身，作工到子正歇，中间食饭及睡觉，共三个时辰。日食米饭不多，又有干牛肉，食不饱。割草时候，作到亥初或亥正歇工。作满八年，自己花两块大金钱，卖②得满身纸，我就作散工。三四年后，开饭店，包饭。又作了三年。现在马当萨司仍开饭店。我眼见在糖寮的人实在受荼毒的狠，打伤后病死、寻死，常常有的。我今晚特来寓，面诉受苦受虐情形，求拯我各难民的。”③

张阿喜供：“年五十五岁，广东惠州府人。在家种田。被人拐骗到澳门，入猪仔行。打合同一张，收洋钱二元，见过西洋

---

① 该供词原无，据《古巴华工调查录》补。见（清）陈兰彬：《古巴华工调查录》，上海书店出版社，2014 年，第 87—88 页。

② 卖，应该是“买”之笔误。

③ 该供词原无，据《古巴华工调查录》补。见（清）陈兰彬：《古巴华工调查录》，上海书店出版社，2014 年，第 88 页。

官。咸丰八年五月开船。到夏湾拿，卖到糖寮。东家罢了，总管常打。每天两顿饭，有一顿米饭，食的饱。我在糖寮作煮糖工夫。每天卯初起身，作到子正歇。我亲见有吊死的一个，人是姓黄的，顺德县人，因为总管打得脚烂了，就吊死了。糖寮内共十几个中国人。我在糖寮可许出门走，不准远去。每月工钱四元。买东西，有人来卖。作了八年满工，不给满身纸。又到先辉过司属下三处糖寮，作了两年，每月十二元。在三打拉闵哥闲走，被兵捉到萨故阿工所，作四年半工了，共给过我三个月工钱九元，是这个月给的。常打的，因总管不好就打了。我满工后，也是常打的。我在工所食不饱，我只好捱饿。我从前也无钱，故未拿得满身纸。”①

李有供：“年三十九岁，广东番禺县人。咸丰八年七月，被何阿福骗我到澳门，进猪仔行，住了两个月。给合同一张，洋钱一元，未见西洋官。九月开船。船上一人投海死，打的难受。到夏湾拿，卖到科垄地方糖寮。我一帮十二人，有九人作满，一个吊死，一人病死。吊死的为受不来打，又无的饱，名阿桂，花县人。每天寅正作工，到子正歇工，礼拜不停。一日三餐，均是蕉子。不绞蔗时，作到亥初歇工，礼拜日不作工。我作满八年，再立合同两年。有满身纸，是花钱送契爷，洗头，番官出纸的。等纸的时候，又作打石工夫，两三个月。得了纸，自己在科垄地方作卷烟工。现在每月十几元。此地白人欺负中国人的狠，不犯事就捉去工所，又要花钱才能出来。所以都无钱回去。现在地保不好，中国人狠受苦。满身纸一年换一回，总

① 该供词原无，据《古巴华工调查录》补。见（清）陈兰彬：《古巴华工调查录》，上海书店出版社，2014 年，第 88 页。

要花钱才能到手。特来寓面诉受苦情形的。”①

许阿发供：“年四十岁，广东归善县人。在家作行船工夫，因省城洋人占住，无生意做，遇着淡水人叶阿春问我现在无船使，约我到香港，后来到澳门，入猪仔行，行名高楼锡记，在行内住两个月，不准出门，叫我等船上工做。后来见西洋官，说你去夏湾拿做工。我问叶阿春，夏湾拿是何处。渠云是船名。我认是下船做工。我就应允打合同。下船时，给我洋钱一元。咸丰八年二月开船，有饭吃，船主尚可，系三枝桅船。在船因无水之故，死的人多。到夏湾拿，入猪仔行，住七日，卖入糖船。我在船上作烧饭工夫，极辛苦，不拘日夜，一年三元。以后四元。有时有打我。作满八年，他不肯出满身纸，我就告官，官府就准了，用去了三百余元。现在夏湾拿自己做工，每月二三十元不等。我闻得大人来，特来寓面禀的。中国人在此受尽凌虐，总求拯救。”②

谢阿选供：“年三十九岁，广东增城县人。咸丰八年，有同邑人罗阿友，叫我到澳门打工，在他寓处睡了一夜，食了一餐。次早，他要算我洋钱七元，若无银则须卖猪仔，逼勒我到猪仔行，押见西洋官。打合同，给银一元。关了三日，下船。十一月开行，到夏湾拿十五天，将我卖入糖寮。总管凶恶。食系番薯、粟米，并无米饭。绞蔗六个月，寅初起工，做到子正歇，礼拜亦是照常。不绞蔗时，卯正起工，作到子初收工。寮内有脚闸监房一间，有报病者，打后收监房，白天仍锁脚做工。我亲见报病捱打后，怕闸脚坐监，自缢死者二人，皆东莞人。因

① 该供词原无，据《古巴华工调查录》补。见（清）陈兰彬：《古巴华工调查录》，上海书店出版社，2014年，第89页。

② 该供词原无，据《古巴华工调查录》补。见（清）陈兰彬：《古巴华工调查录》，上海书店出版社，2014年，第89页。

伤而死的，不可数计。我工满后，总管不肯给满身纸，逼我再立合同作六年。未作完，老东家死后，糖寮不开，其子押我做山寮两年，仍无满身纸给，送我来先辉过司工所，做无钱官工，专派宰牛，比之凿石修路稍为好些，不知何时是了。”①

林阿著供：“广东番禺县人。家住河南。父亲及伯叔父下辈，止我一人，不甚出门。咸丰八年正月，有同乡潮桂同我落小艇，说到澳门找生意。到澳门不料他心不良，即日带我入锡合猪仔馆关，不准出。我看见不愿去者，俱被毒打，我心骇怕。逼同猪仔头见西洋官，写合同，收银一元。二月开船，到夏湾拿，住半个月，将我卖入山中耕种。卖我是十七个金钱。我做了五年零三个月，每月应得工银四元，共计东家欠我二十七月工钱一百零八元，不给。我告官，东家见官，将我领回，又做工五个月，亦无银给，并说我向官告过他要将我们卖入糖寮。我同帮三人骇怕，走出夏湾拿二兵头处投诉。二兵头将我发入工所做无钱官工，已做七八年，并未调得司头对质。所做是凿石、油漆等工，并未得分文工钱。直至上前年，方给每月工银四元。旧年，官同我打两年合同，每月银纸八圆半，派在工所管理整街家火什物，比之作工人，已少受苦，但不得满身纸出外找工做，断难望有盘川回华。”②

李河供：“年四十三岁，广东番禺县人。在家读书，母舅陈泰初，是翰林知府。有服兄弟李光廷，吏部员外。我于咸丰八年在香港看戏，便道至澳门探亲戚。有黄阿昆同我到澳门，他就不见了，忽有西洋的人拉我入猪仔馆和生行。未见过西洋官，

---

① 该供词原无，据《古巴华工调查录》补。见（清）陈兰彬：《古巴华工调查录》，上海书店出版社，2014年，第90页。

② 该供词原无，据《古巴华工调查录》补。见（清）陈兰彬：《古巴华工调查录》，上海书店出版社，2014年，第90—91页。

有人顶我的名见官。住了一个月，行主给合同一张，洋钱一元。咸丰八年三月开船。到夏湾拿住二十二日，卖入糖寮。东家待中国人比待黑奴不如，常打。为我是在家读书，未作过重事，他更毒打，手脚指都被打断，可以看验。黑人管工、总管，共三四个人打。有新会人陈阿光，年二十岁，因受打不过，就吊死了。又有李阿魏，新会七宝里人，也是吊死。陈亚震也是吊死。我们一起二十人进糖寮，满工时，只剩八人。每天寅正起身，作工到子正歇工。不绞蔗时，不作夜工。我作满八年，给我凭据，我有契爷代我拿得满身纸，在马当萨司做吕宋烟工夫，作了数年。闻得大人来此查看华人，特来寓面诉冤苦的。此处十几万难民，总要求拯救。西班牙人看中国人，总该永世为奴的，所以他专做拐人卖生意。”

石阿狗供：“年三十八岁，广东博罗县人。家内可过，亦未作事。咸丰八年正月，我去看戏，遇着王阿羊，归善人，约我到惠州看会。我就同他去，走了好远，就坐船到澳门，入猪仔馆，我晓得了，我就不肯进去，有洋人打，我不敢说不去。见西洋官后，给合同一张，银一元。上船即开。船上无食无水，百般毒打，饮咸水就生病死了。医生也不能医。到夏湾拿，住了一个月，卖到糖寮。待人凶恶之至，一日夜只歇二个时辰。每顿食番薯、干牛肉，不问饱不饱，只得自己拿工钱添食。糖寮礼拜作到巳初歇工，到申初又作到子正，绞蔗时不停。在糖寮报病就锁在小房内，有医生看，有药饮。如病死了，用牛车拖去。有的人受不过毒打，每每的三四个人一条绳吊死都有的，我眼见的。我作满了八年，认了契爷，得满身纸。后来就到烧瓦窑的地方，同人作烧瓦生意。因亏了本，又到山顶作耕种工夫，自己身子不吃苦。作了四五年后，就到夏湾拿作厨子。每月工钱二三十元不等，是银纸。我想回中国，因无便人，又盘川不足，是以未回。满身纸是一年一换的，每次半元使费。”①

汤发祥供：“年三十三岁，广东新宁县人。我在江门作生意，到新会城，有人约我作工，落艇就到澳门，进猪仔行。打合同一张，收银八圆，见过西洋官。咸丰八年八月开船。到夏湾拿，卖到本城作侍仔，约一个月，因生病，东家退回到卖人行。后病好，卖到马当萨司地。东家欠人的钱，叫我到糖寮作工抵欠账。作了一年半。糖寮待人凶恶。每日食番薯、粟米，不得饱，拿工钱添补吃。计一日夜只睡一个时辰。作满了，回马当萨司东家处。卖到糖房作箍桶工夫。糖房虽常打的，比糖寮好些。食的也是番薯、粟米。作六年半满身，有满身纸。现在马当萨司自己作工夫。我因为在糖寮时，看见同作工的人受苦锁脚，总管毒打，惨不可言，实在荼毒不堪。我所以特来寓面禀的。我眼见在糖寮内，作了十几年，都不得满身，多的狠。又有领得满身纸，仍然捉回去锁打的，亦多。”②

李锡宝供：“年二十九岁，湖南芷江县人。咸丰八年，行船到湖州，被人拐到澳门街，进猪仔行。打合同一张，见过西洋官，给洋钱八元。六月开船。到夏湾拿，卖到糖寮。待我不好，打的毒。一日两餐番芋、蕉子、干牛肉。不为什么事就打，比起中国来，一天都受不得。每日寅初二刻起身，作到子正歇，睡觉只歇一个半时辰。割草不作夜工。煮糖的分上半夜换班。作满八年，不给满身纸，叫我再立合同。我不肯，自己走出来作火头。作了一个半月。后来又到糖寮割蔗六个月，每月一元大金。作完又到山里烧炭。作了六年，多时自己工夫。买了一

① 该供词原无，据《古巴华工调查录》补。见（清）陈兰彬：《古巴华工调查录》，上海书店出版社，2014 年，第 91—92 页。

② 该供词原无，据《古巴华工调查录》补。见（清）陈兰彬：《古巴华工调查录》，上海书店出版社，2014 年，第 92 页。

张纸，是地保的，用去四个大金。他说随便那里都可走的。巡捕说我新纸不对，捉我入先辉过司工所。作了六个月割马草工夫。所内亥初就锁门，一房四十人，拥挤的狠。日食米饭，不得饱。计一日一磅米，一块干牛肉。作工无工钱。黑人管工打的狠，常有打伤的人，我见一顺德人，六十多岁，打断了手，后来医好。有一人打坏腰骨，是为走路慢，也是黑人打的，打后又闸脚，凌虐之至，是广东人，有四十岁，我记不得他的姓名了。”①

梁阿茂供：“年四十八岁，广东新会县人。耕田为业。我在江门街遇见有相识人，叫我作工，每月四元。我就跟他到澳门，不料被诱入猪仔馆，我才晓得。不得出来，无法可想，迫得打了合同。西洋官问我也只得答应。收银一元，是猪仔头给我的。于咸丰八年开船。船上有饭食，没有打。到夏湾拿，住在卖人行一天，就卖去糖寮。作绞蔗、割草、割蔗等工，工夫苦的狠。东家凶恶，寅正起工，做到子正歇。食的是粟米、山芋、蕉子。我八年都没有吃过饭，也没有食饱过。作工时，稍走慢就打，打伤腰骨的人多的狠，都是用牛皮条鞭及棍打的。我作满八年，后来东家送我到地方官处，作了两个月整街工夫，是无钱的。又叫到糖寮作工，每月十元。作了三年，又到科垄地方作整街工夫，也是无钱。作了两个月，又叫到糖寮作工，每月八元。作了六个月，又叫到科垄作二年无钱官工。后来押去多罗闸开山，作了六个月，每月十五圆。就押来夏湾拿工所，现已三个礼拜。我如有盘川，一定要回中国的。”②

① 该供词原无，据《古巴华工调查录》补。见（清）陈兰彬：《古巴华工调查录》，上海书店出版社，2014 年，第 92—93 页。

② 该供词原无，据《古巴华工调查录》补。见（清）陈兰彬：《古巴华工调查录》，上海书店出版社，2014 年，第 93—94 页。

唐阿隆供："年四十九岁，广东新会县人。咸丰八年，到澳门觅工，被猪仔头骗入和生堂，逼见西洋官，打合同，给银四圆。二月开船。到夏湾拿，卖入糖寮。司头、总管，待人刻薄。每餐所食，或包粟，或蕉子三四条，不能得饱。每日歇息，不过一个半时辰。辛苦饥饿，死的甚多。我作满八年，得过满身纸后，作小鞋铺，又在营盘做小买卖。前三年，二兵头要将中国人尽调回夏湾拿，再卖六年为奴。地方官捉我坐监六个月，复带来夏湾拿入监。我自想并无犯罪，或因营盘买卖时，与本地洋人不对，为他所陷不定。我入监以来，两处买卖俱已歇业。我坐监至今已三年零，在兵头处递呈四次，并无声气如何分断。我坐监数年，亦未审过。在监只一日两餐，发粥一碗，有时有咸牛肉一小片。我每日做小烟，约得银纸半圆。衫裤等，皆系自置。无罪在此，不知何时得出。到监时，要送银六圆，则无派工捱打。"①

陈阿顺供："年四十二岁，广东博罗县人。有同邑陈阿福，说招我当勇，下船找带兵官挑选，不料到澳门，带入和生猪仔行。关了一个月多后，逼见西洋官，打合同，给银一圆。咸丰八年正月开船。船上投水死一人。到夏湾拿卖人行住约半个月，二十人一帮，卖入萨故阿所管糖寮。总管凶恶，我亲见打死三个中国人，并未报官，埋了无事。又有缢死四人，均因受打不堪，带伤身死。寮中设有脚闸监房，时刻闸人锁人。出寮界十数步便被拉回，锁打入监，无人能出去呈诉。我同帮二十人，到满身时只剩十三人。每日寅初起工绞蔗，做到子正歇，计每日连食饭并睡不到两时。食系蕉子、薯粟，并无米面。一日两餐，每餐干牛肉一两。初一年每月工银三圆，以后四圆，报病

① 该供词原无，据《古巴华工调查录》补。见（清）陈兰彬：《古巴华工调查录》，上海书店出版社，2014 年，第 94 页。

不准。常被打骂，落到十分病重，方准抬入病房，仍扣工银。我八年工满，总管要打合同，再做五年，否则送官，不得已允从。今做至七年，仍不肯给满身纸，不能出街。闻得官已给纸，在东家处，东家扣留，要四个大金才肯给我。现在派我萨故阿炭行烧炭，东家写一行街纸交我，此纸大约用数日便须改换，亦不能带往别处。现在古巴官商通同一气，总是想禁锢中国人永远为奴，不仅我一人受苦。闻得大人来萨故阿城，特来寓面禀华人在此受尽凌虐情形的。”

刘阿唐供：“年四十四岁，广东三水县人。向作小生意。咸丰八年二月，遇见陆有，哄我上澳门打工，说在澳门洋行，有工银四圆一月。不料到澳门，即带入和生猪仔行，不准出门。我说不愿出洋，禁我一日水饭，用木棍打了两场。迫于三月见西洋官，立合同，给银一圆。拉我下船即开。到夏湾拿住了一月，将我卖入先辉过司糖寮。饭亦够食。天亮开工，天黑收工。每月工银四圆。有病按日扣除。我做满八年，东家因买得新奴甚多，将我送到先辉过司工所做整街官工，不给工钱。一年之后，有糖寮人与官说雇我做工，每月工银十五圆，官收十圆，我得五圆。此糖寮食粟、蕉子，不得饱。每日寅初开工，作到子初歇，中间歇一时食饭。相待与黑奴一样。东家打人，另在屋里打了，仍锁脚做工，是我常见。我做了三年工，又派我到京果店做厨，每月工银八圆半。做了两年，又去人家做厨一年，每月工银十圆。此三年中，不致常打。做完一年，官又调我出工所，做无钱街工后，押我往多罗闸开路。该处水恶，饮即肚胀。我做六个月，每月言明工银十五圆。我因病三个月，止得三个月工银。本来官说过六个月满，给满身纸自便。不料满后，又押我来夏湾拿工所，做无钱街工，并不给纸。我到此已两个月了。每日炎风烈日，凿石抬土，无钱，受苦，不得休息。我食量中样，不得够吃饱。”①

林阿榜供：“年三十六岁，广东从化县人。我在番禺衙门作厨子。有人说，有极贱鱼菜买，我同他下船，不晓得就到澳门，进猪仔馆，不准出来。咸丰八年十月，给合同一张，洋钱八圆，未见西洋官。有中国官问过，上船即开。到夏湾拿，卖到马当萨司属下糖寮。待人凶恶极。寅初起身作工，到子正歇。不绞蔗时，戌正歇。日食三顿，粟米、蕉子、番薯。我受的打多的狠，一天总要十几次，他叫人作事，不出声，总是打，当讲话，所以受不过凌虐的，寻死的多了。作满八年，不给满身纸。我寻得契爷，未花钱，得了满身纸，我就出来，自己作工。满身后，再立合同作工，仍然照常挨打，如去别处地方，即可不打。又如立过合同，虽打亦不准不做，总以合同为凭，立几年合同，总要作完才算。未满身的人，在糖寮如果饿了，拿他一点东西吃，就要锁脚作工。我一帮一百十人，满身时只六十九人。有病死，有因打伤后病死，有吊死，有投井死，有跳糖锅死。吊死的人最多，我已见二十人，都是为受不来凌虐，不愿生了。煮糖看糖锅的人，分上下半夜两班作。下半夜的人，戌初睡，到子正起身。不煮糖的人，总管要做到子正歇工。凡在夏湾卖人行卖的人，都要脱去周身衣服，看有力无力，与买牛马无异。中国人来此，不独受苦受虐，兼之受辱。我所以来寓面禀的，总求赶紧设法拯救，我现在先辉过司埠住。”

梁阿壬供：“年三十六岁，广东新宁县人。在家剃头生理。我有个同姓兄弟，叫我到澳门作工。到了澳门，入白麻行，住了一月。我不欲出洋，不能由我自主。咸丰八年正月，立合同一纸，洋钱一元，西洋官问过，我说不愿；他说下船再说。后

① 该供词原无，据《古巴华工调查录》补。见（清）陈兰彬：《古巴华工调查录》，上海书店出版社，2014年，第95页。

来下船即开，不能上岸。船上饭食尚好。到夏湾拿住了二十二日，卖入糖寮。闻得卖我是十八个大金。糖寮东家凶恶异常，待我极不好。寅正作工起，至午正。食咸牛肉、粟米，食不饱，因食不惯。未初到亥初，食粟米，歇工。我在糖寮作工时常打，不问什么事，随他的意思就打，苦难尽言。我亲见因打多了，受不过，自己吊死了的一人。糖寮内生病的，就叫黑女人撒尿，令有病的人吃。如肯食，就是真病，可以不作工。不肯食尿，就要作工。我作了八年，每月四元。后来又作一年，九元一月。作满九年，到先辉过司埠上作了二年，每月七元，待我好些。后来又到一处，作了二年，每月八元。又到瓦厂作二年，每月一个大金。作完了，到多罗闸作了六个月，每月十五圆。说回来有满身纸给我，作完了押我到夏湾拿工所，并无纸给，已到了五个礼拜。在此地作工无钱，有饭吃。我想回中国，就是乞食也好。"

陈阿发供："年三十七岁，广东归善县人。咸丰八年被罗阿掌，不知何处的人，是在香港住的，骗我到澳门作工。到后，押入猪仔行，给合同一张，洋钱四圆。十月开船。船上无水食。到夏湾拿卖到火车公司，作车路工夫。极苦，当[①]打的。一日夜，食饭、睡觉，只三个半时辰歇。有米饭食，不得饱，必得添杂粮。不能食杂粮的人，就不得饱了。作满八年，东家不给凭据领满身纸，我自己费六十圆取到纸。我洗头、认契爷都有的。得纸后，就作糖寮招工头人。作工是按时给价，若按月算，一人约二三十圆不等。我所雇工人，管工的不能打，不作夜工，每天天亮作到日落歇工。白天里歇一时食饭，是米饭，都是我供给他们。此地规矩：有带长刀巡捕，看见中国人穿的衣服好，他就拉去说犯赌，官也不审问，必得自己花钱，请白人保；或

① 当，应该为"常"，可能是笔误。

者被捉时，用钱与巡捕，也就放了。真是不成世界。我想回中国讨饭，都比此处好。有工头作完工后，东家欠几千两银，只好工头贴出，又不能告官，因为告不过他。如此受屈的人多的狠。我听见大人来，特来夏湾拿寓面诉的。”

林阿龙供：“年六十五岁，广东新宁县人。在家内作外科医生。咸丰八年正月，有人叫我到澳门医病，就被拐进猪仔馆。我是向来未见过洋行的，我进去不知道怎样，也未见过西洋官，到船上即开。在船才给我合同一张，船主给我二十元。船上好，有的吃。到夏湾拿住了一个月，就连我二十四人一帮，卖到糖寮东家，我不知道他的名字。糖寮见我太老，不常打我，一年只打四五回。年轻的就打重了。每日寅初作工，到巳正食饭，午正又作，到戌初食饭，又开工作到子正。有时子正仍不得停，有时戌初歇，至子正再作，是不定的。每天一餐饭，一餐番薯，有时粥、番薯多些。饭是一人一茶杯，水是黑水，就是坑内的水。年轻的人生病，不准报病。如死了，用牛车拉去，随便抛弃。糖寮黑人、华人是一样的待法。我在糖寮作了八年满身，又添作两年，是十元一月。满身后不做夜工。我得了满身纸，我就行医了。作了两年半，后来满身纸被人偷去了，就拉我入监房扫地，无工钱，有饭食。作了两年，又押到多罗阐，作了六个月。来到夏湾拿月余了，在此地作打石工夫，辛苦的狠。饭有时食的饱，有时食不饱。我有心想回中国，就是无钱，我心里急的狠。”

薛阿盛供：“年四十岁，广东新会县人。原做卖鱼生意。咸丰八年正月，有本城人林阿邹，同我到澳门买货，不料诱我入白马行，不得出来，逼见西洋官。我因新会黄阿超说不肯去，被洋人打得半死，我骇怕，只得立合同，并无银给。拉我下夹板船，即日开行。到夏湾拿，住十七日，将我卖二十五个大金钱，卖入糖寮。食的是番薯、包粟、蕉子。总管凶恶，时刻皮鞭打人。我同帮十二人，一个多月，有新宁陈姓、开平梁姓，因总管说铲草迟慢，每用四人捉住手脚，用鞭打到将死。打后，新宁人自缢，开平人跳水。地方官来看，亦不认真办理。我同帮人不识洋话，不能代诉冤苦。我八年工满，东家要再立合同做一年。做满月，到先辉过司，官给满身纸。到英国人糖寮作工。地方官说不宜带纸入山。我将纸当堂交地方官。做工一年出取此纸，官说纸已被贼烧毁，将我满身纸被烧情由，写在行街纸上。在先辉过司做工一年，又押入工所，做无钱官工两年。地方官又发我到糖寮做工。工钱分大半与他。做了一年零五个月。每月工银十五元，分十元与官，我收五元。每年官给衫裤两套，鞋两对。旧年七月，派我到多罗闸近贼地方开路，说过六个月满，给纸与我外出做工。我工满，押回夏湾拿，已半月，做无钱官工，并无给纸，不能外出觅工。”①

陈阿音供：“年五十岁，广东东莞县人。向耕沙滩。咸丰八年，有人说到澳门洋行要人做工。三月到了澳门知咕行隔壁住了十余日，有洋人来说我已卖与他行，拉我见西洋官，我说不愿出洋，西洋官将我交猪仔头带回捆打，并送我坐监一日一夜。我迫得写合同，给银一元。四月开船，船上跳水死四人。到夏湾拿，我因病住了四个月，卖入糖寮。待人凶恶。食只蕉粟，不得饱。做工稍慢，即被毒打。总管随意锁人、打人。我见东莞黄亚发伤重，不能做工，自吞烟膏死。又有东莞阿和，打伤后，自缢。我被锁打，难计次数。我八年工满，要再打合同，我不应允，送格颠剌司工所，做无钱官工两年余。有洋人同官说雇我行船，每月工银十二元。做了两年，欠我工银一百一十余元。我在格颠剌司官处告过，官不理。随后到糖寮做了两年，

① 该供词原无，据《古巴华工调查录》补。见（清）陈兰彬：《古巴华工调查录》，上海书店出版社，2014 年，第 98—99 页。

每月二十四元工银。该寮总管相待尚属平正，工银发足。旧年二月，官捉我往多罗闸，做六个月工，扣去生病之日，我实得六十七元。本来说过工满给满身纸，不料满后，又押我来夏湾拿工所，做无钱官工，日日受苦。现在已三个月了。每日寅初起身，做到酉初收工。所做系凿石、抬石、修路等工。我极想回中国，因不得满身纸，又无盘川，如何能得生路。"①

李阿保供："年三十六岁，广东博罗县人。耕田为业。我去北塘看戏，遇见博罗罗阿安，叫我到澳门作工，就进猪仔行，把闸关了，不准出来。住了一个月，打合同一张，收洋钱一元。咸丰八年三月开船。到夏湾拿，卖入糖寮，在萨故阿所属地方。待我不好。作工是一日夜，共歇两个时辰。两餐都是弓蕉、番薯、咸牛肉，食不饱。作工夫慢些就打我。作满八年，无满身纸，送我到地方官处，作官工，整街，作病房、更房工夫。无工钱。作了三个月，就到局内煮食，作火头。每月八元五角。作了二年，作完了，又送至茶店作了两年。每月八元五角。作完了，又送到地方官处作工两个月，无工钱。又送要货铺作工两年，每月十元。作完了，又送到地方官处。作了四个月后，送到多罗闸作工，每月十五元银。作完六个月，送来此夏湾拿工局。来了七个礼拜，作整街工夫。此地工夫不十分苦，但郁热肮脏，无地方睡，人都睡在地下，同泥猪一样，数人都在那几尺水槽洗身。饭也食不饱。我想回家，现仍无满身纸，无盘川，局内作工是无工钱的。"②

王阿福供："年三十二岁，广东新宁县人。我家作茶食铺。

---

① 该供词原无，据《古巴华工调查录》补。见（清）陈兰彬：《古巴华工调查录》，上海书店出版社，2014年，第99—100页。

② 该供词原无，据《古巴华工调查录》补。见（清）陈兰彬：《古巴华工调查录》，上海书店出版社，2014年，第100页。

咸丰八年二月，有亲戚姓王的，约我到澳门寻生意，同到澳门，入猪仔馆，住四天后，因勒逼立了一纸合同，收洋钱一元，合同是西洋官给的，下船即开。船上有八人投水死，因被哄来，不欲出洋的。我未受过打，别人打的多，是为闹事。在船食的饱，有水喝。到夏湾拿，同帮一百人卖到糖寮，作满八年，死了五十人。我常捱打，有时叫四个人捺着，打得极重，是为起身慢，作工夫慢的缘故。每天寅正上工，作到子正。割草时，礼拜作到巳初歇。食的是粟米、番薯、牛肉干，从未食饱过。亦未出过门一步。满了八年，无满身纸，又立合同五年。工钱每月八元。作完五年，问东家要凭据领满身纸，东家不给，我就不愿在糖寮作工了，他送我到科垄工所。作了一年，食的不饱，不打，工夫也重，无钱。作满了，我就跑出来，到马当萨司朋友处住了三个月，因脚生疮不能作工，欠朋友二十余圆，他就告诉地方官，我是逃出来的，拿我去坐了两个月监，后审定坐两年监。现在坐了四个月了。每天出监作开石山工夫。卯初起身，作到晚酉正。一日两餐，粥与面包。礼拜日作到巳正。如作工稍慢，就打我。我在糖寮时，一年一套番布衣服，帽鞋均无。”

古阿兰供：“年三十六岁，广东河源县人。向来耕田。因为家贫，听见人说出洋容易发财，我自己想去澳门，进猪仔馆，住四个月，见西洋官，打合同，未收到银，只得衣服一套。咸丰八年开船。到夏湾拿，被卖入糖寮，身家是二十五个大金。工钱按月支给四元，病一日扣十个仙士。我与别人作工，常打，慢些即打。有好几遍，我看实无事亦被打。食不得饱，一日三顿都是番薯、包粟、牛肉干。绞蔗时，卯初开工，作到亥正歇，内歇一个半时辰食饭，礼拜不停。不绞蔗时，不作夜工，礼拜日亥初歇。我八年工满，又立两年合同，每月工银十元。两年之后，我出来，得了满身纸，在格颠剌司做散工夫，每月扯算约亦得银十五元。现在无钱剩，因为衣服及各物甚贵。”①

梁阿牛供：“年四十岁，广东开平县人。在家种田。因家贫，觅工作，遇着梁胜喜，说可找工与我做，我跟他往澳门，不料他骗我入猪仔馆，拉见西洋官，打合同，收银一元，衣服两套，被一张。于咸丰八年二月开船。船上食亦得够，但待人不好。我到夏湾拿，卖入火车公司。卖我是二十四个大金。每月按期支银四元。我有时打，是因力弱，不能做派定的工，及搬极重物件之故。每日食的饱。我八年工满，再立合同两年，每月工银十三元。两年之后，东家送我入工所，做无钱官工。三个月后，我寻得契爷洗头入教，领了满身纸，在官处花了十个大金。现时在萨故阿地方，自己作散工，每月约得三十元。”②

陈水供：“年二十四岁，福建人。在火轮船上作侍仔，船是走中国作生意的。咸丰八年，在厦门开船，连我都带了来。到夏湾拿，卖到糖寮作侍仔。作了六年，东家将糖寮卖与别人。后来叫我种田。作满了两年，又立合同两年，每月十二元。后来得了满身纸，就在格颠剌司作厨子，每月二十元银纸。前在糖寮，常打我，管工的人，有白有黑，都是手持鞭子的。有时人捺着打。我记得糖寮有人寻死是两次，一人吊死，一人投水死。我作侍仔时，东家未打过，有黑人打我。糖寮食的不饱。我想剩几两银子，作盘川回中国。现在已有一百元，年年换满身纸，要花一个大金。除盘费之外，要花四个半大金，才能得出口纸。我只要有钱，情愿多花钱，总要回中国。古巴待中国人比从前更坏，黑人比从前打中国人更甚，又笑中国人。”

① 该供词原无，据《古巴华工调查录》补。见（清）陈兰彬：《古巴华工调查录》，上海书店出版社，2014 年，第 101—102 页。

② 该供词原无，据《古巴华工调查录》补。见（清）陈兰彬：《古巴华工调查录》，上海书店出版社，2014 年，第 102 页。

潘阿保供："年四十七岁，广东开平县人。我是作小工的。有人哄我说到澳门作工，钱多。我同他到澳门，把我送到猪仔馆。他告诉我每月四元，每天四两牛肉，作八年。没有说是去古巴。立了合同上船。咸丰八年正月开船。食的饱，无甜水。我在船上收拾船，如不作，就打。到后，送到夏湾拿工所作工，虽然澳门未收银到工所，先两年只给两元一月，以后四元一月，满了八年，我不问要满身纸，因为要二十块钱的使费。我无钱，就不要了。每月工钱八元五角银纸。我做赶车工夫，是打扫街道。食的饱，作工偷懒就要打。街上白人常抛石打我，并不为事。我无钱，如有盘川必回中国。一年两套衣服，鞋帽是自己买的。"①

黄肇基供："年三十六岁，广东东莞县人。在家作木匠。有阿义哄我到外国作工，有多工钱，就带我上船。我见船上不对，我不愿意，不准上岸。在船上住了四个月。给合同一张。咸丰八年二月开船。到夏湾拿，就卖到马当萨司火轮车公司。每月四元。待我尚好。我同帮去了六十人。作满八年，我不肯再作，就送到马当萨司工所。我要满身纸，他不给。过了三天，就再立合同，到别的火车公司去。每月三十元。作了四年，因为中国人打架，虽未打死人，有几个受伤重，就送我到马当萨司监房。坐了几天，审问过，定了坐两年监的罪。又坐了八个月，就送到夏湾拿监房，坐了十八个月。三个月作整街工夫，后作卷小烟工夫。我想罪满了，要送我到工所作官工。我在监、在工所差不多。如在工所，可寻人保我去，因为我是满身的人。工所内虽是满身的人也无工钱的。监房饭食不饱，一天两顿干牛肉、粥、两个面包。一年换三次衣服，旧衣服仍然拿回。如

① 该供词原无，据《古巴华工调查录》补。见（清）陈兰彬：《古巴华工调查录》，上海书店出版社，2014 年，第 102—103 页。

不用心作工，或歇工，就打，用木棍打，或六下，或十二下。”[①]

何阿满供：“年五十一岁，广东恩平县人。在家作剃头生意。因生病，苦的狠，欲往外国作工，想挣几个钱。听见澳门容易寻工作，同朋友一齐到澳门，见西洋官，打合同。又问我收了钱否，我说未收钱，他说到古巴没有四元，八年为满，我应允了。咸丰八年二月开船，船主好，到夏湾拿，送工所作工。第一年每月三元，后来四元。满了八年，每月八元五角银票。我一帮有一百人，均在工所作工。我满身后，想出去作工，问他要凭据领满身纸，管工所的不给，我不能到别处作工。工所食的饱，未打。我见别人常受打的。我作整街工夫。寅正二刻起身，食茶与面包，卯初上工，作到申初歇工。工所待我尚好，就是无满身纸，不能自由。此地人死，请医生开看是生何样病，后来送在山上坑内，无棺木。我在中国有弟兄，我恐怕不能回去了，因无钱，我想总要有盘川就可回去。”[②]

林阿枝供：“年五十五岁，广东南海县人。在家卖菜。因穷苦，咸丰八年正月遇见人告诉我到澳门作工，每月有四元，带我去进猪仔行，不准出门。住了四天，带去见西洋官，给合同一张，告诉我在古巴作八年，每月四元。二月开船，船上食的好，有木帆，缺水喝，渴的时，只准用竹管吸不多。有二人投水死。到夏湾拿，卖到工所内。第一年每月三圆，后来每月四圆。满了八年，请满身纸，局内说必得契爷洗头方有满身纸，所以我无契爷，不得满身纸。再立合同两年，每月八圆五角。现在仍在工所作工，工钱照常。这个两年内是银票，不是现银。

① 该供词原无，据《古巴华工调查录》补。见（清）陈兰彬：《古巴华工调查录》，上海书店出版社，2014 年，第 103 页。

② 该供词原无，据《古巴华工调查录》补。见（清）陈兰彬：《古巴华工调查录》，上海书店出版社，2014 年，第 103—104 页。

每天寅正作到酉初歇，中间歇一个时辰食饭，晚上亥初以前准出门走，亥初以后睡觉。一年有两套衣服，帽子、鞋子均是自己买。每日食的饱，米饭够，牛肉不多。起来时一碗茶、一个面包。我作赶车工夫，别的人作工不是一样，须要看管工的人如何。管工都拿木棍，如遇不好的管工，也是常打。工所如有人打降，是要打的。睡觉的地方尚可，五十多人在一处。病时入病房也。我来多年，未余钱，倘或有满身纸，准出外作工，可挣得多的工钱。若够盘费，就回中国。”①

廖阿坚供：“年四十五岁，广东英德县人，向做行船水手。有李阿福叫我到澳门打工，说每月工银四元。我起初不知他是猪仔头，到了澳门，被他带我入猪仔馆，关住一个月，拉见西洋官，打合同，我不敢不说愿去，因见几个人说不愿去的，俱被他打，迫得应允，收银一元。咸丰八年开船。船上甜水太少，死的人多，食的不饱。到夏湾拿住十五日，被卖入糖寮。每月按期支工银四元，病日照扣。寮内待人不好，时时打人，做工慢些都打。食不饱，每日一餐米饭，一餐包粟。我亲见有几个人受苦不过，自缢身死。绞蔗时，卯初开工，做到子正，内歇二个时辰食饭，礼拜日一样。不绞蔗时，不做夜工，礼拜日做到巳正得歇。我八年工满，自己花四个大金，买得满身纸，出在萨故阿地做烧木炭生意，约略一个月可得三十元、二十圆。极想回去中国，无奈川费不足。”②

游阿式供：“年五十二岁，广东增城县人。本系耕田。有张金信叫我往澳门打工，不料带我入和新猪仔行，关住两个月。

---

① 该供词原无，据《古巴华工调查录》补。见（清）陈兰彬：《古巴华工调查录》，上海书店出版社，2014 年，第 104—105 页。

② 该供词原无，据《古巴华工调查录》补。见（清）陈兰彬：《古巴华工调查录》，上海书店出版社，2014 年，第 105 页。

未曾见过西洋官。在行中交我合同一张，收银一元，衣服一套。咸丰八年二月开船。船上水不够。到夏湾拿四十五天，卖入糖寮，是十六个大金。十六人一帮。食系粟米、番薯，食不够。本来照合同应给我衣服，未给。我说明不愿意作工后，就锁我打我，强逼我做了八个月。作完，同来十六人已经有八人自缢身死。我又说真不愿意做工，他将我转卖与马当萨司菜园，是十二个大金。在菜园，所食系蕉子、番薯、干牛肉。虽得饱，我做满八年，不能得满身纸。有日国人与我立合同，他狠相信我，交白鸽票与我卖，每月工银六元。有一日，遇着黑人抢我票，我同他对打，被他斩伤我头颅极重，洋人抬我入病房医治。治好之后，叫我做六个月官工，我白鸽票的东家用了三个大金赎我回去。此时仍是卖票，每月扣我工银补还他三个大金。我卖白鸽票已经六年，工钱又加了。”①

蔡阿方供：“年二十八岁，广东新宁县人。本系耕田，并无兄弟。有邻家朋友说同我去澳门学习看银，不料是拐我入猪仔馆。逼见西洋官打合同，他们先说是见官时若不愿写合同，便要打死。我不敢出声，领银八元。于咸丰八年十二月开船。船上待人不好，食也不足，水过少，死的人多。到夏湾拿住十天，将我卖入糖寮。每月工银四圆，按月发，病日照扣。此糖寮待工人极坏，自缢自刎死的极多。我因为病，做工夫少，被锁手脚，脱去衣服，用牛皮鞭痛打。寮内食的不好，又不够，一天两顿番薯、蕉子。寅初起工，做到子正内歇半时食饭。礼拜日一样。我做了五年，因同总管口角，送入监房三年。放出之后，到别间糖寮立合同一年，每月工银四元。我用三个大金买的满身纸一张后，可在外作工。现在格颠剌司埠人家作火头，每月

① 该供词原无，据《古巴华工调查录》补。见（清）陈兰彬：《古巴华工调查录》，上海书店出版社，2014 年，第 105—106 页。

工银二十元。因衣服各物俱贵，不能剩钱。”①

郭阿先供：“年四十五岁，广东增城县人。本来耕田。有一亲戚郭四有，叫我往澳门，到他铺内相帮。不料到澳门，拐我入信合猪仔馆，关住三个月。未见过西洋官，系在猪仔馆，交我合同一张，并银一圆。于咸丰八年十月开船。船上好，饭亦得饱，惟淡水不足。到夏湾拿猪仔馆住十五日，卖与本城做泥水工。作工夫稍慢即打。食亦得饱。每月按期支工银四圆。每日寅初二刻开工，做到酉正歇，内歇半时食饭。礼拜得歇。我八年工满，请东家给凭据领满身纸，他要我再打合同。我不应允，就逃走。过了三年，被地方官捉我入工所打石修街。做了十个月，将我卖与面包铺六年，叫我立六年合同，在夏湾拿做面包铺，每月工银八圆。我现时在面包铺内有两年半。每天寅正作工起，到亥正歇，礼拜不歇。”②

何阿基供：“年五十四岁，广东南海县人。本业买菜。在泮塘遇着一人，叫我往澳门打工。我同他下艇，不料到即带入知咕行，关住一个月，不得出来，逼我立合同，未读与我听，给银一圆。于咸丰八年二月开船，船上食得饱，相待尚可。到夏湾拿三日，卖入糖寮。我因无力作重工，时时被锁脚鞭打。我亲见有一人想自缢死，旁人将他救开，后来仍是跳井身死。因为他病，不许他歇，仍要逼他作工，受苦不过，是以寻死。寮内食不得饱。待中国人与黑奴一样。我作满八年，不得满身纸，送入科垄工所，作了两个月无钱官工。又立合同去山寮种蕉薯等物，每月工银十二圆。作了一年后，复送回科垄工所两个月。

① 该供词原无，据《古巴华工调查录》补。见（清）陈兰彬：《古巴华工调查录》，上海书店出版社，2014年，第106页。

② 该供词原无，据《古巴华工调查录》补。见（清）陈兰彬：《古巴华工调查录》，上海书店出版社，2014年，第106—107页。

又立合同入糖寮一年，每月工银十圆。满后送交先辉过司工所，作两年无钱工夫。地方官复押我往多罗闸作工，每月银纸十五圆，说过六个月工满回来，给我满身纸。不意回来，将我送夏湾拿工所，作无钱官工，现已两个月，并无满身纸给我，不知何日方得出去。我在工所，想出街片刻，亦不能得。我若得回中国，作乞丐亦是愿意的，不愿在此地受人折磨。”①

苏阿发供：“年三十九岁，广东归善县人。咸丰八年，有一朋友李凌，叫我同去澳门。不料到澳门，即带我入新合猪仔馆，拉着我要去见西洋官，立合同，并不给银。九月开船。船上水饭不足。到夏湾拿两个礼拜，将我卖入糖寮。食系蕉子、番薯，不能得饱。待人不好，时时锁打，无论有错无错。绞蔗时，每日连食带睡，共歇两时。我亲见寮内食烟膏死、自缢死、跳水死的甚多，有三个人被打后，次日即死。我同帮入糖寮四十四人，做满八年，剩得三十二人。我满工后，要多做一年，仍不给满身纸，送我入工所凿石，做无钱官工，相待又不好。我在工所六个月，后来用两个大金买得满身纸一张，出在格颠刺司埠自便，每月所得约有三十元。”②

张水供：“年四十二岁，广东永安县人。咸丰八年间，有同县人黄贵先同我往澳门，不料他诱我入新合猪仔馆。我起初不肯去见西洋官，被猪仔头打我，我就答应。我当堂说不愿，带我回馆又毒打，说你再不肯画合同，就打死你，我就画押。十月开船。到夏湾拿住一个礼拜，将我卖入糖寮。所食系包粟、番薯，不能得饱。我每月工钱都要花去大半，米是实银二元才

---

① 该供词原无，据《古巴华工调查录》补。见（清）陈兰彬：《古巴华工调查录》，上海书店出版社，2014 年，第 107 页。

② 该供词原无，据《古巴华工调查录》补。见（清）陈兰彬：《古巴华工调查录》，上海书店出版社，2014 年，第 107—108 页。

买二十五磅。寮内待人十分不好，亲见有好几个被打死的，有几个自尽的，有受苦难堪身死的。无人敢逃走，怕被捉回，不知如何办法。我有几遍得病，仍是逼着做工。我无气力，做工少，又被锁。我工满后，不肯给满身纸，要我再做两年，每月工银十二圆。两年之后，问取满身纸，仍是不给，转送我入工所，做了三个礼拜整路工夫，既无工银，食又不饱，相待又不好。后来自己送地方官两个大金，取满身纸。现时在格颠剌司，自己做工。我想回中国，未有盘川。”①

梁松九供：“年四十四岁，广东恩平县人。本业做纸的。因赌输了，欲出洋。咸丰八年四月，由澳门开船。到夏湾拿四天，卖我入糖寮，是二十四个大金。我同帮共有二十五人。待得十分不好，锁打甚多。每日两餐所食系番薯、蕉子，不能得饱。三年后，派我做管工，我不愿意，因为我不大人，总管就要打我，是以辞不肯做，被他大怒毒打，要我作工时常打责。我糖寮内有许多自尽死的，有人病房死的，有逃走的，皆因受苦难堪所致。我计同帮共二十五人，八年工满，只剩得十一人。东家仍不肯给满身纸。我到别间糖寮做了一年，每月工银十七圆。我用金洋钱一百圆，买得满身纸一张，在萨故阿地方自己做工、作买卖，在外自便。”②

蔡贵供：“年五十六岁，广东归善县人。本业水手。咸丰八年间，有一亲戚请我到澳门住几天去，不料一到，即带我入猪仔馆，关住一个礼拜，勒打合同，给银三元、衣服两套。下船未见过西洋官。五月开船，船上淡水不足，食亦不饱。有几个

---

① 该供词原无，据《古巴华工调查录》补。见（清）陈兰彬：《古巴华工调查录》，上海书店出版社，2014 年，第 108 页。

② 该供词原无，据《古巴华工调查录》补。见（清）陈兰彬：《古巴华工调查录》，上海书店出版社，2014 年，第 108—109 页。

赌博、食鸦片烟的，俱受过打，我亦被打，幸不甚重，打过仍要锁着。到夏湾拿猪仔馆住一个礼拜，将我一帮共十一人卖入糖寮，每名是三十六个大金。每日天亮起工，做到戌正，内有吃饭时候，礼拜日巳初歇工。我在糖寮十一年半，不准我出糖寮地界。所食系蕉薯、包粟、牛肉干。除头一年外，每月发工银四圆。我屡被打，有一遍打得利害，寮内失火，管工疑我放火，其实冤枉。我当时睡在床上，我至今尚不知是如何起火。我八年工满，再同东家立三年半合同，工钱多些。我心里不愿意，后带我出格颠剌司糖房，过了三日，我就走到别处。我总想自己作工后，得有满身纸在外做工。现在格颠剌司，每月得银纸二十八圆，食东家饭。我想回中国，未剩得够川费。我在中国本有家眷。在古巴见中国人死，无棺木，随便浅埋。又见本地白人、黑人，俱欺负我中国人，实难久住。”

吴阿德供：“年三十六岁，福建海澄县人。在家种田。因为母亲死了，同继母不和，要往新嘉坡寻哥哥去，有人告诉我可以代我搭船，上了船，不晓得到夏湾拿去。咸丰八年正月开船。未立合同，未给钱。船上待我罢了，饭够食，水少。到夏湾拿，卖入糖寮。第一年每月三圆，后四圆，病照扣。待我极坏，有人受不来苦，自己寻死。每天两顿，有米饭，有山芋，食不饱。寅初作工，到子正歇，礼拜照样。不绞蔗时，礼拜寅初到巳初，夜不作工。作满八年，又作一年，每月六元。买了一张满身纸，用去两块半大金钱。后来自己作散工，或种田，或作厨子。现在故阿那海，作卷烟工夫，每月十七元，无余钱。”①

陈香供：“年四十一岁，广东澄海县人。屠牛为业。咸丰八年间，在酒店歇宿，有人将我绑住，带下艇船。过了七日，到

① 该供词原无，据《古巴华工调查录》补。见（清）陈兰彬：《古巴华工调查录》，上海书店出版社，2014 年，第 109—110 页。

澳门带上猪仔馆，关住两个月，押下夹板船。船上给我合同一张，未解说与我听，未曾见过西洋官，只领得银一元。四月开船。到夏湾拿猪仔馆住一个礼拜，卖与杂货铺。第一年每月工银三元，东家身故，换新东家。第二、三年，俱不肯给工银。三年后，我因同人打降，将人斩伤，送官坐监七年。放出之后，格外恩惠，给我满身纸，送回与第二东家，将我满身纸取去，交回与地方官，押我做无钱官工三个半月。后再立五年合同，转卖入糖寮。此五年内，是极苦的，从来未受过，无日不打。我告诉东家说，我工夫不错，何为日日打？东家说，我非买你来做工，特买你来打的。五年满后，我取回满身纸。又过几天，有地方官要我送银，我无银送，将我满身纸搜去，不肯给还，并押我做无钱官工。过了四个月，又派我去多罗闸六个月，每月银纸三十元，病及下雨，扣除工银。六月工满，仍送我来夏湾拿工所，昨日才到。”

黄阿四供：“年三十八岁，广东惠州府人，本业耕田。咸丰八年间，有人向我说澳门容易觅工，我随他到澳门，不料一到即带入猪仔馆，给我合同一张，洋银一元，衣服两套。于正月开船。船上好，水饭俱可够。到夏湾拿，即将我卖入糖寮。每月按期支工银四元，病日照扣。寮内待人不好，有几个人被他打后，数日身死的。又有几个苦楚难捱，气忿自尽的。每日一餐米饭，一餐番薯，食不饱。绞蔗时，寅正起工，做到子正歇工，内歇一时食饭。礼拜日一样。我八年工满，去做木炭地方，立合同两年。作完送到萨故阿工所。做四年后，又雇我入糖房，打合同一年，每月工银十二元。工满后，又将我押入先辉过司工所。无工钱，只食的饱，相待比糖寮略好。”①

---

① 该供词原无，据《古巴华工调查录》补。见（清）陈兰彬：《古巴华工调查录》，上海书店出版社，2014 年，第 110—111 页。

谢官姐供："年三十八岁，广东博罗县人。本业耕田。现在家闲着，有人劝我到澳门觅工，我从他去，不料一到澳门，即带入猪仔馆，关住一年，拉见西洋官打合同，收银一元。咸丰八年十月开船。船上有一人跳海死，渴死的有。船主与通事时时打人，问取水饮都要打的。饭食的饱，但淡水不足。我到夏湾拿四日，即被卖入糖寮，身家是二十四个大金。到寮每月工银四元。夜里眼困即打。食的饱，只是不好，一日两餐都是包粟、番薯。早间卯初开工，做到子正内歇一时食饭。礼拜日，卯初做到巳初。我八年工满，同糖桶人立了五年合同，言明每做成一桶，算银五角。作满五年，东家为我领得满身纸，用银二十二元。我因不能做得重工，自己在马当萨司开小酒店，仅够度日。"①

曾阿带供："年四十四岁，广东揭阳县人。本做戏班。咸丰七年间，有一人对我说西班牙属地发财容易，我起初不知他是猪仔头，搭艇同他往澳门，被他带我入猪仔馆，关住一月，始终未见西洋官。下船之后，交我合同一张，衣服两套，并无银给。咸丰八年正月开船。船上待人不好，通事是西洋人，在澳门生的，时时踢人。食亦略够，淡水不足，半路进口取水，有两个人逃走。到夏湾拿，我生病在猪仔馆住约一年，好了，卖入糖寮。头一年每月工银三圆，以后四元。我因力弱，时时被打，亲见寮内工人自缢死、割颈死、跳落井死的甚多，皆因受苦难堪，是以情愿。一日两餐，一顿米饭、干牛肉，一顿蕉子，食不饱。绞蔗时，寅初做到子正歇，内歇一时食饭。礼拜日一样。不绞蔗时，无夜工，礼拜日得多歇一时半。我在寮六年，赌钱赢得约七八百元，用六个大金赎身出来。现在先辉过司埠

① 该供词原无，据《古巴华工调查录》补。见（清）陈兰彬：《古巴华工调查录》，上海书店出版社，2014 年，第 111 页。

做戏班，有我的股份，每做戏一晚，交番官例规银六元。”①

邓阿四供：“年三十九岁，广东惠州府人。本业田工。有同乡田阿水，劝我下澳门觅工，不料到去，是拐我入新合猪仔行，关住五个月，未曾见过西洋官，硬拉下船，交我银一元，衣服一套。咸丰八年十月开船。船上食够，水不够。我在船病两个月，我被打过三次，因取水饮。到夏湾拿住两日，将我一帮五十一人卖入糖寮，每人身价是一十四个大金。寮内食不饱。绞蔗时，寅初开工，做到子正歇，中间歇一时食饭，礼拜日一样。不绞蔗时，寅正开工，做到亥正歇，礼拜日巳正歇。将我工银扣去十二元，说我在澳门领过此数，扣完后，每月支工银四元。八年工满，我一帮五十一人，死十七人。寮内有几个管工，真正凶恶，不论有错无错，日日打人。我得了一张满身纸，出到别间糖寮，新东家叫我找人来做工，我找得二十人，皆有满身纸的。有巡街的捉我，说我所找工人无满身纸，硬拿去我现银七十元、银纸二百元，对我说再送他二百元，便可放我。我无银再送，将我押入格颠剌司监房。我坐监已五个半月，未曾有官审过。我新东家欲叫他放我出去，未得准。监中日食稀粥两餐。我满身纸已被拿去，说是假的。我此纸实系夏湾拿西洋官领事发的。”②

倪阿焕供：“年三十八岁，广东归善县人。本做箩筐生意。咸丰八年间，有人劝我去澳门，觅工与我做，不料到澳门，引我入猪仔馆。关住数日，逼勒我见西洋官，打合同，给银一圆，衣服两套。押我下船夹板，船即开。船上食亦得饱，淡水少缺。

① 该供词原无，据《古巴华工调查录》补。见（清）陈兰彬：《古巴华工调查录》，上海书店出版社，2014 年，第 112 页。

② 该供词原无，据《古巴华工调查录》补。见（清）陈兰彬：《古巴华工调查录》，上海书店出版社，2014 年，第 112 页。

大伙时时拿大索打人。每次止准三四个人上舱面抖凉。食饭时分，一半人上舱。到夏湾拿住了几日，即将我一帮十五人卖入糖寮。卖时脱净衣服，周身看过，实与卖牛马无异。在糖寮八年，每月工银四元。工夫烦苦，食又不饱，日日被打不算，有三四遍，打得至重。八年工满，仍勒我多做两年，每月工银八圆半。两年满后，将我送与先辉过司工所，食不得足，黑人管工亦常打人，但不敢打我。工所内官叫我出去打工，说每月可得工银十五圆，归十圆与官，有银五圆归我。我不愿去，恐工所官将来仍要逼我如此做法不定的。"

杨阿会供："年四十三岁，广东从化县人。本业田工。有人劝我说出洋做工，不过数年，每月工银四元，兼有食用，带我到澳门之后，我不愿去，他勒逼我见西洋官，打合同一张，拉我下船，给银一元、衣服一套。于咸丰八年十月开船，船上水饭亦够。头一二个月，止准上舱面食饭，后来船主见病人太多，准每次二十人抖凉。通事知有带银来的，故意找事情，想人托他，要花钱方得明白。到夏湾拿猪仔馆住了三日，我同七十三人一帮卖入糖寮，身价是二十二个大金。做工夫时候，比中国多。头一年每月工银三圆，以后四圆，我在糖寮看见有两个管工被人杀死。我出来后，又听见人说杀死管工一个。连我七十四人到寮，八年工满，只剩得五十一人。我总不得满身纸，后来在三个东家处打工，皆是系地方官叫立合同的。现在萨故阿卖水，极想回去中国，但无川费。"①

谢发供："年三十六岁，广东东莞县人。本业打铁。有陈阿又告诉我到澳门有工做，不料到澳门去，系拐我入新合猪仔馆。关住一个月，拉见西洋官，打合同。我本不愿意，但见猪仔头

① 该供词原无，据《古巴华工调查录》补。见（清）陈兰彬：《古巴华工调查录》，上海书店出版社，2014 年，第 113—114 页。

于不愿打合同的，打了好几个，迫得答应，给我银八圆，衣服两套，带下火船。咸丰八年十月开行。船上食够，水不够，待亦过得，死的人多，是因常在舱下关住，又因水少之故。一天放上舱面食饭二次，余时都锁在底舱。到夏湾拿十五日，我同一人卖在泥水匠处做工，身价是二十一个大金。东家相待尚可过得。头一年每月工银三圆，以后四圆。礼拜日得歇工。我八年工满，不肯给满身纸，我自行寻工作约一年半，被地方官捉我入工所十个月，凿石整街，不给工钱。我被管工打了好几次，说我作得不好。长年有米饭，并面茶、牛肉干。十个月后，有洋人来工所，对官说叫我打五年合同，每月银纸八圆半。寅正开工，作到亥正歇。一日两餐，限二刻工夫食饭。我有几遍管工脱净衣服鞭打。现有一华人，年六十遂，锁住脚，时时被打，说他无力作工。我的同伴时被用牛皮鞭毒打，此等鞭，即系打牛马的。东家给我衣服不够穿，我须用钱赔垫买衣服、洗衣服等物，所以难剩钱回去中国。”①

陈阿顺供：“年四十二岁，广东惠州府人。本作石工。咸丰七年间，无工作，遇着有人招我同伴数人，说去当勇，不料下艇，即被掩在舱底，驶出澳门，拉上和生猪仔馆，关住一个多月。忽有西洋官到馆，拉我出见，勒逼立合同，给银一圆，衣服两套，押我下船。咸丰八年正月开船。途中船舱发漏，在英国属地停泊，修整一月有余。修船时，约有二百人上岸，有一个逃脱。船上食够，水不够。一次至多准一半人抖凉。有两个自尽的，有一遍分水时，众人吵闹，船主怕是闹事，开两响洋枪，打伤两个。又有一水手，拿剑将我斩伤，现时伤痕尚在可验。到夏湾拿猪仔馆，我生病，将我同十九人一帮卖入糖寮，

---

① 该供词原无，据《古巴华工调查录》补。见（清）陈兰彬：《古巴华工调查录》，上海书店出版社，2014 年，第 114 页。

每人是十七个大金。八年工满，剩得十三人。有四个病死的；有一个被寮内开铺的斩死，凶手逃去无获；有两个被总管打死，总管送银与地方官，亦安然无事。绞蔗时，寅初二刻开工，作到子正歇，中间歇六刻食饭，礼拜日不歇。不绞蔗时，寅正二刻开工，作到亥正歇，礼拜日作到巳初歇。食系粟米粉、番薯、牛肉干。总管常时打人，又好嗾狗咬人。有一日，众人说受苦的利害，他将好几个人绑起打，我亦在内，我打过后，即时吐血，仍被锁八个月脚作工。每月工银四圆，寮内不写纸作凭据，不得出街。我八年满后，东家问地方官取有满身纸，不肯交给我，问我要四个大金方给此纸。我现在同烧炭人立合同，在萨故阿，并无剩钱，我在糖寮所见中国人，死的俱无棺木，象中国埋狗一样。凡地方巡役查着无满身纸中国人一名，必定给银四圆。有几次巡役想觅银用，硬将中国人满身纸取出讹钱，如不给，撕毁拿去送官。”

李衍春供：“年五十七岁，广东新会县人。咸丰八年被梧村李从叫我到澳门打工，带我入知咕行，关了七日，西洋官来行，要我打合同，未读与我听，交银一元。二月开船到夏湾拿住了两日，卖入本城工所，第一年作工，每月工银三圆，后七年四元，管工人常常鞭打，常锁，若有银与管工，可以不打。我因食鸦片烟，屡屡被打，带锁做整街工。食量大的人，不得饱。此处工人多有打伤过重，死的甚多。我八年工满，不得满身纸，叫我再立合同，每月八圆五角，除满原立合同之外，又作了七年，因无满身纸，不敢出到别处作工，迫捉回关住工所作工，无钱，亦有被拿，用钱与巡街的人，可以放的，不过迟几天仍要拿的。我极想回中国，只无盘川。此时八元五角，不能余钱，合现银只四圆。”①

赵阿桂供：“年四十二岁，广东增城县人，在米店做工。有邻村温阿应叫我到香港有好工做，我同他去，不晓得就带我到澳门，进和合猪仔馆，住了一个月，见西洋官，我说不愿意去，温阿应说你不愿是要打的。合同未解明与我听，给我一圆。咸丰八年十二月开船，船上打过，因为要叫我做工，我有晕船，不能做工，他就打我。到夏湾拿，住馆内三天，闻得是二十四个大金钱卖入糖寮。作了八年，第一年是四圆票纸，后来是五圆票纸一月，按月给的。一天两顿粟米。待我不好，乱打，无事也打。绞蔗的时候，寅正作起，到子正内歇一时。不绞蔗时，戌初歇工。八年后，又到第二个东家处立合同六年，八圆一月。作完了，又叫我到多罗闸作了六个月，每月三十元，待我罢了。后来押我到夏湾拿工所，我在糖寮内见中国人死，有地方埋，无棺材，衣服若是新的剥下来。”②

朱阿兴供：“年三十六岁，福建漳州府人。作瓷器生意。有朋友黄蚶说，乡下出会闹热的狠，请我去食饭，不晓得就带我到广艇上去，到澳门人和行，住了十天，见过西洋官，打合同，给我八圆，合同未读与我听。到夏湾拿才晓得是四圆一月。咸丰八年二月开船。船上待我尚可过，饭够食。到夏湾拿住了四五天，卖至糖寮，不知多少钱。作了八年，四圆一月，按月支的，待我狠不好。有病要扣工钱。食的饱。每天寅初上工，作到亥正，内歇一时食饭。不绞蔗时，无夜工作。在糖寮内，打用棍子、藤条两样。差几个月未满工，被贼提去，在贼中五年，

---

① 该供词原无，据《古巴华工调查录》补。见（清）陈兰彬：《古巴华工调查录》，上海书店出版社，2014 年，第 115—116 页。

② 该供词原无，据《古巴华工调查录》补。见（清）陈兰彬：《古巴华工调查录》，上海书店出版社，2014 年，第 116 页。

无工夫作，后来就放我去了。到得糖寮，先说每月十七圆，未曾拿着我。在那里，只两个礼拜，官就捉我出来了。后来作斩柴、打石等官工一个月，就跟开山寮的人立合同，未照合同给钱。做了六个月，做不下去就走了。出来后，作了八个月官工，就叫我到多罗闸六个月，每月十五圆工钱，按月发的。我做了四个月时，未扣过钱，后就扣，每月三圆。食饭，待我罢了，食的饱。做工是寅正做到巳初，午正又上工，做到酉正歇。六个月后，歇了二十天，无工夫作，后来叫我下火轮船，到夏湾拿工所。我现在来有一个月了。地方官先说过，多罗闸回来有满身纸，回来就不给了。”

谢亚瑞供：“年四十一岁，福建漳州府人。耕田为业。有陈茅叫我到城内铺子作伙计，不晓得是带我到艇船去厦门，过火轮船，在船锁了十五天。无合同。在船给过我七圆。咸丰八年四月开船。船上待我罢了，食的饱。到夏湾拿两天，就卖与糖寮，卖我是十九个大金。头一年每月三圆，七年是四圆，按月支的。食的不饱，未打过。绞蔗时，寅初上工，到子正歇，内歇一时食饭。不绞蔗时，无夜工。作了八年，东家送我到格颠剌司工所。我同五人打死了管工的，因为他常打的我太凶恶，后来拼命将他打死，是用做工家伙并锄头，系做工时打的。后定了罪，要坐监十二年，六人坐监约已六年，就送我到多罗闸作工。作了九个月，每月十五圆。作完押到夏湾拿工所，已两个多月，修整街路的工夫。天亮到酉初收工，内歇一时。在糖寮见人死，无棺材，与狗无异。即或准我出去作工挣钱，我都是愿意回家，不愿在此地。”①

黄阿合供：“年三十八岁，广东高明县人。耕种度日。咸丰

---

① 该供词原无，据《古巴华工调查录》补。见（清）陈兰彬：《古巴华工调查录》，上海书店出版社，2014 年，第 117 页。

八年二月，有人叫我到香港打工，不料骗到澳门知咕猪仔行，住了十余日，逼我到西洋官处画合同，得银一圆，合同未读与我听。下船即开。到夏湾拿住了八日，卖与面包铺。起初三个月，每月工银三圆，后四圆。食得饱。每天亥初开工，做到午正歇。作满八年，东家不肯给满身纸，亦未送出工所，因无纸，寻工最难。我私自出到外间，从人佣工，每月得银七八圆。作了四年，被地方官查出，捉到工所，作了两年无钱官工。随派我往多罗闸，应承我作满六个月，给满身纸，听我自便。在多罗闸时狠苦，食不饱。说我无方气①，时时鞭打。满六个月后，无满身纸，又押我来夏湾拿工所，作工无钱。我来已十余日了。我情愿即刻回中国，即或此时领得满身纸，保不定几个月内，又被他收去，依然受无限苦。若此刻能得满身纸，地方官又由我得便，不多时即可挣钱，有盘川回中国。”②

陆阿杏供：“年四十五岁，广东三水县人。本业织机生理。咸丰八年歇业，闲在省城，有人叫我到澳门觅工。到澳门即被人带入猪仔行，关住一月，逼见西洋官，立合同，读与我听，又说满合同总能回来。上船给银一圆。二月开船。船上食的够，淡水不足。到夏湾拿，卖与菜园，每月工银四圆。卯初起工，做到亥正歇工，内有一个半时辰食饭。一日两餐，番薯及米饭。做满八年，东家给我一年满身纸。我出来做了六个月厨子，每月十二圆。后又有人雇我到糖寮割蔗，每月工银二十五圆。做了四个月，闲了两月，到一年期，不准我换满身纸，送到先辉过司工所。做两年无钱官工后，准我与糖寮立合同，雇我作工一年，每月工银十五圆。东家与管工时时任意打人、锁人。作

① 方气，当为“力气”之笔误。

② 该供词原无，据《古巴华工调查录》补。见（清）陈兰彬：《古巴华工调查录》，上海书店出版社，2014 年，第 117—118 页。

完，并不因事，仍不肯换满身纸，又带回工所，做三个月官工，无工钱，食不得饱。后又准与糖寮立合同，每月工银二十圆，我得十圆。做六个月，仍无满身纸，再回工所，做八个月无钱官工。又派我去多罗闸去，我听见水土不好，不愿去，官勉强我去，说过每月银纸十五圆。我到工所几乎病死，工亦辛苦，食不饱。本允我工满给满身纸，去时二百七十余人，满了六个月，死了二十余人，有九十三人例应要回先辉过司取纸，不料被官押我等来夏湾拿工所，作整街工夫，无工钱。回时在路逃走二十人，因听见说到夏湾拿来的原故。我到此已六个礼拜，仍不给纸，日日作无钱苦工，不知道何日方能出去。我满身后，总是受屈勉强我作工，心里很不服，无论什么地方，我都愿去，总比古巴好。如能领得满身纸，准我自行作工，不多日我可挣得盘川回中国，若总如此受屈无指望，我真愿意死了，这样冤屈，不能再受，活着真不如死的好。”①

纪阿荣供：“年三十九岁，江苏上海县人。咸丰八年二月，被相识的吴阿三，约我在洋船上做工，言明每月工银二十五圆，八个月即可回家。我同他落船，不料下船即开。船上待人不好，常打。我一帮被拐骗去共一百零四人，俱是上海人，在船寻死八人。到夏湾拿，卖到糖寮。待我刻酷。我做割蔗等工。寅初起身，作到子初歇，中间歇一时食饭。每天系两顿，蕉子、番薯、干牛肉，食不得饱。做工不分好坏，一律毒打。我亲见有七个上海人，内两个受打不堪，皮肉破烂，食烟膏死，三人投井死，二人受打后自缢。又有福建人，有四人同时自缢，一人食烟膏死，一人投煮糖锅死，皆因总管、管工等人，常用木棍撞击，受伤太重，以致自尽。总管常说中国人如同鸡狗一样，

① 该供词原无，据《古巴华工调查录》补。见（清）陈兰彬：《古巴华工调查录》，上海书店出版社，2014年，第118—119页。

打死再卖。[1]我做满八年，又作一年。作完后，认得契爷，花钱领得满身纸，自己作卷烟工夫。我现在虽离故阿那海埠有二十里远，作工间闻得中国官来，特来寓面禀的。”[2]

以上咸丰八年华工七十名口供。

中国第一历史档案馆、卢文迪、陈泽宪、彭家礼合编：《中国官文书选辑》，陈翰笙主编：《华工出国史料汇编》第一辑，中华书局，1985 年

① 再卖，应该是“再买”之笔误。

② 该供词原无，据《古巴华工调查录》补。见（清）陈兰彬：《古巴华工调查录》，上海书店出版社，2014 年，第 119 页。

（三）咸丰九年华工口供①

陈阿二供："年四十八岁，广东雷州府人。咸丰九年我到澳门卖羊，又去顺德拿钱，后来到省城遇见王阿三，拐我到澳门进猪仔行。打合同，给我四圆。我两伙计一起来了，我卖羊的钱带回去了。二月开船。到夏湾拿，卖到糖寮，共一帮五十人。待我不好，每日两餐，每餐三条蕉子与粟米，不准告病。我见投水死五人，吊死四人，皆因工夫苦，毒打，不愿生的。我作了八年满身，无满身纸，送到工所，再立合同二年作工，作完，又回来，作几天，又送去作一年，共作完三年足。每月十元，只给五元，仍然毒打。后送到萨故阿工所，作工三年，无工钱，又无的饱，无的着。昨日因中国官来，给衫裤一套，起先食粥，现在这两年有饭食。白人待我中国人如同黑奴一样，不为什么事，手脚乱打的，真是凌虐不堪了。"

陈阿保供："年五十岁，广东吴川县人。原做海船生意。咸丰九年十二月，有林姓、李姓劝我上澳门打工，不料到澳门，带我入猪仔行，住了五日，逼我见西洋官，签合同，洋官并无话问，给银一圆，拉我下船即开。到夏湾拿，在卖人行住了九

① 《古巴华工事务各节及古巴华工口供选录》选录咸丰九年的陈阿二、陈阿保、黎顺、韩炎培、陈忠秀、杨石凤、梁阿友、黎信、王正福、曾庆荣、何敬先、伍阿四、郑阿柱、龙阿川、谢阿庚、李阿五、高阿三、翁阿宜、谭阿兴、游阿四、叶阿耀、周阿未、刘阿瑞、陈翼、李璧和、陈琴、陈根、陈阿以、林阿用等29人的口供，《古巴华工调查录》收录了咸丰九年的64人口供，除以上29人外，还有胡阿听、陈阿清、黄阿榕、陈阿东、姜阿麟、冼成古、张林安、郑阿土、梁阿新、梁阿妙、梁贵钟、张二、吴阿桃、张阿得、蔡细、潘岳衡、谭友、廖紞瑸、李香、郭阿佳、冯吉、刘阿锥、叶阿甘、许阿秀、谭阿佳、梁阿恩、许阿志、张容四、吴阿义、阮丙寅、王宋、唐生、王向、林连、何阿周等35人的口供。

个月，每日凿石填路，食不得饱，因不识话，时常被打。后来将我卖入糖寮，黑人管工十分凶恶。食系包粟、番薯，不够食。寅初起工，做到子初歇，连食带睡，不满两个半时辰。打人用皮鞭，打不见血不歇手。我作了四年，亲见有两广东人捱打不堪，自缢死的。我一帮卖入糖寮三十一人，因受虐自缢死两人，食烟膏死的三人。我逃命走出格颠刺司埠，该地方官叫我做六个月无钱官工，将我送到夏湾拿工所，做了七年整街、抬石等工，并无工钱。前年派我赶马车，才每月发银四圆。旧年五月起，添我工钱，每月银纸八圆半。工所约共有千人上下，得有工钱者，不过百十人。我至今未得满身纸，不能出外领工挣得盘川回家。”

黎顺供：“年三十五岁，广东番禺县人。咸丰九年八月，有同邑郑阿福叫我到澳门佣工，被他带入新义和猪仔行，关了三日，拉见西洋官签合同，给银八圆，下船即开。船上水饭俱不足，有两人因饭不够饱，嚷吵同洋人打架，被炮打死，又跳水的两人。到夏湾拿住半个月，卖入糖寮。管工十分凶恶，食系番薯等物，不得饱。寅初起工，到子初收工。计每日食餐睡觉，通共歇不到两个半时。我同帮有一惠州人，名叫阿四，因受虐不堪，自缢身死。东家系做地方官的，自然无事。我做满八年，要我再做一年，我又作满，仍要再作。我同帮十人不允，将我们送格颠刺司工所，作五个月无钱官工。有人与官说明，雇我去种番薯等物，每月工银十二圆，作了四个月，无工银给。我走到别处作糖寮工，是中国人做工头，待人颇好，二十五圆一个月，我作了四年，因脚病出夏湾拿医治，被地保提我送入工所，发交病房个半月，脚烂尚未痊愈，前日便捉我出来作整街官工，并无工钱。我未经得过满身纸，亦无盘川，不能回中国。”

韩炎培供：“年二十九岁，广东三水县人。咸丰九年十二月，在佛山作小卖买，被相识之黄阿朱骗我到黄埔落船，到澳门过船即开，并无银给，亦未见西洋官立合同。到夏湾拿卖入糖寮，我不识洋话，我叫不出司头名字，司头凶恶，食不得饱。一日一夜作工，止得歇一个半时，管工打得凄凉，报病即锁脚，仍要作工，我被打被锁，不计次数。我司头无饭食，开牌到他铺取食算钱，我八年并未得过分文，皆被司头扣去。八年中同帮五十人，因凌虐不堪跳井三人，自缢两人，受伤隔数日身死十二三人。我工满送到西马虏聂些作四个月无钱官工，再立合同三次，每次一年。又有本埠洋人同官说雇我赶牛车，每月工银八圆。总管时常打人，我作了八个月问他取工银，反被打。我到地方官处告他，官调他到闻，反说我偷他马草出卖，官就送我坐监两月。又送我到夏湾拿监房，我经地方官搜寻并无偷窃凭据，仍要定我坐监一年，又要锁脚整街，两年方满。我已整街一年零十个月，监内限做烟仔，一日要二千六百支，若做不足数，便锁双脚，派打石工夫，有管工跟住，时受鞭打，食系豆粥，亦不得饱。”

陈忠秀供：“年三十四岁，广东兴宁县人。咸丰九年，到澳门买杂货，被人诱入猪仔行，拉我见番官打合同，给银一圆。五月开船，到夏湾拿住了七日，将我卖入糖寮。总管凶恶，时常打人。我到未久，屡被毒打，我现在胸前疤痕，系当时用棍撞伤医好的。我同帮二十二人，因受苦不堪，自缢死的两人，食烟膏死二人，又因打伤死四人。我做满八年，认一契爷，共用银五十余圆，得满身纸后，在马当萨司做火头，至此时，每月约得银十余圆。”

杨石凤供：“年三十五岁，广东归善县人。咸丰九年，在广东省城作水手，有人说洋船招工好，同我到黄埔领工，不料下到洋船，洋人即将我关入舱内，不准出来。约有十余日驶出澳门，又添有二百余人，即开出洋合同。系在船上派交，并给银一圆。船上跳水死了一人，到夏湾拿十余日，将我卖入糖寮。总管凶恶，我同帮博罗冼士因被打伤，痛苦不堪，医生给与泻药，加之呕吐，自缢身死。又，归善县陈阿才，被打后带双脚链做工，跌落灰槽，不得起来，被灰触死。至打伤入病房者，我眼中所见，约计不止百人。我做满身八年，适值洋官需人做工，调我做无钱工夫三个多月，为我给纸，得出外在萨故阿城做小买卖数年，因生意不好，在此常吃洋人的亏，所以无剩得盘川回中国。”

梁阿友供：“年三十一岁，广东高要县人。咸丰九年，因赌输失业，自到澳门佣工，有猪仔头给我银二十圆，打合同出洋。记不清开船月份，到夏湾拿住卖人行十余日，将我卖与人家做火头，每月工银四圆，工夫虽苦，尚不致时常锁打。我八年工满，出外做工。因今年三月初间，有中国人出先辉过司埠收账，是晚不回，该寮洋人沿途查访，我在邻近瓦窑做工早，一晚恍惚听闻此地有马声响，指令向查。洋人见有尸身，就拉我见地保，押在兵房锁了三日，送先辉过司地方官处，未经审问，将我坐监。现在无人不知我系冤枉被累，但官未审明，不能得出。坐监已一个多月了，监内早食稀粥，晚间番薯，管监官无需索锁打，亦无别项工夫做。”

黎信供：“年三十五岁，广东番禺县人。做小买卖。咸丰九年八月，到澳门被猪仔头诱我入新义和行，逼见西洋官签合同，给银八圆，拉我下船即开。船上有两人因吵要食饭，与洋人打架，被洋人手枪打死。到夏湾拿住了十五日，将我卖入糖寮。每日所食只有番薯、粟米。寅初起工，做到子初歇工，计每日须做九时，绞蔗时礼拜不歇，余外礼拜也要做到巳初。总管凶恶，性好打人，做工不合意的，锁脚做工。我见一惠州人客家林阿四，因打重痛苦，自缢身死。同帮二十人向格颠剌司官告诉，官也不理。东家领回二十人锁脚，不能再告。我做满八年，要再立合同一年，满后仍要强我做工，我不应允，将我送格颠刺司工所，做三个月整街官工，无工钱。后来有洋人向官说雇我到山寮种菜、种烟，每月工银十二圆，起初给我工银，后来有三个月不发工钱，我不愿做，到别处糖寮做工两年，每月工银二十五圆。我旧年四月，因脚痛出夏湾拿医理，被巡役拉我入工所做无钱官工。自旧年四月至今，除入病房两个月外，脚虽未好，仍要日日做工。”

王正福供：“年三十三岁，广东鹤山县人。我在中国是耕田的。有老李新会人，叫我到澳门打工，我就同他去。咸丰九年正月开船，给合同一张，洋钱一圆。船上待人好，有三人是不愿出洋，投海死。到夏湾拿卖到糖寮，共有一百多人，打死了七八十人，是管工的打的。我在糖寮也是锁脚常打，日食三餐，每餐蕉子三条。作了八年满身，无纸，送到工所打石两月后，仍不出纸，又立合同三年。第一年每月十圆，第二年十二圆。作满三年，因为无纸给我，又到工所打石几天，又立合同二年。每月十圆，作完了有满身纸，作种菜生意。我拿满身纸用了有一百多银，我后来自在格颠刺司作生意。昨日中午走在路上，有食醉的人拿棍打我，即刻告知地保，地保说第二个礼拜可问的着人了。中国人在此地，白人看得比猪狗不如，实在受虐万状，我特来寓禀知的。”

曾庆荣供：“年三十四岁，广东河源县人。在家作铁匠。咸丰九年二月，被人骗说叫我到广州府打铁，未到省城，就在黄埔落船，给合同一纸，洋二圆，未见西洋官，即时开船。到夏湾拿卖到格颠刺司属下糖寮，东家待人刻虐，日食蕉子、粟米、番薯，无论作工如何，均要毒打。我亲见因打伤后，过三四天死多的狠。我一帮共有二十多人，有一人食烟膏毒死的，打人用牛皮鞭及木棍。我又见打死一人，即刻埋了，无人知道，死人名阿福。我作了八年，又添作是一年，八圆一月。后来东家代我取得满身纸，我用去金钱三圆七角，有纸后至今，都在格颠剌司城作厨子，每月二十圆，是银纸，此地白人黑人欺负华人的狠，在街上常无故的打，又用石打，视华人如鸡犬一般。我在糖寮时，司头几乎把我打死，现在身上有伤痕可验，闻得大人来此，特来寓面诉的。”

何敬先供：“年三十九岁，广东归善县人。咸丰九年，有姓范的名光云，叫我到澳门打工，送入猪仔馆他就走了。我晓得不好，我不肯出洋，洋人就用棍打我，打伤有二十天才好。上船给合同一张，银一圆，船开我记不得月份。到夏湾拿卖入糖寮，东家不打，总管凶恶。因作工辛苦，生病不准报病，又叫作工，作不好就用藤鞭打，有时打破皮肉。作满八年无满身纸，又作一年，每月十二圆。后来东家代我取得满身纸，我用去二十圆得满身纸后，就在马当萨司作卷烟工夫，现在已作有三年卷烟工夫。满身纸是年年换的，今年未换。闻得大人到此，特来寓面禀的。”

伍阿四供：“年四十三岁，广东归善县人。咸丰九年，在家卖杂货，被人抢掳下船，并受刀伤，抢我的是猪仔头陈阿，有抢到他家内关了几天就下澳门，住了三天，是咸丰九年十二月的事，逼打合同一张，见过西洋官，给过银一圆。十年正月开船，到夏湾卖到裁缝店，东家好，总管不好，凶恶之至。因为有人偷了总管的钱，他就赖我，把我绑了，后来告官才了结，官叫我回去作工，有人借钱与我赎身，我已作了五年半，用去九圆大金，是同治五年的事。后来就作自己工夫，我有纸可以自由，我这个纸用十五个大金在地方官买来，一年一换。只可在本处用，人事熟才能用，如果另到别处，就有地保捉拿，虽然有纸，也靠不住。闻得大人来此，特来寓面诉的。我现住在马当萨司地方作工。”

郑阿柱供：“年六十五岁，广东吴川县人。有陈良溪叫我到澳门作工，我即跟他上船，到猪仔行打合同一张，收银十二圆，见过西洋官。咸丰九年三月开船，到夏湾拿卖入本城修马路。作了一年，后来转卖到格颠剌司属下三安多里婀糖寮，总管待我不好，毒打异常，饭不饱，后来我能作工夫，打的稍为少些。我看见李阿三因为是叫他搬蔗，他有病拿不动，就打死了。又吊死了两个人，投井死一人。我作满八年，又叫我作七年，有纸给我。我因为年老不能作工，就在此地作了。我初来此地，丑正二刻起身，作到辰正食饭后，开工作到午初，食饭未初，作到戌初食晚饭，饭后作到子正歇。我现在满身的人，卯初作起到辰正食饭，作到午初中饭，未初作到戌初歇工，礼拜作到辰正歇。此地生病，若大病，即入病房，扣工钱。”

龙阿川供：“年三十六岁，广东博罗县人。被人拐到澳门入猪仔馆，见过西洋官，打合同一张，无钱。咸丰九年正月开船。船上投水死两人，因不愿出洋之故。到夏湾拿卖到马当萨司糖寮，待我不好，日食两餐番薯、蕉子。我做煮糖工夫，不常打，就是食不饱。绞蔗时每日寅正二刻上工，作到子正歇工，夜里可睡二时二刻。礼拜日。不绞蔗，作到亥初歇，礼拜不做工。作满八年期，不给满身纸，送到走路馆立合同一年，作烧瓦工夫，每月十圆，作完又送到工所作整街工夫，无钱的，作了三个礼拜，又立合同六个月耕田工夫，每月十二圆。后来叫我自己住，我有一间小屋，在山边自己耕田作山寮，作到了前年九月，买得一张满身纸。去年正月换纸，巡捕说是假的，就送到先辉过司监内，我纸是用四个大金买的，就因假纸送入监内来，已坐了十五个月监，未定罪，审过两次未说如何，不知道是什么罪。我在糖寮，买米添食是有白人来卖的，是卖现银，每月工钱不够添食。东家一年给两套衫裤，鞋子等都要自己添买的。”

谢阿庚供：“年三十九岁，广东清远县人。咸丰九年，被拐到澳门进猪仔行，打合同一张，收洋钱一圆，未见西洋官，三月开船。船主不好，缺食无水，投海、自缢、病死的俱有。九月到夏湾拿卖到糖寮，待我尚好。我作管轮机工，不常打。作满八年，学念经入教，寻得契爷取得满身纸。起初糖寮作工，绞蔗时一日夜，食饭睡觉共歇二时。我逢不绞蔗时，作打铁修整机器工夫，食的是杂粮，只得自己买米添吃。我又作了六年，现因有三十个新到工人，内有四个报病进病房，约两个时辰就死了。有二十几个旧人要去告官，说是打死，总管通知小官，请他来问，我作传话，有两人说是，死的人先有病，我就照传，第二天官来验看，传齐糖寮众人到场，讯问究竟死的人是有病无病，大众说无病，我传的是有病，小官就说我传话不清，就拿我下监，坐了有一个礼拜，东家保我出来，仍在原处作工。此时拉总管到故阿那海坐监，众人说总管打死，我未眼见。我因此地待中国人十分凶恶，比待猪狗不如，所以来夏湾拿寓禀知的。”

李阿五供：“年四十五岁，广东石城县人。咸丰九年，有本邑塘头阿石，叫我同去新加坡做生意，不料拐我到澳门猪仔馆，关了三日，我不识话，阿石说是画合同过新加坡，给银十二圆，于十二月开行。到夏湾拿押上卖人行，将我卖入糖寮。东家待人刻薄，食止蕉粟、番薯，并无米面。绞蔗时丑正起工，做到子初，连食带睡二时半。不绞蔗时，寅初起工，做到亥初，歇三个时辰，礼拜日做到巳正歇工。或起身稍迟，做工稍慢，管工必打，每打辄数十下，流血破皮赤肿，算是轻伤，如打多，转动不得者，方准报病。凡说报病，不论病的轻重，必怒打数下。糖寮监房二所，一押黑人，一押华人，皆有脚闸。到做工时放闸，加上脚链做工。我做满八年，再立合同多做一年零两个月。亲见打伤迟一二日身死，每年数人，或十余人。迟我一帮来的，我亲见因受虐跳水死的三人，自缢死的五人。我做九年零两个月之后，不愿再做，东家将我送格颠剌司工所，有洋人山寮并烧炭，同官说雇我做工四年，说过每月工银初年九圆，以后十二圆。满工后欠我工银七十六圆，我问其讨银，东家哄我说，同到格颠剌司地方官处领满身纸，不料来到即押我入工所，每日打石整街，并无工银，食不得饱，洋兵执鞭枪押住，做工寸步难移，东家欠我之银，亦不能见官告诉。”

高阿三供：“年三十三岁，广东河源县人。被人骗到澳门入猪仔行，打合同一张，洋钱八圆，见过西洋官。咸丰九年十一月开船，船上投水死四人。到夏湾拿卖到科垄糖寮，待我不好，东家不来，总管凶恶，打的毒。日夜两餐，粟米一小碗，饭食不饱。寅正上工，作到子初二刻换班，第二天戌初，仍照轮换作。满八年不给满身纸，我就出到科垄立合同，到此地作火头，每月半圆大金，作了两年买得满身纸，花了一个大金，出去作了一年。地方官说此纸无用，又叫我再立合同两年，作田土工夫，每月半个大金。去年十一月，送到先辉过司工所作整街工夫，比糖寮稍好，无工钱的。在夏湾拿时，有人来买，脱去衣服，周身看过才买的，与买牛马无异。”

翁阿宜供：“年三十八岁，广东南海县人。住在佛山，家中有父母兄弟，作扇铺生意。赌钱输了，就有人叫我到澳门做工。咸丰九年三月，到澳门打合同一张，洋钱七圆，未见西洋官，下船即开。到夏湾拿住了四个礼拜，卖到本城面包铺，待我不好，常打的。作满八年，无满身纸，我无契爷，不能得纸，出来作杂工，作五六个月查纸，就捉到总局，作了五个礼拜，有地方官保出作火头。只为不能受打骂，作了三个月，我就走到格颠剌司整火车路三年零四个月，每月十五圆，后来因无纸，拉去作官工，无工钱。作了一年半后，送到多罗闸作了六个月，作完回到夏湾拿工所。我手脚有疯瘫病，是作工辛苦得的。我有钱，愿意即回中国，现在无盘川。我在工所不准出街，苦的狠。”

谭阿兴供：“年五十六岁，广东增城县人。被陈阿贵骗我到澳门打工，就入和生猪仔行，打合同一张，收银一圆，未见过西洋官。咸丰九年正月开船。到夏湾拿卖到先辉过司火车馆，待我尚好，作满八年，有的食，不打我。寻着契爷作保，取得满身纸，自己作工作了两年，贼乱遗失满身纸，又到别处作了四年，出来作了三个月，就被人捉到先辉过司工所，来了两个月，作工不大辛苦，无钱的，食的饱，我作扫街工夫。”

胡阿听供：“年三十二岁，广东番禺县人，前在水东作卖油生意。有乡下平冈人，姓曾的，约我到澳门打工，到了就进和陞栈。咸丰九年十二月打合同，落船即开。未见过西洋官，我得了合同一纸，洋钱八圆。到夏湾拿住有十天，就卖到来夏湾拿，作面包工夫，苦的狠。子正开工，寅初歇，卯初又开工，作到辰初歇，辰正开工，做到未正。作工未打。作满八年，叫我再作，我不肯，就将我的合同交与地方官。后来自己作了两年，被巡捕捉住，作整街工夫。饭食不饱。作了三年，都无工钱。此地亦是寅初起身。后来到多罗闸作工，水土极恶，多病，作了六个月，每月十五圆，不够用。作满了，又押回夏湾拿。昨日来的。我想返中国无盘川。”①

陈阿清供：“年四十七岁，广东开平县人。咸丰九年，被人拐来澳门，入猪仔馆。正月开船，打过合同，未见西洋官，给银十圆，到夏湾拿，卖到糖寮。一日一餐米饭，一餐蕉子。作满八年满身，又立合同作两年，每月十二圆七角五分。拿满身纸不着，又到萨故阿作了四年砍树、开山工夫，每月十七圆。待我好。作完了，到多罗闸作斩树、开路工，作了六个月，每

① 该供词原无，据《古巴华工调查录》补。见（清）陈兰彬：《古巴华工调查录》，上海书店出版社，2014 年，第 132 页。

月三十圆。返夏湾拿，答应我给满身纸，未给。住在工所，整街。我自己有二百洋钱，又有张姓，是我的朋友，存二百洋钱在我处，被人偷去。朋友告我官，就送我到夏湾拿监房来。我在监一个多月，官来问过。”①

黄阿榕供：“年三十七岁，广东从化县人。作肩挑小生意。输了钱，就到澳门，会见人叫我出洋作工。打合同一张，收洋钱一圆。咸丰九年二月开船。船上罢了。到夏湾拿，卖到先辉过司地方糖寮。待人凶恶之至，管工黑人用藤鞭乱打，受不过吊死有陈阿狗，及咸鱼仔，两人一在树上，一在屋内。我被他打伤过，是叫四人捺着打。每日寅初上工，作到子正歇，中间食饭歇一时。食的是粟米、咸牛肉。我作满八年，又作一年，每月四圆二角五分。后来到别的糖寮作散工，作了三四年，每月二十八圆不等。又到烧瓦地方作了一年。又作斩蔗，作至去年查纸，我无纸，就捉到先辉过司作整街工夫两个月，无工钱。后到多罗闸作了六个月，每月十五圆。作工地方水土太坏。有粥食，后来食饭。作斩树、开车路工夫。作完了，送到夏湾拿工所。来了一个月，作整街工夫，辛苦的狠。我想回中国，有盘川就去了。”②

陈阿东供：“年四十七岁，广东电白县人。在家耕田。有黄阿惠叫我过澳门作两三年工，可回了。我就同他到澳门，给我合同一张，洋钱十二圆，见过西洋官。咸丰九年十一月开船。到夏湾拿，卖到糖寮。待我不好，无的饱。总管打的狠，不分能作不能作，都要打的。作满八年，又作六年，每月十二圆。

---

① 该供词原无，据《古巴华工调查录》补。见（清）陈兰彬：《古巴华工调查录》，上海书店出版社，2014 年，第 132—133 页。

② 该供词原无，据《古巴华工调查录》补。见（清）陈兰彬：《古巴华工调查录》，上海书店出版社，2014 年，第 133 页。

作完了，就带到格颠剌司工所，将近一年，作整街、打石、挑泥工夫。待我不好，食不饱，有钱也不能出去买食。有时打的，遇见黑人、白人走过，又用石头打，受凌虐的狠，无时了局。做工夫是无钱的。”①

姜阿麟供：“年四十五岁，广东南海县人。在省城作小买卖。有小西洋人问我要做工否，我当时愿出澳门做工，不料该洋人带我到澳门猪仔船，住两个零月，不得上岸。交合同一张，逼我签名，得银一圆。九年二月开船。到夏湾拿一个月，将我卖入糖寮，闻得身价二十四个大金。每日所食皆番薯、包粟等物，并无米面。绞蔗时，一日夜共得歇两个时辰，礼拜不歇。管工时常任意打人，我亲见有一广东人自缢死，又食烟膏死的四人。我做满八年，再立合同二年，每月加银四圆。因东家通贼被杀，糖寮归官办理，我于东家通贼时逃出。先辉过司地方将我拉入工所，做无钱官工两年余。随后另觅工做，约近二年。又捉我往多罗闸近贼地方做工，银纸十五圆一月，病日扣银半圆。六个月满，再调我到夏湾拿工所，做无钱官工。我来此已五个礼拜了。我心想回中国，但得有满身纸出外，可找高价的工做一二年间，剩有盘川，便回中国了。此处工价虽多过中国，银纸甚贱，物价甚贵。此处挣十圆八圆，抵不得中国一圆用。”②

游阿四供：“年五十四岁，广东河源县人。在家耕完田无事，卖咸鱼，在路被四人抢到归善盐州背地方，上小舢板，就推入舱底盖好，送到澳门和记猪仔行，给合同一张，洋钱一圆。咸丰九年十一月开船，到夏湾拿住了两个月，卖到科坴糖寮。

① 该供词原无，据《古巴华工调查录》补。见（清）陈兰彬：《古巴华工调查录》，上海书店出版社，2014 年，第 133—134 页。

② 该供词原无，据《古巴华工调查录》补。见（清）陈兰彬：《古巴华工调查录》，上海书店出版社，2014 年，第 134 页。

我一帮四十人，过了七天，就被棍打死一人，是陈阿狗，福建人，因他有病，脚软的缘故。我常常挨打，有一天，我被他用木棍打死过去，后来活回来。作工是寅初作到子初歇工。作了八年，除我只剩十九人，吊死三人，是南海人，病死十六人。打我是东家叫总管管工打的。他说打死一个，我有钱可买十个，恶毒之至。我无满身纸，送到科垄作打石工夫，两礼拜又立合同，作了一年，每月八圆半，作完送到夏湾拿城走路馆整街，作了两年，无工钱的。后来本地白人叫我到糖寮作工，作了三年，每月十二圆。去年三月，叫我出来格颠剌司工所，说有纸与我，现在都未给。我又作了将近一年无钱的工。我在此地因睡在地下，脚都肿了。前几天听见中国官来，现在木床，又发衫裤一套，其实我此时也有病，不准告病。”

叶阿耀供：“年五十六岁，广东恩平县人。耕田为业。咸丰九年正月，有吴姓、李姓二人，约我到新加坡打工，就骗我到澳门入猪仔行，打合同一张，收洋钱半圆。落船后又给一圆，二月开船到夏湾拿，卖至烧炭、烧石灰窑，待我凶恶之至。寅初作工到巳初食饭，巳正又开工，戌初食晚饭，戌正收工。每顿食番薯、粟米，咸牛肉，无米饭。我为不肯食粟米，被打了一回，几乎打死了，身子都打烂，无一处好的，就锁住。后来好了，又出去作工，作了八年满工，又勒打合同，作了三年，每月七圆，作完送到工所，先作了一年多，每月八圆五角，后一年多只食饭，无工钱。又派到多罗闸作了六个月，每月三十圆，作满了就送到夏湾拿工所，已经两个月了，作整街打石工夫，无工钱。我满工多年，不得满身纸，我想回家无盘川。”

冼成古供：“年三十四岁，广东永安县人。本作木匠。有邻居宋阿振约我到省城作生意，被他带到澳门，入猪仔馆。打合同一张，给我两圆。西洋官问过我愿去，我不答应，就把合同硬交给我，不容我说。咸丰九年十二月开船。船主待的不好，无水，吃饭不饱。到夏湾拿卖入糖寮作工，苦不堪言，至少的日子打十余次，比如割草割的不齐就要打了。每天寅初起工，午正放工。食弓蕉、山芋，食不饱。未初又作工到子正，食山芋、弓蕉，歇工，睡觉。听闻两点钟响，又要起身。周年如此。我作满八年，又叫我打六年合同。八年是四圆一月，六年是八圆一月。后来就到多罗闸开山，每月三十圆，都是有合同的。作完了六个月，就到夏湾拿工所作工，无工钱，有饭吃。我如有盘川，就回中国讨饭，我也是情愿的。”①

周阿未供：“年四十二岁，广东新会县人。在家织布，因去江门，晚上栅闸关了，不得回家，就遇见姓黄的留我住了一夜。第二天我就问搭澳门渡船能到新会么？他说船到新会城外停住你下去，后来并不停，一直到澳门，带我入和盛猪仔行，我才知道把我卖猪仔行内，不准出来。此咸丰九年正月的事，见西洋官打合同，是三十个人一起，只问一个人就是了，并未问我。一天给我十个钱，这个时候，人人都哭了。三月开船，船主待人不好，因为剪辫子的事，投水死的人多。在船如要水食，就用铁绳打，残虐不堪，饭尚有的吃。到夏湾拿住了一日，卖入糖寮。闻得卖二十五个大金。作满八年，受尽苦毒，又叫我做，我不肯，就送我到夏湾拿工所，作了一年无钱的工。我说要出去打工，后来他给我八圆五角一月银纸，作满三年，问他要满身纸，他不给，就勒住做到此时了。我作看更的事，我此时无满身纸，不能挣得出盘川来，我如有盘川，我就回中国了。”

刘阿瑞供：“年四十五岁，广东新会县人。在家作小生意，去澳门买货，遇见猪仔头李阿牛，是向来认得的，叫我去顶名，给我两圆人工，他答应我晚时来换，后来就不来了。进去了，

---

① 该供词原无，据《古巴华工调查录》补。见（清）陈兰彬：《古巴华工调查录》，上海书店出版社，2014 年，第 135—136 页。

不准出来，就打合同一张，收洋钱八圆。于咸丰九年正月开船，船上待人还好，医生也好。到夏湾拿卖到糖寮，东家待我凶恶，常对管工的说：但要作的糖多，不必爱惜工人，打死了一个，明年再买十个。每日丑正起身，作工巳正食饭，午初又开工，作到戌正食晚饭歇工。绞蔗时，作到子正，每天所食系粟米、蕉子、咸牛肉、番薯不等，不得够饱。作工夫稍慢，用棍打，有两人受虐不过，就吊死了，名字我记不清，那个时候，我才到糖寮两个月，是亲见的。糖寮待我与黑人是一样，做工时，中国人在一处，黑人在一处，作的工夫是一样的。我作满八年，问他要纸，不肯给，我就不肯再作，被送到地方官处，作了三个月整街工夫，无工钱，有饭，也食不饱，就算官工了。后来又叫我到糖寮作了五年零七个月，与前次糖寮一样，每月二十圆，分十圆与官，我得十圆。后来官就叫我到多罗闸作开山工夫，该处无房屋住，只得在树林里住，在那里斩树、开沟、整火车路，每月十五圆，约共有两千人作工。水土极恶，死的人多的狠，病的人医药均无，作了六个月，有合同，作完了，叫我出来，打满身纸，不料到夏湾拿将我押在工所，到了七个礼拜，仍不给纸，日日作整街工夫，无工钱，有饭食吃，不得饱。我想回中国，无钱不能回去。多罗闸物件贵的狠，工钱都不敷用的。”

张林安供：“年三十六岁，广东归善县人。在家耕田。去隔村看戏，有人邀我到他家，就把我绑下船。绑我的是新宁人阿生。到了澳门，我晓得了，我就逃走，被他捉回，就叫我坐屎牢。又送去西洋官处问话，我不愿，西洋官叫我出来，我出了门，认不得路，又被捉回，只得答应。立合同一张，收洋钱八圆。咸丰九年八月开船。船上待人罢了。到夏湾拿，住了两天，就卖进糖寮。东家待我凶恶，毒打不堪，被狗虱咬烂手足也不准说，不准抬头。寅初作工，到子正歇。作了一年零两个月，我捱不住，就逃走了，被官捉住了，作了一年零六个月挑饭工夫。无工钱，食番薯、牛头肉。过了几天后，就到夏湾拿工所，作整街六个月，无工钱。后来派使牛车，每月八圆五角。作了五年，也是苦的狠。现在换了总管，好些，我仍在工所作车水工夫。满工日久，无满身纸，勒定了，不得走开寻个活路。我如有盘川，早已回中国了。我看中国至苦的人，也比这里好。我今日是局内挑定听候问话的。”①

陈翼供：“年四十八岁，广东南海县人。本做杂货店生意。咸丰九年九月歇业，被西樵潘安说带我当勇，不料下船，驶到澳门，送入咪咕行，住了十四日，逼我见西洋官立合同。未见官时，猪仔头听见不愿去的话，即不准我见官，带回猪仔馆，结合同一张，下船即开。船上饭不足，亦不准上舱抖凉，因人多不愿出洋，就有闹事的意思，被水手等站在舱门口，对舱下开火枪，打死二十人，打伤四五十人，又有捉锁的人。另每日轮拿三十人，带上舱面痛打。到夏湾拿住了六个月，卖入糖寮，待人刻毒。我因病无力，日日捱打，食止粟米蕉子，不得饱。每日寅初上工，做到子初，或子正歇，内歇一时食饭。礼拜一样。我在糖寮，亲见因被打难捱，自缢死三人，投水死一人。八年工满，欠我九个月工银，不肯给我，换了新东家，我问取工银，他说，你在此再做，听旧东家回时发给。我们一帮十六人，都是满身的，问他再作每月工银多少？他说照旧，仍是每月四圆。我们说，满工的人，工钱总该加添，如不肯添，请你送我到地方官处。总管说，合同未满，不问愿意不愿意，俱要照旧做工。我们仍不答应，各管工的就拿绳子、链子围住，捉我们锁我们的意思。十六人内，有一人能说西班牙话的，叫他

---

① 该供词原无，据《古巴华工调查录》补。见（清）陈兰彬：《古巴华工调查录》，上海书店出版社，2014 年，第 137—138 页。

对总管说，我等合同已满，断不肯照四圆一月作。管工的就用鞭柄打我，登时头破血流，惟时已晚，有两人避去，到地方官处投诉。第二天早上，地方官叫总管及我们十六人全去问过，官与总管商量许久定见，有十人回糖寮作工，言定每月工银十三圆，我同五人不肯回糖寮，送往科垄工所，作了两个月无钱的工，又转送夏湾拿工所，作了约六年，前四年无工钱，以后每月工银四圆，到了旧年发银八圆半。如我有盘川，如有满身纸，我一定回中国，我不愿在此处。”

郑阿土供：“年三十五岁，广东潮州府人。有伯父在省城开药材店。咸丰九年九月，叔父郑林带我到澳门进同发猪仔行，住了三日，逼我见西洋官，打合同，我不愿意，被带回猪仔馆，拉下船，即在船上给我合同一张，并银八圆。船上水饭不足。到夏湾拿三天，卖入糖寮。作工稍慢，或作工倦即打。食不饱。每天寅初开工，到子正歇，中间食饭歇六刻。两礼拜日歇一天。不绞蔗时，寅初起工，作到戌正，礼拜作到巳初。我看见有十人，因被打受伤，不久即死。又有四个受苦不起，自缢身死。我同帮三十二人，八年工满，剩得十八人。有自行寻死的，有被头人打后死，有受苦病死的。我工满，不俾[①]满身纸，送我来夏湾拿工所，作官工。初四个月，每月工银四圆。后至今，每月俱银纸八圆半。我如今无盘川回中国，若得满身纸，出外自便佣工得银，不须多日，即可有盘川够回中国。”[②]

梁阿新供：“年三十三岁，广东番禺县人。佣耕度日。咸丰九年九月，我到省城卖货，有相识王以，叫我往澳门卖。去到澳门，即带我到新算合猪仔行，住了三个多月，逼我到西洋官

① 不俾，粤语，意思是“不给”。

② 该供词原无，据《古巴华工调查录》补。见（清）陈兰彬：《古巴华工调查录》，上海书店出版社，2014年，第139页。

处立合同，给银一圆。合同内的话，未讲给我听。十二月开船。船上待人罢了。到夏湾拿住了三个月，将我卖入糖寮。头一年每月工银三圆，次年以后四圆。绞蔗时，寅正开工，子正歇，中间歇六刻食饭，每三个礼拜得歇半日。不绞蔗时，寅正起工，作到戌正歇，中间歇半时食饭，礼拜日作到巳正。每天发包粟、干牛肉，食不得饱。因割草稍为不平，管工黑人叫四人捺住，叫黑人打过两次，每回二十五下。我知道糖寮捱苦不过，自刎死者三人，又有别的逃走。我满工后，东家叫我再作四年，说给我每月工银十二圆，满日给满身纸。作满四年不给满身纸，叫我再立六年合同，作完了一定给满身纸。我不应允，送到工所。我作六个多月，无钱，食亦不饱。作完随派我往多罗闸，言明银纸三十圆一月，作满六个月给满身纸。到多罗闸，食的不够，满后押来夏湾拿工所作官工，并未给满身纸，日日作无钱工夫。此数日食可得饱。不知何日放我。我愿意回中国，此处待人，比畜生不如。若领得满身纸，不要多日，余几个钱，够盘川。我心里总是想离古巴的地方。”①

梁阿妙供：“年三十六岁，广东南海县人。作铜匠生意。咸丰九年，有人叫我到澳门铜匠铺做工。到澳门，进猪仔馆，不几天，带上船。船上给合同一张，无钱。即日开行。食的饱，水够，不打。到夏湾拿，卖到糖寮，先赶车，作轻工夫，后来作田地工夫。常年寅初起身。绞蔗时，作到子正。不绞蔗时，作到酉正。日食三餐，晚上有一碗米饭，其余番薯、蕉子、干牛肉，约四两。绞蔗时，礼拜照常作工。不绞蔗时，礼拜日巳初歇工。在糖寮八年，不准出门买物，有人来卖。八年，我共收到两套衣服，鞋帽自己买。管工的都手执皮鞭，作工稍慢就

---

① 该供词原无，据《古巴华工调查录》补。见（清）陈兰彬：《古巴华工调查录》，上海书店出版社，2014 年，第 139—140 页。

打。如有打降的事，就锁脚。作工有常带链两个月的。我见过两人寻死。我满八年，得了满身纸，就到领工头手下作散工，每月工钱少则十七圆，多则三十二圆。衣服、食物俱自备，因我是领工头雇的，糖寮总管不问。夜里不锁，领工头可准我出门走。病的时，自己请医生服药，如病多日，就换人。我在一处作了六个礼拜。后来有一天，在土堆上出恭，有黑人堆土车来，用马鞭打我，我拿刀扎他的腿后，送我到监房。为定罪，我在科垄监内作卷小烟，一天可有一角洋钱。辰初起身，亥初歇。食的是番薯、干牛肉同煮的粥。爱赌钱，无余钱。”①

梁贵钟供：“年三十四岁，广东顺德县人。作纸生意。我到澳门，有朋友苏贵枝，约我金山去，一月可得八圆。到澳门时，时夜里就带到猪仔馆，第二天给合同一张，合同解说与我听，猪仔头骗我，叫我顶名，说后来换船给我到金山。咸丰九年四月开船。船上食的饱，有水，不打。到夏湾拿，卖我在人家作厨子。东家是夏湾拿作过载栈房生意。我作了八年厨子，待我尚好，作满了，送到夏湾拿工所，作了三个月，食的饱，不打。后来出来作厨子，待我也好，每月十二圆。作了三年，请他给我凭据领满身纸，他不肯，我不再作，送我回工所，即日立合同又出来作厨子，工钱照前，待我好。过了三年，得了满身纸，就到乡下作厨子，一月二十圆。作了三个月又一天，骑马到萨故阿去，遇见当兵的，叫我交出满身纸，我说未带在身边，在东家处，他就把我送到监房。我的东家有三次到监，要保我出来，又有信给地方官，都不准。拿我那一日，骑的马是东家的，马还了。我到萨故阿，是为买票赢了银刀，又进监时，被管监拿去。尚未定罪，我无余钱，因为作厨子总要穿好，衣服都要

① 该供词原无，据《古巴华工调查录》补。见（清）陈兰彬：《古巴华工调查录》，上海书店出版社，2014 年，第 140—141 页。

花钱的。在萨故阿监内，食的粥与干牛肉，作卷纸烟工，每月可有两圆银纸。寻的钱，都是添补食用完了。”①

张二供：“年三十五岁，广东兴宁县人，我作挑菜卖小生意。咸丰九年五月，有人告诉我，澳门有事做。到后上外国船，说有工做，无合同。下船就开。船上食的饱，水够，不打。到夏湾拿，卖到糖寮。绞蔗时，寅初作工，到子正歇。每日两餐，另歇息一时，礼拜日不停。不绞蔗时，寅正作到亥正，礼拜巳初歇工。日食三餐。初来六个月，每天有一碗米饭。不准出门买物，有骑马的人带来卖的。病的日，无工钱，医生两日来看一次。我共收过两套衣服，鞋帽俱无。我一帮五十六人，满身八年，只剩得二十一人，有五个自尽，两个投水，三个食鸦片烟死的。工夫作完，无满身纸，送我到先辉过司工所，过了三天，有朋友帮我，准我出来，在领工头手下作工，一帮十七人，每月至少十一圆，至多十五圆。作了一年满了，造反的人拿我去作厨子。过了一年，就逃出来，我投到日国官处，送到科垄工所，作了七个月工，后来跑出来，就在科垄菜园。待我好，每月十五圆。作了三年，食的饱，余了钱，买得满身纸，用两个大金。后来朋友帮我钱，就在科垄街上卖点心。这里满身纸可买的，总要费三四圆大金钱。我听有花十圆的，地方官若是晓得有钱，都是要的多。又有管工所官，见中国人有满身纸，他就收了去，如果死了，他就卖给别人顶名。”②

吴阿桃供：“年四十四岁，广东番禺县人。本在亲戚药店佣工。有陈阿苟叫我过河看戏，不料下艇直驶澳门，带入房那哈

---

① 该供词原无，据《古巴华工调查录》补。见（清）陈兰彬：《古巴华工调查录》，上海书店出版社，2014 年，第 141—142 页。

② 该供词原无，据《古巴华工调查录》补。见（清）陈兰彬：《古巴华工调查录》，上海书店出版社，2014 年，第 142—143 页。

行，关住约一个礼拜。后来，我与别人去见西洋官，给我合同一张，并银八圆。说过夏湾拿，每月工银四圆，并有食用，八年工满，听从自便。下船。九年开船，我忘记月份了。船上待我好，食亦够。到夏湾拿三天，卖入糖寮。作了八年，东家尚好，过得。总管刻薄，头一年每月工银三圆，以后四圆。每年两套衣服。每天中午米饭一碗，干牛肉一块。晚上番薯、干牛肉。作工是寅初二刻开工，作到日落歇，礼拜日作到巳正歇。我八年工满，将我送与地方官，在工所做整路工。食既不好，又不得够。过了一年，有洋人领我出去做火头十个月，食可得饱，但无衣服，亦无工银。满了，东家送我回工所，说我是贼，偷他物件。又做整路工十二个月。逃走到糖寮一年，每月十八圆，东家仍给衣饭。后来地方官查我无满身纸，向糖寮捉我出工所，又整路一年余。复派我往多罗闸六个月，每月银纸十五圆。未去时，言明回来给我满身纸，现在工满，无纸给，复押我来夏湾拿工所，已经四个礼拜。做官工，并无工银。我心极想回中国。”①

张阿得供：“年三十九岁，广东开平县人。于咸丰九年十二月，自己愿出洋，到澳门，下船即开。到夏湾拿七日，卖入马当萨司人家，做火头，待我过得，食亦够。八年工满，东家迁往别处，我想领满身纸出外觅工，夏湾拿有领事官给凭据一张，着我去格颠剌司换取满身纸。不料到格颠剌司请地方官给满身纸，即押我入工所，派我在病房看守病人。在病房多年，并无工银，又无衣服，时时捱打。我因脚病，所以未派我整街。我问取满身纸多次，他说领事所给纸已遗失了，掯我在工所，真

① 该供词原无，据《古巴华工调查录》补。见（清）陈兰彬：《古巴华工调查录》，上海书店出版社，2014 年，第 142—143 页。

不公道。现时总不准我出工所。此地待大众都不好。”①

蔡细供：“年四十七岁，广东南海县人。本做杂货店。咸丰九年间，被猪仔头拐我到澳门，卖得二十九圆，给我银一圆，合同一张，衣服两套。下船即开。船上食的够，水不够，好些人被打，幸我未曾捱打。到夏湾拿猪仔馆，住四十五天，我一帮四十人，卖入糖寮。绞蔗时，每日准做十时半工。不绞蔗时，做七时半。每礼拜日，寅初做到巳初，申正做到酉正。每月工银四圆。管工的时时打人，工夫好不好俱常被打，监房脚闸未有空时。八年工满，我同帮四十人，只剩得十七人，有自尽，有走路的，亦有病死的。我工满后，东家说给我每月二十圆工银，要再从他做工，我不情愿，他将我送与番官，做整街官工五个月。立合同到别间糖寮两年，每月十四圆。满工后，送回工所整街一个半月，又立合同与糖寮三年，每月二十五圆。我买得满身纸一张，出做自己工夫。有一日，向一间糖寮经过，白人捉我，将我物件并满身纸尽行抢去。我问地方官告诉伸屈，官就押我在格颠剌司工所整街。此数日间，闻得有中国官到，发给新衣服、鞋、床铺。旧时无鞋，作工的人，穿的都是破烂衣服。工所不常打人，但食既不好，又不得够。我妻子在中国，尚未知我下落。”②

潘岳衡供：“年三十九岁，广东南海县人。咸丰九年，因将父亲钱丢了，不敢回家，有不认识的人，说澳门有事做，引我去澳门，带入知咕行，见西洋官，打合同，下船即开。船上饭水不足。到夏湾拿住十四日，被卖入糖寮。同帮四十八人，到

① 该供词原无，据《古巴华工调查录》补。见（清）陈兰彬：《古巴华工调查录》，上海书店出版社，2014 年，第 143 页。

② 该供词原无，据《古巴华工调查录》补。见（清）陈兰彬：《古巴华工调查录》，上海书店出版社，2014 年，第 143—144 页。

八年工满，止剩得六个，有十个是走路的，余外一大半是自尽，及几个人病死，总因糖寮内待人刻薄，捱苦难过。食系包粟、蕉子，不得够，工夫又多。我被锁脚打了几次，皆因工夫难赶上别人，我实未曾做过此等样工夫。我八年满后，与同帮五人俱不得满身纸，被送到科垄埠工所，做了一个月无钱官工，工夫既多，待人不好，又要捱饿。我给钱与管工，得不被打。后来再立合同，到客栈做两年，每月工银八圆。作满了，我用银九十圆，买得满身纸一张，得出外自做散工。我现在有合式的工，我就作，因难做重工。我的腿瘸了，从前被锁坏受伤之苦。现在格颠剌司作工。”①

李璧和供：“年六十一岁，广东南海县人。本业行医，澳门有一洋人掳那哈说，给我银五百圆，在船上做医生，去夏湾拿照料船上一千多人，我在澳门未曾取银，亦未立合同，止送过我衣服三套。于咸丰九年十一月间开始，水饭不足，驶开船几天，因船中闹事，绑了七个人，在桅上用枪打死，有四个被通事破肚，我被脱了衣服，打过三次，因船主疑我叫人闹事。到夏湾拿，将我送猪仔馆，关住四十日。我一帮四十人，卖入糖寮，到寮三个月，派出种田做工。时时捱打，后来东家见我做不得工，叫回寮内做医生，作满八年，再立三年合同，每月十二圆。我得有满身纸，现在自己在格颠剌司做工。我同帮共有四十人，满工只剩十六人，有苦极自尽的，有病死的。”

谭友供：“年三十九岁，广东新会县人。本业田工。因赌偷钱②，有黄进劝我出洋打工。我于咸丰九年二月在澳门下船即开。到夏湾拿住了七日，卖我入萨故阿糖房。食不饱，工夫又

① 该供词原无，据《古巴华工调查录》补。见（清）陈兰彬：《古巴华工调查录》，上海书店出版社，2014 年，第 144 页。

② 偷钱，应该是“输钱”之笔误。

多，时时捱打，并锁脚链。我入糖房一年，亲见有新宁县人黄阿养，管工打死，管工后来坐监。工人自尽死的甚多，亦有病死的，亦有走路的。我八年工满，不得满身纸，另与养牛人立合同，牧牛两年，每月工银九圆。后又立合同，入糖寮内，待人不好。我做了两年半，买得满身纸一张，自己出外打工。现在萨故阿作工。我前二次立合同时，都是先进工所，后立合同的。”①

廖紞瑸供：“年四十三岁，广东南海县人。本业打银。因生意不好，被人哄我去澳门，入和生行，带见西洋官，我说不愿出洋，官叫我下去，又被猪仔头等拉我回猪仔馆，关住一个月，押我下船，交我合同一张，并银一圆。于咸丰九年正月间开船。到夏湾拿住四个月，卖入糖寮，系二十个大金。我同帮有四十人。食无米饭，一日两餐，俱不够饱。绞蔗时，每日准要做十个时辰。工夫极苦重，待人又不好，时常锁脚鞭打，许多自尽身死，亦有逃走的。我走了两次，俱被捉回锁打，因太刻虐，八年之内，同帮四十人，止剩得十六人，所有逃走的，皆被捉回，并无走脱。我八年工满，不肯给满身纸，勒我再立合同，多做六年，每月工银十圆。前三个月，我领得满身纸一张，在萨故阿自己作工。”②

李香供：“年三十八岁，福建漳州府人。本业卖菜。一日，挑到乡下，被数人捉我捆绑，锁入房间，拉到厦门，由艇船驶过澳门。在猪仔馆四个月，未见过西洋官。于咸丰九年八月开船。交我合同一张，并银一圆。船上待人过得，食亦得饱。到

① 该供词原无，据《古巴华工调查录》补。见（清）陈兰彬：《古巴华工调查录》，上海书店出版社，2014 年，第 145 页。

② 该供词原无，据《古巴华工调查录》补。见（清）陈兰彬：《古巴华工调查录》，上海书店出版社，2014 年，第 145—146 页。

夏湾拿八日，卖我来马当萨司，做火车路工。做了五年，因中白鸽票，赢得银赎身出来，自己开间小烟铺。做了五年，亏本歇业，就到烟铺卷烟，每日工银一圆半。现忽被人捉我到马当萨司坐监，我不知是何事故。我问监头，说要坐四十日。监内不打我，亦无工夫做。”①

陈琴供：“年三十二岁，福建漳州府人。本系当兵，有一夜由厦门搭渡，欲回漳州，不料被他驶去夹板船边，叫我上船，我不肯上，他们打我，硬捉上船，并无合同，无钱给我。咸丰九年正月开船，船上死的人多，因水不够渴死的，如拿水食即打，饭可食的饱，到夏湾拿十六天，卖入糖寮是二十四个大金。做工稍慢即打。我初来不识话，屡次被打，夜深眼困，被锁好几遍，食尚得饱。绞蔗时，寅正开工，做到子正，中间歇一个半时辰，礼拜日一样。不绞蔗时，不做夜工。八年工满，送我入工所，我用三个大金，买得一张满身纸，出马当萨司做工，每月约可得十五圆，未能剩钱，因为各物俱贵，年年换满身纸，须要四五圆，听见人说旧时换纸，不过半圆。”

郭阿佳供：“年三十五岁，广东河源县人。本业田工。咸丰九年间，有林阿福对我说，出洋做工钱多，问我愿意去否。适值我无工打，同他去澳门，他带我入猪仔馆，住十五日，见西洋官，打合同，没有银给。二月开船。船上待人不好，中国头人更坏。到夏湾拿住一个月，将我卖入山寮种烟。闻得身价十八个大金。食尚得饱。我因深夜眼困，被锁两次，用藤条打好几次。每日寅初二刻开工，做到子初二刻。礼拜日寅初二刻开工，到巳初。每月工银四圆，病过十五日照扣。我八年工满，问东家取满身纸，东家将我送到工所，立合同与人家作火头一

① 该供词原无，据《古巴华工调查录》补。见（清）陈兰彬：《古巴华工调查录》，上海书店出版社，2014 年，第 146 页。

年，每月工银八圆半。后来我用两个大金卖[1]得满身纸一张，得出外做火头。我想回中国，川费尚未得足。现在马当萨司作工。”[2]

陈根供：“年三十五岁，广东新会县人。向作肩挑小生意。咸丰八年，赌钱输了，无本钱，不敢回家见父母，就到江门地方看戏，遇一个讨饭的人，告诉我可到澳门去，一月有几块钱挣。后来就同他到澳门，进猪仔馆住了一个月，给合同一张，是西洋官交给的。官是在馆内楼上住，告诉我八年工，每月四圆，我答应了，就带上船。咸丰九年正月开船，船上食的饱，水不够，一天只喝水一杯，有时偷水吃，就打了，别人都是为水打的多。到夏湾拿卖我到糖寮，是二十四个大金，我一帮十人。绞蔗时，每天寅初上工，作到子正歇工，中间歇一时食饭。不绞蔗，寅正作到子初歇。食的是粟米、牛肉干，可饱，就是食不惯。常时打我，有一回四个黑人捺着脱去衣服，拿牛皮条打十五下，是为我同人吵闹。糖寮内共十五个中国人，三个病死，一个食鸦片自尽，是因逃走追回，同一个人锁在一处作工，打的重，受不来，就寻死了。满了八年，东家给我凭据，未得满身纸，我后在瓦窑作了一个月，待我好，食的饱，满了一个月，被巡捕查无满身纸，送到工所，住了八天，另立合同，到瓦窑处作了六年，每月十五圆，又五圆饭食。六年满后，送到多罗闸，先说回来有满身纸给，每月三十圆，病照扣，食的饱。管工人不好，常打我。昨天由多罗闸回到夏湾拿工所，不准出门，无满身纸。我未余钱，是好赌，如果准我在外头寻工作，每月可得十五圆。如有盘川，即回中国，在此处中国人俱是狠

① 卖，应该是“买”之笔误。

② 该供词原无，据《古巴华工调查录》补。见（清）陈兰彬：《古巴华工调查录》，上海书店出版社，2014 年，第 146—147 页。

受屈的。”

冯吉供：“年四十四岁，广东南海县人。本业木匠。咸丰九年间，我同一伙伴到澳门看戏，赌输了钱，伙伴劝我去猪仔馆卖身，将身价银与他再赌，赌赢钱赎我。不料卖身后，伙伴永不回来，我在猪仔馆关住八日，见西洋官，打合同，再无钱给。八月开船。船上待人过得，食亦得饱。有一人投海死。到夏湾拿，卖入糖寮。东家尚好，管工的刻薄，时时任意打人。食既不好，又不得饱。每日寅正开工，作到子正，内歇六刻食饭。礼拜日一样。八年工满，又要打合同，再作七年，两年每月工银十三圆，五年每月十七圆。后来东家想给我银纸，我不愿意，将我锁了两三日，有官来带我入马当萨司工所。现已三个半月，派作工，并无工银，打人尚少，但一日两餐稀粥、面包，不能得饱。”①

刘阿锥供：“年四十一岁，广东惠州府人。我是作石灰生意。咸丰九年间，有朋友由澳门回来，说澳门有工可作，工价又好，劝我搭艇同去。不料去到，骗我入猪仔馆，关住七日，逼我见西洋官，立合同，收银十二圆。十二月开船。船上水饭不足，待人尚好。到夏湾拿，住了十五日，卖入糖寮。按月支工银四圆，病日照扣。管工时时打人，我有一遍与人打降，被锁一个多月。寮内食不得够，三餐皆是薯粟、蕉子、干牛肉。绞蔗时，寅正开工，作到子正，内歇一个半时辰食饭，礼拜日一样。不绞蔗时，无夜工，礼拜日作到巳正，不作夜工。八年工满，我出来作官工，点街灯两年，每月工银十圆半。后来我用银二十圆，买得满身纸一张，在科坣作散工，每月得银约十

① 该供词原无，据《古巴华工调查录》补。见（清）陈兰彬：《古巴华工调查录》，上海书店出版社，2014年，第148页。

圆不定。”①

叶阿甘供：“年五十四岁，广东东莞县人。作炭店生意。咸丰九年间，有一朋友劝我到澳门觅工，不料拐我入猪仔馆，关住两个月，拉见西洋官，立合同，给银一圆。下夹板船即开。到夏湾拿猪仔馆，住了十八日，卖与糖寮。按月支工银四圆，待我尚好，过得。三餐都是包粟、生蕉，不得饱。每日寅正开工，作到亥正，内歇一时半食饭，礼拜一样。作满八年，东家要我再打六年合同，每月工银八圆半，免作夜工。六年之后，将我带出马当萨司工所，日日作修整街道，无钱官工。打人尚少，所食两餐系面包、稀粥，不能得饱。每日卯正开工，作到天黑，内歇一时食饭。”②

许阿秀供：“年二十八岁，广东惠来县人。本卖糖果。咸丰九年间，有朋友黄财，叫我到别埠挑糖，不料到去，将我推入房间锁住。我听见人说黄财已是卖我，拿去银五十圆。是晚，押我落艇，驶出澳门，关入猪仔馆一个月。我见西洋官时，说不愿出洋，官喝道，谁说不愿去，拉去锁打。迫得立了合同，未曾读合同我听，给银八圆。下船时，我正生病，记不得开船日子。船上未打，食够，水不够。到夏湾拿，住三个礼拜，将我卖与别埠地方官整路，作了八年，每月工银四圆，亦略饱，待我亦尚过得。寅初开工，作到酉正歇，内有半时食饭，礼拜日作到辰正歇。八年工满，将我送入工所，作无钱官工。自从到古巴，以此六个月，为极苦，真正难捱。日间有管工跟住，抬重石要快走，不准慢行，稍慢即打。食又不饱，如此受苦，

① 该供词原无，据《古巴华工调查录》补。见（清）陈兰彬：《古巴华工调查录》，上海书店出版社，2014 年，第 148—149 页。

② 该供词原无，据《古巴华工调查录》补。见（清）陈兰彬：《古巴华工调查录》，上海书店出版社，2014 年，第 149 页。

几难得活。六个月后，另立合同，入山寮种烟二年，每月得工银八圆半。一年满后，带我夏湾拿工所，作了四年，遇着不好管工，亦时被打。每日早餐不饱，晚餐得饱。幸去年不派去多罗闸。我愿回中国，不愿在此。常想取满身纸不得。现时我父母尚不知我下落。”①

谭阿佳供：“年三十四岁，广东新会县人。本业田工。咸丰九年间，有不识的人，叫我去澳门米铺做工，不料带我入猪仔馆，关住三日，拉我下夹板船，给我合同一张，并银一圆。六月开船。船上待人不好，水饭不足，好多人被锁的，到埠才放。到夏湾拿三天，卖入糖房，每月按期支工银四圆，病日除扣。我到糖房日久，尚不识话，时时被打。所食系番薯、蕉子，不能得饱。寅初开工，做到子正歇，内有一时食饭，礼拜日午初歇到申初。八年工满，东家又要我再立两年合同。作完，我就走出来，仍无满身纸给我。我现在萨故阿埠做散工，我怕地方官查知我无满身纸，将来捉我入工所。”②

梁阿恩供：“年三十四岁，广东增城县人。本业田工。咸丰九年间，有人带我在澳门看戏，见一人问我爱看洋行不爱，我想看，就同他去，进门就不准出，逼见西洋官，打合同，我不知合同何用，他告诉我不要怕，并未给银。五月开船。船上待人不好，水饭不足。到夏湾拿三天，卖入糖寮。每月按期支银四圆，病日照扣。工人无论作工好不好，常时被打，多有受打难捱自尽的。寮内食不得饱，一日两餐都是粟米粉。绞蔗时，寅正开工，做到子正歇，内歇一时食饭，礼拜日一样。不绞蔗

① 该供词原无，据《古巴华工调查录》补。见（清）陈兰彬：《古巴华工调查录》，上海书店出版社，2014 年，第 149—150 页。

② 该供词原无，据《古巴华工调查录》补。见（清）陈兰彬：《古巴华工调查录》，上海书店出版社，2014 年，第 150 页。

时，不做夜工，礼拜日做到巳初歇。我八年工满，又要我打过合同，说再做一年给满身纸。一年满后，仍无纸给。我去山寮立合同两年，种蕉，每月工银十五圆。后来，我用半个大金，买得满身纸一张，出来格颠剌司埠做工。”①

许阿志供：“年五十岁，广东新宁县人。本在澳门剃头，见生意平常，自见西洋官，打合同，收银四十二圆，内三十圆系身价，十二圆系工费。于咸丰九年正月开船。船上投海死一人，水饭够，待我好。到夏湾拿猪仔馆住四个月，卖到萨故阿属下三打安那，每月按期支银四圆，病日照扣。八年之内，我屡被毒打，十分难捱。食不饱，每日三餐米饭、番薯、牛肉干。绞蔗时，寅初开工，做到子正歇一时二刻食饭，礼拜日一样。不绞蔗时，无夜工，礼拜日寅初做到巳初。我八年工满，东家不准我去，勒我做到如今。工银现添至二十二圆。现在待我好些。我问过几次，欲取满身纸，总是不肯。目下未剩得钱，因为衣服及各样甚贵。我见工人死的，埋无棺材，亦无坟墓。”②

张容四供：“年四十二岁，广东增城县人。本业裁缝。咸丰九年间，有郭葵叫我往澳门，同开裁缝铺，不料到去，即带我入和生猪仔行。我不愿出洋，他亦不带我见西洋官，拉我下船，给合同一张，并银一圆。于正月开船。到夏湾拿七日，卖入萨故阿糖寮。闻得是二十二个大金。同帮二十人，每日两餐，都是蕉、薯、包粟，无米饭，不能得饱，工夫极难作。绞蔗时，一日夜，准要做十时工夫。寮内待人不好，时常锁打。我亲见有好几个自尽死的，有好几个被打死。八年工满，东家不肯给满

① 该供词原无，据《古巴华工调查录》补。见（清）陈兰彬：《古巴华工调查录》，上海书店出版社，2014 年，第 150 页。

② 该供词原无，据《古巴华工调查录》补。见（清）陈兰彬：《古巴华工调查录》，上海书店出版社，2014 年，第 151 页。

身纸，勒我再打三年合同，每月工银九圆。三年满后，我不肯再在糖寮，他送我入萨故阿工所，做无钱官工。六个月后，我领得满身纸。送先辉过司地方官处换，被他收去，不肯给回。我如今在萨故阿一带作工，无满身纸，时时怕官捉我。”①

吴阿义供：“年三十九岁，广东茂名县人。当壮勇。有不认识人劝我出洋打工，我跟他到黄埔落夹板船，住了一个月，外国官到船当面打合同，未读与我听，收银一圆。夹板船出澳门，停了一夜，因又有人上船。咸丰九年二月开船。船上叫我帮同洗船，如不肯就打。到夏湾拿住了十八日，卖入糖寮。食不够饱。绞蔗时，寅正开工，做到子正。每日两餐，限半时。礼拜日一样。不绞蔗时，做到戌正歇工。糖寮待人不好，管工凶恶，工人报病都被重打。我因为病及眼困，被打好几次。我知道糖寮内，三个工人食烟膏死，一个跳水死，一个自缢死，皆因受苦不过。八年工满，有英国人雇我到他家作厨子及侍仔。做工一年，每月十二圆。东家见我工夫做得好，领得满身纸给我。我又到糖寮作工二年半，每月三十圆，自己食用。后来又遇一英国人，约我在马当萨司埠家里作火头，每月工银二十五圆，现已三年了。”②

陈阿以供：“年三十五岁，广东归善县人。本业田工，有陈阿发叫我同去，两兄弟金秀、阿松去香港佣工，当时间跟着他去，不料到西江地方水白门花墟，被人将我兄弟三人捆缚，陈阿发走开不见，逼要即时起行，走了一日一夜，无饭吃。到任洲背地方，锁在一间小屋，饿到次早，带我三人下艇，猪仔头

① 该供词原无，据《古巴华工调查录》补。见（清）陈兰彬：《古巴华工调查录》，上海书店出版社，2014年，第151页。

② 该供词原无，据《古巴华工调查录》补。见（清）陈兰彬：《古巴华工调查录》，上海书店出版社，2014年，第151—152页。

方将绳索解开，拿饭与咸鱼给吃。船上各人俱带利器，不能逃走。到澳门即带入新合猪仔行，关住一个半月，闻得将我三人卖与该行，每人身价七十圆，行内尽是猪仔，大半都不情愿出洋。行主是西洋人，在澳门生的，若有人说不愿去及要逃走，皆被绑住重打。每逢打人，并发辫在柱上，用木棍打、手打，到说愿去，肯放手。他拉我见西洋官，我心骇怕，迫得答应。过了数日，他拿合同到行，叫我签名，即日落夹板船，每人结银一圆，衣服两套。于咸丰九年十二月开行。船上水饭都够，有三人自尽，死的是因有十二人想闹事，连他们三人在内被捉的缘故。其余九个人捆打锁住，进口头一天放的。到夏湾拿住有四十四日，被卖入糖寮。同帮二十五人，我两个兄弟在内，每人卖二十五个大金。绞蔗时，寅初二刻开工，做到子初，内歇一个半时辰食饭。每两个礼拜有一个礼拜做到巳初得歇。不绞蔗时，做到亥初歇，礼拜日做到巳初，食的狠不好，可得饱。先扣回十二圆，说我等在澳门得过的。后来每月发银四圆，病几日内不扣工银。有一日大雨，要各工人做工，衣服尽湿，我抱怨两句，写字人及管工听见，将我锁脚绑住毒打，三个月内带脚链做工，每晚仍上脚闸。我同帮二十五人，做满八年止，剩得十一个人。将我兄弟三人送与地方官，在科垄工所整街，日子好久了。后我再立合同，入糖果铺四年，头三年每月银纸十圆，现在第四年，每月十五圆，东家尚非十分刻薄，亦未取得满身纸。我一个兄弟去糖寮做工一年死了，我未听见他病，至死了埋后，方听见信。尚有一个兄弟在别间糖寮做工，每月银三十二圆。”

阮丙寅供：“年三十二岁，福建同安县人。本做卖饼生意。因赌钱输了，不敢回家，有人叫我去放牛。到了他的房子内，他就锁住我了。过了四五天，带我上艇船，到澳门，过夹板船，住了一个月，未见过西洋官，合同未读与我听，是在船上给的，并银一圆。咸丰九年开船，忘记了月份。船上有一人投水死的。我到夏湾拿住了四天，被卖入糖寮。作了八年，四圆一月，按月给的。头两年，有中国人管工，待我好，食的好。两年后，换了洋人管工，不好，有时打我，用牛皮鞭打，并不为事，给我坏的食。病的时，每日扣十五仙。绞蔗时，寅正做到子初，内歇一时食饭。不绞蔗时，无夜工。满了期，我不肯再立合同，就送我到地方官处，作官工几年，无工钱。去年叫我到多罗闸六个月，每月三十圆，作完就押我来夏湾拿工所。来了半天，工夫是抬石作街路。天亮做到酉初，内歇一时。糖寮人死无棺木，可埋就是了，无一定地方。我即或有满身纸，也是想回中国。”①

林阿用供：“年三十二岁，福建漳州府人。我十七岁时，在家读书，被人拐我到厦门，带我下艇，船到澳门，拐我的人，我认不得，在澳门一个月，锁在行内。未见西洋官，合同是一人给我的，合同也未读与我听，给我两圆。不晓得下船到那里去，多少钱一月也不晓得。到了此地，才知道是四圆一月。下船是咸丰九年，月份忘记了。船上待我极坏，因为晕船打我，食不饱，饭是半生熟的。我一见古巴光景，更不愿意在此地，喜欢回中国，但是无川费。到夏湾拿猪仔馆两个月，将我卖出，不知道卖了多少钱。东家在夏湾拿，卖烟的。作了三年，又转卖到第二个东家，是九个大金，也是作烟。作了五年，四圆一月，按月支发。病扣钱，一年两套衣服，食的饱，待还好。作工是卯正作到酉初歇，食饭是半点钟工夫。八年之后，无满身纸，捉去工所，做工一年。后来又叫我立合同，到糖寮作了四年，每月八圆五角，待我不好，管工用藤条打，工钱不按月发，

① 该供词原无，据《古巴华工调查录》补。见（清）陈兰彬：《古巴华工调查录》，上海书店出版社，2014年，第153—154页。

东家现在欠我四十二圆五角，食不饱，又不好，俱是番薯、牛肉干，无米饭。作工是子正起作到戌正，内歇二刻食饭。四年之后，又捉来夏湾拿工所，食的不好，又不够。作工是卯初作到酉初，内歇一时。因中国有官来看，才发干净衣服与我，从前都没有的。我想回中国，无盘川。”

王宋供：“年四十四岁，福建泉州府人。在家耕田。因为不够食，到府城寻生意作。有人叫我挑东西到家内去。到了他家，就锁住了。到晚上艇船带我到厦门，后来就搬过夹板船。未见过西洋官，合同是在船上给我的，也未读与我听，先给洋钱二圆。咸丰九年正月开船。船上待我尚好。有两个中国头人打我，不晓得是什么事。头一个月食不饱，后来说明就够了。到此地馆内两个月，卖入糖寮，是二十个大金。作了八年，四圆一月。八年后，又同东家打合同，作四年，一月十二圆，按月支的，病的日子就扣钱。一天三顿粟米。管工的人不好。作工卯初作到子初歇工，内有一时二刻食饭。四年后，东家又叫我打合同，我不愿，就送我到地方官处，作了二十个月官工，无工钱的。后来到多罗闸六个月，每月三十圆。作完了，押我来夏湾拿工所。到了二十九天，饭够食的，待我尚好，是作工无工钱。我做挑泥工夫，每天卯初作起，到晚歇，内歇一时。在糖寮时，见人死，有一定地方埋，无棺木。在工所内，未看见过人死，因为有病的送入病房去了。”①

唐生供：“年三十三岁，福建海澄县人。本做卖豆腐生理。因赌输了不敢回家，想到漳州府找一个亲戚，行到半路，天黑入去歇店。有一人说，他亦去漳州，叫我与他同去，落一小艇，不料带我到他所住村庄，将我锁了四十天。后来拉我去厦门，

---

① 该供词原无，据《古巴华工调查录》补。见（清）陈兰彬：《古巴华工调查录》，上海书店出版社，2014 年，第 154—155 页。

落夹板船。并无合同，出了大洋，途中交我合同一张，先给银三圆。咸丰九年开船，月份我忘记了。船上待人尚好，食亦得够。到夏湾拿住卖人馆两个月，被卖我与人做火头，身价是二十六个大金。东家待我尚过得，食亦够饱，病亦不扣人工。八年工满，准我出外，做火头四年，每月二十五圆、三十圆不定。后来闲了一个月，被地方官捉我整街。一年后，带我到夏湾拿监房关住一年半。监中派做卷烟仔工夫，一捆烟仔五千余支，得银五钱六分。若他肯放我出去，我会做纸花，每月约可赚得多钱。我若得有费用盘川，就回中国，见父母亲戚，断不愿在古巴。监里不常打人，但食的不得够，又不好，似喂养猪一般的。”①

王向供：“年四十七岁，福建同安县人。在厦门卖糖果生意。有不识的人，叫我到澳门寻事作，就跟他搭艇船到澳门。到后，带我去的人就锁我在合兴行，未见过西洋官。合同一张，读过给我听，是说工钱的话，给我一圆，又大钱四百文。于咸丰九年正月开船。船上待我罢了。两顿米饭，有咸鱼食的。到夏湾拿住了十五天，卖到糖寮，不知卖我是多少钱。作了八年，每月四圆。东家又叫我作五年，每月十二圆工钱，是按月给的。待我不大好，病的时候扣工钱。食的是粟米、番薯、牛肉干，不好。绞蔗时，寅正上工，作子初二刻歇工。不绞蔗时，作到亥正歇。糖寮内，规矩极利害，作工夫慢要打，不懂话更打，用牛皮条鞭打的。作满十三年，地方官叫我去多罗闸作了六个月，三十圆一月，按月给的。地方官说多罗闸完工回来，给满身纸，话都是假的。先已做完了一个月，尚未给我。夏湾拿工所待我尚好，食的饱，就是作工无工钱，工夫是修路、整街。

① 该供词原无，据《古巴华工调查录》补。见（清）陈兰彬：《古巴华工调查录》，上海书店出版社，2014 年，第 155—156 页。

天光做到酉初收工，内歇一时。我现在剩了二百块钱，如准我出去，我就回中国。”①

林连供：“年三十四岁，广东新宁县人。咸丰九年间，有同宗林阿喜，请我去香山城说话，不料他不是带我往香山城，直将我拐到澳门和生猪仔行，关住两月。我想寄信回家，无从寄出。和生行伙计送我下夹板船，给我合同一张，并银一圆。我未曾见过西洋官。我在行在船啼哭苦切，无人理我。三月开船。食亦得够，但是不好。各人亦得上舱面抖凉。船系吕宋的，船主系英国人，尚不难为我们。到夏湾拿卖人行，住了两月，将我卖出。闻得身价是二百零四圆。在火车路作工三年，后来去糖房作足八年。出作散工，得有一张满身纸。我吸食鸦片烟五年，曾经寄银六十八圆回家，至今并无复信。中国书信来去都极阻难的。我特来夏湾拿城客寓面诉的。”②

何阿周供：“年三十岁，广东南海县人。先作剃头生理。有人叫我去澳门剃头，每月工银四圆。下船时，舱内先有十五人。到澳门，即时同带去西洋官处。官先问我愿出洋不愿，又说作工八年，每月四圆。我未言语，心里不愿。后来就递合同与我。咸丰九年正月开船。船上待人不刻薄，船主和气。到夏湾拿住了十日，卖我入糖寮。食用略得够，我作工夫勤，虽未曾重打，我亲见同帮之人被打的折手脚者甚多，又有自缢者四五人，吞烟膏死数人，俱是因病不能作工，怕受他搒打的。绞蔗时，寅初二刻起工，到子初歇，中间食饭歇一时半。不绞蔗时，工略少些。我作满八年，每月工银四圆。后来再立合同，作一年，

① 该供词原无，据《古巴华工调查录》补。见（清）陈兰彬：《古巴华工调查录》，上海书店出版社，2014 年，第 156 页。

② 该供词原无，据《古巴华工调查录》补。见（清）陈兰彬：《古巴华工调查录》，上海书店出版社，2014 年，第 156—157 页。

每月十二圆七角半，按期发给，生病扣银。作完一年，我想到别处作工，东家将我送到萨故阿工所，未给我凭据。我虽常问他取，他总不给我。作一月无钱官工。满后立合同一年，作厨子，每月工银十圆，相待尚好。作完一年，我想添给工银，东家不肯，我不肯再立合同，又送我到工所。作了三日，又立合同去糖寮。作工两年，每月十二圆七角半。东家待我尚好，待各工人亦好。做满两年，我见工太辛苦，想出外找别样工做，东家送回工所。住了十日，友人雇我做厨子，言明做一年，每月银纸十四圆。满后回工所，做了十三个月，又与入糖寮立合同，做四个月工，每月十二圆。后来官调我往多罗闸开山，言明回来有满身纸给我。我愿去，每月银纸三十圆，食用不好，水土也不好，狠受苦。六个月内，每百人死了有一二十人。满后，不给满身纸，送来夏湾拿工所，做无钱官工。未剩得银，因常生病。如果官肯给满身纸与我，出外做工容易，每月至少得十圆以上，有盘川回到中国，虽做乞丐，亦比古巴好。”①

以上咸丰九年华工六十四名口供。

中国第一历史档案馆、卢文迪、陈泽宪、彭家礼合编：《中国官文书选辑》，陈翰笙主编：《华工出国史料汇编》第一辑，中华书局，1985年

① 该供词原无，据《古巴华工调查录》补。见（清）陈兰彬：《古巴华工调查录》，上海书店出版社，2014年，第157—158页。

（四）咸丰十年十一年华工口供

李阿体供："年四十三岁，广东河源县人。咸丰十年被人骗到澳门，进猪仔馆，打合同一张，收洋钱八圆。见过西洋官。十二月开船。到夏湾拿卖到本处火车馆，待我罢了，食的饱，两餐米饭。作满八年，再立合同两年，作完无满身纸，送到工所两月，我自己逃走了，作散工。作了三年，去年用两个半大金，买了一张满身纸，同工头杨阿四作工。后来地方官说纸不好，无地名，是夏湾拿出的，他说纸上未写萨故阿地方的名，不能到此作工，就叫官捉我，实在是因为东家少我们的工钱一千三百圆，工头问他要，他就捉了。东家又说，十个人纸好，二十人纸不好，想不要工头，只留作散工的，就可以押着日夜作工了，又想不给工钱，总管要作夜工，我们有工头，经手的人不肯作夜工，他就说纸不真。前审的时候，我说纸是在夏湾拿打的，有印为凭，起先又验过，何以是假的？地方官不能回答，有意思要放我们，又要想我们的钱，工头与我们都没有钱，所以至今未放。我一帮十一人，在萨故阿监内已坐了八个月，我不晓得受如此苦楚，如此冤屈，指望有满身纸，又验过是真的，后来变到坐监，我真想不到。中国人在古巴受的欺负凌虐多的狠，求作主拯救。"

唐占魁供："年四十三岁，广东龙门县人。咸丰十年去佛山考试，由省城上船，被人拐送澳门，入和合猪仔行关住。我见说不愿去出洋的人，皆被打得半死，我住了七日，拉我见西洋官，只得允从立合同，收银十二圆。押我下船，即开到夏湾拿，卖到本城面包铺。每夜亥正二刻开工，做到未正收工。我屡屡捱打、捱锁。我同帮新会陈姓，因捱打不堪，自缢身死；地保来看，亦即无事。我八年满工，不肯再打合同，送到工所，做了一个礼拜官工，有契爷保我出来行医。我又在外病了两年多，现今在夏湾拿城行医度日。”

陈阿焕供：“年三十六岁，广东嘉应州长乐县人。有李阿八，长乐水口人，骗我说到香山当勇，我就同他去，带我到澳门李生泰行。他说打合同，才能出街走路，我就打合同一张，给我洋钱五圆。咸丰十年三月开船，到夏湾拿卖到糖寮。东家不好，总管待人凶恶，常打，我们一帮一百人，吊死了五十人。东家现已作贼。我作满八年，送我到工所，我无钱，不能打纸，又立合同，作了两年，每月工钱八圆。因病送我到马当萨司工所，现已作工三年多，无工钱的。此地工夫辛苦的狠，礼拜不歇，我作卷烟工夫，夜里作到十二点钟，早上五点钟作起。每天食豆粥，食不饱。作烟工夫，不甚打。糖寮内吊死的人，是我亲见的，实在因凌虐不堪，真不能受了。此是总管恶毒之故。”

张阿文供：“年三十岁，广东南海县人。前我的父亲在福山作簟缆生意，因贼乱冲散，遇着新安麦姓，带我回去五六年，给我三两银，回福山后，遇见大沙人，捉至猪仔船，绑在船上。惟时我才十六岁，到澳门送入猪仔馆，打合同一张，收银十二圆，见西洋官不敢说话，我因头一次见西洋官，不愿出洋，被猪仔头毒打，受不住，我是以不得不应允。咸丰十年五月开船，船上待人不好。到夏湾拿住了四个月，卖入山寮，是法国东家，待人好。做了六年半，调入糖寮，总管凶横，常常打我，我亲见死的人多的狠，都是吊死的，一日夜只准睡一个时辰。食的是弓蕉、番薯，不得饱，我就拿工钱添补买食，每月四圆，生病的日子又扣，是以无余钱。糖寮作了一年半，满了工，又作了五年，每月八圆五角，无合同，投入工所整街，作无钱工，等满身纸，地方官又叫我出去作工，每月三十圆，自己得十八圆，官得十二圆，作了两个月，到多罗闸开山，作了六个月，每月三十圆，食物贵的狠，买一杯水要半圆，所以不能有余钱。多罗闸作工病死的人多，因为水土太恶，工又苦，所以如此。我作完了六个月，就到夏湾工所。我想回中国，无盘川。我要有满身纸，就可以出去多挣几个钱，就够盘川，可回去了。”

陈阿秋供：“年四十五岁，广东三水县人。我在省城作木匠，被人骗我出洋，是因赌钱输了他二十几圆，只得跟他走。咸丰十年三月，在黄埔下船，无合同，无钱，即日开船。船主待人好。到夏湾拿卖至萨故阿属下糖寮，司头待我凶恶，日夜作工，无的饱，无钱，日日打。作了一年多，因黑人管工更凶横，不堪凌虐之至，我们有五人情愿不要命，将他杀死，省得受他的凌虐，杀死了他，就将我们五人拿入监，定了坐监十二年。前未定罪时，在乡下坐了两年监，现在送入夏湾拿监内，五人已死两人，仍有三人在此地监内。作工比糖寮好点，我在监内卷烟，每礼拜卷三捆，可以够交了，如不足三捆，是要打的。监内有人作街工，受不来苦，就吞鸦片死了，死后医生割开看过，就送出监。如生病，有医生看，入病房报病，必得大病，如系小病，就不准了。”

余名兴供：“年五十一岁，广东化州人。在家作酒油小生意。有个邻近人叫我同到新加坡作生意，是咸丰十年十一月的事。他就同我到澳门，我后来晓得是卖猪仔，我不肯答应，他就打我，差不多打死了，我捱不过，只得应允立合同，给我银十二圆，下船即开。船上待我不好，日里不准睡，有睡的，就打。水不够吃，有时一圆银买两杯水。如遇见头人，就要打。到夏湾拿卖入糖寮，凶恶之至，作工无论快慢，俱用牛皮条鞭打。我亲见自刎两人，一叫阿开，一叫九角纸，后来医好了。又见吊死三人，名字我记不得了。又有一个自己打下阴打死了，都是眼见，是实话。绞蔗时寅初上工，午正食饭，未初又作工，酉正食晚饭，戌初又作到子正歇工。食系蕉子、粟米、咸牛肉，不得饱。作了八年满身，不给满身纸，勒逼我再作三年作完，东家问我愿再作不愿，我不愿，就送我到科垄埠，作了十五日官工。又送到夏湾拿，作了六个月整街工夫，作完了仍押在工所作工，每月八圆。作了二年，想回中国，只无盘川。我家内有妻子兄弟，不知道生死了，可惨之至。”

李阿会供：“年四十岁，广东南海县人。因赌钱在省城游荡无事，遇见素不相识的人，叫我往澳门去，说有事做。我同他去，不料他是拐骗我，入虏即答猪仔馆关住三日，见西洋官，打合同，收银八圆。我对西洋官说肯去，是因猪仔头吓我，说不愿去的重打，所以我迫得答应愿意。官说出洋每月工银四圆，有得食，每年有衣服两套，我即上船，在澳门停泊六个月，咸丰十年九月开行。船上待人不好，食既不好，又不得够。我因饿吵嚷，被四个水手拉我上舱面毒打，如今身上尚有伤痕。到夏湾拿猪仔馆住三日，卖入糖寮，卖我是四百零八圆。每日三餐，蕉子、包粟、牛肉干，亦可够食。辰正二刻开工，做到天黑。头一年每月三圆，以后四圆。我有时生病，不能做工，寮内叫四个黑人将我脱净衣服，推倒地下重打。八年工满，送交地方官修整街路，做一年无钱工夫，亦无衣服发给，日餐止有番薯。后来立合同入糖房六个月，每月十二圆，食的饭及衣服俱是东家给的，作完不用后，又自入糖寮，因未照章报明，作了三四日，有地方官来捉我说，我无满身纸，自行作工，拉回整街三年。有一日我病不能做工，管工的将我膀打折，到如今不能转动，请验。作满三年，押我去多罗闸作工，每月银纸十五圆，待我尚好，有饭食。说过六个月工满回来给我满身纸，不料无纸给发，又送我来夏湾拿工所，我因手折难做得工。此数日间闻得中国官来，派发新衣服。我极想回中国，我总先要出古巴。”

高宝供：“年三十二岁，广东四会县人。本做小卖买，有朋友叫我看戏，不料是带我到澳门猪仔馆，逼我见西洋官，立合同，收银十二圆。于咸丰十年五月开船。船上死人不少，因为相待不好，不准上舱面抖凉。船主疑闹事，捉几个人，一路锁打多日。到夏湾拿，我病了，住八个月，卖入萨故阿做火头，卖我是八个大金，是因我身子软弱之故。工银不按月支发，并无衣服。我在他处两年，东家极恶，我不愿意做工，东家将我租与别人，每月工银二十五圆，司头取十七圆，我得八圆。我做了六年，计司头赚得银已一千二百二十四圆了。八年工满，仍不肯给我满身纸，将我送萨故阿工所，做无钱官工一年。食不得够，又常挨打，后来准我立合同，在外作两年工满后，送回工所，一个半月，又立合同一年，复送工所。现在有十九个月了，官说要我三个大金买满身纸，奈我无钱可送。工所无衣服发。闻得有中国官来，十四个老的病的，俱打发出去了，我不知要押此多少日子才满。”

李齐供：“年三十二岁，广东南海县人。咸丰十年间，自想出洋佣工。于十二月在广州城开船，到夏湾拿住四五个月，被卖入科垄属下夫厄虏厄底古巴糖寮。食不得饱，每日两餐，是蕉薯包粟，一餐有些米饭，叫作小餐。绞蔗时，寅正起工，做到子正，内有一时二刻食饭。礼拜日一样。不绞蔗时，不作夜工，礼拜日作到巳初歇。作工辛苦，待人又不好，时时锁打。我曾被闸脚锁打，不知是何事。我到后晓得，死了三百人，有寻死，有打重病死的，有自己生病死的；大约有一百人逃走，逃走的人多是因他刻薄，不能挨得。有一遍四个人，杀死一个管工黑人，捉锁寮内监房，六个月就有两人吊死的，两个在糖寮用枪打死，各工人都看见的，未知经官审过否？实未曾叫各工人问过。闻得此糖寮管工被人斩死了好几个，寮内工人不准出街，如若出街，就要锁打，限定在糖寮内所开铺店买物，价值昂贵异常。我八年工满，仍勒我在此做工，每月发银十七圆。

我实不愿在此，愿出外间觅工。我一帮四十四人到寮，现止剩得十一个。”

黄敦供：“年五十岁，福建漳州府人。本业田工。咸丰十年间，有一日趁墟，在半路被四个人捉我入屋，锁在房间。我看房内已经锁有二十个人。是晚押我们下厦门，落夹板船，给我合同一张，并无银给。十二月开船，船上跳海死二人，中国头人时时踢人，水饭亦不够，问添水饭，都要被打。我到夏湾拿一月，卖入糖寮，卖我是二十个大金。头一年按月支工银三圆，后来四圆，病日照扣，待人十分凶刻，任意打人。我亲见寮内自尽死的数人，皆系苦楚难捱，愿意寻死。食系蕉粟并臭干牛肉，不得够饱。绞蔗时，寅初开工，做到子初，内歇半时食饭。礼拜日一样。不绞蔗时，做到亥正，礼拜日做到午正得歇。我八年工满出来，另立合同，到别间糖寮一年，每月工银十二圆，后来用六个大金买得满身纸一张。现在马当萨司埠卖鱼，每月约可得银二十圆。”

叶锦全供：“年三十九岁，广东顺德县人。本做木匠，自想出洋到夏湾拿。现在卖在格颠剌司属下三安多里婀糖寮医生处做火头。我到古巴算是第二次了。头一次，到来十二年，中白鸽票，赢得银五千圆，回去中国上岸，几日间，在香港妓馆，被女人用药酒灌醉，将我的银子尽偷去了，我醒来气极，就无指望。我想，在古巴时中得白鸽票，运气总算好，我就想仍回古巴。此时在医生处，待我尚好，食亦得饱。”

何阿四供：“年四十八岁，广东电白县人。我作泥水匠，被人拐我到澳门，入猪仔行，我不肯来，一定叫我来，不准出门，我只得依他。见过西洋官打合同一张，收银十二圆。咸丰十一年三月开船。船上有女人十二个。到夏湾拿卖到格颠剌司属下夜司必朗萨糖寮作泥水，十几天后，作耕种工夫。初来时，打的极重，同我一帮两人，管工是黑人，受尽苦楚了。作满八年，无满身纸，又逼作四年多，忍饿挨打，比畜生不如，恨不即死。我前几天问东家要纸，他说再要添作六年，若一定如此，我只好寻死了。”

以上咸丰十年、十一年华工口供。

中国第一历史档案馆、卢文迪、陈泽宪、彭家礼合编：《中国官文书选辑》，陈翰笙主编：《华工出国史料汇编》第一辑，中华书局，1985 年

（五） 同治元年二年华工口供

吴阿三供："年四十八岁，广东嘉应州人。有人骗我到澳门当勇，到澳门后，打合同一张，给银八圆，见过西洋官。同治元年十二月开船，到夏湾拿卖到科垄属下夫厄房厄底古巴糖寮，东家严恶，食不饱，百端凌虐不堪。我作满八年，不给纸；又立合同一年，我真受不来如此苦楚，就逃走，他又捉我回来，将两股打烂，锁脚作工，无工钱，作烧火工夫。日夜不能睡，现在才放几天。总管凡锁华人，要学羊叫、狗叫，如不叫，就要毒打，真是任意糟蹋。我连衣服都无的穿，生不如死。每日食粟米粉、蕉子，又有一小碗米饭，作重工，总不能饱，只好自己添食了。"

李阿德供："年三十六岁，广东博罗县人。在家耕田，有黎阿仁，约我到省城作工，不料带到澳门逼见西洋官，打合同一张，收银八圆。同治元年十一月开船，到夏湾拿卖到糖寮，待我不好，常打。每天寅初上工，作到子初歇工换班，下班的人，戌初睡到子初起来。我见打伤的人，常有打屁股，是脱去裤子打。因作工时吃一口小烟，就拉回用四人捺住打二十四鞭，皮肉都打烂了，这是至轻的；又有锁脚，在后用马鞭赶着走。总管如好，只锁得两个月；不好，锁六个月。凡脚镣，是连头颈锁的，铁链、脚镣共计有四十斤重。我锁过三次了，是因对总管说食山薯不能作工，就锁，共锁有七八人。一次是总管叫我煮糖，无人换班，寅初二刻才换班，第二天睡到辰正，说我多睡二刻，就锁两个月。作工割草时，有工钱的，如生病，不准报病。常年不准洗衣服，所以容易生病。如有人歇工后洗衣服，被黑人看见，又要打，又要锁脚，礼拜作到午正，就进房锁门，睡到酉初又起来作工，所以无工夫洗衣服了。我在糖寮不能出门。买物是有人来卖的，价钱大。前有人在附近糖寮小店内买过一次，就拉回来锁脚八个月。我作满八年，无满身纸，又立合同两年，每月八圆。后来送到工所，转送到多罗闸作了一年，每日十个先士银纸。我作十二个月，只五个月有钱，余者俱是无钱的。番官说作六个月就有满身纸给我，后来并未给。工夫极辛苦，水不好，我作了一年，一帮八十八人，死了三十多人。回来就到先辉过司工所作工，有人叫我出去作工，每月十一圆金钱，我得一圆，官得十圆。后来我到机器局作工，每月十七圆，也是给官十圆。作了一个月，后来作官工，作了五个月，无钱，有米饭食，一餐六两米，三两生牛肉。作工不打，出街黑人就打。此地比糖寮好些。白人待我们好些，黑人打得极狠。”

谭瑞供：“年三十七岁，广东清远县人。我因家贫，出来作工，遇见长乐人古阿明，叫我去澳门进洋行作工，就带我入猪仔行，打合同一张，收银十二圆。同治元年二月开船。船上待我罢了。到夏湾拿卖入本城作面包铺，东家待我中等样。作满八年，有满身纸，就自己作散工三年。后来在卷小烟铺作生意，每天卯正上工，作到亥正歇。有一天我进铺去，在路上见有三个人殴打一个人，是中国人，我就去解劝，即时走开。那两个人说我抢他的表，我并未抢他，他叫巡捕拿我，送到地保馆，有官问过定罪，在夏湾拿坐两年监，已经坐了八个月。我在监内卷小烟，前在路上殴打的人，我认得，记不得他的名字了。”

黄阿芳供：“年二十八岁，广东电白县人。作戏子的。有香山人陈阿足，带我到外国船上顽耍，进了舱就锁住了，不准上岸。见过西洋官，合同是船上给的，又给洋钱八圆，衣服两套。同治元年七月开船，有十一人自己寻死。我问船上要饭吃，要及茶吃，打过两次。上船第二天，叫我们各人上舱面，检了一百七十三人，至有气力的，都锁上，两人一链。在船两个月，都未放。有一百五六十人，都被他脱去衣服，用藤棍打，或十下，至二十五下不等。只许两人一班，上舱面透风。到夏湾拿卖到糖寮，同帮十个人，每人卖三十个大金。糖寮内食的不好，又不饱。我的工钱扣除澳门给的，后给四圆一月银纸。绞蔗时寅初作到子正，礼拜不停。不绞蔗时，寅正作到戌初，礼拜日作到巳初停工。因为我病了，管工说我是假病，就上脚闸，上过五次。满了八年，又作两年，工钱加过，不给凭据，不能得满身纸，现在我自己在格颠剌司作工。在糖寮时买物，均在本糖寮铺内买。中国人死了，埋葬同狗一样。”

罗阿纪供：“年二十八岁，广东番禺县人。同治二年来夏湾拿。同治三年，在萨故阿糖寮作工，作了五年，司头待我凶恶，管工亦是凶恶。作的慢，走的慢，都常打伤。用牛皮条鞭打，有伤痕可验。到第五年，我与黄阿兴、陈阿叶三人去割草，因为有一棵树未砍去，管工的用皮鞭打阿兴，阿兴转头，管工的人用刀砍阿兴颈子，阿兴即拿刀砍了管工的手将断；阿叶又用割草木柄镰刀伤了管工的头；我未动手，就连我送到监里来了。到了约三年，他两人去年十二月出去，官说我来的早，他们来的迟，是我主使他两人的，所以放他们不放我。在夏湾拿定我坐监五年，那两个坐三年就放了。我在糖寮时，是四圆一月，作工时候常毒打，食蕉子、山芋、干牛肉，一天两餐。卯初作工到子正歇，中间歇一时食饭，每逢礼拜作到午正歇工。”

叶伴凤供：“年三十岁，广东新宁县人。同治二年十月，因地方乱，有猪仔头骗我说出洋做工，见西洋官，立合同，给银八圆。十二月开船。到夏湾拿住了一个多月，卖入马当萨司糖寮，东家与管工待人刻薄，食止薯粟，不能食得饱。每日丑正开工，子正收工食饭，歇一时。管工时刻打人，我屡受打，身常肿，常烂。管工黑人名啡唎，打得更毒。我做了三年多，同帮皆恨极管工啡唎，有十九人皆受他痛打，一时众忿，用锄头将啡咧打死。东家将我们送格颠剌司交官，坐监二十个月。再送我等到夏湾拿，说要坐监八年，锁了脚链四条，管监官派我一个礼拜做烟三捆，若做不够，则要捱打。将来监满，闻得仍要押回糖寮，大约无命回中国了。”

王从盛供：“年三十一岁，江苏丹阳县人。跟通永镇李志和大人到广东，住在省城花地，有人哄我出洋做工，到澳门进猪仔馆一个月。同治二年二月开船，给合同一张，洋钱八圆。船上有不愿意出洋，就投水死。到夏湾拿卖到古巴城挖金，作了五年，挖金地方有一个坑，二百多丈深，是用炮轰石爆碎，然后检金。东家是英国人，待我不好。我挖金时跌断了一只膀子，五年东家转卖我至萨故阿炭山，东家也是英国人，待我凶恶，作了一个月，我就斩死了管工白人，是古巴本地人，是我们十九人一起作的事，皆因凌虐不堪，拼命斩死了他的。东家就送我们入监，定罪坐八年监，赦了五年，只坐三年。现在夏湾拿，已坐二年零七个月，仍有五个月就满了。我此时在太官衙门做扫地工夫，不苦，有的食。”

黄阿满供：“年五十六岁，广东新宁县人。我在家里山上作田，被人拐到澳门，共八个人，给合同一张，无钱。同治二年十一月，下船即开。到夏湾拿即卖到科坔属下夫厄房厄底古巴糖寮，东家凶恶，常打，百般凌虐。食不饱。作满八年，不给满身纸。又作了两年，每月十五圆，作烧火工夫，不打了。倘或慢，仍然要打、要骂。不准出糖寮地界，如果出去，就捉回锁脚。未满身，每月四圆银票。如果赊物，就给簿一本，在本糖寮铺内买，每月照扣工钱。生病不准，告病要打的，如真十分重病要死，就准告了。今天你们看见的，是报半天的病，小刻就要下来作工夫。生病的人，医生可叫狗咬，或者用棍打，肆行凌虐就是了。作工夫是寅正作到亥正歇。”

陈得正供：“年三十三岁，广东始兴县人。同治二年，我在佛山找工作，被人诱到澳门，带入猪仔馆，关了半个月，逼我见西洋官打合同，给银八圆。十月开船。船上水饭不足。到夏湾拿十余日，卖入糖寮做工，稍不如总管之意，即收监房，带脚锁链，仍要作工，或打二十五鞭，或打五十鞭，或打无算，动至血肉淋漓。东家来时，尚放松些。但东家不过一年来三两遍，住三两日即去，是以工人受总管凌虐不堪。我做工八年，每月工银四圆。工满不肯给满身纸，送我们同帮十三人往马当萨司工所，做十个半月无钱街工，别家雇我，官不准，仍押我回原糖寮做工，每月银纸二十一圆，食不得饱，派我之工无定，各样俱有，皆是辛苦，为中国所未有。我回此又两年多，不能得满身纸，寸步难行，想来是要死在此地了。糖寮两次失火，我均睡着惊起，同众人救火，至如何起火，我不知道。我亲见华人捱苦，寻死自缢死者五人，皆破肚锯头验看，亦未闻官问总管之罪，只要有钱送官就无事了。此地糖寮名那司格阿里亚司。”

陈林山供：“年三十四岁，江西赣县人。我跟官到广东，因赌输了，遇见人叫我到澳门打工，我答应他，到澳门带我入猪仔馆，打合同一张，收银八圆，见过西洋官。同治二年九月开船。船主尚好。到夏湾拿卖到萨故阿糖寮，作满八年，待我不好，总管打的毒，无的饱。我们三十人不服，有人对总管说我们背后怨，总管凌虐我们受苦难捱的话，总管就锁起十几人来，又送钱与地方官，叫兵来开火枪，打死四人的，是高明县人李阿记、高要县人阿照、惠州府李庚有、新会县人阿兴。我作满八年，不给满身纸，叫我补作四个月，作完到萨故阿糖房作了一年。又叫我做，我不作，就到此地糖寮作工。我花了两个大金，买得英国纸一张，自己作工。我现在无苦处。此地共四十三人，新旧都有的。我在前一个糖寮，受过凌虐，这个糖寮自己的身未受凌虐。此地新来的人，打是常事，打中国人都是用棍打的，也是受凌虐。此糖寮是萨故阿属下名三打安那。”

黄阿沛供：“年二十九岁，广东新会县人。同治二年八月，因为赌钱输了，被人诱到澳门街，打合同一张，给银八圆，见过西洋官。十一月开船。到夏湾拿住了三个月，卖到糖寮。司头待我凶恶，日夜作工，无的饱。初来总管尚好，作了三年。后来换了总管，是白人，日夜的打。因为受不过，有新来的一帮人，就将管工斩死，我们共十二人一起收监，定罪十二年。我已经坐监六年，死了四人，回糖寮一人，现在有七人在此。夏湾拿监内比糖寮好些，有的食，每天卷小烟仔，卷的多有钱给，如卷的少，是要打的。”

刘英岳供：“年三十一岁，广东新宁县人。我在乡下学银匠生意，遇见何阿圆，恩平县人，骗我说新加坡去可挣多钱，就带我到澳门新昌记行，是开平人开的，无合同，无钱，也未见西洋官。落船后，不准上岸。锁住了，才给合同一张，我不知道是如何说法。同治二年六月开船。炮打死了几人，因为船主疑他们闹事。到夏湾拿被卖入糖寮，打的恶毒，我作了七个月，到科垄工所，作了两年，无工钱。又搭着作中国人工夫，积了一百余圆，就向写字的人买了一张纸，是顶人的名字的，后来自己在夏湾拿作打银工夫了。”

郑九供：“年三十二岁，山西代州人。跟官到广东。同治二年九月，被广东人黎福诱到澳门，拐逼出洋。到夏湾拿卖入马当萨司埠糖房，每日寅正起工，做到子初。所做皆系重工，礼拜日寅正做到申初歇。管工时刻打人，重伤将死，方得落病房，轻伤仍带脚链做工。糖房有监房二间，一间木的，一间铁的，常押多人。不分冬夏夜里，皆脱衫裤，上脚闸。每年受虐不堪，投水、自缢、食烟膏甚多，因受伤病死的，更难数计。旧年有李阿二被打落水淹死，又打死黑人三个，番官将总管送去坐监，现在换过新总管，打人也要上脚闸，脱衫裤方打。闻得十六年来，该处糖房共卖到七百中国人，现时通计，满身得出的三十余人，存下的百二十余人，已死五百余人了。”

黄阿章供：“年三十二岁，广东南海县人。同治二年二月，被人诱到澳门，带入海边猪仔馆，住十余日，逼见西洋官打合同，给银八圆。下船即开。船上跳水死的三人。到夏湾拿一月，将我卖入糖寮。总管凶恶，时常打人。食止蕉薯。绞蔗时，寅初做到子正；不绞蔗时，寅初做到戌初。有时仍要做夜工。我八年中，亲见总管打伤两人，抬入病房，次日即死。又受苦捱打寻死食烟膏死六人，自缢三人。我工满，东家不肯给满身纸，将我送先辉过司工所，做了两个月无钱官工。有本埠洋人，雇我做木工一年，每月工银八圆。工满认一契爷，取得满身纸，用去银三十四圆。一年之后，地方官又说新纸用不得，将我捉入工所，做官工两个多月。管工想要我送钱，锁脚，日日用牛皮鞭毒打，有时又用棍打。我同林阿佑因冤打难堪，命在旦夕，我就用斧，阿佑用刀，将管工砍死。番官捉我入先辉过司监五个月，又送我来夏湾拿监房，现已六个月，闻得要坐十年监。在监内派做小烟，一礼拜要交三捆，日夜少得歇时。想到被人诱来古巴，如此受虐，时常呕血，大约捱不满此九年余了。”

钟南斗供：“年三十九岁，广东开平县人。我因客家乱，走到鹤山，被人骗我到澳门，进猪仔馆打合同一张，收银八圆。同治二年九月开船。到夏湾拿卖到科垄糖寮，待我不好，常打。食的一顿番薯，一顿米饭，一日夜食饭睡觉共歇三个时辰。作了八年，再立合同一年，无满身纸，总要叫我常作工。我就出来，同领工头杨阿四作工，是在夏湾拿东家处取的纸，是真的。后来地方官说不好，无地名，是夏湾拿将军出的，他说纸上未写萨故阿地方的名，不能到此作工，就叫官捉我，实在是因为东家少我们工钱一千三百圆，工头问他要，他就提了。东家又说十个人纸好，二十人纸不好，想不要工头，只留作散工的，就可以押着日夜作工了，又想不给工银。总管想要作夜工，我们有工头经手的人，不肯作夜工，他说纸不真，前审的时候，我说纸是在夏湾拿打的，有印为凭，起先又验过，何以是假的？地方官不能回答，有意思放我们，又要想我们的钱，工头见我们都没有钱，所以至今未放。我一帮十一人，在萨故阿监内已坐了八个月，我不晓得受如此苦楚，如此冤屈指望有满身纸，又验过是真的，后来变到坐监，我真是想不到，中国人在古巴受的欺负凌虐多的狠，求作主拯救。”

王廷贵供：“年二十六岁，湖南武冈州人。我是当勇的，先在蒋抚台营里，后来销差，我共有七个人，作走江湖的生理。同治二年九月到惠州，我是医跌打疯痰卖药的，就有人说，他有老母生病，请我去看，我就跟他到澳门住了四天，叫我上船，我晓得被他拐，不肯上船，他就拉我下屎牢，我只得上船，西洋官问过我愿去不愿去，我说不愿去，他就把我另跕在一处。过了三天，猪仔头又叫我去说，今天西洋官问你，你说不愿去，就真送你下屎牢，永远不得出来。我只好答应了，给我合同一张，银八圆。十二月内开船。船上待我罢了，通事不好，乱打人。有二十四人投水死，有两个食鸦片烟膏死的，都是被拐不愿意活了。到夏湾拿住了三个礼拜，闻得卖大金三十圆，卖入糖寮。我在那里做火头，我看见待中国人凶恶的狠，我一帮卖去七十多人，吊死了五人，逃走了三十多人。糖寮工夫甚苦，每天只歇两点钟。食饭粟食不饱，又要上工乱打。我作了七年，司头去作贼，我不肯去，走到地方官处作火头，作了七个月，无工钱。又带我到科垄，送我到工所，作无钱官工，苦的狠，饭食不饱。作了四个月，叫我到人家再立合同作工，每月八圆。作火头不苦，作了一年零两个月，又送我到工所作无钱官工，作了九个月火头。又押我到多罗闸作工，每月十五圆，作了六个月，有合同的，作完了，就送到夏湾拿来打纸，不料到了这里，不给满身纸，叫我作街工，此地工夫中等，是无钱的，食饭系派的，食量大就不饱，我是食不饱。如果有钱，定要回中国的。”

赖阿时供：“年三十岁，广东长乐县人。在家作田，后来在香港作工，遇见海丰县姓李的，叫我到澳门街作卖鱼生意，到了一处，住了十几天，打合同一张，给洋钱八圆。猪仔头勒定要去，不能由我，西洋官问我，也只得答应。船上有饭食，无水饮，因众人在船哭吵，不愿出洋，船主吩咐水手，用铁索打，约计打死有八十人，是水手打中国人。到夏湾拿住了六个月，卖到糖寮，司头狠恶，稍走慢些就打。寅初二刻起身，寅正作工到辰正食饭，辰正二刻又上工，午正暂停，未初又上工，作到戌初食晚饭，饭后开工，到子初二刻歇工。每天早上食米饭一小碗，咸牛肉一块，晚上番薯三条，咸牛肉一块，食不饱。作了两年，因为受不来苦虐，就逃走了。一年多遇着巡捕拿做整街工夫，六个月无工钱。因为无的饱，又无的穿，就又逃走，到煤厂作工，每月二十五圆，吃自己的。后来地保查出，就拿到夏湾拿工所作工，先两年无工钱，后每月八圆五角银纸，到此已作了五年，总管好就好，总管不好就要受苦了，是不定的。局内说我先作了无工钱的两年，就算满工，但无满工纸给我。想回中国无钱，不得去。今日是局内挑定，候大人问话的。”

朱村房供：“年二十五岁，广东惠州府人，佣耕度日。同治二年十月，有保阿工约我往澳门打工，即带我到意生馆住了一个多月，逼我到西洋官处立合同，我说不愿意去出洋，西洋官将我撵出，猪仔头复用绳绑我回馆，在馆交合同，并银八圆，拉我下船。同治二年十二月开船。船上水饭不足。我记得在船有一日渴极，取些水饮，被船主每手打二十五板。到夏湾拿卖我到糖寮，初年每月工银三圆，以后每月四圆。绞蔗时子正起工做到巳初食早饭，又作到午正食中饭，又作到戌正食晚饭，礼拜照样。不绞蔗，寅初作到戌正，内歇六刻食饭。礼拜日做到午正歇。所食皆蕉粟等物，不够饱。东家任性，十分凶恶打人，我被打难以数计。我有一次割草漏了一点就打，至今我额上两个疤痕，是当时打伤的，肩上打烂，各疤痕今尚可验。记得有一次被打将死，到病房医两个月方痊。我有一堂兄弟朱梅香，车蔗略少，管工问因何不车多？答以牛瘦，多则不能走。管工大怒，不准中国人同他强嘴，当时用棍痛打，打时系申正，至戌正即死，随即抬埋，地方官不知道。我亲眼见因受虐不堪，自缢死者六人，其余打伤后死者甚多。我八年工满，问取满身纸，勒再做一年，每月银纸十五圆，一年满后，仍不肯给凭据取满身纸，将我送科垄工所做工两个月，并无工钱，食亦不饱，时常鞭打。随后有人同官说，雇我去种粟，每月工银七圆，仅做一月，就捉往多罗闸整路，每月银纸十五圆，应承做满六个月给满身纸。不料工满，又押我来夏湾拿工所，做无钱官工，已做六个礼拜，并未给纸。此数日因中国官来，各工人给新衫裤一套，饭食亦加些须。我心中实不愿在此，能得回中国，或往别处俱好，因此处待中国人恶薄，即或有纸，恐中国官府去了，仍被收回。中国人在古巴狠受冤屈，至今我的父母不知道我在何处。”

麦和泰供：“年三十六岁，广东新兴县人。我作皮铺生意。同治二年正月，到省城卖皮，卖了四十三两银子，遇见认识的陈阿里，他是卖猪到省城的，他约我到澳门玩耍，我同他到澳门进戏馆看戏，又同去食饭，我喝醉了，酒醒了，就在猪仔馆内，我的银子也不见了。住了八天，带去见西洋官，给合同一张，告诉我作八年工，每月四圆，猪仔馆的人已先告诉我，如不立合同，要杀我，要打死我，所以就写了。第二天，上船即开。船上食的饱，水不够，有人渴极了，即食海水。每天一个人只有一茶碗水，常打的，有时绑起来打，为打降吵闹的居多，有五人是投水死。到夏湾拿四个月，卖到山寮，每人是十七个大金，同帮六人，每日卯正作到戌初，有时作夜工，礼拜作到巳正。食的饱，番薯、蕉子、咸牛肉，常打的。山寮内只我同帮五人，有一人眼瞎了，一人被贼打死了，一人被狗咬死，两人逃走。满八年送到工所，作了四十天工后，同作木炭的立合同，每月八圆，给钱多，不按照日付，大约计实，每月只收得五圆，未打，过食的。与山寮一样，满了一年，送回工所，作了三个月，送到多罗闸去时，告诉我每月要银十五圆，又说满六个月有满身纸。那里水土极坏，同我一帮去共二百七十人，内有八十人或病极重，或死了。多罗闸也常打的，我看见管工喝醉了，拿皮鞭柄打人的头。我回夏湾拿工所六个礼拜，作工无工钱，礼拜日作到午正歇，寅正起工作到酉初。食的不饱，常打。早两天，有因早上起身稍慢，被管工毒打。满身纸未给，若是可在外作工，我一月可挣二三十圆，有盘费，我就回中国。”

陈兴供：“年二十九岁，福建泉州府人。在家卖花的。有人说，荐我到本地船上作工，工钱多，所以同他到澳门，到即上外国船，未立合同。上船后给合同一纸，洋钱二圆。同治二年开船。船上待的尚好，饭够，甜水不够。到夏湾拿两个月，卖到本城作厨，是二十一个大金。作了七个月，我的东家送我到糖寮，每月四圆，病照扣，无故的打。作工丑正二刻作到子正歇，不绞蔗时，夜里不做工。我作满八年，就到夏湾拿得了满身纸，作厨子三年，每月约有二十五圆，不一定。忽然一夜有官兵来查房子，看见我箱内有手枪，把我送到夏湾拿监房。我住在此地有四个月了，作卷小烟工夫，生病就送病房，不打，饭不好，食不惯。”

李阿达供：“年三十一岁，广东香山县人。在家种田。有认识的人，约我到澳门去，我同他去，就带进猪仔馆。惟时不晓得是猪仔馆。第二天带到西洋官面前，才告诉要写合同。猪仔馆的人又说，如不写，要重打；骇怕了，只得就写。同治二年九月开船。船上食的不够，有工作作的稍慢就打。到夏湾拿卖到此地糖寮，我那时眼瞎了，因有一天打我二百下，后来周身都是伤痕，仍然叫我出去作工。我的眼睛，先是慢慢的痛，后来全看不见。现在瞎了七年了，虽然看不见，仍要作工，挑蔗若慢，仍要打，要锁。满期八年，再立两年多合同，说到两年有凭据，与我请满身纸，每月工钱十七圆，无余钱。所有的钱，但是买衣服食物添用了。我见有两人吊死，两人食烟膏死，我在的糖寮，是格颠剌司属下三安多里婀。”

陈阿进供：“年三十七岁，广东南海县人。我愿意出洋。到澳门，同治二年九月开船。到夏湾拿，我一帮二十一人，卖到糖寮，现在只剩八人，死九人，其余逃走了。因为待人不好，食只粟米、蕉子、番薯，我在糖榨房内作烧火工夫，不算大辛苦。上年有一个老年人，管工的叫搬重家伙，他拿不动，立刻就打死了。不许我出门买东西，就在糖寮内铺子里买，贵的狠。八年满了，勒逼我作两年，每月工银十七圆银纸。糖寮是格颠剌司属下名三安多里婀。”

王贵姐供：“年二十五岁，广东惠州府人。我作席子生意。同治二年，生意歇了，出来挑水，无钱，水桶都卖了。有认识的人带我到澳门猪仔馆，给合同一张，洋钱八圆，告诉过我作工年份、工钱，都明白了，我就上船。九月开船。船上水与食俱够，不打人。到夏湾起岸时病了，住在病房，后卖到马当萨司病房，病房主人向来是买有病的人医治，俟病好日转卖。我在马当萨司病房，四个月病稍好，叫我挑水，作打杂的，工作了四年半，后来因力量大些，叫我作泥水。食的饱，有时打，不重。作满八年，领了满身纸。后来在中国人作领工头手下作算账的事，每月三十圆，作了一年，领工头折了本，无生意，我也无钱，就在海边打鱼。四个月后，在中国人开的猪肉铺内，是格颠剌司地方作工四个月，未言明每月工钱若干，四月后，共给二十圆。东家后生病，病时是我照应他的，病好了，请他与我算账，他不肯，就不要我了，后来又叫白人打我。又两个月后，我仍催他算账，他就把我送到监里，不知道我有何错处。我的满身纸没有了，我是借与卖木炭的人，他后来不肯还我。”

陈阿保供：“年二十八岁，广东南海县人。本做打银手艺。在省城街上遇见一人说，有亲戚在城外河南地方，叫我过去，临过渡时，他说同我下一艇船饮杯茶，不料上船，即将我掩落舱底，内里先已有两个人，一同被他驶往澳门，拉入猪仔馆，关住七日，逼我见西洋官，勒令要签合同，给银八圆，衣服两套。同治二年八月开船。船上水饭不够，我一帮有三十个人，捉出捆打，有打二十四下的，有打一百下的，不等。因为闻他们想要闹事，打后锁到英国属地才放。在澳门时，总不准我们上舱，开船后，每日下昼八点钟准落舱底，我到埠同一个人卖入夏湾拿绳索店，是二十二个大金。我做火头八年，每月工银四圆，无衣服发。满工之后，东家要我再立合同，我不情愿，就将我送与地方官，做整街无钱官工。后来朋友帮我买得一张满身纸，准我出外打工，我到萨故阿埠做火头两年，将满身纸遗失，被地方捉我押萨故阿工所，现已十四日了，管工的派我抬重石，我抬不起，被打三次，锁脚三日。管工的恶毒，写字的好些。来到未有几日，工所常着烂衣服的，昨日换新衣服，食尚够，但太坏。有十个老年及破脚的，先两日送出乡下，因为听见中国官到，我的哥子原有满身纸，也被押入工所，真不公道，中国官来，已经带他藏在别处了。”

以上同治元年、二年华工口供。

中国第一历史档案馆、卢文迪、陈泽宪、彭家礼合编：《中国官文书选辑》，陈翰笙主编：《华工出国史料汇编》第一辑，中华书局，1985 年

（六）同治三年华工口供

劳阿累供："年三十二岁，广东开平县人。同治三年，我在澳门街做挑担生理，遇见卢阿彩，叫我作火头，四圆一月。他带我入猪仔馆顶名，给我银八圆，见过西洋官，十二月开船。船上给合同一张，到夏湾拿卖入糖寮，待我凶恶。作了两个月，因为真受不过他的荼毒，就逃走走了七天。夜里在街上睡，走到山寮地界，被捉进去，作了四五天。山寮东家送我到科垄工所整街，无工钱，被管工用木棍打了九天，就派我挖石。有一人逃走，就叫我们二十人捺住打他屁股，第二天我们就不肯，白人就连我们二十人一起打了。我一起十三人，因为糖寮山寮受的苦多了，就拼命把管工白人杀死。二十人一起拿进监，我们十三人认了，七人回去作工。十三人内死了三人，十人坐监，定罪六年监。一人去夏湾拿，九人遇赦，坐了三年零二十三天，带链整街。后来放了，不锁，作官工，无工钱。作了三年，又立合同，入糖寮作了两个月，每月十圆。我们一起，有三个人逃走入山，到路上遇见朋友，叫我去割蔗，作散工，作了六个月，每月二十四圆，食自己的，因为管工不好，我摘了一个西瓜，白人管工问我罚了两圆，我就不做了。后到马当萨司卷烟，作了两三年，是自己工夫。我不怕地方官，因为起先认有契爷，拿有英国领事纸。听见大人到此，特来寓面诉苦情。"

胡阿琪供："年三十一岁，广东顺德县人。同治三年，我因父死，想卖身葬父，有李阿川买我到澳门，卖了八圆，不知道寄回去否。打合同一张，同治三年二月开船。到夏湾拿卖入故阿那海糖寮，司头待我凶恶，一日食只得粟米粉，是生的，要自己作。每天丑正二刻做工，巳正食饭，午初开工，亥正食晚饭后作到子正收工。无咸牛肉，只得粟米粉。常时打，打伤的人多的狠。作满八年，又立合同一年，说无纸出就不要我了。我去山内割蔗，作完工，不给我钱，叫地方官捉到马当萨司工所，又要我出火车、马车钱。我来此四个月，作工苦的狠，无得饱，只粥一小碗，常打的。因为无满身纸，用铁锁锁脚，来时就锁，现在未放。从前是两人一条链子，锁的是重，有四五十斤，现在分开单锁，不过十余斤。

汤明奎供：年四十岁，广西灌阳县人。我在广东当勇。同治三年，被人拐到澳门猪仔行，给合同一张，收洋钱八圆。九月开船。到夏湾拿卖到马当萨司属下糖寮。寅初起工作，到子正歇工。一日食三顿包粟番薯，两顿有干牛肉，一顿净番薯，食不饱。走的慢，作的慢，都用牛皮条鞭打十下，皮肉都破烂了。我一帮五十人，八年满死了一半，吊死、投水都有的。作了八年满身，再立合同一年。作完了，我们十人一起送到格颠剌司工所，作了一个月整街工夫，无工钱，比糖寮稍好。每日两顿，每一顿一小碟饭食，不得饱。早上有一个面包，干牛肉，每顿一块，我此时作泥水匠，不打了。在糖寮，礼拜作到辰正，绞蔗时歇一个时辰。在糖寮不准出门，如要买物，糖寮内有铺店，是东家开的，价钱极大。每月工钱是给铜牌四个，可拿在糖寮内买物，别处不能使用。我买米是用洋钱，买三两，所以糖寮内总不能余钱。再立合同一年，是十二圆一月，又有规矩，铜牌只准买物，不准换银纸。”

黄辛圆供：“年三十四岁，广东恩平县人。同治三年，被人拐到澳门，逼勒出洋，到夏湾拿卖入马当萨司埠糖房。每日寅正起工，做到巳初食早饭，巳正又开工，做到申初食晚饭，申正又开工，做到子初歇息，所做皆系重工。礼拜日寅正做到巳初食早饭，后又做到申初歇。总管暴虐，时刻打人。重伤将死，方准进病房；轻伤仍带脚链做工，糖寮有监房两间，一间木的，一间铁的，常押有十余人。不分冬夏夜里，皆脱衫裤，上脚闸，每年受虐不堪。跳水自缢、食烟膏死的，常有数人，因受伤死的更多。旧年有李阿二被打落水淹死，又打死黑人三个，番官将总管坐监。现在换过总管，比前总管仍不相上下，每打人也上脚闸，脱衫裤方打。闻得十六年来，该糖房共卖到七百中国人，现时通计满身得出的三十余人，存下的百二十余人，已死五百余人了。”

潘阿第供：“年三十四岁，广东番禺县人。在省城作工，有张阿钟叫我到澳门作工，我同他去，他就带我入猪仔馆打合同，给洋钱八圆，未见过西洋官。同治三年开船，记不得月份。到夏湾拿卖到故阿那八过阿埠火车房，东家尚好，就是食不饱。火车房锁链、脚镣、脚闸都有的，管工的会打的狠。初来每天拿三十斤铁锤，稍停片刻，就要打的，稍回他一句话，就锁脚。作满八年，不给满身纸；再立合同一年，每月二十圆银纸。如无满身纸，走出去巡捕就要拿锁作官工了，有病准报病入病房。”

林阿义供：“年二十九岁，广东龙门县人。同钟阿林去赌钱，两个人都输了钱，他就叫我当勇去，带我到澳门猪仔行，打合同一张，收洋钱八圆。同治三年十一月开船。到夏湾拿卖入糖寮，东家未见过，管工的只是打，无的给我饱。作工一日夜，只睡一个时辰，不绞蔗时，可多歇息一个半时辰。每日食蕉子、番薯、干牛肉，作了两年零八个月。后来因为看见糖寮内打死的人多，我们十一人商量，如果不打死管工的，我们也是要被他打死，不如拼命作了，皆因管工凌虐我们太过之故，后决计用刀斩他。斩死，我们即刻就投告地方官，官问过，就带回糖寮验尸，然后即送我们作监定罪，整街十年。现在马当萨司监内，已有五年整街工夫，平平，比糖寮稍好，虽苦却不作夜工，有的食粥，食的不饱，不犯事，打尚轻，犯事打的就重了。”

关阿寿供："年三十七岁，广东高明县人。我在家赌钱输了，入猪仔行，立合同一张，收洋钱八圆。同治三年十一月开船。到夏湾拿卖到糖寮，寮内待我不好，凶恶之至。无论能作工，不能作工，均是毒打，无饭食，无衣服穿。作了两年多，打死管工，我们共总十一人，送到监内定罪，整街十年。十一人都是一样，现在马当萨司监内已坐了五年，每日带链作整街官工，苦不能尽，食是豆粉粥，有时饱，有时不饱。我们因为管工打的毒的狠，我见同帮被他打死了几个人，就是作满了也没有满身纸，我们想总无好日，将来白给他打死了，不如拼命斩死他，情愿坐监，比糖寮好。"

张阿秀供："年三十五岁，广东肇庆府人。因为赌钱输了，不敢回家，有林阿光带我到澳门卖猪仔，打合同一张，收洋钱八圆。同治三年十一月开船。到夏湾拿卖到糖寮，待人凶恶，总管管工日日毒打，凌虐之至。我一帮四十人，打死四人，我恐怕天天难捱，也是要打死，作了二年多，受不得了，因为每天完工时，稍走慢就打，打时俱是鞭棍齐下，后来我们共有十一人，就把管工杀死，到地方官处审问，带到马当萨司坐监，定罪坐监十年，作整街苦工，现已作了五年。监内比糖寮好，打的少些，有的食，食不能饱。"

罗阿二供："年二十五岁，广东河源县人。在家耕田。有同宗牌头人带我与叔父罗南绍到萧港贸易，不料带到澳门入猪仔行，锁半个月，即给合同一张，洋钱八圆。同治三年九月下船。船上待人不好，食不得饱。到夏湾拿，我同叔父均卖入火车路作工，被管工人用铁尺将叔父罗南绍打伤，半月身死。我告官，官令巡捕将管工人捉去，坐监一月释放，是未办罪。我在火车房作绞链工夫，寅正二刻作工起，至子正歇工，每顿不过两小碗饭，一块干牛肉，不得饱，工夫又重。做了两年半，总管用十二大金买我到他家里作侍仔，作了三年，东家穷了，又转卖至夏湾拿城，六个大金。那个时候，我想照原价自行赎身，他不但不肯，就用铁链锁了一个月，打的狠毒，我只得依从作工。白天作厨，晚上作面包，子正作到卯正歇，日夜不能得睡。作了两年半，去年三月满八年，满身纸他不给，叫自己寻工作，我就出来。后东家说我逃走，捉我送到工所作官工，作了四个月，无工钱。又到来工所，领回用脚链铁链锁了三个月，照常作工，天天打，就是昨天还重打一回。现在已作满五个月，不给工钱，我为东家不给满工纸，又锁又打，我就请伙计代我在地方官处告过三次，但不准。现在仍是作工，不敢要钱，如一要钱，就要锁脚。今日是礼拜日，少做些工，我借出街有事，故来寓面诉我在此苦楚，真不能受，我来投诉，诉后我想就寻死。”

刘益龄供：“年三十六岁，广东东莞县人。同治三年，遇见一人，不十分熟识，他说澳门出会，约我去看会，不知道带到澳门，上船锁住。通事给我合同一张，是王阿满名字，洋钱八圆。十二月开船。到夏湾拿卖到马当萨司糖栈，东家待人极坏，常时打，一日夜只歇两个半时辰。作满八年，我自己出来在布铺内作侍仔，每月十五圆银纸。作了一年多，东家待人尚好，我有相熟的黑人，替我照应，所以查纸的时候不查我。我在糖栈食不饱，布铺食的饱。闻得大人到此，特来寓面禀在此处受苦情形的。”

陈少岩供：“年四十四岁，广东潮阳县人。咸丰五年，吴学台保泰岁考取入潮阳县学附生第六名，咸丰十年随方镇台耀到高州剿匪陈金冈。同治二年冬间凯旋，有姊夫萧大就在澳门贸易，我于三年到澳门寻姊夫，遇见一福建人，名叫阿詹，对我说，你姊夫现在一夹板船，骗我下船，即被关住，不得上岸，将广东省城郑材姓名合同一张交我，并无银给。到夏湾拿卖入糖寮，同帮二十余人，相待同黑奴一样，食系薯粟，并无米饭，每日寅初上工至子正歇，计食饭睡觉只歇两个时辰。我初到被他打苦的狠，一次最重，打断手腕，医了六年，始得如常，今尚有痕可验。我亲见一广州人，因受虐自缢身死。我计去年工满，怕司头送我入工所，因走出在夏湾拿城对河地方做炭。闻得大人来此，特来递禀求救的。”

黎阿长供：“年二十九岁，广东英德县人。有邓姓叫我作生意到澳门。同治三年十二月入猪仔行，住了八天，见过西洋官，打合同一张，给洋钱八圆，下船即开。船上待人罢了。到夏湾拿卖入糖寮，东家待我凶恶。日夜作工，无的饱，日日打。作了一年，因总管凌虐不堪，万不能受，只得拼命将总管杀死，我们共七个人做的，就拿我们押监，两年才定罪坐十年监。现在夏湾拿监坐了八年，我们七人现在监内三人。又一人有地方官保出。监内比糖寮好，食的饱。我在监内一个礼拜派卷三捆烟，如多就每捆加一圆，如不足三捆，要打十几棍。官只准打三棍，监头要打十棍。在监内生病，有医生看，就进病房。如有人死，抛入空地坑内，离监不远，此专给中国人的。如入教的人，有坟埋葬。”

阮阿聪供：“年三十五岁，广东三水县人。耕田为业。因水荒，于同治三年到了省城卖水菜，不够食用，遇着一个人哄我过澳门作工，我就跟他走，被他带进猪仔馆。九月立合同，西洋官问我愿去不愿，我说不愿。第二天又叫我去问，猪仔头先说：如再说不愿，就要打死，我只得说愿去。给我八圆，就拉下三支桅船，即日开船。到夏湾拿卖入糖寮。每天寅初起工做到子正，中间歇一时食餐。食系粟米、咸牛肉，东家凶恶，做工时无分能做不能做，俱常要打。有时行路遇见，顺手也打几下，身上满身伤痕，现在请验。打的鞭是用牛皮编成绳子，痛入骨髓。生病可停一二日作轻工，过多即不准了。作满八年，东家就送我到马当萨司工所整街，无工钱。作完了几个月，就有人来押去多罗闸开山，作了六个月，每月三十圆，照日子算作完了，就押来夏湾拿工所整街。已到了五个礼拜，每天扛石打石，天亮起工，巳初食饭，巳正又开工，午正暂歇，未初又作至酉初二刻食晚饭歇工。此处工夫无工钱，每天饭也得半饱。我在糖寮时见人死，用牛车拉去抛入坑内。我同帮二十五人，在糖寮已死十四人，有瘟疫死，有打伤病死，有二人不能挨打吊颈死。我有钱定回中国，不知道我有命捱到那个时候不能。”

王大诚供：“年三十一岁，湖南郴州人。跟蒋抚台到广东，同治三年散了勇，我无事做，有猪仔头问我可以卖猪仔去不可，我因为无钱，又无事作，就答应他了。在广东省城下两支半桅船。到船时有两个洋官问过，给合同一张，洋二十圆，即日开船。到夏湾拿闻得卖了二十个大金，共一帮二十五人卖到糖寮。我亲眼看见糖寮内打死一个人，工夫苦的狠，司头凶恶。一日夜只歇一个半时辰，无米饭，食可饱。我不懂话，捱打更多。我作了五年，真不能受，迫得逃走到科坴埠，被地方官捉了，锁了四天脚，用板一条，两个铁圈，不能动，也不能睡。四天后开了铁圈，带脚镣，作了两天整街工夫，又被他把脚打伤了，送进病房。过了两天，就送来夏湾拿工所，作了六个月工。脚渐好多，又叫我到人家作工六个月，每月八圆五角。作完了，又送到萨故阿埠。因生病烂脚，送到病房四个月，病好了，又送到夏湾拿工所，转送故阿那海工所作了六个月。工满后，又叫到别的司头，在山寮作了两年，每月六圆。是中国人工头，待我好。作完后，又送回故阿那海工所，有洋人寻我去作六个月工，八圆五角一月，有合同。作完了又送回故阿那海工所，作了两个礼拜火头，又押到多罗闸开山，作了两个月，被树把脚打坏了。送我来此夏湾拿工所，入病房医脚。打断的脚好些了，尚不能走路，我因脚未全好，不能作工，就被总管推跌，脚又跌坏了，两个礼拜，现在又算好些了，就押着做工。我从前作工夫经过好几处，初买我的司头至坏，待人尤残毒。我现在此工所，因病作工少。我如有盘川，一定要回中国。”

陈阿胜供：“年二十六岁，广东南海县人。本系蛋户，作厨子生意。因在省城内看会，认不得回家，在路上哭，就遇着人叫我不要哭，带我回他家。住了一夜，早上就下船，到澳门猪仔行住了七八天，叫我立合同，我不肯，就打，迫得答应。见西洋官给合同一纸，洋钱八圆。同治三年三月开船。船上因无水吃，渴死了约三百人。到夏湾拿住了三四个月，卖入山寮种架非等物。每月四圆，日食蕉子、咸牛肉。时常打。寅正开工，巳初食饭，巳正又上工，未正食饭，申初又上工，戌初收工，有时作到亥初。礼拜作到巳初歇工。有时可以出来，不能多时，有时不准出门，是不定的。作满八年，不给满身纸。后来就到第二个东家处作了一年，每月十二圆。作完了送我到地方官处，作了两个礼拜整街工夫，又转送到夏湾拿。过了五六天就到多罗闸开山斩树，每月三十圆。作了六个月，又押回夏湾拿工所，来了一个月，作工是无钱的，不打，饭食不饱。我如有盘川，就回中国了。”

楼阿有供：“年四十岁，广东东莞县人。作米店生意。有东莞人阿胜、鹤山人阿惜，约我到澳门看会，就到他家内食饭后，就关在小房内锁住，不能叫人，无人晓得，关了两天，来了一个洋人，带我下三板，船后有旗，我晓得不好，就跳下水，洋人把我捞起来，用板刀柄打我。后来给我一套旧衣服，就上大船。同治三年十月开船。上船时给我合同一张，洋八圆，鞋一双，袋一个，并未见过西洋官。船上待我不好，食不饱。到夏湾拿住一天，卖到萨故阿作火车路，共一帮五十人，管工的常打，有饭食，天光作到辰正食饭，饭后开工到午正暂停，未初又作到酉正二刻歇工。作了八年满身，无满身纸。又作了一年，每月八圆，作满了，因无满身纸，就捉入山作工六个月，每月三十圆。作完了六个月，说有满身纸给我，不料来到夏湾拿工所两个月，作整街工夫，无工钱，又不给纸。工夫中等，有饭食，食不饱。我想回去无盘川，我的老母、妻子都在家，我如果能回就好了。”

高阿伦供：“年二十九岁，广东番禺县人。同治三年十月，我因无事，有阿狗告诉我澳门有事，带我到澳门。第二天带到中国船上，叫一姓何的女人看着我，他是猪仔头阿街的妻子。后来船就到澳门，女人就带我到猪仔馆，住了四天，女人又带我到西洋官处，我不肯写合同，就跑出来了，到晚上，女人叫人查着了，带回房子，锁了二十多天。后来我害怕，就答应画押，又带我到中国人面前，告诉我在古巴作八年工，每月四圆。第二天上洋船即开行。到夏湾拿送到马当萨司，由该处一帮九人，卖入糖寮，作了八年多。绞蔗时寅初上工，到子初歇，不绞蔗寅正作到戌正以后，有工无工不定。一日两餐不好，是粟米。我作到五年时，东家就作贼去，糖寮充公。后来有一点粗米饭、干牛肉。头五年常受管工打，管工也有黑人，也有白人，充工后待我稍好。未满八年时，糖寮又卖出去了，后来仍照从前打了。我到糖寮时，先有一百人在此，八年满了，只余三十人，死的多，有食烟膏，有吊死，有与人打降死的，有逃走的，有病死的。满了期，东家扣留四个月，说补从前作工偷懒的日子，满身四个月，又留三个月，言明一月十二圆，东家头一月共给四圆，第二月给八圆，我就不肯作了。第二天我同一帮九人到地方官处，他说我们是逃走的，送回糖寮，到晚上到糖寮，半夜将我们绑起来打，打到白人管工的手都打不动了才歇。我身上尚有伤痕可验。后来就锁链起来，每一人派一个黑人看管，叫我们去割草，草长的高，我们脚上有链子，走不动，黑人就打。后来有两人看到是无指望，拿刀戳了两个黑人，死了一个，中国人也被黑人打伤了。受伤中国两人，就送到病房，我们八人仍然作割草工夫。内有一人被打受伤过重，第二天死了，后东家请地方官来，就提我们七人带去衙门内问我受的伤，又替我医治。过了两天，送到别处糖寮，作了二十天，无工钱，食的不好。后因心内不服不肯作，又送到马当萨司工所作了十天。地方官告诉我们，若是到多罗闸去作六个月工，每月三十圆，作完回来就有满身纸给我们。多罗闸地方水土极坏，病的人多，大约一百人要死四十人，不打。我现在回到夏湾拿工所五个礼拜的，不给满身纸，一个钱都无余剩的。若得满身纸，每月可得二三十圆，够盘川情愿回中国。"

李阿新供："年三十三岁，广东新会县人。在广州府家伙铺作工。赌钱输了，不敢回铺，遇见猪仔头告诉我到澳门有事作，我到澳门猪仔馆住了两天，带我见西洋官，我在路上说不愿立合同出洋，猪仔头就打。后只得立合同了，上船给洋钱八圆。同治三年十月开船，船上投水死两人，饭可饱，水不够。到夏湾拿卖到糖寮，是二十四个大金。寅正作工到子正歇，不绞蔗时，戌初歇工。作工慢，管工就用马鞭打我。我作两年，先八个月是每月三圆，后来四圆。我因总管待我凶恶，我心不服，同一人商量，定要打死总管。有一天他来叫作夜工，就用厨刀扎死了他。后就告知地方官，即刻锁住，问糖寮东家查明，就送到格颠剌司监房，坐了两个礼拜。审问我定了坐监十一年。在格颠剌司坐了四年，又到夏湾拿坐了四年半监了。我在监内先作裁缝，现在作卷小烟，卯初上工，亥正歇。饭不够食，不许说话，规矩极严。我罪满了，当回到糖寮，补满八年工，或者东家又转卖与别人，如无人要就送工所。"

林阿祥供："年三十七岁，广东香山县人。在家耕田。有朋友哄我到澳门作工，可有多钱，我同他下船，到澳门住了几天，然后上外国船，未画合同，未见西洋官，到船上就叫我下舱，不准上岸。同治三年开船。船上饭够食，水不够，船主好。到夏湾拿卖与糖寮，我一帮四十人，卖的都是二十四个大金。我作四年，收四圆一月。作工苦，饭不好。有黑人管工的常打，我们有四个人，约定要打死他，就用刀戳死。到地方官处投到，告诉明白打死的原故，地方官又送我回糖寮，问东家查明，后来审问都认供，后送科垄监房，我来了一年半，监内饭不饱食，不作工。后送到夏湾拿监房，定了坐监十年。我坐了三年半了，作完不知怎样。我在监内作卷小烟工，每礼拜限作三捆，每捆五千零六十个，少作要打六下，多作要给一洋一捆。能多做的人少的狠，若不作就打，又送作街工。我们都锁脚，有锁一只脚的，有锁两只的。饭有时不够，我看在监房比糖寮好。监内肯作工不打。糖寮是不分作不作都打的，寅正上工，亥正歇，不许在院内走，一天只能早出晚回两次，我无余工，当初不给我们衣服穿。去年有新官来，才换章程。现在一年派三次衣服。将来罪满，又该补糖寮年作完，仍然送到工所。”

张移供：“年三十岁，广东惠州府人。因赌输钱，自想出洋，在澳门同治三年正月开船。到夏湾拿一个月，同帮共二十人，被卖入科垄属下夫厄房厄底古巴糖寮。食不够饱，一餐有米饭，一餐蕉子，一餐番薯。绞蔗时寅正开工做到子正，每日共歇一时二刻食饭，礼拜日一样。不绞蔗时无夜工，礼拜日可歇。工夫苦重，相待不好。我初到时常被锁打，后来派我作头人，我不想打人，无奈总管时时叫我打人，如不打就要被总管锁打，所以有好些工人被我打的。有一遍我睡着，有一工人曾经我打的，入来斩伤我面，几乎死了，抬入病房医六个月。我八年工满，不肯给满身纸，叫我仍在糖寮。现在每月工银十八圆，我实不愿意，总想出去自己打工。寮内规矩：工人不准出街，但凡出街，即要锁打。想买物件，定须在糖寮内铺子买，价钱又实昂贵。我自到寮以来，见工人约死了二百人，有自尽的，有被重打入病房死的，有病死的。总之是待人刻薄所致，计走路的亦有一百多人。我初年见有几个人取得满身纸，以后无一个得纸的。有一遍四个工人斩死一个管工黑人，因为待他们不好。拉四个人入监六个月，将两个用枪打死，两个吊死。糖寮内众人都看见的，我不得知当时如何定罪。如得审法，我们明白根底，总未叫去问过。计寮中前后斩死管工好几个了。我澳门同船来有好几个安南国人。”

伍耀供：“年三十一岁，广东新会县人。向在省城换钱。同治三年十一月间，有陈苏去澳门觅工，到一新会人阿进家里住了四日，他哄我落船看银，不料落船即被关住底舱，给我合同一张，系写陈阿四名字。过了几日开船。船上待人过得。到夏湾拿次日即将我卖与煤气馆，身价是二十四个大金。馆中相待刻薄，我常被锁被打，因为做工困倦暂歇之故。同帮共二十人，有三个食烟膏死，有几人被打得过重后就死了。八年工满，只剩得十个人。我不能得满身纸，被送入夏湾拿工所，做无钱官工。工所待人不好，管工时时打人，又无工钱，我受苦不过，逃出在外做四个月散工。有一晚上市买煮饭家伙，撞着一个白洋人说他处卖，我同他讲价钱，尚未言定，适有巡役到，查他的物件是偷来的，他先走了，巡役拉我说是我偷，见过官，审不得明，又不公道，先锁我坐监七个月。后来又送我到夏湾拿监房，现已三个月了。有人对我说，我要坐监两年。监内食不得够，一个礼拜要卷缴一万五千条烟仔，卷不够数即打，若能多卷，每五千条得银纸一圆。闻得一年发衣服两套，不准自买别样衣服。”

朱阿福供：“年二十六岁，广东东莞县人。本业田工。因被后母磨难走出澳门，撞入新发客猪仔馆，关住六日，见西洋官，打合同，未将合同读与我听，给银八圆。同治三年九月开船。船上食不够，水亦缺少。到夏湾拿一个月，将我卖入科垄糖寮，是二十四个大金，食亦得够。管工性情凶暴，任意打人，无事亦锁打。有香山人陈阿旺被打，说他无力做工，逼到跳水死。又知道七个自尽死的，俱是受苦不起，名字我忘记了。我在寮四年半，时刻捱管工的打。有一日在蔗田做工，并无错处，管工拿牛皮鞭来打。我并同帮三人，我们忿极，用锄头将他打伤，抬回病房是晚死了。我们被锁在糖寮，次日有官到来，问我们何故打他，我说时常无事亦被他打，若不打死他，我将来总是被他打死。官将我们押入科垄监房一年半。我在监做帽，赚得些银。同帮有一个死在监内，有一个带回糖寮，我同一个送来夏湾拿监房，现已三年了。旧时定罪要坐八年监。在监食有时够，有时不够。一个礼拜限卷缴烟仔一万五千枝，做不足数即打，如额外多做五千发一圆。我亦想回糖寮做工，因糖寮尚得行动，监内说句话都不许。”

吴华长供：“年三十岁，广东新宁县人。本开小茶铺，生意冷淡。有开平县人吴阿友，叫我去省城觅工。同治三年十一月二十三日，由开平城落艇，不料落艇即将我关在舱底，驶出澳门带入猪仔馆，关住十日，见西洋官来时，我说不愿去，被他打到说愿签合同，给银八圆。同治三年十二月开船。船上水饭俱不甚够。到夏湾拿即日卖入糖寮，食不得够。无论有事无事，常被锁脚鞭打。我做了两年半，因为工夫过苦，待人又刻毒，所食的又不饱，管工的又凶恶异常，众人常受打，我曾被打几死。与四个同帮迫得不顾性命，将他打死，见了地方官审过，在科垄埠坐监十八个月，又定罪送夏湾拿坐监八年。我到监现已五年，监内派我替管监官打扫花园，我被打甚少，算比别人好些。将来作满八年监，我想快回糖寮，作满了合同，若不回去补作合同，我仍然情愿在监内。”

张阿庆供：“年二十八岁，广东东莞县人。本来耕田。我有认识的人约我到澳门想觅工打，不料到去被他带我入猪仔馆，关住六日，未曾见过西洋官，落船后交我合同一张，并银八圆，衣服两套。同治三年十一月开船。到夏湾拿猪仔馆住两日，卖入糖寮。每月工银四圆，待人刻薄，食既不好，亦不得够。每日寅初开工，做到子正，内歇一时二刻食饭，礼拜日一样。我做了三年，总管的时时打人，我见打死了四个人。我们同帮共十一人俱被打难挨，共用割草刀将他扎死，送见地方官，定罪坐监十年。我到马当萨司埠监房已经六年了，现派抬石头工夫，相待不好，每日两餐，有粥有面包，但不够饱。”

李才供：“年三十五岁，广东南海县人。因赌博输钱，迫得想到出洋，在澳门下船。同治三年开船，忘记月份了。到夏湾拿将我卖入故阿那八过阿属下聂葛拉火车馆，同帮二百一十人，现在实不知剩得几个。食的尚可，但不够饱。工夫烦多。我初到时屡被锁打，每日卯初二刻起工，做到酉正，食饭并歇共一个半时辰。同帮有一个工人自缢身死，因是管工打得厉害。我知道有的因受欺负过甚病死。我做满八年，不肯给我满身纸，勒我再立合同做工，又不说定要做几年，许我每月银纸二十圆，若不应承便送我入工所，做无钱官工。我怕在此作工是无了期，所以不愿，又工钱太少。”

梁阿右供：“年四十五岁，广东高要县人。本做水手，被人哄我到澳门觅工，不料到去诱我入茂林记猪仔馆，见西洋官打合同，收银八圆，衣服两套。同治三年十一月开船。船上待人尚好，只是水饭不甚足用。到夏湾拿卖入糖寮，时时挨打，好也打，病也打，不多日有三个人打死。因为总管刻毒，我十一人夜间把他打死，走见地方官诉明，随后将我们定罪，坐马当萨司监十年。从前已坐过二十二个月，闻说不在十年之数，又不知我十年之后如何发落。每日派出做整街工夫，监房规矩若不遵，要打到背脊流血，用酒搓搓。”

黄阿广供：“年三十二岁，广东南海县人。本在省城做糖果。因赌输钱不敢回铺，遇见朋友阿林，叫我同去澳门，不料拐我入茂林记猪仔馆，关住一个礼拜，见西洋官打合同，将合同读与我听，我就说不愿去，西洋官叫我出来，被两个人复捉我回猪仔馆，又关住五日，拉我落船。在船上交合同一张，并银八圆。于同治三年十二月开船。船上水饭不足。到夏湾拿即卖我入糖寮近科垄埠，寮内待人不好，食不得够。我做了五年，有一黑人管工时时打人，十分恶毒。有一日我同帮四人受打不过，将他斩死。因为不杀死他，我们都是遭他打死，是以安心从他填命。我四人到科垄监坐了十六个月，又定罪要在夏湾拿坐监十年。我看来在糖寮、在监房两处，苦楚都是一样，实在愿死，不愿在古巴。我斩死管工时，本计算是定我死罪的。”

吴张思供：“年三十岁，广东恩平县人。本业田工。有一晚入市买物，回来半路被三个人捉我，关入一间房屋内。次早押我落艇，艇上已先捉有数十人，驶落澳门，带上猪仔馆，关了十日，逼见西洋官签合同，收银八圆，衣服两套。同治三年十二月开船。船上水饭不足。到夏湾拿猪仔馆一日，我同帮十五人卖到此糖寮，是二十四个大金。绞蔗时寅初开工，做到子正，内歇一个半时辰食饭，两个礼拜得歇一日。不绞蔗时寅正开工，做到戌初，礼拜日做到巳初二刻。我在澳门得过银十二圆，照数扣足，以后每月支工银四圆，系属实银，到古巴用银纸之后，每月支银纸四圆。食系粟米粉、番薯、咸牛肉、生蕉，一小碗米饭。有一日，寮中有十六个人恨极，说明以后管工打我等，只打一人，我们就要齐动手将管工打死。后就打死，俱被捉去科垄坐监，内中有三个人死在监房，有两个送夏湾拿监房，有十一个被东家赎回。我与同帮三个人干涉虽在内，其实无杀死管工之事的，亦被东家一并锁住重打。我八年工满，地方官叫我在糖寮再做两年，每月银纸十五圆，无满身纸。我无凭据，不能出街，我可得工银先买要用物件，使剩的余银尽行买白鸽票。我见中国工人死的后无棺材，同埋狗一样，糖寮离科垄不远。”

云林山供：“年二十六岁，安徽宁国府广德州人。我十二岁时，父母被贼杀死，掳到广东，后逃出贼营，在韶关当勇，因送文书到蒋抚台曹冲大营，不识路，被人拐骗到澳门，关入猪仔馆，逼签合同，未见过西洋官，未得过钱。同治三年八月开船。船上通事是洋人，常打人，我看见他打死过两人，但是带病拐来的，要上舱面喝水，通事用脚踢，又用木柴打后有一个时辰就死了。打伤的人多的狠。到夏湾拿卖我到糖寮，东家极恶，叫管工的只管催促做工，任意鞭打，打死了再买。我作了八年，受尽凌虐。满工后中白鸽票，买得满身纸，自己在故阿那海作工，挣的钱够用。我总愿意回中国，只是屡屡被人讹诈，积不起盘费，又因出口纸非一百余圆不能得，所以想往他处，亦不能动身。”

以上同治三年华工口供。

中国第一历史档案馆、卢文迪、陈泽宪、彭家礼合编：《中国官文书选辑》，陈翰笙主编：《华工出国史料汇编》第一辑，中华书局，1985 年

（七） 同治四年华工口供

林滋有供："年三十四岁，广东石城县人。同治四年，被遂溪陈福生叫我挑咸鱼，担到两家滩下船，不料由舢板送鱼上火船，硬将我押上澳门，拉入猪仔行，逼见西洋官打合同，给银八圆。十一月开船。船上投水死一人。到夏湾拿卖入糖寮，总管、管工俱系狠毒，寮内脚闸监房一间，往往无缘无故，将人打锁入监。我作工八年，屡打无算，脚闸监亦坐过三次。亲见广东阳江人受虐不堪，在脚闸房自用手巾绞颈而死。又见一南海人因工满不肯再立合同，被总管用棍撞胸重伤，数日即死。我于本年四月九号满工，将满工前数日，总管将我锁脚，带脚枷，并将我两脚打伤，今伤痕未痊，可验。计刚到工满日期，将绳绑我送科垄工所，做无钱苦工。寮内同帮满工三十余人，皆是如此办法。我等存下银纸、衣物皆不得带出，看来俱不能要回了。现到工所已一个礼拜，做工无钱，又不得纸出外觅工挣钱，如何得回中国。"

关阿明供："年三十八岁，广东开平县人。同治四年冬间，被族叔关连登及陈村关阿九诱我往荻海墟还账与我，不料骗我到澳门新昌记猪仔馆。猪仔头是新宁县人余阿福、余阿得，将我关住，我不愿来，被他们六七人拳打脚踢，几乎死去。闻得西洋官过堂时，他们叫一烂脚乞丐张阿三顶名立合同，硬绑我下船。合同系张阿三名字。我同林阿旺同船出洋，同卖马丹萨司垃圾馆打扫街道。我二人到马丹萨司已七年多，每天亥正开工，打扫通埠各污秽，往埠外填地，做工到次日巳初歇，风雨、寒暑、礼拜俱无歇时。稍不得干净，即遭毒打。每月四圆银纸，另七日发银纸一圆二角五分，着各人自备伙食。现在银纸一圆不值实银半圆，古巴各物昂贵，连工银赔贴，亦不得饱。每年发粗麻衫裤二套，自需另买鞋帽衣服。工夫辛苦，衣食均不足用。我同帮卖到十人，现止剩得五人。不久工满，恐东家又要再立合同，不如他意，必送工所锁脚，当无钱官工，苦上加苦，不知如何是好。”

屈但壳供：“年二十六岁，广东番禺县人。同治四年，有同宗人诱我说出香港觅工，不料我到澳门入兴昌猪仔行，拉见西洋官，逼打合同，收银八圆。我胞伯赞邦做过省城五仙门千总，胞兄旦升在左营当兵，我不能寄信回家。二月开船。到夏湾拿卖入糖寮，东家性极凶恶。寮内华人二百六十名，自咸丰二年计至同治九年，只存活六十八人，其余自缢死、自刎死、食烟膏死，及登时踢死、用棍撞出肠死。伤后三二日死，有一月死数人。地方官来查看，东家有钱送他，筵宴一餐便去。我到糖寮第二年，受虐不堪，曾经自刎，喉咙未断医好，今尚有痕可验。我八年满工，仍做多三个月，计数每年总有五六个月在糖寮监房，日间带链做工，夜晚上脚闸。寮内监房三间，一间铁的，常押三十余人，两间木的，亦常押锁数十人。每逢工人脚指烂报病，司头说脚痛不为病，尔等何得告病，就拿起棍乱打。我出来，现在马丹萨司学做小烟，尚未得过满身纸。”

李阿保供：“年二十八岁，广东南海县人。同治四年七月，有本家李佳请我同区缵、朱发往澳门看戏，即将我三人带到超合猪仔行，带见西洋官，我不晓话，即逼住在行中打合同，拉我下船，不得上岸。八月开行。船上有十余人，因争吵被打伤重，数日即死。到夏湾拿两个礼拜，将我卖入山寮种瓜菜。所食止系番薯、粟米、蕉子，做工稍慢即打。每日一早起工，作到天黑收工，亦无歇时。每月工银四圆，皆给银纸。我做满八年，问东家取满身纸，就送我到官，派我往多罗闸作工。我同帮二百七十余人，皆不愿去，后将两人一绳，绑上火车，到海口落火船，两日到多罗闸。每月银纸十五圆，言过六个月工满会给满身纸，由我等自便。不料工满后，仍押我来夏湾拿工所做无钱街工。我到此已六个礼拜，未曾得过一个钱，又不得纸，仍日日挨受苦工。我欲回中国，如何能得盘川。”

陈阿和供：“年三十三岁，广东新会县人。同治四年，在省城听人说到洋船打工，价值甚好，就同我往三角市猪仔行关住，不得出，无从寄信与亲属知道，即在猪仔馆逼打合同，给银二十圆。闻得有中国官来问，亦不准我说话。十一月开船。到夏湾拿将我卖入马丹萨司牛皮铺，与区阿炳等同帮，每月工银四圆。在广东城领银二十圆，做工时陆续扣回，每日计要做八个半时辰，我想挨打受苦做满八年，可以脱身自便，挣得些钱回去中国，不料东家刻毒异常，我等已做七年十一个月，硬要再打四年合同，我等未允，竟趁我未满工送我到马丹萨司工所，各锁脚链，又加两人同一大链。日食不饱，受打，做无钱官工，现已二十七日了。行为无非想逼勒我们苦极，转回在原东家处做工，我真不愿意。近时满工后再立合同，每月加工银数圆，但用银纸，仍与不加无异。”

程榕龄供：“年三十四岁，江南兴化县人。前在广西军营投效，奉张抚台凯嵩于同治二年克复浔州案内保举从九留广西省候补派当局差，同治四年到广东讨取前署浔州协陶茂凤借支军饷银五百两，到广东后，陶已去江南，惟时职欲搭洋船往寻，遂至江边询问，不料被三板人送至猪仔船，下船后即锁入船舱，不准上岸，父兄均不得知。在船住一月，于十二月开船。彼时船主通事给合同一张，洋银二十圆，并无西洋官查问。五年四月到夏湾拿，进行卖至夏湾拿对河糖房，闻得价系大金二十四圆。糖房作工每天寅正二刻起，作到酉初二刻歇，一日两餐，每人米饭两铁勺，约一小碗；初有干牛肉、面包，现在因用银纸，物价贵，改为每月折给银纸两圆五角，实在牛肉等每月须银纸四圆才够。糖房规矩：一律如是，不问作工人食量大小，真不能饱者，自行买食，若令看见，必用皮条鞭打。每逢礼拜神诞之日，作到巳正歇工，可听其上街买物，或探望朋友，须至亥初回馆，听候点名锁门。凡做工不论物轻重，都要去做，不准推辞，若真不能做，或用牛皮条鞭打，或两人扯抱木柱鞭腰。凡生病锁入病房，并无调理之法，只暂歇，或令服药丸吐泻，俟数日稍好，仍然做工，又或实在无力，不能做工，或疑假病者，则用铁脚镣约十一二斤重锁脚推车。记初到系派做推车工夫，车约重五六百斤，三年后派做秤手，倘事多，仍须推车。现在计已满工，照东家算，仍须做四十五日方满，将来仍候东家定夺。前见工满之人，东家令再立合同，年份多少不定，未见给满身纸者。又闻得凡咸丰十年以后来者，永不准给满身纸。以上均属实情。职胞兄椿龄，广西候补同知督办浔州支应局，胞弟柏龄，六品衔从九品办浔州立釐金局，父号小坡，向在广西游幕。闻得大人来此查讯华工，特来寓递禀，将华人受苦情形陈明，求设法拯救，则数万华工感德无既。所供是实。”

麦阿贵供：“年四十九岁，广东东莞县人。我是当兵的，跟赖游府到阳江，后来到虎门中营守备衙门。同治四年十二月到香港，有赖阿得叫我到澳门坐小船，过猪仔馆，我不晓得缘故，未打合同，未见过西洋官。在船给我八圆，箱一个，连合同装在内。合同是陈阿福的名，五年正月开船。到夏湾拿卖入科垄属下糖寮，待我不好，常打，不为甚么事。一日夜作工十个时辰，食的是粟米，有一顿小碗米饭。作了六年多，因刘阿林被管工斩伤，我们不平，共六人就把管工杀死了。现在格颠剌司坐监定罪十年，与刘阿林同。监内比糖寮稍好，卷烟一捆，有六角银纸。”

吴业成供：“年二十八岁，广东番禺县人。向作番禺县号房，被阿福骗寻工作，带到澳门入猪仔馆，见过西洋官，打合同一张，收银八圆。同治四年十一月开船。到夏湾拿卖到糖寮，待我不好，每日两餐，每日歇三个时辰睡觉食饭，无论作工不作工，都要打的，受苦万状。我作了六年，后来因为换新总管，格外残酷，黑人与新到的人，同把总管杀死。东家花了钱，不说黑人，只说我们十个将近满工的人杀死的，就拿我到格颠刺司坐监。有一个人不肯承认打死了。现在九人作监，尚未定罪，是拟的十年，坐监的罪尚不晓得如何。监内每日食粥两顿，有面包两个。卷烟仔一捆六角银。监内不打，比糖寮好些，不准出去。”

白永发供：“年三十岁，广东驻防镶红旗人。我在广东作生意，有人叫我到澳门谋生意钱多，我跟他到澳门，被他带入猪仔馆，给合同一张，洋银八圆，见过西洋官。同治四年九月开船。到夏湾拿卖到萨故阿钱铺作火头，作满八年，每月五圆银纸，食的饱。卯初起身，亥正歇工，不给满身纸。随我作工满身后，每月七圆现银。我认得有一旗下人，是有粮吃的镶白旗人，姓黄，也是被人拐来，现在入山作工了，不知如何。闻得大人来，特来面禀的，中国人在此受苦，待得不如黑奴，总要求设法拯救。”

杨阿旺供：“年五十六岁，广东东莞县人。同治四年，有人同我到归善，因断了盘川，就到澳门卖猪仔，给合同一张，收银一圆，下船即开。到夏湾拿被卖到煤炭厂作工。作了四年，工夫辛苦，有饭食。后来调到火船上作水手，俱是苦工。作了两年，就逃走入山，作割蔗工夫，每月二三十圆不定。作了两年，被地方官捉住送到马当萨司工所一年多，我遇见旧东家，叫他保我出去，他说我已经满工，不能保了。此地作工苦的狠，打石的工夫常打的，食粥不得饱。”

许阿芬供：“年二十九岁，广东南海县人。被拐到澳门顶名，进猪仔馆，打合同一张，收洋钱八圆，见过西洋官。同治四年正月开船。到夏湾拿卖到城内西路面包铺，待我凶恶，常打常锁。每日巳正作到卯正歇工，白天睡二时，夜不能睡。每日给银二角七分，现在只给银纸。作满八年期，不给满身纸，仍要再立合同。我不允，就逃走出来，他请地方官捉拿，我躲避未拿去。面包铺内有监房、铁镣链等刑具。每逢礼拜不歇工。凡锁脚并不为大事，只一言不合意就锁了。有病时不准告病，不准歇工。我锁过数次，约计一年，现在脚镣伤痕尤在，请验。今日听见大人来，特来禀明受苦情形。所供是实。”

王慕九供：“年三十一岁，广东博罗县人。因与兄弟不合，就有人叫我到澳门出洋，因为不晓得是古巴，认是到金山，同治四年十一月到澳门，见过西洋官，有合同一张，银八圆。官未问话，上船即开。船上投海死一人。到夏湾拿五个月卖到糖寮，作了五年多。糖寮待我初好，后来不好，无的饱。作工是寅正起工，作到子正歇，中间歇一时食饭，不得饱。又因作工太紧，我告官，官吩咐东家，叫他慢慢的叫我作工，给我食饱，东家答应了，领回就用链子锁脚，锁了七个月。锁着仍要作工，做不动又打，又锁着我。叫我割蔗，管工的人时时毒打，我受不过，就一刀扎伤了他的手臂，白人开洋枪凶打，同帮人被他打伤了几人。后来拿六个人送到夏湾拿监内，定罪坐三年监。现在坐了一年，监里待我好，不打。”

蒋礼实供：“年二十八岁，湖南醴陵县人。同治四年，跟蒋抚台当勇打嘉应州，后来恩平打土匪，因受伤落后，被拐到澳门进猪仔馆，打合同一张，收洋钱八圆，见过西洋官。十一月开船。到夏湾拿卖到糖寮，每日寅正作工，亥正歇工，一餐米饭，一顿粟米，食不得饱，打的毒的狠，用木棍牛皮鞭打，并不为什么事。吊死三人，是我亲见的。我作七年零三个月，总管打得更毒。我们受不过他的凌虐，共十个人，就斩伤总管，未死。后来十人一起送到夏湾拿监房。来了七个多月未定罪。现在监房卷烟仔，一捆烟给洋钱八角，早上咸鱼、粥、面包一个，晚上食番薯，食的将就得饱了。我在监比在糖寮好些。”

麦阿福供：“年三十六岁，广东开平县人。同治四年避乱到澳门，有人哄我说出洋做工不甚辛苦，每月可得数圆，同我见西洋官，打合同，给银八圆。九月开船。到夏湾拿卖入糖寮。管工刻毒，食不得饱，每日除做工外，不得歇息两点多钟。我常被打，在糖寮年余，亲见捱打不堪，食烟膏死的一人。我同房三人，有一人被人刺死，管工将我两人送马当萨司坐监二十个月，才送我到夏湾拿。问官不由分说，亦无凭据，硬将我定罪，要坐十二年监。在此已六年余了，马当萨司二十个月不算。初到四道链锁脚两年，现尚锁链三道。派做小烟，一礼拜交烟三捆，约一万六千枝，若交不足数即打。日食白豆粥，亦不得饱。监狱虽苦，比之糖寮尚觉好些。不料中国人到了古巴受如此凌虐。”

苏阿忠供：“年三十四岁，广东番禺县人。同治四年，在省城开香烛铺，被人拐骗，于九月在省城上船，有合同，并洋十圆，未见过官。开船之后，在黄埔地方住了一个月，就驶往夏湾拿卖入糖寮，待我凶恶。作工夫无分日夜，无的饱，又要打。作了四个月，受不过打，我同四个人就把总管斩死了，是白人。五个一同送入监六年。现在押来夏湾拿监，定罪十年，已来一年多了。在此处一个礼拜，限作三捆小烟，每捆五千六百枝，如不足数，就用棍打。每日食面包、粥两样，食的不大饱。如卷多一捆，给洋一圆。”

卢阿良供：“年二十八岁，广东增城县人。在省城打铜街叔父帽子店内帮做生意。因赌钱输了，遇着阿福叫我出洋作工，同他到澳门进猪仔馆，见西洋官，给我八圆。同治四年二月开船。到夏湾拿住了两天，就卖入糖寮，我一帮二十九人。丑正起工，作到子正歇工；一日夜作工，只歇一个时辰。吃的是薯仔、粟粉，不够饱。新到时限二人斩蔗六牛车，是四个牛拉的，如不足，管工黑人就用牛皮条及棍打。又绞蔗时，用十五六人搬蔗，机器绞的快，人搬不及也打。小病仍作工夫，慢些即锁脚。看是大病，方得入病房食药，病死的就埋在路边。我同帮一个打死，一个吊死，一个食烟膏死，又病死两个。打死的人，是因为与人吵闹，锁住房内二刻的工夫，用木棍打死，是晚间八点钟的事。次早有地方官知道来验尸，东家用了钱，就无事了。打死的人名阿寅，是惠州归善县人。吊死的名马仔，是客家。食鸦片烟膏的，名阿透，是清远县人。我作满八年，东家送到故阿那海地方官处两个礼拜，做工无工钱。又送糖寮，说十二圆一月，作了二十余天，官押我到多罗闸开山，共总去了有一千多中国人。限作六个月，一日一圆，按日计算。我工满，又被押来此夏湾拿工所，已有一礼拜，做整街工，无工钱。天亮上工，酉时收工歇息。此地食饭不饱，面包有时有食，有不得的。闻得向来无衣服。这几天派了一套衣服，我做开山工时，虽然是吃他的饭，因为吃不饱，自己添衣服，添补食物，所余不多。皆因那个地方食物，一切贵的狠。现在因贼多，打不通，不能开了，所以回来，我愿回中国。”

张正高供：“年三十岁，广东河源县人，耕田的。有邹冠叫我到澳门打工，就带我入怡生猪仔行住，我不肯入，猪仔头就打我，一定要我答应，才不打。我无法，只得允从。打合同，收洋钱八圆。二月开船。船上有人因无水食死的，又有打死的，又有未死将死就推下海的，又有自己因受苦不过投海死的，各样都有，皆因船主待人凶恶。到夏湾拿一日，就被卖入糖寮。待我更恶，一日夜连食带睡，只得歇两个半时辰。食系包粟粉、番薯，又干牛肉，一日约三两，食不饱。作的快的人打得少些，作得慢的人天天打，又把脚锁住，脚镣至少有十三四斤重。如走慢了，又要打。我亲眼见王阿江为打的多，又带着脚镣，实在不能受，就吊死了。我同帮病死七个人，也是因打伤重了，慢慢的病死了。病的时候有先生看，因为是打伤的医不好。从前我进去的时候，中国人、黑人共有六百，现在只得四百多人了。黑人同中国人作工都是一样的，也有打，也有锁的。作满了工，无满身纸。我见地方官，官说你满身了，可即至多罗闸作工，作完了六个月回来，就给满身纸。多罗闸作工三十圆一月，作了六个月，回来夏湾拿已有五六个礼拜，无满身纸。现在作街工，有饭食，工夫苦，无工钱，又无纸。完工后不准出门。我想回中国，无盘川。”

何亚成供：“年三十一岁，广东广州府人。在药铺作生意。我愿出洋作工。于同治四年八月，在澳门上船即开。船上食的饱，水有，待人尚好。到夏湾拿卖到糖寮，作满八年。绞蔗时，寅正起身作到子初二刻歇，礼拜日（一月两个礼拜）作到午初，申正又开工，作到酉正。不绞蔗时，卯初作到子初二刻歇，礼拜日作至午初，下午不做。一日两餐蕉子、番薯、干牛肉，不准出门。如无意走出，就拿回鞭打锁脚。要买食物，总在糖寮铺内买，铺子是东家开的。管工的都是棍不离手，常打的。我在糖寮见一人跳入煮糖锅内死，又见两人吊死的，一个带链投井死。我作满期，送入萨故阿工所，过了四天，有萨故阿铜匠问我，立两年合同，每月四十圆银票。现在东家待我尚好了。”

罗福供：“年二十六岁，广东花县人。同治四年，我自己愿出洋。在澳门上船，十二月开船。船上食的与水都不够，不打人，有一人投水死。到夏湾拿卖到此地糖寮，我一帮共二十人。寅初二刻起身作工。不绞蔗时，作到酉正，礼拜不停。绞蔗时作到子正，礼拜作到午正。一日两餐粟米、番薯、牛肉干，晚上有米饭。一年给衣服二套，帽子一顶，无鞋。工钱是银纸，我无余钱，因添补买食物及鞋子等。每天日落后，在火轮房内作工，或在收拾柴火及蔗渣，或在火房内看轮机煮糖等事。管机的人须夜子正起工到第二天晚歇工，后来白天的人回来接，作到半夜。我同来的人，有一个吊死的，有一个因为打的过重死了，我们常受打。吊死也是受苦的原故。有时换总管华人，都是一样。此糖寮是充公的，无一定工钱。我常带链子，仍是照平常作工。满了八年，想回中国，苦钱不够。我总想出去作工，不愿在糖寮内，情愿在中国讨饭，比糖寮尚好。糖寮是马当萨司属下，名雅么里亚。”

刘阿松供：“年三十四岁，广东新宁县人。我是作水手的。同治四年正月，我到澳门，有朋友请我喝酒，我醉了，带我上猪仔船，上船即开。到夏湾拿卖到糖寮，同帮共二十八人。每日两餐，是蕉子、粟米、番薯。绞蔗时寅初二刻起身，作到亥正，礼拜不停。不绞蔗时，寅正作到酉正歇。常受管工皮鞭打，我一帮的人，作满了期，只剩十三人。有两人吊死，四五人是食烟膏死。病时都食吐药、泻药，然后照常出去作工。满八年，送到工所，作了二十五天，后送多罗闸，每月三十圆银纸，有时打我，食的不够。我病了一个月，未给工银，我一个钱都未剩，食鸦片烟。多罗闸价极大，有铺子，是小官开的，有鸦片烟卖，铺内各样零物俱可买，先赊后扣工钱。我现在夏湾拿工所，作工无工钱，如在别处作工，一月可挣二十圆。”

赖阿携供：“年三十五岁，广东惠州府人。本在龙门县酒店佣工，后来出觅别样工作，撞着龙门甘香人刘阿要，叫我同他搭艇往省城，将我交与一个不相识人，过艇去澳门，说一到澳门就有工做。不料到去骗诱我入意生猪仔馆，刘阿要并不同来，在馆关住六日，逼见西洋官签合同，亦未读合同与我听，收银八圆。于同治四年二月开船。船上水饭不够，有人说肚饿，就要被打。到夏湾拿次日，被卖入糖寮。食系包粟、牛肉一块，约两半重。白人管工的真正不好，时时随意打人。被锁脚的，仍要出来做工，走的比别人慢些，又打上脚闸的。夜晚要脱净衣服。我亲见过寮内有六个自缢死，有几个被重打死，有一人博罗县人黄阿光被打后锁脚，做工受苦难挨，夜里吊颈死。我们到就近的地方官告诉，官并不查究，但叫埋了便算完事。我们二十三人见不公道，再投诉第二个大官，总管就跟着我们走，我们先到，他就来了，同官说话许久，官就问谁愿意回糖寮不怕挨打，如不回去须另卖与别间糖寮，所以有十人被另卖的，我一帮十三人回糖寮。有一晚正在绞蔗时，有一个黑人将一条铁放落蔗车，赖我们想弄坏机器，次早即有官来，将我们锁脚，锁了三个礼拜，早晚俱打。后来黑人密对我说，蔗车铁条是总管叫他插的，因为旧时向官告他，现在要找件事打锁我们。八年工满，问取满身纸不得，地方官押我往多罗闸六个月，每月银纸三十圆，说过工满回头给我满身纸。多罗闸水土甚恶，又近在有贼作反地方。管工待人不好，食又不好，十停人去，总要死四停。工满回来，仍不给满身纸与我，将我押来夏湾拿工所，做无钱官工。我现已做五个礼拜了，不见有满身纸给。我现无钱，不能得使用盘川，回中国又无满身纸，不能出去打工赚钱。工所无工钱，不知何时才得出去。”

黄阿水供：“年三十二岁，广东归善县人。本系读书。有一日往惠州城看戏，遇着汤庚圆，约我去澳门逛，我当时身上也有盘费，答应同去，搭船出省城，又搭火船到澳门。我水脚皆自己开发，不料他带我入新茂隆行，把我关住，见洋官时，我不肯签合同，被他们将我拉回毒打，后再拉我见洋官，迫得签名，收银八圆，衣服两套，直押下船。同治四年十二月开船。船上食不好，又不够。我未被打，见有好几个用索、用藤条打过。我到夏湾拿被卖与糖寮，我同帮共一百人，每人卖是四百零八圆金洋钱。头八年每月工银四圆，病日照扣，一年给衣服两套。绞蔗时，每日丑正开工，做到子初，内歇食饭不到一时，礼拜日一样。不绞蔗时，寅初开工，做到亥正，食系包粟粉，干牛肉、番薯、蕉子。我有几遍亦无大错，都被重打，背脊流血：如报病请假就打。我在糖寮时，有一番禺县人被他当场打死，次日我们各工想见地方官告他，到了半路，总管带了几个人，骑马拿枪追来，捉我们回去锁脚。后来东家将阿桂尸剖开，用银嘱一医生，说阿桂是吞烟膏死。我八年工满，不能得满身纸，所以如今仍是勉强。我在糖寮做工，每月银纸十圆，我极不愿意在此地。我听见大人来，特来夏湾拿寓禀知的。”

黄石容供：“年三十一岁，广东从化县人。本开酒米柴炭小铺。我去省城买货，到泮塘看戏，遇着素识之东莞邵唐，叫我往澳门买炭，不料到澳门即带我入知咕行。次日行中有三人要我见西洋官，写合同，我不肯去，被两人拉手，一人拿鞭赶打，逼我答应。在西洋官前未说话，我害怕，只得立合同，未曾将合同读给我听，交银八圆。同治四年七月开船。船上淡水有时够，有时不够。到夏湾拿住一天，将我卖入糖寮，卖我是二十七个金钱，我同帮卖去共六十人。东家、总管等待人凶恶。我在澳门得银八圆，到工扣我工银十二圆。食的不好，系薯粟，不够。我们中国人狠受欺负，因不会赶牛，锁了三夜，见黄阿洸受苦逃去，捉回锁住毒打，血肉淋漓，仍押带链做工，几乎全不给他食。他因肚饿，在蔗田啖食蔗尾，被管工看见，即刻再打，是晚黄阿洸在工房自缢身死。有二十余工人往官处投诉，皆不愿回该处作工，东家向官说合，将十二人押回，剩八人一定不肯回来，地方官劝东家转卖别家糖寮。所有押回之人，俱是锁脚做工。旧年我合同已满，东家不给凭据取满身纸，两天被地方官捉往多罗闸开路挖濠，说过作六月，每月三十圆，又做完六个月给满身纸，未给。不料工满复押我来夏湾拿工所整街，已经四个礼拜，仍常时挨打，做无钱官工，不知何日方放我出去。我想回中国，现在无盘费；如有满身纸，不要多日，可挣得盘费，我不想带钱回去。拐我时父母尚在，至今无音信。”

钟金秀供："年三十三岁，广东长乐县人。本挑杂货贩卖，有潘唐寿约我出省城做生意，同他搭艇前去，不料到省带我下火船往澳门，就过夹板，并无合同，亦无钱给。于同治四年三月开船。船上尚少打人，但水饭不够。到夏湾拿住两个月，卖我入糖寮，是二十四个大金，每月工银四圆。寮内待人刻薄，食不够饱。绞蔗时寅初开工，做到子正，内歇一时食饭，礼拜日一样。不绞蔗时，无夜工，礼拜日做到巳初歇。我在寮三年，因总管的不论有错无错，日日打我，是以拼命打死了他，自己走地方官禀明定罪，坐监九年。已在格颠剌司坐了三年，又送来夏湾拿监，在监做烟仔工夫。一个礼拜限三捆，不够即打，食不好，又不得够，糖寮同监房都一样苦楚。"

陈华供："年二十岁，广东番禺县人。十一岁时，被猪仔头拐去澳门，带入猪仔馆，拉见西洋官，给合同，并银八圆。于同治四年十月开船。我记得有四个被船主打死的，食亦不得够。我到夏湾拿六日，被卖入糖寮，是二十四个大金。我年纪小，起初派做火头，两个月后即派做蔗田重工。寮内食不够饱，待人刻薄，我被打兼锁脚三次，并无错处。我在糖寮时，见新会县人黄方在糖栈做工眼倦被打，并放狗将他咬死。有一个食鸦片烟膏死，又有病死，又有打死，亦有好几个走路的。东家待我实在不好，做了五年，带我来萨故阿东家家内做火头，我差一个月便满身了。"

林二供："年三十岁，广东高州府人。本系耕田。有亲戚林士胜叫我同去澳门寻事做，不料到澳门即带我入知咕行，逼见西洋官打合同，给银八圆。于同治四年十一月开船。到夏湾拿一个月，被卖与本城火车馆，卖我是二十四个大金。食的不好，时常被打。我做了九个月，又被转卖入糖寮，食的更坏，工夫更重，待人极恶，无一日得休息。每日连食带睡，共得四个时辰。我初到时候做工同帮九十人，八年工满时，只剩得三十四人，有自尽死的，有走路的，有病死的，总因待人不好所致。我差四日工满时，就被锁脚做工，工夫更比常时多些。满身后又无满身纸，将我送与科垄埠地方官押入工所，现已八日了。”

赖川受供：“年二十二岁，广东惠州府人。本来在父亲椅铺帮工，因赌输钱不敢回去，有人叫我暂去澳门，不料一到，就拐我入猪仔馆，住了三日，见西洋官打合同，收银八圆。同治四年十月开船。船上水不够。到夏湾拿三日，被卖入马当萨司属下敢勒写别西恩糖寮，同帮二十九人。一日两餐，都是粟米粉、番薯，不得够饱，一个礼拜止是两餐有米饭。绞蔗时，寅初开工做到子正，内歇一时食饭，礼拜日一样。不绞蔗时，少夜工。寮内待人不好，有四个黑人管工，时时打人，我被打后并锁脚做工，已经四次。有两次是我无错，管工骂我，我想说明白与他听，他生气打锁，是不准人回嘴的意思；一次是走出，一次是眼倦。我一帮共三十人，至如今止剩得八人，有死的，有逃走的。我八年工满，问取满身纸不肯给，要勒我再做六年，许我每月银纸十三圆。工人都不准出街，若出街就锁，衣物都要在寮内店中买取，任他开价，不准减少。这样待人，我实在不情愿。”

李带供：“年二十九岁，广东嘉应州人。在南海埔打工，因无工作，有叶姓叫我到澳门觅工，到澳门带我入知咕行，十二天逼我见西洋官，立合同，我不晓得合同作何语，给银八圆。同治四年正月开船。船上水饭俱够。到夏湾拿住了一个多月，卖我到糖寮。绞蔗时，寅初作到子正，内歇一时二刻，礼拜日一样。不绞蔗时，卯初开工，做到酉正，礼拜日巳初二刻歇工。食的是米饭、番薯，不得饱。有一个能识说西班牙话的对东家说：唐人皆食惯米饭，在澳门时言过，礼拜日不做工，今到此所言不符。东家大怒，觉的太胆大。后来他生病，东家送病房，不久即死。我八年工满，要满身纸，东家叫我再立合同做工，我挨满八年，如出死入生，不论多少钱，不肯应允。东家即将我送到先辉过司工所，做三个礼拜无钱官工，食不饱。有人向官说，雇我到糖寮，做了三个礼拜，共得工银九圆。随经官捉送多罗闸做六个月开山工，该处水土甚恶，说过每月银纸三十圆，满六个月给我满身纸。不料满后，并不给纸，押我来夏湾拿工所，做无钱苦工。我到此已五个礼拜，食不得饱。因闻中国官来，略添些须。我若得满身纸。出外觅有钱工做，剩得盘川，定回中国。”

以上同治四年华工口供。

中国第一历史档案馆、卢文迪、陈泽宪、彭家礼合编：《中国官文书选辑》，陈翰笙主编：《华工出国史料汇编》第一辑，中华书局，1985 年

（八）同治五年六年华工口供

郭阿美供："年三十一岁，广东番禺县人。我在家闲住，被麦阿彦骗我到澳门入猪仔馆，叫我顶名，有几块钱赚，我就到澳门，打合同一张，收银八圆，他拿去四圆，见过西洋官。同治五年十二月开船。船上两人投海死，因听见此地待人凶恶，他们就寻死了。到夏湾拿卖入科垄属下夫厄虏厄底古巴糖寮，东家待我严恶，总管凶横。我是作木匠工夫，是常挨打。现今这一次，我就被他打伤了。报病有时也准。我是卯初上工，作到子正歇，与作田的仿佛。此地中国人死了无棺木，黑人死有棺材，我是做糖箱及打棺材的工夫。食的是粟米粉、蕉子，又每人派米三两，总不得饱，不知受苦到何日为止。"

陈阿三供："年二十六岁，广东东安县人。因客家作乱，到省城跟卓兴大人当勇，撤散后遇见天坛圩人朱阿八，骗我到澳门打工，同他去进猪仔馆。我晓得不好，我不愿去，他要推下海。同治五年九月打合同一张，收银八圆，未见过西洋官。十月开船。到夏湾拿卖到糖寮，待人不好，总管打人毒的狠，东家过花旗了。日食两餐，番薯、蕉子并一小碗饭，一日夜食饭睡觉共歇三个时辰。凡作工在总管面前就打，不为事由，一味任性惨凶。因受不过凌虐，有吊死，打死，食鸦片烟膏死。我们一帮六十人，现死了二十多人，又打伤死的极多。作工三年零七个月，因为东家走了，管工白人有一天打伤了我们七八个人，是锁脚用棍撞伤，又用刀斩我们，我们真受不过了，与其被他杀死，不如拚命，大众用锄头打他，就打伤他，过了七天，白人就死了。后来拉了七个人送到格颠剌司监房，其余之人在糖寮锁脚作工，并无工钱。七人定罪坐监五年，已坐了两年，打伤病死了一个，现在六人在监内卷烟，一礼拜卷两捆，每捆六角。监内有豆粥、面包，食不饱，自己卷烟添饭食。在此地比糖寮好些，从前打，此时官好，不打。”

韩庆铎供：“年二十六岁，广东番禺县人。同治五年，有本家兄弟韩阿槐，叫我到澳门打工，打合同一张，收洋钱八圆，见过西洋官。十二月开船。在夏湾拿卖到糖寮，待我不好。日食粟米三顿，打的毒的狠，身上打伤了数处，请验。作工一日夜歇两个时辰，我作了六年零十个月，不准出街。今日知道大人来，我们偷出来寓叩见大人的，就是回去锁打都未定。我糖寮八十四人，因为待得十分凌虐，故来禀大人求救的，现在科垄属下糖寮。”

陈其光供：“年二十五岁，广东南雄州人。同治五年九月，有陈满韶关人叫我到省城作工，后来不晓得到澳门，入猪仔馆，见过西洋官，给合同一张，收银八圆。十一月开船。船主不好。有人因为不愿出洋，剪辫不服，在船吵闹，立刻打死，是嘉应州人。其余之人绑着，打到肉烂，不能出声。我到夏湾拿卖入本城作侍仔，后来转卖糖房，先时东家待人凶恶，黑人管工常时打，总管白人亦常打，任意凌虐。作了七年，本年就要满身。每日两餐，饭食得饱，寅正起工，作到子正歇，礼拜作到巳初歇。每月银纸五圆。我见头两天有黑人杀死中国人，为抢中国人的钱，死的人我不认得。现在管工黑人、白人依然照常打。我是在格颠剌司糖房，特来寓面禀受虐情形，求作主拯救。”

张语供：“年二十七岁，湖南长沙府善化县人。堂叔丁酉科举人张如兰，我曾跟随进京，后来跟杜学台到广东，因为同事不对，辞出住在客寓，遇三水县刘福，亦系做跟班的，说同我上虎门同知衙门找个门路，不料下船即将我带到澳门仁合猪仔馆，哄我到西洋处顶名，合同如何，并未读与听，亦未叫我画合同。下船才交合同一张，并银八圆，逼我出洋。同治五年十月内开船。到夏湾拿住一个月，将我卖与本城人家做侍仔，后做火头。我前年拜认契爷，我又有熟人，在衙门照应得有出街纸，出外做工。我愿意剩得几个钱，便回中国。”

甄阿林供：“年二十九岁，广东新宁县人。我在新宁城赌钱输了一百余圆，不敢回家，我自己到澳门入猪仔行，打合同一纸，收银三十圆，见过西洋官。同治五年九月开船。船主待人凶恶。大众上舱寻水吃，船主说人闹事，就用洋枪打死四十人。到夏湾拿卖到故阿那海埠糖寮，日夜作工，睡不得够，食不得饱，日日毒打，凌虐不堪。作了六年，我们有五个人真受不过，只得拼命将管工白人打死，司头就用棍乱打，我们不敢回手，是糖寮规矩。我五人都打伤了，才送到地方官处坐监六个月，定罪坐十年监。送到夏湾拿监内一年多了。他四个人到多罗闸作开山工夫去了。我一人在此地监内，监内规矩，如能卷烟就好，不能卷烟就要送出做整街开山等工。我在此地卷烟，一礼拜可有三捆够交了，如不足三捆就要打的。监内有重病送入病房，小病不准告假的。”

刘光采供：“年三十四岁，湖南临武县人。我在韶关作生意，后来当勇，在蒋大人营内，因撤散无事，被人诱到猪仔行，住了八个月，打合同一张，收洋钱八圆。同治五年二月开船。到夏湾拿卖入马当萨司属下敢勒写别西恩糖寮。我从前初来时，打的凶恶的狠，丑正起工作，到戌初二刻回糖寮，每日食粟米、干牛肉，食不饱。作了七年多，仍有四个月就满工了。我先作山寮工夫，现在作黑人火头，初来的凶打，现在不过勒逼作工，打的轻了。我的眼睛因为人拐我来，我天天哭，就坏了，医生治不好。现在仍有八十个华人在糖寮内，先有一百二十人，走的走了，死的死了。凡人死，就挖坑埋。死的是有吊颈死，有食不饱生病，有受打不过死，各样都有。现在新东家也是不好，凶的狠。每月拿银纸四圆。”

杨阿桂供：“年四十四岁，广东惠州府人。我在惠州当兵，得有六品蓝翎。因在省城领饷有三百多圆，被同事偷了，走到澳门遇见朋友，叫我落船，有人代我打合同一张，洋钱八圆，未见西洋官。同治五年三月开行。到夏湾拿卖到糖寮，一帮三十七人，现在只有十九人，病死、吊死、投河死都有。每天食粟米，毒打的狠，出门一步即要锁脚，都是因受不过寻死的。我在此也是食不饱，东西又贵，每月四圆添食。我在此割草榨蔗，每天寅初上工，作到子正歇。我们作工与人一样，我作了七年，现换的司头仍然不好。从前一天食两顿，有一顿米饭，此时是粟米、番薯，也食不饱，又常锁打。前东家作贼，糖寮归官，官请头人管事，十分严恶，有时路上遗失一两个粟米，被总管看见，就要锁脚了。此糖寮是马当萨司属下，名敢勒写别西恩。”

何阿德供：“年二十七岁，广东清远县人。我是在福山作木匠，有人叫我修船，又有人叫何阿生，就带我上洋船做工，那个时候与曾阿信天天上船，作完工就上岸。我不晓得是猪仔船，作了一个月，后来开船，就锁住我了，不能上岸。七月锁起，在船上给合同一张，不是我的名姓，未给钱，未见西洋官。到九月开船，是同治五年的事。到夏湾拿住了两天，就卖到糖寮，东家住在夏湾拿，待人尚好。前总管好，死了。现在换了总管，不好。食不饱，工夫辛苦，若稍停一分钟时候就打，并用链镣锁脚。如打烂了，立刻用烧酒浇洗，疼入骨髓，仍然做工，不准歇息。总管如此凌虐，东家不知道，有时晓得了，来说总管不当如此打人。总管答应后，东家去了，仍然要打的。一天食三顿，早晚每顿约二两米，中时粟米、番薯等，是派与中国火头煮好派开的。每天寅正作到亥初歇工，内歇半时食饭。不绞蔗无事，歇工锁门。前三个月，糖寮内木作的房地板烧着了，总管问一香山人说他放火，他不认，总管说，既不是你，你交出两个人来就罢了，寻不出就打，寻的出有赏。他就说有阿节，又有一个，我记不得了，他说他两个人放火的。总管就把两个人打烂了，锁在一间房内，不给人看。我晓得说他们放火的人，是与他两个不对的，时常的相骂。二十人今送入山了。我在此地不准出门，天天作工不歇。每月四圆，有病报病可准，是要扣工钱。去年烧蕉，因风吹火的，不是人放火的。此地作工黑人同中国人一样的，黑人是奴，无工钱，可养猪鸡卖。此寮只有二百人了，共总死了八十几人。糖寮名那司格阿里亚司。”

莫荣显供：“年四十一岁，广东茂名县人。叔祖莫超宗贵州候补道，堂兄莫善喜潮州守备，是同治五年在福建协吴其芬处当水师百长，每月约得银十两。我得过保举准先守备奉委香港造船，已经完工。因电白孙亚福与我素好，他系行船，常在澳门，他母亲无钱，常向我家挪借。我在香港搭船去澳门寻他，住了三日，他忽说有几个人下洋船，他适有事，请我代他送行，我信以为然，上驳艇到洋船，洋人即将我押下船舱，方知为孙阿福所卖。我并无合同，亦未得过银钱、衣服等物。我记得系八月下船，约在九月中开船，我下船被其关押，不准出舱见人，心中迷闷，实记不清日期。约到夏湾拿卖人行是二月时候，到了数日，将我卖入科垄属下糖寮，派我作木匠，每月银纸四圆。日食两餐，均系薯蕉、粟粉等物。寅初起工，酉正歇工，比大家好些。如或开工迟即挨打。我比大家少做上半夜夜工。糖寮内脚闸监房一所，总管凶恶，时有被锁在监之人。我八年工满，系今年二月，至今并未得满身纸。我同帮四十五人卖入糖寮为奴，现剩得十二人，皆因凌虐不堪，非被伤病死，即拼命脱逃，我被打已不计次数，幸未闸脚入监。我特来科垄寓诉苦的。所供是实。”

梁阿华供：“年三十四岁，广东开平县人。同治五年，在长沙墟被司徒阿安说荐我到澳门打工，不料带入猪仔馆，关住三日，拉我下船，给我合同，是周阿三名，并银八圆。十月开行。

船上待人不好，船主踢死一人。到夏湾拿即卖入科垄属下糖寮。我到糖寮三年，东家通贼，糖寮入官。现新总管较前格外凶横。日食番薯、弓蔗、粟粉，不能得饱。每天丑正上工，做到子正收工，连食带睡，歇不过两个时辰。寮内脚闸监房二间，人数常满。我做工七年零，屡因报病被打坐监，又锁脚做工。我同帮四十二人，投山塘死了二人，被总管打死二人，医生打死了一人。旧年二月，同帮五人因二管工连日打的毒，五人头面已受重伤，又打伤一目，均有伤痕可验。我们气忿回手，将他打死。东家送我们到科垄地方官处收监，尚未定罪。有客家阿晚到监六个月，已伤重身死了。监内日发稀粥，五人一盘，不能得饱，衣服自备，亦无别项工做的。”

林合供：“年三十六岁，广东东莞县人。在家耕田，有李祥也是东莞县人，带我到镇祥泰猪仔馆，未见过西洋官，无合同，给洋钱四圆。同治五年十一月开船。到夏湾拿卖与糖寮，我一帮共三十人，饭有的食，作工苦。每日夜作九个半时辰。工头待我不好，常打常锁，有顺德人李德在糖寮作工九年，剩了七十二个大金，存在管工的手里，有一天管工的把李德在田里打死，埋在田内，有四个黑人帮他的，官员都未知道。我未看见，是黑人告诉我的。我在糖寮三年，我们九人立定主意，就打死他，后送我到夏湾拿监内两年，又送到糖寮作了四个月。总管听见从前打死过管工的，又送到萨故阿监房，又作了两年。如果有四块大金钱，他就放我。监内饭不够食的。管监的罢了。我在糖寮时，有多人自己寻死，又有逃走，又有因病死的，我一帮来的人，只有十二个人还在那里。”

区荣供：“年二十三岁，广东南海县人。同治五年，有人请我到澳门看戏，就带到新合猪仔馆，住了两个礼拜，见西洋官，立合同，给洋钱八圆。九月开船。到夏湾拿两个月，卖到本城住家作侍仔。作了九个月，后来有一次同东家的儿子口角，就锁着带链子三个礼拜，又重打，转卖到糖寮，待我极恶。我不愿在那里作工，总管告诉他，如不愿作工，就要带链子锁了。我说不怕带链子，不怕你拿刀扎我，我总不愿意在这里，所以他就转卖到此地格颠剌司糖房。糖房仍然待我不好，食不饱，工夫又难作。糖房内我晓得有八个人是自己吊死的，前几个月我病了，我告诉管工的，他就打我，后来我逃走了，在外头三个礼拜，拿回带链子许久。”

沈赛供：“年四十八岁，福建漳州府人。在家耕田。同治五年，因贼乱，我到澳门寻生意做，到澳门有人请我在猪仔船上作通事，言明到夏湾拿工银三百圆，二月开船。船到安南国坏了，叫我们另上火轮船，坐到法国地方，名赛哥剌，又换到夹板船上，走了四个月到夏湾拿。船上待人尚好，食的饱。不独工钱三百圆拿不着，又卖到糖寮作了七年，每月四圆，不打，我食的不饱。一日两餐粟米、番薯及大米饭。作工绞蔗时，寅正起身作到子初二刻，礼拜不停。不绞蔗时，礼拜作到巳初，不作夜工。病时照扣工钱。我从前到过哔噜，在那里待华人比此地好。现在糖寮是马当萨司属下，名敢勒写争西恩。”

陈保供：“年三十五岁，广东惠州府人。在东莞石龙墟做鞋，到澳门挑担补鞋，走过猪仔馆，见有所识黄容先，叫我入去顶替船上一跛脚工人名字，做工一晚，给银八圆等语。我即去见西洋官，立合同，收洋钱八圆，即刻上夹板船，我说不肯出洋，即将我捆打，关入船舱。同治五年十月开船。出口一个月，船遭风受伤，进一口门修整，住了七个月。船上因走的日子多，饭水俱不够。我到夏湾拿住两年，卖我入糖寮，每日只食粟米、咸牛肉，狠不够。我做了一个礼拜，因打得极重，就逃走了。糖寮内待各人俱极刻酷，我亲见有一华人被打折两腿骨，又闻得许多因打重痛苦，自刎自缢。又有一帮七十人入糖寮，做满八年才剩二十人。我逃走之后，过了几天被官捉获，送夏湾拿工所做了两年无钱街工。两年后每月发银纸八圆半，现在大约做了五年。我愿意回华，若得满身纸，出外觅得有钱工做，剩得盘川，便离此地，免致日日受苦。”

叶绳祖供：“年二十五岁，广东番禺县人。叔父叶衍兰，系翰林院庶吉士，在京中军机处行走。我因自幼父母双亡，读书又不得成名。同治六年出在澳门，欲觅些小生意，无奈被匪人诡骗，强逼局落洋船出洋，历尽风波，始到夏湾拿。被卖在司马虏聂些埠为奴，挨骂挨打挨饥，苦楚万状。屡次写信求叔父们设法赎我回去，信不得达。现在埠中铺内出入，仍时受番人辱害。特到格颠剌司城来寓面禀冤苦情形，求递信回家，设法拯救的。”

陈阿七供：“二十六岁，广东合浦县人。原做剃头生理。同治六年，在遂溪沙环遇着化州甘村叶六，系金胜彩唱戏武生，诱我教戏，拐我上澳门，进义合猪仔行，拉见洋官。我说不愿去，即要收监，迫我立合同，交银八圆。落船即开行。到夏湾拿卖十九个大金，入马当萨司火车馆，每月关银纸五圆。在澳门领过八圆，第一年即经扣回。做工或日或夜无定。我病三个多月，东家将工银扣去。每年发麻布衫裤二套，不久即烂，须要自买衣服。现病未痊，虽比糖寮做工略好，也是苦极。病无钱医，东家想拉我住病房，但见洋人医法太蛮，华人入病房的，多是九死一生，我情愿自己出外医治。我听见中国官府至，特来寓面禀的。我想叶六拐我，如此受苦，求为追究。”

卜阿厚供：“年二十七岁，广东嘉应州人。同治六年，有兄弟当勇，我寻他去，到省城遇见长乐人黄阿明，他说认识我兄弟，现在曹冲李大人营盘内，叫我同他去，我答应他上船，不知道就走到澳门到新义和，有谢阿钱说，营内打败仗，我可给你八圆，合同一张，见西洋官。同治六年九月开船。到夏湾拿卖到科垄糖寮，待人极坏。我一帮六十人，分作三间糖寮，我糖寮内二十二人。有一天有作工的人出恭，时候久了，总管、管工白人叫四只狗咬他的脚，把脚咬烂了，不能走路。作了四年零七个月，东家不见了一个猪，就说我偷他，上我的脚链，带了十三日就生病了，入病房好了。走出来我就与人吵闹，是说我是偷猪的人，同他打，他就拿刀斩我，我接手把他斩死了。他是侍仔。送我到科垄坐监六个月，又到夏湾拿作卷烟一个月，后来又送到格颠剌司监内十四个月定罪，我不晓得坐到何时。监内比糖寮好，我卷烟是每扎六角。”

赖亚四供：“年三十五岁，广东阳春县人。同治六年，被同县八甲周阿六诱我，说，澳门佣工，到澳门即带我入猪仔馆，关了十二日，拉我见洋官，打合同，不准说话，交银八圆，即拉下船。我慌得魂魄不定，到船即病，开船日期都忘记了，约在七年正月。到夏湾拿卖入马当萨司糖栈房，每日两餐番薯，咸牛肉二两。丑正起来做工，到子正歇，食既难饱，精神又乏，做工稍慢，即被用木柴、皮鞭毒打。如喊痛，即锁脚做工，伤痕至少十数日才好。糖房原有监房三处，因屡次闹事，地方官拆去两间，尚剩一间。我记得前年打死一个华人，抛尸下海，洋兵看见捞起，查问知是糖房的，东家说不是，我们皆认得是同帮的人，地方官亦不追究。旧年七月又打死河源县人阿二仔，官叫华人去问，东家不认，推为管工黑人打死，将一黑人坐监。当时证东家打死的，系河源县人阿堂，东家恨他，随后即将阿堂卖入山中糖寮，此时不知是死是活。东家常对黑人管工说，华工只管重打，打死一个再买两个等语。我现已做工六年多了，此一年余，不知有命挨得过否？又不知还再立合同否？日夜忧愁，无计可脱。我又亲见广东人阿田因受痛打自缢身死。又前四五年广东人食烟膏死两人，我如今忘记姓名日期了。我听见中国有官来，我特到客寓面诉的。”

陈学周供：“年三十一岁，广东吴川县人。同治三年，随副将曾敏行当勇平土匪黄阿狂七案，内保举外委，四年平嘉应州发贼案，内保举把总。同治五年二月二十五日，由省回家，路经恩平县那龙墟，被客匪掳捉，装到广海卖与猪仔船，驶至澳门，见番官，打合同，不由分说，硬拉下船。九月开船。船上有人因与洋人吵闹，被开炮打死三十多人。我当时跳水，有水手将我拉起。六年正月到夏湾拿，即将我卖与糖寮分班做工，头帮子正做到戌正收工，二帮午初做到卯正。总管时时打人，受苦逃出捉回者锁脚颈，仍要做工，每日打三遍。我做火头三年，认有契爷朋友，帮银赎身出外，做两年，剩有盘川。正欲料理回家，在西路尾忽二兵头出令拿捉华人，我被地保头拉去一夜，次日解监打着做工十三日。契爷用银百五十圆保出，免得再卖入山为奴，回查衣物银两，尽失一空，迫得再回法国司头处打工三个多月。司头死了，我出来，病了七个月。又有美国洋人雇工，现在他处，每月银纸三十圆。若有川费，定回中国。我特来夏湾拿寓面禀的。"

陈观植供："年二十九岁，广东香山县人。我在澳门作打银生意，有买办六是向来认得的，说到古巴作工挣得钱多，我应允，到洋行内打合同一张，给银八圆，见过西洋官，他叫我顶新会陈亚德的名。同治六年正月开船。船上打死、病死及寻死都有的，是船主不好。疑人反船闹事，无水无饭，残虐不堪。到夏湾拿同我一帮共有一百中国人，卖入糖寮，待人凶恶，常打常锁，视中国人如鸡犬一般。每日寅正起做工至子正，歇睡不到一个半时辰。两餐不得饱，礼拜不歇工。不绞蔗时得歇，一日夜可歇两时。东家嘱总管：只管打中国人，打死一个，再买十个，不必爱惜。我作了两年，自己赎身，共用去三百二十圆，得自己作工夫，每月十几圆，是现银，作田地工，是华人作工头。食东家的饭，尚可将就。前在糖寮内，亲见投糖锅死、投铁榨死、吊死、投井死都有。又有两人锁一链，是因逃走的，仍然要做工，总管依旧毒打，后来两人无法，同投糖锅死，也是亲见的。我现在夏湾拿作打银工夫，是自己做，稍有的钱就回中国。”

沈振国供：“年三十二岁，福建诏安县人。在家打鱼，离汕头不远，遇见有四个人，拿我上本地船，送到澳门，在仁和猪仔馆住了八天，见西洋官，立合同一张，我因无川费，走不脱，逼迫允从，收洋钱八圆，衣服两套。同治六年二月开船。船上待人不好，水手常用脚踢，饭又不够。到夏湾拿两个月，卖到格颠剌司糖房，每月四圆银纸，生病每天扣一角二钱半。待我不好，因小事就打。饭有时食不够，一日两餐番薯、干牛肉。作工是寅初到子初歇，礼拜作到巳初歇。约作了六年，有人欠我的钱，他不肯还，我同他吵闹，他拿出刀来要戳我，我就抓住他的刀，他就跌在地下，刃戳在腰间，即时死了。送我到地方官定了罪，坐监四年。我在格颠剌司监房坐了一年了，在监内卷小烟，有工钱，给饭够，食的不好。”

潘文道供：“年二十七岁，广东南海县人。向在省城茶行做工，有人叫我带各色茶下艇船看样，不料到船即将我关落舱底，驶出澳门，带入猪仔馆，关了七日，逼我见西洋官，签合同，给银八圆，衣服两套，押下洋板船。同治六年九月开船。船上水饭不足，时常有人被打被锁。不久也放我到夏湾拿猪仔馆，住了六日，被卖入科坌属下夫厄虏厄底古巴糖寮。绞蔗时寅正二刻开工，做到子正，内歇一时半食饭，礼拜日不歇。不绞蔗时，无夜工，礼拜日做到巳初歇。现时未满身人，每月工改为发银纸五圆。寮内做蔗田的工人，食都不够饱，做轻工夫的亦略得够。工人不准出街，所有买物，都要在寮内铺中买取。我系派做火头，未曾挨打。我在糖寮，见有一百余工人，因受苦不过，逃走的大约走了十个，捉回一个，被捉回的锁脚重打，夜晚要上脚闸。中国工人死无坟地，随便拉埋，不准别人跟随看埋。我未剩得钱，司头一年给我粗衣两套。我同帮的人，现止剩得十九人了，有两个自尽死，有六个病死，余系走路。我看见寮内管工曾被斩死两个。”

何阿文供：“年二十八岁，广东高要县人。作打铜生意，被人拐骗到澳门，就送到猪仔馆，住了两三日。后来逼我到西洋官处立合同，收银八圆，衣服两套，就上船。于同治六年正月开行。船上食够，水不够。有四五个人被锁，是因为疑他闹事，到埠才放。到夏湾拿卖人馆六日，我一帮共一百二十人，转卖与先辉过司猪仔馆。又住了三四日，卖到先辉过司敢得拉黑亚糖寮。我与三十八人同帮。绞蔗时寅初二刻开工，做到子正，内歇一时食饭，礼拜日不歇。不绞蔗时，寅正开工，做到酉正，礼拜日辰正到酉正，不做工。食系包粟粉、番薯、蕉子，一日十五个人分斤半米食。每月工银四圆，每年衣服两套。总管恶毒，时时打人，无事亦多被打。有时将工人锁脚，并兼脚颈。此间糖寮东家系女人，我止见来过一次。我同帮共三十九人，现止剩得十五人，七个病死，两个走路，三个自尽，四个坐监，有八个带去别处。工人不准出糖寮界址，如买物件，都在寮中铺里买取。中国工人死无棺木，如埋狗一般。在夏湾拿买我时，是脱净衣服，周身摸过验过，如牛马一般。”

梁阿有供：“年三十三岁，广东南海县人。本做火头。同治六年间，因在香港无工可做，遇着一个人叫我到澳门夹板船上做火头。我旧时曾在别人船做过火头三次，是以应承，同他前去。不料到澳门，就带我入猪仔馆，关住三日，勒我见西洋官打合同，给银八圆，衣服两套。派四个人押我落船，船上饭够水不够，每日两次准人上舱面抖凉。有四个人，因疑他闹事，捆绑重打，锁到将到夏湾拿才放。又有两个人，似疯狂病，被船上木匠打死。我到夏湾拿被卖做客栈火头，做了四年。头一年每月工银三圆，以后银纸四圆。我因为说工夫多，工银少，东家将我转卖与萨故阿别间铺头，工钱也是一样，工夫比旧时更多。我有一遍出去，一日不做工，回来被东家割去我一个耳朵，并将我锁住。后来东家有朋友话与东家，听说地方官知道，必定有事，所以又收藏我好几个月。有一日，有官路过，先见我锁脚做工，走近了，又见我少了一个耳，问我缘故。我告诉他，官捉东家连我，押入萨故阿监房。三日之后，闻得东家送了地方官银二千圆，即时放了出去，只留我在监已四个月了，未曾审过。我的银与衣服，都在东家处。我着的新衣服，是昨日发的，因为听见中国官到，我晓得之故。东家送官二千圆的话，系管狱人说与我听的。”

以上同治五年、六年华工口供。

中国第一历史档案馆、卢文迪、陈泽宪、彭家礼合编：《中国官文书选辑》，陈翰笙主编：《华工出国史料汇编》第一辑，中华书局，1985 年

（九）同治七年八年华工口供

徐绍麟供："年三十三岁，浙江山阴县人。我被贼掳逃出苏州，到上海，在巴得医生行内做生意。遇见有澳门梁姓，约我到澳门作事钱多，入猪仔馆，见过西洋官，打合同一张，收洋钱八圆。同治七年十月，开船到夏湾拿，卖入马当萨司属下敢勒写别西恩糖寮，一帮四十七人，现在只剩十五人。此地待人凶恶，常打无食的。我作了五年，每月四圆银纸，工夫苦的狠。东家凶恶，我虽作火头，一刻都不能离此地，少为离了一步，就打的。与糖寮种蔗等工差不多，不准出门，如买东西，就在糖寮铺内买，每月扣钱。如果出大门一步，捉网即要锁脚，扣工钱。我来时有堂兄名绍荣，因受不过毒打，就投水死了。我在此地虽然作火头，也是食不饱，食剩的也不给我吃，是给黑人吃。我家在绍兴东浦住，不知何时才能回去。总望大人拯救。此地用惯黑奴，待中国人比黑奴更坏，真无天理了。"

莫阿穆供："年三十岁，广东恩平县人。有人拐骗我到澳门街上船，未打合同，未问话，开船后给合同一张，洋钱八圆，我不晓得是出洋。同治七年五月，开船到安南，船坏耽搁多日，死的人多。到夏湾拿后，就卖到马当萨司属下雅么里亚糖寮，待我不好，寅初作工，到子正歇，日食粟米不多，干牛肉一块，仍要打工夫，极重，真是活受罪。我同帮人打死过一百，旧东家作贼去了，现在换了新东家，待人同旧一样，也是毒打。我作了五年多了，现在作割蔗割草工夫。前十天有一个人送蔗到蔗林，蔗多了，机器下来，不晓得就把手压断了，不知能好不能好。生病的人，无重病是要打要锁脚的，必得告之两回病重，才许进病房，扣工钱。每月四圆，是银纸。我要买东西，不敢出门，如出门一步，就要锁脚作工，又有黑人跟在后头打，比猪狗不如。晚上就要落木闸，锁脚了。买东西有人来卖，我四圆一个月，只是添补米的。米是黑人出去买来卖的。”

杨启荣供：“年二十九岁，安徽怀宁县人。同治五年，因跟蒋抚台营到广省，撤退后流落广东，有张姓叫我到船上作火头。我无事，就跟他到澳门，不知道他是带上猪仔船，给合同一张，洋八圆。无官问过我看合同，听人说才晓得卖猪仔的事。那时我人地生疏，又不晓得话，无可如何，只得跟船走了。七年十月开船，船上有生疾死，有打死的。船主锁人的脚，又说人闹事，其实都无此事。他用油漆麻绳将皮骨打烂，死的不少。走了四个月，到夏湾拿，就卖到马当萨司糖寮。东家残虐之至，无论作不作，俱要打。受不过，吊死的，投水的，自刎的，都有，都是我眼见的。押在糖寮作了几个月，我实在不能受他的凌虐，我就逃走了。到一小埠工所，作了四个月官工，无钱。是作整路的工夫，也是打。后来又走到庙果岗，作官工整街，七个月无工钱的，也是自己逃走出来。就到夏湾拿鞋铺打工，作了两年，每月十圆。现在已出来一年，作烟仔生意，自己作主，不归东家管的。闻得大人来，特来寓面诉各华工受冤苦情形的。”

沈耀忠供：“年三十二岁，广东南海县人。在洋船作生意，因亏本写田地与人。后娶妻，田地赎不回来，我欠钱。人家又被贼打劫，他就告我。我到澳门卖猪仔，打合同一张，收洋钱三十圆，见过西洋官。同治七年九月开船到夏湾拿，卖到格颠剌司火车头。初来开车路一年多，苦的狠，比糖寮更苦。司头尚好，每月四圆，现在九洋银纸。初来开新车路，总管凶恶毒打，工夫稍慢就打，曾经打死两人，投车路压死三人。我一帮二百多人，死了只剩几十人了。我现在不受苦，每月九圆银纸，作了五年，尚未满身。我可以行得开了，作绞水工夫，尚好。特来寓面诉的。”

卢则林供："年二十八岁，广东东莞县人。同治七年十二月，被人拐到澳门，入猪仔馆，给合同一张，洋钱一圆，见过西洋官。即日开船。船上待人凶恶，有几人因不愿意出洋，被船主打死。到夏湾拿卖入糖寮，东家待我凶恶之至，日夜的打，锁脚作工，晚上又要加锁，不能动，又无的饱。作了三年多，因为受不来，不如死好。锁我的时候，有一个福建人作管工的，叫白人锁，我就拿刀戳他，伤了颈脖两刀，胸前两刀，未曾死。东家送我入监九个月，定罪三年。现在夏湾拿监已坐了一年零三个月，监内作扫地工夫，不苦，比糖寮好。如有人生病，入病房，死了就丢入坑内。是四五个、十几个人一坑。后来用泥拥的。"

沈金奎供："年三十二岁，浙江会稽人。同治五年，跟蒋抚台[①]到广东，后来勇散，就跟湖南人卖猪仔到澳门，打合同一张，收银八圆，见过西洋官。三月开船，六月到夏湾拿，即卖入此地糖寮。待人凶恶，常打，我作杂工。同我一帮来三人，打死一个，江西人名亚满。每日作工，丑正开工，作到子正歇。一日三餐，粟米粉、蕉子并一小碗米饭，食不饱。作了五年，每月四圆银票。糖寮内有店，如买物不准出去，俱在糖寮内，价钱比外间贵一倍。又有监房，无力作工，就进监锁脚。生病的人是打，又收监锁脚。每月所给四圆，并非银票，乃是糖寮内牌字，不能拿出去用的。此糖寮是科垄属下，名夫厄虏厄底古巴。"

袁阿英供："年三十一岁，广东番禺县人。本在抚标当兵，因同结拜兄弟谢阿狗到澳门游逛，我落船，他就去了。船上给我合同一张，银八圆。起初我不知道，上船才晓得了。同治七

① 蒋抚台，蒋益澧（1833—1875）字芗泉，湖南湘乡人。同治五年至六年（1866—1867）任广东巡府。

年正月，开船到夏湾拿，卖到糖寮。司头凶恶，每日打人，管工的打的更甚。我是作过戈什哈的，不能作工，所以受打更多。他的规矩，日夜作工，无的食。作了三十五天，真受不下去。共二十人动手，斩了总管白人，番官就将二十人提出，收监两年零七个月，然后定罪，要坐八年监。十一人回糖寮，死了两人，七人在此夏湾拿监，又已经三年零两个月了。监内派卷小烟，我一个礼拜卷三捆半，可得半圆。在此地比糖寮好，有的食。如卷烟不足三捆，打十二棍，例只三棍，管监人打十二棍。此监内管监官待我们尚好。”

谭连进供：“年三十四岁，广东开平县人。我在家作小生意，被李阿达新宁县人骗到澳门作生意，我就跟到澳门，送入猪仔馆。我等他不来，不准出去，后见番官打合同一张，收银八圆。同治七年十月开船，船主不好，有人说要闹事，船主晓得，剥去衣服，用麻绳绑住，打死四人，我记不得是何处的人。到夏湾拿，卖到马当萨司糖寮，待我凶恶。初作时，吃了两个月米饭，后来就一日两餐蕉子、粟米，寅正作工，到子正歇。无论作工好坏，均要毒打，我至今身上犹有伤痕可验。我一帮三十八人，作了两个月，就死了十一人，吊死、投水死、食鸦片毒死的都有。作了六个月，我真不能受，就走了。捉到马当萨司工所，作了两年，无工钱，又锁脚六个月，后来就由工所立合同两年，每月八圆五角。作完了，叫我又立合同，我不肯，就走了。后来被人捉到科垄工所，已四个月了。”

袁阿安供：“年二十七岁，广东东莞县人。我帮父亲在香港做小买卖。同治七年正月被东莞林阿炳骗我下船到澳门，带入猪仔行，关了一日，逼我见西洋官，打合同，给银八圆，未读合同与我听。拉我下船，即开。我在船上，头人叫我洗船，说洗得不好，打得皮裂血出。到夏湾拿三十余日，将我卖入糖寮，止食粟米及蕉，不能得饱。每一日夜，止得睡一个半时。管工刻毒，以打人为乐。我被日间锁脚做工，不知几遍周身皮肉时常打烂。我同帮因受苦难挨，自缢死二人，有新会人阿炳自刎，医了半年方痊，又有数人打伤，抬入病房。我们十九人，俱因时受苦，一日总管又任意打人，我们相劝，他拿长刀要斩我们，大家回手，用锄头将他打死，东家将我脱了衫裤，锁了手脚，打了一日一夜，送去坐监三年。又送来夏湾拿监房，锁脚整街三个月，闸回监房做小烟，限每日做二千五百二十枝，做慢的用棍重打，或六棍，或十二棍。我屡次心痛呕血，医生不准我入病房。每日食粥两餐，不能得饱。我闻得仍要四年零才满，满后仍要押回原糖寮做满八年。将来总是有死无生了。”

邓阿星供：“年二十七岁，广东三水县人。我作手艺，被梁姓叫我到澳门作工，不料带进猪仔行，打合同一张，给银八圆，未见西洋官，巡捕拿去一圆。同治七年开船，船上炮打死三十人，皆是不愿意来的，船主说人闹事。到夏湾拿，卖入萨故阿属下格必多里阿糖寮。我一帮二十五人，打的不少，作了六年，死了一人。每天绞蔗时，寅初开工，到子正歇。不绞蔗时，寅正二刻作起，戌初歇工。每日食蕉子、粟米、咸牛肉，一礼拜有两餐饭吃，约有六两米，食不饱，拿工钱买着食，一圆买米六磅。糖寮内有监房锁脚，我锁过一个礼拜。管工白人常打的。为作工牛走得快，撞着树，撞折了牛角，就锁脚。我见有两人被牛车压死，有吊死的，为作不得工夫就走出去吊死的，是林姓，南海县人。礼拜日巳初歇工，锁住门，不准行走，出恭都不准去。一房有三十人，就是睡觉的房，一床睡三两人都有的。”

陈阿育供：“年二十八岁，广东归善县人。因邻居萧阿金约我出门作生意，我有银匠手艺，约我到省城，不料他带到澳门增祥泰行，见过西洋官，给合同一张，银八圆。同治七年二月，开船到夏湾拿，卖入格颠剌司属下夜司必朗萨糖寮。东家好，总管管工凶恶的狠，时常毒打。作工是寅初作到子正收工，割草时，卯初作到戌正歇。买东西俱在糖寮内铺子里买，贵的狠，因为一出门就说我们逃走，就锁脚，打的毒的狠。平常是食粟米、番薯、干牛肉，或一月或几日食一顿米饭不定。食的不饱，自己可买米添食，每二十五磅米银五圆，计每月四圆可买米食十二天。真是苦极了。我愿在中国讨饭，比此地好，就是积聚不起川费来。满身纸、出港纸，均要花费几百圆，所以不能如愿回去中国。”

曾阿胜供：“年二十八岁，广东韶州府人。我有本家曾圆福叫我出洋打工，可挣多钱，就带我到澳门进猪仔馆，打合同一张，收洋钱八圆，有洋官问过。是同治七年十二月开船，船上待我不好，因为拐来的人都不愿意，在船上吵闹，船主就用炮打死，及投水死共六十人。到夏湾拿，卖入糖寮，待我凶恶，日夜作工不歇，凌虐之至，万不能受。作了几个月，我就逃走了。后来官捉我押回糖寮，做了两年，我就同中国人口角，那个人先用刀斩我，我背上受伤，我就用小刀戳死了他，东家就送我坐监。坐了一年，定罪坐监十年。我在夏湾拿监坐了一年零三个月了。此地比糖寮好些，我一个礼拜卷三捆烟，够交了。生病的报病，必得病重，方准入病房。监内人死葬埋，我不知道。”

朱阿瑞供：“年二十五岁，广东新会县人。我作杂货铺生意，后到澳门作工，有名大郎神约我到新加坡，我带有行李盘川，同治七年二月开船。我有钱，想赎身，因为已开船，无法了。船上水坏，又锁舱，不得出来，闷死、生病死、打死的人多。到夏湾拿，卖到格颠剌司属下三安多里婀糖寮。头几年苦的了不得，总管待人凶恶，后来斩死过管工，现在略为好些。我一帮五十多人，卖到此地都是有病的，来此医好。现在死了十几人，有病死的，有跳下烧煤火炉内死的。打死过一个人，我都记不得姓名了，是木棍打死的，因抓蔗皮抓不动，打断三条骨，到病房十五分钟就死了。我作了五年零八个月。此糖寮内有监房，今朝都放了。我现在每月四圆银纸，不够添补衣食的。人死了，就连衣服埋了。此地共有一百多中国人。”

刘阿文供：“年三十五岁，广东新宁县人。我当勇撤散后，有唐阿英骗我说，招人打曹冲，就带我入猪仔馆，不准出来。同治七年二月开船，船主不好，锁死、打死及不开舱门闷死的都有。我到夏湾拿，在病房医五六个月，医好了，卖到此地糖寮。待我不好，打锁是常事，昨日晚上才放出三十个来。总管凶横的狠，无的饱。前几年我告过官，不准。回来就锁了三四十人，锁脚作工三个月，又扣工钱，是西马虏聂些小官来锁的。每天食粟蕉、干牛肉，每日皮鞭不离身，遍身打烂。我作五年多揽蔗的工，同犬马一般，一日夜只歇一个半时辰。最难是食不饱，只管作工，如何有力？现在无蕉，只食粟米及米饭，不得多。每年两套衣服，一顶草帽。我买东西吃，总是用工钱添补，在糖寮内管火食人处买，贵的狠，一钱四分银只买十二两米。此处是格颠剌司属下糖寮，名三安多里婀。”

梁阿贵供：“年二十六岁，广东番禺县人。同治七年，被上番禺陈阿德邀我到澳门打工，不料带入猪仔行，关住三日，逼见西洋官，打合同一纸，给银八圆。十月开船，约走六个月零，八年三月到夏湾拿。船上待人不好，无水饮。到夏湾拿住两个礼拜，卖入糖寮。东家刻薄，每日两餐，发生蕉两三条、干牛肉一两，挨饥受饿。每天寅初起工，作到子正歇，作工稍慢，必打得半死。我离糖寮已将五年，皮鞭痕条条在背，可验。我同帮新安曾亚苏，也受虐不堪，屡被打死复生。八年五月间，天气热极，不敢停工，总管仍赶来说做工不好，将两人毒打，一时气极，用锄头将他打死。东家将我送交地方官，转送萨故阿官问过，现在萨故阿坐监五年余，不知何时才满。监内稀粥六勺，可半饱，亦不派别项工夫，在监内不闹事，亦不打锁，比之糖寮脚闸监房，已好多了。”

莫阿冈供：“年三十一岁，广东高要县人。我于同治七年到澳门觅工，有猪仔头给我银，到猪仔摊赌博输了，要我卖身出洋做工，拉见西洋官，打合同，无银给。我下船即开，到夏湾拿三日，将我卖入糖寮。东家及管工俱系恶毒，食仅薯粟，不能得饱。绞蔗时，丑初做到亥正，不绞蔗时，寅初做到戌正。寮内用牛皮鞭时常打人，我在寮一年，亲见挨打受伤寻死的，自缢三人，食烟膏五人。我同帮五人，因屡受管工凌虐，已打得满身伤痕。有一日在蔗田，又将我们毒打，大家拼命回手，用锄头将他打死。司头将我五人送格颠剌司坐监八个月，又将我送夏湾拿定罪，坐监十年，现在已坐四年半。在监带脚链四道，管监官派做小烟，一礼拜要交三捆烟，约一万六千枝，日夜须要赶工，交不足数即打。食稀豆粥，不得够饱。此处做工，比之糖寮少雨淋日晒，至受气均属一样。我在中国也曾到过上海、福建船厂，见中国待外国工匠讲情讲理，不意中国人到外国做工，要这等凌虐惨毒。”

叶阿灵供：“年二十六岁，广东新会县人。同治七年二月，有同邑朱村阿黄叫我到澳门觅工，到鸦片烟馆说出洋做工，拉见洋官，打合同，给银八圆。三月开船，船上有一人跳水死。到夏湾拿，卖入糖寮。总管凶恶，每天寅初起工，做到子正歇。每餐蕉子三条、干牛肉一块。绞蔗礼拜不歇。糖寮监房一间，不如总管意的人，皮鞭木棍乱打，有理无理，俱不问。同治十年时，有黑人斩死一华人，黑人系东家极爱的，私抬去埋，经华工查见，东家对官说将华人拷打，诬为华人打死定罪，有七八人监禁。我在糖寮受打、受锁、上脚闸，不计次数。每见打人，鞭打得半死，锁颈锁脚，仍打着做工。前年九月，因东家侄子有店近在糖寮，夜晚失物，赖华工偷窃，将潮州亚富锁脚，每夜丑初即押令开工，仍跟住拿棍将头打破，我同帮七人忿极，将管工斩伤。东家报官，捉我七人定罪。自前年九月在格颠剌司坐监起，闻得还要六个月才满。潮州亚富已先放回六个月了。又闻得总管已经换人，或监满东家要回糖寮，或发入工所，未定。监内稀粥每餐一碗，面包一个，仗做小烟挣得些钱，补贴饭食。初入监时，监头要送钱，或一圆或数圆，若无银，则要挨打。我带病入监，未曾送银。”

何阿发供：“年三十一岁，广东南海县人。同治七年，我在香港佣工，有同邑崔盛诱我说到夏湾拿整时辰表，工价甚好。我因曾到过花旗英国，不怕飘洋，想不到崔盛骗我做猪仔。九月同到澳门，上佛兰西夹板船，并无合同，亦未上岸见洋官。十一月开船，船上水饭不足，船主打死三人。到夏湾拿，住在卖人行，每日亦派作工，住了四个月，卖入科垄所管糖寮。东家系英国人，待人甚好，派我看糖寮铁器。不到两年，东家回国，将糖寮卖与本地人，待人刻薄，日食两餐，皆系包粟。丑正开工，做到子正，连食带睡歇不到二个半时辰。起身稍迟，行路快慢，俱要鞭打，系大条生牛皮做的，打人无不皮裂血流。糖寮内监房一间，锁颈、锁脚、上脚闸者常满。我有内伤病，被打最多。我在糖寮亲见广东人张阿旺因受虐难堪，自缢身死，又广东琼州有两人食烟膏身死，我被打不计次数。有一总管将我同帮连日打得太毒，并拔出长刀要砍，众人因回手将他砍死，我手上头上俱被他砍伤，现在疤痕可验。东家将我同许光等三人送官，收格颠剌司监，定罪要坐监八年，现已入监三年余了。监中每日两餐稀粥、一小碗面包、一个干牛肉一两零。在监做小烟，约挣得工钱六七分，帮补衣食。监中并未挨打。我监满之后，东家要我回糖寮，亦未定。”

黄秋泰供：“年三十八岁，广东高要县人。从前作裁缝的，有一人约我到船上做衣服，到船上就不准上岸，后来给合同一张，洋钱八圆。同治七年开船，船上投水死两人，打死三人，是因为有人说他们要闹事之故。有许多人打的狠重，后来不能坐，饭食不饱。中国医生通事狠不好，常需索我们的钱，如不肯给，就告诉船主各样谎话，虐待我们。在夏湾拿一个月，卖与糖寮，是二十大金，每月工钱四圆。病了不能作工就打，如说饭不够也是打，常时不为事打。日食粟米、蕉子，作工寅初到子正，礼拜同。不绞蔗时，作到巳正，不作夜工。我作了五年半，后来卖与马当萨司糖果铺。我家中有兄弟，有亲戚，都不知道我来。我有一个儿子在澳门，我不知是活是死了。我仍有两年零一月，就满合同期限了。”

陈阿明供：“年二十八岁，广东澄海县人。我作麻绳生意，有人约我到日斯巴里亚属地作工，可有多钱，我们有几个人跟他上船，到澳门见西洋官，立合同，收银八圆，合同未解说与我听，我认不得字。同治七年开船，船上有几人因船主疑他们要闹事，打死的，一人投水死，通事告诉船主说他们要闹事，是假的，因此就待我们不好了，常打。到夏湾拿卖与那司格阿里亚司糖寮，先收四圆五角一月，现在收六圆六角。作工总不论好坏，就打，饭食不饱。作工寅正二刻作到子正，礼拜同，不绞蔗作到辰正，不作夜工。现已作了五年多。东家不知如何，一年只来一两次。总管不好，小事就常打的。我到此失火两次，一次是三年前，一次是两月前，不知道如何起火的，有两人锁住，因二次失火，疑是他们放的，我见打的狠重，我身上也有伤痕。”

林锦供：“年二十六岁，广东揭阳县人。当勇的。所有的钱都赌输了，怕回家，就搭小船到澳门，进照合行，五天后见西洋官，立合同，解说与我听，给洋钱八圆。同治七年二月开船，到夏湾拿十五天，卖到糖寮，是二十个大金，每月工钱三圆。待我不好，管工中国人的常打，饭不好，不够食。作工寅正到子初二刻歇，礼拜不停。不绞蔗时，不作夜工，礼拜作到巳初。作了九个月，我们六个人打死管工的，东家晓得，拿住送到官。东家先告诉我说，你如说是一人打死，我给你十块大金。我就答应他，我说一人打死的，他不给我钱，就定罪坐监八年。先坐了十四个月监后，送到夏湾拿监内，坐了四年。监内卷小烟，一天限作两千五百个，作的多即照给钱，饭不够食的。此地与糖寮相等。”

张阿二供：“年三十二岁，广东化州人。我父亲是在本州管收田亩捐的。有人约我上船作工，每月四圆，我跟他去，带我到澳门，先告诉我第二天要见西洋官，如问愿意出洋不愿，就说愿，我们两人一同去，可得四圆。我就答应，见西洋官后，带我上船，我想不到是出外国，又不知道夏湾拿在何处。先给我银八圆。同治七年十二月开船，同我来的人就不见了。船上有一人投水死，未打我，有好多人因吃烟受打的。饭食的饱，甜水不够。到夏湾拿住了一个月，卖入糖寮。我一帮三十人，每人卖二十二个大金。总管不为事常打，常用马鞭或粗藤棍打。每日食粟米、干牛肉，可将就够食，就是食不惯。我作了四年半，真受不来毒打了，就逃走到格颠剌司。后来用三十圆买了满身纸，有时作裁缝，有作瓦匠，一月有十五圆二十圆不等。我总怕东家寻着了。我爱赌钱，又吃鸦片烟工，无余钱。我家里有好多人，我欲回去。我每月买白鸽票，我等赢了钱，就有盘川回家。我在格颠剌司住，地方待我还好，黑人常凌辱，常打我们。前几天有中国人被黑人打死，抢了他的钱去，后来拿着下监。”

陈阿睦供：“年三十二岁，广东潮阳县人。本在盐船做水手，装了一船盐到澳门卖，有一日在街上遇着一个同乡，叫我替一个生病猪仔顶名打合同，落船两三日，就将我换回上岸。不料我落船后，他再不来，我亦未收到银。于同治七年十月开船，到夏湾拿，就在船上将我卖与马当萨司属下雅么里亚糖寮，每月工银四圆，病日照扣。糖寮内待我十分刻毒，时时挨打。因去年打得过重，就到地方官处告他，东家送地方官银，将我带回，锁了脚几个月，待我比旧时更恶。我亲见工人好些个自尽死的，都因是受苦不过。食不得饱，每日寅初就要开工，做到子正才歇，内歇一时食饭，礼拜日一样。中国工人死的，埋无棺木。”

麦泰常供：“年三十五岁，广东东莞县人。从前在香港作银铺生意。同治七年，有人请我上船看银子，后来不许上岸。十月开船，到夏湾拿卖到马当萨司属下敢勒写别西恩糖寮。绞蔗时，每日寅初起身，作到子正歇，礼拜不歇。不绞蔗时，作到戌正歇，礼拜日作到巳初歇，后又酉初起作到子正歇。食的是番薯、粟米、蕉子、干牛肉，每隔四天有一碗米饭。二年两套衣服，一顶帽子，一床被，无皮鞋。不许出糖寮地界一步，如私自出去，拿住带链作工。如买物，必须在糖寮铺内买，铺子是东家开的。我病了三次，病房内待我不好。我来此一帮共四十七人，现在存十九人，死了十八人，吊死二人，一人是自刎的，逃走七人。我自到此，计算死了约有六十人，去年逃走有三十多人。我们华人常被打，管工有黑人有白人。糖寮内有监房，华人常收监。我们带锁链，仍然要出去作工的。如能回中国，讨饭都欲意的。”

刘阿贵供：“年三十岁，广东归善县人。我作肩挑小本生意。同治七年，有邻人郭阿石告诉我澳门有事做，我同他到澳门，他带我入猪仔馆，住六天上船，船上给合同一张。住十天，不能逃走。三月开船，食的与水够，不闹事不打。到夏湾拿卖到糖寮。我一帮共四十人，在糖寮三年，每天寅初起身，作到子初歇。不绞蔗时，日落即歇。有些少错处，打的毒。同帮有六人吊死，因为打的极重，他们无指望，不欲生了。一日三餐，食的是番薯、粟米、蕉子、干牛肉。睡的地方不好，夜里总要反锁门，一屋内八九十人，一人所住的地方不够一人睡。病了仍然锁住，有药有医生看视。过了三年，我同两人恨管工的洋人，因为常欺压我们，我们就拿刀扎他死了，立刻有白人看见，就拿送马当萨司地方官。我在地方官面前都认了，先坐了一年监，后定罪坐六年监，送到夏湾拿监房。六年满了，仍送回糖寮，此时已坐了将近两年。我向来会卷小烟，每礼拜要做一万五千个。从前如作的多，每五千零六十个给银六角，我可做二万二百四十个。我现在病了，吐血，只能做足额数。若作不完，打我，若管监官在旁，打的尚轻，若是烟作卷烟管工作主，我们受打的更重了。食的是粥与干牛肉，一日两顿，另外每顿一个小面包。"

杜义供："年二十四岁，广东嘉应州人。有人拐骗我到澳门，带我进猪仔馆，见西洋官，立合同，收洋钱八圆。同治七年二月开船，船上死的人多都是因为水与饭俱不够之故。到夏湾拿，卖与格颠剌司属下三安多里婀糖寮。食不饱，无米饭，作工极苦。我因为当初不能赶牛车，锁过几次，常打。我见一个年老的人被管工打了三下，肋骨打断，即刻就死了。有多人在病房死的，有许多逃走的，都是为待的太酷的原故。后不许出门，如要出去，就打锁了。买东西总在糖寮内铺子里买，价钱狠贵。绞蔗时一日夜歇二个时辰食饭睡觉，礼拜不停，不绞蔗时多歇一二时。我受打过三次，因未听见总管叫我，头一次十二下，第二次六十下，第三次一百多下。"

吴金供："年三十二岁，广东惠来县人。在家种田的。有一天我在茶馆睡觉，忽有人来捉我去上本地船，送到澳门入猪仔馆，住了二十天，见西洋官，立合同，收银八圆。同治七年三月开船。船上好，食的够。到夏湾拿六个月，卖到糖寮，十八个大金。每月工银四圆，待人不好，饭不好，又不够食。作工寅正作到子正歇，礼拜不停，无分绞蔗不绞蔗，常年如此。我作了一年半，有黑人管工常打我，有一天我们十人定见用割蔗的刀戳死了他，自己禀官定罪，坐监十年。在马当萨司监内六个月后，送到夏湾拿监坐了三年零四个月。在监内作小烟，一天限作半捆，约二千八百个，不足数就打，饭不好，又食不饱。在此地与糖寮相等。”

刘应发供：“年四十岁，江西会昌县人。在家作生意。因为亏本，到厦门猪仔行，见西洋官，给合同一张，注明五年满身，给银六圆。同治八年三月开船，到夏湾拿卖入格颠剌司属下夜司必朗萨糖寮。总管不好，因为不食粟米饭，用两条大麻绳打，有广东林添因受不过投水死，平常俱是牛皮条鞭打，百般毒虐。作了四年半，欠六个月满身。我们的合同原来是五年期，初到时东家收了去，不知何意。每日寅初二刻上工，作到子正歇。日食三餐，粟米、干牛肉。作工时，打的时候多，生病不准报病，倘或送进病房，不准人看，按日扣工钱。糖寮内有店，是东家开的，买物不准出去，就在本处店内买，价钱极贵。尚或出界址一步，就说逃走，拿回锁脚镣作工，仍要逐日鞭打，受的苦真说不尽。”

张泰隆供：“系福建漳州府龙溪县人。同治三年往咬唠吧城，由三吧垅过南望，往来贩米，运吧贸易。同治七年，有一夹板船由澳门装华人五百余，要往夏湾拿，到吧城添采薪米。驶出直安，也遭风将船打破，船主同五百余人登吧然吧，玛腰与船主约定两月之期，返澳整船，来吧配运。不料八九个月未见船来，玛腰禀吧王云，此唐人不听吧规矩，拿二百七十六人禁在吧罗，访择有夹板船将此二百七十六人运到夏湾拿。因船主要寻一识吧语人通事，每月工银四十圆，并给有吧城文凭执据。同治八年十月初旬，在吧开船，至九年正月到夏湾拿。途中水药不足，死一百二十余人。船主令我押所剩一百五十二人，登西炉卖人行，将我亦禁在行中。三日后，有一番人与我坐车来城中番屋，云‘船主已将尔卖与我八年为奴’。我初到，人地生疏，不能出入，无可呈告。买主逐日殴辱难当。次年五月，迫逃出城内，被买主拿回，刑罚锁禁。叨蒙邻居万有生可怜，往向买主哀求脱禁，保我作有生之伙计，订定每月要纳银一十二圆七角五分，系将金钱折算，不得交纳银纸。我已照议，纳银三年有余，含冤负屈，无有了期，凄惨莫甚。我现居城内，街名明那冏厝一十二号。”

陈乙有供：“年三十一岁，广东新安县人。向做行船生理。同治八年，有𠸄噜船在香港招人，给我银十五圆，并无合同，说出洋每月可得银十余圆。上船即开，记不得月份，驶到咬咯吧遭风，船破上岸，住了一年，后换船到夏湾拿，住一个礼拜，卖入那司格阿里亚司糖寮。计同帮一百余人，一日三餐，两餐有饭一盅，余系包粟，皆不得饱。自己将工钱买食贴补，才得度命。总管刻毒，动则用十余斤重铁链锁脚，打人以五十板为度，伤的甚多。我亲见自刎二人，医好一人，又自缢死三人。我屡被他将腿肉打烂，伤痕请验。现仅做了三年零，不知八年如何得过，又不知八年后相待何如？想到此间，日夜流泪。寮内失火二次，我皆同众人救火，总管疑有放火之人，查了日久，全无凭据。如何起火，至今实不知道。”

欧阳唐供：“年二十六岁，广东香山县人。因与叔父不睦，不敢在家，有人劝我出洋，于同治八年十月在澳门落船，船上水饭俱不够。到夏湾拿住了三个月，被卖入糖寮。食的只粟粉、番薯，亦不得够，工夫又重。寮内时常锁脚打人，我做了五个月，因管工的无事亦频频打我，问他何以如此打我，因找问他，又打。我被锁脚做工一年半。待别的工人也是如此。到第三年时，有一个潮州人，被人说他偷窃，锁脚做工，脚链太重，行不得快，管工的将他头颅打破流血，他同管工的相打，管工的拔出一把刀扎他，我同五个工人在旁看见，我们就来救他，拿锄头打管工的，倒地抬回，我们送官问罪，坐监两年。现在格颠剌司监房监内，食不饱，每日只番薯、面包。”

林阿胜供：“年二十五岁，广东饶平县人。本做田工。因为赌钱，被父亲打，搭艇走出澳门，被人拐骗我入猪仔馆，说是做拣茶工夫，不料即时关禁，不准出来。住了两个月，未曾见西洋官，签合同，到船之后，方给我合同一张，并无银给。于同治八年三月开船。船主不好，时时打人、踢人，食又不够。我到夏湾拿猪仔馆住了两个月，被卖入糖寮。每月工银三圆。绞蔗时，寅初开工，做到子正，内歇一时食饭，礼拜日一样。不绞蔗时，无夜工，礼拜日从巳正作到酉正。寮内待人不好，食又不饱。我做了五个月，我们六个人将锄头打死一个管工白人，被送与地方官定罪，将三人用洋枪打死，我们三个定罪坐监十年。已在故阿那海坐过三个月，又送到夏湾拿监房，现坐约有三年零四个月了。监中派做小烟，每日限做二千五百支，交不足数即打，若能额外多做，自己可得些工钱。监内食的不好，也不得够，与糖寮同样。”

林阿兴供：“年三十四岁，福建诏安县人。本做水手在外。有一日想回家，到半路遇着一个人，说他有艇仔，可顺便送我回去，不料下艇是驶出澳门，拉入猪仔馆，关住三日，逼见西洋官，打合同。我见西洋官时说不愿，就拉回被脱去衣服重打，只得签名，收银八圆。于同治八年十二月开船。船上待人过得，食亦得够。我到夏湾拿，被卖入科垄属下夫厄虏厄底古巴糖寮。初时每月工银四圆，现时每月银纸五圆，比从前四圆现银少。寮内待人不好，时时叫快做工，跟着随手就打。管工个个手里拿生牛皮鞭，任意打人。一日三餐，是蕉子、包粟，也有些饭，都不够饱。每日寅正开工，做到子正，内歇二刻食饭，礼拜日一样。我父母止生我一人，我至今不知渠死生，渠也不知我下落。我家中也有妻子。”

许阿湘供：“年三十五岁，广东开平县人。本做染工。被人哄我往澳门，说工钱可赚多些，我一到澳门，被带入新财合猪仔馆，住了十二日。馆中头人叫我去替病人立合同，落船一日，第二天即带我上岸。我因误信他话，见西洋官，打合同，收银八圆，衣服两套。不料落火船后，不来带我。同治八年十月开船。船上除坐监之外，每人一日准上舱抖凉两遍，虽准上舱，仍死多人，皆因气郁及无鸦片烟，又因水不够，常被锁打，并疑他们要闹事，打的狠重，锁住带链子等情节所致的。我到夏湾拿猪仔馆，住五个月，食没得饱，做工无工钱。后来被卖入糖寮，同帮三十人。绞蔗时，寅正开工，做到子正，内有一时二刻食饭，礼拜日一样。不绞蔗时，寅正开工，做到戌正，礼拜日做到巳正歇。食不够饱。我在监房，是因为有一个朋友叫李阿流中白鸽票，赢得三千圆，有一千圆寄放东家处，其余自己带着。他常同黑人一帮做工，有一日中午时候，有黑人问他借钱买烟，他开了银包取银，被黑人瞧见包内有金钱，走去说与一个黑人名加打哩知道，他是东家所包黑女人之弟。是晚，不见李阿流回来，总管查问，未知踪迹，就不问。大众闻得，有人看见李阿流有金钱，疑他被人谋害。过了几日，我赶牛回寮，遇着一个姓李的对我说，闻得不远有小树林，内有臭气，又见好些红头雀飞来飞去，真觉奇怪。我回寮转说与各朋友听，有何章友走去，看见李阿流的帽在地，回来告诉总管。他带四个人同去树林内查着，不多时查着李阿流尸首，到附近小埠地方官处告知，同兵役来叫中国工人说与他听，个个都说不知。官又问谁觅着尸，众人话我说起。东家遂嘱何章友证说是我斩死李阿流的，许他六个大金，并给满身纸，又送与川费回中国。何章友一时动念，遂向官说见我斩死。后来众工人见我受冤，就一同递禀，官再叫何章友审问，何章友认出所说本是虚的，因人许他的钱，所以说一段伪话。官临去时，吩咐众工人说许阿湘已经打死了，你们可说他杀李阿流就是了。当下姓李的就说不是我打死，立刻被东家绑住，毒打一场，身上都烂了。众人看见骇怕，不敢说不是我斩死。此事未经审过，我业禀诉地方官两次，官说已禀报西班牙祖家了。何章友如今亦在监中，请问便知。”

以上同治七年、八年华工口供。

中国第一历史档案馆、卢文迪、陈泽宪、彭家礼合编：《中国官文书选辑》，陈翰笙主编：《华工出国史料汇编》第一辑，中华书局，1985 年

（十） 同治九年至十一年华工口供

陈龙供："年二十七岁，湖南湘潭县人。向在韶关做爆竹生意，往来省城。因船失风，有韶关王姓对我说，现在省城洋人招兵把守洋行，是不远去的，你既然亏本可去。我同他去到省城，未起岸，过火船，到澳门，进猪仔行，不准出门。我晓得不好，见西洋官时说不愿意出洋，通事说你如不去，必定下屎牢坐三年，不能回家。无可如何，只得答应，打合同一张，收银八圆。同治九年十月开船。船主不好，拐骗来的人不愿出洋，投水死的多，又锁在舱内，只准一日两次上舱面透风，闷的难受，叫他开舱，他不肯开，要水食他也不给，大众吵闹起来，船主说是闹事，就打死了十几人，是叫水手用刀戳用棍打，带伤死的。到麻六甲打坏了船，水已进船，舱门仍不肯开，后来水已淹到颈子，才开锁，又淹死数十人。就有麻六甲官接上岸，住在一公所内。船主一人走了，他说人不要了，住在麻六甲一个多月，官行文问噶罗巴大兵官。后用火船装至噶罗巴。那个地方是中国人问事，就住在公所，有饭食，待得极好。后因无处去，有人也就自寻事做进山去，散了有二百多人。法官有令追回一百多人，仍有在亲友处留住的。我在噶罗巴住了一年，后来有信叫官兵押送下船，到夏湾拿。先到一小海口洗身，住了几天，进夏湾拿城，住在卖人行一个月，就卖到此地。我一帮一百零一人。初到时是华人管工，尚晓得新来的人不懂，待的好，后来就换人了。总管人极好，待人宽厚，不准管工的乱打，去年死了。换了新总管，性情残暴，时常打人。如见人吸洋烟、喝水或偶停片刻，即行鞭打，常用铁镣锁脚，锁重有五十斤。带链后，仍然作工，仍不准暂停。黑人工头管工亦任意毒打，有遍身皆伤的。东家一年只来两次或一次，未定。糖寮内俱是总管问事。绞蔗时每天寅正二刻开工，作到亥正或子正歇工，不绞蔗作到晚歇。日食三餐粟米粉，一块干牛肉及米饭一小碗，不得饱。从前监房不过十人，现在总有三四十人，病死的人车出去，不知埋在何处。有受不过苦，自己吊死，本月内新来的人吊死两个，我不认得他的名姓，是福建人。糖寮内中国人一百五十多。前年糖寮栈房失火，是晚饭时，我们都出来救火，后来救不住，就烧完了。烧房子的时候，有两人在那屋内作工，尚未歇工，他不晓得失火，后来看见了，就跑出来。有人看见出来，说他放火，先把他锁在本糖寮监内，后送到马当萨司监内，我未看见他放火。去年糖寮有中国人作管工，待人不好，被人杀死，凶手已拿到监，共总拿了八个，至今未放。作工夫也是食不饱，因为用力，食不饱更难作工了。我何尝愿意在此地，因已来了，无法可想，听见说满身也不准去的。每顿只一小的茶碗饭，真不够。作糖的时候，可饮点糖水充饥，不作糖的时候，无可食的。每月四圆，自己添一点也不够。此糖寮名那司格阿里亚司的。”

林阿三供：“年二十五岁，福建泉州府人。在家种田。我到本地船上作水手，船到澳门，就送我入猪仔馆押住，又带见西洋官，我说不欲出洋，他们要淹死我，我只得立合同，未解说与我听，未给钱。同治九年二月开船，在八达非耶船搁浅坏了，是因在海口内遇大风，碰在石上坏的，住了一年多，又坐船到夏湾拿。后来船主与水手及中国通事，又两个中国医生，都待我们不好，无故用脚踢。因饭与水不够，我们就吵闹，船上的人说我们要闹事，即刻打死了七人，有一人投水。到夏湾拿七天，即卖到那司格阿里亚司糖寮。先是每月四圆五角，后与我六圆一角。总管不好，小事就锁打，有好多因受不来苦吊死。作工是寅正二刻到子初歇，礼拜照常，不绞蔗不作夜工，礼拜作到巳初。先一月失火，不知是如何起火的，我才作完工回，洗身将睡时，忽叫我们救火。我在此三年多，现在有两人因疑他放火锁在监内，前打的利害，一人打五十下牛皮鞭，不知道是他放火不是。”

黎润珠供：“年二十二岁，广东南海县人。在家做丝线手艺。有朋友约我到澳门，带进新发合猪仔馆，住了五天，问我可去顶名，说当天即带我上岸，我相信他的话，就同去见西洋官，立合同，收银八圆，我怕说不肯他要打我。同治九年二月开船，合同的名字是猪仔馆人代我起的，在船上给我号数是六十一号。收八圆，我花了两圆买东西，在路上用，六圆是睡觉时被人偷去。船上饭与水俱不够，不好食，有许多的人死。这个船因在八达非耶不远损伤，船主叫工人上岸，告诉人可随便去，是放我们生路的意思。后来就上岸，住了五个月，有一福建人卖与法国船主，船主带我们到夏湾拿。澳门动身时，船上中国通事常打人，第二船是水手常打，都是脱去衣服，用绳打的。有一天因为我说食不惯，换好些的食，就打了五十下。到夏湾拿住了九天，卖三十八圆大金与那司格阿里亚司糖寮。作工慢就打，每日寅正作到子正，内歇一时食饭，不绞蔗到戌初歇，礼拜作到辰正歇。食是粟米粉、蕉子、番薯、米饭，独米饭不够。第一年每月三圆五角银纸。东家带我到夏湾拿作厨子帮工，作了六个月，每月五圆银纸。东家看我作饭不好，转卖与火车馆。待我尚好，每月金钱四圆。我见死的人不用棺木。我欲回中国，无钱作盘川。”

梁连庆供：“年二十五岁，广东新会县人。同治十年十月，被相识之新会城人刘阿福诱我到澳门䆃记猪仔行，住了三日，逼见番官，打合同，给银二十圆，下船即开。船上待人不好，跳水死两人。到夏湾拿次日，即将我卖入糖寮。食系薯蕉，不得够饱。每日寅初开工，做到子正收工，中间歇息及食饭不过一时。管工时常任意打人，我在糖寮五个月，亲见受苦寻死跳水二人，自缢二人。我同帮三人，俱因报病，管工不准，仍要做工，又遭毒打，我三人在蔗田用锄头将他打死。东家将我三人送萨故阿地方官处，坐监七个月，转送我来夏湾拿，已经审问，定我等坐监十年，现已坐十个零月了。带脚链四道，派在大兵头处扫地，所食系稀豆粥。此处扫地工夫比之糖寮尚好，不致时常挨打。”

梁标供：“年二十岁，广东南海县人。本在书店做工。被一个朋友哄我往澳门，说有工与我做，不料到去就带我入猪仔馆，关住三日，我不晓得猪仔馆是什么样地方，见西洋官，打合同，给我衣服两套。因为我的朋友对我说不签合同不得回家，若肯签了，用洋船送我回省，只得签了合同。有银八圆，被他收去，他说八圆作船价，带我回家。后带上猪仔船，于同治十年十一月开船。在船上水饭俱不足，如有说水饭不够的，就有一个人拿四枝藤条合做一枝来打，有许多中国人被脱去衣服，打一百几十或数十下不定。我到埠住了一日，就被卖入马当萨司人家作侍仔。做了几个月，因东家女人总说不好，转卖我与面包铺，待我好些，但做工时候过长，每月给银纸四圆。我时时想回中国，无从剩得川费。我看见铺内有一同伴食烟膏死，将他尸丢在山旁，并未掩埋。”

张阿应供：“年二十五岁，广东南海县人。同治十年间，有人叫我替猪仔顶名过堂，说可赚银数圆，我就到省城怡和街猪仔馆替病的人顶名，签了一张五年工满合同，收银八圆，于十二月落船，不料不准上岸，船即开行，到夏湾拿两天，被卖我入糖寮，是十七个大金。寮内食无米饭，不得够饱，工夫又重，待人又不好。我屡次被锁被打，都因眼倦，有时无缘无故亦被他打。计每日食餐连睡共歇二时二刻，我做了一年多，后来受不来，就迫得走出，被人捉押科垄工所，做修整街道无钱官工。管工极恶的，时常打人。我觉工所比糖寮好些。我在工所已一个多月了。”

黎阿隆供：“年二十八岁，广东三水县人。本在省城做丝线手作。被花县黄阿昆带我交与一个朋友，说替我觅工做，不料是骗我入仁济大街猪仔馆，关住三日，勒签合同，给银八圆，就带我到黄埔落夹板船，同治十年十二月开行。船上食不够，待人不好，若说肚饿的就打。到夏湾拿一个礼拜，被卖入糖寮，是十二个大金。寮内食不够饱，工夫难做，狠重。我在中国每日止做四个半时辰的工，到古巴做十时工夫。我做了三个月，时常被锁被打，说我做不过黑人。有一个白管工恶毒异常，我与别人情愿拼命报复他，他将来可不如此待别人，我们就将他扎伤未死，送我们到官定罪，在故阿那海埠坐监六个月，又送到夏湾拿坐监四年，现已坐一年多。监内食不得够，我一个礼拜若卷不到一万五千枝小烟，管监头人就要重打。我不情愿回糖寮，亦不愿在监，倒愿死了，比在糖寮与监都好。我所受的苦，别人不能知道，除非他身历其境，才晓得。”

杨阿田供：“年二十六岁，广东香山县人。我在金山作火车路，后来在船上作工。船到夏湾拿，我上岸赌钱输了，不能回船，就在夏湾拿闲住，后想寻工做，因无纸，不能作工，捉入工所。我是同治元年十一月到金山，十一年到夏湾拿，今年正月到科垄工所。在此四个月，作工无钱，日食两餐，不饱。我常被他乱打，是因为管工的酒醉了。真是待人如鸡犬一般。每礼拜作工给银二角五分。我兄弟四人，父母都在，此时尚不知我到此地，真是自投罗网，悔恨已迟了。”

张銮供：“广东东莞县人。己未年殷学台寿彭取进武庠，咸丰十一年随赖镇海大人江南剿贼，后过福建，随闽浙总督左大人军营，迭次保至游击，曾经委署汀州右营守备。同治十一年，回家省父亲文庠张庸，遇有旧队下勇丁朱雄，邀我出澳门游逛，不料诱我入同发猪仔行关住，逼我见西洋官，签一陈贵的姓名合同，拉我下船，给银八圆，就开船到夏湾拿，卖我入科垄埠所管糖寮。东家、总管俱极凶恶。我不识洋话，糖寮名、东家、总管名皆叫不出。我在糖寮一年，每日两餐，仅四条蕉子，牛肉两零。糖寮内设有脚闸监房一所，总管将人打后，仍要闸脚收监。我亲见东莞镇口姓孟的被总管满身打烂，带脚链缢死，地方官来看，止同总管说话，并未叫人查问，也就无事。我因常被毒打，受锁数次，凌虐不堪，迫得逃走。到山寮被洋人查出送官，转送萨故阿工所，现五个月了。亦有时有人同工所总管及地方官说，做早出晚回的工夫，也可使得，但所得工钱每月止分四圆与我，其余归官与总管。我昨日闻得大人来，曾将在此处凌虐情形联名呈诉，伏求作主。”

蔡祥供：“年二十三岁，广东东莞县人。本做火头。有一个人叫我到澳门猪仔馆做火头，做了三日，就叫我替生病的人顶名，打合同，说过落船即着人带我上岸，我相信，所以答应他。见了西洋官，打合同，收银八圆，衣服两套，十一年十二月间开船。船上水不好，饭是有人够食，有人不够。开船后，因通事说东莞人好闹事，即将我锁了两个月。开船七天时，锁了四十六人，也是说他们要闹事。迟五日又锁三十，内有十三人受重打的，锁到古巴洗身海口才放。到夏湾拿猪仔馆住了两日，我同四个人做一帮，被卖入格颠剌司属下聂吉里婀糖寮。食系番薯、蕉子、咸牛肉、包粟粉，也有些饭。寮内工人都不准出街。我每月工银被扣去澳门所给八圆以后，每月发银纸四圆，病日照扣。我见中国工人有私通黑婆，养出孩子，都算是东家的奴。我自到寮，未经受过重打。有三个工人闸脚，昨日放了，因是听见中国官到。先两个月有两人逃走，因被管机器的打他狠重。中国人死了，埋葬如狗一样。”

黄阿成供：“年二十八岁，广东新会县人。我作水手的。同治十一年，在澳门上驳船，到外国船上讨账，我事办完已下驳船，外国水手下来把我捆上，仍拉上船，我即刻喊叫，并无人问。驳船内仍有十五人，也是如此捆上船来，只留了两人撑船。回澳门，即时把我们锁住，在船头上装伙食木桶后，即刻出口，后才放我们。船上未给合同，及衣服钱俱无，食的与水俱不够。有一天，我与人说话，船主看见，疑我们想闹事，就叫水手把我与三十一人绑起来，脱去衣服打，打后又锁，到夏湾拿才放。到时，身上的伤尚未好，有医生治了十日才好。我一帮共十二人，卖与马当萨司酒房，每月四圆银纸。有两次把我锁在监房，我想东家不知道我们受如此的欺负。酒房食的东西好，又够。作工是寅正作到亥初。我听见中国官来，我来寓面诉的。"

梁丁供："年二十八岁，广东新会县人。在家作戏子。因无事做，有新宁人约我可到澳门去唱戏，到澳门带我到安记猪仔馆，见西洋官，立合同，收洋钱八圆。同治十一年七月开船，到夏湾拿卖到格颠剌司属下三安多里婀糖寮。食的不饱，无米饭。绞蔗时，作工丑正二刻作到亥正，不分礼拜。不绞蔗时，寅正作到戌初。绞蔗时，我是管火轮房油灯的，别的时候是在田里作工。有李阿求是潮州人，年老了，他是搬蔗渣的，因该举起来，他为太重，举不起，管工头打他的肋骨三鞭，当时就死了。后来将管工的锁上送入监房。我们平常作工稍为疲困，就锁就打，逃走的拿回也是锁打。我见工人满了八年，不放出，要再立合同作工，价钱也是不公道的。不许出糖寮地界，买东西俱在糖寮内铺子里买，价极大。在澳门定的是现洋四圆一月，此地但是用银纸，每月四圆，只值一圆七角五分了。"

郑阿代供："年二十五岁，广东顺德县人。作铁匠的。有吴阿瓦东莞人拐骗我到澳门作工，带我进猪仔馆，免强我到船上，我见西洋官，画合同，收洋钱十二圆，衣服两套，有西洋管工的拿去四圆。同治十一年十一月开船。船上中国医生不好，常打。饭够食，水不够。我作工头，不打我。有二十八人，都是上船三天就锁上，直到夏湾拿才开锁。有十四人每天打一百二十下，接连三天，后来锁了十五天。有一人知道要打他，就自己投水死。到夏湾拿三天，卖到格颠刺司属下聂吉里婀糖寮。我共一帮五人，每人是二十四个大金。绞蔗时寅初二刻作到亥正，礼拜日照作。不绞蔗时不作夜工，礼拜日作到辰正。食是番薯、干牛肉、蕉子、粟米粉，又米饭不多。人死了，如同狗一般掩埋。不许出门，所有东西俱在糖寮内店内买。病了扣工银。每月四圆银纸。先到澳门给的十二圆，我未扣过。”

以上同治九年至十一年华工口供。

中国第一历史档案馆、卢文迪、陈泽宪、彭家礼合编：《中国官文书选辑》，陈翰笙主编：《华工出国史料汇编》第一辑，中华书局，1985 年

（十一） 同治十二年华工口供并附无年份口供

李锦泉供：“年三十四岁，广东新会县人。我在澳门行医多年。同治十二年九月，有西班牙人请我到船上作医生，言明每跟船一次，给薪水银四百两，药十八箱，当收洋钱二百圆。九月开船，是火船。船主极坏，有十二人是船主医死的。华人生病，不准我医治，我要药，他也不给，是以虽能医治，无药亦无法可施。到夏湾拿，船主又想连我一起卖，后来同船来的一千多人都在卖人行，就告诉本地官，西洋领事带我到古巴将军处请得医生纸，就在夏湾拿城内行医。通事冯阿贵，南海县人，现在已回中国。他从前也是自己卖身来的，作满八年回去，又作通事来。我在此行医，无盘费去，听见大人来此，特来寓面禀的。”

钱阿荣供：“年二十二岁，广东三水县人。我在省城长兴酒馆作生意，我父亲只生我一人。有李阿保拐我说，带我拿八个洋钱，我就跟他走，带到澳门。他说叫我顶名，我是乡下人，不晓得什么事，后来下火船，有合同一张，银八圆，见过西洋官。同治十二年正月开船。通事是香山人，姓李的。到夏湾拿，卖入此地糖寮。东家待人严恶，食不饱，又无衣服穿。我的脚被狗虱咬烂了，不准取淡水洗。天旱时淡水亦无的饮。日夜作十个时辰的工。在此受苦之至。常用木棍打，极重，难受。如果生病，不准告，要打几棍，逐去作工。若出糖寮买物，捉返锁脚，并扣一月工钱、两月工银不等。入病房每日扣三分六银，半天都要计算的。总管尤极狠恶，凌虐不堪。东家的兄弟待人好，肯爱惜人，有时要我们作工，他说有病该当医好。我前在省城西横街长兴酒馆，我父亲叫钱阿兴。此地糖寮是格颠剌司属下，名聂吉里婀。”

王阿胜供："年二十二岁，广东南海县人。同治十二年，被东莞姓万的叫我上澳门打工，被拐出洋，到夏湾拿卖入马当萨司埠糖房。每日寅正起工，做到巳初食朝，巳正又开工，做到申初食晚，申正又开工，做到子初歇息。所做皆系重工。礼拜日寅正做到巳初食朝，后又做到申初歇。总管暴虐，时刻打人，棍撞脚踢，重伤将死得落病房，轻伤仍带脚链做工。糖房有监房两间，一间木的，一间铁的，常押有十余人，不分冬夏，夜里皆脱衫裤，上脚闸，每年受虐不堪，跳水、自缢、食烟膏死的，常有几个人，因受伤病死者更难数计。旧年有李阿二被打落水淹死，又陆续打死黑人三个。番官将总管坐监。现在换过新总管，打人也是上脚闸、脱衫裤方打。闻得十六年来，该糖寮共买到七百中国人，现时通计满身得出的三十余人，存剩百二十余人，已死五百余人了。"

崔阿满供："年三十岁，广东南海县人。家中有母亲六十四岁，有儿子二岁，无兄弟。本来在家耕种，后来作泥水匠。我有老表李阿安，叫我到澳门街作工，我到澳门，在我老表家住了两天，他就叫我顶名，后不准出来。西洋官问我的话，我不知道。是同治十二年三月的事。西洋官给合同一张，洋钱八圆，下船即开。先有饭吃，后来船坏了，就食薯仔、面包。船上通事张阿狗乱打人，至坏的。病死的人多的狠。今年正月十几到此地。食饭后扛石，同大众一样。我现在被拐出来，家内的母亲妻儿都没有饭食了，不知道如今怎样，心内焦急之至。我想回家，无法可回。"

唐阿成供："年三十三岁，广东南海县人。同治十二年八月，在澳门街来的。我旧时在香港作藤椅，有北山冲口邻村人徐阿应叫我到澳门做藤椅，到时住在茂名记猪仔馆。后来我晓得卖猪仔，我不肯去，他就打我，他叫一个人带我下船，我跳下水，洋人拉我上岸痛打，我被他打昏了，后来洋人用绳子捆我下船，即日开行。因为如此，在船上就用锁链锁脚，到夏湾拿才放。跳水时合同已失落了。我记得是顶李阿有的名字，年二十八岁。十一月到衣巴呢司卖人行，现做抬石头工夫。有时太重，抬不动就打，用牛皮鞭打的。一天有两顿饭，从前吃不够饱，这几日多些了。”

吴小山供：“年三十四岁，湖南宜章县人。本做散工。因有胞弟在广东当勇，去找寻他，在路遇着一个人，叫老杨，衣服鲜明，问我要往那里去，我说要到广城，他便说也是往省城的，可以一路同行，不料他带我到澳门，入大邦地行。住了五六日，诱我见西洋官，说两三年间就可剩好些银，够用了回来。我听他话，就签合同，收银八圆，衣服两套，同治十二年三月开船。船上初时食得够饱，后来渐不得够。通事、看舱门人时时用木棍打人，船主不打人。到夏湾拿，入一板野司猪仔馆。同我一起到此，已有一百五十人卖出去了。中国官未到时，常打。我们都饿得半死，现时食得够，又少打。馆内派我做抬石工夫及打扫地方，无工银给。我家中父母尚在，兄弟三个，时常想着回家。”

黄登家供：“年二十五岁，广东新会县人。从前作油酒铺生意。有亲戚黄阿惠住在石坎，叫我到澳门寻生意，我同他去，住了几天，叫我见西洋官顶名，我立合同，亲戚告诉我下船等半个时辰，那个本人就来换了，后来不见人来，阿惠也不见了，本想上岸，船上见了不许，又重打。同治十二年八月开船，是西班牙火轮船，船上饭可饱，水不够，通事有时打。到夏湾拿，我一帮十人，卖到马当萨司属下三格阿也打啰糖寮，作割草割蔗等工夫。作工慢，黑人管工的就用大棍打，我来了六个月，见打的重，十分的伤没有。作工是寅正作到亥正，饭食不饱，常自己买面包添食。每月三圆金钱，我在澳门未先拿过钱。总未给过衣服，现在仍是穿船上的衣服。我此时哭是为苦，我愿回中国，提起来我就伤心，我真不愿在此作工。”

谢阿耀供：“年二十一岁，广东新宁县人。我作首饰铺工夫。我的舅父何阿吉，开平人，带我到澳门猪仔馆，给合同一张，洋钱八圆。同治十二年九月开船，是西班牙火船，到夏湾拿卖到马当萨司属下三格阿也打啰糖寮，我一帮共十一人。作工是卯初作到亥正，不绞蔗时礼拜不作工。一日三餐，不够食，自己卖米添食。每月四圆，是现钱。作工慢就打，若逃走捉回就打的，重的狠。一年有两套衣服，我狠想回中国。”

梁廷铂供：“年三十岁，广东南海县人。在家耕田。同治十二年六月，有人约我到澳门顶名，可有钱，我就同他去，立刻送我上船，不准上岸，船即开行。船上有十二人想闹事，有人听见他们说，后来拿着两个为头的，脱去衣服打，打到死了。其余十个人也是打的，比两人稍轻。内有一个不服，用开水烫他，他未死。到夏湾拿，卖到糖寮。每日寅初作到子正歇工，礼拜不停。一日三餐，蕉子、番薯、粟米、干牛肉。不许出糖寮地界，本糖寮东家有铺子可买物件，到月底扣工钱。给过我被一床、雨衣一件、帽一顶、鞋一双。糖寮内共八十六人，死了一人，是总管拿棍子撞的，后吐血死的，又有二人也是总管撞伤病重，进病房死的。此地糖寮总管常如此撞人。我作了三个月，同一人逃走，过十天，同来的人病了，叫我先走，后来被巡街拿着。我先在地方官处作侍仔，后听见说要送回糖寮，我自己就到科垄工所来了。我在此天亮作工，到酉初，是打石工夫，不常打人。我看见两个挨打，是因为放屁的。工所内比糖寮好，食的也比糖寮好，一日两餐，我食的可够。”

唐宽供：“年二十三岁，广东新会县人。同治十二年，被周凤哄我往澳门打工，不料到去骗我入新问合猪仔馆，关住三日，逼见西洋官，打合同，给银八圆，六月开船。到夏湾拿住了三日，被卖入马当萨司属下三格阿也打啰糖寮。起初派做蔗田工夫五日，管工的改派做侍仔。我现在比外间做工好多，但看见好些工人时常被打，亦不知他为甚么事。”

郭祥供：“年三十二岁，广东南海县人。本在胞兄火食店内帮工。因歇了工，有个亲戚郭宜镇叫我落澳门，说是觅工我做，我同他到去，被骗入新恰和行，住了十五日，带见西洋官，立合同，收银八圆，衣服两套，押落船，我未曾见番官。时郭宜镇先说，只管立合同上船，有人下船换我上岸，不是他这样说，我当时不肯下船了。西洋官叫将合同读与我听，我以为待次日便要上岸，也不留心听他。同治十二年三月开船。船上初时食够，因船坏了，后火食不足。船主待人尚好，水手有时踢人，通事张狗手中常拿棍子，常打人。到夏湾拿入一板野司猪仔馆，待我尚好。中国官到后，饭食更好些，我有家眷，有儿子，时时想回中国。”

刘二供：“年二十九岁，广东阳春县人。同治十二年五月间，被人诱到澳门，说替一个人见西洋官，打合同，签名后，即被押下洋船。同治十二年五月开船。船上有六十人死，都是因受苦虐之故。水饭不够，要一个洋银买一杯水。我到夏湾拿一个月，被卖入故阿那八过阿属下三打格阿打里那糖房。每日卯初开工，做到酉正，一日止歇半时食饭。食不够饱。我新来的，不晓糖房重工，被打更多。”

梁阿万供：“年二十三岁，本在香港铺头佣工。后来歇了一月，无工夫做，有旧时同铺一个朋友叫郑保，系平蓝乌石村人，于同治十二年七月邀我往澳门看戏，顺便觅工，若觅不得工，同回香港。我说不曾到过澳门，无熟识人。他又说他的朋友甚多，就同我前去。到了澳门，带我入福生里他的妹夫潮州人萧杰处住了三日，我见无工可觅，想回香港，他又叫我再候几日。有一晚他深夜回来，对我说，已找得门路。我问是做甚么事，他说有两个人未到，我们替他，不过做一日两夜工夫，可赚得银八圆。我说不愿去，怕是做猪仔。他说他也是同去，断不要怕，再三劝，我应承他话。入猪仔馆住了三日，我不愿去见西洋官，打合同，他硬拉我同去签过合同，收银八圆。合同内是谢吾姓名。即叫落船，说过次早着他妹夫下船带我上岸，不料八月间开船。到夏湾拿猪仔馆作抬石头各工，食不够饱，做工无工钱。”

李阿灵供：“年二十八岁，广东南海县人。在本戏班。有一个亲戚拐我落澳门，带入猪仔馆，关了七日，逼着见西洋官，签合同，给银八圆，衣服两套。合同内不是我的姓名，系猪仔头自己捏造的。于同治十二年九月开船。船上水饭不足，一日准上舱面抖凉两次。我在船被打四五遍，都因喉渴饮水，未先问过。好多人死，因郁闷，又无好药材。到夏湾拿猪仔馆住了十五日，同九个人作一帮，被卖入糖寮。猪仔规矩，发卖时都是脱净衣服，由买主周身验遍。我到糖寮三个月，时常挨打，受不起这样苦毒，同帮七个人说明想打死管工。有一日两点半钟，他来喝我们起身做工时，我们用刀用铁锯将他打伤，现不知他死与未死。东家拣两个身体至小无力的，送先辉过司监房，其余五个留在寮内做工。我到寮止得过工银八圆。此事未经官审过，监内待我尚好，食亦略够。”

黄阿斗供：“年三十八岁，广东高要县人。本做卖布生意。在澳门有人哄我说送布到他家里，我跟他入一间屋，后来才晓得此屋是新成发猪仔馆，被他关住一日，并未见过西洋官。船主给合同并银八圆、衣服两套，俱是在船交与我的。船未出口时，有四五个人想逃走跳水，被开洋枪打死，无官闻，无人查问。开船一日之后，捉二十四个人捆绑重打，锁在船头，是因为要求船主送他上岸放他的原故。内中有二人跳水。我到夏湾拿，被卖入糖寮。我见有香山顷生病，总管的说他诈病，捉他重打，是晚香山顷自缢死。又见一湖南李姓，也因报病被打，自尽死。又有一姓郑的，病中被拉出重打，后跳水死。又有一个汕头人，一个广州人，在病房饿死。总管都是说他诈病。我因害怕逃走，我私自在马当萨司一带作工。”

以上同治十二年华工口供，并附无年份口供。

中国第一历史档案馆、卢文迪、陈泽宪、彭家礼合编：《中国官文书选辑》，陈翰笙主编：《华工出国史料汇编》第一辑，中华书局，1985 年

陳蘭彬集

伍

诗　赋
楹　联

（清）陈兰彬　著
王　杰　宾睦新　编

SPM
南方出版传媒
广东人民出版社
·广州·

图书在版编目（CIP）数据

陈兰彬集 /（清）陈兰彬著，王杰，宾睦新编. —广州：广东人民出版社，2018.5
ISBN 978-7-218-12732-3

Ⅰ. ①陈… Ⅱ. ①清… ②王… ③宾… Ⅲ. ①陈兰彬（1816－1895）—文集 Ⅳ. ①C53

中国版本图书馆 CIP 数据核字（2018）第 076606 号

CHENLANBIN JI
陈兰彬集
（清）陈兰彬 著　王　杰　宾睦新 编

出 版 人：肖风华

封面题字：陈兰彬
责任编辑：张贤明　陈其伟　周惊涛　李沙沙　李梦泽
装帧设计：彭　力
责任技编：周　杰　易志华　吴彦斌

出版发行：广东人民出版社
地　　址：广州市大沙头四马路 10 号（邮政编码：510102）
电　　话：（020）83798714（总编室）
传　　真：（020）83780199
网　　址：http：//www. gdpph. com
印　　刷：广州市浩诚印刷有限公司
开　　本：787mm × 1092mm　1/16
印　　张：120.5　插　页：18　字　数：1900 千
版　　次：2018 年 5 月第 1 版　2018 年 5 月第 1 次印刷
定　　价：800.00 元（全五册）

目　录

诗　赋

楹　联

附录　陈兰彬年谱

诗赋

一　癸丑科同馆赋钞五首

（一）奉三无私殿赋

以“所无逸而居，体有常以治”① 为韵

圣天子治洽安和，政修功叙；万物归怀，百为具举。廑效法于一心，普照临于四序。固已风恬九有，有那其居；道禀三无，无逸作所。而犹且缅怀肇造，睠念垂谟。拓华林于原隰，敞朵殿之规模。丹垣朱阙，扣砌铜铺。璇榜则辉煌虹玉，奎章则灿烂骊珠。接宏基于正大光明，范围莫外；仰宝额于清虚静泰，适莫俱无。

其为制也，栾栱辉腾，欂栌采溢。葩鞾鞢以骈罗，瓦琉璃而比栉。墄平则左右祥烟，轩幌则高低瑞霱。圆应规而方应矩，气象堂皇；跂斯翼而翚斯飞，光华翔逸。

其为义也，言详戴记，论畅宣尼。谓成能于健顺，判定位于崇卑。而更升恒代嬗，昼夜分司；本来居体至公，全祛私累。是在敬修可愿，虔与奉持；于以播为治理，惠此嘉师。敻乎尚已，候其祎而。于昭圣祖，彝训炳如。字逾金简，辞迈丹书。

① 乾隆《题圆明园九洲清宴殿联》：“所无逸而居，动静适征仁智；体有常以治，照临并叶清宁。”见陈君慧主编：《中华对联》，线装书局，2008 年，第 566 页。

示立身而制事，诫近利而干誉。无党无偏，睹昭垂于帝范；有典有则，彰巍焕于宸居。于铄世宗，龙飞潜邸。詄荡闬闳，岋峨殿陛。敷政令之优优，集班联之济济。任贤勿贰，巩国祚兮万年；和气致祥，联宗支于一体。于赫高宗，诒谋恪守。繄画栋以虹申，倬璇题于螭纽。诵尧文之粲备，云烂芝楣；瞻羲画之精醇，露垂松牖。允宜炳焕千秋，包涵万有；已徒观夫峙渟，渊岳辟阖；阴阳榍楹戢孴，碶碱荧煌。制原同于衢室，典既茂于总章。岂知我皇上德隆建极，意懔肯堂。际重熙累洽之庥，协于克一；宏翕受敷施之量，彰厥有常。所由颂溥康哉，学深敬止。至诚臻悠久之符，继照著辉光之美。肃纲纪于彤廷，握枢机于丹户。懋永图以法祖，介福攸同；沛渥泽而保民，推恩足以。

颂曰：

穆穆我皇，继志述事。
家法凝承，性功渊懿。
诚协无疆，化隆光被。
当扆有箴，垂裳以莅。
枫陛延祺，蓂图席瑞。
于万斯年，式钦郅治。

（清）陈兰彬：《同馆赋钞　同馆诗钞》，清刻本

（二） 师克在和[①]赋

以题为韵

将欲鹰扬著绩，虎拜陈诗，凯歌迭奏，捷报交驰，则必一德一心之共勉，群策群力以兼资。庶官乃和，有矛戟同仇之志；我战则克，看欃枪尽扫之时。此志郊郢之遗勋，聿垂楚史；而藉鬬廉之宏议，遂破郧师也。

方其军统莫敖，役兴荆北。未成贰、轸之盟，转患州随之偪。众且若林，圉真孔棘。得隽曰克爰，思卜策频占；罔敌我师，拟待戎车再饬。而廉也则谓：彼恃连衡之势，方有虞心；我操决胜之权，只须齐力。即古事以堪征，讵成谋之尚惑？不闻夫八百国盟津听誓，原因有夏修和；三千人牧野观兵，自信戎商必克。是盖师阃宣威，和门结队；豹略偕筹，鹅锋并淬。罔曰弗克，乐奋功名。自作不和，预严诫诲。貔虎胥同一体，军垒安恬；熊罴罔有二心，王家保乂。成师以出，歼蛇豕而胪欢；其克有勋，翦鲸鲵而敌忾。遵六七伐行兵之法，从容以和；括十三篇论战之书，名言兹在。倘使袍非同泽，醪勿投河。马首之瞻难必，犀皮之弃则那。纵或勇矜仡仡，兵诩多多。川之流其曷似，火不戢以如何？岂若建旐设旟，征人鼓舞；缺斨破斧，戍卒欢歌。莫不运心兵而契洽，联爪士以森罗，戏凫藻而均兹乐恺，赞鸿谟则荡厥么麽。所以稽薄伐于殷宗，鬼方亦克；

① 《左传·鲁桓公十一年》："楚屈瑕将盟贰、轸。郧人军于蒲骚，将与随、绞、州、蓼伐楚师。莫敖患之。斗廉曰：'郧人军其郊，必不诫，且日虞四邑之至也。君次于郊郢，以御四邑。我以锐师宵加于郧，郧有虞心而恃其城，莫有斗志。若败郧师，四邑必离。'莫敖曰：'盍请济师于王？'对曰：'师克在和，不在众。商周之不敌，君之所闻也。成军以出，又何济焉？'莫敖曰：'卜之？'对曰：'卜以决疑，不疑何卜？'遂败郧师于蒲骚，卒盟而还。"

卜有功于孟献，晋帅皆和。

我圣朝令肃貔貅，恩覃鹓鹭。时欣玉烛之调，势巩金瓯之固。和衷共济，倍矢寅恭；克敌有方，屡承申谕。协师贞之吉，芒耀天戈；播师武之辞，文传露布。人思方、召之勋，士有范、韩之慕。献馘囚于鲁泮，奚斯窃愿赓诗；缅政事于孔门，由也兼能治赋。

（清）陈兰彬：《同馆赋钞　同馆诗钞》

（三）冬为岁余赋

以“读书百遍而义自见”[①] 为韵

董季直望重孝廉，功深卷轴。点笔梅窗，摊笺竹屋。冬真可爱，最宜日色之温；岁讵无余，莫负年华之速。际此添薪商陆，钟吕推移；犹同采稆长安，经书习读。方其春秋治后，老氏诠初，课同人而讲贯，勖多士以居诸。为念星霜易阅，须知日月其除。朝经暮史以还，毋虚岁籥；春诵夏弦之外，更有冬书。

夫冬之为候也，风肃寒山，冰坚大泽；友取竹梅，材呈松柏。繄蛾术之克勤，倍驹阴之自惜。生意则春回黍谷，机探庚后庚先；高歌而雪压蓬庐，功励己千己百。岂不以岁序将更，岁华堪恋，刻总如金，光洵似箭。勿因百务之多闲，致历三时而易倦。清吟据案，屡瞻葭管灰飞；冷节闭门，况少苔綦迹遍。且夫兰窗读易，草阁哦诗。览秋光于小院，弄月色于芳帷。俱多佳日，岂乏良时？然而展卷临风，阅芸籤之掌故；何似披书映雪，傍松盖于鳞而。自抱冬心，莫荒岁事。咀余味而开编，引余光而照字。绰绰乎有余思，恢恢乎有余地。月得四十五日，均兹余半之功；朞言三百六旬，恍协余分之义。是盖道在趋时，情殷励志。岁功法彼乾元，冬学侪于蒙稚。夜继日以无殊，雨既晴而靡异。所由穷年矻矻，黄初之骏誉弥彰；惟日孜孜，许下之鸿名有自也。

方今圣天子学懋缉熙，恩隆锡羡。调玉烛于黄舆，森宝书于金殿。小臣珥管鳌峰，步甎鹊院。咏绥丰于乐岁，既雪兆之

① 《三国志·魏志·董遇传》：“人有从学者，遇不肯教，而云：‘必当先读百遍’，言‘读书百遍而义自见。’”

屡占；书景物于隆冬，又云章之喜见。

（清）陈兰彬：《同馆赋钞　同馆诗钞》，清刻本

（四）镜清砥平赋[①]

以“寰海镜清，方隅砥平”[②] 为韵

烟销海寓，尘净关山。波不扬于潮汐，涂悉度以经环。清耀鸿涛之外，平瞻驿路之间。镜启轩图，光已腾于八极；砥歌周道，程直达于九寰。昔裴晋公学富缣缃，才储鼎鼐。铸剑戟以思存，扫欃枪而志在。他时待著武功，此日先敷文采。仰照临于丙鉴，就日瞻云；颂坦荡于庚邮，梯山航海。

懿夫六幕增欢，九垓洽庆。衢似歌康，路均由正。清和聿著，民风平直。同敦士行，际扇巍而显翼；势巩金瓯，既涤秽而荡瑕。化光玉镜，则见波恬白马，浪息长鲸。发清辉于岛屿，布清景于沧瀛。霁月近临金鉴，晴曦远映铜钲。依稀人在镜中，鹢舟竟渡；髣髴尘揩镜面，蜃市俱清，又若境通远迩，名别康庄。惟游行之自在，无险阻之备尝。偕之大道，示我周行。早教世宙磨礲，若金作砺；并范贤愚步履，如矩为方。

且夫贞元之代，藩镇堪虞。斥堠犹觇烽燧，径涂讵辟榛芜。谓王图之已泰，殆赋笔之多诬。然而立言有体，善颂非谀。说德宗发愤为雄，自克廓清区宇；况裴相经猷素裕，何难底定方隅？所由治企献琛，化思同轨。期彰清晏之休，用取平康之旨。

① 据翁同龢记载：“［同治壬戌元年三月初四日（1861 年 4 月 2 日）］晴，微寒。昨彻夜大风，今日傍晚止。辰初到庶常馆，贾瑞两师先到，吴蓉圃、钱辛伯、杨滨石、瑞睦莽、延树南、杨澧南、孙松坪皆到。赋题‘镜清砥平赋’，以‘寰海镜清，方隅砥平’为韵。诗题‘一片冰心在玉壶’，得‘心’字。庶吉士合前两科共二十九人而已，各赋一诗，以钱来商为最，有‘冷语抵千金’之句。何亮清次之，写作均佳。饭后到三兄处。”见（清）翁同龢著，陈义杰点校：《翁同龢日记》，中华书局，1989 年，第 218 页。

② 裴度《铸剑戟为农器赋》：“皇帝嗣位之十三载，寰海镜清，方隅砥平。驱域中尽归力穑，示天下不复用兵。”

靖彼狂澜，游兹仁里。德颂水以应符，基固磐而共美。焕祥辉于仁寿，监亦有光；挽薄俗于廉隅，行皆能砥。

我圣朝恩涵万国，德被八纮。炳重离而恭己，统四履以由庚。镜荣宙合砥砺，儒生共看俗乐。安和两仪，清泰群喜。歌登雅颂，一片承平。

（清）陈兰彬：《同馆赋钞　同馆诗钞》，清刻本

（五）松燧火赋

以“孟冬之月，爨松燧火”① 为韵

制仿燧人，法修火正。薪比桂以堪珍，节瞻松其最劲。钻从绣岭，碧焰低浮；燃向琼厨，红辉互映。此服八风之水，语纪淮南；而资七宝之炉，候循冬孟也。

懿夫火也者，离昭德盛，井记灵钟。镫常晃鹤，烛亦衔龙。花灿上元之树，藜吹太乙之筇。早占榆舍，星流炎过九夏；恍似茅檐，日曝暖爱三冬。至火之有燧也，取宜顺令，用各因时。司烜参其事，司爟辨其宜。或藉柳榆之干，或探枣杏之枝；或柞楢之是取，或桑柘之兼资。散日暮之轻烟，无弗与者；挺岁寒之奇质，于以求之。况夫径落莎髯，垣稀苔发。沍到波鳞，瘦余石骨。渐冬雪之霏霏，已冬风之发发。试拨炉中宿火，温生竹叶之春；恰逢窗外疏松，冷扫梅花之月。尔乃度虬，柯扪螭干；薪等槐添，核如李钻。坠玉屑而风轻，灿金光而霞焕。烟点点以纷飞，星荧荧其有烂。无庸叩户，乞来束缊之邻；有似挥琴，听入焦桐之爨。则见辉分远岫，光接层峰。照松针之一一，耀松盖之重重。几处兽炉，煨将榾柮；旧时螺嶂，蹑到芙蓉。采药人归，最好云生丹火；烹茶鹤避，谁云日冷青松？是盖火之改也取其新，燧之燔也别其异。候欲抵于纯青，材爰资乎古翠。松之茂矣，十八公晚节弥坚；火以烜之，百五日韶光渐至。自他有耀，既藉长松，著手成春，奚须阳燧？

方今圣天子照普曦轮，祥呈云朵。广棫朴之搜求，集栋梁之负荷。

小臣缀序玉堂，依光青琐。萝图席瑞，忻瞻尧栋之生松；

① 《淮南子》：“孟东之月，招摇指亥……服八风水，爨松燧火。”

莲炬腾辉，岂羡唐宫之赐火。

（清）陈兰彬：《同馆赋钞　同馆诗钞》，清刻本

二　癸丑科同馆诗钞二十五首

（一）赋得刑为仁佐①

好绎祥刑义，名言抱朴陈。
朝端如得佐，天下乃②归仁。
论到③雷霆肃，疑殊雨露均。
岂知平雀鼠，自可④咏睢麟。
襄赞谟猷美，承宣德意新。
鹓司皆沛泽，犴户亦生春。
莘野阿衡举，棠郊召伯巡。
圣人钦恤念，锡福遍斯民。

（清）陈兰彬：《同馆赋钞　同馆诗钞》，清刻本

① 《近科分韵馆诗集》下尚有诗题的文字出处，今附在注中以供参考："《抱朴子》：'故仁者养物之器，刑者惩非之具，我欲利之，而彼欲害之，加仁无悛，非刑不止，刑为仁佐，于是可知也。'"

② 乃，《近科分韵馆诗初集》作"自"。

③ 论到，《近科分韵馆诗初集》作"试论"。

④ 自可，《近科分韵馆诗初集》作"即可"。

（二）赋得大法小廉

汉代三章法，周官六事廉。
大臣思秉宪，小吏敬防嫌。
位总同寅协，心皆[1]律己严。
霜威貂珥肃，风韵鹤琴兼。
观象公门凛[2]，悬貆尔室瞻。
柏台冰作鉴，花县月当帘。
定判南山执，清声北海渐。
圣朝勤考绩，匪懈各针砭。

（清）陈兰彬：《同馆赋钞　同馆诗钞》，清刻本

① 皆，《近科分韵馆诗初集》《馆律分韵初编》作“偕”。
② 凛，《近科分韵馆诗初集》《馆律分韵初编》作“懔”。

（三） 赋得横槊赋诗[①]

百万兵南下，居然一世雄。
槊横明月下，诗赋大江东。
赤壁烟方豁，乌林火未攻。
张灯环剑佩，酾[②]酒坐艨艟。
荡决情弥壮，吟哦句自工。
寒铓侵巨浪，健笔写英风。
远树声惊鹊，晴霄气吐虹。
扁舟寻往迹，逸兴又坡翁。

（清）陈兰彬：《同馆赋钞　同馆诗钞》，清刻本

① 《近科分韵馆诗二集》下尚有诗题的文字出处，今附在注中以供参考："苏轼《前赤壁赋》按：'横槊事，寿志无之，唐元稹《杜君墓铭》："建安置后，曹氏父子鞍马间为文，往往横槊赋诗。"'"

② 酾，《近科分韵馆诗二集》作"醲"。

（四）赋得远水无波

极目空明界，人披古画图。
绘声知①水有，著色觉波无。
春雨三篙涨，秋风万顷湖。
练拖②纹约略，鞾蹙③势模糊。
渺粟唯浮鹢，依蒲但俗④凫。
直教⑤烟树近，才觉浪花粗。
鸭绿醅新拨，螺青纸细摹。
液池翘首望，闿泽庆覃敷。

（清）陈兰彬：《同馆赋钞　同馆诗钞》，清刻本

① 知，《近科分韵馆诗初集》作“如”。
② 拖，《近科分韵馆诗初集》作“掩”，《近科分韵馆诗二集》作“抛”。
③ 蹙，《近科分韵馆诗初集》作“蹇”。
④ 俗，《近科分韵馆诗初集》《近科分韵馆诗二集》作“浴”。
⑤ 教，《近科分韵馆诗初集》作“敦”。

（五） 赋得挑尽寒镫改旧诗

敏捷诗千首，镫尝属稿挑。
瑕疵寻旧日，订改向寒宵。
莲漏声方澈，兰膏焰欲销。
艰辛仍獭祭，涂乙尚虫雕。
辙比车频易，弦同瑟再调。
点将毫五色，续想烛三条。
得失关心切，推敲寄兴遥。
熏笼聊坐倚，吟咏到明朝。

（清）陈兰彬：《同馆赋钞　同馆诗钞》，清刻本

（六） 赋得公退必读书[①]

岂以从公久，儒生业遂疏。
稍闲当退食，朗诵必披书。
忆自群编拥，曾无片刻虚。
衹因劳案牍，未暇课菑畬。
羔䍼蛇蛇返，蜗庐燕燕居。
义须探百遍，时恍胜三余。
家学难荒我，官箴并藉渠。
蝎来休沐地，仲郢拟何如。

（清）陈兰彬：《同馆赋钞　同馆诗钞》，清刻本

① 《近科分韵馆诗集》下尚有诗题的文字出处，今附在注中以供参考：“《唐书·柳仲郢传》：‘手不释卷。’”

（七）赋得直欲渔樵过此生

人生如寄耳，何必不渔樵。
况抱归欤志，将从隐者招。
商量居水市，约略傍山桥。
占得波千顷，穿将路几条。
棹歌宜夜夜，担影又朝朝。
家计垂纶足，光阴看弈消。
烟云俱伴侣，岁月任逍遥。
真个修能到，行看乐事饶。

（清）陈兰彬：《同馆赋钞　同馆诗钞》，清刻本

（八）赋得坦坦荡荡[1]

奎藻瞻银榜，群钦德有容。
坦平途达顺，荡漾水朝宗。
至教东西讫，湛恩左右逢。
田夫游禹甸，衢叟咏尧封。
礼溯经环制，诗希砥矢踪。
牺爻占率履，鸿范验遵从。
正巳宏猷辔，由庚恺泽醲。
圣人绳祖武，寰宇庆时雍。

（清）陈兰彬：《同馆赋钞　同馆诗钞》，清刻本

① 《近科分韵馆诗二集》下尚有诗题的文字出处，今附在注中以供参考："谨按：圆明园杏花春馆西度碧栏桥地曰'坦坦荡荡'，有额，为四十景之一。"

（九）赋得君子庄敬日强

乾健符君子，宸躬本自强。
兢兢庄莅肃，穆穆敬修详。
逢吉畴稽禹，铭新道法汤。
色容征礼节，德行溯诗章。
诣继仁能守，功参义以方。
一人廑式玉，万国仰垂裳。
图展陈无逸，签投警未央。
斋宫钦宝额，建极颂维皇。

（清）陈兰彬：《同馆赋钞　同馆诗钞》，清刻本

（十） 赋得葛稚川隐罗浮[①]

昔者罗浮去，飘飘葛稚川。
炼丹沧海外，筑室粤山巅。
军绩辞干宝，家风慕孝先。
虚名句漏令，高蹈太安年。
村爱梅花月，符探竹叶烟。
君臣分药饵，眷属挈神仙。
抱朴书犹在，冲虚额尚悬。
何因飞鲍[②]履，七十二溪前。

（清）陈兰彬：《同馆赋钞　同馆诗钞》，清刻本

① 《近科分韵馆诗初集》下尚有诗题的文字出处，今附在注中以供参考：“《晋书·葛洪传》：‘洪，字稚川，闻交趾出丹砂，求为勾漏令。刺史邓岳留，不听，去。洪乃止罗浮山。’”

② 鲍，《近科分韵馆诗初集》作“饱”。

（十一） 赋得破屋数间而已矣[1]

贫也[2]卢仝甚，萧萧屋数椽。
日居惟此耳，风破尚依然。
卜筑难寻伴，羁栖更阅年。
尘教堆案上，月竟到床前。
差胜无锥地，真成有漏天。
所因惟树在，欲补未萝牵。
并少[3]邻三两，空思厦万千。
祇安茶灶稳，佳茗煮斜川。

（清）陈兰彬：《同馆赋钞　同馆诗钞》，清刻本

① 《近科分韵馆诗初集》下尚有诗题的文字出处，今附在注中以供参考：“韩愈《寄卢仝》诗：‘玉川先生洛城里，破屋数间而已矣。’”

② 也，《近科分韵馆诗初集》作“况”。

③ 少，《近科分韵馆诗初集》作“小”。

（十二）赋得稼穑维宝

异物原非宝，艰难稼穑知。
穮方觇比栉，珍欲阐坤维。
珠露分秧日，璿霜合颖时。
绮葱琅菜并，锦甸绣畦宜。
上瑞黄舆纪，浓香翠釜炊。
山皆饶玉粒，海不羡珊枝。
利本田功美，输同岳贡奇。
仙庄勤省岁，忻颂大田诗。

（清）陈兰彬：《同馆赋钞　同馆诗钞》，清刻本

（十三）赋得种鱼万尾橘千头[1]

送汝彭城去，将从范蠡游。
鱼应登万尾，橘并种千头。
春雨池中岛，秋风径畔洲。
客无弹铗叹，仙可著棋留。
子喽知苗长，奴呼觉树稠。
足兹栖隐业，称我买邻谋。
江馔新供好，家书远报不。
鲜甘时满载，乐泛五湖舟。

（清）陈兰彬：《同馆赋钞　同馆诗钞》，清刻本

① 《近科分韵馆诗初集》下尚有诗题的文字出处，今附在注中以供参考："苏轼《送张山人至彭城》诗：'何日五湖从范蠡，种鱼万尾橘千头。'"苏轼《送张山人至彭城》："羡君飘荡一虚舟，来作钱塘十日游。水洗禅心都眼净，山供诗笔总眉愁。雪中乘兴真聊尔，春尽思归却罢休。何日五湖从范蠡，种鱼万尾橘千头。"

（十四） 赋得僧敲月下门[①]

月下寻诗句，僧归自近郊。
寺藏疏树里，门叩乱山坳。
冷露闲凭杖，高风倦打包。
方晖摇径竹，孤影压檐茅。
弹指声相续，当头鉴不淆。
鲸铿膺远刹，鹤梦醒危巢。
境已尘缘净，心难好夜抛。
佳篇成岛佛，犹自酌推敲。

（清）陈兰彬：《同馆赋钞　同馆诗钞》，清刻本

① 《近科分韵馆诗初集》下尚有诗题的文字出处，今附在注中以供参考："贾岛《题李凝幽居》诗：'鸟宿池边树，僧敲月下门。'"贾岛《题李凝幽居》："闲居少邻并，草径入荒园。鸟宿池边树，僧敲月下门。过桥分野色，移石动云根。暂去还来此，幽期不负言。"

（十五）赋得人中屈轶

①

唐史称袁薛，丰标屈轶同。
祥征蓂荚外，望重棘槐中。
劲节宜清署，灵根溯合宫。
蕉弹②存桂性，蒲伏效葵衷。
名斥邪蒿日，言垂谏果风。
腾嘲殊小草，驰誉笑飞蓬。
杜绝希荣志，昭彰指佞功。
良材邀帝简，枫陛拜恩隆。

（清）陈兰彬：《同馆赋钞　同馆诗钞》，清刻本

① 《近科分韵馆诗二集》下尚有诗题的文字出处，今附在注中以供参考：“《旧唐书·袁高薛存诚传》：‘灵草指佞，谏臣匡失，惟袁与薛，人中屈轶。’《博物志》：‘尧时，有草生于庭，佞人至则屈而指之。’”

② 弹，《近科分韵馆诗二集》作“弭”。

（十六）赋得屈原泽畔行吟①

郢路扬舲过，萧萧感不禁。
左徒嗟放逐，楚泽记行吟。
自写怀沙怨，遥舒爱国心。
宫瞻龙贝渺，境恨虎狼侵。
萝荔山边曲，蘅荃渚外音。
数穷詹尹策，韵答女媭砧。
五日舟犹竞，三闾庙可寻。
屈沱呜咽水，余响绕枫林。

（清）陈兰彬：《同馆赋钞　同馆诗钞》，清刻本

①《近科分韵馆诗初集》下尚有诗题的文字出处，今附在注中以供参考："《楚辞》：'屈原既放，游于江潭，行吟泽畔，颜色憔悴，形容枯槁。'"

（十七）赋得杜甫旧宅

万里桥边宅，斜连峡口关。
径通鱼武县，门对麝香山。
自作诸侯客，兼羁供奉班。
浮生嗟世路，流寓际时艰。
故里樊川忆，回波滟滪环。
东屯西阁外，赤甲白盐间。
茅屋风曾破，花溪景最闲。
夔城余落日，丁鹤可飞还。

（清）陈兰彬：《同馆赋钞　同馆诗钞》，清刻本

（十八）赋得有田不归如江水[①]

欲归归未得，归计总徒然。
夙愿堪盟水，生涯实乏田。
羡他云被陇，对此浪兼天。
顽冀江神谅，贫知野老怜。
还乡空订日，负郭莫耕烟。
为鹤谋如遂，思鲈念讵悬。
誓频申旦旦，心自系年年。
盼极扁舟去，家山受一廛。

（清）陈兰彬：《同馆赋钞　同馆诗钞》，清刻本

① 《近科分韵馆诗初集》下尚有诗题的文字出处，今附在注中以供参考：“苏轼《游金山寺》诗：‘我谢江神岂得已，有田不归如江水。’”

（十九）赋得时辰表

不待铜壶设，能占十二辰。
测时机入妙，立表制翻新。
钥启葳蕤锁，丝牵宛转轮。
刻雕花夺目，形象月随身。
响激丁丁细，文排乙乙匀。
趁晴分子午，入夜守庚申。
式亦璿玑仿，阴教尺璧珍。
圣人宵旰意，敬授运洪钧。

（清）陈兰彬：《同馆赋钞　同馆诗钞》，清刻本

（二十）赋得文山正气歌

正气燕都写，辞堪继九歌。
悲吟元岁月，悽恻宋山河。
只手支残局，忠肝冠大科。
事嗟天下去，节数古人多。
论到三纲立，看来百沴过。
衷怀无谬巧，文字不消磨。
寒暑经如此，乾坤赖有佗。
再披衣带赞，仰首一长哦。

（清）陈兰彬：《同馆赋钞　同馆诗钞》，清刻本

（二十一）赋得昊天降丰泽

望泽皇心切，精诚昊綍通。
降康群受益，卜岁屡占丰。
卯冒机方达，辛祈典既崇。
流甘觇绿野，布恺洽苍穹。
畅懋民情惬，昭苏土脉融。
星明阶上下，烟润亩西东。
至德符乾象，醲恩遍泰鸿。
仲宣赓雅什，晋颂慰宸衷。

（清）陈兰彬：《同馆赋钞　同馆诗钞》，清刻本

（二十二） 赋得阮步兵籍咏怀[①]

余亦能高咏，怀摅阮步兵。
苍黄天下局，青白眼中情。
迹本猖狂托，胸难块垒平。
老庄词旷达，晋魏意分明。
尉氏无家业，苏门有啸声。
交宜中散契，句或阿咸赓。
车辙穷奚往，邻家梦不成。
祇余笺劝进，歌愧首阳清。

（清）陈兰彬：《同馆赋钞　同馆诗钞》，清刻本

① 诗题《近科分韵馆诗初集》作“阮步兵咏怀”。下尚有诗题的文字出处，今附在注中以供参考：“《晋书·阮籍传》：‘籍能作文，初不留，作《咏怀诗》八十篇，为世所重。’”

（二十三）赋得冷官厅事客来稀[1]

第宅京华赫，如何坐冷宫[2]。
坐令厅事寂，盼到客来难。
洞达扉常敞，回翔院亦宽。
但非清要地，几见笑言欢。
鸟篆余苔砌，虫声满药阑[3]。
下风谁磬折，今雨莫盘桓。
纵或闲投刺，无须预整冠。
欲联诗酒社，米又贵[4]长安。

（清）陈兰彬：《同馆赋钞　同馆诗钞》，清刻本

① 《近科分韵馆诗初集》下尚有诗题的文字出处，今附在注中以供参考："杨愿诗：'冷官厅事客来稀，众绿阴阴结夏帷。'"宋杨愿：《与王伯刍》："冷官厅事客来稀，众绿阴阴结夏帷。忽得君诗惬人意，陶家风到北窗时。"

② 坐冷宫，《近科分韵馆诗初集》作"作冷官"。

③ 阑，《近科分韵馆诗初集》作"栏"。

④ 米又贵，《近科分韵馆诗初集》作"米贵又"。

（二十四） 赋得以明道希文自期待

闻说胡安定，平生厚自期。
大程钦德量，小范懔师资。
岱岳谈经日，湖州造士时。
四箴循矩矱，万甲想丰规。
道统肩承钜，人情体贴宜。
为深希圣志，同切见贤思。
玉色金声颂，先忧后乐推。
儒修当盛世，前哲勉追随。

（清）陈兰彬：《同馆赋钞　同馆诗钞》，清刻本

（二十五）赋得剖毫析芒

倘使情辞遁，难称折狱良。
精须频剖析，细必逮毫芒。
擢发愆尤数，吹毛法律详。
迎机逾破竹，推类渺飞糠。
分亦何加末，锋疑太露刚。
颊添摹酷肖，背刺避奚遑。
吏本刀为笔，才真颖处囊。
仰瞻宽大诏，圣世举宏纲。

（清）陈兰彬：《同馆赋钞　同馆诗钞》，清刻本

三　出洋杂诗八十五首①

（一）奔波赴美

轮舟四月粤东来，白下津门去复回。
程数②泰西须就道，秋光未得览苏台。

《出洋杂诗（壬申癸酉甲戌）》，《陈兰彬遗稿》，中山大学图书馆藏

① “出洋杂诗”为中山大学所藏《陈兰彬遗稿》所用名，今据以拟定这部分诗歌总名为《出洋杂诗八十五首》。这八十五首诗，原多无标题，今据诗歌所附注释或内容拟定标题，并排好序次。

② 数，《吴川古今诗选》《陈兰彬纪念诗文集》《陈兰彬颂》作“改”。

（二）日本停舟

瞳瞳日影射扶桑，测海窥天路正长。
三岛停舟聊寓目，山川自昔说仙乡。

《出洋杂诗（壬申癸酉甲戌）》，《陈兰彬遗稿》，
中山大学图书馆藏

（三） 长崎白云山寺

竹柏森森静不喧，水云开处绿阴繁。
前明闽海曾居士，犹有丰碑屹寺门。（长崎白云山寺。）

《出洋杂诗（壬申癸酉甲戌）》，《陈兰彬遗稿》，中山大学图书馆藏

（四）徐福墓

岂有长生药驻年？方壶员[①]峤但名传。
居人指点徐公墓，犹笑秦王爱学仙。[②]（徐福墓在熊指山下。）

《出洋杂诗（壬申癸酉甲戌）》，《陈兰彬遗稿》，中山大学图书馆藏

① 员，《松烟小录》作“圆”，《陈兰彬颂》作“园”。“员峤”乃神话中的仙山名。《列子·汤问》：“渤海之东不知几亿万里，有大壑焉……其中有五山焉，一曰岱舆，二曰员峤，三曰方壶，四曰瀛洲，五曰蓬莱。”

② 此诗《陈兰彬颂》作：“圆峤方壶海外传，途经矮国小留涟。舟人指点徐公墓，犹笑秦皇爱学仙。写于日本。陈永祥抄藏，陈纪供稿。”与此差异颇大。

（五）日本书院

风范今之管幼安，讲堂危坐古衣冠。
门人共习燕京语，周孔[①]遗篇读夜阑。（谓吴春帆其先闽人。）

《出洋杂诗（壬申癸酉甲戌）》，《陈兰彬遗稿》，中山大学图书馆藏

① 周孔，《松烟小录》作“周礼”。

（六）小长崎

一千余里碧参差，点一峰峦缀海湄。
佑艇[1]渔家相映带，神工幻出小长崎。

《出洋杂诗（壬申癸酉甲戌）》，《陈兰彬遗稿》，
中山大学图书馆藏

① 佑艇，《陈兰彬颂》作“姑艇”。

（七） 日本市肆

行行粉字酒旗斜，市肆标题又几家。
大氏书摹[1]张旭草，若萦春蚓绾秋蛇。

《出洋杂诗（壬申癸酉甲戌）》，《陈兰彬遗稿》，中山大学图书馆藏

① 大氏书摹，《陈兰彬颂》作“大抵书摸”。

（八）日本习俗

不曾断发却文身，云是东洋牧马人。
凿齿更多良妇女（大家妇女多染齿），
席间微步袜生尘。

《出洋杂诗（壬申癸酉甲戌）》，《陈兰彬遗稿》，
中山大学图书馆藏

（九）日本人力车

人力车形似马车，文茵畅毂也宽舒[1]。
记游布引诸山日，大道分奔马不如。

《出洋杂诗（壬申癸酉甲戌）》，《陈兰彬遗稿》，
中山大学图书馆藏

① 舒，《陈兰彬颂》作“抒”。

（十）日本铁路

东人冠履效西人，铸炮炉开复铸银。
待购火车通大版[①]，已成铁路亘横滨。（大版、横滨俱岛名。）

《出洋杂诗（壬申癸酉甲戌）》，《陈兰彬遗稿》，中山大学图书馆藏

① 版，《陈兰彬颂》作“板”。

（十一） 日本妓院

致霸青齐管大夫，征商先令得安居。
即今海国传遗法，板屋千间列女闾。

《出洋杂诗（壬申癸酉甲戌）》，《陈兰彬遗稿》，
中山大学图书馆藏

（十二）日本夜景

荧荧海岸皆灯色，得得天街[①]半[②]屐[③]声。
柝击三更开夜市（日本更柝以三更起），
依稀风景五羊城。

《出洋杂诗（壬申癸酉甲戌）》，《陈兰彬遗稿》，
中山大学图书馆藏

① 街，《陈兰彬颂》作“阶”。

② 半，《纪念陈兰彬诗文集》作“步”。

③ 屐，《广东诗汇》《黄梅花屋诗话》《吴川古今诗选》《纪念陈兰彬诗文集》作“履”。

（十三）美国华商

桑梓人逢必敬[1]恭，倾谈款款诉深衷。
相期中国艅艎到，稍助行商意气雄。

《出洋杂诗（壬申癸酉甲戌）》，《陈兰彬遗稿》，中山大学图书馆藏

① 敬，《陈兰彬颂》作“至”。

（十四）金山

传闻野渡有金山，墨客纷纷聚此间（粤画师马仁山、罗雪谷皆寓此）。
欲过桥东遍游览，归程[1]可是得身闲。

《出洋杂诗（壬申癸酉甲戌）》，《陈兰彬遗稿》，中山大学图书馆藏

① 归程，《陈兰彬颂》作“归来”。

（十五） 五色瓜

片片冰盘五色瓜，甘芬味不减京华。
洋刀剖切梨如玉，尤觉寒香溅齿牙。

《出洋杂诗（壬申癸酉甲戌）》，《陈兰彬遗稿》，中山大学图书馆藏

（十六）船上中餐

搜罗珍错备行厨，舟子殷殷意有余。
式燕为从中土客，闽茶粤米[①]沈阳鱼。

《出洋杂诗（壬申癸酉甲戌）》，《陈兰彬遗稿》，中山大学图书馆藏

① 粤米，《陈兰彬颂》作“粤菜”。

（十七）制冰

风翻机器水成冰，藕粉调膏腻欲凝。
制造稍殊浮屿法（浮屿膏色浅如□□），
琉璃杯里白波腾。

《出洋杂诗（壬申癸酉甲戌）》，《陈兰彬遗稿》，
中山大学图书馆藏

（十八） 西洋妓

胡妇黎涡[①]传有诸，此行情事古人殊。
同舟岂乏西洋妓？明道心中妓早无。

《出洋杂诗（壬申癸酉甲戌）》，《陈兰彬遗稿》，
中山大学图书馆藏

① 黎涡，《陈兰彬颂》作“黎娼”。

（十九） 金山洗衣贵

挥金如土是耶非（耶非国多金）①，
海舶奢华见已希②。
闻道金山更糜贵③，澣衣工价过成衣。（洗衣一袭价银一元。）④

《出洋杂诗（壬申癸酉甲戌）》，《陈兰彬遗稿》，中山大学图书馆藏

① 耶非国多金，原无，据《申报（同治壬申）》补。

② 希，《海山诗屋诗话》《陈兰彬颂》作“稀”。

③ 糜贵，《海山诗屋诗话》作“縻费”。

④ 洗衣一袭价银一元，《松烟小录》作“澣衣一袭需银一员”，《海山诗屋诗话》作“美国金山洗衣一袭工银一圆”。

（二十）海上夜景

长天无际水溟濛，舟历东瀛路更东[1]。
夜起凭栏看星月，浪花腥[2]卷鲤鱼风。

《出洋杂诗（壬申癸酉甲戌）》，《陈兰彬遗稿》，
中山大学图书馆藏

① 东，《纪念陈兰彬诗文集》作“通”。
② 腥，《纪念陈兰彬诗文集》作“但”。

（二十一） 海外寄函回华

镜筒窥测客喧哗，遥指飞烟一道[1]斜。
小艇安排寄书札[2]，又[3]逢火舶入中华。

《出洋杂诗（壬申癸酉甲戌）》，《陈兰彬遗稿》，中山大学图书馆藏

① 一道，《海山诗屋诗话》作“一缕”。

② 书札，《海山诗屋诗话》作“书信”，《陈兰彬颂》作“书扎”。

③ 又，《海山诗屋诗话》《吴川古今诗选》《纪念陈兰彬诗文集》作“恰”。

（二十二）海鸟

四垂天宇碧成围，海面秋鹰学数飞[1]。
镇日相看无住处，捎风掠水并忘饥。

《出洋杂诗（壬申癸酉甲戌）》，《陈兰彬遗稿》，中山大学图书馆藏

① 秋鹰学数飞，《陈兰彬颂》作“秋鸾学教飞”。

（二十三） 海鲸

午倦和衣寐不成，凉风拂拂扑帘[1]旌。
舟人附耳私相语，白浪前头过海鲸。

《出洋杂诗（壬申癸酉甲戌）》，《陈兰彬遗稿》，中山大学图书馆藏

① 帘，《陈兰彬颂》作“慊”。

（二十四）晕船

北风吹浪布飘[1]斜，同伴惊看[2]步武差[3]。
朗朗玉山将醉倒，岂惟银海眩生花。

《出洋杂诗（壬申癸酉甲戌）》，《陈兰彬遗稿》，中山大学图书馆藏

---

① 布飘，《海山诗屋诗话》作“布帆”。
② 惊看，《陈兰彬颂》作“相看”。
③ 差，《海山诗屋诗话》作“斜”。

（二十五） 船上教童

诸童聚处笑言欢，一月舟中礼数宽。
朔望整衣来拱揖，威仪也耸远人观。

《出洋杂诗（壬申癸酉甲戌）》，《陈兰彬遗稿》，
中山大学图书馆藏

（二十六）留美幼童

翩翩群小有[①]英髦，域外驰观兴倍豪。
须识百般工艺术，根源[②]还是读书高。

《出洋杂诗（壬申癸酉甲戌）》，《陈兰彬遗稿》，中山大学图书馆藏

① 有，《陈兰彬颂》作“尽”。
② 根源，《陈兰彬颂》作“根原”。

（二十七） 寄望幼童

庄岳从知学语宜，成连海上更情移。
他年可有通方彦，懋著勋名答圣慈。

《出洋杂诗（壬申癸酉甲戌）》，《陈兰彬遗稿》，
中山大学图书馆藏

（二十八） 海上闲人

四顾兼旬[①]未见山，百端尘事不相关。
算来饱食安眠后，一个闲人天地间。

《出洋杂诗（壬申癸酉甲戌）》，《陈兰彬遗稿》，
中山大学图书馆藏

① 兼旬，《申报（同治壬申）》作“经旬”，《陈兰彬颂》作“盈旬”。

（二十九）海上课学徒

略把篇章课学徒，光阴复令惜三余。
舟人也似珍文墨，竹扇藤笺屡乞书。

《出洋杂诗（壬申癸酉甲戌）》，《陈兰彬遗稿》，中山大学图书馆藏

（三十） 中美时差

大海安知晷刻移，璿玑①测度②始惊疑。
金山沪渎③相衡较，昼夜推迁已四时④。（□上海至旧金山，时辰表已差八点钟，至鸟约竟差十二点钟矣）

《出洋杂诗（壬申癸酉甲戌）》，《陈兰彬遗稿》，中山大学图书馆藏

---

① 璿玑，《申报（1919）》作“玑璿”。

② 度，《陈兰彬颂》作“海”。

③ 沪渎，古水名。原指吴淞江下游近海处一段（今黄浦江下游），此处应借指上海。

④ 昼夜推迁已四时，此处指上海与旧金山时差 8 个小时，实际上海比旧金山早 16 个小时。比如旧金山 0 点，而上海已经是 16 点。

（三十一）街车

通衢九轨净无尘，列坐车中数十人。
漆几两行窗八扇，看同[①]游艇泛平津。

《出洋杂诗（壬申癸酉甲戌）》，《陈兰彬遗稿》，中山大学图书馆藏

① 看同，《申报（同治壬申）》《申报（1917）》《申报（1919）》作“看他”。

（三十二）绒机

丝抽经纬上绒机，羊毳[1]茸茸满地飞。
终日七襄输迅速，何虞卒岁赋无衣。

《出洋杂诗（壬申癸酉甲戌）》，《陈兰彬遗稿》，中山大学图书馆藏

① 毳，《陈兰彬颂》作“毛”。

（三十三） 白鹰

拍岸涛飞乱石堆，纷蹲海虎不惊猜。
游鱼[1]何处藏踪迹，复[2]有饥鹰没水来。（旧白鹰皆宿水中[3]。）

《出洋杂诗（壬申癸酉甲戌）》，《陈兰彬遗稿》，中山大学图书馆藏

① 游鱼，《吴川古今诗选》作“游经”，《纪念陈兰彬文集》作“兴游”，“游鱼”应该更准确。

② 复，《吴川古今诗选》作“后”。

③ 《申报（同治壬申）》《申报（1917）》《申报（1919）》作“白鹰皆能没水。”

（三十四） 金山花园

异兽珍禽罗苑囿，名花瑞木满庭阶。
几人到此增游兴，况值清秋日正佳。（金山花园。[①]）

《出洋杂诗（壬申癸酉甲戌）》，《陈兰彬遗稿》，
中山大学图书馆藏

① 《申报（同治壬申）》《申报（1917）》《申报（1919）》作“金山大花园。”

（三十五） 火车车厢

一辆①车分十六②房，一房上下四胡床。
火炉冰③桶兼④陈设，仍有衣椸列两旁。

《出洋杂诗（壬申癸酉甲戌）》，《陈兰彬遗稿》，中山大学图书馆藏

① 辆，《松烟小录》作“两”。
② 六，《陈兰彬颂》作“八”。
③ 冰，《松烟小录》作“水”。
④ 兼，《陈兰彬颂》作“相”。

（三十六）火车

火[1]车牵率十车行，方木匀铺铁路平。
八十轮开如电闪，云山着[2]眼不[3]分明。（昼夜十二时约行二千余里。）

《出洋杂诗（壬申癸酉甲戌）》，《陈兰彬遗稿》，中山大学图书馆藏

① 火，《陈兰彬颂》作“一”。
② 着，《申报》（1917）作“过”，似更切合。
③ 不，《松烟小录》《陈兰彬颂》作“未”。

（三十七）火车相通

前车转处后车同，有[1]路中间一线通。
首尾门开穿槛过，游行恍在五都中。

《出洋杂诗（壬申癸酉甲戌）》，《陈兰彬遗稿》，
中山大学图书馆藏

① 有，《陈兰彬颂》作“百”，“有”更切合。

（三十八） 火车路险

危滩桥[①]槛接危岑[②]，板阁高遮一道阴。
蓦地惊人疑昼晦，车行穿[③]度石岩深。

《出洋杂诗（壬申癸酉甲戌）》，《陈兰彬遗稿》，
中山大学图书馆藏

① 桥，《申报（同治壬申）》作“榴”，不通，《申报（1917）》作“飞”，应是笔误。

② 危岑，高峻的山峰。

③ 穿，《海山诗屋诗话》作“刚”。

（三十九）火车便捷

石炭松柴积路歧，风轮储水漾晴[①]漪。
悬灯树表修渠阁，集事原来费不[②]赀。

《出洋杂诗（壬申癸酉甲戌）》，《陈兰彬遗稿》，
中山大学图书馆藏

① 晴，《陈兰彬颂》作“明”。
② 费不，《陈兰彬颂》作“不费”。

（四十）开发艰难

补旧添新几日间，取材工[1]匠尚开山。
始知中国兢持[2]意，为惜寰[3]区物力艰[4]。

《出洋杂诗（壬申癸酉甲戌）》，《陈兰彬遗稿》，中山大学图书馆藏

① 工，《陈兰彬颂》作“上”。
② 持，《陈兰彬颂》作“特”。
③ 寰，《陈兰彬颂》作“名”。
④ 艰，《陈兰彬颂》作“难”。

（四十一） 铁路资敌

传闻普法交兵日，车路翻为敌取资。
战守自来操胜算，总须果毅迪[1]平时。

《出洋杂诗（壬申癸酉甲戌）》，《陈兰彬遗稿》，
中山大学图书馆藏

① 迪，《陈兰彬颂》作“敌”。

（四十二） 电气竿

铜[1]线交加电气竿，密于蛛网冒林端。
居民各自知珍重，不觉长途设立难。

《出洋杂诗（壬申癸酉甲戌）》，《陈兰彬遗稿》，
中山大学图书馆藏

① 铜，《陈兰彬颂》作“铢”，《申报（同治壬申）》作“铁”。

（四十三） 车路酒店

钟鸣酒肆列杯盘，道左停车[①]客语欢。
一饭报完刚一刻，远书遮[②]莫劝加餐。（车路酒店。）

《出洋杂诗（壬申癸酉甲戌）》，《陈兰彬遗稿》，
中山大学图书馆藏

① 停车，《陈兰彬颂》作“傍居”。
② 遮，《陈兰彬颂》作“应”。

（四十四） 美国新茶

红绿[1]区分[2]谷雨[3]芽，蔗浆牛乳试新茶。
纵教陆羽遗经熟，香味终难定等差。

《出洋杂诗（壬申癸酉甲戌）》，《陈兰彬遗稿》，中山大学图书馆藏

① 红绿，《陈兰彬颂》作“经绿”。
② 区分，《吴川古今诗选》作“还分”。
③ 谷雨，《陈兰彬颂》作“两谷”。

（四十五） 大盐湖

碱沙[1]千顷白于霜，中有秋花簇簇黄。
间道摘来供茗碗，清风两腋也[2]生凉。

《出洋杂诗（壬申癸酉甲戌）》，《陈兰彬遗稿》，中山大学图书馆藏

① 碱沙，《陈兰彬颂》作“碱砂”，《申报（同治壬申）》《申报（1917）》《申报（1919）》作“卤河”。

② 也，《陈兰彬颂》作“自”。

（四十六）侨民

错处中华廿[①]万人，异乡相见倍[②]相亲。
传闻家国无穷事，便欲[③]车前琐屑询。

《出洋杂诗（壬申癸酉甲戌）》，《陈兰彬遗稿》，中山大学图书馆藏

① 廿，《申报（同治壬申）》《吴川古今诗选》《纪念陈兰彬诗文集》作“卅”。

② 倍，《申报（1917）》作“陪”，《陈兰彬颂》作“转”。

③ 欲，《吴川古今诗选》作“策”。

（四十七） 美国乡村

万山低处有人家，板界田园路不斜。
便觉眼前生意满，高粱穟间木棉花。

《出洋杂诗（壬申癸酉甲戌）》，《陈兰彬遗稿》，
中山大学图书馆藏

（四十八）印第安人

腰弓背箭手洋[①]枪，黑鬓红裳塞外妆[②]。
男妇纷纷骑马去，乱山深处觅围场[③]。（山中土人容貌妆束[④]极类蒙古。）

《出洋杂诗（壬申癸酉甲戌）》，《陈兰彬遗稿》，中山大学图书馆藏

① 洋，《陈兰彬颂》作“挥”。

② 妆，《陈兰彬颂》作“扬”。

③ 围场，《松烟小录》作“围墙”。

④ 容貌妆束，《申报（同治壬申）》《申报（1917）》《申报（1919）》作“容貌”。

（四十九） 阿礼河

一自[1]车过阿礼河，清溪曲曲绕山坡。
烟村四望繁阴绕，犹是丹枫绿柳多。

《出洋杂诗（壬申癸酉甲戌）》，《陈兰彬遗稿》，
中山大学图书馆藏

① 自，《陈兰彬颂》作“日”。

（五十） 伊尔鳌湖

村墟点点望模糊，沙鸟[1]风帆淡欲[2]无。
上下天光波万顷，居然八月洞庭湖。（伊尔鳌湖。）

《出洋杂诗（壬申癸酉甲戌）》，《陈兰彬遗稿》，
中山大学图书馆藏

① 沙鸟，《陈兰彬颂》作“河岛”。
② 淡欲，《松烟小录》作“没欲”，《陈兰彬颂》作“没影”。

（五十一） 侨商

天涯海角远经商，逐利人轻去故乡。
地力看来犹未尽，膏腴多少待开荒。

《出洋杂诗（壬申癸酉甲戌）》，《陈兰彬遗稿》，
中山大学图书馆藏

（五十二）野葵

交枝接叶野葵黄，一一倾心向太阳。
睽隔燕山三万里，教人[1]翘首望天阊[2]。

《出洋杂诗（壬申癸酉甲戌）》，《陈兰彬遗稿》，
中山大学图书馆藏

① 教人，《陈兰彬颂》作“空教”。
② 天阊，天上的门，借指皇宫、皇帝，此处应该指故乡。

（五十三）火灾重建

曾经回禄夕加倭，犹是飞灰劫后多。
商贾及时修造亟，高楼杰阁已嵯峨。

《出洋杂诗（壬申癸酉甲戌）》，《陈兰彬遗稿》，
中山大学图书馆藏

（五十四）惜马

台上招贤少嗣音，谁将骏骨①市千金。
敝帷②不弃风殊古，瞻望高原感特深。（马之出力者皆埋葬。）

《出洋杂诗（壬申癸酉甲戌）》，《陈兰彬遗稿》，中山大学图书馆藏

① 骨，《陈兰彬颂》作“马”。
② 敝帷，《吴川古今诗选》作“弊帷”，《陈兰彬颂》作“敞惟”。

（五十五） 酒店

二百间房客舍宽，楼梯路曲似蛇盘。
征轺五换凭摇[1]撼，煤气灯残寝未安。

《出洋杂诗（壬申癸酉甲戌）》，《陈兰彬遗稿》，
中山大学图书馆藏

① 五换凭摇，《陈兰彬颂》作“互换曾经”。

（五十六）四北岭非耳洋枪厂[①]

千章[②]绿树荫青芜，枪厂宏开气象殊。
九百亩中机器备，翻新花样各形[③]模。（四北岭非耳洋枪厂。）[④]

《出洋杂诗（壬申癸酉甲戌）》，《陈兰彬遗稿》，中山大学图书馆藏

① 四北岭非耳，Springfield，直译作“斯普林菲尔德”，亦意译作“春田”。四北岭非耳洋枪厂，即春田兵工厂（Springfield Armory），该厂位于马萨诸塞州（Massachusetts）春田市（Springfield），1794 年始创，1964 年关闭，曾是美国政府的主要的国营轻兵器生产和研发中心。

② 章，《吴川古今诗选》《陈兰彬颂》作“重”。

③ 形，《吴川古今诗选》《陈兰彬颂》作“型”。

④ 《申报（同治壬申）》作“四北岭非尔洋枪厂”。

（五十七）洋枪厂

戎器经营运巧思，安排不令[1]点尘缁[2]。
两层楼上森如笋，已是新枪卅[3]万枝。

《出洋杂诗（壬申癸酉甲戌）》，《陈兰彬遗稿》，
中山大学图书馆藏

① 令，《吴川古今诗选》作“紊”。

② 缁，《申报（同治壬申）》作“锱”

③ 卅，《松烟小录》《申报（同治壬申）》《申报（1917）》《申报（1919）》作“廿”，《吴川古今诗选》作“数”。

（五十八） 西人多才艺

攻木攻金艺绝伦，无穷花样日翻新。
甘瓜美果呈佳品，复有乡村斗巧人。

《出洋杂诗（壬申癸酉甲戌）》，《陈兰彬遗稿》，
中山大学图书馆藏

（五十九） 哈富尔戏厂

龙伯僬侥聚一厅，环肥燕瘦各殊形。
□□木匣藏机□，□□分明妙可听。（哈富尔戏厂。）

《出洋杂诗（壬申癸酉甲戌）》，《陈兰彬遗稿》，
中山大学图书馆藏

（六十）动物园

象狮熊虎并犀牛，海马山豨杂石猴。
铁栏更盘蛇丈八，清池侧畔鳄鱼游。

《出洋杂诗（壬申癸酉甲戌）》，《陈兰彬遗稿》，
中山大学图书馆藏

（六十一） 书院

虽无玉轴与牙签，插架篇章取次添。
中土群经合□译，早教传诵遍闾阎。（□□文书院。）

《出洋杂诗（壬申癸酉甲戌）》，《陈兰彬遗稿》，
中山大学图书馆藏

（六十二）古巴马丹萨石洞

将母鬼斧与神工，瑶树琪化满洞中。
上下四旁光可鉴，人间真有水晶宫。（古巴马丹萨石洞。）

《出洋杂诗（壬申癸酉甲戌）》，《陈兰彬遗稿》，中山大学图书馆藏

（六十三） 古巴马缨花

枝柯四出走龙蛇，十亩宽将土阜遮。
□午停车光照眼，漫天红□马缨花。（古巴马缨花。）

《出洋杂诗（壬申癸酉甲戌）》，《陈兰彬遗稿》，中山大学图书馆藏

（六十四） 柳阿连气车

水沸洪炉气上升，管分余气气蒸蒸。
机翻轮毂推行捷，妙想天开得未曾。（柳阿连气车。）

《出洋杂诗（壬申癸酉甲戌）》，《陈兰彬遗稿》，中山大学图书馆藏

（六十五） 密士必失河

柳花黏岸长新条，火舶遥看讶麦苗。
太息金隄开蚁穴，人家泛泛绿蘋飘。（密士必失河。）

《出洋杂诗（壬申癸酉甲戌）》，《陈兰彬遗稿》，
中山大学图书馆藏

（六十六） 新藟铁桥

千尺桥横密士河，上层九藟马车多。
火轮更向当中度，下看轻舠泛素波。(新藟铁桥。)

《出洋杂诗（壬申癸酉甲戌)》,《陈兰彬遗稿》,
中山大学图书馆藏

（六十七）乃益加鎼瀑布

水将英美界鸿沟，滚滚飞奔万仞流。
四面晶帘相对出，长教九夏似三秋。（乃益加鎼瀑布。）

《出洋杂诗（壬申癸酉甲戌）》，《陈兰彬遗稿》，中山大学图书馆藏

（六十八）乃益加鎼火井

崖边瀑泻藓花侵，鎼井圆开数尺深。
鎼水焚余清可饮，怪来游屐日相寻。（乃益加鎼火井。）

《出洋杂诗（壬申癸酉甲戌）》，《陈兰彬遗稿》，中山大学图书馆藏

（六十九）沙历斯地埠

列屋金钗十二行，称奇咄咄遍遐邦。
即今万里经行地，富寿多男已寡双。（沙历斯地埠微□金客。）

《出洋杂诗（壬申癸酉甲戌）》，《陈兰彬遗稿》，中山大学图书馆藏

（七十） 金山二埠途中

豆棚瓜架傍山泉，碧柳丝丝隐暮烟。
认识中华人住处，红笺两幅写春联。（金山二埠途中。）

《出洋杂诗（壬申癸酉甲戌）》，《陈兰彬遗稿》，中山大学图书馆藏

（七十一） 长途风景

红黄参错叶经霜，乱石堆边树几行。
点缀长途风景好，天然画幅挂斜阳。

《出洋杂诗（壬申癸酉甲戌）》，《陈兰彬遗稿》，中山大学图书馆藏

（七十二）金山发条车

辘辘声传接暮朝，短辕无复马萧萧。
轮机略似时辰表，新制街车用发条。（金山发条车。）

《出洋杂诗（壬申癸酉甲戌）》，《陈兰彬遗稿》，中山大学图书馆藏

（七十三）轮舟

震撼声声响怒雷，轮舟破浪浪花开。
行程莫道蓬山近，已过三千弱水来。

《出洋杂诗（壬申癸酉甲戌）》，《陈兰彬遗稿》，
中山大学图书馆藏

（七十四）日本纪洲山

海波如镜路弯环，冈阜高低碧霭间。
古木清泉浑似旧，三年又过纪洲山。（日本纪洲山。）

《出洋杂诗（壬申癸酉甲戌）》，《陈兰彬遗稿》，
中山大学图书馆藏

（七十五） 日本雪山

轻舟飞荡一鸿毛，花散天风涌海涛。
壁立冈峦似城郭，中间兀突雪山高。（日本雪山。）

《出洋杂诗（壬申癸酉甲戌）》，《陈兰彬遗稿》，中山大学图书馆藏

（七十六）日本神户

老树心空质理坚，虬龙天矫古藤缠。
池鱼拍拍伸双掌，山海经中尚未编。（神户□□掌。）

《出洋杂诗（壬申癸酉甲戌）》，《陈兰彬遗稿》，
中山大学图书馆藏

（七十七） 日本楠公庙

伟哉庙额写忠臣，墓道干灯护石麟。
错节盘根多古木，几经帝夏与皇春。（日本楠公庙。）

《出洋杂诗（壬申癸酉甲戌）》，《陈兰彬遗稿》，
中山大学图书馆藏

（七十八） 大版过长崎

天风海雨久磋磨，山骨崚嶒异态多。
罗列舟前供赏鉴，俨同盘盎置青螺。（大版过长崎。）

《出洋杂诗（壬申癸酉甲戌）》，《陈兰彬遗稿》，
中山大学图书馆藏

（七十九） 甲戌十月长崎山有感

梯田自昔乐耕耘，到处弦歌亦乐声。
群□土纸令求火，欲累山畔国殇魂。（甲戌十月长崎山有感。）

《出洋杂诗（壬申癸酉甲戌）》，《陈兰彬遗稿》，中山大学图书馆藏

（八十）长崎酒店

席地团团容四围，主宾酬酢羽觞飞。
盘分数品鱼虾外，柑柿芬芳芥亦肥。（长崎酒店。）

《出洋杂诗（壬申癸酉甲戌）》，《陈兰彬遗稿》，中山大学图书馆藏

（八十一） 海上忆良友

才拙端[1]宜避仕途，几同浮海远乘桴。
中原屈指多良友，月夕花晨忆我无？

《出洋杂诗（壬申癸酉甲戌）》，《陈兰彬遗稿》，
中山大学图书馆藏

① 端，《吴川古今诗选》《纪念陈兰彬诗文集》《陈兰彬颂》作“偏”。

（八十二） 出使感怀

握节[1]子卿羁瀚海，乘槎博望[2]滞昆山。
何如圣德孚[3]遐迩，快舸轻车任往还。

《出洋杂诗（壬申癸酉甲戌）》，《陈兰彬遗稿》，
中山大学图书馆藏

① 握节，《海山诗屋诗话》作“持节”。
② 博望，《陈兰彬颂》作“情望”。
③ 孚，《陈兰彬颂》作“字”，“孚”更合适。

（八十三） 日本国情

倭王传国几千秋，三代遗风此尚留。
儒士横经谈旧德，农夫服耒念先畴。

（清）汪瑔：《松烟小录》卷四，光绪十一年（1886）随山馆印

（八十四） 海上夜航

茫茫身世等浮萍，大海舟行不暂停。
一线计程朝揆日，双轮[1]激水夜流星。

（清）李文泰：《海山诗屋诗话》卷八，光绪四年（1878），森宝阁印

① 双轮，《吴川古今诗选》《纪念陈兰彬诗文集》作“又逢”。

（八十五）北望朝廷

澄鲜秋色空尘障，层叠波纹俨画屏。
已过蓬山将万里，仍依北斗望朝廷。

（清）李文泰：《海山诗屋诗话》卷八，光绪四年（1878），森宝阁印

四　其他题赠诗九首

（一）题胡桂《花鸟册》[①]

今春寒暖昀，南陌条桑好。
箔上叶忧稀，枝头采戒早。
不知春几多，但觉蚕欲老。
阿谁红粉妆，寻芳踏堤草。

---

① 胡桂《花鸟册》，计有吴河光、杨发祖、林家桂（联桂）、李玉茗、孙大焜、吴家骏、陈兰彬、宫尔铎等8人题诗，其中吴河光、杨发祖、林家桂（联桂）、李玉茗、孙大焜、吴家骏、陈兰彬是广东吴川人。胡桂，号月香，江苏吴县（今苏州人），清乾隆嘉庆时期宫廷画家。吴河光（1774—?），广东吴川水潭村人，嘉庆三年（1798）进士，曾任云南江川知县、陆琼知州等职。杨发祖，广东吴川中街人，嘉庆五年（1820）进士。林家桂（1774—1835），后改名联桂，字道子，又字辛生，广东吴川塘缀村人。嘉庆六年（1801）拔贡，九年（1804）举人，长寓京师，与黄玉衡、黄培芳，张维屏、谭敬昭、吴梯、黄钊等称“粤东七子”。道光八年（1828）进士，任湖南绥宁知县，后实授新化署晃州直棣厅通判，又调任邵阳，卒于任。著有《见星庐诗稿》《见星庐古文》《骈体文》《文话》《赋话》《诗话》《馆阁诗话》《作吏韵话》《讲学偶话》《续清秘述闻》《日下推星录》等。李玉茗，广东吴川中街人，李文泰之父，嘉庆十三年（1808）进士，选龙门训导，任花县教谕。孙大焜，广东吴川唐基人，嘉庆十三年（1808）进士，历任福建龙溪、寿宁、永安、沙县知县。著有《萩兰山房集》，主修《沙县志》。吴家骏，广东吴川上郭人，嘉庆十五年（1810）进士，考授直隶州同。宫尔铎（1838—?），字农山，一字退园，别号抱璞山人，怀远人（原籍江苏泰州）。国子监生，曾任陕西乌延（今横山）知事，延安、同州（今大荔）知府等职。著有《思无邪斋古文》，主修《宫氏家谱》。

生熟乃有时，老嫩莫纷籽。
恐烦如与嫜，服劳夜连昼。
松火发瓦盆，星茫射阶下。
次第上架头，匆忙顾童幼。
少妇采林间，倦归竭陌上。
门前桑骚骚，黄云接青壤。

臣陈兰彬敬书（钤印：陈兰彬印）

京亨申世纪拍卖有限公司：《2015 年中国书画艺术品拍卖会·大众鉴藏》第 2 期

（二）题孝贤纯皇后《争妍图》[1]

爰有奇特之草，产乎空岩之地。
仰鸟路而裁通，视行纵而莫至。
挺自然之高介，岂众情之服媚。
宁纫结于可求，非延竚而能泊也。
陈兰彬敬书（钤印：癸丑翰林、陈兰彬印）

东京，中央拍卖（香港）有限公司2016秋季拍卖会“紫绶呈祥——中国艺术品夜场”

① 孝贤纯皇后《争妍图》计有吴河光、林鸣玉、李士忠、姚文田、李恩庆、吴国桢、汪昉和陈兰彬等8人题诗。其中吴河光、林鸣玉、李士忠是吴川籍举人。孝贤纯皇后，富察氏，满洲镶黄旗，乾隆皇帝原配妻子，其祖父是康熙初年户部尚书米思翰，父亲是察哈尔总管李荣保，伯父是大学士马齐。姚文田（1758—1827），嘉庆四年（1799）状元，官至礼部尚书。李恩庆，官至两淮盐运使。汪昉（1799—1877），道光二十四年（1844）举人，官至山东莱州府同知。吴国桢（1903—1984），美国普林斯顿大学哲学博士，曾任国民党中央宣传部部长。白蕉（1907—1969），上海籍书画家。

（三） 灵芝诗和章[①]

官阁梅花下，煌煌五色芝。
圣朝多上瑞，太守有新诗。
边圉销锋日，中阿洽化时。
三廉屡游翫，眼福此番奇。

（清）戴肇辰辑：《灵芝唱答集》卷中，同治七年（1868）刻本

① 同治三年（1864），戴肇辰任廉州知府期间，府衙生出灵芝，因而邀陈兰彬、韩凤翔、盛锡荣等友吟诵，结成《灵芝诗唱答集》，所附《灵芝诗和草》三卷，卷上韩凤翔撰，卷中陈兰彬撰，卷下盛锡荣撰。

戴肇辰（1810—1890），字友梅，号芝生，江苏镇江府丹徒人。道光十三年（1833）客湖南耒阳。咸丰初，选云南弥勒知县，未赴。十一年由两淮盐知事升山东登州知府。同治三年（1864），任广东廉州府知府。六年（1867）任琼州府知府，八年（1869）任广州府知府，主持修《广州府志》，旋开府缺，以道员升用，时年逾六十，遂退归乡里，年八十而卒。著有《求治管见》《仕学录》《从公录》《从公续录》《从公三录》《丹徒戴氏遗书六种》。事迹载于《续丹徒县志》卷十二上《人物志·人物二》。

韩凤翔（1794—?），字仪廷，号东国，山东章丘人。道光元年（1821）举人。道光咸丰年间，历知广东始兴、合浦、普宁、顺德、阳山、潮阳等县。咸丰八年（1858），任连山绥瑶直隶厅同知。同治三年（1864）署新会知县，参与编修《新会县志续》（同治版）。著有《梦花草堂诗稿》。

盛锡荣，字适之，广东番禺人。

（四）赠笔峰八兄先生

本是逃名实市名，深山捷径宦途轻。
尹家和靖林和靖，不盗从来处士声。

原件，信宜市博物馆藏

（五）赠伯逵世兄大人

窗前堆梧桐，阶下鸣络纬。
佳人尺书到，客子中夜喟。
朝来一樽酒，晤语聊自慰。
秋蝇已无声，霜蠏初有味。

原件，顺德博物馆藏，原图见《陈兰彬图册》

（六）题坡头镇东二里广福堂

广沐宏恩十八乡，福心一片佑民商。
堂开拥翠诸流合，庙貌庄严万载长。

李钦主编:《陈兰彬颂》，（香港）中国文化出版社，2008 年

（七）与品珊[①]太夫子重游泮水

笔端花鸟总精神，爪印留余亦夙因。
传出故园消息好，锦江添得十分春。

陈修省主编：《纪念陈兰彬诗文集》，湛江教育印刷厂，2007 年

① 李品珊（1844—1936），字发初，吴川中山镇三柏村人。

（八）和佩蘅[①]相国赋归原韵（三首）

赋成归去圣恩宽，辞别秋深气候寒。
不获登高同把盏，漫云入仕再弹冠。
食推珍品香逾菊，诗觋新篇味胜兰。
福寿星常依帝座，海隅翘首共腾欢。

陈修省主编：《纪念陈兰彬诗文集》，湛江教育印刷厂，2007 年

万里长风归路宽，黄花原耐九州寒。
心雄枥骥还酬主，梦逼莼鲈且挂冠。
京路装轻余谏草，耆英会好结金兰。
岫云重出为霖雨，他日苍生分外欢。

李钦主编：《陈兰彬颂》，（香港）中国文化出版社，2008 年

---

① 宝鋆（1807—1891），索绰络氏，字佩蘅，满洲镶白旗人。道光十八年（1838）进士，授礼部主事。三十年（1850）任礼部右侍郎，历正红旗蒙古副都统、户部右侍郎。咸丰十年（1860）授总管内务府大臣，以英军入侵，管地被掠，降为五品。次年命在军机大臣上行走，充实录馆副总裁，总理各国事务衙门大臣。同治元年（1862）调左翼前锋都统，擢户部尚书，兼署兵部尚书。二年（1863），充实录馆总裁。次年，兼署刑部尚书。七年（1868）充方略馆总裁。十年（1871）充国史馆总裁。历任吏部、刑部、兵部尚书。光绪元年（1875）任文渊阁领阁事，实录馆监修总裁。三年（1877）授武英殿大学士。五年（1879）赏太子太傅衔。翌年，管理神机营事务。十二年（1886）以大学士致仕。卒谥文靖。著有《奉使三音诺颜汗纪程诗》《文靖公遗集》《佩蘅诗钞》等。

志洁行芳器量宽，此身清晏不胜寒。
炎洲兵练澜澜鼓，沃野人瞻岳岳冠。
晚节图成香拥菊，同心言洽气如兰。
圻津风冷催程急，未定平安十日欢。

李钦主编：《陈兰彬颂》，（香港）中国文化出版社，2008 年

（九）清渭驿二绝

草健牛羊苜蓿肥，川原弥望绿成围。
杂花生树香如雨，不打群莺亦乱飞。

清渭一曲柳千条，沙岸斜欹白板桥。
记得故园风月夜，凭阑小立看春潮。

原件

楹联

一　自题联

（一）轻鸥白鹭是吾友

轻鸥白鹭是吾友；
绿竹高松无俗尘。

黄志豪主编：《吴川古今对联选》，（香港）中国文化出版社，2007 年

（二） 真事业从五伦做起

真事业从五伦做起；
大文章自六经开来。

黄志豪主编：《吴川古今对联选》，（香港）中国文化出版社，2007 年

（三） 雪案读儒书

雪案读儒书，廿二龄以优行贡成均，选广博，登科第，通籍词垣，并从戎越水燕山，想当年，壮志激昂，乃思树立；

星槎持使节，八万里自遐邦返京邸，历侍常，涉宗卿，被官谏议，及掌职蓉台枢部，幸此日圣恩高厚，暂息薪劳。

黄志豪主编：《吴川古今对联选》，（香港）中国文化出版社，2007 年

二　赠亲友联

（一）赠冼阅农联

梅是几生修得到？
竹真一日不可无。

黄志豪主编：《吴川古今对联选》，（香港）中国文化出版社，2007 年

（二）赠郑幹臣联

藏书一室古意满；
坐月三更道心清。

黄志豪主编：《吴川古今对联选》，（香港）中国文化出版社，2007 年

（三） 题陈圣宗进士第联

百年燕翼惟培善；
万里鹏程在读书。

黄志豪主编：《吴川古今对联选》，（香港）中国文化出版社，2007 年

（四） 赠陈胜明联

周莲品格昭千古；

颜桂[①]芳香[②]满一生。

黄志豪主编：《吴川古今对联选》，（香港）中国文化出版社，2007 年

① 颜桂，《纪念陈兰彬诗文集》《陈兰彬颂》作“兰桂”。

② 清香，《纪念陈兰彬诗文集》《陈兰彬颂》作“芳香”。

（五）赠林叔盛联

有才未必皆能用；
知己何尝不是恩。

黄志豪主编：《吴川古今对联选》，（香港）中国文化出版社，2007 年

（六）赠嵩齐贤侄联

多福多寿多男；
有献有为有守。

黄志豪主编：《吴川古今对联选》，（香港）中国文化出版社，2007 年

（七）训示甥儿联

父母无遗留，克俭克勤，聊度岁月；
子孙能振奋，或耕或读，庶免饥寒。

黄志豪主编：《吴川古今对联选》，（香港）中国文化出版社，2007年

（八）赠霞街友人联

酒得力时人壮胆；
花无言处佛开颜。

黄志豪主编：《吴川古今对联选》，（香港）中国文化出版社，2007 年

（九） 赠吴川深柳堂联[①]

一兄大雅属正

植花香满罗含宅；
怀宝光腾薛烛门。

荔秋陈兰彬

原件，吴川李材尧藏

① 深柳堂：吴川吴阳名士李秀彦书房。位于吴川县城（吴阳）之南，李秀彦曾祖父岁进士澄迈训道李廷椿创建于同治年间，至今尚存。

（十）贺秀南新婚联

秀气绕华堂，喜看肖儿得肖妇；
南风熏翠阁，欣观才女配才郎。

黄志豪主编：《吴川古今对联选》，（香港）中国文化出版社，2007 年

（十一） 赠梁一嵘九十一寿辰联[1]

景山三兄大人八旬晋二荣寿

九衮遐龄，桃觞竞进；
一庭喜气，莱彩交辉。

愚弟陈兰彬顿首拜祝

原件，吴川私人收藏

① 《陈兰彬颂》题作“梁景山九十寿辰”。

（十二）赠梅菉秀才郑香山联

水纹笛簟凉如洗；
云碧纱幮薄欲无。[①]

丽秋陈兰彬

李钦主编：《陈兰彬颂》，（香港）中国文化出版社，2008年

① 陆游《睡起（时闭试院中已月余矣）》："深闭重门谢簿书，日长添得睡工夫。水纹竹簟凉如洗，云碧纱幮薄欲无。牛吐山榴看着子，新来梁燕见将雏。梦回茗碗聊须把，自扫桐阴置瓦炉。"见（宋）陆游：《陆游集》第2册，中华书局，1976年，第59页。

（十三）赠上郭读书楼门联[1]

至德流芳，名题雁塔；
正卿鸿略，誉著燕京。

陈修省主编：《纪念陈兰彬诗文集》，湛江教育印刷厂，2007年

① 上郭读书楼，系南宋进士吴颐（授光禄寺正卿）在原来由吴保金进士所创建的书塾上扩建，位于吴川县城（吴阳）城北的上郭村。

（十四）赠杨植庭六兄大人联

植庭六兄大人属

摩天黄鹄有奇翼；
拔地苍松多远声。

荔秋陈兰彬

原件，“百年心画——晚清民国名人书迹”展，澳门艺术博物馆，2008 年

（十五）赠志絜三兄联

志絜三兄属

梁鸿案举，德著齐眉；
孔雀屏开，才娴中目。

荔秋陈兰彬

原件影印件

（十六）赠辉珊同学联

辉珊同学世台属

春永扃门闲注易；
夜长翦烛细论文。

荔秋陈兰彬

原件影印件

（十七）赠敬如六兄大人联

敬如六兄大人属

一麾出守无尘子；
万户加封即墨侯。

荔秋陈兰彬

黎向群：《晚节图成香拥菊，同心言洽气如兰——清季外交家陈兰彬其人其书法》，广州《信息时报》2016年2月20日

（十八）赠行林济川联

乡心共忆黄牛渡；

舆颂还听白马关。[1]

（清）王崧修、李星辉纂：《揭阳县续志》卷之三“贤能”，光绪十六年（1890）修民国二十六年（1937）重印，中国方志丛书，华南地方，第188号，（台北）成文出版社有限公司，1974年影印

① 据《揭阳县续志》载：“林济川，号月楂，磐溪人（今揭东县月城镇寮东村）……在阶州任时扩义学，为育贤书院增置膏火，诸多兴革。以父老乞养归，吴川陈侍郎兰彬赠行，有句云：“乡心共忆黄牛渡，兴颂还听白马关。”见（清）王崧修、李星辉纂：《揭阳县续志》卷之三“贤能”，光绪十六年修民国二十六年重印，《中国方志丛书》，华南地方，第188号，（台北）成文出版社有限公司，1974年，第237页。

（十九） 题珍文宗先生遗照联

珍文宗先生遗照

当年身是青松操；

后代才多玉树枝。①

吴川兰彬题

原件，信宜市博物馆藏

① 五代时前蜀女诗人黄崇嘏的《辞蜀相妻女诗》：“一辞拾翠碧江湄，贫守蓬茅但赋诗。自服蓝衫居郡掾，永抛鸾镜画蛾眉。立身卓尔青松操，挺志铿然白璧姿。幕府若容为坦腹，愿天速变作男儿。”（清）彭定求：《全唐诗》卷798，三秦出版社，2008 年，第 8995 页。

（二十）貤封六品安人易门伯姊大人八旬寿辰志喜

貤封六品安人易门伯姊大人八旬寿辰志喜

堂茂金萱，八袠高年歌燕喜；
庭森玉树，九霄恩命仰龙光。

弟陈兰彬顿首拜祝

原件，雷州市博物馆藏

（二十一）赠辉轩一兄联

辉轩一兄大雅属

文章真处性情见；
学问深时意气平。

荔秋陈兰彬

原件，陈玉泉藏，2016年旧金山艺术精品拍卖会展品

（二十二）赠某人联

□□□世兄台属

古月照人，今雨寻我；
大暑朝去，清风夕来。

荔秋陈兰彬

欧安年、钟景明：《我国第一位出使美洲的外交官》，《广东史志》1985 年第 3 期

（二十三） 书梁佩兰诗赠某人联[1]

增马齿兹来往京雒正；
献明光里我犹守空山。

荔秋陈兰彬

原件，茂名市博物馆藏

① 梁佩兰《送龚含五太史归里》之三："君家在丰湖，我家在珠水。罗浮贯其中，一气五百里。山川蕴灵奥，人物从此起。况乃当南离，星次鹑火尾。君为凤凰赋，早献明光里。我犹守空山，阅历增马齿。兹来住京雒，正尔执鞭弥。谁知蹑后尘，君已先归矣。岂无旧日游？不如我君子。"见（清）梁佩兰：《六莹堂集》，中山大学出版社，1992 年，第 130 页。

（二十四） 赠初创五兄联

著初创世五兄雅正

卷中金薤垂鸿藻；[①]
天上玉堂森宝书。[②]

荔秋陈兰彬

原件影印件

① 韩愈《调张籍》："平生千万篇，金薤垂琳琅。"见陈书良、周柳燕选编：《御定全唐诗简编》中册，海南出版社，2014 年，第 1019 页。

又，郭嵩焘日记载："（咸丰八年八月）初七日……随至吴粹璧处一谈，见所悬楹联，有张得天七字联极佳：券中金薤垂鸿制；壁上银泥焕宝书。得米南宫之神髓，而加以遒紧，可宝贵。"见（清）郭嵩焘：《郭嵩焘全集》（十一），史部四，岳麓书社，2012 年，第 123 页。

② 欧阳修《尝新茶呈圣俞》："人间风月不到处，天上玉堂森宝书。想见东坡旧居士，挥毫百斛泻明珠。我家江南摘云腴，落硙霏霏雪不如。为公唤起黄州梦，独载扁舟向五湖。"

（二十五）集论坐位帖字赠锦卿三兄联[1]

锦卿三兄大雅属书，集论坐位帖字

天下未尝无才，唯须致之以礼。

圣德[2]何能数见，但当用其所长。

光绪辛卯年嘉平月，荔秋陈兰彬[3]

原件，高州市博物馆藏

① 《纪念陈兰彬诗文集》题作“自撰祖祠”。此联是否为陈兰彬自撰，尚有争议。

② 圣德，原件已漫漶，据陈兰彬故居联补。

③ 陈兰彬故居亦藏有此联，时间为“光绪庚寅春月荔秋陈兰彬”，光绪庚寅为光绪十六年（1890）。

（二十六） 赠温如贤侄联二副

温如贤侄台属书

道德清光温润玉；
文章和气吉祥花。

荔秋兰彬

温如贤侄台雅属

出言不和同传会；
玄论能上下古今。

荔秋兰彬

原件，茂名市博物馆藏

（二十七）赠笔峰八兄先生联二副

笔峰八兄先生属[①]

圣代科名酬志业；[②]
中朝品秩重文章。[③]

荔秋兰彬

原件，信宜市博物馆藏

笔峰八兄先生属

彩笔祗宜天上用；
卿云多绕日边飞。

荔秋兰彬

《信宜市文物志》，1992年

---

① 陈朝卓，字好信，别字笔锋，广东新会县天马村人，同治六年（1867）武举人，十年（1871）第九名武进士，钦点花翎侍卫，以卫守备用。（据《新会县志续》）光绪十年（1884）与陈兰彬一同署名，倡议修建广州陈氏宗祠。

② 方干《寄台州孙从事百篇登第授华亭尉》："圣代科名酬志业，山川秀色助神机。梅真入仕提雄笔，阮瑀从军着彩衣。"见（宋）李昉等编：《文苑英华》（二），中华书局，1966年，第1319页。

③ 唐罗隐《淮南送司勋李郎中赴阙》："中朝品秩重文章，双笔依前赐望郎。五夜星辰归帝座，半年樽俎奉梁王。南都水暖莲分影，北极天寒雁著行。不必恋恩多感激，过淮应合见征黄。"见（清）彭定求编：《全唐诗》卷665，三秦出版社，2008年，第7614页。

（二十八）赠李陈氏联

谊属葭亲，缅当年岳峙川渟典型宛在；
居邻榆社，看此地楹闲角舄俎豆常新。[①]

李荣德主编：《犀湾史志》，广东人民出版社，2016年

① 广东吴川平泽《上院李氏族谱》："20世李唐钦，按经诰命资政大夫、诰命通奉大夫、叠赠通议大夫、叠赠中议大夫、晋赠中宪大夫、晋赠奉直大夫、敕命赠儒林郎、敕命授文林郎，妻陈氏，敕命正七品孺人、从六品安人、覃恩诰命从五品宜人、正四品恭人、正从三品淑人，从二品夫人。侍郎陈兰彬赠匾：仙李蟠根。并赠联：谊属葭亲，缅当年岳峙川渟典型宛在；居邻榆社，看此地楹闲角舄俎豆常新。"

三　题宗祠联

（一）题吴川乾塘村陈氏大宗联三副

门　联

湛露浓瀼，极北深恩蒙兑泽；
德星朗耀，岭南佳气萃乾塘。

黄志豪主编：《吴川古今对联选》，（香港）中国文化出版社，2007 年

上座联

妫汭发渊源，历宛邱以至玉湖，王侯间出，将相迭兴，贻厥孙谋，启万年衣冠礼乐；

石龙绵世泽，由宋末而迄明季，乡贤留徽，名宦济美，绳其祖武，衍千秋节义文章。

黄志豪主编：《吴川古今对联选》，（香港）中国文化出版社，2007 年

下座联

氏族衍罗江，念先人位崇名宦，德备乡贤，传烈功丰，永

垂不朽；

渊源思宋代，愿后代[1]礼义传家，诗书继世，父慈子孝，长发其祥。

黄志豪主编：《吴川古今对联选》，（香港）中国文化出版社，2007年

① 后代，《纪念陈兰彬诗文集》作“后嗣”。

（二） 题吴川田头村陈氏小宗联二副

上进右联

甲第宏开，堂上衣冠称济济；
三房竞发，田头瓜瓞庆绵绵。

上进左联

支自流分，渊源直向乾塘接；
一为数始，万千皆本特呈来。

黄志豪主编：《吴川古今对联选》，（香港）中国文化出版社，2007 年

（三） 题吴川东边村陈湘公祠联

东海先公兴礼乐；
边村后裔振文章。

陈修身主编：《纪念陈兰彬诗文集》，湛江教育印刷厂，2007 年

（四）题赤坎文章村陈氏宗祠联

系发姚圩，根深叶茂通颍水；
由闽迁粤，子孝孙贤号文章。

骆国和：《特呈岛大揭秘》，《湛江日报》2008年7月19日

（五）题遂溪塘北村陈氏宗祠联

源溯闽南，义井乡遥，昔已勋名传赫耀；
祠开塘北，湖光岩近，今而灵秀毓英奇。

黄志豪主编：《吴川古今对联选》，（香港）中国文化出版社，2007 年

（六）题遂溪南庄祖祠堂联二副

大门联

节义文章存气概；
忠和孝友[1]作楷模。

二门联

本节义以著文章，大宋勋名，于今为烈；
由吴川而迁遂邑，绍山谱牒，振古常昭。

黄志豪主编：《吴川古今对联选》，（香港）中国文化出版社，2007 年

① 孝友，《纪念陈兰彬诗文集》《陈兰彬颂》作“友孝”。

（七）题吴川黄坡村坡祖祠堂联

龙是盘龙，故祖自应潮满；
水为吉水，经[1]台何患坐空。

黄志豪主编：《吴川古今对联选》，（香港）中国文化出版社，2007 年

① 经，《纪念陈兰彬诗文集》《陈兰彬颂》作“缠”。

（八）题吴川霞街村林廷瓛祠联

万丈赤诚标，霞蔚云蒸，海国衣冠名族盛；
千秋白沙绪，芹馨藻洁，江门风月钓台高。

陈修省主编：《纪念陈兰彬诗文集》，湛江教育印刷厂，2007 年

（九）题廉江排岭村陈氏宗祠联二副

大门联

祠开排岭，岭上青云生玉砌；
系出颍川，川中赤鲤跃龙门。

上厅联

上系出颍川，一水迢遥通脉络；
厅祠开排岭，诸峰罗列似儿孙。

陈修省主编：《纪念陈兰彬诗文集》，湛江教育印刷厂，2007 年

（十）题雷州龙头村陈氏宗祠联

际冬至阳生，来晤宗亲，此地偶留鸿爪；
盼颍川族盛，联登甲第，有人可属龙头。

吴川兰彬敬书

陈志坚：《陈兰彬的雷州情结》，《湛江日报》2015年3月8日

（十一） 题雷州陈氏宗祠二副

同甫文锋白沙道范；
历山孝矩义井忠规。

陈兰彬题

易筮宾王，溯凤卜寝昌，统绪永绵古合；
诗赓绳祖，看鸿才蔚起，勋名克继莆田。

《雷州楹联》，广东人民出版社，2013 年

（十二）题茂名袂花陈氏宗祠联

先人名捷南宫，务以诗书垂世泽；
后嗣族蕃东粤，还期科第振家声。

杨森主编：《广东名胜古迹辞典》，北京燕山出版社，1996 年

（十三）题化州乐岭村陈氏大宗联四副

左门联

先祖是皇，衣冠百世；
孝孙有庆，俎豆千秋。

右门联

春祀秋尝，钦崇匪懈；
左昭右穆，继序不忘。

右门联

肉谱记[①]莆田，接武簪缨，溯本寻源，极目四千里外；
肩舆停化境，再瞻祠宇，抚今思昔，回头廿五年前。

中门联

颍水溯渊源，记当年曾聚贤人，五百里星占太史；
罗江蕃氏族，愿此地同敦古训，千万祀风继义门。

黄志豪主编：《吴川古今对联选》，（香港）中国文化出版社，2007 年

① 记，《纪念陈兰彬诗文集》作“祀”，似更妥。

（十四） 题化州杨梅村陈氏大宗门联

雨洒池鱼跃；
风敲石鼓鸣。

李钦主编：《陈兰彬颂》，（香港）中国文化出版社，2008 年

（十五）题合浦璋嘉村陈氏宗祠联三副

家声传颍水；
庙貌壮廉湖。

圣世兴贤知德庇圭璋嘉言罔伏；
宗祠崇祀睹香升俎豆式礼莫衍。

地毓鸿才，允宜髦士奉璋嘉德，无违隆享祀；
天垂象巍，还冀史官载笔贤人，复聚证祥符。

原件，合浦璋嘉村陈氏宗祠藏

四　题寺庙联

（一）题吴川坡头关帝庙门联

一鉴塘开，晓照忠肝义胆；
两行树荫，几经帝夏[①]皇春。

黄志豪主编：《吴川古今对联选》，（香港）中国文化出版社，2007 年

① 帝夏，《纪念陈兰彬诗文集》作“复帝”。

（二）题吴川乾塘三合窝天后庙联

鳌柱奠坤维，镜朗十洲呈瑞景[1]；
鲸涛[2]消坎险，水流三合验[3]神灵。

黄志豪主编：《吴川古今对联选》，（香港）中国文化出版社，2007 年

① 瑞景，《纪念陈兰彬诗文集》作“瑞气”。
② 涛，原作“清”，据《纪念陈兰彬诗文集》改。
③ 验，《纪念陈兰彬诗文集》作“念”。

（三） 题吴川上圩村圣母庙联

四海静无波，想[①]当年，使路迢遥，仰承庇荫[②]；

双桥平似底，[③] 看此日[④]，行人络绎，敬奉馨香。

前钦差大臣左都使兵部礼部左右侍郎陈兰彬敬题

黄志豪主编：《吴川古今对联选》，（香港）中国文化出版社，2007 年

① 想，《湛江旅游资源》作“记”。

② 荫，《湛江旅游资源》作“佑”。

③ 底，《湛江旅游资源》作“砥”。

④ 日，《湛江旅游资源》作“地”。

（四）题吴川黄坡村武帝庙联

志在春秋功在汉；
忠同日月义同天。

黄志豪主编：《吴川古今对联选》，（香港）中国文化出版社，2007 年

（五）题吴川山圩村山西夫子庙[1]联

三教尽皈依，正直聪明，心如日月悬天上；
九州隆享祀，英灵昭格，神似川流在地中。

黄志豪主编：《吴川古今对联选》，（香港）中国文化出版社，2007 年

① 夫子庙，祭祀关羽。

（六） 题吴川九头井龙王古庙联

龙神布泽；

王气钟灵。

陈兰彬敬书

原件，吴川九头井龙王古庙藏

（七） 题吴川限口村感应庙联[1]

感而遂通，受福蒙恩，各符意愿；
应真如响，御灾抗患，共仰声灵。

黄志豪主编：《吴川古今对联选》，（香港）中国文化出版社，2007 年

① 《纪念陈兰彬诗文集》题作“赠限口感应堂”。

（八）题高州冼太夫人庙座联二副

一郡主君，雄州独据，部领百粤苍头，想当年，殷殷[1]效顺输诚，佐梁朝，辅陈室，匡隋氏，常训子孙云：我事三代主，惟用一好心。忠肝义胆，发出纬地经天；荡寇除氛，树成丰功骏烈。请试勤披汗简，更任远览鼎钟，曾几见娘子将军，胸藏豹略，安车绣幰，职干虎臣，合一身论德而颂不辍工，统数世书勋而笔无停史。

万家香火，金像庄严，庙享千秋血食，直至今，赫赫威灵显应，扶社稷，护国祚，庇民生，迭奉帝诏曰：予嘉乃丕绩，封尔太夫人。春禴冬烝，常使令官主祀；笺题石刻，时传岭海[2]讴思。闲尝仰溯元宗，每为静搜神记，真可与竹林水月，救苦观音，渤海慈航，济人圣母，运两大元功而天将比寿，普四照恩泽而日可齐光。

黄志豪主编：《吴川古今对联选》，（香港）中国文化出版社，2007 年

两郡显奇勋，仰瞻巾帼英雄，冠六朝百十年人物；
群生蒙厚泽，永冀神灵赫濯，护五岭二千里江山。

李钦主编：《陈兰彬颂》，（香港）中国文化出版社，2008 年

---

① 殷殷，原作“般般”，据《历代吟诵冼夫人诗词楹联》改。

② 岭海，原作“领海”，应误。

（九）题高州武帝庙联[①]

高义结桃园，蜚声腾茂，有如雷厉电宣，更喜勇超廖化，威震吴曹，信能悦服群黎，久安磐[②]石；

凉宵秉莲炬，砥节砺名，仿似青天白日，迨至坐镇荆州，功成川蜀，宜望帝都巩固，永奠金城。

黄志豪主编：《吴川古今对联选》，（香港）中国文化出版社，2007年

① 联嵌高凉、茂名、电白、化州、吴川、石城等高州府地名和旧名。

② 磐，《纪念陈兰彬诗文集》《陈兰彬颂》作“盘”。

（十）酬化州三里堂

鸿号锡诚孚，恩诏颁九重天上；
駥征叨庇荫，瓣香爇三里堂前。

黄志豪主编：《吴川古今对联选》，（香港）中国文化出版社，2007 年

（十一）题化州塘阴庵门联

禅关尘净杨枝雨；
法界经宣贝叶风。

李钦主编：《陈兰彬颂》，（香港）中国文化出版社，2008年

（十二）题化州杨梅村雷祠联

雷从地起留凡迹；
祠对山间[1]见圣容。

陈红胜：《陈兰彬书题杨梅“雷祠”》，《秋思》，漓江出版社，1993 年

① 山间，据化州市杨梅镇杨梅村陈帝旺所言，陈兰彬作此联后，杨梅村族人觉得“山间”局面太小，“间”是众山环绕，有围困之意，斟酌许久，改为“开”，“山开”有打开、开放之意思，眼界更宽。因此，今日雷祠门联为“祠对山开见圣容”。

（十三） 题化州犀湾村钟灵宫联

钟郁非偶；

灵爽式凭。

李荣德主编：《犀湾史志》，中国国际文学出版社，2016 年

（十四） 题同善堂联[1]

同志竭同诚，圣力匡扶千户晓；
善心行善事，神光普济万家春。

黄志豪主编：《吴川古今对联选》，（香港）中国文化出版社，2007 年

① 《纪念陈兰彬诗文集》题作“题振文三宫楼”。

（十五）题广应堂联二副

广大能容物；
应求不择人。

秉钺威严大，
擎天柱石高。

黄志豪主编：《吴川古今对联选》，（香港）中国文化出版社，2007 年

（十六）题广福堂联二副[1]

广开祠宇声威赫；
福被乡村惠泽深。

福神多锡福，近者福，远者福，福无偏福，宇内咸歌广福；
恩帝善推恩，德者恩，功者恩，恩所当恩，人间共仰神恩。

黄志豪主编：《吴川古今对联选》，（香港）中国文化出版社，2007 年

① 光绪壬辰年十二月，陈兰彬为吴川市樟铺镇沙地村广福庙题写庙额。

五　题名胜古迹联

（一）题遂溪湖光岩楞严寺门联二副

湖水苍茫，客到路从花外问；
岩山寂历，僧归门向月中敲。

湖印波心，空空色相；
岩封洞口，渺渺枢机。

黄志豪主编：《吴川古今对联选》，（香港）中国文化出版社，2007年

（二）题吴川竹园永兴境联

永夕永朝，神光普照；
兴仁兴让①，民气太和。

黄志豪主编：《吴川古今对联选》，（香港）中国文化出版社，2007年

① 让，《陈兰彬颂》作“义”。

（三） 题遂溪实荣村实荣堡联

风乃古邹鲁；
地是小蓬瀛。

癸丑翰林吴川陈兰彬

杨森主编：《广东名胜古迹辞典》，北京燕山出版社，1996 年

（四）题吴川塘缀通津桥联

通道来自题柱客；
津桥定有授书人。

李钦主编：《陈兰彬颂》，（香港）中国文化出版社，2008 年

六　题书院联

（一）题吴川坡头集成书院[①]联

集义景前徽，毗忠汉寿以营祠，刚大即今存浩气；
成仁昭巨节，并义文山而报国，渊源自昔报[②]宗功。

黄志豪主编：《吴川古今对联选》，（香港）中国文化出版社，2007 年

① 集成书院是湛江市文物保护单位，位于湛江市坡头区文化广场北侧的陈氏“忠肃祖祠”内，由乾塘陈氏始建于清乾隆四十年（1775），祀抗元英雄陈文龙。陈兰彬光绪十五年（1889）告老还乡后，在祠内执教，因而得名“集成书院”。

② 报，《纪念陈兰彬诗文集》《陈兰彬颂》作“溯”。

（二） 题吴川霞街村林南峰书院联[①]

三千里外，路出莆田，曾瞻坊树霞街，山水回环，俨同北地；
四百岁前，道传公甫，尚有诗楼茅笔，师生讲授，可想当年。

黄志豪主编:《吴川古今对联选》，（香港）中国文化出版社，2007 年

① 《纪念陈兰彬诗文集》题作“题南峰书院鼎新联”。林南峰，即林廷瓛（1454—?），字公器，号南峰，明代吴阳霞街人，受业于新会陈白沙先生门下，弘治三年（1490）庚戌科中进士，曾任永嘉知县、苏州同知、建昌同知等。著有《南峰诗集》。

（三） 题合浦文治书院联[①]

文光腾列宿；

治理讲遗篇。

吴川名士陈兰彬于光绪己丑秋（1889）八月书

原件，广西合浦县公馆中学校门联

① 联今犹在今广西合浦县公馆中学大门两侧。

七　其他题联

（一）摘星[1]

光绪十四年（1888）春月

残篇广拾文章府；
余烬同归造化炉。

吴川陈兰彬书

原件，茂名市博物馆藏，茂名市博物馆馆长陈朝晖和袂花镇陈伯新提供

① 该联又名为“敬惜字纸联”，由茂名市茂南区袂花镇陈伯新提供，并言及此联典故：袂花镇陈氏宗人爱惜书籍和纸张，用过之纸张，不能随意丢弃和践踏，必须统一收集，放在祠堂中的“字纸炉”中焚化，陈兰彬此联正是为此举而作，亦足见陈氏族人之耕读精神。

另，该碑文石由茂名市博物馆收藏，是国家三级文物，据馆长陈朝晖介绍：在1983年左右，茂名市博物馆开展第二次全国文物普查时，在当时的茂名市袂花公社石浪村发现该碑文。当时农民用碑铺桥用，碑的背面的在桥面，刻字的一面在下面，因此，碑文得以保存完好。

（二）题古砚联

磨砚模仓颉；
挥毫仿李纲。

李钦主编：《陈兰彬颂》，（香港）中国文化出版社，2008 年

（三）赠林廷瓛祠金匾

文光射斗；
翰墨生辉。

黄志豪主编：《吴川古今对联选》，（香港）中国文化出版社，2007年

（四） 残联一副

□□□□□□□；
从来事业出端人。

荔秋兰彬

原件，吴川某藏家藏

（五）林召棠、陈兰彬合联

林召棠：一树两枝千块叶；
陈兰彬：千花万朵一条头。

黄志豪主编：《吴川古今对联选》，（香港）中国文化出版社，2007 年

附录　陈兰彬年谱

附录　陈兰彬年谱

嘉庆二十一年（1816）丙子年〇岁

出生于广东高州府吴川县黄坡村，谱名均畹。

祖父陈景清（尧佐），父陈训行，耕读传家，皆孝亲正直，好施乐善。

陈兰彬兄弟四人，依次为兰舒、兰韡、兰彬、兰畴。

道光元年（1821）辛巳年五岁

赴邻县化州，就读长岐镇旺岭村李氏宗祠家塾。

道光十四年（1834）甲午年十八岁

考中秀才。

道光十五年（1835）乙未年十九岁

成为廪膳生。

道光十七年（1837）丁酉年二十一岁

获优贡生，授翁源训导不就，入京师国子监。

道光二十六年（1846）丙午年三十岁

再赴北京，然后游历西北各省。

咸丰元年（1851）辛亥年三十五岁

参加顺天府恩科乡试，顺利中举。

咸丰二年（1852）壬子年三十六岁

参加壬子恩科会试，落榜，留京备考

咸丰三年（1853）癸丑年三十七岁

四月初十日（5月17日），参加会试头场考试。

四月十三日（5月20日），参加会试复试。

四月十四日（5月21日），会试成绩出来，为第十九名。

四月二十一日（5月28日），在保和殿参加殿试。

四月二十四日（5月31日），获得殿试二甲第七名进士。

四月二十五日（6月1日），参加在太和殿举行的新进士传胪仪式。

五月初八日（6月14日），咸丰帝引见陈兰彬等新科进士觐见。陈兰彬改翰林院庶吉士。

五月二十六日（7月2日），兵科给事中吴廷溥保奏陈兰彬调往直隶桂良军营，上谕："给事中吴廷溥保奏人员一折，翰林院庶吉士陈兰彬、头等侍卫王灼、已革广东南韶连镇总兵孙淇英，均着发往直隶，交桂良查看。如果得力，即奏留直隶差遣委用。倘各该员等无裨实用，即着撤回。前据太常寺少卿王茂荫保奏庶吉士傅寿彤已有旨发往河南军营，交陆应谷察看具奏，钦此。"

六月初二日（7月7日），拜会翁心存，谈及与吴廷溥不相识，不愿前往直隶。"新庶常聂泰、陈兰彬来，陈生以吴侍御廷溥保奏直隶防堵，生与侍御未相识，且甚不愿也。"

六月三十日（8月4日），王茂荫奏《请饬察看发往军营各员片》，论及陈兰彬派往直隶总督桂良军营之事。

咸丰六年（1856）丙辰年四十岁

三月（4月），参加庶常馆散馆试。

四月二十二日（5月25日），咸丰帝引见癸丑科散馆及补行散馆人员。陈兰彬着以部属用。

十一月（12月），任《宣宗成皇帝实录》校对官，校对《道光实录》。

咸丰七年（1857）丁巳年四十一岁

二月初二日（2月26日），回刑部，帮邓华熙办理稿件。“进署。蒙萨印君麟、纽君福原、陈同年兰彬回堂，请帮办稿件。奉堂圈出，画行二件。”

十二月二十六日（1858年2月9日），两广总督黄宗汉奏调陈兰彬回广州办理洋务。

咸丰八年（1858）戊午年四十二岁

正月二十日（1858年3月5日），钦差大臣胜保奏调陈兰彬往直隶军营差遣。

是年春，跟随两广总督黄宗汉，协助办理洋务事宜，经江苏、浙江、福建，于四月二十日（6月1日）抵达广东潮州，再与梁元桂、郭志融、杨从龙等赴广州花县，与当地士绅办理洋务等事。

咸丰九年（1859）己未年四十三岁

五月二十二日（6月22日），丁忧还乡，经过化州，驻步赖氏橘园，撰写《赖园橘红颂》。

六月（7月），林召棠撰、陈兰彬书《仪国公寿序文》，陈兰彬之父陈训行等亦联署。

咸丰十年（1860）庚申年四十四岁

被聘为高文书院山长，与茂名举人杨颐等倡议重修该院，并组织采集高州府六邑节孝妇2800余人，一面题奏旌表，一面倡建高州节孝总祠。

十二月（1861年1月），陈金釭的红巾军由广西攻占水汶，陈兰彬急函广东布政使伊霖派兵来剿。

同治二年（1863）癸亥年四十七岁

七月（8月），为卓兴和方耀出谋划策，夹击红巾军巢穴，大获全胜。

九月初一日（10月13日），红巾军嵩坡据点中被挟持的茂名百姓找到陈兰彬，愿意做内应，内外夹击红巾军。陈兰彬派遣陆能富，如密约破嵩坡贼巢。初五（10月17日），陈兰彬出谋助李安剿灭石骨、黄塘两处红巾军。初八日（10月20日），陈金釭被部下郑金诱杀，投靠清军。

是年，丁日昌随军来高州剿匪，与陈兰彬相识。

九月十八日（10月30日），两广总督毛鸿宾、广东巡抚郭嵩焘、广东陆路提督昆寿联衔奏报高州剿灭陈金釭红巾军情形，提及陈兰彬出谋划策。

十一月初五日（12月15日），因在籍助剿陈金釭红巾军，克复信宜县城，颇多策划相助，赏五品顶戴花翎。

同治三年（1864）甲子年四十八岁

十二月初六日（1865年1月3日），丁日昌向两江总督曾国藩举荐陈兰彬。

同治四年（1865）乙丑年四十九岁

二月二十四日（3月21日），两广总督毛鸿宾与广东巡抚郭嵩焘联署上奏《广东省新捐军需经费第五次开列官绅姓名银数，请给封典职衔加级翎枝折》，内有“刑部候补主事陈兰彬，捐银一千八百七十五两，请加七级，给予祖父母、父母从二品封典，将本身妻室应得封典，貤封胞叔婶。”

五月二十五日（6月18日），奉旨发往直隶差遣委用，旋丁父忧回籍。

陈兰彬回乡后，在高州采访高凉节孝事迹，并汇报题旌。

十一月十一日（12月28日），撰写《晋赠朝议大夫州痒生陈道宗原配黄恭人墓志》。

同治五年（1866）丙寅年五十岁

是年秋，为茂名举人杨廷桂所著《北行日记》撰序。

同治六年（1867）丁卯年五十一岁

是年春，吴川县令姜光耀三年任满，吴川百姓彰其功绩，为之修生祠“姜公祠”，又名“储英书院”。陈兰彬为之撰写《姜邑侯生祠碑记》。

是年夏，守制满，前往直隶任职，途中并应同行之同乡萧昌瑚之请，撰写《郭安人墓志铭》。

九月（10月），抵达直隶。

十月初九日（11月14日），直隶总督刘长佑奏报陈兰彬已至幕下。

同治七年（1868）戊辰年五十二岁

三月十四日（4月6日），直隶总督官文奏报陈兰彬差竣仍回刑部供职。

三月十七日（4 月 9 日），直隶总督官文奏报陈兰彬回京任职。

三月二十四日（4 月 16 日），曾国藩至吴汝纶处谈及林则徐办鸦片事，提及陈兰彬对于林则徐焚烟的观点。“陈荔秋曰：广东烧烟，文忠给以必归其直，及烧后，忽改前议，谓传命者失实，竟不偿也，其事与张仪商于地绝相类。”

十二月二十七日（1869 年 2 月 8 日），许振祎向直隶总督曾国藩举荐陈兰彬。

同治八年（1869）己巳年五十三岁

正月十七日（2 月 27 日），直隶总督曾国藩进京陛见，上折奏调陈兰彬至直隶任用，获谕准：“刑部员外郎陈兰彬，着发往直隶，交曾国藩差遣委用。钦此。”

二月十八日（3 月 30 日），抵达保定，并拜会曾国藩。

二月十九日（3 月 31 日），曾国藩至幕府，与陈兰彬长谈。

二月二十日（4 月 1 日），曾国藩读陈兰彬所送之书，“将荔秋所送之陈兰甫澧著《声律通考》一种，《汉书地理志水道图说》一种，略一翻阅，服其精博。”

二月二十二日（4 月 3 日），曾国藩到陈兰彬处谈话。

二月二十八（4 月 9 日），邓华熙致函陈兰彬，交直隶提督周盛传转寄清河道费学曾转交。“寄荔秋信一函，交直隶提督周副戎转寄清河道费学曾，转交督院委员刑部陈。”

二月二十九日（4 月 10 日），曾国藩请刑钱二处幕僚午餐。

三月初一日（4 月 12 日），曾国藩午后到幕府与陈兰彬等长谈。

四月初五日（5 月 16 日），薛福成到达保定，在督署拜会了陈兰彬、吴汝纶、萧世本等幕僚。

四月十六日（5 月 27 日），曾国藩观看陈兰彬所画直隶地图，“观荔秋所画直隶图，纵一丈，横八尺六寸，铺于院中久看。”

四月十七日（5 月 28 日），越南贡使黎峻、阮思僩、黄竝返回国内，途经保定，谒见曾国藩。陈兰彬与薛福成、萧世本、吴汝纶前往宾馆拜访，笔谈，了解该国情况。

五月初二日（6 月 11 日），致函朱学勤。

同日，曾国藩复函潘曾莹，提及“三月中旬，陈荔秋比部到省，奉到惠函……荔秋并带到联纸，少迟写就奉寄。”

五月十五日（6 月 24 日），致函朱学勤。

五月二十四日（7 月 3 日），与萧廉甫、薛福成、邓贵伦等在保定直隶总督幕府与曾国藩奏调来的赵烈文相识。

五月二十九日（7 月 8 日），与赵烈文在曾国藩幕下共事。

六月初九日（7 月 17 日），傍晚与吴汝纶、薛福成、赵烈文等赴莫祥芝处谈至二鼓。

六月十二日（7 月 20 日），与赵烈文、吴汝纶、薛福成等为进京的黎兆棠送行。

六月二十日（7 月 28 日），致函朱学勤。

六月二十九日（8 月 6 日），致函朱学勤。

七月初一日（8 月 8 日），前往赵烈文处晤谈。

七月十八日（8 月 25 日），邓华熙托杨颐转交陈兰彬信和结尾银四十六两二钱四分。“托杨容浦寄荔秋信一函。容浦代收荔秋结尾银四十六两二钱四分。”

七月二十四日（8 月 31 日），下午，吴汝纶招陈兰彬、赵烈文、刘盛藻（字子务）、陈鼐（字作梅）、叶伯英（字冠卿）、李传黻（字佛笙）等在莲花池相聚，傍晚散席。

七月二十八日（9 月 1 日），上午，拜访赵烈文，不遇。

八月十四日（9 月 19 日），上午，与薛福成、赵烈文等在总督署晤谈。

九月九日（10 月 13 日），与吴汝纶、林月槎前往旗昌洋行拜访自上海转至的日本使臣前光柳原氏、义质花房、信敦名仓、郑永宁、政道尾里氏五人。

十月二十七日（11 月 30 日），致函朱学勤。

十一月十三日（12 月 15 日），告诉薛福成："甘肃崆峒山中向有元鹤二，相传黄帝时所遗。每天清晨起，望见鹤在天半翔舞，今又添一小鹤。陈荔翁为余言，曾亲见之。"

十二月十一日（1870 年 1 月 12 日），曾国藩阅读陈兰彬抄录的《赈荒要语》，并写信给李兴锐，让李氏用于大名府赈灾。"陈荔秋所抄《赈荒要语》二十余页，细阅标识。写信与李勉林，令其摘取数条，为大、顺、广赈荒之用。"

同治九年（1870）庚午年五十四岁

正月初二日（2 月 1 日），曾国藩复函钱鼎铭，提及"十二月二十六日接到手示，以广平长守督办永、邯，其肥、广、成三处，被灾特重，应令李守、游牧前往经办。敝处现委游牧署理深州，势宜速即赴任，以便彼此递代，不能留办赈务，转致稽延。惟来示谓总以两人同来为妥，似李守一人仍难兼顾数处，顷已改请敝幕陈荔秋刑部与李勉林同往。初六日即行动身，先赴大名，与阁下妥商办法，再行分诣肥、广。其成安一县，视肥、广情形较轻，已由陈、李二人酌带两员，一曰王福谦，一曰唐焕章。届时或分办三县，或兼办邯郸，请尊处酌度办理。"

正月初五日（2 月 4 日），拜访曾国藩。

同日，吴汝纶为陈兰彬饯行，曾纪泽亦赴宴。

正月初六日（2 月 5 日），与李兴锐、王福谦、唐焕章等，乘车前往广平府赈灾，经清苑之方顺用餐，到望都之清风店住宿。

正月初七日（2月6日），和李兴锐等经定州之明月店用餐，到新乐之富城驿住宿。

正月初八日（2月7日），和李兴锐等经正定之十里铺用餐，到栾城县住宿。

正月初九日（2月8日），和李兴锐等经赵州大石桥用餐，到柏乡县住宿。

正月初十日（2月9日），和李兴锐等经内丘县用餐，到顺德府住宿。

正月十一日（2月10日），和李兴锐等经沙河之打莲店用餐，到广平府住宿。

正月十二日（2月11日），和李兴锐等经广平县用餐，到大名府，寓西街赵家店。钱鼎铭来访。

正月十三日（2月12日），和李兴锐等拜访钱鼎铭，商议赈事。

正月十四日（2月13），李兴锐与钱鼎铭商定：由陈兰彬和唐焕章前往广平县，王福谦前往成安县，李兴锐前往肥乡县办理赈灾事宜。

正月十五日（2月14日），和李兴锐致函曾国藩。

正月十九日（2月18日），钱鼎铭致函薛福成，告知陈兰彬与唐焕章前往广平赈灾，李兴锐往肥乡，王福谦往成安。

正月二十日（2月19日），曾国藩致函李宗羲："此间南三府赈务，开正初六日已委陈荔秋、李勉林酌带妥员前往办理。日来，大、广各属，均已得雪，惜仅二三寸许，殊不济事。"

正月二十三日（2月22日），前往广平县，李兴锐送行。

正月三十日（3月1日），李兴锐致函陈兰彬。

正月二十三日（2月22日），和李兴锐致函曾国藩。

二月初一日（3月2日），致函朱学勤。

二月初二日（3月3日），与李兴锐谒见曾国藩。

同日，陈兰彬致函朱学勤。

二月初四日（3 月 5 日），和李兴锐致函曾国藩。

二月初八日（3 月 9 日），曾国藩复函钱应溥：“畿南大、广各属筹办赈务，于天津存储制钱拨解十万串，抽赈重灾极贫之户，留钱调甫在彼俟赈事办毕，再赴新任。敝处派委李勉林及幕友陈荔秋刑部于新正初六日前往商同办理。灾民过多，赈款过少，杯水车薪，所济有限。入春雨雪仍复稀少，麦收业已失望，未卜秋禾果能播种否，深用焦虑。”

二月十四日（3 月 15 日），曾国藩复函朱学勤：“南三府去岁旱灾尤重，库款支绌，不能普赈，请拨制钱十万串，抽赈七县极贫下户，俾资全活。新正初六日已委派妥员，并请陈荔秋率同前往办理。款目既少，惠难遍施。顷接来信，于十万串之外，尚须添银二万，已在江南协款拨用，不复再请部饷。此后若再无雨泽，则处处皆须赈救，又不知当如何筹措矣。”

二月十五日（3 月 16 日），从广平回大名府，与李兴锐联名致函曾国藩。

二月十六日（3 月 17 日），前往邯郸。

二月十八日（3 月 19 日），自邯郸回大名府，拜访李兴锐，商议赈灾事宜。

二月十九日（3 月 20 日），前往广平。

二月二十四日（3 月 25 日），致函李兴锐。

二月二十六日（3 月 27 日），李兴锐致函陈兰彬。

二月二十八日（3 月 29 日），李兴锐复函陈兰彬，谈臬事。

三月初一日（4 月 1 日），曾国藩致函李瀚章：“此间去年旱灾极重，仅于天津存储制钱项下拨钱十万串，续于江南协饷项下拨银二万两。留钱调甫在畿南大、广一带抽赈极贫下户，并委李勉林及敝幕陈刑部荔秋等前往分办，冀以稍资振救，俾不致道殣相望，目下正在开办。”

三月初二日（4月2日），和李兴锐联名致函曾国藩。

三月初三日（4月3日），李兴锐将联名禀稿寄陈兰彬。

三月初四日（4月4日），李兴锐致函陈兰彬。

三月初九日（4月9日），李兴锐致函陈兰彬。

三月十三日（4月13日），曾国藩复函钱鼎铭："入春以来，各属均得有雨雪。南三府禀报寥寥，以该处去年旱灾尤重，望之尤切。及得来示，又证以各属禀报及荔秋、勉林来信，大致皆同，此实近时大可庆幸之事。"

三月十四日（4月14日），李兴锐致函陈兰彬。

三月二十日（4月20日），和李兴锐联名致函曾国藩。

同日，李兴锐致函陈兰彬。

三月二十一日（4月21日），自广平回大名府。

三月二十二日（4月22日），前往成安县。

三月二十六日（4月26日），自成安返回大名府。

四月初一日（5月1日），倡议维修位于肥城西隅的宋李文靖公墓。

四月初三日（5月3日），和李兴锐联名致函曾国藩。

四月初五日（5月5日），与李兴锐、王福谦、唐焕章等在广平府相聚。

四月十一日（5月11日），午间，自广平回保定，谒见曾国藩。久谈，送曾氏一部《陈清端公瑸文集》。下午，曾国藩又到陈兰彬处久谈。

四月二十四日（5月24日），与王福谦在保定拜访李兴锐。

四月二十五日（5月25日），与吴汝纶、萧世本、高列三拜访李兴锐。

五月初三日（6月1日），病中，李兴锐前来探望。

五月十九日（6月17日），致函朱学勤。

五月二十五日（6月23日），请曾纪泽等人饮酒。

五月二十七日（6 月 25 日），李兴锐致函陈兰彬，询问天津教案事宜。

五月（6 月），丁日昌致函曾国藩：“陈荔秋比部有守有为，有胆有识，直隶吏治需才，吾师可否将伊奏留以道府补用之处，敬请酌裁。荔秋宦情素淡，有老大思乡之意，故乞强羁縻之也。”

六月初一日（6 月 29 日），李兴锐致函身在保定的陈兰彬。

同日，曾国藩在复丁日昌函中提及：“荔秋胆识俱优，意量尤为深远，久拟屈以外秩，惟闻其宦情素淡，所志似不在此，将来必思得一当以位置之。”

六月初十日（7 月 8 日），随曾国藩一行自保定抵达天津。

六月十二日（7 月 10 日），夜间，曾国藩与陈兰彬、丁寿昌等先后谈话。

六月十三日（7 月 11 日），夜间，曾国藩与陈兰彬等谈话

六月十七日（7 月 15 日），李兴锐致函陈兰彬和曾国藩。其致曾国藩函写到：“荔秋刑部熟悉夷情，宜分任以自节。”

六月二十一日（7 月 19 日），李兴锐收到陈兰彬天津回信，“详言夷务和局，时事艰虞，而卤莽官凭空生衅，令洋人予我瑕疵。费国老竭力周旋，内贻士民之议，外长洋人之玩，此时增一痕迹，将来多一忌讳。国事至此，可哀也已！”

六月二十七日（7 月 25 日），李兴锐致函陈兰彬。

六月中下旬（7 月），与前来协助办理教案的吴大廷（桐云）相识。

七月初五日（8 月 1 日），李兴锐在天津拜访陈兰彬和吴汝纶。

七月初七日（8 月 3 日），夜晚，陈兰彬与李兴锐、吴汝纶谈天津教案事。

七月初八日（8 与 4 日），与李兴锐、吴汝纶拜访萧世本。

七月初九日（8 月 5 日）夜晚，与李兴锐、吴汝纶畅谈。

七月初十日（8 月 6 日），上午，与李兴锐、吴汝纶赴刘锡鸿与吴元炳（字子健）发起的宴会。是晚，陈兰彬与李兴锐、吴汝纶畅谈。

七月十二日（8 月 8 日），夜晚，与李兴锐、吴汝纶畅谈。

七月十三日（8 月 9 日），夜晚，与李兴锐、吴汝纶谒见曾国藩。

七月十七日（8 月 13 日），与李兴锐、吴汝纶畅谈。

七月二十日（8 月 16 日），曾国藩致朱学勤："莲池山长一席来函拟荐石襄臣侍郎，旋由陈荔秋转致尊意，谓襄翁老疾，不任讲解，仍拟随时代访，至感至荷。荔秋又述尊议，谓省城书院须得名位较崇者方称斯选。鄙意此席以工于时文诗赋为主，以勤于接纳、善于讲论辅之，然非精通经史兼长诗古文者，则根柢浅薄，不足造就中人以上之材。"

七月二十一日（8 月 17 日），与李兴锐、吴汝纶赴丁寿昌宴请。晚上，陈兰彬与李兴锐、吴汝纶畅谈。

七月二十二日（8 月 18 日），与李兴锐、吴汝纶畅谈。

七月二十五日（8 月 21 日），上午，与李兴锐、唐焕章、吴汝纶等计划去紫竹林游玩，因丁日昌被天津知府马绳武的门卫索要费用一事而中止，推举陈兰彬与丁寿昌前往说服丁日昌不要参撤马绳武。是日夜晚，陈兰彬与李兴锐、吴汝纶谈事。

七月二十六日（8 月 22 日），拜会萧世本和唐焕章，遇李兴锐亦在。是日夜晚，陈兰彬与李兴锐、吴汝纶谒见曾国藩。

七月二十七日（8 月 23 日），与李兴锐、吴汝纶赴陈小帆的宴请，吴大廷、萧世本亦在。

七月三十日（8 月 26 日）天津教案开审，和李兴锐、吴汝纶商议此事。

八月初三日（8 月 29 日），与李兴锐、唐焕章、吴汝纶等去紫竹林游玩，并拜访了同昌洋行买办林月槎和邓文甫。

八月初四日（8月30日），与李兴锐、吴汝伦谒见曾国藩。

八月初八日（9月3日），夜晚，与李兴锐谈事。

八月初十日（9月5日）夜晚，与李兴锐斟酌天津教案的府县供词。

八月十一日（9月6日），与李兴锐、吴汝纶斟酌天津教案的府县供词。

八月十二日（9月7日）与李兴锐、刘锡鸿、吴汝纶拜访密陀士洋行买办崔应雄。

八月十三日（9月8日），与李兴锐校对天津教案的府县供词五十余份，其后两人与方宗诚、吴汝纶赴吴大廷之宴。

八月十五日（9月10日），与诸位幕府同僚谒见曾国藩祝贺中秋节。饭后，李兴锐邀请陈兰彬去听戏，陈兰彬未去。

八月十六日（9月11日），夜晚，陈兰彬与李兴锐一起谒见曾国藩。

八月十九日（9月14日），与李兴锐、丁寿昌、吴汝纶联名致函李鸿章。

九月初一日（9月25日），李兴锐拜访陈兰彬。

九月初二日（9月2日），曾国藩在日记中记录“陈兰斌附片带回”。

九月初六日（9月3日），曾国藩改任两江总督，宴请陈兰彬与李兴锐、刘熙载、李传黻。

同日，曾国藩致函曾纪泽和曾纪鸿：“作梅与存之、挚甫，李中堂均留之仕于直隶。惟桐云、勉林、俪秋、鹭卿拟调回江南，难于具奏耳。”

九月初七日（10月1日），与李兴锐、唐焕章前往同昌洋行吃鱼生。

九月十六日（10月10日），曾国藩奏调陈兰彬往两江任职，

“再四品衔刑部主事陈兰彬，经臣于上年正月奏调来直襄办一切，深资臂力。该员实心孤诣，智深勇沈，历练既久，敛抑才气而精悍坚卓，不避险艰，实有任重致远之志……该员生长粤东，留心兵事，若令延揽将才，于轮船操练事宜，必有裨益……江苏巡抚臣丁日昌屡与臣言：宜博选聪颖子弟，赴泰西各国书院及军政、船政等院，分门学习，优给资斧，宽假岁时，为三年蓄艾之计。行之既久，或有异材出乎其间，精通其法，仿效其意，使西人擅长之事，中国皆能究知，然后可以徐图自强。且谓携带子弟前赴外国者，如该员陈兰彬及江苏同知容闳辈，皆可胜任等语。臣精力日衰，自度难策后效，然于防海制器等事，亦思稍立基绪，异日有名将帅者出，俾之得所凭藉，庶不难渐次拓充。陈兰彬素有远志，每与议及此事，辄复雄心激发，乐与有成。该员系奉旨交臣差遣之员，此次仍拟带至江南，于目前操练轮船，将来肄业西洋各事，必能实力讲求，悉心规划。”

九月十八日（10 月 12 日），上谕批准曾国藩奏调陈兰彬往两江任职。

九月二十一日（10 月 15 日），李兴锐拜会陈兰彬，还代买汗褂裤银四两六钱。

闰十月二十一日（12 月 13 日），李鸿章复函曾国藩：“陈荔秋与容闳建议选派聪颖子弟赴西国学习，尊疏前已略陈，内无可否，其懵然不知非不为也。此事先须议订条款预筹经费，南中熟悉外情者尚多，乞令集议通筹，若有眉目，请尊处挈敝衔会奏，断不可望事由中发文。”

十一月初六日（12 月 27 日），前往南京谒见曾国藩。

十一月初七日（12 月 28 日），前往李兴锐夜谈留宿。

十一月初八日（12 月 29 日），中午，与李兴锐赴黄翼升（字昌歧）之宴请。夜间，又与李兴锐谒见曾国藩。

十一月初九日（12 月 30 日），中午，曾国藩宴请陈兰彬、李兴锐和钱应溥，曾纪泽作陪。

十一月十一日（1871 年 1 月 1 日），夜晚，与李兴锐计算出洋经费。

十一月十四日（1871 年 1 月 4 日），与李兴锐谒见曾国藩。

十一月十五日（1871 年 1 月 5 日），容闳拜会李兴锐，“有广东人容莼甫刺史闳，自上海来商办洋务，留寓中畅谈半日，颇觉明快，然不若荔秋之正也。”

十一月十六日（1871 年 1 月 6 日），谒见曾国藩。

十一月十七日（1871 年 1 月 7 日），与容闳、李兴锐、王延长（字少岩）、易畇黄逛南京夫子庙。

十一月十八日（1871 年 1 月 8 日）下午，与李兴锐等逛街，在广源洋货店晚饭。

十一月二十三日（1871 年 1 月 13 日），与李兴锐前往丁日昌船中吊唁。

十一月二十六日（1871 年 1 月 16 日），与李兴锐逛书肆数处。

十一月二十九日（1871 年 1 月 19 日），谒见曾国藩辞行。傍晚，又与李兴锐拜访唐焕章。

十一月三十日（1871 年 1 月 20 日）下午，与李兴锐应莫善征（字祥芝）之宴。

十二月初二日（1871 年 1 月 22 日）夜晚，与李兴锐前往评事街广源洋货店。是日，曾国藩复函李鸿章：“至沿江择险密筑炮台，选内地聪颖子弟涉洋学习，亦拟次第举行。陈荔秋与容式甫近议条款，所拟子弟出洋学习，为时过久，需费亦巨，兹抄寄一览。阁下高掌远蹠，才大思精，祈酌核可否，详细示复，以便会衔函商总署，俟其允许，再行会奏。”李鸿章亦致函曾国藩：“吴彤云来函怂恿荔秋前议能否有成，据云岁需二十万，以二十年为度，恐无此财力，亦骇人闻听。”

十二月初三日（1871年1月23日），乘船回上海机器局。

十二月十七日（1871年2月6日）李鸿章复函曾国藩：“承寄示陈荔秋等议选幼童出洋学习条款三折，遵即详为查核，大致似甚精密。尊论为时过久，需费亦巨，既经远学，必求有成，自非十五年后难期深造。惟经费稍多，此虽要事，然仅筹办洋务之一端，教京外所设同文馆当有实获，鄙见先请试行。每年选送三十名，以三年为度，九十名及委员三教习驻洋，岁需仅五万四千两，加之来往脚费，不过六万余两，即以二十年计之，约需百万余耳。奏明在沪关四成洋税按年提拔，尚不为难，亦不致骇人听闻。将来果学有成效，积有经费，再议充拓，方有步骤。拟恳尊处转饬陈容二君，酌照此数核减，另拟简明章程。其条规内，商请总署知照美使，可否毋庸预定年限，届时来去多少由我自酌。此事由南洋主政，沪关出费。所需尚不过巨，总署必可允行。出洋幼童九十名，即学成十之五六分给署及南北译馆、机器局应用，转相传习，亦可生生不已。否则人多费巨，学成而无差无官，可以遍为位置，终觉可惜。又，条规末，拟添幼童出洋时，赏给监生；年满回国，送由总署考试，请给职衔一条，并乞卓裁。”

十二月十八日（1871年2月7日），李兴锐复函陈兰彬。

同治十年（1871）辛未年五十五岁

正月初三日（2月21日），李鸿章致函吴大廷：“选募幼童出洋肄业，涤师前寄三折，亦嫌用费稍巨。弟曾函复，先请试行，以三年选送九十名为度，合之委员、教习驻洋，岁需约五万四千两，加以来往脚费，不过六万余两，即以二十年计之，约百余万，尚不为难。兹阅执事与荔秋等核减用费各折，与鄙意略同，惟驻洋改为十二年，能否学成？每幼童五十名，教习华人一员，于中学能否足资讲贯，尚希详酌。至人数百五十名，始终仅百十余万，岁需只六万金，即在沪关二成税内酌拨，此为适中近情之数，总署当可核准。惟远适异域，期于学有实获，似人数不必过多，而年限不妨稍远。望执事与陈、容诸君，妥细核定，径请师相裁夺，挈衔缄商，或由尊处代拟函稿见示。”

正月十一日（3 月 1 日），李兴锐致函陈兰彬。

正月十五日（3 月 5 日），李鸿章复函陈兰彬。

正月十六日（3 月 6 日），李鸿章复函吴大廷：“从前中外隔绝，而炸炮、洋枪、轮船之精利，视华人习用者，几判天渊，不得其门而入，不能不舍己从之。沪、闽各局之雇洋人、制洋器，弟与曾、左诸公，毅然力行，非得已也。小儒俗吏，窃议咋舌，今渐有韪其言，许为嚆矢之导。若再选派幼童往彼肄习，自是更进一层，然犹惧文人学士清谈高论，以用夷变夏相诋诃，微足下岂能喻斯精微耶……复荔秋书，希转交。”

二月初八日（3 月 28 日），李兴锐致函陈兰彬，“言洋务计六篇”。

二月十一日（3 月 30 日），李鸿章复函吴大廷：“幼童出洋肄业一节，师相函允挈衔缄商总署，未知何时能办。尊论只令专习西学，不设教习华人，自较专一。或谓洋文与汉文相悬太甚，不兼肄汉学，目前无以融会贯通，日后亦难转相传习。但每教习一员，管幼童五十名，是教与不教等，近于浮慕，而必无实济。”

二月二十日（4 月 9 日），李鸿章致函曾国藩：“荔秋与容闳续论幼童出洋学习规条，较前简省，似属可行，祈酌量缄商总署议办。”

三月初一日（4 月 20 日），曾国藩复函陈兰彬。

三月初二日（4 月 21 日），李兴锐致函陈兰彬。

三月初九日（4 月 28 日），曾国藩复函吴大廷：“粤人招生，精于天文、算学、测量等事，现愿留沪，阁下已檄赴‘威靖’轮船随同出洋。荔秋前函搜访，共得八人，各具一技之长，若能分别招致，量才器使，似于防务有裨。旦夕过从之际，乞与熟商。全材难得，得中材而教诱，亦作育之良法。”

三月十一日（4 月 30 日），李兴锐乘船到上海，抵达后，拜访了机器局陈兰彬、冯焌光、郑藻如。

三月二十日（5 月 9 日），曾国藩复函李鸿章：“陈荔秋等续议幼童出洋学习各条，较前简省，尚属可行。已嘱其用吾两人名拟一函稿，商之总署，容再寄稿至津奉商。”

三月二十七日（5 月 16 日），曾国藩复函吴大廷：“承示荔秋去腊所访八人，其在沪者，但足充长江引水之选，未可遽作船主，梁生梓芳技艺较优，又为闽厂截留。船主之才如此其难，只可就中材而教诱之，逐渐讲习，或有进步。若求已成之佳器，如何可得？譬如楚湘军初立之际，人人视行阵为畏途。得江、塔、罗、李诸君毅然倡之，阅历稍久，功效日多，则亦相率而履险如夷。习者既多，则熟极生巧，良才出焉。东坡谓止勇莫先乎倡，倡善莫乎私。亦在阁下择其才者私之而已矣。”

四月初一日（5 月 19 日），李鸿章致函曾国藩：“再，威使询及幼童出洋学习，甚以为然，谓须选二十岁内外、通习中国文义者，到洋后专习洋学，乃易会通，十年可成。若华洋书兼肄，恐致两误。渠颇通华学，此语似有阅历，陈、容诸君前拟派十五岁以上并延汉文教师同去，本虑多费而少益。可否再令妥商更订。”

四月初三日（5 月 21 日），李兴锐乘船前往机器局拜访陈兰彬和冯焌光。

四月初五日（5 月 23 日），下午，李兴锐赴机器局拜访陈兰彬，参观机器，并留宿，与陈兰彬、郑藻如畅谈。

四月初六日（5 月 24 日），薛福成收到陈兰彬函。

同日，曾国藩复函丁日昌："海防则茫无把握。彤云在沪虽经定章操练，而苦于轮船常有差遣，不能勤操；又苦船主难于访求。荔秋前得八人，其材艺较优者已为闽省截留，余但能充长江引水之选，未可遽作船主。因思珂乡沿海居民练习海中沙线，讲求有素，其志行坚忍耐苦往往突过他省。阁下藻鉴最精，尚希随时留心物色，便中见示一二，以便招致。"

四月初八日（5月26日），曾国藩致函陈兰彬。

四月十五日（6月2日），曾国藩复函李鸿章："幼童赴洋学习之说，前令荔秋用余二人名拟函，商之总署。昨接拟稿，并议章程各条，量加删易，钞呈台鉴。如有未妥，乞再酌改，就近缮发，再录底稿一分，寄交敝处。兼延汉文教师，本嫌其赘，然于事亦无所损。将来挑选之际，或写或作，而试一二，必须略通汉文，乃可入选。到洋以后，但重专习洋技，不复兼攻汉业。目不两视而明，耳不两听而聪也。"

同日，曾国藩和李鸿章联名上书总理衙门，谈及留美幼童事宜。

四月十七日（6月4日），曾国藩复函陈兰彬。

四月二十日（6月7日），李鸿章复函吴大廷："荔秋转交二折，似甚周妥，想已由师相挈衔缄商总署矣。"

四月二十九日（6月16日），致函陈钦。

四月间（5月），陈兰彬等向两江总督呈报《委办江南机器制造局务送测海轮船船式旗号等项及月需经费清册》和《委办江南机器制造局造送威靖轮船船名旗号及行船用煤用料数目清册》。

五月初九日（6月26日），李鸿章致函总理各国事务衙门《论幼童出洋肄业》，又复函曾国藩："幼童赴洋学习之议，谨于来稿末幅酌增数语。本日业经缮发，钞呈鉴核，俟接总署复函，请由尊处照函意缮奏。一面会衔檄派举办，计须明岁始能有人出洋。美国镂使往高丽，兵端未已，秋后当可回京，转致本国，固甚迅速。”

五月十三日（6 月 30 日），李鸿章复函吴大廷：“幼童出洋肄业一节，已会侯相函商总署，俟复到后，即请由南中挈衔奏办。年岁之说，原不拘定，临时酌量选送可耳。”

六月初一日（7 月 18 日），陈钦致函陈兰彬。

六月初九日（7 月 26 日），曾国藩复函许振祎：“桂廉皓庭业已见过一次。来示谓其学问淹博，才具开展。以平日所论荔秋、廉甫、逸山诸人观之，知藻鉴有真，理无或爽。此间人浮于事，一时骤难位置，容俟徐为设法，或致书粤中当事，嘱为代觅一席，当更妥某，以副雅嘱。”

六月十八日（7 月 25 日），王闿运拜访刘鸿锡，谈及陈兰彬想要采买机器，曾国藩和李鸿章支持，毛昶熙反对，刘锡鸿支持毛昶熙。“过云生处，谈夷务，云崇侍郎至法国，见侮于其君臣，外夷皆不直我，以天津所杀囚非真犯也。又言陈荔秋欲送机器，曾、李右之，毛旭初独异议，云生主毛说也。”

六月二十六日（8 月 12 日），陈钦复函陈兰彬。

七月（8 月），陈钦复函陈兰彬。

七月初三日（8 月 23 日），曾国藩和李鸿章联名上奏《拟选聪颖子弟出洋习艺疏》。

七月初四日（8 月 24 日），李鸿章复函曾国藩：“派幼童往西学习，日内已缮奏否？将来似须酌添八旗子弟，想交议时，总署或有损益。”

七月初十日（8 月 25 日），致函朱学勤，论日本修约、美国和朝鲜战事、俄国图谋东北、德国崛起、法国战败、意大利教务等国际问题，以及闽沪船厂需煤需铁，力主开采基隆煤矿，并论及中国自己来开煤铁，可以抵制外国对中国的控制、开发台湾等好处，并以此事关重大，希望朱氏将他的这意见转呈军机大臣文祥，并发交李鸿章、曾国藩复议。

七月十五日（8月30日），李鸿章复函吴大廷：“幼童出洋肄习一节，总署复函，早经准行，曾相当会疏上陈也。”

七月十七日（9月1日），曾国藩和李鸿章联署上折，奏请派幼童赴美留学。

七月十三日（8月28日），李兴锐到达上海，夜晚坐铁皮火轮舢板至机器局，与陈兰彬、冯焌光、郑藻如、黎兆棠等畅谈。

七月十四日（8月29日），邀李兴锐早餐。

八月初一日（9月15日），总理衙门上奏《奏选聪颖子弟赴西洋书院习技艺章程由》。

八月初二日（9月16日），致函朱学勤，询问两江总督马新贻被刺事件发生后，清廷急令曾国藩回任两江事，以及派遣幼童赴美留学事。

八月二十二日（10月6日），致函李鸿章。

九月初六日（10月19日），李鸿章复函陈兰彬。

九月初七日（10月20日），冯焌光和恽祖翼致函应宝时，提及陈兰彬携带幼童赴美留学事，已经获得批准，明年春启行。

十一月初二日（12月13日），曾国藩复函李鸿章：“陈荔秋出使之事，约于明年三四月启程，诸应办事宜，尚须分条陈奏。前已将渠禀并批咨达冰案，尊意以为何如？”

十一月初十日（12月21日），与薛福成、冯焌光、郑藻如等畅谈。

十一月十三日（12月24日），与冯焌光至南京，拜访李兴锐，一起晚餐。

十一月十四日（12月25日），谒见曾国藩，住宿李兴锐处。

十一月十五日（12月26日），在李兴锐处早餐。

十一月十七日（12月28日），李鸿章复函曾国藩：“荔秋募人出洋章程均甚妥协，惟其年已老，为时过长，尚须徐觅替人。”

十二月二十三日（1872 年 2 月 1 日），李鸿章收到美国驻华公使来函：“接贵宫保腊月初四日来函，内并称：贵大臣前在天津时，本大臣述及中国拟选派子弟赴贵国学馆肄习，蒙贵大臣欣许，现在此事业有成议，明年有人前往。中国与贵国本极和好，贵大臣又素敦友谊。便中望函致贵国主政大臣，随时照料，尤为感荷等语。查所请代为照料各情，本大臣亦忻喜应允。至于我国家为所能为帮助此举，本大臣不怀疑贰，不能不情热于贵宫保所起之举。斯举为贵国及百姓极有益处，则两国之友谊，亦由此增长，美民亦觉此举之顺情。其凭据即是上海往本国之轮船，其船主许我告知中国各学生与先生并料理事者，如欲前往，持有本大臣执照，船价银可以减少一半等语。倘学生等费用均系自备，则船主让价甚有益处。倘费用出自国帑，希望贵宫保允接此事，以昭两国友谊之据，幸勿推辞。如合尊意，我即属上海总领事查明前往美国今年各学生之姓名，以便发给合宜之执照。”

十二月二十九日（1872 年 2 月 7 日），李鸿章复函陈兰彬。

十二月三十日（1872 年 2 月 8 日），薛福成撰写《赠陈主事序——论世变之亟应有御变之道并勉陈兰彬率幼童赴美留学》，其中有曰：“同治十一年春，相国毅勇侯曾公、肃毅伯李公，奏遣刑部主事陈先生兰彬荔秋，率童子若干人，出赴亚墨利加，究习西学，期以十九年来旋。先生年已逾艾，毅然无难色。盖先生兼文武才，而识闳气沈，欲为中国建无穷之业，其素志也。他日勉诸童子，卒业而归，以传中国，并识诸国形势、风俗、性情之所宜，而知所以御之，纵收效不于其躬后之人，必有享其成者。抑予更有言者，先生所携皆童子。童子志识未定，去中国礼义之乡，远适海外，饕利朋淫，腥羶之地，岁月渐渍，将与俱化。归而挟其所有以夸耀中国，则弊博而用尠。为之传者，其必有逆睹其弊，而善为防闲邪者。然则先生此行务毕究洋人之所长，更善察洋人之所短可也。予与先生相知也久，于其行不能无言以赠，故叙其臆见如此，而于远行惜别之情，则从略焉，知先生不以此为苦也。”

是年底，与萧世本、陈宝衡、吴汝纶、薛福成、邓贵伦联名致函赵烈文，李鸿章亦有函复陈兰彬。

同治十一年（1872）壬申年五十六岁

正月十九日（2 月 27 日），曾国藩和李鸿章联衔上呈《幼童出洋肄业事宜折》。

同日，薛福成在日记中记录了陈兰彬言及讷尔经额和胜保直隶剿匪之事：“故相讷尔经额之督直隶也，颇有清勤之称。咸丰三年，以钦差大臣督兵驰救怀庆。贼围城久不克，而援兵诸道并集，乃解围走山西，连陷垣曲、平阳、洪洞等城。讷相使胜保追贼山西，而自督兵回防直隶。初有献计于讷相者，言潞城、黎城之间有小径，循太行东出，可由河南之武安径趋直隶之临洺关。近时商贾皆由此往来，其路甚捷；然有险可扼，若遣兵五六百人守之，虽十万之众不能过也。讷相守太平时文法，以谓潞城、黎城皆山西地，乃具咨文清山西巡抚派兵守之。咨未及达，而贼果陷潞城、黎城，由此路东出。是时，讷相督凯旋之军万余人，次临洺关先一日，有冒讷相旗帜责州县供张者，盖贼之先锋已过而北矣，而讷相尚未知也。次临洺之日，贼众麕至，官军仓皇失措，车驰卒奔，万余人溃散略尽。讷相以数十人走入广平府城，尽失其关防、钦差大臣关防，后地方官得之滹沱河上，以交胜保。令箭、军资、军书等物，既已不能具奏，乃由广平知府禀达尚书桂良。是时桂良以刑部尚书出驻保定。桂良为之入奏。讷相奉旨革职拿问，以胜保为钦差大臣，以桂良为直隶总督。是时，贼由西大道北趋，胜保适自并陉追贼东出，尾贼之后，以至天津、静海等处云。盖讷相为承平时大吏，其所素优，然素不知兵，行军既无侦探，又不能便宜从事，故及于败。陈荔秋主事为予言之。”

正月二十六日（3月5日），李鸿章复函曾国藩：“募人出洋未尽事宜一折，十九附递奉交总署议奏。”

二月初四日（3月12日），两江总督曾国藩去世。

二月十九日（3月27日），李鸿章上奏《陈兰彬等办赈请奖片》。

春间，陈钦致函陈兰彬。

四月十一日（5月17日），总理衙门上奏《复议选派委员携带幼童出洋肄业兼陈应办事宜折》。

同日，《申报》刊载李鸿章的《陈兰彬等办赈请奖片》。

四月十九日（5月25日），刘翰清向李鸿章禀报租屋开局和挑选幼童情形。

四月二十日（5月26日），李鸿章致函总理各国事务衙门《议幼童出洋》，又复函美国驻华公使。

四月二十四日（5月30日），李鸿章批示陈兰彬和容闳呈报的《选带幼童出洋肄业委员陈主政兰彬容丞闳禀议复请领美公使执照情形》。

四月二十八日（6月3日），撰写《太傅一等毅勇侯文正公祭文》，悼念曾国藩知遇之恩。

五月初三日（6月8日），傍晚，在南京拜访李兴锐，并留宿。

五月初八日（6月13日），上午，陈兰彬与李兴锐乘船赴上海。

五月初九日（6月14日），与李兴锐到上海机器局。

五月十一日（6月16日），拜访李兴锐，畅谈一日。

五月十二日（6月17日），李鸿章批示刘翰清呈文：“幼童出洋肄业，沪局租定二马路之望平街，委员、司事人等派定，执事入局。幼童现有四十余人，内广东之谭耀勋、潘铭钟等二十余人身家殷实，心性灵巧；丹阳之程荣桂洋文工夫较深，并通算学，善为教养，可冀有成。局中早晚功课，现经派定，于教习洋文外，兼习五经四书，并讲先哲格言，极有条理，从此精勤不懈，或可得尺得寸，渐窥西学门径。中国自强之道，此其始基。总须督饬该教习等认真瞥课，勿稍疏懈。仍会商陈、容两委员，随时酌察妥办。粤人寄居金山者最多，金山又距美国最近，是以赴局报名者，惟广东人较为踊跃，但须谆嘱陈主事等，俟其学成，仍必带回中国为要。江浙士庶之家子弟不惯远游，该守拟派绅童分投访选，以广招徕，仍不准以顽劣者充数。至京外八旗蒙汉子弟，尚无应选之人，金陵、杭州驻防户口本少，拟请咨商总理衙门酌派数名，资送到沪，以为倡始。所有结状，由本管官取具径申总理衙门存案，毋庸再由沪局取结，仍俟该幼童出洋时照像申送，以备查考，事属可行。候据情咨商总理衙门核复饬遵，并候南洋通商大臣批示。”

五月十四日（6月19日），午刻，刘瑞芬（字芝田）宴请陈兰彬、李兴锐、吴大廷、冯焌光和余本愚。

六月初一日（7月6日），郭嵩焘拜访曾纪泽，见到陈兰彬所写曾国藩哀悼之文。“诣曾劼刚，见陈俪秋上曾文正一禀，盖方出使西洋，闻文正之丧，缕述所办情形，焚告文正之灵也。考究所办情形，烦费过多，终恐于事无补，盖犹书生之见矣。”

六月初五日（7月10日），李兴锐在福庆楼宴请陈兰彬、吴大廷、冯焌光，为陈兰彬赴美饯行。

六月初八日（7月13日），李兴锐送陈兰彬前往美国。

六月十一日（7月16日），《申报》刊载《上海西学局学生赴美国》。

六月十四日（7月19日），上海机器局翻译兼广方言馆教习美国传教士金楷理宴请陈兰彬、李兴锐、吴大廷和黄方卿。

六月十五日（7月20日），拜访李兴锐。

六月十七日（7月22日），李鸿章复函何璟：“陈荔秋、容纯甫月前来津一晤，匆匆返棹，亦将总署商筹替人之说约略告知。荔秋顾盼自雄，谓必可如约往返。弟虽不便深问，总署之意，盖欲筹于平时。执事拟询黎召民，俾举所知，务望留意物色为幸。如有其人，随时详示。黎、陈两君所议南洋诸岛收之可为我用，诚有远见。雨生中丞曾有此说，惟新开各埠，似已分隶各国，如香港尚在粤境，华官未能过问。推而远之，海外若明为条教，彼族必起而相争；若阴与羁縻，宵小或藉为口实。荔秋谓俟兵轮船出洋后，以巡历为名，往觇虚实，再行定夺，似尚合宜，目前可无须建言也。”

七月初一日（8月4日），李鸿章复函丁日昌：“荔秋、莼甫比当出洋，总署以陈君年老，属筹替人，尊意有妥人否。”

七月初二日（8月5日），《申报》刊登《拟西学生赴美国肄业事宜议》。

七月初四日（8月7日），《申报》刊登《西学生谒见美领事及道宪》。

七月十三日（8月16日），《申报》刊登《论子弟出洋肄业事》。

八月十四日（9月16日），《申报》刊登《出洋官生到金山电信》。

八月（9月），《中西闻见录》第2号刊登《游学西国》：“闻中国有大员二人、司员数人，携生童三十名，于上月初七日从上海前往美国，俾该童等学习洋文、格物，以及各种技艺。二大员内有一员，其先在美国学院七年，比满课程，始回中国，旋奉曾督派往西地购买机器，事竣，经曾公相保奖，嗣曾、李二相以机器诸艺实有裨中国，因选内地生童三十名，前往美国讲习学业，拟逐年加增，以百二十名为定额，以十五年为期限。复据新报云，粤东大宪现选派人员十四名前往法京学习诸业。窃谓中西和好以来，凡内地一才一艺，为西人所未娴者，莫不虚心延访，刻意研求，必期于得而后已。今中华士人不惮远涉外洋学所未学，而曾、李二公，以及粤东大宪又复招选多名前往海邦游学，诚得古人相长相师之道矣。"

九月十八日（10月19日），致函李鸿章："该国船主、关口人等，一切格外周旋，情意殷渥。据在外国之粤商云：十余年来，未见待外人有如此之优者。肄习一事，为美国上下所欢悦，想亦镂公使办事周至，乃得如此。恳便中致信镂使，略为道及。"

十一月初四日（12月4日），致函丁寿昌："闻日本、美国订购林明敦后门枪子八千万，在纽约地方装兵船二只，云与高丽构兵，并宣言中国兵助高丽，不识其用意所在等语。查日本派使往高丽责问朝贡，尚未闻下文若何。兹声称构兵，并宣言中国助高丽，意殊诡谲。其广制精利枪械，固志不在小也。"

十一月初六日（12月6日），薛福成在日记中记录："刑部主事陈兰彬、同知容闳携学童三十人，于七月间抵美国，已入大书院肄业。"

十一月初八日（12月8日），与容闳、曾兰生、叶树东等肄业局同僚致函美国康州教育局长，感谢大力支持，特别是安排幼童在当地人家中食宿。

十一月十三日（12月13日），《申报》刊登《美国护出洋官学生》。

十二月二十六日（1873年1月24日），《申报》刊登《游历美国即景诗二十八首（陈荔秋太史稿）》。

同治十二年（1873）癸酉年五十七岁

正月二十九日（2月26日），李鸿章致函总理衙门："再，去腊接奉直字一百廿二号钧函，钞示美国镂使来函，并所译新闻纸，敬悉出洋学生，伊国视之甚为关切，其教读条款均颇认真。本年正月初间，接出洋委员陈主事兰彬九月十八日自美国来函，大意与镂使信件略同，内有云：该国船主、关口人等，一切格外周旋，情意殷渥。据在外国之粤商云：十余年来，未见待外人有如此之优者。肄习一事，为美国上下所欢悦，想亦镂公使办事周至，乃得如此。恳便中致信镂使，略为道及等语。其函稿，闻经张振轩中丞钞寄钧处，兹不复赘。新闻纸所载委员等致美国学政函，陈主事信内未提，亦未钞呈。仅据函恳致信镂使时道及，业蒙贵衙门函复致谢，自可无庸据情入奏。又，阅陈主事十一月初四日自美国寄天津丁道密函，有云：闻日本美国订购林明敦后门枪子八千万，在纽约地方装兵船二只，云与高丽构兵，并宣言中国兵助高丽，不识其用意所在等语。查日本派使往高丽责问朝贡，尚未闻下文若何。兹声称构兵，并宣言中国助高丽，意殊诡谲。其广制精利枪械，固志不在小也。"

三月十五日（4月11日），李鸿章复函两江总督张树声："出洋幼童用费过巨，执事函属荔秋议处，或可略求撙节。"

三月二十五日（4月21日），李鸿章致函上海幼童出洋肄业局刘翰清："沪局出洋幼童多系粤人，江浙应募者绝少，不免囿于方隅之见。亦因出洋无江浙人带领，幼童起居饮食，多与粤人不同，是以未能踊跃？尊意愿照会江浙绅士共为访选，此事如募兵然，无头目则召募不广，无领队则气谊不孚。祁丞兆熙，籍隶上海，熟谙英法语言文字。据杨振甫学士函称，其人办事详敏，察其举止老成，志趣远到，似尚可用，愿充出洋委员，并自带其子及亲友中聪颖子弟偕往，当可源源而至。兹令趋诣台端，面请指示。二批带领既派定有人，或令募带三批，尚希妥酌。惟该丞现襄办海关税务，自系借差谋生，若预订出洋，属其先期选募，届时再准辞关差，更为两便。招商轮船及官局兵船，异日皆需熟习船学之华人，将于出洋子弟中储备，是选尤不得不多方博取、就地搜罗也。”

同日，李鸿章复函翰林院侍读学士杨庆麟：“沪局选送幼童出洋肄业，前委荔秋比部等驻洋经理，惟所招子弟多系粤人，江浙应募者绝少。贵门生祁丞顼来谒晤，愿携其子暨亲友中聪颖子弟偕往。该丞籍隶上海，品学俱优，素为乡人所信，当可借广招徕，扩充善举，已属沪局刘开生观察会商斟酌妥办矣。”

三月间（4 月），致函刘翰清，谈及“出洋学生情形，及各国新闻”，甚为详晰。本月，《中西闻见录》第 9 号刊登长秀等译的《华生游学美国》和《大清钦命督率华生司员陈容叶曾为函致大美国甘尼学政大员讷》两文。

四月二十日（5 月 16 日），李鸿章复函刘翰清：“江浙幼童与广人比较，其气体耐劳，不免相形见绌。诸绅子弟又多以出洋为畏途，必须于绅士中求实心任事、明习洋务之人，多方招致，或可开此风气。祁丞派为三次出洋委员，甚妥。其伴送委员，自须以到过外洋、熟习情形者为宜，执事拟函商容丞暂回护送，所见甚是。沪局功课，现以一点钟学算，即为船学起见。容揆等十余人既多颖悟，务望益加策励，俾有成就。勾股重学，自以制造、测海为两大宗，总须专心致志，力求实济，若空言推步，堕于元虚，论其学问，则可成家，施之事物，仍不利用，则非设局讲求之本意也。”

五月初二日（5 月 27 日），《申报》刊登《同治十二年二批挑选出洋肄业官生姓名》。

五月初四日（5 月 29 日），刘翰清禀报李鸿章：“兹届第三批幼童出洋之期，业经开造履历清册禀送在案。伏查教习容增祥、委员黄达权，于五月初二、初五日先后到沪。当即料简行装，于初八日由上海关道机器局冯道点验，并与美领事晤面，即转致太平洋公司填给舱位票。初十日，美国水师提督请见，由冯道带往相会，排队放炮，颇有可观。十七日，该委员等率同幼童二十八名，乘坐阿厘千呢宴轮船，准于十八日十二点钟全数起程。卑府送至船上，嘱该船主妥为照料。计算八日可到东洋横滨。住一日，换船径出太平洋。二十一二日可至金山，住一两日，换坐火轮车。七日可至美国纽瑶都城。现在留局肄业者尚有十四名，仍俟数月后分别去留。所有出洋日期，理合禀明，仰祈宪台俯赐鉴核，实为公便。”

五月初八日（6 月 2 日），《申报》刊载《出洋官生谒别中外官宪》和《出洋总局挑选第三批幼童》。

五月十一日（6 月 5 日），李鸿章批复刘翰清关于幼童出洋肄业沪局事宜的禀文，并复函：“顷奉初四日函牍，并抄寄照会及荔秋来函，聆悉一一。就审擘画宣勤，时祺多豫，至符臆颂。二批出洋幼童选定二十八名，现经照会美国伯总领事，转请公使给发合宜知照，暨搭附太平洋轮船各事，均甚周妥。知照是否速发，月内可否成行，念念。荔秋拟于明春回华一行，于三批出洋既不相值，容丞驻洋料简，亦难分身，护送委员仅止祁丞一人，似难兼顾。荔秋复信能否妥商办法，望再详示。驻洋幼童水土饮食，似尚服习，惟讲书每日止一点钟有零，其住远者，尚不能遍及，能否另筹善法，俾中西功课不致偏废。荔秋回乡后，想须再往，暮年行役，殊可敬悯。”

五月二十五日（6 月 20 日），《申报》刊载《论出洋学徒宜赴英京（西笑生拟稿）》和《出洋学生已抵长崎岛》。

五月二十九日（6 月 23 日），李鸿章复函刘翰清：“二批出洋幼童二十八名，已于十八日交教习容增祥、委员黄达权带领出洋，计六月内可到，已照案转咨总署查照。三批出洋，只祁丞一人护送，由金山至美国纽岳都城，陆地一万四千里，须换火轮车四五次，饮食住宿，深恐照料难周。尊意拟令曾恒忠届时至金山接护，其由上海至金山，即由尊处另派一人伴送，较为周妥。幼童分住各馆，日与讲贯者仅三分之一，余皆不能遍及，中学易致偏废。谭耀勋、史金福皆从女师，尤非所宜，必须酌议变通，或分别归并，就近督率功课，免致渐滋流弊，望函商荔秋，妥为筹办。若归并之议有所窒碍，或酌定日期，调令各馆幼童分起考验、讲解，委员、教习亦须随时亲赴各馆实力稽察，若只深居简出、终年累月不与生徒见面，将来人数愈多、分住愈远，更何由察其勤惰、别其优劣？此意亦望转致荔秋、闳甫切实筹议为要。”

六月初五日（7 月 28 日），《申报》刊载《书译西报各使觐见事后》。

六月初六日（7 月 29 日），《申报》刊载《二批出洋幼童平安到埠日期》。

六月十二日（7 月 6 日），致函李兴锐。

六月十三日（7 月 7 日），刘翰清致函李鸿章，附呈陈兰彬来函和钞折。

六月十四日（7 月 8 日），李鸿章收到陈兰彬函：“日本派子弟赴各国学制枪炮、习驾轮船等事，其人多强悍之气，且购回后门枪炮甚多，不知其意何居，殊可虑耳。”

六月十五日（7 月 9 日），李鸿章致函总理衙门《论日本与台湾朝鲜秘鲁交涉》，提及“昨复接陈主事兰彬自美国来函”。

六月十九日（7 月 13 日），李鸿章收到陈兰彬三月致刘翰清函，“言出洋学生情形，及各国新闻，甚为详晰”。

六月二十日（7 月 14 日），李鸿章致函沈桂芬：“昨接陈荔秋主政兰彬三月间自美国致上海刘道翰清函稿，照钞奉览。”

六月二十二日（7月16日），李鸿章复函刘翰清："顷奉六月十三日惠书并荔秋来函、钞折，所述外洋情形，至为详晰，足扩见闻。各童分办调取考验，察其优劣，课其勤惰，俾中西学业不至偏废，尤慰远怀。荔秋惨淡经营，用心良苦。洋人教习更换由我，女师若能渐改，益可免滋流弊……三批幼童出洋，祁丞一人护送，照料难周。邝教习其照，人既稳练，拟令偕往。其经费即在额定局用余存项下开支，甚为周妥，届时均可禀行。"

闰六月二十四日（8月16日），李鸿章致函刘翰清："本月二十四日接总署二十二日密函，以日斯巴亚国之古巴夏湾拿地方有凌虐华工情事，迭据美国镂公使及厦门美领事与各国领事照请厦门道，禁止该国贩买人口，并由总署照会该国白使，嘱其嗣后无庸招工前往夏湾拿等因。惟彼族哓渎不休，今年三月间并有商人因此亏空、讨问赔补之说。总署以各国领事均有照会在先，既知华民在彼受虐，断无再令前往承工之理，且赔补之议，尤难允行。本欲请各使出一公论，乃该使等依违其词，迄未下一断语，非由中国委员确查实情，据以指驳，未由关其口而折其气。因委陈荔秋比部就近访查，见闻较确。寄上总署致荔秋钉封公文一角，事关机密要件，即请尊处妥速觅递荔秋，谆属设法查访明确，据实具复。荔秋前拟料理假旋，不知何时由洋起程。此信须于未起程之先赶到，仍请其稍缓回华为要。日斯巴亚即西班牙，距美国当不甚远，或由荔秋商令容纯甫等熟悉洋语洋情者亲往密查，妥筹办法，径禀总署核酌。其禀不必公牍，即私函小柬亦可，并祈先为致候，仍将代递公文日期示知。"

闰六月二十五日（8月17日），李鸿章复函刘翰清："西班牙、古巴等处凌虐华工，各国官商皆为不平，屡见新闻纸详载其事，想尊处与荔秋等均有所闻。总署邀同各国公评，各使又为祖庇，不肯直说。拟请荔秋就近访查，得一佐证。如令纯甫等往查，确实固佳。否则须寻觅曾在古巴夏湾拿等处受虐之华工，或洋人在彼处目击情形者，照录确实口供具复，俾可援据抵制，是为至幸。秘鲁、西班牙招工一事，最为可恨，其所贩卖粤人尤多。班国早定和约，秘鲁现又将来华议约。弟方缄商总署，设法谕禁。若班国此案不得论定，则秘鲁请准招工赔补，势必援例以求。荔秋有心人，当能为桑梓弭斯后患也。前阅阁下钞示，荔秋三月间来书，因有关系要件，当即钞致经笙大司马送交总署公阅，咸深倚重。此后来函，仍望随时录示，以广见闻。荔秋处不便寄函，并希致意。"

闰六月二十九日（8月21日），致函刘翰清。

七月初六日（8月28日），李鸿章致函总署《派员访察日国凌虐华工事》："奉闰月二十二日一百四十四号钧函，以日国凌虐华工一事，该使借词狡辩，各国公论又多偏护，应缄属出洋委员陈兰彬查明声复，藉可关其口而折其气。当将尊处公函文件封寄沪局刘道翰清，属其妥速觅递陈主事，并加函谆致该员细心询访，或酌派熟习洋语之华人改装亲往查察，或就近寻觅曾在古巴夏湾拿地方受虐之人及曾在彼处目击情形者，皆可撮叙供词作为证据，详细禀复，以凭核办。陈主事素有深心，当能领会。"

七月十三日（9月4日），致函刘翰清。

七月十四日（9月5日），刘翰清致函李鸿章，附呈陈兰彬函。

八月初一日（9月22日），刘翰清致函李鸿章，并附呈陈兰彬函。

八月初四日（9月25日），李鸿章复函陈兰彬，又致函刘翰清："昨奉七月十四日惠书、抄件，并荔秋比部来信，一一均悉。敬审擘画宣勤，时祺多豫，致符臆颂。顷准总署八月朔日公函，奏派荔秋赴日国查办凌虐华工情事。总署钉封公文，兹由敝处加函转致荔秋，并请尊处阅过封固，觅便妥寄。俟接荔秋回信，如何进止办法，仍望随时示知。事关奏派要件，务须缜密迅速，万勿延误，是为至要。”

同日，李鸿章又致函两江总督李宗羲：“顷准总署八月朔日公函，奏派陈荔秋比部由美国赴日斯巴里亚之古巴夏湾拿等处，查询该处凌虐华工情事，除由敝处加函详致荔秋，交沪局刘开生观察觅便速寄交遵办外，兹将总署函件抄奉台览。陈比部及随带人役赴日来往川资各费，已令于事竣后开报南北洋通商衙门查照，此款拟仍由江南海关给领，即附入该局经费项下一律造报，想卓见亦以为然也。”

八月初五日（9 月 26 日），李鸿章复函陈兰彬。

八月初八日（9 月 29 日），李鸿章致函总理各国事务衙门《论陈主事查办古巴招工》：“前接八月初二日直字一百五十一号钧函，以奏派陈主事前往日国查办招工，属将寄致该主事函札觅便转递。遵即于初五日加函转致上海出洋肄业局刘道翰清妥速觅寄，并钞函折缄商雨亭制军。先由江海关道筹拨陈委员由美赴日应用一切，经费即速汇寄若干，以壮行色。并属陈主事于事竣，据实开报。顷又奉初六日一百五十二号公函，饬查陈主事升衔，此外有无保升官阶、翎支等因。查陈兰彬系四品衔，曾蒙赏戴花翎，并无另有保升官阶。窃查，古巴系西印度之一岛，俗名大吕宋。夏湾拿，即译名哈瓦那，闻系该岛都会。所在与古巴相连。该处滨临西南洋，距西班牙本国尚远。该国占据已久，招雇华工前往开山，广种烟草，西洋各邦悉资其用。昨，德国领事阿恩德调京充翻译官，人尚和平明白，来署辞行。询称哈瓦那地方，日国有镇台驻守弹压，各国间有派领事者。兹陈主事既奉贵衙门奏派往查，西国均已通知，虽无与各领事应办之事，而所至之处，往来拜会，礼仪自须平行。其日国驻扎哈瓦那之官，势不得不与相见。是以，鸿章致陈主事函内，属其如有机要缓急，必须晤商该国国政之处，亦可酌量而行。盖《万国公法》内四等使臣有因事特使寄信，凭于部臣之说。且至该国地方，须得照应保护，本系换约友邦公例，诚未便拘定品级，致该委员有受意外轻蔑之事。仍祈钧处察核妥办为幸。阿领事极称古巴等处陵虐华工，各国皆深知而痛恶。今闻中国派员往查，各国无不钦佩，似是公论。威使向喜挑斥小节，所论各国领事不肯与之办事，殊属有意刁难。高明必当明折其非，勿令奉使绝域者或有掣肘，转伤国体也。”

八月初九日（9月30日），李鸿章复函陈兰彬，又复函刘翰清：“初五日一缄，计已达到。顷奉月朔惠书、钞件，并荔秋比部、黄委员函牍，具聆一一。就审综画宣勤，时祺多豫，至符臆颂。二批幼童到美分管学习，荔秋所订洋馆章程，均甚妥协。头批之程大器等，于西学门径稍有所得，其余能作解论及习学洋语口音清楚者，有十余人，似已略有进境。惟荔秋既有古巴之行，督课一节，不免暂置。纯甫来禀，拟即回华一行，未知已否起程，若能不来最佳，否则须速回。该处学生颇多，必常有妥人照应。即荔秋出差，其后路亦须同心协力者商办一切也。黄锡宝质性过钝，若竟不堪造就，自应资遣回华。兹复荔秋一函，仍为古巴事，有密嘱之件，希觅便妥寄。若已离美国，并属前途设法转递，勿得遗失为要。”

八月初十日（10月1日），李鸿章复函陈兰彬。

八月十七日（10月8日），总理衙门致函陈兰彬。

八月十九日（10月10日），《申报》刊载《中国派使臣赴古巴国》。

同日，李鸿章致函陈兰彬，又致函总理衙门：“顷奉八月十七日直字一百五十三号密函，以陈主事兰彬派古巴等处查办事件，已照会各国公使，声叙该员有四品升衔，应与各国领事官公同办事，另备照会知照日国总理衙门，交丁使先行寄往，均抄稿陈主事知悉等因。仰见远谟深虑，无微不周，曷胜钦伏。业将致陈主事函件缄递沪局妥速转寄矣。陈主事人极朴实，晓畅事理，至古巴后当能相机酌办。渠籍隶粤东，稔知粤民被拐出洋受苦已多，该处果有凌虐实迹，亦必察访明确，不至为外人所欺骗。鸿章方以古巴距秘噜不甚远，密属其查访古巴之暇，若遇有便人，就近探询秘噜如何凌虐华工，有无处置新法，据所闻见详确报知，以为他日辨论之证，俟有回信，再行奉闻。”同时，李鸿章又致函刘翰清：“八月初五、初九两缄并寄致荔秋函件，计均达到。兹复接总署八月十七日发致荔秋一函，并由敝处加缄寄奉尊处，仍请迅速觅便妥寄，勿稍迟误为幸。”

八月二十五日（10 月 16 日），《申报》刊载《论皮鲁国人欲杀华佣事》。

八月底（10 月），美国哈特福德致函刘翰清。

九月初五日（10 月 25 日），李鸿章复函何璟：“丽秋在美国，常有信至。总署因日斯巴亚之古巴地方，闻有陵虐华工情事，徇日使之请，奏派丽秋就近往查，计须辛苦一行。其人已老，必应预觅替人。来示殷殷及之，具仰关怀要政。粤中素称才薮，当不乏坚苦卓越、堪膺是选者，仍祈加意物色为幸。”

九月初七日（10 月 27 日），《申报》刊载《出洋肄业幼童将有迁移之计》。

九月初八日（10 月 27 日），《申报》刊载《述出洋学童赴美国安居习业情形辨正昨录香港新报之误》。

九月十二日（11 月 1 日），《申报》刊载《天津来信述皮鲁国使臣到京并派员赴古巴事》。

九月十五日（11 月 4 日），《申报》刊载《陈公荔秋派充出使皮鲁古巴两国》。

九月十六日（11 月 5 日），《申报》刊载《由美回沪系总办出洋童局容公》。

同日，李鸿章致函总理衙门："接据上海出洋局刘道翰清寄来陈主事兰彬闰六月二十九、七月十三日自美国来函，照钞奉阅。内言及秘鲁贩卖猪仔一事，持论颇正，激动英美出头，似办不到，若开兵端，亦不得不熟思审处也。"

九月十七日（11 月 5 日），李鸿章致函总理衙门："接据上海出洋局刘道翰清寄来陈主事兰彬闰六月二十九日、七月十三日自美国来函，照抄奉阅。内言及秘鲁贩卖猪仔一事，持论颇正，激动英美出头，似办不到，若开兵端，亦恐尚能扰我，是不得不熟思而审虑之也。"并附刘翰清禀文及陈兰彬函两件。

九月二十二日（11 月 11 日），李鸿章致函陈兰彬，又致函刘翰清："顷准总署二十日密函，照抄奉览，附去总署致荔秋函，望即觅便妥速寄美，转递查收为幸。马、吴两税司日内即出京，径赴纽岳，此信务须赶前寄到，勿稍延误，是为切属。纯甫昨抵津门，俟诸务商量就绪，即嘱其迅回美国照料一切也。"

九月二十四日（11 月 13 日），李鸿章致函总理衙门："本月二十日接奉十八日直字一百五十八号钧函，以秘鲁议约一节，难遽应允，即允派员往查，有无窒碍，具征指示周详，披郤导窾，钦佩莫名……二十一日，葛使派其副使与密妥士赴陈道处探询。陈道责以无礼失信，该使惭谢，复恳陈道前来请期，因约以二十四日巳时过晤。该使带同爱勒谟尔、密妥士于是时来谒，适同知容闳由美国因公回津，该员熟悉各国言语情形，并令陈道容闳列坐陪叙……又，贵衙门所云不准招工方能议约一层，各国皆有招工定章，秘国亦应照章，如查有凌虐实情，应准惩办。容闳因言，美国向例无立合同、定年限雇工之事，华民在金山等处佣工，去留自便，美官不能勉强勒措，即有先立合同者，若不愿当，随时将合同缴销，作为废纸，该国亦应照办。”

九月二十七日（11 月 16 日），李鸿章致函张树声：“陈荔秋比部正派笃实，于洋务极肯究心。容纯甫携来其信，似欲暂假回粤。惟总署奏派赴日国古巴地方查询凌虐华工情形，已作函慰留之。容丞携呈美国格林十门炮，试放灵捷，实为利器，已饬添购若干，并另购造子弹机器一分，以备仿造。此间工赈并筹，颇费经画。”

九月三十日（11 月 19 日），《申报》刊载《天津皮鲁国使臣信息》。

九月底（11 月底），李鸿章致函总理衙门：“奉九月二十日一百五十九号钧函，并致陈主事函件，当即转寄沪局，速觅妥便递交。陈主事前有请假之意，尚未知派赴古巴，兹已专函劝阻矣。”

十月初一日（11 月 20 日），在华盛顿使署撰写《重次千字文》。

十月初四日（11 月 23 日），陈兰彬致函刘翰清。

十月初五日（11 月 24 日），李鸿章致函总理衙门：“前威使面称，葛使正办照会，而迄今无信，恐其专候威使都中消息。昨因容闳习知西洋语言文字，志趣亦尚要好，令于往晤葛使之便，将敝处拟办章程四条用英文译出，送与阅看。缘该使不通华文，所用吕宋文与英文微别，而可以英语转达。据容闳回称，前三条葛使颇以为然，惟澳门不准招工、装载华民一节甚有难色。容闳言，前与英、法议立招工章程内有此照会，葛使阳为不知。该员因力辨澳门招工之弊，该使似已领会而未置可否。鄙意添出查照海盗例治罪一语，缘尊处五年照会各国文内，只不准在澳门招工，并无如何罚办明文，似觉不甚吃劲。欲借用《万国公法》、西洋通例，处以海盗之法成案以示炯戒，姑自秘鲁发端，庶以后西班牙、葡萄牙等国专在澳门狼狈为奸者或稍敛戢，而中国亦易照章惩办……又据容闳面禀，葛使于末条暂缓定约，先立章程，似未甚分晓，业将此稿存留，谓日内将照会敝处。吕宋文转译英文，又译汉文，尚须数日递送，谨将粗拟章程底稿录呈鉴核。节逾小雪，封河在迩，威使既拟招致葛使入都，恐所拟章程未必遵允，鸿章俟其照会文函若何，或葛使竟无他说擅自进京，再将此事始末具奏，即定期回省。合将现办情形覙缕奉复。”

十月初九日（11月28日），《申报》刊载《往古巴国税务司已到沪》。

十月十二日（12月1日），呈复总理衙门函禀。

十月十九日（12月8日），李鸿章复函丁日昌：“粤中贩卖猪仔一事，实为近数十年大害，以古巴、秘鲁为最甚。西班牙因粤省不准招工索赔。总署乃拟请委员往古巴查办，无员可委，则派陈荔秋就近前往，又令赫德派税务司马福臣、吴秉文副之，并徇日使之意，查明由英、法、俄、美、德驻京使臣公断定案。无论荔秋长者艰于此行，马、吴用事，复由五大臣评断，恐仍含糊了事，太阿倒持，愚暗之甚，而秘鲁偏乘此时贸然来请立约，鸿章与辩争笔战，已近两月，该使词气虽已少屈，不得不派员往查，以折服其心而钳各国之口。执事视五男能胜此多口耶？又，帐下文武吏谁可奉使绝域，明白晓畅曲折赴题耶。兹将葛使往复照会二件并十八日奏稿录呈台鉴，窃谓此事系珂乡积苦隐患，非我公才力智术，不足以挽救之。派员仅令荔秋与马、吴，似觉非计。欲请于朝，假节钺于执事，先秘鲁，次古巴，次金山、新加坡各处，巡历一周，相机设谋，使粤人远适皆成乐土。他日长驾远驭，海外声援，端赖此辈。一举两数善备，固愈于专圻待罪，棘手结舌，毫无能为者有霄壤之别矣。来示孑然一身，无所系念，虽碎身有所不辞。壮哉斯言。兄为群夷所麕，环顾内外，无能助力之人，欲效将伯，公其许之乎……莼甫西还，为炼铁购炮诸事，闻将顺道往谒，询其详……”

十月二十一日（12 月 10 日），陈兰彬呈复总理衙门函禀。

同日，李鸿章致函总理衙门：“十月初十日接奉初八日一百六十三号公函，谨聆一切。查访日国招工与丁使议定节略钞致陈主事函，遵即转交容闳觅便妥寄……再，容闳本系送炮位来津，现令搭船由沪回美，并属于照料出洋幼童之便，改装就近密往秘鲁，查访确情以闻，但未便预定期限，合并附及。”

十月二十三日（12 月 12 日），李鸿章致函冯焌光：“顷准总署冬月二十日来函，以闽厂造船工竣，筹办善后事宜，议令选派学生赴英法各国学习造船驶船之法，拟由中国派员管带前往，仿照荔秋赴美之例，不用洋人，以杜将来流弊，自极妥善。惟管带出洋学生人员难得，中国现为自强之谋，制造机器与驾驶轮船二者皆为目前要务，闽、沪厂局试办甫有端绪，亟须力求精进，渐扩远图。执事能否努力一行。昨勉林来书云曾商及，第欲为荔秋觅替人，尚未知另派赴英法之事，或意中另有熟悉洋情、堪膺是选者，务望妥筹示复，以凭核办。闽厂竟能专用华人造船，遣散洋匠，是其学堂进诣可观，规画亦甚精到，迥非沪、津各局所能及，可胜钦佩。幼帅原议，有与日意格坚明约束云云，该厂学生赴英法，日意格情形自较熟悉，幼帅谅能放心，操纵自如。若令他处委员带该厂学生远适异国，亦想上下滞碍、中外隔膜之外，即如沪局学生赴美国，初由曾文正一手主持，鄙人与江督不过照章料理。而容莼甫前日来津，细询彼中情状，莼甫实不可一日离美。荔秋虽正人君子，口操土音，人地生疏，居常阒寂，动辄阻滞，一傅众咻，本系至理，此所以屡请假归。及派古巴，徘徊而不敢径去，非胆力之怯弱，由人情言语之疏睽也。譬如洋人入中国，初专恃通事，则其弊端百出，今自学汉语、汉文，则无人不可。故仆常议欲通洋学，行数万里外，虽好人，虽达官，亦须从语言文字入手。日本桑下皆先翻译，求通洋语、洋文，最为得窍。论至此，则管带出洋学生之选，洵非易易。无已，或仍于机器局员求之，较近一阶也。”

十月二十七日（12月16日），陈兰彬呈复总理衙门函禀。

十月间（11—12月），《中西闻见录》第10号刊登《中华近事》，内有：“粤工往古巴者，风闻颇受凌虐，现在总理各国事务衙门派税务司二员、中国大员一名，前往察看情形，足见朝廷轸念穷黎、勤恤民隐，不忍一夫失所也。”

十一月十八日（1874年1月6日），刘翰清致函李鸿章，附呈陈兰彬八月底自美国哈特福德来信。

十一月十九日（1874年1月7日），李鸿章致函总理衙门：“再，前函声称现，已属容闳于照料出洋幼童之便，改装密往秘鲁查访确情。尊处虑及陈、容二员另有差使，尚有何员可以管束学生；并询陈主事兰彬前欲请假回华，是否别有意见等因。查容委员在津时，曾与议明，来春回抵美图，俟夏间三批学生到洋后，安置各馆妥贴就绪，该处有中国教习各员照料，可以放心，即于明年秋冬间改装赴秘鲁密探情形。约自美往还，不过三个月，于学生尚无妨碍。鸿章谆属其届时察酌情形，可去则去，否则缓办。昨接上海出洋局刘道翰清钞寄陈主事八月杪自美国富哈尔来信，钞呈钧鉴。该主事接到尊处闰六月间第一次要函，因古巴等处言语不通，无从着手，须待容莼甫回洋，设法展转密访，自系实情。前容丞面称，外洋事体全从语言文字入手，若往古巴，必须延请美人通习西班牙语言者偕往，即虑陈主事人地稍生，接信后伥伥无之。是以，敝处拟派容丞赴秘鲁，不欲再令陈主事赴秘鲁也。容丞十月杪回沪，接陈主事求助之信，当即速回。俟得续报进止若何，再行奉闻。陈主事笃实正派，洵为难得，与容丞极相水乳。闻在美时，与该国人言语不习，未免阒处无聊。其请假回华，或因年老远役，自存危虑，似非别有意见。惟此事责任匪轻，替人殊不易得，容再加意访求，以副盛怀。”

十一月间（1874年1月），丁日昌复函李鸿章，提及：“仅查古秘二处情形，似陈容二君合办尚足了之。”

十二月初一日（1874年1月18日），李鸿章复函刘翰清：“荔秋古巴之行，以言语不通，难于着手，须俟莼甫回美设法商办，并拟先赴纽岳、摩士敦等处，以买物为名，慎密探询，借资印证。惟马税司等计早到美，或可结伴同往。尊处如得续报，望即飞示。莼甫十月二十外回沪，据云须赴金陵、苏州一行，再由广东搭船，回美已在明春。接荔秋催促之信，与阁下晤商后，能否速行，不赴粤东，仍望先为详示，并随时商榷，以免悬念。荔秋原函，已抄致总署查照矣。”

十二月初十日（1874年1月27日），李鸿章复函沈葆桢：“沪局赴美子弟虽经曾文正商派陈荔秋、容蓴甫二人带往。荔秋品学极佳，而人地生疏，专恃蓴甫为目虾，每有老倦思归之意，一时竟无替手。出洋久住，先须熟悉外邦语言文字，然后洞中窾要。”

十二月十二日（1874年1月29日），《申报》刊载《苏省抚辕事宜：初三日同知容闳禀辞回沪》

十二月十四日（1874年1月31日），李鸿章批复刘翰清禀文：“据禀，第三批幼童出洋将次届期，准派同知祁兆熙作为护送委员，并添委布理问邝其照伴送，以期周妥。邝其照即于该局公款余项内提给津贴湘平银八百两，勿庸另行添筹。该员因公出差，月领薪水银两仍应照支。仰将发去委札二件，转给祗领。仍候两江督部堂、江苏抚部院批示。缴。”刘翰清禀文为：“三批幼童将次就绪，仍以明年五六月为出洋之期。所有护送委员，理合先行禀定。伏查幼童前赴美国，水陆程逾数万里，必须干练之员方堪胜任。查有福建候补同知祁兆熙，才具精敏，深通西学，相应禀请给与札委，作为护送委员，以资得力。惟头、二批均有伴送，三批原议曾恒忠回华帮同照料，今不能如约。一人似难兼顾，可否酌增伴送委员一名，量与湘平银八百两。查卑局已办过第一次报销，公款尚有存余，此项拟请于公余款内提支，作为津贴，即由卑局报销。如蒙允准，查有候选布理问邝其照，明白谙练，仰恳一并给札，以昭慎重。该员现充教习，系因公出差，例得不扣薪水，其每月所领三十金，应请毋庸扣除，以示体恤。”

十二月二十一日（1874年2月7日），李鸿章致函总理衙门：“近又接连沪局刘道钞寄陈主事九月十七、十月初四日来函二件，钞呈台电。其末函云，必有通晓洋话人在美国取路票，至古巴方能登岸，苟可不俟莼甫，即竭力图之等语。计续奉贵衙门第二次要件，当可启程。再迟则马、吴二税司到美，亦必会合前去。容丞须春初回美，似不及待矣……至闽厂选派学生赴英法学习造船、驶船，洵属探本之论。幼丹与日意格坚明约束，未知如何议法。想因日意格管厂多年，与学生言语性情相习，又熟悉外国情形，令其带往，分派学习，呼应较灵，收效较速。即如陈主事带学生赴美国，若无容丞闳为之先导，必致迷于所往，寸步难行。如幼丹与日意格严定规条，或可由我操纵。钧意以洋人充斯重任，究不如中国委员流弊较少，亦是慎重之道，自应由闽厂内筹派与日意格素习之华员，管带同往，较为得力，他处委员更凿枘不入，已缄请幼丹熟筹主持矣。”

十二月二十五日（1874年2月11日），致函丁寿昌。

同日，李鸿章复函丁日昌：“莼甫计已过谒。荔秋切盼回美商赴古巴，马、吴二税司可到，谅不及待。渠允于来年秋冬改装往秘鲁密查一次。总署虑其难掩外人耳目，或秘使怫然回国，尤不稳妥。鸿章拟俟秘鲁事定议后，如必须派员，或如遵旨，即奏令陈、容二君，就近查办。澳门招工，实已出示明禁，葡国亦尚有人。”

十二月二十七日（1874年2月13日），陈兰彬致函总理衙门。

同治十三年（1874）甲戌年五十八岁

正月十三日（3月1日），李鸿章致函孙士达：“日国凌虐华工一案，前经总署奏派陈荔秋主政办理。兹接总署函抄陈主事与马、吴税司申复一件，合并抄寄台览，又附刷华工呈词并查复五十一条清册五分，每分各二本，并祈丰收阅暨酌送各领事知照。”

正月十四日（3月2日），李鸿章致函总理衙门：“正月初五日接奉正月初三日一百七十一号钧函，谨聆一切。承嘱陈主事所查古巴华工各情，与新闻纸均相符合，既得端倪，自可追求确证。如接有陈主事续致沪局函件，即行钞寄等因。兹接沪局寄来陈主事十月十二、二十一、二十七日呈复钧处函禀三件，查与致敝处函词意相同，谨即封固驰呈，仰慰垂廑。所陈筹办情形，似甚详悉，先令教习叶、曾二员，带同美国状师泰而及粤人汤超等，前往夏湾拿、古巴等处密为探访。该主事仍俟马、吴两税司到美，即便偕行。约计该税司等腊月可抵纽约，此时必已会晤起程。前后证据颇多，当不患其弥缝狡展也。又，陈主事致沪局刘道三函，间有尊处禀中未及之件，合并照钞呈览。”

正月十七日（3月5日），李鸿章复函刘翰清：“荔秋函件均于正月十三日递到，其上总署禀函，当已转寄，并将致尊处三函，一并抄致矣。马、吴两税司，计期早到纽岳。荔秋何时起程，续有信报，仍望飞速寄示。闽厂学生出洋肄习，自为渐求精进地步，尊论美国精于制器，布国长于治军，皆可取法。惟制器之学，英亦最优，住洋经费与美国相去不远，似不妨兼收并蓄，各尽其长。此事应仍由幼丹中丞酌办，敝处碍难与谋。莼甫何时回沪，甚念。”

二月十一日（3 月 28 日），《申报》刊载《译金山华人致美国人书》。

二月十七日（4 月 3 日），致函刘翰清，内称：“查办各节已得要领，古巴地方官相待尚好。马税司福臣尚属勤恳，既取得各华工供词，自是确切证据，可为将来辩论地步。”

二月二十六日（4 月 12 日），李鸿章致函刘翰清：“迭接来缄并荔秋比部信件，均经查阅，分别转致。顷准总署函交现复荔秋比部一函，荔秋计已起程前往古巴，此信请由尊处即觅确便妥确便妥速寄交，勿稍迟误为幸。莼甫曾否回沪，何时赴美，并望示知。”

三月十三日（4 月 28 日），李鸿章致函总署：“沪局递到陈主事上年十二月二十七日上贵衙门函件，谨以附呈；并致天津丁道信称，查办古巴华工，有与赫德总税司意见不合之处，照钞奉览，祈留意为幸。”

三月二十一日（5 月 6 日），总理衙门致函陈兰彬，转李鸿章交刘翰清速寄。

三月二十二日（5 月 7 日），李鸿章致函刘翰清：“顷接总署三月二十一日发致荔秋比部函件，请仍由尊处觅便妥速寄交。荔秋此时已往古巴，此信即属纯甫设法转寄，勿得遗失为荷。”

三月二十五日（5 月 10 日），李鸿章致函总理衙门：“承致陈主事函，业交沪局转寄矣。”

三月二十八日（5 月 13 日），自古巴致函李鸿章。

四月间（5 月），《西国近事汇编》译载 4 月 11—17 日西报：“华领出洋肄业公使陈兰彬谒美首领甚欢。”

四月初二日（5 月 17 日），李鸿章致函总理衙门：“沪局刘道翰清钞寄陈主事正月十六、七、九等日来函，谨即钞呈电阅。据称，吴税司意存掣肘，古巴谣说甚多，未知入境后有无阻碍，殊为悬虑。”

同日，又致函两江总督李宗羲：“幼童出洋，前定经费，果系不敷，已去九十人，将来学成，似亦敷用。俟今夏一批启行后，应饬道局通盘筹划，议请截止。陈丽秋本有思归，替人难得。若议定五年一换，须预筹可替者二三人，庶可届期往换。鄙意中竟无结实可靠者，尊意有其人否？否则，恐未便先行定章，致有窒碍。”

四月十三日（5月28日），香港《循环日报》第92号刊登的《中外新闻》报道了陈兰彬赴古巴岛调查华工受虐情形。

四月二十一日（6月5日），李鸿章致函总理衙门：“容闳请派员向华盛顿理论，津副领事毕德格亦有此议，可否由贵衙门公致美国国会大臣一面，配以洋文，寄交该委员容丞赍赴华盛顿，面为理论。计由律、沪附轮船递至纽约，早迟难必，迨往说明，已须三四月以后，无论有无济事，但使驻京各使知我有理可径达彼国都，或稍敛戢。是否有当，伏候卓裁。”

四月二十四日（6月8日），香港《循环日报》刊登的《中外新闻》，内有报道：“我国出洋总办容闳已由上海至日本横滨，搭附忌列厘巴卜力火船前往美国。又有出洋肄业幼童类皆遴选俊秀，闻近日读书学塾，其业精勤，极有进境，而身体亦复充实，将来足备驰驱之用。闻诸廷议，以后拟遣人往英法普墺诸大国肄习语言文字，各采其所长，则庶几无美不备云。”

五月初七日（6月20日），李鸿章致函总理衙门：“奉四月二十九日一百九十二号公函，以陈主事赴古巴查访华工，辛苦异常，俟返棹纽约，应酌加奖励等因。仰见体念属僚，微劳必录，曷胜钦感。陈主事前函云，吴税司意存掣肘，正深惦系。昨由上海出洋局刘道抄寄该主事二月十七日自古巴来函，内称查办各节已得要领，古巴地方官相待尚好。马税司福臣尚属勤恳，既取得各华工供词，自是确切证据，可为将来辩论地步。该主事查办事竣，或回美国，或与马税司等同回中国，尚未可知。兹将原信照抄呈览。核奖一节，亦俟事竣再行酌办。”

五月初十日（6 月 23 日），李鸿章复函李宗羲：“秘鲁条约已定十九款，即日画押钤印。惟严禁以后不准招工一条，差强人意，殊费唇舌。前面商总署，以荔秋往查古巴，辛苦倔强，宜稍事酬劳。昨接来函，应如何奖励之处，由敝处酌度办理，俟其事竣后回华，当会台衔入告。替人难得，或请其再往，约期更换如何？”

同日，香港《循环日报》刊载《中外新闻》内有报道：“星使陈兰彬既至古巴，其地总督设宴优待，礼貌极隆，顾因海岛土匪作乱，国中战事孔亟，未遑更及其它。查办佣工一款，未能遍行履勘，知其确实想，或尚有所待欤。”

五月十四日（6 月 27 日），香港《循环日报》刊载《查核古巴华佣》：“出洋佣人之往古巴者，多为其土人所虐待，残酷之状，几于不忍见闻。我国朝廷特简星使陈荔秋比部驰往查办，现闻陈君已抵其境，秉公稽核，不惮劳瘁，其地天气颇炎，水土甚恶，街衢之间，秽气熏蒸，至不可耐。从者皆病，甚形委顿，陈君亦□□，窃因不安敢茹荤血，但咬菜根，作秀才家风，而断□则粥，不□殊于文正当年，此可见陈君出使重瀛，阅历艰苦，其所以为国为民者，正不可及也。陈君至时，适当孟春而已，如盛夏，则□之地□治未洁，几于聚蚊成市，扑虫盈把，终夜展转辗难安枕席，竟日皆录问口供，书吏至于手腕为脱，陈君挥汗甚雨，□不曾践约，于三月间，陈君旌节可以言旋纽约矣。”

五月十八日（7 月 1 日），香港《循环日报》刊载的《中外新闻》报道：“我国星使陈兰彬旌钺已抵古巴，地方绅士皆来谒见，无不剪花开径、拥帚迎门，争相延致。旋陈君与总督君会晤，总督待之有加礼。翌日，往拜英法日美驻扎其地之领事，仪文渥挚，情意优隆，并许代为查核佣工，其中有无苛待。按，自澳门贩人出洋以来，连樯接迹而往者，岁有数万人，其为土人尽力工作，俾土人得以安坐而食，稍有良心者，允宜善为，顾视乃豕畜而牛役之，毫不加以悯苦，鞭扑交下，至无元肤，即委之于沟壑，此岂得尚有人心乎。故一言以蔽之曰：招工之馆，断不可开；出洋之举，断不可行。彼所谓设新章定善法者，皆谬言而已。”

五月二十二日（7月5日），李鸿章致函总理衙门《论派员查办秘鲁华工》：“顷奉五月十九日直字一百九十五号公函，谨聆一切。日国丁使既以陈主事查办古巴事竣，即可商办日国之事。钧意拟令荔秋暂回进京，以便与各国公使辨论华工时，藉资证佐，自属正办。鸿章前已缄致沪局刘道，转属荔秋，于古巴事竣，暂行回华，晤商各事，再定进止，正与尊意相合。荔秋本有归思，藉此稍息薪劳，应请钧处即行扎调为便。至秘鲁查办既列专条，亟应派员前往。其专条内载有秘国核定此章之日起，及国会议允批准互换等语，皆系梅辉立与葛使再四周折，必欲叙明。鄙意嫌稍活动，是以画押之先，令备照会，声明派员前往立可照办。一虑其回国后或有翻覆，一因去冬曾与容丞闳面约：如本年秋冬照料幼童得暇，就近赴秘查访确情。虽其行否未能预定，有此议论，可无阻碍也。奉使绝域，在今日极是难事。中外语言、文字、法律、风俗迥不相侔，即有品端识正之人，贸然远行，格格不入，何从下手？况古巴不过查访实据，秘鲁则查而兼办。欲得融洽分明、措置妥当者，尤难其人。鸿章反复筹思，秘鲁招去华工，粤人居多，先欲通晓华工言语性情，非粤人不可；又欲通晓英文及日斯巴尼亚文字，非粤人而游历外洋者不可。容闳为人诚不如荔秋之颠扑不破，但洋学及西国律法探讨颇深，洋情既熟，必敢与若辈断断争论。其志趣尚知要好，以粤人查办其乡之受苦者，断不至嗫嚅濡忍，致令华人吃亏。是乃用其所长之意。惟此事关系较重，头绪较烦，一人之耳目心思尚难周到，似须酌量添派一二人会办。如蒙许可，或再由外遴选与容闳素习之员，抑或径由贵衙门择派妥员，檄令往办，统候示遵。再，出洋学习幼童现去三批，共有九十人，尤须得人料理。陈主事暂调回京，容闳恐未能久离美国。其赴秘鲁早迟，尚难遽定。拟俟荔秋回晤时，再行妥商定议。”

五月二十六日（7 月 9 日），《申报》刊载《陈星使将赴美国》。

五月二十八日（7 月 11 日），香港《循环日报》刊载《纪星使往核古巴华佣事》：“我国星使陈比部荔秋，已偕随从各员驻节古巴岛，前往各处稽查，足迹几无不遍，如力剌，如桂拿巴告者，皆乘车亲莅，为之问疾苦，察冤抑，宣沈□，拯苛暴，所至之地，官吏皆逢迎恐后，甚为优待，其一切情节，当备列于行程纪录中。而所立大纲，略有三端：其一须古巴招佣之家，书明华佣何时至岛，何时届期，庶俾日后信据昭然；其二须专立驿务馆一所，以便与华佣递寄往来书札；其三其中设有贫病之人，不能操作糊口，则于华佣中，抽取分毫，以资养恤。此皆有益于华佣之实心实事也，陈君此行为不虚矣。”

五月三十一日（7 月 14 日），香港《循环日报》刊载的《论古巴情事》内有言：“前次美国公司船到，云钦使陈庶常等到古巴之后，因其内争，稽察华佣情形，未得其详，亦未能与古巴官定议，该钦使非不竭力据理，使华佣立解倒悬，无如事竟有欲连而不能者也。”

六月初二日（7 月 15 日），李鸿章致函总理衙门：“五月二十八日接奉二十六日直字一百九十六号公函，并致陈主事函札各一件，业将尊缄交轮船递沪转寄矣。顷据沪局刘道抄寄陈主事三月二十八日古巴来函，谨照抄呈览。荔秋于四月初间回美国之哈富尔地方，据称互译华洋口供具禀须两月以后，计奉到钧札料理回华当在秋间。”

六月二十二日（8 月 4 日），《申报》刊载《中国与秘鲁所立专约》。

六月二十四日（8 月 6 日），《申报》刊载《出洋总局挑选第三批幼童》。

六月二十六日（8 月 8 日），香港《循环日报》刊载的《中外新闻》报道：“星使陈荔秋太史已自古巴返旌纽约，仍至出洋局教授肄业幼童，闻其从人现已回至金山，所述出洋佣人受苦之事悉属实情。”

七月十三日（8 月 24 日），《申报》刊载《出洋童子叩谒中西各宪》。

七月二十七日（9 月 7 日），致函刘翰清。

七月三十日日（9 月 10 日），总理衙门上奏《拟派员查访华工情形折》，内有：“臣等现以此事若非派员往查，匪特该国所请赔偿之款难于办理，且古巴夏湾拿地方即实有凌虐华工情事，势不能禁其招工，流弊更属无穷。因思现在选带学生出洋肄业委员、主事陈兰彬驻扎美国，距日国不远，如令就近往查，尚属简易，拟即札饬该员前往日国古巴夏湾拿地方，查明该处华工是否实受凌虐，以便臣衙门酌核办理，并饬总税务司赫德遴派江汉关税务司英国人马福臣、天津管税务司法国人吴秉文，随同该员前往，既不至有人地生疏之虑，且将来如查出该处华工实有受虐情形，亦属共见共闻，该国使臣自不能以中国委员一面之辞，再行狡辩，庶足以关日国之口，而服各国之心。”

七月间（8—9 月），《中西闻见录》第 24 号刊载《上海近事》，内有：“上海有新闻纸名曰《申报》，每日一出，其局虽有英人参办，究系江南人出资设立，经今已有三年，初设时，销售无多，厥后民间知报内有轮船往来日期，且各国近事，由电信传来，当日刷印，立可传观，人咸便之，于是其业大见起色，日出七八千本，兹闻有广东寓居上洋者，以从前申报持论有不允当处，恐将来有偏袒不公，遂另设一局，刷印新报，每日一出，夫新报愈多愈于公务有裨，而论者谓上海阅新闻纸者无多，恐两局不能并立，然如西国大镇，新闻纸当不知几十家，于今上海只有两局，又何虑其不能并立也。"

八月初二日（9 月 12 日），《申报》刊登《驳中国宜奋志振兴论来书》。

八月十九日（9 月 29 日），刘翰清禀报李鸿章："三批幼童原议七月二十一日起程，因东洋无船接载，至八月初九日早八点钟，阿礼恩公司到沪，十点钟换给船票，填写舱位，三点钟将行装料简，五点钟由委员福建候选同知祁兆熙、候选布理问邝其照带领幼童三十名启行。初十日，早四点钟放洋，约计九日可至东洋横滨，换船出太平洋，二十一日到金山，住一二日，会晤美国统领，请其转饬火车公司妥为照料，计八日可至哈富尔。现在留局肆业者，尚有二十余名。所有出洋日期，理合禀明，仰祈宪台俯赐鉴核，实为公便。"

八月间（9 月），《中西闻见录》第 25 号刊登的《上海近事二则》，其中有："近闻复派委员携带学生三十名出洋，业经起程，前赴美国肄业，耑习洋文，并泰西一切有用技艺，溯查前岁及去岁各有学生三十名出洋，统计派往美国之学生共有九十名，夫以勤习实学之故，且不惮远涉重洋，而现在中国肄习西学诸生，闻之更当益加奋勉矣。"

九月十一日（10 月 20 日），呈送《古巴华工事务各节》。

九月十九日（10 月 28 日），前往旧金山迎接祁兆熙携带的第三批留美幼童。

九月二十六日（11 月 4 日），《申报》刊登《续春申浦竹枝词（苕溪洛花馆主人未定草）》："爵相宏谋远虑长，西洋开局选儿郎。欲搜海外精奇艺，不顾风波一苇杭。（出洋局挑选幼童，载往花旗肄业，始于曾文正公奏请，继于李爵相接办。）"

九月二十八日（11月6日），李鸿章致函总理衙门："再，现接陈主事兰彬七月间自美国哈富来禀，内有禀复钧署文件，附呈察收。又，沪局刘道钞送陈主事函稿二件，照钞呈览。容丞闳去冬在津，曾面嘱回洋料理幼童之暇，就便赴秘鲁秘查华工情形，当即专缄报闻。兹陈主事禀称，容丞于七月初三日搭船往秘鲁。该主事又将回国，鸿章已檄饬该局教习叶源濬、容增祥二员暂行帮理幼童肄业事宜，以专责成。该员等在洋日久，情形熟悉，当可放心。容丞所购格林后门炮五十尊，系敝处托其订购者，并以附及。"

九月二十九日（11月7日），向总理衙门咨报调查古巴岛华工被虐事。

九月间（10—11月），《中西闻见录》第26号刊登的《美国近事》，内有："迩来中国印造新闻纸者渐众，上海有二处所发售，一名《申报》，一名《汇报》，人争购之。新近华人之寓美国金山者，又造新报，名曰《旧金山唐人》新闻纸，昨阅其六月初九日报内，除载货行情，暨轮船往来日期外，更近事有数条，兹略录其二：一为中国前派陈太史兰彬、容孝廉增祥查办吕宋猪仔一事。据云，陈公业将查办情形于上月具详待奏，所有澳门猪仔陋风已经禁止，嗣后往者满期，来者绝迹。并附容君诗八绝，盖纪猪仔之苦况而作，有云：肉破皮穿日夜忙，并无餐饭到饥肠。剩将死后残骸骨，还要烧灰炼白糖。又有'独有古巴风气异，家家私自设监房'之句。一为该处华商现在拟请设中国领事官办理一切，业经陈公据情转禀李中堂，将来能否举行，尚未可定也。"

十月初六日（11月14日），《万国公报》第7年第311卷刊载《大美国事——议立大书院》："九月十八日，英新报云：美国吕伯巴地方议立大书院一座，延请天下各国教习，传授天下各国语言文字，其传道之法，某国学生以某国教习约束，如学生欲习别国语言文字，可向别国教习处受业，而仍可与本国教习温习本国语言文字也。此信传开，现已有巴西、古巴、中国、东洋、墨西哥等国年轻子弟，愿受业于门矣。"

同日，《申报》刊登的《中外杂闻》写到："金山日报之华人，拟将立设领事于此，领事俸糈则由六大会馆出赀，为之供亿，但求中国派官至彼，得有管辖。前日，金山华人已倩容纯甫太守致词于当道，转达朝廷。惟金山之人，皆顽鄙性成，薄视华人如鱼肉之在刀俎。领事至此，若不示以官长之威仪，则体统不尊，或有时行于街衢，恐有掷石者、肆詈者，则奈之何，似乎领事不能久居于彼也。彼土人之为巡丁者，且不能禁止领事，至彼惟恐或有龃龉，转足以损失威望。惟如日本人服平常之服，庶乎其可。或更有善法，不如简择西人之熟稔中国事者，使居斯职行之既久，然后易于华人。"

十月十九日（11 月 27 日），《申报》刊登《赴秘鲁星使将即回华》。

十月二十日（11 月 28 日），《万国公报》第 7 年第 313 卷刊载《大美国事——中国出洋学生考入美国大书院肄业》："西历十月初八日，纽约新报云：中国发往美国学生，先后共去九十名，本年所去之三十名，不日可矣。其前旧两年所去之学生六十名，分两省书院中肄业，一省名甘勒，一省名马色，所学之语言文字，日有进境，且能循规蹈矩，皆堪造就之材，现有两生考入掖勒大学院中之格致馆学习矣。"

十月二十三日（12 月 1 日），李鸿章复函刘翰清："顷奉十月初二日惠书，并抄寄荔秋七月二十七日来信，敬聆一一，就审擘画宣勤，时祺益茂，至符臆颂。三批幼童于九月十六日由金山搭附火车赴美，计已早抵哈富。纯甫赴秘鲁查访华工受虐情形，竟与古巴相埒，既得有确实凭据，俟其禀复到日，当设法妥办。荔秋日内能否抵沪，何时北来，殊为盼念。荔秋在美照管幼童，极为得法，此时暂交纯甫诸君经理，谅臻妥善。将来西班牙华工议定，仍须回美一行为是。”

十一月初二日（12 月 10 日），《申报》刊载《出洋幼童在美国近状》。

同日，李鸿章复函苏松太道沈秉成：“容丞闳前报美厂铁甲船价值，当经批属尊处转致该函，再行切实考较，未知近日有复信否。昨奉寄谕催办，此次业经据实陈奏矣。”

十一月十八日（12 月 26 日），《万国公报》刊载《西国优待中国肄业生童》，《申报》刊载《中国当宜自强为本论（客闽莲塘生稿）》。

十一月二十三日（1874 年 12 月 31 日），拜会李鸿章。

十一月二十四日（1875 年 1 月 1 日），与许钤身一同自天津起程赴北京。

同日，李鸿章复函福建巡抚王凯泰：“陈荔秋昨自海外来，道经横滨，适日人喧传得胜回国，市中有绘某方伯跪像者，日固可恨而伟之时运不佳亦可知矣。吾宗发愤为此，若波及同寅，以后更难久处，大力尚能斡旋否？”

十一月三十日（1875 年 1 月 7 日），李鸿章致函总理衙门：“陈荔秋主政到津后，因海船积受风寒，两膀酸痛，略为调治即束装赴京，蒙谕催速望，当即函属该主政刻日起程。前在津曾约定二十日外启行，计早晚必已上谒矣。”

十二月初二日（1875 年 1 月 9 日），《万国公报》刊登《天津税务司同陈星使进京复命》：“去岁，陈太史兰彬奉命出洋赴古巴查看华人佣工情形，其同去者系天津税务司，名胡白，已与陈太史回京复命，想不日仍回天津办理海关事务也。”

十二月初三日（1875 年 1 月 10 日），李鸿章致函总理各国事务衙门《再议古巴华工》：“昨得津信，陈主事兰彬已于十一月二十四日偕同许守钤身起程赴都，谅早晋谒台阶，禀商一是。日国招工一事，流毒滋深，前据陈主事面陈，古巴华工情形，实堪悯恻，而该国丁使尚呶呶不休，曾属许守与美副领事毕德格妥议办法。兹据毕德格寄呈节略一纸，语多可采，谨照钞奉览，以资辨证。”

同日，李鸿章又致函孙士达：“秘鲁条约议定互换，该使明春来华，自无异议。古巴查办华工，美使允为实力相助。荔秋比部日内计已到京矣。”

十二月初六日（1875 年 1 月 13 日），《申报》刊载《添基氏吴天水评论容闳娶妻事》。

同日，李鸿章复函吴大廷：“容丞所议美国铁甲船，幼帅锐意购办，自可为海防一开风气，但未据绘图呈送，未审果否坚新利用耳。”

十二月初八日（1875 年 1 月 15 日），《申报》刊载《寓美国近镇之华人来信》。

十二月间（1875 年 1 月），《中西闻见录》第29 号刊登《使臣旋京》：“去岁中国遣派使臣前往古巴、秘鲁等处察看华人情形，现已回京，其所陈各件，尚未得悉，惟阅西国新闻纸云：据使臣之意，必须断绝招工出洋，永不再开方可。余意亦以为然，夫民间有愿自携资斧赴外国谋生者，尚属可行，若无业贫民，被招出洋，一经画押，即同卖身，凌虐役使，无所不至，诚足为华人之辱。一任严定章程，而奸徒射利，弊端百出，固不如概行断绝之善也。至内地商民在各国生理者多，而在外为工，限期未满者，亦十数万人，似应设华领事官，以司其事，虽西国无苛待远人之心，而风俗言语，彼此不同，间有怨抑，无处伸诉，堪悯恻，且奸诈之民，随在有之，恐见其无人保护，竟或有意欺凌，亦属不免。由此观之，领事官之设，自不可缓也。”

光绪元年（1875）乙亥年五十九岁

正月初六日（2月11日），李鸿章复函沈葆桢：“荔秋已由美回京，议办古巴招工一事，尚无端绪。其人诚悫可靠，而权略不足，军事稍生，亦垂垂老矣。”

正月十四日（2月19日），李鸿章复函丁日昌：“荔秋为古巴华工一事赴都辨论。”

同日，《申报》刊载《书格林炮说略后》。《格林炮说略》为容闳所译，载于《教会新报》。

正月十五日（2月20日），西班牙署理驻华公使“为陈兰彬所查之呈词等件不应送局外人阅看”照会总理衙门。

正月二十日（2月25日），容闳收到陈兰彬函：“面奉中堂钧谕，往秘鲁费用或将来禀请筹补，或俟派员秘鲁，并作一案办理。”

正月二十四日（3月1日），总理衙门为派陈兰彬等赴古巴查访华工情形照会美国驻华公使：“查本衙门前派陈主事，及马、吴两税司等，前往日国古巴等处查访华工情形，曾于同治十二年十月初九日，照会贵大臣迅达贵国总理衙门，转饬贵国驻扎古巴等处领事官，俟中国委员到时，代为照料在案。兹该委员等于上年十二月间，先后回京。据称前在古巴查访华工情形，诸蒙贵国驻扎古巴等处领事官多方照料，甚为周到，本王大臣闻之，佩谢殊深。为此照复贵大臣查照，并希转达贵国总理衙门可也。”

二月初一日（3月8日），美国驻华公使复照总理衙门：“光绪元年正月二十四日，接准贵亲王照会，内开：马、陈、吴三委员，于上年十二月间先后回京，据称前在古巴查访华工情形，诸蒙美国驻扎古巴等处领事官多方照料等因前来。查此节前于癸酉年曾经卫大臣咨行本国，转饬驻扎古巴等处领事官照料在案。兹闻本国领事官接待贵国各委员，不失两国和睦之意，本大臣不胜欣慰。”

二月初二日（3月9日），《申报》刊登《至英查看幼童肄业情形》。

二月初三日（3月10日），《申报》刊登《节录总理衙门查办招工出洋事来文》。

二月初六日（3月13日），《申报》刊登《总理衙门刊列古巴华佣禀词摘录》。

二月初八日（3月15日），《申报》刊登《接录总理衙门刊古巴华佣禀词摘录》。

二月初九日（3月16日），《申报》刊登《接录总理衙门刊古巴华佣禀词》。

二月初十日（3月17日），《申报》刊登《书使臣等禀复查勘古巴华佣情形禀册供结后》。

二月十三日（3月20日），《万国公报》刊载《西人上李爵相出洋生童宜至英德二国肄业禀——谨将出洋肄业蒙童宜择善化简要译呈电鉴》和《将来中国似有生童赴英学业》。

二月二十三日（3月30日），《万国公报》刊载《曾监院到福州（选郇州使者报）》：“同治十年，国家特选艺童派往打美国学习格致诸学，简一孝廉并谙达英文之曾君来淳以督之，十月十四日曾君由大美回国到福州，为奉命再选艺童前往。据云在美国之艺童年来蒙师友加意教育，于诸学大有进功，亦颇得声称于美国，且国人辄降其礼以相待云。”

三月十四日（4月19日），李鸿章复函刘瑞芬：“订购美国大小格林炮子一百十二万粒，已属通源号专函交该国公司轮船带至哈富，确询容丞。其制造格林炮子机器铜皮各价值亦经函询，俟其复到，再行核定汇款购办，甚为周妥。”

三月二十六日（5 月 1 日），陈兰彬致函李鸿章，交区谔良代呈。

同日，李鸿章复函陈兰彬。

三月二十七日（4 月 3 日），《申报》刊登《整顿军政》。

三月二十九日（5 月 4 日），致函容闳：“奉中堂谕，容丞去年往秘鲁费用，此时先造册报销亦可。”

四月初三日（5 月 7 日），李鸿章复函陈兰彬。

四月初四日（5 月 8 日），《申报》刊登《容太守合卺》。

四月初七日（5 月 11 日），翁同龢上午拜访陈兰彬不遇，晚上又约丁日昌和陈兰彬用餐，陈仍未至。

四月初九日（5 月 13 日），丁日昌宴请陈兰彬、翁同龢、彭祖贤（字芍庭）、潘祖荫（字伯寅）。

四月十二日（5 月 16 日），李鸿章上奏《陈兰彬议办华工片》和《请派区谔良帮办留美幼童肄业各事片》。

四月二十一日（5 月 25 日），两广总督刘坤一致函总理衙门，提及：“再，顷接陈荔秋星使来信，有寄呈尊处一函，兹特附呈。伏祈察览。”

五月初一日（6 月 4 日），李鸿章复函何璟：“荔秋古巴之役，辛苦万状，总署调回议事，请以区海峰主政往代。海峰前来津晤谈，知为令侄婿，壮盛英敏，毅然远行，加以历练，必成伟器。业经奏准，约秋初带第四批幼童赴美，长者应不责其唐突耳。”

五月初三日（6 月 6 日），刘坤一复函李鸿章，提及：“承示荔秋比部在都议办古巴之案，以区主政代选幼童出洋，夹袋多材，规模宏远矣。”

五月十四日（6 月 17 日），总理各国事务衙门保举陈兰彬出使。

五月十五日（6月18日），翁同龢晚间拜访丁日昌，恰陈兰彬和李凤苞亦在。

五月十六日（6月19日），自北京致函李鸿章。

五月十八日（6月21日），李鸿章致函其兄李瀚章："接雨生及陈荔秋、许仲韬十六日自京来函，并雨生致尊处函附呈。"

五月二十日（6月23日），《申报》刊登《钦派出洋总办》。

五月二十四日（6月27日），李鸿章复函刘瑞芬："容丞承办格林炮子等项，不愿经手，前荔秋比部来函述及，已切属其转致该丞，赶紧照办，刻期运解。执事现属开生函致，谅不致再有疑虑也。"

六月初五日（7月7日），容闳收到陈兰彬三月二十九日函。

六月初八日（7月10日），云贵总督李瀚章奏调陈兰彬前往办理"马嘉理教案"。

同日，李鸿章致函总理衙门："去岁七月间，曾派令委员容闳密赴秘鲁查看月余。据其禀复，华工到彼被卖开山种蔗及糖寮、鸟粪岛等处虐待情形，较之黑奴尤甚。合同年限之内打死及自尽，投火炉、糖锅死者甚多，情形实可惨悯，与葛尔西耶及贵使前言颇多不符。兹贵使既来换约，上年所立查办华工专条尚有不足，拟先与妥议办法，或加订条款，或添用照会，再将前次议定和约一并互换……至容闳上年往查秘鲁华工寄呈节略、口供两折，照钞奉览，似与古巴苛暴情景略同。惟据禀称，该员在秘鲁时，闻都城附近有华工八十名已满合同期田，仍扣留作苦工。当晤该总管外务大员，允为商办，该田主旋已陆续放出，是该国似尚有悔悟之机，但非有星使委员在彼随时监察争论，虽条约内坚明约束仍置不向。是又换约后必须逐渐筹办者。"

六月十一日（7月13日），李鸿章致函总理衙门："初九日，鸿章率同津海关黎道前往爱使处答拜，仍坚持初议，须与妥商，禁止凌虐华工，再换条约。该使谓容闳系往该国密访，并非如专条所云，会同该地方官商办，不足为据。且专条内明称，自秘国核定此项章程之日起，是必换约乃算核定，乃可商办；若定约不换，显违公法，未免有失信之议。鸿章告以断不失信，但一面换约，一面加用照会商明。该使仍坚持不允。随即密属美国领事施博、副领事毕得格从旁劝说。”又上奏《秘鲁换约折》：“惟去岁七月间，曾派管带幼童出洋委员同知容闳，赴该国密查月余。据其禀复，华工在秘鲁各处山寮仍不免有凌虐之事，须与商量办法，再将前次议定条约一并互换。”

六月二十三日（7月25日），总理衙门奏《李瀚章赴滇查办马嘉理案拟调刑部主事陈兰彬碍难前往片》。

六月二十五日（7月27日），李鸿章致函总理衙门：“诚以秘鲁、古巴等处专以贩买人口为生计，与中国别无通商之事。从前尚未深悉该处凌虐华工情形如此真切，尚可含容将就。自陈、容二员节次分往详查，始悉该国虐待华工甚于犬马，受虐自尽者每日不知凡几，凡有血气之伦，莫不切齿。今若不于照会内剀切议明，即含混与之换约，则是从前既往之华工不能使生，而随后复往之华工又将就死，而十数万日在水火喁喁待援之人，更无来苏之望矣。”

七月初二日（8月2日），《申报》刊登《奏保驻洋钦使》。

七月初三日（8月3日），《申报》刊登《录万国公报所登各大臣奏稿》。

七月初五日（8月5日），夜访翁同龢，辞行回广东。

七月初八日（8月8日），李鸿章上奏《请遣使赴秘鲁片》：“查秘鲁华工约有十余万人，受雇主凌虐之惨，实为目不忍见、耳不忍闻。去年委员容闳曾与该国官员争论，满工者亦即放出八十人。可知该国虽素无教化，然我苟有使臣在彼，执定条约与之断断相持，则华工既有呼吁之门，自可渐免欺凌之弊。前与该国所立专条、条约，于保护华工一层，本已剀切言之，现在加立照会，复将除弊各层明白指出。但我若无使臣在彼，则华工相隔七八万里，其保护与否，除弊与否，乌从而知之？即知之又乌从而拯援之乎？合无仰恳天恩，迅派正使、副使前往秘鲁，按照条约等件，凡遇可以为华工保护除弊之处，随时商同该国妥立章程，是此日在水火十数万之华人将死而得生，既危而复安也。伏查华民在东西南洋各岛，人数不下百万。春间王大臣等议办海防，本有招致各岛华人之议，但平时既无相为维系之心，则有事何以动其尊亲之念。今若于秘鲁、古巴各岛分别遣使设官，拯其危急，从此海外华民皆知朝廷于绝岛穷荒，尚不忍一夫失所，忠义之心不禁油然而生，有裨大局，诚非浅鲜。臣等为仰体皇仁拯援难民起见，是否有当，谨合词附片陈明，伏乞圣鉴训示。谨奏。”

七月初十日（8 月 10 日），致函朱学勤。

同日，李鸿章上奏《请设驻秘鲁使臣保护华工片》。

七月十三日（8 月 13 日），《申报》刊登《光绪元年四批出洋肄业官生姓名籍贯开列》。

九月初四日（10 月 2 日），《申报》刊登《论格致书院落成事》。

九月初七日（10 月 5 日），《申报》刊登《官生谒道宪领事日期》。

九月十一日（10 月 9 日），《申报》刊登《论中国设立领事》。

九月十七日（10 月 15 日），《申报》刊登《官生出洋》。

九月二十日（10 月 18 日），刘翰清禀报李鸿章：“第四批出洋幼童，业经造具清册，禀送宪鉴在案。区主事、邝翻译等于八月间先后到沪，九月十一日带领各童，向上海道点验，即日与美总领事晤面，当即料简行装。今年外国置备应用各物暨三批家属所寄，更多于前。十五日，诣万昌轮船公司‘雅尔江’轮船，填给舱位票，即发行李下船。十六日早六点钟，由区主事等率领幼童林联辉等三十名，于十点钟全数起程。卑府送至船上，嘱该船主妥为照料。计算八日可到东洋横滨，住一两日，换船径出太平洋。二十一二日，可至金山，住两三日，换坐火轮车，七八日可至美国哈富尔书馆。合将出洋日期禀报。此次业已告竣，一面饬各委员、司事等，赶紧将经手各件，次第清理，定于何日撤局，再行禀知。”

十一月初二日（11 月 29 日），容闳致函李鸿章：“窃卑职前在津门面奉钧谕，密往秘鲁查访华工情形，业于上年九月，将各华工禀词，及华董事联名公禀，交陈主事兰彬带呈后，于十月又将各华工口供暨诸秘鲁之美国公使面述各情、美公司之信件，逐一译录，开折呈送在案。有秘鲁往返川费等项，前经商知陈主事，在驻洋经费项下暂行借支。本年正月二十日，接得陈主事函称，面奉中堂钧谕，往秘鲁费用或将来禀请筹补，或俟派员秘鲁，并作一案办理等因。复于六月初五日接陈主事三月二十九日函，称奉中堂谕，容丞去年往秘鲁费用，此时先造册报销亦可，各等因。奉此，伏查上年往秘鲁水陆路程约计二万余里，舟车用度浩繁。卑职因不能通晓秘鲁语言，兼之该处天气炎蒸，易致疾病，曾约带美国人杜渣及医士祁洛同往，共计川费及美国人薪水等项，实支销库平银三千三十二两五钱九分四厘，暂行在驻洋经费项下借支应用。兹准陈主事转奉前因，谨将各细数，逐一造册，呈报鉴核，筹拨归款。计呈清册一本。”

同日，《申报》刊登《纪港绅谒见督宪事》。

十月初九日（11 月 6 日），《申报》刊载《出洋官生安抵东洋信息》。

十月二十九日（11 月 26 日），《申报》刊载《论古巴华工宜令赴美国受雇（蒿目生）》。

十一月初三日（11 月 30 日），《申报》刊载《火船失事》：“昨得传闻，有往金山之火船，业经失事，溺死二百五十人，但系何船，以电信简略，未能详悉，或曰该船从香港而至东洋，复由东洋而去金山者。然此说未足为据，惟本埠前所出洋肄业之人，是从横滨而登钗拿火船，故知可无虑及也。”

十一月初四日（12 月 1 日），《申报》刊载《出洋官生安抵金山》。

十一月初六日（12 月 3 日），《申报》刊载《津沽消息》：“传得中朝所简之郭筠仙侍郎、许钤身观察出使英国，尚未定期。兹又经总理衙门议，欲请将从前率领官生出洋之曾君礼逊为参赞官云。”曾礼逊，即曾恒忠，又名兰生（来顺），曾任出洋肄业局翻译。

十一月十三日（12 月 10 日），《申报》刊载《秘鲁华民来书》。

十一月十四日（12 月 11 日），总理各国事务衙门奏《请派员出使美日秘保护华工折》和《闻美西两国有在古巴用兵之事由陈兰彬探明片》，上谕：二品顶戴候补三四品京堂陈兰彬、三品衔同知容闳，著充使美国、日国、秘鲁钦差大臣。容闳并以道员用，赏给二品顶戴。

同日，翁增翰日记亦记录：“郎中陈兰彬以三四品京堂候补，并加二品顶戴。”

十一月十五日（12 月 12 日），谕旨陈兰彬容闳出使，按照出使英国成案办理。

十一月十八日（12 月 15 日），总理衙门照会驻美公使何天爵：“光绪元年十一月十四日，奉上谕，二品顶戴候补三四品京堂陈兰彬，三品衔同知容闳，着充出使大美国、大日国、大秘国钦差大臣。容闳并着以道员用，赏给二品顶戴，钦此。相应恭录谕旨，照会贵大臣查照可也。”

十一月十九日（12 月 18 日），《申报》刊登《拟用华官理海关》，提及：“前者风传总税务司赫公有辞任之意，以崇侍郎厚接任。现在又有风传，将此事重提，又云国家欲将海关理税之各西人逐渐换派中官，闻得前经出洋之各华官于明年有一帮先回中国，以其熟悉中外情形，拟用之以供此职云。”

十一月二十一日（12 月 18 日），李鸿章复函丁日昌：“秘鲁已派容纯甫、菘浦非其选也。幼丹来信，亦欲派员率生徒往英、法各厂造驶铁甲船之法，与尊论同。闽、沪厂内必有其人，务求精心选择，妥议章程见示，来年即令随筠仙等前去。广济开煤，已令盛道辞退商股，由直、鄂借官本，悉归公办。徐建寅在山东劝稚璜开煤矿，亦在筹办。台湾煤务，尚求主持，逐渐开拓。美国幼童，俟荔秋明秋北来，再商分隶各大馆，渠既充钦差，或能就近照料。总之，各事得人为难，兄非不欲办，实无可信任之人，尚祈执事寤寐求之，实有可靠，即详晰开示为幸。”

十一月二十四日（12 月 21 日），李慈铭在日记写道：“上谕：郎中陈兰彬，以三四品京堂候补（兰彬，广东吴川人，癸丑庶吉士，改刑部主事，初在胜保军营，后归高州办团练，累从刘长佑军，至直隶，入曾文正幕。庚午天津夷务，其所赞也。既文正悔用其言，而丁日昌荐之，于是加四品衔，赴西洋各国，领学习诸幼童，阅三年，托故还京言事，未报，因归粤，遂有此擢矣）。”

同日，美国驻华公使何天爵照会总理衙门：“查贵国钦派使臣前往本国，从此两国友谊自必益加敦笃，于彼此通商事务亦必得以办理亨通，两国商民实堪共相庆慰。况陈容大臣久历外洋，于本国情形尤为熟悉。兹奉简命前往办理通商，谅必将所有专责事宜，格外妥协办理。除照译贵亲王照会驰送本国外，相应照复贵亲王查照可也。”

十一月三十日（12 月 27 日），《申报》刊载《中西学宜并专说》。

十二月初四日（12 月 31 日），李鸿章复函郭昆焘：“尊论泰西各国均宜及时遣使，与鄙见相符，曾与总署筹及，以使才难得，尚在迟回。昨又奉旨派陈荔秋京卿与容莼甫出使美国、秘鲁、古巴等处，专为办理华工事宜，即来示一人兼赴数国之意，其有正、副者，为久驻替代计。至英国暂往，亦派两人，则莫测其用意所在矣。从前志孙及崇地山奉使各赍国书，并非专为游历，但不久驻亦无裨益。目今精通洋务而结实可靠者，实不多见。执事知交遍天下，夹袋中有其人否？”

十二月初七日（1876 年 1 月 3 日），《申报》刊登《恭录谕旨》，收录了十一月十四日谕旨：“上谕：四品衔郎中陈兰彬，著以三四品京堂候补，并赏给二品顶戴，钦此。”

十二月初十日（1876 年 1 月 6 日），《申报》刊登《请加升衔》：“十一月十四日《京报》，本馆尚未接到，兹据西报译出，谓有御史某奏请将三四品候补京堂陈兰彬、道衔同知用容闳，均请赏加二品衔，遇有美、西班牙、秘鲁等国交涉事，以使衔命出使云云。伏查西班牙远在欧洲，而侍郎奏稿特与美国及秘鲁同列者，大都即其所属古巴等，为华人佣工之地耳。”

十二月十一日（1876 年 1 月 7 日），《申报》刊载《优奖西员》：“前偕陈京堂兰彬出使古巴之两税务司，一名麦番升，一名胡伯，近悉朝廷俱赏加三品职衔，以示宠荣而嘉贤劳云。”

十二月二十一日（1876 年 1 月 17 日），在广东收到总理各国事务衙门咨文，告知奉旨以三四品京堂候补，并赏给二品顶戴，著充使美国、日国、秘鲁钦差大臣。

十二月二十三日（1876 年 1 月 19 日），《申报》刊载《论人形之异》：“现闻粤东容君携出洋幼童至美国之后，已娶美人为妻，如诞得麟儿，试提抱之，必有合于余言者。”

是年，丁日昌上书总理衙门，谈及陈兰彬和容闳查办两处凌虐华工事，“诚以秘鲁古巴等处专以贩卖人口为生计，与中国别无通商之事，从前尚未深悉该处凌虐华工情形如此真切，尚可含容将就，自陈、容二员节次分往详查，始悉该国凌虐华工甚于犬马，受虐自尽者，每日不知凡几。凡有血气之伦，莫不切齿。今若不于照会内剀切议明，即含混与之换约，则是从前既往之华工不能使生，而随后复往之华工又将就死，而十数万日在水火，喁喁待援之人，更无来苏之望矣。”

光绪二年（1876）丙子年六十岁

正月十九日（2月13日），上呈《奏为奉旨以三四品京堂候补并赏给二品顶戴等谢恩事》。

正月二十五日（2月19日），《申报》刊载《出洋官生回沪》：“昨日，美公司轮船开行来沪，带有头二批出洋之官生三名：一系容太守之侄；一名石锦堂，皆因水土不服而回者；又有黄姓者，系福建人，因有他故，遂亦回华。然三人之英语，已十分精熟矣。另有同来之二人，闻系教读之师，其姓名则未之知也。”

三月二十八日（4月22日），《申报》刊载《幼弟复生出洋三载兹得来书寄赠四绝》：“三年别梦绕江篱，荆树分离各一枝。记得挂帆分袂处，船头犹赠送行诗。话到临行便黯神，君居海外我春甲。长笺忽喜风吹至，莲漏声残读未巡。家书往返动经年，一纸相思未尽然。有暇阿兄唯忆汝，从今着意看归鞭。鸿雁分飞影自孤，离情辗转可相符。遥知异日相逢处，风雨连休话再娱。丙子丙月下澣海上朱震廷青甫稿。”

四月十四日（5月7日），邓华熙收到由杨颐转交的陈兰彬函。

五月十一日（6 月 2 日），李鸿章上奏《办理幼童出洋肄业事竣出力人员请奖折》："奏为办理幼童出洋肄业沪局现已事竣，请将出力人员恳恩优予给奖，恭折仰祈圣鉴事。窃照同治十年，前督臣曾国藩会同臣鸿章，拟选聪颖子弟，前赴泰西各国肄习技艺，以培人材。议立章程十二条，并遴派委员，兼陈应办事宜，两次专折会奏，均准总理衙门复奏应如所议办理。奉旨：依议。钦此。遵即分札各该员照办在案。所有挑选幼童，系在上海先行设局，派令盐运使衔分发候补知府刘翰清总理局务。此局开办以四年为期，所选幼童分作四批出洋，计自同治十年十一月初六日开局起，截至光绪元年九月十六日第四批幼童出洋止，即于九月三十日撤局。由该委员刘翰清将在事出力各员开单，禀请从优奖励等情。臣葆桢当以所保人员是否曾经出洋，抑常川在局出力，未据分晰声明，即饬苏松太道查复去后。兹据该道冯俊光将刘翰清单开在事官绅书吏分别在局出洋详细查明，并据禀称，各该员等均能不辞劳瘁，认真妥办，不无微劳足录；刘翰清主持局务，措置咸宜，现已办理完竣，应请一并从优给奖，禀复前来。臣等伏查幼童出洋肄业，事属创举。前督臣曾国藩举办之初，曾经札饬在事人员，俟挑选出洋事竣，从优奖励。今该委员刘翰清在沪设局四载，考试挑选，极尽心力，四批幼童俱已安稳出洋。其余各员，或自备资斧，访选送局；或分起伴送，远涉重洋；或教导认真，课程严密；或襄办局务，照料精详。均属著有微劳。现在沪局既已事竣，自应一并从优保奖。谨缮清单，恭呈御览。合无仰恳天恩，俯照所请，优予给奖，以示激劝，出自逾格鸿慈。所有办理幼童出洋肄业沪局事竣，请将出力人员优予给奖缘由，合词具奏，伏乞皇太后、皇上圣鉴训示。谨奏。奉旨：该部议奏。单并发。钦此。"

五月十八日（6 月 9 日），《申报》刊载《论旧金山驱逐华人事》。

五月二十一日（6月12日），李鸿章批复区谔良和容闳的禀文："据禀，头批肄业幼童现已循次考进中大书院，一切费用较巨，兼值近来美国税增物贵，原定每名每年经费银四百两，不敷支用，自系实情。准将撤回及病故幼童五名领款，又邝翻译核减薪水共银三千二百两，饬知江海关道暂行照旧汇寄给领，以资弥补。至嗣后经费应如何酌议加增，仰即逐款核实妥筹，禀候察夺。惟饷源竭蹶，且系从前奏定之案，即稍有加多，必须格外撙节，勿得丝毫浪费为要。缴。"区谔良与容闳原禀为："窃司员等自上年到美后，分派幼童就馆肄艺，调局课读，均已料理周妥。其有孱弱多病者，有毫无长进者，有不遵约束者，亦经司员、职道分别察核，前后备文撤回，禀明在案。惟是淘汰，固当核实，而经费尤须预筹。美国自南北战争以来，税务烦增，百物因而昂贵，价值有十倍至数十倍者，固已久在宪台洞鉴之中，即前局员陈京堂谅亦一一缕陈矣。现查二、三、四批幼童，多在小馆，每年经费库平银四百两，截长补短，目下尚可敷支。惟头批各童，循次考进中大书院，一切馆费、书籍、膏火，无不比小馆加增，断非四百两所能敷衍。伏查原奏定章程，每名按年通给四百两，立法本极撙节，但以事属创办，筹算多有未周，而美国今昔殊情，亦非当日所及料。除司员、职道统将十五年经费逐款清查，容俟妥筹，开列清折，禀恳奏请施行外，其目下头批幼童经费已形不敷，亟须弥补，相应禀请，在于前后撤回幼童四名、病故幼童一名，每年每名四百两；又，邝翻译每年减去薪水六百两；又，江海关道于兑汇第五年经费项下少汇翻译薪水减项六百两。计共库平银三千二百两，合恳宪恩，先提此款，仍归第六年经费内一并给领，暂资弥补，一俟后来并案核实报销。是否有当，伏乞批示祗遵。如蒙俯允，并请饬知江海关道，将前开各款共库平银三千三百两，统归今年六月以前汇寄第六年经费内搭解，实为德便。至通筹十五年经费，亦属刻不容缓。统俟妥筹后，再行缕禀。”

六月二十五日（8月14日），《申报》刊载《论通商各国公使领事最为有益不可不设事》。

七月十一日（8月29日），刘坤一致函总理衙门：“查中外通商条约，原准中国派领事官前往各国驻扎。第泰西各国远隔重洋，华商前往贸易者寥寥无几，自可不必设领事官，徒糜经费。即华商辐辏之处，如英属之印度、新嘉坡及南洋各小岛，主客相安，亦可不必汲汲于此举。惟查有美国旧金山地方及分往附近各处华民，已二十余万人。埃及土人，因恶华人夺其生计，请于洋官，将下逐客之令。虽经洋官设法保护，而亦不免迁就依违，龃龉频仍，几至决裂，其事屡见之新闻纸。询之美国驻粤领事林干，所称情形亦复相同。而粤民以该处有利可图，犹复络绎而去。坤一初拟出示禁止，又以未奉明文，不敢涉于冒昧。据闻美国已饬驻京公使请之贵署，另立出洋章程，量予限制，未审有无是议？窃旧金山所有华人，尽系粤产，现在该处居积致富者颇多，深以弱肉强食为虑。其在原籍之宗族姻娅，拟请于该处援照条约，设立正副领事官，俾华人有所依赖；所需经费，即由该处华人酌捐，约略计之，有盈无绌。复商之美园林领事及翻译官余贞祥，均以为然，并谓此举若成，该处洋官亦有所凭藉以钤制土人，保护华人更易为力。又在古巴当工者，亦系华民，上年查办以后，该国官商仍复为所欲为，而华人之受虐如故，是非设立领事官以为之庇，终恐徒托空言。美国林领事、余翻译咸称，金山华商殷实，将来捐有成数，尚可分润古巴，以为该处领事经费，以古巴距金山水路一万三千余里，陆路七八千里，为不甚远，可以往来挹注也。前陈荔秋星使过省，匆匆北上，未及与之细谈。可否仰恳贵署，于荔秋出使时，嘱命便道察看情形，与该处粤人及美国、日国筹商设立金山、古巴两处领事事宜，先行举办，庶粤人不至常受欺陵，而贵署亦可稍省口舌矣。坤一以该两处均系粤民，不得不为之请命，是否有当，伏乞酌裁。”

七月二十二日（9月9日），《京报》载：“陈兰彬以候补三四品京堂升为太常寺卿。”

八月初三日（9月20日），李鸿章复函总理衙门：“遣使一节，英、法、俄、德、美五大国及日本皆不可少。潜在烟台会晤德国巴使、俄国布使，均盼有人前去。陈荔秋现已至津，不日北上。将来英美两使动身后，难保各使不来催问，惟此事胜任固难，各大国似须实任品级稍崇者方免轻视。鸿章未便妄举，仍求钧处于京外实缺各员内酌量选择，次第奏办为幸。威使计算、已抵京，据称结案电报内已请假回国，约一月后必有回信。”

八月初四日（9月21日），李鸿章复函福建船政大臣吴赞诚：“陈荔秋补太常卿，朝廷以使绝域为难事，非此无以鼓励群英，阁下倘亦有意乎？”

同日，《申报》载《美国寄居华人缘起并叙近日情形》。

八月初八日（9月25日），李鸿章复函丁日昌：“荔秋擢太常，更觉踊跃。日内晋京，趁西班牙新公使到后，妥议古巴华工章程，便可首涂。但容闳性情乖戾，亦难共事。总署拟商遣使德、俄、法、日本诸国，殊难其选。用两人不如一人，免致意见歧出，未知夹袋有胜任者否？”

同日，《申报》载《美国寄居华人缘起并叙近日情形（接续前稿）》。

八月初九日（9月26日），《申报》载《论旧金山设立领事各官》。

八月初十日（9月27日），《申报》载《再论设立领事各官》。

八月十二日（9月29日），《申报》转载七月二十二日京报，“旨：陈兰彬补授太常寺卿，钦此。”

八月十五日（10月2日），李鸿章复函陈兰彬，谈及闻秘鲁虐待华工如故。

八月十六日（10月3日），和刘锡鸿拜访郭嵩焘。

同日，刘坤一致函黎兆棠：“粤民之在古巴者，其受害依然如故。金山之事，几至决裂不堪，新闻纸已屡言之，不可不亟图援手。商之美国领事亦以为然。弟函致总署及陈荔秋，并南北洋大臣，请于该两处先设领事官，以资保卫。所需经费，即于金山之中国商民抽捐，当有成数，并可分润古巴。该两处尽是广东民人，弟不能不为之请命，以见中国爱民不遗在远也。”

是日，《京报》载：“太常寺卿陈兰彬到京请安并谢恩。内务府奏派致祭黄木神，派出茂林。召见军机、陈兰彬……”

八月十七日（10月4日），翁同龢日记载：“陈兰彬由候补京堂授太常卿，何如璋由编修授侍讲，刘鸿锡由部郎授五品京堂，皆出使外洋所谓参赞者也，连日召见，联翩超擢如此。”

八月二十二日（10月9日），郭嵩焘到总理衙门拜会恭亲王奕䜣，刚好陈兰彬、唐廷枢、陈桂士、黄胜也在，众人相谈。陈兰彬举荐黄胜之子给郭嵩焘做翻译。“廿二日，礼部加班奏事，入东华门，至传心殿小坐。米使西化偕其水师提督任君至总署谒恭邸，诸公并会。适陈俪秋、唐静星、陈瑞南（桂士）、黄平甫（达权）并移居总署，相就一谈。又有陈茇卿（树棠）现在天津，亦约同出洋者。俪秋得人盛矣。而兆民所恃为开办宏远公司局者，亦只在此数君，使人健羡。俪秋荐平甫之子曰黄泳清，在英国学馆多年，然询其笔墨，固远不逮蔡锡勇也。”

八月二十五日（10月12日），郭嵩焘邀请陈兰彬、何如璋、唐廷枢、黄胜、陈楚士、刘锡鸿和许景澄小叙。

八月二十八日（10月15日），崇厚、毛昶熙和董恂午宴，邀请了陈兰彬和郭嵩焘。

八月二十九日（10月16日），李鸿章复函郭嵩焘："拟派二张参赞，自牧虽未见过，才尚精核；鲁生习洋语不精，年力渐颓，能任重致远否？熟悉商务条理，亦正不易耳。翻译舒文标、黄泳清，殊为得人，但汉文欠深。曾恒忠洋语洋文甚熟，惟汉话、汉文生疏，或谓其嗜利而暗于大体，在敝处则尚谨慎也。马格理久寓金陵候信，威使屡称其能，弟亦夙知其忠厚可用，去取悉听尊裁。荔秋以携带洋人为非宜，想因狡黠者难于驾驭，又或自量无驾驭洋人之才力，公自命为何等耶。远适异国，问禁问俗，窃谓带一二土著亦无不宜，但须择其驯良者而遣之。"

九月初四日（10月20日），《申报》转载八月十六日《京报》，"太常寺卿陈兰彬到京请安并谢恩。内务府奏派致祭黄木神，派出茂林。召见军机、陈兰彬。"

九月十二日（10月28日），李鸿章复函陈兰彬。

九月十四日（10月30日），李鸿章复函丁日昌："丹崖出洋，援荔秋带学生赴美之案，似难奏请加衔。鄙欲兼筹筠仙、云生替人，不在目前虚荣，而在日后远图。"

九月十五日（11月1日），郭嵩焘拜访奕䜣、沈桂芬、崇厚、毛昶熙、董恂和何璟，一同到总理衙门，见到陈兰彬与许钤身、李善兰、丁韪良等人。

九月十八日（11月3日），李慈铭在日记写道："闻郭嵩焘、刘锡鸿以二十五日赴西洋，故十五日召见二人以请训也。此后分使各国者尚多，去年文相国保举之二十余人，皆将出使，竹篔虽归，亦不能免。凡官二品者，月支薪水银千四百两，五品以上者八百两，七品以上者六百两。计朝廷岁糜帑金至六七百万，于洋税中提支，所使皆鄙夫下才，不知国体。许钤身者，尤险诈无耻，洋人颇以其不由科甲，盖侮辱之。此议发于粤人陈兰彬，谓各国皆有夷馆驻俄都城，而中朝官无驻外国者，欲以知情伪，通信命，非此不可谋，国无人曲意从之。不知夷人挟其虎狼之威，犬豕之欲，近据辇下，外扼各口，睚喋一言，上下惕息，要求劫胁，无计不从，彼之监我宜也。我之使彼，形同寄生，情类质子，供其驱策，随之嚬笑，徒重辱国而异。虽有智者，无所施力。况皆驵侩之辈乎？兰彬，嗜利之人，敢为大言，自以翰林改官，潦倒不振，涂穷日暮，倒行逆施，只以自便私图，不惜卖国，言之可为切齿。郭、刘衔命至英吉利，实以马嘉理之死，往彼谢辠，尤志士所不忍言也。”

九月二十三日（11 月 8 日），刘坤一复函刘秉璋（字仲良）：“金山之事，几至决裂，想执事已于新闻纸见之。该处及古巴华人均系粤产，不得不亟为请命。前经上书总署及合肥相国，恳于该两处先设领事官，以资保护。昨得复函，均以为然。俟陈荔秋星使出洋后，当有定局。”

同日，《申报》刊载李圭的《记哈佛幼童观会事》。

九月二十六日（11 月 11 日），《申报》刊载《中外钦使将同来沪》：“又闻陈瑞南太守，将任美国，为领事，此信未知确否。惟瑞南太守，前偕陈荔秋京堂，自粤来申，小住数日，便赴津门。或上游器重其人，奏派为驻美领事，俾拊循旧金山等处华民是亦未可知也。”

十月初六日（11 月 21 日），奏调刘亮沅、朱和钧、陈嵩良、陈树棠、陈桂士、薛树辉、判蔡锡勇、叶源濬 8 人为出使随员。

同日，《申报》刊载《论现设驻洋各官保护出洋华人实为中西均益事》。

十月初八日（11 月 23 日），《申报》刊载《出洋官员信息》。

十月十二日（11 月 27 日），薛福成日记：“钦差出使美日秘大臣太常寺卿陈奏称：美国之金山、日国之古巴、秘国之嘉里约等处，均有华人在彼贸易佣工，其数约有三十余万，所有应设领事、参赞、翻译等官，并随员人数较多，兹先择户部主事刘亮沅、兵部主事朱和钧、刑部郎中陈嵩良、候选道陈树棠、陈桂士、监生薛树辉、通判蔡锡勇、光禄寺录簿叶源濬，堪以派充领事等官至任。奉旨依议。”

十月十四日《11 月 29 日》，《申报》刊载《论设公使等官实有益于国事》和《总理衙门奏定出使章程》。

十月十五日（11 月 30 日），李鸿章复函吴赞诚：“昨容闳在美国访得黎氏鱼水雷，妙绝天下，派该洋人来商价目，已与议订，来春先携一雷到津试演，如果秘巧出众，允以重资多购五十副，将制法、用法传授中国。”

十月十六日（12 月 1 日），《申报》刊载《论出使各员俸银》。

十月十七日（12 月 2 日），《申报》刊载《中西仪文不同论辨正》。

十月二十一日（12 月 6 日），夜访翁同龢，长谈。

十月二十三日（12 月 8 日），《申报》刊载《论海上寄鸥子中西仪文不同辨正书》。

十月二十四日（12 月 9 日），上呈《奏为招商局轮船关系大局办有成效请饬疆臣认真经理事》，获得慈禧太后认可，并密谕李鸿章和沈葆桢督饬局员认真经理，悉心会商，妥筹办理。

十月二十八日（12 月 13 日），刘坤一复函黎兆棠：“西学馆之设，诚为当今急务。弟实有志于此，昨以银八万元购买黄浦船澳，为将来扩充机器局及开设西学馆地步。顾念闽省何尝无西学馆？同治五年冬间，左季帅纡道章门，言之津津，乃迄今十年之久，未闻有所造就。即广东亦早设同文馆，名异实同，初议兼用满汉生徒，此次荔秋星使奏调之蔡倅锡勇，系由此馆出身。嗣以专用旗人子弟，一味训课时文，虽仍聘一英员教习，略存其名而已。似此毫无实际，纵添设一二馆，徒糜经费，为外人所笑，故弟迟回慎重，匪独以目前难筹巨款，亦欲妥定章程，不敢仍蹈前辙耳。”

光绪三年（1877）丁丑年六十一岁

正月初八日（2月20日），上谕：“正月初八日孟春时，享太庙，奉旨遣奕详行礼，两庑遣陈兰彬，恩沾各分派，钦此。”

正月初十日（2月22日），郭嵩焘欲招致伍廷芳失败，责怪陈兰彬。“初十日，发电报至美利坚招伍秩庸回伦敦，得纽约信局回报，云已他往，其理事名费赤尔。伍秩庸实往金山容春圃（纯甫）所居，名乞富埔。刘和伯发电报纽约，以冀其转递，其误甚矣。然要皆陈俪秋贻之累也。”

正月十九日（3月3日），《申报》刊载《论旧金山星架坡两处宜设领事等官》。

正月二十二日（3月6日），李鸿章复函区谔良和容闳：“近来学生造诣有诸君认真督率，自当进而益上，其入选大书院者，能否令其各习一艺？中国所亟宜讲求者。煤铁五金之矿，未得洋法，则地宝不出。现在台湾、湖北等处开煤，所请英人，高下不等，所用机器原委难明，其余各省因无人指授，不免观望。如出洋学生内有颖异可造之才，望送入矿务学堂，先穷究其理器，一二年后，再令游览美国五金矿所，或暂充工役，或随同研究，必自能辨识地产之有无、厚薄，机器之如何用法，融会贯通，可得上等考单。确有把握，然后遣回，再发往各省矿局试用，庶于国计有裨，千祈留意。纯甫所荐黎约翰水雷，去冬经唐景星与之议订大略，本年谅必送来试验。惟各国洋人颇多訾议，或谓价值太昂，或谓并非新式利器，应俟演放后察夺办理。惟埃及并他国买此雷者，究竟实价若干，仍祈查访明确，由电报寄招商局，以便考核。至要，至盼。荔秋太常有三月间出京之说，西班牙公使以新议古巴章程未定，欲调兵船来华胁制，尚在混搅。星使须先赴美国筹办一切，华盛顿派员至金山查办华工事宜，闻西三月可定议。所有外国紧要新闻，及学生情形，希随时详晰示知，以慰远念。”

正月二十四（3 月 8 日），《申报》刊载《光绪二年十二月二十二十一两日京报全录》：“正月初八日孟春时，享太庙，奉旨遣奕详行礼，两庑遣陈兰彬，恩沾各分派，钦此。”

二月初六日（3 月 20 日），刘坤一复函刘秉璋：“筠老致谤在劾彦帅一疏，若其出使重洋，真为出万死不顾一生之计，议者竟以此相诟病，则一妄人而已。所虑此老性情偏执，不足以济国是。前由香港贻书告别，甚郁郁不欲行也。陈荔秋以日使倔强，所议不合，迟迟出都，书来拟权与美国，是一办法。”

二月二十日（4 月 7 日），总理衙门奏《颁给出使美日秘等国使臣国书折》。

二月二十四日（4 月 11 日），《颁给出使美日秘等国使臣国书折》获准。

三月初十日（4 月 23 日），《申报》刊载《论长设领事书》。

三月二十六日（5 月 9 日），李鸿章复函郭嵩焘：“闻粤人伍秩庸学习英律，甚为精熟，陈荔秋欲派充秘鲁国总领事，设法招致，而执事左右竟乏此才，殊为可惜。李丹崖带去学生中通习英文、能翻译汉文者，当能通融择用。大都英文专精已难，兼译汉文者更少，容为留意。荔秋夏间当可出都。”

四月初七日（5 月 19 日），《申报》刊载《辩华工供称古巴撞骗论》。

四月初九日（5 月 21 日），《申报》刊载《论中美两国交涉各事》和《辩华工供称古巴撞骗论接录》。

四月初十日（5 月 22 日），《申报》刊载《辩华工供称古巴撞骗论接录》。

五月十一日（6 月 22 日），《申报》刊载《论识洋务》，提及“阅香港中外新闻有云，洋务一道，乃属要图，当道留心时务者，无不留心洋务，所惜者，其所赏识洋务之人，尚未确知洋务之所以为洋务，陈荔秋公使荐选识洋务者八名，谓堪当领事之职。俟关督初莅粤海，亦有无数自称识洋务之人。呜呼，何一时识洋务之人若是之多耶。”

五月二十五日（7 月 5 日），《申报》刊登《奖赏华童》：“美国哈尔弗忒城为华童肄业之地，近闻书院中考试，有华童王开甲得第二奖物，该童之父现在福州新关云。”王开甲，即黄开甲。

六月初一日（7 月 11 日），李鸿章复函郭嵩焘：“船案现将议结，古巴章程未定，荔秋尚无起程之期。”

六月十五日（7 月 25 日），为丁韪良的《公法便览》撰序。

六月十八日（7 月 28 日），李鸿章复函丁日昌：“黎约翰尚未到，外人多訾其水雷非命中之技。而容闳迭此函称，实系鱼雷新式，埃及、俄国先后定后，价不少减。容君当不至因以为利。百闻不如一见，且俟到时阅核定议。倘如约购五十具，北洋存款已去其半，其余一事不可为，人穷志短，奈何奈何。”

六月初十日（7 月 20 日），丁日昌致函驻美公使陈兰彬和驻日公使何如璋。

七月初六日（8 月 14 日），续调吴嘉善、陈嵩良、叶源濬、曾耀南、刘观成、陈模、黄达权、陈善言、刘光廉、徐承祖等 10 人随同出使。

七月初七日（8 月 15 日），李鸿章致函李凤苞：“至美国肄业学生，根底尚浅，现尚无能入大学院者，仍以在美学习为宜，似未便改调赴英，徒多周折。”

七月十八日（8 月 26 日），李鸿章致函郭嵩焘：“鸿章尝论，出使外洋必须博学多识、知大体，而尤以能通知西洋语言文字为第一要义，但目中所见，实无此项人才。前奉寄谕饬令保荐，至今未敢滥保一员，仅与总署谈过，美使宜添派容纯甫，为其熟悉洋情，语言文字较荔秋差强，但其汉文未深，又不甚知大体，亦是一病。唐景星与纯甫等耳。”

七月二十二日（8 月 30 日），刘坤一复函陈兰彬。

是日，李鸿章批复出洋肄业局总办区谔良和帮办容闳关于经费不足请加增的禀文。“此事现经本大臣逐加复核，酌中定议，应自第七年起，每名每年添给银二百两；第九年起，每名每年添给银三百两；第十一年起，至第十五年止，每名每年添给银四百两。即按实在幼童名数计算，已另文咨行饬遵矣。查容道本系原议章程之员，美国又为熟游之地，南北花旗战争亦非在定议出洋之后，当议章之始，凡书院之大小，束脩、膏火之多寡，物价之贵贱，该道应已一一通筹，不然何以原议禀内有通计二十年经费百二十万，自无缺乏之语。虽现在用费较多，有原议所不及料之处，然所短亦不至太巨。今遽请增至四十九万二千两，实觉相去悬甚，为数过巨，是以南洋大臣与总理衙门往返咨商，均觉十分为难。本大臣重念此举关系自强至计，不可中废，幼童远涉重洋，不妨格外体恤，故又不惜巨款，设法通融，量予添给。该员等务体筹费之难，自顾责任之重，于幼童学业加意讲求，认真激劝，增一分费用必期一分功效。仍将经费撙节支用，分晰据实报销，有余则涓滴归公。幼童学业情形及由中书院入大书院、技艺院、军政院、船政院班次等第，随时详确具报。若但知增款，而幼童学业不能年进一年，或涉铺张靡费，则咎有攸归。谅该员等洞悉时艰，素知自爱，当不出此也。此缴。”同时，李鸿章又将区谔良和容闳的禀文转咨南洋大臣沈葆桢。

八月初九日（9 月 15 日），《申报》刊载《简放钦使》：“刻接都中友人来信云，出使各国使臣，已有简放信息。美国正使为陈荔秋京堂兰彬，参赞为吴子登太史嘉善。日本正使为何公如璋，副使为张公斯桂。顾传闻如是所言，洋人未必尽悉云云。

想随后或出使他国，亦未可知。又传说出使英国大臣将调一人，另使法国等语。因并记之。”

八月二十七日（10月3日），李鸿章复函刘瑞芬：“顷接驻美副使容纯甫来信，云幼童肄业局经费照奏定章程，系于六月以前汇到，今岁六月中旬彼处尚未得收。上年延至十月始行寄到，诸形拮据，请转催贵关迅速拨汇前往，以济急需等语。查局费汇期既有定章，本年适值诸生等考八大书院，鄙人又函属纯甫整顿局务费用，尤虞支绌。此时尊处想已汇寄，倘尚未办，请接到此信后，迅即措汇。以后仍每年按期寄到，是所至荷。”

九月初一日（10月7日），李鸿章致函总理衙门：“日昨津海关道黎兆堂带粤人伍廷芳来见。久闻其人熟悉西洋律例，曾在英国学馆考取上等。于其来谒，虚衷询访，俱能指陈窾要。虽住香港及外国多年，尚恂恂然有儒士风，绝无外洋习气，尤为难得。前出使英美之郭侍郎、陈太常争欲罗致之，盖有由矣。此等熟谙西律之人，南北洋需酌用一二人，遇有疑难案件，俾与洋人辩论。凡折以中国律例而不服者，即以西律折之。所谓以彼之矛刺彼之盾也。”

九月十六日（10月22日），李鸿章复函沈葆桢：“粤人伍廷芳精习英国律例及公法，筠仙、荔秋争罗致之。昨来谒晤，恂恂有儒士风雅，不欲就外洋参赞，因缄商总署，请留南北洋差遣，遇有疑难案件，俾与洋酋辩论。凡折中中律而不服者，即以西律折之。总署复缄，深为许可，属会商尊处并筠老，即奏咨办理。召民询商伍君，岁须薪俸六千两，兼令翻译西例公法，于交涉要件有裨。请津沪两关岁各筹给三千金，南北各口有事，皆可前往襄助。已属召民商芝田，祈卓裁核示为荷。”

九月十九日（10月25日），李鸿章上奏《驻洋幼童匀拨经费折》，其中提及：“上年，原带幼童出洋之太常寺卿陈兰彬回华，面称幼童驻洋十五年，通计每名每年银四百两，殊不敷用，接带委员主事区谔良，原派委员补用道容闳，自洋续禀，亦以为言。臣鸿章饬令该委员等通盘筹算，核实具卸。旋据区谔良、容闳筹算禀覆，恳请添援。经臣葆桢咨请总理衙门核示接准，覆称此项经费应于何关添拨，由臣等斟酌、奏明、办理等因。”

九月二十四日（10月30日），《申报》刊登《书本报述古巴华佣苦况后》。

九月二十五日（10月31日），《申报》刊登《丁丑秋季京师各大吏衔名接录》，内有：“太常寺卿蒙古镶红旗瑚图礼，卿出使美国大臣广东吴川陈兰彬字荔秋，少卿满洲镶白旗怀塔布，少卿广西临桂周瑞清。”

十月初四日（11月8日），李鸿章复函郭嵩焘：“伍廷芳月前来津，据称不愿当二三等参赞，荔秋亦不带往，惟于公法、英律，煞有探讨，其人亦尚稳静，因与总署缄商，尊疏酌定通商则例，须先翻译各国律例，始可斟酌采辑。已由黎召民与伍廷芳议定，暂留南北洋差遣，岁给俸金，专令翻译英例、辩论交涉要件，非敢夺公所好，缘渠不愿远行，只有量才器使，勿任久居香港，为外人牢笼耳。”

十月初四日（11月8日），《申报》刊登《论出使》，内有：“吾故谓出使之举，刻不容缓，而美国、日本之出使，尤不可缓也。使臣既派，身禀朝命，为在外国之华民保护维持，则于美国金山土民欲逐华民之事，尤不可不加意焉，然金山之华民，不过与土人争利，起其娼疾之心，犹不如古巴糖寮佣工受虐之惨。上年陈荔秋京堂回国，于古巴各佣工情形，亲知灼见，入诸奏牍，三年以来，死者又不知其几，此次奉派美国钦差，惜古巴非美国属地，不能乘便办理，垂毙之民，空悬乡望，正不知有牛还之日否也。抑将于出行之日，道经该处，拯救佣工耶，若置此事于不论不议之列，则日本美国之使，亦止寻常通好之事，而于出洋之华民无补焉，岂其日本之华民聚处者多，金山之华民土客不容，均宜遣使臣以安抚之，而独于古巴之佣工可置度外，甚非计之得也。吾故谓出使必能保华民，而保华民必先理古巴案，若次第简派各国钦差，迟之又久，而及于古巴华佣将无孑遗矣。”

十月十六日（11月20日），总理衙门上奏《与西班牙公使订定古巴华工条款折》，内中提及：“窃臣衙门于同治十三年十二月间奏陈出洋委员陈兰彬查访华工在洋承工情形一折，以所查华人承工各节极为详细，拟即分致各国使臣查照，并咨行南北洋大臣暨各关道知悉，将来仍邀各国使臣公同评断等因。复于光绪元年十一月间奏派陈兰彬出使美国及日国秘国三国，办理交涉事件。秘国、日国则俟陈兰彬查复后，由臣衙门与日国并各国使臣会议。”

十月二十日（11月24日），致函刘瑞芬。

十月二十二日（10月26日），发文咨江海关道褚兰生，转咨总理各国事务衙门呈报出使经费事。

十月二十五日（11月29日），《申报》刊登《论出洋为官之难》，提及：“旧金山之华人虽与埃利士之土人结仇相攻，然美国究系大邦，与中国讲信修睦，尚欲格外设法保护华人，即设领事，纵难为，亦尚易为也。至于西班牙所属之古巴一地，再毗鲁一国，而华人之在彼者，至十数万余之多，其地与中国又远，而其虐待华人又为各国所共知。于此而设领事，而领事之不易为，谅亦为世人所共知者矣。本馆早已详知情形，而于屡论出使以事，尚未淋漓尽致之者，盖因在局中者兴高采烈，在局外者歆歆羡管求。故未肯阻人兴致耳。今闻亦有派委出洋之官，常告人以为出洋之任，实非易事者。故余亦择其易见易知者，请申论之。”

十月二十七日（12月1日），李鸿章复函出洋肄业局总办区谔良：“十月二十一日奉八月十二日公函，另缄沥复。兹奉九月初一日惠书，敬聆一一。梁敦彦心地朴实，天分较高，于洋学素有讲求，自系上品。钟文耀、张康仁班次、精神虽不及黄开甲、蔡绍基，再加学习，亦可为中上之选。尚祈督令认真考究，以求精进为幸。尊论谓洋学有义理、器数两端。西人以义理之学为重，其教士、医生两项，中国诚无所用。而通商以来，中外交涉日繁，每遇讼案，既不能执中国律例以相绳，又无熟悉西律之人，致多掣肘。若事事延请状师，不但需费不赀，亦恐不无偏袒，是律师一项，实为必不可少。现在肄业各童中，必有质地聪颖、能习是业者，若令其逐渐探讨于各国律例，分门别类，皆知款要，将来回华后翻译西律，以备折衷，是亦办理洋务之一助。至技艺格致，为用甚宽，尚非择人而能，尊意拟令各童于技艺、格致等类置十之六，测算、舆图、兵法置十之三，律师置十之一，各就其性质所近，专精学习，所见甚是。中国现议开采煤铁，以为富强之基，而试验煤层厚薄、铁质精粗，必须延订洋师。内地风气未开，每以事涉洋人，即多扞格，是矿学尤目前最要之务，各童中亦须留意研求。陈巨镛等十四人，现已考进中书院，其才质既于技艺相宜，自应知会洋师，专教器数，不令旁涉他课。其九门之中，定执何业，须先读法国、德国等书，一时尚难即定，仍望执事会商纯甫，认真考验，预为区别。荔秋星使明春出洋后，再随时妥酌办理。庶冀各尽所长，稍有成就。鄙状粗平，差可告慰。”

同日，李鸿章又复函容闳：“昨奉八月初四日哈富所发惠书，并清折、炮图各二件，暨由沪局寄到捐办洋枪一百六十杆，借聆一一。沙布新枪，当加试验，较马梯尼、林明敦尤为精利致远，惟每杆价洋三十五元，嫌其过昂，倘能减价，与林明敦相等，即拟多为购备。四分五径炮子及一寸径用铜火，尚未据报运到，须俟明春再由沪局转运。所有燃试剔出之洋枪一百四十杆，现由尊处加工磨砻，计已蒇事，仍须逐细挑验，一律精纯，俾资利用。此次造办枪炮等件，共需价值英洋一万六千一百余元，皆由执事及叶、容两教习指办，足征讲求军实，报效情殷，殊深感赖。统俟解齐后，当再附片奏闻，以彰荩画而奖成劳。另示现倩洋匠照摹鄙人小照，配镜见贻，尤纫雅意。曾文正公镜像到时，当寄交劼刚通侯查收。八月十二日所发公函，已另缄奉复矣。”

十一月十三日（12 月 17 日），李鸿章复函容闳：“十月二十七日泐复一函，计尚未达。顷奉九月初五日惠书，借聆一切。黎约翰水雷，前由该商运解一具到津，当赴大沽海口亲加试演，与前呈图说及合同所载诸多未符。该商自愿将先付定银缴回，作为罢论，回国后必已告知一切。定银何时汇还，殊以为念。其改式新雷，能否灵捷何用，俟各国争购，如果出新致胜，再行议办。陈巨镛等十四名可学习开矿炼铁等艺，自应各就性之所近预为分派。其余学生，于数学、化学、格致、法律及军政、船政各技艺，何者较为相近，必应随时认真考核，酌量选派，以期益求精，堪备器使。尊处捐备沙布来复新枪，头批所运一百六十杆，及枪子、铜火、镜相等五十九箱，均已陆续到津。此次续解新枪一百四十杆，及随枪零件共九箱，似须开河后方能由沪运解北来。此项沙布新枪因事件较少，触发尤灵，又无碍目器具，故眇头可准。英国善枪法者到美赛试，谓以此枪为最，确是定评。俟解齐后，当饬一律镌字，以资利用。弟于初九日回驻保垣，诸形栗陆，知念并及。”

十月三十日（12 月 4 日），《申报》刊载《会议日国使事》：“古巴新章，现由中朝派沈经生协揆桂芬、毛旭初太宰昶熙，董蕴卿司徒恂、成少司空林、夏少银台家镐五公作为全权大臣，与日斯巴尼亚国钦使，公同议定，闻已经盖印矣。又闻吴子登太史嘉善刻已派充总领事，驻扎古巴云。”

十一月初一日（12 月 5 日），《申报》刊登十月十六日总理衙门上奏的《与西班牙公使订定古巴华工条款折》。

十一月初二日（12月6日），《申报》刊登《古巴华工条款》

十一月初三日（12月7日），《申报》刊登《接录古巴华工条款》

十二月初三日（1878年1月5日），刘坤一复函沈桂芬："至于出洋公使以及将来委派各处领事，自系当务之急，第事属创始，不可不慎重人材。如郭筠仙侍郎，深恐无济国是。晚生于此老谊系同乡，其品学极所钦佩，窃虑此事非其所长。此间传闻从前曾当洋行买办及充役使者，因其颇识外国语言文字，多随公使出洋，未审是否属实。此辈惟利是图，罔识大体，若令滥竽领事，必为外国所轻侮，深虑贻误，似应预嘱郭筠仙及陈荔秋两星使加意斟酌。"

十二月十六日（1878年1月19日），伍廷芳收到陈兰彬电报，欲任命其为总领事。

十二月十七日（1878年1月19日），李鸿章复函陈兰彬，又复函李凤苞："昨准春帅来函，谓监督之任，难觅替人，欲商留执事。又谓张丞斯栒，及在粤省军装局拟随荔秋出洋之蔡锡勇或可为继，而又虑其资望过浅，颇费踌躇。鄙意由德至英、法，轮船轮车，往返不过数日。德使交涉公事无多，当可按季按月分身查察。日后果奉明文，拟仍奏请兼充监督，由执事自择帮办一人，在英法常川照料，其肄业生徒各事，仍由执事一力主持，较为妥善。若在数万里外代筹替人，或恐志趣未能尽合。已复请春帅便中与雨帅密筹。张丞现随云生赴德，蔡锡勇能否前往，顷已函荔秋酌复。目前有无熟悉情形、信心可靠之人，仍望预为留意物色，是为至幸。"

是年，丁日昌致函总理衙门，谈及陈兰彬派人查访小吕宋虐待华民事。"抑更有请者，秘鲁古巴远在七八万里外，华工被虐，向蒙钧处奏请特派使臣前往该处拯救，小吕宋近在数千里内，华民被虐不亚于秘鲁古巴，该岛本系日国所属，陈星使又系美、日等国使臣，若先由小吕宋确查被害华民，为之设法拯救，然后顺道再往美、日，更属一气呵成。此举若谐，则该处十万华民得此出水火而登衽席，皆钧处之所赐也。冒昧渎陈，并请钧裁。”

光绪四年（1878）戊寅年六十二岁

正月初八日（2月9日），李鸿章复函吴赞诚：“陈荔秋复书，蔡锡勇甚为得力，难以借用。如丹崖有柏灵之役，须令预筹代办监督之人，曾商及否？”

正月初十日（2月11日），李鸿章复函何如璋：“荔秋太常拟于春间出都，弟亦于二月杪赴津，知关元念，并以附陈。”

正月十七日（2月18日），曾纪泽拜访陈兰彬。

正月二十四日（2月25日），致函张荫桓。

正月二十九日（3月2日），李鸿章致函区谔良、容闳和刘瑞芬以及陈兰彬：“照得前经奏请，选带幼童一百二十名，赴美国肄业，习洋人擅长之技，为中国自强之图。该学生等果于切要时务，学成回华，分任以事，无穷利益，将自此始。惟幼童人数稍多，其中良莠不齐，强弱各异。计自出洋以来，已先后撤回十名，病故一名。前项因病钝撤回幼童，虽无大用，顾彼师友于洋人既久，文字语言，略有所得。如初次撤回之石锦堂，病痊后，经郑守藻如招入沪局画图房，闻颇得力。而黄锡宝、曾笃恭等，则已半途改装，投依洋人，每月得薪水二三十圆。诚恐稍涉卑琐贪猾者流，因此生心，转觊撤退回华，以钻刺奔走于洋署洋行为出路。该生等出洋肄习，国家费已不赀，彼等倘狡脱中途别行营干，殊为可恨。应饬驻洋委员区主事等，嗣后凡撤回幼童，须备文送交江海关道，察核验明，酌量饬赴各机器局、轮船招商局，听候派用约束。其鲁钝者，径拨各厂局充当粗工。初只酌给辛金糊口，俟稍有成就，再行量材器使。庶前此帑费不尽虚掷。后此生徒亦免效尤。倘再有中途逃脱或他适者，应禀请行文该原籍地方官查拿惩办。除分行外，合行札饬。札到即便遵照。右咨钦差出使美国大臣太常寺正堂陈。”

二月初九日（3 月 12 日），觐见慈禧太后、光绪皇帝请训。

同日，翁同龢欲拜访陈兰彬送行而不遇。

二月十一日（3 月 14 日），拜访翁同龢，辞行。

二月十二日（3 月 15 日），拜访曾纪泽。

二月十三日（3 月 16 日），李鸿章致函陈兰彬。

二月十五日（3 月 18 日），抵达天津。

二月十七日（3 月 20 日），《申报》刊登《钦使请训》：“刻接本月初九日邸抄，知陈星使兰彬，以前任往外洋，请训皇上，随于召见军机时，一同召见矣。”

二月二十一日（3 月 24 日），奉旨补授宗人府府丞。

二月二十二日（3 月 25 日），《申报》刊登《钦使行程》：“前报出使美国正钦差陈荔秋京堂，于初九日陛见。兹闻于十五日到天津，约须小作勾留，月杪当可到沪云。”

二月二十五日（3 月 28 日），《申报》刊登《官场杂闻》：“前报出使美国之陈荔秋京堂，不日可以到申。兹闻行辕设在广肇公所，一切均由县派差，预备妥帖，专侯襜帷莅止矣。”

同日，《申报》转载二月初九日《京报》：“陈兰彬前往外洋请训。召见军机、陈兰彬、乌拉喜崇阿。”

二月二十七日（3 月 30 日），李鸿章复函陈桂士：“陈星使日内抵津，执事谅即绮装同往。嗣后美日等国情形，务望随事探询详示威幸。”

二月二十九日（4 月 1 日），《申报》刊登《中外钦使行止》，提及：“出使美国之陈荔秋京堂，于本月初九日陛见后，于二十一日奉旨：‘陈兰彬补授宗人府府丞，钦此。’头衔屡晋，荣何如之。”

二月三十日（4月2日），《申报》刊登二月二十一日《京报》：“同日奉旨：‘陈兰彬补授宗人府府丞，钦此。’”

三月初三日（4月5日），上奏谢恩补授宗人府府丞。

同日，《申报》刊登《议逐华佣》，报道美国排华事。

三月十一日（4月13日），《申报》载《钦使到沪》：“钦差前往美、日、秘大臣陈荔秋星使，已于初九日下午由津坐保大轮船到沪公馆，在广肇公所。至何日出洋，则尚未定。惟奉旨晋京陛见之沈品莲、郑玉轩两观察则已定即乘保大船，先赴天津，然则同时召见之。冯、刘二公，其行期或未择定。若沈郑二公之北上，当必即在日内也。”

三月十四日（4月16日），李鸿章复函丁日昌：“陈荔秋云，枢廷甚盼执事速出轮驻台湾，并未交议。荔秋谓恐不行，但到闽后不去可也。”

三月十五日（4月17日），李鸿章复函丁日昌：“尊意以捐事未了，病体未痊，或请开缺，或展假，似极妥当。荔秋云，枢廷极盼复起，赏假必在意中。兄如荷旨留任，再有折便，或再将潮洋捐务紧要叙及，推助波澜，但恐在尊疏之后，于事无济耳。”

三月二十二日（4月24日），薛福成拜访陈兰彬，陈兰彬因病不能出见。刘瑞芬拜访薛福成，谈及容闳来密函，极力诋毁陈兰彬，担心二人将来不能合作。“访陈荔秋星使，病不能出见。刘开生来访，谈及陈荔叟出洋之举，视同骑虎，而美、日、秘三国之事又最棘手，以至愁闷成疾。开生又前接容纯甫密信，极诋荔叟，恐将来必不能和，甚为荔叟危之。”

四月初三日（5月4日），薛福成在日记中谈及在上海时，陈兰彬曾告知刘锡鸿拟派薛氏为参赞。“谒见伯相，搬入幕府。

去岁冬杪，出使德国大臣刘锡鸿奏请派余为参赞，本年二月间奉旨依议。余在上海始闻陈荔秋言之，及抵天津，奉到伯相札，始知颠末。盖刘君奏调时，尚未知余丁忧也，因恳伯相附片奏明，请旨撤销。是夕，拟一片稿，明日附折便发递。”

四月初四日（5 月 5 日），李鸿章上奏《叶源濬容增祥请照原保片》。

四月二十五日（5 月 26 日），《申报》载《派委领事》：“钦差出洋陈荔秋星使，现寓沪上，闻政躬小有不豫，蒲节后当可喜占勿药，起节前赴欧美两洲。至古巴领事，香港西字报称：闻已由星使举荐，派定陈君霭廷云。”

四月二十六日（5 月 27 日），《申报》载《星使即将出洋》：“出使美国之陈荔秋星使，前染微疴，近闻已占弗药。并悉副使容纯甫，现已抵埠，同驻广肇公所行辕。传得两星差定于月底，循例祭海，随即出洋云。”

是年春间，徐赓陛和王韬以及薛福成代李鸿章等致函陈兰彬，谈及出使事。

四月三十日（5 月 31 日），登船，准备离开上海，前往香港。

五月初一日（6 月 1 日），《申报》载《钦使起程》：“陈荔秋星使，昨已由招商局富有轮船，前赴香港，再行换坐美公司船，偕随员等至美国云。”又载《阅循环日报所刊檀香山众华商公启二函书后》

五月初四日（6 月 4 日），《申报》刊载《论商取美款以助赈务兼建书院事》，提及“刻闻陈荔秋公使赴美，李伯相亦以此意属其往商，吾则以为与其中国公使往商美国，不若总理衙门自与美国驻京公使相商，托其转奏较为便捷。此事如果能成，日后取得此款，先将正款二十四万作为赈项，其余利银收得若干，仍作博物馆屋之用，落成即令华美两国学童同入肄业，庶几不负美国立学本意，而且可以救活饿毙多人，人非木石，亦当均知感激也。”

五月初五日（6 月 5 日），薛福成在日记中记录了陈兰彬出使经费。“出使美、日、秘三国大臣所用经费，每年共支二十二万两，各行员、行装、归装在外。”

五月初七日（6 月 7 日），李鸿章复函署江海关道褚兰生：“荔秋星使日内计已启行矣。”

五月十七日（6 月 17 日），从广州乘船回到香港。

五月十九日（6 月 19 日），致函刘瑞芬。

同日，两广总督刘坤一致函总理衙门，提及：“是日，钦差出使秘鲁大臣陈荔秋抵省，论及此事，颇称办理合宜。诚恐荔秋星使行抵该国之时，不无辩论，业将全案另钞一分，交其带去，谨以附闻。”

五月二十一日（6 月 21 日），续调户部笔帖式廷铎、候选同知严士琦，盐提举容闳、教谕陈为焜、县丞沈金午、谭乾初，从九品吴礼堂、杨荣忠、金廷绪，武举杨名泰，把总李大伦等 11 人随同出使。

同日，《申报》载《论禁流氓与招工互相表里》，其中论及：“古巴岛经陈荔秋星使目击其情，皮鲁国又经日本为中国截留，送回上海，资遣而归。其入船后之情形，亦由猪仔自诉。是以中国设法欲绝此风，并思救回业已出洋、现受苦楚诸佣人，曾经商诸澳官，谕令禁止，近来稍觉安戢。然广中匪类仍未免有为外洋暗中招致港澳，出入行踪诡秘，不可查究，亦徒唤奈何而已。”

五月二十二日（6 月 21 日），偕带随员、仆从共 34 人在香港登船，起程赴美。

同日，总理衙门复函刘坤一：“本年四月二十五日，准陈荔秋星使函称，接准阁下来函，秘鲁爱公使到粤晤谈，不日北上。

爱公使请代为转致在沪，稍候等因。”

五月二十五日（6 月 25 日），《申报》刊登《钦差回港》：“陈荔秋星使到港后，前日乘舟晋省，拜谒各大宪，或谓因前次又有秘鲁国船载人出洋，故欲与省宪互商一切也。现于十七日已附金山火船回港，闻俟美公司船开行，即偕参赞及各随员起节云。”

五月二十九日（6 月 29 日），《申报》刊登《钦使出洋》：“陈荔秋宗丞自奉朝命派充出使美国大臣后，已将一切事宜部署定妥，于本月二十二日，在香港乘坐美国万昌公司轮船，名锡梯阿士克有者，取道日本，而抵美邦，从此使于四方不辱君命，行将拭目俟之矣。”

六月初二日（7 月 1 日），《申报》所刊《钦使出洋续闻》报道陈兰彬使团在香港起程时间、船次、成员情况。“前报陈荔秋星使于五月念二日乘万昌公司火船，由香港起程，经赴美国。兹偕行者，共有二十二人，兹将参赞大臣及随员、领事、翻译等官衔备列于左：翰林院侍讲吴子登嘉善，户部主事刘亮沅湘浦，兵部主事朱和钧调原，刑部郎中陈嵩良楚士，候选道陈树棠茇南，通判衔监生薛树辉明谷，候选通判蔡锡勇毅若，五品衔中书科中书叶源濬树东，五品衔刑部主事曾耀南次峰，内阁中书刘观成云樵，候选同知陈模南夫，候选同知黄达权平甫，候选同知陈善言霭廷，提举衔候选通判刘光廉吉六，运同衔候选同知严士琦朗轩，主事衔八品笔帖式廷铎命九，补用县丞吴礼堂丽棠，守备杨名泰武举，把总李大伦子猷，候选从九品金廷绪子承，广东试用从九同知衔徐承祖孙麒，江苏试用县丞沈金午裴庄。并闻陈星使初议随员单内，尚有候选道陈桂士，及四川侭先道莫晏。兹陈君由上宪奏留办赈，莫君以读礼家居故未与外洋之行也。”

六月初四日（7 月 3 日），《清实录》载：“又谕出使大臣陈兰彬奏请调员差遣等语，着该部按照单开各员，饬令前往听候差遣。”

六月初六日（7 月 5 日），薛福成日记中记载：“美国圣藩谢司戈城，俗称旧金山。哈富属甘那的格省，中国学生焉。”

六月十一日（7 月 10 日），李鸿章致函总理衙门：“查陈荔秋、何子峨两星使，皆有密编字号，留为要事电报之用，独筠仙濒行时未经议及，若径发上海电信馆，必致泄漏传播。稔闻总税司与金登干往来有密编字号，而金登干在英与筠仙至熟，因写数语，浑括其词云：十月十七日来信已为转达，务须俟派有替人到时再行起程。密属津海关税司德璀琳用暗号由电报转致，据称半月后当有回信，容再奉闻。”

六月十四日（7 月 13 日），薛福成日记中记载：“哈佛城在美国东北隅，为甘那的格省之会城……哈佛有出洋总局，中国幼童肄业于此，现仅一百十三人。”

六月十七日（7 月 16 日），刘坤一复函总理衙门：“再，查日国和约后附专条，声明现在该处华工务须一律优待，其有无力回籍者，则由该国家资遣等语。现有粤人接到该处华商之信，据称该处华工惟在省城附近及有英人驻扎处所所工主稍为体恤，此外则陵虐如故，未改分毫，凡在村市所遇华工，莫不垂头丧气，人不聊生。此犹谓之私书，不足为凭。至资遣一节，换约已久，何亦未见举行？即如此次求粤轮船载回华工数十人，均系有力自备盘川水脚，无一穷苦之人在内，岂该处华工无一穷苦、无一愿回籍者耶？可见该国于资遣无力华工一节，视为具文。荔秋星使至该国时，自应与之理论。将来爰公使入都，倘向尊处饶舌，亦可以此折之也。”

六月二十八日（7 月 27 日），抵达美国旧金山，美国地方官和驻扎当地的外交官纷纷来访。

六月三十日（7 月 29 日），李鸿章致函何璟：“海峰俟荔秋到后，议有替人，或可先归，承示云云，极为感恻。若早知其家事，断不敢以远役相烦。”

七月初五日（8月3日），使团乘火车从旧金山启程，前往美国东部。

七月十二日（8月10日），抵达康州哈特福德柯伦街第四百号中国驻洋肄业局，与副使容闳、驻洋肄业局委员区谔良、教习容增祥等相聚。

七月二十日（8月18日），李鸿章致函总理衙门《论秘鲁招工法国命案》：“秘鲁在粤招工，前迭接荔秋星使、岘庄制军来函钞示各节，业经备悉颠末。此案粤中办理甚为得法。闻美使西华偏庇同孚洋行，与爱使勾结一气，尚欲赴钧署辩论。爱使声言北来，至今尚未到津，或亦自知情虚，另生诡计。如其过晤，必当遵示据理驳斥，不容丝毫放松。惟查美国新修律例，严禁船只代他国招工，美商同孚乃私与秘鲁订立运载华工合同，五年为期，每年得船费洋银十六万元，专意欺骗罔利，显违该国禁令，未必甘心中辍。而美国驻华公使、领事等竟敢徇情包庇，不顾本国例禁声名，尤出情理之外。税务司葛德立谓，照《万国公法》，驻粤美领事林干应不与往来办公，请伊国撤回另换。宜由钧署将全案钞致荔秋，属其与该国朝廷外部理论，或亦釜底抽薪之计。盖秘鲁自知僻远弱小，不足抗我，专恃美使为声援。此案又牵涉美商，美使尤不能不曲庇也。”

七月二十八日（8月26日），郭嵩焘致函陈兰彬。

七月二十九日（8月27日），李鸿章致函总理衙门《再论秘鲁招工》：“秘鲁违约招工一案，已于七月二十、二十五日，详布两缄，谅尘签照。二十六日答拜爱使，闲谈后，彼复以此事相纠缠，鸿章仍据理驳斥。彼乃提及同孚洋行亏本，告以同孚擅与秘国订立合同来华招工，并未经美、秘两国大臣，先与中国议明，此时无论赔否，与中国毫不相干，美使断不能无理取闹。闻爱使已于二十九日乘船北上。据美副领事毕德格来署密称，美署公使何天爵显违该国禁止招工律例，欲为同孚出头与钧署理论，嘱令秘使赴京协力商谋等语。似非将全案迅速抄寄荔秋星使与该外部辨论，未足断此葛藤也。毕德格因向充敝处翻译人尚明理，自拟秘鲁招工私议一篇，惟末数条未甚允当，其余颇多见到之言，谨照抄密呈钧览，并译抄秘鲁与同孚所订合同底稿，美国新禁船商代人招工律例，美国水师提督札行兵船查禁美商载运华工交稿共四折，用备采择，借资谈助。”

八月初一日（8 月 28 日），李鸿章复函美国驻牛庄领事鼐德：“尊论谓西文书籍拟于哈佛出洋局中作为初本，以便学生阅看。查中国学生在洋肄业，所有应读有用各西书，容道台等计已分别购备矣。哈佛书院拟在波士登城延请华人前往教读，属为选择，并须于西历九月间起程。查中国读书博学之士尚不乏人，大都惮于远涉重洋，而欲兼通西国语言文字，尤为难得，一时无可推荐。或仍由贵领事自为询访延订，较易合式也。”

八月十五日（9 月 11 日），李鸿章复函陈兰彬。

八月二十三日（9 月 19 日），使团抵达华盛顿，入寓耶夫街公署，并照会美国国务卿伊域士。

八月二十五日（9 月 21 日），照会美国国务卿，约定递交国书日期。

八月二十七日（9 月 23 日），收到美国国务卿复文。

同日，刘坤一复函总理衙门，提及：“夫广东有人满之患，准其出洋谋生，原地方官所愿意。第以日、秘两国从前虐待华工，几无人理。现在坤一得外洋信，秘国犹蹈前辙，日国亦未尽除，与尊处所闻相符，故于两国来粤招工不得不从严查禁。倘该两国从此优待华工与各国一体，则俟陈星使体察实情，呈明尊处，不妨与之更定条约，着照英、法两国招工之二十二款办理，与任其暗招而漫无防范，曷若许其明招而有可稽查也。”

九月初一日（9月26日），收到美国国务卿照会，告知美国总统已经回华盛顿，定于初三日上午十一点接见中国使团。

九月初三日（9月28日），与副使容闳、参赞容增祥翻译，陈兰彬、陈善言和蔡锡勇等在蔚蓝宫谒见美国总统、国务卿伊棫士，递交国书，并会见美国库务大臣沙文、律政大臣低云士、兵部大臣麦加拉利、驿务大臣胎拿、内部大臣别而、内务参赞大臣罗乍士等。

九月十二日（10月7日），《申报》刊登《有官无衙》："旧金山来信云，中国新设之领事，行至彼埠，欲赁屋以居，而彼处人皆莫肯出租，缘旧金山之土著者，深恨华人，因宣言：如有人以屋租作领事公廨，我等当纵火焚之云云。是以派定之领事，不得已，仍寓于客店，似此失礼，恐非交邻之道也。"

九月二十三日（10月18日），两江总督刘坤一收到陈兰彬函。

九月二十五日（10月20日），两江总督刘坤一致函陈兰彬。

十月初九日（12月2日），李鸿章致函总理衙门："即如美国同孚承揽秘鲁招工一案，何署使初意帮同秘使出力，自知与国例违背，请示其外部应否办理。月前来津候信，闻接电报，该外部不但不准与闻，且将驻粤领事撤革，意兴大沮。据美副领事毕德格密称，料系陈星使到华盛顿详言案情，外部得知底细，否则在华公使、领事未有不互相蒙蔽者，此足见西洋朝廷尚有情理可说也。"

十月初十日（11月4日），《申报》刊登《星使抵美近闻附译国书》。

十月十四日（11月8日），照会美国联邦政府，委派陈树棠为驻旧金山总领事，美国当地人傅列秘为领事。

十一月初六日（11月29日），郭嵩焘致函陈兰彬。

十一月十三日（12月6日），刘坤一复函总理衙门提及：

"美国同孚洋行代秘鲁招工一事，当将全案钞送荔秋星使，嗣复函嘱于抵美国后，相机办理，如能撤回林领事，庶可以戒将来。随据此间传闻，该国有将该领事林干撤回之说。迨接荔秋复信，则谓此事未便明言。迄今数月，该领事仍在粤东，并未更换。坤一窃以招工之行止亦不关林领事去留也。"

十一月十五日（12 月 8 日），总理各国事务衙门代呈《使美日秘陈兰彬等奏报抵美呈递国书折》和《使美日秘陈兰彬等奏应派驻美中国领事以资保护侨民片》。

十一月二十三日（12 月 16 日），李鸿章发陈兰彬和容闳咨文。

十一月二十四日（12 月 17 日），李鸿章上奏《调区谔良回华折》和《区谔良请补员外郎片》。

十二月初七日（12 月 30 日），照会美国国务卿，确定元旦谒见美国总统和拜会国务卿事宜。

十二月初十日（1879 年 1 月 2 日），《申报》刊登《总理衙门条陈出使外洋事宜疏》。

十二月十一日（1879 年 1 月 3 日），《申报》刊登《续总理衙门条陈出使外洋事宜疏》。

十二月十七日（1879 年 1 月 3 日），《申报》刊登《读总理衙门出使各国钦使章程书后》和《寓美华人论华事》

十二月二十一日（1879 年 1 月 13 日），就美国同孚洋行代秘鲁招工案照会美国国务卿。

同日，《申报》刊登《议限华佣续信》："美国京都华盛顿传来英二十一日信息，其略云：中国正副星使于是日起始行议及正事，先赴美国总理外务衙门，与外务大臣面谈，约有半点钟时，闻其所议者，盖更修两国先立之约也。按华美更约之议，本馆经已述及，系欲酌减限止华人往美国佣工一节。美国朝廷既有此意，遂由衙门照会两星使，请行更换和约，探中国之意云。”

十二月二十四日（1879年1月16日），《申报》刊登《星使议事》：“出使美国钦差大臣陈荔秋中丞，抵华盛顿京都后，谒见总统，并会晤其各大僚，本报早经录记，兹闻陈宗丞于十月二十七日，偕容纯甫副使，往拜美国军机大臣伊会哉，及苏护绿等，共论国是，主客酬酢备极。诚款席闲，各欲先行议定一切，由上议院核算，请于美廷准行。惟所谈之事，皆甚秘密，外人不得与闻，其大致则不外华佣一节而已，该大臣又请陈宗丞以是日为始，每逢礼拜四会议一次，信使往来，邦交益固，可庆也。”

十二月二十七日（1879年1月19日），在华盛顿接受美国《芝加哥日报》的采访。

光绪五年（1879）己卯年六十三岁

正月初四日（1月25日），李鸿章复函何璟：“令侄婿区海峰主政，尊意望其早归，现因与荔秋缄商，管带幼童接替有人，已奏调回京，密加保荐，奉特旨以员外郎即补，其主事未闻补缺，今夏当可抵家。”

正月十一日（2月1日），就福州禀控串同私征鱼税案照会美国国务卿。

正月十七日（2月7日），《申报》刊登《岁暮怀人诗》：“同里严朗轩士琦。子陵本故人，才堪调鼎鼐。同住长千里，论交将百载。避寇去燕赵，老游增磊魄。廿年不相见，惊见鬓毛改。近作域外游（近随陈荔秋星使赴美利坚国），扁舟渡东海。方今国运昌，八蛮贡万贿。通使期信好，此后无遗悔。翘首溯行踪，孤云生异彩。光绪戊寅腊月除夕前三日，来安孙点顽石甫稿，时客海上。”

正月二十三日（2月13日），《申报》刊登《议禁华佣近闻》："华人之谋生于外洋者，每为土人所恶，已数十年于兹矣，今闻英属澳斯的里亚，即新金山地方之西尼城中土人，共有一万五千名，缮就五百尺长之禀帖，联名禀于议政院中，大约言各船上如再用华人，我等必尽停工，以让之云。而后，下议政院尚未定夺，然众心既一，恐难强违此英国之事，至美国议政院议限制华佣出洋之举，兹闻先与中朝驻美星使陈荔秋宗丞会议，星使辞谢不敏，议政院遂独断独行，谓华人之来我国者，与欧洲人性情举动一切相乖，若招欧洲人来本国佣工，则大半皆能成家立业，可谋生聚之，方若华人则饥而来食饱，已远属殊无裨益，故前与中朝所立和约，于华人出洋佣工一条，必须更改云。夫中朝简使驻美，原为保护华民起见，今乃轺车初莅，即商驱逐之条，无怪星使之不愿与闻也。此美国之事也，然尚有能相安于无事者。"。

正月二十七日（2 月 17 日），刘坤一复函驻旧金山领事陈树棠："秘、日两国招工之事，递经该两国公使来粤开办，弟据条约力与争持，事遂中止，想达清听矣。现闻有等匪徒在于广东省城及潮州汕头、廉州北海一带诱骗华民，前来金山及新嘉坡换船，前往秘、日当工，虽经该府县查获数起，第恐未能净尽，而金山、新嘉坡地属英美，非弟力所能禁。务祈执事禀商荔秋星使，并知会胡总领事璇泽，分途会同洋官严行稽查禁止，毋任辗转贩往秘、日地方，致受陵虐，则感荷大德，不仅珂乡苍赤矣。"

二月初一日（2 月 21 日），薛福成日记载："陈、容大臣奏：美国各邦华人约共十四万余，计金山一带已有六万，现派候选道陈树棠充总领事，拟派户部主事刘亮沅为古巴总领事。"

二月初五日（2 月 25 日），总理衙门收到陈兰彬汇报檀香山设立商董的咨文。

二月初六日（2 月 26 日），奏报刘亮沅丁忧守制期满，派任古巴岛总领事；严士琦和画大全亦丁忧守制期满出洋差委。

二月初九日（3 月 1 日），刘坤一复陈兰彬函。

二月十一日（3 月 3 日），薛福成日记记录了陈兰彬出使经费。“江海关道造送光绪三年八月廿五日第六十九结起，至四年九月初五日七十二结止，洋税华税项下奉文酌提出使经费收支银两四柱清册……美、日、秘三国经费银二十二万一百余两。”

二月二十三日（3 月 15 日），总理各国事务衙门奏《檀香山拟设商董由驻美公使发给谕帖折》。

二月二十八日（3 月 20 日），刘坤一复函总理衙门：“郭筠仙寄英人议论古巴招工各款，诚如尊谕与日国新换条约相发明。陈荔秋所寄新闻纸亦与此间所闻略同。坤一曾经函催陈荔秋迅赴日国，从伊使之请也。”

二月间（3 月），《西国近事汇编》译载 2 月 20—26 日西报，内有：“中国出使美、秘、日三国大臣陈宗丞兰彬，近拟由美国泛海至西班牙国都，以古巴之议，尚有未洽，遂暂缓东行。”

三月初六日（3 月 28 日），《申报》刊登《华佣难保》：“美国来信云，中华派驻美邦之陈荔秋星使本欲至西班牙国查办古巴华佣事宜，兹闻中国与西班牙所立之条约，专论华佣之事者，西廷未遽准行，故星轺暂难前往也。”

三月初九日（3 月 31 日），就前往西班牙递交国书，留容闳接理驻美使署事照会美国国务卿。

三月十四日（4 月 5 日），致函美国国务卿，表示感谢。

三月十六日（4 月 7 日），在华盛顿使馆奏报赴日国履任递交国书。

三月十七日（4 月 8 日），《申报》刊登《限佣续闻》：“前纪美国议员议设一律限制华佣前往，今知查验之法，先令船主具结，每船只载华人十五名，如多载一客，罚银百两，或监禁六个月，如华人之贸易者、读书者，则不在此限。此议一定即有数人驳之，曰议定此律之人，不过一埃利士之小党人，非大众之公议也。该党人从英国来此五十年矣，美国并不阻止，凡美人有各种利益，皆令一律均沾。今欲阻止华人，殆忘却本来面目矣。又曰地球系天帝创造，凡地球上所有之利天生之人，皆应分惠，况美国非无隙地，安可阻人？华人作事勤能，今乃惠然肯来，是应喜而不应恶，理之常也。苟使此律一行，不特失好于中华，抑且贻讥于各国云云。按此议刻已邀总统批驳，盖总统虽由议院公举，而亦有据理驳斥之权也，况中美方立和约，曾有互相往来贸易之文，今议员竟议及，此是毁和约也，中国星使正宜按约志责，毋为邻帮所窃笑也可。"

三月十八日（4月9日），乘车前往纽约。

三月二十一日（4月12日），乘船启行赴欧洲。

闰三月初二日（4月22日），在英国利物浦登陆。

闰三月初三日（4月23日），到伦敦，拜访曾纪泽。

同日，《京报》载："于督办重大事务出力之补用道容闳准叙。奉旨：'依议，钦此。'"

闰三月初五日（4月25日），曾纪泽宴请陈兰彬一行。

闰三月初六日（4月26日），曾纪泽拜访陈兰彬，谈古巴华工条款的事。

闰三月初七日（4月27日），拜访曾纪泽。

闰三月初十日（4月30日），向曾纪泽辞行。

闰三月十一日（5月1日），曾纪泽到火车站送陈兰彬。

同日，《申报》转载闰三月初三日《京报》关于"督办重大事务出力之补用道容闳准叙，奉旨：'依议，钦此。'"

闰三月十二日（5月2日），抵达法国巴黎。

闰三月中旬（5月初），美国驻华胡领事致函李鸿章："今有美国前任伯理玺天德嘉兰，自上年卸任后，出游各国，遍览地方。三月初十日行抵新加坡，领事即往伺接其登岸，略为晤谈。十三日，嘉兰亲到花园拜会领事，敬请午膳，说及中美两国久敦和好，今我朝廷钦派陈星使前往贵国，系为修好起见，现闻说陈星使自抵旧金山后，税租公馆维艰，事多束手之语。蒙嘉兰答以两国和好，俟我回国之日，事必妥办。我前在英京，曾与郭星使会面数次，领事又以各国商民往来贸易雇工，各听其便，向无禁阻。”

闰三月二十一日（5月11日），李鸿章致函总理衙门：“承询美国旧主格兰忒抵通后，尊处拟派人往迎，到津时即付一音，以便从容料理等因，具仰礼意优隆。筠仙、劼刚、荔秋诸星使均先致信，以优礼接待。”

四月初一日（5月21日），使团抵达西班牙马德里，西班牙驻华公使伊巴里来迎。

四月初二日（5月22日），拜会西班牙外部大臣公爵戴端，商定递交国书和谒见国王事宜。

四月初三日（5月23日），咨呈札委朱和钧前往檀香山办理外交事宜。

同日，西班牙外务大臣复文陈兰彬，定期初四日一点钟入见国王，递交国书。

四月初四日（5月24日），偕驻西班牙参赞吴嘉善，随员刘亮沅、陈善言、吴礼堂、吕祥等谒见西班牙国王，递交国书。其后又往见西班牙国王之姐。

同日，薛福成阅读《使美纪略》，并抄录于日记中。

四月初八日（5月28日），李鸿章收到陈兰彬关于出使经费的咨文。

同日，薛福成日记亦载：“陈大臣咨：美、日、秘三国参赞、领事，分住各处，相距均有一万数千里之遥。每国每年约需经费银五万余两，加以初年出洋，整装、川费、铺陈等项，统需二十二万两。第二年经费，三国共银十七万两，应预请拨发，存储备用。”

四月十六日（6月5日），总理各国事务衙门代呈陈兰彬奏折，奏报赴日国递交国书，留容闳办理驻美使馆事务。

同日，李鸿章上奏《容增祥丁忧片》。

四月十九日（6月8日），《申报》刊登《美总统在津续闻》，内有：“席间，总统问及曾君兰生，其人有无在津。爵相答以养疴回沪。爵相还叩数年以前，总理衙门咨送美国肄业各徒，现在寓居何处，学业国有成效否？总统答以现在哈坟第二等学房。爵相叩哈坟去京城若干远。答称一千五百里。”

四月二十七日（6月16日），刘坤一复函李鸿章：“昨奉惠函，并录示总署原函及德国船只搭客前往檀香山章程各件，嘱即就近查明章程能否无弊、德船载客前往檀香山与日秘招工事是够并无牵涉，分晰奏复等因。查此事日前接到总署来函，业将前项章程札饬沿海各地方官确查禀复，并先行函复总署在案。此项新定章程，敝处未据领事申送有案。惟本年春间，德国船只在粤搭客前往檀香山，均经委员会同税务司前往查验，如搭客俱系自备川资，情愿前往，并无被人拐骗情形，仍有殷实铺户保结，申缴备案，始准放行。曾询之招商局陈、唐两道，据称檀香山地方并无拐买陵虐情事。惟来函询及与日、秘招工有无牵涉，仰见知虑周详。此间亦正以近日华民前往檀香山者极多，难保不由该处转往日、秘等处。然此项华民一经出口，此间即力不能防。昨接驻紥美国金山总领事馆陈道树棠禀称，经向本埠代檀香山招工各公司知照，嗣后务于招工合同内载明‘不得转雇他处’字样，由领事验明盖印，方准出口，已由该道禀请陈星使核夺示覆照照等由。未知中国各口，于前往檀香山之华民人等照票内应否仿照办理。窃以为此等事件，总须由陈荔秋星使责成经历檀香山华民事务之商董，认真防范稽查，方能有济。否则即使于中国出口照票内声明不得贩往别处，及抵檀香山后，谁得知之？谁得禁之也？除另具公牍咨达冰案，并通饬各地方官将前项章程查明有无流弊，禀复到日再行奉闻外，先此泐复。”

四月间（5月），《西国近事汇编》译载4月24—30日西报，内有：“中国驻使陈宗丞兰彬自美取道往西班牙，于西五月二十日行抵英伦，闻其至西班牙勾当公事毕，复至美国小作勾留，即入秘鲁云。”

五月初一日（6月20日），《申报》载《驻美钦使近事》：“驻美星使，兼充西班牙、秘鲁钦差大臣陈荔秋宗丞，于西五月初一日，从伦敦至法国巴黎斯京城，寓于大客馆中，遍游名胜之地，小住数日，即至西班牙国买垫京城，留参赞官在彼就近办理各事，闻俟驻扎古巴领事禀复查看华佣情形，将中国与西班牙所立之和约，商加几条，即回美国京都也。并闻钦使共带参赞官三员：一驻美国、一驻西班牙、一驻秘鲁，另有驻古巴正副两领事，及翻译法文官一员、翻译英文官一员，规制甚崇云。”另《英绅论华佣事书后》提及：“今者陈荔秋宗丞奉命出使已抵西班牙国，华佣苦况久已洞悉，谅能审度时势，便宜从事，亟为设立领事，庶事皆目覩，情得上达，或能从中调处，俾数万出洋佣工之人，得少苏息也。”

五月初四日（6月23日），总理各国事务衙门奏《使美日秘国陈兰彬奏由西班牙起程赴秘鲁日期折》。

同日，曾纪泽致函陈兰彬。

五月间（6月），《西国近事汇编》译载5月1—7日西报，内有：“英国向立公会，禁止掠卖人民为奴，近时阿非利加、亚美里加，此风亦稍息矣，惟西班牙所属之古巴岛，则贩掠如故。英人之在会者，曾告前驻英使郭侍郎嵩焘，为之申请。今又告诸曾侯使，其略以为事机之来，时不可失。闻陈宗丞兰彬将入西班牙，互换合约，议禁斯弊，此其时矣。”

六月初一日（7 月 19 日），薛福成在日记中抄录了陈兰彬的奏折。

六月初三日（7 月 21 日），薛福成收到陈兰彬函："计由美都至日国马得力都城，水陆一万九千余里，大小舟车多番驳换，共行四十二日。"

六月十三日（7 月 31 日），李鸿章致函总理衙门《论美国收存盈余公款》，计划让陈兰彬到美履任后，与美国交涉。"再，奉六月初九日五百三十二号钧函，以筹赈绅董索还美国前存盈余公款，经美前首领批准一节，应否将贵署前答丁韪良语意函告荔秋等，以免办理歧异等因。查此项美国收存中国赔款盈余银圆，前数年容纯甫来信，确知美国意欲交还，求转达钧署行文提取，是即特兰忒来津，南省绅董赴彼处面递公呈，曾有人密告敝处，因出自绅民公议，未便力阻。然鸿章与在位时事。鸿章当复以中国既经议偿，未便催问，与尊旨大略相同。嗣荔秋奉使过晤，谓此项若出自美国慨允归还，更为妥协，当随时从旁设法查探。今夏，格兰忒往复谈宴，谬托相知，始终并无一语道破，亦与尊旨暗合。旋闻格兰忒批准回国后竭力交还，自系笃佗友谊，局员既据绅禀上详，不得不咨明冰案，并知会陈、容两星使就近议商，究其成否，尚未可必。若果如数交还，似无坚拒不受之理；若其扣留弗与，亦断无强索力争之理。美国政事以议院为主，固与中国情形迥异，但由绅董催索，非由钧署催索，中国并无不合，似尊处可勿深问，将来如交还此项，应如何分拨济用之处，仍应敬候钧裁。是否有当，惟希亮鉴。不宣。鸿章又启。"

六月十七日（8 月 4 日），总理各国事务衙门上奏《使美日秘陈兰彬奏报抵任呈递国书折》。

六月十九日（8 月 6 日），李鸿章致函陈兰彬。

六月间（7 月），《西国近事汇编》译载 6 月 5—11 日西报，内有："陈宗丞兰彬至西班牙议条约，班之执政允中国分派领事驻境，惟约不得以他国人充当官属。"以及"陈宗丞兰彬与西班牙执政会议条约，视前酌为变通，约载凡华人之至小吕宋、吐尔戈里多、古巴三岛者，悉加意抚绥，比诸最相辑睦之友国，自换约之后，所有华人无论先至未来，应得之便，益一体均霑"。

七月初七日（8月24日），陈兰彬奏派刘亮沅为驻古巴岛总领事、陈善言为领事，廷铎、刘宗骏、谭乾初、杨荣忠等随同办理。

七月初八日（8月25日），李鸿章致函曾纪泽："赴美学生，议者皆归咎容纯甫与美素习，若早改赴英地，费省而实效可收，确否？"

七月十二日（8月29日），《申报》刊载《华民出洋往古巴执照式》。

七月间（8月），《西国近事汇编》译载6月19—25日西报，内有："中国陈宗丞兰彬，与西班牙议更条约，班之执政谓：'中朝选派领事分驻我属地如古巴等处，揆诸公法，固无不可，惟不得以他国人充当官属。'斯言也，闻者殊不谓然。盖以用人行政，各国自有权衡，邻国何得掣肘？况中朝为自主之大国乎。按万国公法，例载举凡有约诸国，互派驻使，有以邻国之人充驻邻国之使者而领事，无论矣。以其人既为他国之臣，应奉他国之命，且于两国，一为父母之邦，一为仕宦之国，彼此交涉机宜，定能探其奥窔，不致窒碍难行，获益匪浅也。又按自主之国，有拒他国遣使之权，参赞、领事以下，均视此例，第所以见拒者，非其人为彼所深恶，即声名狼藉，早为邻国所共闻，舍此二端，则无词可藉。有国者，官人无方，岂一二远邻所得执引绳墨，以拘限之哉，噫异矣。"

八月初一日（9月16日），谕旨："陈兰彬补授都察院左副都御史，钦此。”

八月初五日（9月20日），刘坤一复函沈葆桢：“现在德国船只搭客前往檀香山，既非雇工，又非拐骗，且荔秋星使曾经给谕久在檀香山之绅商，令其管理华民，稽查诱拐。现在若遽行禁止，不准华民搭船前往，亦似办理两歧。”

同日，谕旨：“陈兰彬现补授都察院左副都御史，未到任以前，著夏家镐署理，钦此。”

八月初十日（9月25日），《申报》转载八月初一日谕旨：“陈兰彬补授都察院左副都御史，钦此。”

八月初十日（9月25日），《申报》转载八月初五日谕旨：“陈兰彬现补授都察院左副都御史，未到任以前，著夏家镐署理，钦此。”

九月初一日（10月15日），拜访曾纪泽。

九月初六日（10月20日），薛福成在日记中抄录了陈兰彬的奏折：“陈星使兰彬奏：日斯巴尼亚国有古巴属岛，距其国都约二万三千里有奇，华民六万余人，在彼佣作苦工。现派随员、户部候补主事刘亮沅充古巴总领事，陈善言充领事，当经发给委札，照会日国外部。六月廿九日，据外部交到准文二件，分别给发并刊发木质关防一颗。刘主事等已起程往古巴，其途系折由英、法，回到美国纽约埠搭船。较之由日国加地上海口下船往古巴，计二万四千里程途亦略相等。秘鲁国电线已被智利割断，故欧洲谈者寥寥。”

九月初十日（10月24日），军机大臣代呈陈兰彬奏折《奏为派设总领事等官驻扎日国古巴岛》。

九月十八日（11月1日），都察院左都御史、左副都御史上呈《奏为廖寿丰等请减嘉宝二县漕额折》，陈兰彬连署。

十月初七日（11月20日），刘坤一复函总理衙门：“九月二十九日接奉钧函，并附钞照录同文馆译递新报一纸，饬将新报所称中国招商局轮船运载华人前往檀香山岛，究竟有无其事，查明声复等因。查本年七月间，轮船商分局委员唐道廷庚具禀，拟派该局和众轮船搭客载货前赴檀香山埠。查檀香山即何讷鲁路国，虽未与中国立约，而中国之民在该处者极多，曾经贵署复准陈荔秋星使给谕该处殷实华商为之董理。近日华民搭坐德国船只前往该处络绎不绝，虽于出口时，委员查询取结，以杜影射招工，并恐华民抵埠后转贩他处，又经咨请荔秋星使责成兹商董稽查禁约。惟檀香山一土与中国相距太远，彼处情形究难深悉。今由招商局自派轮船搭客前往，固不致有拐贩等弊，并可于到彼后查看华民一切情形。商之粤海关吉税务司，深以为然，当经批准照行，并另加专札，饬该分局选派委员，乘坐和众轮船亲往檀香山地方，确查该埠现有华民若干，到檀香山后该处洋官是否优待，陈星使谕派之商董是否经理得力，逐一查明禀复核办。并将札饬委查各缘由，先后咨呈尊处，并分咨南、北洋等处查核各在案。嗣接南洋大臣来函，以檀香山为无约之国，应不准其来粤招工等语。坤一以粤民往檀香山系是自谋生计，非该国来粤招工，现经招商局如何办理，详细作答。盖粤中人满为患，似难禁其出洋，总以是否招工为断，以杜拐贩陵虐之弊。兹查粤民前往檀香山，其川资皆由自备，取具铺户切结，核与向办章程相符，不惟檀香山人及德国人无从来粤招工之事，即此次招商分局搭客出洋，亦非在此招工，日、秘各国当无可藉口。虽檀香山地方未经设立领事，而陈星使业已给谕该埠殷商董理华民事件，似较之从前华民之前往新嘉坡、旧金山者踪迹尚有可查。况系招商官局轮船载客前往，即令该局委员察看该处有无一切弊端，更足以昭慎重而一举两得矣。目下旧金山一路，既经该国议定章程，华民为之裹足不前，仅此檀香山片壤尚留粤民一线生机，似未可并塞其途，使无糊口之地也。是否有当，伏祈卓裁示复。祗遵。”

十月十五日（11 月 28 日），曾纪泽致函陈兰彬。

十月二十一日（12 月 4 日），曾纪泽致函陈兰彬。

十月二十七日（12 月 10 日），在西班牙马德里收到总理各国事务衙门咨文，得悉“奉旨补授都察院左副都御史”。《申报》抄录刘坤一奏折：“再广东省城爱育堂绅董候选道陈桂士，先经出使美、日、秘国大臣陈兰彬奏请随带出洋，奉旨允准。嗣因英德、清远等县水灾，及省城西门外风灾，一切赈抚事宜，均须陈桂士帮同地方官妥为料理。经臣坤一会同前抚臣张兆栋附片奏请，将该绅陈桂士暂留本省，办理劝捐施赈事务，俟告竣，再令前往外洋听候陈兰彬差遣，奉旨：‘着照所请该衙门知道，钦此。’当经恭录转行钦遵，查照在案，资据陈桂士以粤省施赈劝捐等事，均已办竣，别无经手未完成事件，该绅现经援例报捐，分发指省直隶，应否仍赴外洋，听候差遣，禀请咨会陈兰彬核明示复等情。即经咨准陈兰彬复称，该大臣出洋一年之久，所有参赞、总领等员，业派有人，陈桂士既经指捐分发直隶，令毋庸出洋等因咨复前来，除檄饬遵照外，臣等谨合词附片奏明，伏乞圣鉴，谨奏。”

十月二十八日（12 月 11 日），拜访曾纪泽。

同日，《申报》刊载《再论旧金山欲逐华人事》。

十月二十九日（12 月 12 日），上呈《奏为奉旨补授都察院左副都御史谢恩折》。

同日，曾纪泽拜访陈兰彬，《申报》刊载《祝寿盛仪》：“晋源报云中国驻扎旧金山总领事陈君于前日寿辰，开筵宴客计共费银两甚巨，所传戏班及陈设等，皆从中国前去。是日，客至甚多，肴馔甚盛，除中客赴席外，又有美国男女各客，同申视嘏云。”

十一月初二日（12 月 14 日），拜访曾纪泽。

十一月初三日（12 月 15 日），拜访曾纪泽。

十一月初四日（12月16日），拜访曾纪泽。

十一月初七日（12月19日），拜访曾纪泽。

十一月初九日（12月21日），拜访曾纪泽。

十一月初十日（12月22日），拜访曾纪泽。

十一月十二日（12月24日），曾纪泽拜访陈兰彬。

十一月十三日（12月25日），拜访曾纪泽。

十一月十四日（12月26日），曾纪泽致函陈兰彬，告知秘鲁与玻利维亚被智利打败之事。

十一月二十八日（1880年1月9日），咨报英俄谋阿富汗事。

十一月间（12月），《西国近事汇编》译载12月4—10日西报，内有："中国驻英法使曾纪泽期于西十一月二十一日，自伦敦往巴黎。而驻美、比、日三国公使陈兰彬，前以西班牙和约告成，将往美都，道出巴黎暂憩。继因参赞叶源濬之丧，迁延未赴。刻闻班王大婚，复驰还麻得力特城。"

十二月初四日（1880年1月15日），致函李鸿章，并奏请调员派换驻日国参赞。

十二月初十日（1880年1月21日），内阁大学士、六部九卿、翰詹科道等所有大臣奉旨上呈《奏为会议俄约分别准驳折》，陈兰彬亦联署。

十二月二十日（1880年1月31日），《申报》刊载《参赞榇归》："派往美国之叶树东参赞没于差次，已登前报，昨日令榇由三菱公司轮船来沪，从美租界过大桥历英租界，往法租界码头，下长江轮船，回金陵原籍，一路仪仗颇极整肃，租界中有与叶君交契者，皆设奠路祭云。"

光绪六年（1880）庚辰年六十四岁

正月十五日（2月5日），张德彝日记载："十五日癸未，阴，未初，乘车赴轮船公司写船票，系于本月二十七日由马赛海口开往中华者。因钦差出使美、日、秘国大臣陈星使，不日由日斯巴尼亚国走法、英回合众，现有参赞官陈楚士（嵩良），随员吕逸屏（祥）、陈南甫（桓），翻译官何慎之（飞鸾）四人先至，住于凯歌路丹森店。又，张听帆于去冬三年报满，复经陈星使奏调美国，故同陈楚士诸君待星使随赴合众。彝遂乘车往拜诸君，坐谈极久。”

正月二十八日（3月8日），与翁同龢、载龄、志和、童华、崇勋、宝森、程祖诰、夏家镐联衔上呈《奏为遵查查明尚书万青藜被参各款折》。

二月初三日（3月13日），曾纪泽在巴黎致函陈兰彬。

二月初九日（3月19日），发文咨出洋肄业局总办吴嘉善。

同日，薛福成在日记中记载了陈兰彬出使经费。“江海关道造送自光绪五年九月初六日第七十三结起，至五年八月十五日七十六结，一年期满止，洋税、华税项下奉文酌提出使经费，并收支各关解到银两四柱清册……美、日、秘三国出使经费拨银二十万两。”

同日，李鸿章照会吴嘉善：“准出使日、美、秘大臣都察院副堂陈咨，光绪五年十二月初四日具奏，调员派换日国参赞一折内称，总办驻美肄业局务主事容增祥丁忧回籍，经理乏人，调派驻法参赞黎庶昌驻扎日国，贵编修充肄业局总办，以期两处公事均有裨益等因。并接陈大臣电报，知贵编修已于十二月二十一日起程，前赴美国，入局办事。贵编修博通中西学术，物望素孚，应请循照旧章，妥为整理。如局务稍有流弊，暨章程有应酌改之处，应请体察情形，随时与陈、容大臣筹商，认真办理。向例总办月支薪水四百五十两，准即于到局日起，如数开支。除分别咨行外，相应照会贵编修查照办理。”

三月十九日（4月27日），曾纪泽前往巴黎火车站接陈兰彬。据张德彝日记载："十九日丙戌，晴，酉正，陈星使率陈楚士、吕逸屏、陈南甫、张听帆、何慎之诸君由巴里到。彝随曾袭侯及陈松生、马清臣乘车至柴令克洛斯火车栈，迎入本街朗康店。又前随袭侯由华来法之翻译官法兰亭，现经法国派充天津领事官。是日，伊夫妇亦到，遂与陈星使同寓。畅谈至宵深始罢。"

三月十二日（4月20日），香港《循环日报》报道《兵戈碍道》："中国驻美洲及秘鲁等国星使陈荔秋都宪，现寓于法国巴黎都城，以俟秘鲁智利两国干戈寝息，然后启程前往，以办应行事件也。"

三月二十日（4月28日），拜访曾纪泽。据张德彝日记载："庚辰三月二十日丁亥，晴，午后，陈星使率陈楚士诸君前来答拜。"

同日，《申报》刊登《钦使行程》："钦差出洋大臣陈荔秋都宪其行旌本欲往秘鲁查阅华佣，修好邻谊，惟近因秘鲁、智利两国，日寻干戈，未便赋皇华而行聘礼，故襜帷现暂驻于法国巴黎斯京城，一俟二国和成，再行移节前往耳。"

三月二十一日（4月29日），曾纪泽拜访陈兰彬。

三月二十三日（5月1日），拜访曾纪泽。

三月二十五日（5月3日），曾纪泽访陈兰彬不遇。

三月二十六日（5月4日），曾纪泽拜访陈兰彬。

三月三十日（5月8日），曾纪泽拜访陈兰彬，并一起参观格致书院。

四月初二日（5月10日），李鸿章复函陈兰彬。

四月初三日（5月11日），曾纪泽拜访陈兰彬。

四月初四日（5月12日），拜访陈兰彬。

四月初五日（5月13日），曾纪泽拜访陈兰彬。

四月初八日（5月16日），拜访曾纪泽。

四月初十日（5 月 18 日），曾纪泽拜访陈兰彬。

四月十三日（5 月 21 日），拜访曾纪泽。

四月十五日（5 月 23 日），到曾纪泽处辞行。

四月十六日（5 月 24 日），曾纪泽到陈兰彬处送行，并同至火车站，计划经英国利物浦乘船回美国。据张德彝日记载："十六日癸丑，晴暖，午正，陈星使率陈楚士诸君起程，走立文浦海口，乘轮船赴合众。彝与同人随曾袭侯乘车至尤斯顿火车栈送别。未正一刻回寓。"

四月二十一日（5 月 29 日），香港《循环日报》报道《星使行程》："西历前月二十三日电音：中国驻扎美邦、秘鲁、西班牙星使陈荔秋，及其参赞官，已由西班牙前赴法国矣。"

五月初一日（6 月 8 日），曾纪泽致函陈兰彬。

同日，香港《循环日报》报道《星使行程》："陈荔秋钦使于西历四月二十七日，由西班牙国都前往英都伦敦，闻不日将往纽约，及利马等处，以察查华人往秘鲁之情形也。"

五月初四日（6 月 11 日），总理各国事务衙门代呈陈兰彬的奏折，奏报由西班牙起程赴秘鲁日期。

同日，李鸿章复函出洋肄业局教习容思济和沈金午："准总办幼童出洋肄业局务吴编修嘉善函开：教习现只一员，若令学生专意洋文，全弃汉学，则一人已属赘瘤。但洋学须精，而中学岂竟可之无不识。学生到局，每年不过十数日，何止一曝十寒。其故因学生分散各馆，远者千余里，近亦数百里，势难纷纷轮调，以致旷功。查外国学堂规例，每年有放避暑假三月之久，正可温习中学。向来鲜有令其回局，每人反丰给游资，恣其闲荡，不惟荒废可惜，兼之流弊滋多。兹与容大臣熟商，力挽此习，于此三月中，酌给休息之日，余俱调到局中，严定课程，讲求翻译，温习经书。即寻常放假期逾十日，虽远亦当酌调，近则更当勖其及时勤习。教习一人，实难独理。除现有容丞思济，课读认真；又江苏县丞沈金午，以之教习幼童，尽有余地，且于公事熟谙，局中一切报销、公牍，正资襄助。拟请仍照从前原定教习薪水之数，岁各支银一千九百二十两之俸。乞裁夺给札遵行等因到本大臣。准此。查前因主事容增祥丁忧回籍，局务乏人经理，当经专派吴编修前往接办，妥为整理。如局务稍有流弊，暨章程有应酌改之处，应体察情形，随时筹商，认真办理在案。兹准前因，所有肄业局教习二员，自应查照原定章程，仍旧添用，并每员各岁给薪水一千九百二十两，以资办公。除分饬外，合行札饬。札到该员，即便遵照妥办。”

五月初六日（6月13日），《申报》刊登《钦使行程》：“出使美国大臣陈星使，偕同参赞官等，于西历四月二十七日，从西班牙而至伦敦，闻欲由纽约前往利玛专查华人在秘鲁佣工之事。公司信来述如此。”

五月十五日（6月22日），香港《循环日报》报道《星使相会》：“中国陈荔秋星使，于西历五月八日至英国，与曾袭侯相会，遂偕同各随员，往波利的匿学院游玩。按，波利的匿乃博学院之总名也。此院教习各样技艺，无所不有。据此，则昨日西报所言袭侯已由俄返英之说，愈不能信。”《循环日报》又载有《恩同再造》：“中朝自与外国通商，准其设馆招工，而拐卖猪仔之风顿炽，一时弱质书生，宦游元弁，亦多被诱惑，贩往外洋，甚其乘机掳掠，恃强欺压，无法无天，弊不胜言。乡愚稚子为匪拐去，固难缕指计也。兹闻中朝驻扎古巴刘湘甫总领事函禀陈荔秋星使，谓在是岛查出华工八十名，或读书，或作官，或年老力衰，求回中国者，经商诸西官，遵照条约第十一款，资送回国，开具清折，妥为办理。惟此华人所隶原籍远近不一，本岛地方官碍难分送回家，拟知会古巴总督，凡送华人回籍，概由古巴送至香港，统交东华医院，复由总领事备具公文，申送两广总督，请为递送各省各县，总领事当函请东华医院，将回籍人等并所具公文，转送两广总督核办，以昭慎重，并祈先行咨商两广总督，谕知东华医院绅士，一体遵照云云。现经陈荔秋星使以所开十人，虽未定何船何日遣送，而由西班牙国给资送回，必得经官方有实据，且洋船俱系多到香港，若港中无人经收，尚恐借词延宕，故先将十人姓名、籍贯、年貌，暨被拐之由，函知东华医院，俾得临时收领。此见星使与领事之用心周密，而仁不可胜用也。谨详录于左，俾十人之亲属闻知，而心得以早慰焉。冼佐邦，广东省南海县人，年四十一岁，咸丰九年殷宗师取进广府学，十年十二月初八日，被人诱骗下船，十一年三月二十一日到古巴做工八年满后，西人不给满身纸，现被押在官工厂做工。李贞元，湖南省耒阳县人，年三十五岁，同治元年白宗师取进县学，同治十年，因随窗友刘制军长佑长子纯熙到广东，经荐往澳门经理厘金局事务，船至虎门，被贼劫掠，行李一空，到澳门后，被陈姓兄弟，诱来古巴，做工八年，现已满工，其祖李逢荣，号芥川，系举人，原任广东知顺德县事。廖楚安，原名灶元，广东清远县人，年三十七岁，前曾在嘉应州飞虎营协镇吴广良处效力，历保至蓝翎候补守备，同治七年，因堂弟灶兴被人诱拐到澳，亲往寻觅，被匪引至船，与弟相见，遽遭拘禁，同载出洋。灶兴半途身故，伊到古巴，在马丹萨做木匠八年，现已满工，在沥罅煤油厂雇工度日。杨大志，广东省南海县人，年五十八岁，前曾在江南张统领国梁营中效力，又随冯军门子材剿贼得力，历保蓝翎守备，同治四年在澳门被人诱落船，贩至古巴，做工八年，现已满工，在夏湣拿居住。郑光，广东省香山县人，年三十二岁，其叔祖乃某科举人，曾任陕西延安府知府者也，其叔郑秉机现在夏湾拿居住。此五人者，或读书，或做官，而被骗出洋者也。其因年老力衰，自愿回国者，则程罗，广东归善人；李连，广东恩平人；刘水，广东陆丰人；陈福，广东吴川人；陈添，广东新安人。”

五月十八日（6月25日），香港《循环日报》刊载《捐助经费》："东华医院创设以来，每有善举，恒踊跃乐为，不遗余力，顾岁中经费浩繁，实赖好善之士解囊相助，故免支绌之虞。兹闻陈荔秋星使，以道经本港时，见院中绅董办事均能实心实力，悉本至公，务臻妥协，心实嘉之，特捐俸银二百元，由外洋寄交医院，俾充经费。观此，则星使之善量弥宏，而绅董之诚意相孚胥，于是可见已。"

五月十九日（6月26日），香港《循环日报》刊载《美邦消息》："旧金山信息云：中国驻扎美国华盛顿都城陈星使，言昔者合众国公使巴灵金来驻中国，所定中美两国约章，中朝极为喜悦，以为事之合宜，可以举行，无庸再议云。惟闻巴灵金公使自此约章既立后，即辞退公使之任，以为此等约章，有利于中国之处甚多，已不欲食美国之俸，而为中朝之事，自以为愧，故而辞职，中朝见巴君如此，谓此约章为合宜耳。近者旧金山日报，言彼处论列此约章者，有两党人员，一为公使班中之党，一为议政局员之党，今公使班中之党，虽以此约章曾经定立，例在必行，惟议政局员之党，则谓事未平允，仍须再议，如不再议，须将此约批消，视为废纸云。然则此约虽存，将来或将恐虚悬无用也。"

五月（6月）间，返回美国，致函美国国务卿，表示感谢。

六月十二日（7月8日），香港《循环日报》刊载《论出洋学童不必再遣》，内有："今闻学童将拟回华，似宜分别选用，小以成小，大以成大，惟妥议章程，设立学舍，招募俊秀、有鸥志西学者，从而受业焉。若犹未得其奥妙，则慎延西士为之教授，以助其所不逮，而不必再遣出洋，以致徒劳国帑，且将举此百十人变而从乎西俗也。"

六月十三日（7月9日），香港《循环日报》刊载《英国盛宴》："西历六月二十三日中英西字报云：是日，英国碧京咸宫中大宴中国星使曾袭侯劼刚、陈都宪荔秋、日本摩利公使并其夫人，及暹罗公使等，俱偕同随员赴宴，各尽其欢，然后告退焉。”

六月十五日（7月21日），奏报因秘鲁与智利交战，暂缓赴秘履任和递交国书。

六月二十一日（7月27日），致函美国国务卿，感谢请帮找回遗失在纽约海关大楼物品。

六月二十五日（7月31日），致函美国国务卿，转达总理衙门通咨出使各国大臣公文。

六月二十六日（8月1日），致函两广总督张树声。

七月初四日（8月9日），就“武昌”号船钞货税问题照会美国国务卿。

七月初九日（8月14日），香港《循环日报》刊载《奏调人员》：“闻驻扎美、秘、西班牙三国钦使陈荔秋，以所带随员，或因病故，或因丁忧，需人襄办事务，特具折奏请调员前往。其美国肄业局掌教一缺，容增祥以丁忧回华，则奏调吴嘉善太史补授，而以黎庶昌派充二等参赞官驻扎西班牙。另奏调通判张斯栒、中书黄宗宪赴秘鲁当差，尚恐不敷办理，续调何慎之、林振源、赖鸿逵、王国逊四员同赴秘鲁云。”

七月十六日（8月21日），《申报》刊载《奏调人员》：“钦命出使美、秘西班牙三国大臣陈荔秋副宪，近以所带随员中有病故丁忧等事，襄办需人，特具折奏调人员前往差遣。查美国肄业局掌教容增祥丁忧回华，遗缺已奏调吴太史嘉善补授，而以黎庶昌派充二等参赞官，驻扎西班牙国。至前经奏调之通判张斯栒、中书黄宗宪，业已前赴秘鲁。兹闻续调者，系何慎之、林振源、赖鸿逵、王国逊四员，亦同赴秘鲁云。”

七月十八日（8月23日），曾纪泽致函陈兰彬。

七月二十一日（8月26日），香港《循环日报》刊载王韬的《跋铁城杞忧生〈易言〉后》，内有言："杞忧生，初不知其何许人，继乃知其居铁城，氏荥阳，足迹遍南北，而旅处沪渎最久。其地为冠盖之往来，商贾所辐辏。杞忧生居其间，不仕不隐，亦吏亦儒，日交其贤豪长者，而与之纵谈天下事，时或慷慨泣下，击碎唾壶。今湘乡郭筠仙侍郎、吴川陈荔秋司宪，皆赏识之，屡欲加以拂拭，拟招佐星轺，以备咨访，而杞忧生悉坚辞弗往，日惟寄情湘素，肆志林泉，慨慕黄虞，读书自娱而已。"

七月二十九日（9月3日），香港《循环日报》刊载《公使出京》："西班牙固立约通商中之一国也，前日陈荔秋星使方至其国中，赍呈国书，上谒国王后，拟遣参赞前往驻扎，至古巴佣工之事，究未知所办如何。今由津门递来消息，言西班牙公使现已经出都门，前赴析津。传闻两国因有要件，所议未臻允洽故耳。使此邮音果确，则中外交涉之事，又增一番龃龉矣。"

七月三十日（9月4日），就合众轮船到旧金山征税课船钞事宜照会美国国务卿。

同日，《申报》刊登《古巴新政》："接婆心人来函，以古巴虐待华人一事，中外久已疾首痛心，现准驻美陈公使来函，内开古巴刘总领事函称：该处从前薄待华人，如不许住大客店，不许坐马车，不许留辫穿中国衣服，以及所生子女入黑奴册籍等事，现已一律开禁，华民案件悉由领事自理，或须拘传该总督派巡捕常川听差，并严嘱不准受赏。间有梗顽借监禁之，其案情之是非，监期之久，暂由领事官主张，该管狱官并不过问。又华民之贫病者，准入医院调理，每岁助以千元，现修建会馆，已出启签捐，人皆欣跃。又越南民人准照华民注册，一体保护。又发出之照，已万余张。惟督署为字人，稍有规费，余无窒碍。至资送回华一节，缘此项应送之人，非云无家可归，即云身无分文，归亦无益。数月以来，只有生员冼邦佐等十人，已请总督照约办理等语，与途中所闻英法人，及回华商人林炳传说称诵无异。该处办理似尚得力云云。读之作而兴曰：诚哉，是可见朝廷简公使领事往驻海外之有益于我国商民，岂不显然也欤。不宁唯是，更可见彼国以越南为我属国也，最有谓姑徇洋人意縻国格，越溟澥而为徒然者，岂果知时务也乎。尤可见朝廷简任得人，俾吾商民所以获出幽暗见天日，离水火登衽席，益当感戴圣天子，无不覆情深恩，而陈、刘诸公，克树甘棠于数万里之外，则尤古今未闻事也。用当敬告天下，咸使闻知。环游海国人送稿。”

八月十一日（9 月 15 日），《申报》刊登《华佣近况》：“出使美、日、秘三国大臣陈荔秋星使，近致书于李相略云：古巴虐待华佣之事，今已一律消除，相安无异，西班牙亦视之如己国人民云云。是可喜也。”

八月十八日（9 月 22 日），就中国使团邮件事宜，照会美国国务卿。

九月初一日（10 月 4 日），曾纪泽致电陈兰彬。

九月初四日（10 月 7 日），李鸿章批刘瑞芬：“禀悉：前次由美国撤回肄业幼童沈德辉，既经验明实系顽梗不化，不堪造就，应由该道遣令回籍，交地方官传知该家属领回，严加管束。只准自谋生计，不准私往洋署、洋行服役帮伙，致滋流弊。嗣后遣回幼童，务须随时察看，认真教导。如实有不堪造就，与沈德辉相类者，并即一律照办，以昭炯戒。仰即遵照，并报明南洋大臣查照。缴。”

九月二十六日（10 月 29 日），香港《循环日报》刊载《论旧金山人轻侮华官》，谈及美国排华形势，连中国外交官也受辱，内有言：“阅旧金山递来信息谓：中国钦使陈荔秋都宪星轺至其境，土人见之，不惟罔知尊敬，且或从而讪笑之，其甚者则拾物而遥掷之。随员人役偶出辕门，未及乘舆，必被从后而扯其辫，从旁而击以石。其轻蔑之意、陵侮之加，殊有难以缕述者。曾经拘有此等人，交差归案讯究，而该差反为袒护，谓所犯甚小，何必仆仆公庭，致碍其生业，辄释不问。西国士夫有知其事者，意殊不平，谓今者中外一家，通好无间，彼此遣使往来，以昭辑睦，正宜相待以礼，各尽东道之情，以敦友邦之谊，何可纵其民人以非礼相加，致贻讥于四方乎。西士之言，颇能持平，未悉旧金山地方官闻之，何以置辩，而美国朝廷闻之，又将何以办理也。夫旧金山之埃利士人，其憎恶华人，匪伊朝夕矣。言之切齿，恨之刺骨，恒思假手一旦尽驱而出诸境外。则其闻有华官前往以谋保护而安辑之，有不更嗔怒者乎。然因憎恶华人，而竟敢于明目张胆轻侮华官，则非其土人之过，而实地方官不预为晓谕，而严为约束也。”

九月二十七日（10 月 29 日），刘坤一复函陈兰彬。

九月三十日（11 月 2 日），香港《循环日报》刊载《保护华佣》：“西历前月三十日，沙喇杜嘉火船由纽约启行前往夏湾拿埠，闻有唐君应星附船往其地，将以调停华人出洋事情也。按夏湾拿为庇鲁属地，华佣前往者实蕃，有徒向无华官保护，未免被西人所残虐，自陈督宪荔秋奉命兼充庇鲁钦使，已派有领事前往驻扎，今又云调停出洋事情，想欲添设轮船往来，以拓商务耳。”

十月初六日（11 月 8 日），《申报》转载《循环日报》的《华官受辱》：“循环报称旧金山递来信息，谓中国钦使陈荔秋都宪已入该境，埃利士人见之，不惟罔知尊敬，且从而讪笑之，甚有拾物而遥掷之者，随员人役出门，苟未乘舆，必被土人或从后而扯其辫，或从旁而击以石，其轻蔑之意，陵侮之加殊有难以倭述者，曾经拘获此等人交差归案讯究，而该差反为袒护，以为所犯甚小，何必仆仆公庭，致碍其生业，辄释不问。于是西国士夫有知其事者，意殊不平。谓今者中外一家，通好无间，彼此遣使往来，以昭辑睦，正宜相待以礼，各尽东道之情，以敦友邦之谊，何可纵其民人以非礼相加，致贻讥于四方乎。此西士之言，诚为当理，殊不知美廷闻之，将何以办理也。”

十月初八日（11 月 10 日），就哥罗拉度华人被害事照会美国国务卿。

同日，李鸿章致函总理衙门：“招商局和众轮船往金山，中国先未通知妥商办法，以致照征进口正税，又加征罚项等税。此次总署修约条内亦未议及，嗣后如何定章各等语。鸿章当属毕德格将原函留下，以备译呈钧处。毕云此系私函，不当作公事论，未敢留呈，但撮记其大略如此，谨覼缕以闻。美使议约仅见来牍，未知如何商办，本不应妄有谗言，兹既据毕德格赍公使密信见商，固属见好于我，禁贩鸦片尤极善之政。又，荔秋函称，正与美外部争论和众船加税不决，似可乘机与之添订条款，嗣后不准再加，庶与英、德各商船一体优待。以上数事，实可收回中华权利，关系颇大，如能议准，即使华工在美稍有吃亏，亦尚值得。望尊处主议诸公，迅赐酌度施行，曷任翘盼。”

十月十四日（11 月 16 日），总理各国事务衙门奏请派出使美国大臣陈兰彬就近参加在美国举办的万国医会。又奏《华商船往美额外征税应与美使及时议定片》，其中提及：“臣衙门于本年九月间接准出使美国大臣陈兰彬先后函称招商局和众轮船由檀香山前往美国金山所有船钞货税均额外加征。遍查英法各国条约，载有彼此商船两无加增之语，而美国条约只载美船到华利益，未载明华船到美如何纳税，当此美国派人来华议约此节，亦所应议等语，旋准美国使臣安吉立两次照询中国征收美国各船税钞与征收中国及别国船税钞是否相同，又中国在常关纳税钞之船是否均与新关纳税钞之船相同各等语，其意以为中国所待美国船若与中国及别国船不同，或常关、新关税钞有不同之处，则华船前往美国即可额外加征，虽经臣衙门分晰照覆，而美国条约既无明文，今昔情形不同，若不与另立条款，嗣后华船到美，彼必任意加征，略无限制。”

十月十六日（11 月 18 日），就驻美使团成员事宜，照会美国国务卿。

十月二十二日（11 月 24 日），《申报》刊登《论华官受辱与欺待华人两事》：“前有旧金山递来信息谓中国钦使陈荔秋副宪已至该境大为埃利士人所侮，随从员役出门更加轻蔑，曾经拘获此等人交差解讯，而盖等反为袒护，以为所犯甚小，何必牵率公庭，辄令碍其生业等语。此信若确，则钦使之见轻于外国甚矣。窃谓其情形未必竟如是也，乃前日又有古巴地方驻扎之中国领事官署内文案人员，忽为巡捕拘入捕房者，则与旧金山来信相证，正可决其事之果有也。该古巴地方，人性凶暴甚于他处。该处糖寮主人虐待华佣，十死其五，上年陈钦使曾在亲见其事，录华佣之供状以归，本馆列诸报中，阅之令人发指。继而朝廷轸恤念深，特派陈钦使出洋，与该处所隶之国，订定佣人受雇规约，通说雇主不准虐待，然后中国之人得以共适乐郊，视异域如故土。乃今且不问华民之在彼者何若，而华官从人已先受此大累，且不惟古巴一处，而旧金山由之埃利士人亦相率无礼至于此极，推其弊之所至，我中华钦使之在彼，真为可有可无之人，必使我华人常受此帮之荼毒，不得与他国通商者共沾利益，而后快其心也。夫旧金山，在北亚美利加西境，西临太平洋。古巴在亚美利加之东，南北花旗相隔。海面之上，零落数岛，惟古巴最大。其疆域如中国南面之琉球，要皆为北亚美利加之麓地而已。陈钦使出洋，原为美国交涉事件，其所重即在华佣受苦一案，而旧金山、古巴实即华佣最多之处。今华官如此受侮，则此两处之虐待华佣，断不因此次钦使之来，而稍知教悛改，概可知矣。”

十月二十八日（11月30日），香港《循环日报》刊载的《凌侮华官》："中国驻扎古巴领事官为陈君蔼廷，莅任已久。其文案某，近为古巴差役无端拘拿，兼受凌虐。陈君蔼廷诉于古巴总领事官，总领事即前往，任过引为己愆，并将差役警责，以表两国交好之意焉。此西历十月二十一日之事，而见纽约《太晤士日报》者也。洵如是也，则其凌侮华官也，亦太甚矣。前者陈荔秋督宪已为埃利士人慢之于先，今所派古巴文案，又为差役辱之于后，岂其地之地方官未见万国公法，而任其妄行也欤。"

十月二十八日（12月1日），《申报》刊登《出洋肄业新章》："向年遴取幼童赴美国学艺者，曾有因水土不服回国，交原保人领回。今悉本埠道宪经奉行知，以前届幼童出洋，国家费用较巨，未可径由自便，故现在即或学未成就，亦须另行酌量录用，未便言归，盖能通西语西文，亦随能在可适于用也。"

十月间（11月），《花图新报》载《领事善政》："闻陈荔秋钦使于古巴议定中国招商局火船可常川该岛搭载华商，免致华人猜疑也。又闻古巴巡捕不知何故，将中国领事署内书办拘入捕房，是以领事声请该岛之总署查办云。"

十一月初二日（12月3日），香港《循环日报》刊载的《论西国不能保护华官》谈及陈兰彬等驻美洲外交官受辱事，"乃今日闻之于美洲，窃有不然者。陈荔秋督宪，吾国之钦使也，奉天子命驻扎三邦，其权可谓重矣，其职亦可谓尊矣，乃旌节所临，大为见侮于埃利士人，随从人员出门，更加轻蔑，及拘所犯之人，交差解讯，而差等反为之袒护，以为其细已甚，又何必多所牵率，仆仆于公庭哉。窃谓为地方官者，闻有此事，当为引咎，弗遑重惩其人以自解于钦使，方不失两国辑睦，乃不独置之不闻不见，援例请办，仍复不问，以若不知其为钦使也者，其轻我华官也甚矣。轻华官即轻我朝廷也。美国素称知礼之邦，而乃竟出乎此，是诚有所不解已。曾未几时，又有古巴之事，陈君霭廷为古巴领事，一日其文案某君，忽为巡丁拘留于捕房，深受凌辱。夫文案亦系钦使之随员，而为朝廷所简授出使万里，远至美洲。古巴总督苟能敦交谊，结欢心，宜待之有加礼，其下见之必知为贵官，而不敢肆行妄作，今无端而出此，必其平日间为上者，先有轻之之心，然后其下行之而肆无忌惮也。或谓嘉省、古巴两处，所见华民皆贫寒困苦工作，负贩者流耳，凌辱之佥，久存于心中，特钦使为朝廷之贵官，文案为节幕之上宾，乃俱蒙侮受辱，不将贻讥于邻邦也乎。嘉省地方官犹欲庇护其下，岂竟不知有万国公法者哉。由是言之，西国之不能保护华官也审矣。”

十一月初五日（12 月 6 日），香港《循环日报》刊载《邑侯善政》：“前日番邑宰冯云伯明府出有示谕，谓奉到陈钦使由金山咨文来省，内称华人被拐出洋者，现有二十余名递解回籍，搭火轮船到香港，在东华医院，问明来历住址，招人承认，除已领回，尚有年幼者三名，现已回省。本县出示招人承认，俾得叙首家庭，复回故里。其示内录明年貌若干，惟其幼小未能确知所居乡落，如有失子者，可到署内查询，便知详细，并劝谕军民人等，必须守分营生，各安其业，勿嗜赌博，勿妄作为非，勿听匪徒拐诱出洋，远涉波涛，永离亲属，言念及此，岂不寒心。其示谕谆谆劝勉，阅者感佩不已，多有泣下。噫，居官如冯明府，能有几人哉。”

十一月初十日（12 月 11 日），香港《循环日报》刊载《论中外务敦和谊》，仍论及陈兰彬等外交官受辱事。“迄今风气大开，华民出洋雇工，每岁不下数万众，又得轮船利便，彼往此来，视千里有如咫尺。于是朝廷亦思通好修睦，以联邦交，特仿其法，简命使臣，携同随员，次第航海，分驻各国；又择华民麕聚之地，设立领事官，以资保护，则远抚长驾之思可见于此，即辑和敦睦之谊悉见于此。在西人果情好无间，意见不分，应有以善待我华官矣。乃如近日西字报所传，旧金山之土人见有星使署中人役出外，辄聚而陵侮之，或掷以瓦石，或扯其辫发。事闻于本处巡差，反以为细故，无烦讯诘而微究也。又古巴陈领事之文案人员，为古巴巡差拘去，擅自羁押，其有意摧辱，更甚于击石扯辫，而为闻者心深骇愕。夫古巴巡差所以迁怒于某文案者，只因追捕唐人，走至领事署前，欲图避护，讵甫入门，而差踵至，唐人向差求诉。于中国领事此亦在万国公法之内，用昭公允，非求袒庇也。乃差则暴怒如雷，遽将剑柄肆行殴击，以致声同鼎沸。其时，办理文案人员，闻而出视，见华人已受重伤，急为禁止。差愈肆咆哮，在身取出洋枪，拟击文案，经署中当值差拦阻。巡差怒仍未息，立将二华人及文案拉赴差馆。后经古巴总督将滋事之差，按律科罚，备有文书，向领事谢过。则官平素不知训饬，以及其地人民素轻我中朝，已可想见矣。”

十一月十二日（12月13日），香港《循环日报》刊登《华人受害》，报道美国科罗拉多州丹佛市排华案件。

同日，刘坤一复函总理衙门：“十二月初八日奉到钧函并钞件，以美犯柏耐一案，美国安使照会销案，当即据文驳复等因。查此案情节分明，供证确凿，外国刑律即与中国稍殊，亦岂能任意轻纵。前据温道等请示，该犯回国后，是否监禁，中国无从查悉，未免任其轻纵，自行松劲，其时尚不知安使竟欲开释不办也。若如所请，则该犯即不回国，亦可逍遥无事矣。诚如尊示，彼知中国不悉彼之律例，遂随意轻重，一味袒护。窃思交涉案件，若中国能管辖洋人，如日本现在所议，则断定罪案，中外一律，奈此曾一时断做不到。其次则另定中外交涉律例，亦可彼此均平，不致为其所欺。查同治八年，英国修约本有另定律例之文，旋以定约未换而止。郭筠仙前请定立交涉律例，亦极有见。今惟无此律例，必如中国之律例办理，是以彼得执法徇私。然此案既经罗领事两次断令监禁，岂能以陪审意见稍有未合，遽令开释/此后安使如再狡致，可否将此案原委函致陈荔秋星使，与美国外务衙门商办之处，伏候酌行。”

十一月十五日（12 月 16 日），致函李鸿章。

十一月十六日（12 月 17 日），江南道监察御史李士彬上呈《奏闽洋两局废弛请饬严加整顿一折》，慈禧得悉官派留学弊病，谕令查办。据《德宗实录》记载：“十一月庚辰，谕军机大臣等：有人奏，闽洋两局废弛，请饬严加整顿一折。据称福建船政局，近来专徇情面，滥竽充数，提调监工，不谙洋务。船政大臣亦为所欺，一切公事提调等任意把持，所造轮船，难以适用，虚糜薪水。出洋学生，近来多入耶苏教。帮办翻译黄姓暗诱学生进教，总办区姓十数日不到局，学生等毫无管束，抛荒本业等语。朝廷不惜重帑，设立船政局，并派员管带幼童出洋，原期制造轮船精坚合式，成就人材，以裨实用。若如所奏种种弊端，尚复成何事体？着何璟、勒方錡、黎兆棠将船政局事务力加整顿。提调、监工等，如有怠玩把持，即行从严参处，并着李鸿章、刘坤一、陈兰彬查明洋局劣员，分别参撤，将该学生等严加约束，如有私自入教者，即行撤回，仍妥定章程，免滋流弊。原折均着钞给阅看，将此四百里谕知。”

十二月初六日（1881 年 1 月 5 日），曾纪泽致函陈兰彬。

十二月二十一日（1881 年 1 月 20 日），收到总理各国事务衙门咨文，参加在美国华盛顿举办的“万国病医会”。

十二月二十二日（1881 年 1 月 21），就参加“万国医病会”照会事宜和哥罗拉度颠化埠华人被害案，照会美国联邦政府。

十二月二十四日（1881 年 1 月 23 日），致电驻俄公使曾纪泽。

十二月二十五日（1881 年 1 月 14 日），参加“万国病医会”，其后又五次参会。

同日，陈兰彬为李鸿章聘请武备书院教习事照会美国国务卿。

十二月二十六日（1881年1月25日），复函美国联邦政府。

同日，曾纪泽收到陈兰彬电报，并复电。

十二月三十日（1881年1月29日），咨报出使美秘国随员严士琦服阕起服由。

是年底（1881年初），批旧金山六会馆董事公禀。

光绪七年（1881）辛巳年六十五岁

是年初，致函两广总督张树声。

正月初九日（2月7日），致电李鸿章：“夏国陈商董报接外务文，国王游历各国，约二月可到中国。初九日。”

正月十一日（2月9日），回复肄业局总办吴嘉善发来的咨文。

正月十三日（2月11日），致电李鸿章：“接吴子登文，要自带二三十幼童回华，余事弗管，请即电止起程，饬其经理完结。正月十三日。”

正月十九日（2月17日），李鸿章收到陈兰彬十一日电报。

正月二十一日（2月19日），李鸿章收到陈兰彬十三日电报。

正月二十二日（2月20日），奏报参加“万国病医会”情形。李鸿章复电陈兰彬：“接正月初九、十三两电，均悉。檀香山国王若来津游历，当妥为接待。子登何以遽带二三十幼童回华？已发电劝止。乞与商经理完结。恐彼未可久留，又无觅人往替，如真无功效，弗如及早撤局省费。请速筹定，勿辞。”李鸿章又致电吴嘉善：“闻有自带二三十幼童回华之说，务请与陈公妥商，将此事经理完结，乃可起程，切勿着急。”

正月二十三日（2 月 21 日），总理衙门收到陈兰彬汇报近期外交情况的咨文。

正月二十六日（2 月 24 日），李鸿章致电陈兰彬："格兰德来函，幼童在美颇有进益，如修路、开矿、筑炮台、制机器各艺，可期学成，若裁撤，极为可惜。子登冬月函称，已入大书院者，满期甚近，可交费，由钦差经理，余酌量撤回。其总办以下人等可裁，亦是办法。乞与莼甫等商定。"

正月二十七日（2 月 25 日），就哥罗拉度华人被杀家产被劫案照会美国政府，又附函请放行英国寄来的包裹。

正月间（2 月），《花图新报》载《清查毁物》："美国旧金山之华人，前者被土人杀死毁坏物件甚众，现悉驻美华钦使行文于该处之华领事，详细查勘被杀之人及所毁之物产之数，开列清单，转达美廷，申请照例赔偿，以从前美人被华人杀死所赔甚巨也。"

二月初三日（3 月 2 日），总理衙门收到陈兰彬汇报近期使署和肄业局以及外交情况，以及咨报檀香山商董陈国芬届满事等事的咨文。

二月初六日（3 月 5 日），致函李鸿章，又呈《奏为遵旨查明驻洋肄业局现在情形据实具陈折》，汇报调查情况。

二月初九日（3 月 8 日），照会美国联邦政府，祝贺新任国务卿。

二月十八日（3 月 17 日），总理衙门收到陈兰彬汇报近期使署和肄业局以及外交情况等事宜的咨文，又奏《檀香山设领事片》。

二月二十日（3 月 19 日），李鸿章收到陈兰彬函："目前复奏，已言裁撤此局，应由中堂奏明。顷接电示，知子登又有变计，应否撤局，自由尊裁。惟兰彬弗能经理，万乞鉴原。莼甫如何，由其自报。"

二月二十二日（3月21日），致函李鸿章。

二月三十日（3月29日），李鸿章复函总理各国事务衙门《论出洋肄业学生分别撤留》。

三月初三日（4月1日），咨报近期使署和外交事。

同日，李鸿章致函总理衙门：“正月间接陈荔秋星使电信，夏国陈商董报，接外务文，国王游历各国，约二月可到中国等语。当即函属江海关刘道会同招商局妥为接待，并接何子峨星使函称，该国王已抵日本，因系邻邦，款待优厚。”

三月初四日（4月2日），致函美国联邦政府，请帮忙寻找哈瓦那寄来的包裹。

三月十三日（4月11日），发文咨两广总督张树声。

三月十四日（4月12日），致函两广总督张树声。

三月十六日（4月14日），总理各国事务衙门奏《檀香山设领事片》。

三月十七日（4月15日），香港《循环日报》刊载《谣传失实》：“陈荔秋钦使奉命出使美洲，兼及古巴、秘鲁两国，其所有随员，应皇华之召者，皆极一时之选。美洲旧金山素称难治。埃利士人又素嫉华人如仇，动相挟制，钦使特简陈茇南观察为金山总领事，从容坐镇，群下悉钦其威望而重其干才。古巴一隅，则以刘君湘浦为总领事，陈君霭廷为正领事，抚羁旅人，各得其所。凡有昔时苛政，无不悉除。往者有如归之。乐居者，无虐待之忧，较之往时，不啻霄壤。惟秘鲁军事未平，尚属有待二国之人，皆以钦使知人善任，兼又待人以和，驭众以宽，节俭持躬，谨廉克己，无不誉之不容口，而仰之如泰山北斗，每见公使外出，群思觇其仪范，肃恭旁立，敬之有加礼焉，钦使之能得众心也如此。乃他日报有言，其随员至某地为人所侮，及拘其人以交巡捕惩治，而巡捕以为琐事，竟置之不理，钦使于金山车行衢道，闻有埃利士人遥掷以瓦砾者，致污其衣，凡此所云，均不足信。今访之于人，悉属子虚乌有，盖有不满于钦使者，挟嫌兴谤，造言生事，播散谣词，以耸众听，而不察者，遽信以为实，登诸日报，辗转相传，遂有此讹。窃以为，此等事，其细已甚，原不必为钦使辩也。惟是钦使恭持旌节，远使于数万里之外，其才猷谟书，迥出于傅介子班定远上。况以圣天子威灵震叠，陆詟水慄，凡属远邻，无不逖听风声，恪恭敬止，又何敢稍肆其凌侮也哉。此固可决之操券者也，无谓之词，当一扫而空之可也。”

三月二十一日（4 月 19 日），大学士和九卿联署上呈《奏为遵旨敬谨详议慈安端裕康庆昭和庄敬皇太后上尊谥折》，陈兰彬亦署名。

三月二十三日（4 月 21 日）总理衙门收到陈兰彬汇报近期外交情况等事宜的咨文。

四月初八日（5 月 5 日），致函李鸿章。

四月十五日（5 月 12 日），收到夏威夷国驻美公使阿连来函。

四月十八日（5 月 15 日），曾纪泽发电报和写信给陈兰彬。

四月十九日（5 月 16 日），李鸿章致电陈兰彬：“望转致莼甫，子登将出洋局，幼童择其颖悟纯静、尚未入大学院者二十人，令速赴各处电报馆游历，讲求电学。津沪新设电报需人，两月后文书到美，即令伊等回华供差。”

是日，香港《循环日报》刊载《领事善政》：“古巴在南美利加洲中，敻然一岛，地广人稀，除贩买黑奴以供耕作外，又到中国招募华人前往，而诱骗拐卖之风因而顿炽。后虽经中外合力禁止，而计华佣之到其地者，不下十余万人，现尚存六七万。曾经中朝派有陈钦使荔秋，顺道往为查访，得其困苦情形，归奏朝廷，特议设立领事驻扎岛中，以资保护。复与西班牙国修订和约，一体妥办佣工之事，俾异乡旅客，共出涂炭之苦，而登衽席之安，诚善举也。现钦使陈都宪奏派古巴领事为刘君亮沅、陈君善言，翻译官为谭君乾初。抵任之后，即将从前薄待华人各例，与地方官反复驳议，次第蠲除。又念华佣离乡日久，绝无音问，与亲属相通，望夫石上，思子台前，不知几人断肠心焉，悯之，特谕令各付家信一函，由领事署代寄，信资亦由署中代给。盖欲信息常通，则家人知其下落，而复将此间甘苦转述于人，庶几拐诱之风，从兹顿戢。开办伊始，乃谭翻译转托其兄在港代收付。惟华佣多不识字，又难觅握管之人，故初时书信尚属无多。复经领事等，多方设法，因刊板刷印信式纸，遍给各埠，只令本人填写姓名、履历，及现在住址，即行代寄。人咸称便，争寄家书，计自去岁秋冬以后，每次船期往来，书信均有数十函，且有汇寄金银者。领事等此举，能使数万里远客十余年踪迹，一旦音问得通，如同睹面相谈，详叙阔别。而亲属之望眼欲穿、寸肠欲断者，亦得以稍为慰藉，遥望生还，其所保全，正甚大也。惟是各华佣籍贯，远近不一，又僻处遐陬，以致辗转代寄，殊费周折，谅非谭翻译之兄，一人所能独肩其任。故领事等又修函与东华医院各绅董，请代为分寄，庶不虑有所延搁也。观刘、陈二君，暨谭翻译昆仲，创此善举，而又无微不到若此，洵无愧仁人之用心，而利赖为无涯矣。”

四月二十三日（5月20日），总理衙门收到陈兰彬请代呈《奏呈肄业局事宜折》。

同日，香港《循环日报》刊载了管镇乾等人呈送的《议设华洋书信局禀》和陈兰彬的批复。

四月二十四日（5月21日），总理衙门收到陈兰彬汇报近期外交情况和撤回肄业局等事宜的咨文。

四月廿四日（5月21日），致函夏威夷国驻美公使阿连。

四月（5月），致函李鸿章。

四月底（5 月），复函夏威夷国驻美公使阿连。

四月间（5 月），批复《议设华洋书信局禀》。

五月初一日（5 月 28 日），李鸿章收到陈兰彬电报："已将来电速为转达吴子登、容闳，俟学生选齐动身时，再行详达。"

同日，总理衙门收到陈兰彬汇报近期外交情况的咨文。

五月七日（6 月 3 日），致函美国国务卿，请放行哈瓦那和利物浦寄来的包裹。

五月十二日（6 月 8 日），收到夏威夷国驻美公使阿连复函。

同日，总理衙门上奏"出洋肄业局务渐弛，请旨调回等因一折"。本日奉旨："依议，钦此。"

五月十四日（6 月 10 日），薛福成日记记载总理衙门奏撤留美幼童。"总署奏，出洋肄业局渐弛，难期整顿，拟请撤令回华，良材器使。奉旨依议。"

五月十五日（6 月 11 日），总理衙门收到陈兰彬汇报近期外交情况和病重届满归国等事宜的咨文。

五月十九日（6 月 15 日），照会美国国务卿，告知慈安太后逝世。

六月初一日（6 月 26 日），薛福成日记抄录上谕："总理各国事务衙门奏，出使大臣期满请简员接办一折，二品衔、直隶津海关道郑藻如着赏加三品卿衔，充出使美国、日国、秘国钦差大臣。陈兰彬、容闳均着回京。钦此。"

六月初三日（6 月 28 日），吴嘉善致电李鸿章："电报学生六十日内可以起程，嘉善已决意回华，立候中堂示下。可否请即电致陈星使兼管出洋肄业事？"

六月初四日（6 月 29 日），李鸿章复电吴嘉善："总署已奏准全撤，俟奉到行知照办。电报学生可令先回，执事须将局内经手公务了清，方能起程回国。"

六月初五日（6 月 30 日），总理衙门收到陈兰彬咨报慈安去世和近期外交情况及出使经费等事。

六月初七日（7月2日），郑藻如禀报李鸿章出洋肄业局情况："窃职道等于本年五月十七日奉宪台札，准总理各国事务衙门咨开，光绪七年五月十二日本衙门具奏，出洋肄业局务渐弛，请旨调回等因一折。本日奉旨：依议，钦此。相应恭录谕旨，照抄原奏，咨行贵大臣钦遵办理等因到本大臣。准此。札饬职道等查照等因。奉此，伏查该学生先后出洋间将十载，资性既有不同，造诣浅深互异。其已入大学堂者，各有专业，数年于兹，谅碍门径。回华以后，就其所学，分归各处，进之以阅历，则造就有用之才，异日可收得人之效。其未入大学堂、中学堂者，洋文语言当驾乎内地各局学生之上，分归各处之后，令其补读儒书，因材施教，有一人当有一人之用。最下之资，亦可充当翻译。职道等因其既已奉撤，必须预筹位置，诚恐到沪以后，顿起乡思，若即准假散归，则一经分散之后，断难齐集。其未染习气者，或潜踪改业；稍有习气者，或重自出洋，皆所难免，深为可惜。应于到沪之时，即行分派各处，使之有所归依，然后由各处主持轮流准假归省，易于钤辖，无虞散漫。谨拟八条，缮具清折，呈请宪台鉴核。谨将奉调回华学生预拟安插事宜，缮呈钧核。计开：一、查庚辰年十一月邝炳垣呈来美国肄业学生单内开列，在耶劳大书院学生九名，在庵空士地大书院学生一名，在巴士顿机器大书院学生九名，在先非儿技艺大书院学生四名，在察手艺大书院学生四名，在士地云手艺大书院学生一名，在利兮开矿大书院学生三名，在罅非乞开矿大书院学生一名，在高林避亚开矿大书院学生一名。以上共在大书院者三十三名。又在中书馆者四十一名。其余未列单之学生二十名，访皆未进大学堂、中书馆。一、现在总理衙门奏奉谕旨，准将美国肄业学生全调回华，似宜分别安插，俾得各就所长，力求精进，庶人材借以培育，他日可收因材器使之益。一、耶劳大书院、庵空士地大书院学生共十名，闻系专习律例，拟请送归总理衙门或归南北洋大臣衙门，仍令肆习律例。酌选中国教习一人，教以中国律例诸书，使有根柢。另延熟悉万国律例之洋教习一人，如在沪之英国状师坦文者，即可胜任。令其教以西律万国公法等书，俾该学生等于中外例案彼此贯通，预为通商办案人才之选。且总理衙门、南北洋大臣衙门皆为办案汇总之处，得一熟悉西律之教习，固可教导学生，即目前遇有案件，亦足以备咨询。其学生之心性纯敏者，更可挑选数人，学习税务，或交总税务司署，或分派各新关，以为他日税务之用。一、机器、技艺、手艺大书院学生共十八名，拟请分拨闽、沪、津三机器局，量技试用。从此加以历练，自较在厂匠徒更易进益。一、开矿学生五名，拟请拨交开平矿局，习练矿务。如果南洋各处需用，再行调拨。一、中书馆学生四十一名，及未进大中学堂之二十名，在洋尚未专习一艺，除天津已经电调三十名归电报局习学外，其余三十余名，现在闽、沪、津、宁皆已教练水雷，拟请先由南洋各局酌用若干名，其余悉调来津，分归水师学堂、水雷、电报两局，量材学习，俾得各精一艺。一、拟请先行咨商总理衙门、南洋大臣、船政大臣，预定调用学生之数，行知沪道，俟该学生回至上海，径由沪道按数分派前往，免致在沪久候，漫无约束。一、该学生回华时，暂寓上海，听候分派各处。所有应需用费川资，拟请饬由上海道在出洋经费项下开支。一、拟清咨明驻美钦差，饬知伴送学生委员，一俟学生抵沪，即将学生名册知会上海道，派员觅地暂住，以便照册点名，分派各处，并委妥员伴送交收。如有请假归省者，应俟分派到各处后，准其请假归省，以顺人情。一、附呈学生名单一纸，计从邝炳垣单内抄出，尚未回华者共七十四名。邝垣单内未列姓名，而从出洋肄业原案查出，尚未回华者共二十名。”李鸿章批复：“据禀：现拟撤回美国肄业学生尚有九十余名，在洋将及十载，不无可造之才。必须预筹位置，于到沪时，即行分派各处，使有依归。然后再由各处主持因材施教，分别录用，轮流准假归省，庶免尽弃前功，转滋流弊。并议呈安插事宜八条，所筹甚是。候抄咨总理衙门、南洋、船政大臣查核，迅速酌复。并咨行出使美国陈大臣暨总办幼童肄业局江海关道等一体查照妥办。缴。折存。”

六月初八日（7 月 3 日），刘坤一复函陈兰彬，曾纪泽致函陈兰彬。

同日，《申报》刊登《简员出使》：“中朝派驻美国之陈钦宪系兼日斯巴尼亚及秘鲁公使之任，今瓜期已及，新简者为现任津海关道郑玉轩观察，已于六月初一日奉有上谕，仍派为美日秘三国钦使云。”

六月初十日（7 月 5 日），发电报给曾纪泽，告知新任驻美公使为郑藻如。“接美使陈荔秋京卿电报云，美国星使已放郑玉轩接替。”

六月十九日（7 月 14 日），拜会受伤养病的美国总统。

闰七月初八日（9 月 1 日），收到夏威夷国驻美公使阿连复函。

七月初一日（7 月 26 日），《申报》刊登《钦宪加衔》：“津海关道郑玉轩观察，奉命出使美、日、秘三国，曾经列报。按向来出使大臣，必加衔以崇体制。郑观察已有二品头衔，而此次简放，特再加三品卿衔者。盖卿衔最为隆重，例不轻加，是以二品衔上再可加三品卿衔也，星华载咏，知遇维隆。陈、容两大臣闻已奉旨著令回国云。”

七月初七日（8 月 1 日），驻扎檀香山领事官陈国芬收到陈兰彬谕令。

七月初八日（8 月 2 日），因驻日斯巴尼亚国参赞黎庶昌升任出使日本国钦差大臣，陈兰彬奏调驻旧金山随员朱和钧为驻日参赞，驻古巴岛法文翻译廷铎随同办理，又奏留报丁母忧的驻旧金山随员金延绪。

同日，总理衙门收到陈兰彬汇报檀香山华工和改领事等事宜的咨文，《申报》刊登《详询电报善法》："美国新闻纸言：中国发电报于驻美钦使，令传谕华人之在美国学堂者，将如何传递电报之法，逐细详言，盖中国之子，用于电报，颇有未便，必须用英国或他国之字，然用他国之字，于中国恐难通行，故须设法通用中国之字也。"

七月初十日（8 月 4 日），《申报》刊登《学生将归》："挑选幼童出洋肄业之举，自同治间奏定章程起，派员带往美国哈富地方学艺，迄今尚未满原定年限，其中能深造者，固不乏人，然因德性未定，学无成就者，亦复不少，未免虚靡薪水。去岁，经区总办在总理衙门投递条陈，亦及此事，以为立法未善，难期实效，而驻美国之陈星使亦拟裁撤此局。兹有来自京都者，称此事已于五月间，由总理衙门与通商大臣商定，以现当洋务需人之际，议即将诸生尽数撤回，仍由局员管带归国，察其技能，量予差事。已经总理衙门奏，奉谕旨依议。大约今岁冬初，皆可回华矣。"

七月十五日（8 月 9 日），香港《循环日报》刊登《撤回学童》"上海消息云：近日左相入奏云：前时派往美国学业之童，计共一百二十名，每年经费计用银八万两。此班学童观其所学之业，无一超群绝伦者，且生性疏懒，而行为骄傲，恐将来无异于国家，拟将此班学童撤回中国，特于今尚未闻有谕旨刊行云。此事真否，未知其详，恐系传闻欤。然闻教授学童之吴子登侍讲，曾以学童无所造就，不能成材，不如尽数撤回，上书总理衙门，已俯允所请，立发电报至美邦，催其即随钦差回国。然则是言之来，殆非无因也。"

七月二十三日（8 月 17 日），批随员容闳禀词，致函美国国务卿，感谢赠送统计部和地质部年度报告。

七月二十四日（8 月 18 日），总理衙门收到陈兰彬汇报近期外交情况、檀香山商董改为领事官和撤回肄业局原委始的咨文。

七月二十五日（8 月 19 日），致函美国国务卿，请求放行哈瓦那寄来的包裹。

同日，陈兰彬致函夏威夷国驻美公使阿连。

七月二十九日（8 月 23 日），香港《循环日报》刊载《拟建书院》："福州信息云：近日，中朝欲遣人前往美国，将学童一百二十人尽行撤回。拟建一书院于上海或天津，以教习此等英俊。一则可以省縻费，一则教导能周，不至于懈惰。是固一举行而两善备焉。"

七月三十日（8 月 24 日），致函两广总督张树声。

七月间（8 月），收到夏威仁国檀香山岛领事官陈国芬来禀，并批复，发给《檀香山商董章程九条》。本月，《花图新报》第二年第四卷载《钦使调任》："驻扎美西秘之陈兰彬钦使现已任满，新简者为津海关郑玉轩观察。观察即前上海制造局之总办也。"

闰七月初一日（8 月 25 日），致函夏威夷国驻美公使阿连。

同日，《申报》载《钦使问疾》："外国新闻纸言，中国驻美钦使陈荔秋副宪，因知美总统被伤信息，即于华六月十九日，亲诣总统行宫问候，见其伤势沉重，不胜惋惜之至云。"又载《津信汇录》："天津来信，言中国创造电线，颇为迅速，刻下由津至山东道上，皆已建树，计有九百里之远矣。又云，往美国学习西法之学生，刻下将回天津，拟分别选择，或令演放水雷，或令在李伯相所设之医院内习学医理，或派至船厂习学驾驶等事，将各就其所，长而用之。按美国新闻纸，亦言中国学生约计有百人，将次回华。然则该学生等，定当不日言旋矣。"

闰七月初三日（8 月 27 日），香港《循环日报》刊载《古巴领事德政》："陈荔秋都宪出使外洋，为驻扎美、秘、日三国钦使。古巴属于西班牙国，华人前往佣工者实繁，有徒为土人所虐待苛遇，役使如犬马，几至暗无天日。前日曾经都宪亲往问供，拔之水火而登之衽席者不知凡几，此中人无不额手交庆。今次特命刘湘浦主政为总领事、陈蔼廷司马为正领事，二君皆材干明察，器量深远，不惮烦琐，一切躬亲，革积弊，创良规，旅民深受其惠，于以服都宪之知人善任焉。按古巴一岛，天气炎酷，瘴疫流行，百物腾贵，且人心不古，久已奴视华人。我国所设领事各官又属创局，公事繁难，摒挡殊非易易，所幸现任古总督不致太远于人情，所有苛虐华人旧例，一经驳辩，尚能次第蠲除。查华人到此，率皆立约做工八年工满之后，应由工主给以满身凭单，然后可领行街纸，必有行街纸方能另觅雇主，来往自由。无如各工主多不给发凭单，以致满工之人竟有苦捱十数年未能暂脱火坑者。总领事等知其所挟，遂按例每人均给行街纸，不以工主之凭单为据，使其挟制之权不夺而自落。故去年请领者四万余人，约有六七成早经满工而未得出身者，今一旦得以来往自由，另谋生计，不啻黍谷回春。彼例凡未满工者，每月每人例得工银四圆；若已满工者，每月可得三四十圆、五六十圆不等，固相去悬殊矣。又因是岛向有官工所之设，专以刻待工人者，浑如黑暗狱中不见天日久矣，星使荔宪曾于华佣口供内详叙之。刘、陈二君到后，力与古巴总督驳辩，几及周岁，始克成议。现将官工所一律裁撤，新订章程五款，尚属平允，华佣之困，为之一苏。"

闰七月初八日（9 月 1 日），致函美国国务卿，退回美国联邦政府寄错的文件。

闰七月十一日（8 月 27 日），《申报》转载了香港《循环日报》刊载的《古巴领事德政》。

闰七月十三日（9 月 6 日），香港《循环日报》刊载《古巴续闻》：“刘君湘浦、陈君蔼廷，既莅古巴，下车之始，悉心整顿，保护商旅，抚恤贫困，无不以实心而行实政，谆饬各华人每埠设立会馆，以便贫病者有医，老废者有养，并力劝华人多寄家信，以慰亲属悬望，且使声气常通，不致后来者复蹈前辙，皆尽心力以图维。期年之间，渐有成效。闻近日会馆已增设至十一二间之多，而寄信者亦多得接家属回信，不至鱼雁无凭，鳞鸿空递。如前日之作殷洪乔故事，盖古巴昔时锢习。凡卖猪仔来者，向不付寄家信，习俗已成，固由寡情，亦因从前无路可寄。今则多方设法，始能令伊等付寄。而每见伊等家属来信，佥称：‘自汝去后，杳无音信，寻访俱穷，某人某人业已思忆而死，今忽接到来信，喜从天降，远近亲朋，咸来道喜。’云云。因此，每有激发天良，刻即付寄金资回家者。自去冬以至今日，托由领事署中寄银回家者，已有四五千圆矣。刻下，更为大有起色。然则，古巴旅佣，虽远在数万里外，而有华官为之经营，为之爱护，俾脱水火而登衽席。较之前时，其苦乐之趣，奚啻霄壤也哉。是则设官海外，岂果无裨于我民欤？”

闰七月十六日（9月9日），总理衙门收到陈兰彬汇报近期外交情况和接办事宜的咨文。

闰七月二十二日（9月15日），香港《循环日报》刊载《学童回华》：“欧洲信息谓：中国所遣各学童在美邦肄业者，计有二十人，于前月十三日，已由乞佛城起程，前往旧金山，俟有便船，即附之回中国矣。”

闰七月二十五日（9月18日），出使美、日、秘三年期满，奏请照章奖励随带出洋人员和香港绅董。

闰七月二十七日（9月20日），照复美国国务卿吊唁美国总统逝世。

同日，《申报》刊登《学徒回华续闻》：“中国在外洋之学徒，前有令其回华之信，兹于礼拜日接到英公司轮船，带来外洋新闻纸，知已有二十人，于前月十四日，由英启行，自旧金山，再当由旧金山附轮遄返也。”又刊登《随员返沪》：“西九月初七日，字林报载华盛顿新闻纸云，有徐孙麒司马，其人于中国钦使署中，尤为可敬可爱，缘初至美时，于西学茫然，嗣精心讲究，三年间，竟能翻译美国与各国所立条约一部，西语亦能通答，令人钦服。今由美请假回华省亲，濒行时，此邦人士饯送纷纷，大有依依不舍之情，咸愿重至为幸云云。按徐君名承祖，系江苏六合县人，为彝舟太守之子，簪缨世泽，代有传人。前随陈荔秋钦使出洋驻美，今因已届瓜期，特先请假归省，而重洋远度，中外传誉，此日言旋，岂仅邀上游器重已哉。”

闰七月二十八日（9 月 21 日），咨报使署和肄业局事以及外交情况。

闰七月三十日（9 月 23 日），致函美国国务卿，感谢寄来秘鲁华人情况。

八月初三日（9 月 25 日），《申报》刊载《学生回华》：“中国送往美国肄业之学生，早有回华之信，迭列前报。兹悉容委员带领学生林联盛、刘玉麟等二十一名，搭三菱公司之成开麦鲁轮船，于前日午后抵沪。各生家属居沪者，当时回家，余则或寓泰安栈，或居亲友处。闻昨午后，容君带之谒见道宪，听候位置，并闻生等在美国书院曾习电报事宜，故李爵相催令回华，派于各电报局司事云。”

八月初五日（9 月 27 日），香港《循环日报》刊载两广总督张树声的《查办拐诱出洋咨文》：“两广总督部堂张为咨会事：现据钦差出使大臣陈密函咨称，粤东拐匪，每骗诱华民贩卖出洋，实属可恶，禀请咨行查办等因，到本部堂，准此。查诱拐华民出洋贩卖一案，先经刘前部堂咨准总理衙门，暨钦差出使大臣陈，责成檀香山商董严行稽查，于到埠之华民，不准匪徒诱拐他往。又迭经前部堂，暨本部堂，札行严禁各在案。兹据函咨，该拐匪仍蹈故辙，胆敢贩卖人口出洋，愚民无知，被其网害，一陷其术中，生死永别故乡，深堪悯恻。且事关民瘼，即彻底严查，务使剔除恶习。除札省河缉捕委员及札广州府谳局暨东臬司云云外，相应咨会，为此合咨贵提督请烦查照，希为转饬轮船缉捕各委员，并饬税务司，严密访查。倘有贩卖华民洋船出口，立即扣留，禀请核办。仍随时明察暗访，遇有帆洋各船出口，讯明验放，分别办理，咨复察核施行。”

八月初十日（10 月 2 日），汇报届满各员撤回和经费等，又咨报使署各员去留情况和出使届满经费收支情况。

八月十五日（10 月 7 日），香港《循环日报》刊载《东瀛邮报》：“初五日，日本信息云：初三日薛地阿辅北京火船，由旧金山行抵横滨，内有中国出洋肄业学童五十二名附船回华。此等学童俱属年龄幼稚，内有数名只十二三岁左右耳，而于英国语言，无不通晓，矢口而谈，如操土风，是亦所谓后生可畏也。闻阅两礼拜后，复有三十名，附搭度机澳火船回来云。”

八月十六日（10 月 8 日），照会美国国务卿，吊唁美国总统逝世。

同日，《申报》刊登《学生续到》：“前日，三菱公司轮船托局唛鲁到沪，有由美回华之学生，四十五名，附搭此船而来，是为第二批回华之学生。”

八月十七日（10 月 9 日），《申报》刊登《学生暂憩》：“昨报所列第二批回华之学生，兹悉由容委员带往道辕，谒见刘观察。观察当令诸学生暂在求志书院憩息，再行分派差使云。”

八月十九日（10 月 11 日），《申报》刊载《回华学生续闻》：“第一、第二批由美回华之学生，抵沪安置情形均经列报，兹悉第一批学生不日将赴天津，谒见李爵相，听候任用。第二批学生暂住求志书院，由道宪委张翰卿司马照料，并派兵丁管门，不得擅自出外，至有父母暂欲领归者，须禀明张司马给领。

现在书院中，尚有十余名，盖专候李爵相示下，设欲令之赴津，即可传齐前去也。”

同日，香港《循环日报》刊载《论招学童回华》：“中国近将出洋肄业各童悉召回华，前月下旬轮舶行抵上海，经委员容渭泉已带回有四十八名，其余陆续概令言旋。中西之留心时事者，因聚论不已。有以召之回为是者，有以召之回为非者，而实则皆旁观推测之见，究未悉所以召回之苦心，并未窥所以召回之深意也。夫以召回为是者，其见诸新报所录日本人之书。则谓去年中国曾派员赴美察看学徒，以观其造诣之浅深、技艺之优劣。及抵美之后则见诸学徒所为，皆属不应为而为。或剪去其辫而披发毵然，或服西人之服，尽弃中华本来面目而变为美国之人。有与谈及国家大事，及一切艰巨之任，皆昏昏思睡，顾而言他。其带之出洋华员，亦知此辈之情性，故预出告白，嘱各店铺不得赊借物件，如有赊付及借钱银各物与学徒，概不认账。委员睹此情形，爰即发信回华，备言其事，故有召回之命。窃思中国所以遣学徒出洋者，原欲令其学成西法，可以回来以备国家缓急之用，故费如许钱粮，用若干心力，而有所弗惜。今学徒所谓，如此不亦大负乎遣往之初心哉。是召之回华，原非过当也。此日人之所论也。其以召之回为非者则谓：所有到美学徒，其最久者，亦只九年，初到专习西文、数学，今年始入大书院习艺，例限四年，期满乃入制造厂肄习一二年，方能成功。今学徒所学无几，一艺未成，遽召之回，以致半途而废，殊为可惜。且当遣出外洋时，曾议定章程，立有合同，以十九年为期，乃曾几何时即更前议，其不足取信于中外人，所系尤非浅鲜。此又一说也。盖尝取二说而详审以衡之，平心以思之，不禁咨嗟太息而叹。中朝措置具有权衡，惟求有利于国家，有造于人才，而并无偏执拘泥于其间也。夫西学为今日切要之用，而通晓西学之人，又为今日亟需之材，夫人莫不知之，即莫不能言之，然德行才艺，偏重则其敝必不可胜言，兼务则其学乃能以致用，故古人有言：利不百不变法也。中国自古迄今所以致治者，全在人识尊亲之谊，俗鲜浮肆之习，德成而上，艺成而下，体用备具，本末兼赅。今以年少诸童未习诗书之文、未娴师友之训，即甚聪慧，一经送往外洋，所见无非西人所言、无非西语所习、无非西俗、无父兄以为管束、无刑政以资观感，则少成若性，习惯自然，其服西服、言西言，变为西国之人，安于西国之俗，而不复念及桑梓所由来，是亦事所必然，势所必至也。夫国家令其学习西法，原以备将来之用，而所为如是，是岁捐此国帑巨款，直为国外增其丁口，即学之既成，仍属无裨于国，将安用之？尝见有自幼肄习西国语言文字，及长而其学粗成，辄轻视天下事，以为能如是，则攸往咸宜，天子宜为侧席大吏，宜为加礼，目空一切，竟不知天壤之大。尚有如许人材国家之经，首重乎忠孝节义、礼义廉耻，微特举而加之高位，必致偾事，即居一乡一邑之间，又安见其有裨于教化风俗哉。中朝特见及于此，深惧岁筹经费送之出洋，即诸童安分学习，并无劣迹，而成材反与无材等有用适与无用同，故不如早日召回，庶免变其性情，且望得所成就也。是不得谓为惜此经费起见，并不得谓失信于天下也。盖大信不约，惟义所在，固当如是也。至于广设学塾，妥定章程，延请师儒，招致英俊训导而培育之，使精诣西国之法而不变中国之旧，则各日报详哉言之。本馆亦曾纵论及此，可不复再赘致贻词费之讥，蹈拾唾余之诮。兹特因辨论纷如，而于中朝召回学徒之意，或未深究，故即管蠡之见所及，泚笔书此以谂识者，其或以为然乎否欤。”

八月二十日（10 月 12 日），刘瑞芬禀报李鸿章：“窃查驻美肄业学生奉文撤回，前蒙宪台饬据津海关道等议呈安插事宜八条，札道妥办等因，奉经遵照在案。本年八月十四日，据洋局委员容闳带领学生梁敦彦等四十九名到沪，由道逐一点验，派委张守志均等照料，暂住上海求志书院。随饬张守谕令各学生自书姓名、年籍及所习何学，汇开清册送道。其中习律例者十八名，习化学者二名，矿务七名，二程机器二十二名。除酌量分派各处，另行资送详报；并将用款在出洋经费项下动支，俟事竣造册报销外，合先驰禀，仰祈中堂爵宪俯赐察核。”李鸿章批复：“禀悉。前准吴编修、容副使咨呈第二批遣回美国肄业幼童四十九名，当经抄册行知该道及天津各局员一体查照在案。此项幼童现已到沪，查系习律例者十八名，习化学者二名，矿务七名，工程机器二十二名。自应查照前案，酌量分派各处，另行资送。顷据唐道廷枢来京面称，习律例、矿务者，恐所学未尽精熟，拟请调津，筹设学堂，加功造就。如各处分派无几，仰即饬令搭船来津察办。所有制给衣被、用物、川资各项，均在出洋经费内动支，核实汇报，仍候南洋大臣批示。缴。”

同日，香港《循环日报》刊载《官学生到沪情形》：“七月二十七日，经委员容渭泉管带官学生四十八名，由金山附输船回上海。现据李伯相移文，令学生到上海时，由上海道宪委员，即觅馆舍，令各生暂为居住，然后派定差事，须经委员交代后，乃准各生就地告假回乡。兹将所派差事章程，略录如左：一、深通洋文、熟悉律例者，派在总理各国事务衙门、南北洋两大臣衙门差遣委用。二、学习制造机器者，派在天津、上海、福州各处制造局。三、学习开矿者，派在直隶开平矿局。四、未入大书院者，派在天津水雷局、水师学堂、宁波水雷局、福州水师学堂，再经习练。按：所有到美学生，均未习成一艺，头批学生只到美九年，初到专习洋文、数学，近年始入大书院习艺，例限四年期满，乃入制造厂肄习一二年，方能成功。今学生等所学无几，即调回华，半途而废，殊为可惜。闻学生等皆愿至津晋谒李伯相，面禀在美肄业事宜，愿求再学，得以成材，将来以备国家之用，亦可谓有志者矣。”

八月二十一日（10月13日），香港《循环日报》刊载《学童续回》："西字报云：闻十四日，复有中国前赴美邦肄业学童，四十五名，附搭度机澳马火船回华，已行抵上海矣。"

八月二十六日（10月18日），刘坤一复函陈兰彬。

八月二十七日（10月19日），咨报肄业局各员携回幼童等事。

八月间（9—10月），宁波《甬报》第9卷刊载《幼童回华》："中国派往美国肄业幼童，计四班，共一百二十人，嗣以患病及别故回华者十数人，今年实仅百余人。现因当局需人差遣，饬将美国出洋总局裁撤，诸童一律遣归，分作三班，陆续起程。第一班林联盛二十一人，由容位姓带回，已于八月初一日抵上海，次日容君带之谒见道宪，遵饬拨交电报局总办郑陶斋观察分派各分局学习电报事宜。二班三十五人，由驻美容副使之弟容君带回，中秋左右可到上海。三班四十余人，即由在美出洋局总办吴子登太史带回，冬间可到。"

九月初二日（10月24日），香港《循环日报》载《上海传言》："本港西报得接上海信息，探闻度机澳火船，前由美国载回之出洋肄业学童，既抵上海之后，中国官宪即于小东门处，觅有广润之屋，与各学童居住，并派委员弁看守门户，不准学童擅自离居住，任意出入。其有欲回家省亲者，须觅殷实铺店或有体面之人，具有保领，乃给假回归。故迄今只有数学童得以告假回家，不在公馆居住耳。闻此馆久已无人居住，颇甚荒凉云。"

九月初三日（10月25日），薛福成日记载："沪道禀报：第二批撤回美国肄业幼童四十九名到沪，内习律例者十八名，习化学者二名，矿务七名，工程机器二十二名。"

九月初五日（10月27日），天津电报学堂总办朱格仁和天津电报总局刘含芳禀报李鸿章："窃照职道等于本月初一日奉宪台札开，据上海电报分局郑道呈称，案照光绪七年八月十三日，准天津总局移奉宪台面谕，所有美国调回学生二十一名，亟须全数调来天津，亲加勘验，以便发交天津学堂练习工夫，俾可分派各局任用，不得遗漏一名等因。为亟移请贵分局，希将美学生等克日派员尽数伴送来津，由敝局禀请验看。所有该学生携带电具、行李，均应开列细单，一并带津。所需船价，应由贵分局开支，申报宪台察核等因。准此。并同日奉宪台札，同前由等因。奉此，职局当即传知各该学生到局，面告前由，并令其克日结束行李，候信起程。旋据学生黄耀昌一名来称，以母丧暂行请假未到。其余二十名，移请上海道遴派妥员，伴送赴津等情，到本大臣。据此，查美国调回学习电报学生二十名，现已到津，应由电报总局刘道会同电报学堂朱道，按名逐细考察各生中西学业及电报工夫若何，据实具报，听候亲加察验。一面饬令华洋教习，严督各生在堂赶紧练习电报事宜，务期日有进益，以资任使。合行札饬。札到该道，即便遵照，会同妥办具复等因。奉此，伏查原来第一批学生二十一名，除唐荣浩、唐荣俊两名到津后，由唐道廷枢奉批准留住该局，唐元湛卧病在沪，黄耀昌丁艰假归，此外方伯梁等十七名，由苏松太刘道派委江苏候补知县任令庆延，乘‘保大’轮船，伴送来津。于八月二十八日傍晚起岸，职局派委主薄蒋文霖接送，全到学堂。职道等于二十九日九点钟会同在学堂点验。点毕，均令齐坐书案，默写三代姓名、籍贯、出洋年分、已读之书、已习之业，各写洋文一张，华文一张。三十日，由洋教习督令每人试寄洋文四字，而该学生所习电报，乃美国传音之报，不用纸条，以耳代目。现令加以纸条打接其电报，工夫所欠甚多，而电气理法一毫未懂，急宜严加管束，赶紧教练。而洋文通顺、洋字少错者，十七人中，勉敷一半。而华文、华字能写履历者，仅十二名。此外，五名并不能提笔写作。谨将考验华洋文字电报分作五层，按名加具切实考语，填成表册，并各学生原来籍贯一册，呈送宪台鉴核。”李鸿章批复：“据详，第一批由美国调回学生二十一名，除丁忧、病假、拨归矿务外，实有十七名拨入电报学堂。经核道等按名考验，电报工夫所欠甚多，电报理法一毫未懂。其洋文通顺、洋字少错者，仅得一半。华文、华字能写厦历者，仅十二名。此外五名并不能提笔写作。此项学生出洋七八年之久，中西学业一无成就，其在洋委员、教习人等，并未能尽心教导，已可概见。兹既饬调回华，令入学堂肄习，应照朱道另禀，酌给膏火，严加管束，随时酌定功课，督同中西各教习认真训迪，分别升降等次，使知愧励，庶几各生学业日有长进，不致经费徒糜。俟可派往各分局司理电报，再行据实禀闻。缴。册存。”

九月初十日（11 月 1 日），刘瑞芬禀报李鸿章：“窃据洋局委员容闳带领撤回学生梁敦彦等四十九名到沪，由道派员照料，分别酌量派用。所有前项学生四十九名内，职道衙门留用二名，上海制造局留用四名，并以二十名派梁委员伟年带领，前赴福建船政大臣行辕交收，又以三十三名派吴通判保福伴送津海关道点收，分别安插转送。仰祈俯赐察核。”李鸿章批复：“昨据禀，美国第二批撤回学生四十九名到沪，当经批饬查照前案，酌量分派各处。并以习律例矿务者，恐所学未尽精熟，唐道廷枢拟请调津，筹设学堂，加功造就。如各处分泥派无几，即由该道饬令搭船来津察办在案。兹据禀，该道留用二名，上海制造局留用四名，委员送交船政大臣衙门二十名。其余二十三名内，习律例者十二名，习矿务工艺者各四名，开平矿员三名，派通判吴保福伴送来津，候饬津海关道按名验收，分别安置。即将黄仲良等三名，拨归开平矿务局，随同学习。梁丕旭等二十名，所习中西学业若何，人数无多，或不必专设学堂。应如何分派，加功造就，即由津海关周道，会同电报总局刘道、电报学堂朱道、机器制造局许道、王道等，逐名详加考察，妥细拟议禀夺。内有习矿务之吴仰曾等四名，可否并拨开平矿局学习，抑另有用处，仍悉心察度，并与招商局唐道妥商禀办。折存。此缴。”

九月十一日（11月2日），总理衙门收到陈兰彬汇报届满经费和严士琦丁忧等事宜的咨文。

同日，《申报》刊登《分遣学徒》：“字林报言：闻得由美回华诸学徒，现有二十二人，拟于礼拜四往福州。又有二十人于礼拜五往天津。其余则均留上海，分派于铁厂及各局，以资调用云。”

九月十二日（11月3日），《申报》刊载《窃案止误》：“前报曾列横滨地方有中国学生由美回华，道经该处有人控学生中两人窃取箱子银物等件，经长崎领事发电报至香港，将该学生捉获，解由香港英刑司讯问，因事系他处所犯，不便办理，遂将所获两人释放等语，系由香港西字报译出。今阅字林报，载有天津来信，言此事情形，与前报大相径庭，缘学生回华之时，有委员带领，适有在美之华人，请于委员，言贫苦不能回国，求其带回，委员许之，给与船票，同舟至横滨，学生行李中有箱子，内装银洋金表等件，为该两人所侦知，及至横滨，换坐轮船，搬移行李，此箱遂为该两人所窃。直至长崎，始经查出，而两人已不见踪迹，故发电信至香港，将两人捉获。日报因讹传捉获者系学生，故为辩明云云。本报阅此，亟为照录，以明前此之误，且以见诸学生之并无妄为也。”

九月十三日（11月4日），《申报》刊载《学生回华续闻》：“中国出洋肄业之幼童共有九十余名，分作三批回华，第一二批附东洋公司船抵沪，关道宪委张翰卿太守妥为安顿，并探得调派情形，节经列报。今闻第三批又将到埠，亦趁东洋公司船，仍由张太守照料云。”

九月十七日（11月8日），香港《循环日报》刊载《分遣学童》："上海晋源新报谓：前由美国回来之学童，闻有二十名不久将往天津，又有二十名将往福州，其余则留在上海肄业。盖中国当道拟将此等学童分拨往各局再为教育，俾得成其材，以备国家之用也。"

九月二十日（11月11日），李鸿章批复戴恒等禀文："该局现需年少通晓洋文洋语者，分隶学习，以便日后替换，节省洋工，亦有远虑，应准将外洋调回学徒詹天佑等五名派留该局，由该工师随时指授，俾日有进益，冀立储材兴利之效。仰即录批移明江海关道知照……丹科在美织厂多年，经容星使订延来华，先订一年，以华六月二十五日立约为始，每月薪工洋五百元。"

九月二十二日（11月13日），《申报》刊登《学生回华余闻》："前报述在美国之学生先后回华一节，兹阅字林报，知此番学生业已全数回华矣。又录美国新闻纸，云中国学生在美已经六载，英国语言颇已纯熟，并有能操德国、法国、日斯巴尼亚国三国语言，曾闻有一学习机器、行船、造船诸法者。又云，中国在美国所造之房屋，刻欲出售于人，计价洋十万元。其带学徒之容委员，现居哈忒福忒地方，在彼立有家室，将来回华之后，尚须再往美国。至于学徒之回华，则美国报中亦言不知其故云。"

九月二十二日（11月13日），《申报》刊登《拟派学徒》："本月十七日，天津来信，言由美回华之学生，现已陆续言旋，据闻皆循规蹈矩，举动安详，悉属有造之材，拟派往陆路电线局，以资调用。更有续来者，约两礼拜可以抵津，则皆别有长技，或精究医书，或深明矿务，或善识机器，故此一批学生到津之后，当另为派用。知医者即令在医院，知矿务者即令在矿务，知兵者即令在营务，以资分拨教习云。"

九月二十五日（11 月 16 日），《申报》刊登《委送学生》：“由美回华之第三批学徒附东洋公司船抵沪，已列前报，兹闻第二批之学生四十九名，除派赴天津外，尚有二十名，欲派往福州。故昨日招商局海珊轮船出口关道宪刘观察，派洋务局委员梁友兰，带往福州，送船政局听候拨用云。”

九月间（10 月），《甬报》刊登《二班幼童到沪》：“美国出洋局第二班幼童黄开甲等四十九名于八月十四日由容委员带同到沪。”

十月初一日（11 月 11 日），周馥禀报李鸿章：“窃职道馥于九月二十二日蒙宪台礼，据苏松大道禀称，美国第二批撤回学生内，以二十三名派通判吴保福伴送来津，饬令职道馥会同电报总局刘道、电报学堂朱道、机器制造局许道、王道等，逐名详加考察，妥细拟议禀夺等因。蒙此，查江海关道第一次送到学生二十三名，续又送到船政衙门拨回习律例学生四名，先后共到学生二十七名。职道馥等遵于九月二十六日在电报学堂按名详加考验，试以化学、洋文论，以及公法、机器各学，大致明晰。虽学业各有浅深，无不堪资造就。自应遵照酌量分拨各局所管束，进习原业，补读儒书，以免旷废。内除温秉忠一名，仍饬吴委员保福带回上海织布局外，其余二十六名，职道等会商：拔水师学堂九名，机器局二名，制造局一名，关署二名，开平矿厂三名，平泉矿厂三名，医院二名，电报学堂二名，水雷营四名，俾资练习。理合具文详复宪台查核。”李鸿章批复：“据详，美国撤回学生二十七名，经该道等详加考验，尚堪造就。已分拨各局所，进习原业，补读儒书。仰即督饬教习各员，务将该生等勤加约束，尽心教导中西各学，并习官话，以期成材得用，勿任稍有旷废为要。缴。折存。”

同日，香港《循环日报》刊载《学童回华余耗》：“美国递到信息谓：中国遣往美国肄业之学童，现皆令尽回华，实莫明其故也。惟查各童有能言英国语言者，亦有并通德、法、西班牙三国语言者，而制造机器船艘，及驾驶各艺，均经学习，则亦非徒縻国帑，而一艺无成者之可比也。学童在美国所居之屋，现拟出售，计价值银十万圆。其管带学童之容委员，已在美邦立有家室，现居于哈忒福忒地方，将来回华销差之后，必再回美邦也。又字林报谓：现学童悉数回华矣。接有天津信息，得悉学童约于两礼拜内可以抵津，将来必各就所长，分遣至各局当差，以资联系而观后效也。”

十月初三日（11 月 13 日），新任出使大臣郑藻如抵达华盛顿。

十月初四日（11 月 14 日），上呈《奏报遵旨回京交卸起程日期》。

十月初七日（11 月 17 日），汇报外交情况和肄业局裁撤等事，并请转呈《出洋差满人员请奖折》和《陈嵩良曾耀南请奖》。

十月十三日（11 月 23 日），就“武昌”号轮船到美事宜照会美国国务卿。

十月十六日（11 月 26 日），《申报》刊登《闽事述闻》：“九月念六日，梁友兰二尹自上海，送由美回华之学徒十六名，到闽之船政局。黎星使即于念八日遣二尹旋归。十月初一日考试，并调派粤省之罗委员小樵监督，现只给以住房，尚未分派在何处也。”

十月二十一日（12 月 12 日），咨报近期外交情况和出洋肄业局吴嘉善回国等事宜。

十月二十五日（12 月 16 日），周馥禀报李鸿章：“窃职道馥于十月十一日蒙宪台札开，第三批美国撤回学生二十四名，现已到沪。除王凤喈丁忧请假回籍，罗国瑞留沪拨用外，其余唐国安等二十二名，搭招商局轮船赴津。饬令职道馥按名验收，仍照前案，合同电报各局刘道等暨招商局唐道，逐细考试各生中西学业若何，分别拨派安插具复，并移各该道知照等因。十月十九日，又奉宪札，据江海关刘道禀，丁忧请假回籍之王凤喈一名，因贫苦无依，恐学业抛荒，情愿随班赴津，听候造就等情。行令查照验收，移令水师学堂察看收录具报等因。当经分别移知去后。嗣准江海关道咨送学生唐国安等二十二名，委候补县丞刘卿采伴送来津。又王凤喈一名，请一并点验安插等因前来。职道馥等遵饬会同职道含芳、格仁、其光、骏德、德均、仲翔、毓兰，于十月二十一日在电报学堂，将学生二十三名按名详加考验，试以中西文字，大致明晰。惟洋文优于汉文。虽学业各有浅深，无不堪资追就。自应遵照酌量分拨各处管束.进习原业，补读儒书，以免旷废。职道等会商续拨水师学堂六名，医院六名，水雷营五名，平泉矿厂一名，开平矿厂二名，关署二名，电报学堂一名。理合具文详复宪台查核。”李鸿章批复：“据详已悉。仍移知各处，认真约束训诫，以期学业有成，勿任旷废。折存，此缴。”

十月二十六日（12 月 17 日），李鸿章上奏《吴嘉善等请奖片》：“再，中国派员携带幼童出洋赴美国肄业，经前大学士两江督臣曾国藩会同臣专折具奏，声明办有成效，由臣等从优酌保。嗣因总办驻美肄业局主事容增祥丁忧回籍，经出使大臣陈兰彬奏派日国参赞侍讲衔翰林院编修吴嘉善前往接办，并派随员江苏试用县丞沈金午随同赴局，充当教习各在案。本年五月内，经总理各国事务衙门议将该局裁撤，并将幼童一律调回，奏奉谕旨，咨行遵照。吴嘉善等遵将各童分批委员伴送回华，先后抵津，由臣派员逐加考试，各童学业尚堪造就。现经分拨津沪各机器局暨水师电报各学堂，督令认真学习，以期渐收实用。吴嘉善现无经手事件，由臣给咨回京供职。查奏定章程，出洋人员准照异常劳绩保奖。本年陈兰彬奏保随带人员折内声明，吴嘉善、沈金午二员奖叙应由南北洋大臣核拟具奏等因。吴嘉善博通中西学术，物望素孚，此次远涉重洋，襄办使事，综理局务，均能认真核实，劳瘁不辞，拟请赏加四品顶戴。江苏试用县丞沈金午由随员改充教习，出力最久。又，该局教习、同知衔容思济当差已逾三年，均与请奖之例相符。沈金午拟请免补县丞以知县仍留原省归候补班尽先补用，并加同知衔。容思济拟请以府经历不论双单月尽先选用。仰恳天恩，俯准照请，分别给奖，以示鼓励。理合附片陈请，伏乞圣鉴训示。谨奏。”

十月二十八日（12 月 19 日），周馥禀报李鸿章：“窃奉宪台批，据施医处官医生马根济等禀，拟学医馆章程、经费，奉批，据禀云云，禀、折抄发等因。奉此，遵查该医院现拟挑选聪颖子弟习学医务，以备考取官医，分赴军营、战舰，自是目前应办之事，所拟章程亦尚周密，惟月需经费并无学生薪费、火食，似应酌量添给，俾在馆生徒食用有资，得以专心肄业。除应购外洋全体形式及书籍、图画、应用器具等项银一千二百五十两，业由职道捐廉发给马医生分别酌买外，兹于由美回华二、三批学生内择其资性较近者，挑选八名，送交该医院习业。并将所拟章程各节悉心酌核，分条拟议，与马医生再三斟酌，每月需经费银三百两左右，实属无从再减。”李鸿章批复：“据详并拟议学医馆章程各条均尚允协，候钞行官医生马根济等遵照，分别妥办。学生住房，应于来春就医院隙地照中国式样购料兴造，所需工费及添制家具、皮衣、书籍等项并每月经费，准一并在新增药厘耗羡项下核实开支，如将来药厘改章，耗羡用罄，再归文应局厘金项下接发，届时禀候核示。仍由道随时认真督饬，照章办理，并查察学生肄业勤惰，俟三年学有成效，再仿照西国定章，核给考取官凭，以便分派军营、战舰委用。至每月实用经费，并由道逐细稽核，勿稍浮糜。缴。”

十月间（11 月），《甬报》刊登《学童全数回华》：“第三班学童二十四人九月十九日到沪，其第一班二十一人派往各电报局差遣，第二班四十九人，以二十九人送天津各局，二十人送福州船政局差遣。兹来之第三班则派医院武营矿局诸处差遣，于是在美幼童全数召回，其在美国哈佛城所造新屋，现拟出售，约需价是晚元，此则见于西报，未知确否。”

十一月初四日（12 月 24 日），陈兰彬发文咨出使英、法、俄大臣曾纪泽，让借调翻译张斯栒仍回英国任职。

同日，陈兰彬照会美国国务卿，告知即将任满回国。

同日，刘坤一复函总理衙门：“十月二十五日，奉到钧函并钞示给德使照会一件，敬審现已行文德使，嗣后德船搭客，悉照德国搭载章程，华民出洋，仍按粤省迭次定章，并行不悖。仰见盖筹周密，力杜弊端，钦佩无良。坤一前见德船章程，即拟其藉此为名，谓中国准其搭客，而该船即阴与内地匪徒句串，任意揽装华人出洋，置粤省定章于不问，是以于肃复江字四十八号函内备言及之。嗣后接荔秋星使来函，则德船近由粤省装载华人到檀香山，果有甫经上岸即被揽头押去勒扣工银、逼立合同情事，仍不免于诱贩猪崽之故智。当经转商振轩制军，严密稽查，务照向章办理，想荔秋必已布达冰案矣。夫保护出洋华民，乃中国应办之事，自有之权。兹经尊处将粤省定章，剀切声叙，不改彼章，自能保守我章，办理确当，界限分明，料德使亦难再有他议。日内如已有该使复文，尚乞示知为祷！”

十一月初九日（12 月 29 日），与郑藻如联名致电李鸿章：“十一月初九日驻美、日、秘公使来电（本日下午四点钟到）：接报知电开售，喜极。初四郑接任，十一递国书。陈起程，请达总署。陈、郑复。”

十一月十一日（12 月 31 日），照会新任美国国务卿，表示祝贺。

同日，李鸿章收到陈兰彬和郑藻如的电报，并致函总理衙门："由津至沪陆地电线设成，于十一月初八日开报知照出使各国大臣。倾据津局寄到初九日荔秋、玉轩回电，属转达钧署等因，谨译抄呈览。嗣后尊处如有发递出洋各使紧要电信，可用洋文码号写出封交总税务司，由该处拨驷达（即新关马递信局，一日可到津），径递天津电报总局照发，当较由沪转寄为速。明春鸿章回津厚，即交敝处转发为荷。"

十一月十三日（1882 年 1 月 2 日），咨报近期外交情况。

十一月十七日（1882 年 1 月 6 日），照会美国国务卿，告知即将卸任回国。

十一月十九日（1882 年 1 月 8 日），照会美国国务卿，请求谒见美国总统。

十一月二十一日（1882 年 1 月 10 日），美国国务卿为郑藻如接任事宜照复陈兰彬。

十一月二十六日（1882 年 1 月 15 日），《申报》载《书西报论秘鲁虐待华佣事后》。

十一月底（1882 年 1 月），照复美国国务卿，告知新任驻美公使抵达接任。

十二月初二日（1882 年 1 月 21 日），李鸿章上奏《使臣拟开底缺折》："奏为津海关道奉使外洋，势难兼顾本任，拟请开关道底缺，另行拣员请补，恭折仰祈圣鉴事。窃二品衔直隶津海关道郑藻如前奉谕旨赏加三品卿衔充出使美国日国秘国钦差大臣等因。钦此。当饬候补道周馥暂行接署关道，业经奏报在案。查天津为各国通商总汇，近来洋务日繁，津海关道专管中外交涉事件及新钞两关税务，责任綦重，必须实任人员随时随事专心考究，方足以裨治理。郑藻如现甫出洋，计回华须三年以后，为期甚远，势难兼顾，似要缺未便久悬，拟请旨开去郑藻如关道底缺，容臣照章拣员请补，俾专责成而资臂助。再，查前出使美、日、秘三国陈兰彬，系由四品衔候选郎中蒙特恩赏给二品顶戴，以三四品京堂候补充出使大臣。今郑藻如系实任监司大员奉派出使三国，事繁任重，应如何酌量加恩，以崇体制之外，出自圣裁。理合恭折陈请，是否有当，伏乞皇太后、皇上圣鉴训示施行。谨奏。”

十二月十八日（1882 年 2 月 6 日），抵达香港。

十二月二十六日（1882 年 2 月 14 日），《申报》载《使节言旋》：“出使美、日、秘三国钦差陈荔秋副宪，闻于月之十八日已回抵香港，大约小作勾留，即当由沪晋京也。”

十二月二十九日（1882 年 2 月 17 日），周馥禀报李鸿章：“窃照津郡设立医学馆，派美国回华学生八名入馆，从医师马根济肄业，曾经职道拟议章程，并详内声明学生住房拟俟来春就医院隙地照中国式样购料兴造，所需工费等项并在新增药厘耗羡项下开支，旋蒙宪台批准在案。”李鸿章批复：“据详并折均悉。缴。”

是年底，陈兰彬捐钱一千二百贯重修高州学宫，重修先祖陈岩泰公墓，并撰《覃恩诰封夫人张伯母凌太夫人墓表》和《塘埒通津桥记》。

光绪八年（1882）壬午年六十六岁

正月十三日（3 月 2 日），李鸿章复函郑藻如：“荔翁业经启程，莼甫正月杪亦即回华约会。荔翁北来，其经手肄业局款，回时即可呈销。局房商允变价，最为妥协。”

正月十八日（3 月 7 日），军机处上呈陈兰彬奏折，汇报随带出使人员销差回国，或留用，或调用情况。

正月十九日（3 月 8 日），《申报》载《钦使行程》：“前出使美、日、秘三国钦宪陈荔秋星使，去腊回华已抵香港，曾已列报。兹闻行将来沪，再行附轮北上云。”

正月二十一日（3 月 10 日），《申报》载《论学徒苦况》，谈及留美幼童回国境遇不佳。

正月二十三日（3 月 12 日），李鸿章复函黎兆棠：“美国调回学生洋文洋语多已精熟，惟洋气既深，华文太浅。现拨归后学堂，有名师严立规矩，似须三二年后，水师稍入门径，乃可再派出洋。”

二月初六日（3 月 24 日），《申报》载《星使回华》：“前出使美、日、秘三国钦差大臣陈荔秋副宪，将次回华曾经列报。兹悉副宪已于昨午后，由外洋抵沪，其行辕在广肇公所，本埠官员咸往拜谒云。”

二月初七日（3 月 25 日），《申报》载《委员回华》：“前日，三菱公司轮船来沪，有前此带同中国学徒前往美国之容委员，附轮而来云。”

二月十二日（3 月 30 日），《申报》载《钦使回京》：“前出使美、日、秘三国钦差大臣陈荔秋副宪，由外洋回沪，行辕设在广肇公所，曾经列报。兹钦使已于前日乘搭招商局之保大轮船，北上赴京矣。夫瞻杨柳于长途，来往计历时之久重，皇华之宠命，咨询成入告之猷播德，而回觐光，有喜可为星使颂之。”

二月二十二日（4 月 9 日），李鸿章复函郑藻如：“荔翁过津，盘桓数日，昨由潞河赴都。莼甫尚滞申江。”

二月二十九日（4 月 16 日），翁同龢夜访陈兰彬，不遇。

三月初二日（4 月 19 日），奉上谕：“都察院左副都御史陈兰彬，著在总理各国事务衙门行走，钦此。”翁同龢日记载：“俊启内务府大臣，陈兰彬总署大臣。”

三月初三日（4 月 20 日），薛福成日记载：“初二日上谕：都察院左副都御使陈兰彬着在总理各国事务衙门行走，钦此。”

三月初四日（4 月 21 日），《申报》载《延师讲经》：“由美回华之学生，其情形经列前报，除派去机器、水雷、电报，各局并水师学堂外，并者派到施医处，若干名学习西医，以生死人而肉白骨，但所习各业，大都以中学为本末，自本实先腐而枝业能发荣增长者。兹学生于西学或已涉其藩篱，于中学究未深习，此固当追早经见及。现由某君禀请，延请一经师在医院日夕讲解五经，勤加训迪，俾成大器，刻下已开绛帐矣。特经师之选实难，其人正，毋滥竽充数，以博修脯也。”

三月初七日（4月24日），都察院左都御史乌拉喜崇阿、毕道远和左副都御史崇勋、钟濂、陈兰彬、曾纪泽、张家骧联署上呈《奏覆查明给事中师长灼被参各款情形》。

三月初九日（4月26日），拜访翁同龢，长谈。“陈荔秋副宪来长谈，皆泰西事，客去日落矣。”

三月初十日（4月27日），《申报》刊载三月初二日上谕：“都察院左副都御史陈兰彬，著在总理各国事务衙门行走，钦此。”又载《津信摘录》：“又云前带学徒往美之容纯甫太守，已坐保大轮船抵津谒见李傅相，即行晋京，传闻容太守以诸学徒，学尚未成，仍言于学徒中挑选三十四人，重赴美国，以备学成待用，未识能邀允否也。该西人信中以为诸学徒学问既未精熟，自宜往美学习，以求成功，其意亦良是云。”

三月十三日（4月30日），《申报》转载二月二十九日《京报》：“出使大臣陈兰彬到京请安。”

三月十八日（5月5日），《申报》转载三月初四日《京报》：“陈兰彬谢在总理衙门行走恩。”

三月二十二日（5月9日），《申报》转载三月初十日《京报》：“内阁奏派验放之王大臣，派出豫王、瑞联、张之万、陈兰彬。”

四月初八日（5月24日），《申报》转载三月二十五日《京报》：“吏部奏派验看月官之大臣，派出瑞联、锡珍、许应骙、许庚身、崇礼、崇勋、夏家镐、陈兰彬。”又刊载《津沽信息》：

“又前带学生赴美肄业之容君纯甫，由沪赴津，业经列报。兹悉容君已到京都总理衙门，相待情形，颇觉洽淡。容君本意以外洋回华之学生所学，虽各有可观，而尚未能骊珠尽得，拟请于该学生中再选五十人带往美国加功肄习，俾成精诣。兹观总理衙门相待之意，窃恐此议未必行也。”

五月十四日（6 月 29 日），《申报》转载五月初五日《京报》：“内阁奏派验放之大臣，派出灵中堂、麟书、徐用仪、陈兰彬。”

六月初六日（7 月 20 日），《申报》转载五月二十五日《京报》：“吏部奏派验看月官之大臣，派出文煜、恩承、麟书、贵恒、阎敬铭、张之万、许应骙、陈兰彬。”

七月初八日（8 月 21 日），《申报》刊登《六月分发人员验看名单》：“劳积指省分发道。花翎二品顶戴容闳，广东，江苏。”

七月初十日（8 月 23 日），《申报》转载六月二十九日《京报》：“礼部奏派搜检之王大臣，派出庄王、克王、恩承、耀年、王之翰、陈兰彬、敬信、常星、阿长、春德、克吉讷。”

七月十八日（8 月 31 日），《申报》载《闽省琐闻》：“船局内之艺圃，向为艺徒居息之所，前岁裁并在东考工所，而艺圃只存虚名，去年因有由美回华之学生十六名，拨派到闽，复开艺圃以居之，并派委员罗建祥管理。现因罗君抱病月余，而学生等又不服管束，故罗君已藉病禀请销差，旋向盐务中另觅差使矣。”

七月十九日（9 月 2 日），翁同龢邀陈兰彬、许应骙（字筠庵）、麟书（字芝庵）、薛允升（字云阶）、祁世长（字子禾）午餐，“未初集，酉正散”。

七月二十三日（9 月 6 日），麟书邀陈兰彬、翁同龢、祁世长、孙家鼐、许应骙、薛允升和潘霨（字伟如）晚宴。

同日，《申报》转载七月十二日《京报》：“补用道容闳等谢恩。”

八月初三日（9月14日），上谕：“徐郙现出学差，兵部右侍郎著陈兰彬署理。徐郙所署之礼部左侍郎，著孙家鼐兼署。钦此。”翁同龢日记亦载：“王文韶署吏右，周家楣礼左，孙家鼐礼右，陈兰彬兵右。”

八月初七日（9月18日），《申报》转载七月二十五日《京报》：“礼部奏派看月官之大臣，派出恩承、张之万、乌拉、喜崇、阿邵、亨豫、薛允升、福锟、敬信、陈兰彬。”又刊登《七月分发人员验看名单》：“劳积指省分发道。花翎二品顶戴容闳，广东，江苏。”

八月初八日（9月19日），《申报》刊登过《本馆自已接到电音》：“（初三日）奉上谕：‘徐郙现出学差，兵部右侍郎著陈兰彬署理。徐郙所署之礼部左侍郎，著孙家鼐兼署。钦此。’”

八月二十六日（10月7日），《申报》刊载《苏省抚辕抄》：“（八月）二十四日，二品顶戴江苏候补道容闳，广东人，由上海来。”

八月二十八日（10月9日），《申报》刊载《双旌抵省》：“粤东容纯甫观察自带幼童回华后，往返津沪，计已数月。兹于本月念二日，偕机器织布局总办龚仲人观察，用小火船拖带，行抵省垣，即驻庙堂之龚观察公馆中。闻俟谒见中丞及拜晤各官后，三五日间即须返沪也。”

九月十五日（10月26日），《申报》转载九月初四日《京报》：“礼部奏派复勘试卷之大臣，派出邵亨豫、阎敬铭、陈兰彬、英煦、刘绪、张绪楷、福锟、永顺、瑞联、景廉。”

九月二十一日（11月1日），《申报》转载九月初十日《京报》：“内阁奏派验放之大臣，派出文中堂、奎润、周家楣、陈兰彬。”

十月初四日（11 月 14 日），奉旨：“这辰字围，著世铎监射，周家楣校射；宿字围，著载敦监射，师曾校射；列字围，著伯彦诺谟祜监射，陈兰彬较射；张字围，著克蒙额监射，胡义质校射。钦此。”

十月初九日（11 月 19 日），《申报》刊登了十月初四日关于“陈兰彬较射”的谕旨。

十一月初八日（12 月 17 日），《申报》转载十月二十五日《京报》：“吏部奏派验看月官之大臣，派出恩承、乌拉、喜崇、阿奎、润福、锟永、顺阁、敬铭、周家楣、陈兰彬。又奏派稽查右翼觉罗学，派出陈兰彬。”

十一月初九日（12 月 18 日），《申报》转载十月二十六日《京报》：“陈兰彬谢稽查觉罗学恩。”

十二月初一日（1883 年 1 月 9 日），《申报》转载十一月初十日《京报》：“内阁奏派验放之大臣，派出灵中堂、恩承、邵亨豫、陈兰彬。”

十二月十七日（1883 年 1 月 24 日），任监试北京同文馆岁考。

十二月十八日（1883 年 1 月 25 日），任监试北京同文馆岁考。

十二月二十二日（1883 年 1 月 29 日），《申报》转载十二月初五日《京报》：“内阁奏派验放之王、大臣，派出□王、麟书、徐桐、陈兰彬。”

十二月二十八日（1883 年 2 月 5 日），李鸿章致函张佩纶：“阁学本上，望即真除，早入译署。义兴情形，文笔俱熟，但嫌人亦软熟。荔公老而谨顾，实非专对之才。执事藉手历练，刚柔并用，较鄙人前议出使为益更大。东平当犹记忆，必未汲引也。蕙吟练习而敦谨，似可引之为助。”

光绪九年（1883）癸未年六十七岁

正月十三日（2 月 20 日），王文韶与陈兰彬晤谈。

二月初四日（3 月 12 日），《申报》转载正月初十日和十一日《京报》："肃王、陈兰彬各请假十日。"

二月初七日（3 月 15 日），《申报》转载正月二十一日和二十二日《京报》："肃王、陈兰彬、梁仲衡，冬假满请安。"又刊载《同文考试》，提及："上年腊月十七八等日，系该馆岁考之期，其点名监试者，为周筱棠侍郎、陈荔秋都宪。其随同巡察者为丁冠西总教习，提调叶挺生侍御，苑秋舫观察，陈兰秋部郎，及添派之各章京等至，命题阅卷等事，除洋照会译汉，各卷统归周侍郎管理外，余归各馆教习，分回其事，业于腊月二十六日揭晓。凡考在前列者，当各奖赏有差，全案列后，阅者鉴焉"

二月初九日（3 月 17 日），与周家楣（字筱棠）拜访王文韶。

同日，《申报》转载正月二十五日《京报》："吏部奏派验看月官之大臣，派出恩承、毕道远、锡珍、陈兰彬、耀年、周家楣、敬信、许庚身。"

二月十九日（3 月 27 日），《申报》转载二月二十一日和二十二日《京报》："又奏派搜检王、大臣，派出肃王、谟公、棍公、毕道远、奎润、桂全、薛允升、敬信、陈兰彬、符珍嵩、□中英。"

三月初五日（4 月 11 日），《申报》转载二月二十五日《京报》："内阁奏派验放之大臣，派出絅贝勒、锡珍、阎敬铭、陈兰彬。"

三月二十日（4 月 26 日），《申报》转载三月初十日《京报》："内阁奏派验放之王、大臣，派出怡王、奎润、张沄卿、陈兰彬。”

三月二十一日（4 月 27 日），《申报》刊登《奉题容纯甫观察玉照（山阴桂笙弟何镛拜手）》：“伟人抱负自嵚崎，气象严严一望知。屈子心悲芳社日，贾生策上治安时。风涛阅历乾坤隘，雷雨经纶日月驰。会待形求孚帝梦，好将只手挽天维。”

四月初五日（5 月 11 日），《申报》转载三月二十六日《京报》：“吏部奏派验看月宫之大臣，派出阎敬铭、恩承、毕道远、松溎、敬信、陈兰彬、周德润、宝昌。”

四月初九日（5 月 15 日），《申报》刊载《翻译回华》：“岭南邝蓉阶别驾，精通西学，著有英华字典集成，久为艺林所脍炙。前曾两次率领幼童出洋，即奉驻美使派充翻译官。兹悉别驾于今正由美起程，近日已回沪上，其在美之数年内，公余之暇，专以著书自娱，故又撰得新书八种，行将问世。吾知是书一出，自必纸贵洛阳，谈西学者，皆秘枕中鸿宝也。”

四月初（5 月），为丁韪良的《陆地战例新选》撰序。

四月十五日（5 月 21 日），拜会王文韶。

四月十七日（5 月 23 日），任癸未科会试复试阅卷大臣。

四月二十七日（6 月 2 日），《申报》转载四月十七日《京报》：“召见军机，派出阅卷。李中堂、翁同龢、昆冈、嵩申、乌拉喜崇阿、薛允升、锡珍、周家楣、陈兰彬、许应骙、奎润、许庚身”

五月初六日（6 月 10 日），《申报》转载四月二十五日《京报》：“（吏部）又奏派拣选官缺之大臣，派出文中堂、张之万、桂全、陈兰彬。”

五月十八日（6 月 22 日）下午，陈兰彬和周家楣为王文韶送行。

七月初二日（8 月 4 日），《申报》转载六月二十二日《京报》：“吏部奏派验看月官之大臣，派出徐桐、瑞联、麟书、福锟、张澐卿、辟允、甘英煦、陈兰彬。”

八月（9月），陈兰彬应李兴锐之邀，填写《先考资政府君先妣太夫人合葬墓志》

八月初三日（9月3日），《京报》载：“陈兰彬请假五日。”

八月初八日（9月8日），《京报》载：“景廉、恩全、陈兰彬，各假满请安。”

八月十九日（9月19日），《益闻录》转载八月初三日《京报》关于陈兰彬请假五日的新闻。

八月二十二日（9月22日），翁同龢日记载：“晴，风。军机起，陈兰彬，三刻，一寄一明。”

八月二十五日（9月25日），吏部奏派验看月官之大臣，派出恩承、崑冈、耀年、桂全、徐用仪、阎敬铭、薛允升、陈兰彬。

八月二十六日（9月26日），《益闻录》转载《京报》八月上旬新闻：“景廉、恩全、陈兰彬，各假满请安。”

九月初三日（10月3日），《申报》转载八月二十二日《京报》：“兵部奏派武举复试，派出怡王、嵩申、瑞联、锡珍、福锟、景善、陈兰彬、许应骙。召见军机、陈兰彬。”

九月初六日（10月6日），《申报》转载八月二十五日《京报》：“吏部奏派验看月官之大臣，派出恩承、昆阿、耀年、桂全、徐用仪、阎敬铭、薛允升、陈兰彬。”

九月初十日（10月10日），《益闻录》转载《京报》新闻：“（二十五日）吏部奏派验看月官之大臣，派出恩承、崑冈、耀年、桂全、徐用仪、阎敬铭、薛允升、陈兰彬。”

九月十二日（10月12日），《申报》抄录九月初四日谕旨：“这辰字围，著世铎监射，瑞联校射。宿字围，著伯彦讷谟祜监射，耀年校射。列字围，著载敦监射，薛允升校射。张字围，著奕详监射，陈兰彬较射。钦此。”

九月十七日（10 月 17 日），《益闻录》刊载的《高使抵美》："旧金山西字报谓高王前派星使二人至美，已于九月中旬前抵美境，正使为高王内侄闵庸奕，副使乃某大臣之子匡锡贤也。幕中随员数人，中有通事何喜良，曾随陈荔秋京卿出使美邦，故令同往也。"

九月二十六日（10 月 26 日），《申报》转载九月十五日《京报》："内阁奏派验放之王、大臣，派出豫王、瑞联、崇礼、陈兰彬。"

十月初四日（11 月 3 日），奉上谕："礼部左侍郎着徐郙调补，未到任以前着陈兰彬署理。刘锦棠着补授兵部右侍郎，未到任以前着徐用仪署理，钦此。"翁同龢日记亦载："旨：徐郎调礼部左侍郎，陈兰彬署；兵部右侍郎刘锦棠补，徐用仪署。"

十月初五日（11 月 4 日），礼部尚书臣恩承、尚书臣徐桐、左侍郎臣宗室桂全、左侍郎臣徐郙、署左侍郎臣陈兰彬、右侍郎臣嵩申、右侍郎臣童华、管理乐部事务和硕惇亲王臣奕誴、管理乐部事务总管内务府大臣臣师曾上呈《奏为慈禧太后万寿节礼仪事》，布置慈禧太后祝寿事宜。

十月初九日（11 月 8 日），《申报》转载初四日关于陈兰彬署理礼部左侍郎的谕旨。

十月十一日（11 月 10 日），《益闻录》转载初四日《京报》关于陈兰彬署理礼部左侍郎的上谕。

十月十九日（11 月 18 日），《申报》转载了十月初五日《京报》："陈兰彬、徐用仪谢署侍郎恩。"

十一月初九日（12 月 8 日），《申报》转载了十月二十五日《京报》："内阁奏派验放之王大臣，派出肃王、麟书、陈兰彬、许庚身。"

十一月初十日（12 月 9 日），《申报》转载了十月二十六日《京报》："吏部奏派验看月官之大臣，派出恩承、昆冈、耀年、贵阎、敬铭、陈兰彬、徐用仪、孙毓汶。”

十一月十五日（12月14日），《申报》转载了十一月初一日《京报》：“兵部奏派拣选营员大臣，派出麟书、嵩申、松溎、贵阎、张之万、孙毓汶、陈兰彬、周家楣。”

十一月（12月），与周家楣等署名发布《顺天府水灾劝募书》。

十一月二十六日（12月25日），薛福成日记载：“艺童随时选充，而美国回华各童，亦派童学习，洋师仍留督课，而厂中工作洋匠则回。学生回华者，皆优予奉薪。”

十二月初四日（1884年1月1日），薛福成在日记记载：“出洋赴美学生于光绪七年调回，分派大沽海口。学生十名隶水雷营，学习水雷、测绘等艺，复于其中挑派两名隶入鱼雷营。”

十二月十四日（1884年1月11日），《申报》转载十一月二十五日《京报》：“内阁奏派验放之王、大臣，派出怡王、耀年、阎敬铭、陈兰彬。”

十二月二十一日（1884年1月18日），《申报》载《十二月十七日京都汇到丝业会馆代解三省赈捐》：“接到京都内阁中书连文冲年侄、吴芷林仁兄公函，云及京师同人周大京兆家楣、许少司马庚身、陈副宪兰彬、徐同卿用仪等八十四员，设立推广水灾救命捐图册，分布各省，函托代募。在京诸君四出劝募，局设京都琉璃厂沙土园广育堂内。总局汇收之处，敦请余司马维桢主持，所有外省被灾之区，分别轻重酌量拨助，今汇到京平足色宝纹银一千两，嘱善昌代收，代解湖北赈局，□派拨四百两，江苏派拨三百两，浙江派拨三百两，由上海源丰润票号周晴轩兄解来。二十一日期票，合收上海规银一千零三十两，俟收到，照来信代解三省。当此岁暮拮据之际，得此助款散放，可谓仁浆义粟，嘉惠穷黎，感谢鸿施，实无涯涘。因即登报奉闻，以纾慈念，不胜感佩之至。上海丝业会馆施少钦谨志。”

光绪十年（1884）甲申年六十八岁

正月十二日（2 月 8 日），《申报》转载光绪九年十二月十七日《京报》："陈兰彬假满请安。"

二月初九日（3 月 6 日），《申报》转载正月二十五日《京报》："内阁奏派验放之王、大臣，派出豫王、恩承、许应骙、陈兰彬。"

二月二十四日（3 月 21 日），《申报》转载二月十五日《京报》："内阁奏派验放之大臣，派出灵中堂、延煦、孙毓汶、陈兰彬。"

三月初二日（4 月 15 日），陈兰彬致函胡燏棻。

三月初五日（3 月 31 日），《申报》转载二月二十六日《京报》："吏部奏派验看月官，派出额勒、和布、奎润、兴廉、宝昌、张之万、毕道远、周家楣、陈兰彬。"

三月十九日（4 月 14 日），《申报》刊载《上海抛球场后街杨泰记并办理直赈捐输总局——照录顺天府府尹四百里排递手书于后》："云楣仁兄大人阁下：远隔光仪，常深饥渴，辰维筹酣，宣劳宪祺，增胜至以为颂。现在赈需孔亟，筹措为难。阁下康济关怀，综理备至，钦佩钦佩。弟等去冬曾有推广水灾救命捐册，分致各处，荷承诸君子，既然见许，藉以接济要需。近接各处来函，有称欲就近由尊处汇汇解者，用特专函，奉托，并附上册式一本，敢希察阅，倘有前项捐款交来，尚祈查照册中事理，随时汇寄敝处以便迅行拨解，烦渎清神，歉甚，感甚，专此驰恳，敬请筹安，并望福音不一。愚弟许庚身、陈兰彬、徐用仪、吴廷芬、周家楣暨同人等顿首。右录尹宪周会同许星叔侍诸公，于三月初二日，寄局手谕。凡各处有已经书捐，推广水灾救命册，并捐项，如欲由保局，就近理解望即迅赐寄下，以便转解都门，俾资散放，曷胜盼祷。"

三月二十四日（4 月 8 日），总理各国事务衙门大臣奕劻、麟书、周德润、陈兰彬、周家楣、吴廷芬、张佩伦上呈《奏为枢臣宜兼总署行走折》，提出总理各国事务衙门应该由军机大臣兼领。

三月二十六日（4 月 21 日），《申报》载《谣言质疑》，其中有："自海禁弛后，坑陷生灵不止亿万。甫于陈荔秋星使查明秘鲁、古巴华佣数目、困苦情形之日，始为设法由官商诸各国使臣，备文回国，谕令雇主不得虐待年限已满，照约给资，或去或留，听其自便。于是华佣始有生路。近则有华佣之处，均派驻领事，可以就地稽察商办。而澳门招工之馆，亦饬一律停止。此风稍杀，得免惨酷，诚华人之幸也。"

四月初五日（4 月 29 日），《申报》转载三月二十五日《京报》："内阁奏派验放之大臣，派出絪贝勒、灵中堂、陈兰彬、徐致祥。"

四月初十日（5 月 4 日），御前大臣、军机大臣、总理各国事务衙门大臣、大学士、六部九卿、翰詹科道联署上呈《奏为遵议豫筹和局折》，陈兰彬亦署名，参与讨论法国和越南问题。

四月十二日（5 月 6 日），《申报》转载四月初五日《京报》："内阁奏派验放之王、大臣，派出乌拉喜崇阿、崑冈、徐致祥、陈兰彬。"

四月十四日（5 月 8 日），《申报》刊载《惠及遐陬》："古巴新闻纸言，前此华人旅居古巴，土人相待甚为酷虐，华人不堪其苦。自陈荔秋星使亲赴古巴。妥定章程，力为保护，而华人俱得出水火而登衽席，故现在各华人在该处创立德政碑以寄，去思碑上备述星使之惠泽良法，俾华人之在该处者，土人优礼相待，与他国无异。该处旅店之华人永远不忘恩德，是亦可见陈星使之惠及遐陬已。"

四月二十三日（5 月 17 日），《申报》转载四月十五日《京报》：“内阁奏派验放之大臣，派出谟公、奎润、熙敬、陈兰彬。”

四月（5月），为《全体通考》撰序，又署名《广东省各县建造陈氏书院公启》。

五月初五日（5月29日），《申报》转载四月二十六日《京报》：“吏部奏派验看月官，派出乌拉喜崇阿、奎润、熙敬、耀年、文晖、毕道远、徐用仪、陈兰彬。”

五月十三日（6月6日），《申报》转载五月初六日《京报》：“陈兰彬续假十日。”

五月二十三日（6月16日），《申报》转载五月十六日《京报》：“德福、陈兰彬，各续假数日。”

闰五月初四日（6月26日），《申报》转载五月二十六日《京报》：“德福、陈兰彬，各假满请安。”

闰五月十二日（7月4日），《申报》转载闰五月初五日《京报》：“内阁奏派验放之王大臣，派出肃王、乌拉喜崇阿、童华、陈兰彬。”

六月初四日（7月25日），慈禧皇太后召见总理衙门大臣，商议中法和战大局，陈兰彬亦参与议事。

六月初六日（7月27日），总理各国事务衙门诸大臣联署上呈《奏为洋情叵测谨筹办法折》，筹备对法战事，陈兰彬亦联名。

同日，《申报》转载闰五月二十五日《京报》：“内阁奏派验放之王大臣，派出克王、师曾、许应骙、陈兰彬。”

六月十六日（8月6日），《申报》刊登《朝廷密议》：“初四日，皇天后召见总理衙门大臣，商议中法和战大局，谓敌不可纵，祸不可延。今与尔诸臣从长计议。诸大臣各抒所见，慷慨激昂，大都以战为是者居多。今年总署计派十四，除锡总宪、珍廖阁学、寿恒、钦派驻津大司农敬铭、徐少司空用仪，因病给假外。是日，召见者，计九人，首勋贝勒，次昆尚书冈，次福尚书银，次许少司寇庚身，次周尹宪家楣，次陈副宪兰彬，次吴宗丞廷芬，次周阁学德润，次张京卿荫桓。是日，稍卷帘栊以便诸臣面奏，实为向史所未有，皇太后轸念时艰，衷垂访在廷诸臣，素著公忠，宜如何力图□称□。”

六月二十日（8月10日），下午3点半，陈兰彬与周家楣率同章京在总理衙门接见了美国驻华使馆参赞何天爵。

六月二十三日（8月13日），《申报》转载六月十五日《京报》：“内阁奏派验放之王、大臣，派出肃王、奎润、童华、陈兰彬。”

六月三十日（8月20日），《申报》转载六月二十三日《京报》：“吏部奏派验看月官，派出徐桐、毕道远、薛允升、奎润、耀年、景善、陈兰彬、庆福、周鹤、秦锺、简恩霖、谭承祖、舒恩、文敬、何桂芳、润惠。”

七月十四日（9月3日），上谕：“陈兰彬年力渐衰，难胜烦剧，均着毋庸在总理各国事务衙门行走。”翁同龢日记亦载：“是日醇邸承旨，撤总署昆冈、周德润、陈兰彬、周家楣、吴廷芬、张荫桓差使。”

七月十九日（9月8日），《申报》刊载七月十五日撤总理衙门大臣的谕旨：“总理各国事务衙门大臣办理中外交涉事件，必须体用兼备、能持大体之员，方足胜任。周家楣、吴廷芬在该衙门行走年久，办事未能合宜；崑冈于洋务未能讲求；周德润于应行公商事件辄单衔陈奏，其为不能和衷已可概见；张荫桓屡经参奏，众望不孚；陈兰彬年力渐衰，难胜烦剧；均着毋庸在总理各国事务衙门行走。至阎敬铭办事练达，清操久著。吴峋辄以执拗，刚愎怙过任性等语，形诸奏牍，实属措词过当矣。吴峋着得旨申饬。钦此。”

七月二十二日（9月11日），拜访翁同龢。翁氏日记载：

"荔秋深悉各国情形，以为现在战局终非计也。"

八月初四日（9 月 22 日），《申报》转载七月二十五日《京报》："内阁奏派验放王、大臣，派出肃王、徐桐、敬信、陈兰彬。"

八月初五日（9 月 23 日），《申报》刊载《津沽尺素》："总理衙门前有信函致上海关道邵观察，因措施失当，奉旨交部议处，时阎丹初大司农敬铭、徐筱云少司空用仪，因病请假，锡席卿总宪珍、廖仲山阁学寿，适出差未回，除许星叔少司寇庚身、勖贝勒、福尚书简在帝心，依然供职外，其余如昆尚书冈、陈荔秋总宪兰彬、周小棠京兆家楣、吴宗丞廷芬、周阁学德润、张京卿荫桓，俱经谕令出差。许少司寇再四叩求，未蒙俞允。复求酌留三两任，以资熟手，且调周京兆、吴宗丞在总理衙门最久，办事既熟，资格又深，且吴宗丞于各国税则，尤属素所讲求，仍求破格录用，以收指臂之助。皇太后谓诸臣习染太甚，断难优容。许少司寇遂无言而退。闻此信即拟允恤银五十万两之语，宜其天威震怒贬斥随之也。"

八月十九日（10 月 7 日），《申报》转载八月初九日《京报》："陈兰彬请假十日。"

八月二十九日（10 月 17 日），上呈《奏为假期届满病难速痊恳请开缺由》，告病回籍，获允。是日，《申报》转载八月十九日《京报》："陈兰彬续假数日。"

九月初二日（10 月 20 日），《申报》刊载八月二十九日谕旨："陈兰彬奏假期届满病难速痊恳请开缺一折，都察院左副都御使陈兰彬。旨：准其开缺，钦此。"

九月初六日（10 月 24 日），《申报》转载八月二十九日《京报》："陈兰彬奏请开缺。"

九月十三日（10 月 31 日），《申报》转载九月初二日《京报》："陈兰彬谢准其开缺恩。"

九月二十三日（11 月 10 日），《申报》转载了九月十五日《京报》中陈兰彬的《奏请开缺调理折》。

十月二十七日（12 月 14 日），《申报》刊登《论中国办理洋务宜用精通西学之人》，论及："若总理衙门，其交涉事务较之北洋，更为殷繁，而独无此等精于西学之人，以为之佐治，陈荔秋都宪则以衰老而去，周大京兆、吴宗丞亦均被议而出总署。兹数人者，素称精通洋务而皆先后告退，则此时总署虽不乏贤才，亦谁则可副精通洋务之名者哉。窃以为，当此之时，交涉之事愈多，总署之政益剧，王公大臣不过总理其成，而其下办事诸人，不如延请熟谙西学，精究洋务，如伍君其人者，罗而致之幕下，则其处置经理，当必有可观矣。秉钧者，其亦计及于此否乎。"

光绪十一年（1885）乙酉年六十九岁

六月（7 月），为《经字正蒙》撰序。

是年，为同乡好友吴存甫新宅之堂题词"寿母"，又为其侄嵩梅捐修"双桥"之避雨亭题名"双桥亭"。

光绪十二年（1886）丙戌年七十岁

四月十二日（5 月 15 日），《申报》刊登《照译三月一号纽约夏卢日报载中国岂无应得之利益论正月廿七日》，谈及美国排华事。

四月十三日（5 月 16 日），《申报》刊登《照译三月一号纽约夏卢日报载中国岂无应得之利益论正月廿七日》，谈及："仅隔二礼拜之久，而即有颠化扰乱华人之事。斯时，有一无辜之华人被杀，又一华人受伤，又有无数华人之物业概被损失。中国陈公使兰彬，将华人损失之实事，凭据详悉照会美国求其为赔偿。斯时，外部大臣系伊华士，其意以为哥罗拉度系自为一省，美国总政府不能代为拿凶，亦不能代为赔偿。观其答陈公使之书，曰：颠化之案，欲拿凶赔偿一节，我明告阁下，按合众国之例，总政府之权限，不能干预格罗拉度之事云云。又云：拿凶办罪，照本案情形，应概归该省政府自为妥办云云。又云：我查各省之例章，并无向合众总政府赔偿之条。即按练过条约，亦无应向我总政府追赔之意见。一千八百八十年，外交书其答书，系八十年十二月十二号所登。当时陈公使有至合理之言，再问外部谓中国系与合众国总政府立约，并非与格罗拉度省立约，于是伊华士再不理会，并不复答。及布连为外部大臣之时，中国公使再伸前论。谁料布连甚不爱惜本国之颜面。是以不允中国之要求，其意以为一千八百四十四年，中美条约系专指美国人在中国者应受保护，并非谓中国人在美国者应一体保护，并对陈公使曰：观于条约，并无互相酬报之文，可知中国人在美国受损者，即无追偿之理。布连又加一含混之言，曰：我查伊华士手办之案，并查各国外家及一切章程。我惟知遵守成法办理云云。又曰：此案本国已经熟思慎虑，今日即完了，此案再无别议云云。见一千八百八十一年三月廿五号外交书。”

四月十六日（5 月 19 日），拜访李兴锐。

四月十八日（5 月 21 日），李兴锐拜访陈兰彬。

四月十九日（5 月 22 日），拜访李兴锐。

四月二十一日（5 月 23 日），拜访李兴锐。

四月二十二日（5 月 25 日），拜访李兴锐。《申报》刊载《粤东近事》：“前左副都御使陈荔秋副宪由京抵省，往拜各大宪。各宪亦依次回拜。车马如云，应接不暇。副宪在省小住数天，即返珂乡。此后颐养林泉，自得至乐，当不令猿鹤笑人矣。”

四月二十三日（5 月 26 日），李兴锐身体不适，陈兰彬前来慰问和赠药。

四月二十四日（5 月 27 日），李兴锐致函陈兰彬辞行。

四月二十五日（5 月 28 日），送行李兴锐。

十一月初二日（11 月 27 日），《申报》刊载《论通商之有益于中国》，提及："所最可患者，惟招工一事耳，从前古巴一埠，急需华人工作，于是粤中诸地痞勾引乡愚，以之为货，更贱其名曰猪仔，一到其处。非鞭笞即冻馁，受尽折磨，无复生还。自中朝特简陈星使兰彬出洋查阅，与之定约，除其虐政始，得困苦稍苏。近时美国旧金山各埠又有戕虐华工之事，焚其屋宇，戮其妻孥，华民叠受欺凌，几至暗无天日，虽经驻美星使极意保护，而美廷即允抚恤，土人终不相容。使非通商则千万亿小民，万不能冒险而去，安居乐业，何致见侮于外人。是非通商之一害乎。"

光绪十三年（1887）丁亥年七十一岁

三月二十五日（4 月 18 日），《申报》刊载《中国宜就外洋设立轮船公司议》，提及："美国诸属地及日、秘各邦皆有中国民人在彼工作，而从商、猪仔之受其虐害，已属罄竹难书。自经陈荔秋副宪前往稽查，始得拨云雾而见天日。迩年来，美国虐待华人之举，益觉苛如猛虎，毒甚长蛇。现虽有张樵野星使申辩再三，请为查办，而华佣数十万流离困苦，如坐针毡。此邦人既不能容，自当束装返国。而彼公司船及商船所装，立有限制，不能一概附装，且彼既有意苛求，则既欲附彼船，必多方搢阻。苟自中国船，彼国华佣，皆可附之就道，免致受彼欺凌，即欲择乐土以营生，亦不难鼓轮他往，出水火而登衽席，不且惟公司船是赖哉。此其宜设者二。"

光绪十四年（1888）戊子年七十二岁

五月（6 月），为化州市杨梅镇那新村琳杨氏宗祠撰《杨氏宗祠记》。

是年，致函两广总督张之洞。

光绪十六年（1890）庚寅年七十四岁

十月（1889 年 11 月），为《黄佐廷慰亲遗照图题词集》撰序。

光绪十七年（1891）辛卯年七十五岁

三月十三日（4 月 2 日），薛福成日记载："昔郭筠仙每叹羡西洋国政民风之美，至为清议之士所抵排。余亦稍讶其言之过当，以询之陈荔秋中丞、黎莼斋观察，皆谓其说不诬。此次来欧洲，由巴黎而伦敦，始信侍郎之说，当于议院、学堂、监狱、医院征之。"

四月（5 月），在陈献章（白沙先生）《寄怀林子南峰诗》题词。

八月初三日（9 月 16 日），薛福成日记载："余尝评论光绪初年以来出洋星使，究以曾惠敏公为第一……郭筠仙侍郎次之……郑玉轩、黎莼斋又次之……陈荔秋又次之。荔秋虽亦不失为君子，而胆量更小于郑、黎，实非干事之材，故居第五。"

光绪十八年（1892）壬辰年七十六岁

二月（3 月），为过世的家姐撰写墓志铭《皇清诰封五品宜人李母陈宜人墓志铭》。

五月二十一日（6 月 27 日），《申报》刊登《广南丛话》："前都察院右副都御史陈荔秋副宪因有要公，由高州原籍来省与制军会商。副宪年届八旬，步履康强，精神矍铄，见者咸叹，为熙朝人瑞。"

是年，撰《祭曾雪堂军门文》。

光绪十九年（1893）癸巳年七十七岁

撰《祭曾雪堂军门文》。

光绪二十年（1894）甲午年七十八岁

十二月十四日（1895 年 1 月 28 日），在吴川病逝。

参考文献

（一） 陈兰彬著作

（清）陈兰彬：《陈兰彬遗稿》，稿本，中山大学图书馆藏。

（清）陈兰彬：《同馆赋钞　同馆诗钞》，清刻本。

（清）陈兰彬：《使美纪略》，上海著易堂光绪十七年铅印本。

（清）陈兰彬：《古巴华工调查录》，上海书店出版社，2014 年。

梁碧莹整理：《陈兰彬诗文辑录》，国家清史编纂委员会编，宗迪炅、王雪迎点校，孙方等整理：《晚清文献七种》，齐鲁书社，2014 年。

（二） 相关专著

（清）赖蕴山撰：《橘中人语》，咸丰庚申年（1860）清和月刻本，赖家园藏版。

（清）杨廷桂：《北行日记》，同治六年（1867）六月刻本，芸香堂藏版。

（清）戴肇辰辑：《灵芝唱答集》，同治七年（1868）刻本。

（清）吴大廷撰：《小西腴山馆诗钞》，同治初刻，同治光绪间递刻本。

（清）丁韪良译：《公法便览》，光绪三年（1877）同文馆聚珍版。

（清）丁韪良译：《陆地战例新选》，光绪九年（1883）同文馆刻本。

（清）李文沂：《经字正蒙》，羊城萃经堂光绪十一年（1885）刻本。

（清）汪瑔：《松烟小录》，光绪十一年（1885）随山馆刻本。

德贞子固氏撰：《全体通考》，光绪十二年（1886）同文馆聚珍版。

《曾惠敏公遗集》，江南制造总局光绪十九年（1893）刻本。

（清）李文泰（小岩）：《海山诗屋诗话》，森宝阁本。

（清）求自强斋主人辑：《西政丛刊》，光绪二十三年丁酉（1897）上海书局石印本。

（清）张荫桓：《铁画楼诗文集》，光绪二十八年（1902）观复斋校刊本。

江世荣编注：《曾国藩未刊信稿》，中华书局，1959 年。

（清）张佩纶：《涧于集》，《续修四库全书》第 1566 册，上海古籍出版社，1995 年。

（清）薛福成：《庸庵文编》，（台北）文海出版社，1973 年。

朱振声编：《李汉魂将军日记》，（香港）联艺印刷有限公司，1975 年。

廖一中、罗真容整理：《李兴锐日记》，中华书局，1987 年。

《李小岩（文泰》先生遗著》，（香港）大同印务有限公司，1987 年。

吴可读：《携雪堂全集》，《西北文学文献》第 12 卷，兰州古籍出版社，1990 年。

董平章：《秦川焚余草》，《续修四库全书》第 1537 册，上海古籍出版社，1995 年。

《清代诗文集汇编》编纂委员会编：《清代诗文集汇编》第640册，上海古籍出版社，2010年。

朱琦：《怡志堂诗初编》，《续修四库全书》第1530册，上海古籍出版社，1995年。

宝鋆：《文靖公遗集》，《续修四库全书》第1536册，上海古籍出版社，1995年。

（清）薛福成著，蔡少卿整理：《薛福成日记》，吉林文史出版社，2004年。

（清）曾纪泽著，喻岳衡点校：《曾纪泽集》，岳麓书社，2005年。

陈铮编：《黄遵宪全集》，中华书局，2005年。

（清）吴大廷撰：《小酉腴山馆诗钞》，《北京师范大学图书馆藏稀见清人别集丛刊》第27册，广西师范大学出版社，2007年。

（清）李鸿章撰，顾廷龙、戴逸主编：《李鸿章全集》，安徽教育出版社，2008年。

珠海容闳与留美幼童研究会、珠海博物馆主编：《黄佐廷慰亲遗照图题词集》，珠海出版社，2008年。

高心夔：《高陶堂遗集》，《清代诗文集汇编》第729册，上海古籍出版社，2010年。

李文海、夏明方、朱浒主编：《中国荒政书集成》第9册，天津古籍出版社，2010年。

吴可读：《携雪堂全集》，《清代诗文集汇编》第647册，上海古籍出版社，2010年。

赵春晨编：《丁日昌集》，上海古籍出版社，2010年。

邬庆时、屈向邦合编：《广东诗汇》，《三编清代稿钞本》第124册，广东人民出版社，2010年。

孔繁任、任青整理：《张荫桓集》，中华书局，2011年。

蒋星德编著：《曾国藩全集》，岳麓书社，2011年。

薛福成：《中国近代思想家文库：薛福成卷》，中国人民大学出版社，2014 年。

（三） 档案

《录副奏折》，中国第一历史档案馆藏。

《钦定总理各国事务衙门清档》第 251—255 册，“出使美日秘国密档”，北京大学图书馆藏，藏书号：NC/4715. 1/2126/241—295。

《军机处档折件》，台北故宫博物院藏。

《总理各国事务衙门档案》，台湾中央研究院近代史研究所藏。

台湾“中央研究院”近代史研究所编：《中美关系史料》（同治朝下册），《中国近代史资料汇编》，“中央研究院”近代史研究所，1968 年。

《清实录》咸丰朝、同治朝、光绪朝，中华书局，1987 年。

中国第一历史档案馆编：《光绪朝硃批奏折》，中华书局，1995 年。

《天津图书馆孤本秘籍丛书》（三），中华全国图书馆文献缩微复制中心，1999 年。

《总署奏底汇订》，全国图书馆文献缩微复制中心，2003 年。

孙学雷主编：《国家图书馆藏清代孤本外交档案》，全国图书馆文献缩微复制中心，2003 年。

《中美往来照会集（1846—1931）》，广西师范大学出版社，2006 年。

《中国驻美国公使馆致美国国务院备忘录（1868—1906）》（英文影印本），广西师范大学出版社，2010 年。

中国第一历史档案馆编：《光绪宣统两朝上谕档》第二册，广西师范大学出版社，1996 年，第 344 页。

中国第一历史档案馆编：《光绪宣统两朝上谕档》第十册，广西师范大学出版社，1996 年，第 270 页。

（四）史料

叶静渊主编：《中国农学遗产选集》，中华书局，1958 年。

朱士嘉编：《美国迫害华工史料》，中华书局，1959 年。

中国史学会主编：《洋务运动》第 6 册，上海人民出版社，1961 年。

刘锦藻：《清朝续文献通考》，商务印书局，1963 年。

（清）王锡祺：《小方壶斋舆地丛钞》，（台湾）广文书局，1964 年。

郭廷以、陶振誉主编，黄嘉谟、黄福庆编辑：《中美关系史料》（同治朝），台湾“中央研究院”近代史研究所，1968 年。

中国史学会主编：《中法战争》，上海人民出版社，1972 年。

吴道镕原稿，张学华增补，李棪改编：《广东文征》，香港中文大学出版部，1973 年。

《黄氏忆江南馆藏清代名人翰墨》，（台湾）文海出版社，1984 年。

李定一：《中美早期外交史（1784—1894）》，（台湾）传记文学出版社，1978 年。

福建师范大学历史系华侨史资料选辑组编：《晚清海外笔记选》，北京海洋出版社，1983 年。

陈翰笙主编，中国第一历史档案馆、卢文迪、陈泽宪、彭家礼合编：《华工出国史料汇编》第一辑，中华书局，1985 年。

蔡乃煌总纂：《约章分类辑要》，（台湾）文海出版社，1986 年。

王彦威纂辑：《清季外交史料》，书目文献出版社，1987 年。

钱仪吉编：《清代碑传全集》，上海古籍出版社，1987 年。

黄嘉谟主编，韦国恩、张珍琳编辑：《中美关系史料》（光绪朝），《中国近代史资料汇编》，台湾中央研究院近代史研究所，1988 年。

《晚清洋务运动事类汇钞》，中华全国图书馆文献缩微复制中心，1999 年。

于泽民选评：《中国古代军事辞赋精选》，解放军文艺出版社，2005 年。

陈先行执行主编、上海图书馆编：《上海图书馆藏明清名家手稿》，上海古籍出版社，2006 年。

（五） 方志族谱

《陈氏宗谱》，广东新会景堂图书馆藏。

（清）毛昌善修，（清）陈兰彬纂：《吴川县志》，据光绪十四年刊本影印，（台湾）成文出版社，1967 年。

（清）杨霁修，（清）陈兰彬等纂：《高州府志》，据光绪十五年刊本影印，（台湾）成文出版社，1967 年。

《历代吟颂冼夫人诗词楹联》，《鉴水诗词》第 9 辑，高州光明印刷厂，1995 年。

《名胜古迹专辑》，《化州文史》第 7 辑，吴川市教育印刷厂，1995 年。

李钦主编：《吴川古今诗选》，中国华侨出版社，1999 年。

《大界曾氏五修族谱》，中华全国图书馆文献缩微复制中心，2002 年。

林受福主编，霞街林氏族谱编纂委员会编：《霞街林氏族谱》2004 年。

黄志豪主编：《吴川古今对联选》，（香港）中国文化出版社，2007 年。

王崧修、李星辉纂：《揭阳县续志》，（台北）成文出版社有限公司，1974 年。

（六）报刊

Los Angeles Herald, Volume 11, Number 17, 18 December 1878, page 4.

The Chicago Daily Tribune. January 19. 1879. page 6.

《North-China Herald》，通译《北华捷报》，1872 年 12 月 19 日。

《循环日报》光绪七年四月廿三日（1881 年 5 月 20 日）第 2211 号。

《循环日报》光绪十年十月初三日（1884 年 11 月 20 日）第 4293 号第 2 页。

《申报》同治十一年十二月廿六日（1873 年 1 月 24 日）第 231 号第 3—4 页，光绪十年九月念三日（1884 年 11 月 10 日）第 4160 号第 10 页，1917 年 7 月 17 日（旧历丁巳年五月二十九日）第 15956 号第 17 页，1919 年 8 月 24 日（旧历己未七月二十九日）第 16708 号第 18 页，1919 年 8 月 31 日第 16715 号第 18 页，《申报》复印本，上海书店，1983 年。

林乐知主编：《教会新报》，（台湾）京华书局影印本，1968 年。

丁韪良主编：《中西闻见录》，（台湾）文海出版社，1987 年。

《历史文献》第 5 辑，上海科学技术文献出版社，2001 年。

上海中山学社编：《近代中国》第 17 辑，上海社会科学院出版社，2007 年。

（七）研究著述

梁碧莹：《艰难的外交》，天津古籍出版社，2004 年。

梁碧莹：《陈兰彬与晚清外交》，广东人民出版社，2011 年。

王杰主编：《使美先驱陈兰彬——纪念陈兰彬出使美国一百三十周年学术研讨会论文集》，河南大学出版社，2016 年。

（八）其他

陈修省主编：《纪念陈兰彬诗文集》，湛江教育印刷厂，2007 年。

李钦主编：《陈兰彬颂》，（香港）中国文化出版社，2008 年。

黎向群：《晚节图成香拥菊，同心言洽气如兰——清季外交家陈兰彬其人其书法》，《岭南文史》2013 年第 3 期。

欧安年、钟景明：《我国第一位出使美洲的外交官》，《广东史志》1985 年第 3 期。

杨森主编：《广东名胜古迹辞典》，北京燕山出版社，1996 年。

陈红胜著：《陈兰斌书题杨梅“雷祠”》，《秋思》，漓江出版社，1993 年。

陈兰彬对联《摘星》，茂名市博物馆藏。

陈兰彬对联《题珍文宗先生遗照联、赠笔峰八兄先生联（二对）》，信宜市博物馆藏，。

陈兰彬字迹《对联、行书屏条》，高州市博物馆藏。

陈兰彬对联《貤封六品安人易门伯姊大人八旬寿辰志喜》，雷州市博物馆藏。

《陈兰彬题诗》，顺德博物馆藏。

后　记

学术仰止于创新，创新根植于文献。

编辑《陈兰彬集》之初衷，动议于2008年12月在广东省吴川市举办的“纪念陈兰彬出使美国130周年学术研讨会”筹备期间，至本月编竣付梓，寒来暑往，秋月春花，搜集、整理、校注，屈指已届十个年头，可谓成如容易却艰辛。

绿叶荷花，饮水思源。三千昼夜断续，四海芳草牵缘。我们不能忘怀——从不同时空、以不同方式支持《陈兰彬集》编辑的襄助者和护花人：

深圳华昱投资开发集团股份有限公司董事长、总裁陈阳南先生是第一位资助史料搜集的热心汉，缘于他主动无私的持助，总理衙门档案史料的搜集、复印、整理得以开张，既化解了“开头难”的困惑，又“润滑”了相关文稿收录的进程。

先后无偿为本集提供资料的同好有：美国密歇根州立大学历史系卿斯美教授、中国社会科学院近代史研究所马忠文研究员、广州·中山大学历史系梁碧莹教授、广东省社会科学院张金超研究员、广州孙中山大元帅府纪念馆李兴国博士、天津市社会科学院宋美云研究员、珠海市文友李材尧先生、广州美术学院陈诗豪教授、广东省委党校李战超先生、沈阳故宫博物院杜恒伟先生、茂名市博物馆馆长陈朝晖先生、湛江市坡头区陈通先生、吴川市挚友李元化先生等。

提供资料的机构有：中国第一历史档案馆、北京大学图书馆、中国社会科学院近代史研究所图书馆、美国国家档案馆、台湾“中史研究院”近代史研究所郭廷以图书馆、台湾故宫博物院、广州·中山大学图书馆、广东省立中山图书馆、广东省社会科学院图书馆、香港中文大学图书馆、湖南图书馆、湛江市博物馆、茂名市博物馆、顺德博物馆等。广东省广府文化研究会提供了优异的办公条件。

国家清史编纂委员会潘振平编审，河南大学历史系马小泉教授，澳门理工学院陈志雄博士，广州·中山大学图书馆邱蔚晴馆员、招宗劲馆员、王学进博士，广东省立中山图书馆刘如娣馆员，深圳博物馆李飞博士，以及谭剑锋先生、严瑞排先生、林伟先生、张忠林先生、李学斌先生、王土生先生、陈学章先生、王志伟先生等，或垂注、或献策、或分忧、或排难，对于我们，不啻一列后援、筚路激励、满襟期待、轮番催助。使命鼓舞，大象无形；道行比肩，感奋无边。

尤须特别铭谢的，是直接参加本集编务的合作者：澳大利亚南澳大学管理学院王俊博士翻译了英文；中山大学历史系赵立彬教授独力整理了《陈兰彬遗稿》，这是罕见现存的陈氏墨宝集成，含诗赋、寿序、杂文等，文稿无序排置，或缺页，或残篇，面对一堆散乱的稿本，辨字、解读、拼页之“童子功”，成为梳理手稿的关键，费时劳神尤甚；中山大学历史系李吉奎教授，年逾伞寿，通读并审核全稿，宏观微批，纠谬补漏，校正了不少专业与编辑上的讹误，致本书大为增色。

广东人民出版社副总编辑柏峰编审、古籍辞书编辑室副主任张贤明先生除了精心编审，尤鼎力推动本集申报国家古籍整理出版专项资金资助项目，终得如愿以偿，令本集出版经费免除后顾之忧，不啻为本书编辑提速加装了一轴无形的引擎。辛劳见著，美意感人。

曾记否，2008、2016 年先后在吴川召开陈兰彬学术研讨会，首次遇大雨倾盆，二次细雨绵绵，时人皆呼天人感应，陈公落泪了。唯其如是，历史唯物主义者不唯天意，但景事功，若是泉下有知，陈公当会对本集的有为者感激有加。

春秋责备贤者。陈兰彬著作结集出版，于著者诞辰二百年后首次面世，可视为将散佚的陈著做一次原始的积累，仅一个阶段性的成果而已，非功成之日，不足自赏。换言之，陈氏著作的发掘整理仍有空间，未见穷期，譬如已知的陈氏《致郑藻如书》（中国第一历史档案馆藏）、《治河刍言》（八卷，总不至于全部散佚）等篇，受困于诸种因由，仍未遂愿收录入册；寻觅大洋彼岸的美国国家档案馆，以及与留学幼童、美洲华工、外交人际、文化交流的相关档案与私家著述，兴许会“邂逅”尘封的陈氏墨迹芳踪或惊见“新大陆”……俗话说，“遗憾也是一种美”——本集离全集之愿景尚远，陈氏的史料收集与整理还在路上，敬祈有志者“而今迈步从头越”，“咬定青山不放松”，当收获可期，必有惊喜，善哉。

文集之辑录与校注，非具百科全书之功不能胜任，加之因应出版方加强注释之约求，尽管心怀敬畏，图自策励，以企不留笑柄，奈何学力不逮，功欠铁杵磨针，错谬难免，恳乞方家不吝赐正，以备来日修订之鉴为荷，为感！

编者谨识

2018 年 3 月 8 日